行動分析学事典

Behavior Analysis

日本行動分析学会 編

丸善出版

刊行にあたって

「人は，なぜ，そのように行動するのか」——行動分析学とは，この問いを，個体（ヒトを含む動物）と環境との相互作用の観点から分析していく，ユニークな学問体系のことです．20世紀中盤に，米国の心理学者，B. F. スキナーによってその礎が作られ，今も，その知見が累積されつづけています．

日本行動分析学会は，1980年に「日本行動分析研究会」としてスタートし（その当時の会員数は95名），1983年に学会として第1回年次大会が開催され，1986年に国際行動分析学会の日本支部になりました．本学会は，着実に発展していき，2015年には一般社団法人となり，同年に国際行動分析学会の第8回国際大会が京都にて開催されるまでに至りました．そして，2018年現在，会員数は1000名を越える規模となりました．

その一方で，日本において，これまで行動分析学に関する事典が公刊されたことはありませんでした．しかし，2013年にアメリカ心理学会による *APA Handbook of Behavior Analysis* という本格的なハンドブックが公刊され，2015年に公認心理師法が成立し，2017年には同法が施行されることになりました．そこで，一般社団法人 日本行動分析学会として，行動分析学に関する正確かつ最新の情報を提供することは，喫緊かつ重大なミッションであると考え，丸善出版より『行動分析学事典』を公刊し，その後，本事典の改訂版を公刊し続けていく，というプロジェクトが，2016年に始動することになりました．

そこで，まず「行動分析学事典・編纂特別委員会」（武藤崇〈編纂委員主幹〉，藤健一，井澤信三，中島定彦，大河内浩人〈以上，編纂委員〉，坂上貴之〈編纂顧問〉）が設置されました．最初に，事典の構成が4部からなることを決定しました．それは，国際行動分析学会の4つの公式学術雑誌である，*The Behavior Analyst*（現在の誌名は *Perspectives on Behavior Science*），*Journal of the Experimental Analysis of Behavior*, *Journal of Applied Behavior Analysis*, *Behavior Analysis in Practice* という区分を参考にしたことによります．つぎに，各項目の解説は4頁（図表1〜2個を含む5000字程度）でおこなうことにしました．そして，事典で取り上げる項目を吟味し，その結果，全172項目に絞りました．さらに，その172項目を各部に分け，最終的に，Ⅰ部（哲学・概念・歴史）に37項目，

Ⅱ部（実験的行動分析）に 62 項目，Ⅲ部（応用行動分析）に 55 項目，Ⅳ部（行動分析学における実践）に 18 項目を配置することにしました．

同じく 2016 年に，事典刊行にあわせて，行動分析学用語の整理が必要であることから，総務委員会の下に「用語検討特別委員会」（藤健一〈主管〉，坂上貴之〈副管〉，山岸直基，米山直樹，野呂文行，鎌倉やよい）が設置されました．その検討方針は，(1) 可能なかぎり現代仮名遣いの日本語表記を目指す．外国語のカタカナ表記はなるべく避ける，(2) 歴史的経緯から，複数の用語（訳語）がある場合には，誤解が生じ難く正しく理解されると思われる用語を選ぶ，(3) 既存の権威に依拠するのではなく，今後将来の行動分析学の発展に資する用語を選ぶ，(4) 用語の検討には，会員からの意見を求める手続きを含めることとする，というものでした．そして，その検討結果を 2 期に分けて公表し，それぞれパブリックコメントを募集し，さらにそのコメントを基に再検討を加え，その結果，2018 年 9 月までに 200 語の「行動分析学用語・基本用語（推奨順つき）」がリスト化されました．

本事典で使用している基本用語は，上記の用語検討特別委員会による用語リストに基本的に依拠しています．しかしながら，従来から使用されてきた用語（訳語）との互換性にも配慮するために，（今後の改訂の際には，その用語が統一されることを期待しつつ）「複数の用語を併記する」という記載方法も適宜採用しています（そのリストは日本行動分析学会の HP に掲載されています）．

行動分析学は，喩えるなら，アントニ・ガウディが基本的な設計をし，その後，紆余曲折を経ながらも，さまざまな職人たちによって引き継がれ，今も建築され続けている「サグラダ・ファミリア教会」と言えるかもしれません．この比喩が許されるならば，この『行動分析学事典』は，さしずめ刊行毎に撮影されるスナップショット（定点観測）といったところでしょうか．おそらく，この初版の執筆者たちが，行動分析学という建築物の完成を目のあたりにすることはないでしょう．しかし，このような一大プロジェクトに微力ながらも参与できたことは，何ものにも代えがたい喜びでした．そして，この事典を手にした方が，「このバトン」を受け取り，次の方に繋いでくださることを切に願っています．

2019 年 3 月

行動分析学事典・編纂特別委員会
編纂委員主幹　武　藤　　崇

■編纂委員一覧

編纂委員主幹
武藤　　崇　　同志社大学心理学部 教授

編　纂　委　員（五十音順）
井澤　信三　　兵庫教育大学大学院特別支援教育専攻 教授
大河内　浩人　大阪教育大学教育学部 教授
中島　定彦　　関西学院大学文学部 教授
藤　　健一　　立命館大学 名誉教授

編　纂　顧　問
坂上　貴之　　慶應義塾大学 名誉教授

■執筆者一覧 (五十音順)

青木 愛弓	あゆみラボ
青山 謙二郎	同志社大学
井垣 竹晴	流通経済大学
井澤 信三	兵庫教育大学大学院
石井 拓	和歌山県立医科大学
石川 健介	金沢工業大学
伊藤 正人	大阪市立大学名誉教授
井上 雅彦	鳥取大学大学院
内田 善久	奈良大学非常勤講師
大石 幸二	立教大学
大久保 賢一	畿央大学
大河内 浩人	大阪教育大学
大月 友	早稲田大学
小笠原 恵	東京学芸大学
沖中 武	兵庫県警察本部
奥田 健次	学校法人西軽井沢学園
小野 浩一	駒澤大学名誉教授
笠原 諭	東京大学
鎌倉 やよい	日本赤十字豊田看護大学
黒田 敏数	愛知文教大学
後藤 和宏	相模女子大学
是村 由佳	株式会社コレムラ技研
佐伯 大輔	大阪市立大学大学院
坂上 貴之	慶應義塾大学名誉教授
澤 幸祐	専修大学
島 宗理	法政大学
清水 直治	日本体育大学
霜田 浩信	群馬大学
首藤 祐介	広島国際大学
菅佐原 洋	慶應義塾大学大学院非常勤講師
杉山 尚子	星槎大学大学院
鈴木 誠	東京家政大学
園山 繁樹	筑波大学
高浜 浩二	作新学院大学
竹内 康二	明星大学
谷 晋二	立命館大学
丹野 貴行	明星大学
恒松 伸	立命館大学衣笠総合研究機構客員研究員
中島 定彦	関西学院大学
中野 良顯	NPO法人教育臨床研究機構
野口 代	筑波大学
野田 航	大阪教育大学
野呂 文行	筑波大学
長谷川 芳典	岡山大学名誉教授
八賀 洋介	日本学術振興会海外特別研究員 (アメリカン大学)
原井 宏明	原井クリニック
平岡 恭一	弘前医療福祉大学短期大学部
平澤 紀子	岐阜大学大学院
藤 健一	立命館大学名誉教授
藤田 益伸	神戸医療福祉大学
堀 耕治	立教大学
松本 明生	福山大学
眞邉 一近	日本大学
三田地 真実	星槎大学大学院

執筆者一覧

三田村　仰	立命館大学	
武藤　崇	同志社大学	
村中　智彦	上越教育大学大学院	
村本　浄司	東京福祉大学	
望月　要	帝京大学	
森下　浩充	介護老人保健施設　暖流	
森山　哲美	常磐大学名誉教授	
山岸　直基	流通経済大学	
山口　哲生	東邦大学	
山﨑　裕司	高知リハビリテーション学院	
山田　剛史	岡山大学大学院	
山本　淳一	慶應義塾大学	
吉野　俊彦	神戸親和女子大学	
米山　直樹	関西学院大学	
渡辺　修宏	国際医療福祉大学	
渡部　匡隆	横浜国立大学大学院	

目 次

I部　哲学，概念，歴史

1章　哲学
　心理学と行動分析学……… 4
　徹底的行動主義……………… 8
　因果分析…………………… 12
　行動の原因………………… 16
　行動分析学と倫理………… 20

2章　概念
　意　識……………………… 26
　言語行動…………………… 30
　オペラント行動…………… 34
　レスポンデント行動……… 38
　三項強化随伴性…………… 42
　刺激性制御………………… 46
　反応形成（シェイピング）
　　：基礎…………………… 50
　強　化……………………… 54
　強化（単一強化）スケ
　　ジュール………………… 58
　強化（複雑な強化）スケ
　　ジュール………………… 62
　オペラント実験箱システム
　　…………………………… 66
　反応の測度………………… 70
　行動の量的分析…………… 74
　累積記録…………………… 78
　実験計画法（群間比較法）：
　　そのロジックとデザイン… 82
　実験計画法（個体内条件比
　　較法）その1：そのロ
　　ジックとデザイン，定常
　　状態……………………… 86
　実験計画法（個体内条件比
　　較法）その2：反転法，
　　ABA法…………………… 90
　実験計画法（個体内条件比
　　較法）その3：多層ベー
　　スライン法……………… 94
　実験計画法（個体内条件比
　　較法）その4：その他の
　　デザイン………………… 98
　行動観察…………………… 102
　統計的方法：グループデザ
　　イン，シングルケースデ
　　ザイン…………………… 106
　図表現……………………… 110
　再現性……………………… 114
　研究の機能………………… 118
　インストルメンテーション… 122
　実験的行動分析学………… 126
　応用行動分析学…………… 130
　心理療法…………………… 134
　行動療法，認知療法，認知
　　行動療法………………… 138

3章　歴史

行動分析学の歴史：過去，現在，未来 …………… 144

日本と世界の行動分析学 …… 148
行動分析学の雑誌 …………… 152

II部　実験的行動分析

1章　実験セッティング

オペラント実験箱と累積記録器 ……………………… 160
剥奪処置 …………………… 164
様々な動物種での実験 …… 168
条件づけの生物的制約 …… 172
動物実験倫理 ……………… 176

2章　強化と弱化

プレマックの原理：基礎 …… 182
感性強化 …………………… 186
条件強化 …………………… 190
遅延強化 …………………… 194
バイオフィードバック …… 198
負の強化（除去型強化） … 202
反応非依存強化 …………… 206
強化による行動低減 ……… 210
比率スケジュール ………… 214
時隔スケジュール ………… 218
反応率分化強化 …………… 222
複合スケジュール ………… 226
スケジュール誘導性行動 … 230
分化結果手続き …………… 234
消　去 ……………………… 238
消去後の反応再出現 ……… 242
行動変動性 ………………… 246
弱化（罰） ………………… 250
タイムアウト ……………… 254
ヒトの実験における反応コスト ……………………… 258

行動履歴 …………………… 262
行動モメンタム：基礎 …… 266

3章　刺激による制御

刺激馴化 …………………… 272
刺激般化 …………………… 276
弁別学習訓練 ……………… 280
行動対比 …………………… 284
概念学習 …………………… 288
無誤弁別学習：基礎 ……… 292
計時行動 …………………… 296
刺激競合 …………………… 300
観察学習 …………………… 304
自動反応形成 ……………… 308
刻印づけ …………………… 312
連鎖化：基礎 ……………… 316
系列学習 …………………… 320
見本合わせ：基礎 ………… 324
刺激等価性：基礎 ………… 328
言語行動と非言語行動 …… 332
ルール支配行動 …………… 336
意識性 ……………………… 340
関係フレーム理論 ………… 344

4章　選択行動

選択行動 …………………… 350
選択行動の理論 …………… 354
対応法則（マッチング法則） …………………………… 358
遅延低減仮説 ……………… 362

セルフ・コントロール（自
　己制御）：基礎 ………… 366
価値割引：基礎 …………… 370
価値割引：その展開 ……… 374
行動的意思決定 …………… 378
5章　展開と関連領域
　オペラント行動の個人差 …… 384
　社会的行動 ……………… 388
　比較認知 ………………… 392
　コロンバン・シミュレー
　　ション計画 …………… 396
　行動神経科学 …………… 400
　行動薬理学 ……………… 404
　行動生態学 ……………… 408
　行動経済学 ……………… 412

III部　応用行動分析

1章　言語行動
　マンド …………………… 420
　タクト …………………… 424
　イントラバーバル ……… 428
　エコーイック …………… 432
　オートクリティック …… 436
　テクスチュアル，トランス
　　クリプション，テキス
　　ト・コピーイング …… 440
2章　基本手続き
　反応形成（シェイピング）
　　：応用 ………………… 446
　プロンプト ……………… 450
　身体的ガイダンス ……… 454
　モデリング ……………… 458
　般化模倣 ………………… 462
　課題分析 ………………… 466
　連鎖化：応用 …………… 470
　見本合わせ：応用 ……… 474
　無誤弁別学習：応用 …… 478
　刺激等価性：応用 ……… 482
　機能的行動アセスメント …… 486
　強化介入による行動低減 …… 490
　非随伴性強化 …………… 494
　選択と好み ……………… 498
　般化と維持 ……………… 502
　確立操作 ………………… 506
　プレマックの原理：応用 …… 510
　集団随伴性 ……………… 514
　行動モメンタム：応用 …… 518
　社会的妥当性 …………… 522
3章　援助・介入手続き
　離散試行型指導法，
　　機会利用型指導法 …… 528
　トークン・エコノミー法 …… 532
　機能等価性 ……………… 536
　セルフ・コントロール（自
　　己制御）：応用 ………… 540
　セルフ・マネジメント（自
　　己管理） ……………… 544
　自己記録，自己目標設定 …… 548
　行動契約（随伴性契約） …… 552
　言行一致訓練 …………… 556
　代表例教授法 …………… 560
　公的掲示 ………………… 564
　習慣逆転法 ……………… 568
　クリッカー・トレーニング … 572
　行動コンサルテーション …… 576

行動的コーチング……………… 580
パフォーマンス・マネジメント……………… 584

4章 プログラム，パッケージ，トリートメント・モデル

ロヴァース法……………… 590
ポーテージ・プログラム…… 594
機軸反応訓練（PRT）……… 598
絵カード交換式コミュニケーションシステム（PECS®）……………… 602
ポジティブ行動支援（PBS）……………… 606
アチーブメント・プレイス… 610
プレシジョン・ティーチング……………… 614
アクセプタンス＆コミットメント・セラピー……… 618
機能分析心理療法…………… 622
行動活性化療法……………… 626
STAR……………………… 630
ペアレント・トレーニング… 634
CRAとCRAFT……………… 638
「体罰」に反対する声明……… 642

IV部　行動分析学における実践

医　療……………… 648
看　護……………… 652
理学療法…………… 656
作業療法…………… 662
言語聴覚療法……… 666
心理臨床：病院…… 670
心理臨床：相談室… 674
心理臨床：個人開業… 678
一般教育：教科教育… 682
一般教育：学級運営，学校運営……………… 686
社会福祉…………… 690
介護福祉…………… 694
精神保健福祉……… 698
動物福祉…………… 702
動物トレーニング… 706
スポーツ…………… 710
組織，企業………… 714
コミュニティ……… 718

行動分析学　関連年表……………………………………… 722
和文引用文献………………………………………………… 731
欧文引用文献………………………………………………… 745
事項索引……………………………………………………… 799
人名索引……………………………………………………… 835

■見出し語五十音索引

■A〜Z
ABA法　90
CRA　638
CRAFT　638
PBS　606
PECS®　602
PRT　598
STAR　630

■あ
アクセプタンス＆コミットメント・セラピー　618
アチーブメント・プレイス　610

意識　26
意識性　340
維持，般化と　502
一般教育：学級運営，学校運営　686
一般教育：教科教育　682
医療　648
因果分析　12
インストルメンテーション　122
イントラバーバル　428

絵カード交換式コミュニケーションシステム（PECS®）　602
エコーイック　432

応用行動分析学　130
オートクリティック　436
オペラント行動　34
オペラント行動の個人差　384
オペラント実験箱システム　66
オペラント実験箱と累積記録器　160

■か
介護福祉　694
概念学習　288
確立操作　506
課題分析　466
価値割引：基礎　370
価値割引：その展開　374
学級運営　686
学校運営　686
関係フレーム理論　344
看護　652
観察学習　304
感性強化　186

機会利用型指導法，離散試行型指導法　528
企業　714
機軸反応訓練（PRT）　598
機能，研究の　118
機能的行動アセスメント　486
機能等価性　536
機能分析心理療法　622
強化　54
強化介入による行動低減　490
教科教育　682
強化（単一強化）スケジュール　58
強化による行動低減　210
強化（複雑な強化）スケジュール　62

クリッカー・トレーニング　572

グループデザイン　106
群間比較法：そのロジックとデザイン　82

計時行動　296
系列学習　320
原因，行動の　16
研究の機能　118
言行一致訓練　556
言語行動　30
言語行動と非言語行動　332
言語聴覚療法　666

公的掲示　564
行動活性化療法　626
行動観察　102
行動経済学　412
行動契約（随伴性契約）　552
行動コンサルテーション　576
行動神経科学　400
行動生態学　408
行動対比　284
行動低減，強化介入による　490
行動低減，強化による　210
行動的意思決定　378
行動的コーチング　580
行動の原因　16
行動の量的分析　74
行動分析学，心理学と　4
行動分析学，世界と日本の　148
行動分析学と倫理　20
行動分析学の雑誌　152
行動分析学の歴史：過去，現在，未来　144
行動変動性　246
行動モメンタム：応用　518
行動モメンタム：基礎　266
行動薬理学　404
行動療法・認知療法・認知行動療法　138
行動履歴　262
刻印づけ　312
個人開業　678

個体内条件比較法，その1：そのロジックとデザイン，定常状態　86
個体内条件比較法，その2：反転法，ABA法　90
個体内条件比較法，その3：多層ベースライン法　94
個体内条件比較法，その4：その他のデザイン　98
コーチング，行動的　580
好み，選択と　498
コミュニティ　718
コロンバン・シミュレーション計画　396

■さ

再現性　114
作業療法　662
雑誌，行動分析学の　152
様々な動物種での実験　168
三項強化随伴性　42

シェイピング：応用　446
シェイピング：基礎　50
時隔スケジュール　218
刺激競合　300
刺激馴化　272
刺激性制御　46
刺激等価性：応用　482
刺激等価性：基礎　328
刺激般化　276
自己管理，セルフ・マネジメント　544
自己記録，自己目標設定　548
自己制御：応用　540
自己制御：基礎　366
自己目標設定　548
実験計画法（群間比較法）：そのロジックとデザイン　82
実験計画法（個体内条件比較法）その1：そのロジックとデザイン，定常状態　86
実験計画法（個体内条件比較法）その2：反転法，ABA法　90

実験計画法（個体内条件比較法）その3：
　　多層ベースライン法　94
実験計画法（個体内条件比較法）その4：
　　その他のデザイン　98
実験，様々な動物種での　168
実験的行動分析学　126
自動反応形成　308
社会的行動　388
社会的妥当性　522
社会福祉　690
弱化（罰）　250
習慣逆転法　568
集団随伴性　514
消去　238
消去後の反応再出現　242
条件強化　190
条件づけの生物的制約　172
除去型強化，負の強化　202
シングルケースデザイン　106
身体的ガイダンス　454
心理学と行動分析学　4
心理療法　134
心理臨床：個人開業　678
心理臨床：相談室　674
心理臨床：病院　670
随伴性契約，行動契約　552
スケジュール誘導性行動　230
図表現　110
スポーツ　710
精神保健福祉　698
生物的制約，条件づけの　172
世界と日本の行動分析学　148
セルフ・コントロール（自己制御）：応用
　　540
セルフ・コントロール（自己制御）：基礎
　　366
セルフ・マネジメント（自己管理）　544
選択行動　350
選択行動の理論　354

選択と好み　498
相談室　674
測度，反応の　70
組織，企業　714

■た

対応法則（マッチング法則）　358
「体罰」に反対する声明　642
代表例教授法　560
タイムアウト　254
タクト　424
多層ベースライン法　94
単一強化，強化スケジュール　58
遅延強化　194
遅延低減仮説　362
テキスト・コピーイング　440
テクスチュアル　440
徹底的行動主義　8
統計的方法—グループデザイン，シングル
　　ケースデザイン　106
動物実験倫理　176
動物トレーニング　706
動物福祉　702
トークン・エコノミー法　532
トランスクリプション　440

■な

認知行動療法，行動療法・認知療法　138

■は

バイオフィードバック　198
剥奪処置　164
罰　250
パフォーマンス・マネジメント　584
般化と維持　502
般化模倣　462
反転法　90
反応形成（シェイピング）：応用　446

反応形成(シェイピング):基礎　50
反応再出現,消去後の　242
反応の測度　70
反応非依存強化　206
反応率分化強化　222
反応コスト,ヒトの実験における　258

比較認知　392
非言語行動,言語行動と　332
非随伴性強化　494
ヒトの実験における反応コスト　258
病院　670
比率スケジュール　214

複合スケジュール　226
複雑な強化,強化スケジュール　62
負の強化(除去型強化)　202
プレシジョン・ティーチング　614
プレマックの原理:基礎　182
プレマックの原理:応用　510
プロンプト　450
分化結果手続き　234

ペアレント・トレーニング　634
弁別学習訓練　280

ポジティブ行動支援(PBS)　606
ポーテージプログラム　594

■ま

マッチング法則　358

マンド　420

見本合わせ:応用　474
見本合わせ:基礎　324

無誤弁別学習:応用　478
無誤弁別学習:基礎　292

モデリング　458

■ら

理学療法　656
離散試行型指導法　機会利用型指導法　528
量的分析,行動の　74
理論,選択行動の　354
倫理,行動分析学と　20
累積記録　78
累積記録器,オペラント実験箱と　160
ルール支配行動　336

歴史,行動分析学の(過去・現在・未来)　144
レスポンデント行動　38
連鎖化:応用　470
連鎖化:基礎　316

ロヴァース法　590

I部　哲学，概念，歴史

［担当編纂委員：藤　健一］

I部　哲学，概念，歴史
1章　哲学

心理学と行動分析学…4
徹底的行動主義………8
因果分析……………12
行動の原因…………16
行動分析学と倫理…20

心理学と行動分析学

☞徹底的行動主義 p.8, 比較認知 p.392, コロンバン・シミュレーション計画 p.396

　科学としての心理学の成立からすでに1世紀半がたち，多くの研究者たちが心理学の対象が「個体（個人）の心と行動である」という理解でまとまっているにもかかわらず，行動分析学の研究者は一貫してこれに背を向けてきた．行動分析学にとっては，「心」は単なるフィクションであり，それによって行動があたかも理解されたかのように見える原因となるものであった．このような対立した見解をもつがゆえに，他の心理学や他の知的世界から，心というフィクションが常に生産され続けられている限り，逆に行動分析学の存在意義がますます重要となってくるという皮肉な状況が続いてきたと考えることもできる．

　2019年現在，心理学の主流となっている，心理的現象を人間の情報処理過程としてとらえようとする哲学的な立場（認知主義）に立った認知心理学に対して，とりわけ行動分析学は，大きく異なる立場，徹底的行動主義に立っている．現在では理論的行動主義，目的論的行動主義が新たに提唱されている．行動主義については別の項目で触れられるので，ここでは行動分析学の特徴と現代における位置づけを，心理学全体の歴史から論じる．また巻末に簡単な年表も用意した．

●**行動の実験的理解**　心理学が哲学や思想から独立して科学としての心理学となっていく過程には，19世紀前半までに，ウェーバー（Weber, E. H.），フェヒナー（Fechner, G. T.），フォン・ヘルムホルツ（von Helmholtz, H.）らに代表される物理学，生理学，医学という3つの領域の科学者たちの「精神」や「心」への関心，それに関わる身体の諸器官の構造や機能の研究，そして精神や心の測定法の発展が不可欠であった．ヴント（Wundt, W.）による，1879年のライプツィヒ大学における心理学研究室の創設も，生理学的心理学や精神物理学が展開していくこの時代の影響を強く受けていた．彼は学問対象としての「意識」の研究法として，厳密な方法論に基づく内観法を打ち立て，その分析を通して抽象化や熟考によって変容されていない経験の生き生きとした内容をとらえようとした（Fuchs & Milar, 2003）．この内観法を用いた実験では，実験者と被験者が明確には分離してはおらず，少人数の研究者が互いに実験者と被験者を交替して内観法の経験を積むことで，その方法の厳密さを担保しようとするものでもあった．また当然そのサンプルは少数かつ限られたものであった．

　しかしその後，ヴントの内観法についての考え方とは異なる考え方が唱えられたり，同じ現象のもとでの内観が研究室ごとに大きく異なることがわかったり，さらには実験者と被験者間の分離が実際にはかなり困難であることが指摘されることで，実験者と被験者の役割が分かれ，前者による後者の科学的管理が心理学

実験の基本的なあり方となった．この傾向は，動物を対象とする比較心理学，幼児を対象とする発達心理学が一般的になるにつれて，そして，ランダム化，繰返し実験，局所管理を特徴とするフィッシャー（Fisher, R. A.）による実験計画法が心理学に持ち込まれることで，最高潮に達することになる．

　こうした実験法における科学的管理は，スキナー（Skinner, B. F.）以前の実験心理学においても当然のことながら踏襲されていた．動物の実験的利用は，実験者が言語教示に頼らないことから，実験者と被験者の分離という問題への1つの回答となっていた．比較心理学として出発した動物実験は，強くダーウィニズムの影響を受けており，当初はどちらかというと今日でいうところのエソロジー（動物行動学・比較行動学）としての色合いが濃いものであった（Boakes, 1984）．ワトソン（Watson, J. B.）やソーンダイク（Thorndike, E. L.）の研究もその延長上にあり，個別個体の行動の観察が中心であった．

　しかし実験計画法が心理学に浸透するにつれ，動物実験でも1930年代当時においては群間比較法が使われるようになってきた．その一方で，スキナーはパヴロフ（Pavlov, I. P.）やシェリントン（Sherrington, C. S.）ら生理学者たちの少数例での実験法を踏襲しており，個体レベルでの行動の実験的再現とそれに基づいた行動の規則性の発見に力点を置いていた（Iversen, 2013; Sidman, 1960; Skinner, 1956）．初めての体系的著作である *The Behavior of Organisms*（Skinner, 1938）やファースター（Ferster, C. B）との共著である *Schedules of Reinforcement*（Ferster & Skinner, 1957）の数多くの累積記録にその具体例を見ることができる．こうした帰納的累積的な漸近としての科学的知のあり方への確信は，きわめて素朴に見えるかもしれないが，群間比較法のもつ固有の問題，すなわち個体の行動にとって，サンプルの平均と分散によって表現される誤差はどのような意味をもつのか，を少数例での実験の根拠となる単一事例法（☞「実験計画法（個体内条件比較法）その1：そのロジックとデザイン，定常状態」）によって回避できている長所にも目を向けるべきであろう（Lattal, 2013）．

　環境要因の役割を見出すべく動物実験で用いられたスキナーの方略は，ヒトを対象とする行動研究でも用いられた．例えば，医療施設などでのトークン経済の導入などに，その具体例を見出すことができる．実験という方法が，観察や調査と比較して，相関関係や偶発的な連関ではなく因果関係を見出すことに長けていることは，すでに多くの研究者によって指摘されてきた（例えば，Dinsmoor, 2003）．スキナーもまた実験的な態度で社会的な随伴性をより良いものに変えていくことに強い関心があり，*Walden Two*（Skinner, 1948b 宇津木 保・宇津木 正訳 1969）に，その一端を見ることができる（坂上，2002）．

●**環境と行動の随伴性**　随伴性，すなわち複数事象間の時間的確率的関係性という考え方は，行動分析学の分析法の根幹にあるといっても言いすぎではない．この考え方にたどり着くには，レスポンデント条件づけからオペラント条件づけが

分離し独立していくという理論的な展開が必要であった（Konorski & Miller, 1937；Skinner, 1937）．こうして随伴性は，まず，先行するパヴロフから連綿と続く学習理論が生み出した考え方といえる．

　レスポンデント条件づけの原理だけをもって学習の原理とする考え方をレスポンデント条件づけ一元論とよぶならば，この一元論は様々な形を取りながら現在でも脈々と受け継がれている．しかし，21 世紀前後から急速に理解が進んでいる機械学習，その中でも特に強化学習（Sutton & Barto, 1998）は，ある意味でオペラント条件づけの原理に基づいており，今日の「人工知能」研究の著しい展開の中で，スキナーが採用したレスポンデント・オペラント両条件づけ二元論は，新しい現代的意味を獲得しつつあるといえる．しかし，「条件づけ」は一連の随伴性によって構成された手続き・過程・事態であって，随伴性そのものではない．したがって，条件づけの理解のためには，随伴性の考え方を知る必要がある．

　現在，実験者が操作対象とする随伴性には，大きく①刺激-刺激（S：S），②反応-刺激（R：S），③刺激-反応-刺激（S：R：S），④反応-反応（R：R），の 4 つを見出すことができる．オペラント条件づけの中核となっているのは，このうち②の R：S 随伴性であり，一般には強化随伴性とよばれている．この随伴性は，ダーウィン（Darwin, C.R.）の自然淘汰による進化のメカニズム（スキナーはこれを生存随伴性とよんだ）と対応して論じられる．スキナーは，社会や集団の興隆から消滅までのメカニズムを制御していると考えられる文化随伴性とともに，変動，淘汰，持続（あるいは遺伝）の 3 つによる共通のメカニズムをこれら随伴性が有していると考えた．こうして，進化論における自然淘汰の考え方もまた，随伴性の枠組みを創出するにあたって，多大な貢献があったといってよい．

　③の S：R：S 随伴性は，三項強化随伴性とよばれ，弁別オペラント条件づけの中核的部分を構成する．ことに臨床の実践場面では，行動の機能的定義を行ううえで重要な枠組みを与えている．この随伴性は，刺激の新しい機能である弁別機能を，誘発機能（レスポンデント条件づけ場面）と淘汰機能（オペラント条件づけ場面）に加えることになった．これによって，1 つの刺激が少なくとも 3 つの機能をもつ可能性を検討し，それらが行動とどのように関係しているかを吟味する必要がある（刺激の多重機能）．

　④の R：R 随伴性については，いまだ特定の名前はないが，異なる複数の反応が相互にその生起を制約し合っているような場面，いわゆるプレマックの原理や反応遮断化理論によって記述される「強化相対性」が働く場面での随伴性を意味している．この随伴性によって，行動分析学は行動生態学やミクロ経済学との接点をもつようになり，新たな理論的分析が進むことになった．

●**私的事象・ルール支配行動・言語行動**　論理実証主義やそれに近い科学観では，客観性が成立することが科学的であることの重要な要件となる．かくして，ワト

ソンの古典的行動主義が主張するそれ以前の心理学との決別の1つが，この客観性の成立を，方法としての内観がいかに侵犯しているかという問いとなる．すでに述べたように，ヴントは心理学を意識の科学とするために，様々な制約を課して内観という方法を導入したが，その後，内観法自体が変質したことや，研究室間での結果の同一性が保証されないことから，内観法への疑念が抱かれるようになる．それを代弁したのが，古典的行動主義であったといってもよい．機能主義のプラクティカルな伝統のもとで広く受け入れられた古典的行動主義は，後に単純な刺激-反応理論を改良するべく有機体を導入したハル（Hull, C. L.）やトールマン（Tolman, E. C.）の新行動主義（およびその後継者である認知主義）と，S：S随伴性にR：S随伴性を対置させた徹底的行動主義とに分かれることになるが，客観性の保持ゆえに観察可能な行動を研究対象とする主張（方法論的行動主義）を後者が否定している点においても両者は大きく異なる．

　客観性が成立することとは，多くの場合，第三者による観察可能性を指しているが，そのことと，感じることや考えることなどの行動的な現象が経験されることとは，別の出来事であると考え，スキナーは自分が接近可能である事象のことを私的事象と名づけ，他者が接近可能である公的事象と区別した．彼は，そうすることで，「意識」的現象を行動の原因ではなく，行動そのものととらえると同時に，この私的事象をどのように公的にしていくのかというように，「意識」についての客観性の問題を組み替えたのである．こうして，私的事象は観察可能な行動とは異なる何かなのではなく，同じ規則性や枠組みを適用可能な行動もしくはその行動から生成されたものと考えることができる（Palmer, 2009）．

　私的事象を公的にするうえで，その個体が属する言語共同体と言語行動のもつ役割は重大である．個体の発達を通じて，言語共同体はその私的事象と一致する公的事象を用いて私的事象を公的にしていく．言語行動は聞き手の強化によって維持されるが，そうした言語行動の随伴性が私的事象の公的化，すなわち「自己意識」の問題と深く結びついているのである．

　一方，タクトされた随伴性を弁別刺激とするその刺激性制御下にあるルール支配行動は，直接随伴性にさらされている随伴性形成行動と比較して，急速に新しい行動を獲得する半面，随伴性の変化に対して敏感ではない．このルール支配行動も，自己を制御する言語行動という観点からいえば，「自己意識」の問題と深く関わっている．私たちは，私的事象もルール支配行動も，「現時点のその場所に存在しない」刺激による行動の制御と関連があることに注意を向ける必要があろう（坂上・井上，2018 第9章）．スキナーによるこれらの用語の助けを借りることで，心理学が解明の対象とする「心」を行動分析学の枠組みの中でうまく説明できるかについてはいまだ論争の的であり（例えば，2011年 *Behavior Analyst* 34巻2号），その鍵は今後の研究の進展にかかっている． ［坂上貴之］

徹底的行動主義

☞心理学と行動分析学 p.4

　徹底的行動主義は，スキナー（Skinner, B. F.）により体系化された行動分析学のあり方を示すメタ科学である．このことについて何も知らなくても実験論文は書ける．しかし，何を目指し，何について，どういう方法で分析するのかという指針をもたなければ，研究を継続・発展させることはできない．徹底的行動主義を受け入れるにせよ，違う立場を選ぶにせよ，このメタ科学の特徴を正確に理解しておく必要がある．

●名称の由来
①行動主義の由来　「行動主義」(behaviorism)は，ワトソン（Watson, J. B.）が 1912 年にコロンビア大学で講義，翌 1913 年に *Psychology as the Behaviorist Views It*.（Watson, 1913）を刊行したことで広く知られるようになった立場である．
②"radical"の由来　1920～1930 年代には，"radical behaviorism"はワトソンの行動主義を指し示す意味で使われていたこともあった(Schneider & Morris, 1987)．スキナー自身がみずからの行動主義に"radical"という形容詞をつけたのは，1945 年，*Psychological Review* 誌上での操作主義について討論が最初であるとされている．その後 1960 年代半ばからは，行動分析学の思想的基盤として"radical behaviorism"が定着し，1970～1980 年代には広く使われるようになった．
③「徹底的」という訳語の由来　"radical behaviorism"を「徹底的行動主義」と訳したのは浅野俊夫である．1975 年，浅野の博士学位請求論文の中でこの訳語が最初に使用され，その論文の理論的展開部分を公刊した『心理学評論』（浅野，1975）の p.193 に同じ訳語が使用されている．浅野によれば，「radical＝急進的」という訳語では中心からはずれる印象があったので，本来目指していたものに向かうという意味をこめて「radical＝徹底的」という訳語をあてたとのことである．「徹底的行動主義」という訳語は，その後，心理学の概説書（佐藤，1983）でも使用され，定訳となっていった．

●歴史的経緯からみた特徴　以上述べた歴史的経緯を尊重すれば，徹底的行動主義は，「①行動主義とは何か」「②スキナーは，徹底的行動主義を他の行動主義とどう区別したか」という 2 点によって特徴づけるべきであろう．ただし，後述するように，スキナー以後の行動分析学の発展の中で新たに重視されるようになった特徴にも目を向ける必要がある．
①行動主義とは何か　ボーム（Baum, 2005 森山訳 2016）によれば，行動主義とは，「行動の科学は可能である」とする思想である．ただし，これだけでは，科学とは何か，行動とは何か，という議論が生じる．また，行動主義の種々の

立場は，必ずしも共通の前提から出発したわけではない．よって，最も広義に定義するなら，「ある種の科学的方法に基づき，独自のやり方で行動を定義し，その行動の原因を探ったり，予測したり，影響を与えたりする研究」は，すべて行動主義に含まれるとみなしてよいだろう．

②スキナーの徹底的行動主義　以上をふまえたうえで，まずは，歴史的経緯に基づいて特徴づけする．佐藤（1983）は，心理学の概説書の中で，徹底的行動主義を以下のように紹介している．

「Skinner（1938）は"行動とは，個体（an organism）の働き（functioning）のうちで，外界に働きかけ（acting upon）または交渉をもつ（having commerce with）ものである"と，行動を定義する．この定義からは，行動は他者から観察可能，すなわち顕現的である必要はなく，非顕現的な行動もあることになる．（中略）したがって，スキナーは，公共的に観察することのできない出来事は科学の対象とはならないとする方法論的行動主義（methodological behaviorism）を退け，"意識"も行動として分析できるという立場（これをスキナーは徹底的行動主義［radical behaviorism］とよぶ）をとる．」

さらに佐藤（1985）は徹底的行動主義と他の行動主義などとの違いをフローチャートにより明確にした．それによれば，まず，「私的出来事は心理学体系に何らかの位置を占めるか？」という問いで分岐する．これに YES と答えれば徹底的行動主義，NO と答えれば方法論的行動主義ということになる．方法論的行動主義は，さらに，「論理的操作的に定義される内的構成概念は必要か？」という問いで分岐し，それに NO と答えればワトソンの記述的行動主義となる．YES と答えた場合，構成概念として「刺激と反応の連合」を採用すればハル（Hull, C.L.）の新行動主義，「刺激と刺激の連合」であればトールマン（Tolman, E.C.）の目的的行動主義，行動の言葉に還元できないような認知的構成概念を採用すれば認知心理学というように分岐する．

佐藤（1985）がフローチャートの出発点に私的出来事（私的事象）の問いを入れたことは，Skinner（1945）による徹底的行動主義と方法論的行動主義の区別を正確に反映したものといえるだろう．

●**徹底的行動主義の重要な特徴**　徹底的行動主義は，私的出来事を扱うという上記に加えて，以下のように特徴づけることができる．

①機能的定義　徹底的行動主義では，刺激や反応は機能的に定義される．刺激については，例えば，梅干しの写真は唾液分泌を誘発する条件刺激として機能し，チョコレートはオペラント行動の強化子として機能するなどといわれる．いずれの場合も，梅干し写真の画素自体，あるいはチョコレートの化学成分自体にはそのような機能は含まれていないが，そのように記述することで，心理主義的な暗黙の前提をおかずに外界と個体との機能的関係だけを明確にとらえることができる．

行動の機能的定義とは，例えば，ネズミがスキナー箱のレバーを鼻先で押しても，左前足で押しても，右前足で押しても，尻尾で押しても，レバーを押すという機能は同一であり，同じ行動（オペラントクラスあるいは機能的単位）として定義することを意味する．なおスポーツ選手のトレーニングや職人の修業のように，筋肉を使った反応の技能向上を目的とする訓練では，反応の形態的特性に注目し，スキル向上に有用な特定の反応を分化強化する場合もある．

②**実用主義**　現代の徹底的行動主義は実用主義に基づいている．実用主義が考える科学とは，「人間が自然に対して経験する事柄（すなわち，「自然世界」について私たちが経験すること）を節約的にそして包括的に記述するという営みということになる（Baum, 2005 森山訳 2016）．科学とは，人間と独立して存在している「真理」を人間がどうにかこうにかして見つけ出す作業ではない．ゴール（特定のねらいや目標）を実現するうえで，何が有用なのかということが真理基準となる．佐藤(1976)の言葉を借りれば，「科学とは自然を人間が秩序づける作業（である）」「科学理論には正しい理論とか誤った理論とかの区別があるわけではなく，有効な理論と有効でない理論の区別があるだけ(なのである)」ということもできる．

　実用主義に対立する考え方としては，実在論がある．ボーム（Baum, 2005 森山訳 2016）は，方法論的行動主義は，実在論に基づいた見方であり，二元論的な見方をすると論じている．

③**帰納主義**　オドノヒュー（O'Donohue, W.）とファーガソン（Ferguson, K. E.）は，スキナーの思想に影響を与えた一人としてベーコン（Bacon, F.）をあげているが（O'Donohue & Ferguson, 2001 佐久間監訳 2005），とりわけ，ベーコンが説いた，「知識を得るための最良の手段として観察と実験を強調する」「既存の信じられている仮説のテストではなく，帰納法こそが科学の方法論としてふさわしい」という2点は，徹底的行動主義の研究スタイルの基本となっている．徹底的行動主義は，「論理的操作的に定義される内的構成概念」からなるモデルづくりは無駄であると考えるゆえ，仮説演繹法的なスタイルをとらない．むしろ，「ある法則の及ぶ範囲を広げ，その生起条件を確定するための実験」（「生起条件探求型」実験）を重視している（佐藤，1993；長谷川，1998）．

●**スキナー以後の徹底的行動主義**　ここでは，メタ科学のレベルで特に重要と思われる2つの立場を紹介する．これらはいずれも徹底的行動主義の根幹に関わる議論を含むものである．

①**巨視的行動主義**　ラックリン（Rachlin, H.）やボームの巨視的行動主義では，公的，私的といった瞬間的，個別化された行為はあまり重要ではないとされる．私的出来事を，巨視的にとらえた公的な活動に含めて扱うことは実質的に私的出来事の軽視につながる．この考え方は徹底的行動主義ではなく方法論的行動主

義への回帰ではないかという激しい批判もある(例えば, Moore, 2011). ボーム (Baum, 2011b, c, 2017) は, これに対して, 二元論を否定している点, 私的出来事を排除するのではなく, 実質的に公的出来事としてとらえる点などで, 方法論的行動主義とは異なると反論しているが, 溝は深まったままである.

②**機能的文脈主義** 関係フレーム理論 (relational frame theory, RFT) やアクセプタンス＆コミットメント・セラピー (acceptance & commitment therapy, ACT) は徹底的行動主義を出発点としており, いくつかの概説書では冒頭の章で徹底的行動主義が詳しく特徴づけされている (例えば, 武藤, 2006, 2011 ; Törneke, 2010 武藤・熊野監訳 2013). ただし, ヘイズら (Hayes, S. C.) が編集した ACT や RFT の基本書 (Hayes et al., 2011 武藤他監訳 2014 ; Hayes et al., 2001) では, もっぱら「機能的文脈主義」を使用している基本書もあり, また「文脈的行動科学」という呼称も使われている.

彼らは, ペパー (Pepper, 1942) の「世界仮説」の枠組みの中で, 機能的文脈主義を特徴づけている (武藤, 2001 ; 2006 ; 2011). ペパーによれば, 様々な思想・主義は, a. 世界は要素で構成されているか, b. 世界は1つのストーリーとして語ることが可能か, という2つの問いにより4つに分類される. このうちのいずれに対しても肯定的な立場をとるのが機械主義であり, 機械をルート・メタファとし, 言語構成体とその構成体によって示唆される新事実との一致を真理基準としている. 一方, 上記のいずれに対しても否定的な立場をとるのが文脈主義であり, 文脈中に生じている進行中の行為をルート・メタファとし, 恣意的なゴールの達成を真理基準としている. 武藤 (2001 ; 2006 ; 2011) によれば, スキナーの徹底的行動主義は, 初期の著作には機械主義と文脈主義が混在していると指摘されているが, 全体として行動分析学は, 文脈主義の特色を有すると結論されている. なお, 徹底的行動主義はイコール機能的文脈主義というわけでもない. 武藤 (2011) は, 「機能的文脈主義は, 形而上学的な社会構築主義と徹底的行動主義との [架け橋的] な役割を果たす可能性があるともいえる.」また「機能的文脈主義は徹底的行動主義に含まれる. その一方で, 方法論的行動主義とは異なる. しかし, 形而上学的な社会構築主義や徹底的行動主義とまったく同一の思想的立場ではない.」と特徴づけている.

●**今後** 巨視的行動主義は, 個人ばかりでなく集団や社会全体の随伴性にまで目を向けており, 実際, ボーム (Baum, 2005 森山訳 2016) のタイトルは *Understanding Behaviorism : Behavior, Culture and Evolution* となっていて, 三部構成のうちの第三部は社会問題に焦点があてられている. 一方, 機能的文脈主義は, 文脈の中での個人個人の行動に焦点があてられるため, ACT のような心理療法を生み出している. 「社会問題は巨視的行動主義, 個人の悩みは機能的文脈主義」というすみ分けが自然にできあがっていく可能性もある. [長谷川芳典]

因果分析

☞行動の原因 p. 16

　ある現象を引き起こす原因や現象の生起に関与する事象を明らかにすることが因果分析である．因果分析は科学者の研究活動の主要な部分を占める．感染症の研究者は，研究対象である特定の感染症について，病原体を含めて発病に関係する諸条件を明らかにするため因果分析を行う．そしてこの分析に成功すれば，それら諸条件の状態を知ることによってその感染症の発病を予測することが可能となるし，もし諸条件が操作できるのであれば，感染症の予防や治療も可能となる．同じように行動分析の研究者は，研究や介入の対象となっている行動について，環境や環境歴の中で何がその行動の原因であるか，あるいは何がその行動の生起に影響を及ぼしているかをつきとめようとする．そしてこの因果分析に成功すれば，原因や影響要因の状態を知ることによってその行動の生起を予測できるし，原因や影響要因を操作できる限りにおいて，その行動を制御することも可能となる．行動の因果関係の解明は，もちろん行動分析以外の行動科学でも重要な研究課題であるが，個体外部の事象に行動の「原因」を求める点が行動分析における因果分析の特徴といえる．

●**相関関係と因果関係**　ある児童の私語が障害児のクラスで問題であったとする．私語の原因を探ろうとするとき，行動観察という方法が考えられるかもしれない．観察の結果，何か（以下，Xとする）が私語と同時に，かつ反復的に起きることがわかったとする．このような場合，Xと私語の間には相関関係があるといわれる．しかし相関があるからといって，ただちにXを私語の原因であると考えることはできない．Xが私語の原因だったのではなく，逆に私語がXの原因であったのかもしれないし，あるいは，Xではない別の何かが私語とXの両方にとって原因であったのかもしれない．したがって観察だけで因果関係を明らかにすることは難しい．実験は因果関係にアプローチするための有力な方法である．具体的な事例を見てみよう．ホールら（Hall et al., 1971）は，ある障害児の私語に関する実験について報告している．実験はクラスの授業中に教師が実験者となって行われた．私語の原因かもしれない外部事象として取り上げたのは教師からの「注目」である．Aフェーズでは私語があれば教師は（普段どおり）叱責や注意の形で注目した．Bフェーズでは私語は一切注意せず，静かにしている行動に対して賞賛などの形で注目を随伴させた．ABABという反転法（反転デザイン）の手続きで行われたこの実験によって，注目が私語に随伴すれば私語が増え，私語には随伴せず他の行動に随伴すれば私語が減ることが示された（図1）．この児童の私語の原因（または原因の1つ）は教師の注目であることが明らかになった．因果分析において，実験者が

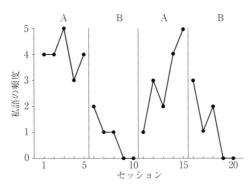

図1 私語の頻度に及ぼす「注目」の効果［Hall et al., 1971 をもとに作成］

直接操作する環境事象を独立変数とよび,この操作に依存して変化する(または変化することが期待される)行動の属性を従属変数とよぶ.ホールらの実験では教師の注目という独立変数を操作することによって,従属変数である私語の頻度が変化したわけである.この因果関係が明らかになったことから,私語と注目の随伴状態を知ることによって私語の頻度は予測できるし,注目を操作すれば私語の頻度を制御できることが示されたことになる.なおこの研究事例の注目のように,従属変数との間で因果関係が確認された独立変数は制御変数とよばれることがある.

●関数分析　因果分析はもちろん基礎領域の研究でも行われる.例えば,図2は選択行動の対応法則（Herrnstein, 1961）を示すものとしてよく紹介されるデータである.2つの反応のうち一方の反応が生じる割合はその反応への強化の割合に一致するというこのデータは,反応比率と強化比率の関係が,傾き1,切片0の一次関数として記述できることを示している.因果分析という言葉を「特定の標的行動の原因を同定すること」という狭い意味で理解すると,この実験は因果分析ではないように見えるかもしれない.しかし図2のデータも因果関係を表している.強化比率（独立変数）の操作に依存して反応比率（従属変数）が変化したこと,すなわち反応比率を決定する原因（少なくとも原因の1つ）が強化比率であったことを示しているからである.実験で直接操作されたものは強化比率であり,反応比率はこの操作によって変化している.したがって変数間の依存関係は明確なので,図2が示しているものは単なる相関関係ではない.この例のように,因果分析という用語を素直にあてはめにくい研究は基礎領域に限らず少なくない.因果分析と因果関係の代替となりうる言葉は関数分析と関数関係である.これらは,より多くの研究を包摂できる表現であると思われる.すなわちほとんどの実証研究は,狭義の因果分析的研究も含めて,独立変数とそれに依存して変化する従属変数の間の関数関係を見出そうとしている.その作業が関数分析なの

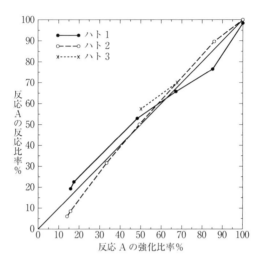

図2　3羽のハトにおける強化の比率と反応の比率の関係
[Herrnstein, 1961 をもとに作成]

である．「関数関係」や「関数分析」は，古くはスキナー（Skinner, B. F.）が好んで使用した言葉である．彼の最初の体系的理論書である *The Behavior of Organisms* では「我々は単なる観察を超えて関数関係の研究に進まねばならない．我々は行動の予測を可能とする法則を確立しなければならない．そのための唯一の方法は，行動がそれらの関数となっているところの諸変数を発見することである（Skinner, 1938：8）」と述べている．さらに *Science and Human Behavior* では因果分析と同義の言葉として「関数分析」を使用し，第3章の1つの節をすべてその説明にあてている（Skinner, 1953）．スキナー以後，現在においても，関数分析や関数関係という言葉が，因果分析や因果関係と同等またはそれ以上の頻度で使われていることは強調しておくべきであろう．ただし注意を要するのは，応用行動分析学における機能的アセスメントのうち，実験によるアセスメントの意味で，関数分析という語を用いる例が散見されることである．ある問題行動がどのような随伴性によって維持されているかを実験によって明らかにすることは，確かに関数分析とよんでもよい．しかしそれは関数分析という語が表現しているすべての研究行為のうちのほんの一部である．関数分析は問題行動の分析に限定される用語ではない．さらにいえば，仮に行動分析の概念的枠組みに従わないような分析であっても，独立変数と従属変数の関数関係を明らかにしようとするものであれば，それは関数分析である．実験による機能的アセスメントを関数分析と同一視することは間違いである．

●**因果関係と実験**　一般に X と Y の間に，X を原因，Y を結果とする因果関係

を主張するためには4つの条件を満たす必要があるとされる．それらは，① X が Y に時間的に先行すること，② Y が X 以外の効果であるという可能性を排除することも含めて，X と Y の関連の強さが示されること，③ X と Y の関連が普遍的であること，④ X と Y の関連が既存の知識と整合性をもつことの4条件である．実験は，適切に計画され実施される限りにおいて，その実験手続きによって①を自動的に保証することができる．②の条件は実験データによって評価される事柄である．また X 以外の変数による効果の可能性を排除することについては，実験の内的妥当姓を高める方策がとられる．例えば，適切な実験デザインを採用することによって，操作した独立変数とは異なる事象(剰余変数)に由来する効果を統制する．③は追試実験により，他の個体や他の場面，他の行動カテゴリーなどで再現性を確認することによって保証する．④は，実験に限らずすべての研究法に該当する方策として，先行研究や関連研究とのつき合わせによって保証することになる．先に「実験は因果関係にアプローチするための有力な方法である」と述べた．いうまでもなく，研究の目的や課題によって，適切な研究方法は異なる．しかし今それらの点は保留して，単に因果関係への接近法として研究法を評価したとき，実験は有力な方法であるにせよ，唯一の方法ではないことに気づく．重回帰分析や共分散構造分析を使えば，相関研究でも②の剰余変数の効果にあたるものを(統計的に)排除して関連の強さを示すことができる．③，④については実験と比較して特別に困難な部分はない．原理的に難しいのはせいぜい①の条件だが，多くの研究事例では間接的な証拠をもとに変数の時間的関係を合理的に判断できるはずである．

●**実験の価値**　「観察とそのデータの相関分析は変数間の相関しか示すことはできず，行動の予測につながったとしても，因果関係を明らかにすることはできない．実験は因果的事実を明らかにできる唯一の方法である」．こうした主張はおそらくこれまで何度もなされてきたし，今でも教条的に反復されているように思われる．しかしその主張が正しくないことは上に述べたとおりである．因果的事実への接近において実験は決して独占的な地位にあるわけではない．ではなぜ行動分析は，それでも実験にこだわるのだろうか．スキナーは次のように述べている．「関数分析には制御の概念が潜在している．制御可能な独立変数を発見すれば，この変数の関数である行動の制御手段を発見したことになる．（中略）ある変数が別の変数に対してもつ効果を実際に示してみせることによって，関数関係の妥当性を証明することは実験科学の本質である」(Skinner, 1953：227)．我々はこの言葉に，行動分析学が実験を重んじる理由を見ることができる．環境を動かせば行動が変わること，これを現に示してみせることに行動分析は高い価値を見出しているのである．数値を統計的に操作するのではなく，実際に環境を操作して行動を制御する．そのことによって関数関係を目のあたりにさせることが，基礎科学でもあり応用科学でもある行動分析学の特質なのである．　　　［堀　耕治］

行動の原因

☞因果分析 p.12

　生活体の「生の営み」が行動である．生活体がなぜそのような行動をするのか，それを問題にしたとき，行動の原因を問題にしていることになる．ある事象に私たちが遭遇したとき，それについて最も頻繁に行われる問いの1つは，「なぜそのような事象が起こるのか」であるだろう．行動についても同じである．人や動物の様々な行動を目にしたり，耳にしたりしたとき，人は「なぜその人やその動物は，そのような行動をするのだろう」と問う．

　ある事象がなぜ起こるのかについて，その原因を求める人間の営みは，原因と結果，すなわち因果の説明として，古くから行われてきた．因果律は，そのような説明の法則であり，一切のものは何らかの原因から生じた結果であり，原因がなくては何ものも生じないという法則である．古代ギリシャの哲学者アリストテレスによれば，ある事象についての原因は，形相因，質料因，目的因（自然因），起動因（効果因）の4つがある．形相因は，事象の本質に関する原因，事象の定義を決めるものであり，質料因は，事象を構成する材料，目的因（自然因）は，事象の目的である．起動因（効果因）は，事象の変化や運動の直接的な原因である．

●**行動の制御**　原因について，そのような説明が行われる理由は様々だろうが，おそらくその1つに，自分が感知した事象に対する制御への希求をあげることができる．自分が感知した事象をもたらす原因が明らかになれば，その事象を思うままに制御できる．事象が行動に関係することであれば，行動の原因を明らかにすることで，行動を意のままに制御できる．つまり「行動の制御」のために，行動の原因を明らかにするという営みがなされている．

　人類の歴史を概観すると，その歴史は，生活体の行動を含めた自然現象の制御の歴史であるといえる．火を意のままに操作して，暖をとったり，料理をしたりして，火を制御してきた．また，狩猟採集，牧畜，農耕といった文明も，自然や動植物の制御ということになる．人が家族や国家といった組織をつくれば，教育や政治といった「行動の制御」が行われる．そのような制御が成功した場合もあれば，そうでなかった場合も多くあった．したがって，行動の原因を明らかにしようとする人間の営みの背景には，行動をうまく制御する（行動分析学の言葉でいえば，「制御する」という行動の結果が強化的になるようにする）ことへの希求がある．

●**行動の原因についての説明**　行動を含めた自然界の事象について，その原因を説明する方法の1つにアニミズムがある．これは宗教の原初形態ともいえる説明であり，自然界のあらゆる事物が，生物と無生物を問わず，生命をもつものとみ

なし，その生命活動によって，様々な事象が生じるという説明である．行動についていえば，霊魂や仏性なるものによる説明がそれに相当する．「行動の原因」について，古くから行われてきた説明には，占星術や人相学，骨相学などの説明がある．それらの説明の妥当性や信頼性についてはよく議論されるところである．また，人のパーソナリティを分類するために提唱されたクレッチマー（Kretschmer, E.）の体格説やシェルドン（Sheldon, W. H.）の体質説などは，人の気質に関わる行動を，人の身体的構造によって説明する見方であるといえる．しかし，これらの説明は，仮に身体構造と気質に関わる行動との間に何らかの対応関係が見られたとしても，その関係を因果という関係でとらえると，誤解を招く可能性がある．

●**行動の関数関係** 私たちの環境で生起している事象の原因は，たった1つだけではない．多様な事柄がそのような事象の生起に関係している．したがって，結果となる事象の原因は1つだけであると考えて，その1つの原因と，結果である事象との関係だけを問題にすることは意味がない．そうであるなら，行動の原因を問題にするとき，行動についての因果関係を明らかにするというよりは，ある環境事象と，ある行動との間の関数関係（あるいは機能的関係）を明らかにすることが重要である．この場合，環境事象が独立変数，そして，行動が従属変数として設定され，独立変数の変動によってのみ従属変数である行動が変動する場合に，両者の間に関数関係があるということになる．行動を科学する場合には，このような視点で行動を分析する．環境事象と行動との単なる相互関係（相関）による説明は，行動の説明として十分ではない．

●**行動の近接因と遠隔因** 行動の独立変数を見つける場合，最も容易な方法は，一般的に，行動が生起したときに時間的に近いときに生じた環境事象に，あるいは，行動が生起した場所に空間的に近いところで生じた環境事象に，行動の独立変数を求める方法である．それは行動の近接因を求める方法である．通常，行動の直前に起こった環境事象に，その独立変数が求められる場合が多い．種に特有な定型化運動パターンの行動や，反射的な行動（レスポンデント行動）であれば，その独立変数は，解発子，無条件刺激，条件刺激ということになる．オペラント行動であれば，確立操作に関わる刺激文脈や弁別刺激，あるいは，その行動の直後の結果といった環境事象である．

一方，過去の出来事や空間的に隔たる事象が，現在の行動の独立変数である場合，そのような変数は行動の遠隔因とよばれる．過去の出来事は行動履歴ともよばれる．種に特有な定型化運動パターンは，生物の進化における環境と行動との関わりによって獲得された生得的行動である．このような生得的行動の遠隔因は，系統発生的随伴性（自然選択による進化）に求めることができる．さらに，学習性のレスポンデント反応（条件反応）の遠隔因は，中性刺激と無条件刺激の

対提示といった，過去に経験された刺激間の関係である．オペラント反応の場合，過去に経験された，この反応とそれに随伴した後続事象との関係である個体発生的随伴性である．他に，人の集団で営まれる文化随伴性も人の行動の遠隔因である．なお，系統発生的随伴性に基づく行動が個体発生的随伴性の行動の獲得に及ぼす影響は，「学習における生物学的制約」とよばれる．オペラント条件づけにおける生物学的制約の例として，ブリーランド夫妻（Breland & Breland, 1961）が報告した本能的逸脱と呼ばれる現象がある．これは，様々な動物への複雑な行動のオペラント条件づけの過程で，強化子に関連した生得的な行動が出現する現象である．

●**行動の内的原因**　行動の遠隔因を同定することは，多くの場合，困難である．なぜなら，そのような変数は，現在の行動と，時間的にも空間的にも隔たっているからである．そのため，遠隔因で行動を説明するとき，この隔たりを埋め合わせる工夫がなされる場合が多い．つまり，遠隔因と現在の行動との間に何らかの仲介要因を構築して，それで行動を説明しようとする場合が多い．そのような説明は，概して，行動の原因を遠隔因やそれに関連する現在の変数に求めようとせずに仲介要因に求める傾向がある．スキナー（Skinner, B. F.）は，そのような説明を内的原因による説明とした（Skinner, 1953）．

　説明の対象となる事象の内側に，その事象の活動や作用の原因（すなわち，内的原因）を求めようとする営みは，歴史を概観すると，すべての科学でみられた．例えば，物理学の場合，物体の運動の原因（作用因）を，物体内部に存在すると考えられた運動エネルギーの活力に求めたり，化学の場合，燃焼の作用因を，燃焼物体の内部に存在すると考えられたフロギストンに求めたりした．生物学では，生活体内部の自然治癒力に生命活動の原因を求めたりした．東洋医学で語られる気も，生命活動の内的原因といえる．生活体の行動を内的原因で説明する営みは，行動の科学でも見られる．そのような内的原因としてスキナーは，神経系，精神的な内的原因，概念的な内的原因をあげている．

　生活体がなぜそのような行動をするのか，その原因を生活体の神経系に求める営みは古くからあった．行動の異常や身体障害の原因を中枢神経系や末梢神経系の異常で説明したりしたのは，決して新しくはない．神経系の電気的過程あるいは化学的過程を調べるための技術が十分に発達していなかった頃，多くの場合，そのような説明は，行動からの推測によってなされた．しかし，神経系の活動を調べるための技術が発展するにつれて，神経系と行動との間に密接な対応関係があることが明らかになった．そのために，神経系が行動の直接的な原因であるかのように語られる場合が多い．レスポンデント行動を，反射弓（受容器から発した興奮が，求心神経経路・介在ニューロン・遠心神経経路を経て筋などの実行器にいたり反応を起こすという全経路）で説明するのもその例である．スキナーに

よれば，神経系による行動の完全な説明は，いずれは可能になるにしても，なぜ神経系の活動が生じるのか，その究極的な原因は，生活体の外の事象にあるのだから，行動の予測と制御という点からみると，行動の原因を生活体内部の神経系に求めることには限界がある，ということになる．

スキナーが取り上げた2つ目の内的原因は，精神的な内的原因である．そのような内的原因で行動を説明する原初的な営みに既述のアニミズムがある．また，パーソナリティや心といわれているものも精神的な内的原因である．フロイト（Freud, S.）においては，イド，超自我，自我といった概念が行動の原因とされている．しかし，精神的な内的作用因なる原因を構築して（その構築は虚構であるが），それによって行動を説明する方法は，神経系による説明以上に，行動の予測と制御にとって有用ではない，とスキナーは述べている．

3つ目の内的原因としてスキナーが取り上げたのは，概念的な内的原因である．そのような内的原因として彼が取り上げたのは，「空腹」「習慣」「知能」といった用語である．「知能があるから，問題が解決できる」という説明は，知能を問題解決行動の内的原因としている．概念的な内的原因は，神経系で語られる神経学的次元や，精神的な内的原因で語られる精神的次元のような特定の次元をまったくもたない，とスキナーは述べている．

スキナーは，行動の原因を内的原因に求めるやり方は，「行動の独立変数」を科学的に同定することを困難にする，と述べている．行動の原因は，生活体の外にあり，生活体の現在の環境と過去の行動履歴との関わりに求めることができるのであって，それらの変数は，物理的にも化学的にも取り扱える変数である，と彼は主張した．

他に，感覚や感情を行動の内的原因とする見方もある．しかし，感覚と感情は，行動分析学の視点からすれば，生活体の内的行動（私的事象）であって，行動の原因というよりはむしろ，説明されるべき行動である．

行動分析学は，「行動の予測と制御」を志向する．そうであれば，行動の原因を内的原因に求めることは，行動分析学の視点からすれば，適切ではない．行動分析学のこのような主張は，「行動分析学は生活体内部の過程を考慮していない」という誤解を招いている．行動分析学が認めていないのは，内的過程そのものではなくて，内的過程を行動の独立変数ととらえる視点である． ［森山哲美］

参考文献

Baum, W. M.（2005）. *Understanding behaviorism: Behavior, culture, and evolution*（2nd ed.）. Blackwell Publishing.（ボーム，W. M. 森山 哲美（訳）（2016）. 行動主義を理解する―行動・文化・進化 二瓶社）

Skinner, B. F.（1974）. *About behaviorism*. Knopf.

Skinner, B. F.（1953）. *Science and human behavior*. Macmillan.（スキナー，B. F. 河合 伊六他（訳）（2003）. 科学と人間行動 二瓶社）

行動分析学と倫理

☞剝奪処置 p.164, 動物実験倫理 p.176, 社会的妥当性 p.522, 心理臨床：個人開業 p.678

　心理学に限らず広く科学的研究を束ねる諸学会によって倫理綱領や規程がつくられるようになった背景には，戦時中ならびに戦争後の非人道的な人体実験（例えば，ニュルンベルク裁判を通じて明らかにされたナチス・ドイツの人体実験，マンハッタン計画での放射性物質の人体への影響を調べた研究，そしてアメリカ公衆衛生局によるアラバマ州タスキギーでの梅毒実験など）がある．そしてそれらへの反省に基づいてできあがった，ニュルンベルク綱領，ヘルシンキ宣言，ベルモント・レポートの3つの文書のうえに，その後の倫理綱領や規程がある．例えば，ベルモント・レポートは，人格の尊重，恩恵（善行），正義の3つを基本原則とし，それぞれを説明付き同意，リスクと利益の評価，対象者の（公平な）選択の3つの手段で担保しており，それ以降の研究倫理の基本的骨格を与えた．

●**実験行動分析学の倫理的な基礎**　心理学，特に実験系の心理学における実験の実施をめぐる倫理原則として，河原・坂上（2010）は，以下の2つの大きな区分のもとに7つの倫理項目をコンパクトに集約している（図1）．

①人権の尊重および自発参加：平等で公正な対応，自己決定の保障，プライバシー保護・守秘義務

②実験で生じうるリスクの回避：心身の安全，他者や社会への貢献，他者や社会への責任，専門性の統合的研鑽

　彼らはこれをもとに，アメリカ心理学会（2002年），日本心理学会（2009年），人間工学会（2009年）の倫理原則との対応を行っている（河原・坂上，2010）．また，ベルモント・レポートとの対応については，レポートでいう「人格の尊重」は①に，「恩恵（善行）」は②にほぼ対応し，「正義」は①の最初の項目である，「平等で公正な対応」にあたると考える．

　こうした原則は倫理的な行動のリストを掲げていると考えることもできる．とすれば，こうした倫理的行動をどのように自発させ，また維持していくかが問われることになる．ベルモント・レポートの倫理項目を担保していた手段は，これにあたる．表1には，倫理項目に対応させて，倫理審査委員会の設置，講習会実施，研究ノートの作成，事後開示，研究の開示などがこうした倫理的行動を維持する手段として掲載されている．さらに河原・坂上（2010）は，「研究の段階と必要書類」を用いて，研究に沿った必要書類の準備とその役割について述べ，倫理的行動がうまく自発されるような仕組みをつくっていくことを強調している．

　ここでの研究倫理は，ヒトを被験対象とした実験行動分析学の領域の研究に直接関わってくると考えられるが，ヒト以外の動物を対象とした研究，または次に

述べる応用行動分析学の領域の研究についても基本姿勢は共通である．なお，動物研究での倫理については森山（2004）が詳述している（「☞動物実験倫理」）．
●**応用行動分析学と倫理**　応用行動分析学は，学問の性質上，いくつもの倫理的問題に直面している．例えば，しばしば応用場面では問題となる行動を減少させる必要に迫られることがあり，特に提示型弱化子による行動の制御の取扱いが話題に上る（中野，1996）．また，弱化子や除去型強化子を用いた行動の制御を一般に嫌悪性制御とよぶが，この制御は日常的には「罰」（弱化）とよばれ，特に教育場面での「体罰」の問題は，メディアを通じてしばしば論議の対象となってきた．日本行動分析学会は，嫌悪性制御の観点からこの問題について2014年に「『体罰』に反対する声明」という形で意見を表明し，専門的見解を明らかにしている．

　しかし，問題は「罰」に関わる話題だけでなく，応用場面で用いられる行動分析学的な方法論や，その哲学的基盤となっている徹底的行動主義の考え方までもが，「倫理」の名のもとに社会的批判が浴びせられてきたことにある．例えば，病院などの治療場面で，患者が新しい行動を獲得するためのトークン経済の使用が，患者の権利を侵害している（患者が金銭を自由に使って事物を手に入れられない）とした判例に対し，人に事物を与えることで，むしろその人の行動の自発を損なっているとの反論がなされてきた（Skinner, 1975 西村・中野訳 2004）．

　一方ヴァンホーテン（Van Houten, R.）は，行動変容のために計画された治療の，受け手（クライアント）もしくは潜在的な受け手が享受すべき，6つの権利（治療的環境，優先的目標が個人の幸福となっているサービス，適格な行動分析家による治療，機能的技能を教えるプログラム，行動査定と継続的評価，利用可能な最も効果的な治療手続き）を明示し，それを実現することが行動分析家の責務であるとして，倫理的行動のあり方を示している（Van Houten et al., 1988）．同様に，中野（2002）も，自身の講演で8つを応用行動分析家が守るべき倫理をあげ，その第1の倫理を「応用行動分析を専門にする個人は，応用行動分析の生成的次元（Baer et al. (1968) の応用的，行動的，分析的，概念的，テクノロジー的，有効であること，適切な般性の行動変化を生み出せること，の7次元）を使って，自己とその歴史を点検し，自分が「応用」行動分析家であることを確認するとともに，生成的次元に沿って，たえず自己向上に努める」としている．

●**倫理的行動と対抗制御**　スキナーは，その著書の第19章において，集団は「真実を語ること，他者を助けること，恩に報いること，お互いに強化しあうこと，などについて個人を強化する」（Skinner, 1953 河合他訳 2003, p.367）と述べている．坂上（2004）は，こうした行動は集団の維持効果をもたらすものと考え，集団維持行動とよんだ．そして集団の1つである「学会」を維持していくうえでも，会則や学会倫理綱領というかたちで，何が集団維持行動であるかを所属する成員に対して明示していると考えた．その中には，本項目では特に取り上げてこ

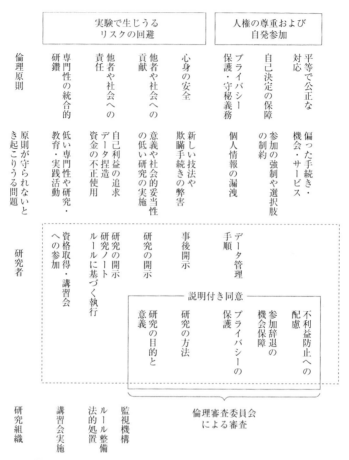

図1 倫理原則,原則が守られないときに起こりうる問題と研究者および研究組織の関わり［河原・坂上, 2010, p.13, 図1-4］
倫理原則は実験で生じうるリスクの回避と,人権の尊重および自発参加という2点に集約できる.研究者はこの2点を実現する責任をもち,説明付き同意と倫理審査委員会による審査は実験実施場面で原則の実現にきわめて大きな役割を果たす.

なかった捏造・偽造・盗用（fabrication, falsification, plagiarism の頭文字をとって FFP とよばれる）といった不正行為の例示も含まれている.つまり,ここで取り扱っているような倫理的行動を集団維持行動の1つとみなしたのである.

先に述べた7つの倫理項目,平等で公正な対応,自己決定の保障,プライバシー保護・守秘義務（以上,「人権の尊重および自発参加」），心身の安全,他者や社会への貢献,他者や社会への責任,専門性の統合的研鑽（以上,「実験で生

表1 研究の段階と必要書類 [河原・坂上, 2010, p.38, 表2-1]

研究の段階	実施事項	管理者	研究者	実験者	必要書類	ヒト	動物
研究の計画以前	講習会・講義	○			研究の「心得」	○	○
実施の計画	実験計画・予備作業		○		研究計画書	○	○
実施の準備	倫理審査委員会開催	○					
			○		研究倫理審査申請書	○	○
			○		参加者への実施説明書	○	
			○		参加者との同意書	○	
			○		参加者への募集要項	○	
	実施の承認	○			実験承認証	○	○
作業の開始	参加者・対象動物の確保		○	○		○	○
作業の実施	予備実験・実験訓練		○	○	実験実施マニュアル	○	○
	実験計画の変更・追加・修正		○	○	変更・追加・修正申告書	○	○
	実験の実施			○	研究ノート	○	○
	実験の結果		○	○	結果報告書	○	○
作業の終了	実験の終了と確認	○	○		終了報告書	○	○
成果公表の準備	実験成果の公刊		○			○	○
成果公表の終了	データの公開		○			△	○
データの処分	データの保管の終了と確認	○	○		廃棄報告書	○	

日本基礎心理学会「研究倫理ガイドブック」より一部を変更して掲載．○は必要なものを，△は実施が望ましいものを表す．

じうるリスクの回避」）のほとんどは，研究や臨床の場面で，研究者やセラピストが被験対象やクライアントよりもあらかじめ優位である，あるいはこれらの場面を通じて優位になる，という社会的制御の不均衡に対処しようとするものである．こうした社会的制御の不均衡に対して，行動分析学では対抗制御の重要性が強調されてきたことから，坂上（2004）は，「行動分析学を学ぶ者にとっての，学会における倫理的諸問題の基本課題とは，研究や臨床の場面において効果的な対抗制御をつくり出すことができる随伴性をどう設計するかという問題」（坂上，2004）であるとし，「実験行動分析学の倫理的な基礎」であげた倫理的問題の審査機関・相談機関・専門調査機関の設立，説明付き同意，インターネットによる倫理的問題の公開（例えば，Office of Research Integrity〔ORI〕の Misconduct Case Summaries）などが有効な対抗制御であると論じている．しかし，FFP などの非倫理的行動は，競争などの社会的随伴性によって維持されている側面もあり，今後もより深いレベルでの有効な対抗制御を設計する必要がある．

[坂上貴之]

参考文献
ベイリ，J., バーチ，M.（著）日本行動分析学会行動倫理研究会（訳）（2011）．行動分析家の倫理―責任ある実践へのガイドライン　二瓶社

I部 哲学，概念，歴史
2章 概念

- 意　識 …………………………… 26
- 言語行動 ………………………… 30
- オペラント行動 ………………… 34
- レスポンデント行動 …………… 38
- 三項強化随伴性 ………………… 42
- 刺激性制御 ……………………… 46
- 反応形成（シェイピング）：基礎 …… 50
- 強　化 …………………………… 54
- 強化（単一強化）スケジュール …… 58
- 強化（複雑な強化）スケジュール …… 62
- オペラント実験箱システム …… 66
- 反応の測度 ……………………… 70
- 行動の量的分析 ………………… 74
- 累積記録 ………………………… 78
- 実験計画法（群間比較法）
  ：そのロジックとデザイン …… 82
- 実験計画法（個体内条件比較法）
  その１：そのロジックとデザイン，
  定常状態 ……………………… 86
- 実験計画法（個体内条件比較法）
  その２：反転法，ABA法 ……… 90
- 実験計画法（個体内条件比較法）
  その３：多層ベースライン法 … 94
- 実験計画法（個体内条件比較法）
  その４：その他のデザイン …… 98
- 行動観察 ………………………… 102
- 統計的方法：グループデザイン，
  シングルケースデザイン …… 106
- 図表現 …………………………… 110
- 再現性 …………………………… 114
- 研究の機能 ……………………… 118
- インストルメンテーション …… 122
- 実験的行動分析学 ……………… 126
- 応用行動分析学 ………………… 130
- 心理療法 ………………………… 134
- 行動療法，認知療法，
  認知行動療法 ………………… 138

意識

☞ 言語行動と非言語行動 p.332, 意識性 p.340

　意識は，行動を主対象とする行動分析学においては心理学一般の理解とは異なる取扱いがなされてきた．端的には「意識も行動である」「意識は私的事象である」，そして「意識は行動の原因ではない」などと説明されている．意識は，心理学だけでなく，哲学，医学，宗教学，社会学などの専門分野や，また日常社会においても広範かつ頻繁に使用されている用語であり，したがって一義的に定義することは難しい．本項目では心理学における意識研究と対比させながら，行動分析学における意識の位置とその働きについて述べる．

●**意識と行動**　19世紀後半からスタートした現代心理学の歴史は，大きなくくりで見ると「意識」と「行動」のどちらを心理学の主対象とするかをめぐる論争の歴史であった．初期のヴント（Wundt, W. M.）を中心とした研究者たちは，感覚や感情といった意識現象を「内観」によって調べたが，1910年代にアメリカのワトソン（Watson, J. B.）が客観的に観察できる行動こそが心理学の対象でなければならないと行動主義を主張した．行動主義的な研究が盛んに行われている間，意識研究はしばらく停滞していたが，しかし，第二次世界大戦後の情報工学や認知心理学の発展にともなって，再び意識への関心が高まり，現在の認知科学の発展がもたらされた．

　一方，行動主義心理学においてもその立場によって，「意識」の取扱いが異なっている．初期のワトソンの行動主義は，意識および「内観」を科学的心理学の研究対象から排除する立場をとった．その後のハル（Hull, C. L.），トールマン（Tolman, E. C.）らの方法論的行動主義は意識を否定することはせず，行動データから意識のような内的な仮説的構成体を推定するという方法をとった．

　以上にあげた諸研究は，意識的事象を主対象とするものと行動的事象を主対象とするものというように方向性は大きく異なっているが，意識と行動の二分法を前提とするという1つの共通点をもっている．それは，精神と身体の二元論，心身二元論といった古くからの哲学的な論考ともつながる大きな潮流である．それに対してスキナー（Skinner, B. F.）に始まる徹底的行動主義の流れをくむ行動分析学は，一元論的な立場をとる．

●**私的事象**　スキナー（Skinner, 1938）は，行動を「環境との接触の中で生体がすること」と定義した．これは，生体内で生じている微細な活動から外部から観察できる明瞭な身体動作まで，身体に生じるすべての生命活動を行動として一元的にとらえる立場である．その中には，他の領域で「意識」として扱われている事象も含まれる．

それでは，この広範な行動事象のうち，何が意識とよばれるものになるのであろうか．1つの明確な基準は，意識は「私的事象」であるということである．一般に行動とよばれているものは，当事者以外の第三者によって観察・測定・記述できる公的事象であるが，私的事象は生体の皮膚の内側で生じる内的行動の1つである．私的事象は「それが生じている身体の当事者のみが関与できる事象を指す言葉であって，何か特別な構造や性質をもったものではなく」(Skinner, 1953)，皮膚の外側で生じる事象と同じ用語で統一的に説明することができるものである．
　スキナーは，ヒトや動物が私的事象の生起を観察することができることを次のように述べている．「刺激の制御を受けているという意味では，他の種もまた意識的である．……彼らは痛み刺激に対して適切に反応しているという意味で痛みを感じている．ただ，言語的随伴性がないために，自らが感じていることを感じるという意味での痛みの意識を持てないだけである」(Skinner, 1974)．同様に，情動的興奮や遮断の状態において生じる事象も同じような仕方で関与可能であり，その意味で喜び，悲しみ，愛，憎しみのような感情も私的事象である (Skinner, 1953)．
　ただし，個人の身体上に生じている私的事象がすべて意識事象であるということではない．生起していても観察，記述されずに看過される事象は意識事象とはみなされない．
●**私的事象への異論**　このようなスキナーの考え方に対して，行動分析学者の中でも異論があり，第三者によって観察できないような事象は行動の科学の対象として認めることはできないという考え方がある．例えば，ラックリン (Rachlin, 2013) の目的論的行動主義やボーム (Baum, 2011a) の巨視的行動主義は，精神的事象自体を否定するものではないが，精神的事象も完全に公的なものとして扱うことができると考える．すなわち，スキナーのように環境と行動との相互作用を短期的な随伴性の中で分析すると内的な事象を仮定せざるを得なくなるが，視点を変えて長期的な時間軸の中で見れば私的な精神的事象も生理学的な反応を含む外的行動の拡大した諸パターンとして観察可能であると考えるのである．
　一方，パーマー (Palmer, 2011) は，私的な行動事象は確かに行動原理の体系に直接加わることはないが，その役割は重要であると述べ，そして，もし私的事象の役割を認めないのであれば，ほとんどの人間行動は私たちにとって厄介な対象でしかないとして，次のような例を示している．
　まず，アルファベットの各文字に $A=1, B=2$ のように順番に数字をあてはめる．そこで，対象者に $F+I$ は？と質問するのである．すると，多くの人はこのような質問を以前に受けたことがなく，さらにその行動が強化されたことがなくても，少し時間をおいた後，正しく答えるはずである．このとき私たちは，この

対象者は回答までの短い時間の中で，私的にアルファベットを復唱しながら，それに1つひとつ数字を加えていき，FとIの計測ができたところで，その2つの数字を加えるという操作を行ったと考えるだろう．つまり，これらの反応連鎖は長期間にわたる学習の履歴から合理的に説明できるのである．パーマーは，これらの仲介的な私的行動は，行動以外の異なるレベルに言及されることも，また，精神的なプロセスが仮定されることもなく，まさしく行動として一連の行動連鎖の一部分を担っていると強調している．

●**内的事象の弁別**　心理学一般においては，環境から物理的あるいは化学的刺激を受けたとき，生体上にその刺激についての「感覚」や「知覚」が生じ，さらにその刺激が「感情」や生体反応を生じさせると考えるのが通例であろう．しかしながら，行動分析学では，環境と行動の相互作用という観点から刺激や反応をとらえるため，刺激や反応という事象はレスポンデント行動やオペラント行動の発現や，獲得，変容といった動的で具体的なプロセスの中に組み込まれている．とりわけ刺激の作用は，レスポンデント条件づけあるいはオペラント条件づけにおける「弁別」という事象と密接に関わっている．

内的状態についての弁別的な反応自体は，ヒト以外の動物でも原初的な形ではあるが可能である．ルビンスキーとトンプソン（Lubinski & Thompson, 1987）は，3羽のハトを訓練してそのときの「気分」に相当する記号キーをつつかせることを試みた．図1が訓練で用いられた実験パネルである．セッションの初めにハトはペントバルビタール（鎮静薬），コカイン（興奮薬），生理的食塩水（薬物なし）のうちいずれか1つを投与される．薬物の効果が現れる20分後，上段の3個の丸いキーにD（鎮静），Σ（興奮），N（薬物なし）の記号が照射され，例えばコカインのときはΣのようにそれぞれに対応する文字をつついたときに水あるいは食物で強化された．その結果，訓練開始から7か月が経過した時点ですべてのハトが90%の高率で正しくキーをつつくようになった．この実験の手続きはいわゆる条件性弁別であるが，動物が薬物投与によって想定される内的反応（気分）を弁別し，それを刺激として適切なオペラント行動を自発するようになることを明らかにしたものである．

●**意識の言語化**　人間の子どもは，私的事象についてさらに高度な「タクト」（☞「言語行動」「タクト」）を習得する．例えば子どもが初めて転んで擦り傷ができたとき，母親の

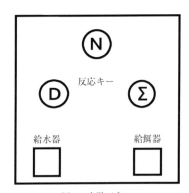

図1　実験パネル
[Lubinski & Thompson, 1987, Fig.1 をもとに作成]

「痛いね」という音声とともに，打撲した個所の独特の身体感覚と「痛い」という言葉がレスポンデント手続きによって関係づけられる．このような経験を重ねると，やがて子どもは，さまざまな刺激によって「痛み」様の身体感覚が生じたときに，「痛い」とタクトし，その言語行動は養育者の痛みを軽減させる行動によってオペラント強化されるようになる．このようにして，「痛み」だけでなく様々な内的反応が生じたとき，それが本人によって弁別的反応として観察されるならば，それぞれの反応クラスの特徴に応じて「悲しい」「楽しい」などのタクトを自発するようになる．

ただし，私的な弁別的反応がすべて外的にタクトされるわけではない．まずは，環境内にそのタクトに対して強化的に応答する見込みの高い聞き手が存在することが必要である．また，刺激が不鮮明，あるいは反応自体が明瞭に観察できないときなども外的にタクトされないかもしれない．このような場合，タクトは内的な状態にとどまり，まさに当事者しか知らない私的事象となる．

内的な言語反応は，タクトにとどまらずマンドあるいはイントラバーバルなどすべての言語行動において生じる．例えば，テクスチュアル（読字行動）は文字を刺激として音声を発するものであるが，これが内言語として生じる場合が黙読であり，また，イントラバーバルが内的に生じる場合がいわゆる思考の連鎖であるが，いずれも後の行動に影響を及ぼす意識現象である．

内的な弁別的反応は，最初は環境内の特定の刺激によって引き起こされるだろう．しかしながら，次にその内的な弁別的反応やそれに対する言語行動が刺激として，別の弁別的反応を引き起こしたり，あるいは次の言語的，非言語的オペラント行動の弁別刺激として機能するといった随伴性の連鎖が，内部外部の垣根を越えて，生体全体の行動のうえで生じるようになる．刺激，反応のこのような複雑な連鎖の拡張には刺激等価性が大きく貢献している．

●**環境内にないものの意識**　これらの連鎖の中で，特に意識と関連が深いのは，現在の環境にないものを見たり聞いたりする内的経験であろう．一般にはイメージとよばれるものにあたり，スキナーが条件性の視覚とよんでいるものである（Skinner, 1953）．条件性の視覚は，多くは過去のレスポンデント条件づけの結果として生じるものであるが，その始発刺激は外的環境にある．例えば，スモークサーモンを見たとき，多くの人はカットされたレモン，ケッパー，場合によってはオニオンスライスが実際にはないにもかかわらず見えるような気がするだろう．この現象は，スモークサーモンとレモン，ケッパー，オニオンスライスが同時に近接して存在したシーンを見た人のみに生じるはずであり，それゆえに過去のレスポンデント条件づけの結果である．　　　　　　　　　　　［小野浩一］

言語行動

☞言語行動と非言語行動 p.332, ルール支配行動 p.336, 意識性 p.340, マンド p.420, タクト p.424, イントラバーバル p.428, エコーイック p.432, オートクリティック p.436, テクスチュアル, トランスクリプション, テキスト・コピーイング p.440

　言語行動は，音声や文字などの恣意的な刺激を用いて他者とコミュニケーションを図るオペラント行動である．ヒトに特有の行動であるが，原初的なものはヒト以外の動物にもみられる．行動分析学において言語行動は機能的に定義されるべきオペラント行動であり，意味や思考のような構成的概念として取り扱うことは，行動の分析においては重要なものとはみなされない．

●**言語行動の定義**　言語行動には音声言語行動と文字言語行動がある．音声言語行動は，肺，口蓋，舌，唇などの骨格筋で声帯による空気の振動を調節し，音声を生成するオペラント行動であり，一方，文字言語行動は手などの骨格筋を用いて外界の被操作体に視覚的刺激を生成するオペラント行動である．スキナー (Skinner, 1957) は，その著 *Verbal Behavior* の中で，言語行動を「他者の仲介によって強化される行動」と定義している．具体的には，言語行動は以下の3点によって特徴づけられる．第1の特徴は，その行動が他者に向けて自発されるという点である．したがって，言語行動においては話し手のみならず，聞き手の存在が不可欠である．第2の特徴は，言語行動は聞き手を介した環境変化によって強化（弱化）されるという点である．さらに第3の特徴として，言語行動は同じ言語共同体に属する成員間で成立する．これらの特徴が満たされるならば，音声によらない身振りや指差し，あるいはタイプライターで文字を打つという行動も言語行動となる．

　言語行動は，使用される行動形態がある程度限定されている点と，また強化や弱化の環境変化が他の個体を介してなされるという点で非言語行動とは異なるが，その生起頻度が非言語的行動と同じように先行条件，行動，環境変化の三項随伴性に従って変化することに変わりはない．

●**言語行動の種類**　言語行動をその先行条件と反応の形態（音声反応か文字反応）という基準で整理すると，表1のような7種類の言語オペラント（識別できる個々の言語行動の単位）に分類できる．このうち，マンド，タクト，イントラバーバルはスキナーによって考案された用語である (Skinner, 1957)．また，Skinner (1957) では，ディクテーションとコピーイングの2つはまとめてトランスクリプション，すなわち書字行動として扱われ，6種類になっている．

　どのような種類の言語行動が自発されるかは先行条件と反応のタイプによって一義的に決まってくる．したがって，これらの先行条件は言語行動の「制御変数」といわれる．大きく分けると制御変数は確立操作か弁別刺激かで，確立操作を制御変数とする言語行動はマンドのみで，あとは弁別刺激である．弁別刺激が制御

表1 言語行動の種類 [小野, 2005]

先行条件 (制御変数)			言語オペラント (言語行動の種類)	反応形態	強化子 弱化子
確立操作			マンド 要求言語行動	音声・文字	特定
弁別刺激	環境の事物・出来事		タクト 報告言語行動	音声・文字	般性
	言語刺激	音声	エコーイック 音声模倣行動	音声	
		音声	ディクテーション 書取り	文字	
		文字	テクステュアル 読字行動	音声	
		文字	コピーイング 書写し	文字	
		音声・文字	イントラバーバル 言語間制御	音声・文字	

※イントラバーバルは，先行言語刺激と反応の間に一対一の対応がない．

変数になる場合は，「環境の事物・出来事」が弁別刺激になる場合，「言語刺激」そのものが弁別刺激になる場合の2種類がある．環境変化として提示される強化子，弱化子についてもマンドは特定の刺激の遮断化や嫌悪刺激の提示という確立操作が制御変数になっているので特定化されるが，他の言語行動は通常は般性強化子である．

●基本的言語オペラント

①マンド　嫌悪刺激の存在，遮断化などの確立操作のもとで，他者に対して特定の行動を要求する言語行動である．例えば，嫌悪的な暑さにさらされたときに，「窓を開けてください」や「冷たい水が欲しい」などと発声し，特定の好ましい結果が得られることによって強化されるような行動である．発達の初期において子どもは空腹や身体の不快感を泣くという形態で表し，それがサインや言葉に置き換わるという形でマンドを獲得する．さらには「これは何？」や「教えて」のような社会的な場面で有用な要求言語行動も獲得する．

②タクト　環境内の事物・出来事などの非言語性の刺激を弁別刺激として，他者にそれを「話す」「告げる」「語る」「名前を言う」「示す」「述べる」などの形で報告する言語行動である．それらの報告行動が聞き手を介した般性強化子によって強化される．般性強化子には，注目，承認，賛同，賛辞のような強化子と，その逆の無視，否定，反論などの弱化子が含まれる．子どもは初期の段階では，目の前にあるものの名前や特徴（いちご，赤いなど）を言うことを学ぶ

が，やがて自分の内部で生じている事象（痛み，感情）なども述べるようになる．さらにタクトには，今まで見たことがないものでも，その特徴の共通性から「椅子」とタクトするような拡張タクト，また，すべての四角錐様のものを一括して「ピラミッド」とよぶといった抽象的タクトも使われるようになる．
③エコーイック，ディクテーション，テクスチュアル，コピーイング　この4つは言語刺激を弁別刺激として自発され，タクトと同じように主に般性強化子によって強化される言語行動である．弁別刺激が聴覚性のもの（音声刺激）か視覚性のもの（文字刺激），また，言語反応が聴覚性のもの（音声反応）か視覚性のもの（文字反応）かによって表1のように4つの種類に分かれる．
④イントラバーバル　音声・文字の4つの組合せにおいて，特定の言語刺激に対して特定の言語反応が生じたときに般性強化子によって強化される言語行動である．例えば，「日曜日を英語で言うと？」に対しては「サンデー」と言うと強化されるが，「日曜日を英語で書くと？」に対しては「Sunday」と書かなければならない．このようにして，「にさんが」「ろく」，「空は」「青い」など形態的に対応のない言語間連鎖が形成される．一方，たとえばエコーイックの「空は」への言語反応は，「そらは」という一対一対応のある発声である．

●**言語における多重因果**　言語オペラントは，基本的には確立操作や弁別刺激によって同定できるのであるが，実際の言語行動においては複数の制御変数が交絡していることが多く，これをスキナーは言語行動の多重因果とよぶ．(1) 1つの言語反応が複数の制御変数の支配を受ける場合と，(2) 1つの制御変数が複数の言語反応を生起させる場合があると述べている（Skinner, 1957）．例えば，「水」という言語反応がタクトであると同時にマンドの機能をもつのが前者であり，後者の例は，弁別刺激としての水がタクトとして「水」という反応だけでなく，「ペットボトル」「氷」「ダム」などのバラエティに富んだ複数のタクトを自発させる場合である．さらに言語オペラントは，大人に話すときと子どもに話すとき，1人に対して話すときと大勢に話すときでその表現が変化するように，聞き手（聴衆）の影響を受ける．

●**言語行動の多様化―オートクリティック**　基本的言語オペラントは確立操作や弁別刺激といった特定の変数によって制御されるいわば一次性の言語行動であるが，一般に，人が一次性の言語行動を自発するときは，最小限の単語を羅列するだけでなく，語順を変えたり，修飾語を加えたりして多彩な表現形態をとる．このような一次性の言語行動に基づいた，あるいは依存した二次性の言語行動をスキナーは「オートクリティック」とよんだ．例えば，コップに注がれた水に対して，単に「水」とタクトするだけではなく，「水みたい」「水だそうです」「水だと思う」のように微妙に表現の異なる言語行動が自発されるだろう（Skinner, 1957）．これらの表現形態は話し手や環境のそのときの状態を説明している．例

えば，最初の文は，水と断定はできないが似ているとき，2番目は，誰かが水だとタクトしたのを聞いたとき，3番目は，水というタクトの確からしさが弱いとき，出現しやすい言葉である．

　オートクリティックの機能はこのように，一次性言語行動が聞き手の行動に及ぼす効果を明確にし，調整することである．つまり，一次性言語行動がオートクリティックによって的確になされると，聞き手は強化的結果がより得られるように行動することができ，それによって話し手自身も互恵的に強化的結果を受けるようになるのである（Skinner, 1986）．

●**言語と非言語行動の相互作用**　ヒトの行動は，言語行動と非言語行動が随伴性の時間的な連鎖の中で相互に刺激となり反応となってその役割を果たしている点に特徴がある．その中で大きな部分を占めるのは，言語による非言語行動の制御であろう．つまり，話し手が自発した言語行動が，聞き手の言語行動や非言語行動の弁別刺激になり，また，話し手自身の行動の弁別刺激にもなりうるということである．

　他者（あるいは自分）の言語行動が聞き手の非言語行動に影響を及ぼすことは，一般に教示による制御と呼ばれているが，その中でもルールを弁別刺激とする行動はルール支配行動と呼ばれ，多くの実証的研究（例えば，Galizio, 1979）が行われてきた．ルールは，刺激，行動，結果間のいずれかの関係を記述したタクト（Skinner, 1969）で，代表的なものは行動とその結果についての記述（例えば，「左のボタンを押せば水が出る」）である．ルールに従う行動は，そのルールが正しい場合は速やかに効率的行動を獲得できる利点があるが，反面，ルールの変化に対する感受性が乏しくなる，あるいはルールによって行動の柔軟性が失われる，といった難点がある．

　また，話し手自身の言語行動と非言語行動の対応は，言行一致の研究として特に応用行動分析の領域で多くの研究や実践（例えば，Risley & Hart, 1968）がなされてきた．言行一致は同一個体における特定の言語行動と非言語行動が対応している場合にその連鎖を強化するという条件性弁別によって促進される．どちらの行動が先行してもよく，言語行動が先行する場合は言行一致訓練，非言語行動が先行する場合は，行言一致訓練である．「電話をします」と言ってその後実際に「電話をする」ような言行一致は，一般に，聞き手にとって話し手の行動が予測できるという意味で社会的に有用であるが，一方，言行不一致は「嘘言」や「約束不履行」などしばしば社会的な問題の原因となる．　　　　　　　　　［小野浩一］

📖 **参考文献**
日本行動分析学会（編）(2001)．言葉と行動—言語の基礎から臨床まで　ブレーン出版
坂上貴之・井上雅彦 (2018)．行動分析学—行動の科学的理解を目指して　有斐閣アルマ
佐藤方哉他（編）(1989)．行動心理ハンドブック　培風館

オペラント行動

☞三項強化随伴性 p.42, 強化 p.54, バイオフィードバック p.198

　オペラント行動とは，簡単にいうと，結果によって制御される行動である．動物実験を例とすれば，実験箱に入れられたハトやラットが，キーつつき反応やレバー押し反応をした結果として餌を獲得したり，電気ショックを避けたりするときの反応がオペラント行動である．ヒトの行動も大半はオペラント行動だといわれており，実際に多様な行動が研究対象となっている．

●**オペラント行動の定義**　行動分析学では，ヒトや他の動物などの個体が環境と相互作用する中で行うことはどんなことでも行動とみなす（Catania, 2007, p. 380）．そして，行動をオペラント行動とレスポンデント行動に大別する．このうちオペラント行動は，行動に後続する環境変化，すなわち行動の結果によって将来の生起率が変化するような行動である．レスポンデント行動とは違って，行動を引き起こす先行刺激は必ずしも特定されない．そのため，オペラント行動は特定の刺激によって誘発される行動ではなく，個体が自発する行動であるといわれる．このような行動に特定の結果が後続することで実際に生起率が変化したとき，オペラント条件づけが起きたという．また，行動の生起率を変化させる目的で，その行動に特定の結果を後続させる手続きもオペラント条件づけとよぶ．道具的行動や道具的条件づけなどの用語もこれらとほぼ同義であるが，行動分析学の文脈ではあまり使われない．

　なお，行動分析学において，「行動」とほぼ同様に使われている言葉として「反応」がある．前者は全体としての個体が環境に働きかけるという側面を強調するときに使うことが多く，後者は筋肉や腺のような個体の体の一部の働きに注目する場合に使うことが多い．しかし，両者は厳密には使い分けられておらず，本項目でも交換可能な言葉として扱う．

　行動分析学でいう行動とは，厳密には反応クラスである．個々の反応の事例は，厳密にいうと互いに異なっている．そこで，共通の特徴をもつ反応の事例を1つの集合，すなわちクラスとして定義する．例としてオペラント箱におけるラットのレバー押し反応をあげると，個々の反応の事例はラットの体の位置や動き方などの面で微妙に異なっていても，いずれもレバーに接続されたマイクロスイッチをオンにするという共通の特徴をもつ．オペラント条件づけ手続きの対象とする反応クラスは，このように環境に対して共通の効果をもつという特徴で定義する．この定義により，個々の反応事例の間に違いがあっても同じ行動として扱い，その行動の生起率を考えることができる．そして，実際にオペラント条件づけが起きたとき，その反応クラスはオペラント行動であったといえる．

以上のように定義されるオペラント行動の概念の特徴として，それがⓐ行動と環境との機能的関係に注目した，ⓑ分析的な概念であるという点を指摘できる．まず，ⓐの特徴から，オペラント行動は個体の反応形態上の特徴や，反応に関わる生理学的な過程に基づいて定義されるものではないといえる．例えば，ある人が手の親指を立てて前に突き出すとき，その反応形態は同じでも，それによって非常ベルのボタンが押される場合と，そのジェスチャーによって他者に合図が送られる場合とでは反応が環境に及ぼす影響が異なり，反応が環境から受ける影響も異なるので，それらは別のオペラント行動である．また，それらの場合に生じている生理学的な過程がいかなるものであっても，オペラント行動は定義できる．実際，多くの実験では個体の骨格筋系の働きに基づく反応を研究対象としているが，内臓の反応をオペラント条件づけの対象とした研究も行われている（☞「バイオフィードバック」）．他方，ⓑの特徴は，行動と環境との多様で複雑な関係の一部を切り取ったうえでオペラント行動が定義されることを意味している．現実の個体は生きている限りたえず活動しており，常に様々な刺激に囲まれているが，その活動を予測したり制御したりする際に有用となるように活動の一部を切り取って行動として定義し，環境の様々な側面の中から行動に後続する環境変化の影響に注目してオペラント行動を定義する．このような定義の仕方は，行動分析学の実用主義的な特徴を色濃く反映している．

●**オペラント行動の概念の歴史的意義**　オペラント行動とレスポンデント行動という用語を提案して定義したのはスキナー（Skinner, 1937）である．その論文でも指摘されているように，オペラント条件づけの研究自体はすでにソーンダイク（Thorndike, 1898/2017）によって始められていた．また，パヴロフ型の条件づけ（Pavlov, 1927/1960）にはあてはまらない条件づけについての理論的研究もミラーとコノルスキー（Miller & Konorski, 1928/1969）やスキナー（Skinner, 1935）によって行われていた．しかし，これらの研究は反応に先行する刺激が反応を引き起こすという S-R 理論的な立場から完全には脱却していなかった（図1の上側）．他方，スキナー（Skinner, 1937）は，オペラント行動を特定の先行刺激がなくても生じうる行動として明確に定義した（図1の下側）．そこでは，条件づけの形式だけでなく，無条件性の行動もオペラントとレスポンデントに区別できることも明確に述べられている．このような行動の概念と，刺激同士の関係や行動と刺激の関係を記述する随伴性の概念がそろったことで，ヒトや動物のすべての行動を射程に入れた理論的分析の基礎ができたといえる．

　オペラント行動の概念は，実験手続きや行動の測定とも関連している．オペラント行動は個体が自発する行動であると考えることにより，実験者は被験体や実験参加者の行動を誘発する刺激を必ずしも提示せずに，実験場面で個体が行動するにまかせ，その行動の生起率を測定する実験手続きを使うようになった

(Skinner, 1991/1938). これは自由オペラント手続きとよばれ，それまで使われてきた離散試行手続きと対比される．離散試行手続きでは，例えば迷路を使ったラットの実験を考えるとわかりやすいが，被験体をスタート地点においた状態で試行を開始し，被験体がゴールしたら次の試行に備えるために実験者が介入して，被験体をスタート地点に戻す．そして，従属変数としては，被験体がゴールに到達するまでの時間，距離，誤反応数，誤反応の種類や分布など，試行ごとの行動指標を測定する (Yerkes & Kellogg, 1914)．これに対して自由オペラント手続きでは，試行の区切りで個体の行動を中断させたり，行動の測定を中断したりしない．このような実験手続きは，強化スケジュールについての盛んな研究を生み出すこととなった（例えば，Ferster & Skinner, 1957）．

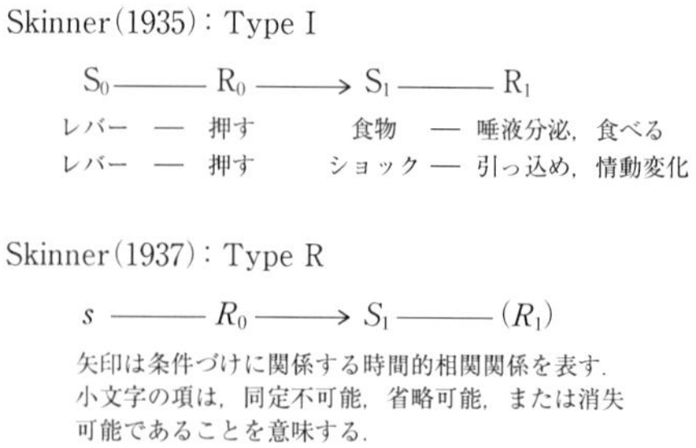

Skinner (1935): Type I

S_0 ——— R_0 ——→ S_1 ——— R_1
レバー ― 押す　　食物 ― 唾液分泌，食べる
レバー ― 押す　　ショック ― 引っ込め，情動変化

Skinner (1937): Type R

s ——— R_0 ——→ S_1 ——— (R_1)

矢印は条件づけに関係する時間的相関関係を表す．小文字の項は，同定不可能，省略可能，または消失可能であることを意味する．

図1　スキナーによる初期のオペラント行動の定式化［上段は，Skinner, 1935, p.66，下段は，Skinner, 1937, p.273の図をそれぞれ改変］

●**レスポンデント行動との区別**　概念としてオペラント行動をレスポンデント行動から区別できるのは間違いない．また，オペラント条件づけの手続きで個体の行動を制御できることは，多くの実験で確認されている．しかし，現実の行動を，その生理学的過程なども含めたうえで，オペラント行動とレスポンデント行動に区別すべきか否かについては議論がある．歴史的にも，この区別についてはいわゆる新行動主義の中にいくつかの立場があった（佐藤，1976, pp.61-75）．そのような議論や立場の背景には，現実には刺激同士の随伴性（S-S随伴性）と行動と後続刺激の随伴性（R-S随伴性）が並行して存在することや，S-S随伴性に関する学習がオペラント行動に影響することが実験的に示されていることなどがある．

　個体が反応（R）するとき，そこには同時に何らかの刺激（s）が存在する．そのため，行動に刺激（S_1）が後続すると，R-S_1随伴性と s-S_1随伴性の両方が生じる．例えば，ラットがレバー押し反応（R）をすると餌（S_1）が出現する場面では，このR-S_1随伴性の他に，レバーにまつわる視覚刺激，触覚刺激，嗅覚刺激など（s）と餌の間の随伴性が考えられる．これにより，この場面で起こる反応の生起過程や学習の過程についていくつかの可能性がもちあがる．

　まず，この場面でRの生起率が上昇したとしても，R-S_1随伴性はそれに無関係で，s-S_1随伴性さえあれば十分であった可能性がある．つまり，見かけ上はオペラント行動であるRが，実際には条件刺激となったsによって誘発された

可能性がある．この可能性を排除するには，s-S_1随伴性を一定に保ちつつ，R-S_1随伴性がない条件とある条件を比較すればよい．これを実現しようとするのが，反応に随伴させずに強化子を提示する条件と，反応に随伴させて強化子を提示する条件を比較する手続きである．この比較により，後者の条件でRの生起率が高ければ，少なくとも手続き的にはR-S_1随伴性が無関係ではないことを示せる．ただし，このような手続きで厳密にs-S_1随伴性を一定に保つのは難しい．

次に，s-S_1随伴性による学習がR-S_1随伴性による学習を媒介した可能性が考えられる．例えば，マウラー（Mowrer, 1947）は回避学習場面について，s-S_1随伴性によりsが条件反応（例えば，恐怖反応）を誘発するようになると，それが動機づけ状態を設定し，反応（R）により電気ショック（S_1）が回避されたときには動機づけが低減されるので，そのことが反応を強化すると考えた．もしもこれが正しければ，実験場面で条件反応とオペラント反応を同時に測定すると，両者に相関関係がみられるはずであるが，この予測は支持されていない（Rescorla & Solomon, 1967）．しかし，これとは別に，パヴロフ型条件づけから道具的条件づけへの転移とよばれる現象は確認されている（例えば，Rescorla & LoLordo, 1965）．これは，R-S_1随伴性によるオペラント条件づけを行いつつ，それとは別の文脈で刺激（S_0）とS_1を使ったレスポンデント条件づけを行って，このS_0をオペラント条件づけ場面に提示すると，Rの生起率が変化するという現象である．この現象から，末梢系の条件反応が必ずしも観察されなくても，刺激同士の随伴性はオペラント行動に影響を及ぼすといえる．また，他の転移現象として，強化子の低価値化（Adams, 1982；Adams & Dickinson, 1981）もあげられる．以上を総合すると，オペラント行動はレスポンデント条件づけによる学習から完全には独立でない（なお，s-S_1随伴性についての学習がオペラント条件づけを妨害する場合については，☞「レスポンデント行動」）．

さらに，R-S_1随伴性が強めたり弱めたりするのは先行刺激（s）と反応（R）の関係であり，オペラント条件づけ場面においても個体の内部ではレスポンデント条件づけと同様の過程が生じている可能性も考えられる．これは，ソーンダイクの効果の法則と同様の考え方である（Thorndike, 1905, p. 316）．ドナホーら（Donahoe et al., 1997）はニューラルネットワーク・モデルを援用しつつ，この説を論じている．

オペラント行動やレスポンデント行動が生起するときの生理学的過程は，まだ詳細には知られていない．そのため，個体の内的過程を考慮したうえでも2種類の行動を区別すべきか否かについては，まだ結論が得られていない．しかし少なくとも，現実の行動に対しては，行動と結果の随伴性と，刺激同士の随伴性の両方が同時に影響している可能性を考慮したほうがよい．　　　　　［石井 拓］

レスポンデント行動

☞バイオフィードバック p.198, 刺激馴化 p.272, 刺激競合 p.300

　レスポンデント行動とは，特定の刺激によって誘発される行動である．例として，パヴロフ（Pavlov, 1960/1927）による実験を示す（図1）．まず，犬に対して食物を提示すると唾液分泌反応が誘発されることを確認する．この反応は特別な先行経験がなくても生じるので無条件反応（unconditioned response, UR）といい，それを誘発する刺激を無条件刺激（unconditioned stimulus, US）という．また，光刺激を提示した場合には，そちらを向いたり見たりする定位反応は誘発されるが，唾液分泌反応は誘発されないことも確認する．このとき，光刺激は唾液分泌反応に対して中性刺激（neutral stimulus, NS）であるという．最後に，光刺激を提示してから数秒後に食物を提示するという対提示を繰り返すと，光刺激を提示するだけで唾液分泌反応が誘発されるようになる．この，新たに反応を誘発するようになった刺激を条件刺激（conditioned stimulus, CS）といい，CSによって誘発される反応を条件反応（conditioned response, CR）という．レスポンデント行動とは，このようなUSやCSによって誘発されるURやCRである．

　レスポンデント行動という名称は，スキナー（Skinner, 1937）がオペラント行動を定義した際にともに提案したものである．それが端緒となって，パヴロフ（Pavlov, 1960/1927）によって研究が始められたパヴロフ型条件づけまたは古典的条件づけも，行動分析学ではレスポンデント条件づけとよぶようになった．オペラント条件づけと同様に，レスポンデント条件づけという名称も条件づけの手続きを指す場合と，それが生み出す現象を指す場合がある．すなわち，NSをUSと対提示する手続きをレスポンデント条件づけとよんだり，その手続きによってCRが誘発されるようになったことをレスポンデント条件づけが起きたといったりする．なお，行動分析学以外の分野ではNSにUSを対提示することを強化とよんでいる場合もあるが，現在の行動分析学でこの用法はほとんどみられない．

　レスポンデント行動は，誘発刺激に基づいて定義する．すなわち，誘発される反応の特徴は定義に入れない．例えば，食物提示が誘発する唾液分泌反応と，口の中に酸性溶液を提示することで誘発される唾液分泌反応は，反応型は類似していても別

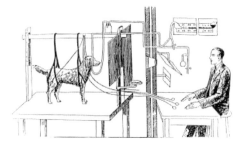

図1　パヴロフの実験装置［Pavlov, 1928］

のレスポンデント行動として扱う．また，もちろん CR と UR も別のレスポンデント行動である．実際，上述した犬の実験の例のように CR と UR が類似している場合もあるが，条件(性)補償反応のように CR（例えば，コーヒーの香り等による唾液分泌反応の抑制）が UR（カフェインによる唾液分泌反応の促進）とは逆の反応の場合もある（Rozin et al., 1984）．さらに，レスポンデント行動は腺や内臓の反応とは限らない．代表的な骨格筋系の反応としてのレスポンデント行動には，自動反応形成によって生じるハトのキーつつき反応がある（Brown & Jenkins, 1968）．

　レスポンデント行動については，行動分析学の枠組みには必ずしも入らない学習心理学の領域で盛んに研究されてきた．行動分析学は，それらの研究が立脚している理論的立場は必ずしも受け入れていないが，明らかになっている現象は事実として取り入れている．よく知られている現象としては，NS と US の対提示方法の違いによる CR 獲得への影響，消去，隠蔽，阻止，感性予備条件づけ，高次条件づけ，条件制止，刺激般化，分化条件づけによる刺激弁別，機会設定子の働きなどがある．しかし以下では，まずレスポンデント行動とオペラント行動の区別やそれらの相互作用について述べ，最後にレスポンデント条件づけ研究の発展について重要なポイントを述べる．

●オペラント行動とレスポンデント行動の区別　レスポンデント行動は刺激同士の随伴性（S-S 随伴性）により獲得される行動であるが，現実の場面では反応と刺激の随伴性（R-S 随伴性）も混在しやすい．例えば，音刺激に餌を対提示して CR が獲得された場合，音刺激が誘発した唾液分泌反応の後に餌が呈示されることになる．そのため，この唾液分泌反応の獲得や維持にオペラント条件づけが関係した可能性も考えられる．この可能性を排除するには，S-S 随伴性は基本的に維持しつつ，唾液分泌反応が生じた場合には餌を提示しないという省略訓練の随伴性を追加する．もしも，これにより唾液分泌反応が消失すれば，この反応は R-S 随伴性に敏感なオペラント行動だと考えられる．シェフィールド（Sheffield, 1965）は犬を被験体としてこのような実験を行ったが，唾液分泌反応は完全には消失しなかった．CR が誘発されるようになると音刺激に餌が対提示されなくなるため，レスポンデント条件づけの消去手続きと同じになって CR は減少したが，それにより再び音刺激と餌が対提示されるようになるとまた CR が起こるようになる，ということが繰り返し観察された．すなわち，省略訓練の負の弱化（除去型弱化）の随伴性では唾液分泌反応が完全には消失しなかったので，この反応はレスポンデント行動だと考えられる．ただし，水を強化子とした負の弱化手続きでは，自発的な唾液分泌反応を減少させられる（Miller & Carmona, 1967）．以上のように，オペラント行動とはみなせないレスポンデント行動は存在するが，特定の行動がどちらであるかを知るには詳しい検討が必要だといえる．

●オペラント条件づけ場面へのレスポンデント行動の侵入　オペラント条件づけ場面には，R-S 随伴性と S-S 随伴性が並存している．その R-S 随伴性における強化子や弱化子は，US ともなりうる刺激であることが多い．そのため，S-S 随伴性により獲得される CR が R-S 随伴性により獲得または維持されるはずのオペラント行動に影響する場合がある．なかでも，妨害的な影響がある場合として，ブリーランド夫妻（Breland & Breland, 1961）の例が有名である．この論文では，アライグマを対象としたオペラント条件づけの失敗例があげられている．アライグマにコインを拾わせ，それを箱に入れる行動に餌を後続させて強化する訓練を行ったところ，コインを箱の内側に擦りつけたり，2枚のコインを擦り合わせたりする行動が優勢になってしまい，コインを箱に入れる行動が妨害された．ブリーランド夫妻はこのような現象を本能的逸脱とよぶとともに，行動主義的な理論を見直さなくてはならないと論じた．しかし，この例はレスポンデント条件づけとして解釈できる．なぜなら，コインを拾い，それを箱に入れるという行動連鎖を形成する手続きでは，コインと餌の対提示も繰り返されていたからである．アライグマが食物を洗う行動は自然に観察されるものであるため，コインが CS となって「洗う」行動を誘発するようになっても不思議はない．

●条件抑制　オペラント条件づけ場面に CS が出現すると，オペラント行動が影響を受けることがある．エステスとスキナー（Estes & Skinner, 1941）による，「不安」についての実験はその一例である．この実験では，餌を強化子とした強化スケジュールでラットのレバー押し反応を維持しつつ，1日あたり1時間の実験セッション中に一度だけ反応とは無関係に音刺激を5分間提示して，提示終了時に電気ショックを対提示した．その結果の一部を図2に示す．この図は，6匹のラットの平均的な累積反応記録を縦に4日分並べたものである．この図から，訓練日が A から D へと進むにつれ，音刺激の提示（T）から電気ショックの提示（S）までの間の反応率が低下していったことが読み取れる．この現象は，今では条件抑制とよばれている．また，音刺激が CS として条件(性)情動反応を誘発するようになったという場合もある．ただし，その後の研究では，条件によってはむしろ反応率が上昇するという結果が得られている（Blackman, 1968a）．また，餌による正の強化（提示型強化）ではなく，

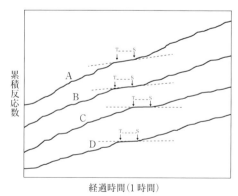

図2　条件抑制の形成［Estes & Skinner, 1941, Fig.2］

電気ショック回避による負の強化（除去型強化）でオペラント行動を維持しつつ，別の文脈で電気ショックと対提示したCSを提示すると，反応率が上昇するという結果も得られている（Campese et al., 2013）. これらを考慮すると，CSが条件(性)情動反応としての不安を誘発し，それがオペラント行動を妨害するという解釈は必ずしも妥当ではない. しかし，CS提示によりオペラント行動が影響を受けることがあるのは事実である.

●**レスポンデント条件づけからオペラント条件づけへの転移**　ラットを対象として音刺激と餌を対提示するレスポンデント条件づけを成立させ，それとは別の実験環境（文脈刺激）下でレバー押し反応を餌提示で強化するオペラント条件づけを成立させた後に，後者の環境下で音刺激を提示するとレバー押し反応が増加する（例えば，Holland, 2004）. このように，CSとUSの対提示によるレスポンデント条件づけと，ある行動が強化されるオペラント条件づけとの間でUSと強化子が同じであるとき，CSの提示によりオペラント反応が増加する現象をパヴロフ型条件づけから道具的条件づけへの転移という. この他に，刺激弁別に関してもレスポンデント条件づけによる訓練がオペラント条件づけによる訓練を促進するという転移効果が知られている（Bower & Grusec, 1964）.

●**レスポンデント条件づけ研究の発展**　レスポンデント条件づけの成立過程や，条件づけによって起こる行動変容の内容についての理解は，1960年代後半に阻止現象（Kamin, 1968, 1969）などが発見されて以降に大きく進み，レスコーラ＝ワグナー・モデル（Rescorla & Wagner, 1972 ; Wagner & Rescorla, 1972）をはじめとした多くの理論が提案された. その発展で得られた知見の要点を2つだけごく簡単に紹介する. 第1に，レスポンデント条件づけの成立にとって2つの刺激（例えば，NSとUS）が時間的に接近して提示されるだけでは不十分で，ある刺激Aの出現から別の刺激Bの出現が予測されるような随伴関係がなければならない. つまり，刺激Aと刺激Bの対提示だけでなく，刺激Aがないときには刺激Bも出現しにくいという条件が必要である. 第2に，CSの提示によりCRが誘発されなくても，何の学習も起きていないとは限らない. 例えば，USの後にCSを提示する逆行条件づけ手続きでCRが観察されなかったとしても，CSがCRを抑制する働きを獲得したり，USとCSの時間的関係が学習されていたりして，実験方法を工夫することでそのような効果が検出されることがある. このような知見を土台として，レスポンデント条件づけの研究は単なる反射的行動に関するものではなく，個体が環境中の出来事の関係をいかに学習するかについての研究として発展を続けている（☞「刺激競合」）.　　　　　［石井　拓］

📖 **参考文献**
今田 寛（監修）・中島 定彦（編）(2003). 学習心理学における古典的条件づけの理論──パブロフから連合学習研究の最先端まで　培風館

三項強化随伴性

☞オペラント行動 p.34, 刺激性制御 p.46, 強化 p.54, 条件強化 p.190, 負の強化 p.202, 確立操作 p.506

　オペラント反応が生起した後，ある特定の刺激が出現・消失することで，オペラント反応の将来の生起頻度が増加することは強化とよばれる（☞「強化」）．この強化の原理においては，オペラント反応の後に，後続事象としての環境状況の変化（刺激の出現や消失）が随伴しており，この随伴関係を，強化随伴性とよぶ．例えば，ハトがキーをつつくことで，餌が提示され，キーつき反応の将来の生起頻度が増加したとする．このハトのキーつき反応の増加は，反応に後続して餌を提示するという強化随伴性がもたらしたものである．なお刺激の出現によってオペラント反応が増加することは正の強化（提示型強化）であり，このときの刺激を正の強化子（提示型強化子）とよび，また刺激の消失によってオペラント反応が増加することは負の強化（除去型強化）であり，このときの刺激を負の強化子（除去型強化子）とよぶ（☞「強化」）．また強化子は，強化刺激ともよばれる．

　強化随伴性は，オペラント反応とその後続事象の関係を規定していたが，オペラント反応に先行する事象との関係も重要である．オペラント反応に先行して提示される刺激で，オペラント反応が自発される手がかりを与えるようになった刺激は，弁別刺激とよばれる．例えば，青信号のもとで，横断歩道を渡り，安全に渡れる経験をしたことで，将来，青信号のもとで横断歩道を渡る行動が増加すれば，青信号は横断歩道を渡る手がかりとして機能するようになる．

　先行事象である弁別刺激と，オペラント反応の生起，そして後続事象である強化子の出現・消失は，時系列的に随伴関係にある．これら3つの関係を，三項強化随伴性とよび，これにより，オペラント反応は増加・維持される．図1は，三項強化随伴性の概念図を示している．オペラント条件づけの研究において，この三項強化随伴性は，最も基本的な分析の枠組みであり，三項強化随伴性を明らかにすることを，先行事象（Antecedent）-オペラント行動（Behavior）-後続事象（Consequence）の頭文字をとって，ABC分析ともよぶ．特に，応用行動分析では，対象となる行動と前後の環境事象である弁別刺激や強化子との機能的な関係を明らかにすることを機能分析とよび，何が問題行動の弁別刺激や強化子として機能しているのかを，環境事象を実験的に操作して明らかにしていく．

　図1から，オペラント条件づけの研究課題が明らかになる．それは弁別刺激がどのように反応を制御するのかという刺激性制御の研究と，さらに反応に対してどのように強化子を提示するのかという強化スケジュールの研究である．どちらもオペラント条件づけに関する主要な研究テーマとして位置づけられている．また動機づけ操作は，三項強化随伴性に先立って行われる操作で，強化子が反応を

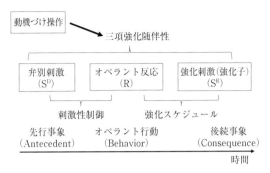

図1 三項強化随伴性

効果的に増減させる効力に影響するものである.なお,行動の増加に関する強化以外にも,行動の減少に関する弱化についての随伴性である三項弱化随伴性を考えることができるが,ここでは三項強化随伴性のみを扱う.

●**動機づけ操作**　動機づけ操作とは,三項強化随伴性の導入以前にそれとは独立して操作され,三項強化随伴性に影響する操作である（☞「剥奪処置」）.動機づけ操作は,大きく2つの働きをもち,1つは,ある強化子が反応を強化する効力に関する働きである.強化子の効力を増加させる操作を確立操作,減少させる操作を無効操作とよぶ.実験に先立って食物や水を制限する遮断化は確立操作であり,一方,実験に先立って食物や水を摂取させる飽和化は無効操作である.動機づけ操作のもう1つの働きは,過去にその強化子が影響を及ぼしていた行動の生起頻度を変化させる働きである.確立操作は,その行動の生起頻度を増加させ,無効操作は生起頻度を減少させるように働く.典型的な動機づけ操作としての遮断化では,実験前の一定時間,食物や水の摂取を制限する.ハトやラットを用いた場合は,自由摂食時の約80〜85%の体重となるように給餌調整を行うことが一般的である.遮断化を行うことで,餌の強化子としての効力が高まり,より容易に反応の増加・維持が達成できる.また過去にその強化子が後続していた行動が増加するという働きもある.

●**刺激性制御**　ある刺激が弁別刺激としての機能を獲得するためには,過去にその刺激のもとである反応が強化され,その刺激がない場合にその反応は強化されないという履歴が必要である.その結果,その刺激がある場合に当該反応の生起頻度は高く,その刺激がない場合は当該反応の生起頻度は低いという状態が観察されれば,その刺激は弁別刺激としての機能を獲得したといえる.弁別刺激が,オペラント反応を制御することを一般に刺激性制御とよび,刺激性制御下にあるオペラント反応は弁別オペラントとよばれる（☞「刺激性制御」）.ただし弁別刺激によるオペラント反応の制御は,あくまでもオペラント反応が,後続する結果

によって制御されるという強化随伴性を前提として成立することに注意が必要である．

●**反応形成と強化スケジュール**　強化随伴性の関係を利用して，個体がこれまで自発したことのない新しい反応を生起させる手続きを反応形成とよぶ．代表的な反応形成法として，強化随伴性を段階的に変化させる逐次接近法（漸次的近似法）がある（☞「反応形成（シェイピング）：基礎」）．逐次接近法では，反応形成以前の自由なオペラント反応の生起の中から，形成したい標的反応に最も近い反応を選び強化する．その反応が増加した後，いったん消去を行うと，行動変動性（☞「行動変動性」）により，様々な反応が生じる．それらの反応の中から，さらに標的反応に近い反応を強化する．この過程を繰り返すことで，少しずつ（逐次的に）標的反応に接近し，反応形成を行うことができる．反応形成時には，各反応に毎回強化子が提示されているが，ひとたび反応が形成された後は，毎回の反応に強化子を提示しなくても反応は維持できる．反応に対してどのように強化子を提示するのかについての規則は強化スケジュールとよばれ，これまで様々な種類の強化スケジュールが明らかにされてきている（☞「強化（単一強化）スケジュール」「強化（複雑な強化）スケジュール」）．

●**随伴性の意味すること**　行動分析学において随伴性は，先行事象，反応，後続事象という3項の時間的な順序関係を意味しているが，そこにはそれらが時間的に速やかに後続するという近時性の意味も含んでいる．特に反応が生起した後は強化子が速やかに提示されなくてはならない．強化子の遅延にともなって，強化の効果は弱まっていく（☞「遅延強化」）．強化子提示が遅延すれば，遅延期間中に標的反応以外の反応が生じ，誤った反応が強化されてしまうという弊害も発生する．

随伴性にはさらに，依存的随伴性と偶発的随伴性が含まれている（Reynolds, 1975 浅野訳 1978）．依存的随伴性は，反応と後続事象間に因果関係がある場合を指す．例えば，実験者がハトのキーつつき反応を餌の提示によって強化した場合，キーつつき反応と餌の提示の間には原因と結果の関係が存在する．つまり，キーつつきが生起したから（原因），餌が提示された（結果）のであり，ここでは特定の結果の提示が，反応の生起に依存している．しかし，反応と後続事象との間に，因果関係はなく，反応の後に偶発的に強化子が提示される偶発的随伴性によっても，反応は強化される．偶発的随伴性によって形成された行動は，迷信行動とよばれる．例えば，雨乞いの踊りと自然現象としての降雨の間に因果関係はないが，干ばつ時に，雨乞いの踊りを行って，偶然，雨が降れば，将来の干ばつ時に再び雨乞いの踊りをする行動が迷信行動として維持される可能性がある．なお上記において，随伴性には依存的・偶発的など複数の意味が含まれるとしたが，レイノルズ（Reynolds, 1975 浅野訳 1978）によれば，随伴性という用語は，

正確には，反応と強化の間に偶発的な関係がある場合にのみ用いられ，反応と強化の間に因果関係がある場合は依存性とよんで区別されることを指摘している．

依存的・偶発的随伴性については，随伴性における反応と後続事象間の確率的関係を考えることでより容易に理解できる．確率的関係は，オペラント反応がある場合とない場合に強化子が提示される条件確率で表現できる．オペラント反応を事象 A，強化子提示を事象 B として，オペラント反応がある場合に強化子が提示される

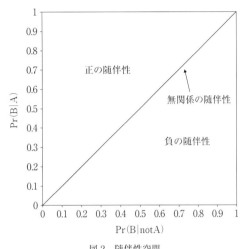

図2　随伴性空間

条件確率を Pr（B | A）で，さらにオペラント反応がない場合に強化子が提示される条件確率を Pr（B | notA）で表現する．図2に示すように，Pr（B | notA）を x 軸，Pr（B | A）を y 軸にとって表現した二次元平面は，随伴性空間とよばれ，この空間上に，オペラント反応と強化子提示の確率関係を表現できる（☞「反応非依存強化」）（例えば，Martens et al., 2008；Schwartz et al., 2001）．この Pr（B | A）と Pr（B | notA）の差分をとった数値が正となる場合は，対角線より左上の枠内に入り，正の随伴性，つまり強化子は当該の反応がない場合よりもある場合に随伴しやすいことを意味する．一方，差分の数値が負となる場合は，対角線より右下の枠内に入り，負の随伴性，つまり強化子は当該の反応がある場合よりもない場合に随伴しやすいことを意味する．差分の数値が0となる場合は，対角線上にあることを意味し，ある反応と強化子提示の間に関係がないことを意味する．

依存的・偶発的随伴性にかかわらず，強化子が反応を増加させる効果をもつには，差分の数値が正であること，つまり正の随伴性の枠内にあることが必要である（Hammond, 1980）．そのため強化の効果を検討する行動分析学の多くの研究では，正の随伴性の枠内に入るように，随伴関係を操作する．特に厳密に統制された実験環境では，Pr（B | notA）が0となるような依存的随伴性を構築することが可能であり，その随伴性は，随伴性空間では y 軸上に位置することになる．しかし日常生活の行動や応用行動分析で扱う行動の多くは，依存的随伴性と偶発的随伴性を含んだ混合した随伴性によって維持されている（Lattal, 1995）．

［井垣竹晴］

刺激性制御

☞三項強化随伴性 p.42, 刺激般化 p.276, 弁別学習訓練 p.280, 般化と維持 p.502

　歩行者は交差点や横断歩道で信号の色が青なら進むが赤なら止まる．普段は退屈そうに寝そべっている犬も，散歩に連れ出すときにいつも使う紐を飼い主が手にとったとたん，尻尾を振って走り寄ってくる．適切な訓練を行えば，実験箱のハトは緑色の反応キーはつつくが赤色の反応キーはつつかなくなる．このように状況や刺激によって形の異なる行動が生じたり，異なる頻度で行動が生じることを刺激性制御という．かつては刺激統制という用語も使われたが，近年では刺激性制御の方がよく使われる．この用語を先行刺激による反応の制御という広い意味でとらえれば，無条件刺激によるレスポンデント反応の誘発も刺激性制御といえる．また，無条件刺激が対提示される刺激と対提示されない刺激を経験することで，前者のみが条件反応を誘発するようになる分化条件づけ（レスポンデント条件づけの一種）も刺激性制御とよぶことができる．実際そのような用例もないわけではないが，一般的にはオペラント行動に限定して使用される用語である．

●**弁別と般化の統合**　異なる刺激に対して異なる（頻度や形の）反応が生じることを弁別とよび，異なる刺激に対して同じ（頻度や形の）反応が生じることを般化という．しかし弁別と般化という2つの行動的状態が不連続に存在するわけではない．ある複数の刺激についての「弁別の程度」をそれらの刺激についての「般化の程度」といい換えても結局は同じである．例えばある波長（580 nm）の色光下でハトのキーつつきを訓練した後，様々な波長（520〜640 nm の範囲で 11 種類）の色光を無強化で提示して，各色光に対する反応数を測定すると，図1のようなデータが得られた．訓練刺激とそれぞれのテスト刺激の間での反応数の差は，それらの刺激間の弁別の程度を表しているともいえるし，般化の程度を表しているともいえる．つまり「弁別」と「般化」は，同じ現象を異なる視点から見た表現であるにすぎない．刺激性制御とい

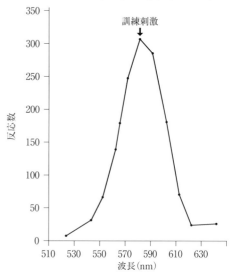

図1　色光次元上の般化勾配 [Guttman & Kalish, 1956, p.81, Fig.1 を改変]

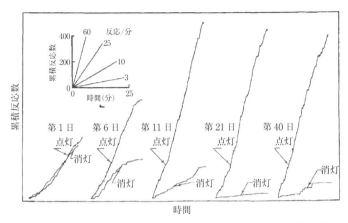

図2 ランプの状態に依存した弁別訓練によって反応率が分化していく様子を示す累積記録〔Herrick, et al., 1959, p.361, Fig.1を改変〕

う用語はこれら2つの概念を統合し,両者を連続体としてとらえたものといえる.
●**弁別訓練と分化強化** 新たな弁別を形成するには,弁別の対象となる刺激特性に強化を連関させる操作が行われる(☞「弁別学習訓練」).例えば,壁に取り付けたランプが点灯しているときにはレバー押し反応を変動時隔(variable interval, VI)スケジュールで強化し,消灯中は強化しないという操作によって,当初は点灯時も消灯時も同様に反応していたラットも,やがてランプ点灯時に盛んに反応し,消灯時にはほとんど反応しなくなる(図2).このように,何らかの特性に基づいて選択的に強化操作を行うことを分化強化という.刺激の特性に基づいた分化強化が弁別訓練であり,その結果形成された反応のクラス(この例の場合は,ランプ点灯時に反応するというオペラントクラス)を弁別オペラントとよぶ.刺激特性ではなく反応特性に基づいた分化強化も,基礎研究,応用実践を問わず,よく行われている.設定時間以上の反応間時間を選択的に強化する低反応率分化強化(differential reinforcement of low rates, DRL)はその一例である.
●**弁別刺激** 図2の実験におけるランプの点灯のように,反応よりも時間的に先行して提示され,その刺激のもとでの強化履歴のゆえに反応の「手がかり」として機能するようになった刺激,すなわち反応を制御するようになった刺激を弁別刺激とよび,S^D(エスディーと発音)または$S+$と略記する.またS^Dと対にして用いられる記号がS^Δ(エスデルタと発音)または$S-$であり,この実験の消灯状態のように,無強化(消去)と連関した刺激を意味する.強化事態と無強化事態に対応して2つの略号があることが示しているように,弁別刺激は古典的には「反応が強化される機会を与える刺激」と定義されてきた.しかし弁別刺激という用語は,実際にはこのような古典的定義の範囲を越えて使われている.例え

ば，キーの色光として赤と緑が提示されるが，赤のときは FI スケジュール，緑のときは FR スケジュールでハトのキーつつきを強化するような多元（混成）スケジュールの訓練を行うと，図3の累積記録が示すように，赤色光（a）のもとでは時間経過とともに反応が加速するスキャロップパターン，緑色光（b）のもとでは短い反応停止後に一定した高反応率の反応が生じるようになる．色光に依存して，それぞれのスケジュールに典型的な時間的パターンで反応が起きるようになったわけである．

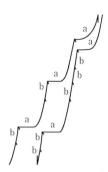

図3　mult FI 5-min FR100 で長期間訓練したハトのキーつつきの累積記録［Ferster & Skinner, 1957, p.506, Fig. 623 を改変］

これらの刺激は強化と無強化という随伴性に対応していないので，弁別刺激という用語の古典的な用法にはなじみにくいが，いずれの刺激も成分スケジュールに特有の反応パターンを生じるようになったという意味において，行動に対する制御力は獲得したことになる．そのため，これらの刺激を弁別刺激とよぶことは不自然なことではないし，実際そのような言葉づかいが行われている．したがって現在の一般的な用法に従えば，異なる随伴性に対応して異なる刺激が提示され，その結果それらの刺激が形，頻度，時間的パターンなどの何らかの特性において異なる反応を生じるようになったとしたら，それらの刺激は弁別刺激であるといえる．なお弁別刺激という用語は正の強化（提示型強化）の場合だけではなく，負の強化（除去型強化）の場合にももちろん用いることができる．例えば数秒間の電撃が間欠的に提示されるが，ブザー音が提示されているときにはレバー押しによって電撃から逃避でき，ブザー音が提示されていないときは逃避できないというような事態で，ブザー音のもとでのみ動物がレバー押しをするようになったとしたら，ブザー音は負の強化の事態でレバー押し反応の弁別刺激となった，ということができる．

●**弁別刺激と誘発刺激**　継時弁別を十分に訓練すると，S^Δ 提示中にはまったく無反応であった動物が，S^D の呈示により瞬時に反応することがある．形成された最終的な行動だけを観察すれば，その機械的な反応の生じ方から，あたかも誘発刺激による行動制御の事例のように見えるかもしれない．しかしこの場面で刺激が行動を制御するようになったのは，訓練過程での強化随伴性のためであって，誘発刺激としての働きによるものではない．刺激の機能を知るには，その刺激に伴って経験された随伴性の性質を把握することが必要である．ただし，自動反応形成や負の自動反応維持の事実（Brown & Jenkins, 1968；Williams & Williams, 1969）が示しているように，ハトのキーつつきに対するキーライトのよ

うに，弁別刺激と誘発刺激の両方の機能が混在する刺激も存在する．

●**複雑な刺激性制御**　刺激性制御は光の波長や音の周波数などの，単一の刺激次元についてのみ生じるわけではない．むしろ実験室以外の場面では，複数の刺激次元が複合的に反応を制御していることの方が普通であろう．例えばイヌには数百種類もの犬種があるといわれており，その形態上の変異の幅はきわめて大きい．大きさだけをとっても，グレートデンのような大型犬からチワワのような小型犬まで存在する．脚と胴体の比率も千差万別だし，毛並みも毛の色も様々である．しかし我々はそれらをすべて「イヌ」とよぶことができる．音声反応としての「イヌ」という弁別オペラントを生じる弁別刺激は，したがって刺激の抽象的なクラスであり，おそらく多くの刺激次元をその中に含んでいる．概念形成とよばれる行動のレパートリーは，こうした複雑な刺激性制御の一例である（☞「概念学習」）．同じ1匹のイヌに対して，しかし人は異なる行動をとることもある．例えば幼い子どもは，家で飼われているイヌに手を伸ばして遊ぼうとするが，餌を食べている最中のイヌには手を伸ばさないことを学ぶ．手を伸ばした結果としてのイヌの反応がまったく異なるからである．飼っているイヌという同じ弁別刺激であっても，その刺激の文脈に相当する別の刺激（餌の有無）によって，子どもがとる行動は異なる．このように，ある弁別刺激によって生じる行動がそれとは別の刺激（文脈を与える刺激）に依存して変化するような刺激性制御は条件性弁別とよばれる．また実物のイヌと文字刺激としての「犬」「イヌ」「いぬ」，そして音声刺激としての「inu」は，物理的には大きく異なるが，共通の弁別オペラントを生じることがある．このような刺激性制御は刺激等価性の問題として研究されている（☞「刺激等価性：基礎」）．

●**私的事象**による**刺激性制御**　私的事象に属す刺激，すなわち当の個人や個体だけが接近可能な刺激も弁別刺激になりうる．例えば歯の痛みは当人だけが刺激として受容可能であるが，痛みは弁別刺激として機能して，鎮痛剤を飲む，歯医者に駆け込むなどのオペラントを自発する機会となる．過去にそのような行動が痛覚刺激を除去するという結果，すなわち負の強化をもたらしたからである．ヒト以外の動物でも私的事象を弁別刺激とした研究は数多い．中枢作用をもった薬物の「自覚効果」を探る薬物弁別研究はそのような研究の1つであり，数多くの実験例が存在する．（中枢作用のある）薬物Aの投与後には左レバーへの反応を強化し，（中枢作用のない）生理食塩水の投与後には右レバーへの反応を強化するといった手続きで，左右のレバーへの反応が，投与物質によって分化するかどうかを調べるような実験がこれにあたる．ハトを用いて，中枢作用薬がもたらす私的な内受容的状態を個体間で伝達するような行動さえ形成可能であることも報告されている（Lubinski & Thompson, 1987）．　　　　　　　　　　　［堀　耕治］

反応形成（シェイピング）：基礎

☞自動反応形成 p. 308，反応形成：応用 p. 446

　オペラント行動を変容させる技法は，行動を新たに形成する技法，行動を増加させる，あるいは減少させる技法，行動を場面に応じて切り換える技法，この3つに分類される（佐藤，1987）．行動形成技法の1つに，ある特定の反応型（トポグラフィー）を条件づけるときに用いる反応形成（シェイピング）がある．本項目では，動物を対象とした実験室場面における反応形成手続きを中心に説明する．実験場面において反応を新しく形成する方法は，次のように整理・分類できる．すなわち，反応の自発を待つ方法，自動反応形成，逐次接近法（漸次的近似法）の3種類である．一般に餌を強化子として反応を形成するこれらの方法を用いるに先立って必要な条件は，次の3点である．第1に，最終的にその個体で形成したい反応型が確定していること，第2にその個体が，その実験場面（実験箱など）において，摂餌反応を確実に実行できること，第3に摂食行動の出現頻度が高められていること（動機づけ操作）である．

●**反応の自発を待つ方法**　その実験箱内で提示された餌を確実に摂取できる個体に，環境側が定義したオペラント反応（例えば，レバー押下げ）の発生頻度がある程度期待できる場合に，用いられる．つまり，その個体を実験箱に入れて反応の出現をひたすら待つ方法である．どの程度の頻度で当該のオペラント反応が生起するかについては，事前の行動観察によって，そのオペラントレベルを確認しておく必要がある．ただし，このオペラントレベルでの自発反応がほとんどないか，あるいはまったく生起しないような場合は，この方法は避けた方が賢明である．図1に，この方法によって自発した反応の形成と安定の様子を，ラットのレバー押し反応（Skinner, 1938）とキンギョの水中パネル押し反応（藤，1995a）を例として，累積記録で示した．個体により，初発反応生起までの時間や，強化の到来により生ずる反応の増大に違いのあること，などを読み取ることができる．

●**自動反応形成**　個体の自発反応をひたすら待つ方法は，オペラント行動研究の計画と遂行という観点からすると，1つの弱点を含んでいる．つまり，確実に反応する被験体の安定して確保しておくという研究計画上の要請からすると，反応の完成までの過程が被験体まかせであることが，研究行動を制約する場合がある．自発を待つ方法よりも確実に，かつ迅速に反応を完成させるための1つの方法として，ブラウンとジェンキンズ（Brown & Jenkins, 1968）が考案した技法が，自動反応形成である．通常のハト用の実験箱が用いられたが，まず反応キーが一定時間（例えば8秒間）点灯する．その時間が経過すると反応キーは消灯す

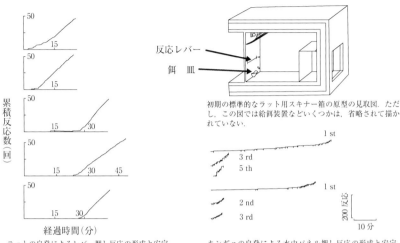

図1 自発によって反応が形成され安定を示した累積記録の例［Skinner, 1938, p.68, Fig.4 をもとに作成（左図），Skinner, 1938, p.49, Fig.1 をもとに作成（右上図），藤，1995a, p.54, Fig. 3, 4 をもとに作成（右下図）］
ラットのレバー押し反応（左図）と，キンギョの水中パネル押し反応（右下図）を示す．実験者による漸次的近似法や自動反応形成によることなく，各個体が自発した反応は，その反応ごとに強化された．左図に例示された当時のラットの累積記録では，強化が短斜線で描画されていないことに注意．右上図は，自由オペラント事態でのレバーの押下げをオペラント反応と指定して定義した，1930年代中期の標準的なラット用のスキナー箱．

る．同時に餌フィーダが4秒間作動し，餌提示部が照明され，ハトは餌を摂取できる．フィーダの作動の終了で1試行となる．もし，反応キー点灯中にキーつつき反応があれば，キーは即座に消灯して餌フィーダが同時に作動する．不定長（30〜90秒）に設定された試行間間隔を経て，次の試行が開始される．ブラウンらは，反応キーの点灯に後続させて餌摂取の機会を提示するだけで，点灯中の反応キーへの自発反応を生起させることに成功した．反応キー点灯に餌提示を後続させる順序，つまり順行対提示が反応形成を成立させる条件であった．この実験において，その条件に割り当てられたハトの90％以上が自発反応を生起させた条件群において，初発反応生起に要した試行数は，平均して44試行であった．この自動反応形成の重要性は，技法としての有効性，有用性にも増して，ここで生じている反応がレスポンデント条件づけによって誘発する可能性を示したことである．この手続きのもとでの次発以降のキーつき反応は強化によって維持されるが，初発反応はそれに先立って提示された反応キー点灯（conditioned stimulus, CS；条件刺激）と消灯に伴う餌提示（unconditioned stimulus, US；無条件刺

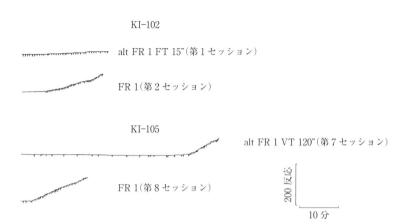

図2 ブラウンとジェンキンズの自動反応形成手続きの順行対提示に相当する論理和スケジュールを用いて行った2匹のキンギョの水中パネル押し反応形成過程の累積記録［藤，1995a，p.55，Fig.5をもとに作成］．
上図（KI-102）は，無反応の15秒経過か，反応出現のどちらか早く満足した条件によって強化した．また下図（KI-105）は，同様に無反応の平均120秒経過か，反応出現の組み合わせによる論理和スケジュールであった．このスケジュールに続けて訓練した，反応によってのみ強化が出現するスケジュールの累積記録を示した．反応曲線の短斜線は，強化子の提示を示す．

激）という典型的なレスポンデント条件づけの対提示手続きによって生起したと考えられる．図2に，ブラウンとジェンキンズの順行対提示手続き（Brown & Jenkins, 1968）にほぼ対応する論理和スケジュールによって形成したキンギョの水中パネル押し反応の累積記録を例示した．ここでいう論理和スケジュールとは，例えば，被験体 KI-102 では，水中パネルが試行開始と同時に点灯照明される．そして固定されたある時間（15秒）の経過という事象と，反応の生起という事象のうち，どちらか先に生じた事象によって水中パネルは消灯し，強化子の提示される水面が照明され，同時に強化子が提示された．このスケジュールの例では，試行の開始15秒以内に反応がなければ15秒後に，また15秒以内に反応があれば即座に強化子が提示された．被験体 KI-105 では，試行ごとに変動する時間（平均120秒）の経過と反応生起から構成された論理和スケジュールであった．

●逐次接近法　前述の反応の自発を待つ方法と自動反応形成とにおいては，形成時にオペラント反応の反応型を実験者側が指定したり選択したりすることはできない．逐次接近法による反応形成は，その反応型を必要に応じて指定することができる．アカゲザルにスイッチ押し反応を形成した例で説明する（藤，1995b）．実験装置は，サルが入る実験箱と，その前にある刺激提示箱から構成され，実験箱にはドーム状の透明アクリルの観察窓が刺激箱に面しており，サルは観察窓か

ら刺激を見ることができた．この観察窓の内側に，反応用のスイッチがあり，強化子のサツマイモ片は実験箱の内側の餌皿に提示された．手順1で，まず形成しようとする反応型を決めた．スイッチ押し反応を形成するが，この場合にサルのスイッチを押す力の強弱と，スイッチのオン・オフに必要な力との関係を確かめておく．動物は，時として思いがけない力でスイッチを押すことがあり（例えば消去の過程で），それに耐えるスイッチの仕様や取付方法を考えておかねばならない．手順2で，形成しようとする反応について，被験体の自発頻度や実験箱内での行動をあらかじめ観察する．これにより，被験体の反応のオペラントレベルを知り，また，最終的な反応型にいたるように，その反応型を逆算して段階的に時系列分解をしておく．手順3では，時系列分解した反応型をそれぞれの段階で強化する基準を設けておく．最初に欠かせないのは，その実験箱内での強化子の摂取である．サツマイモ片を，ユニバーサルフィーダで提示して，確実に摂取するようになったら，用意した強化基準に従って，被験体の行動を実験者が観察しながらマニュアルで強化する．基準1：実験箱内で，被験体が観察窓の方を向く反応を強化する．この基準を満たす反応が安定して自発されるようになったならば，次に移行する．基準2：観察窓の方を向き，かつ，観察窓のドームの内側に頭を出す反応を強化する．この頭を出す反応の安定を待って次に移行する．基準3：頭全体をドームの中に持ってくる反応を強化する．基準4：確実に頭部がドームの中に位置するようになったなら，手がドームの内側に触れる反応を強化して，反応の安定を待つ．基準5：ドームの内側にあるスイッチに近い場所を手で触れたときに，強化する．基準6：スイッチを手で触れたときに，強化する．このときは押さなくても強化する．基準7：スイッチを自力で押したときに，強化する．このようにして，ある基準における反応が確実に生ずるのを待って，強化の基準を徐々に最終的な反応型に近づけるように変更する．この基準変更において重要な点は，旧基準から新基準に移行する前に，旧基準で強化していた反応を，いったん消去することである．この消去手続きの挿入により，そこで自発する反応型に一時的な変容や，反応強度の増加など，消去に伴う反応の変化が生ずる．この手続きにより，反応型に一時的な変容を起こさせて，実験者はその反応の中に含まれる新しい基準を満足する反応型を見出して，その反応を新基準に従って強化することが重要である．つまり，個体の示す最終的な反応型は，実験者という環境によって人為的に選択され，淘汰にさらされて変容し，形成された結果である． ［藤 健一］

参考文献

桑田 繁他（1990）．自動的反応形成と行動分析 行動分析学研究, 5, 71-77.

強化

☞オペラント行動 p. 34, 三項強化随伴性 p. 42, プレマックの原理：基礎 p. 182, 感性強化 p. 186, 条件強化 p. 190, 遅延強化 p. 194, バイオフィードバック p. 198, 負の強化 p. 202, 分化結果手続き p. 234, 刻印づけ p. 312

　オペラント条件づけにおいて，強化とは，個体の自発した反応に，特定の環境変化が後続することで，その反応の将来の生起頻度が増加する現象を指す．特定の環境変化とは，ある刺激や出来事が出現または消失することである．また強化は，反応増加の現象を指すだけでなく，反応を増加させる操作も意味する．その場合の環境変化とは，ある刺激や出来事の提示や除去である．レスポンデント条件づけにおいては，条件刺激に無条件刺激を対提示することを強化とよぶが，本項目では，オペラント条件づけにおける強化を扱う．

　この強化の原理は，スキナー（Skinner, 1938）によりオペラント条件づけの基本原理として定式化されているが，もとはソーンダイク（Thorndike, 1911, 1927）の提唱した効果の法則にその源をたどることができる．効果の法則は「ある反応が満足する状態をもたらしたならば，反応とその状況はより強く結合し，その状況が起これば，その反応は再び生じやすくなる」と述べる．ソーンダイクの用いた「満足」という用語や「反応と状況の結合」という考えは今のオペラント条件づけ研究では採用されないが，その法則が述べている「反応に後続する結果が，反応の将来の生起頻度を増加させる」ことは，強化の原理と基本的には同じことを述べている．

●**正と負の強化**　強化に，正と負という修飾語をつけ加えることで，環境変化の態様が表現できる．正は刺激の出現・提示を，負は刺激の消失・除去を意味する．正の強化（提示型強化）は，反応後のある刺激の出現（提示）により，反応が増加することを意味する．例えば，子どもがお手伝いをして，お小づかいをもらい，将来の手伝い行動が増加することは正の強化の例である．負の強化（除去型強化）は，反応後のある刺激の消失（除去）により，反応が増加することを意味する（☞「負の強化（除去型強化）」）．例えば，病院に行き，痛みが消えて，病院に行く行動が増えることは負の強化の例である．強化において，反応の後に提示・除去されることで，その反応の生起頻度を増加させる機能をもつ刺激を，強化子とよぶ．正・負の強化のそれぞれで強化子が存在し，正の強化子（提示型強化子）は，反応の後に提示されることで，その反応の生起頻度を増加させる刺激である．負の強化子（除去型強化子）は，反応の後に除去されることで，その反応の生起頻度を増加させる刺激である．先ほどの事例におけるお小づかいは正の強化子の，痛みは負の強化子の例である．

　また強化と反対の過程を意味する用語として弱化がある（☞「弱化（罰）」）．正の弱化（提示型弱化）は，反応後の刺激の出現・提示により反応が減少すること

		刺激	
		出現・提示	消失・除去
反応	増加 ↑	正の強化	負の強化
	減少 ↓	正の弱化	負の弱化

図1 反応増減の4種類の操作と環境変化の関係

表1 反応増減の4種類の操作の日常生活での事例

	行動	刺激	刺激の性質	行動事例	刺激事例
正の強化	増加（↑）	出現・提示	快	手伝いをする	金銭提示
負の強化	増加（↑）	消失・除去	不快	病院に行く	痛み消失
正の弱化	減少（↓）	出現・提示	不快	いたずらする	痛み提示
負の弱化	減少（↓）	消失・除去	快	交通違反する	金銭消失

を指し，いたずらにより体罰を受けることで，いたずら行動が減少することがその例である．正の弱化子（提示型弱化子）は，反応の後に提示されることで，その反応の生起頻度を減少させる刺激であり，先の例における体罰としての痛みが正の弱化子に相当する．負の弱化（除去型弱化）は，反応後の刺激の消失・除去により反応が減少することを指し，交通違反をして，違反金を徴収されることで，交通違反行動が減少することがその例である．負の弱化子（除去型弱化子）は，反応の後に除去されることで，その反応の生起頻度を減少させる刺激であり，先の例における罰金として徴収される金銭が負の弱化子の例である．

●**反応増減の4種類の操作**　反応の増減を意味する強化と弱化，環境変化を意味する正と負を組み合わせて定義されるオペラント反応の増減に関する4種類の操作を図1に示す．またそれら4種類の操作の日常生活の事例を整理したものを表1に示す．表1の例より，金銭といった刺激は正の強化子としても負の弱化子としても機能することがある．同様に，痛みといった刺激は，負の強化子としても正の弱化子としても機能することがある．しかしながら，ある刺激が両方の機能をもつかどうかは，一義的に決まるわけではなく，実験的に確かめる必要がある．また一般的に，正の強化子および負の弱化子は，個体にとって快をもたらす刺激であることが多く，負の強化子および正の弱化子は，個体にとって不快をもたらす刺激であることが多い（そのため負の強化子と正の弱化子は，嫌悪刺激ともよばれる）．しかし，強化子・弱化子としての機能と快・不快といった刺激の性質に一義的な対応関係があるわけではないので，注意が必要である．

　なお，弱化は罰とも呼称される．しかし日常生活における罰という用語は，悪い行いをした場合に与えられる刺激という意味をもつ．この日常用語としての罰

のもつ意味が，行動の減少を客観的に記述する際に不要な誤解を招くことがある．そのため行動減少を記述する，より客観的な用語として，「弱化」という用語が提唱されている．特に近年の日本ではこの用語が採用される傾向にあり，本事典もそれにならうが，英語圏では，今でも「罰」を用いる方が主流である．

●**様々な強化子**　強化子は，その性質により様々に分類される．最も重要な強化子の分類は，無条件(性)強化子と条件(性)強化子である．無条件強化子は，生得的に行動を増加させる機能をもつ強化子であり，一次強化子ともよばれる．食物，水，性的刺激，寒暖場面における熱刺激や冷刺激などは，無条件強化子の例である．他にも，単なる光や音などの感覚刺激が，無条件強化子として機能することがあり，この刺激を感性強化子とよぶ（☞「感性強化」）．たとえば，サルを窓のついた箱に入れ，窓を押すと外が一定時間見えるようにした場合，サルは窓を押して外を見るようになる．この時，外の景色はサルにとって感性強化子として機能している．

条件強化子は，もともとは強化の機能をもたない中性刺激であるが，他の無条件強化子や条件強化子との対提示（レスポンデント条件づけの手続き）を通じて，経験的に強化の機能を獲得した刺激であり，二次強化子ともよばれる（☞「条件強化」）．動物を用いた実験場面では，餌提示に伴う装置の作動音や餌箱の照明が，無条件強化子である餌の対提示を経て，条件強化子として機能するようになる．人における条件強化子として，自動販売機にコインを入れたときのボタンの点灯や，成績の優評価，賞賛が例としてあげられる．条件強化子を提示して反応を強化することは，条件(性)強化とよばれる．条件強化子において，特に，社会的な場面で他者により提供される刺激を社会的強化子とよび，賞賛，笑顔，注目，頷き，身体的接触（ハイファイブ，背中を叩く）などがその例である．また，ある条件強化子の効果が，多数の無条件および条件強化子と結びついている場合，その条件強化子は，般性条件強化子とよばれる．般性条件強化子は，多数の強化子と結びついているため，個々の強化子の動機づけ操作の影響を受けにくい．社会的強化子としての賞賛や頷きも多くの強化子と同時に提示されるため般性条件強化子である．般性条件強化子には多数の強化子と交換の機能をもつものもあり，日常生活では貨幣がその典型例である．

他にも活動に従事する機会を活動性強化子とよぶ．従来，強化子は，餌などの物理的に実在している刺激として定義されていたが，後述するプレマックの原理により，活動に従事する機会も強化子として機能する可能性が示唆された．この活動性強化子の発見は応用的に重要な意味をもつ．餌や菓子といった強化子は，飽和化により効力を失いやすいが，活動性強化子を用いればその問題を回避できる．例えば，生起頻度が低い勉強行動に，生起頻度が高い遊ぶ行動を後続させることで勉強行動を強化できる．

●プレマックの原理と反応遮断化理論　プレマック（Premack, 1959, 1962, 1965）は，ラットやサル，児童を用いた一連の実験において，生起頻度の高い反応が，生起頻度の低い反応に対する強化子として機能することを明らかにした．これはプレマックの原理とよばれ，物理的に実在する刺激としての強化子のとらえ方を一変させ，反応に従事する機会自体が強化子として機能することを明らかにした（☞「プレマックの原理：基礎」）．

その後，生起頻度の高い反応が生起頻度の低い反応を強化しない場面も報告され，それらの事態も説明できる理論として，反応遮断化理論が提唱されている（Timberlake & Allison, 1974）．反応遮断化理論は，反応が自由に行える自由接近場面での生起頻度をもとに，反応に従事する機会を遮断化すると，より遮断化された反応は，あまり遮断化されていない反応に対する強化子として機能することを述べる．つまりプレマックの原理が想定する自由接近事態での生起頻度の高低ではなく，自由接近事態からの遮断化の程度によって強化子が決定される．

強化の原理に関しては，どの刺激が強化子として機能するかをあらかじめ知ることはできないと批判されてきた．しかし，上記の理論によれば，強化子としての機能は，生起頻度の高低や遮断化の程度についての反応間の相対的な関係を調べることで予測できることになる．つまり何が強化子として機能するのかは絶対的に決まるのではなく，他の反応との相対的な関係によって決まることを意味し，これは強化の相対性とよばれている．

●強化効果の測定　強化という用語からは，反応を強めるという意味を読み取ることができるが，強化子がどの程度反応を強めるのかについては強化効果の問題として扱われている．古くは，反応率が強化効果の指標とされ，反応率が高いほど強化効果は強いとされてきた．しかし，反応率は，強化スケジュールにより容易にその高低を操作できることから，強化効果の適切な指標ではない．そのため，反応率以外に強化効果を表す多数の指標が提案されてきた．例えば，消去抵抗や変化抵抗をめぐる研究では，消去や先行給餌など反応を変容させる操作が導入された場合の行動の抵抗性の観点から強化効果を表現する（☞「消去」「行動モメンタム：基礎」）．他にも選択行動の研究において，選択肢に設定される強化率や強化量，強化遅延などは強化価値として総称され，高い強化価値が強い選好を導くが，この選好を強化効果の現れととらえることもできる（☞「対応法則（マッチング法則）」）．また累進スケジュールで反応が停止するまでのブレイク・ポイントは，主に薬物の強化効果を示す指標として行動薬理学で用いられている（☞「行動薬理学」）．さらに1強化子あたりに必要な反応数（例えば，FRスケジュールの値）を行動価格として，これを体系的に変化させた場合の強化子の消費量の変化である需要の価格弾力性およびその発展形としての強化真価が，強化効果の本質的な指標である可能性も指摘されている（☞「行動経済学」）．　　　［井垣竹晴］

強化（単一強化）スケジュール

☞比率スケジュール p.214, 時隔スケジュール p.218, 反応率分化強化 p.222, スケジュール誘導性行動 p.230

　行動を増加・維持するためには，すべての行動に強化子を随伴させる必要はない．複数回の行動に対して強化子を随伴させることによっても，行動を増加・維持することが可能である．行動に随伴して，どのように強化子を提示するかについての規則を強化スケジュールとよぶ．本項目では，強化子の提示条件が，反応数や経過時間など単一の変数により決まる単一強化スケジュールを扱う．代表的な単一強化スケジュールの分類を図1に示す．

　行動に毎回強化子を提示するスケジュールは，連続強化（continuous reinforcement, CRF）スケジュールとよばれる．それ以外の，複数回の反応に対して強化子を提示するスケジュールは，間欠（間歇），もしくは部分強化スケジュールとよぶ．また反応が生じても強化子を提示しないことは消去とよばれる．CRFスケジュールは，単純ではあるが，反応形成や反応訓練の初期段階においては，このスケジュールで訓練を行う．間欠強化スケジュールは，スキナーが，ハーバード大学大学院時代に実験室でエサが枯渇するという事態を経験し（1930～31年），毎回の反応を強化する必要はないと考えたことがきっかけで発見された（Skinner, 1956）．消去は，形成された反応に対して，強化子を提示しないことで，行動を減少させる働きをもつ．そのため，他の強化スケジュールでの訓練後に導入される．

　間欠強化スケジュールのうち，最も基本的なスケジュールは，比率と時隔スケジュールである．比率スケジュールは，前回の強化子提示からの反応数に依存して強化子が提示されるスケジュールである（☞「比率スケジュール」）．所定の反応数がなされるまでに要した時間は関係ない．時隔スケジュールは，前回の強化子提示から，所定時間が経過した後の初発反応が強化されるスケジュールである（☞「時隔スケジュール」）．時間が経過するまでの反応数は関係なく，時間経過後の強化準備段階となってからの1反応のみが必要とされる．

　さらに，反応数や経過時間が，試行ごとに固定されているのか変動するのかの観点から，固定スケジュールと，変動スケジュールを考えることができる．比率・時隔スケジュールと固定・変動スケジュールを組み合わせることにより，固定比率（fixed-ratio, FR），変動比率（variable ratio, VR），固定時隔（fixed-interval, FI），変動時隔（variable interval, VI）スケジュールに分類でき，これら4つのスケジュールが，基本強化スケジュールとして位置づけられている．

●**基本強化スケジュール**　FRスケジュールは，強化子提示に必要とされる反応数が一定である比率スケジュールであり，スケジュール値は，必要反応数が示さ

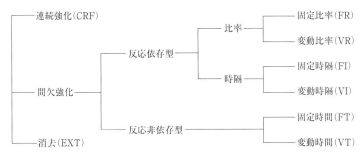

図1　代表的な単一強化スケジュールの分類

れる．例えば，FR 10 は，前回の強化から 10 回目の反応に強化子が提示されることを意味する．FR 1 は，CRF と同義である．FR スケジュールで維持されている日常生活の行動事例としては，出来高払いの仕事や，一定数集めることで景品と交換できるポイント集め行動などがある．VR スケジュールは，強化子提示に必要な反応数が変動する比率スケジュールであり，スケジュール値は，必要反応数の平均値が示される．例えば，VR 10 では，あるときは 3 回の反応で，またあるときは 30 回の反応で強化子が提示されるかもしれないが，複数回の試行を平均すると 10 回目の反応で強化される．VR スケジュールで維持されている日常生活の行動事例としては，スロットマシーンなどのギャンブル行動がある．

　FI スケジュールは，強化子提示に必要とされる経過時間が毎試行一定である時隔スケジュールであり，スケジュール値は，経過時間が示される．例えば，FI 10 秒は，前回の強化から，10 秒経過後の初発反応に対して強化子が提示される．日常生活の行動事例で，厳密に FI スケジュールの定義と合致しているものを探すのは難しいが，近似しているものとして，ほぼ同じ時間に配達される郵便や新聞の確認行動や，授業中の時計の確認行動（授業終了時刻が近づくと確認行動が増加する）があげられる．VI スケジュールは，強化子提示に必要とされる経過時間が変動する時隔スケジュールであり，スケジュール値は，経過時間の平均値が示される．例えば VI 10 秒は，あるときは 3 秒経過後の初発反応で，またあるときは数十秒経過後の初発反応で強化子が提示されるかもしれないが，複数回の試行を通じて平均 10 秒経過後の反応に強化子が提示される．VI スケジュールで維持されている日常生活の行動事例は多く，メールの確認行動や通話中の相手に電話をかける行動などが典型例である．

●**基本強化スケジュールの累積記録**　基本強化スケジュールのもとで，訓練を行い，反応が安定した状態になると，それぞれのスケジュールに特有の反応傾向が出現することが知られている．これらの反応傾向は，反応の累積記録（☞「累積記録」）を描くことにより明確に表現される．ファースターとスキナーの著作

Schedules of Reinforcement は，様々な強化スケジュールについての累積記録をまとめた大著である (Ferster & Skinner, 1957). 図2は，ハトにおける基本強化スケジュールのもとでの累積記録を示している．FRスケジュールでは，強化子の提示後に反応が休止する強化後休止 (post-reinforcement pause, PRP) が観察される．PRP後は，強化子提示まで一定で高い率の反応が生じる．PRPと高反応率を繰り返すことから休止・走行パターンとよばれる階段状の反応パターンが見られる．VRスケジュールでは，PRPはあまり見られず，時おり短い休止が確認できる以外は，一定できわめて高い反応率が観察される．

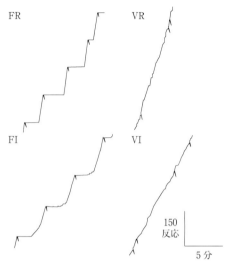

図2 基本強化スケジュールの累積記録
[Ferster & Skinner, 1957をもとに作成．スケジュール値は，FR 120 (p.52), VR 360 (p.394), FI 4分 (p.159), VI 3分 (p.334)]

FIスケジュールでは，PRPの後，最初は徐々に反応が生じ，強化子提示が近づくにつれ反応が急激に増加するという加速度的なパターンを示す．この形状は，ホタテ貝 (scallop) の貝殻の縁に形状が似ていることから，スキャロップとよばれる．VIスケジュールは，PRPはあまり見られず，安定した中程度の反応率が維持される．そのため様々な動物実験でベースライン反応の維持のために用いられる．VIとVRスケジュールは，強化率を等しく統制しても反応率はVIよりもVRスケジュールの方が高い（☞「比率スケジュール」「時隔スケジュール」）．

●**ヒトとヒト以外の動物の反応傾向の違い** 上記の基本強化スケジュールにおける反応傾向は，ヒト以外の動物を用いた場合に典型的に見られるもので，ヒトでは明確には再現されないこともある．例えば，FRスケジュールでは，休止・走行パターンが見られず，高反応率が維持される．またFIスケジュールではスキャロップが見られず，経過時間全般にわたって反応する高反応率か，効率よく数回の反応で強化子を得る低反応率が観察される．これらの要因として，反応に必要な労力の違い，用いられる強化子の違い，遮断化の有無等があるが，特に大きな要因として，ヒトのスケジュール行動は，動物のような随伴性形成行動ではなく，言語教示によってルールを形成しそれに従って行動するルール支配行動である可能性が指摘されている（☞「ルール支配行動」）．

●**その他の単一強化スケジュール** 時間スケジュールは，時間経過後に自動的に

強化子が提示されるスケジュールである．時間経過後に反応が必要ない点で時隔スケジュールとは異なる．反応非依存型スケジュールともよばれる（☞「反応非依存強化」）．時間スケジュールも，経過時間が一定である固定時間（fixed-time, FT）スケジュールと，経過時間が変動する変動時間（variable-time, VT）スケジュールに分けられる．例えば，FT 60 秒は，前回の強化から，60 秒経過後に強化子が自動的に提示される．時間スケジュールでは強化子が提示された直前に行っていた行動が偶発的に強化されやすい．そのため時間スケジュールは迷信行動の研究に多用される．しかしながら，それらの行動は，時間スケジュールによって誘発された餌摂取と関連する定型的なスケジュール誘導行動である可能性も指摘されている（Staddon & Simmelhag, 1971, ☞「スケジュール誘導性行動」）．

　乱動スケジュールとは，反応生起や一定時間ごとに，定められた確率で強化子が提示されるスケジュールである（☞「比率スケジュール」「時隔スケジュール」）．代表的な乱動スケジュールとして，1 反応ごとにある強化確率に従って強化子が提示される乱動比率（random-ratio, RR）スケジュールと，一定時間ごとにある強化確率に従って強化準備状態が設定される乱動時隔（random-interval, RI）スケジュールがある．RR，RI スケジュールは，それぞれ VR，VI スケジュールと類似した反応パターンを示すが，RR スケジュールは 1 反応ごと，RI スケジュールは一定時間ごとの強化確率が常に一定になるという特徴がある．RR スケジュールの値は，強化子提示に必要な反応数の期待値が示され，強化確率が 0.1 であれば，RR 10 となる．RR 10 では，反応ごとに 1〜10 個の乱数を発生させ，乱数が任意の値になったときに強化子を提示する．RI スケジュールの値は，強化可能状態になるまでの時間の期待値が示され，一定時間が 3 秒で，強化確率が 0.1 であれば，RI 30 秒となる．RI 30 秒は，3 秒ごとに 1〜10 個の乱数を発生させ，乱数が任意の値になった後の初発反応に対して強化子を提示する．

　累進スケジュールは，試行の継続にともなって，スケジュール値が規則的に増加するスケジュールである．代表的な累進スケジュールとして，強化子の提示ごとに次の試行での必要反応数が増加する累進比率（progressive-ratio, PR）スケジュールと，次の試行での必要経過時間が増加する累進時隔（progressive-interval, PI）スケジュールがある．特に，PR スケジュールは，行動の抵抗性や強化効果の測定に用いられる．PR スケジュール値の増加方法は，試行ごとに一定数を増加させる方法が一般的である．例えば，5 反応ずつ増加させる場合は，PR 5 と表記する．他にも等比数列を用いて一定比率で増加させる方法もある．どの方法を用いても要求反応数は増大していくため，試行の継続は困難となっていく．個体が遂行可能であった最後の試行における PR 値はブレイク・ポイントとよばれ，行動薬理学では，この値が，強化子としての薬物の効果を示すとされ，値が高いほど薬物の強化効果は強い（☞「行動薬理学」）．　　　　　　　　［井垣竹晴］

強化(複雑な強化)スケジュール

☞反応率分化強化 p.222, 複合スケジュール p.226

　本項目では,複雑な強化スケジュールとして,分化強化スケジュールと複合スケジュールを扱う.分化強化スケジュールは,特定の反応次元や特定の反応に対して選択的に強化子が提示されるスケジュールである.単一強化スケジュール(☞「強化(単一強化)スケジュール」)では,単に反応の生起のみが強化子提示に必要とされていた(時間スケジュールを除く).しかし反応には,頻度,反応間時間,潜時,強度,持続時間など様々な次元が存在する.反応次元に焦点をあてた分化強化スケジュールでは,特定の条件に合致した反応次元を選択的に強化する.本項目では,特に反応間時間(interresponse time, IRT)や頻度を扱った分化強化スケジュールを紹介する.また複数の反応レパートリーのうち,特定の反応にのみ選択的に強化子を提示する分化強化スケジュールもあり,問題行動の減少や望ましい行動の増加において効果があり,応用場面で活用されている.

　強化スケジュールは単独で用いられるだけでなく,複数の強化スケジュールが様々な形式で組み合わされて用いられることも多い.単一強化スケジュールや分化強化スケジュールなど複数の強化スケジュールを組み合わせて構成するスケジュールを複合スケジュールとよぶ.複合スケジュールはさらに,複数の強化スケジュールが,継時的に提示され独立して機能するもの(多元[混成],混合,連鎖,連接),同時的に提示され独立して機能するもの(並立,共立),同時的に提示され相互関係があるもの(論理積,論理和,連動)に大別できる.各複合スケジュールの特徴を表1にまとめる.

● **IRTや反応頻度を対象とする分化強化スケジュール**　特定のIRTや反応頻度を選択的に強化する分化強化スケジュールとして,低反応率分化強化(differential reinforcement of low rate, DRL)スケジュールと高反応率分化強化(differ-

表1　複合スケジュールの分類

複合スケジュール	スケジュールの提示	スケジュール間の関係
多元	継時	独立
混合	継時	独立
連鎖	継時	独立
連接	継時	独立
並立	同時	独立
共立	同時	独立
論理積	同時	相互
論理和	同時	相互
連動	同時	相互

ential reinforcement of high rate, DRH）スケジュールがある（☞「反応率分化強化」）．DRL，DRH スケジュールともに，IRT による定義と，一定時間内の反応頻度による定義が考えられるが，DRL スケジュールは前者の定義が，DRH スケジュールは後者の定義が一般的には用いられる．DRL スケジュールは，設定された時間以上の IRT が生じた場合に強化を行うスケジュールを指す．例えば，DRL 3 秒は，直前の反応から 3 秒以上経過した反応に強化を行う．3 秒未満の IRT は強化されず，その時点から再び IRT が計測される．また一定時間内の反応が設定数以下であった場合に強化子を提示する反応頻度による定義もあり，臨床現場では厳密な IRT を測定することが難しいなどの理由でこの定義が用いられることもある．DRH スケジュールは，反応頻度による定義が一般的であり，一定時間内に，設定数以上の反応が生じた場合に強化を行うスケジュールである．例えば，設定時間を 3 秒，反応数を 5 反応とした場合，3 秒以内に 5 反応が生じた時点で強化子が提示される．また DRL スケジュールに制限時間（後述）を組み合わせ，一定の率で反応を持続させるスケジュールとして，一定反応率分化強化（differential reinforcement of paced responding, DRP）スケジュールがある．これも IRT と反応頻度による定義が可能であるが，IRT による定義では，例えば，3～5 秒といった一定の範囲の IRT を分化強化する．

●**特定の反応レパートリーを対象とする分化強化スケジュール**　本項目では，他行動分化強化（differential reinforcement of other behavior, DRO），代替行動分化強化（differential reinforcement of alternative behavior, DRA），非両立行動分化強化（differential reinforcement of incompatible behavior, DRI）スケジュールを紹介する．DRO スケジュールは，設定時間内に標的行動が生じない場合に強化子を提示するスケジュールを指す．もし設定時間内に標的行動が生じた場合，その生起から再び設定時間の経過が必要となる．例えば，DRO 5 秒では，標的行動が生じない限り，5 秒ごとに強化子が提示されるが，標的行動が生じたら，その時点から 5 秒間，強化子提示が遅延される．標的行動以外の行動が強化の対象となるため，この名称でよばれているが，実際は負の弱化（除去型弱化）の手続きにより標的行動（応用場面では問題行動）の減少を目的としている．反応しないことを訓練するという意味で，省略訓練ともよばれる．DRA スケジュールは，標的行動以外の特定の行動が生起した場合に強化子を提示するスケジュールである．例えば，標的行動が問題行動である場合，問題行動は消去しつつ，それ以外の通常は望ましい行動を強化する．しかし DRA スケジュールにおいて，標的行動（問題行動）は消去されるとしてもその生起は物理的に可能であるかもしれない．DRI スケジュールは，標的行動と物理的に両立不可能な行動が生起した場合に強化子を提示するスケジュールである．例えば，「授業中に騒ぐ行動」が標的行動である場合，それとは両立不可能な「静かに授業を聞く行動」を強化

する．消去や正の弱化（提示型弱化）を用いても反応を減少させることができるが，強化子提示の急な中止や嫌悪刺激の提示は，望ましくない情動反応を引き起こす可能性がある（☞「弱化（罰）」）．DRO, DRA, DRI スケジュールは，強化子を提示しつつ，標的行動を効果的に減少させるスケジュールである（☞「強化による行動低減」）．

		強化子の提示	
		随時	最後
弁別刺激の変化	あり	多元	連鎖
	なし	混合	連接

図1 多元，混合，連鎖，連接スケジュールの分類

●**継時的な複合強化スケジュール**　各スケジュールの提示が継時的で，なおかつある成分スケジュールでの結果が他の成分スケジュールに影響を与えない複合スケジュールとして，多元（混成），混合，連鎖，連接スケジュールがある．これら4つの複合スケジュールは，各スケジュールを示す弁別刺激の有無と，各スケジュールで強化子が提示されるかによって，図1のように分類できる．多元スケジュールでは，各スケジュールは異なった弁別刺激で示され，それぞれのスケジュールの反応要求を満たすことで強化子が提示される．各スケジュールは個体に交互もしくはランダムに提示されるが，スケジュールの切替りが，各スケジュールにおける強化子の提示に依存するタイプと，設定時間の経過に依存するタイプがある．混合スケジュールは，各スケジュールが同じ弁別刺激で示されている点を除いて，手続きは多元スケジュールと同じである．

連鎖スケジュールでは，各スケジュールは異なった弁別刺激で示され，また各スケジュールの提示順序は決まっており，各スケジュールでの反応要求を満たすと，次のスケジュールに移行し，最後のスケジュールの反応要求を満たすことによって強化子が提示される．連接スケジュールは，各スケジュールが同じ弁別刺激で示されている点を除いて，手続きは連鎖スケジュールと同じである．

●**同時的な複合強化スケジュール**　各スケジュールの提示が同時的で，なおかつ各スケジュールが独立して機能する複合スケジュールとして，並立と共立スケジュールがある．並立スケジュールは，複数のスケジュールがそれぞれ異なった操作体に割り当てられるスケジュールであり，各操作体への反応は，設定されたスケジュールに従って独立に強化される．同時に2つの操作体に反応できないため，個体はどちらかの操作体を選択する必要がある（☞「対応法則（マッチング法則）」）．共立スケジュールは，複数のスケジュールが，同一の操作体への反応に対して，同時にまた独立して働くスケジュールを指す．

各スケジュールの提示が同時的で，なおかつスケジュール間に相互関係がある複合スケジュールとして，論理積，論理和，連動スケジュールがある．いずれのスケジュールも，同一の操作体への反応に対して複数のスケジュールが同時に有

効である．論理積スケジュールは，複数のスケジュールのすべてを満たすことによって強化子が提示される．論理和スケジュールは，複数のスケジュールのうち，先に基準を満たしたスケジュールによって強化子が提示される．連動スケジュールは，経過時間や反応数など複数のスケジュールの強化基準が連動し，一方の強化基準が変化するともう一方の強化基準も変化するスケジュールを指す．

●**強化スケジュールの図解** 複雑な強化スケジュールのいくつかは，図2に示されるような，強化される反応の累積記録を描くことで理解が容易になる（Reynolds, 1975 浅野訳 1978；Skinner, 1958）．図では，横軸に経過時間，縦軸に累積反応数をとり，原点は前回の強化子提示からの開始点を，図中の線分は，各スケジュールの強化基準

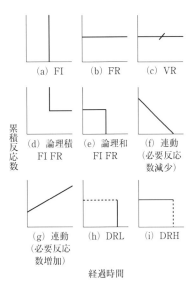

図2　強化スケジュールの図解［Reynolds, 1975 および Skinner, 1958 をもとに作成］

を示している．図は累積反応がその線分のどこかと交差した後の初発反応で強化子が提示されることを意味している．図の（a）と（b）は単一強化スケジュールの例として FI と FR スケジュールを示している．（c）の VR スケジュールといった変動スケジュールは線分に斜線を付加することで表現する．（d）は論理積 FI FR スケジュールを，（e）は論理和 FI FR スケジュールを，（f）は経過時間に比例して必要反応数が減少する連動スケジュールを，（g）は経過時間に比例して必要反応数が増加する連動スケジュールを示している．また線分を破線とし，それに達した場合にはそれまでの反応数や経過時間がリセットされ原点に戻るという条件を加えることで，一定時間内の反応数で定義される（h）DRL と（i）DRH スケジュールを示すことが可能となる．

●**制限時間（limited-hold, LH）** LH は，FI（fixed-interval；固定時隔）などの時隔スケジュールや IRT 定義による DRL スケジュールに付加するもので，強化可能状態になってから一定時間内の反応のみを強化する LH を設定することで，適度な反応の生起を促す．もし制限時間内に反応がない場合は，強化可能状態は無効になり，再度，所定の時間経過が必要となる．例えば，DRL 3秒 LH 2秒であれば，直前の反応より3秒経過してから2秒以内の反応にのみ強化子が提示される．これは前述した DRP スケジュールにおいて 3〜5秒以内の IRT を強化する場合と原理的には等しい．

［井垣竹晴］

オペラント実験箱システム

☞ 累積記録 p. 78, インストルメンテーション p. 122, オペラント実験箱と累積記録器 p. 160

　学習実験で用いられる装置には，スキナー（Skinner, B. F.）が開発したオペラント実験箱（スキナー箱）以外に，跳躍台，走路，迷路などがある．これらの装置では，1回反応すると，被験体は実験者によって出発箱などに戻されることが必要であり，試行が分離される離散試行で実施されるという特徴がある．スキナーが開発した初期のスキナー箱が図1に示されている．この装置は，旧来の直線走路を回廊状に改変し，被験体が一周するごとに，てこの原理によりフィーダー（給餌装置）の円盤が自由腕木のラチェット機構により回転し，強化子（ハトムギ）が自動的に餌皿に落下し，提示された．反応は回転する円盤の軸に巻いたひもがおもりによって下方に巻き戻され，定速で回転する円柱に巻かれた記録紙にひもで取り付けられたペンにより累積反応を記録することができた．このように，オペラント実験箱は，反応のたびに試行が中断されることはなく，被験体がいつでも反応を自発することができる（自由オペラント）という特徴があり，スキナー箱の開発により，反応率や反応間時間などの変数の測定が可能になった．スキナー箱は，統制された条件で三項随伴性（弁別刺激→反応→強化子）を実現する装置であり，一般的に弁別刺激提示装置，反応検出装置，強化子提示装置，反応の記録および制御を行う記録・制御装置からなる（図2）．

　任意の弁別刺激の提示や，任意なルールに基づく強化子の提示が可能なため，弁別刺激による反応の刺激性制御や，反応に対して様々なルールで強化子の提示を行う強化スケジュールにおける反応の検討や，強化量の反応率への効果等の検討が可能である．スキナー箱全体を防音箱に入れ，外部音の影響を低減することが一般的である．聴覚実験以外の実験では，ホワイトノイズを常時流して環境音を一定化する場合がある．オペラント実験に使用されるスキナー箱は，動物種や研究目的によって選択される．適切な装置が入手できない場合は，新たに開発さ

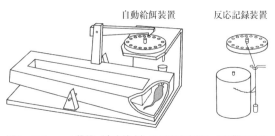

図1　ラチェット機構（自由腕木）の原理を利用した初期のスキナー箱［Skinner, 1956 をもとに作成］

れることになる．

　図3に標準的なラットとハト用のスキナー箱が示されている．無脊椎動物用のスキナー箱も開発されている．図4は，T字が正面に提示された場合，逆T字の側に体を向けるように羽ばたくと，体幹部分に付けられたトルクセンサーが検知し，嫌悪刺激である熱の照射を回避／逃避できるショウジョウバエ用のスキナー箱である．

●**弁別刺激提示装置**　色覚が発達したハトなどの鳥類や霊長類の視覚刺激の提示には，パーソナルコンピュータで色刺激や形刺激，写真などが自由に提示可能なLCDモニターが汎用的に使用されている．また，複数の色刺激の提示が可能なLEDも使用される．視覚刺激は，反応キィや画面の幅に合わせた反応窓を通して提示されるのが一般的である．一方，2色視のラットなどには白色LEDの点灯の有無や，ソレノイドやモーターで駆動する出し入れ可能なレバーが提示された位置などが使用される．ラットやマウスの場合は，視覚刺激が，反応レバーに直接取り付けられる場合もあるが，操作体とは別の位置に提示されるのが一般的である（図3）．厳密な単色光の提示が

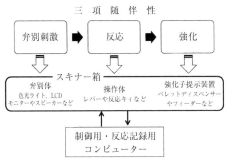

図2　オペラント実験箱システム

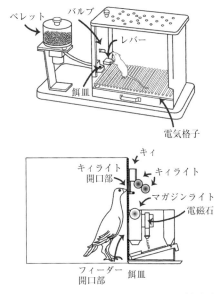

図3　標準的なラット（上）とハト用スキナー箱（下）
［Ferster & Skinner, 1957をもとに作成］

必要な実験では，タングステンなどの光源からの光をプリズムと細いスリットにより分光して提示するタイプや，光学フィルターを使用してある程度の幅の周波数の色光のみを提示するモノクロメーターが使用される．聴覚刺激は，コンピュータに内蔵されたオーディオカードから一般的な電磁石駆動のダイナミック・スピーカーを通して提示される場合や，ホロホロ音のように圧電素子を使用した簡易スピーカーによる提示が行われる．厳密な周波数・音圧制御が必要な場合は，高サンプリング周波数・高ビット数のD/Aボードを使用する必要があり，

音声ファイルからの提示を行う場合は，WAVなどの非圧縮フォーマットのファイルを用いる．振動刺激を提示する場合は，偏心モータが便利である．

●**反応検出装置** 反応形成の困難度が反応によって異なるため，その種にとってオペラントレベルが比較的高い反応が選択されるのが一般的である．ハトの場合はつつき反応，ラットやマウスの場合はレバー押し反応がよく使用される．また，馬では唇でのレバー押し反応，魚類ではパドル押し反応，霊長類ではパネル押し反応が用いられている．つつき反応やレバー押し反応の検出には，マイクロスイッチが使用されることが多いが，反応強度が低い種の場合や，微弱な反応を検出する必要がある場合は，機械的接点のないフォトセルが用いられる．移動反応や回転反応などをオペラントとする場合は，画像処理を用いたリアルタイムトラッキングシステム（図5）や，光センサーが用いられる．モニター画面への直接反応をオペラントとする場合は，タッチパネルが用いられるが，ヒトの指とは異なる物理特性をもつハトのくちばしなどの反応を検出する場合は，利用する動物種の反応の検出が可能な検出方式を選択する必要がある．発声反応をオペラントとする場合は，マイクロフォンで拾った音声をA/Dボードで変換しながらリアルタイムに認識するシステムが必要である．

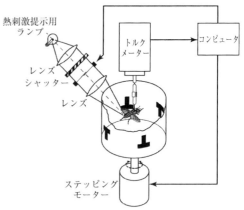

図4 ショウジョウバエの回避条件づけ用スキナー箱
[Wolf & Heisenberg, 1991をもとに作成]

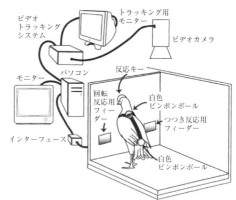

図5 ビデオトラッキングシステムを利用した回転反応とキィつつき反応の並立強化が可能なスキナー箱
ハーネスで取り付けられた首と尾羽の2つのピンポンボールの位置をもとに向き（角度）がリアルタイムに算出される[Manabe, 1992をもとに作成]．

●**強化子提示装置** 強化子が乾燥した一様な固形のペレットの場合は，1粒ずつ提示可能な専用のペレットフィーダーがよく使用される．また，ハトでよく用いられるアサの実やトウモロコシなどの穀物の場合は，穀物が入った容器（マガジ

ンとよばれる）を摂取可能な位置まで一定時間上昇させて提示するフィーダーが用いられる．上昇時間を調整することにより強化量を調整する．ブドウ糖や水などの溶液の場合は，こぼれないように容器をダンパーなどを用いてゆっくり上昇させて提示するフィーダーや電磁弁を用いて一定量の溶液を提示する吐出装置が用いられる．モーターで刷毛を回転させて様々な強化子（霊長類への干しブドウやバナナチップ，猛禽類への肉片など）が提示可能な汎用フィーダーも開発されている．電撃を負の強化子（除去型強化子）として用いる場合は，ラットなどの場合は導電性の格子から提示される．脳内電気刺激を強化子として提示する場合もあり，脳の特定部位に挿入された電極からごく短期間（0.2 ms 程度の電気パルスを 100 Hz で 0.5 ms 程度）提示される．

●記録・制御装置　反応の記録は累積記録器などを用いて紙にペンで記録していた．しかし，パーソナルコンピュータのメモリー容量が十分になって以降，弁別刺激の提示と終了，反応の生起，強化子の提示と終了など，すべてのイベントのタイミングの記録が可能になったため，ハードディスクなどの記録媒体に記録し，実験中および実験終了後に累積記録の表示をはじめ，様々な分析が可能になっている．弁別刺激の提示，反応の検出，強化子の提示の制御は，パーソナルコンピュータで行われるのが一般的である．現在のパーソナルコンピュータの処理速度は十分速く，比較的計算が遅いとされるプログラム言語（Visual Basic やPython など）でも画像検出や音声認識がリアルタイムで可能である．マルチタスキングの OS 上で制御を行う場合は，他のタスクの割込みが発生し時間の誤差が生じる可能性があるので，厳密な時間制御/計測を行う場合は注意が必要である．

●動機づけ操作（確立操作）　スキナー箱でオペラント条件づけを行うためには，強化子の効果を促進するため，事前の動機づけ操作あるいは確立操作が必要である．餌を強化子とする場合は，1日の摂取量を制限しながら自由摂取時の体重の 80〜85% に体重を統制する動機づけ操作や，一定時間摂取を制限する時間制限による動機づけ操作がある．体重の統制法はハトを被験体とした場合に多く用いられ，時間を制限する方法は，ラットや体重測定が困難な魚類などでよく用いられる．水の場合は，時間制限による制御と，腹腔内に生理食塩水を注射して摂水行動を促進する方法がある．

[眞邉一近]

📖 参考文献

浅野 俊夫（1970）．実験的行動分析（Experimental analysis of behavior）におけるデータ集録システム　心理学評論, 13, 229-243.

眞邉 一近（2017）．実験的行動分析学における新たな種への挑戦—いかにして動物実験を実施するか？　行動分析学研究, 31, 163-180.

森山 哲美他（2017）．座談会 日本のオペラント研究の発展における実験装置の意義—京都セミナーの成果　行動分析学研究, 31, 181-200.

反応の測度

　行動に関わる実験研究では一般的に，独立変数として環境条件の操作を，従属変数として個体の反応測定を行い，環境刺激と個体の反応との規則的な変化を探る．しかし，測定された1次データだけでは常に規則性を明示できるわけではないため，ある種の分析を行った2次データを測度として実験結果を示すことも多い．ここでは1次データに分析を加えて環境との関係性を明示したものを含めて反応の測度とする．研究で採用した測度の工夫が，行動分析学の基礎研究の地平を広げていった側面もあるので，そのような点に留意しつつ解説をしていく．

　反応を測定するときには，対象となる行動の物理的な特性にまず注目する．これを反応次元とよぶ．反応次元には反応の型，位置，持続時間，量，反応に要する力，潜時（ある刺激が呈示されてから反応が起きるまでの時間）など様々な特性が考えられる．とりわけ反応形成や，反応分化を行う実験では反応次元の選択や直接測定が重要となる（☞「反応形成（シェイピング）：基礎」「反応形成（シェイピング）：応用」）．そんな中で，スキナー（Skinner, B. F.）の自由オペラント手続きの導入以来，行動分析学で最も重要視されてきた指標は，反応率，すなわち単位時間あたりの反応数であった．自由オペラント手続きでは，実験中の個体はいつでも反応を自発することが可能であるため，スキナーは時々刻々と変化していく反応を克明に記録し視覚化するために累積記録器を考案した（☞「オペラント実験箱と累積記録器」）．累積記録器は描かれた線分の傾きを眺めるだけで，時間軸上で反応率がどのように変化していくのかを確認することができる利点があり，行動の重要な制御要因である強化スケジュールを発見することに結びついた（☞「強化（単一強化）スケジュール」）．累積記録は個体の行動が直感的に把握できる点は明らかに優れていたが，厳密な分析をさらに進めるためには反応を量的に表現することが必要であった．そこで，時代が下り研究が進展するに従って学術雑誌では，累積記録の掲載量は減り，セッション全体時間における反応率である全体反応率などの要約量が記載されることが多くなった．

　しかし，基本的な強化スケジュールを考えただけでも，反応率はセッション中に一定ではなく，重要な変化を示すことがある．例えば，固定比率（fixed ratio, FR）スケジュールでは，典型的に強化子提示直後に，個体はしばらく反応をやめる強化後休止（post reinforcement pause, PRP）があり，ある程度休んだ後に突然高率の反応が起こることが知られている（☞「比率スケジュール」）．そこで，PRP の終了後からの反応が連続して生じる期間の反応率を継続反応率（または走行反応率）として分析することがある．PRP の長さは FR 比率の大きさに比

例して変化することが知られているが，その間の継続反応率の高さは比較的一定に保たれる（例えば，Felton & Lyon, 1966）．このように，セッション内に生じる反応にパターンがあり均質ではないデータの場合には，制御要因が異なる可能性があり，細かな反応の測度を用いて分析することが必要となる．

●**反応間時間をめぐる微視的な反応測度**　反応を詳細に分析する際に頻繁に使用される次元として，ある反応自発から次の反応自発までに要した時間である反応間時間（interresponse time, IRT）があげられる．

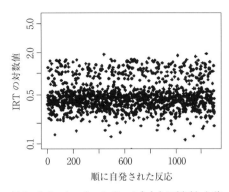

図1　シミュレーションデータをもとに例示した強化後休止後の反応とそれ以外の反応のIRT［Blough, 1963をもとに作成］
IRT 0.5 秒程度に濃い帯と，それより上に薄い帯とに分かれている．

IRTを単位時間と考え，その時間内に1反応が自発されたと解釈するならば，IRTの逆数（1/IRT）はその瞬間の反応率を表すといえる．ブラウ（Blough, 1963）はセッション内の反応パターンの均質性を検討するために横軸にセッション開始からの反応，縦軸にそのセッション中に起きたIRTの対数値を順に並べた（図1）．FRスケジュール下で自発される反応であれば，短いIRT値が密集した1本の帯ができ，その上にPRPとみなされる長いIRT値で構成された薄い帯がみられるだろう．

　IRTの別の測度として，度数分布を調べることがある．時間のような連続変数で度数分布（ヒストグラム）を描く際には，一定の時間間隔ごとに区切り，各間隔カテゴリーに含まれる度数を数え上げる．このカテゴリーのことをビンとよぶ．例えば，パウエル（Powell, 1968）は時間指標を27秒ビン毎の10分割にし，その分布を描くことでFR比率の増加とPRPのばらつきの変化との関係を示している．

　変動比率（variable ratio, VR）スケジュールや変動時隔（variable interval, VI）スケジュールの場合には，明確なPRPは起こらず，およそ定率で反応が続くため，自発される反応の均質性は高い．しかし，強化スケジュール研究の初期からこれらのスケジュール下の反応でさえも細かく検討すると，操作体へ一続きの反応が自発される期間と反応が起こらない期間に区別できると考察があった（Gilbert, 1958）．この一続きの反応を「バウト」とよぶ．この観点では，オペラント反応は，バウト中の反応（バウト内反応率）と，バウトが終息した後に再びバウトを始める率（バウト開始率）で構成されているとみなす．しかしIRTやそ

の度数分布の図示では VI や VR のような均質性の高い IRT からバウト内外の違いを見出すことは困難だろう．2001 年にシャルら (Shull et al., 2001) は，バウト内反応とバウト開始反応の区別を行うために対数生存時間プロットを使用した (図2)．この分析の手順は次のようになる．ここで 1 秒ごとのビンを採用し，各 IRT ビンより長い IRT の割合を図示する．縦軸との交点 (0 秒) には全 IRT の全体に占める割合，(全 IRT/全 IRT＝1) を図に与え，1 秒ビンには 1 秒以上の IRT の割合 ([IRT＞1 秒]/全 IRT) を，2 秒ビンにはさらに 2 秒以上の IRT の割合を，というように順に算出する．その図の縦軸を対数値に直した際，もし IRT が完全にランダムに分布しているならば指数関数に従うため，ある傾きで一直線に減衰していくだろう．しかし，もし図 2 のように途中で屈曲する形状を示す場合，2 つの別の傾きをもつ指数関数の組合せ (すなわち，この例では，$t \leq 1$ 秒までの鋭い傾きを持つ直線と，それ以後の緩い傾きを持つ直線) として表現した方があてはまりがよい．このとき，前者はバウト内反応率，後者はバウト開始率に相当すると解釈をし，屈曲点 (二直線

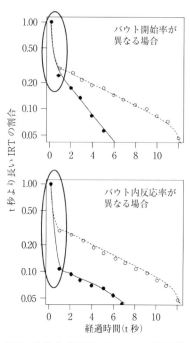

図 2 対数生存時間プロットの解釈例
〔Shull, et al., 2001 をもとに作成〕
上図はバウト内反応 (楕円内) は黒丸と白丸ほぼ等しいが，その後の傾きは異なり，黒丸の方がバウト開始に要する平均時間が短いことを示す．下図はバウト内反応は黒丸の方が多い (全体 IRT の 90％) 一方で，その後の傾きは黒丸と白丸で変わらないのでバウト開始率は類似することを表す．

の交点) をバウト内外の区切りの推定値とする．この詳細な分析は，全体反応率が変化する際に，バウト内反応率の変化と，バウト開始率の変化という 2 種類の制御要因が考えられることを示唆している．

●**反応の相対測度**　1960 年代以降の研究の進展は，反応の測度として相対指標を重視したことから多様な展開を示してきた．そのうちのいくつかを紹介してみよう．1961 年にハーンスタイン (Herrnstein, 1961) は並立スケジュールを利用した選択行動事態において，各選択肢への相対反応率を反応の測度とし，それが選択肢間の相対強化率に対応する現象，いわゆる対応法則を発見し，量的な効果の法則の定式を試みた．さらにボーム (Baum, 1974a) は，対応法則を両選択肢の反応比と強化比の対数表現に変換し，対応法則からの逸脱現象も説明するため

に，両選択肢の反応比の対数と強化比の対数で式を表現し，強化感受性とバイアスをパラメータとして加え一般対応法則を成立させた（☞「対応法則（マッチング法則）」）．

ネヴィン（Nevin, 1974）は多元（混成）スケジュールで訓練を行い各成分スケジュールのもとの反応率が安定した後に，反応を減少させる操作を導入し，その操作に対する抵抗性を測定した．これは変化抵抗とよばれており，反応減少操作導入時の「反応のベースライン比」（反応減少操作時の反応率/ベースライン反応率）で表現する．反応率の高さが反応の強度を示すとすれば，変化抵抗は獲得した反応強度の減衰に対する抵抗性を示す測度と解釈され，この視点が行動モメンタムへと展開していく（☞「行動モメンタム：基礎」「行動モメンタム：応用」）．

デューズ（Dews, 1970）は固定時隔（fixed-interval, FI）スケジュール下で累積記録に現れる典型的な FI スキャロップ（☞「時隔スケジュール」）について，最大反応率に対する相対反応率を求めるために，強化間間隔（強化子提示から次の強化子提示までの間隔）を5つのビンに分割し，各ビンにおける平均反応率を最後の5番目のビンの平均反応率に対する比で表現した．横軸に相対経過時間をおいてこれを図示したところ，異なる FI 値で訓練を行った場合でも反応率変化パターンが重なり合うスカラー性とよばれる性質を発見した．これは動物の計時行動の基礎的事実として知られている（☞「計時行動」）．

●**対応法則から派生した巨視的な反応測度**　最後に選択反応の総合的測度を紹介しよう．デイヴィソンとボーム（Davison & Baum, 2000）は並立スケジュールの1セッションを7成分に分割し，各成分で選択肢間の強化比の設定を変えていった．一定の強化子提示回数（例えば，10回）ごとに成分を移していった．7つの強化比に対する反応比を求めて対応法則の検討が可能であるが，彼らは各成分の最初の強化子が提示されるまでの反応比，2番目の強化子が提示されるまでの反応比というように，成分内の反応比を強化子提示ごとに場合分けした．各々へ一般化対応法則を当てはめたところ，強化感受性が成分内の訓練が進行していくにつれ高まっていく現象が得られた（図3）．これも成分変化後に現在の強化比へ個体が選択反応を調整していくさまを表す巨視的な反応の測度とみなすことができるだろう．　　　　　　　　［八賀洋介］

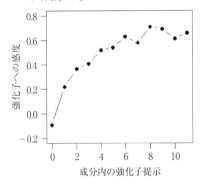

図3　巨視的な反応測度としての強化感受性
　［Davison & Baum, 2000をもとに作成］
セッション内で7成分の強化比を変化させ，各強化子提示ごとに一般化対応法則の強化感受性を求めた．

行動の量的分析

●**量的分析とは** 実験的行動分析において，行動を計量的に扱うことは，例えば，反応率（単位時間あたりの反応数）を行動の測度として用いるかたちで行われていたが，以下に述べるように，これだけでは量的分析とはいえない．量的分析が実際に行われるようになった端緒は，ハーンスタイン（Herrnstein, 1961）の実験である．彼の実験とその結果，さらにその後の研究の展開は，「量的分析とは何か」という問いに対する明快な答えを示している．すなわち，従来のハト用実験箱にもう1つの反応キーを追加した選択場面を考案して行われた実験において，2つの選択肢に対する選択行動が一義的な規則性を示すことを数式により要約したこと（定式化），この数式に表現された関係を「対応法則」と名づけ，その後の選択行動をめぐる理論的考察の枠組みを提供したこと（理論化），この数式を展開することで，行動を他の行動との関係からとらえる新たな視点（行動の相対性）を生み出したこと（概念化）など，その後の多様な研究を生み出す多面的な要素を包含していることである．要約すれば，行動の量的分析とは，行動の規則性の定式化，理論化，さらに行動の新たな概念化などを含むアプローチなのである．

　こうした行動の量的分析が確立するのは，1970年代後半〜1980年代初頭の選択行動研究の分野である．最初のオペラント条件づけに関するハンドブック（Honig, 1966）では，行動の量的分析を扱った章は皆無であったが，ホーニックとスタッドンの編集になる2番目のハンドブック（Honig & Staddon, 1977）では，対応法則を巡る理論と実験を扱った章が設けられた．また，ハーバード大学におけるシンポジウムの成果をまとめた「行動の量的分析」と題するシリーズ本の刊行が始まったのも1981年である（Commons, Ed., 1981）．この時期には，経済学や生態学との交流から行動経済学（Hursh, 1980）や行動生態学（Lea, 1979）という他分野との学際的研究が展開された．こうした交流から行動研究に最大化理論（Rachlin et al., 1981）という新たな視点が導入され，行動研究の数量化や理論化がよりいっそう促進された．しかし，こうした他分野との交流が可能であったのは，選択行動研究において量的分析が行われていたからこそといえるであろう．アメリカでは，The Society for the Quantitative Analyses of Behavior（SQAB）が1978年に設立され，こうした行動の量的分析の発展を支えた．その最新の成果は，アメリカ心理学会（APA）のハンドブックにまとめられている（Madden et al. Eds., 2013）．日本でも，1994年に行動の量的分析を指向した研究促進のための組織（不確実性研究会，2002年から行動数理研究会と改称）が発

足している.
●**対応法則の発見とその定式化**　ハーンスタインは,ハトを被験体として,並立スケジュールに基づく同時選択手続きを用いて,2つの選択肢の一方では強化率(1分あたりの強化数)を固定し,他方で強化率を組織的に変化させたところ,ハトの2つの選択肢への反応の配分は,2つの選択肢から得られる強化率に一致することを見出した.これを対応法則とよび,(1)式または(2)式のように表した.

$$\frac{R_1}{R_1+R_2} = \frac{r_1}{r_1+r_2} \tag{1}$$

$$\frac{R_1}{R_2} = \frac{r_1}{r_2} \tag{2}$$

ただし,Rは選択反応,rは強化率を,数字は選択肢1と2をそれぞれ表す.(1)式と(2)式は代数的に等しい.
●**対応法則の理論化**　選択行動の規則性は,対応法則として定式化されたが,実際のデータは,しばしばこの(1)式から逸脱することがある.このため,こうしたデータも扱えるように,(3)式のベキ関数に基づく対応法則の一般化が後に提案された.このことが対応法則の理論化の始まりである.これを一般対応法則という(Baum, 1974, 1979；伊藤, 1983).

$$\frac{R_1}{R_2} = b\left(\frac{r_1}{r_2}\right)^a \tag{3}$$

ただし,bは,一方の選択肢への何らかのバイアス(偏好),aは,強化率次元に対する被験体の感度を表す.aが1.0のときは,完全対応,1.0より大きいときは,過大対応,1.0より小さいときは,過小対応という.その他の記号は(1)式と同じである.このように,対応法則の理論化は,用いられたaやbというパラメータの心理学的過程を反映したものとなっているのである.この点は,データへの単なるあてはめだけの数式の使用(実験式)とは異なっている.
●**過小対応とバイアスの分離**　実際の実験データは,完全対応からしばしば逸脱することが知られているが,対応法則の理論化により,この逸脱の内容をさらに,過小対応とバイアスに分離することができる(Baum, 1974a).
　このバイアスは,(3)式のaを1.0とおく($a=1.0$)と,図1に示したように,両軸とも対数軸上で,傾き45°の直線となる.$b>1.0$のときは,選択肢1へのバイアス,$b<1.0$のときは,選択肢2へのバイアスがあることになる.$b=1.0$のときは,いずれの選択肢にも偏好がなく,図1中の点線で表される.このように,(3)式はbの値により,完全対応を表す点線に対して平行移動するのである.
　一方,(3)式の指数パラメータaは,横軸の強化率や強化量などの強化事象の

比の1単位の変化に対応して，縦軸の選択反応比がどのように変化するのかを表すもので，強化事象の要因に対する被験体の感度を表現するものと考えられる（図2）．これは，感覚・知覚の研究におけるスティーブンスのベキ法則が刺激変化（物理的世界）の大きさに対する感覚の変化（心理的世界）の大きさ，つまり感度を表しているのと同様である．$a<1.0$となる過小対応の原因は，強化事象の相違を十分に区別できない場合や，同時選択手続きにおける2つの選択肢の独立性が低い場合，食物や水などの強化子の剥奪水準が十分ではない場合（あまり空腹でない場合）など実験操作が不適切な場合も考えられるが，こうした場合を除けば，強化率や強化量などの要因に対する被験体の感度を表現していることになる．$a>1.0$となるときは，刺激変化に対して敏感であることを表しているが，きわめてまれである（Ito, 1985）．

●**行動の新たな見方の導入**　選択といっても，和食にするかイタリアンにするかという同じ行動（食事）カテゴリー間の選択もあれば，食事にするか映画を見るかという異なる行動カテゴリー間の選択もある．こうした選択を扱うことができるように，対応法則を拡張することができる（Herrnstein, 1970, 1974）．これは，(1)式を多肢選択場面に拡張したものである．対応法則を出発点として，以下に示すように，数式の展開から新たな行動の見方を導出できるのである．この行動の新たな見方は，当該の行動に対する強化とその行動以外のすべての行動に対する強化という文脈のもとで，当該の行動の起こり方を扱う点に特徴がある．つまり，

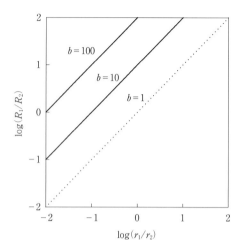

図1　(3)式の指数aを1.0としたときのバイアスパラメータbの変化により切片（$\log b$）が変化する様子

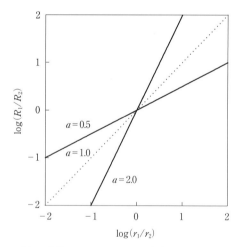

図2　指数パラメータaによる直線の傾きの変化

ある行動の生起は，その行動とその行動に伴う刺激（強化子）にのみ決定されるのではなく，他の行動との関係で決まることを示している．この意味で，この導出された理論は，行動の相対性を示しているといえる．

今，ある行動（例えば，ハトが実験箱のキーをつつくことを行動の測度とした場合）を A とすると，これ以外の行動（キーつつき以外のこと）は $\overline{A}$ となり，(1)式の対応法則は，以下のように書ける．

$$\frac{R_A}{R_A+R_{\overline{A}}}=\frac{r_A}{r_A+r_{\overline{A}}} \tag{4}$$

$R_A+R_{\overline{A}}=k$ とおき，式を整理すると，以下の(5)式になる．この式は，分数式の形から双曲線関数とよばれる．

$$R=\frac{kr}{r+r_e} \tag{5}$$

ただし，R は単一の行動，r はその行動に伴う強化事象，r_e はこの行動以外の行動により得られる強化事象，k は可能な最大行動数である．この新たな理論は，k と r_e の2つのフリーパラメータをもつ理論であり，これらのパラメータはデータから事後的に推定するのである．したがって，この理論では，事前の予測はできないが，この理論は，ネズミの走路からハトの実験箱における様々な実験データ（de Villiers & Herrnstein, 1976），あるいはヒトの実験室場面から日常場面の行動データ（Beardsley & McDowell, 1992）を事後的にうまく記述することができる．

●量的分析の展開　以上述べてきたように，選択行動研究に見られる選択行動の規則性（対応法則）の定式化と理論化，さらに理論の展開から新たな行動の見方の導出という一連の研究の進展は，行動研究における量的分析の有効性と意義を如実に示すものといえよう．この他に，対応法則の理論化は，他分野の類似した行動現象，例えば，生物学における採餌に関する問題，特に，採餌者の餌選択が餌の相対頻度以上に過剰になるという，生物の多様性を維持する要因の1つと考えられている頻度依存捕食の問題（内田・伊藤，1998）や餌場への個体の分布が各餌場における餌の相対存在比に一致するという，動物集団の複数の餌場への分布を説明する理想自由分布理論の問題（山口・伊藤，2006），また行動経済学において見いだされた，封鎖経済環境における食物と水のように代替性がない強化子間では対応法則の不成立を示す逆対応の現象（Hursh, 1980）や対応法則を消費量に対する反応数という行動価格の形で書き換えた価格対応（$R_1/Q_1=R_2/Q_2$，ただし，Q は消費量を表す）との関係など，対応法則と同型の数式（関数）が用いられている様々な問題と関連づけて議論することを可能にしている．

［伊藤正人］

累積記録

☞オペラント実験箱システム p.66, オペラント実験箱と累積記録器 p.160

　事象発生の頻度を，時間の経過に沿って累積的に描画して記録する方法のことを累積記録法といい，その記録を累積記録という．オペラント行動研究においては，一般的にスキナー箱と組み合わせた累積記録器で記録を行い，分析に利用する．この累積記録は，自由オペラント法を用いる行動研究において重要な役割を担っている．第1の役割は，指標とした反応を時々刻々，連続的に記録紙に描出することにより，個体の行動および操作した変数の効果をその場で即座に検討することを可能にして，被験体の反応状態を監視する実験者のための手がかりとして機能することである．第2の役割は，その反応を描出して記録することにより，実験中に生じた反応を後から分析したり，第三者を交えた分析を可能にすることである．

●**累積記録の原理**　図1の左の写真に累積記録の原理を示す．記録用紙は累積記録器の紙送りのモータによって，定速で長手方向（図中，右から左へ）に送られる．その記録用紙の長手方向とは直角に，記録ペンを移動させる仕組みがある．通常は，反応事象の発生ごとに，この記録ペンが一定距離分だけ一方向に移動する．反応ごとに生ずる記録ペンの移動を，歩進という．記録ペンが記録用紙の上端に達すると，記録ペンは自動的にリセットされてもとの出発位置に戻る．累積

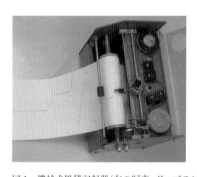 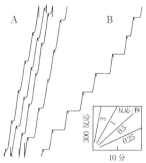

図1　機械式累積記録器（左の写真，ガーブランズ社 C-3 型）と累積記録表現の例．左は累積記録器を上から見た写真で，紙送り円筒上の記録ペンは，記録用紙の長手方向とは直角（写真の右下から左上方向）に，反応ごとに一定距離（0.25 mm）移動する．右の図は，ハト（A, B）2羽のキーつつき反応の累積記録である．Aの反応は 200 反応ごとに強化され，Bの反応は 120 反応ごとに強化されている．この図表現では，紙面の節約のために累積記録のリセット位置をずらして再構成している．累積曲線にある短い斜線は，強化の印である．右下の標識は，反応率と反応曲線の傾きとの関係を示す．［左の写真：筆者撮影，右図：Ferster & Skinner, 1957, p.52, Fig. 24 をもとに作成］

記録法は，イベント記録の変形とみなすことができるが，単純な装置の構造でも記録が可能なイベント記録に比べて，以下の長所がある．描出された累積記録から，①視覚的に図を読み取ることにより，単位時間あたりの反応数，すなわち反応速度（反応率）の高低や変化を，累積記録の線の勾配の変化により把握できること，②視覚的読取りにより，連続する反応の時間的等間隔性，いい換えれば反応速度の安定性を，描出された線のなめらかさの程度により把握できる，という特長をもつ．累積記録は，一般に横軸に時間軸を，縦軸に累積反応数をとる．スキナーが1930年前後に考案した最初の累積記録器は，反応を下方に累積して描出する下降式累積記録であった（Skinner, 1956；吉岡，2016）．スキナーが1930年頃に考案した下降式累積記録は，回廊式の走路を備えたラット用の実験箱で，スキナーは傾斜箱とよんだ．ラットが回廊を一回りすると走路全体が揺動する構造になっており，ラットの水平面内の走行は回廊の規則的上下動に変換される．走路回廊の1回の上下動を1反応として，記録ペンが一定距離，下方に移動して累積記録が描出される．この記録方式は，使いにくかったためか普及せず，その後一般的な上昇式累積記録に取って代わられた．1960年代頃までは，累積記録の描出方式の標準化はなされておらず，図2と表1に示すように多様な記録方式で記録を行っていた．このように標準化されていない累積記録では，データの研究間比較は困難となる．そのため，1940年代後半から1950年代にかけて，スキナーはこの累積記録方式の標準化を進めるために，ガーブランズ（Gerbrands, R.）とともに商品化された工業製品としての累積記録器を，精力的に開発した（浅野，2016；藤・吉岡，2013；Lattal, 2004；Skinner, 1979）．その結果，紙送りは1分間に5 mm，歩進幅は1反応あたり0.25 mmが標準値として用いられるようになった．

●**自由オペラント手続きと累積記録** このようにしてスキナーやガーブランズが標準となる累積記録器の開発に励んだのは，自由オペラント場面を用いた行動研究法の普及を図ったものと考えてよいであろう．自由オペラント行動研究における累積記録のいくつかを，図1の右の図に示す．2羽のハト（AとB）の，固定比率スケジュール（決められたある回数の反応ごとに反応を強化するスケジュール；FR〈fixed ratio〉スケジュール）下で安定した反応パターンの一例である（Ferster & Skinner, 1957, p.52, Fig.24）．ハトAは200回目の反応が強化（FR200）され，ハトBは120回目の反応が強化（FR120）されたときの累積記録である．2羽ともに4000強化程度の訓練経験を有しており，固定比率スケジュールに特有の階段状になる累積反応を示している．累積曲線にある短い斜め線は，強化子の提示を示している．累積記録は，自発中の反応を連続的継時的に描出することにより，生じた反応の変化を視覚的に把握し，直感的に理解することを助ける図示法といえる．図3に，強化のスケジュールの違いによって生ずる消去中の反応パターンの一例を示す（藤，1995）．被験体はキンギョ（ワキン）である．図中

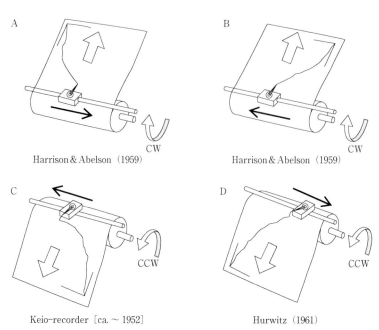

図2　1960年前後の累積反応の多様な記録方式［藤, 2016, p. 194, 図1をもとに作成］

表1　初期の多様な累積記録器の諸元

用途	装置の 製作年代	出典	単位時間あたり 紙送り量（mm/min）	累積ペン歩進量 （mm/step）
ラット用	1938年頃	Heron & Skinner（1939）	1.43 mm/min	
ラット用	1943年頃	Mowrer（1943）	1.40 mm/min	0.36 mm/step
ラット用	1948年頃	Lattal（2004）	1.69 mm/min	
ハト用	1948年頃	Lattal（2004）	3.38 mm/min	
ラット用	1948年	Frick et al.（1948）	1.33 mm/min	0.5 mm/step
ラット用	1962年以前	Baillie & Morrison（1963）	0.26 mm/min	0.21 mm/step
ハト用	1949年〜？	Ferster（1953b）	4.66–5.08 mm/min	0.15 mm/step
ハト用	1950年以前	Keio-recorder（2012.04.06 修復後）	8.3 mm/min	1.0 mm/step
ハト用	1960年？	Gerbrands Instructions G3100 （Model C-3）	5.0 mm/min	0.25 mm/step

［藤, 2016, p. 195, 表1をもとに作成］

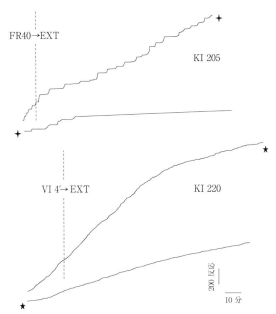

図3　キンギョの水中パネル押し反応について，強化から消去に移行したときの累積反応の変化の一例

図中の鎖線は強化から消去に切り換えた時点を示す．上図（KI205）では固定比率スケジュール（FR40）から消去に，下図（KI220）では変動時隔スケジュール（VI4'）から消去に移行した．累積反応曲線は，右端の印から左端の印に続いている．詳しくは，本文参照のこと．[上の図：藤，1995, p.56, Fig.7，下の図：藤，1995, p.59, Fig.13]

の上の累積記録は，固定比率スケジュール（FR40）から消去に，そして下の累積記録は，試行の開始後，ある時間を経過した後の最初の反応が強化されるが，強化の基準となる経過時間が強化ごとに変動する変動時隔スケジュール（変動時隔4分；VI4'）から消去に切り換えたときの累積記録である．この累積曲線を読むことで，それぞれの強化スケジュールのもとでの反応パターンの特徴は強化中のみならず消去の過程においても明瞭となることがよくわかる．　　　　　　［藤　健一］

📖 参考文献

藤　健一（2016）．オペラント行動研究黎明期における機械式累積記録器—SkinnerのModel-A型累積記録器と，その動作模型の製作　行動分析学研究，30, 193-201.

藤　健一・吉岡　昌子（2013）．スキナーの製作した機械式累積記録器の変遷と装置試作行動の分析：1930〜1960　心理学史・心理学論　14・15合併号，13-29.

吉岡　昌子（2016）．Skinnerが製作した傾斜箱の下降式累積記録器（1930年）と，その動作模型　行動分析学研究，30, 189-192.

実験計画法（群間比較法）
：そのロジックとデザイン

☞実験計画法（個体内条件比較法）その1 p.86, 統計的方法 p.106

　群間比較法（グループデザイン）のロジックを説明する前に，実験研究の基本概念をいくつか紹介しておく（本項目の記述は，山田他，2015；山田・鈴木，2017を参考にした）．

●**実験研究の基本概念**　実験では，研究者により何らかの操作が行われる．この研究者の手により操作される変数を独立変数という．独立変数の操作により，関心下の変数の値が変化するかどうかを確認するのが実験の目的になる．この独立変数の操作により，その変数の値が変化することが期待されるものを従属変数という．実験とは，独立変数と従属変数の間の因果関係に迫るアプローチといえる．独立変数は要因ともよばれる．要因を構成する条件のことを水準という．被験者間計画では，1人の被験者が1つの条件のみに割り当てられる．一方，被験者内計画では，1人の被験者が複数の条件を経験する．要因が2つ以上ある場合，要因単独の効果と，要因の組合せの効果を考えることができる．要因単独の効果を主効果という．交互作用とは，要因の組合せの効果のことで，2要因以上の実験計画において，1つの要因が従属変数に及ぼす影響の向きや大きさが，もう1つの要因の水準によって異なることを意味する．これら実験研究における基礎用語を表1に整理した．

●**群間比較法における独立変数の効果判定のロジック**　群間比較法とは，その名のとおり，異なる2つ（あるいはそれ以上）の群を比較することで，独立変数の効果を見ようとする実験計画である．ここで比較する2群とは，一般的に，実験群（あるいは処遇群）と対照群（あるいは統制群）を指す．群間比較法は，多数の被験者を用いて行われる実験計画である．この群間比較法と対比されるのが，

表1　実験研究における基礎用語

独立変数	研究者の手により操作される変数のこと．
従属変数	独立変数の操作により，その変数の値が変化することが期待されるもの．
要因	データの値を変化させる原因のこと．独立変数をいいかえたもの．
水準	要因を構成する条件のこと．
被験者間計画	1人の人を1つの条件（水準）に割り当てる実験計画のこと．
被験者内計画	同じ人を複数の条件（水準）に割り当てる実験計画のこと．
主効果	その要因だけの単独の効果のこと．
交互作用	2要因以上の実験計画において，ある要因が従属変数に及ぼす影響の「向き」あるいは「大きさ」が，他の要因の水準によって異なること．

1人の被験者のみを用いて行われる実験計画である．個体内条件比較法（単一事例法，シングルケースデザイン）ということになる．群間比較法では，多数の被験者をランダムに2つの群，つまり，実験群か対照群かに割り当てる．実験群には処遇（あるいは介入）を施し，対照群には何もしない．その後，それぞれの群ごとに従属変数についての測定を行う．もし，従属変数の値に関して群間に差が見られたら，それは導入した処遇（介入）の効果であると判定できる．これが群間比較法における独立変数の効果判定のロジックである．

　ここで被験者を「ランダムに」2群に割り当てることが重要である．ランダムに割り当てることで，独立変数以外の，従属変数に影響を及ぼすと考えられる他の要因の影響を取り除くことができる．ランダムに割り当てることで，独立変数の操作以外の面では，2つの群は本質的に等価な群と考えることができるようになる．例えば，ある心理統計学の指導法の教授効果を見るための実験を行う場合に，被験者をランダムに2群に割り当てずに，最初に実験に参加を希望した人から順に20名を実験群に割り当て，それ以降の20名を対照群に割り当てたとする．この場合，早くから実験に参加希望を表明した人は実験参加へのモチベーションが高い人たちかもしれない．すると，実験群の方にモチベーションの高い人が偏って集まってしまう可能性がある．独立変数以外の従属変数に影響を及ぼす要因として，実験参加へのモチベーションが実験群と対照群で異なっているという状況である．この例のモチベーションの差のように，ランダムに割り当てずに群をつくったことによって生じる差異は，系統誤差あるいはバイアスとよばれる．この例における系統誤差（バイアス）は，後ほど紹介する「内的妥当性の脅威」の1つで，「選択のバイアス」とよばれる．ランダムに割り当てて群をつくることで，系統誤差を取り除くことができる．ランダム割当てによって2群をつくった場合でも，ある要因の効果がどちらかの群に偏ることも起こりうる．しかしその場合は，系統誤差ではなく，偶然誤差として解釈できる．偶然誤差については，統計的な方法を用いることで，その影響の大きさを検討することができる．

　こうした群間比較法のアイデアは，1920年代にフィッシャー（Fisher, R. A.）により考案された．フィッシャーの目的は，農事試験において，作目品種や肥料の違いが収穫量に与える影響を検討することであった．こうした群間比較法の歴史的経緯については，芝村（2004）や藤（2015）を参照されたい．

●**内的妥当性と内的妥当性への脅威**　実験とは，独立変数と従属変数の間の因果関係に迫るアプローチであると説明した．この独立変数と従属変数の因果関係の確からしさの程度のことを，つまり，従属変数の値の変化の原因が，独立変数の操作によるものであると研究者が確信をもっていえる程度のことを，内的妥当性という．実験研究では，高い内的妥当性をもつ実験デザインを用いることが大切である．内的妥当性を脅かす様々な要因を，内的妥当性の脅威とよぶ．内的妥当

表2 内的妥当性の脅威

選択	被験者をランダムではない方法で2群に分けるとき（あるいは，元々存在する2群を比較するとき），その2群には最初から群間差が存在している可能性がある．選択された時点ですでに差異が生じているかもしれない．
履歴	実験計画とは無関係なイベントが，独立変数の導入と同時に起こり，従属変数に影響を与えることがある．こうしたイベントは，研究者が統制できないものである．
成熟	実験期間中に，被験者に起こる自然な変化．
平均への回帰	最初の従属変数の値が極端に小さかったり大きかったりすると，2回目の測定はそれほど極端な値にはならず，平均に近い値を取るようになる．
欠落	実験が長期間にわたると，被験者が次第に減少していくことがある．被験者の欠落が大きくなると，被験者集団の性質が実験開始時点と変化してしまうことがある．
テスティング	テストを受けるという経験それ自体が被験者に影響を与える．テストに慣れて良いパフォーマンスを発揮することも，テストへの不安が高まりパフォーマンスが低下することもある．
測定	何度も測定を繰り返していると，測定が変化することがある．例えば，評定がだんだん厳しくなったり，逆に甘くなっていったり，こうしたことが結果に影響を及ぼす．

性の脅威には，表2のようなものがある．

　内的妥当性の脅威は，群間比較法にも個体内条件比較法にも関連する重要な事項である．実験を計画する際は，内的妥当性の脅威を排除し，高い内的妥当性をもつ実験デザインを考え，準備する必要がある．

●**準実験と様々なデザイン**　群間比較法の基本は，多数の被験者をランダムに実験群と対照群の2群に振り分けることである．ランダムに振り分けることで，従属変数に影響を与える，独立変数以外の要因の効果を確率的にコントロールできる．しかし，いつでもランダムに振り分けて群をつくることができるとは限らない．ランダム振分けを用いずに2群を用意した場合，あるいは，対照群を用意できず，実験群のみを用いて実験を行う場合，これらの実験デザインは準実験とよばれるデザインに該当することになる．厳密に実験の満たすべき要件を備えていないため，「準」というただし書きがついている．準実験の様々なデザインについては，シャディッシュら（Shadish et al., 2002）に詳しい．ここでは，いくつかの代表的な準実験のデザインについて紹介する．

① **1群事後デザイン**　対照群は用いられず実験群のみが用意される．従属変数の測定は1回のみで，独立変数の操作後に行われる（事後テストのみ）．事前テストがないので独立変数の操作により従属変数の変化が生じたかを確認することが困難である．対照群もないので処遇を導入しなかったらどうなったかもわからない．このデザインでは，ほとんどの内的妥当性の脅威に対処するのが非常に難しい．

②1群事前事後デザイン　対照群は用いられず実験群のみが用意される．独立変数の操作の前後に，従属変数の測定が行われる（事前テストと事後テスト）．2回の測定が行われるため，独立変数の操作に伴う従属変数の変化について考察することができるようになる．このデザインは，基本的に同一の対象者について繰り返し測定が行われるので，被験者内デザインともよばれる．1群事後デザインよりは導入された処遇効果についての検討可能性が高まる．しかし，様々な内的妥当性の脅威について，それらを克服することが難しいデザインである．対照群がないので，従属変数の変化が生じたとしても，それをただちに独立変数の操作によるもの，導入した処遇の効果と判断することが難しい．例えば，履歴や成熟といった内的妥当性の脅威の可能性を排除することは困難である．

③不等価2群事後デザイン　1群事後デザインに対照群を加えたのがこのデザインである．事後テストのみで事前テストはない．独立変数の操作後に従属変数の測定が1回行われるデザインである．このデザインのように，ランダム割りつけを用いずにつくられた2群を不等価な2群とよぶ．このデザインでは実験群と対照群の比較ができるが，群分けがランダムに行われていないこと（不等価な2群であること）と，事前テストがないことで，内的妥当性の低いデザインとなっている．例えば，事後テストの得点に群間差が見られたとしても，それは独立変数の操作前からあった差かもしれない．事前テストの測定が行われていないことで，そうした選択によるバイアスの可能性を排除することが難しく，このバイアスは処遇効果の検討を困難にする．

④不等価2群事前事後デザイン　不等価な2群に対して，独立変数の操作の前後で従属変数の測定を行う（事前テストと事後テスト）．②の1群事前事後デザインに対照群を加えたもの，あるいは，③の不等価2群事後デザインに事前の測定を加えたもの，としてデザインを発展させたととらえられる．対照群があることで，処遇がある場合とない場合の比較ができること，事前と事後の測定が行われることで，従属変数の値の変化について検討できること，といったメリットをもつ．一方で，2群はランダム振分けによりつくられたものではないので，選択のバイアスという内的妥当性の脅威を排除することは難しい．

準実験のデザインには，他にも中断時系列デザインなどがある．準実験のデザインの詳細については，シャディッシュら（Shadish et al., 2002）を参照されたい．

[山田剛史]

📖 参考文献

藤 健一（2015）．実験計画法と研究設計：変数同定から行動制御へ―"ハト計画（1943-1944）"におけるSkinnerの行動変容　行動分析学研究, 29（別冊）, 247-253.

南風原 朝和他（編）（2001）．心理学研究法入門―調査・実験から実践まで　東京大学出版会

Shadish, W. R., et al. (2002). *Experimental and quasi-experimental designs for generalized causal inference*. Houghton Mifflin Company.

実験計画法（個体内条件比較法）その1
：そのロジックとデザイン，定常状態

☞実験計画法（群間比較法）p. 82, 統計的方法 p. 106, 再現性 p. 114

　個体内条件比較法は，一事例実験計画，シングルケースデザイン，シングルケース研究法，などとよばれる．その名のとおり，たった1人の被験者を用いた実験計画である．これに対して，群間比較法（グループデザイン）は，多数の被験者を用いて行われる実験計画である．群間比較法では，多数の被験者をランダムに実験群か対照群かに割り当てる．それぞれの群ごとに従属変数についての測定を行う．従属変数の値に群間差が見られたら，それは処遇効果によるものであると判断できる．これが群間比較法における独立変数の効果判定のロジックである．

●**個体内条件比較法における効果判定のロジック**　ここで，個体内条件比較法において，最も基本的なデザインがAB法（ABデザイン）である．Aはベースライン期，Bは処遇期を意味している．ベースライン期では，処遇の導入をせずに，1人の被験者について，従属変数を繰り返し測定する．ベースライン期の後，処遇が導入され，従属変数の測定が行われる．群間比較法で，対照群と実験群の差異の比較により独立変数の効果を検討するように，個体内条件比較法では，ベースライン期と処遇期の比較により独立変数の効果を検討できるということである．ベースライン期のデータが，群間比較法における対照群のデータに相当し，処遇期のデータが，群間比較法における実験群のデータに相当する．安定したベースライン期のデータをベンチマークとして，処遇効果を検討する．安定したベースライン期とは，データのバラツキが小さく，上昇や下降といったデータにおけるトレンドを含まないことを意味する．ベースラインの安定性については，後ほど詳しく述べる．

●**個体内条件比較法のデザイン**　前項では，AB法を例に効果判定のロジックを説明したが，個体内条件比較法には様々なデザインがある．ヘイズ（Hayes, 1981）は，様々なデザインを，系列内デザイン，系列間デザイン，混合系列デザインの3つに大別している．

　AB法，ABA法（ABAデザイン），ABAB法（ABABデザイン）など，一定期間同一の条件（これをフェイズとよぶ）のもとで測定を繰り返すデザインをフェイズチェンジデザインとよぶ．フェイズチェンジデザインでは，AB法におけるAとBのように，異なるフェイズの比較により，従属変数の変化が評価される．基準変更デザインは，標的行動の基準を徐々に変化させていくデザインである．禁煙プログラムを例に取ると，一日あたりに吸うたばこの本数の目標値を徐々に減らしていくといった具合である．ヘイズは，フェイズチェンジデザインや基準変更法（基準変更デザイン）を系列内デザインとよんでまとめている

(Hayes, 1981).系列内デザインには，処遇の撤回を含む反転法（反転デザイン）と，処遇の撤回を含まない非反転法にわけることができる．反転法には，ABA法やABAB法があり，非反転法には，AB法やABC法，基準変更法などが含まれる．後述のように，処遇の撤回を含む反転法は，高い内的妥当性をもつという意味で適切な法といえる．一方で，現実の制約で，処遇の撤回が困難なこともある．例えば，処遇の撤回を行うことが倫理的に問題となる場合や，標的行動自体が処遇によって変容してしまい，処遇を撤回しても元のベースラインのレベルに戻すことができない場合などがこれにあたる．この場合，処遇の撤回を含まずとも，高い内的妥当性を保障するデザインが望まれる．多層ベースライン法はそうした要件を満たすデザインといえる．

　処遇交代法（処遇交代デザイン）では，セッションごとに異なる条件を交代させる．例えば，ABABABのように，AとBという2つの条件を交代させる．従属変数の値の評価は，同じ条件のデータを同じ系列としてとらえ，Aという系列とBという系列の比較により行われる．こうしたデザインを系列間デザインとよぶ．

　混合系列デザインは，系列内デザインと系列間デザインを合体させたもので，多層ベースライン法（あるいは多層ベースラインデザイン）がこれに相当する．多層ベースライン法は，複数の被験者について，異なる時点で介入を開始する「被験者間多層ベースライン法」，1人の被験者について複数の標的行動の測定を行い，それらの標的行動ごとにベースラインを用意する「行動間多層ベースライン法」，同じく，1人の被験者について様々な状況のもとで測定を行う「状況間多層ベースライン法」などのバリエーションがある．被験者間多層ベースライン法を考えると，個々の被験者についてはそれぞれがAB法とみなせる．これは系列内デザインである．処遇は被験者ごとに異なる時点で導入される．処遇が導入された時点で，従属変数の変化が生じていたら，処遇の効果，独立変数の操作の効果を強く主張できるようになる．このように，異なる被験者のデータを相互に比較することは，系列間デザインにあたる．多層ベースライン法は，系列内デザインと系列間デザインの特徴をあわせもつデザインであるといえる．

●**どのように内的妥当性の脅威に対応するか？**　AB法は，シンプルであるがゆえに，様々な内的妥当性の脅威に対して十分に対応することが難しい．例えば，AB法を用いた実験により処遇効果が確認されたとしても，それは履歴や成熟によるものかもしれないし，そうした内的妥当性の脅威に十分に応えることができない．先に述べた提案された様々なデザインは，AB法の短所を補い，内的妥当性の脅威を克服することを可能にしている．

　ABA法やABAB法は，処遇の撤回を含むデザインである．2度目のベースライン（2回目のAで表される）で処遇が撤回されたことにより，（処遇の導入に

よって上昇した）従属変数の値が最初のベースライン期のレベルまで戻ったとする．つまり，処遇が実施されている期間においてのみ，従属変数の値が上昇し，ひとたび処遇が撤回されてしまうと，従属変数の値は最初のベースラインのレベルまで低下してしまうということである．こうした場合，独立変数の操作によって従属変数の値が変化していると主張できる度合いが高まるだろう．従属変数の値の上昇が，履歴や成熟といったバイアスによるものだとすると，処遇を撤回したところで，従属変数の値が減少し，もとのベースライン期のレベルまで戻ってしまうことは考えにくい．ABA 法や ABAB 法は，処遇の撤回という操作を加えることで，履歴や成熟といった内的妥当性の脅威について，これらを克服することを可能にするデザインとなっている．

　被験者間多層ベースライン法は，被験者の数だけ AB 法が繰り返されるようなイメージである．3 人の被験者を用いた被験者間多層ベースラインデザインが計画されたとする．それぞれデータポイント数（セッション数）は 10 回であるとする．1 人目の被験者には 4 回目，2 人目の被験者には 6 回目，3 人目の被験者には 8 回目の時点で処遇が導入されるとする．このように，処遇の導入時期を被験者によって変えるのがポイントである．従属変数の値の変化が，処遇が導入された時点から生じていることを確認できれば，履歴や成熟といった内的妥当性の脅威について，その可能性を否定できる．例えば，4 回目の従属変数の測定では，1 人目の被験者にのみ，従属変数の値の大きな上昇が見られ，2 人目と 3 人目にはそのような変化は見られなかったとする．これは 1 人目の被験者にだけ，4 回目の測定時点で処遇が施された（独立変数が操作された）ためであり，2 人目と 3 人目はまだベースライン期のままだから，独立変数の操作が行われていないからだと考えられる．つまり，独立変数の操作により，従属変数の値が変化したと強い確信をもって判断できる．被験者間多層ベースライン法は，内的妥当性の高いデザインを提供する．

●コインシデンス　先に見てきたように，内的妥当性の脅威に対応すべく，様々な個体内条件比較法のデザインが提案されているがいずれも，標的行動（従属変数）の変化が処遇（独立変数）によってもたらされたものであること，言い換えると，独立変数以外の他の原因によるものではないことを，確認し主張するためである．独立変数の導入と同時に生じる，独立変数以外の未知の変数を「剰余変数」という．標的行動の変化が独立変数に起因するものかどうかを判断する基準は，(1) 独立変数の操作（導入および除去）の際に，行動の変化に「即時性」があることと，(2) それには「反復性」があること，の 2 つである（出口，1989, p. 103）．即時性があるほど，独立変数によって行動が変化した可能性が高まる．独立変数の操作の時期と行動の変化の時期の時間軸上における一致をコインシデンスとよぶ．図 1 の A1 は行動に即時性があり，コインシデンスが確認される．

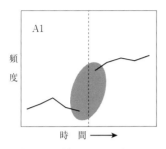
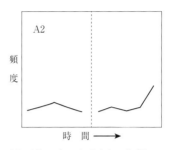

図1　AB法におけるコインシデンスの有無［出口（1989）をもとに作成］

標的行動の出現率

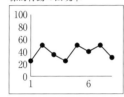
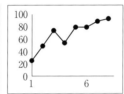
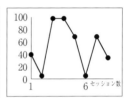

セッション数

図2　ベースライン期のデータ（仮想データ）

A2にではコインシデンスが確認されない．コインシデンスの回数が増えるほど，独立変数により，行動の変化が生じたという「もっともらしさ」が増す．コインシデンスが生じる機会はAB法では1回だが，ABA法では2回，ABAB法では3回と増えていく．コインシデンスの詳細については，出口（1989）を参照されたい．

●ベースラインの安定性（定常状態）　ベースライン期のデータから，もし処遇が導入されなかったら（ベースライン期が継続されたとしたら），従属変数はどのような値を取るかという予測値を得ることができる．その従属変数の予測値に比べて，処遇期における従属変数の実際の値が十分に大きな変化を示したとしたら，従属変数の変化は処遇の効果によるものであると判断できる．このためには安定したベースラインが必要となる．ベースラインの安定性は，①データにおけるトレンド，②データの変動の大きさ，という観点で評価できる．図2にベースライン期のデータを示した．左図は，安定したベースラインである．上昇・下降といったトレンドがなく，データの変動も小さい中央の図は上昇のトレンドが見られるベースライン，右図は，変動の大きなベースラインである．ベースライン期のデータにトレンドが見られたり，変動が大きかったりすると，処遇期の比較による，処遇効果の検討が困難になる．個体内条件比較法では，図2の左図のようなベースラインを得ることが目標となる．

［山田剛史］

実験計画法（個体内条件比較法）その2
：反転法，ABA法

　反転法（反転デザイン）とは，ある条件下で同じ個人や動物個体について従属変数の測定を継時的に繰り返し，次に別の条件下での測定を反復し，そして再びもとの条件下で反復測定を行うことを基本とした実験計画である．多くの場合は，独立変数を操作する前の状態をベースライン条件として最初の条件に設定し，独立変数を操作した後の状態を実験条件として第2の条件に設定する．ベースライン条件をA，実験条件をBと表して，上記のような反転法をABA法（ABAデザイン）とよぶこともある．また，反転法では一度操作した独立変数をもとに戻すことが実験計画として重要な点なので，それを強調して除去デザインとよぶこともある．後述するように，独立変数操作を撤回した再ベースライン条件の後に再び実験条件を導入するABAB法（ABABデザイン）もよく使われる．

　反転法はウォルフ（Wolf, M. M.）がベルナール（Bernard, C.）による医学実験の研究例をもとにして，応用行動分析学の分野で再発明したもので（Risley, 2005），その時期は1962年から1964年だといわれている（Risley, 1997）．ただし，実験的行動分析学の分野ではそれ以前から反転法が使われていた．例えば，レイノルズ（Reynolds, 1961c）が1961年に発表した行動対比の研究でも反転法が使われている．

●**反転法の基本**　ABAB法を用いた典型的な例として，アレンらによる研究（Allen et al., 1964）を紹介する．なお，ウォルフもこの研究に加わっている．研究対象は保育所で他の子どもとうまく遊べない少女の行動であった．この少女は他の子どもと遊ぶ代わりに周囲の大人の注意を引く行動を多く行っていたため，大人からの注目が少女の行動にとっての強化子になると推測された．そこで，最初の5日間をベースライン期間として，周囲の大人に普段どおりに少女に接してもらいつつ少女の行動を観察したところ，1日あたり約2時間の観察時間中で他の子どもに対して働きかけていた時間の割合は小さかった．次の6日間では実験条件を導入し，少女が他の子どもに働きかけたときだけ周囲の大人が少女に注目するようにしたところ，少女から大人への働きかけが減って他の子どもへの働きかけが増えた．さらに，ベースライン条件に戻して観察を5日間続けたところ，他の子どもへの働きかけは再び少なくなったが，その後の9日間で実験条件が再導入されると再び増えた．

　このような反転法に従った研究のデータをグラフに描く場合，横軸に測定の繰返しをとり，縦軸を測定値とするのが典型的である．データは折れ線で表し，独立変数を操作して条件が変わった場合は，そこで折れ線を中断し，区切りを縦の

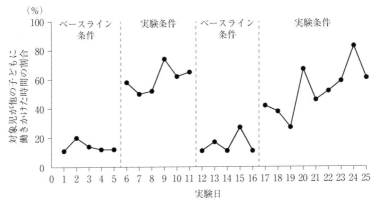

図1　ABAB法を使った研究［Allen et al., 1964, Fig.2 の一部をもとに作成］

線で表す．独立変数を操作した効果を判断する際には，それらの折れ線やデータ点を用いる．アレンら（1964）のデータの一部をもとにして作成した図を例として示す（図1）．

●**反転法による統制と評価の考え方**　実験条件の効果を評価する際の基本的な考え方は以下のとおりである．まず，ベースライン条件で十分に従属変数の値を反復測定して，値の傾向が安定していることを確かめる．このときの傾向は一定の値を中心として大きく変動しないものであるのが望ましいが，場合によっては上昇傾向や下降傾向であってもよい．重要な点は，もしも条件が変化しなければ将来の値がどうなるかを予測できることである．実験条件の効果は，このようなベースラインデータの傾向と，実際に実験条件で得られたデータを比較して評価する．もしもベースラインデータの傾向からは予測できないようなデータが実験条件下で得られたら，それは独立変数を操作した効果を表している可能性がある．例えば，ベースライン条件ではほぼ一定の値で安定していたデータが実験条件では別の値で安定したり，ベースライン条件では上昇傾向を示していたデータが実験条件では下降傾向に転じたり，その逆であったりするような場合には実験条件に効果があった可能性がある．

　ただし，後で説明するように，実験条件の効果を検証するにはこれでは不十分である．そのため，まずは実験条件下での従属変数の測定を繰り返して，実験条件を継続した場合のデータの傾向を予測できるようにした後で，独立変数の操作を撤回してベースライン条件に戻す．この再ベースライン条件で従属変数の測定値が最初のベースライン条件と同様の傾向に戻れば，実験条件で見られたデータの変化は独立変数の操作が生み出していた可能性が高い．

　このような反転法の実験計画や評価の仕方の背後にある考え方は次のとおりで

ある．反転法も実験計画法の1つなので，独立変数の操作が従属変数の変化を生み出したという結論の妥当性，すなわち内的妥当性を高めるようにつくられている．内的妥当性（84頁の表2参照）を高めるには，他の要因によって従属変数が変化した可能性を排除しなくてはならない．まず，従属変数の測定値は，独立変数の操作以外にも，測定の反復による測定への慣れや，偶然に得られた極端な測定値がその後の測定で平均値に回帰する傾向や，測定方法や測定装置に起きた変化によっても変化する可能性がある．しかし，ベースラインデータの安定した傾向や，実験条件への移行に伴うデータの変化を確認できれば，それらの他の要因が関与していた可能性は小さいといえる．

また，実験参加者や被験体の成熟が行動に影響する場合のように，時間経過に伴って測定対象そのものが変化したり，偶発的な実験外の出来事が影響したりすることでも測定値が変化する可能性がある．そして，それらの影響はベースライン条件から実験条件への移行と同時期に生じうる．そこで必要となるのが，独立変数の操作を撤回して，ベースライン条件に戻す操作である．この再ベースライン条件で測定値が最初のベースラインデータの傾向に戻れば，測定対象そのものの時間的変化や実験外の出来事が実験条件のデータに影響していた可能性は小さいといえる．他方，測定値がベースラインデータの傾向に戻らなければ，実験条件の効果については結論を保留しなくてはならない．

●**反転法の様々な変法**　以上を基本としながら，反転法には様々な変法もある．それらは，実験条件の導入と撤回の反復回数を変えた方法，実験条件の導入時期を変えた方法，3種類以上の条件を用いた方法などである．

最初に紹介したABA法では再ベースライン条件で実験を終えるが，そこで終えずに実験条件を再び導入するとABAB法となる．実験条件でヒトや動物の望ましい行動を増やしたり，問題行動を減らしたりする介入法を導入する場合，行動が改善された状態で実験を終えるのが望ましいので，このABAB法がよく用いられる．さらにこのABAB法には，二度目の実験条件下で一度目と同じような従属変数の変化を再現することで，実験条件の効果についての信頼性を高められるという利点もある．信頼性をさらに高めるために実験条件の撤回と再導入を繰り返したABABAB法が用いられることもあるが，繰返しにより高まる信頼性には限界があるため，あまり多数回の繰返しが行われることはない．

BAB法のように，ベースライン条件と実験条件の導入順序を入れ替える方法もある．これは，急いで対処する必要のある行動の問題をまず改善させてから，改めてその改善方法の効果を確かめたい場合や，計画時点ですでに導入されている条件について改めて効果を確かめたい場合に用いる．ただし，BAB法のA条件下で観察される行動を解釈する際には注意が必要である．その行動にはすでに一度はB条件が導入されたことが影響している可能性があるため，いわゆる初

期状態の行動とはみなせない．すなわち，ABA法やABAB法の最初のA条件で観察される行動と同等であるとは解釈できないことに留意する必要がある．

　反転法を用いて2つ以上の実験条件（例えば，B条件とC条件）の効果を調べることもできる．この場合，A-B-A-C-Aのように各実験条件の導入前後にベースライン条件を設定するのが堅実な計画である．なぜなら，例えば，A-B-C-Aのように実施してC条件下で行動の変化が見られても，それはC条件単独の効果であるか，それともB条件の後にC条件を導入した効果であるかを判別できないからである．そのため，C条件単独の効果を調べたい場合は，B条件とC条件の間にA条件を実施し，そのときに行動が最初のベースライン条件で観察された傾向に戻ることを確かめる．他方，B条件とC条件を組み合わせたBC条件の効果を調べたいならばA-B-BC-Bの順序で実施するとよい．ただし，個体内条件比較法で条件の順序効果を排除するのは難しいので，特定の条件の単独の効果を厳密に調べることが研究目的ならば，群間比較法の利用を検討した方がよい．

　以上の他に，非随伴強化反転法（NCR [noncontingent reinforcement] reversal technique），他行動分化強化反転法（DRO [differential reinforcement of other behavior] reversal technique），非両立行動/代替行動の反転法（DRI/DRA [differential reinforcement of incompatible/alternative behavior] reversal technique）とよばれる方法がある（Cooper et al., 2007, p. 182-185）．これらは，どれもABA法の変種で，ベースライン条件（A条件）ではいかなる行動も意図的には強化せず，実験条件（B条件）で特定の行動を強化した後で，再ベースライン条件では強化子の提示を続けつつ，強化子を行動に随伴させることだけをやめる方法である．

●**反転法を利用できない場合**　行動の安定した傾向を見定めながら，実験条件の導入と撤回によってその傾向を変化させる反転法は，実験的統制の面からみて特に強力な実験計画法である．しかし，反転法を利用できない状況もある．それは，ⓐ導入した実験条件を撤回できない場合と，ⓑ実験条件を撤回しても導入前の行動を再現できる見込みがない場合である．前者にはさらに，実験条件の撤回が原理的に不可能な場合（例えば，実験参加者に言語教示を与えると，それを完全に忘れさせることは難しい），撤回に必要な協力が得られない場合（実験参加者やその周囲の人に協力してもらえないことがある），撤回が倫理的に容認されない場合（例えば，深刻な問題行動が改善されると，それを改善前に戻すのは望ましくない）などがある．他方，後者の例としては，実験条件下で実験参加者や動物が何らかの技能を身につけ，実験条件を撤回しても技能習得以前の状態には戻らない場合があげられる．以上のような場合にも個体内条件比較法を用いるには，多層ベースライン法（多層ベースラインデザイン）や基準変更法のように，実験条件を撤回しなくてよい方法の利用を検討する必要がある．　　　　［石井　拓］

実験計画法（個体内条件比較法）その3
：多層ベースライン法

　多層ベースライン法（多層ベースラインデザイン）とは，まず独立変数を操作する前のベースライン条件で複数の従属変数を同時並行して反復測定した後，それぞれの従属変数に対してタイミングをずらしながら独立変数を操作して実験条件を導入する実験計画である．すなわち，ベースライン条件と実験条件をそれぞれA条件とB条件と表すと，A条件の期間の長さが異なるA-Bデザインを並行して実施するのが多層ベースライン法である．つまり，この実験計画では導入した実験条件を撤回する必要がない．この特徴のため，多層ベースライン法は応用行動分析学の分野では最もよく使われている個体内条件比較法である．

　ただし，多層ベースライン法を健全な実験計画として成立させるためには，複数の従属変数の選び方に制限が必要である．それは，それぞれの従属変数は共変関係になく独立であることと，それぞれの従属変数は同じ独立変数と剰余変数に影響されると想定できることである．特に後者の制限のため，複数の従属変数を用意するには以下の3つの方法のいずれかを用いる．行動間多層ベースライン法では，同一個体の複数の行動を同一状況下で測定する．場面間多層ベースライン法では，同一個体の同じ行動を複数の異なる場面で測定する．個体間多層ベースライン法では，複数の個体の同じ行動を同一の場面で測定する．なお，個体間多層ベースライン法は厳密には個体内だけで比較を行う実験計画ではないが，基本的な考え方は個体内条件比較法に近く，群間比較法とは異なる．

●**多層ベースライン法の基本**　多層ベースライン法の基本的な考え方を最初に記述したのはベアら（Baer et al., 1968）であり（Cooper et al., 2007, p.201），その当初から反転法（反転デザイン）を使えない場合に使える方法として紹介されている．次に示す例でも，導入した実験条件の撤回は難しく，反転法は使えない．

　ボーンスタインら（Bornstein et al., 1977）は児童に適切な自己主張行動を獲得させるためのソーシャルスキル訓練の効果を調べた（図1）．実験計画としては行動間多層ベースライン法を使っている．対象となった女児1人を例とすると，事前のアセスメントでは相手へのアイコンタクト，声の大きさ，相手の適切な行動を要求する行動が不十分であることがわかり，訓練を行う前にベースライン条件として3セッション連続して実施したロールプレイ場面でもこれらの行動が少なかった．そこで，まずアイコンタクトだけを対象としてソーシャルスキル訓練を実施したところ，次の3セッションではアイコンタクトが増えたが他の2つの行動は増えなかった．次に，声の大きさについて訓練すると，大きな声で話す行動も増えたが，要求する行動は増えなかった．そして最後に，要求する行動

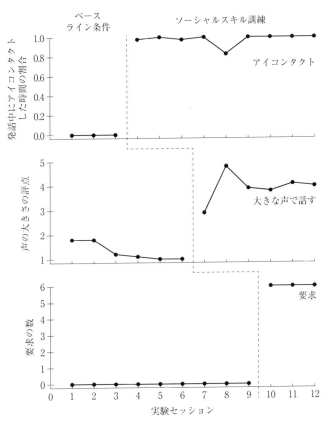

図1 Bornstein et al.(1977)の結果の一部〔Bornstein et al., 1977, Fig.1の一部をもとに作成〕

も訓練したところ,その直後のセッションからこの行動も増えた.

　この例のように,多層ベースライン法の結果を図示するときには,複数の従属変数のそれぞれに対応したグラフを,実験条件を導入した順に縦に並べる.横軸は各グラフに共通で,実験開始からの時間経過を表す.そして,並べたグラフを縦断する破線を用いて,条件を変えたタイミングを表す.

　データを図示しながら実験条件の効果を判定するには次のようにする.まず,どの従属変数に対しても実験条件が導入されていない段階で,それぞれの従属変数の値が安定していることを確認する.これにより,単なる時間経過や測定の繰返しが値を変化させてしまう可能性を排除できる.次に,最初に実験条件の対象とした従属変数の値だけが大きく変化し,ベースライン条件が継続している従属

変数の値は引き続き安定していることを確かめる．このとき，何らかの剰余変数が影響したときには複数の従属変数の値が変化するはずだと仮定できるならば，最初の従属変数の値だけが変化したのは実験条件を導入したからだと考えられる．2つ目以降の従属変数についても同様に，ベースライン条件を継続している間は値が変化せず，実験条件を導入したときだけ値が変化することを繰り返し確認することで，実験条件の効果について信頼性を高められる．ただし，実験条件を導入するタイミングが複数の従属変数の間で近すぎると，剰余変数が影響した可能性を十分に排除できないので，タイミングをある程度ずらして，各従属変数についてのベースライン期間の長さが大きく異なるようにすべきである．

上述のとおり，多層ベースライン法では複数の従属変数が同じように剰余変数の影響を受けると仮定できる必要がある．複数の従属変数を選ぶ際に，行動，場面，個体のうち1つの要因だけが異なるようにするのはそのためである．もしも2つ以上の要因が異なると，特定の従属変数にだけ剰余変数が影響する疑いが大きくなる．すると，従属変数間で値の変化を比較したときに実験条件を導入した従属変数だけで変化があったとしても，その変化に剰余変数が影響した可能性を排除できず，実験の内的妥当性が低くなってしまう．また，同様の論理に基づくと，個体間多層ベースライン法では他の2つの多層ベースライン法よりも内的妥当性が低くなり，すべての多層ベースライン法では反転法に比べて内的妥当性が低くなりがちであることも考えられる．そのため，多層ベースライン法を使う際には，なるべく同じ状況で複数の従属変数を測定するように配慮が必要である．

●**多層ベースライン法の変法**　多層ベースライン法の変法として，多層プローブ法と，遅延多層ベースライン法がある．これらはどちらもベースライン条件での測定の一部を省略する方法であり，利点もあるが，測定値に変動があると実験条件の効果を検出しにくくなりやすいという欠点もある．

ホーナーとベア（Horner & Baer, 1978）によると，多層プローブ法を用いるのは次のような場合である．①漸次的近似法による行動形成や，行動連鎖の形成について実験を行う場合，②ベースライン条件で反復測定すること自体が従属変数に影響を与えそうな場合，③測定のコストの面から考えてベースライン条件で多数回の測定を行うのが現実的ではない場合，④ベースライン条件で行動が安定することを事前に強く仮定できる場合，である．

多層プローブ法では，実験条件を導入する以前の行動を調べるために，ベースライン条件を時々実施して複数の従属変数すべてを試験的に測定する．この試験的な測定，つまりプローブを実施するタイミングは，ⓐ実験の初めと，ⓑある従属変数に対して実験条件を導入してから，その従属変数が安定基準を満たしたとき，である．さらに，上記①の場合，ⓒ2番目以降の従属変数に対して実験条件を導入する直前に，その従属変数を反復測定し，しかもその測定回数は前回より

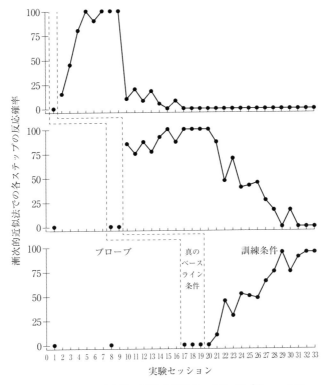

図2 Horner & Baer (1978) が示した仮想データの一部 [Horner & Baer, 1978, Fig.1 の一部をもとに作成]

も1回以上増やす．これは，行動形成や連鎖化を行う場面では，n-1番目の行動が形成されたときに初めてn番目の行動が生じる機会を与えられるといってよいためである．そのため，ⓒは多層プローブ法での「真のベースライン」とよばれている．なお，ホーナーとベア（Horner & Baer, 1978）はⓒで反復測定の回数を徐々に増やす理由を詳しく説明していないが，従属変数ごとにベースライン期間の長さが異なる方が剰余変数を排除しやすく，しかもベースライン期間を徐々に長くする方が効率よく測定できるからだと考えられる（図2）．

遅延多層ベースライン法は，2番目以降の従属変数についてベースライン条件での反復測定の開始時点を遅らせる方法である．この方法は，前述の①〜④のような場合に意図的に使うこともできるが，実験を始めた後で従属変数を追加することになって偶発的に使うことになる場合もある．いずれの場合も，反復測定の開始を遅らせすぎると剰余変数の影響を排除できなくなる問題が生じる． [石井 拓]

実験計画法（個体内条件比較法）その4
：その他のデザイン

　この項目ではまず，個体内条件比較法のうち反転法（反転デザイン）と多層ベースライン法（多層ベースラインデザイン）以外の基本的な型として，①基準変更法と②処遇交替法（条件交替法）について説明する．そして最後に，③基本的な型を組み合わせた複合的な実験計画を紹介する．

●**基準変更法**　ベースライン期間の後に独立変数の値を段階的に変化させながら，そのつど従属変数の値の変化と安定を確認する実験計画である．もともと，この方法では行動が随伴性を満たす基準を独立変数としていたので，それがこの実験計画の名称の由来となった．この方法について応用行動分析学の分野で最初に記述したのはハートマンとホール（Hartmann & Hall, 1976）およびホールとフォックス（Hall & Fox, 1977）である（Cooper et al., 2007, p.219）．ハートマンとホールが報告したケースを例として基準変更法を説明すると次のようになる．

　このケースでは，ある喫煙者を対象として行動契約による節煙プログラムの効果を調べた（図1）．まず，行動契約を導入する前のベースライン期間（期間A）で1日の喫煙本数を調べたところ，約48本であった．そこで行動契約を導入し，1日に吸ってもよいタバコの本数を基準として設定したうえで，喫煙本数がその基準を超えたら参加者が罰金を払い，基準より少なければボーナスをもらえることとした．期間Bでは，それまでの喫煙本数の95%である46本を基準としたところ，1日の喫煙本数は46本となって安定した．さらに，期間C以降ではそれ

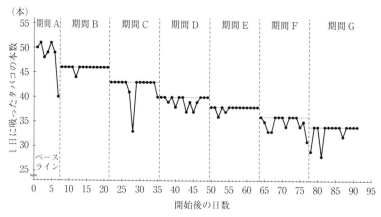

図1　基準変更法を使った研究例
[Hartmann & Hall, 1976のFig.2をもとに作成]

までの基準の94%を新しい基準としたところ，新基準を導入するごとに喫煙本数は減少し，基準を一定に保っていた間は喫煙本数がほぼ安定していた．

　この例が示しているように，基準変更法では独立変数を一定に保っている間は従属変数の値が安定し，独立変数を操作すると従属変数の値が変化するということを繰り返し示す．そうすることで，様々な剰余変数が影響して従属変数の値を変化させた可能性を排除できる．基準変更法の利点は，反転法のように実験条件を撤回したり，多層ベースライン法のように複数の従属変数を用意したりせずに，内的妥当性を高められることである．しかし，段階的に操作できる独立変数を用意できて，しかもその操作を従属変数の値が敏感に反映して変化することを想定できる必要があるのは，基準変更法の制約でもある．この制約のためか他のデザインに比べると基準変更法を用いた研究例は少ない．

●**処遇交替法**　2つ以上の独立変数の値を頻繁に入れ替えて，それぞれの条件下で従属変数を複数回測定する実験計画である．ここでいう頻繁な入れ替えとは，必ずしも実時間上の短い期間内に独立変数の操作を繰り返すことを意味するのではなく，従属変数の値が安定するのを待たず測定の機会ごとに条件を変えることを意味する．例えば，1週間に1回だけ実験セッションを実施して測定値を1つ得る場合には，週ごとに条件を変える．ただし，通常は条件の順序の効果を相殺するために順序を無作為に決めるため，同じ条件が連続する場合もある．また，条件の順序を完全に無作為に決めるのではなく，複数の条件を同じ回数ずつ用いるという制限や，同じ条件が多数回連続しないという制限を設けることも多い．

　処遇交替法について説明した初期の文献としてよく引用されるのは，シドマン (Sidman, 1960/1988) とウルマンとサルツァー--アザロフ (Ulman & Sulzer-Azaroff, 1975) である（例えば，Barlow et al., 2009；Cooper et al., 2007；Perone & Hursh, 2013）．ただし，これらの文献では，multielement baseline design という名称で紹介されている．バーローとヘイズ (Barlow & Hayes, 1979) によると，他にも同様の実験計画が multiple schedule design, randomization design などの名称で紹介されたことがあるが，彼らは alternating treatments design という名称を提案しており，現在ではこれが定着している．なお，日本語では条件交代法という訳語もよく使われる．

　上述のウルマンとサルツァー--アザロフ (1975) は処遇交替法を用いた実験例を紹介している．この実験は，発達遅滞のある6人の成人を対象として特殊教育場面で行われた．従属変数は算数の問題に対する正答率であった．他方，独立変数は正答に対する随伴性で，3つの条件があった．個人条件では，個々の生徒がそれぞれ正答数に応じた額の金銭報酬を得た．集団条件では，個々の生徒が正答によって金銭報酬を稼いだが，すべての報酬はセッションの終わりに集められ，各生徒はそれを等分した額の報酬を得た．無強化条件では，正答しても金銭報酬は

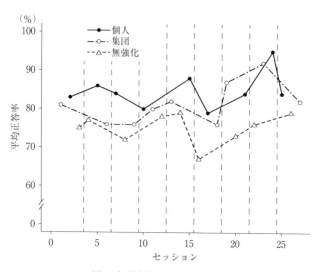

図2 処遇交替法を使った研究例
[Ulman & Sulzer-Azaroff, 1975 の Fig. 6-6 をもとに作成]

得られなかった．1日1回の実験セッションではこれらの条件のいずれかがランダムに用いられ，各セッションで使う条件は生徒に対して明示された．ただし，条件を用いる順序には，3セッションのブロック中に各条件を1回ずつ使うという制限があった．また，問題の種類や難易度は，ブロック内では一定であったが，各生徒のそれまでの正答率に応じてブロック間で変更される場合があった．

　ウルマンとサルツァー-アザロフはこの実験の結果として，6人の生徒の平均正答率をグラフで示している（図2）．本来は個人ごとにデータを示した方がよいが，グラフの描き方は同じである．処遇交替法の結果を表す基本的なグラフでは，測定の反復を横軸，従属変数を縦軸とする．異なる条件下で得た測定値は異なるシンボルを使ってプロットし，同じ条件で得た測定値は線で結ぶことが多い．このようにすると実際に各条件を用いた順序の情報を残したままデータを示せるので，その情報は縮約すべきでない．グラフから結果を評価する際には，各条件のプロットを垂直方向で比較する．ウルマンとサルツァー-アザロフの実験結果を見ると，ほとんどのブロックで無強化条件での正答率が最も低く，個人条件での正答率が最も高かった．

　処遇交替法には多くの利点があるといわれている．ⓐ複数の処遇の効果の差を比較少ない測定回数で検出できる．例えば，ウルマンとサルツァー-アザロフのデータが最初の9セッション分しかなかったとしても3条件の効果の違いは見て取れる．この利点のため，処遇交替法は行動の機能分析のようなアセスメント場面でもよく使われる（例えば，Iwata, 1994）．ⓑデータにもともと上昇傾向，下

降傾向，周期的な変化の傾向などがあっても，処遇間の効果の差を検出しやすい．これは，複数の処遇を頻繁に入れ替えることで，もともとのデータの傾向が処遇間でカウンターバランスされるからである．ⓒ1回あたりの処遇の適用期間が短く，各処遇の適用順序を無作為にするため，処遇の残存効果や系列効果がデータに比較的影響しにくい．ⓓ実践場面で処遇交替法の利用を計画すれば，長いベースライン期間を設けずにすみ，介入条件下で望ましい状態が安定して見られるようになった後でベースライン条件に反転する操作も必要ないので，実践場面の関係者に計画が受け入れられやすい．ⓔ多層ベースライン法のように複数の従属変数を用意しなくてもよい．

ただし，処遇交替法を単独で用いた場合には，複数の処遇を組み合わせた効果がデータに影響している可能性に注意しなくてはならない．すなわち，処遇交替法を用いたときにある処遇に効果が見られても，その処遇だけを連続的に用いると同じ効果が見られない可能性を考慮しなくてはならない．この可能性について検討するために，処遇交替法を用いる前にベースライン期間を設けて従属変数の傾向を調べておくとともに，処遇交替法でもベースライン条件を処遇の1つとしてデータの安定を確認したり，処遇交替法である処遇に効果が見られた後で，その処遇だけを単独で使い続ける期間を設けたりすることがある．

処遇交替法の一種として，同時処遇法が紹介されることがある．これは，複数の処遇を同時に提示して個体に選択させる方法であるので，並立スケジュールと同じであり，主に処遇間の選好を調べる際に用いられる．この場面では，特殊な方法を用いない限り個体が各処遇を経験する回数を統制できない．また，1種類の並立スケジュールを用意するだけでは独立変数を操作した効果を調べられない．そのため，同時処遇法は実験計画というよりもアセスメント手続きの一種とみなしたほうがよい．

●**複合的な個体内実験計画** ⓐ多層ベースライン法で独立変数を操作して従属変数の値が変化することを確認してから，一部の従属変数についてだけでもよいので独立変数を反転させて従属変数がベースライン期間の水準に戻ることを確かめれば，実験的操作の効果をより強力に示せる．ⓑ基準変更法で独立変数を段階的に操作する際に，途中で1つ前の段階に反転させる操作を加えた場合も同様である．ⓒABA法（ABAデザイン）のB期間に処遇交替法を用い，ベースライン条件を処遇交替法で用いる処遇の1つとすれば，処遇の効果の検出とは別に，個体の成熟，加齢，病気やけがからの回復などによって従属変数が変化する傾向を調べることができる．ⓓ多層ベースライン法と処遇交替法を組み合わせて，複数の従属変数についてベースライン条件での測定を反復し，それぞれに対して処遇交替法を適用するタイミングをずらせば，実験的操作の効果をより強力に示せる．

［石井　拓］

行動観察

　行動分析学は，行動と環境の機能的関係を同定するために行動観察の技法を用いてきた．行動と環境の機能的関係を明らかにし，環境を変えることによって行動変容をもたらすためには，正確かつ信頼性のある測定を行うことが重要である．科学分野における測定法の進歩は，その分野の進歩に直接的な影響を与える (Kubina & Yurich, 2012)．そのため，行動の科学である行動分析学にとって，行動観察は中心的な役割を担っているといえる．

●**行動観察と行動分析家**　行動分析家は，対象（ヒトや個体）の行動に与えるみずからの行動（実験的操作，臨床的介入など）の影響を測定する．行動分析家は，対象の行動を頻繁に繰り返し観察・測定することで，その行動を体系的に記述するが，その目的として重要なのは，行動分析家自身の行動をそのデータ（対象の行動）の制御下におくことである (Bushell & Baer, 1994)．スキナー (Skinner, 1956：232) は，「私が述べてきたような研究活動の中で，その行動が最も修正され，完全に統制されている生活体は実験者自身である．」と述べ，みずからの実験研究の経験から，いかに行動分析家の行動が対象の行動に影響を受けているかについて述べている．また，実践活動をしている行動分析家にとっても，繰り返し行動データを測定することは重要である．継続的な行動観察を行うことで，そのデータに基づいて介入を継続するか，修正・終了するかの意思決定をリアルタイムで実行できる．そうすることで，効果のない介入を継続してしまうことや，実際には効果がある介入を主観的な印象のみでやめてしまうことを防ぐことができる．ブッシェルとベア (Bushell & Baer, 1994) は，応用行動分析学の重要かつ顕著な特徴として，関連するアウトカム・データとの緊密で継続的な接触 (Close, Continual Contact with Relevant Outcome Data, 3C/ROD) をあげ，3C/ROD によって測定可能な優れた指導が導かれると述べている．行動分析家は，研究においても実践においても，行動観察の技法を理解し，使いこなすことが求められる．

●**行動の次元**　行動には特定の性質があり，その性質の測定可能な側面を次元量とよぶ．クーパーら (Cooper et. al., 2007) は，次元量に基づく行動の測度について整理しているが，ここではそのうちの代表的なものを紹介する．カウントは，標的となる行動が実際に生起した単純な回数である．例としては，ラットがレバーを押した回数，自由遊び場面における攻撃的行動の回数などがあげられる．カウントは比較的理解しやすく測定しやすい測度であるが，それだけでは時間的な側面（観察時間）が反映されていないため十分な情報とはいえない．そこ

で，観察時間とカウントを組み合わせた測度が反応率（または頻度）である．反応率は，単位時間あたりの反応数であり，1時間あたり5回席を離れる，1分間あたり60問の計算問題に正しく答えるなどが含まれる．行動は常に時間の流れの中で生起しているため，反応率は行動の最も正確な測定を提供する（Vargas, 2009）．また，クーパーら（Cooper et. al., 2007）は，離散試行中に生じる行動の測定には反応率が適切ではないことや，長時間持続する連続的行動の測定には適さないことなど，反応率を用いる際のいくつかの注意点を紹介している．

　行動の時間的側面に基づく測度としては，持続時間がある．持続時間とは，行動が生起してから終了するまでの時間であり，どのぐらいの時間，標的行動に従事しているのかに関心がある場合に適している．持続時間の例としては，授業中に課題に従事している時間，かんしゃくが収まるまでの時間などがあげられる．また，持続時間は，非常に素早く高頻度で生じて頻度を測定することが難しい場合にも適している．時間的側面に基づく行動のもう1つの測度としては，潜時がある．潜時は，弁別刺激の呈示から行動の開始までにかかった時間である．例えば，教師が指示を出してから，子どもが指示された行動を開始するまでの時間，目覚し時計が鳴ってから止めるまでの時間などが例としてあげられる．

●**行動観察の要件**　行動観察を行う際には，まず観察時間と場所が決定され，観察者が誰なのかを明確にしなければならない．観察時間と観察者を選ぶことは，行動観察から得られたデータの質を決めるため非常に重要である（Miltenberger & Weil, 2013）．観察時間は，標的行動が最も生起しやすい時間帯に設定することが望ましい．十分な回数，標的行動を観察することができなければ，その標的行動の機能の同定が難しく，介入効果の検証も難しくなる．標的行動が生じやすい時間を選ぶには，対象者本人や関係者へのインタビューなどを用いる方法や，スキャター・プロット（図1）を用いた方法がある．スキャター・プロットによるアセスメントでは，1日を30分ずつのインターバルに分けた記録

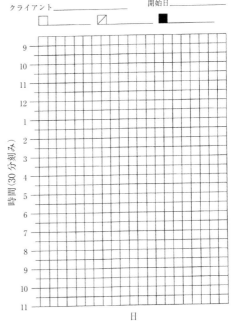

図1　スキャター・プロットの記録用紙
［Touchette et al., 1985, p. 344, Fig.1 をもとに作成］

用紙を用いて，それぞれのインターバルにおいて標的行動が生起しなかった，1回生起した，2回以上生起したがどうかを記録する．それによって最も行動が生じやすい時間帯が明らかとなる．

　観察者は，対象者の標的行動が生起したときに，それを観察し即座に記録する必要がある．そのため，観察者は行動観察を適切に実施できるようにあらかじめ訓練を受けておくことが望ましい．行動観察の訓練方法の1つとして，行動的スキル訓練（Miltenberger, 2012）がある．行動的スキル訓練では，最初に行動観察のモデルを提示し，行動観察における重要な点に関して説明を行う．その後，実際に行動を観察・記録し，即座に記録についてフィードバックを与える．適切なデータ収集を維持するために，正確にデータを収集・記録するという行動を強化することが必要である．観察者の適切な行動観察を維持するためには，しっかりとした事前の訓練や定期的な適切さのチェック，観察者の再訓練などを行うことが望ましい．また，技術的に行動観察の技法を習得していたとしても，観察者が教師であり授業中の行動観察である場合など，行動観察および記録をする時間的余裕がなければ実施することは難しい．観察法や記録用紙の工夫などによって，日常生活の中で無理なく実施可能な方法を選択していくことが重要である．

●**行動観察法**　行動観察法には様々なものがあり，標的行動のどのような次元を測定するかによって選択する．代表的な記録方法としては，連続記録法，インターバル記録法，タイムサンプル記録法，産物記録法がある．

　連続記録法は，観察時間中に標的行動が生起したら，そのつど記録していく記録法である．生起したすべての標的行動を記録するため最も正確な測度であるが，対象の標的行動を常に観察しておく必要があるため最も労力のかかる方法でもある．連続記録法では，頻度・持続時間・潜時など，標的行動の様々な次元が測定可能である．また，特定の刺激や出来事に対する反応（教師の指示に対する指示従事行動）に関心がある場合は，反応機会あたりの割合が用いられる．反応機会あたりの割合を用いる場合は，データの解釈にあたり，それぞれの観察時間における反応機会の数も同時に報告することが重要となる．

　観察者の状況（集団指導しながら観察するなど）や標的行動の特性（行動の開始と終了が不明確など）から連続記録法を用いることが難しい場合には，インターバル記録法やタイムサンプル記録法が用いられる．Miltenberger & Weil (2013) によると，インターバル記録法は，観察時間をいくつかの短い間隔（インターバル）に区切り，それぞれのインターバルにおいて標的行動が生起したか否かを記録する．インターバル記録法は，インターバル内で行動が一度でも生起した場合に記録する部分インターバル記録法と，インターバル中ずっと行動が持続していないと記録しない全体インターバル記録法の2つに分けられる．一方，タイムサンプル記録法は観察時間をインターバルに区切るが，各インターバルの

最後だけ行動を観察し記録する．タイムサンプル記録法を用いることで，観察者は他の活動をしながら記録を続けることができる．インターバル記録法とタイムサンプル記録法は，連続記録法よりも実施可能性が高いためよく用いられるが，すべての行動を記録するわけではないため，データの解釈には慎重である必要がある．

産物記録法は，行動そのものよりも行動の結果産出されたものに関心がある場合や直接行動を観察することが難しい場合に用いられる．例としては，漢字テストにおける正しく書けた漢字の数や作成したレポートの文字数などがあげられる．産物記録法では，行動が生起した際に観察者がその場にいる必要がないという利点があるが，産物だけでは本当に対象者がその産物を生み出すような行動をしたのかを確かめることができないという問題点もある（Miltenberger, 2012）．

●**行動観察の信頼性**　行動観察の際には，その信頼性に影響する可能性のある要因についてよく理解しておく必要がある．その1つは観察の反応性である．反応性とは，観察・記録する行動そのものによって標的行動に変化が生じることを表す用語である（Miltenberger & Weil, 2013）．例えば，マウワリーら（Mowery et al., 2010）では，発達障害のある成人に対するスタッフの行動を変容するための介入が行われたが，スタッフのポジティブな社会的相互作用が，訓練後においてもスーパーバイザーがいる場合は多いが，いない場合には少なかったことが報告されている．また，行動変容を行う場合，標的行動を強化する人（支援者）がその場にいるかどうかで行動の頻度が変わってしまう可能性も考えられる．介入による行動変容の後，行動の般化や維持を考える際には，観察者の存在が対象の行動の弁別刺激となってしまっていないかどうかを確かめることが重要である．

行動観察の信頼性に影響するもう1つの要因としては観察者ドリフトがある．観察者ドリフトとは，観察を進めるうちに知らず知らずのうちに測定システムを適用する方法を変更してしまうことである（Cooper et al., 2007）．観察者ドリフトは，標的行動の定義を観察者が独自に解釈することによって生じると考えられる．観察者ドリフトを防ぐには，行動観察の再訓練を行ったり，定期的な観察法のチェックを行ったりすることが有効である．

行動観察によって得られたデータが信頼できるものかどうかを判断するには，観察者間一致率（Interobserver Agreement, IOA）を算出する方法が用いられる．IOAは，2人またはそれ以上の観察者が同じ事象を測定した後に，同じ観察値を報告する程度のことである（Cooper et al., 2007）．IOAは0～100%で表現される．IOAが高ければ，独立した観察者たちが標的行動を同じように記録していたことを意味しており，行動観察によって得られたデータがより信頼できるものであると判断される．IOAの算出方法については，その記録法によって多くの異なる方法があり，クーパーら（Cooper et al., 2007）に整理されている．　［野田　航］

統計的方法
：グループデザイン，シングルケースデザイン

☞ 実験計画法（群間比較法）p. 82，実験計画法（個体内条件比較法）その1 p. 86，再現性 p. 114

　本項目では，グループデザイン（群間比較法）とシングルケースデザイン（単一事例法），それぞれの方法で測定されたデータに対する統計的方法について解説する．

●**グループデザインにおける統計的検定法**　関心下の処遇効果を確認するためにデザインを計画し実験を実施する．そして，実験から得られたデータに基づいて，処遇効果の有無を検討する．このとき，データの結果はたまたま得られたものなのか，あるいは，同様の実験を行い異なるデータを得た場合でも同様の結果が得られるのか．つまり，データが示す結果は，たまたま標本変動によるものなのか，そうではなく，標本変動を超えた意味のあるものであり，処遇の効果は確かに存在するといえるのか．統計的検定（統計的仮説検定ともよばれる）は，こうした疑問に答えを与えてくれる．実験で得られた所与の標本に基づく結果が，標本誤差を超えて再現性のある効果を示すかどうかを，確率を判断基準として検討する．統計的検定の手順は，①帰無仮説と対立仮説を設定する，②仮説に応じた検定統計量を選択する，③有意水準 α の値を決める，④データから検定統計量の実現値を求める，⑤検定統計量の実現値が棄却域に入れば帰無仮説を棄却して対立仮説を採択する．棄却域に入らなければ帰無仮説を採択する，となる．

　帰無仮説とは，差がない・効果がないといった，本来主張したいこととは反対の仮説である．対立仮説は，差がある・効果があるといった，本来主張したい仮説を意味する．検定の文脈では，帰無仮説が正しいという前提のもとで，手に入れた標本（データ）がどの程度の確率で手に入るかを考える．検定統計量とは，標本から計算される統計量であり，検定のために用いられる．検定統計量には，Z, t, F など様々なものがあり，検定の目的に応じて選択される．有意水準 α は，帰無仮説を棄却・採択するための基準となる確率のことである．有意水準としては 5% や 1% という値が慣例的に用いられる．帰無仮説が正しいという前提のもとで，標本から計算された検定統計量の実現値がどの程度の確率で手に入るかを計算し，その確率が有意水準以下（例えば，5% 以下）であれば，帰無仮説を棄却して対立仮説を採択する．帰無仮説が正しいのに，5% 以下の確率でしか手に入らないような標本が得られることは滅多にない．そうした滅多にないことがたまたま生じたと考えるよりは，「帰無仮説が正しい」という仮定がそもそも間違っていたと考える．そうして，帰無仮説を捨てる（棄却する）．帰無仮説を棄却し対立仮説を採択するという結果が得られた場合，「有意な結果が得られた」という．平均値を比較する検定では，「5% 水準で有意な差が得られた」という表現

を用いる．5%水準というのは，検定の手順の③有意水準を $\alpha=0.05$ として検定を行った場合を意味する．

グループデザインでは，処遇効果が確かなものかを判断するために統計的検定が利用されることが一般的である．2群の平均値を比較する場合は t 検定，3群以上の平均値を比較する場合は分散分析が用いられる．t 検定も分散分析もデータの種類に応じた方法が用意されている．例えば，t 検定の場合，データが対応のない2群（独立な2群）であれば「独立な2群の t 検定」を適用し，データが対応のある2群であれば「対応のある t 検定」を適用する．分散分析の場合も，要因が被験者間計画か被験者内計画か，また要因の数によって，適切な分析方法がある．

検定は，「有意かそうでないか」という2値判断である．また，検定で有意な結果が得られたとしても，それが実質的に意味のある差を示すという保証はない．さらに，検定の結果は，標本の大きさ（サンプルサイズ）に依存する．サンプルサイズが大きければ，検定力が高くなり，有意な差が得られやすくなる．有意な結果が得られたとしても，それはサンプルサイズが大きいためで，効果の大きさ自体は小さいということもありうる．このため近年では，統計分析の結果を論文に記載する際に，単に有意か否かという検定の結果を報告するだけではなく，効果量や信頼区間を報告することが推奨されるようになっている（例えば，APA, 2009 の *Publication Manual*, 6th ed. など）．こうした近年の統計改革については，大久保・岡田（2012）を参照されたい．

●**シングルケースデザインデータの特徴**　シングルケースデザインでは，1人の被験者・ケースについて，ベースライン期，あるいは，処遇期それぞれの条件のもとで，従属変数を繰り返し測定する．この1人についての反復測定が，シングルケースデザインデータの特徴である．同一の被験者について反復測定を行った場合，データは互いに独立ではなく，相関をもつ．このようなデータを系列依存性のあるデータとよぶ．データの系列依存性は，シングルケースデザインデータに統計的検定を適用する際に注意すべき問題となる．また，シングルケースデザインデータにおける系列依存性は，データの視覚的判断にも影響を及ぼす（例えば，Jones et al., 1978；Matyas & Greenwood, 1990）．

●**シングルケースデザインにおける統計的検定法**　シングルケースデザインデータの評価には，データをグラフ化して，グラフを目で見て処遇効果を確認する視覚的判断が伝統的に用いられてきた．しかし，視覚的判断の信頼性や妥当性に対する批判もあり（例えば，DeProspero & Cohen, 1979），視覚的判断に代わるもの・視覚的判断を補うものとして，統計的検定の適用が提案されるようになった．グループデザインデータへの統計的検定をシングルケースデザインデータにも応用することを考えたら，ベースライン期を対照群，処遇期を実験群とみなして，

表1 シングルケースデータのための統計的検定の特徴

統計的検定	必要な N	自己相関への対応	長所	短所
t 検定, F 検定	小～中	×	なじみがある方法. レベルの変化を見るには適切	自己相関があると結果が歪む
二項検定	小	○	計算が容易. 視覚的判断と併用される	自己相関があると, 第1種の誤りの統制が悪くなる (Crosbie, 1987)
Tryon の C 統計	小	○	計算が容易	自己相関があると, 第1種の誤りの統制が悪くなる (Crosbie, 1989;山田, 1999)
中断時系列分析: ARIMA モデル	大 (>50)	○	自己相関をモデルに組み込むことが可能	モデルが難解. 必要な N が大きい
中断時系列分析: Gottman の ITSE	やや大 (>30)	○	自己相関をモデルに組み込むことが可能	モデルが難解. 必要な N が大きい. 方法論への批判も (Huitema, 2004)
中断時系列分析: Crosbie の ITSACORR	小 (>10)	○	各フェーズ N＝10 程度のデータがあれば分析可能	致命的な欠陥があるという指摘も (Huitema et al., 2007)
ランダマイゼーション検定	小～中	○	さまざまなデザインに対応	デザインによっては多くの N が必要. Basu (1980) など理論自体への批判も

[山田, 2015]

2つの期のデータの平均値を独立な2群の t 検定によって比較するというアイデアが思い浮かぶだろう. しかし, こうした方法は適切とはいえない. t 検定や分散分析は, その前提条件としてデータの正規性やデータ相互の独立性を仮定する. しかし, 系列依存性をもつシングルケースデータはこうした前提条件を満たさない. シングルケースデザインデータに対して検定を適用する場合は, データの系列依存性を考慮した方法を選ぶ必要がある. 表1に, 提案されているシングルケースデザインデータのための統計的検定について, 必要な N（データポイント数）, 自己相関への対応, 長所と短所を整理した.

この中では, ランダマイゼーション検定や中断時系列分析が, シングルケースデータの系列依存性を考慮した方法として利用が推奨されている (Kazdin, 2011). ランダマイゼーション検定については, シングルケースの様々なデザインに対する分析方法が提案されている（例えば, 山田, 1998 などを参照されたい). シングルケースデザインデータのためのランダマイゼーション検定についての近年の動向は, ヘイヴァートとオンフェナ (Heyvaert & Onghena, 2014) にまとめられている.

●**シングルケースデザインの統計的方法における近年の話題** シングルケースデ

ザインデータの評価のための統計的方法について考えるとき，話題は統計的検定に限らない．グループデザインのところでも紹介したように，検定とは有意か否かの2値判断である．また有意な結果が得られるかどうかは，サンプルサイズに依存する．シングルケースデザインでは，データポイント数を多く取ることが難しい場合が多く，検定力が低い状況で検定を適用することになる可能性が高い．このため，検定以外の方法で処遇効果を評価するための方法が提案されている．シングルケースデザインのための効果量はその1つである．様々な効果量が提案されているが，最も知られているのが，PND (percentage of non-overlapping data) である．PNDは，スクラッグス（Scruggs et al., 1987）らにより提案された指標で，ベースライン期と処遇期のデータの重なり（overlap）に着目した効果量である．具体的には，処遇の導入により，従属変数の値が減少することを想定する場合（例えば，教師の介入により，自閉症児の問題行動が減少するなど），ベースライン期における従属変数の最小値が基準となる．処遇期のデータについて，基準を下回るデータポイント数を数え，その割合を求めたものがPNDである．PNDには様々な批判もあるが，最も利用されているシングルケースデザインのための効果量である．PND以外にも，データの重なりに着目した効果量が数多く提案されている．代表的なものとして，パーカーら（Parker et al., 2007）によるPAND (percentage of all non-overlapping data), Parker & Vannest (2009) によるNAP (non-overlap of all pairs), パーカーら（Parker et al., 2011a）によるTau-Uなどがある．パーカーら（Parker et al., 2011b）ではこれらを含む9つの効果量について比較検討を行っている．

　近年，シングルケース研究のメタ分析に注目が集まっている．メタ分析とは，同一の研究テーマについて実施された複数の研究結果を統計的に統合するためのレビューの方法である．メタ分析を行うためには，各研究から効果量を計算し，効果量について統合を行う．シングルケース研究のメタ分析については，前述のように効果量も様々提案されており，また，効果量を統合する手続きも研究者によって様々である．このように，シングルケース研究のメタ分析については，まだ標準的な方法は確立されていないのが現状である．そうした中，シングルケース研究のメタ分析の方法として，マルチレベルモデルの適用が注目されている．バンデンノートゲート（Van den Noortgate, W.），ベレトバス（Beretvas, T）やフェロン（Ferron, J.）は研究チームを組織し，「シングルケースデータのマルチレベルモデルによる統合」という研究プロジェクトを遂行している．　　　［山田剛史］

📖 参考文献

Kratochwill, T. R., & Levin, J. R. (Eds.) (2014). *Single-case intervention research: Methodological and statistical advances*. APA (American Psychological Association).

Manolov, R., & Moeyaert, M. (2017). How can single-case data be analyzed? Software, resources, tutorial, and reflections on analysis. *Behavior Modeification, 41*, 179-228.

図表現

　行動分析学の研究や論文において，図が果たす役割は重要である．その1つの象徴となっているのが累積記録である．スキナー（Skinner, 1956）は累積記録の誕生をオペラント箱にいたる，ラットを用いた種々の実験装置の考案の一部として述べているが，それが生まれたきっかけは，カイモグラフ上のイベント記録のちょっとした変更，つまり反応があるたびに記録ペンが垂直方向に移動するという工夫であった．この累積記録は，反応率（時間あたりの反応数）の高低を曲線の勾配として表現することを可能にした．この視覚化・可視化は，自由オペラント手続きにおける時間軸上での典型的な反応パターン，例えばスキャロップや反応停止（休止）・走行パターンの発見へとつながっていく（Ferster & Skinner, 1957）．こうして研究装置の開発によってもたらされた行動の視覚化・可視化が，新たな研究対象をつくり出し，それによって再び新しい装置が考えられていくという，効率性の高い研究の展開がもたらされたといえる．

　行動の視覚化・可視化は，行動分析学の方法論的特徴の1つとなっている単一事例法での目視の重視とも関連しているように見える．一般に，群間比較法による実験結果では，群ごとの従属変数の平均値や標準偏差が棒グラフとして表され，その大きさの比較に焦点があてられるが，単一事例法では毎セッションの従属変数（例えば全体反応率）が折れ線グラフとして視覚化され，反応の変容過程に注意が促される．反転法（反転デザイン）などの単一事例法では，ベースライン条件と介入条件間の従属変数の数量的比較については，実現可能で望ましい方法がなかったために，20世紀後半の行動分析学の研究では，2つの条件間の移行の決定は，もっぱら折れ線グラフの変化傾向（回帰直線に相当）と上下振動（範囲に相当）に基づいていた（Bourret & Pietras, 2013）．そして統計的推定を機械的に行うことよりも，両条件下での明らかな差異を生み出すような環境要因を発見することに力点が置かれていた．

　明らかな差異を生み出す独立変数の探索は確かに重要ではあるものの，変化傾向と上下振動だけを使って，目視により条件移行の決定を行うことはそれほどたやすいことではなく，これが両条件間の効果の数量的比較となるといっそう困難を極めた．20世紀終盤になって，こうした目視に代わって，ランダマイゼーション検定などに基づく判定が次第に議論されるようになってきた背景には，そうした困難の克服があった（Ferron & Levin, 2014）．一方，目視について累積された知見は，こうした数量的比較に必要で有効な効果量（高橋・山田, 2008；山田, 2015）を見出すことに貢献してきた．例えば，非重なり部分分析はその1つとい

えよう (Parker et al., 2014).

●**実証的データの視覚化・可視化の歴史** 実証的データの視覚化・可視化は，科学的研究におけるデータの取扱い方と深い関係にある．図が登場するのは主に18世紀後半（1750年から1800年）といわれ（Tufte, 1983），科学的研究の発表に表や図が利用されるのは，19世紀に入ってからである．1970年代でさえ，論文を飾るにふさわしいグラフを描くには，たとえそれが平凡な棒グラフ，折れ線グラフ，散布図，ヒストグラムであったとしても，製図用のペンや，文字やパターンを転写できるシールを利用するなど，相当な労力が必要であった．データのグラフ化が論文において常識となっていったのは，コンピュータソフトによって自由にデータが加工され，何度もグラフを書き直すことができるようになった，ごく最近の出来事なのである．

こうしたデータの視覚化・可視化に関する先駆的な仕事を果たしたのが，ベルタン（Bertin, 1967）による図の記号論的意味の探求とテューキー（Tukey, 1977）らによる探索的データ解析である．前者は地理的な情報とデータを結び合わせ，さらにカテゴリカルなデータの視覚化を含む新しいグラフの提案を行った（Bertin, 1981）．後者はそれまでの統計的仮説検定に基づいたデータ解析を確証的（検証的）データ解析とよび，特にそれらが用いている代表値である平均値や分散（および標準偏差）が外れ値などによって大きな影響を受けることや，統計的推論のもととなる実際のデータの分布の検討を経ないで行う統計的決定に対して批判の目を向けた．探索的データ解析では，平均値や分散の代わりに，外れ値に強い（頑健性の高い）といわれる中央値や四分位数を利用すると同時に，実際に得られたデータの視覚化・可視化を積極的に行うことで，次の段階でのデータ処理の選択を支援する．例えば，現在多用されている箱ひげ図では，中央値，四分位数などの他に10および90パーセンタイル点や，それからはずれた値などの情報も与えることで，データの全体像を簡潔に表現しようとしている．

こうした先駆的な仕事に刺激を受けた何人かの研究者は，さらに様々なデータの視覚化・可視化に取り組んだ．その中でもクリーヴランド（Cleveland, W. S.）のトレリス・グラフィクスの提唱とその中で使われた条件プロット，多元ドットプロット，ウィルクら（Wilk & Gnanadesikan, 1968）によって考案されたQ-Qプロットは行動データの分析にも十分応用が可能なものであった．クリーヴランドは，これに先立ちグラフの構成要素とグラフの成り立ちについても触れており，後のグラフ作成ソフトウェアの発展に大きな貢献を果たした（Cleveland, 1994）．

これら統計学やデータ解析の新しい動きにいち早く呼応した行動分析学者には，チャーチ（Church, 1979）やアイバーソン（Iversen, 1988）がいる．彼らは，*Journal of the Experimental Analysis of Behavior*（JEAB）に掲載された論文にこ

うした動向を紹介するとともに，それまでになされてきた視覚化・可視化を系統的に取り上げながら，行動分析学で得られる行動データの視覚化・可視化の問題を論じた．特にタフティ（Tufte, 1983）の著書を取り上げたアイバーソンは，ナポレオンのロシア遠征でのフランス軍の兵力の時間的変化を空間的情報とともに表したミナール（Minard, C. J.）の古典的な 1869 年の図をその本から引用し，多変量を効果的に表す図のもたらす力を強調している．同書においては，地理情報との連携によるデータ視覚化・可視化の古典的例として，スノー（Snow, J.）博士によるロンドン市におけるコレラによる死亡者発生場所と市内の複数の井戸の位置を表す 1854 年の図が掲載されており，それらの関係から発生源を特定し疾病の対策につながった頃から，問題の解決に図が果たす重要性も論じられている．

●**図表現の現代的展開**　現在の視覚化・可視化は，科学的世界だけにとどまらず，日常生活の様々な場面に影響を与えている．インフォグラフィクスとよばれるデザインの分野では，数量的データをどのように表現することで人々の「科学的」コミュニケーションを促進できるかが美的なセンスとともに追求されている．このような問題意識は，図を使って「理解」をしやすくすることとほとんど同じ内容であることから，「図解」という領域とも深い関連が生まれる．つまり，図的表現をどのように利用すれば，人々にある事態を的確に早く理解させられるかが問われることになる．そうした問題意識から考えると，データの視覚化・可視化や「図解」は，むしろ心理学者が積極的に取り組まなくてはならない領域と思われるが，デザイン分野の人々によってよい仕事が生産されているのが現状である（例えば，原田，2010；Heller & Landers, 2014 中村訳 2016；Lima, 2014 三中訳 2015）．

近年では，ソフトウェアでの図表現の能力も相当高いものとなっている．単なる科学的論文のためのグラフィックソフトという性格から抜け出して，自由度が高く，新しい発想での視覚化・可視化を支援するような，種々のソフトウェアが登場している．特にフリーの統計用ソフトウェアとしてその地位を確立した R では，箱ひげ図を含む伝統的なグラフ，上で述べたクリーヴランドの条件プロットや多元ドットプロットをはじめとする新しい視覚化・可視化を可能とするパッケージを用意している（例えば，Murrell, 2006）．ことに近年さらに完成度を高めた ggplot2（2015 年 12 月に改訂）では，グラフ作成のための文法（基本的には Wilkinson, 2005 に基づく）を有し，高い図表現の自由度がある点で，他のグラフ作成ソフトを凌駕している．その他には，視覚的デザインの表現を特に意識した Processing というフリーの言語を開発した 1 人であるフライ（Fry, 2007）による視覚化・可視化についての研究もある．

近年の図表現をめぐる動きの中で，自由度の高い図作成を可能にしたソフト

ウェアの出現のほかに注目しなければならないのが，ビッグデータをはじめとする多量のデータの図表現であろう．比較的身近な多量な行動データとしては，強化スケジュール下の反応間時間のデータ，アイカメラによってとらえられた視線のデータ，インターネットを通じて得られた多量なデータなどがあるが，こうしたデータを様々な図表現を通じて視覚化・可視化することで，新しい観点からの分析に結びつけ，そのうえで新しい実験や方法を考える手段になることも可能となってきたといえる（例えば，坂上・丹野，2015 では，強化スケジュールによる強化直前の反応間時隔の違いを多層イベント記録によって表現している）．と同時に，そうした新しい観点からの分析を支える数量的分析についての知識も，ますます求められてきている．

さてこうした図表現は行動分析学にはどのような影響を与えたのであろうか．探索的データ解析や，それを引き継いだ様々な新しいデータの視覚化・可視化が，この領域の学術誌の紙面に踊っているわけではない．むしろ，どちらかといえば伝統的グラフが図のほとんどを占めているといってよい．しかしそれは，科学的コミュニケーション自体が持っている保守性を表しているのであって，行動データの視覚化・可視化がおろそかにされているということを意味するものではない．

●**行動分析学と図表現**　実験的実証的論文において，作成された図のほとんどは，「結果」のセクションに掲載される．かつてレイノルズ（Reynolds, G. S.）はその私信（佐藤，1987）の中で，ブレソワー（Brethower, D.）が述べた「結果の対考察比」（論文の結果の占める部分を序論と考察の占める部分で割った値）を，研究の質を表す量的指標として言及していた．すなわち，行動分析学では行動のデータそのものを重視するので，それについての仮定や考察に関する部分の割合は少なくなるはずであるが，この比が小さくなるとそうした実験結果の重要性が下がることを意味するというのである．坂上・倉田（2000, 2001, 2003；なお倉田・坂上，2002；倉田，2007 も参照）は，結果が論文の全体に占める割合について JEAB と実験的研究の載る他の専門学術誌とを比較した．その結果，JEAB の論文の大きな特徴が，結果の占める割合が他誌と比較し非常に高く，1975 年においては 43% を超え，1998 年はその割合は減ったとはいえ 37% を占めていることを明らかにした．

こうして行動分析学の研究の質はやや低下しつつあるものの，結果に費やす量は，他の専門学術誌，例えば，*Journal of Experimental Psychology: Animal Behavior Processes* と比較しても，同年代で約 2 倍もの違いがあった．結果セクションの量はそのまま図の量を表すわけではないが（心理学の論文に占めるグラフの割合についての比較研究としては，Smith et al., 2000, 2002 に詳しい），この分野での図表がもつ力と強く関連していると考えられる．　　　　　［坂上貴之］

再現性

☞実験計画法（個体内条件比較法）その1 p. 86, 統計的方法 p. 106, オペラント行動の個人差 p. 384

　行動分析学において，再現性の問題は，得られた結果の信頼性と一般性に関わる問題としてとらえられてきた．例えば，シドマン（Sidman, 1960）はその著書において2章分を再現性の問題に振りあて，それぞれの章題を直接的再現性と系統的再現性としてこの問題を論じている．

　直接的再現性では実験の対象である個体と集団（複数個体）について，それぞれ「内」と「間」を区別して論じているが，特に個体内再現性に関して，繰り返して特定の実験条件にさらすことにより，実験結果の高い信頼性を得るための具体例を述べている．すなわち，直接的再現性とは，実験条件の個体内，個体間での同一反復を基本的に意味している．そして，集団での同一反復の研究がほとんどないことを指摘している．

　一方，系統的再現性ではもともとの実験条件がそのまま反復されるのではなく，異なる種の個体，異なる手続きなどで反復が繰り返され，元の実験で得られた結果の一般化の可能性を調べるものとされている．こうした点からは直接的再現性を信頼性と，系統的再現性を一般性と結びつけて考えることも可能であるが，前者では個体間や集団間での再現性も含んでいることから，一般性を広くとらえて前者では特定のセッションを超えた個体内，個体差を超えた個体間での一般性を考え，後者では，種間，変数間，方法間などでの一般性を考えているとみなすことも可能である．こうした見解は，例えば，ジョンストンとペニーパッカー（Johnston & Pennypacker, 1993b）が述べている「一般性の次元」としての，種，個体，反応，実験設定の4つの「～を超えた」一般性と，変数，方法，過程の3つの「～の」一般性とも関連している．

　シドマンの直接的再現性と系統的再現性の区別は，その後，行動分析学の文脈を離れて，それぞれ論文追試的再現性と操作的再現性として，より一般的な再現性を論じる文献の中で取りあげられた（Lykken, 1968）が，行動分析学では，Johnston & Pennypacker（1993a）やCooper et al.（2007）をはじめとして，現在でも再現性の基本的な考え方として紹介されている．

　シドマンをはじめとする行動分析家が再現性の問題を論じる際，この再現性を保証するものとして，適切な行動のベースラインを得ること，それが得られたうえで1つの環境変数だけを変化させた実験条件にさらし行動変容の有無を観察すること，これらの実験手続きを系統だって行うこと，が強調される．この系統だった実験法は単一事例法として結実し，今や行動分析学を超えた様々な領域で検討が進んでいる（Kratochwill & Levin, 2014）．

●**行動のベースライン：安定性の問題** 「適切な行動のベースライン」が得られない場合には，再現性への脅威となることはいうまでもない．このベースラインはシドマン（Sidman, 1960）も述べているように，増加や減少の傾向性や周期的変動などがあってもかまわないが，あらかじめ予測可能な安定的なものでなくてはならない．その意味では，「適切な行動のベースライン」を得ることは，行動の安定性の問題に帰着する．それでは，行動の安定性をこれまでの行動分析研究者たちはどのようにとらえてきたのだろうか．

　行動の変動は，セッション内，条件内，条件間の3つのレベルで考えることができる．そして，条件内での行動の変動に関連するのが，ここでいう行動の安定性である．ちなみにセッション内での変動はオペラントとしての行動変動性，条件間の変動は実験操作による行動の変容そのものと関連している．行動の安定性は，通常，数種の基準によって判定されている．例えば，ペローン（Perone, 1991）は，相対安定基準型（複数セッションで構成されたあるブロック内の平均反応率の変動が，複数のブロックでの全体の平均反応率と比較して相対的に十分小さい範囲に収まるか），絶対安定基準型（行動の決められた単位での変動が許容範囲に収まるか），固定期間型（あらかじめ決められたセッションに達したか），目視型（目視による安定か否か）の4種類の安定基準が行動分析学の研究で用いられていると述べている．

　図1には，2011年と2012年の2年間の実験論文（*Journal of the Experimental Analysis of Behavior*：*JEAB*）で使われた様々な安定基準がまとめられている（Sakagami, 2015）．実験の対象領域（刺激性制御，スケジュールでの振舞い，遅延割引，選択行動，行動薬理，消去，封鎖経済的環境）によって用いられる安定基準が異なる（例えば，刺激性制御では絶対安定基準型，遅延割引では相対的安定基準型が多いなど）と同時に，固定期間型が全体の4割強を占めているのがわかる．そしてこれらから，安定基準の相対-絶対型は用いられている従属変数に依存しており，その他の基準は従属変数に依存していないことが推察される．

　これらの安定基準を実際の実験データにあてはめ，その有効性を調べた研究もある（Cumming & Schoenfeld, 1960；Berry et al., 2012）．それらの研究は，仮にある安定基準を満足したとしても，通常信じられている安定性に至るにはかなり長い期間が必要であったり，なかなか安定した行動を得ることが困難であったりすることを示している．こうした事実からSakagami（2015）は，ちょうど行動変動性そのものをオペラント行動としてとらえたように，行動が安定することをオペラント条件づけの対象の1つとし，安定状態に達することを促進する条件や手続きを見出すための新しい研究の必要性を提案している．

　行動の安定性を全般的に保証する万能な基準はおそらく存在しないか，実験の目的，すなわち行動の規則性の発見に，より即したものとなるのだろう．例えば

実験の種類＼安定基準	相対安定基準	絶対安定基準	固定期間	目視	その他
刺激性制御	1	9	5	1	0
スケジュールでの振舞い	3	1	7	1	1
遅延割引	5	0	1	0	0
選択行動	2	0	4	0	0
行動薬理	0	0	0	3	1
消去	0	0	1	2	0
封鎖経済的環境	0	0	2	0	0
計	11	10	21	7	2
論文の占める割合	22%	20%	41%	14%	4%

図1 2011〜12年のJEAB誌における動物研究で使用された安定基準（時 暁聴氏の協力があった；Sakagami, 2015）

ある研究者は，「Sidman（1960）によれば，ある基準は，行動の再現可能な状態を研究者が選び出すことができ，独立-従属変数間の規則的で再現可能な関数関係を導くならば十分である」（Perone, 1991）としている．

●**行動分析学で指摘される再現性への脅威：個体データと集団データ**　行動分析学が個体内もしくは個体間での再現性を重視する理由の1つに，集団データで得られた代表値が示す行動の変容が，各個体でのそれと異なることがよくあげられる．仮に集団データがある行動の増加を示したとしても，個体データを見ていくと，様々な増減が観察される場合がそれにあたり，しかも，重大なのは，同時に個体内再現性が高い場合の解釈である．「直接的再現性と系統的再現性」で述べたように，個体間再現性が低いのであれば個体差を超えた一般性が獲得されていない環境条件で得られた結果ということになり，より厳密な環境条件の確定にいたるはずだが，集団データから得られた結果を見ることだけからはこのような分析に進むことはできない（Cooper et al., 2007）．

一方，個体での行動変容を集成しても，集団データの代表値が示すものにならない場合があることについては，あまり取りあげられてこなかった．例えば，集団データの平均値で表される学習曲線は，ある漸近レベルへの学習の負の加速曲線を示すが，各個体の個別の学習曲線を負の加速曲線と仮定して集成してもその形にはならない（Sidman, 1952）．個体と集団の2つのレベル間での再現性の問題は，行動分析学だからこそ光を当てることができる領域である．

上述のような逆転の発想は，別の場面での再現性への脅威のチェックにも利用できる．例えば，比較認知研究では，進化的な連関をヒトと他の種との能力の間に見出すために，ヒトと同等な能力の存在を示すことができると考えられるテストを考案し，動物にそのテストを施してそうした能力の有無を調べる．こうして明らかになった連関を下向連関とよぶことにする．一方，下向連関が確認された

とするテストを逆にヒトへと施して連関がみられるかどうかを調べることもできる．この逆の連関を上向連関と名づけると，この上向連関が成立しなければ，ある能力がヒトとそれ以外の動物で共通だという主張は根拠のないものとなる(Hachiga et al., 2008；坂上，2011)．異なる種，異なる方法，異なる変数などの様々な次元の違いが実験間に存在する，一般性が成立することがそもそも困難な状況においてなされる実験だからこそ，その再現性のチェックは慎重に行う必要がある．

●**再現性への一般的な脅威：ヒトを対象とした研究から**　再現性もしくは再現可能性が心理学で大きな問題となったのは，2015年の *Science* の論文（Open Science Collaboration, 2015；また心理学評論2016年59巻1号の特集も参照）である．この論文では認知系，社会・パーソナリティ系の100の心理学実験について追試が行われ，比較された．その結果，オリジナル論文の平均 p 値は追試で大きく増加，効果量は大きく減少し，オリジナルの結果が有意であるものについては，その効果量と追試の効果量は相関した．有意水準を達成した実験の割合は認知系の方が社会・パーソナリティ系よりも高い（50% 対 25%）が，追試での効果量の減少は同じようにみられた．

　こうした再現性の問題は，1つには公表バイアスにあるといわれている．査読に通りやすい論文は有意差を示している実験を含むものがほとんどなので，有意差を示さない実験からできている論文はほとんど審査には通らない．本当は無数のネガティブデータが存在している中で，偶然に有意差の出たデータが報告されているため，再現がほとんどできないということが起こる．もしこのことが正しいのであれば，複数回の実験を繰り返し行い，より確実な出現条件を確定し，その現象の因果関係の有無が決定できたものを公表すればよい．しかしどんな内容であっても公表することがその研究者にとって有利に働くという随伴性に，公表バイアスの問題の真の所在があるので，結局，研究者は実験結果がうまくいったものだけを急いで公表することになる．すなわち「再現性のない実験から都合のよいチャンピオンデータを選び，うまく組み合わせて論文のストーリーを紡ぐ手法はまん延する」（日刊工業新聞2017年3月28日朝刊31面）のである．

　こうした意味での再現性の問題は，すでに社会や文化の随伴性の設計の問題として考えなくてはならないレベルに達しているが，長い間，心理学実験室で伝承されてきた，間違った結果や結論を導かない実験遂行上の諸注意をここで改めて強調することは，再現性の高い研究を進めるうえで重要である．例えば実験心理学研究者の陥りやすい実験遂行上のピットフォール（Barber, 1976）や，再現性を危うくする種々の知覚的，認知的バイアスの存在を知ることは，間違いなくその第一歩である．

[坂上貴之]

研究の機能

　行動分析学においても,「研究」による産物は,言語構成物(論文)である.そのような言語構成物は,通常,不揮発かつ視覚的な文字や図表によって表現される.なぜなら,そうすることによって,当該の研究内容を,他者に(ここでは,当該の研究を実施していない者を指す),当該の研究内容を時空間を超えて伝達させることができるからである.ただし,ここでの伝達には,次のような要素が含まれねばならない.その要素とは,他者が当該の言語構成物を読むことによって,①その内容を物理的に(多くの場合,実験的に,あるいは臨床的に)再現できる,かつ(または)②その内容に関連する行動分析学的な言語構成物を新たに産出できる,というものである.つまり,行動分析学における研究の機能とは,新たな研究行動を生起させるためのルール(弁別刺激あるいは確立操作)を生成することなのである(Skinner, 1966a).

　ヘイズ(Hayes, 1991)によれば,上記のような言語構成物には4つの次元があるとされている.その4つとは,精密度,範囲度,組織度,深度である.ここでの精密度とは,現象に対する記述がいくつあるかに関係している(例えば,その数が少ないほど精度が高い).範囲度とは,当該の記述によって包含できる現象がいくつあるかに関係している(例えば,その数が多ければ範囲が広い).組織度とは,記述の体系化と一貫性がどの程度なのかに関係している(例えば,その程度が高ければ組織化に富んでいる).深度とは,あるレベルの記述と別のレベルの記述との間にどの程度一貫性があるのかに関係している(例えば,行動的なレベルの分析と遺伝的なレベルの分析に一貫性がみられる場合,深度が大きい).例えば,応用研究が基礎研究とうまく連携できない場合,精密度の次元が高い(そのため,再現性は高くなる)ものの,その他の次元は低いことが多い.そのため,ある特定の技術は,技術以上にはなれないことが問題となる.

●**橋渡し研究**　上述のような問題点を改善するために,橋渡し研究という発想が,2000年代に入ってから,主に医学の分野において強調されるようになった.Sung et al. (2003)では,2種類の橋渡し研究(以下,Tとする)が想定された.それは,図1のように,基礎的な生物医学的研究と臨床的な科学と知識とをつなぐ「T1＝ベンチ(実験台)からベッドサイドへ」(ただし,大学附属病院のような医療機関のベッド),臨床的な科学と知識とをつなぐ「T2＝ベッドサイドから第一線の診療実践へ」の2つであった.

　しかし,Blumberg et al. (2012)では,橋渡し研究がさらに細分化され,図2のように,T0からT4の5種類となっている.つまり,図2のT0～T2は図の

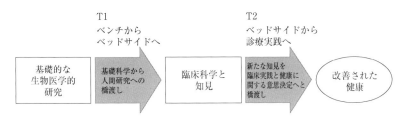

図1　医学における橋渡し研究の概念図1［Sung et al., 2003 をもとに作成］
　　　ただし，図中の T1 と T2 は，橋渡し研究を表す．

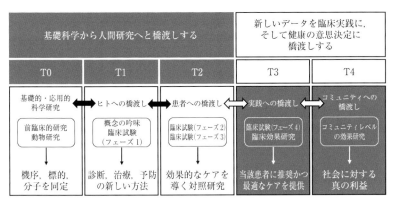

図2　医学における橋渡し研究の概念図2［Blumberg et al., 2012 をもとに作成］
　　　ただし，図中の T0〜T4 は，橋渡し研究を表す．

T1 を細分化したものであり，図2の T3 と T4 は図1の T2 を細分化したものになっている．

　T0 は前臨床的で動物を対象とした基礎研究，T1 は研究機関における臨床適用および無作為化比較試験（randomized controlled trials, RCT），T2 は大学附属病院などの臨床現場における効果研究，T3 は実際の医療制度における最適なサービス実施に関する普及研究や実施研究，T4 は当該の医療サービスの実施がもたらすコミュニティにおける実際の健康状態の変化に関する研究である．

●**行動分析学における橋渡し研究**　行動分析学は，（心理学全体でみれば）橋渡し研究が有効に機能したことによって発展してきた学範であるといえる．その証拠に，本事典の第Ⅱ部以降の構成や内容は，橋渡し研究における T0〜T4 を網羅している．先述のブランバーグらの橋渡し研究の分類に基づけば，ヒト以外を被験体とした実験的行動分析が T0，ヒトを参加者とした実験的行動分析が T1，応用行動分析が T2 と T3，行動分析学の実践が T4 となる．

　また，医学における橋渡し研究は，「基礎→応用」という一方向のみを想定し

ている場合が多い．一方，行動分析学では，伝統的に，「応用→基礎」という逆方向も強調され，比較的良好な基礎分野と応用分野の双方向的な関係性が維持されてきた（McIlvane et al., 2011）．しかし，近年，行動分析学の発展により，研究分野が多岐にわたり，各分野内における知見が精緻化されていく一方で，基礎と応用との交流が難しくなっている，ということも指摘されている（例えば，Mace & Critchfield, 2010）．

●研究例1（T0→T1）　1950年代中盤から1960年代にかけて，アイロン（Ayllon, T.）を中心とした研究グループは，ヒト以外の動物を対象とした実験的行動分析の研究で得られた強化スケジュール，消去，分化強化などの行動原理を応用して，統合失調症や精神遅滞と診断された患者の問題行動の改善を試みた（当時は，そのような患者の問題行動は，精神分析的な解釈が行われることが多く，病院内の援助者が有効な対処方法を見出せない状態にあった）．例えば，アイロンとマイケル（Ayllon & Michael, 1959）は，看護師に対して，院内で生じる患者の問題行動を生起させる環境要因（人的環境も含む）を推定し，それに基づいた介入案を実行してもらい，その効果を検証した．例えば，ある入院患者の問題行動は，看護師の控え室に頻繁に訪ねてくる（介入前は1日平均16回）ということであった．その問題行動は，看護師の注目によって維持していることが推定された．そのため，介入期では，その来室行動に対する看護師からの注目を随伴させないように指示し，消去を実施した．その結果，介入後8週後には，患者の来室行動が1日平均2回まで減少した．つまり，この研究は，現在においては一般的になっている「機能的行動アセスメントに基づく問題行動の改善」（Iwata et al., 1994/1982）の手続きを先取りしたものと位置づけられる．

●研究例2（T0←T1→T2）　1970年代初頭，シドマン（Sidman, M.）を中心とした研究グループは，失語症や読字障害を対象とした研究過程で，その当時の行動分析学の分析枠組みを超えるような現象を発見した．その現象とは，刺激-刺激（反応）関係の派生（後に，刺激等価性とよばれるもの）である．その最初の研究であるSidman（1971）は，軽度知的障害で読字障害を対象にして，刺激A（音声による名称），刺激B（対象物の絵），刺激C（名称が印字されたカード）という3つの刺激と，反応D（音声で名称を言う）との間の派生関係を検討した．その対象者は，最初からA→B（音声で名前を言われたら，当該の対象物を複数の物品の中から選ぶ），B→D（対象物を見せられたら，その名前を言う）という関係が確立されていた．そこで，A→C（名前を言われたら，その文字カードを選ぶ）という弁別訓練が行われた．その結果，それ以上，直接訓練を追加しなくても，B→C（絵を見せられたら，当該の文字カードを選択する），C→B（文字カードを見せられたら，当該の絵を選ぶ），C→D（文字カードを見せられたら，それを読む）という関係が派生したのである．このシドマンの研究（Sidman, 1971）

によって，その後，この実験パラダイムは，自閉症スペクトラム障害などの他の障害の言語・認知行動のアセスメントと援助などに幅広く応用されていっただけでなく，比較動物心理学的な認知や言語に対する検討（例えば，Sidman et al., 1982），三項随伴性に対する理論的な再検討（Sidman, 1990）という基礎研究へと展開していったのである．

● **研究例 3（T1 ⇄ T2 ⇄ T3）** 1980 年代中盤に，ヘイズを中心とした研究グループは，うつ病に対する認知療法の効果機序を行動分析学的に検討することから開始し，10 年以上の歳月をかけ，アクセプタンス＆コミットメント・セラピー（acceptance & commitment therapy, ACT）という心理療法を確立した（Hayes et al., 1999a）．その確立過程において，ヒトにおける聞き手行動や認知の検討（後に，関係フレーム理論とよばれる；Hayes et al., 2001），サイエンティスト・プラクティショナーの機能分析（Hayes et al., 1999b），手続きの構成要素の分析（Levin et al., 2012）といった，様々なレベルの橋渡し研究を行っている．さらに，2016 年までに，約 170 件の ACT の RCT が実施され，普及・実施研究（例えば，Walser et al., 2013）も行われている．その結果，ACT は，2017 年現在，アメリカ心理学会第 12 部会（臨床心理学）が運営する「研究によって支持された心理トリートメント」のリストにおいて，5 つの精神疾患・症状に対して効果的な心理療法であるとされている（Society of Clinical Psychology in American Psychological Association, 2017）．

［武藤 崇］

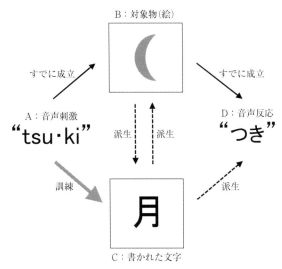

図 3 Sidman（1971）の研究で扱われた刺激-刺激（反応）関係

📖 **参考文献**

青山謙二郎・武藤 崇（2017）．心理学からみた食べる行動：基礎から臨床までを科学する　北大路書房
望月 昭・武藤 崇（2016）．応用行動分析から対人援助学へ―その軌跡をめぐって　晃洋書房
武藤 崇（2011）．ACT ハンドブック―臨床行動分析によるマインドフルなアプローチ　星和書店

インストルメンテーション

☞オペラント実験箱システム p.66, オペラント実験箱と累積記録器 p.160, 様々な動物種での実験 p.168

　実験行動分析学の研究の中核となる実験装置は，オペラント実験箱と累積記録器であるが，それらについては，それぞれの項目に譲り，ここでは実験行動分析学の研究に用いられる実験装置の歴史を簡単に振り返ったうえで，ヒトの実験室実験や応用行動分析の研究に用いられる装置を中心に解説する．

●**実験行動分析学インストルメンテーション小史**　実験行動分析の実験，例えばヒト以外の動物を用いた強化スケジュールのような実験では，弁別刺激や後続事象を正確なタイミングで遅滞なく提示し，ときに数百を超える数の反応を正確に検出して記録する必要があり，機械装置による制御は必要不可欠であった．

　初期の実験制御は，リレー（継電器）を組み合わせることで，論理回路を構成し，スイッチなどからの反応入力や，タイマーやカウンターの信号を処理することで強化スケジュールなどの制御を実現していた（Dinsmoor, 1966）．信号電流や電圧の増幅が必要な場合には，最初は真空管が，次にはトランジスターを用いた回路が利用された（Cornsweet, 1963）．

　その後，ロジック・モジュールが実験制御に採用される．ロジック・モジュールは，信号入出力，タイマー，論理演算，カウンター，乱数発生など，実験制御に必要な機能を，独立した汎用性のある回路として，トランジスターや，電気機械部品などを用いて製作し，それらモジュールの間の接続（配線）を変えること

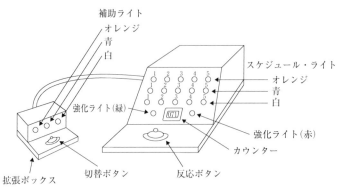

図1　多数の刺激提示機能を備えたヒト用操作卓の例
大きい操作卓の大きさは幅 40 cm，奥行き 30 cm．操作体には電鍵ではなく，約 6 N の力で作動する押しボタンスイッチが使われている．［Bradshaw et al., 1979, p. 73, Fig.1 をもとに作成］

で，個々の具体的な実験制御を実現する方式で，いわばハードウェアを用いた実験制御プログラミング技術であった（浅野，1970；この論文は，当時の動物実験システムの全体像を知るうえで大変興味深い）．

1960年代にミニコンピューターが登場すると，その普及につれて実験制御の主役は徐々にコンピュータに移行した．当時，コンピュータ・システムが比較的高価だったこともあり，1台のコンピュータで複数の実験を同時に制御することが求められ，リアルタイム・マルチタスクを実現する様々なソフトウェア技術が提案された（堀，1985）．実験制御プログラムを記述するプログラミング言語には，機械語に始まり様々な言語が用いられたが，行動実験に特化したものとしてはSKED（Snapper & Kadden, 1973）が有名である．

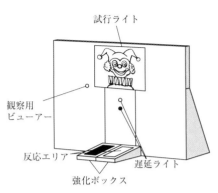

図2　Schweitzer & Sulzer-Azaroff（1988）が子どもを対象としたセルフコントロール訓練に使用した装置［Schweitzer & Sulzer-Azaroff, 1988, p.175, Fig.1をもとに作成］

●ヒト用実験装置　ヒトのオペラント行動の研究では，かつては操作体に，単式の電鍵が用いられた．これは金属の棒ないし板を支点で支え，一方の端につまみをつけた器具で，本来モールス符号を送信するための装置を，心理学実験に利用したものである．押し込む深さや反発の強さを調整することができ，信頼性の高い接点を備えている．操作に必要な力は，一例をあげれば1.9 N程だった（Matthews et al., 1977）．その後，電鍵に代わって徐々に押しボタンスイッチやレバーが取り入れられ（小野，2016），これを各種の弁別刺激や条件(性)強化子を提示するランプやブザー，得点を提示する電磁カウンターなどを組み込んだ操作卓ないしパネル（panel）と組み合わせて実験装置が構成された（図1）．子どもや発達遅滞児での実験や，見本合わせの訓練などにも，同様の装置が用いられる（空間，2016，図2）．

これらの装置は，コンピュータの普及と，多彩な各種周辺装置（マウス，タッチスクリーン［タッチパネル］），ゲーム用入力装置などの登場により，急速にコンピュータを利用したものに変化していった．大河内（2016）は，1991年以降の実験装置の変化を調べ，1996年以降，コンピュータ画面とタッチスクリーンの利用が増加し，従来式の操作卓や操作パネルの利用を上回ったことを指摘している．これらの周辺機器は，機械工作や特別なインタフェース回路を必要とせずに，信頼性の高い実験装置を実現できる利点がある．

また，コンピュータ技術は，従来とは異なるオペラント行動を定義・測定する

ことを可能にした．例えば，行動に対する意識性を統制するためには，筋電計を利用して，参加者本人も観察できない微小な指の動きをオペラントとした逃避と回避の実験（Hefferline et al., 1959），同じ目的を小型加速度センサーを利用して簡単に実現した研究（望月，2009，図4）．あるいは音声認識システムを言語行動の実験に利用することも可能である（大西・望月，2005）．現在，ロボットの研究・製作のために様々な小型センサーが開発され，容易に使用できる状況にある．物体や身体の動きをデジタル情報として測定するモーションキャプチャー技術は，すでにヒト以外の動物や（例えば，Roy et al., 2011）リハビリテーションなどで活用されているが，さらに安

図3　タッチスクリーンを備えたコンピュータによる子どもを対象としたオペラント実験［空間，2016, p. 95, 図6］

価で簡便なものが発売されつつある．これらを活用することで，実験場面においても，より自然なオペラント行動を研究の対象に加えられるであろうし，応用研究では，複雑な行動を自動計測したり，それに対してコンピュータ制御により強化随伴性を設定することが可能になるであろう．

　コンピュータの普及は，様々なゲームを実験場面に導入することをも可能にした．選択行動全般や，特にリスク選好に関する実験では，ルーレット（例えば，Nakano et al., 1996）や，スロットマシン（例えば，Weatherly et al., 2009）をはじめ様々なゲームが考案され利用されている．コンピュータを利用したゲームでは，勝率やその他の実験変数を自由に制御できることが最大の利点であるが，子どもを対象にした訓練では，訓練全体に対して子どもたちの興味や関心を高める効果も期待できる．いわゆるマルチメディア技術の普及は，テレビ番組や漫画などの利用を容易にした．リンズレーは，複雑な装置を使ってTV視聴行動について先駆的な研究を行ったが（Lindsley, 1962），現在ではずっと容易に動画を弁別刺激や強化子として利用することができる．

●**応用行動分析学**　応用行動分析においても様々な器具や装置が開発され活用されてきた．古典的なものとしては，吃音（Jones & Azrin, 1969）や，姿勢の改善（Azrin et al., 1968）に適用された例がよく知られている．行動観察とその分析の支援については，早い時期から様々なものが提案されている（例えば，Alevizos et al., 1978；Lindsley, 1968 など）．やや特殊な装置としては，バイオフィードバック（例えばSchulman, et al., 1978）やリラクセーション（例えばBudzynski & Stoyva, 1969), あるいは自動車運転に関するもの (例えば Boyce & Geller, 2001) などが挙げられる.

インターネットを用いた研究も盛んになっている. 石井 (2016) が指摘するように, 厳密な実験研究の手段としては限界があるにしても, 多量のデータを短期間で集めるなど, 従来とは異なる研究方法への可能性は期待できる. 一方, 応用研究では, 例えば, 対象者に呼気中の一酸化炭素濃度を測定する器具と, ウェブカメラを対象者に貸し与え, 1日に3回, 測定の様子と結果をE-mail で報告させるという方法で, 14～17歳の参加者の禁煙を成功させた研究 (Reynolds et al., 2008) や, 血糖計による血糖値測定の様子をビデオ録画して投稿させる方法で, 青年期の1型糖尿病患者の血糖値測定行動を増加させた研究などがある (Raiff & Dallery, 2010). これらの方法は, 他人による成り代わり

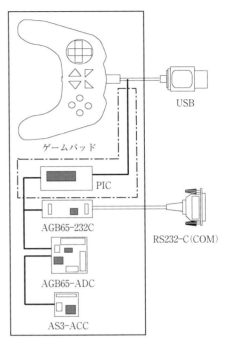

図4 市販のゲームパッドに, 小型三軸加速度センサー (AS3-ACC) を組み込み, 重力加速度の変化からゲームパッド全体の傾きを検出してコンピュータに送信する装置の構成図 [望月, 2009, 図1をもとに作成]

などを防ぐ手段を工夫すれば, インターネットを用いた通信が随伴性管理の方法として有効であることを示唆するものであり, このような手法は, 携帯電話やスマートフォンの活用で, より手軽に広範囲で利用可能になるであろう.

スマートフォンやタブレット端末は, それ自体がビデオ・カメラ, 加速度センサー, GPS などを内蔵し, 無線でインターネットに接続できる, きわめて優れたコンピュータである. しかも普及率が高く, 多くの実験参加者や対象者が常時携帯している. これらと併用する健康管理器具 (例えば, 浅野, 2016) が販売され, いわゆる IoT (Internet of Things) の技術の普及により, センサーを拡張し, 様々な機器を制御することが可能になりつつある. アルドゥイーノやラズベリーパイのような制御機器と組み合わせることで, 実験室研究や応用研究での利用可能性はますます広がっていくであろう.

[望月 要]

実験的行動分析学

☞応用行動分析学 p.130, 行動分析学の歴史：過去, 現在, 未来 p.144, 世界と日本の行動分析学 p.148

　実験的行動分析学は，行動分析学における理論行動分析学，応用行動分析学と並ぶ3本柱のうちの1つで，徹底的行動主義を哲学的基盤とした基礎研究を形成している．行動分析学の創始者であるスキナー（Skinner, 1938）の最初の著書である *The Behavior of Organisms* に An Experimental Analysis（実験的分析）と副題で示されたのが初出であろう．よく知られているように，この本においてスキナーは特定の刺激によって誘発される反応，つまり反射以外の行動が非常に多く存在していることを指摘し，これをオペラントとよび，レスポンデントとよばれる反射とは区別した．またそれぞれの反応のタイプに対応する条件づけがあり，タイプSとタイプRとに分類できるとしている（Skinner, 1938, p.19）．これら2つの条件づけは，古典的と道具的，レスポンデントとオペラント，パヴロフ型とソーンダイク型条件づけとよぶことがあり，正確にはそれぞれの提唱者によって定義が異なるが，現在はそれらを区別することなく使用されていることが多い．ここでは前者をパヴロフ型条件づけ，後者をオペラント条件づけと表記する．

　実験的行動分析学は，こうした2つのタイプの行動とそれぞれにおおまかに対応する条件づけを用いて，行動が生起，維持，抑制する条件を，統制された実験によって特定する方法論である．ただし，神経学的な実体や概念的な心的過程も含む内的な状態を行動の原因として考えない．行動随伴性（反応-強化子随伴性，三項または四項随伴性）を構成する，強化子や弁別刺激，そして確立操作によって行動に変動が得られるか，また得られたとき行動随伴性と行動とにどのような関数関係が得られるかを探り，行動法則を見出そうとする．

　実験的行動分析学の目的は，行動分析学の目的と基本的には同一であり，生体の行動を記述し，説明し，予測し，制御することにある．注意したいのは，これらの4つのプロセスのうち，記述と説明とが基礎過程で，予測と制御とが応用・適用過程を意味しないことである．これら4つの過程を満たしたときに，その行動の制御変数が特定できたと考えるのである．例えば，ある行動 R_1 が生じたときに，ある刺激 S_1 が後続することで R_1 の生起頻度が上がり，また維持されることが記述できたとしよう．このとき，実験者は，S_1 が R_1 を自発した個体の強化子であり，正の強化（提示型強化）によって R_1 が維持されていると説明する．この説明に従えば，S_1 を R_1 以外の反応 R_2 をその個体が自発したときに随伴提示すれば R_2 の生起頻度が上がることが予測できる．そして実験的にその予測が支持される結果が得られれば，R_2 の行動が制御できたことになる．そしてこう

した4つの過程を含めて実験的行動分析学ではその行動の制御変数が特定できた，つまり広い意味でその行動が説明できたと考える．実験的行動分析学と応用行動分析学に違いがあるとすれば，前者が操作する独立変数だけでなく，動物を使用することで遺伝的な素因や体重統制による確立操作など，剰余変数（これらの変数を独立変数とする実験研究も存在することに注意）を，応用行動分析学よりも厳密に統制できる点にある．剰余変数の厳密な統制は内的妥当性を高める一方で，外的妥当性を損なう危険性を伴う．実験的行動分析学によって提案された行動の法則を，理論行動分析学および応用行動分析学によって現実場面に適用することで，行動分析学全体としてこの外的妥当性を保障していると考えられる．このように，実験的行動分析学は，応用行動分析学とリンクして，独立変数の効果を単一事例法によって検討する，ユニークな科学的学問体系である．

●**基礎概念とその特徴 1―自由オペラント手続き**　実験的行動分析学の基礎的な概念として，徹底的行動主義，帰納法，単一事例法，自由オペラント手続き，種・反応・刺激の任意性，行動随伴性，レスポンデントとオペラントとの二分法があげられる．ここでは，実験的行動分析学の成立に重要な意味をもっている自由オペラント手続き，任意性，そして二分法の3点について概説する．

　まず自由オペラント手続きである．これは別項で説明されるように，離散試行またはディスクリートトライアルと並置する具体的な実験手続きの特徴であるが，以下に示すように実験的行動分析学の根幹をなす重要な側面である．スキナーは，当初ラットを用いた走路実験を行っていた（Skinner, 1950）．彼は，ラットをゴールボックスからスタートボックスに戻すことが面倒になり，周回式の走路を開発した．ところが，その周回式の走路のゴールボックスにラットが強化子である餌を食べ終わってもとどまることに気づき，その場所で何か別の行動をさせればよいと考えた．これが，スキナー箱（オペラント実験箱）が作成されたきっかけである．このとき選択したラットのレバー押しや，後にハトのキーつつきは，次項で述べる種や反応の任意性とも関わることとなる．それまでに採用されていた直線走路の走行や，ソーンダイク（Thorndike, E. L.）が採用していた反応潜時と比較すれば明らかだが，レバー押しやキーつつきを測定するスキナー箱は，特定の反応の速度や強度，潜時だけでなく，生体が活動している時間と空間の中でのその反応の頻度やばらつき，パターン，反応持続時間といった，それまでに測定対象でなかった多くの側面を指標とすることを許した．スキナーが重視した累積記録はその典型である．少なくとも，そうした複数の側面を同時に測定できる実験手続きはこの自由オペラント手続きをおいて現在でも存在しないだろう．

　この自由オペラント手続きがなかったとすれば，現在の実験的行動分析学はきわめて異なる様相を示していただろう．行動分析学の中核である反応-強化子随

伴性をディスクリートトライアルのみで研究することは難しい．強化スケジュールの効果の組織的な検討は不可能であったであろうし，多元（混成）スケジュール，並立スケジュール，連鎖という概念すら生じていなかったかもしれない．

●**基礎概念とその特徴 2―種・反応・刺激の任意性**　行動分析学では入手や扱いが容易で，生育歴などを含む様々な剰余変数を統制しやすい実験動物と実験状況を設定する．このとき，そこで選択されている種，反応，そして刺激は機能的に等価であれば，行動法則の一般性や普遍性の探究において任意であると仮定する．例えば，オペラント条件づけの正の強化の典型であるラットのレバー押しを餌粒で強化するという実験は，ラットのレバー押しという特定の反応が餌粒によって変化する過程の検討を目的としていないことはいうまでもない．

1960年代以降，生物学的制約という概念でくくることのできるいくつかの実験的な事実が報告されて，仮定されていた完全な普遍性や一般性を前提とすることはできなくなった．本能的逸脱（Breland & Breland, 1961），スケジュール誘導性行動（Falk, 1961），味覚嫌悪学習（Garcia & Koelling, 1966），防御的埋込み（Pinel & Treit, 1978），種に固有な防御反応（species-specific defence reactions, SSDR）（Bolles, 1970）などである．また，強化スケジュールによって生じる，FIスキャロップなどの反応パターンが，ヒトでは言語を獲得する前の子どもでは観察されたのに対して，一般の成人では示されず，様々な別のパターンが生じる（Lowe et al., 1983），さらに言語行動の獲得に関わる刺激等価性がヒト以外の動物では見られない（Sidman et al., 1982）といった実験結果も報告されている．ちなみに，スキナーは実際に働いている随伴性によって制御される随伴性形成行動と何らかの強化随伴性を記述した言語行動をルールとよび，ルールを弁別刺激として自発する行動をルール支配行動とよんだ（Skinner, 1966a）．

これらの問題は，極端な一般性や普遍性に対する問題提起となったが，特定の実験事態や刺激と反応の条件づけの容易さの違いや言語行動の獲得の問題は残されていても，行動分析学の中心概念である随伴性とそれによる行動変容についての視点は保たれている．スキナー（Skinner, 1981a）が提唱した変異と後続事象による選択の3つの水準の1つ目である種のレベルは，系統発生の段階で獲得したこうした生物学的特徴を説明していると考えられる．無条件刺激と無条件反応との連合も，そのような系統発生の段階で選択的に残ったものと考えられる．現在の実験的行動分析学では，生物学的制約を考慮しながら任意性をとらえていると考えられる．

なお，スキナーがあげた変異と後続事象による選択の他の2つの水準は，個体レベルに働くもの，つまり行動の随伴性と，社会環境あるいは文化の水準に働くものである（Skinner, 1981a）．2番目の個体レベルの説明の中でカモが孵化後に最初に見た動く物体（自然環境においては親）への後追い行動の例をあげて，こ

うしたインプリンティングがレスポンデントに近いこと，行動の随伴性による選択が多くの場合は1番目の水準の自然選択と同様に働いていることを指摘している．任意性を損なうとされた先述の例は，自然選択と個体の2つのレベルに働くものが一致していない場合に生じることが示唆される．同時に，次項で説明するレスポンデントとオペラントの二分法において，いわゆる自律性反応と骨格筋反応によって両者が峻別されるわけではないことも意味する．

●**基礎概念とその特徴3―レスポンデントとオペラントとの二分法**　最後に，レスポンデントとオペラントとの二分法である．これは学習の基礎過程が単一のものであると考える一要因説に対して，実験的行動分析学では二要因説に立ち，原則として，2つの条件づけのそれぞれに2つの行動のタイプが対応していると考える．しかしいくつかの実験事実からこうした厳密な二分法が必ずしも正しくないことがわかった．自動反応形成（Brown & Jenkins, 1968），自動反応維持（Williams & Williams, 1969）は典型的なハトのキーつつきが，パヴロフ型の刺激-強化子随伴性によって形成し維持できることを示した．すなわち，キーの照射と餌との提示をハトの行動とは無関係に繰り返したところ，ハトは照射されたキーに近づき，キーつつきを自発させた．さらに，キーをつついた際に省略手続きである餌の提示をしなくても，キーつつきが維持された．また，バイオフィードバックによって心拍の変化などのレスポンデント行動がオペラント条件づけの正の強化によって制御できることも示された（Miller, 1969）.

　いくつかの反応は特定の刺激によって誘発される自律性の制御と生体が自発する随意性の制御の両方に関わっている．例えば，熱いものに触ったときに手を引っ込めるが，随意的に手を動かすことはもちろん可能である．また空気が眼瞼に吹き付けられると瞬きが誘発されるが，私たちはまぶたを随意的に開いたり閉じたりできる．反応のタイプだけでなく，条件づけにおいても，唾液分泌を無条件反応としたパヴロフの典型的な実験でも，メトロノームを条件刺激，肉粉を無条件刺激として操作することで，条件刺激に対する条件反応として唾液分泌が生じるようになるが，ハーネスに犬を拘束していなければ，音源であるメトロノームに接近するサイントラッキングを自発するようになる．ラットのレバー押し反応であっても，スキナー箱に入れられた時点でラットの唾液分泌が誘発されていることは想像にかたくない．このように，レスポンデントとオペラントを二要因説が仮定するように峻別することは事実に即していない．しかしながらそれぞれの反応のタイプをより制御しやすい条件づけとの対応関係を無視することはできない．これは，実験的行動分析学にとどまらず，例えば臨床場面においても重要な区分である．ある問題行動がいずれの反応のタイプであり，どのような条件づけによって形成・維持されているかを分析することは，その行動の制御変数を特定するうえで，決定的な意味をもつ．

［吉野俊彦］

応用行動分析学

☞実験的行動分析学 p.126, 行動療法・認知療法・認知行動療法 p.138, 行動分析学の歴史：過去, 現在, 未来 p.144, 世界と日本の行動分析学 p.148

　応用行動分析学は,「行動原理から導き出される戦術を, 社会的に重要な行動を改善するために組織的に応用して, 実験を通じて行動の改善に影響した変数を同定する科学である」と定義され, ABA (applied behavior analysis) と略記される (Cooper et al., 2007 中野訳 2013). 実験的行動分析学 (experimental behavior analysis, EAB) は行動原理そのものに関する実験的かつ基礎的研究であるのに対し, 応用行動分析学は実験的行動分析学の研究から導き出された行動原理を, 社会的に重要な行動の改善に応用する応用研究であるといえる. 応用行動分析学は実験的行動分析学に基礎を置くとともに, その哲学である行動主義に基づく応用研究である. クーパーら (Cooper et al., 2007 中野訳 2013) は行動主義, 実験的行動分析学 (EAB), ABA, 行動分析学による実践の四者の関係を表1にまとめている. このうち応用行動分析学も行動分析学による実践も行動分析学の「応用」であるが, 応用行動分析学は実験的手法を適用して行動の改善に影響した変数を同定することを目的としているのに対し, 行動分析学による実践は行動に影響する変数の同定は限定的であっても, 行動原理の適用によって重要な行動を改善することの方に重点を置くものである.

　応用行動分析学の専門学術雑誌として, *Journal of Applied Behavior Analysis* が1968年から発行されている. その第1巻第1号に掲載された論文で, ベアら (Bear et al., 1968) は応用行動分析学の基本的条件として次のことをあげている. ①応用である：社会的に重要な行動の改善を図る, ②行動的である：行動そのものを対象とし, 測定する, ③分析的である：研究者が行った操作とその結果として生じた行動変化の関数関係を実証する, ④テクノロジーである：行動改善をもたらした手続きは再現可能である, ⑤概念体系：研究の実施・分析・報告に用いられた専門用語は概念体系に基づいている, ⑥有効性：行動改善は社会的に意義のあるレベルである, ⑦一般性：行動改善は他の場面へ般化する.

●**応用行動分析学の基本的手法**　応用行動分析学では次のような手法が基本的なものである. ①標的行動の選定と定義：改善すべき社会的に重要な行動を標的行動として選定し, 誰でも同じ行動を同定し観察記録できるように具体的に定義する. ②標的行動の測定：改善すべき標的行動について, 重要な行動の次元（頻度, 持続時間, 強度, 潜時等）を測定する. ③標的行動に関係する変数のアセスメント：標的行動の生起に関係している変数を, 三項随伴性の枠組みに基づくABC分析を基本として, 生態学的調査, 機能的アセスメントなどを用いて推定する. ④行動改善をもたらす介入手続きの立案：先行事象操作（刺激性制御の操作, 確

表1 行動分析学という科学と実践の4領域の比較と関係

	行動主義	実験的行動分析学 (EAB)	応用行動分析学 (ABA)	行動分析学による実践
	◀――――行動分析学という科学――――▶		◀――――行動分析学の応用――――▶	
範囲	理論と哲学.	基礎研究.	応用研究.	人々がよりよく行動するように支援.
主たる活動	概念的, 哲学的分析.	基礎実験の設計, 実施, 解釈, 報告.	応用実験の設計, 実施, 解釈, 報告.	行動改善プログラムの設計, 実践, 評価.
1次的目標と成果	すべての行動についての既存データと整合する理論的説明.	行動の基本原理の発見と明確化. 行動と制度変数の関数関係.	社会的に重要な行動の改善のテクノロジー：社会的に重要な行動と制御変数の関数関係.	行動変化の結果としての参加者/クライエントの生活の改善.
2次的目標	経験的データ不在およびまたは対立領域の同定と解決の提案.	EABおよびまたはABAがさらに探求すべき問題の同定：理論的問題の提起.	EABおよびまたはABAがさらに探求すべき問題の同定：理論的問題の提起.	一次的目標達成の有効性の向上：ABAとEABのための問題の同定.
既存データベースとの一致	可能な限り. しかし理論は意図的にデータベースを超えなければならない.	完全. 一連のデータに差異があるが, EBAは基礎研究データベースを提供.	完全. 一連のデータに差異があるが, ABAは応用研究データベースを提供.	可能な限り. しかし実践家はしばしば既存データがカバーしていない場面を処理しなければならない.
検証可能性	部分的―対象となるすべての行動と変数がアクセスできるわけではない（例えば, 系統発生的随伴性）.	ほとんど―技術的制約が一部の変数の測定と実験操作を除外.	ほとんど―EABと同じ制約, プラス応用場面が提起する制約（例えば, 倫理的考慮, 制御できない出来事）.	部分的―対象となるすべての行動と変数がアクセスできるわけではない（例えば, 子どもの家庭生活）.
適用範囲	最大 ◀			▶ 最小
	最も広い適用範囲. 理論はあらゆる行動を説明しようとするから.	EABのデータベースが可能とする限りの幅広い適用範囲.	ABAのデータベースが可能とする限りの幅広い適用範囲.	狭い適用範囲. 実践家の主要な焦点は具体的場面の支援だから.
精度	最小 ◀			▶ 最大
	最小精度. 理論がカバーする行動のすべてに関する実験データは不在だから.	EABの現在の実験制御テクノロジーと研究者のスキルが可能にする限りの精密さ.	ABAの現在の実験制御テクノロジーと研究者のスキルが可能にする限りの精密さ.	具体的事例において最も有効な改善を求めて最大限の精密さが求められる.

[Cooper et al., 2007 中野訳 2013, p.37]

立操作）と結果操作（提示型強化，除去型強化，提示型弱化，除去型弱化，消去）を基本的方法として，反応形成（シェイピング），プロンプト・フェイディング，連鎖化，モデリング，トークン・エコノミー（トークン経済），反応コスト，行動契約法などの介入手続きを適用する．⑤行動改善の評価：介入によってもたらされた行動改善が研究者が行った操作によって確実に，かつ，社会的に重要なレベルに達しているかを，実験デザインによって評価する．実験デザインにはAB法（ABデザイン），ABAB法（ABABデザイン），多層ベースライン法（多層ベースラインデザイン），処遇交代法（処遇交代デザイン），基準変更法（基準変更デザイン）などがある．⑥行動改善の般化と維持：行動改善が生活場面で社会的に重要なレベルで般化しているかを測定し，般化が十分でなければその場面で行動改善が促進される手続きを追加する．また行動改善が維持されるような手続きを適用する．

●**応用行動分析学の展開**　最初期の研究の1つであるフラー（Fuller, 1949）の研究では，植物状態にあった18歳の男児に対して，右腕が少しでも動くと注射器を通して男児の口に砂糖入りのミルクを注入した．この男児は4セッションで，1分間に3回の割合で右腕を上方に動かすようになった．ほとんど身体の動きがなかった男児にとっては，右腕の動きに随伴した正の強化（提示型強化）の行動原理を適用することで，これまで不可能とみなされていた随意的な身体動作が可能となった．その後，アズリンとリンズレー（Azrin & Lindsley, 1956）やビジュー（Bijou, 1955）は子どもの行動形成に実験的行動分析学の手法を適用した．応用行動分析学の研究手法を用いて，重度の知的障害や自閉症の人たちにみられる問題行動の介入方法に画期的な変化をもたらした研究に，1982年に発表されたイワタら（Iwata et al., 1982, 1994）の研究がある．この研究では高頻度の自傷行動を示す9人の発達遅滞児を対象に，様々なおもちゃが置かれた実験室で，先行事象と後続事象を組み合わせた以下の4つの実験条件を実施した．①社会的非承認条件：注目（関わり）がない状況で，自傷行動が生起すると「やめなさい．自分の身体を傷つけちゃダメ」というように注意（注目）する．②学習指示条件：学習課題が提示され，様々な指示がされる状況で，自傷行動が生起するとその課題が取り除かれる．③1人条件：対象児は部屋で1人で過ごす．④自由遊び条件（統制条件）：課題の指示はなく，対象児が適切な遊びをするとほめられ，自傷行動が生起しても激しくなければ何も対応されない．この4つの条件を処遇交代法で順次実施し，自傷行動の生起頻度を比較することで，自傷行動の生起に影響を及ぼしている変数を推定した（図1）．例えば，①の条件で自傷行動が最も多かった場合は，自傷行動は注目の要求の機能をもっていると推定された．②の条件で自傷行動が最も多かった場合は，自傷行動は課題指示からの逃避の機能をもっていると推定された．③の条件で自傷行動が最も多かった場合は，

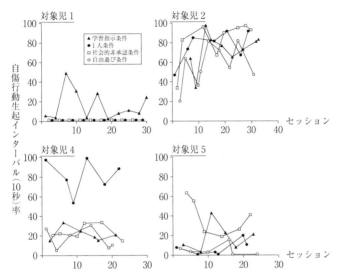

図1 対象児1，2，4，5についてのセッションおよび条件ごとの自傷行動生起インターバル率［Iwata et al., 1994, p.205, Fig.2をもとに作成］

自傷行動は自動強化によって強化されていると推定された．このように自らの身体を傷つける自傷行動であっても，その行動の機能が異なる可能性があり，その機能に応じた介入方法を立案する必要がある．問題行動を減らすために，単純に弱化の手続きを適用するだけでは効果はあがらず，問題行動の生起に影響を及ぼしている変数を関数分析（機能分析）によって推定し，そのうえで介入手続きを立案することが求められるようになった．現在では重要な人の行動の様々な領域に応用行動分析学が適用され，ミルテンバーガー（Miltenberger, 2001 園山他訳 2006）は適用領域として，発達障害，精神疾患，教育と特殊教育，リハビリテーション，コミュニティ心理学，臨床心理学，ビジネス・産業・ヒューマンサービス，自己管理，子育て，児童期の問題（虐待，誘拐など）の予防，スポーツ心理学，健康関連行動，高齢者をあげている．

●**日本の応用行動分析学の研究と普及**　日本の応用行動分析学の研究も，知的障害や自閉症のある人の指導への適用から始まった．当初はオペラント条件づけに基づく指導が中心だった．1970年代にはその研究成果が論文や書籍として次々に発表された．例えば，東京学芸大学での山口薫（山口, 1968），精神医学研究所での梅津耕作（梅津, 1975），山形大学・筑波大学での小林重雄（小林・杉山, 1977），国立特殊教育総合研究所での東正（日本オペラント教育研究会, 1977）などの研究者が，重度の知的障害児や自閉症児の指導方法として展開していった．1986年に創刊された「行動分析学研究」第1巻には応用研究論文が掲載された．　　　　　　［園山繁樹］

心理療法

☞行動療法，認知療法，認知行動療法
p. 138

　心理療法とは，訓練を受けた専門家が，その専門的な理論と技術を用いて行動，認知，感情などの側面に関わることで，クライエントの問題行動や心理的な問題を軽減または除去，あるいは精神的な健康を維持したり増進したりする行為やサービスのことで，用いられる専門的な技術やその技術の理論的背景は多岐にわたっている．また，扱う問題も精神障害や心理的な問題にとどまらず，個人，家族，集団など適用する対象も様々である．ただし，薬物療法などの生化学的手段や手術などの物理的手段といった医療行為は一般に心理療法には含まれない．現代の心理療法は大別すれば，精神力動的アプローチ，認知行動的アプローチ，人間主義的アプローチ，そして統合的アプローチの4つにまとめられる．精神障害を含む心理的な問題は，エンゲル（Engel, 1977）が生物-心理-社会モデルとして提唱するように，様々な原因が絡み合うことで発現していると考えられる．このとき，心理療法が主に関わるものは心理的な原因であるが，心理療法の技法としては，自律訓練法や呼吸法のように身体に直接介入するもの，家族療法や環境調整のように社会的な側面に関わるものなど，心理的な側面に限らない．

●**歴史的背景**　現代の心理療法が扱う精神的な健康の問題は人間の歴史と重なると考えられる．記録に残る限り，洋の東西を問わず，そうした問題を改善するために主にスピリチュアリティ（スピリチュアル）や宗教的方法が用いられてきた．
　18世紀後半のメスメル（Mesmer, F. A.）による催眠療法以降を近代的な意味での心理療法の直接の歴史と考えることができる．表1に主な出来事をまとめた．これによると，メスメル，シャルコー（Charcot, J-M.），ピネル（Pinel, P. F.）など18～19世紀半ばにかけて中心的な役割を果たしていたのはフランスの研究者や精神医学者であった．動物磁気，催眠は，スピリチュアリティや宗教的な方法といわゆる心理療法との橋渡しをする役割を担ったと解釈することができる．
　それに直接つながるフロイト（Freud, S.）と，ジェームズ（James, W.）やヴント（Wundt, W. M.）らの科学的な心理学からつながるウィトマー（Witmer, L.）とがほぼ同時期にそれぞれ『ヒステリー研究』の出版，ペンシルベニア大学の心理クリニック（主な対象者は学習障害）の開設を行っているのは興味深い．科学的な理解に基づいた心理療法がアメリカで産声を上げ，ヨーロッパでは，フロイトが，精神医学者として科学を意識しながらも宗教的な方法から派生したと考えられる思索的な精神分析を誕生させた．そしてフロイトの影響は1908年のアメリカでの講演をきっかけにより広範囲になったと考えられる．また，フロイトが精神医学，もしくは医学の枠組みで精神分析を始めたのに対して，ウィトマーは

表1 臨床心理学関連の重要事項

年	事 項
1774	メスメルによる動物磁気の提唱と臨床適用の開始
1870	シャルコーによるヒステリー（転換性障害）研究の開始
1875	ジェームズがハーバード大学で実験心理学を教え始める
1879	ヴントがライプツィヒ大学に実験心理学教室を開く
1886	フロイトによる治療研究の開始
1895	フロイトとブロイアーによる「ヒステリー研究」出版（アンナO症例）
1896	ウィトマーがペンシルベニア大学において世界初の心理クリニックを開設
1900	フロイトの「夢分析」の出版と精神分析的介入の開始
1906	異常心理学雑誌（APA）の創刊
1908	フロイトがアメリカのクラーク大学で招待講演
1911	アドラーの個人心理学の開始
1913	ワトソンの「行動主義者から見た心理学」出版
	ユングによる分析心理学の開始
1919	森田正馬による森田療法の開始
1942	ロジャースの「カウンセリングと心理療法」出版
1945	アメリカで臨床心理学雑誌創刊
1949	ボルダー会議における科学者―実践者モデルの提唱
	ICD-6に精神障害が含まれる（1955：7, 1965：8a, 1975：9, 1990：10）
1952	DSM初版の出版（1968：II, 1980：III, 1987：III-R, 1994：IV, 2000：IV-TR, 2013：5）
	アイゼンクによる精神分析批判
	ウォルピによる恐怖症の行動療法論文出版
1953	スキナーの「科学と人間行動」の出版, 行動療法の提唱
1958	ウォルピによる系統的脱感作の開始
1967	ベックの「うつの診断とマネジメント」の出版と認知療法の開始
1969	ウォルピの「行動療法の実践」の出版
1971	コクランによる治療効果の体系的検討の開始
1977	スミスらによるメタ分析に基づく「心理療法の効果」出版
1990	ホワイトとエプソンのナラティブ療法の開始
1991	ガイアットがエビデンスベイスト・メディスンという用語を用いる
1995	アメリカ心理学会臨床心理部門が治療効果の判断基準を定義
2005	アメリカ心理学会がエビデンスベイスト・プラクティスの指針を採択

［Davey et al. Eds., 2014 ; Hunsley & Lee, 2014 ; 下山, 2010をもとに作成］

科学的な心理学の枠組みから心理療法を生み出したという違いも重要であろう．

ワトソン（Watson, J. B.）による行動主義宣言，ボルダー会議における科学者-実践者モデルの提唱は，アメリカやイギリスを中心とするヨーロッパ，さらに世界中の臨床心理学に大きな影響を与えている．同時に，ボルダー会議に先だってロジャース（Rogers, C. R.）が来談者中心療法につながる出版を行っている．また，2つの世界大戦による戦争神経症または戦闘ストレス反応への対応が必要とされたことも心理療法が発展する契機となったと考えられるだろう．

欧米では1950年代には精神力動的アプローチへの批判が大きくなっていった．

アイゼンク（Eysenck, H. J.）による効果研究だけでなく，もともと精神分析の訓練を受けた精神科医であるベック（Beck, A. T.）がうつの原因についてデータを収集することで治療効果のデータをもとにした認知療法（cognitive therapy, CT）を提唱，またウォルピ（Wolpe, J.）やアイゼンクによる行動療法やスキナー（Skinner, B. F.）が提唱する行動変容なども，こうした批判的な動きの典型と考えることができる．

表2 アメリカ心理学会心理療法部門会員における主な理論的背景（単位：%）

	1981	1991	2001	2012
精神力動的	27	33	29	32
統合的	30	29	36	25
認知的	8	10	16	17
行動的	6	3	3	3
人間主義的	7	11	6	9
その他	22	14	10	14

［Norcross & Rogan, 2013 をもとに作成］

疫学者であるコクラン（Cochrane, 1971）による，治療効果研究は，ガイアット（Guyatt, G. H.）によって証拠に基づいた医学（evidence-based medicine, EBM）の提唱（Guyatt, 1991），その後心理学を含む広範囲の活動に広がり，証拠に基づいた実践（evidence-based practice, EBP）へと展開していった．心理療法はそれぞれの療法の考案者からそれを学ぶものへと引き継がれる性質をもつが，臨床心理学は学問体系の中に，基礎的な理論と治療効果が十分と判断できる心理療法を取り入れて現在にいたっている．その一方で日本の臨床心理学や心理療法は独自の発展を遂げているが，これについては下山（下山（編），2010, 235-270）を参照されたい．

●**様々な心理療法** 心理療法は，クライエントの問題行動や心理的な問題を軽減または除去，あるいは精神的な健康を維持・増進することが目的である．したがって，多くの心理療法はそれぞれの創始者の経験的な知識や技術を基盤としている．この点で，心理療法は，現象の説明を目的とする「科学」とは本来的に異なり，現実的な問題解決や技術などを開発することを目的とする「工学」である．冒頭で述べたような4つの大きなアプローチのうち，精神力動的と人間主義的アプローチは経験的な方法と考えられるが，認知行動的と統合的アプローチには両者が混在している．

プロチャスカとノークロス（Prochaska & Norcross, 2007 津田・山崎監訳 2010）によると，アメリカだけでも400を超える心理療法があるという．アメリカ心理学会の心理療法部門（Division 29）の2500名以上のメンバーを対象とした主たる理論的背景について調査の結果を表2に示した．これによると，精神力動的と統合的アプローチで60%程度を示す傾向は30年間にわたって変化がないことがわかる．同時に，認知的アプローチが年を追うごとに増加している．

●**心理療法の倫理と効果研究** 1964年に世界医師会総会で採択されたヘルシンキ宣言にインフォームド・コンセント（現在は説明と同意と和訳されることがあ

る）は，医学研究に適用されたものであった．日本では1997年の医療法改正によって医療従事者が医療を受ける側に説明して同意を得る努力をする義務が明記された．これは，医療を受ける側の知る権利，自己決定権，自律の原則を尊重する行為であることを前提とするが，うしたインフォームド・コンセントと倫理の問題は心理療法においても同様に考慮される必要がある．

表3　エビデンスの階層

レベル	エビデンス源（研究デザイン）
1	RCTの系統的レビュー（メタ分析）
2	個々のRCT実験
3	準実験
4	観察研究・コホート研究・シングルケース研究
5	事例集積研究
6	専門家の意見

［原田，2015をもとに作成］

　そうした説明の中には治療効果の問題が含まれる．ランバート（Lambert, 1992）の分類によると，治療がうまくいったときの原因は治療外要因（患者の特性や治療以外での出来事）40％，共通要因（共感や感受性を含む治療者と患者の関係性）30％，技法・介入モデル15％，プラセボ・期待15％であるという．つまり，どのような心理療法であれ採用した介入モデルや技法は15％の意味しかもたないことになる．

　このランバートによる効果の比較は現在でも比較的頻繁に引用されるが，丹野ら（2011）はこの効果研究には科学的根拠が乏しいことを指摘して，共通要因は43.1％であるのに対して，技法の効果が56.8％（このとき丹野らが採用したのはCT）であることを示している．そもそも効果が異なる技法を横断的に分析して，共通要因と技法の効果，またそれら以外の効果を特定して数量化することは困難であろう．

　現在EBPで採用されている効果研究の一般的な基準は表3のとおりである．こうした基準に従って，精神障害を含む様々な疾患にどのような療法に効果があるかについてコクラン計画を含む様々なまとめが示されている．

●**心理療法の今後**　EBPが中心となることを前提としながら，いくつかの保留を考える必要がある．まず，いわゆる精神障害についてはEBPを軸としてより効果があると判断される療法が残り，また発展していくと考えられる．また精神力動的アプローチと，その流れを引き継ぐものも，これまでの変化を検討すれば，根強く残って，あるいは発展していくことが予測できる．その一方で，精神障害ではなく日常的な悩みなどの問題を解決する方法として，占星術や血液型占い，またパワースポットなどを含むスピリチュアリティへの依存は決して小さくならず，科学的には効果があるとみなされない心理療法もそうした消費者がいる限りは残り続けると思われる．

［吉野俊彦］

行動療法，認知療法，認知行動療法

☞応用行動分析学 p.130，心理療法 p.134，バイオフィードバック p.198

　行動療法（behaviour therapy, BT），認知療法（cognitive therapy, CT）はそれぞれ後述するようにその生い立ちも仮定も異なるが，現在は認知行動療法（cognitive behavioural therapy, CBT）と総称されることが一般的である．CBTは以下の特徴をもつ心理療法であると定義できる．まず，行動，思考または認知，そして感情または情動の三者が相互に影響し合っていることを前提として，いずれかまたは複数の部分に介入を行うことである．介入すべき問題に対して，行動的アプローチと認知的アプローチとを組み合わせる．背景となるBTとCTについては後述するが，効果研究に基づいた証拠に基づいた実践（evidence-based practice, EBP）に立って，常に新しい技法が取り入れられている．論理情動行動療法，認知再構成法，自己教示法，ストレス免疫訓練，セルフ・コントロール（自己制御），行動活性化療法などなど，様々な技法がそれぞれの仮説のうえに立って展開されている．現在は第三世代のCBTとよばれるマインドフルネスやアクセプタンス＆コミットメントセラピー（acceptance and commitment therapy, ACT）や弁証法的行動療法など新たな展開を見せている．

　CBTでは，いわゆる一般的な心理療法で採用されるようなアセスメントや見立てでなく，ケース・フォーミュレーションを行い，それに基づく介入計画を立案し実践し，その結果を改善効果が見られるまでケース・フォーミュレーションを繰り返す．また，セラピストとクライエントとの協働作業によって問題解決を図ること，協働的であると同時に教育的で，クライエントが自ら自分の行動や認知，感情の過程を客観視し，自分でコントロール可能であること，生物-心理-社会モデルに立つこと，さらに厳密な意味でのCTは除くとしても，科学者-実践者モデルに立つなどの特徴を共有している．

●成立過程と普及　現在はCBTとして総称されているが，BTとCTはまったく異なるルーツをもっている．BTは科学的な心理学である行動主義や徹底的行動主義の立場から研究されてきた知見を臨床場面に適用したものである．BTまたは行動変容のルーツは，ウォルピ（Wolpe, 1952），スキナー（Skinner, 1953），そしてアイゼンク（Eysenck, 1952, 1960）に求めることができる．一方で，CTは精神分析の発展型である．ベック（Beck, A. T.）がうつの患者に精神分析的な方法を適用しても改善しないことから，患者が日常生活における知覚や認識の仕方（スキーム）が改善の鍵であると考えたことに端を発している．スキナーは内的な仮説概念を，行動の説明として必要としなかったことから，CTが仮定しているスキームも当然BTには受け入れられるものではなかった．厳密なBT，あ

表1 国内外の認知・行動療法関連雑誌の創刊年と2016年におけるインパクトファクター

雑　誌　名	創刊年	IF
Behaviour Research and Therapy	1963	4.75
行動科学（創刊時：異常行動研究会誌）	1964	na
J of Applied Behavior Analysis	1968	0.914
Behavior Therapy	1970	4.765
J of Behavior Therapy and Experimental Psychiatry	1970	2.517
Cognitive Behaviour Therapy (formerly Scandinavial J of Behaviour Therapy)	1972	2.264
行動療法研究	1976	0.24 (2010)
Behavior Modification	1977	1.455
Cognitive therapy and research	1977	2.313
The Behavior Therapist	1978	na
Child (& Family) Behavior Therapy	1979	0.45
J of Rational-Emotive & Cognitive-Behavior Therapy	1983	0.696
行動分析学研究	1987	0.23 (2010)
Ethics & Bahvior	1991	na
Cognitive and Behavioral Practice	1994	2.537
International journal of cognitive therapy	2008	1.378
The Cognitive Behaviour Therapist	2008	na
認知療法研究	2008	na

るいは行動分析学のアプローチから見ると，こうした媒介変数や内的な仮説概念は冗長なものであることに変わりはない．

　また，初期のBTや行動分析学が認知的な要因を含むようになったきっかけとして，バンデューラの社会的学習理論（Bandura, 1978）と社会的認知理論（Bandura, 1986）も大きな役割を果たしたといえる．バンデューラはオペラント条件づけが直接経験であるのに対して，社会的学習では観察学習がその中心にあり，認知や自己効力感が行動の決定因となると主張している．この考えは，行動分析学から端を発して，認知的な要因を含む方向性を示しただけでなく，BTや応用行動分析学にも少なからず影響したと考えられる．

　表1にCBTに関連する国内外の学術雑誌の創刊年とインパクトファクター（年の記載がないものは2016年）をまとめた．*Behaviour Research and Therapy*は1963年の創刊であるから，アイゼンクの*Behaviour Therapy and the Neuroses*から3年後に発刊されたことになる．またこの創刊号ではアイゼンクが編集者として巻頭言を寄せている．その翌年には日本でも異常行動研究会の発足により，異常行動研究会誌が発刊されているのは注目に値する．

　CTに関する雑誌は1977年の*Cognitive Therapy and Research*が心理学関連の雑誌では最初のようである．精神医学系の雑誌についてはつまびらかでないが，これに続くものが1983年であり，CTの心理学への影響はそれほど高くなかっ

たように見える．2008年には『認知療法研究』を含む少なくとも3つの雑誌が創刊されるなど，近年のCBTの広がりは顕著であるように見える．

BTもCTも主に英米において誕生し，英語圏を中心に発展してきたが，1980年代から開催されていたヨーロッパ行動認知療法学会や行動（認知）療法促進学会による行動療法会議と国際認知療法学会による認知療法会議が統合し，世界行動認知療法会議がデンマークのコペンハーゲンで開かれたのは1995年だった．以降3年ごとに，日本を含む世界中の様々な地域で開かれていることはCBTそのものの広がりを示していると考えられる（表2）．

表2　世界行動認知療法学会の開催年と開催国

年	都市	国
1995	コペンハーゲン	デンマーク
1998	アカプルコ	メキシコ
2001	バンクーバー	カナダ
2004	神戸	日本
2007	バルセロナ	スペイン
2010	ボストン	アメリカ
2013	リマ	ペルー
2016	メルボルン	オーストラリア
2019	ベルリン	ドイツ

● **CBTと他の心理療法との対立軸**　アイゼンクが精神分析には神経症の改善効果が見られないとする論文を発表して以来（Eysenck, 1952），BTとその他の心理療法との間に対立は続いている．アイゼンクの論文については批判もあったが，1965年の論文で，精神分析による改善率はそれを受けなかったものと違いがなかったこと，行動療法を除けば改善効果はなかったことを指摘している（Eysenck, 1965）．また，ロジャース（Rogers, C. R.）による来談者中心療法についても，ロジャース自身のカウンセリング過程の中で，特定の言語行動を強化しているという分析も報告されている（Truax, 1966）．

一方で，他分野からのBTに対する批判も強く残っている．ウォルピは *Behavior Therapy versus Psychoanalysis* と題された論文（Wolpe, 1981）で，神経症の治療に精神分析は効果をまったく示していないにもかかわらず，その理論と技法は臨床心理分野で強い影響力を維持していること，BTが明確な治療効果をもっているにもかかわらず，BTについての誤解はなくなっていないことを指摘している．彼が指摘した誤解とは，一般大衆は，電気ショックなどの不快な技法に頼る「非人間的な」ものであるという，また専門家は患者の感情や思考を考慮しない，恐怖症などの単純障害にしか適用できないというものだった．こうした誤解は，現在もそれほど大きく変化しているように見えない．対象とした行動の頻度が低下しても，他の問題行動が増加するという，根拠のない誤解も依然として残っているように見える．

● **CBT内部における対立軸と今後**　BTとCTは前述のようにまったく異なる背景をもち，それらは現在でもCBT内部で決定的な違いを生んでいる．

まず，哲学的な基盤として，応用行動分析学が徹底的行動主義に立つのに対して，CTや一部のBTは方法論的行動主義に立っている．刺激-反応モデルは古

典的行動主義としてパヴロフ（Pavlov, I. P.）やソーンダイク（Thorndike, E. L.），ワトソン（Watson, J. B.），新行動主義においてもハル（Hull, C. L.）やトールマン（Tolman, E. C.）らのアプローチの基盤であった．とりわけ新行動主義では，所与の刺激状況と得られた反応を媒介する変数を仮説概念として検討したが，この方法は現代の心理学においても一般的である．こうした方法論的行動主義に対し徹底的行動主義では，内的な仮説概念や媒介変数を導入することを避けている．

また，効果研究についてのスタンスにも違いがある．一般に CBT は EBP に立つが，CBT が無作為化比較試験（randomized controlled trial, RCT）によって効果査定を行うのに対して，応用行動分析学では帰納法によって，一事例研究をベースとする．例えば，眼球運動による脱感作と再処理法（eye movement desensitization and reprocessing, EMDR）は適応的情報処理モデルに基づいて PTSD に効果があるとされている．その一方で，眼球運動が情報処理や統合に効果を持っているかは確認できない．Spates & Koch（2003）は暴露療法が改善効果をもたらしていることを示している．エビデンスの階層については議論が分かれるが，応用行動分析学が CBT と一線を画していることは確かである．

このように，BT と応用行動分析学は広義では CBT に含まれるが，根本的には哲学的な基盤や方法論に大きな違いが残されている．オドノヒューとフライリング（O'Donohue & Fryling, 2007）は *Journal of Applied Behavior Analysis* (JABA) と *Behavior Therapy* (BT) それぞれの最初の5年間と2000年からの5年間を比較して以下のような変化を指摘している．まず，DSM による診断名が両方の雑誌で初期に比べて2倍使われるようになり，BT では2000年からの5年間では51％がタイトルに使われていること，JABA では発達障害関連の論文が当初の24.8から61.8％に増加しているが，BT ではそのような増加は見られないこと，そして，BT では行動の原理に焦点をあてたものが51.8から12.5％に減少している一方で JABA ではすべての論文が行動原理に立脚して変化がないこと，最後に，JABA では2000年からの5年間でも比較的新しい行動的概念を扱ったものが少ない（10.8％）ことである．BT がいわゆる CBT と融合しているのに対して，応用行動分析学はあくまでも原則を貫いているようである．

一方で，第三世代の CBT とよばれる ACT は行動分析学における言語行動の分析から派生した技法である．厳密な行動分析学とは異なり，説明概念を導入することを恐れず，認知的な概念も重要な役割をもっている．こうした意味で，CBT は BT と CT とうまく融合しつつ，行動分析学からの発展も取り込んで，より適用範囲を広げている．問題があるとすれば，様々な技法が効果研究を根拠として開発されており，本来 BT や行動分析学がもっていた実証研究に基づくか基づく姿勢が傾向，そして多くの技法が開発されることにより，中核となる理論が曖昧になってしまう傾向があげられるだろう．　　　　　　　　　　［吉野俊彦］

Ⅰ部　哲学，概念，歴史
3章　歴史

行動分析学の歴史
　：過去，現在，未来… 144

日本と世界の行動分析学… 148
行動分析学の雑誌………… 152

行動分析学の歴史
：過去，現在，未来

☞実験的行動分析学 p.126，応用行動分析学 p.130，世界と日本の行動分析学 p.148，行動分析学の雑誌 p.152

　行動分析学は，スキナー（B.F. Skinner, 1904-1990）によって確立され，今なお発展を続けている行動の科学である．本項目では，スキナーの主要な業績とスキナーに影響を与えた人物，いくつかの重要概念や方法のルーツについて，そしてスキナー以後のいくつかの研究の流れについて解説する．

●**スキナーの主要な業績**　スキナーは1930年から（死後の刊行を含む）1993年までに，多数の論文・著書を刊行しており，スキナー財団のWEBサイト「B.F. SKINNER FOUNDATION」には共著を含めて合計218の論文が年代別に紹介されている．その中から，スキナーの功績を知るうえで特に重要と思われる著書6冊を以下にあげておく（＊印は翻訳書あり）．

① *The behavior of organisms: An experimental analysis*（1938）：最初の著書．大学院生時代からの10年余りに及ぶ研究の集成．
② ＊*Science and human behavior*（1953）：行動科学のあり方から人間・社会に関する全般的な省察．
③ *Verbal behavior*（1957）：スキナー自身が自信作にあげている大著．言語行動，思考，私的出来事（私的事象）などについての分析．
④ *Contingencies of reinforcement: A theoretical analysis*（1969）：行動分析学の重要概念「随伴性」の体系化．
⑤ ＊*Beyond freedom and dignity*（1971）：一般読者向けに書かれた「自由意志」についての見解．
⑥ *About behaviorism*（1974）：数々の誤解を解消し，徹底的行動主義について論じる．

なお，この6冊はスキナー財団により復刻版刊行が続いている（電子版を含む）．

●**スキナーに影響を及ぼした研究者**　オドノヒューとファーガソン（O'Donohue & Ferguson, 2001 佐久間監訳 2005）は，スキナーに影響を及ぼした人物として，ベーコン（Bacon, F.），マッハ（Mach, E.），パヴロフ（Pavlov, I.P.），ソーンダイク（Thorndike, E.L.），ワトソン（Watson, J.B.），ダーウィン（Darwin, C.R.）の6人をあげている．

① ベーコンの影響：4つのイドラ，観察と帰納法重視．
② マッハの影響：むだのない記述，事物間の関数関係．
③ パヴロフの影響：系統的な実験的手法．
④ ソーンダイクの影響：効果の法則．ただし，スキナーからはむしろ批判対象．
⑤ ワトソンの影響：行動を研究対象とし，条件づけ手続きにより研究を進める姿勢．動物実験の有用性．行動の予測と制御という目標．

⑥ダーウィンの影響：環境の淘汰作用による進化．6人の中で最も大きな影響を受けた．

このほか，フロイト（Freud, S.）の精神分析，ガスリー（Guthrie, E. R.），トールマン（Tolman, E. C.），ハル（Hull, C. L.）などの「新行動主義」者たち，20世紀後半の認知心理学者たちからも，論争という形で大きな影響を受けた．

●**行動分析学の概念や方法をめぐる歴史**　スキナーは数々の新しい概念や方法を提唱しているが，特に重要と思われる7点を取り上げ，それらが提唱されるにいたった経緯について述べる．

① **オペラント**　オペラントという言葉は Skinner（1938）ですでに217回使われている．パヴロフの研究は，刺激（無条件刺激または条件刺激）により誘発される反応を対象として行われた．これに対しスキナーは，誘発刺激を必要とせずに生じる反応があることを指摘し，これをオペラント行動と名づけた．オペラント行動（正確にはオペラントクラス）は，結果の随伴によって変容し遂行される．

オペラントという概念は思弁的な理論からではなく，スキナーが大学院生時代からの実験研究の積み重ねを通じて確立された．実験装置の改良とともに発展していったともいえる．オペラント行動における中心的な課題は，日常生活行動を含めて，今遂行されている行動を動的に把握し行動が増えたり減ったりする原因を明らかにすることにある．習得の仕組みを解明する学習心理学の一分野ではない．

② **強化随伴性**　スキナーの最初の著作である Skinner（1938）で，「随伴性」を意味する「contingency, contingencies」という言葉は6回，「contingent」は12回，すでに使用されているが，本格的に使用されるようになったのは，1953年からであるといわれている（ラグマイ，ボロンガン・佐藤共訳 1990）．*Science and human behavior*（Skinner, 1953）では「contingency, contingencies」は449ページの本文中に149回（「contingent」は46回）も出現しており，行動分析学の最も基本となる概念であることが示唆される．さらにその後，この概念がそのままタイトルとなった，*Contingencies of reinforcement: A theoretical analysis*（Skinner, 1969）が刊行された．

なお，弟子のラグマイ（Lagmay, A. V.）が1968年にスキナーと面談した際，「先生はご自分のなさった心理学への最大の貢献は何だとお考えになりますか」と尋ねたことに対して，スキナーは少し間を置いてから「強化随伴性の概念です」と答えたという（ラグマイ，ボロンガン・佐藤共訳 1990）．このエピソードからも，随伴性概念は行動分析学の中心概念であるということができる．

③ **言語行動**　スキナーが *Verbal behavior* を著したのは1957年であるが，同書巻末の "Two Personal Epilogues" によれば，執筆のきっかけはそれより23年前，彼が30歳であったとき，ハーバード大学のスタッフたちの夕食会の席上で，

哲学者ホワイトヘッド（Whitehead, A. N.）教授と議論したことによるという．言語研究の可能性についてはスキナーとは異なる立場をとっていたホワイトヘッドに答えるべく，スキナーは，この会食が行われた翌朝からアウトラインを書き始め，1945年頃には素案の大半ができあがっていたという．

Skinner（1957）では言語行動が機能的に分類されているほか，私的出来事や思考についても考察されている．

④私的出来事（私的事象）の分析　スキナーは，公共的に観察することのできない出来事は科学の対象とはならないとする方法論的行動主義を退け，「意識」や「認知」といわれる私的出来事も研究対象であるとする徹底的行動主義を主張した．この立場は，1945年に *Psychological Review* で，操作主義についての誌上討論が行われたときに表明されている（Skinner, 1945）．

⑤ルール支配行動　スキナー自身が「ルール支配行動」という用語を使用したのは1966年刊行の分担執筆の章であった．その後，Skinner（1969）でより詳しく取り上げられるが，いずれも問題解決に関する話題であった．他者による言語的な教示や行為者本人がみずから言語化した自己ルールがどのようにして機能するのかという問題は，スキナー以後の行動分析学の大きな課題の1つとなっている．

⑥単一事例法（個体内比較による行動の分析）　個体のデータの分析を重視する研究方法は，パヴロフの条件反射やワトソンのアルバート坊やの実験でも採用されており目新しいものではないが，*Schedules of reinforcement*（Ferster & Skinner, 1957）で示されているような累積反応記録の形状分析は，スキナーやその共同研究者によって独自に開発されたものである．これによって，行動の動的な変化のプロセスを一目瞭然にとらえることができるようになった．

単一事例法は，ベースラインと実験条件を繰り返す反転実験計画としても活用されている．そもそも，行動分析学の理論構成は仮説検証ではなく帰納法であるゆえ，実験群と対照群の平均値の比較はあまり重視されない．単一事例研究では，これに加えて，複数個体の平均値では薄められてしまうような，個体内における行動の変化の特徴を的確にとらえるというメリットもある．こうした研究方法は，スキナーばかりでなく，シドマン（Sidman, 1960）の貢献によるところが大きい．このほか，文脈の中で行動をとらえる機能的文脈主義の観点から，単一事例法を重視する見方もある（Bach & Moran, 2008 武藤他監訳 2009）．

●**行動分析学の未来**　スキナーが創始した行動分析学は，その後大きく発展した．それにともない，様々な意見や立場の違いも生まれている．とはいえ，スキナーは教祖でも家元でもない．内部的な対立はむしろ学問を発展させる原動力にもなるはずである．行動分析学内部からのスキナーへの批判や異論はスキナーの生前からも発せられていたが（例えば，Herrnstein, 1977），スキナーの死後はさらに活発な論争が繰り広げられている．オドノヒューとファーガソンは，スキ

ナーに異論を唱えている代表的な研究者として，シドマン，ビジュー（Bijou, S.），ハーンスタイン（Herrnstein, R. J.），ラックリン（Rachlin, H. C.），スタッドン（Staddon, J.），ティンバーレイク（Timberlake, W.），ヘイズ（Hayes, S. C.）の7人をあげている（O'Donohue & Ferguson, 2001 佐久間監訳 2005）．このうち，ボームやラックリンらの巨視的行動主義とヘイズらが提唱している関係フレーム理論は特に注目に値する．

巨視的行動主義（Baum, 2002; Baum, 2005 森山訳 2016; Baum, 2017; Rachlin, 1992; 1994）によれば，行動分析学における強化随伴性の原理は，いずれも，刺激，反応，事象間の時間的な近接といった観点から語られてきたが，彼らの巨視的な立場からみると，そういった微視的な視点は，①現在の行動は，現在の事象だけでなく，過去の多くの事象に依存する．これらの過去の事象は，瞬間的な出来事としてではなく，1つの集合体として行動に影響する，②行動は瞬間的には起こり得ない．どんなに短い行動であっても，必ず時間がかかるという2つの理由で不十分である．

巨視的行動主義では，「歩く」という行動は1種類の行動ではない．店に向かって歩くことと，銀行に向かって歩くことは，それぞれ異なる活動の一部を構成する．見ることも聞くことも，同様となる．痛み，愛，自尊心，さらには，種々の私的出来事も，ラベルにより分類された巨視的な活動に含まれることになる．

以上の議論に関して，丹野・坂上（2011）は，機械論とプラグマティズム，あるいは動力因的説明と目的因的説明といった対立軸から，微視的行動主義と巨視的行動主義とに分類・整理している．

もう1つの重要な流れは，ヘイズらによる「関係フレーム理論（relational frame theory : RFT）」である（Hayes et al., 2001）．「関係フレームづけ」という概念自体は，純粋に機能的に定義された「般化オペラント」であるゆえ（Törneke, 2010 武藤・熊野監訳 2013; 長谷川, 2016），行動分析学の発展型であると考えることができる．しかし，言語行動については，スキナーの言語刺激の定義は，個体にどう機能するのかではなく言語行動のプロダクトとして定義されているにすぎないという点で不十分であり，恣意的な関係反応という観点から言語行動を再定義する必要があるとする新しい見方が提唱されている．

関係フレーム理論に対する論議はグロスとフォックス（Gross & Fox, 2009）によりまとめられており，さらに2013年には，Hayes et al.（2001）以降のRFTの発展をまとめた新しい書籍も刊行されている（Dymond & Roche, Eds., 2013）．

行動分析学の内部から生まれた様々な対立や論争は，何らかの実験結果によってどちらが正しいのか決着するといった性質のものではない．行動分析学は実用主義に基づいている．適切に設定されたゴールのもとで，より簡潔でより有効な効果をもたらす研究の流れがおのずから主流となるであろう．　　　［長谷川芳典］

世界と日本の行動分析学

☞実験的行動分析学 p.126, 応用行動分析学 p.130, 行動分析学の歴史：過去, 現在, 未来 p.144

●**国際行動分析学会の現在**　アメリカで生まれた行動分析学は今では世界に拡散している．国際行動分析学会（Association for Behavior Analysis International, ABAI, "アバイ"）には，北米，中南米，西欧，北欧，日本，韓国，中国，台湾，インド，オーストラリア，ニュージーランド，中東諸国など，93の国や地域にある支部が登録されている．

ABAIの会員数はおよそ6500人だが，支部の会員も合わせると全世界で2万3000人以上の行動分析家が存在すると推定されている（ABAI, 2017b）．表1からわかるように，支部の登録数は2000年以降に急増している．後述するように，これは，ABAIによる積極的な国際戦略と，自閉症などの発達障害がある人たちの支援や指導に行動分析学に基づいた技術が有効であると広く認知されるようになったことの影響であろう．

ABAIの年次大会は毎年5月末のメモリアルデー（戦没将兵追悼記念日）にかけた週末にアメリカ国内の都市で開催されていて，国内外から5000人以上の参加者が集結する．2007年からは自閉症に関する大会も毎年開催している．アメリカ以外の国での国際大会も2年に1回開催され，他にも，教育や哲学，行動経済学など，特定のテーマに関する大会が不定期に開催されている．

ABAIは機関誌としてPerspectives on Behavior Science（PoBS）を発行し（かつてのThe Behavior Analyst），Analysis of Verbal Behavior（AVB），Behavior Analysis in Practice（BAP），Psychological Record（TPR）も刊行している．

ABAIには36の分科会があり（ABAI, 2017a），神経科学やロボティックス，軍事や犯罪捜査など，わが国ではまだあまり行われていない研究や実践も存在する．かつてスキナー（Skinner, 1981b）がABAI年次大会における講演で表現したように，その昔，行動分析家は"happy few"（幸せな少数派）だった．しかし，最初から幸せだったわけではない．

●**国際行動分析学会の歴史**　スキナーらが新しい心理学として行動分析学を確立しつつあった1950年代から1960年代，彼らの多くはアメリカ心理学会（American Psychological Association, APA）の第3分科会（実験心理学）に所属していた．主として動物実験を行う研究者が中心であったが，被験体数は少数で，統計的検定は重視せず，累積記録などを使った目視分析に頼る方法論は，他の研究者には理解されにくかった．このため，自分たちの実験論文が掲載されるように，1958年にはJournal of the Experimental Analysis of Behavior（JEAB）を創刊し，1964年には第3分科会から独立して第25分科会（実験的行動分析学）を

表1　国際行動分析学会の支部として登録されている世界の学会

年代	学会名
1960	Experimental Analysis of Behaviour Group（EABG），London
1970	1974 Midwestern Association for Behavior Analysis（MABA） 1979 Association for Behavior Analysis（ABA）
1980	1983 Behaviour Analysis in Ireland 1985 Asociación Latinoamericana de Análisis y Modificación del Comportamiento（ALAMOC，南米諸国） 1986 日本行動分析学会 1989 Australian Association for Cognitive Behaviour Therapy
1990	1992 Experimental Analysis of Behaviour Group UK and Europe 1992 Norwegian ABA 1992 Sociedad Mexicana de Análisis de la Conducta（Mexican Society for Behavior Analysis） 1994 ABA Colombia
2000	2001 Swedish ABA 2002 Chinese ABA, Middle East ABA 2003 Association for Behavior Analysis : International 　　　ABA of Brazil, Korean ABA, New Zealand ABA, Philippines ABA 2004 Israel ABA, Polish Association of Behavioral Therapy, Polish Society for Behavioral Psychology 2005 ABA España, Icelandic ABA, Taiwan ABA 2006 ABA India 2007 ABA of Italy（IESCUM），Jordanian ABA 2008 Association for the Advancement of Radical Behavior Analysis（主にイタリア），Korean Association of Child and Adolescent Behavior Therapy 2009 Association Française-Les Professionnels de l' Analyse du Comportement autism, French ABA
2010	2010 Central China ABA, Hong Kong ABA 2011 ABA Switzerland, Bermuda ABA 2013 ABA Germany, ABA Saudi Arabia, United Arab Emirates ABA 2014 ABA Turkey 2016 ABA Australia, Kenya ABA

＊国際行動分析学会のwebサイトで公表されている2017年3月時点でのデータから作成．ただし，アメリカ以外として掲載されているカナダ諸地域の各支部は除いた．

設立する．さらに1968年には*Journal of Applied Behavior Analysis*（JABA）を創刊する．順風満帆のようにもみえる展開だが，大きな問題があった．

　アメリカで心理学を学ぶ多くの大学院生にとってはAPAの地域大会が研究者キャリアの出発点となっている．地理的，経済的制限から，全国大会まで出かけていくことが難しいからである．

　ところが，APAの中西支部は行動分析学の研究発表を認めなかった（異論も

ある．Dinsmoor, 1979）．このため，中西部の大学に所属していたスキナーやマイケル（Michael, J.），マロット（Malott, R. M.）ら研究者たちが協議し，APA中西支部大会と同日に，道路をはさんだ向かい側のホテルを会場にして大会を開催することを決意する．1974年に，ABAIの前身であるMidwestern Association for Behavior Analysis（MABA）はこうして生まれた（Peterson, 1978）．

　当初の目的はAPAに存在感を示し，行動分析学の研究を認めさせ，発言権や発表機会を確保することであった．ところがMABAの予想以上の盛況に，その後も一時は中西支部の理事に行動分析家を送り込むことに成功したがMABAはAPAとは完全に独立した行動分析学の専門学会としての道を歩むことになる（Malott et al., 2002）．

　アメリカ中西部の地域学会だったMABAは，全米から参加者が集まることで，1979年にAssociation for Behavior Analysis（ABA）へと改組される．ビジュー（Bijou, S.）の提案により，当初からABAには国際担当の委員会が設けられていたが（Malott et al., 1999），アメリカ以外から会長が選ばれるのは1998年の佐藤方哉，アメリカ以外で年次大会が開催されるのは2002年のトロント（カナダ）まで待たなければならない．

　2001年のベニス（イタリア），2004年のカンピーナス（ブラジル）からは2年に一度，アメリカ以外で国際大会が開催され，名実ともに国際学会となった．2015年には京都でも国際大会が開催された．2003年には名称の最後に国際学会であることを示すI（International）が付加された．

●日本行動分析学会　日本行動分析学会がABAIへ支部登録したのは1986年で，アイルランド，南米諸国に次いで3番目の古参である．前身である日本行動分析研究会が，1979年の世話人会を経て，1980年に正式に発足した．当時の会長は山口薫，第1回年次大会は1983年に開催され，佐藤方哉が初代理事長に選出されるのが1985年，機関誌である『行動分析学研究』が創刊されるのが1987年になる（藤，2003）．

　山口は1967年にフルブライト研究生として渡米，イリノイ大学でビジューに学び，行動分析学の応用可能性に目覚める（山口，2003）．その後，やはりビジューに学んだ東正と，ビジューとベア（Baer, D. M.）の共著を訳し，出版する（『子どもの発達におけるオペラント行動』，1972，日本文化科学社）．そして，大学の教育相談室や地域の学校で知的障害がある子どもたちを対象とした研究と実践を進めていく（井澤，2014）．

　一方，1952年には，東京大学がマウス用，慶應義塾大学がハト用のスキナー箱をハーバード大学から入手した．慶應では佐藤の恩師である小川隆によって動物心理学実験が始められた．佐藤は卒業論文としてハトの実験に取り組み，大学院に進学し，スキナーの著作を読み進めながら，次第に行動分析学に傾倒してい

く．1973年にはメリーランド大学でスキナーの弟子の一人であるゴラブ（Gollub, L. R.）の元でサバティカルを過ごし，徹底的行動主義に基づく心理学の未来に確信を得る（佐藤，1997）．

山口と佐藤が出会うのが1979年．彼らはシカゴで開催されたABAの年次大会に参加する．その後も，隅田征子がビジュー，出口光，藤田継道がベア，中野良顕がロヴァース（Lovass, O. I.）のもとで学び，その成果を日本に持ち帰る（山口，2003）．サバティカルや留学などの手段でアメリカの大学で学び，それを持ち帰った基礎と応用の研究者が協力することで日本の行動分析学が始まったといえるだろう．

佐藤は『行動分析学研究』第1号の巻頭で「過去三十年間に創刊されたJEAB, JABA, TBA, Behavior Analysis and Social Action……さしあたって一誌でこれらの雑誌のそれぞれが果たす機能のすべてを果たしながら行動分析学の発展に寄与しなければならない」と述べている（佐藤，1987, p.1）．そしてその言葉どおり，行動分析学研究には，基礎，応用，理論的な研究がすべて掲載され，また，年次大会も，基礎・応用研究者が同じ発表やシンポジウムに参加し，互いに討論できるように構成されてきた．会員数や論文掲載数も順調に増加している（藤，2015；吉岡，2015）．

小野（2015）によれば，1986～2012年までの『行動分析学研究』に掲載された論文255編に対し，同期間にJEAB, JABA, TPR, *Behavioral Processes* に掲載された日本人が著者の論文は201編ある．日本の研究者による国際的な貢献も認められているところである．

●**今後の課題**　カンガスとヴァイジャ（Kangas & Vaidya, 2007）は，ABAIの年次大会における応用研究発表の増加の背景には，認定行動分析士（Board Certified Behavior Analyst, BCBA；島宗他，2003）の広まりがあると指摘している．アメリカ国内で年次大会とは別に自閉症に特化した大会を開催するほど，行動分析学に占める自閉症関係の研究は増加している．ABAはAssociation for Behavior AnalysisあるいはApplied Behavior Analysisの略称だが，一般にとってAはAutism（自閉症）を示すものと誤解されているという指摘まである（Dillenburger et al., 2009）．

この傾向は世界的なものである．BCBAを認定する行動分析士認定協会は，日本を含め，世界各国における認定を進めている．この結果，韓国やポーランド，イタリアなどにおいては，BCBAを中心とした発達臨床の専門家のグループと，基礎研究を行う研究者のグループがそれぞれ独自に組織をつくっており，ABAIの支部も二分されている．普及という意味では祝福すべき事態であるが，行動科学としての発展にとっては今後の懸念材料になるかもしれない．　　　［島宗 理］

行動分析学の雑誌

☞行動分析学の歴史：過去，現在，未来 p. 144

●**国際的な基幹誌**　学術雑誌は新しい学問の誕生にともなって創刊される．一部の科学者の言語行動が既存の共同体では強化されなくなり，新しい言語行動が強化される場として，研究会や学会，学術雑誌が生まれるのである．

　行動分析学の場合も例外ではない．少数の被験体や実験参加者のデータを，統計的分析にかけず，累積記録などの目視分析にほぼ委ねるシングルケースデザイン法を用いた研究論文を，既存の心理学諸雑誌に投稿しても掲載拒否されることが続いたことがきっかけとなり，スキナー（Skinner, B. F.）やケラー（Keller, F. S.）ら，黎明期の行動分析家たちが，自分たちの論文が掲載される学術雑誌を発刊するための組織を 1957 年に設立した．これが The Society for the Experimental Analysis of Behavior（SEAB）である．

　翌 1958 年，*Journal of the Experimental Analysis of Behavior*（JEAB，"ジェイブ"）が創刊される．初代編集長はファースター（Ferster, C. B.）で，実験的行動分析学の論文を掲載する学術雑誌の誕生であった．その後，応用行動分析学の発展にともない，10 年後の 1968 年，初代編集長ウォルフ（Wolf, M. M.），副編集長ベア（Baer, D. M.）のもと，SEAB は *Journal of Applied Behavior Analysis*（JABA，"ジャバ"）を発刊した．

　現在 JEAB と JABA はそれぞれ基礎と応用における行動分析学の基幹誌として，国際的に認められている．

　JEAB より 10 年近く前から刊行されていた雑誌もある（表 1）．*The Psychological Record*（TPR）は相互行動心理学の創始者であるカンター（Kantor, J. R.）が創刊し，スキナーも初代の編集委員に名を連ねていた雑誌である．理論的な論文が掲載される傾向のためか，JEAB や JABA に掲載される実証的研究との共通点は少なかった．カンターの流れをくむヘイズ（Hayes, S. C.）らが提唱する関係フレーム理論の研究が盛んになると，TPR もこれに関する実証研究を掲載するようになった．2014 年からは国際行動分析学会が TPR の刊行に関わるようになり，今後は JEAB や JABA に次ぐ行動分析学の国際専門雑誌として発展していくことが期待されている．

　国際行動分析学会の機関誌である *The Behavior Analyst* は 1978 年に創刊され，理論的分析や展望論文などを掲載してきたが，2018 年には Perspectives on Behavior Science に名称変更された．国際行動分析学会は実践家への情報提供を主な目的とした *Behavior Analysis in Practice* も 2008 年から刊行している．

●**領域別の専門誌**　1970 年代になると，特定の分野に特化した学術雑誌が次々

表1 行動分析学の雑誌

発刊年	雑誌名
1937	*Psychological Record*（TPR）[*IF 0.76]
1958	*Journal of the Experimental Analysis of Behavior*（JEAB）[*IF 2.17, *1]
1968	*Journal of Applied Behavior Analysis*（JABA）[*IF 1.35, *1]
1972	*Behaviorism*（1990〜*Behavior and Philosophy*）[**2]
1974	*Norsk Tidsskrift for Atferdsanalyse*[*4]
1975	*Revista Mexicana de Analisis de la Conducta*[*2]
1976	*Behavioural Processes*[*IF 1.32]
1977	*Behavior Modification*[*IF 1.23]
	Education & Treatment of Children[*IF 0.49]
	Journal of Organizational Behavior Management（JOBM）[*IF 0.61]
1978	*The Behavior Analyst*（BA）[*IF 1.0, *1]
	Behaviorists for Social Action Journal（1978-1985, *Behavior Analysis and Social Action*, 1987-1989, *Behavior and Social Issues*, 1991〜）
1980	*Journal of Precision Teaching*（1995〜 *Journal of Precision Teaching and Celeration*）[*3]
1982	*Analysis of Verbal Behavior*（AVB）[*1]
1985	*The EAHB Bulletin*[*4]
1986	*Behavioral Interventions*（BI）[*IF 0.50]
	Japanese Journal of Behavior Analysis
1989	*Behavior Analysis Digest*（〜2007）[*5]
1991	*Journal of Behavioral Education*
1999	*Journal of Positive Behavior Interventions*[*IF 1.55]
	The Behavior Analyst Today（〜2013）[*6, 7]
2000	*European Journal of Behavior Analysis*
2001	*Behavioral Technology Today*（〜2012）[*4]
2002	*Behavioral Development Bulletin*（〜2014）[*6, 9]
2005	*Revista Brasileira de Análise do Comportamento*
	Journal of Applied Radical Behavior Analysis
	International Journal of Behavioral Consultation and Therapy（〜2014）[*6, 7]
2008	*Behavior Analysis in Practice*[*1]
2014	*Behavior Analysis : Research and Practice*[*8]
2015	*Behavioral Development Bulletin*[*8]
2018	*Perspectives on Behavior Science*

[*] IF Impact Factor が入手可能な雑誌については 2015 年の値を掲載.
[*1] 刊行から一定期間経過した巻号は PubMed で無料閲覧可, [*2] 冊子体も刊行されているがオンラインでオープンアクセスも可, [*3] 一部の巻号が発行元の web サイトで無料閲覧可, [*4] オンラインジャーナルでオープンアクセス, [*5] 一部の巻号が Cambridge Center for Behavioral Studies のサイトで無料閲覧可, [*6] 一部の巻号がその他のサイトで無料閲覧可, [*7] APA に買収され *Behavior Analysis: Research and Practice* として継続, [*8] オンラインジャーナルで有料, [*9] APA に買収され名称は同じまま継続

と創刊された．

　Behaviorism（後に *Behavior and Philosophy* に誌名変更）は徹底的行動主義や関連する科学哲学に関する理論的論文を掲載する雑誌として刊行された．初代編集長はデイ（Day, W. F.）．編集事務局はネバダ大学リノ校に置かれていたが，現在ではケンブリッジセンター（Cambridge Center for Behavioral Studies）の管理下にある．1978年には現在では *Behavior and Social Issues* として発行されている *Behaviorists for Social Action Journal* が刊行される．初代編集長はモロー（Morrow, J. E.）であった．

　1970年代に創刊された *Behavioural Processes*，*Behavior Modification*，*Education & Treatment of Children* はそれぞれ主に動物実験，行動変容全般，障害がある子どもの指導や支援に関する研究を掲載する雑誌である．行動分析学の専門誌ではないが，被験体や参加者数が少ないという理由だけで掲載を拒否されることの少ない雑誌である．編集委員長や編集委員に行動分析家が名を連ねていることが多い．こうした雑誌の存在は，行動分析学の研究やその成果が，行動分析学以外の研究者や実践家に認められるようになってきたことを示している．

　Journal of Organizational Behavior Management（JOBM）は組織行動マネジメントの研究を掲載する雑誌として1977年に創刊された．初代編集長はダニエルズ（Daniels, A. C.）．行動分析学内の一分野が専門誌を刊行するという取組みは，その後，リンズレー（Lindsley, O. R.）が中心となって開発したプリシジョンティーチングを用いた研究や実践を掲載する *Journal of Precision Teaching*（1980年発刊，後に *Journal of Precision Teaching and Celeration* に誌名変更），言語行動に関する研究を掲載する *Analysis of Verbal Behavior*（AVB），人の実験的行動分析学の研究を掲載するオンラインジャーナル，*The EAHB Bulletin* へと続く．

●**世界各地で刊行される学術誌**　アメリカで生まれた行動分析学は今では世界中に広がっている（☞「世界と日本の行動分析学」）．これに呼応し，1974年にはノルウェー行動分析学会から *Norsk Tidsskrift for Atferdsanalyse*（*Norwegian Journal of Behavior Analysis*），1975年にはメキシコ行動分析学会から *Revista Mexicana de Analisis de la Conducta*（*Mexican Journal of Behavior Analysis*），1986年には日本行動分析学会から『行動分析学研究』，2000年にはヨーロッパ行動分析学の協力のもと，ノルウェー行動分析学会から *European Journal of Behavior Analysis*，2005年にはブラジルで *Revista Brasileira de Análise do Comportamento*（*Brazilian Journal of Behavior Analysis*），イタリアで *Journal of Applied Radical Behavior Analysis* が創刊された．『行動分析学研究』の創刊やその後の発展については藤（2015）を参照されたい．

　現在のところ，アメリカ以外で定期的に刊行されている，基礎・応用双方の研究を掲載する行動分析学の専門誌はこれらだけだが，行動分析学の研究論文を掲

載する雑誌の数は200以上あるという調査報告もある（Malott, 2004）．

●関連する国際領域の学術誌　行動分析学の名こそ標榜しないが，行動分析学に基づいた研究や実践を主に掲載する雑誌も登場している．1986年に創刊された *Behavioral Interventions* にはJABAよりも幅広い分野や領域における研究が掲載されている．1991年に刊行された *Journal of Behavioral Education* には，群間比較法で行われた研究も掲載されている．1999年に刊行された *Journal of Positive Behavior Interventions* には，ポジティブ行動支援に関する幅広い研究が掲載されている．これらの雑誌の刊行は，行動分析家が中心となりながら行動分析学の以外の専門家や実践家に情報を提供しようとする取組みとして，これまでにはなかった新しい展開である．

　行動分析学の論文が関連領域の学術雑誌に掲載されることも増えている．例えば，認知行動療法に関する研究が掲載される *Cognitive and Behavioral Practice* にはアクセプタンス＆コミットメント・セラピーなどの行動分析学を基礎にした心理臨床研究も掲載されている．*Topics in Early Childhood Special Education* や *Focus on Autism and Other Developmental Disabilities*，*Journal of Autism and Developmental Disorders* には自閉症や知的障害がある子どもの指導や支援に関する行動分析学の研究が掲載されている．日本でも特殊教育学会が刊行する『特殊教育学研究』には行動分析学的な研究が頻繁に掲載されている．他にも，*Applied Animal Behaviour Science*，*Journal of Applied Sport Psychology*，*Journal of Applied Psychology* などには，それぞれの領域における行動分析学からの研究が掲載されることがある．

　アメリカ心理学会（American Psychological Association, APA）はコーチリ（Cautilli, J. D.）が1999年から個人的に運営していたオンラインジャーナルのうち，*The Behavior Analyst Today*，*International Journal of Behavioral Consultation and Therapy*，*Behavioral Development Bulletin* を買い取り，2014年に前者2誌を合わせて *Behavior Analysis : Research and Practice* と名称を刷新し，2015年には後者を名称は変更せずに，発行し始めた．前者の初代編集長はポーリング（Poling, A.）とランダーボルド（Lundervold, D. A.），後者はコモンズ（Commons M. L.）とペレス（Pelaez, M.）の共同編集で，認知，感情，言語の発達に関する行動分析学の研究が掲載される．

　最後に，学術雑誌は誰にでも読めるオープンアクセス化される傾向にある．JEABやJABAは有料だが，バックナンバーはPubMedという文献データベースで無料で読める．日本行動分析学会も機関誌である『行動分析学研究』をJ-STAGEで無料公開している．インターネットで容易に検索でき，すぐに論文が読めるようになれば，学際的交流もさらに盛んになり，実践家に対する最新の研究情報の提供もよりいっそう進むだろう．　　　　　　　　　　　　［島宗　理］

Ⅱ部　実験的行動分析

[担当編纂委員：中島定彦，大河内浩人]

Ⅱ部　実験的行動分析
1章　実験セッティング

オペラント実験箱と累積記録器… 160
剥奪処置……………………… 164
様々な動物種での実験………… 168
条件づけの生物的制約… 172
動物実験倫理…………… 176

オペラント実験箱と累積記録器

☞オペラント実験箱システム p.66, 累積記録 p.78, インストルメンテーション p.122, 負の強化 p.202

　オペラント実験箱とは，オペラント条件づけ研究において自由オペラント事態を提供する実験装置であり，累積記録器は反応の記録と描出をする．この実験箱には，動物実験のためにネズミやハト，キンギョ用などのほかに，ヒト用の装置がある．スキナー (Skinner, B. F.) は，1920年代末から始めた行動実験で使っていた走路式装置をもっぱら用いていた．ラットの直線式走路は高架式になっており，その一端に出発箱があり反対側に目標（ゴール）が置かれていた．出発箱の扉は無音で開閉できるようになっており，ゴールには強化子のエサを置くようになっていた．実験者はラットの出発からゴールに達するまでの所要時間を，主要な指標として測定したほか，ラットの走行反応の発停を走路版の振動から検出して，記録装置のキモグラフに描出した．この測定方法は，ラットの出発からゴールまでを1試行と定義する．次の試行に移行するためには，実験者はラットをそのつど出発箱に戻さねばならず，またゴールには次の試行のためのエサを置かねばならなかった．このような1試行が実験者の都合によって指定され，試行と試行の間のラットの反応が制約される実験事態を，離散試行とよんだ．スキナーはこの実験装置に改良を加えて，1929年には最初の自由オペラント事態の実験箱である傾斜箱を製作，1930年代半ばには現在のオペラント実験箱の基本的構造にたどり着いた (Skinner, 1956)．

●オペラント実験箱　図1の上に，傾斜箱を示した．スキナーは，従来の直線走路の代わりにラットが一方向に走行し続けることのできる回廊型式を考案した．さらに，この回廊自体がシーソー構造をとっており，ラットの走行中の位置の変化はラットの自重によってシーソーの上下動に変換された．スキナーは，この回廊の上下動で，巧妙な自由腕木の仕掛けをもって，エサの装塡してある円盤状の強化子提示装置と，それに連動する下降式累積記録器を作動させた．こういった仕掛けによって，ラットはいつでも自由な反応を自発することが可能となり，また実験者の労力も軽減されることとなった．図1の下に，ハト用のオペラント実験箱の写真を示す．スキナー自身は単に実験箱と称していたが，ハル (Hull, C. L.) はこれをスキナー箱とよび，その後この名称が一般的になった．オペラント実験箱の物理的構成を機能的に見てみると，弁別刺激（先行刺激）の提示装置，反応（オペラント反応）の検出装置，そして強化子の提示装置が備えられている．図2に，ハト用の実験箱の模式図を示す．この模式図の装置は1950年代初期のものであるが，備えている機能は現代のものと同じである．この実験箱の中で，ハトにとっての環境を構成する要素は，まず，仕切り板には立位のハトが無理な

1章 実験セッティング

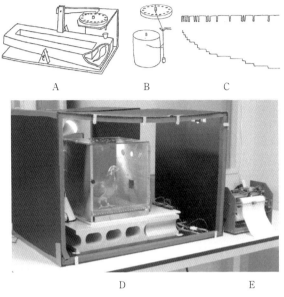

図1 最初の自由オペラント実験装置として，スキナーが1929年に考案製作した傾斜箱および下降式累積記録器（上図）と，現代のハト用のオペラント実験箱と累積記録器（下図）［上図の出典：Skinner, 1956, p. 225, Fig. 8, 9, 10. をもとに作成，下の写真：筆者撮影］

傾斜箱（A）と下降式累積記録器（B）および累積記録（C）の説明図．傾斜箱（A）の給餌円盤の回転軸に巻き付けた索が強化のたびに解けて下垂することを利用して（B），下降式累積記録（C）を描出した．ハト用の実験箱（D）と機械式累積記録器（E）．実験箱の仕切り板には上方の反応キーが点灯中で，餌取り孔が下方に見える．給餌装置などは，仕切り板の陰にあって見えない．

く届く高さに，反応キー開孔部がある．仕切り板の背面には反応検出スイッチが取り付けられて，キーつつき反応は電気的にON-OFF信号に変換される．半透明の反応キーは，背後からキーランプで指定の色光を照射することもできる．制御信号により，給餌装置の電磁ソレノイドが作動すると，揺動式餌箱が引きあげられる．釣合い錘によって，餌箱の昇降の速さは調整される．餌箱が引きあげられると，ハトは餌取り孔から餌を摂取することができるが，ソレノイドがOFFになると，餌箱は自重で下降するので餌を摂取できなくなる．餌は餌入れにあらかじめ充填しておく．実験装置としてのオペラント実験箱の備えるべき条件は，次の5つである．①オペラント反応を定義できること，②弁別刺激の制御ができること，③弁別刺激，オペラント反応，後続事象（例えば強化子）間の関係を定

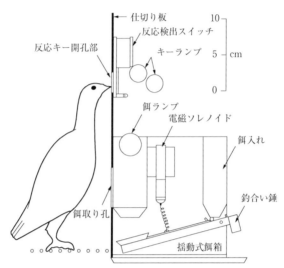

図2 ハト用のオペラント実験箱の模式図［Ferster & Skinner, 1957, p. 15, Fig. 2をもとに作成］

義できること，④強化子の制御ができること，⑤オペラント反応の生起を時間の関数として記録できること，である．オペラント実験箱とは，自由オペラント法を用いる実験体系のことであり，三項強化随伴性における反応形成と動機づけ操作とがそこに含まれて初めて機能する，1つの研究システムのことである（Ferster, 1953）．

●累積記録器　スキナーが累積記録器の原型となった下降式累積記録法を考案したのは1929年頃であった（Skinner, 1956）．累積記録器は，時間の経過にともなって生ずる反応の変化を，反応を単位として時々刻々，記録紙上にその反応を累加して描出する記録装置で，基本的にはイベント記録の一種である．図3に機械式累積記録器の外観を示す．オペラント実験箱で反応が検出されると，その電気信号（ON-OFF）は累積記録器の記録ペンを1反応分進める．これを歩進という．累積記録器は，モータにより一定速度（例えば，5 mm/分）

図3　機械式累積記録器（ガーブランズ社　C-3型）

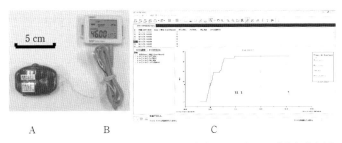

図4 日常場面において累積反応を記録する方法の一例（ヒトの歩行行動記録）歩数計（TANITA PD-635）改造振動センサ（A）とデータロガー（HOBO Data Logger UX90-001）（B）で計測した歩数の累積記録表示画面の例（C）.

で記録用紙を送るので，被験体の反応を時間と累積反応との対応関係で視覚的に把握できる．累積記録器には，被験体の進行中の反応を把握（監視）するためのモニター装置としての機能と，累積記録という記録形式による図の描出装置としての機能とを備えている．描出された累積記録の読み方などについては，項目「累積記録」を参照されたい．スキナーの機械式累積記録器の開発は，第二次世界大戦直後からガーブランズ（Gerbrands, R.）とともに精力的に行われ，その結果1950年代半ばにほぼ完成の域に達した（Skinner, 1979）．その後，動物を用いた強化スケジュールといった基礎的な研究がほぼし尽くされたためか，累積記録はほとんど利用されなくなり今にいたっている．しかし一方では，積算データを必要とする気象学においては，現在でも累積記録法が用いられている（Middleton, 1969）．記録装置の整備の面においては，電子技術の急激な発展により，小型化と高性能化が進み，野外研究場面での携帯性が飛躍的に向上した．その結果，野外研究や長期のデータロギングを必要とする研究が可能となった．図4に示すような市販のデータロガー（HOBO Data Logger UX90-001, 重量21.6 g）には，累積記録機能と表示機能とが組み込まれている．機械式累積記録器では使用場面に制約があったが，携帯性の向上したデータロガーは，この制約をなくしたことになり，行動研究の研究や実践分野の多様化の一助となっている．

［藤 健一］

参考文献

藤 健一・吉岡 昌子（2013）．スキナーの製作した機械式累積記録器の変遷と装置試作行動の分析：1930〜1960 心理学史・心理学論，*14・15*合併号，13-29.

Reynolds, G. S.（1975）．*A primer of operant conditioning*. Freeman.（浅野俊夫（訳）（1978）．オペラント心理学入門―行動分析への道　サイエンス社）

吉岡 昌子（2015）．自由反応場面の原点となったSkinnerの傾斜箱（1930年）と，その動作模型　行動分析学研究，*30*, 38-42.

剝奪処置

☞ 行動分析学と倫理 p.20, 動物実験倫理 p.176, 確立操作 p.506

　剝奪処置とは，特定の刺激などに対して，生活体が接する機会を制限する実験操作のことである．行動分析学においては，強化子として用いられる刺激に接する機会を制限する実験操作のことを剝奪処置とよぶのが一般的である．その目的は，強化子としての効力を高めようとすることである．この操作の最も典型的な例は，ラットやハトなどの被験体に対して，餌を強化子として用いる際に，餌を一定時間与えないことによって，強化子の効力を高めようとする操作（遮断化）である．ただし，剝奪されるのは刺激には限定されず，特定の行動に従事する機会であることもある．その場合も，その行動に従事する機会が強化子として用いられる場面での剝奪が一般的であり，その操作によって強化子としての効力を高めるために実施される．例えば，ラットを被験体として，回転輪で走行する機会を強化子として用いる場合に，回転輪での走行を制限する手続きがこれにあたる．なお，古典的条件づけにおいて，無条件刺激として食物を用いる場合に，食物を制限するといった実験操作も剝奪処置にあたる．ただし，剝奪処置という用語がもっとも一般的に用いられるのはオペラント条件づけにおける強化子にかかわる操作であるため，以下ではこの点に絞って解説する．

●**動物に対する食物および水の剝奪処置**　ラットやハトなどを対象とする動物実験で最もよく用いられる強化子は食物であり，通常は食物刺激の強化子としての効力を高めるために食物の剝奪処置を行う．この場合の剝奪処置の方法は，①動物に日々与える餌を減らすことによって体重の一定のパーセンテージまで体重を低下させる，②実験開始前の一定時間，餌を与えずにおく，の2種類である．以下にこれらの方法を具体的に説明する．

　アドリブ体重とは，動物に1日24時間常に餌と水を与え続け，動物がいつでも自由に餌と水を摂取できる条件で飼育し続けた場合に維持される体重のことであり，自由摂食時体重ともよばれる．例えばラットやハトを対象とした実験では，アドリブ体重の80～90%程度の体重にまで体重が減少するよう，餌の量を制限することが多い．仮に，アドリブ体重が400gのラットをその85%まで低下させる場合ならば，毎日与える餌の量を一定量に制限することにより徐々に体重を低下させ，340gまで体重が低下したところで，その体重を維持する．これによって，食物刺激の剝奪の程度を統制する．この場合，通常は毎日の実験セッションの後に必要量の餌を飼育ケージ内に提示する．その餌を食べ終わるまでの時間は常に同じになるとは限らないため，この方法では，翌日の実験セッション開始までの絶食時間は厳密には統制されないのが普通である．

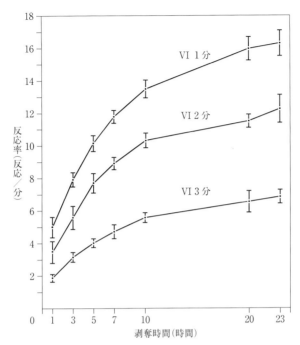

図1　食物の剥奪時間に伴う VI スケジュールでの反応率の推移
［Clark, 1958, p. 224, fig. 1 をもとに作成］

　もう一方の方法では，例えば1時間の実験を毎日同じ時刻に行う場合であれば，実験終了後の一定時間（例えば3時間）は飼育ケージで自由摂食させるが，その後は餌を完全に取り去り，翌日の実験までの間は食物刺激を剥奪する．この例では，20時間の剥奪をすることになる．動物が一定時間で食べる餌の量は常に同じではないため，この方法では体重は厳密には統制されないことになる．

　水を強化子として用いる場合にも，通常は剥奪処置を用いる．水の場合は，剥奪時間の長さによって剥奪の程度を統制することが普通である．

　一般に，剥奪の程度が強いほど，強化子の効力は高まるという関係がある．例えば，食物剥奪時間が行動の維持に及ぼす効果に関しては，クラーク（Clark, 1958）が報告している．その研究では，変動時隔（variable interval, VI）1分，VI 2分，VI 3分のいずれかの強化スケジュールを用いてラットのレバー押しの頻度を測定したが，その際，1時間から23時間までの食物剥奪時間の効果を検討した．その結果，3つの強化スケジュールのどれにおいても，剥奪処置の時間が長いほど反応率は高くなった（図1）．また，連続強化スケジュールでも，食物剥奪時間が長くなるほど反応率が高くなり，また毎日の実験セッション内での

反応率の低下がゆるやかになった（Aoyama, 2000）．ただし，極端に剥奪の程度を強めた場合には，強化子の効力はかえって弱くなる．したがって，一般に，剥奪の程度と強化子の効果の関係は，図2のようになる．

●**強化子として用いる刺激の剥奪処置**　強化子として用いる刺激によっては，剥奪処置は講じないと一般に考えられる場合もあるが，その場合でも，実際上は，強化子として用いる刺激そのものは剥奪されていることが多い．例えば，霊長類を対象とした研究で強化子にリンゴ片を用いる場合がある．リンゴ片は食物であるが，このような場合，通常は食物一般の剥奪は実施しない．したがって，しばしば剥奪処置は施していないものとして扱われる．しかし，そのような場合でも，実験場面以外では強化子として用いる刺激（この場合はリンゴ）そのものは与えないことが普通である．したがって，強化子として用いる刺激は，実際上は剥奪されていると考えられる．同様に，ラットに砂糖水を強化子として提示する研究でも，餌や水の剥奪処置は行わない場合が多い．しかし，その場合でも，実験場面以外では通常は砂糖刺激を与えない．つまり，強化子に用いる刺激の剥奪処置を実施していると考えることができる．

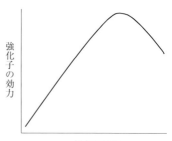

図2　剥奪処置の程度と強化子の効力の関係

図3　回転輪の併設されたラット用オペラント箱［青山, 2015］

●**行動の機会の剥奪処置**　強化子は餌や水のような「刺激」とは限らない．特定の行動に従事する機会も強化子として機能する．例えば，ラットがレバーを押すと，装置に隣接している回転輪のブレーキが一定時間解除され，回転輪において走行することができるという条件で訓練を実施すると，レバー押し行動の生起頻度は増加する（装置は図3参照）．この場合，走行する機会が強化子として機能していると考えられる．このような実験を行う場合，通常，実験場面以外では走行する機会が制限される．つまり，実験場面以外では，飼育ケージで常に飼育され，その間は走行できないため，走行する機会は剥奪されていることになる．

ただし，実験場面以外では飼育ケージ内で常に飼育するという手続きは，強化子が走行の機会であるという手続きに限らず一般的に用いられる手続きであるため，これが走行の機会の剥奪であると特別には記述されないことが多い．

●**動因操作と確立操作**　行動分析学以外の心理学や神経科学などでは，食物刺激を強化子として用いる場合の食物剥奪処置を動因操作とよぶことがある．動因とは，行動を生起させるために必要な生活体内部に生じた状態を表す構成概念である．この概念を用いる場合，例えば，食物剥奪という実験操作は，それによって空腹動因が強まるため食物刺激の強化子としての効果を高めると説明する．同様に，水剥奪という実験操作は，それによって渇動因が高まるため水刺激の強化子としての効果を高めると説明する．しかし，空腹動因や渇動因の強さを直接観察することはできない．そのため，空腹動因の強さは食物刺激の強化子としての効力から推定され，渇動因の強さは水刺激の強化子の効力から推定されるといったトートロジー的な説明になりがちである．このような理由から，行動分析学においては，行動の説明のために動因という概念を使うことは避けられる．そのため，剥奪処置という実験操作を動因操作とよぶことはまれである．

それに対して，行動分析学においては，食物刺激の強化子としての効力を高めるための食物剥奪のような実験操作は，確立操作の1つとしてとらえられる．確立操作とは，ある刺激あるいは事象の強化子としての効力を変化させる操作のことである．効力を強める場合でも弱める場合でも確立操作に含まれる．剥奪処置は，強化子の効力を高める確立操作の代表的なものであり，反対に強化子として用いる刺激や事象を豊富に与える操作は強化子の効力を弱める確立操作の代表的なものである．なお，確立操作としてのdeprivationは，「剥奪」ではなく「遮断化」と記述されることが一般的であり，強化子として用いる刺激や事象を豊富に与える操作は飽和化と記述されることが一般的である．

●**剥奪処置と強化子に対する馴化**　剥奪操作の効果は，少なくとも部分的には，強化子に対する馴化という観点から説明することができる（McSweeney & Murphy, 2014）．馴化とは，刺激を繰り返し提示することによりその刺激が行動に対して及ぼす効果が弱まる現象である．馴化は，餌や水のような典型的な強化子として用いられる刺激に対しても生じる．この立場からは，飽和化は刺激に対する馴化によって強化子の効力が弱まる現象であると説明される．また，馴化においては自発的回復（自然回復）が生じることが知られている．すなわち，ある刺激に対して馴化が生じた後に，その刺激を提示しない時間があると，再び刺激に対する反応が強まる．一般的に，刺激を提示しない時間が長いほど，刺激に対する反応の回復が強くなる．したがって，剥奪処置は馴化からの自発的回復により強化子としての効力を高めると説明できるのである．　　　　　　　［青山謙二郎］

様々な動物種での実験

☞インストルメンテーション p.122,
条件づけの生物的制約 p.172

　これまで，実験的行動分析学では，ラットやマウス，およびハトなどモデル動物として確立された実験動物以外の様々な動物種も被験体として使用してきた．これらの研究では，主として行動の原理やオペラント条件づけ実験で見出された現象が種を超えて普遍的であるかどうかが検討されている．種を超えた普遍性の検討の過程で，普遍性が見出される一方，種の特殊性が見出された事例も報告されている．行動の原理が成立しない学習の生物的制約や，本能的逸脱とよばれる失敗行動である．また，オペラント条件づけを用いた特定の種の知覚特性の研究などでは，種の特性について検討してきたものもある．これらの研究で用いられた動物種には，哺乳類から昆虫まで様々である．例えば，固定時隔（fixed-interval, FI）スケジュールや低反応率分化強化（differential reinforcement of low-rate, DRL）スケジュールにおけるタイミング行動に関する研究の詳細なレビュー（Richelle & Lejeune, 1980）であげられた種は，ラットとハトに加えて，哺乳類では，スナネズミ，マウス，プレーリードッグ，馬，モルモット，ハムスター，コウモリ，ビーグル犬，ウサギ，キツネザル，チンパンジー，ヒヒ，リスザル，アライグマ，鳥類では，ニワトリ，セキセイインコ，クロコンドル，カラス，ウズラ，魚類ではティラピア，グーラミィー，昆虫ではミツバチと，多岐にわたる．

●**失敗行動**　動物訓練では，訓練が進むに従って最適な行動が分化強化され，強化子を得るまでの時間が次第に短縮されるのが一般的である．しかし，訓練の初期は問題なく強化子が得られていた個体が，訓練が進むに従って，強化される反応とは別の反応を始めるようになり，なかなか強化子が得られなくなる現象が知られている．ブリーランド夫妻は，ブタに木製のコインを拾いあげ，そのコインを大きな箱（「ブタの銀行」（図1））に入れ，再度，別のコインを拾って入れるということを繰り返すことで強化子が得られるという反応連鎖訓練を行っていた（Breland & Breland, 1961）．当初はうまくいっていたが，数週間から数か月の訓練を続けるうちに，何頭かのブタはコインを拾いあげるのをやめ，鼻で地面を掘り，コインの下に鼻を入れ，空中に投げあげるという，いかにも餌を掘っているような仕草を見せるようになった．そのため，なかなか「ブタの銀行」へコインを運んでいかなくなり，訓練期間が延びるほど強化子を得るのが遅くなっていった．アライグマの場合は，コインを1個箱に入れる場合は問題なく反応して強化子を得られていたが，コインを2個に増やすと，その2つのコインを「銀行」に運ばずに前足でこすり合わせる反応を行うようになった．ブタは地面を鼻で掘

図1 ブタの銀行
コインを拾い上げ，口でくわえて貯金箱である「ブタの銀行」に入れ，また，別のコインを拾って同じくブタの銀行に入れる動作を繰り返すようにブタを訓練した．しかし，この反応連鎖訓練を進めるうち，餌への「本能的」行動をコインに対しても示す失敗行動をとるようになった．

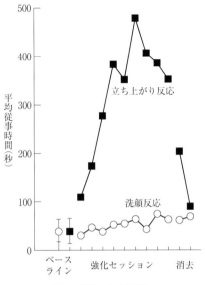

図2 学習の生物的制約
[Shettleworth, 1978 をもとに作成]

り起こして餌を見つける．アライグマは，ザリガニをこすり合わせて殻を取り去る．ブタやアライグマの採餌行動の一部として現れるこれらの「本能的」行動は強化子の提示をキャンセルさせるか，あるいは遅延させるにもかかわらず，訓練が進むほど，オペラント条件づけで強化されるコインを箱に入れるという目標行動から，「本能行動」へと反応が漂流していったことから，彼らは，この失敗行動を本能的逸脱と名づけた．使用する種の採餌行動連鎖の一部の反応をオペラント反応として使用する場合は，失敗行動に気をつける必要がある．

●**学習の生物的制約** 多くの実験で，食物が強化子として使用されるが，すべての反応が，餌強化によって形成・維持できるとは限らない．シェトルワース（Shettleworth, 1978）は，後ろ足で立ち上がったり，壁に向かって背伸びする反応や，前足で顔をなでたり前足をなめたりする洗顔反応に対してヒマワリの種を提示するオペラント条件づけを試みた．後ろ足で立ち上がったり，壁に向かって背伸びする反応は，ヒマワリの種を提示しないベースライン条件の生起頻度に比べて明らかな増加を示し，提示をやめる消去条件に変更すると，ベースライン時の反応頻度まで減少し，提示型強化が可能であることが確かめられた．一方，洗顔反応は，ヒマワリの種を提示されても明確な増加を示さなかった（図2）．これに加えて，弁別刺激と強化子の組合せによって，相対的に強い反応制御を示すモダリティと相対的に弱い反応制御を示すモダリティが存在することが知られ

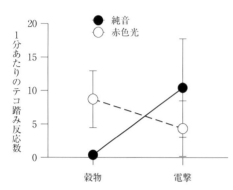

図3 弁別刺激と強化子との関係〔Weiss & Panlilio, 1999 をもとに作成〕

ている．ワイスとパンリリオ（Weiss & Panlilio, 1999）は，ハトを被験体として 400 Hz の純音と赤色光を同時に提示する複合刺激を正の弁別刺激とし，提示されていないときを負の弁別刺激とする弁別訓練を行っている．正の弁別刺激が提示されているときにテコ踏み反応を行うと穀物である強化子が提示される条件と，正の弁別刺激が提示されているときに，テコ踏み反応が生じないと電撃が与えられ，反応すると電撃が回避できる条件で訓練を行った．正の弁別刺激である純音と赤色光刺激の複合刺激が提示されているときに反応し，提示されていないときは反応しないという弁別が形成された後で，複合刺激である純音と赤色光刺激のいずれかを単独で提示し，それぞれの刺激が提示されているときの反応数を比較したところ，穀物が強化子である条件では，赤色光刺激が提示されるときの反応が多く，電撃条件では，純音が提示されているときの方が多かった（図3）．用いる弁別刺激と強化子との組合せによって，有効な刺激が変化する．以上のように，反応-強化子，弁別刺激-強化子の組合せによって，条件づけの困難度が変化するため，オペラント条件づけを行う場合は，生物学的要因の影響を考慮する必要がある．

●**実験装置作成**　種が異なると体高，体重，使用する反応，強化子などが異なり，その使用する種に合わせた装置が必要になる．ハトやラットなどのようなモデル動物として確立されている種の場合は，市販のオペラント実験箱が容易に入手可能であるが，これまであまり使用されたことがない種を使用する場合は，実験者自ら装置を作成したり，外注することが必要な場合が多い．図4は，ケープペンギン用のスキナーボックスである．中型犬用のケージを流用して作成している（眞邉，2017）．大型の猛禽類であるオオワシやオジロワシの単一個体の実験装置としてプレハブの小屋（幅 2.4 m，高さ 2.7 m，奥行き 4.8 m）が用いられた事例がある（環境省，2008）．

●**強化子選定**　反応の選定と同様に，使用する強化子によって反応の形成・維持の容易さが変わってくる．また，これまで利用されてきた種の場合は，既存のフィーダー（給餌装置）や既存のフィーダーで提示可能な飼料が利用可能である．一般的には，一次強化子である食物や水などが用いられる．ラットやマウスは，古くからペレットが開発されており，ペレットフィーダーにより提示するのが一般的である．ハトなど鳥類は，伝統的にはアサの実などの穀物を使用している

1章 実験セッティング

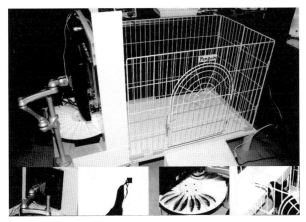

図4　ペンギン用スキナーボックス

が、ペレットも開発されており、鳥類用のペレットフィーダーも開発されている (Millard, 1979)。肉食の猛禽類には、血抜きをしていないウズラの肉片などが用いられる。魚肉食のペンギンには、生のアジなどの魚肉が使用される。ニホンザルなどの霊長類にはペレットや、干しぶどう、乾燥バナナチップなどが強化子として用いられる。これらの強化子

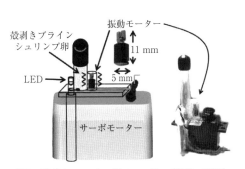

図5　ゼブラフィッシュ用フィーダー［眞邉, 2017］

は、汎用フィーダーで提示可能である。一方、特殊な強化子を使用する場合は、新たなフィーダーの開発が必要な場合もある。例えば、小型の魚類等を実験個体として使用する場合、1回の強化子提示量をきわめて少量にしないとすぐに飽和してしまい、多数回の強化が困難となり、訓練の進行が遅くなる。そのため、ごく少量の強化子の提示が可能なフィーダーの開発が必要になる場合がある。図5に、体長2〜3 cmのゼブラフィッシュ用の1回あたり約0.08 mgの強化子（殻剥きブラインシュリンプ卵）の提示が可能なフィーダーが示されている。

［眞邉一近］

📖 参考文献

中島 定彦（2011）．レバー押す魚もありけり強化効く　行動分析学研究, 26, 13-27.
眞邉 一近（2017）．実験的行動分析学における新たな種への挑戦―いかにして動物実験を実施するか？　行動分析学研究, 31, 163-180.

条件づけの生物的制約

☞様々な動物種での実験 p. 168

　人間を含めた動物がそれぞれ有している生得的傾向が，条件づけに対して制約を及ぼすことを，条件づけの生物的制約とよぶ．条件づけ研究の初期においては，扱われる動物種やその行動，刺激や強化子の性質にかかわらず，普遍的な条件づけの法則が成立するという前提のもとで研究が進められていた．しかし，1960年代から，様々な生物的制約と考えうる事例が発見されてきた．古典的条件づけにおいて，特定の条件刺激（conditioned stimulus, CS）と特定の無条件刺激（unconditioned stimulus, US）との組合せの学習が容易であったり困難であったりすること，オペラント条件づけにおいて特定の行動と特定の強化子との組合せの学習が容易であったり困難であったりすることが代表的な例である．例えば，古典的条件づけにおいては，ラットの味覚嫌悪学習に関連して，気分を悪くする薬物のようなUSを用いた嫌悪条件づけは，食物の味や匂いなどのCSを用いる場合には容易であるが，光や音などのCSを用いる場合には困難である．また，オペラント条件づけにおいても，ラットを用いた電撃からの逃避・回避学習において，走行行動を用いる場合には条件づけが容易であるが，レバー押し行動を用いる場合には困難である．

●**普遍性の仮定**　条件づけの生物的制約が1960年代に注目を集めたのは，それ以前には条件づけの法則に関する普遍性が仮定されていたためである．例えば，多くの研究者がウサギの眼瞼条件づけの研究に熱心に取り組んでいた．眼瞼条件づけとは，例えば，音刺激をCS，目への空気刺激の吹きつけをUSとし，その対提示を繰り返すと，CSの単独提示にも瞬目反射が生じるようになる，という現象である．その研究者たちは，たいていの場合，「ウサギ」という対象そのもの，あるいは「瞬目反射」という行動そのものに興味があったわけはない．それにもかかわらずそのような実験が営々と行われていたのは，ある動物種の，ある刺激を用いた，ある行動を対象とする研究から導き出された条件づけの法則が，他の動物種や他の刺激，他の行動にもあてはまるという普遍性が仮定されていたからである．

●**味覚嫌悪学習において示される生物的制約**　味覚嫌悪学習とは，飲食物の味や匂いなどがCS，内臓不快感を引き起こす薬物などをUSとする古典的条件づけであり，対提示の後は，その味や匂いの飲食物の摂取を避けるようになる現象である．この場合，対提示の手続きは，飲食物を被験体に摂取させた後で薬物を投与する手続きになる．味覚嫌悪学習はガルシア（Garsia & Koelling, 1966）らによって最初に示された．そして，上述したような連合の選択性が示されたことか

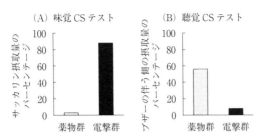

図1 CSが伴う側の溶液摂取量のパーセンテージ〔Domjan & Wilson, 1972をもとに作成〕
値が小さいほど,CSに対する味覚嫌悪学習が強く成立していることを表す.(A)は味覚CSに対する条件づけ強度のテストの結果を,(B)は聴覚CSに対する条件づけ強度のテストの結果を表す.

ら,条件づけの原理の普遍性に大きな疑問を呈することになった.

連合の選択性に関しては,ドムヤンとウィルソン(Domjan & Wilson, 1972)の実験がより明確であるので,その研究を紹介する.被験体のラットに,サッカリン水とブザー音とを同時に提示した.サッカリン水とブザー音のCSの提示直後に,薬物群のラットは気分を悪くする薬物である塩化リチウムを投与され,電撃群のラットは電気ショックを与えられた.この手続きを3日実施した後で,テストを実施した.テストは,水の剥奪処置を実施したうえで,味覚CSのテストと聴覚CSのテストを1回ずつ実施した(実施の順番はカウンターバランスされた).味覚CSテストでは,2本のボトルの片方にサッカリン水を,他方に水道水を入れ,15分の間どちらからでも自由に飲むことができた.聴覚CSテストでは,2本のボトルの両方に水道水を入れ,15分の間どちらからでも自由に飲むことができた.ただし,片方のボトルをなめるたびにブザー音が提示された.

図1にテストの結果を示す.グラフの縦軸は,CSが伴う側の液体摂取量が,総摂取量に占めるパーセンテージであり,CSに嫌悪学習が成立していれば値が低くなる.図1Aに示すように,味覚CSテストにおいては,薬物群はサッカリン水を飲むパーセンテージが低く味覚CSに強い嫌悪を示したが,電撃群ではサッカリン水への嫌悪はずっと弱かった.一方,聴覚CSテストでは,薬物群よりも電撃群の方が,ブザー音のする側のボトルから水を飲んだパーセンテージが低く,聴覚CSに強い嫌悪を示した.つまり,薬物USとの連合は味覚CSの方が生じやすく,電撃USとの連合は聴覚CSの方が生じやすかった.この結果は,あるCSがあるUSと連合が生じやすいなら,そのCSは別のUSとも連合が生じやすいという普遍的な関係が成立しないことを示す.特定のUSには,それと連合しやすいCSと連合しにくいCSがあるのである.

●**学習に対する準備性**　なぜ，このような連合の選択性が生じるのであろうか．1つの考えは，動物は進化の過程の中で，このような選択性を獲得したというものである．つまり，餌の探索に味覚や嗅覚を主に用いるラットでは，食物の味や匂いと毒性の連合を素早く獲得できる方が適応的であったため，そのような生得的傾向が進化の過程で備わったとする考え方である．セリグマン（Seligman, 1970）は，生物はある CS とある US が連合しやすい状態で生まれてくると考え，それを学習に対する準備性とよんだ．この準備性はすべての種に共通なわけではない．例えば，ラットでは視覚刺激よりも味覚刺激の方が薬物を用いた嫌悪学習が成立しやすいが，ウズラでは両方の刺激で条件づけが成立し，どちらかといえば視覚刺激の方が学習が強くなる．これは，ウズラは餌の探索に視覚を用いることと関連していると考えられる．

　なお，準備性は低いとしても，条件づけがまったく生じないわけではない．例えば，ラットにおける視聴覚刺激と不快感を生じさせる薬物との条件づけでも，対提示の回数を増やせば嫌悪学習は成立する．したがって準備性の問題は，条件づけの成立しやすさに関する程度の問題である．

●**恐怖に関連する古典的条件づけの選択性**　古典的条件づけにおいて，味覚嫌悪学習と並んで選択性が問題になってきたのは恐怖の学習である．例えば，人間はヘビやクモといった対象には恐怖を条件づけやすいが，花などには条件づけにくいとする研究もある（ただし，結果は必ずしも一貫していない）．また，ヘビに対して恐怖を示さないアカゲザルが，他のアカゲザルがヘビを見て恐怖を示す場面を観察した後では，ヘビに対して恐怖を示すようになるが，この代理的条件づけにおいても，連合の選択性が示されている．ここでは他個体の示す恐怖反応が US，ヘビが CS となっていると考えられる．しかし，他のアカゲザルがヘビを見て花を見て恐怖を示す場面を観察した場合には花に恐怖を示すようにならない．つまり，花という CS と他個体の恐怖反応という US の連合は生じにくいのである（Cook & Mineka, 1990）．

●**オペラント条件づけにおける生物的制約**　条件づけにおける選択性は，オペラント条件づけにおいても示される．その代表的な例の1つは，反応と強化子の間の選択性である．ラットの逃避・回避学習において，走行行動を用いた場合には条件づけが容易であるが，レバー押し行動を用いた場合には条件づけが困難である．この選択性が生じる原因については，ボウルズ（Bolles, 1970）の仮説が有名である．その仮説では，嫌悪刺激に対して示される特有の反応形式（種に固有な防御反応，species-specific defense reaction, SSDR）が生得的にそれぞれの動物種に備わっており，嫌悪刺激の使用によりこの反応が生じるため，それと一致する反応の条件づけは容易であるが，それに一致しない反応の条件づけは困難になると説明される．ラットにおいて走行行動は種特異的防衛反応に一致するた

め,条件づけが容易なのである.

　オペラント条件づけにおいて示されるもう1つの代表的な選択性は,弁別刺激と強化子との間にみられる.例えば,ハトを被験体として踏み板を踏む反応を条件づける実験において,餌強化子を用いた場合には光刺激を弁別刺激とする方が音刺激を弁別刺激とするよりも容易であったが,電撃からの回避の場合には,反対に音刺激を弁別刺激とする方が容易であった（Foree & LoLordo, 1973）.この選択性も,ハトは餌を探すときには視覚を頼りにするが,捕食者の接近は仲間のハトのたてる音によって知ることとの関連が指摘されている.

●**本能的逸脱と行動システム**　オペラント条件づけ場面における生物的制約のもう1つの代表的な例は本能的逸脱である.これは,オペラント条件づけにより一度形成された行動が,訓練を継続するうちに,訓練した行動から本能的な行動へと逸脱していくという現象である.その本能的な行動は強化されていないにもかかわらず生じる余分な行動である.これはブリーランド夫妻の論文（Breland & Breland, 1961）で最初に報告された.ブリーランド夫妻はスキナー（Skinner, B. F.）と共同研究をした後,動物にオペラント条件づけの技法を用いて芸を仕込んでいたが,しばしば困難に直面した.例えば,アライグマがコインをつかんで容器に入れる行動を餌で強化して訓練すると,コインが1枚のときはそれを学習したが,コインが2枚になると最初のうちはこの行動をうまく実施するが,訓練を続けているうちにコインを容器に入れさせることが難しくなった.アライグマは,コインを何分間もこすり合わせるようになったためである.こすり合わせる行動は強化されなかったにもかかわらず,こすり合わせる時間は延びていったのである.

　本能的逸脱が生じる理由に関する1つの仮説は,ティンバーレイク（Timberlake, 1993）の行動システム仮説である.ティンバーレイクによれば,強化子に関連した種に固有の行動システムがある.例えば,食物に関連した行動システム,水に関連した行動システム,交配行動に関連したシステムなどである.そして,特定の強化子の使用は,その強化子に関連した行動システムの中の行動を誘発する.アライグマがコインをこすり合わせる行動は,アライグマが餌の甲殻類をこすり合わせて殻を剥く行動に類似している.行動システム仮説に基づく分析では,餌強化子の使用によって,食物強化子に関連したシステムの中から,こすり合わせる行動が誘発されたことによって,この本能的逸脱が生じたのである.なお,自動反応形成が生じる原因についても,行動システム仮説から解釈する立場もある.

［青山謙二郎］

📖 **参考文献**

メイザー, J. E.（2008）.磯 博行他（訳）メイザーの学習と行動（日本語版第3版）　二瓶社
実森 正子・中島 定彦（2000）.学習の心理―行動のメカニズムを探る　サイエンス社

動物実験倫理

☞行動分析学と倫理 p. 20, 剥奪処置 p. 164, 確立操作 p. 506

　動物実験倫理とは，読んで字のごとく動物実験に関わる倫理であり，それは，動物実験を行う者が，実験を実施するときに，動物に対してどのような関わりをした方がよいのか，あるいはしない方がよいのか，場合によって，どのような関わりをすべきなのか，あるいはしてはならないのか，についての視点である．そのような視点は，人と動物との関わりからくるものであり，動物福祉との関連で議論される場合が多い．

　動物実験とは，2006 年の日本学術会議『動物実験の適正な実施に向けたガイドライン』によれば，「動物を教育，試験研究または生物学的製剤の製造の用，その他の科学上の利用に供すること」と定義されている．そして，ここで問題とされる実験に供される動物（実験動物）は，実験の対象となる動物であり，「動物実験等の利用に供する哺乳類，鳥類及び爬虫類に属する動物」と定義されている（日本学術会議，2006）．

●**動物実験の歴史**　動物を対象にした実験は古くからある．古代ギリシャの哲学者アリストテレス（Aristotelēs）は，数多くの動物を解剖して動物間の解剖学的比較を行っている．また，16 世紀ベルギーのヴェザリウス（Vesalius, A.）は，ブタや犬の解剖によって解剖学と生理学を結びつけたといわれている．同時期のイギリスのハーベイ（Harvey, W.）は，様々な動物を解剖して，血液の循環と心臓との関係を研究した．また，日本においても 18 世紀の医学者である山脇東洋は，カワウソを解剖したといわれている．このように近代にいたるまでの動物実験は，主に解剖学的な研究が主であった．そして，動物実験が盛んに行われるようになったのは，19 世紀初頭であるといわれている．その立役者は，フランスのマジャンディ（Magendie, F.）やベルナール（Bernard, C.）といった生理学者であった．彼らの研究手法が生体解剖（科学的研究の目的のために生きている動物に痛みを伴う処置や危害を加える処置）であったために，イギリスにおいて，動物実験に対する反対運動が起こった．それを受けて 1876 年にはイギリスで動物虐待防止法が成立している．ここで問題とされたのは，「動物の権利」をめぐっての運動や論争であった．

●**動物使用にかかわる倫理的問題**　動物を人間のために使用することに関わる倫理的問題は，ヨーロッパでは数百年にもわたって議論されてきたようである．17 世紀においてフランスの哲学者デカルト（Descartes, R.）は，「動物機械論」とよばれる見解を述べた．それは，動物は自動機械以外の何物でもない，それゆえに痛みを感じることはないという見解である．18 世紀になって，この考えは，

イギリスの哲学者ベンサム（Bentham, J.）によって否定された．彼は，動物は苦しみを感じることができるという理由で，「行為や制度の社会的な望ましさは，その結果として生じる効用（功利，有用性）によって決定される」とする功利主義の考えを動物にもあてはめた．つまり，幸福の追求と苦痛の軽減についての考えが動物にも拡大されたのである．この考えは，後の動物の権利や動物福祉の思想に多大な影響を及ぼした．オーストラリアの倫理学者シンガー（Singer, P.）は，ベンサムの功利主義の思想に基づき，1975 年に動物の権利運動の火付け役となった *Animal liberation* を著した．その考えは，人を動物の上に理由もなく位置づけることは不当であるという考えである．このような動物の権利に関する思想は，動物福祉にも多大な影響を及ぼしたが，動物実験倫理は，基本的なところで動物福祉と異なるところがある．動物実験に関わる倫理は，倫理として，動物に対する人間の行動に目が向けられている．それに対して，動物福祉は，動物を飼養する場合に動物にとって適切な条件を提供することに目が向けられている．このような状況の中で現在の科学者たちは，動物実験に関わる倫理的指針を策定して，動物にとって望ましい条件を設定し，より望ましい，より再現性のある科学的な結果を導き出すことができると主張し，動物福祉に貢献しようとしている．

●**動物実験における倫理**　動物実験は，動物に何らかの処置を人間が行って，その反応を人間が観察する行為である．そうであれば，その処置は人間中心の視点でなされる可能性が大きい．

　19 世紀後半から 20 世紀にかけて，医学，薬学の領域において膨大な数の動物実験が行われ，それらの研究の成果が人類の健康や福祉の向上に果たした役割は大きい．20 世紀後半では，分子生物学や発生工学の領域でも動物実験が行われるようになった．そのような時代的背景の中で，ラッセル（Russel, W. M. S.）とバーチ（Burch, R. L.）が，1959 年に彼らの著書 *The principles of human experimental technique* の中で，動物実験に対する 3 つの R の考え方を提唱した．3 つの R の 1 つ目は「代替法の活用」（Replacement）であり，これは，動物に代わる有益で効果的な方法が他にあるなら，動物の使用をやめてその方法を用いるという原則である．2 つ目が「使用動物数の削減」（Reduction）で，これは，研究の目的が損なわれない限りにおいて，実験に供される動物の数はできる限り少ないほうがよいという原則である．3 つ目が「苦痛の軽減」（Refinement）である．これは，動物に与える苦痛と不快は，できる限り最小限にとどめられるように実験手続きを工夫するという原則である．

　この 3R の原則は，1985 年に国際医科学連合（CIOMS）によって，*International Guiding Principles for Biomedical Research Involving Animals* の基本原則として具体化され公表されたことで，実験動物の研究者の間で普及した．この原

則は，2012年に改訂され邦訳された（WEB資料「医学生物学領域の動物実験に関する国際原則」より）．この原則には，科学的知識の発展は，ヒトと動物の健康と福祉の改善，環境の保全，社会の利益にとって重要であり，そのような目的のために動物を使用することは必要不可欠であるが，その目的のためには動物の健康と福祉に配慮がなされなければならない，と記されている．また，そのような配慮への責任は，動物実験を実施する研究機関や教育機関ならびに個々人に求められるとも記されている．このように，動物実験における動物福祉への配慮は，科学的研究の目的を重視しながらも強調されるようになっている．それは，単に動物福祉という視点だけでなく，科学的知識の発展という目的のために必要であると考えられているのである．しかし科学者は，科学的知識の獲得と発展にのみ目が向きがちになる可能性がある．それを防ぐ目的で，動物実験に関する法的規制が行われることになる．

●**動物実験に関する法的規制**　古川・古本（2014）によれば，国際的に見ると，動物実験への規制は，ヨーロッパ的なものとアメリカ的なものとに大別できる．動物福祉について長い歴史的背景をもつイギリスなどのヨーロッパ諸国では，動物実験の実施および実験動物の管理は法令で規制されている．動物実験を実施する者は，動物実験施設，動物実験者，動物実験計画のすべてにおいて，一定の基準を満たして許可を得なければならない．そのような基準が満たされていない場合，たとえ素晴らしい研究であっても，それを公表することは認められない．実験者には実験遂行のためのライセンスの取得が求められている（心理学の場合，2012年 The British Psychological Society の研究委員会による *Guidelines for Psychologists Working with Animals* を参照）．

　一方，アメリカでは，実験動物の管理は法令で規制されていても，動物実験の実施は法令で規制されていない．アメリカ合衆国保健福祉省（HHS）の下部組織である公衆衛生局（PHS）が制定した規範に基づいて，動物実験を実施するそれぞれの研究機関が動物実験委員会を設置して自主的に動物実験についての管理を行っている．なお，心理学については，アメリカ心理学会（APA）によって，*Guidelines for Ethical Conduct in the Care and Use of Nonhuman Animals in Research* がまとめられている．これは，2010年の APA の *Ethical Principles of Psychologists and Code of Conduct* の 8.09 項に記されているもので，有効期間は 2012年2月24日から10年間である．

　日本の場合，アメリカ的な自主管理がとられている．関係省庁（文部科学省，厚生労働省，農林水産省）の指針に従って，日本学術会議が2006年に策定した『動物実験の適正な実施に向けたガイドライン』をモデルとして，それぞれの研究機関において動物実験規定の制定ならびに動物実験委員会の設置が行われ，自主的に動物実験は管理されている．

以上，日米欧の動物実験への規制を概観したが，いずれの指針も3Rを基本原則としている．そして，動物実験の実施者には，①科学的な研究目的に照らし合わせて動物実験を実施する理由，②どの程度の苦痛を動物に与えることになるのか，③苦痛の軽減への配慮としてどのようなことが可能か，④代替可能性の検討，といった事項への説明責任が求められている．動物実験を実施する者は，研究計画書にそのような事項についての説明を記載して，動物実験（倫理）委員会ならびに研究機関長の承認を得なければならない．

●**動物実験倫理と行動分析学**　ここまで，動物実験倫理の歴史的な展開ならびに現行の指針について述べた．最後に，動物実験倫理に関わる問題は，行動分析学の視点から見ると，どのようになるのかについて議論したい．行動分析学が明らかにした「行動の原理」は，もともとネズミやハトを対象にした動物実験の成果である．行動分析学の動物実験では，動物をオペラント実験箱という環境に一定時間拘束し，強化子や弱化子の確立操作を行い，研究者にとって関心のある環境刺激を独立変数として操作して，動物のオペラント行動を従属変数として測定するのが普通である．そのような行動分析学の動物実験は，その初期のものと現在のものとでは3Rに対する姿勢が異なるかもしれない．しかし，スニッフィーのようなラットのレバー押しオペラント条件づけのシミュレーションソフトが開発されたり，研究方法として個体内条件比較法が採られたり，多層ベースライン法（多層ベースラインデザイン）といった独自の研究方法が開発されたりしていることから，行動分析学の動物実験は3Rの原則に従っているといえる．

●**動物実験倫理への行動分析学からの提言**　それでは，動物実験倫理について行動分析学から何が提言できるのだろう．森山（2004）は，科学と倫理との関係を包括的にとらえるには，人の行動と動物の行動の双方の関係を科学的に理解する必要がある，と行動分析学の視点から論じている．そうであるなら，研究者の行動を規制する3Rのような指針は，教条主義的なドグマとならずに，科学者の生産的な研究活動のプロンプトとして機能することが望まれる．そのためには，動物実験を実施する科学者は，動物実験の目的と必要性，そして動物福祉の視点について社会に明確に説明し，社会から動物実験に対する理解と協力を得るために力を尽くして励む必要がある．動物実験倫理について行動分析学からはそのような提言ができるだろう．

[森山哲美]

📖 **参考文献**

伊勢田 哲治（2008）．動物からの倫理学入門　名古屋大学出版会
野上 ふさ子（2003）．新・動物実験を考える―生命倫理とエコロジーをつないで　三一書房
大上 泰弘（2005）．動物実験の生命倫理―個体倫理から分子倫理へ　東信堂

Ⅱ部　実験的行動分析
2章　強化と弱化

プレマックの原理：基礎… 182
感性強化……………………… 186
条件強化……………………… 190
遅延強化……………………… 194
バイオフィードバック…… 198
負の強化（除去型強化）… 202
反応非依存強化…………… 206
強化による行動低減……… 210
比率スケジュール………… 214
時隔スケジュール………… 218
反応率分化強化…………… 222
複合スケジュール………… 226

スケジュール誘導性行動… 230
分化結果手続き…………… 234
消　去……………………… 238
消去後の反応再出現……… 242
行動変動性………………… 246
弱化（罰）………………… 250
タイムアウト……………… 254
ヒトの実験における
　反応コスト……………… 258
行動履歴…………………… 262
行動モメンタム：基礎…… 266

プレマックの原理：基礎

☞強化 p.54, プレマックの原理：応用 p.510

　あるオペラント反応に随伴して何らかの刺激が提示されたとする．その提示により，その後，当該反応が増加したならば，その刺激は強化子とよばれる．しかし，強化子の用語をこのように記述概念として用いるだけでは，その刺激が強化子として働くかを予測できない．この予測性の問題を解消するために提案されたのがプレマックの原理（Premack, 1959；1965）である．
　一般に，ほとんどすべての強化子には，刺激（例えば，水）と反応（例えば，摂水反応）の側面があるが，プレマック（Premack, D.）は，オペラント反応を強化するのは，反応の方であると考えた．彼は，強化される反応と強化する反応を，それぞれ道具的反応と随伴的反応とよび，随伴性を従来の反応と刺激間ではなく，反応と反応間の枠組みでとらえなおして，後にプレマックの原理とよばれる新たな原理を提案した．この原理は，より生起確率の高い反応は，より生起確率の低い反応を強化し（Premack, 1965），逆に，より生起確率の低い反応は，より生起確率の高い反応を罰（弱化）する（Premack, 1971）と定義される．
　提示型強化の実験で，この原理を検証するためには，まず，すべての反応に自由に接近可能な事態（例えば，1時間）で，動物やヒトが実際に各反応に従事した時間，または，生起頻度を測定し，生起確率を算出する（ベースライン条件）．これにより，各反応の生起確率は1と0の確率を両端とする尺度上のどこかに位置づけられる．次に，随伴性を配置した事態で，生起確率の低い反応に生起確率の高い反応を随伴させる（随伴性条件）．もし，後者の随伴的反応により前者の道具的反応が増加したならば，この原理は支持される．（例えば，Premack, 1963a）．プレマックの原理は，ベースライン（以下，BL）条件で2つの反応の生起確率に差があれば，高確率の反応で低確率の反応を強化できると仮定することから，反応生起確率差説（以下，確率差説）ともよばれる．

●**強化関係の可逆性の実験**　プレマックは，6個体のラットを，摂水遮断化と輪回し遮断化の2条件において，強化関係の可逆性を調べた（Premack, 1962）．装置には，引込式給水器と2つのレバーを装備したブレーキ付きの回転かごを使用した．輪回し反応に摂水反応が随伴する場合は，先に給水器を引っ込めておき，輪回し反応の完了に対して給水器を提示した．一方，摂水反応に輪回し反応を随伴する場合は，先に回転かごをブレーキで固定しておき，摂水反応の完了に対してブレーキを解除した．
　摂水遮断化条件のBL条件では，輪回し反応は24時間いつでも接近可能であったが，摂水反応を1日につき1時間のみに制限した．その1時間内の摂水反

応と輪回し反応の従事時間を測定したところ，全個体の平均時間は，前者で約240秒間，後者で約54秒間であった．次の随伴性条件では，450回の輪回し反応に対して，先に10秒間，後に5秒間の摂水反応を可能にする随伴性を配置したところ，いずれにおいても輪回し反応は増加した．

輪回し遮断化条件のBL条件では，摂水反応は24時間いつでも接近可能であったが，輪回し反応を1日につき1時間のみに制限した．その1時間内の摂水反応と輪回し反応の従事時間を測定したところ，全個体の平均時間は，前者で約28秒間，後者で約329秒間であった．次の随伴性条件では，5回の摂水反応に対して，10秒間の輪回しを可能にする随伴性を配置したところ，摂水反応の時間はBL条件の3〜5倍に増加した．両条件の結果は確率差説を支持した．さらに，遮断化を操作した反応の生起確率の制御により，強化される反応と強化する反応の関係を逆にすること，すなわち，強化関係の可逆性を示すことに成功した．

●**強化相対性の実験** プレマックは，4個体のオマキザルを用いて，場面間転移性よりも確率差説の方が，強化子の予測性に優れているかを検証した (Premack, 1963b)．ここで，場面間転移性とは，ミール (Meehl, 1950) により提案された概念であり，ある場面で強化子として同定された刺激は，別の場面でもまた強化子でありうると定義される．

実験では4つの操作体を用意し，BL条件ではレバー押し (L)，プランジャー引き (P)，ドア開け (D)，水平方向へのレバー押し (H) の各反応に対する1セッションあたりの生起頻度を測定した．その結果，4個体中1個体 (Chicko) において，各反応の生起頻度に明らかな違いが生じ，それはH, D, L, Pの順に高かった．4つの反応を2つずつ組み合わせると合計12対の随伴性の配置が可能であるが，Chickoは9つの随伴性条件におかれた．

表1に，この個体の1セッション (1時間) あたりの反応の平均生起頻度を示した．ただし，アスタリスクが付加されたものは，随伴性条件において道具的反応とされた方の反応であり，表1中の数値はすべてこの反応の生起頻度を表す．確率差説によると実験条件1〜6では，BLに比べて随伴性条件の生起頻度が増加し，逆に，実験条件7〜9では，その生起頻度が減少すると予測されたが，結果はこれらを支持した．

さらに，表1より，中間的な生起頻度のDとLはHに強化され (条件5と3)，逆に，Pを強化すること (条件2と4) が明らかになった．DとLが，強化子であり，強化される反応でもあった事実は，強化子が場面を越えて普遍的に機能すると考える場面間転移性では予測ができない．確率差説は，各反応の生起確率の高低に依存して，強化子と強化される反応を予測可能な点で，場面間転移性よりも優れている．また，この実験は，2つの反応があるとき，一方が他方を強化したり，罰したりする関係が，各反応の生起確率で相対的に決まることを示した．

これを強化相対性という．

●**反応遮断化理論** プレマックは強化関係の可逆性や強化相対性などの重要な発見をしたが，その後，プレマックの原理に反する事実が報告された．例えば，ヒト（Eisenberger et al., 1967）やラット（Allison & Timberlake, 1974 ; Mazur, 1975）の実験より，遮断化の条件次第では，

表1 ベースラインと随伴性条件におかれた1個体のサル（Chicko）の1セッションあたりの反応の平均生起頻度の比較

実験条件	両条件における反応の組合せ	ベースライン条件における反応	随伴性条件における反応
1	P*, H	68	243
2	P*, D	93	214
3	L*, H	326	342
4	P*, L	40	246
5	D*, H	274	467
6	L*, D	233	245
7	H*, P	584	382
8	D*, P	369	298
9	H*, D	459	424

注）*：随伴性条件において道具的反応とされた方の反応を表す．
[Premack, 1963b, p. 85, Table 2 をもとに作成]

生起確率の低い反応が生起確率の高い反応を強化することが明らかにされた．この問題に対処するため，ティンバーレイク（Timberlake, W.）とアリソン（Allison, J.）は，プレマックの原理を拡張した新たな仮説を提案した．それが，反応遮断化理論（Timberlake & Allison, 1974）である．

反応遮断化理論は，次の(1)式が成立する場合に限り，道具的反応は強化され，その反応が増加すると予測する．

$$I/C > O_i/O_c \tag{1}$$

ただし，O_i と O_c は，BL条件の道具的反応と随伴的反応の生起確率をそれぞれ表す．また，I と C は随伴性条件で要求される反応の量とそれにより獲得される反応の量をそれぞれ表す．

例えば，BL条件で，あるラットの輪回し反応が1セッションあたり300回転（O_i）で，摂水反応が1000回（O_c）であったとする．次に，随伴性条件で，この個体が9回輪を回したら（I），10回の摂水反応（C）が可能な随伴性を配置したとする．この随伴性では，BL条件の3倍の輪回し反応が自発されない限り，1セッションあたりの摂水反応の回数は減少することから，摂水反応が相対的に遮断化されているといえる．(1)式にあてはめると，9/10 > 300/1000 となり，遮断化の条件が成立することから，輪回し反応は強化され，1セッションあたりの輪回し反応は300回転よりも増加すると予測される．このように，反応遮断化理論は，BL条件と比較して随伴性条件でより遮断化された反応が，そうでない反応に対して強化子として働くことを予測する．

彼らは，7個体のラットを用いて，反応遮断化理論を検証した．2つの反応は，

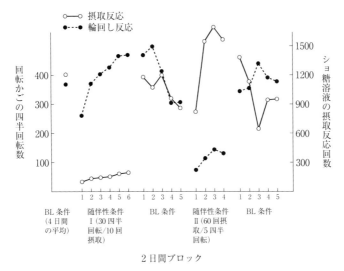

図1 回転かごの四半回転数とショ糖溶液の摂取反応回数の平均 [Timberlake & Allison, 1974, p.154, Fig.1 をもとに作成]

輪回し反応とショ糖溶液の摂取反応であった．図1に，実験結果を示した．最初のBL条件で両反応を測定したところ，輪回し反応は約380四半回転（O_i）で，摂取反応は約1200回（O_c）であった．次の随伴性条件Ⅰでは30四半回転（I）に10回の摂取反応（C）を随伴した．(1)式が成立することから輪回し反応は強化され，回転数が増加することが予測されたが，結果はこれを支持した．再度BL条件に戻すと輪回し反応は最終的に約300四半回転（O_c）で，摂取反応は約900回（O_i）であった．次の随伴性条件Ⅱでは60回の摂取反応（I）に5四半回転（C）を随伴した．今度も，(1)式が成立することから摂取反応は強化され，摂取回数が増加することが予測されたが，結果はこれを支持した．

プレマックの原理が随伴性条件Ⅰのような$O_i<O_c$の場合に限り強化子を予測できるのに対し，反応遮断化理論は(1)式が成立するならば，図1の随伴性条件Ⅱのような$O_i>O_c$の場合でも強化子を予測できる．以上のように，プレマックの原理を拡張した反応遮断化理論は，強化子のより正確な質的予測を可能にする．

[恒松 伸]

参考文献

浅野 俊夫 (1983)．最近の学習理論Ⅲ—Skinnerの流れ　佐藤 方哉（編）　現代基礎心理学6　学習Ⅱ（pp.255-271）東京大学出版会

堀 耕治他 (1989)．強化の理論と行動経済学　杉本他（編）　行動心理ハンドブック（pp.82-89）培風館

坂上 貴之 (2004)．強化の見取り図　廣中 直行（編）心理学の新しいかたち第4巻　実験心理学の新しいかたち（pp.122-153）誠信書房

感性強化

☞強化 p.54, 刻印づけ p.312

　光や音といった感覚刺激を強化子として成立する強化を感性強化（あるいは感覚性強化）とよぶ．また，このような強化子を感性強化子あるいは感覚性強化子とよぶ．例えば，ラットがオペラント箱でレバーを押す行動に適切な強度の光刺激を随伴させた場合，レバーを押す行動の頻度が増加する．この場合，光刺激が感性強化子である．あるいは，装置内でサルがレバーを押すと窓が開いて外にいる仲間のサルを見ることができるようにすると，レバーを押す頻度が増加する．ここで，窓から見える外の光景や仲間の姿が感性強化子である．動物を対象としたオペラント条件づけの研究において典型的に用いられる強化子である餌や水は生理的欲求を満たす物質であるが，光刺激や窓の外の光景のような刺激は生理的欲求を満たす物質ではなく，強化子としての効力が刺激の感覚的特性に依存すると考えられることから感性強化子とよばれる．人間に対しても，例えば，音楽や絵画が強化子として機能するが，これらも感性強化子であると考えられる．

●**提示型強化子および除去型強化子としての機能**　上述の例はいずれも行動に随伴して感性強化子が提示されることでその行動の出現頻度を高めていた．すなわち，感性強化子は提示型強化子（正の強化子）として機能していた．ただし，感性強化子は提示型強化子としてだけでなく，除去型強化子（負の強化子）として機能する場合もある．除去型強化子とは，行動に随伴して除去されることでその行動の出現頻度を高める強化子（あるいは行動に随伴して提示されることでその行動の出現頻度を低める弱化子）である．例えば，ラットがレバーを押す行動に非常に明るい光刺激を随伴させた場合は，レバー押し行動の頻度は低下する．

　動物を用いた基礎研究においては，除去型強化子としては電気ショックが用いられることが多い．電気ショックは生活体にとって有害で生存を脅かす刺激である．一方で，明るい光のような刺激は，一般には有害な刺激とは考えられない．その刺激の負の強化子としての機能は刺激の感覚的特性に依存していると考えられ，感性強化子として扱われる．

●**感性強化の広がりと強化子としての効力に対する説明**　感性強化は多くの動物種に対して成立し，また様々な種類の刺激が感性強化子として有効であることが示されている（解説として，松沢，1981）．感性強化に関する初期の有名な研究は，バトラー（Butler, 1965）によるアカゲザルを対象とした一連の研究であり，上述したようにサルがレバーを押すと窓が開いて外にいる個体を見ることができた．感性強化に関する別の有名な研究は，トウギョにおける鏡映像を強化子とした研究である．ベタは，観賞用によく飼育される熱帯魚であるが，オスが縄張り

をもち，そこに他個体が入ると激しく攻撃する．ベタは，他個体に対してだけでなく，自分の姿が映った鏡に対しても攻撃のディスプレイを見せる．そして，特定の行動に随伴させて鏡映像を見せるようにすると，その行動の頻度が増加することが知られている（例えば，Lattal & Metzger, 1994）．

　ヒトを対象としても様々な感性強化が成立する．例えば，ロヴィー=コリアー（Rovee-Collier, C.）らの研究では，天井からつるしたモビールと乳児の足を紐でつなぎ，乳児が足を動かすとモビールが動いて音も鳴るようしたところ，足を動かす行動が増加した（Rovee-Collier et al., 1980）．つまりモビールの動きと音という刺激が乳児に対して感性強化子として作用するのである．また，ビデオの映像やテレビゲームなど，様々な刺激が行動に随伴することで行動の頻度を増加させることが知られている．これらも感性強化子の例である．

　感性強化の研究を通して，従来から用いられていた餌や水のような伝統的な強化子だけでなく，多様な事象が強化子として機能することが示された．そして，そのような多様な事象が強化子として機能する原因として，様々な動機（あるいは動因）の存在が想定された．例えば，装置外の光景が強化子として機能するのは，それが好奇動機（好奇動因）を満たすからである，あるいは鏡映像が強化子として機能するのは，それが攻撃動機（攻撃動因）を満たすからである，といった説明である．しかし，これらの動機は直接観察することができず，トートロジー的な説明になってしまうため，行動分析学ではこのような構成概念を用いた説明は排除されるのが普通である．

●**内発的動機づけと感性強化子**　行動分析学ではない一般の心理学において，動機づけを内発的動機づけと外発的動機づけに分類することがある．内発的動機づけとは行動そのものが目的となっている状態を指し，外発的動機づけとは外的に与えられる報酬に基づいて動機づけられている状態を指す．例えば，勉強する楽しさそのものによって勉強行動が維持されていれば内発的に動機づけられているとされる．一方，勉強をすれば親からお小遣いをもらえるという状況で，お小遣いにより行動が維持されているならば，外発的に動機づけられているとされる．

　「感性強化によって成立する行動」は一般の心理学では知的好奇心や探究心に基づく行動であると考えられることが多いため，「内発的動機づけによる行動」と同じものと扱われることがあるが，厳密にはこの考えは正しくない．表1に示すように，感性強化により維持される行動であるか否かは，行動に随伴する事象の性質によって決まる．一方，動機づけが内発的であるか外発的であるかは，行動と強化事象の関係性により定まる．そしてこの両者は独立である．例えば，子どもがピアノを弾く行動を考えてみよう．もし「ピアノを弾くと親からお菓子がもらえる」という状況で，お菓子によって行動が維持されているならば，これは外発的動機づけによる行動である．ここで強化子は生理的欲求に基づく食物であ

表1 感性強化と内発的動機づけの関係

	行動と強化子の関係が恣意的		行動と強化子の関係が自然	
生理的欲求の充足に基づく	A	例）ピアノを弾く行動にお菓子が随伴 例）レバーを押す行動に餌が随伴	C	例）お菓子を作る行動にお菓子が随伴
刺激の感覚的特性に基づく	B	例）宿題をする行動にテレビが随伴 例）レバーを押す行動に光刺激が随伴	D	例）ピアノを弾く行動に音が随伴

り，行動と強化子（お菓子）の関係は恣意的（ピアノを弾く行動に自然にお菓子が随伴するという関係ではなく，親が恣意的に随伴させている）であるから，表1のA欄になる．一方，もし「ピアノを弾くことの喜び」によってその行動が維持されているなら，その行動は内発的に動機づけられているとされる．行動分析学的には，強化子はピアノから出る音であると推定され（もし音が出なければ，行動は維持されないだろう），したがって感性強化子である．そして，行動と強化子（音）との関係は，行動に伴う自然な結果であるから，表1のD欄になる．ただし，「強化子の種類」と「行動と強化子の関係」の組合せは，この2つ（AとD）だけでなく，行動と感性強化子との恣意的な関係も，行動と生理的欲求に基づく強化子との自然な関係も，生じうる．

　例えば，子どもが宿題をするとテレビを見せてもらえる場合，強化子であるテレビは感性強化子であるが，行動と強化子の関係は恣意的であり，外発的に動機づけられているとみなされる（B欄）．また，お菓子を自分でつくってそれを食べる人のお菓子をつくる行動は，お菓子が強化子となって維持されると考えられる．つまり，生理的欲求に基づく強化子により維持される行動だが，行動と強化子の関係は自然であり，内発的に動機づけられているとみなされる（C欄）．なお，「内発的に動機づけられた行動」とみなされる行動とその行動を維持する強化子の関係は，行動分析学の観点からすると，行動によって自然に生じる結果としての強化子であり，このような強化子を内在性強化子あるいは自動的強化子とよぶ．発達障害児が示す，体を揺らすことを繰り返すような常同行動は，内在性強化子によって維持されていると考えられることが多い．

●**外的強化子の内発的動機づけへの影響**　教育心理学や社会心理学の分野において，「内発的に動機づけられている行動に対して外的報酬を与えると内発的動機づけを阻害してしまう」という主張がある．この主張のもとになったディシ（Deci, 1971）の実験のエッセンスを概説する（表2A）．その研究では，参加者である大学生が好んで自発的に取り組む（つまり内発的動機づけにより取り組む）パズルを用いた．実験群では，前半ではパズルを解く行動に金銭（外的報酬）を与え，後半で外的報酬を与えることをやめた．一方，統制群では前半でも後半でも外的報酬を与えなかった．すると，後半では，参加者が自発的にパズルに取

表2 アンダーマイニング効果とクレスピ効果の枠組みの比較

A アンダーマイニング効果			B アンダーマイニング効果の解釈			C クレスピ効果		
	前半	後半		前半	後半		前半	後半
実験群	金銭報酬	報酬なし	実験群	内在＋外在	内在	実験群	餌：多	餌：少
統制群	報酬なし	報酬なし	統制群	内在	内在	統制群	餌：少	餌：少

り組む行動が，実験群の方が統制群よりも少なかった．このような現象を，アンダーマイニング効果あるいは過剰な正当化効果とよぶ．

　このような研究に基づいて，例えば学校で，「強化を与えることは生徒の自発的な学習を妨げるので好ましくない」と主張されることがある．ただし，この主張は，実用的な面でも理論的な面でも問題がある（大河内他，2006）．第1に，アンダーマイニング効果は再現性が低く，また効果が検出されたとしても効果は小さい．第2に，この効果により動機づけが低下するとされる行動は，基本的に，外的報酬を与えずとも自発的に行われる頻度が高い行動に限られる．行動分析家が外的に強化子を与えるのは，自発頻度が低い行動である場合がほとんどである．したがって，この効果は実際には生じないことが多いはずである．

　また，アンダーマイニング効果の枠組みは，行動分析学の観点からは，表2Bのように整理できる．つまり，実験群では内在性強化子と外在性強化子の両方があった状態から内在性強化子のみの状態に移行し，統制群では常に内在性強化子のみの状態である．注目すべき点は，実験群では強化子の総体的な量が前半から後半にかけて急激に減少していることである．この点に注目すると，アンダーマイニング効果は対比効果の一種であるクレスピ効果の1つと位置づけることができる（青山，2008）．クレスピ効果の枠組みは表2Cのようにまとめられる．ラットの走路での走行を餌強化子で強化する場面で，前半でも後半でも餌が少ない統制群と，前半は餌の量が多かったが後半では少なくなる実験群とを用意する．後半の餌量は両群で同じにもかかわらず，後半での走行速度は，実験群の方が統制群よりも遅くなる．すなわち，強化子の量が急激に減少することで行動が弱まるのである．したがって，「外的報酬が内発的動機づけを弱める」という主張は，「強化子の量が減少すると行動が弱まる」というより一般的な現象の一面を恣意的に切り取ったにすぎないのである．だだし，このことは，アンダーマイニング効果が生じないことを意味するのではない．むしろ，対比効果の中に位置づけることで，行動分析学的な観点からも扱うことができる現象であることを意味しているのである．

［青山謙二郎］

📖 **参考文献**
松沢 哲郎（1981）．感覚性強化―強化刺激の多様性　心理学評論, 24, 220-251.
小野 浩一（2016）．行動の基礎（改訂版）―豊かな人間理解のために　培風館

条件強化

☞三項強化随伴性 p. 42, 強化 p. 54, 負の強化 p. 202, トークン・エコノミー法 p. 532, クリッカー・トレーニング p. 572

　条件強化とは，行動がある刺激や出来事によって強化されるとき，その刺激や出来事が別の強化子と対提示されるという過去のレスポンデント条件づけによってその機能を獲得した場合を指す．そしてその刺激を条件強化子とよぶ．条件づけの過程を必要とせず，もともと強化機能をもつ刺激を無条件強化子，一次強化子，生得性強化子とよぶのに対し，条件強化子は，二次強化子，習得性強化子などとよばれる．したがって，定義上，条件強化はレスポンデント条件づけによる強化効果の伝播を前提としている．

●**レスポンデント消去中の条件強化の検討**　ある刺激における条件強化の効果を調べるにはいくつかの方法がある．まず，新奇反応法は，これまで強化機能をもたなかった刺激が，条件づけにより強化機能をもつようになったのかを，その刺激によって新たな反応が獲得されるか否かによって調べる方法である．スキナー(Skinner, 1938)は，4匹のラットに対して，給餌器の作動音と餌の対提示を60回行い，その後，作動音のみによってレバー押し反応が獲得され，維持されることを報告している．レスポンデント消去中の，条件強化による反応獲得の検討といえる．

　定着反応法は，最初にある反応が生起したときにある刺激と強化子を対提示することで反応を維持し，その後の消去手続きの導入において，強化子と対提示された刺激のみを提示し続ける群と，強化子および対提示された刺激の両者を提示しない群における消去過程を比較する方法である．ブゲルスキイ(Bugelski, 1938)はラットを対象として，餌の提示とクリック音を対提示しながらレバー押し反応を強化した．その後の消去手続きにおいて，クリック音の有無が消去中の反応にどのような影響を与えるのかを群間比較した．その結果，消去中の反応にクリック音を随伴させた群において反応がより多く生起したことを報告している．この方法も，レスポンデント消去中の条件強化による反応維持の検討といえる．新奇反応法と定着反応法はいずれも，レスポンデント消去中の徐々に弱まりつつある条件強化の効果を調べるため，一般的に効果の確認が困難である場合が多い．

●**レスポンデント条件づけ中の条件強化の検討**　連鎖スケジュール下の反応を測定することによっても，条件強化の効果を調べることができる．連鎖スケジュールとは，強化子が提示されるまでに，複数の強化スケジュールの要素を順番に満たす必要があり，それぞれの要素に対応して異なる刺激が提示される．なお，強化スケジュールの要素が変更して刺激が変化しない場合は連接スケジュールとよぶ．例えば，連鎖固定時隔（fixed-interval, FI）60秒-FI 60秒-FI 60秒では，初

環，2環，3環の3つの要素すべてがFI 60秒であり，それぞれの要素に対応するキーの色が順に例えば，赤，緑，黄となっている．そして，終環の黄色キーは餌と対提示されることで条件強化子となり，緑キーは黄色キーと対提示されることで条件強化子となる．したがって，理論的には，強化の効力は黄，緑，赤の順に弱くなるはずである．ゴラブ（Gollub, 1958, 1977）はハトを対象としてFI 30秒を1要素とする連鎖スケジュールにおける要素数を2から5まで変化させた．例えば，要素数2の場合，連鎖FI 30秒-FI 30秒となり，初環と2環によって構成された．そしてそれぞれの要素における平均反応率を算出した結果を図1に示した．4つすべての連鎖スケジュールにおいて，餌と対提示されている最後の要素における反応率が最も高く，そこから連鎖の最初に近

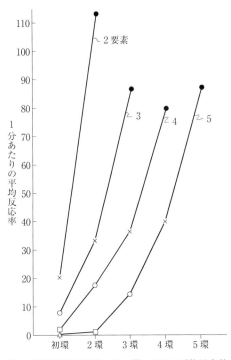

図1　要素数別の初環から5環における平均反応数
［Gollub, 1958をもとに作成］

づくほど反応率が減少していることを示している．また，連鎖スケジュールにおける条件弱化の効果についても報告されている．シルバーマン（Silverman, 1971）は，変動時隔（variable interval, VI）スケジュールで餌を提示するとともに，4要素の連鎖スケジュールあるいは連接スケジュールでハトに電気ショックを与えた．そのときの反応率を単にVIスケジュールで餌を提示したときの反応率と比較した．その結果，連接スケジュールで電気ショックを与えた場合には4要素全体において反応率が低かったが，連鎖スケジュールで電気ショックを与えた場合には，連鎖の終わりの要素に近いときだけ反応率が低下した．Gollub（1958, 1977）と同様の効果といえる．しかしこれらの実験においては，反応キーの色はキーつつき反応に対する条件強化子（あるいは条件弱化子）として機能しているだけでなく，弁別刺激としても機能している可能性もある．その点を考慮して結果を理解する必要があるだろう．

　二次スケジュールを利用することで，条件強化子の反応型への影響を調べることができる．ケラー（Kelleher, 1966）はハトを対象としてFR 15（FI 4分），つ

まりFI 4分を1要素とし，その条件を繰り返し15回満たすことで餌が与えられる強化スケジュールを使用し，そのもとでの反応を測定した．そのとき，青色キーに対するFI 4分の条件を満たす反応が生起するたびに0.7秒間，キーが白く点灯した．そして，15回目には，キーが白く点灯すると同時に餌が提示された．その結果，各要素においてFIスケジュールにおいて見られるスキャロップ（時間経過とともに反応が幾何級数的に増加するパターン）が確認された．そしてキーの白色点灯を除去した場合には，スキャロップが消えた．このように，条件強化は二次スケジュールの要素スケジュールが反応型に与える効果に影響を与える．しかし，反応率と反応型は相互に影響を与えるため，条件強化がそれらに与える影響を分離できない．

連鎖スケジュールや二次スケジュールの場合，条件強化子と無条件強化子を対提示しつつ，条件強化子の効果を比較検討することができるという点で，レスポンデント消去を利用した手続きより安定した結果を得ることができる．その一方で，条件効果のみの効果を十分にとらえられない．

並立連鎖スケジュールを利用した場合，条件強化の効果をより正確に測定することができる．並立連鎖スケジュールでは，例えば，左右に並んだ2つのキーが白色に点灯していて，左右のキーはVI 30秒が設定されている（初環）．左のキーが先に強化準備状態となり，その後その左のキーに反応すると，そのキーは緑に変わり，右のキーのライトは消える．そして左のキーでは新たにVI 60秒が作動し（終環），その基準を満たすと餌が与えられる．一方，初環において右のキーが強化準備状態となり，その後そのキーに反応した場合，右のキーの色が赤に変わり，左のキーのライトは消える．そして右のキーでは新たにVI 10秒が作動し（終環），その基準を満たすと餌が提示される．このときの初環の左右のキーに対する反応比率が，左右の終環の条件がもつ条件強化の効果として測定される．並立連鎖スケジュールにおける選択行動についての有力な考え方である遅延低減仮説（Fantino et al., 1993参照）は条件強化子の価値に関わる変数として，終環における強化子までの時間の相対的な長さを重視している．

さらに観察反応手続きという方法もある（Wyckoff, 1952, 1969）．この手続きでは，例えば，ハトを対象として白色に点灯した反応キーへの反応に対して，VI 30秒スケジュールによる餌提示と消去手続きの混合スケジュールを実施した．このとき2つの要素スケジュールが継時的にかつ交互に提示されるが，キーの色などは変化しなかった．そしてキーつつきとは別に，ペダルを押す（観察反応）と，現在VIスケジュールが適用されていれば，キーの色が白から赤へ，消去手続きが適用されていれば白から緑に変化した．しかし，ペダル押しをしても餌は提示されなかった．したがって，観察反応は，混合スケジュールを多元スケジュールに変更したといえる．この条件と比較するための統制条件では，反応

キーに適用されているのがVIスケジュールでも消去でも，観察反応が生じると，現在有効な要素スケジュールに対応せずに，緑あるいは赤に変更された．

その結果，観察反応によるキーの色の変化が要素スケジュールに対応している場合には観察反応が生じ，赤（VI）において緑（消去）より反応率が高かった．そして，キーの色の変化が要素スケジュールに対応していない場合には観察反応が減少し，赤および緑における反応率に差はなかった．この結果は，観察反応による混合スケジュールから多元スケジュールへの変更，特にS＋（この場合では赤）が条件強化子として働いていたことを示唆している．

さらにその後の研究により，2つのキーに対する観察反応の選択において，S＋の相対出現率と2つの観察反応キーの相対反応率の間でマッチングが生じたことが報告されており（Shahan et al., 2006），さらに，無条件強化子がより多く得られるS＋を出現させる観察反応の方が，より少なく得られるS＋を出現させる観察反応よりも変化抵抗が大きいことが報告されている（Shahan et al., 2003）．これらの結果は，反応率，相対反応率，変化抵抗という異なる側面のいずれにおいても，上記の観察反応が条件強化により生じていることを示している．

●トークン強化と般性強化　トークン強化とは，1つあるいは複数の無条件強化子と交換可能な代替貨幣の提示によって，その直前の行動の生起頻度を高めることである．したがって，トークン強化も条件強化の一種といえる．トークンは，複数の無条件強化子と交換可能になることでトークンの強化価が高くなるといわれている（Skinner, 1953）．このような強化子は一般に般性強化子とよばれる．それを示す実証的な動物研究は長い間行われていなかった．しかし，デフリオら（DeFulio et al., 2014）は，ハトを対象として，般性強化子の効果を検出することに成功した．彼らは餌と水を無条件強化子として，餌のみと交換可能なトークン，水のみと交換可能なトークン，餌と水の両方と交換可能なトークン獲得の価格弾力性を比較し，餌と水の両方と交換可能なトークンが他のトークンより非弾力的であることを示した．つまり，餌のみと交換可能なトークンおよび水のみと交換可能なトークンは，常に特定のキーに対する1反応で得られるが，餌と水の両方と交換可能なトークンを得るための反応数を，1, 10, 25, 50, 100と増加させた場合，餌と水の両方と交換可能なトークンを得た回数は必要反応数の増加にともないゆるやかに減少した．その一方で，逆に餌と水のいずれかと交換可能なトークンを得るための反応数を1に固定し，餌のみあるいは水のみと交換可能なトークンを得るための反応数を同様に増加させた場合，餌のみあるいは水のみと交換可能なトークンを得た回数は必要反応数の増加にともない急激に減少した．今後は般性強化についての実験研究の成果を蓄積し，人間を対象とした貨幣使用における効果の確認などを視野に入れた研究が必要になるだろう．　［山岸直基］

遅延強化

☞強化 p.54

　強化の手続きは通常，ラットのレバー押しやハトのキーつつきといった標的（ターゲット）となる反応が起きた直後に随伴するかたちで強化子が提示される（☞「三項強化随伴性」）．標的反応直後の強化子提示であることから，これを即時強化とよぶのに対し，標的反応から遅れて強化子が提示されることを遅延強化とよぶ．「強化」という用語は，強化子提示によって標的反応が上昇する現象，あるいはその現象を引き起こす手続きを指すが，遅延強化という用語はここでは便宜上手続きのことを指すこととする．現実世界では「月初めから働き始めても給料日は○○日」というように遅延強化がありふれている．初期の行動理論では強化子提示の直前に起きた反応に対して強化が起こると考えられていた（Skinner, 1948a；Thorndike, 1911）ことを背景に，遅延強化研究の歴史は長い．また，近年研究が盛んな遅延価値割引（☞「価値割引：基礎」）は遅延強化をベースにしていることから，その重要性がうかがえる．ここでは一般的な遅延強化の効果と，遅延強化の種類，遅延強化を研究するうえでの注意点と対策を解説する．

●遅延強化の効果　遅延強化の研究では主に，遅延強化により新しい標的反応を獲得させることができるかという問題と，即時強化によってすでに獲得された標的反応が遅延強化によってどのように変化するかという問題が取り扱われる．まず前者だが，前述したとおり，初期の行動理論では反応と強化子の時間的近接が重視されていた．したがって，遅延強化では新しい標的反応は獲得されないということになるが，これは誤りであることが明らかになっている．ラタルとグリーソン（Lattal & Gleeson, 1990）は実験履歴のない（つまり，まだ標的反応が強化されていない）ラットおよびハトを対象に，標的反応が起きてから30秒後に強化子を提示する，という手続きで強化が生じたと報告している．ただし，遅延時間が長いほど強化の効果は低下し，さらに長くなると標的反応が獲得されない．魚類やヒトでも同様の結果が得られており（Lattal & Metzger, 1994；Okouchi, 2009），種を超えた普遍性を示している．

　次に，即時強化によってすでに獲得された標的反応に対して遅延強化を用いる場合だが，遅延時間が長いほど反応率が低下することがこれまでの研究で明らかになっている．リチャーズ（Richards, 1981）はハトを対象に，即時強化である変動時隔（variable interval, VI）スケジュールで高い反応率を確立させた．次に，ハトがVIスケジュールを終えてから1～10秒後に強化子を提示したところ，遅延時間が3秒を超えたあたりから反応率が低下していった．これと同様の結果が他でも報告されている（Lattal, 1984；Sizemore & Lattal, 1977；Williams, 1976）．

即時強化（0秒遅延）を頂点に反応率が遅延時間とともに低下していくことを強化遅延勾配とよび，図1の点線がそれを表している．

●**信号付き遅延と信号なし遅延** 前述した実験はすべて信号なし遅延とよばれる手続きを用いており，標的反応から強化子提示までの遅延中に，別の刺激を提示しない手続きを指す．これに対し，遅延中に光や音などの刺激を提示する手続きを信号付き遅延とよぶ．信号というと交差

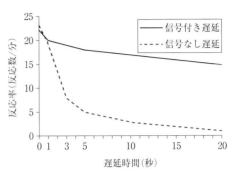

図1 信号付き遅延（実線）および信号なし遅延（点線）での反応率と遅延時間の関係（遅延勾配）実際のデータではない．

点にある信号機を思い浮かべる読者もいるだろうが，ここでの信号は，押しボタン式信号機の歩行者用ボタンを押すと提示される「お待ちください」という刺激に近い．信号付き遅延と信号なし遅延の効果には大きな差がある．信号なし遅延では数秒の遅延でも反応率が一気に低下するが，信号付き遅延は比較的高い反応率を維持する．図1の実線が示すように，信号付き遅延の強化遅延勾配はゆるやかである．前述したリチャーズの研究（Richards, 1981）では，信号付き遅延と信号なし遅延が比較されており，遅延時間が同じ場合，信号付き遅延での反応率がより高く維持された（例えば，Azzi et al., 1964；Ferster, 1953a；Schaal & Branch, 1988）．

新しい標的反応の獲得の場合，遅延中の信号に強化の促進効果はあまりないようである．クリッチフィールドとラタル（Critchfield & Lattal, 1993）は実験履歴のないラットを対象に，信号付き遅延と信号なし遅延を用いたところ，両方の遅延で標的反応が獲得された．しかし，反応率にはほとんど差がなかったと報告している．

●**遅延強化を研究するうえでの注意点と対策** 遅延強化の効果は再現性が高い半面，その具体的なメカニズムを明らかにすることが難しい．強化子提示を遅延することで，他の様々な変数のパラメータが同時に変わってしまうことが主な理由である．遅延強化を研究するうえでの注意点と対策を以下に解説する．

①**遅延中の反応** まず，遅延強化研究に共通する問題として，遅延中に生じる反応がある．標的反応から強化子提示までの遅延中，被験体は何かをしている．標的反応を続けているのかもしれないし，それ以外のことをしているかもしれない．遅延中に標的反応が起きれば，その反応から強化子提示までの時間（実際の遅延時間）があらかじめ指定した遅延時間よりも短くなってしまう（図2(A)）．これには少なくとも2つの対策がある．1つ目は，標的反応が遅延中

に生じることを物理的に不可能にする方法である．例えば，標的反応がレバー押しであれば，遅延中はレバーを引っ込めて（収納して）しまう（Pierce et al., 1972）．これは遅延価値割引の研究などでよく用いられる方法だが，レバーが収納されること自体が遅延開始の合図になるため，信号なし遅延としては扱うことができない．2つ目の対策は，標的反応が生じるたびに遅延時間をリセットする方法である（Azzi et al., 1964; Lattal & Gleeson, 1990）．これを「リセッティング遅延」とよぶのに対して，遅延時間がリセットされないものを「ノンリセッティング遅延」とよぶ．リセッティング遅延は，実際の遅延時間をあらかじめ指定したものと等しくすることが可能である．また，遅延中であることを示す合図がないため，信号なし遅延との併用が可能である．ただし，リセッティング遅延で標的反応が低下した場合，それが遅延によるものなのか，それとも「待つ」という行動を強化した結果なのかが曖昧になる欠点がある．

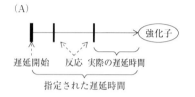

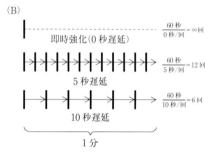

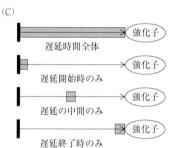

図2 遅延強化の実験で起こりうる問題
(A) 遅延中の反応，(B) 固定比率スケジュールに遅延を加えた際の理論上の最大強化率，(C) 信号提示のタイミング

②強化率の低下　遅延強化では強化率の低下がたびたび問題となる．即時強化と同様，遅延強化では標的反応が少なくとも一度は生じなければならない．この条件を満たす固定比率（fixed-ratio, FR）スケジュールやVIスケジュールが，遅延の前にしばしば設けられる．前述のラタルとグリーソンの研究（Lattal & Gleeson, 1990）では，遅延の前にFRスケジュールが設けられたが，これにより強化率が必然的に低下してしまった．FRスケジュールでは，標的反応が一定の回数（遅延強化研究では通常1回）生じることでそのスケジュールが終了するため，反応率が高ければ高いほど強化率も高くなるのが特徴である．しかし，FRスケジュールの後に5

秒遅延を加えると仮定した場合，1分あたりの強化率は最大で12回（60秒÷5秒＝12）に制限されてしまう．さらに倍の10秒遅延だと，強化率は最大6回と半減する（図2（B））．従って，遅延時間が長いほど反応率が低下するのは，遅延そのものの効果なのか，それとも強化率の低下によるものなのかが不透明になってしまう．

対策として，統制群にVIスケジュールを用いる方法がある．例えば，5秒遅延の場合，VI 5秒スケジュールを使う．このスケジュールは最低1回の標的反応を必要とする即時強化でありながら，1分あたりの強化率は最大12回に制限されているため，5秒遅延と同等になる．こうすると最低1回の標的反応という条件と強化率を等しくした状態で，遅延そのものの効果を測定できる．しかし，これはあらかじめ指定する強化率が等しくなることにすぎず，実際の強化率は異なる可能性がある．より良い対策は，FRスケジュールに遅延を加えた際の実際の強化率をもとに，VIスケジュールのパラメータを設定する方法である．

VIスケジュールの後に遅延を加える場合，強化率には初めから上限があるため，上記の強化率低下問題はある程度緩和できる．しかし，それでも遅延時間が長いほど指定する強化率が低下するのは必然である．そこで，遅延を加える際に，遅延時間の分だけVIスケジュールのパラメータを低く設定する方法がある（Sizemore & Lattal, 1977）．例えば，即時強化でVI 60秒スケジュールを使う場合，遅延強化ではVI 55秒スケジュールの後に5秒遅延を加えると，指定する強化率はどちらも1分あたり1回となる．

また，強化スケジュールにかかわらず，標的反応とは別の反応を同時に測定するとより良い（Critchfield & Lattal, 1993）．例えば，右レバー押しが標的反応であれば，強化子がまったく提示されない左レバー押しも測定する．右レバー押しの反応率の上昇が左レバー押しを上回れば，標的反応に対して強化が起きたことに説得力が増す．

③信号付き遅延の場合　信号付き遅延を用いる場合，信号がどのようにして高い反応率を維持するかを明らかにするために，さらなる工夫が必要である．初めに，信号を提示すること自体の効果を測定しなければならない．対策として，信号を遅延開始の前後とは無関係に提示し，それを遅延の間だけ提示される信号（従来の信号付き遅延），そして信号なし遅延と比較する方法がある（Lattal, 1984）．次に，遅延の間，どのタイミングで信号を提示すれば，信号の効果を得られるのかを明らかにしなければならない．従来の信号付き遅延では，信号が遅延時間全体で提示されるが，遅延開始直後の短時間のみ信号を提示する方法や（Schaal & Branch, 1988），遅延時間の中間または終了時の短時間のみ信号を提示する方法がある（Kuroda & Lattal, 2014；図2（C））．　　　〔黒田敏数〕

バイオフィードバック

☞オペラント行動 p.34, レスポンデント行動 p.38, 強化 p.54, 行動療法, 認知療法, 認知行動療法 p.138

　バイオフィードバックとは，広義には，個体の情報を個体みずからに返す（フィードバックする）こと（廣田，2016）と解釈することもできる．しかし，一般には，ある個体の心臓血管系活動，筋活動，脳活動などの生理的反応を特定の機器により測定し，それを，視覚的，聴覚的，触覚的刺激などに変換し，その個体に提示する操作のことを指すことが多い（図1）．バイオフィードバックは，レスポンデント条件づけとオペラント条件づけとを区別するものは何かという概念的な問いを提起した主題の1つであり，オペラント条件づけによる医学的障害の治療に大きく貢献し続けている．つまり，バイオフィードバックは，基礎，応用どちらにおいても行動分析学と深く関わっている．

●**バイオフィードバック：その発端となった研究**　バイオフィードバックの起源を特定するのは難しい．ヘッファーラインら（Hefferline et al., 1959）は，ヒトの親指の微細な筋活動が検出されたら騒音を停止，あるいは延期させたところ，そうした筋活動の出現頻度が増大したことを見出した．自律神経活動のオペラント条件づけを試みた研究としては，古くはキンメルとヒル（Kimmel & Hill, 1960）があるが，初めてそれに成功したのはシャーン（Shearn, 1962）である．シャー

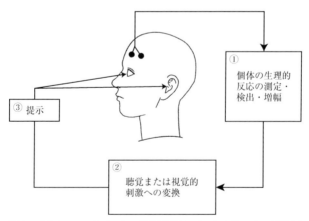

図1　バイオフィードバックの模式図［Blanchard & Epstein, 1978 江草他訳 1984, p.3, 図1-1 をもとに作成］
　バイオフィードバックとは，①個体の生理的反応を測定し，②それを視覚的刺激などに変換し，③その個体に提示する，という操作のことを指すことが多い．

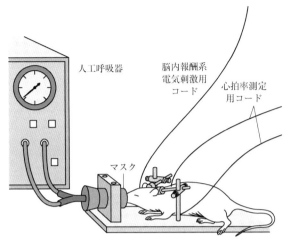

図2 ラットの心拍率のオペラント条件づけの様子 [Dicara, 1970, p. 33 をもとに作成]

ンは，ヒトの心臓の鼓動を増幅してスピーカーから提示し，心拍率が高まったら電気ショックの提示を延期したところ，6名中5名の心拍率が増加した．これらの参加者とショック提示のみが連結された6名では，心拍率は増加しなかった．

●**自律神経活動のオペラント条件づけ** レスポンデント条件づけとオペラント条件づけの区別は，反応を制御する変数の違い，すなわち刺激-刺激関係か反応-刺激関係か，に基づいて行うことが，1930年代から提唱されていた（Skinner, 1937）．しかしながら，その一方で，1960年代初頭までは，皮膚電気活動や心臓血管反応などの自律神経活動がオペラント条件づけされる可能性に関して，判断保留（Skinner, 1938），疑問視（Keller & Schoenfeld, 1950），否定（Kimble, 1961）など，肯定的ではない見解が支配的であったこともあり，例えば，自律神経活動が条件づけられていたとしたら，それはレスポンデント条件づけによるものであるといった，2つの条件づけを反応型によって区別するという傾向も残っていた（Kimble, 1961）．こうした時代背景の中で発表されたシャーン（Shearn, 1962）の成功は，大きな注目を集めることとなった．このとき，第1に問われたのは，自律神経活動が直接条件づけされたのか否か，である．条件づけられたのは筋活動であり，心拍率の変化はその随伴現象ではないか，というものである．こうした媒介に関するすべての疑問を退けるために，ミラー（Miller, N. E.）のグループ（Miller & DiCara, 1967; Trowill, 1967）が，クラーレによって呼吸活動を含む筋活動を麻痺させたラットの自律神経活動のオペラント条件づけを試みた（図2）．人工呼吸によって生命が維持されたラットの心拍率の増加もしくは減少に依

表1 バイオフィードバックで測定される反応と主な介入対象・提示方法

測定される反応	対象	測定結果の提示
筋肉の緊張	リハビリテーション，腰痛，胃痛	表面筋電図
心拍数	うつ・不安・喘息・高血圧	心電図
発汗・動作など	健康管理，リハビリテーション	センサー，ウェアラブル端末，バーチャルリアリティ（近年）など

［辻下，2018；志田，2018；小貫，2017をもとに作成］

図3　ブレイン・マシン・インタフェースの例
　　［Hochberg et al., 2006, p.165, Fig.1をもとに作成］
矢印の下にある灰色のボックスから脳内に埋め込まれた電極は，インタフェースを介して，コンピュータに接続されている．

存して，脳内の報酬系に電気刺激を提示した（これが正の強化子（提示型強化子）として機能することは，レバー押しなどの反応で確認されていた）ところ，心拍率の増加に電気刺激を随伴させたときは心拍率の増加が，減少に随伴させたときは心拍率の減少が確認された．

●**バイオフィードバック療法**　ミラーらの研究に刺激され，様々な生理的反応を，それに依存して提示する刺激によって制御する試みが数多く行われた．こうした基礎研究に呼応して，バイオフィードバックとよばれる応用的色彩の強い研究分野が誕生した．以前より，緊張型頭痛，腰痛，片頭痛，レイノー病，全般性

不安障害などの非薬物的治療法の1つとして，バイオフィードバックは評価されてきた（Blanchard & Epstein, 1978 江草他訳 1984）が，近年ではこれらに加え，例えば，骨盤臓器脱術後の尿失禁や便失禁（松谷他，2016），こうした手術を経なくとも生じる骨盤底筋協調運動障害による便秘（味村・福留，2012）といった排泄機能障害への有効性も報告されている．骨盤底筋協調運動障害とは，排便時に本来は弛緩すべき恥骨直腸筋を含む骨盤底筋が十分に弛緩しない，または逆に収縮してしまう病態である．要するに，排便時のいきみ方が不適切で，かえって肛門が締まってしまって便が出なくなっている種類の便秘である．これに対し，肛門括約筋や肛門挙筋の活動を本人に視覚的にフィードバックし，適切な排便行動を形成することで便秘を治すというバイオフィードバックである（味村・福留，2012）．表1にバイオフィードバックで測定される反応と主な介入対象・提示方法をまとめた．

●ブレイン・マシン・インタフェース　ブレイン・マシン・インタフェース（brain-machine interface；BMI）もまた，バイオフィードバックの新たな応用の1つである（櫻井，2013）．BMIとは，広義には，脳と機械を直接つなぎ相互作用させるシステムのことであり，狭義には，脳の活動によって，脳とつながれた機械の操作を実現するシステムを指す．ホッホバーグ（Hochberg et al., 2006）らは，脊髄損傷のため四肢麻痺の患者の脳内に電極を埋め込み，それをインタフェースを介してコンピュータなどに接続した．患者の特定の脳活動が生じたらコンピュータのカーソルが動くようにしたところ，患者は，電子メールを開くことができた（図3）．これは，脳活動を特定の機器により測定し，それを，視覚的刺激（操作されるコンピュータ）などに変換し，その個体（患者）に提示しているので，まさにバイオフィードバックである．BMIは，近年のインターネットとロボテクスの発展にともない，身体的な障害のある人々の行動の選択肢を飛躍的に拡大させる可能性を秘めている．ホッホバーグの例のように脳内に電極を埋め込む侵襲式でもそうであるが，脳波や機能的磁気共鳴画像（fMRI）などのような非侵襲式で脳活動を測定する場合は特に，コンピュータなどの外部機器の操作（変化）による脳活動の分化強化の訓練が必要となる．つまり，BMIによる機械の操作は，多かれ少なかれオペラント条件づけの過程に依存しているのである．

［大河内浩人］

📖 参考文献

Blanchard, E. B., & Epstein, L. H. (1978). *A biofeedback primer*. Addison-Wesley. （ブランチャード，E. B. & エプスタイン，L. H. 江草安彦他（訳）(1984)．バイオフィードバック入門　医学書院）

廣田　昭久（2016）．バイオフィードバック療法のための基礎知識　バイオフィードバック研究, 43, 27-32.

佐々木　正伸（編）(1982)．現代基礎心理学5　学習I―基礎過程　東京大学出版会

ふのきょうか
じょきょがたきょうか

負の強化（除去型強化）

☞三項強化随伴性 p. 42, 強化 p. 54, オペラント実験箱と累積記録器 p. 160, 条件強化 p. 190

　サングラスをかけるとまぶしい日光を遮ることができる．窓を閉めると道路工事の騒音を軽減できる．丹念な定期検査によって重大事故を防止することができる．このように，反応が現前の刺激を除去あるいは緩和したり，到来する可能性のある刺激を防止あるいは延期したりすると，その反応は以後，生じやすくなる（サングラスをかけたり，窓を閉めたり，定期検査をする反応が増える）．こうした現象を負の強化（除去型強化）という．ここで，「負の」とは反応によって刺激がマイナス方向に変化する（消失・減弱する）ことを意味している．

●**負の強化と正の弱化（罰）の混同**　その消失や減弱が反応を強化する刺激を負の強化子（除去型強化子）という．多くの場合，これは嫌悪刺激（不快刺激）である（Ferster & Skinner, 1957）．一方，反応することで嫌悪刺激が出現・増強すると，反応頻度が低下することが多い．これは，正の弱化（罰，掲示型弱化）とよばれる現象である（☞「弱化（罰）」）．つまり，反応に嫌悪刺激の消失・減弱が随伴すると負の強化，嫌悪刺激の提示や出現・増強が随伴すると正の罰になりやすい（表1）．どちらにも嫌悪刺激が関わることと，「負の」という語感から，負の強化は正の弱化（罰）と混同されることがある．スキナー（Skinner, B. F.）自身も初期には「負の強化」を，正の弱化（罰）の意味で使用している（Skinner, 1938; Estes & Skinner, 1941）．現在の用法は，ケラーとシェーンフェルド（Keller & Schoenfeld, 1950）が定式化したもので，スキナーも *Science and Human Behavior*（Skinner, 1953）以降はこれに従っているが，行動分析家以外の心理学者の著作では，1950年代以降も，正の弱化（罰）の意味で「負の強化」という言葉が使用されていることがある（例えば，Bandura, 1965）．

●**正の強化と負の強化の区別**　行動分析家の中には，正の強化（提示型強化）と負の強化を区別する理由はないと主張する学者もいる（例えば，Michael, 1975; Baron & Galizio, 2005）．例えば，空腹のラットがレバーを押して餌粒を得ると，

表1　強化と弱化（罰）の定義（左表）および快刺激と嫌悪刺激が通常示す強化・弱化（罰）の作用（右表）

	その後，反応が増加する	その後，反応が減少する		快刺激	嫌悪刺激
反応によって刺激が出現・増強する（提示型）	正の強化	正の弱化（罰）	与える	反応増加（正の強化）	反応減少（正の弱化〈罰〉）
反応によって刺激が消失・減弱する（除去型）	負の強化	負の弱化（罰）	取り去る	反応減少（負の弱化〈罰〉）	反応増加（負の強化）

それ以後はレバー押し頻度が高くなるという実験は正の強化の典型例であるが，レバー押しによって「空腹感」が弱められるととらえれば，負の強化とみなすこともできる．しかし，行動分析家は，「空腹感」のような構成概念を用いるよりも，具体的で直接操作可能な出来事（餌粒）に焦点を当てるべきであり，さらに「正/負」つまり「刺激の出現/消失」に留意することは行動と環境との関数関係の理解に役立つことから，「正/負」の区別は有意義である（Nakajima, 2006）．

●**逃避と回避の状況**　負の強化事態は，現前の嫌悪刺激を避ける逃避状況と，これから生じる嫌悪刺激を事前に避ける回避状況に大別できる．なお，逃避状況を「嫌子消失の随伴性」，回避状況を「嫌子出現阻止の随伴性」とよぶ行動分析家もいる（例えば，杉山他，1998）．

●**逃避と回避の学習**　ヒトを含む動物が行う逃避行動や回避行動には生得的なもの（生得的逃避の例：手足の皮膚に与えられた痛み刺激に対する屈曲反射，回避の例：天敵を臭いで察知して遭遇を避ける行動）もあるが，経験を通じて逃避や回避を学習することも少なくない．逃避学習では，現前の嫌悪刺激からの逃避反応を新たに獲得する．受動的回避学習は，嫌悪刺激が存在する危険な場所に近づかない学習である．「回避」という名がつけられているが，「その場所以外にいる」という消極的反応への負の強化と考えるよりも，「その場所に近づく反応」に対する正の弱化（罰）としてとらえた方が適切なことが多い．能動的回避学習は，特定の積極的反応によって嫌悪刺激の到来を防止あるいは延期するようになることで，最も研究が盛んである．

●**離散試行型回避**　能動的回避学習は警告刺激の有無によって2種類に分類でき

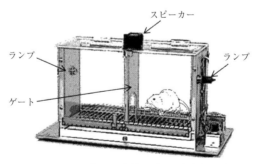

図1　シャトル箱の例（電撃は床から与えられる）
警告刺激（スピーカーから流れる音）が提示されている間に，隣室（ラットが右室にいる場合は左室，左室にいる場合は右室）に移動すると，電撃の到来を回避できる．光（ランプの点灯）を警告刺激とした実験もできる．回避行動を獲得したラットは，装置内を往復移動（シャトル運動）するので，シャトル箱と名づけられている．

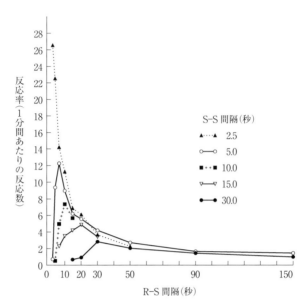

図2　1匹のラットのレバー押し反応率［Sidman, 1953をもとに作成］
この実験では，あらかじめ決められた時間間隔で電撃が与えられるが，レバー押し反応をすると電撃の到来を変更できる．反応しないときの電撃間の時間を Shock-Shock 間隔（S-S 間隔）といい，反応から電撃までの時間を Response-Shock 間隔（R-S 間隔）という．この図は様々な S-S 間隔，R-S 間隔の組合せで実施した諸条件の結果をまとめたもので，S-S 間隔と R-S 間隔が等しいときに最も反応率が高いことが見てとれる．

る．離散試行型回避は信号つき回避ともよばれ，嫌悪刺激の到来が光や音などによって警告（信号）されるものである．警告刺激の提示中に所定の反応を行うと警告刺激が停止し，嫌悪刺激の到来も回避できる．つまり，警告刺激は負の強化で形成・維持されるオペラントの弁別刺激である．離散試行型回避の実験はシャトル箱（図1）でラットを用いて行うことが多い．典型的な実験では，音（または光）が警告刺激として提示され，ラットが隣室へ移動しなければ電撃が嫌悪刺激として床から与えられる．警告刺激提示中に移動すれば警告刺激は止まり，電撃も与えられない．移動反応が確実に生じるまでは，警告刺激が電撃と何度も随伴提示される．このため，「警告刺激→電撃」のレスポンデント条件づけ（☞「レスポンデント行動」）が作用し，警告刺激も嫌悪性を帯びるようになる．その後，オペラント条件づけの負の強化（警告刺激から逃避する学習）が働くわけである．このように，回避学習に2種類の条件づけが含まれるとする立場（Mowrer, 1947）を二要因理論という．

●**自由オペラント型回避**　能動的回避学習は警告刺激のない状況でも生じる．これを自由オペラント型回避または信号なし回避という．通常，嫌悪刺激は一定間隔で与えられ，所定反応により延期可能である．この手続きは考案者の名からシドマン回避という（Sidman, 1953；図2）．シドマン回避では外的な警告刺激はないが，時間経過が反応の手がかりとなりうる．このため，時間経過を警告刺激とみなせば，二要因理論を適用可能である．自由オペラント型回避には，嫌悪刺激の提示間隔がランダムなものも含まれる．例えば，電撃が高頻度でランダムに与えられるが，レバーを押せば電撃頻度が低下するという手続きがある（Herrnstein & Hineline, 1966）．この場合，時間経過が反応手がかりにならないため，二要因理論では説明しづらい．つまり，回避反応が，不快な警告刺激からの逃避ではなく，電撃の消失そのものにより強化されうることを意味している．

●**回避学習における生物的制約**　嫌悪刺激は生得的で種に固有な防御反応を喚起する（Bolles, 1970）．例えば，ラットでは逃走・闘争・凍結（すくみ）が主たる防衛反応である．このため，回避学習の実験ではシャトル箱内での移動反応（逃走反応に相当）を回避反応とすることが多い．ラットにレバー押し反応を回避行動として形成するには長期訓練が必要で，最終成績も万全ではない．

●**ヒトにおける負の強化研究**　負の強化についての実験研究はきわめて多いが，そのほとんどはラットを用いた回避学習事態でなされたものである（正の強化研究で頻用されるハトが負の強化研究であまり使われないのは，ハトに電撃を効果的に与えるためには，電極を体内に埋め込む手術が必要だからである）．ラットで発見された回避反応の獲得と維持，消去，警告刺激の機能などに関する諸現象は，ヒトを対象とした実験的行動分析の諸研究においてもおおむね確認されている．ただし，言語行動の関与などヒトに特有の側面もみられる（Higgins & Morris, 1984）．しかし，嫌悪刺激を使用することに伴う倫理的問題のためヒトでの実験研究はまだ限られており，今後発展が望まれる（Crosbie, 1998）．また，応用行動分析学領域でもより多くの研究が必要である（Iwata, 1987）．例えば，Iwata et al. (1994) の報告では，自傷行動の原因の38％は嫌悪課題からの逃避・回避（負の強化）で，他者からの注目による強化や創傷部位からの感覚性強化（いずれも正の強化）が原因である事例はそれぞれ26％にとどまるという．負の強化の働きに関するより多くの応用研究も，行動理解の進展には必要であろう．

［中島定彦］

📖 **参考文献**

中島定彦 (2018). 逃避学習と回避学習　日本基礎心理学会（監修）　基礎心理学実験法ハンドブック（pp. 308-311）．朝倉書店

反応非依存強化

☞非随伴性強化 p.494

　オペラント条件づけでは，自発反応に随伴して生じる環境変化が反応を強化する．レバーを押して餌粒を得たラットは，頻繁にレバーを押すようになる．がんばって勉強してほめられた子どもは，熱心に勉強するようになる．これらの例では，環境変化（餌粒やごほうび）は反応（レバー押しや勉強）の有無に依存している．しかし，オペラント条件づけの仕組みは，反応したときたまたま偶然その環境変化が生じた場合にも作用する．これを，偶発的強化という．スキナー（Skinner, 1948a）は，ハトの行動とはまったく無関係に，15秒おきに餌を与えたところ，ハトごとに異なる反応が形成・維持されたことを報告しているが，随伴性という言葉はこのように「たまたま偶然にそうなる」という事例も含む包括的なものである．このため，反応が環境変化の原因である場合には，反応随伴性ではなく反応依存性という言葉を使用すべきだとの意見がある（Lattal, 1995；Reynolds, 1968）．しかし，偶発的強化によってどういった反応が強化されるかを予見することは難しく，標的の行動をあらかじめ設定して行う研究（行動分析学ではほとんどの研究が該当する）では，「随伴性」と「依存性」という言葉を同義に用いることが多い．このため，自発反応と無関係に強化子を提示する反応非依存強化手続きは，非随伴性強化（non-contingent reinforcement, NCR）手続きともよばれている．

●反応非依存強化手続きによる反応増加
標的行動と無関係に提示する強化子は偶発的強化を生じさせるだけでなく，興奮を喚起し，一般活動性を高めることによって，標的行動の頻度を一時的に増加することがある．図1は，水槽で個別飼育している12匹のトウギョを被験体としたオペラント条件づけ実験であり，標

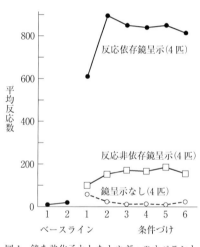

図1　鏡を強化子としたトウギョのオペラント条件づけ実験[Goldstein, 1967をもとに作成] 12匹のトウギョは個別水槽で1匹ずつ飼育された．反応依存鏡提示個体4匹と反応非依存鏡提示個体4匹は1匹ずつペアにされ（合計4ペア），前者が輪くぐりをするたび，前者にも後者にも鏡が提示された．鏡提示なしの4匹には実験期間中，鏡はまったく提示されなかった．なお，トウギョは鏡映像を他個体として攻撃する生得的傾向があり，鏡は攻撃行動の自発機会を与えることで強化子として機能すると考えられている．

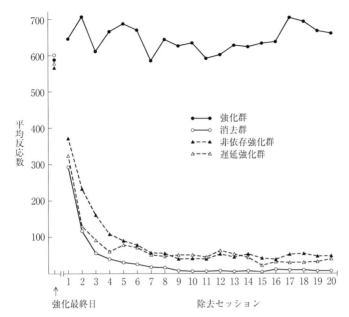

図2 消去手続きと反応非依存強化手続きによる反応除去［Rescorla & Skucy, 1969をもとに作成］
レバー押し反応を餌粒強化子で訓練した後，強化子をラットの行動と無関係に提示すると反応率が大きく低下する（非依存強化群）．ただし，強化子をまったく与えない消去群よりも低下速度は遅い．この図には，継続して反応を強化する群と，10秒遅延で強化する群の成績も示されている．

的行動は水中の輪くぐりである．輪くぐりをしても環境変化がないベースライン期には輪くぐり行動はほとんど見られない．条件づけ期において，輪くぐりをするたびに水槽の壁の一部が鏡に変化したトウギョは頻繁に輪くぐりをするようになった．注目すべき点は，自らの行動ではなく他個体の行動によって壁が鏡に変化したトウギョでも輪くぐり数がわずかながら増えていることである．輪くぐり行動を行ったときにたまたま壁が鏡になったために輪くぐり行動が増えた（偶発的強化）可能性もあるが，鏡映像によって生じる一時的興奮によって単に泳ぎまわる行動が増え（一般活動性の増大），輪くぐり数が増加したことが考えられる．

したがって，オペラント条件づけの正味の効果は，反応依存鏡呈示群と鏡呈示なし群の差ではなく，反応依存鏡呈示群と反応非依存鏡呈示群の差に反映されている．このように，反応非依存強化手続きは，オペラント条件づけの比較対照条件として用いられることがある．特に，過去に研究されていない動物種や反応，あるいは強化子について，オペラント条件づけが生じるかどうかを確認する実験では，反応非依存強化条件が不可欠であり，反応非依存強化条件で見られる反応頻度よりも高い反応頻度が反応依存強化条件で観察される必要がある．

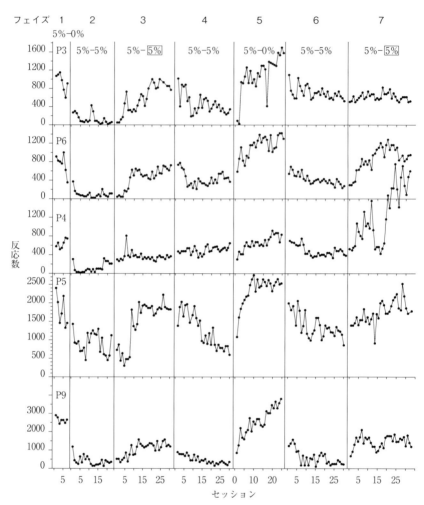

図3 反応非依存強化手続きによる反応減少と信号化効果［Hammond & Weinberg, 1984をもとに作成］
5匹のラット（P3, P6, P4, P5, P9）は摂水制限下にあり，強化子は少量の水である．1セッション（30分間）は1秒ごとのセグメントに分割され，各セグメントにおいて反応があった場合の強化率は5%である．反応がなかったセグメントで強化子が与えられる確率はフェイズによって異なり，第1および第5フェイズで0%，それ以外のフェイズでは5%であり，そのうち第3および第7フェイズでは反応非依存強化子はすべて，点滅光によって信号（予告）された．

●**反応非依存強化手続きによる反応減少** 標的行動に強化子を随伴させて強化した後，この随伴関係を崩して行動と無関係に強化子を与えれば，標的行動の生起頻度は低下する．このため，反応非依存強化手続きと通常の消去手続き（強化子

の完全撤去；☞「消去」）をまとめて，広義の消去手続きとすることがある（Rescorla, 2001）．ただし，通常の消去手続きと比べると，一般に低下速度は遅い（図2）．また，反応非依存強化手続き後に，通常の消去手続きに移行すると，反応が再出現する（Enkema et al., 1972）．なお，反応非依存強化手続きによって生じる反応減少は，反応非依存強化子を外的刺激によって信号することによって緩和できる（図3）．

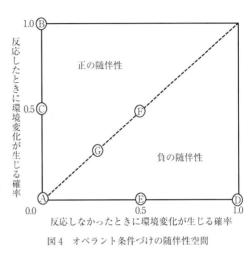

図4　オペラント条件づけの随伴性空間

●**反応非依存強化手続きの後続学習への影響**　標的行動と無関係に強化子を提示する手続きは，その後に行われるオペラント条件づけの獲得を阻害する．例えば，ラットの行動とは無関係に餌粒強化子を与える訓練を長期に行うと，その強化子を用いたレバー押し学習は遅滞する（Oakes et al., 1982）．この現象を学習性怠惰という．また，反応非依存強化手続きは，その後の電撃逃避学習も遅滞させる．反応を強化した後に反応非依存強化手続きに移行する処置を施した場合に，電撃逃避学習への悪影響が特に顕著である（Sonoda et al., 1991）．

●**オペラント条件づけの随伴性空間**　図4は，自発反応の生起確率と環境変化の生起確率の関係を図示したものである．Ⓐは反応の有無にかかわらず環境変化が生じないケースで，このような状況での反応自発頻度をオペラントレベルという．Ⓑは反応のたびに環境変化が生じるケースで，強化手続きでいえば，連続強化手続きがこれである（なお，強化だけでなく弱化に関しても同じ図を用いて随伴構造を表現できるが，ここでは割愛する）．部分強化手続きは，縦軸上のⒶとⒷを除くどこかに位置づけられる．例えば，Ⓒは反応に対して50％の確率で強化子が与えられる部分強化手続きである．一方，反応したときに強化子は与えられないが，反応しなければ強化子が与えられる他行動分化強化手続き（☞「強化による行動低減」）は，ⒹやⒺなど横軸上に位置づけられる．反応してもしなくても強化子提示確率が等しい反応非依存強化手続きは，ⒻやⒼのように，左下から右上に伸びる対角線上のどこかに位置づけられる．なお，通常の消去手続きは，随伴性空間において，ⒷからⒶへの変化として表現される．　　　　［中島定彦］

📖 **参考文献**

北口 勝也（2000）．無関係性事態における動物の学習と行動　動物心理学研究, 50, 1-11.

強化による行動低減

☞強化介入による行動低減 p. 490, 非随伴性強化 p. 494

オペラント条件づけの強化手続きは当該反応以外の行動の生起頻度を低下させることがある．本項目では，これを企図して行われる実験手続きについて紹介する．具体的には，標的行動を自発しなければ強化子を与える他行動分化強化（differential reinforcement of other behaviors, DRO）と，標的行動以外の特定の行動に対して強化子を与える代替行動分化強化（differential reinforcement of alternative behavior, DRA）について述べる．なお，強化による行動低減方法には，低反応率分化強化や標的行動とは無関係に強化子を与える反応非依存強化子提示操作を含める場合もあるが，これについては別項（☞「反応率分化強化」「反応非依存強化」）を参照されたい．また，こうした手続きの実践応用についても別項（☞「非随伴性強化」）を設けてある．

●**他行動分化強化**　DRO 手続きはレイノルズ（Reynolds, 1961c）がハトの行動対比（☞「行動対比」）を報告した実験で，統制条件として開発した実験操作である．この実験では，反応キーが赤色に点灯している間はそれをつつけば時々餌が与えられたが，緑色点灯中は一定時間つつかなければ餌を与えられた．「動物は生きている間，何らかの行動をしている」という立場からは，「キーをつつかない」ことは「他の行動をしている」ことと同義である．このため，反応キーが赤色のときにつつき行動が餌で強化されるように，緑色のときには他行動が餌で強

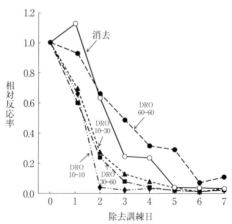

図1　ハトのキーつつき反応の除去［Topping & Crowe, 1977 をもとに作成］
消去群には強化子（餌）が与えられなかった．残り4群は他行動分化強化（DRO）手続きを受けた．用いた強化間時間・強化遅延時間（秒数）は群名に示されている．

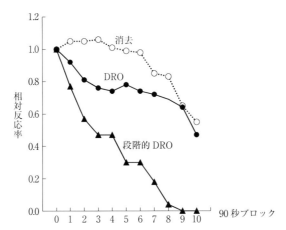

図2　小学生児童の電鍵押し反応の除去［Topping et al., 1975 の表中データをもとに作成］
消去群には強化子（1セント貨）が与えられなかった．DRO 群は強化間時間と強化遅延時間が10秒の他行動分化強化手続きを受けた．段階的 DRO 群では強化間時間・強化遅延時間が2秒→4秒→7秒→10秒と段階的に延長された．

化されるという意味で「他行動分化強化」という言葉が用いられた．ただし，実験操作上は，無反応分化強化（Lane, 1961）あるいは休止反応分化強化（Kelleher, 1961）とよぶ方がより適切であるとの意見もある（Zeiler, 1970）．また，同じ手続きが省略訓練と称されることもある．これは本来，「反応すると強化子が省略される」という実験操作の意味であるが（Kimble, 1961），「反応しなくなる」（反応が省かれる）という訓練結果をも反映した言葉になっている（Grant, 1964）．なお，標的行動に関しては，「反応すると強化子が与えられない」という負の弱化（除去型弱化）事態である（☞「弱化（罰）」）．

●**他行動分化強化手続きの実施方法**　レイノルズが用いた DRO 手続きでは，反応しなければ50秒間隔で餌が与えられ，反応すると餌提示が50秒間遅延するというものであった．餌を強化子とすると，「強化子-強化子」間隔（強化間時間），「反応-強化子」間隔（強化遅延時間）ともに50秒であるので，DRO 50秒と表記される．通常，強化間時間と強化遅延時間はこのように等しく設定されるが，異なる値にすることも可能であり，時間の長さを変動させる方法もある．なお，応用現場ではこれ以外の技法も開発されている．

●**他行動分化強化の有効性**　DRO 手続きの有効性は，強化間時間と強化遅延時間の値（図1）や導入方法の違い（図2）によって異なる．図1，2には消去手続きとの比較も示されているが，DRO 手続きの方が，総じて行動低減が迅速である．しかし，消去手続きの方が有効であるとの報告も少なくない（例えば，

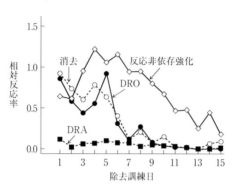

図3 1羽のハトのキーつつき反応の除去［Lowry & Lachter, 1977をもとに作成］
2つの反応キーのあるスキナー箱で訓練された．右キーの色はランダムな順番で青・赤・黄・緑のいずれかに点灯した．第1フェイズでは，どの色であっても右キーをつつけば変動間隔32秒で餌強化子が与えられた．第2フェイズでは，右キーが青のときは行動に関係なく餌強化子が与えられ（固定時間32秒スケジュールの反応非依存強化子提示手続き），赤のときはどのような行動にも餌強化子は与えられなかった（消去手続き），黄色のときは右キーに32秒間反応しなければ餌強化子が与えられた（DRO手続き）．緑色のときは，代替行動である左キーへの反応が固定間隔32秒で4秒のCODつきによって強化された（DRA手続き）．図3には第2フェイズの結果のみが示されている．

Cross et al., 1978；Uhl, 1973)．こうした齟齬は，標的行動の種類やそれを維持していた強化スケジュール，標的行動以外に可能な行動の有無と程度，強化子の弁別刺激や動機づけ機能などの違いに起因すると思われる．図1では，強化間時間・強化遅延時間が短いDRO手続きは，消去手続きよりも行動低減が迅速であるが，60秒のDRO手続きは消去手続きよりも非効率である．なお，消去手続きの場合，標的行動の低減後に強化子を動物の行動と無関係に提示すると，標的行動が再出現する復位効果が生じることがあるが，DRO手続きでは復位効果はほとんど見られず，これを「誘惑抵抗が高い」と表現することがある（Uhl & Garcia, 1969)．一方，DRO手続きから消去手続きに移行すると，行動が再出現することがある（例えば，Uhl & Homer, 1974)．

●**代替行動分化強化** 標的行動と異なる反応（代替行動）を強化するDRA手続きは，反応競合により標的行動を低減する．このとき，行動の系列（例えば，レバーを押してペダルを踏む）が誤って強化されないように，行動Aから行動Bまでの間に切換遅延(changeover delay, COD)を設けることがある．この場合，行動Aから所定の時間が経過しないと行動Bは強化されない．例えば，COD 5秒であれば，行動Aから5秒以上経過して初めて行動Bが強化される．なお，標的行動と同時に行うことが物理的に不可能な行動を強化する場合は，非両立行動分化強化(differential reinforcement of incompatible behavior, DRI)手続きとよび，両立可能な場合（狭義のDRA手続き）と区別することがある．例えば，レバー押し反応の除去時に，

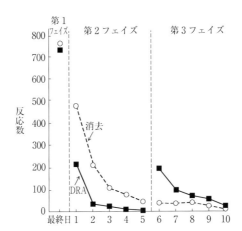

図4 ラットのレバー押し反応の除去と復活 [Leitenberg et al., 1970 をもとに作成]
第1フェイズではレバー押し反応を変動間隔30秒の強化スケジュールで訓練した．第2フェイズでは消去群は餌強化子の提示を中止し，DRA群は別のレバーへの押し反応を固定比率10回の強化スケジュールで訓練した．第3フェイズでは両群とも消去手続きであった（DRA群も別のレバーへの押し反応への強化子提示を中止した）．

遠く離れたペダルを踏むように訓練するのはDRI手続き（レバーを押しながらペダルは踏めない），近距離にあるペダルを踏むように訓練するのはDRA手続き（レバーを押しながらペダルを踏むことは可能）というように区別できる．しかし，この2つの手続きを厳密に区別できない場合も少なくない．このため，DRI手続きと狭義のDRA手続きを総称してDRA手続きとよぶことが多い．

●**代替行動分化強化の有効性** 一般に，DRA手続きは消去手続きやDRO手続きよりも標的行動の低減が速やかである（図3）．ただし，消去手続きよりも低減効果が小さいとする実験報告もある（Harman, 1973）．DRA手続きの有効性に影響しうる要因として，①代替行動の種類（自発頻度，標的行動との形式的類似性，標的行動からの距離など），②代替行動の強化の種類（正の強化〈提示型強化〉か負の強化〈除去型強化〉か，強化スケジュール，強化頻度など），③標的行動の種類（反応頻度や維持されていた強化スケジュールなど）などが考えられる（Leitenberg et al., 1975）．この他にCODの有無およびその値も影響するであろう．DRO手続きと同じく，DRA手続きでも消去手続きに移行すると，標的行動が復活する（図4）．これは，消去誘導性復活実験の3段階法（☞「消去後の反応再出現」）に該当する． ［中島定彦］

📖 参考文献
能見義博（1982）．行動の除去 佐々木正伸（編） 現代基礎心理学5—学習I（pp.151-167） 東京大学出版会

比率スケジュール

☞強化（単一強化）スケジュール p. 58，時隔スケジュール p. 218，反応率分化強化 p. 222，スケジュール誘導性行動 p. 230

　我々の行動（反応）には毎回必ず強化子が随伴するわけではない（連続強化）．多くの場合，強化子は反応に間欠的に随伴する（間欠強化・部分強化）．強化スケジュールとは，反応が強化子をもたらすのに適格かどうかの基準を詳述したものであると定義される（Catania, 1991）．

　前回の強化子提示から所定の反応回数を満たした反応に強化子を随伴させるスケジュールを比率スケジュールとよぶ．比率スケジュールはさらに2つに分けられる．固定比率（fixed-ratio, FR）スケジュールでは，強化子提示に必要な反応回数は常に一定である．例えば，FR 15と表記された場合，前回の強化子提示の後，15回目の反応に対して必ず強化子が随伴する．変動比率（variable ratio, VR）スケジュールでは，強化子提示に必要な反応回数が強化子提示ごとに変動する．例えば，VR 15と表記された場合，前回の強化子提示の後，平均して15回目の反応に対して強化子が提示するが，それが1回のときもあれば40回のときもあるといったように，強化子提示ごとに変動する．この他に，FRとVRの中間として，例えば，10回と20回の反応要求がランダムに繰り返されるスケジュールも見られる．これは広義にはVRであるが，2つのFRの混合スケジュールとして表現される場合も多い（☞「複合スケジュール」）．

　VRにおける反応回数の変動方法は3種類に大別される．上述のVR 15を例に説明する．1つ目は，等差数列もしくは等比数列を用いる方法である．等差数列を用いる場合，例えば，5, 10, 15, 20, 25のように平均値が15となる条件を満たす等差数列が用意される．等比数列を用いる場合，4, 8, 16, 32のように，こちらでも平均値が15となる条件を満たす等比数列が用意される．そしてこれらの数値がランダムな順序で適用される．

　2つ目はフレッシュラーとホフマン（Fleshler & Hoffman, 1962）の数式を利用する方法である．横軸に前回の強化子提示からの反応回数（反応回数は本来は離散変数だがここでは連続変数と仮定），縦軸に確率密度関数をとった確率分布を考える．もし強化子提示が反応回数に対してランダムならば，その分布は，反応回数の平均値をパラメータとする指数分布に従う．フレッシュラーとホフマンの式に従うと，この指数分布において，指定した個数分でその面積（確率）を等分する値が算出される．例えば，VR 15に従う10個の具体的な値を算出したい場合，平均値を15とする指数分布において，その全体確率である1を10等分する具体的な反応回数が計算される．ただし比率スケジュールでの反応回数は1, 2, 3という離散変数であるため，式から算出された数値は適宜四捨五入される．

そしてそれらの値がランダムな順序で適用されることで，疑似的に指数乱数が実現される．なお，この方法では算出する数値の個数が少ないほど指数分布からずれることになる．習慣的には10もしくは12の個数が用いられている．

3つ目の方法は，コンピュータにより乱数を生成させる方法である．例えば，反応ごとに0～1の範囲で一様乱数を1つ発生させ，その数値が1/15以下の場合にのみ強化子を提示するというプログラムにより，VR 15を実現できる．この方法は正確には乱動比率（random ratio, RR）スケジュールとよばれる．

どの変動のさせ方が優れているのか．VRスケジュールの設計目的は，反応回数が強化子提示の弁別刺激にならないようにすること，いい換えれば反応回数による強化確率の局所的な変化を抑えるということである．これに最も合致していないのが算術的VRである．前述の算術的VRの例では，強化子提示に必要な最小反応数は5であり，これより最初の4回の反応が必ず強化されないといった局所的な変化が存在する．一方，最も有効な方法はRRである．RRでは反応ごとに乱数が発生されるので，それ以前の反応回数の履歴がまったく影響しない．しかし乱数を使用する場合，例えば，RR 15を設定したうえで全体の強化確率を本当に1/15に収束させるには，ある程度長い期間のスケジュール遂行が必要になる．また，時には極端に大きな反応数が要求されてしまい，反応が消去されてしまう場合もある．これに対して，フレッシュラーとホフマンの方法によるVRを用いれば，算出した数値の個数の倍数の強化子提示でセッションを終えれば（例えば，10個の個数を算出したうえで10の倍数の強化子提示でセッションを終える），1セッション内だけでも当初の意図どおりのVR値に収束させることができる．以上の理由から，多くの研究ではRRもしくはフレッシュラーとホフマンの方法によるVRのどちらかが用いられている．

この他，特殊な比率スケジュールとして，累進比率（progressive ratio, PR）スケジュールがある．PRスケジュールでは，強化子提示に必要な反応回数が，強化子提示ごとに，等差数列（2, 4, 6, 8, …）もしくは等比数列（2, 4, 8, 16, …）により上昇していく．PRスケジュール下では，スケジュール値がある程度上昇した時点で，被験体は反応を止める．このときの比率はブレイク・ポイントとよばれ，強化子の価値の測定に使用されている．例えば，薬物自己投与実験において，ブレイク・ポイントの高い薬物ほど依存性が高いといった解釈がなされる（☞「行動薬理学」）．

●比率スケジュール下での反応遂行　図1左は，FRスケジュール下における反応の累積記録の例である．FRスケジュール下では，休止（停止）・走行パターンとよばれる反応パターンが生じる．これは，強化子提示後に現れる一定時間の休止（強化後休止，post reinforcement pause, PRP）と，その後に現れる，たいていは強化子提示まで続く高率の反応によって構成されている．なお，反応が生

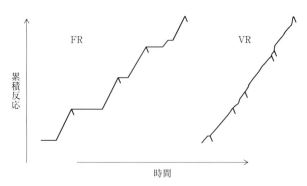

図1 固定比率（FR）スケジュールと変動比率（VR）スケジュールにおける累積記録の典型例［Mazur, 磯他訳 2008, p.145をもとに作成］

じている部分の局所的な反応率は走行（継続）反応率とよばれる．強化率が高い（FR値が低い）ほどPRPが短くなるが，走行反応率にはほとんど影響しない（Felton & Lyon, 1966）．そしてこうしたFRスケジュール下での反応遂行には，計数という弁別オペラントが大きく影響している（Mechner, 1958）．

図1右は，VRスケジュール下における反応の累積記録の例である．VRスケジュール下では，FRスケジュールと異なり，ほぼ一定で高率の反応が生じる．反応回数が弁別刺激とはならないため，長いPRPとその後の高率の反応といったパターンも生じない．ただしより詳細に分析すれば，動物はVRスケジュール下でも，高率で反応する反応群発期と，まったく反応しない休止期を繰り返すことが明らかとなっている．そしてFRスケジュールと同じく，強化率が大きい（VRスケジュール値が低い）ほど休止期は短くなる（展望として，Shull, 2011）．

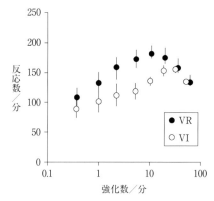

図2 VRスケジュールとVIスケジュールの反応率の差［Baum, 1993, p.251, Fig.4をもとに作成］
4羽のハトの平均値を示している（エラーバーは標準誤差）．強化率が小〜中程度の場合，VRでより高反応率となる．

●**比率スケジュールと時隔スケジュールの反応遂行の違い**　強化率を等しくしたVRスケジュールと変動時隔（variable interval, VI）スケジュール（☞「時隔スケジュール」）を比較すると，前者でより高い反応率が見られる（図2）．確立操

作の程度や強化率が等しいにもかかわらず反応率に違いが表れるこのVR-VI反応率差は，行動制御における強化スケジュールの重要性を示すものとしておおいに注目された（Ferster & Skinner, 1957）．VR-VI反応率差を説明する1つの説は「巨視的」とよばれる．この説は，比率スケジュールでは反応数と強化数とが正の相関関係にある（歩合給に類似）が，時隔スケジュールではそうではなく（最低限の労働が求められる時間給に類似），被験体はこの違いを弁別しているため，比率スケジュールでより高反応率を示すという考え方をする．もう1つの説は「微視的」とよばれる．この説は，個々の反応とその次の反応との時間間隔である反応間時間（interresponse time, IRT）に注目する．強化子提示が時間経過に依存するVIスケジュールでは長いIRTに強化子が随伴しやすいが，強化子提示が反応回数に依存するVRスケジュールではIRTの長さは強化確率に影響せず，こうした微視的な強化随伴性（あるいは分化強化）の違いがVR-VI反応率差をもたらすという考え方をする．強化随伴性のとらえ方が大きく異なる両説をめぐって長年にわたり研究が行われてきたが，現在では微視的な説が有力視されている（展望として，丹野・坂上，2011；Tanno & Silberberg, 2012）．

また，比率スケジュール下でのみ見られるもう1つの現象として比率負担がある．比率負担とは，スケジュール値が非常に高い比率スケジュール（例えば，FR 1000）のもとでは，徐々に長い休止が見られるようになり，最終的には反応が消去してしまう現象である．時隔スケジュール下では，たとえスケジュール値が高くとも，長期間の休止を経た場合には次の反応にほぼ確実に強化子が随伴するため，消去までにはいたらないケースがほとんどである．

●**日常場面の比率スケジュール**　強化スケジュール研究の目的の1つは，我々の日常生活における強化スケジュールを抽出し，それを実験的に検討することである．日常場面におけるFRスケジュールの例は歩合給であろう．例えば，何かの広告チラシを100枚配布するごとに1000円の報酬が発生する場合，100枚配布ごとにPRPのような休止が現れることが予測される．また日常場面におけるVRスケジュールの例としてギャンブルがあげられる．例えば，スロットマシーンは，反応回数の多さと報酬を得る回数が比例し，かつ報酬を得るまでの反応回数が固定されていない．そしてこうしたスケジュールのもとでは，時として病的なほど高率で反応してしまう場合があることは周知のとおりである（我々の日常行動をスケジュールを通して分析する際の留意点については☞「時隔スケジュール」）．　　［丹野貴行］

📖 **参考文献**

Mazur, J. E. (2006). *Learning and behavior* (6th edition). Prentice-Hall.（メイザー，J. E. 磯 博行他（訳）（2008）．メイザーの学習と行動　日本語版第3版　二瓶社）
坂上 貴之・井上 雅彦（2018）．行動分析学　有斐閣

時隔スケジュール

☞強化（単一強化）スケジュール p.58, 比率スケジュール p.214, 反応率分化強化 p.222, スケジュール誘導性行動 p.230, 消去 p.238, 弁別学習訓練 p.280, 計時行動 p.296

我々の行動（反応）には毎回必ず強化子が随伴するわけではない（連続強化）．多くの場合，強化子は反応に間欠的に随伴する（間欠強化・部分強化）．強化スケジュールとは，反応が強化子をもたらすのに適格かどうかの基準を詳述したものであると定義される（Catania, 1991）．

前回の強化子提示から所定の時間経過後の初発反応に強化子を随伴させるスケジュールを時隔スケジュールとよぶ．時隔スケジュールはさらに2つに分けられる．固定時隔（fixed-interval, FI）スケジュールでは，強化子提示に必要な経過時間は常に一定である．例えば，FI 15秒と表記された場合，前回の強化子提示から15秒経過後に強化子提示準備状態となり，その後の初発反応に対して強化子が随伴する．変動時隔（variable interval, VI）スケジュールでは，強化子提示に必要な経過時間が強化子提示ごとに変動する．例えば，VI 15秒と表記された場合，前回の強化子提示から平均15秒経過後に強化子提示準備状態となるが，それが1秒のときもあれば30秒のときもあるといったように，強化子提示ごとに変動する．この他に，FIとVIの中間として，例えば，10秒と20秒の要求値がランダムに繰り返されるスケジュールも見られる．これは広義にはVIであるが，2つのFIの混合スケジュールとして表現される場合も多い（☞「複合スケジュール」）（Ferster & Skinner, 1957）．

VIにおける経過時間の変動のさせ方は，比率スケジュールでのそれと同じであり，項目「比率スケジュール」を参照されたい．両者で異なるのは，比率スケジュールでは前回の強化子提示からの「反応回数」であるものが，時隔スケジュールではそれが「経過時間」になるという点のみである．また，乱動比率スケジュールに相当するものとして乱動時隔（random interval, RI）スケジュールがある．例えば，1秒経過ごとに0～1の範囲で1つの一様乱数を発生させ，その数値が1/15以下の場合にのみ強化子提示準備状態にするというプログラムにより，RI 15秒が実現される．

時隔スケジュールに類似のものとして時間スケジュールがある．こちらも固定時間（fixed-time, FT）と変動時間（variable time, VT）とに分類される．時隔スケジュールと時間スケジュールの大きな違いは，強化子提示に際して反応が求められるか否かである．時隔スケジュールでは所定の時間が経過した後の初発反応に対して強化子が提示されるが，時間スケジュールでは時間経過により自動的に強化子が提示される．

特殊な時隔スケジュールとして累進時隔（progressive interval, PI）スケジュー

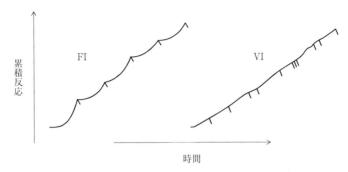

図1 固定時隔（FI）と変動時隔（VI）スケジュールにおける累積記録の典型例［Mazur, 磯他訳 2008, p.145 をもとに作成］

ルがある．PI スケジュールでは，強化子提示に必要な経過時間が，強化子提示ごとに，等差数列（2，4，6，8，…）もしくは等比数列（2，4，8，16，…）により上昇していく（☞「比率スケジュール」）．

時隔スケジュールに関連する手続きとして制限時間（limited hold, LH）がある．時隔スケジュール下での強化子提示準備状態は，通常，反応によりその強化子が回収されるまで続く．LH はこれに制限時間を設ける手続きであり，その時間以内に回収されなかった強化子提示準備状態はキャンセルされる．LH を短くすると，被験体はある程度以上の反応率を保たない限り強化子が得られないという一種の高反応率分化強化（☞「反応率分化強化」）となり，反応率が上昇することが知られている（Ferster & Skinner, 1957）．

●**時隔スケジュール下での反応遂行**　図1左は，FI スケジュール下における反応の累積記録の例である．FI スケジュール下では，強化子提示後に一定時間の強化後休止（post reinforcement pause, PRP）が出現し，その後 FI に設定された時間が近づくにつれて徐々に高率の反応となっていく．この扇形の累積記録の形状は，ホタテ貝（scallop）に類似していることからスキャロップと表現され，その曲がり具合を数値的に表現する曲率指標も開発されている．なお，FI スケジュールを長期間経験すると，固定比率（fixed-ratio, FR）スケジュールのような休止（停止）・走行パターンが出現するという報告もある（Schneider, 1969；☞「比率スケジュール」）．FI における PRP の長さは，強化率が大きいほど短くなる（Shull, 1970）．そしてこうした FI スケジュール下での反応遂行には，計時という弁別オペラントが大きく影響している（Roberts, 1981）．

図1右は，VI スケジュール下における反応の累積記録の例である．VI スケジュール下では，FI スケジュールと異なり，ほぼ一定で中程度の反応率が出現する．経過時間が弁別刺激とはならないため，PRP とその後の反応率の上昇といったパターンも生じない．ただしより詳細に分析すれば，動物は VI スケ

ジュール下でも，高率で反応する反応群発期と，まったく反応しない休止期を繰り返すことが明らかとなっている．そして FI スケジュールと同じく，強化率が大きい（スケジュール値が小さい）ほど休止期は短くなる(展望として，Shull, 2011)．

VI スケジュールは，ほぼ一定で中程度の反応率を生成することから，他の変数を検討する際のベースラインとして用いられやすい (Sidman, 1960)．こうした研究では，VI スケジュールにおいて反応率が安定した後，強化率（強化率が 0 である消去も含む），強化量，強化遅延，確立操作，反応労力，薬物，弁別刺激といった諸変数が系統的に操作され，反応率との関数関係が明らかにされる．例えば，図 2 は，VI

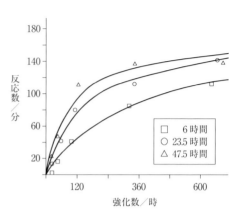

図2　VI スケジュール下における反応率と強化率の関係 [Heyman & Monaghan, 1987, p. 387, Fig. 2 をもとに作成]

凡例は摂食遮断時間であり，長いほど動機づけが高い状態ということになる．強化率が高いほど，また摂食遮断時間が長いほど，反応率が高くなることが示されている．なお図中の線は Herrnstein (1970) のモデルをデータに適合させたものである（詳しくは☞「選択行動」）．

スケジュール下において強化率と確立操作（摂食遮断時間）を操作し，その下で得られた反応率をプロットしたものである．こうした図は強化率や確立操作と反応率との量的な関数関係を示すものとして，多くのモデル研究に利用されている．これが FR や FI だと，休止・走行パターンやスキャロップといった特定のパターンが出現してしまうため，反応率との関係という形での理解が難しい．また変動比率（variable ratio, VR）スケジュールでは，反応率が最初から高率であるため（☞「比率スケジュール」），天井効果により，反応率を上昇させる変数を検出しづらい．

なおこれに関連して，強化率や確立操作を等しくした VR スケジュールと VI スケジュールを比較すると前者でより高い反応率がみられ，行動制御における強化スケジュールの重要性を示すものとして注目されている（詳しくは☞「比率スケジュール」）．

●ヒトとその他の動物の比較　強化スケジュール下での反応遂行をヒトとそれ以外の動物とで比較すると，FI スケジュール下でのそれに大きな違いが出る．ヒト以外の動物では上述のスキャロップがみられるが，これに対してヒトでは，FI を満たす強化後休止の後に 1 回のみ反応をするか，あるいは休止をせずに一定の反応を示し続ける (Weiner, 1983)．こうした違いが出る原因として，①ヒ

トでも幼児ではスキャロップがみられることから，何らかの言語的ルールが影響している，②ヒトを用いた実験における実験時間の短さ（たいていは1時間程度かそれ以下），③強化子の違い（ヒトの実験では，場合によっては金銭に変換可能なポイント），などが指摘されている（Shull & Lawrence, 1998）．

●**日常場面の時隔スケジュール**　強化スケジュール研究の1つの目的は，我々の日常生活における強化スケジュールを抽出し，それを実験的に検討することである．日常場面におけるFIスケジュールとは，所定の時間経過後に反応が強化される場面だと考えられる．具体的な例として，授業の残り時間の確認があげられる．たいていの学生にとって，授業終了は強化子になり，それを知らせる時計の針の進行は条件強化子になる．この時計を確認する行動は，授業終了が近づくにつれて徐々に増加していくだろう．またWEBゲームなどでの定時イベントもFIスケジュールに相当しよう．例えば毎日午後5時に何かしらのイベントが発生し，かつそのイベントが5分程度で終了してしまうものならば，午後5時が近づくにつれてログイン数は徐々に増加していくだろう．

日常場面におけるVIスケジュールとは，ある程度の時間経過後に反応が強化されるが，その時間が正確にはわからない場面だと考えられる．具体的な例として，重要なメールをチェックする行動があげられる．例えば，学校の合格通知が本日中にEメールで届くとして，しかし何時に届くかわからないという場合には，中程度で一定の反応率によりメールを確認する行動が出現するだろう．この他，CM中にチャンネルを変えて一定時間後にそれをもとの番組に戻す行動や，お気に入りのWEBサイトの更新確認などもVIスケジュールに相当するだろう．

ただし，我々の日常場面をスケジュールになぞらえて理解することには注意も必要である．例えば，上述のWEBゲームのイベントは，正確にいえばFIにLHをつけたものである．現状知られているスケジュールの多くはファースターとスキナー（Ferster & Skinner, 1957）で登場したものだが，そうしたスケジュールの設計にあたり，当時の実験装置上の制約も大きく影響している．人間社会のスケジュールは相当に複雑であるが，その複雑さをそのまま実現することは難しかったのである．スケジュールを通して日常場面の行動を分析する際には，こうした限界にも留意する必要がある．　　　　　　　　　　　　　　　　[丹野貴行]

📖 **参考文献**

Mazur, J. E. (2006). *Learning and behavior* (6th edition). Prentice-Hall.（メイザー，J. E. 磯 博行（訳）(2008). メイザーの学習と行動　日本語版第3版　二瓶社）

坂上 貴之・井上 雅彦（2018）．行動分析学――行動の科学的理解をめざして　有斐閣

反応率分化強化

☞ 強化（単一強化）スケジュール p.58，強化（複雑な強化）スケジュール p.62，比率スケジュール p.214，時隔スケジュール p.218

　反応のもつさまざまな属性のうち特定の性質について選択的に強化することを分化強化という．その代表例が，低反応率分化強化（differential reinforcement of low rates, DRL）および高反応率分化強化（differential reinforcement of high rates, DRH）であり，これらはファースターとスキナー（Ferster & Skinner, 1957）の *Schedules of reinforcement* にも取り上げられた主要な強化手順である．DRL スケジュールでは，所定時間を超える間隔で自発された反応を強化する．具体的には，DRL 20 秒であれば，直前の反応から 20 秒を過ぎて自発された反応を強化する．もし，20 秒以内に反応が自発されると，予定されていた強化子提示はさらに 20 秒延長する．つまり，DRL スケジュールは長い反応間時間（interresponse time, IRT）をもつ分散反応の分化強化であり，これによって低反応率を実現する（数学的にいえば，反応率は IRT の逆数である）．一方，DRH スケジュールでは，所定時間内に一定数を超える反応があった際に強化子を与える．例えば，反応してから 1 秒以内に 3 回以上の反応があると，その 1 秒の終了時点で強化子を提示する．DRH スケジュールでは所定時間内に定数を超える反応を自発した場合に強化子が提示されるため，結果として高反応率をもたらす．

●**低反応率分化強化**　DRL スケジュールの原型はスキナーの著作 *Behavior of organisms* において強化技法の一種として登場する（Skinner, 1938）．スキナーは IRT が 15 秒を超える反応だけを強化した．前述のように，DRL スケジュールは IRT の分化強化スケジュールであるため，IRT>t スケジュール（t は所定

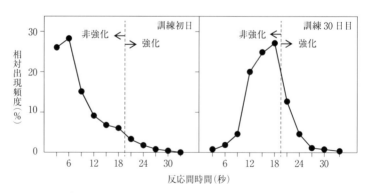

図 1　DRL20 秒スケジュールにおける 1 匹のラットのレバー押し反応の反応間時間の相対出現頻度［Kelleher et al., 1959 をもとに作成］
破線は強化基準であり，その右側の反応のみ強化された．

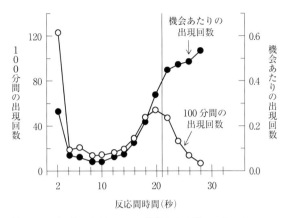

図2 DRL 20秒スケジュールで訓練した1羽のハトのキーつつき反応の反応間時間の度数分布と機会あたりの出現回数
[Staddon, 1965をもとに作成]

時間を意味する）と表記されることもある（Kramer & Rilling, 1970; Lattal, 1991）．DRL スケジュールの所定時間（DRL 値）が長いときには反応を適切に自発することは容易でない．例えば，図1に示したラットでは30日間の訓練を行っても，20秒の強化基準を満たす反応は20％程度（破線の右側の相対出現頻度の総和）にすぎない．図2中の白丸はDRL 20秒で1か月余り訓練した1羽のハトのIRT分布であるが，やはり強化基準を満たす反応は少ない．なお，この図では，きわめて短いIRT（短時間での連続的反応）が多いことも特筆される．ハトではほとんどの個体でこうした反応頻発（バースト）が生じ，強化基準を満たすIRTの割合はラットよりも少ない．これは種差というよりも，キーつつき反応とレバー押し反応の違いであり，ハトでもペダル踏み反応にすると反応頻発は見られない（Hemmes, 1975; Richardson & Clark, 1976）．また，キーの動きを重くすれば，強化基準を満たす反応の割合が増える（Topping et al., 1971）．なお，このときハトの行動を観察すると，反応として検出されないほど弱くキーをつついている．DRL スケジュールでは，所定時間まで反応しないで「待つ」ことと所定時間になったら「反応する」こととの相克が生じる．このため，「待つ行動」を促進する手続きはDRL スケジュールでの成績を向上させる．例えば，ラットの場合，装置内に木片を入れて自由に噛むことができるようにしておくと，強化基準を満たすレバー押し反応の割合が増える（Laties et al., 1969）．また，IRT がDRL 値を過ぎると外部刺激を提示するようにすると，強化基準を満たす反応の割合が増える（Ellen & Butter, 1969）．

いっぽう，実験箱を狭くするとハト（Frank & Staddon, 1974）やラット

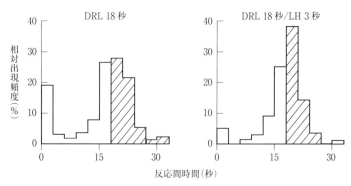

図3 DRL 18秒スケジュールにおける1匹のラットのレバー押し反応の反応間時間の相対出現頻度［Laties et al., 1969をもとに作成］
左パネルは制限時間（LH）がない通常のDRLでの成績，右パネルは3秒のLHが付加されたDRLでの成績．斜線部は強化された反応を示す．

(Glazer & Singh, 1971）のDRLスケジュールでの成績は悪くなる．つまり，所定時間までに反応してしまい，強化子が得られない．これは，狭い空間では歩き回るなど「待つ行動」が生じにくいためである．つまり，DRLスケジュールで強化されるのは，レバーやキーといった操作体への反応そのものではなく，「待ってから操作体に反応する」という行動連鎖（☞「連鎖化：基礎」）だと考えられる（Holz et al., 1963; Wilson & Keller, 1953）．なお，こうした実験状況で「待つ行動」は最終的に強化される操作体への反応につながる仲介行動であり，操作体への反応に付随して生じる行動でもある．

ところで，図1や図2中の白丸はいささか誤解を生む表現である．なぜなら，長いIRTをもつ反応は短いIRTをもつ反応よりも生起機会が少ないからである．例えば，20秒のIRTをもつ反応は5秒のIRTをもつ反応に比べて生起機会は1/4である（20秒間に20秒IRTは最大1回だが，5秒IRTは4回生起できる）．したがって，IRT分布を描く場合には，縦軸を機会あたりのIRT回数（IRT per opportunity, IRT/Op）に補正すべきである（Anger, 1956）．具体的には，100回の反応の分布図を2秒の階級幅で描く場合，第1階級（0〜2秒）におさまるIRTをもつ反応が30回だったとすれば，第1階級のIRT/Opは30÷100で0.3となる．残りは反応は残り70回であるから，第2階級（2〜4秒）に反応7回があったとすれば，IRT/Opは7÷70で0.1となる．第3階級（4〜6秒）以降も同様に計算する．図2の黒丸はそのように補正したものである．

●**計時行動研究への適用** DRLスケジュールは動物の計時行動を研究する道具としても使用されてきた（Lejeune et al., 2006）．さらに，DRLスケジュールをもとにして，時間弁別課題により適した技法も開発されている．例えば，2本の

レバーがある状況で，レバー A を押してからレバー B を押すまでの時間が所定値を超えていれば強化する最小間隔固定（fixed-minimum-interval, FMI）スケジュールがある（Mechner & Guevrekian, 1962）．また，反応持続時間分化強化（differential reinforcement of response duration, DRRD）スケジュールでは，一定時間を超えて反応し続けると強化される（Catania, 1970）．この強化技法はスキナーによって最初に試みられている（Skinner, 1938）．さらに，前反応からの時間（IRT）ではなく，光や音などの刺激提示からの時間（反応潜時）を強化基準とする長潜時分化強化（differential reinforcement of long latency, DRLL）スケジュールなども考案された（Catania, 1970）．なお，DRL スケジュールに強化可能な制限時間（limited hold, LH）を設ける試みはファースターとスキナーの *Schedules of reinforcement* ですでに報告されている．適切な LH 値を設定すると，より正確な計時行動が形成できる（図3）．LH つき DRL スケジュールは分散反応分化強化ともよばれる（Catania, 1970）．

●**高反応率分化強化** DRH スケジュールを IRT の分化強化としてとらえると，IRT<t スケジュールである．つまり，所定時間（t）よりも短い IRT をもつ反応が自発されるたびに強化することになる．しかし，ラットのレバー押しやハトのキーつき反応は高速でなされるため，短い IRT をそのまま分化強化するのは難しい．そこで，反応から t 秒以内に n 回以上の反応があったときに強化子を提示するといった方法が採用された（Ferster & Skinner, 1957）．なお，このとき，$n=1$ であれば，IRT<t スケジュールである．また，高速反応に IRT<t スケジュールを直接適用すると，強化頻度が高くなってしまう．このため，DRHスケジュールは他の強化スケジュールと組み合わせて用いることが多い．例えば，30秒の変動時隔強化スケジュールに0.3秒の DRH スケジュールをつないで，強化子提示から平均して30秒以上経過した後の最初の反応から0.3秒以内に次の反応があったときに強化するといった方法が用いられる（Blackman, 1968b）．

●**実験室外への適用** 実験的行動分析において DRL は計時行動研究に使用されることが多いが，応用行動分析ではその名のとおり，標的行動の頻度を低下させる技法として位置づけられている（☞「強化介入による行動低減」）．これに対し，DRH は応用場面では，標的行動を迅速に行わせる場合に使用される．例えば，時間内に食事を終わらせる行動を形成したり（Girolami et al., 2009），手際よく作業させたり（Horner et al., 1979）といった場面で活用されている． ［中島定彦］

📖 **参考文献**

岩本 隆茂（1982）．強化スケジュール 佐々木 正伸（編） 現代基礎心理学5―学習Ⅰ：基礎過程（pp. 115-149）東京大学出版会

岩本 隆茂・高橋 雅治（1988）．オペラント心理学―その基礎と応用 勁草書房

複合スケジュール

☞強化（複雑な強化）スケジュール
p. 62, 選択行動の理論 p. 354

　強化スケジュールは単独で働くこともあるが，複数のスケジュールが組み合わさって作動することも多い．例えば，日常生活で私たちは様々な選択にさらされているが，ここでは複数のスケジュールが同時に提示されている（☞「選択行動」）．また日常生活は自宅→学校や職場→自宅……というサイクルを繰り返すが，各場面では異なったスケジュールが有効となっており，ある場面でのスケジュールの変化は他の場面での行動に影響を及ぼすかもしれない（☞「行動対比」）．このように強化スケジュールは，それ単独の働きだけでなく，複数のスケジュールの組合せとして理解する必要がある．複数のスケジュールが組み合わされて構成されるスケジュールを，複合スケジュールとよぶ．複合スケジュールにおいて，各スケジュールは成分ともよばれる．

　「強化（複雑な強化）スケジュール」でも述べたように，複合スケジュールは，各スケジュールの提示が同時的か継時的か，またスケジュール間で相互関係があるか独立しているかの観点から分類できる（「強化（複雑な強化）スケジュール」の表1参照）．以下ではその分類に従って，代表的な複合スケジュールについて解説していく．また最後に，特殊な複合スケジュールとして調整スケジュールと二次スケジュールについても扱う．なお複合スケジュールを構成するスケジュール数は，理論的には無数の組合せを考えることができるが，本項目では特に断りのない限り2つのスケジュールの組合せを想定する．

●**継時的で独立した複合スケジュール**　代表的スケジュールとして，混成（多元），混合，連鎖，連接があり，各スケジュールは時間的に別々に提示され，それらは独立して働く．さらに，各スケジュールを示す弁別刺激の有無と，各スケジュールで強化子が提示されるかどうかによっても区別される（「強化（複雑な強化）スケジュール」の図1参照）．

　混成（多元）スケジュールでは，スケジュールを示す弁別刺激が異なり，各スケジュールで強化子が提示される．各スケジュールは交互もしくはランダムに提示され，1セッションにおける各スケジュールの提示回数は通常は等しい．混成スケジュールはさらに，強化子の提示によって次のスケジュールに移行するタイプ（例えば，Crossman, 1968）と，設定時間の経過によって移行するタイプ（例えば，Nevin, 1974）に分けられる（図1）．後者において設定時間は1～5分の範囲で設定されることが多く，設定時間内であれば何度でも強化子を得ることもできるし，逆に設定時間内に1回も強化子が提示されないこともある．また各スケジュールの独立性を高めるために，スケジュール間に一定時間のタイムアウト

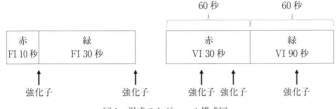

図1　混成スケジュール模式図

を挿入することも多い（☞「タイムアウト」）．混成スケジュールは，行動対比現象（☞「行動対比」）や変化抵抗研究（☞「行動モメンタム：基礎」）など，ある独立変数の効果を複数のスケジュール間で比較する様々な実験場面において用いられる．また混合スケジュールは，スケジュールを示す弁別刺激に違いがない点を除き，混成スケジュールと手続きは等しい．混合スケジュールは，弁別刺激がない場合でも異なるスケジュールを区別できるのかなど，混成スケジュールの統制条件としてスケジュールに対する感度を調べる際に用いられる（Lattal, 1973）．

　連鎖スケジュールでは，スケジュールを示す弁別刺激が異なり，また各スケジュールの提示順序があらかじめ決まっている．各スケジュールでの反応要求を満たすと，次のスケジュールに移行し，最後のスケジュールの反応要求を満たすことによって強化子（動物を用いた実験場面では餌などの無条件強化子）が提示される．次のスケジュールに移行する際の新しい弁別刺激の提示が条件強化子として機能し，連鎖スケジュールにおける反応を維持する．例えば，連鎖 FR 5 FI 60 秒は，ある弁別刺激のもとで FR 5 を遂行すると，異なった弁別刺激で示される FI 60 秒に移行し，FI 60 秒を遂行した後に強化子が提示される（図2）．連鎖スケジュールが2つのスケジュールで構成される場合，前半と後半のスケジュールをそれぞれ初環，終環とよぶことが多い．連鎖スケジュールは，条件強化子の効果を検討する実験など，様々な実験場面で用いられている（Catania et al., 1980；Kelleher & Gollub, 1962）．また連接スケジュールは，スケジュールを示す弁別刺激に違いがない点を除き，連鎖スケジュールと手続きは等しい．連接スケジュールはあるスケジュールに付加的な反応要求をする場合に用いられることもある．例えば，連接 FR 1 FI x 秒では，FI スケジュールを開始する際に必ず1反応が必要とされる（Shull, 1970）．

● **同時的で独立した複合スケジュール**　代表的スケジュールとして，並立，共立スケジュールがある．並立スケジュールは，複数の操作体（オペランダム）への反応に対して，スケジュールが独立して同時に有効となっているスケジュールである．操作体は，同時に操作できないように空間的に分離して配置されている．

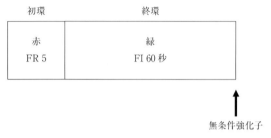

図2　連鎖スケジュール模式図

そのため左右といった空間的位置が弁別刺激として機能するが，通常は色光も用いて明確に操作体を区別する．個体は反応するスケジュールを選択する必要があるため，並立スケジュールは選択行動の研究で用いられる(Herrnstein, 1961)(☞「選択行動」)．被験体にハトを，操作体にキーを用いた場合，切り換えキー型とよばれる並立スケジュールも考案されている．切り換えキー型では，2つの操作体のうち一方は，切り換えキーとして，もう一方は反応キーとして利用される．反応キーには選択対象となるスケジュールが設定され，色光などの弁別刺激によって区別される．切り換えキーに反応することで，反応キーに設定されたスケジュールが切り替わり，個体は各スケジュールに対する反応を反応キーで行う．切り換えキー型並立スケジュールでは，比較対象となるスケジュールが同時に提示されないため，各スケジュールでの滞在時間が正確に測定できる．また位置による選好バイアスも生じにくい．切り換えキー型の並立スケジュールは，発案者の名にちなんでフィンドレイ型とも称される（Findley, 1958）．

共立スケジュールは，複数ではなく単一の操作体への反応に対して，複数のスケジュールが同時に独立して有効となっているスケジュールである．操作体への反応は，複数のスケジュールにとって有効であり，例えば，共立 FR 30 FI 60 秒では，仮に 20 回反応を行ったところで 60 秒が経過すれば，21 回目の反応が FI 60 秒で強化される．強化後に 9 回の反応があれば（60 秒以内に），今度は FR 30 で強化される．また，各スケジュールで用いられる強化子が異なる場合もあり，ある反応が，餌の提示と電気ショックの回避をもたらすこともある（Kelleher & Cook, 1959）．

●**同時的で相互関係のある複合スケジュール**　代表的スケジュールとして，論理積，論理和，連動スケジュールがあり，いずれも同一の操作体に対して複数のスケジュールが何らかの相互関係をもちながら同時に働く（これらのスケジュールの図解は，「強化（複雑な強化）スケジュール」を参照）．これらのスケジュールを複雑スケジュールとよぶこともある．また論理積スケジュールと論理和スケジュールでは，FI と FR スケジュールの組合せを用いることが多いため，以下の説明もその組合せを用いる．

論理積スケジュールでは，強化のためには，同時に有効な複数のスケジュールのすべての強化基準を満たす必要がある（Herrnstein & Morse, 1958）．例えば，

論理積 FI 60 秒 FR 30 は，前回の強化子提示から 60 秒以上経過しており，また 29 回の反応が生起している場合の次の反応に対して強化子が提示される．論理和スケジュールは，同時に有効な複数のスケジュールのうち，どれか1

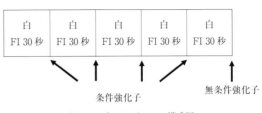

図 3　二次スケジュール模式図

つの強化基準を満たせば強化子が提示されるスケジュールである（Rider, 1980）．一方のスケジュールで強化された後は，もう一方のスケジュールに関する経過時間や遂行反応数といった情報はリセットされ，新規にスケジュールが開始される．例えば，論理和 FI 60 秒 FR 30 では，60 秒が経過する以前に 30 回反応が生起するか，反応数は 30 回未満であるが 60 秒経過後に反応が生起するかのどちらかが生じれば強化子が提示される．連動スケジュールは，同時に有効な複数のスケジュールにおいて，一方の強化基準の変化と連動してもう一方の強化基準も変化するスケジュールである（Berryman & Nevin, 1962 ; Rider, 1977）．遂行反応数の増加にともなって必要経過時間が増減したり，逆に，時間経過にともなって必要反応数が増減する連動スケジュールが考えられる．

●**特殊な複合スケジュール**　調整スケジュールは，ある強化スケジュールの設定値（必要経過時間や要求反応数）が，他の強化スケジュールに対する個体の反応に依存して変化するスケジュールである．例えば，FR スケジュールの強化後休止の長さに依存して，後続するスケジュールの値を変化させたり（Kelleher et al., 1964），間隔スケジュール中に自発された反応数によって，後続する比率スケジュールの値が決定される（Randolph & Sewell, 1968）といった研究事例がある．

　二次スケジュールは，あるスケジュール（一次）を満たすことを1反応ととらえ，この1反応をもとにさらにスケジュール（二次）を構成するスケジュールを指す．スケジュールの表記は，二次（一次）と記載される．例えば，FR 5（FI 30 秒）であれば，FI 30 秒を 5 回完遂することで強化子が提示される（図3）．通常，1 反応（一次）を完遂するとライトが点滅するなど条件強化子が提示される．三次以上の高次スケジュールを構成することも可能である．トークン強化に関する研究（☞「条件強化」）は，トークンを生み出すスケジュール（一次）と，トークンを交換するスケジュール（二次）が関わるため，2 次スケジュールを用いているといえる（Foster et al., 2001 ; Kelleher, 1966）．　　　　　　　［井垣竹晴］

スケジュール誘導性行動

☞強化（単一強化）スケジュール p.58，比率スケジュール p.214，時隔スケジュール p.218，消去 p.238

　部分強化スケジュールにさらされている動物が，その副作用として，強化子の提示間隔中に過剰に示す特徴的な行動をスケジュール誘導性行動とよぶ．消去スケジュールの導入によって生じる特徴的な行動も含む．これらの行動は，強化スケジュールを満たすために必要な行動ではないが，強化スケジュールによって誘発される行動と考えられる．例えば，餌を強化子として用いて部分強化スケジュールで訓練をすると，装置内で水を飲むことができる状況では，水を過剰に摂取する行動が生じる（スケジュール誘導性多飲）．あるいは，部分強化スケジュールにさらされている場面に同種の他個体がいると，その個体に対する攻撃行動が生じる（スケジュール誘導性攻撃）．

　強化スケジュールにより生じる行動であれば，その行動がオペラント行動であるのか，レスポンデント行動であるのか，あるいは付随行動であるのかにかかわらず，スケジュール誘導性行動に含まれる．付随行動とは部分強化スケジュールによって生み出される行動であるが，強化子によって強化されるのではなく，その副産物として生じる行動である．付随行動は，強化子によって強化されるオペラント行動とも，刺激によって誘発されるレスポンデント行動とも異なる第3の行動に分類される．典型的なスケジュール誘導性行動であるスケジュール誘導性多飲やスケジュール誘導性攻撃は付随行動だと考えられるため，スケジュール誘発性行動と付随行動という用語は区別なく使われることも多い．

　スケジュール誘導性行動のうち，強化子と強化子の間隔中の初期に多く見られる行動を中間行動，後期に多く見られる行動を終端行動とよび区別する場合がある．例えば，FI 1分スケジュール（fixed-interval, FI；固定時隔）でラットのレバー押し行動を強化し，装置内で水を飲むことが可能な状況では，強化子を得た直後の10秒程度の間に，水を飲む行動が頻発するが，これは中間行動である．一方，ハトのキーつつき行動を餌を強化子として訓練した場合，餌が与えられる数秒前頃には，餌箱の近くをつつく行動が頻発するが，これは終端行動である．このように，終端行動は強化子を摂取する行動と類似していることが多い．

●**スケジュール誘導性行動の広がり**　スケジュール誘導性行動の典型的な例は，スケジュール誘導性多飲である．フォーク（Falk, 1961）は，VI 1分の強化スケジュール（variable interval, VI；変動時隔）で，餌の剥奪処置（遮断化）を実施したラットを訓練した．強化子は餌粒であった．オペラント箱の中では水を飲むこともできた．ただし，ラットは水の剥奪処置は受けていなかった．このような環境で毎日約3時間の訓練をしたところ，ラットは1粒の餌が提示されるたびにすぐに水を飲んだ．飲

水行動は実験セッションを通じて生じ，1セッションあたり体重の約50%の量を摂取した．このような過剰な飲水行動は同量の餌が間欠的ではなく一時に与えられたときには生じない．

スケジュール誘導性行動のもう1つの典型例は，スケジュール誘導性攻撃である．ジェントリー(Gentry, 1968)

図1　ハトの攻撃行動の測定装置［Azrin et al., 1966をもとに作成］

は，餌の剥奪処置を実施したハトを対象に，キーつつき反応をFR 50 (fixed-ratio, FR; 固定比率) で訓練した．強化子は餌であった．実験対象となるハトが入っている装置の隣室には攻撃対象となるハトを入れておいた(図1)．攻撃対象のハトは拘束されており，身体を動かすことができなかった．実験対象となるハトは装置の中を自由に動きまわることができた．FR 50で訓練されている最中に，実験対象ハトは攻撃対象ハトを盛んにつついた．この攻撃行動は，実験対象ハトがキーをつつけないようにして，強化を与えなかった時期にはほとんど生じなかった．なお，攻撃行動は主としてFRによって生じる強化後休止(post-reinforcement pause, PRP)中に生じ，また強化子の提示のたびにほぼ毎回生じた．

スケジュール誘導性攻撃は，消去を用いた場合にも生じる．例えば，アズリン(Azrin et al., 1966)は，餌の剥奪処置を実施したハトを対象に，キーつつき反応を訓練した．強化子は餌であった．実験対象ハトに対しては，連続強化スケジュールでの10回の強化と5分間の消去が何度も交替した．その結果，強化スケジュールが連続強化から消去に移ったとき，隣にいるハトへの攻撃行動が生起した．これを消去誘発性攻撃とよぶ．

スケジュール誘導性行動は，他にも様々なものが報告されている．例えば，レイフィールド (Rayfield et al., 1982) は，FIスケジュール，VIスケジュール，および被験体の行動とは無関係に一定の時間ごとに強化子を提示する固定時間(fixed-time, FT)スケジュールでラットのレバー押し行動を強化し，排便行動の過剰な生起を見出している．この他にも，ラットの回転輪での走行行動や，人間や動物の薬物摂取行動など，幅広い行動がスケジュール誘導性行動として生じる (Falk, 1971)．発達障害のある人が示す定型的行動も，スケジュール誘導性行動である場合も考えられる (Lerman et al., 1994)．

●**スケジュール誘導性行動の生起条件**　上記の例でわかるように，スケジュール誘導性行動は，強化子が間欠的に与えられる様々な強化スケジュールで生じる．強化子の提示が規則的（例えば，FIやFR）であっても不規則的（例えば，VIや変動比率［variable ratio, VR］）であっても生じ，また強化子の提示がオペラント行動に随伴する場合だけでなく随伴しない場合（例えば，FT）も生じる．

さらに，餌や金銭，トークンなどの正の強化子（提示型強化子）を用いた場合だけでなく，電撃からの回避のような負の強化子（除去型強化子）を用いた場合にも生じる．スケジュール誘導性行動は，上述のように，強化子の提示が行動に随伴しない場合でも生じる．そのため，強化子の提示が間欠的に行われること自体が主要な要因だと考えられている．

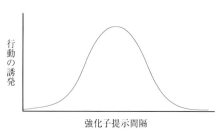

図2　強化子提示間隔と誘発される行動の関係

スケジュール誘導性行動の生起に影響する最も重要な要因は強化子の提示頻度である．一般に，強化子を提示する間隔が長くなるほど，スケジュール誘導性行動の頻度は高くなるが，一定の間隔でピークに達し，その間隔を超えてさらに長くなると行動は弱くなる（図2）．例えば，フォークは，ラットをFI 2秒からFI 300秒までの様々な範囲で訓練し，スケジュール値と多飲生起の関係を調べた（Falk, 1966）．その結果，FIの設定時間が長くなるほど，実験中の飲水量は増加した．ただし，ある程度長いFIの設定値（180秒）になるとピークに達し，それ以上の設定値になると飲水量は低下した．

スケジュール誘導性行動の生起に影響するもう1つの重要な要因は強化子の剥奪処置の程度である．一般に，強化子の剥奪処置の程度が強いほど，スケジュール誘導性行動の強度も強くなる．例えば，餌強化子を用いる場合，食物剥奪の水準が自由摂食時体重の85%である条件では，95%である条件よりも，スケジュール誘導性多飲がより強く生じる（図3）．

●**迷信行動との関係**　スケジュール誘導性行動と関係の深い現象に迷信行動がある．両者を形成する手続きは共通している．上述したように，行動に関係なく間欠的に餌強化子を提示する手続きで訓練

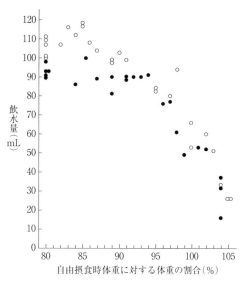

図3　ラットの体重とスケジュール誘発性多飲の関係
2匹のラットのデータが○と●で示されている．[Falk, 1969]

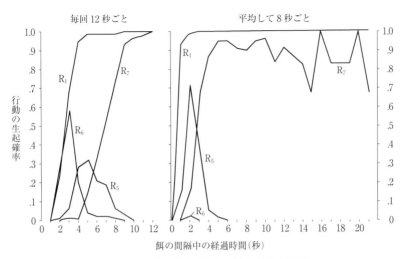

図4 あるハトが餌の提示間隔中に示した行動の生起確率
R1：給餌口のある壁の方を向く行動．R5：羽根を上下させる行動．R6：窓のある壁の方を向く行動．
R7：給餌口のある壁のどこかをクチバシでつつく行動．［Staddon & Simmerhag, 1971 をもとに作成］

するとスケジュール誘導性行動が生じるが，この手続きは迷信行動を形成する際に用いられる手続きでもある．この場面で生じた行動が，迷信行動であるとみなされるには，行動に無関係に強化子を提示し続ける中で，その行動が偶発的な強化を受けた経験が原因となって頻度が増加している必要がある．しかし，必ずしも，そうした因果関係が十分に示されるとは限らないため，迷信行動とされているものは実際にはスケジュール誘導性行動だとみなす考えもある．

　図4に示す実験ではハトに12秒ごとに餌を与えた．この際，餌の提示はハトの行動と無関係であった．この条件で訓練を続けた結果を図4の左に示す．あるハトでは，12秒の間隔の比較的早い時間帯に，給餌口のある壁の方を向く行動（R_1）と，観察用の窓のある側の壁を向く行動（R_6）が出現した．ただし，給餌口のある壁を向く行動（R_1）はその後ずっと出現し続けたのに対し，窓のある壁を向く行動（R_6）は12秒の間隔中の始めの方しか出現しなかった．また，激しく羽根を上下させる行動（R_5）が，窓のある壁を向く行動（R_6）と入れ違いに出現し，その後，減衰した．窓のある壁を向く行動（R_6）や羽根を上下させる行動（R_5）は，平均して8秒ごとに行動とは無関係に餌を与えた場合でも同じように出現した（図4右）．これら2つの行動は，餌が与えられるよりもかなり先に生じているため，偶発的な強化によって維持されていたとは考えにくい．したがって，迷信行動ではなく，スケジュール誘導性行動の内の中間行動が出現したと考えられる．　　　　　　　　　　　　　　　　　　　　　［青山謙二郎］

分化結果手続き

☞強化 p.54

　複数の弁別刺激のそれぞれに適切な反応をするよう動物やヒトを訓練する際，正しい「弁別刺激-反応」の組合せごとに異なった後続事象（結果，通常は正の強化子〈提示型強化子〉）を与えることを分化結果手続きという．自閉症児の言語訓練（Hewett, 1965）などでもこの手続きは用いられていたが，トレイポールド（Trapold, M. A.）が1970年に発表した弁別学習実験が最初の研究報告である．彼は，2つのレバーのついたスキナー箱で空腹のラットに，純音のときはレバーA，クリック音のときはレバーBを押すよう訓練した．このとき，レバーA押しには餌粒，レバーB押しには砂糖水を強化子とした個体では，1種類の強化子（餌か砂糖水のどちらかのみ）を用いた個体よりも速く学習し，最終成績も良かった．このように，分化結果手続きを用いると優れた弁別成績が得られることを，分化結果効果（differential outcome effect, DOE）という．なお，この用語は，彼らの後の論文（Peterson et al., 1980）が初出である．

●**弁別学習成績に及ぼす効果**　図1に，3頭の馬を用いた実験例を示す．目の前のパネルが青色のときは左レバー，黄色のときは右レバーを押すように訓練した．分化結果条件では，正しい「刺激-反応」の組合せごとに強化子が異なり，「青-左反応」ではニンジン，「黄-右反応」では固型飼料であった．この条件での弁別成績は，どちらの組合せでもニンジンと固型飼料をランダムな順番で与えた混合結果条件や，どちらの組合せでも強化子が常に1種類である共通結果条件よりも良かった．

　図2はオーストラリアの大学生の漢字習得成績である．漢字1つが画面上に映し出され，その漢字の意味を9つの英単語の中から選ぶという課題であり，正解のときは画面上に魅力的な写真が1枚映し出され，景品（お金，映画のチケット，文房具など）の当たるクジも1種類提示された．分化結果群では漢字ごとに写真も景品クジの種類も異なっていた．部分的分化結果群では，漢字ごとに写真は異なっていたが，景品クジの種類は毎回ランダムに決められた．非分化結果群では，正答後に映し出される写真も与えられる景品クジの種類も毎回ランダムであった．図から，分化結果群の成績が最も良いことがわかる．

●**記憶成績に及ぼす効果**　分化結果効果は，学習成績だけでなく短期記憶課題の成績も向上させる．図3は，選択型の遅延同一見本合わせ課題（☞「見本合わせ：基礎」）におけるハトの成績を示したものである．この実験では，赤または緑の見本刺激が提示されてから，比較刺激が2つ（赤と緑）提示された．見本刺激と同じ色の比較刺激を選ぶと，ただちにフィードバック刺激（青色室内灯または純

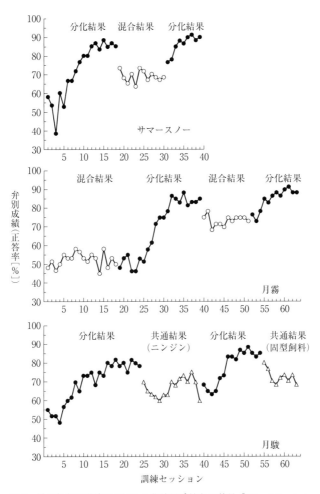

図1 馬の色弁別訓練における分化結果手続きの効果［Miyashita et al., 2000 をもとに作成］

音）が提示され，続いて餌が与えられた．このとき，分化結果群では刺激ごとにフィードバック刺激の種類が固定されており（例えば，「赤見本刺激で赤比較刺激を選択」なら青色室内灯，「緑見本刺激で緑比較刺激を選択」なら純音），非分化結果群ではフィードバック刺激がどちらになるかは毎回ランダムであった．見本刺激提示終了から比較刺激提示開始までの遅延が0秒で訓練した後，2〜8秒の遅延でテストしたところ，分化結果群の方がより良く記憶していることを示す結果を得た．

図4は，健常な高齢者とアルツハイマー症患者の遅延同一見本合わせ課題成績である．1枚の男性顔写真が画面上に1.5秒間映し出され，遅延時間の後，4枚の男性顔写真の中から正しいものを選ぶ課題である．正選択のときには景品（傘，スカーフ，香水，マグカップ）の当たるクジの絵が画面に提示された．各被験者は分化結果条件（顔写真ごとに景品クジが異なる）と非分化結果条件（景品クジの種類は毎回ランダム）の2条件でテストされた．アルツハイマー症患者は健常者に比べて成績が悪いが，分化結果条件では成績改善が見られる．

●**分化結果効果の普遍性** 分化結果効果は様々な動物種や対象者（健常児，自閉症児，コルサコフ症患者など）に対して様々な弁別課題で実証されており，用いられる強化子も多様（動物実験では，餌の量・提示確率・位置・タイミングあるいは餌と同時に提示される視聴覚刺激の違いなど，ヒトの場合は快画像やバックアップ強化子の違いなど）である（Goeters et al., 1992 ; Mok et al., 2010）．正の強化子だけでなく負の強化子（除去型強化子）を用いた研究もあり，弁別刺激ごとに異なる電撃回避反応を犬に行わせる際，2種類の電撃（提示個所とパターンが違う）を使い分けると学習成績が良かった（Overmier et al., 1971）．

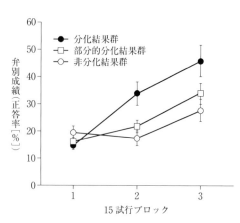

図2 大学生の漢字弁別学習における分化結果手続きの効果［Miller et al., 2002 をもとに作成］
エラーバーは標準誤差を示す．

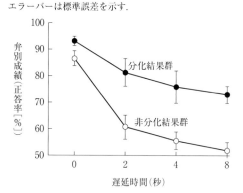

図3 ハトの遅延同一見本合わせ課題成績に及ぼす分化結果手続きの効果［Miller et al., 2009 をもとに作成］
エラーバーは標準誤差を示す．

●**分化結果効果を生じさせる要因** 分化結果効果は様々な理由で生じる．まず，1種類の強化子だけ用いる共通結果手続きに比べ，分化結果手続きは強化子に対する飽和が少ない（飽きない）という利点がある．ただし，この説明では分化結果手続きと混合結果手続きとの成績の違いを解釈できない．次に，分化結果手続きは混合結果手続きと比べて，学習すべき正しい「弁別刺激-反応-強化子」の三

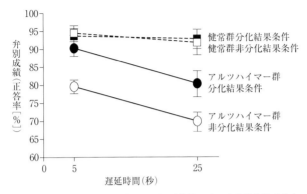

図4 高齢者の遅延同一見本合わせ課題成績に及ぼす分化結果手続きの効果〔Plaza et al., 2012 をもとに作成〕
エラーバーは標準誤差を示す.

項随伴性の数が少ない.例えば,前述の馬の実験の場合,分化結果手続きでは「青-左反応-ニンジン」「黄-右反応-固型飼料」の2つであるが,混合結果手続きでは「青-左反応-ニンジン」「青-左反応-固型飼料」「黄-右反応-ニンジン」「黄-右反応-固型飼料」の4つである.しかし,共通結果手続きも三項随伴性の数は「青-左反応-ニンジン」「黄-右反応-ニンジン」(あるいは「青-左反応-固型飼料」「黄-右反応-固型飼料」)の2つであるから,この説明では分化結果条件と共通結果条件の成績の違いを解釈できない.

分化結果効果の研究を推進したトレイポールドらは,結果予期による説明を行っている(Trapold, 1970).分化結果手続きでは弁別刺激が必ず特定の結果と結びついているから,弁別刺激が提示されるとそれに応じた結果がレスポンデント条件づけによって予期されるようになる(例えば,「青」なら「ニンジン」がイメージされる).これが弁別刺激の違いを大きくする.つまり,「青」と「黄」よりも,「青+[ニンジンのイメージ]」と「黄+[固型飼料のイメージ]」の方が違いが大きい.共通結果手続きや混合結果手続きでは,弁別刺激は特定の結果と結びつかないため,こうした結果予期は生じない.行動分析学では「予期」のような構成概念は用いないが,レスポンデント条件づけによって生じた何らかの反応が弁別刺激の識別性を高めると解釈できなくはない.

分化結果は弁別刺激ではなく,反応の識別性を高めるという考え方もある(DeMarse & Urcuioli, 1993).分化結果手続きにおいて,特定の結果は特定の弁別刺激だけでなく,特定の反応にも結びついているからである.例えば,「ニンジン」は「左反応」に,「固型飼料」は「右反応」に常に結びついている.したがって,「左反応」と「右反応」よりも「左反応でニンジン」と「右反応で固型飼料」の方が違いが大きいために,弁別成績が良いと解釈できる. 〔中島定彦〕

消去

☞時隔スケジュール p.218, スケジュール誘導性行動 p.230, 消去後の反応再出現 p.242, 行動変動性 p.246

　レスポンデント条件づけによって形成・維持されていた条件反応は，無条件刺激を提示しない（つまり，条件刺激だけを提示する）ことによって減弱する．オペラント条件づけにおいても，自発反応への強化を中止すると反応は減弱する．このように，条件刺激や自発反応に結果が随伴しなくなることで，反応が減弱する現象を消去という．図1はウサギの瞬目反射のレスポンデント条件づけの獲得と消去を示している．オペラント条件づけの場合も同様なグラフを描くことができるが，データを累積記録の形で表現することもある．図2は消去手続きを始めた最初の2セッションのレバー押し反応を累積記録として描いたもので，累積曲線がなだらかに平坦化していることは反応頻度が徐々に低下していることを意味している．

　「条件づけ」と同様に，「消去」という言葉は，現象を指すと同時に，その現象

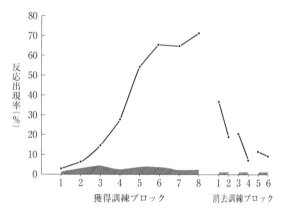

図1　ウサギの瞬目条件づけの獲得と消去［Schneiderman et al., 1962をもとに作成］
純音（conditioned stimulus, CS）を聞かせて目に空気吹きつけ（unconditioned stimulus, US）を行うレスポンデント条件づけを82回繰り返す獲得訓練を8日間実施した後，CSのみ82回提示する消去訓練を3日間実施した．1日の訓練時間は0.5時間である．獲得期は1日1ブロック（各ブロック82試行の平均），消去期は1日2ブロック（各ブロック41試行の平均）で表示されている．なお，様々な統制群（CSのみ提示群，USのみ提示群，CS/US無関連提示群）の値はすべて影のエリアに収まっており，反応のほとんどが真正のCRであることを意味している．

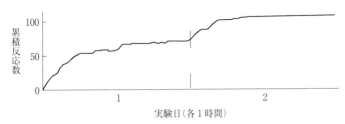

図2 ラットのレバー押し反応の消去 [Skinner, 1938をもとに作成]
餌粒で強化されたレバー押し反応は，餌粒の提示中止によって減弱する．消去訓練第1日は反応が漸減している（次第になだらかになるグラフ曲線を描いている）．第2日の冒頭に反応が増え（自発的回復），再び徐々に消失している．

を通常もたらす手続きについても用いられる．しかし，消去手続きは常に消去現象，つまり反応の減弱をもたらすわけではない．この場合，「消去（手続きを実施）したのに（反応は）消去しなかった」と表現することがあり，初学者は注意が必要である．

●**自発的回復** 図1の右側を見ると，消去1日目の後半よりも2日目の前半の方が条件反応がやや大きい．実験は毎日同時刻に実施しており，1日の実験時間は0.5時間であるから，23.5時間のうちに条件反応が回復したことになる．このように消去後の時間経過によって反応が再び出現することを自発的回復（自然回復）という．このグラフでは消去3日目の前半にも自発的回復が確認できる．図2の右側は消去2日目の成績であるが，実験開始からしばらくはレバー押し反応の頻度が高く，自発的回復が生じたことを示している．一般に，消去終了からの時間経過が長いほど自発的回復が大きい（☞「消去後の反応再出現」）．消去した反応が回復するという事実は，消去現象は学習の消失（学習解除）ではないことを示唆している．

●**消去バーストと行動変動性・攻撃性の増大** 消去手続きを開始すると一時的に反応が大きくなることがある．これを消去バースト（反応頻発）という．消去バーストは，ヒトの瞬目反射のレスポンデント条件づけで最初に発見され（Switzer, 1930），その後，ラットのレバー押しオペラント条件づけでも確認され（Skinner, 1938），多くの実験報告が続いた．臨床実践においても，問題行動を消去手続きだけで改善させた56事例のうち20事例（36%）で，消去バーストが見られたという（Lerman & Iwata, 1995）．自傷行動に限って調べたところ，21事例中13事例（62%）であった（Lerman et al., 1999）．

　消去時には行動変動性が増大する．図3に示す実験では，条件づけ訓練時には3g以上の力でレバーを押せば餌粒が与えられた．消去期に入ると，レバーを押す力の変動が大きくなっていることがわかる．行動変動の増大は，強化随伴性の変化によって別の反応に強化子が与えられるような事態への適応性を示すもので

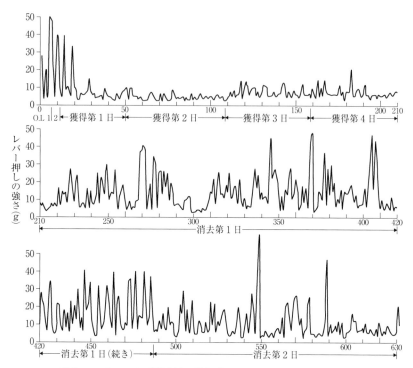

図3 ラットのレバー押し反応の強さ［Notterman, 1959をもとに作成］
まず2日間（毎日35分間），レバー押し反応の強化前のオペラントレベル（operant level, OL）を観察したときは，ほとんど反応は見られず（このためグラフの横幅が短い），レバーを押す強度もまちまちであった．次に4日間（毎日約50強化），レバー押し反応を餌粒で強化する獲得訓練を実施すると，レバーを押す強さも平均して10g以下で安定した．最後に2日間（毎日35分間），レバー押し反応に餌粒を与えない消去訓練を行ったところ，レバーを押す力は大きく変動した．

ある．逐次接近法による反応形成ではこの特徴を利用している．消去時には攻撃性も高まる．例えば，ラットはレバーに嚙みつくようになる（Mowrer & Jones, 1943）．こうした攻撃性の増大はハトでの他個体攻撃の研究以降，消去誘導性攻撃とよばれるようになった（Azrin et al., 1966）．なお，自傷行動の消去に関する前述の展望論文によれば，21事例中6事例（29%）で攻撃行動の増加が報告されている（Lerman et al., 1999）．

●**消去抵抗** 消去に時間や試行数を要する程度，すなわち消去の困難さを消去抵抗という．オペラント条件づけの消去抵抗には，強化時訓練時の強化数（多いと消去抵抗が強い）や強化遅延（長いと消去抵抗が強い），反応負荷（小さいと消去抵抗が強い）など多くの要因が影響する（Lerman & Iwata, 1996）．特に重要

なのが，強化スケジュール（☞「強化（単一強化）スケジュール」「強化（複雑な強化）スケジュール」）であり，連続強化よりも部分強化の方が消去抵抗が強く，これを部分強化消去効果（partial reinforcement extinction effect, PREE）という．部分強化消去効果は，哺乳類や鳥類では見られるが，爬虫類・両生類・魚類では見られないことが多い（藤田，1969）．なお，哺乳類や鳥類では，オペラント条件づけによって形成した反応を代表的な部分強化スケジュールで長期間維持した後に消去手続きに移行すると，強化期と類似した反応パターンが見られる（図4）．ただし，曲線がよりなだらかで（反応頻度が徐々に低下し），各強化スケジュールに特徴的なパターンが強調されたかたちである．例外は変動比率（VR）スケジュールで，強化期には見られなかった，階段状の反応パターンが出現する．

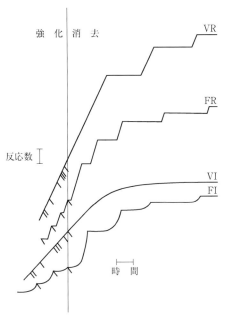

図4　強化期と消去期の反応の累積記録の模式図
　　〔Reynolds, 1968a をもとに作成〕
縦軸は累積反応数であり，急峻な線は高頻度での反応，平坦な線は無反応を示す．強化期の累積記録に示されている右下向きの短線は強化子の提示時点を示す．各強化スケジュールの頭字語は次のとおり．VR＝変動比率，FR＝固定比率，VI＝変動時隔，FI＝固定時隔．

●**回避学習後の消去**　オペラント条件づけの負の強化（除去型強化）では，自発反応によって環境内の出来事が消失ないしは延期されることで，その自発反応の将来の出現頻度が増加する．具体的には，嫌悪刺激から逃避したり嫌悪刺激の出現を回避したりする行動がこれにあたる．この場合の消去手続きは，反応してもそのような環境変化が生じないこと（具体的には，嫌悪刺激が継続したり，予定どおり到来すること）である（Davenport & Olson, 1968）．

●**弱化手続き停止後の反応の復帰**　オペラント条件づけの弱化手続きによって反応が減少した後，弱化手続きを中止すると，反応はもとの水準に戻りがちである．強化手続きの消去に相当するこの現象は，復帰とよばれることがある（Catania, 1992；杉山他，1998）．　　　　　　　　　　　　　　　　　　　　　　　〔中島定彦〕

📖 **参考文献**
中島 定彦（2007）．条件反応の消去．*Brain Medical, 19*, 33-38.

消去後の反応再出現

☞消去 p.238, 行動変動性 p.246, コロンバン・シミュレーション計画 p.396

　レスポンデント条件づけやオペラント条件づけによって獲得された反応は消去後も再び出現することがある．例えば，消去手続き終了から時間をおいて，再び反応機会を与えると，消失していた反応が自然回復（自発的回復）する（☞「消去」）．経過時間が長いほど自然回復は大きい．図1はレスポンデント条件づけの例であるが，オペラント条件づけにおいてもそうである（Youtz, 1938）．

●**脱制止**　レスポンデント条件づけの消去後に，条件刺激（conditioned stimulus, CS）でも無条件刺激（unconditioned stimulus, US）でもない新奇な刺激を提示すると，その後，CSを提示した際に条件反応が観察されることがある．消去手続きによって生じた内制止（反応を抑制する学習）が，新奇刺激によって一時的に阻害されたために反応が再出現したと考えたパヴロフ（Pavlov, 1927）は，これに脱制止（脱抑制）の名を与えた．オペラント条件づけでも，消去後に新奇刺激を提示すると反応が再出現することを脱制止という（Brimer, 1972）．脱制止は自然回復と並んで教科書で取り上げられることの多い現象であるが，自然回復に比べ頑健性が低い（Rescorla, 2001 ; Skinner, 1936）．

●**復元効果**　復元効果とは，環境文脈（動物実験の場合，動物が入れられた装置内の諸特徴であることが多いが，体内環境も含む）の変化によって，消去されていた反応が復活する現象であり，バウトン（Bouton, M. E.）によって命名された（Bouton & Bolles, 1979）．当初はラットの恐怖条件づけなど，レスポンデント条件づけ事態での研究が多かった．このため，恐怖症・不安神経症の症状再発の動物モデルとして位置づけられ（Bouton, 1988），ヒトでの実験も電撃に対する不安反応のレスポンデント条件づけ研究を中心に展開されている（Vervliet et al., 2013）．しかし，復元効果はオペラント条件づけの正の強化（提示型強化）場面でも報告され（図2），アルコール依存など嗜癖症の症状再発の動物モデルと

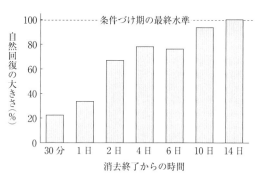

図1　ラットの恐怖条件づけ消去後の自然回復［Quirk, 2002をもとに作成］
この実験では14日間で条件づけ期の最終水準まで回復しているが，回復に要する日数は条件づけ事態によって異なる．また，100%回復するとは限らない．

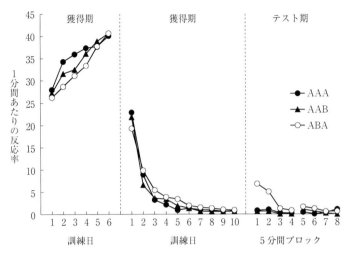

図2 ラットのレバー押し反応のオペラント条件づけにおける復元効果［Nakajima et al., 2000 をもとに作成］

レバー押し反応を変動時隔（VI）30秒で6日間訓練した後，10日間の消去訓練を行ってから，2日間のテストを実施した．AAA群は獲得期・消去・テスト期とも同じ実験箱，AAB群はテスト期のみ異なる実験箱，ABA群は消去期のみ異なる実験箱でテストした．この実験ではABA復元効果のみ確認されたが，その後，他の研究者らによってAAB復元効果やABC復元効果も見られることが報告されている［Bouton et al., 2011］．

して発展している（Crombag et al., 2008）．また，負の強化（除去型強化）場面（回避学習）でも復元効果が確認される（Nakajima, 2014）．復元効果の実験は，条件づけ期・消去期・テスト期の3段階で構成され，このうち，消去期のみ文脈が異なる場合をABA復元効果，すべて異なる場合をABC復元効果，テスト期のみ異なる場合をAAB復元効果とよぶ．

●復位効果　レスポンデント条件づけにおいて消去後にUSを単独で経験すると，その後CSが再び提示されたときに条件反応が出現することを復位効果という．テスト直前に経験するUSは必ずしも条件づけ時に用いたUSと同一でなくてもよい．例えば，電撃USを用いたラットの嫌悪性のレスポンデント条件づけで，大音響（クラクション）をテスト直前に用いて復位効果を確認した例（Rescorla & Heth, 1975）もある．復位効果も恐怖症・不安神経症の症状再発の動物モデルとして位置づけられており（Bouton, 1988），ヒトでの実験も電撃に対する不安反応のレスポンデント条件づけ研究が多い（Haaker et al., 2014）．しかし，オペラント条件づけにおいても，自発反応の消去後，反応とは無関係に強化子を与えると，反応が再出現することが古くから知られている（図3）．この効果は，

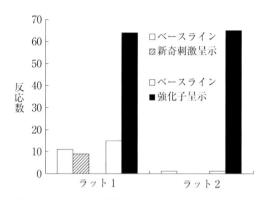

図3 ラットのレバー押し反応のオペラント条件づけにおける復位効果［Campbell et al., 1968 をもとに作成］
餌粒を強化子として変動比率（VR）25 スケジュールでレバー押し反応を維持した後，消去手続きを実施した．4分間の無反応の後，何も提示しない条件（ベースライン），新奇な音刺激を提示する条件，強化子を提示する条件で2匹のラットの反応を記録した．新奇音刺激提示による反応再出現（脱制止）は見られないが，強化子提示による反応再出現（復位効果）は顕著であった．

文脈（スキナー箱）と強化子の間で生じたレスポンデント条件づけが，オペラント条件づけの反応を促進するために生じると考えられている（Baker et al., 1991）．強化子提示を他の刺激で予告したり（文脈-強化子のレスポンデント条件づけを阻止する），テスト前にラットを文脈に長時間さらしたり（文脈-強化子のレスポンデント条件づけを消去する），別の文脈でテストする（文脈-強化子のレスポンデント条件づけがない）と見られなくなるためである．

●再獲得　レスポンデント条件づけでもオペラント条件づけでも，消去後に再び同じ条件づけ訓練を再開すると，反応が再獲得される．最初の条件づけ訓練と比べて，再獲得訓練は迅速に進むことが多いが，レスポンデント条件づけでは，再獲得の方が遅い場合もある（Bouton, 1986；Bouton & Swartzentruber, 1989；Danguir & Nicolaidis, 1977）．

●消去誘導性復活　オペラント反応を消去すると，かつて強化されていた別のオペラント反応が再び出現することがある．ハル派の行動主義者シアーズ（Sears, 1941）はこれを「道具的行為退行」とよんだ．その後，スキナーの弟子のエプスタイン（Epstein, 1983, 1985a）が，ハトのキーつつき反応のオペラント条件づけ場面でこの現象を取り上げ，消去誘導性復活の名を与えた．図4は彼が1985年に発表した実験である．実験の第1段階で反応 A の強化訓練を餌強化子で行った後，第2段階では反応 B を餌強化子で強化（反応 A は消去）する．最後

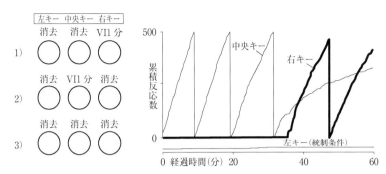

図4 ハトのキーつつき反応のオペラント条件づけにおける消去誘導性復活［Epstein, 1985をもとに作成］
3つの反応キーのついたスキナー箱で穀物餌を強化子としてハトを訓練した．第1段階では右側の反応キーへのつつき反応だけを変動時隔（VI）1分で訓練し，第2段階では中央キーへのつつき反応だけをVI1分で訓練した．第3段階で，すべての反応キーへのつつき反応を消去（EXT）したところ，第2段階で中央キーへの反応が消失するとともに，第1段階で強化されていたが，第2段階では消去されていた右キーへの反応が復活した．左キーへの反応はほとんど見られないことから，右キーへの反応は消去による反応変動性の増加では説明困難である．

に，第3段階で反応Bにも餌強化子を与えずに消去すると，かつて強化されていた反応Aが復活する．消去誘導性復活を実証するためのこのような実験計画を3段階法という．なお，エプスタインの1983年の論文では，反応Aの強化訓練と反応Bの強化訓練の間に，反応Aも反応Bも強化しない段階を設けており，これは後に4段階法とよばれるようになった．消去誘導性復活は，エプスタインらがコロンバン・シミュレーション計画において洞察行動の生起メカニズムとして用いたものの，その後約20年間，この現象はまれに言及される程度で，本格的な実験は行われなかった．しかし，ラタル（Lattal, K. A.）らの実験（Lieving & Lattal, 2003）を契機に再注目され，彼らが臨床的意義，すなわち「問題行動の消去によって，過去に強化されていた別の問題行動が出現する」可能性を強く説いた（Lattal & St. Peter Pipkin, 2009）こともあって，行動分析学における基礎と応用の橋渡し研究の1つとして，近年特に重要視されている（St. Peter Pipkin, 2015）． ［中島定彦］

参考文献
中島 定彦（2007）．条件反応の消去．*Brain Medical, 19*, 33-38.
中島 定彦・遠座 奈々子（2017）．不安症状の再発—パヴロフ型条件づけの基礎研究と理論から 基礎心理学研究, *135*, 163-177.

行動変動性

☞消去 p.238, 消去後の反応再出現 p.242

　行動変動性とは，行動のばらつきあるいはその程度を指す．したがって，個々の行動がもつ特性ではなく，行動の集合がもつ特性といえる．そして，ランダムネスを基準として数値化することが可能であり，ランダムネスは等頻度性と無規則性という性質に分けることができる．

　行動の変動性を測定する場合，そのもととなる反応は，反応強度，反応間時間，反応位置など，反応が連続量として測定される場合と，複数の操作体への反応，反応系列など，反応がカテゴリカルに分類される場合がある．そしてランダムネスの性質の1つである等頻度性を扱うときは，それらの反応頻度分布をどのように数値化するのかが問題となる．反応頻度分布の代表値を算出する場合，連続量として測定された反応については，標準偏差，平均偏差，四分位偏差などを用いることができる．また，カテゴリカルに分類される反応については，生起した異なる反応の数やU値によって表現することができる．U値のUはuncertainty（不確実性）の頭文字であり，エントロピーの指標を援用しており（Miller & Frick, 1949），以下の式により算出される（Denney & Neuringer, 1998）．

$$U = -\sum_n \frac{RF_i \cdot \log(RF_i)}{\log(n)}$$

　RF_iはnを要素の全体とする要素iの相対頻度を表す．すべての要素が均等に生じた場合Uは最大値1となり，どれか1つの要素のみが生起した場合，Uの値は最小値0となる．なお，分母の$\log(n)$で分子を割ることで，要素の全体数nがいくつであってもUの最大値が1になるように調整されている．

　無規則性を問題とする場合，2つあるいは3つの連続する反応の出現について，条件つき相対頻度（例えば，右反応が生起後に右反応が生起した相対頻度）や，それをもとにしたU値などを利用することができる（山岸, 2005）．

●**行動変動性に影響を与える要因**　レバー押しなどの特定の行動に対する強化を行った場合，強化率によって行動変動性が変化する．例えば，ステビンズとランソンは，4匹のラットを対象として，「音が鳴ったらテレグラフキーを離す」行動の潜時を測定した結果，消去，部分強化，連続強化の順に変動性が大きかったことを報告している（Stebbins & Lanson, 1962, 図1）．メディアンを含む棒グラフが黒で示されている．強化率が高くなると行動変動性が減少し，強化率が減少すると行動変動性は増加している．

　また固定スケジュールと変動スケジュールを比較した場合，変動スケジュール

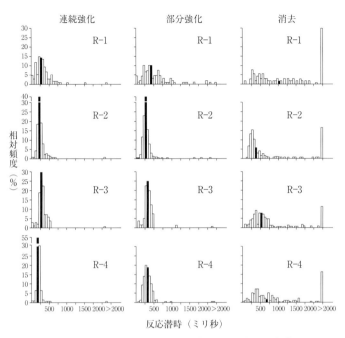

図1 連続強化, 部分強化, 消去における反応間時間の相対頻度 [Stebbins & Lanson, 1962 をもとに作成]

のもとでの反応の方がより変動的であり (Benson et al., 1965; McCray & Harper, 1962), 時隔スケジュールと比率スケジュールを比較した場合, 固定比率 (fixed-ratio, FR) スケジュールでは, 値が増加しても行動変動性はほとんど変化しないが, 固定時隔 (fixed-interval, FI) スケジュールの値が増加すると行動変動性も増加する (Boren et al., 1978).

強化された行動以外の行動が, 強化によって生起するようになることもある (反応誘導). 例えば, ガスリーとホートン (Guthrie & Horton, 1946) は, 猫を対象として, 実験箱の中央に垂直に立てた棒を一定の角度以上傾けると, 実験箱の扉が開き, 外に置かれた1片のサーモンを食べることができるという場面を設定した. すると, 猫は実験箱に入れられた当初, 様々なやり方で棒を傾けていたが, 次第に特定の方法で棒を傾けるようになったことが報告されている. この強化手続き導入初期の多様な行動の生起は, 強化による, 強化された行動以外の行動の生起である. アントナイティス (Antonitis, 1951) もラットのノーズポーク反応を対象として同様の結果を報告している.

また, ある種の分化強化手続きによっても行動変動性が変化する. 行動変動性は, 直前の数十から数試行において生起頻度の低い反応を選択的に強化する分化

強化手続きによって増加することが明らかになっている．例えば，閾手続きは，直前 N 試行（一般的には数十試行程度）を参照し，生起した反応の反応相対頻度を計算する．その反応が，相対頻度が少ない反応上位の一定の割合（閾）に含まれる場合，強化子が提示される．また異反応強化手続き（ラグ・スケジュール）は，直前の M 試行を参照し，その中に現在生起した反応が含まれていなかったときに強化する．

　これらの手続きでは，より低頻度に生起している反応のみを強化することで行動変動性が増加する．例えば，グルーノーとニューリンジャー（Grunow & Neuringer, 2002）は実験1において，ラットを対象として，左右のレバーと，レバーが設置されている壁とは反対側に設置された1つのキーを使用し，3反応系列の行動変動性に対する閾手続きの効果を調べた．その結果，より低頻度の反応のみを強化することで行動変動性が増加することを示した．またページとニューリンジャー（Page & Neuringer, 1985）は，ハトを対象として，2つのキーへの反応によって生じる反応系列に対する異反応強化手続きを使用し様々な実験を行った．実験3では，8反応系列（256種類）の生起を1試行とし，参照数を5, 10, 15, 25, 50 と変化させ，そのときのU値を比較した．その結果，参照数が増加するとU値も増加することを報告している．

●**分化強化手続きによって行動が変動的になる過程**　複数の反応の中から低頻度の反応のみを分化強化する場合，分化強化の規則が比較的単純であれば，反応は周期的になる．そして分化強化の規則が複雑になると反応が周期的ではなくなり変動的になる．例えば，マシャド（Machado, 1992, 1993）は，ハトを対象として，左右の2つのキーに対する反応に対して閾手続きを使用した．つまり，1試行1反応とした．このとき，左右の反応に対する相対頻度に対して閾手続きを適用した場合には，右左右左……という交代反応が生じた．これにより，2つのキーへの反応の相対頻度は均等に近づく．次に，現在を N 試行とした場合，N-1 試行と N 試行の2反応系列，N-2 試行と N-1 試行の2反応系列，N-3 試行と N-2 試行の2反応系列というように，反応系列が重複するかたちで4種類の2反応系列の相対頻度を算出し，それに対して閾手続きを適用した場合には，右右左左右右……という二重交替反応が生じた．これにより，4種類の2反応系列が均等に生じるようになる．しかし，同じように反応系列が重複するかたちで3反応系列の相対頻度を算出し，それに対して閾手続きを適用したときには，周期的な反応は見られず，変動的な反応が確認された．周期的な反応により，3反応系列が均等に生じるためには，右右右左右右左左左というより長い系列を繰り返す必要がある．人間を対象とした場合にも，参照数が大きくなると反応系列が変動的に生起するようになることが報告されている（山岸, 2000）．

　これらの結果は，直前に生起した反応（群）が弁別刺激として機能する限り，

反応は周期的に生起するが，ある種の要因により弁別刺激として機能しなくなると，反応が変動的になることを示唆する．この仮説は，刺激性制御を妨害する要因を付加することで，生起する反応が変動的になるかを調べた研究によって裏づけられている．まず待機時間の要因である．ニューリンジャー（Neuringer, 1991）は実験3において，ラットを対象に，左右のレバーに対する4反応系列（16種類）に異反応強化手続き（参照数5）を適用した場合（変動群）と，特定の系列のみを強化した場合（定型群）の反応を群間で比較した．またそのときの待機時間として4反応系列を生起させるときに最低限必要とする個々の反応の間の時間間隔（0.5秒と12.0秒）の2条件を被験体内で比較した．その結果，両群において，待機時間が0.5秒のときより12.0秒においてU値が増加した．それにともない正反応率は，待機時間12.0秒において，定型群で減少，変動群で増加した．

エタノールの皮下注射も同様の効果をもっている．コーエンら（Cohen et al., 1990）は，ラットを対象として2つのレバーによって生起する4反応系列を対象に実験を行った．多元スケジュールを使用し，変動条件では異反応強化手続き（参照数5），定型条件では左左右右という反応系列のみを分化強化した．そのうえで，皮下注射するエタノールの量を体重1 kgあたり1.25，1.75，2.25 gとしたときのU値を調べた．その結果，変動条件ではエタノールの量によるU値の変化はなかったが，定型条件では，エタノールの量が増加するのにともない増加した．

このように，周期的な反応に必要とされる反応系列の長さだけでなく，最低限の反応間時間，エタノールの皮下注射のいずれもが，行動変動性を増加させることを示している．

●**行動変動性はオペラントなのか**　オペラントとは，強化の対象となる反応のまとまりである．ニューリンジャーらは一連の研究において，行動変動性がオペラントであると主張している（Neuringer, 2002 ; Neuringer & Jensen, 2013）．彼らは，行動変動性が他のオペラント次元と同様，強化によって制御されることを指摘している．分化強化による行動変動性の増加，変動的な反応と定型的な反応の弁別刺激による制御，変動的な反応と定型的な反応の選択がマッチング理論へ適合することなどをあげている．さらに前節で述べた刺激性制御の妨害が行動変動性を増加させることについて確率生成器仮説を提案している．記憶が妨害されることにより，反応が確率的・変動的に生起するようになる仕組みが生体に備わっているという考え方である．その一方で，刺激性制御の妨害による行動変動性の増加を分化強化にともなう副産物とみなす立場があり（Machado, 1997a），さらに，オペラントという概念を強化手続きが対象とする反応と生起する反応の相関ととらえ，閾手続きや異反応強化手続きによって生じる行動変動性をU値によって測定し，それを根拠としてオペラントか否かを議論することには問題があるという指摘もある（Barba, 2012）．　　　　　　　　　　　　　　　　[山岸直基]

弱化（罰）

☞タイムアウト p.254，ヒトの実験における反応コスト p.258，行動モメンタム：応用 p.518，「体罰」に反対する声明 p.642

　弱化（罰）はオペラント条件づけにおいて「行動の直後の環境変化によって将来的なその行動の生起頻度が下がる」ことである（Azrin & Holz, 1966; Holth, 2005）．ここでいう環境変化は，何らかの刺激が出現・増加する，または行動を起こす時点で存在している何らかの刺激が消失・減少するという2つに大別できる．プレマックの原理を考慮すれば，その環境変化には行動にアクセスする機会なども含めることができる（Premack, 1962）．刺激の出現・増加によってその行動の生起頻度が下がることを正の弱化（提示型弱化），刺激の消失・減少によって行動の生起頻度が下がることを負の弱化（除去型弱化）とよぶ．なお，行動分析学の枠組みでは罰という訳語は，行動が弱められる過程を意味しており，懲罰を意味しているわけではない．このため本事典では，punishment の訳語として従来の「罰」ではなく「弱化」を主に用いることとし，「罰」は随時カッコ書きで添える形式にしてある．

　弱化の随伴性を詳しく検討すると4つのパターンが考えられる．例えば，ハトのキーつつき反応やラットのレバー押し反応に対して電気ショックが与えられると，これらの反応は少なくなる．これが正の弱化（提示型弱化）の典型例であり，表1の（a1）にあたる．しかし，反応によって刺激が出現するのではなく，刺激の消失を阻止するがゆえに，反応の生起頻度が下がる場合もある（a2）．例えば，何もしないでいれば消えたはずの肩の痛みが，肩を動かしたため消えなかったなら，肩をあまり動かさなくなるだろう．

　子どもが乱暴な行動をすると食事場面から一時的に隔離されることで，乱暴な行動の生起頻度が下がるといった事例（こうした行動技法をタイムアウト法という）は，負の弱化（除去型弱化）である．不適切行動を行うとトークンなどの条件(性)強化子が失われる反応コスト法もこの例である．これらは表1の（b1）

表1　弱化の随伴性

	反応が生起したときの変化	反応が生起しないときの変化
(a) 正の弱化（提示型弱化）		
(a1) 刺激出現の随伴性	刺激の出現	変化なし
(a2) 刺激消失阻止の随伴性	変化なし	刺激の消失
(b) 負の弱化（除去型弱化）		
(b1) 刺激消失の随伴性	刺激の消失	変化なし
(b2) 刺激出現阻止の随伴性	変化なし	刺激の出現

にあたる．いっぽう，何もしないでいれば受け取ることができた強化子が，行動の結果として受け取れなくなる省略訓練（☞「強化による行動低減」「強化介入による行動低減」）は，(b1) の場合と異なり，出現したはずの刺激が，その行動をしたことで出現しなかったのであるから，刺激出現の阻止によって生じる弱化である (b2)．

●**弱化のスケジュール**　強化スケジュールによって，反応の生起頻度だけでなく，反応の生起パターンが異なることはよく知られている．弱化においても，同様にスケジュールの効果についての実験研究は多数存在する．しかし，弱化のスケジュールでは，強化スケジュールほど特徴的な反応パターンを生むわけではない．また強化スケジュールがそれ自体の効果の測定が直接できるのに対して，弱化スケジュールを実験的に検討する際には，あらかじめ何らかの反応を維持しておく必要がある．そのため，弱化スケジュールの検討は強化スケジュールとの相互作用を考慮する必要がある．一般的に弱化のスケジュールを検討する際に用いられるのは変動時隔（variable interval, VI）強化スケジュールである．中程度で安定した反応パターンは，刺激提示による弱化のスケジュールの効果を査定するために妥当なベースラインを提供していると考えられる．

①固定比率（fixed-ratio, FR）スケジュール　アズリンら（Azrin et al., 1963）は VI 強化スケジュールで維持されたハトのキーつつきに，FR スケジュールで電気ショックによる弱化手続きを加えた．その初期においては，ちょうど FR 強化スケジュールで観察されるような反応パターンが生じた．すなわち，電気ショックを受けてから一時的に強い反応抑制が生じるが次第にもとの反応頻度に回復していく．そして再び FR による電気ショック提示を受けると，強い反応抑制が得られる．けれども実験手続きを継続していくうちに，こうした反応パターンは消失して，全般的な反応抑制に変化していった．この実験では FR のサイズ値の効果も検討されており，FR 1 から FR 1000 までの5種類が比較されているが，サイズ値と反応抑制とには関数関係が観察されており，弱化による電気ショックの頻度が高いほど反応抑制の程度は強くなる．

②固定時隔（fixed-interval, FI）スケジュール　アペル（Appel, 1968）は，VI 強化スケジュールで維持されたラットのレバー押しに FI スケジュールで電気ショックによる弱化手続きを加えた．強化スケジュールで観察されるような特徴的な反応パターンは生じず，全般的な反応抑制が得られている．電気ショックの強度が低いときには，電気ショックの提示が次の提示までの弁別刺激として機能したことを示唆するように，一時的に反応のバースト（頻発）が生じたことも観察された．

③変動比率（variable ratio, VR）スケジュール　飯田・木村（2005）は VI 強化スケジュールで維持されたラットのレバー押しに VR スケジュールで電気ショック

による弱化手続きを加えた．ここでは累積記録による反応パターンは示されていないが，中程度の強度の電気ショックを使用した場合に，VRスケジュールによる弱化の頻度によって直線的な反応抑制が得られることが示されている．
④変動時隔（variable interval, VI）スケジュール　吉野とリード（Yoshino & Reed, 2008）は並立VI VI強化スケジュールで維持されたラットのレバー押しに，大きな音刺激による並立VI VI弱化スケジュールを加えた．ここでも累積記録による反応パターンは示されていないが，特徴的な反応パターンでなく，全般的な反応抑制が観察されている．

●**弱化の強度の効果と倫理**　正の弱化（提示型弱化）で一般的に用いられる刺激は，電気ショック，大きな音，強い光刺激などの物理的刺激，負の弱化（除去型弱化）では強化場面からのタイムアウトや反応コストであり，ヒトを参加者とした実験研究においては，トークンやポイントの減点などが用いられることがある．物理的な刺激を使用した場合には，その刺激に対する馴化が生じることが予測される．けれども，前項で触れたように，一般的に弱化子の強度が強ければ強いほど，反応の抑制効果は高くなる．一方で，十分な強度を保てない場合には，弱化子が反応を抑制する効果をもたずに，弁別刺激の機能をもつ場合がある．

　近年，動物倫理の問題のために，電気ショックなどを用いた動物実験による弱化の基礎研究が難しいことを反映して，ヒトの実験研究による負の弱化の研究が目立つようになってきている（Critchfield et al., 2003；Pietras et al., 2010）．

●**弱化の理論**　弱化がなぜ反応を抑制するかについて2つの理論が提唱されてきた．対称的効果の法則と競合反応理論である．前者は，強化が反応を強めるのと同様に，弱化は反応を弱めて，その効果は対称性をもっているとする（例えば，Farley & Fantino, 1978）．後者は，ある反応が弱化されるとその反応以外の反応が強化されることで，弱化される反応が抑制されると説明する（例えば，Deluty & Church, 1977）．

　これら2つの理論を比較した研究の多くは，対応法則（マッチング法則）を用いた選択場面において，強化だけの事態に弱化のスケジュールを加えた際に，反応の選好がどのように推移するかを検討している（Critchfield et al., 2003；吉野・木村，1991；Yoshino & Reed, 2008）．いずれか一方の理論が正しいといった択一的な説明でなく，弱化には弱化する反応を直接弱める効果と，弱化された反応以外の反応を強化する効果の両方があると考えられる．例えば，吉野・木村（1991）は，ラットを用いて2つの選択肢のうち一方を餌粒による強化，他方を消去とした．反応が強化の選択肢のみに生じて反応率が安定した後に強化の選択肢のみに電撃による弱化を加えた．その結果，消去の選択肢への反応が生じたが，弱化が継続されていても消去の選択肢への反応率は次第に低下した．同時に，強化と弱化の両方を含む選択肢への反応は，強化のみの事態に比べて抑制され続けた．

表2 弱化がもたらす副次的効果 [吉野, 2015をもとに作成]

Ⅰ　弱化子の使用による効果
1. 弱化は用いる側も受ける側も一般的に不快である
2. 望ましくない情動状態が生じる
3. 特に体罰によっては，社会的な攻撃を引き起こす可能性がある
4. 弱化された反応を行った個人が，その状況から逃げ出したり，避けたりといった社会的な混乱を引き起こす
5. 弱化は，弱化された行動だけでなく，より全般的な反応の抑制をもたらす傾向がある
Ⅱ　弱化を使う行動に及ぼす効果
6. 弱化の手続きを使う行動が何らかの社会的な強化をうける可能性がある
7. 弱化の手続きは濫用される危険性が高い
Ⅲ　抑制効果の持続性
8. 弱化の手続きによってもたらされる反応抑制効果は一時的に留まることがある
9. 弱化された行動は，それ以外の望ましくない行動に置き換わる可能性がある
10. 弱化を使う個人がいない場面でのみ一時的に反応が抑制するだけで，それ以外の場面では反応は維持されたままである．
Ⅳ　その他
11. 弱化を受けた行動が望ましくないことがわかったとしても，どうすればよいかを示さない

●**弱化の副次的効果**　吉野（2015）は，マットソンとディロレンツォ（Matson & Di'Lorenzo, 1984）がまとめた弱化の副次的な効果を4つに分類している（表2）．これらの副次的な効果が，特定の反応の生起頻度を下げるという本来の目的に阻害的に働くことに注目する必要がある．弱化は反応の生起頻度を下げる随伴性である．日常的にも，熱い鍋に触れて火傷する，夜更かしして健康を損ねるなど，行動内在的随伴性による弱化は，提示型であれ除去型であれ，日常的に私たちの行動を制御している．すなわち，刺激性制御を含めてそうした行動は生じにくくなる．

一方で，他者の行動を制御する手段として弱化の手続きを用いる場合には，必ずしもその反応が生じにくくなるわけではない．例えば，いたずらをしてしかられる，路上駐車することで罰金を取られるといった日常的な事態は，手続きとしては弱化であるが，そうした手続きによって反応が必ずしも抑制されるわけではない．さらに，刺激性制御や副次的な効果を含めて，それらの反応が何らかの強化を受けている限り，反応の頻度は一時的に低下しても消失するわけではない．吉野（2015）が指摘したように，本来弱化が反応を抑制する手続きでありながら，外的な操作を行う付加的随伴性による弱化は，必ずしも抑制効果が得られるわけでない．この意味で弱化は自己矛盾の随伴性といえるだろう．　　　　　[吉野俊彦]

タイムアウト

☞弱化（罰）p. 250，ヒトの実験における反応コスト p. 258，「体罰」に反対する声明 p. 642

　実験中，一時的に反応の機会を取り除く操作，あるいは提示されている刺激を一時的に除去する操作とその期間を，タイムアウト（timeout, TO）とよぶ．その他，例えば，回避反応を無効にするような場合も TO とよばれることがある．また，室内灯などの照明を消灯することから，ブラックアウトとよばれることもある．本項目では主に実験場面における正の強化（提示型強化）からの TO を取りあげる．応用行動分析学で使用される TO は，この正の強化からの TO を応用したものであるが，様々な変更と独自の拡張が加えられている．

●**TO の手続き**　手続きの細部にはいくつかの違いがある．操作体については，ラットやサルの実験では，反応レバーを格納し，被験体が操作できなくする場合もあるし（例えば，Carlson, 1972；Richardson & Baron, 2008），Ferster（1957）のように，TO 中もレバーを提示したままの場合もある．ハトは，消灯したキーにはほとんど反応しないので，反応キーを消灯することが，操作体の一時的撤去と同様の効果をもつとみなされる．

　TO 中は，正の強化が有効な間提示していた刺激を除去するのが一般的だが，室内灯も含めて実験箱内のすべての照明を消灯することもあれば，室内灯は点灯したままで，キーの照明など一部の刺激だけを消灯することもある．また TO 期間中だけ新たに別の刺激を提示する場合もある．

　ファースターとスキナー（Ferster & Skinner, 1957）は，TO を，被験体が反応できない期間とだけ定義し，その具体的な実現方法として，①被験体を実験箱から取り出す，②操作体を撤去する，③実験箱内のすべての照明を消灯する，④以前に，強化子が提示されない期間に対応していた刺激を導入する，の 4 種類をあげている．いくつもの TO 手続きが使われてきた原因の 1 つはここにあると考えられる．

●**正の強化からの TO がもつ機能**　ファースターとスキナーは，TO の 8 つの効果をあげ，その最初に，TO の嫌悪刺激としての作用を指摘した（Ferster & Skinner, 1957）．ファースターは，チンパンジーのキー押し反応を VI 6 分で食餌強化しながら，定期的に天井灯を消して，その間は反応しても餌が出ない期間，すなわち TO 期を設けた．TO 期に反応が生じなくなったところで，反応キーの横に赤色灯を導入した．赤色灯は 15 分毎に，1 回 2～3 分間点灯し，点灯中の最後の 20 秒間にチンパンジーが反応すると天井灯が消えて 60 分の TO が生じた．この間に反応しなければ，赤色灯は消え，15 分後に再度点灯するまでの間 TO は発生しなかった（Ferster, 1957）．図 1 は，6 時間続いたセッション全体の累

積記録で,短い斜線が赤色灯の点灯と消灯を示している.これを見ると,TO発生の可能性がある赤色灯点灯中の反応率がその前後より低下している.左列最下段や右列4段目のように顕著に低下した場合もあるし,左列3段目や右列4,5段目のようにほとんど低下していない場合もある.しかし,点灯期間全体の反応率低下がわずかな場合も,点灯期間が残りおよそ20秒ほどになると累積記録は水平に近くなって,反応率が低下していたことがわかる.実際にTOが生じたのは全体の3%(図中,矢印部分)ほどだった.

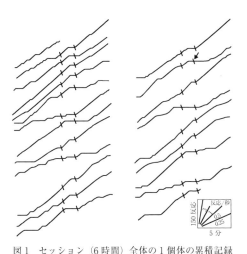

図1 セッション(6時間)全体の1個体の累積記録
[Ferster, 1957, p.509, Fig.1.]
短い斜線が赤色灯の点灯と消灯を示す.実際にTOが生じたのは右列2番目の矢印で示された箇所のみである.

ファースターは,これを正の強化に電気ショックを重ねたアズリンの結果と比較し,TOが電気ショックと同様に,正の強化で維持されている反応を低下させることから,TOには嫌悪刺激の作用があると結論した.アズリンの実験では,VI 3分で食餌強化されている間に,例えば,キーを2分間隔でオレンジ色と青色に変え,オレンジ色になって1分後に0.5秒のショックを与えた.するとキーがオレンジ色に変わるとショックが提示される前に反応率に低下が認められた(Azrin, 1956).

ファースターの実験では,TOに先行する赤色灯点灯期間の最終20秒間に反応がなければTOは発生しなかったから(Ferster, 1957),TOが嫌悪事態であれば,反応しないことでこれを回避できたことになる.すると,この期間の反応率低下は,エステスとスキナー(Estes & Skinner, 1941)やアズリン(Azrin, 1956)が示したような後続する嫌悪事態の効果と,回避随伴性の影響が重なっていた可能性がある.同時に,図1の矢印部分から明らかなように,TOが発生しても反応は続いており,この手続きでは,反応の機会を奪うことの効果と,消去手続きの効果を分離できない.

このようにファースターの先駆的研究にはいくつか解釈を難しくする点があるが,正の強化からのTOが,嫌悪事態あるいは弱化子の機能をもつことは,他のいくつもの諸研究で確認されている.例えば,トーマス(Thomas, 1968)のハトを用いた実験では,VI 3分の食餌強化に,FRに従って2分間のTOを随伴するスケジュールを重ね合わせ,TOを生み出すFR値が小さいほど,反応率低

下が大きいことが示された．またコーフマンとバロン（Kaufman & Baron, 1968）は，ラットのレバー押し反応を強化しつつ，3度目ごとの反応に対して 10〜120 秒間の TO を随伴し，TO の期間が長いほど，TO を生み出す反応の頻度が低下することを明らかにした（実験 II）．

●**弁別訓練と TO**　弁別訓練では，誤反応に TO を随伴することがある．例えばファースターは，ハトの見本合わせ訓練で，誤反応に 1 秒間の TO（すべての照明の消灯）を随伴した（Ferster, 1960）．ファースターとアペル（Ferster & Appel, 1961）は，同じく見本合わせ訓練の誤反応に 0.5〜600 秒の TO を随伴させ，訓練に用いる強化スケジュールによる違いや個体差はあるものの，TO を随伴すると誤反応が減ることを示した．TO 挿入による成績向上は，ハトの FR 25 と FR 50 のスケジュール弁別や（Rilling, 1968），サルの系列反応（Sidman & Rosenberger, 1967），ヒトの見本合わせ（Zimmerman & Baydan, 1963），ヒトの視覚弁別課題（Chelonis et al., 2007）などで報告されている．

　一方，レッドら（Redd et al., 1974）はサルの系列反応訓練において，誤反応に TO を随伴させると固定的誤反応が頻発し，TO をなくすと誤反応が減少したことから，TO が固定的誤反応を強化していた可能性を指摘した．正の強化からの TO が罰子（弱化子）ではなく，強化子として機能する可能性を示す研究は，他にもいくつかある（望月, 1993）．例えば，アズリンはハトに 2 つのキーを提示し，一方への反応には FR に従って食餌強化子を随伴しつつ，もう一方への反応には，1 反応ごとに，FR から TO へ，TO から FR へとスケジュールを変化させた（Azrin, 1961）．強化スケジュールを FR 65 から FR 200 まで変化させると，TO している時間は，FR 値が増えるに従って増加した．アズリンは，この TO キーへの反応を嫌悪事態からの逃避として説明した．すなわち部分強化スケジュールが嫌悪的性質をもち，TO 反応は，その嫌悪事態あるいは，それと条件づけられた実験箱内の様々な刺激から一時的に逃避できることで維持されたと考えた．反応要求数の増加につれて TO が増えたことは，スケジュールの嫌悪性の増加を反映したものと解釈されており（Thompson, 1965），それは PR と電気ショックを組み合わせたダルダーノ（Dardano, 1974）の実験でも支持されている．アレッサンドリとリヴィエール（Alessandri & Rivière, 2013）は，ヒトにおいても身体負荷の大きい反応を VI で強化した場合，TO が強化子になることを示した．

●**正の強化からの TO をめぐる議論**　このように，正の強化からの TO の機能については，それが罰子である可能性を示す研究結果と，反対に強化子である可能性を示す結果の両方が報告されている．以下，問題点を簡単に整理する．

　まず TO 手続きの多様性に留意する必要がある．TO とオペラント消去の手続きを明瞭に区別するには，TO 中の反応の可否を重視すべきであろう．しかし多

くの研究で，操作体の撤去は行われておらず，TO 中の反応について記述されている例も少ない．ハトが暗いキーに反応しないことは確かであるが，それは，キーつつき訓練をある程度経験した後で生じることである．被験体が反応を続けていれば，その手続きは消去であり，その場合，その効果が，TO 独自のものか，消去の効果かを厳密に区別することができない．

　TO 中の状態には，室内灯も含め実験箱内のすべての照明を消灯する，いわゆるブラックアウトをつくり出す場合と，キーの照明など一部だけを消灯する場合があるが，いずれの状態も，実験手続きの他の部分との関連が不明であることが多い．実験の前後はすべての照明を消灯するのが一般的であった．被験体は，しばしば，特に実験終了後は，この状態で放置されることがある．このような情報が論文に記載されることはまれであるが，被験体が，TO と同じ状態を，実験的に操作された TO 期間以外にも経験しているという事実は，TO の行動への効果を論じる上でもっと重視される必要がある．

　強化子と罰子以外にも，TO は個体に対して様々な機能を有しており，そのことも研究結果の解釈を難しくしている．ファースターとスキナーは，TO 中にハトは，羽づくろいのような実験とは無関係な行動をすると指摘している（Ferster & Skinner, 1957）．弁別訓練で誤反応 TO を随伴させると成績が向上することについて，ファースターとアペルは，誤反応を TO が罰していると解釈した（Ferster & Appel, 1961）．一方，トーマスは，訓練の FR 値と，誤反応に随伴させたブラックアウト状態の試行間間隔（inter-trial interval, ITI）の長さと，誤反応数の関係を検討し，ITI が迷信的連鎖を妨害することで正反応率を向上させた可能性を指摘している（Thomas, 1979）．この実験の ITI は，手続きとしては他の研究の TO と同一である．TO 期間は，被験体のすべての行動に対して，実験的な随伴性が取り除かれた状態である．それは実験的制御が存在しない状態である．そのような状態は，どのような行動も生じ得ることを忘れてはならない．

　正の強化がもつ"嫌悪性"についても慎重な議論が必要である．いくつかの研究は，強化率が低いほど，TO 反応が多く生じることから，強化率の低いスケジュールはより嫌悪的であると結論しているが（例えば，Thomas & Sherman, 1965），反対の結果を示す研究もある（例えば，Richardson & Baron, 2008）．問題にすべきは，強化率と TO の相対的な"嫌悪性"の違いであるが，これを実験的に検証するのは容易ではない．実験セッション全体の強化率は TO 挿入により変化する．TO により生じる実験セッション全体の強化率の変化も TO の効果に影響を与えている（Zoratto et al., 2012）．

　なお，TO は "timeout" という表記の他に "time out" や "time-out" と書かれる場合がある．資料検索時には注意が必要である．　　　　　　　　［望月　要］

ヒトの実験における反応コスト

☞弱化（罰）p.250，タイムアウト p.254，「体罰」に反対する声明 p.642

　オペラント条件づけでは，ターゲットとなる反応を条件に刺激を提示して，その後どのように反応が変化するかを観る．反応率が高まれば，この現象を「強化」とよび，強化に用いた刺激を「強化子」とよぶ．動物を対象とした実験の代表的な強化子は餌である．逆に，反応率が下がれば，この現象を「弱化」とよび，弱化に用いた刺激を「弱化子」とよぶ．動物の場合，代表的な弱化子は電撃（低電流で安全性が確認された電気ショック）である．

　倫理的観点から，特にヒトを対象とした弱化研究では，電撃はあまり用いない．その代用として反応コストを用いることがある（また，別の方法としてタイムアウトを用いることもある．☞「タイムアウト」）．コストは負担・負荷という意味があり，反応コストでは被験者にとって何らかの負担を課し，それが弱化子となって弱化を起こす．現実世界においては，ルール違反による罰金が反応コストの一例ととらえることができる．しかし，この用語は専門家の間でも別の意味で使われることがあり，混乱を招くこともある（Luce et al., 1981）．本項目ではまず反応コストの定義について解説し，その後従来の弱化との違いを解説する．また，反応コスト研究が弱化の理解へと貢献した例の紹介をする．

●**反応コストの定義について**　反応コストという用語を初めて研究で採用したのはワイナー（Weiner, 1962）とされている．彼はまず変動時隔（variable interval, VI）スケジュールで強化子（1強化あたり100点）を提示し，反応（レバー押し）を強化した．このスケジュールの特徴として強化子が平均 X 秒で提示されることから（☞「時隔スケジュール」），反応が起きても強化子が提示されないこともある．これらの反応に対して1回あたり1減点（失点）を課すと，そのような失点がない場合に比べて反応率が低下した．このことから，失点を弱化子とした弱化が起こったことがわかる．このように，強化子の損失による弱化（図1）を反応コストとよぶのが現在主流となっている（例えば，Critchfield et al., 2003）．

　反応コストは強化子の損失による弱化とは別の意味で用いられることもある．その1つに「物理的コスト」がある．物理的コストとは反応

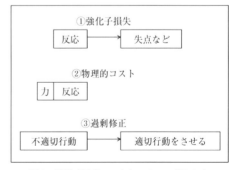

図1　用語「反応コスト」の3つの使われ方

を起こすのに必要な負荷を意味する．レバー押しであれば，レバーを押すのに必要な力（単位はグラムなど）が物理的コストである．物理的コストが増すと反応率が下がる（Chung, 1965）のは容易に想像できるだろうが，反応を条件とした刺激操作ではないため，弱化の定義にはあてはまらない（ただし，反応へのペナルティとして物理的コストが増加する場合は弱化ととらえることができる）．

　それでも物理的コストが反応コストに含まれるのは，ワイナーによる一連の反応コスト研究（Weiner, 1962；1963；1964b）の主旨の1つに，物理的コストとの関連づけがあったからであろう．背景としてワイナーはアズリンの研究（Azrin, 1958）をあげている．例えば，固定時隔（fixed-interval, FI）スケジュールを使うと典型的な反応パターン（強化子が提示される時間に近づくにつれて徐々に反応率が高まっていくパターン．☞「時隔スケジュール」）が動物では得られるが，ヒトを対象としたアズリンの実験では当初それが得られなかった．そこで物理的コストを高めたところ，この典型的反応パターンが得られたとアズリンは報告している．ワイナーはこの現象を物理的コストの代わりに失点を用いた反応コストで再現しようとしたのだ．これは反応が起きるたびに減点することで物理的コストの状況に似せているワイナーの手法にも表れている．

　反応コストのもう1つの使われ方で「過剰修正」とよばれるものもある（Luce et al., 1982）．過剰修正は臨床研究で用いられる用語で，クライアントが物を壊すなど不適切な行動をした場合，ペナルティとして壊した物の修理など適切な行動をさせる方法である（Foxx & Azrin, 1973）．過剰修正によって不適切な行動が低下することから，弱化の一種ととらえることができる．しかし，適切な行動を起こすために弱化以外の操作も含まれていることに注意されたい．

　以下，現在主流となっている，強化子の損失（特に失点）を用いた反応コストに的をしぼり，解説する．

●**従来の弱化との比較**　従来の弱化研究で用いられてきた電撃と，失点を用いた反応コストとの違いの1つに弱化子の種類がある．電撃のように単体で弱化効果がある刺激を一次性弱化子とよんでいる．これに対し，失点のように最終的には一次性弱化子との関連づけで弱化効果を発揮する刺激を二次性弱化子とよぶ．一次性弱化子と二次性弱化子の類似点と相違点は主要効果，身体的効果，副次的効果の3つに分類することができる（Newsom et al., 1983）．

　まず主要効果だが，弱化子の定義となっている反応を低下させる効果，つまり弱化効果を指す．少なくとも理論的には，一次性・二次性弱化子の弱化効果の度合いには差があると考えられる．一次性弱化子は単体で弱化効果があるのに対し，二次性弱化子は一次性弱化子との関連づけが不可欠なため，一次性弱化子の弱化効果がより大きいと考えるのは自然だろう．しかし実際は，この2つの弱化子の関わり方には時間的関係や相関関係など，様々な形がある．また，二次性弱

化子となる視覚刺激，聴覚刺激そのものの特徴，さらには被験者がこれらの刺激とこれまでどのように接してきたかには個人差がある．これらすべてを考慮した研究がおそらくまだ行われていないため，一次性・二次性弱化子の弱化効果の厳密な差については明確な答えがない．

次に弱化子の身体的効果だが，これは身体に直接及ぼす影響のことを指す．従来の弱化研究で用いられてきた電撃は，高電圧だと皮膚を損傷する危険がある．これに対し，失点を用いた反応コストにはそのような危険はない．失点ではなく，餌など一次性強化子の損失を反応コストに用いた場合でも，身体に直接刺激を与えないことから比較的安全だろう．

最後に弱化子の副次的効果であるが，ここでは主要効果と身体的効果以外の生体への影響を指すこととする．一次性弱化子を用いた弱化で最も懸念されているのは副次的効果である．それには，弱化子提示によって反射的に引き起こされる情動的反応や，ターゲット反応だけでなく活動全体が低下することなどがしばしばあげられる（弱化子の副次的効果を吉野［2015］がまとめている）．これに対し，反応コストに対する懸念はあまりあげられない．しかし，一次性・二次性弱化子に対するイメージとはまったく逆の事例も報告されていることも事実である．例えば，自傷行為を繰り返すクライアントに対し，弱化として電撃を与えたところ，情動的反応ではなく社会的に望ましい行動が増加したという臨床研究報告がある（Lovaas & Simmons, 1969）．また，失点を用いた反応コストでクライアントが暴れ始めたというある臨床研究報告もある（Boren & Colman, 1970）．こういった事例があることから，一次性・二次性を問わず，弱化子の副次的効果については，それぞれのケースで検証すべきだろう．

●**弱化についての理解への貢献**　反応コスト研究，特に失点を用いた実験は弱化についての理解を深めることに役立っている．学術的観点から失点コストの最大のメリットは，強化子と弱化子を同じ次元で取り扱えることだろう．強化と弱化効果の比較は長年の課題である．オペラント条件づけの基礎となる効果の法則を発見したソーンダイク（Thorndike, 1911）は，強化は反応を高め，弱化は反応を低めることから，強化と弱化は同質のプロセスであり，その違いは効果の方向（反応を高めるか低めるか）だけであると考えた．しかし，行動分析学の創始者であるスキナー（Skinner, 1938）は強化に比べ弱化効果は小さいと主張した．その根拠となるラットを対象とした実験で，彼はまずレバー押しを餌で強化した．その後，レバーを押すとレバーが跳ね返る打撃刺激を弱化子に用いた．これにより弱化は起きたのだが，弱化子が提示されなくなると，抑制された分の反応を取り戻すかのように，弱化前よりも反応率が高まった．弱化効果は一時的なものであり，強化効果よりも小さいとスキナーは解釈した．しかし，後の強化（餌）と弱化（電撃）の比較実験では，効果の大きさに差がなかったと報告されている

(Farley & Fantino, 1978).

　これらの強化・弱化の比較実験の問題点は，異質の刺激を用いたことである．例えば，餌と電撃の比較では，餌の基本単位はグラムまたはカロリーで電撃の基本単位はボルトまたはアンペアである．単位に互換性がない刺激同士を直接比較することはできない．そこでラズマセンとニューランド（Rasmussen & Newland, 2008）は反応コストを用いて，強化子に得点（+4セント），弱化子に失点（-4セント）を用いてこの2つの効果を直接比較した．その結果，失点には得点のおよそ3倍の効果があったことから，強化よりも弱化の効果がより大きいと主張した．

提示型強化 （強化子提示） 例：報酬	除去型強化 （弱化子除去） 例：電撃キャンセル
提示型弱化 （弱化子提示） 例：電撃	除去型弱化 （強化子除去） 例：失点コスト

図2　提示型および除去型の強化と弱化

　ラズマセンとニューランドの研究（Rasmussen & Newland, 2008）を精読すると，得点刺激の提示と失点刺激の提示の比較であったことに注意されたい．後者の刺激操作は4セントの除去ではなく，-4セントという刺激が提示されたのである．強化と弱化にはそれぞれ提示型と除去型の2種類がある（図2）．提示型強化は強化子提示で反応率を高め，除去型強化は弱化子を除去することで反応率を高める．提示型弱化は弱化子提示で反応率を低下させ，除去型弱化は強化子除去で反応率を低下させる．ラズマセンとニューランドの研究における失点刺激の提示による反応率の低下は，提示型弱化ととらえるべきか，それとも除去型弱化ととらえるべきか判断に迷うところである（図2）．黒田ら（Kuroda et al., 2018）は失点刺激提示による反応率低下は提示型弱化によるものであると実験的に示したうえで，それを得点刺激の提示（提示型強化）と直接比較した．その結果，提示型強化と提示型弱化の効果が同等である被験者と，提示型弱化の効果がより強い被験者の両方がいたことから，これらの相対効果には個人差があるのではないかと結論づけた．

　前項の研究に類似するもので，提示型強化と除去型強化を直接比較した実験もある（Magoon & Critchfield, 2008）．提示型弱化と除去型弱化の比較，除去型の強化と弱化の比較についてはまだ報告されていないが，強化子と弱化子を同じ次元で取扱える反応コストの有用性は今後も注目されるであろう．　　　　［黒田敏数］

📖 **参考文献**

Critchfield, T. S. et al. (2003). Punishment in human choice: direct or competitive suppression? *Journal of the Experimental Analysis of Behavior, 80,* 1-27.
Weiner, H. (1962). Some effects of response cost upon human operant behavior. *Journal of the Experimental Analysis of Behavior, 5,* 201-208.

行動履歴

☞行動モメンタム：基礎 p.266, 行動モメンタム：応用 p.518

　行動分析学では，行動は，遺伝，過去経験，現在環境という3つの条件によって決定されると考えられているが，行動履歴はこの中で，過去経験の条件に関わっている．行動履歴は，最も広義には，あらゆる過去経験を指す．行動履歴と類似の用語にスケジュール履歴，条件づけ履歴，強化履歴がある．行動履歴が現在の行動に及ぼす影響を行動履歴効果もしくは履歴効果とよぶ．学習性無力，変化抵抗，消去誘導性復活，復位効果なども広義には履歴効果に含まれるが，通常，履歴効果とよばれている現象は，かなり限定的である．

●**履歴効果：その発端となった研究**　履歴効果は，行動分析学では，古くから言及されている（例えば，Sidman, 1960；Skinner, 1953 河合他訳 2003）．しかし，その明示的な実験的研究は，ワイナー（Weiner, 1964a）を起源とする．ワイナーは，3人の成人に固定比率（fixed-ratio, FR）40スケジュールを，別の3人の成人に低反応率分化強化（differential reinforcement of low rate, DRL）20秒スケジュールを提示した．すべての参加者がスケジュールに制御された反応，すなわちFRスケジュールを提示されたものは高反応率，DRLでは低反応率を示した．その後，どの参加者にも固定時隔（fixed-interval, FI）10秒スケジュールが提示された．もし，FRやDRLという過去の随伴性の経験が現在の行動にまったく影響しないならば，このFIでの反応率に参加者間の差は生じないはずである．しかしながら，FIスケジュールを20セッション，計15時間提示しても，FRの履歴のある参加者のFIでの反応率は，DRL履歴の参加者のそれより明らかに高かった（図1）．こうした組織的な反応率の違いは，それ以前に提示されたスケジュールの違いに基づくと考えても不自然ではない．ワイナーのこの結果は非常に頑健で，ラット（Cole, 2001）やハト（Nader & Thompson, 1989）でも再現されている．

●**履歴効果の永続性**　ワンチーゼン（Wanchisen, 1990）は，履歴効果研究の意義の1つとして，行動分析学の理論と方法論の修正を促しうることをあげている．ABA法（ABAデザイン）をはじめとして，行動分析学は，実験変数の効果を個体内で検証する手法を主に用いている．こうした方法論の使用は，ある条件の効果は別の条件にその個体をさらしておくことにより消失することが前提となっている．それに対して，FIスケジュールを20セッション提示しても，それ以前のスケジュールの影響が消えなかったワイナーの結果（Weiner, 1964a）は，この前提に疑問を投げかけるものとなった．履歴効果は現在の随伴性のもとで消失するものか否かという問いに関して，消失しなかった（Wanchisen et al.,

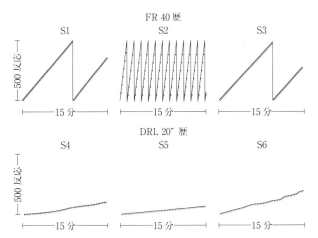

図1 FI 10秒スケジュールでの成人の反応の累積記録［Weiner, 1964a, p.384, Fig.1 をもとに作成］
FR 40スケジュールの履歴のある3人（S1, S2, S3）の反応（上図）は，DRL 20秒スケジュールの履歴のある3人（S4, S5, S6）の反応（下図）より明らかに高率である．

1989），消失した（Baron & Leinenweber, 1995）という相矛盾する結果が提出されたが，コール（Cole, 2001）が，FIスケジュールを79～134セッション提示する間にすべてのラットの履歴効果が消失したことを報告したことで，履歴効果の永続性に関する論争は一応の決着を見ている．ただし，この後述べる遠隔履歴効果の存在が，この論争はまだ終わりを迎えていないことを示唆している．

●**遠隔履歴効果** すでに述べたように，一般に，FRスケジュールの履歴の後のFIスケジュールでは高率の反応が生じる．ところが，FRスケジュールよりさらに前にDRLスケジュールを経験させると，FIスケジュールでの反応は低率になることをワイナーは発見した（Weiner, 1969；図2）．FRだけを経験した後の結果と異なっているこの結果は，FRより前のDRLの履歴によるものと考えられる．行動履歴が，それを経験したときから時間的に離れた行動に影響を及ぼしたこの現象は，遠隔履歴効果とよばれ，時間的に近接する行動に及ぼす直前履歴効果と区別される．ワイナーの結果で特に注目すべき点は，DRLスケジュールの影響が，次のFRスケジュールでは観察されなくなっても，その後のFIスケジュールで現れたということである．この事実は，過去経験の影響，すなわち履歴効果は，第2の環境にさらされるうちに観察されなくなるが，完全に消失したのではないという可能性を示唆している．

●**潜在履歴効果** 通常，履歴効果として盛んに研究されている現象は，タータムとワンチーゼン（Tatham & Wanchisen, 1998）がFI効果と弱化（罰）効果とよ

んだ2つにしぼられる．FI効果は，すでに紹介したもので，おおむね，ある反応依存強化スケジュールの履歴がその後の別の反応依存強化スケジュール下での反応に及ぼす影響のことである．罰効果は，バレット（Barrett, 1977）の報告が最初であるが，いささか複雑で，回避スケジュールなどの履歴が，その後の罰された反応への薬物の効果に及ぼす影響のことである．バレットは，2頭のリスザル（MS-7とMS-12）に，まず，5秒ごとに提示される電気ショックがレバーを押したら25秒間延期されるショック延期（回避）スケジュール（フェイズ1），続いて，5分経過後の最初のレバー押し反応が電気ショックをもたらすショック提示スケジュールを経験させた（フェイズ2，表1）．その後，レバー押しは，エサを強化子とするFI 5分スケジュールによって維持された（フェイズ3）．第4フェイズで，レバー押しはFI 5分スケジュールでエサを生み出すだけでなく，40回反応するたびに電気ショックをもたらした（FR 40 ショック）．さらに，

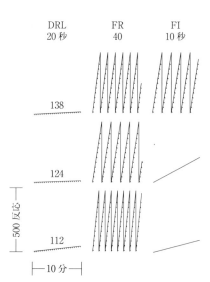

図2　強化スケジュールをDRL 20秒，FR 40，FI 10秒の順に経験した成人3人（138, 124, 112）の各スケジュール下での反応の累積記録［Weiner, 1969, p. 370, Fig. 16 をもとに作成］

FRスケジュールだけを経験した者はその後のFIスケジュールで高率反応を示す（図1のS1, S2, S3を参照のこと）のに対し，FRの前にDRLを経験していると，FIスケジュールでは低率の反応になる（124と112の右図を参照のこと．ただし，138は，比較的高率の反応になっている）．

これらに加えて，d-アンフェタミンを体重1 kgあたり0.01 mgから1 mg投与した（第5フェイズ）．他の2頭（MS-18とMS-21）には，フェイズ1と2は経験させず，第3フェイズから経験させた．第5フェイズでのd-アンフェタミンが反応に及ぼす影響が，それ以前の行動履歴の有無によって異なっていた．かつて，レバー押しにショック延期とショック提示が随伴する経験をした2頭は，d-アンフェタミンの投与量が体重1 kgあたり0.3 mgまでは，投与量が増加するに従い反応率が増加した（図3左）．対して，このような履歴のない2頭では，反応率の増加は認められなかった（図3右）．興味深いのは，こうした履歴の有無による行動上の相違は，薬物が投与されたときにのみ観察されたことである．薬物は投与されず，FI 5分エサスケジュールのみのとき（フェイズ3），あるいはこれにFR 40ショックスケジュールが付加されたとき（フェイズ4）の反応率に，履歴の有無による差はなかった．

表1 バレット (Barrett, 1977) の2頭 (MS-7 と MS-12) のリスザルの実験条件.

フェイズ	条件
1	ショック延期
2	FI 5 分ショック
3	FI 5 分エサ
4	FI 5 分エサ & FR 40 ショック
5	FI 5 分エサ & FR 40 ショック & d-アンフェタミン

他の2頭 (MS-18 と MS-21) は，フェイズ1と2を経験していない

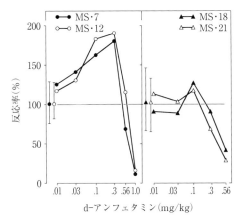

図3 電気ショック延期ならびにショック提示スケジュールの履歴のあるリスザル2頭 (MS-7 と MS-12, 左図) とそのような履歴にないリスザル2頭 (MS-18 と MS-21, 右図) の罰された反応に及ぼす d-アンフェタミンの効果 [Barrett, 1977, p.68, Fig.2 をもとに作成]
d-アンフェタミンが投与されていないときの反応率を100とした値が示されている.

このように，特定の操作が加えられたときに出現する履歴効果のことは，潜在履歴効果とよばれることがある．潜在履歴効果もまた，履歴効果すなわち行動履歴が現在の行動に及ぼす影響の侮りがたさを物語っている． ［大河内浩人］

📖 参考文献

原田 健介・大河内 浩人 (2006). 人間のスケジュールパフォーマンスに及ぼす遠隔履歴効果 大阪教育大学紀要 第Ⅳ部門, 55, 71-89.
大河内 浩人 (2017). 人間行動の実験的分析—25年の研究を辿る 行動分析学研究, 32, 61-77.
小野 浩一 (2016). 行動の基礎―豊かな人間理解のために 改訂版 培風館

行動モメンタム：基礎

☞行動履歴 p. 262, 行動モメンタム：
応用 p. 518

　行動モメンタムとは，ネヴィン（Nevin J. A.）により提案された行動の持続過程を記述する概念である．モメンタムとは，古典力学において物体のもつ勢いを表現する物理量であり，速度と質量の積で表現される．例えば，走っている車を，ブレーキを踏んで停車させる場合，車の速度や車重は車が停止するまでの距離や時間に影響する．つまり物体の勢いは，その速度と質量に依存する．ネヴィンは，行動にも勢いに相当するものがあると考え，それを行動モメンタムとよんだ（Nevin et al., 1983）．彼は，速度に相当するものとして反応率を，質量には変化抵抗を考え，行動モメンタムは，反応率と変化抵抗の積で表現されるとした．ここで変化抵抗とは，環境条件が変化した場合の行動の抵抗性として定義される．ネヴィンは，この概念の提案以前にも，変化抵抗に関連した研究を行っていたが（Nevin, 1974），この概念の提案によって，反応率以外にも，変化抵抗も重要な行動の一側面であることが明確に示され，応用場面においては，この概念にヒントを得た高確率要請連鎖技法（☞「行動モメンタム：応用」）が開発されるなど，行動モメンタムをめぐる研究は，行動分析学の様々な領域において多様な展開を見せることとなった．以下では，行動モメンタムの基礎研究として，主に変化抵抗に関して明らかにされてきた知見について概説する（レビューとして，井垣・坂上，2003；Nevin & Wacker, 2013）．

●**標準的実験手続きと制御変数**　変化抵抗を検討する際に最もよく使用される手続きは，混成（多元）スケジュール（☞「複合スケジュール」）である．混成スケジュールは，複数の成分（強化スケジュール）が継時的に提示されるスケジュールであり，様々な独立変数を成分間で比較検討することで，変化抵抗の制御要因が検討されてきた．典型的な実験では，混成スケジュールで反応を訓練した後，反応を減少させる操作（反応減少操作）が導入され，反応減少操作導入時に，どれだけ反応がベースライン訓練に比べて持続するかが変化抵抗の指標とされる．反応減少操作として，強化子を提示しない消去や，実験開始前に給餌をする先行給餌，成分間間隔中での変動時間（variable time, VT）スケジュールによる非随伴的強化子の提示などが典型的には用いられる．これまでの研究は，変化抵抗が，強化率と正の相関関係にあることを繰り返し示してきた．例えば，Nevin (1974) の実験1では，ハトのキーつつき反応が，混成 VI 60 秒 VI 180 秒スケジュールで訓練され，複数の反応減少操作により変化抵抗が測定された．図1左は，反応減少操作としてVT強化子の提示が用いられた場合の変化抵抗が，ベースライン最終5日間の平均反応率に対する比として描かれている．VTでの強化

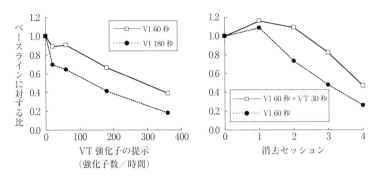

図1 VT強化子の提示（左図）および消去（右図）における変化抵抗
左図：成分間間隔中にVT強化子が提示された場合の変化抵抗．4羽のハトの平均データを示す．［Nevin, 1974をもとに作成］
右図：消去における変化抵抗．各点は2回の消去セッションをまとめている．3羽のハトの平均データを示す．［Nevin et al., 1990をもとに作成］

率が増加するにつれ，両成分の反応率は減少するが，強化率の高いVI 60秒成分で減少の程度は弱く，変化抵抗は強い．

しかしベースライン訓練において強化率が高い場合，反応率も通常は高くなるため，強化率ではなく反応率の高さが変化抵抗に影響している可能性も考えられる．ネヴィンら（Nevin et al., 1990）は，巧妙な実験手続きを用いて，この可能性を検討している．この実験1では，ハトのキーつき反応が，混成スケジュールで訓練され，ハトは両方の成分でVI 60秒で強化子を獲得できた．さらに一方の成分ではVI以外にもVT 30秒で非随伴的強化子も提示された．このVI-VT成分では，非随伴的強化子の提示によって，反応率はVIのみの成分に比べ低くなるが（オペラント型の反応-強化子随伴性が弱まる），同時に，その成分刺激のもとで得られる強化率はVIのみの成分に比べ高くなる（レスポンデント型の刺激-強化子随伴性が強まる）．このように，VIのみの成分とVI-VT成分では，反応率の高低と強化率の高低が異なっているため，どちらの成分で変化抵抗が強いかを調べることで，その制御要因を明らかにできる．図1右は，消去を用いた場合の変化抵抗を示しており，VI-VT成分で強い変化抵抗が観察された．この結果は，変化抵抗が反応率とは独立しており，強化率に依存すること，つまり変化抵抗と強化率の結びつきは，刺激-強化子随伴性によって制御されることを示している．

上記の知見は，様々な種や手続きを用いた多くの研究で，繰り返し確認されているが，その一方で変化抵抗の制御変数に疑義を投げかける研究も報告されている．例えば，反応-強化子随伴性の関与の可能性（Lattal, 1989），刺激-強化子随伴性による制御への疑問（Bell, 1999）などが指摘されている．

● **部分強化効果と行動モメンタム**　上記で述べた変化抵抗の一般的傾向は，学習

心理学で盛んに研究されてきた部分強化効果（☞「消去」）という現象と矛盾する．部分強化効果とは，強化率の高い連続強化スケジュールよりも，強化率の低い間欠強化スケジュールで訓練された反応において，強い消去抵抗が見られることで，変化抵抗の一般的傾向とは逆の傾向を示す．しかしながら，両者の実験手続きには様々な違いがあり，それらが実験結果の違いを生み出す可能性が指摘されている（Cohen, 1998 ; Nevin, 1988）．例えば，強化スケジュールの比較が同一被験体内比較（変化抵抗研究）か被験体間比較（部分強化効果）かによって実験結果が異なることが示されている．さらにその後の研究（Nevin et al., 2001a ; Nevin & Grace, 2005）では，訓練時と消去導入時の刺激状況の違い（般化減少）が反応減少操作として機能する可能性を指摘し，般化減少の大きい連続強化スケジュールで変化抵抗が弱くなること，つまり部分強化効果も説明可能な行動モメンタムの理論モデルを提案している（レビューとして，Nevin, 2012 を参照）．

●**行動モメンタム研究の展開**　行動モメンタムをめぐる研究は，変化抵抗の基礎的な制御変数の検討に引き続いて，選好や弾力性との関係の検討，橋渡し研究の進展，再出現という新しい現象の検討など，多様な展開を見せている．

① **選好・弾力性との関係**　制御変数の検討に引き続いて，選択行動における選好と変化抵抗が関連していることを示す研究が多数遂行されている（例えば，Grace & Nevin, 1997 ; Nevin et al., 2001b）．グレースとネヴィン（Grace & Nevin, 1997）は，並立連鎖スケジュールの初環の選好と混成スケジュールの変化抵抗の関係を体系的に検討し，より強い選好が見られる選択肢と対応する混成スケジュールの成分において強い変化抵抗が見られることを示している．さらに，行動経済学における弾力性（☞「行動経済学」）と変化抵抗との関係も指摘されている（Nevin, 1995）．ここでは，反応ではなく消費の変化抵抗を考え，価格（FRスケジュールの値）の増加を反応減少操作ととらえた場合，より非弾力的な反応ほど，消費の変化抵抗が強いことが示されている．

② **橋渡し研究**　基礎研究で得られた成果を応用研究につなげる橋渡し研究は，その源を医学の領域にたどることができるが，行動分析学においてもその必要性が指摘されている（Mace & Critchfield, 2010）．行動モメンタムは，この橋渡し研究の軸となる研究テーマであり，主に発達障害児（者）において変化抵抗の制御要因の検討が試みられている（例えば，Mace et al., 2010 ; Milo et al., 2010）．その中でも，問題行動を減少させる際に用いられるDRAスケジュール（☞「強化介入による行動低減」）が，問題行動の変化抵抗を強めてしまう可能性を指摘したメイスの研究（Mace et al., 2010）は，主要な成果の1つとして位置づけられる．メイスらは，発達障害児を対象に，問題行動を単に消去した場合と，DRAの実施後に消去した場合の問題行動の変化抵抗を比較した．結果として，DRAは確かに問題行動を減少させたが，その後の消去において

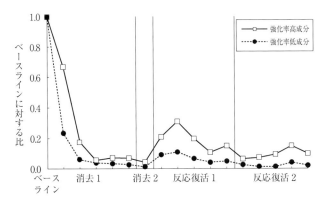

図2 各消去セッションにおける変化抵抗と反応復活[Podlesnik & Shahan, 2009 をもとに作成]
消去1,2は標的行動が消去された場合の変化抵抗を,反応復活1,2は代替行動が消去された場合の標的行動の反応復活を示している.10羽のハトの平均データを示す.

は,単に消去した場合に比べ,問題行動の変化抵抗は強いことが確認された.この結果は,先に紹介したネヴィンら(Nevin et al., 1990)における非随伴的強化がもつ効果(反応率を低め変化抵抗を強める)と類似した効果が,DRAを用いた応用場面でも生じることを示している.つまりDRAによる強化は,問題行動が生じている場面での強化率を高め,結果として問題行動の変化抵抗を増加させてしまうのである.

③消去した反応の再出現 ひとたび訓練された反応は,消去などによって減少し生起しなくなるが,決して消失したわけではなく,様々な形態で再出現する(☞「消去後の反応再出現」).この現象は,問題行動や薬物などの依存行動が治療終了後に再出現することと密接に関連するため,応用的にも重要な意味をもつ.この再出現には,更新,復位効果,反応復活などいくつかの形態があるが,再出現の程度は,変化抵抗と同様にベースライン時の強化率に依存することが示されている.ポドレズニックとシャーハン(Podlesnik & Shahan, 2009)は,混成スケジュールでハトのキーつつきを訓練し,ベースライン時に高い強化率で訓練された成分において,更新,復位効果,反応復活の程度が高いことを見出している.図2は彼らの実験2において,消去時の変化抵抗と反応復活がベースライン比で示されている.変化抵抗,反応復活とも強化率の高い成分でその程度は大きい.その後,シャーハンら(Podlesnik & Shahan, 2010 ; Shahan & Sweeney, 2011)は,行動モメンタムの理論モデルを拡張することで,再出現の諸現象を説明可能であることを示している(近年の議論については Craig & Shahan, 2016 ; Nevin et al., 2017 を参照). [井垣竹晴]

Ⅱ部　実験的行動分析
3章　刺激による制御

刺激馴化................ 272
刺激般化................ 276
弁別学習訓練............ 280
行動対比................ 284
概念学習................ 288
無誤弁別学習：基礎...... 292
計時行動................ 296
刺激競合................ 300
観察学習................ 304
自動反応形成............ 308

刻印づけ................ 312
連鎖化：基礎............ 316
系列学習................ 320
見本合わせ：基礎........ 324
刺激等価性：基礎........ 328
言語行動と非言語行動.... 332
ルール支配行動.......... 336
意識性.................. 340
関係フレーム理論........ 344

刺激馴化

☞レスポンデント行動 p.38

　刺激の根源的効果が，刺激の反復提示により弱まることを馴化という．例えば，大きな音は無条件に驚愕反応を引き起こすが，何度もその音を聞いていると，驚愕反応は次第に小さくなる．また，珍しい画像は注視反応を生むが，見慣れた画像はあまり注視されない．このように，刺激が無条件で（つまり生得的に）喚起する反応は，その刺激を繰り返し経験すると減弱する．これが馴化である．刺激の反応喚起力だけでなく，その刺激が生得的にもつ反応を強化する（☞「強化」）力や弱化する（罰する☞「弱化（罰）」）力についても，馴化が生じる．例えば，ご褒美がいつも同じケーキであれば，ケーキの強化力は徐々に失われていくだろう．また，毎回，怖い顔で叱責していると，その弱化力は薄れていくだろう．

　「馴化」という言葉は habituation の邦訳であり，「慣化」「馴れ」「慣れ」という訳語も用いられる．habituation に似た概念に順応（adaptation）や順化（acclimation）があるが，これらは持続的な環境に適応するよう身体の構造や機能が変化することを指す．これに対して habituation は，短時間の刺激が繰り返し提示された場合に見られる行動機能の減弱を意味する．ただし，畜産学などでは adaptation や acclimation を馴化と訳すこともあり，そうした領域と関わる際は habituation を「刺激馴化」とする方が誤解がない．

　馴化はしばしばレスポンデント条件づけの消去（☞「消去」）と混同される．どちらも刺激の単独提示により，反応喚起力や強化・弱化力が減弱する現象だが，そうした力が刺激に根源的に備わっていたものであれば馴化，条件づけにより獲得したものであれば消去である．また，馴化とは逆に，刺激の反復提示によって反応喚起力や強化・弱化力が増えることを sensitization という．心理学や生物学ではこれに「鋭敏化」の訳語をあてるが，医学では「感作」と訳す．なお，ウォルピ（Wolpe, 1961）による不安神経症の系統的脱感作法でいう脱感作（desensitization）は「感作の逆」なので，語義どおりなら馴化のことだが，不安反応が生得的な場合（馴化）だけでなく習得的な場合（消去）も含めている．

●反応喚起力の馴化　表1は反応喚起力の馴化に関する主特徴をまとめたものである．表1中の（1）〜（3）は，図1の実験結果にも反映されている．ウシガエルの1夜目の攻撃反応数は刺激提示試行を繰り返すごとに減少しているが，2夜目の始まりには自然回復しており，2夜目では1夜目よりも減少が速やかである．この傾向は，3夜目，4夜目でも見られる．夜ごとに反応が少なくなっていることは，連続する試行内での短期的な馴化に加えて，日をまたぐ長期的な馴化の存在を示唆している．短期馴化と長期馴化では関与する神経メカニズムが異なって

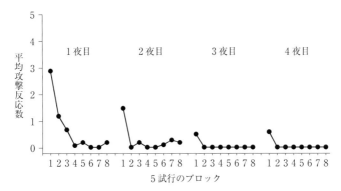

図1 6匹の雄ウシガエルの攻撃行動の馴化と自然回復［Bee & Gerhardt, 2001, p. 74, Fig. 3 をもとに作成］
録音した他個体雄の声を5分間隔で1夜につき40回，4夜にわたって聴かせた際に見られた攻撃的接近行動の平均値である．縦軸は5試行中何回攻撃行動を表出したかを示す．

表1 馴化の主特徴［Thompson & Spencer, 1966 をもとに作成］

(1) 刺激の反復提示によって，生得的反応が徐々に減弱する（馴化の定義）．
(2) 反復提示を中止した後，刺激を再提示すると反応が増える（馴化の自然回復）．
(3) 反復提示と自然回復操作を繰り返すと，反応減弱は促進する．
(4) 刺激の提示頻度が高いと，反応減弱は大きい．
(5) 刺激の強度が強いと，反応減弱は小さい．
(6) 反応が消失して以降も刺激の反復提示を続けると，さらに馴化が生じる（零下馴化）．これは，自然回復の生じにくさなどのかたちで確認できる．
(7) 馴化はよく似た刺激にも般化し，その刺激の反応喚起力を失わせる．
(8) 馴化していた反応は，他刺激の提示によって，復活する（脱馴化）．
(9) 脱馴化は，他刺激を反復提示することで小さくなる．

いることが，アメフラシなどいくつかの動物種で明らかにされている．この点を強調するため，表1の9つに加えて，長期馴化を10番目の主特徴に含めることが提案されている（Rankin et al., 2009）．

表1の(4)と(5)については注意が必要である．同数の刺激を高頻度で経験していた個体と低頻度で経験していた個体を，同じ提示頻度条件下でテストすると，表1の(4)とは逆に，前者の方が反応減弱が小さい（Davis, 1970）．強刺激を経験した個体と弱刺激を経験した個体を，同じ刺激強度条件でテストすると，表1の(5)とは逆に前者の方が反応減弱が大きい（Davis & Wagner, 1968）．

つまり，訓練時とこうしたテスト時では提示頻度や刺激強度の効果は逆になる．
　(6) については実証的データに乏しく，今後さらに検討が必要である．(7) は逆にいえば，似ていない刺激には馴化効果が般化しないこと（般化減少）を意味する．これを利用して，動物やヒト乳児の知覚研究が行われている．例えば，乳児に人物Aの顔写真を繰り返し見せて注視反応を馴化させてから，人物Bの顔写真を見せたとき注視反応が復活すれば，この乳児は人物Aと人物Bの顔を区別していることを意味する．なお，この実験法は本来であれば「馴化-般化法」と称されるべきだが，発達心理学者らにより誤って馴化-脱馴化法と命名された．脱馴化とは，(8) に記されているように，刺激Aの馴化後に刺激Bを経験してから再び刺激Aを与えた際に見られる反応復活であって，刺激Bそのものによって反応が生じることではない．この点は発達心理学界の内外で繰り返し指摘されたが (Clifton & Nelson, 1976; Graham, 1973)，誤用が定着してしまっている．

●**反応強化力の馴化**　生得的に反応を強化する無条件(性)強化子（☞「条件強化」）は，反復使用によって徐々に強化力を失うことがある．例えば，餌粒を強化子としてラットのレバー押しを強化する場合，時間経過にともない反応頻度が低下するが，これには飽和（☞「剥奪処置」）だけでなく，馴化も関与している (McSweeney, 2004)．また，回転カゴ走行は内在性強化子（☞「感性強化」）の一種で，走ること自体に強化力があるが，こうした強化子も馴化する（図2）．なお図2から，電灯の点滅によって再び高速で走るという脱馴化が確認できる．したがって，走行反応の減弱は単なる疲労ではない．このように，脱馴化は感覚器の順応や効果器（筋肉や腺など）の疲労が反応減弱の原因ではないことを示す重要な特徴である．

　強化力の馴化は，常に同じ強化子を用いるのではなく，複数の強化子を交互あるいはランダムに用いることによって，最小限にできる（図3）．この現象を馴化の主特徴に含める研究者もいる (Murphy et al., 2003)．

●**反応弱化力の馴化**　生得的に反応

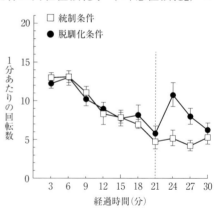

図2　1匹のラットの回転カゴ走行における馴化と脱馴化 [Aoyama & McSweeney, 2001, p.294, Fig.3をもとに作成]

脱馴化条件では，点線の時点（セッション開始後20分55秒から21分ちょうどまでの5秒間）に装置内の電灯が点滅した．値は各条件4セッションずつ実施した平均値であり，エラーバーは標準誤差である．

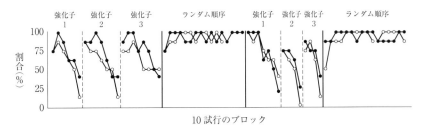

図3 1人の発達障害児の課題正答率（●）および課題従事率（○）[Egel, 1981, p.348, Fig.1 をもとに作成]
3種類の果物や菓子の1つだけを強化子に用いると強化力の馴化が生じたが，ランダム順序で用いると強化力は維持された．

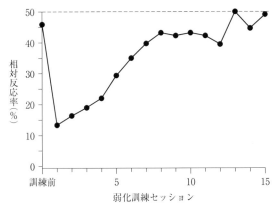

図4 1羽のハトのキィつつき反応の弱化とその馴化[Rachlin, 1966, p.253, Fig.1 をもとに作成]
オペラント箱の壁に取り付けられた反応キィ（緑色またはだいだい色に点灯）をつつくと，ときどき餌を食べることができた．弱化訓練セッションでは，これに加えて，反応キィがだいだい色のときだけ，つつくと電撃が必ず与えられた．その結果，だいだい色のときの反応率が低下した（弱化）が，この効果は徐々に消失（馴化）した．

を弱化する無条件(性)弱化子（☞「弱化（罰）」）も，反復使用により弱化力を次第に失うことがある（図4）．この場合も，複数の弱化子を用いることで馴化を小さくできる．例えば，ある研究では，知的障害のある5〜6歳児の問題行動を低減するために，3種類の弱化子（例えば，「ダメ」という叱責，大きな音，壁向きに座らせる）を疑似ランダム順序で用いた場合，単独で用いるよりも弱化が大きかった（Charlop et al., 1988）．つまり，反応弱化力の馴化が小さかったのである．
[中島定彦]

刺激般化

☞刺激性制御 p.46, 弁別学習訓練 p.280, 刺激競合 p.300, 見本合わせ：基礎 p.324, 般化と維持 p.502

　行動は刺激や状況によって変化する．しかし刺激や状況が変化しても同様の行動が生じることもある．我々は交通信号が赤であるか青であるかによって交差点での行動を変えるが，日々何度も遭遇している信号の状態は実は同じではない．使用されている光源などによってレンズの形状は違うし，色合いや明るさも違う．場所ごとに取り付けられている高さも異なる．そのような違いにもかかわらず，我々は赤なら止まり青なら進む．餌強化子によって高頻度のレバー押しが維持されているラットは，ある周波数の音の提示下では反応に電撃が随伴することを経験すると，その音が鳴ると反応をやめるようになるが，それに近い周波数の音に対しても反応しなくなる．このように，ある刺激のもとで形成された行動が，その刺激とは異なる刺激に対しても生じることを刺激般化または単に般化とよぶ．刺激般化はレスポンデント条件づけの条件反応においても観察される．訓練で用いられた条件刺激とは異なる刺激を提示すると，訓練刺激とその刺激の類似度により強度は異なるにせよ，条件反応が誘発される．以下ではオペラント反応の般化について述べる．

●**般化テストと般化勾配**　ある刺激次元のうえで般化がどの範囲でどの程度生じるのか，2種類の色を弁別するよう訓練された動物が，色の属性（波長や輝度など）のうち，どの属性について弁別していたのか，また複数の構成要素をもつ複雑な刺激で訓練した個体は，どれか1つの構成要素で反応を制御されていたのか，それともすべての構成要素によってなのか．これらの疑問に答えるには，訓練刺激以外の刺激への反応を測定するために般化テストを行う必要がある．これには以下のような方法がある．

　①**消去法**　すべてのテスト刺激を消去手続きで提示する方法．般化テストの方法として最もよく用いられる．通常何種類かのテスト刺激をランダムな順序でそれぞれ一定時間提示し，その間の反応頻度を測定する．提示順序の効果を統制するため，順序を変えて反復的に測定される．図1は単色光を提示した状態でハトのキーつきを訓練した後，訓練時の波長（正刺激：S+）を含む11種類の波長への反応数を消去法で測定したものである．条件によって訓練時の波長は異なるが，どの条件でも反応数の分布はS+に頂点があり，テスト刺激とS+の波長差が大きくなるにつれて低くなった．このように，刺激次元上での刺激間距離に依存して観察される反応の量的変化を般化勾配とよぶ．消去法ではテストの進行により反応は減少していくので，訓練で消去抵抗を大きくしておく必要がある．そのため間欠強化スケジュールを用いるが，なかでもVI(variable interval)スケジュー

ルは,訓練後の消去による反応減少がVR(variable ratio)スケジュールなどと比較してなめらかに進行するので,データに不規則な変動が生じにくく,消去法には特に適している.

②維持般化法　訓練で間欠強化を用いたとしても,消去法では反応減少は避けられないので,長期間のテストには不向きである.維持般化法は訓練試行とテスト試行を混在させ,訓練試行では訓練刺激提示下で反応を強化しつつ,テスト試行では消去手続きでテスト刺激を提示する方法である.テスト試行の割合が小さい場合はプローブ法とよばれることもある.例えば,薬物弁別実験などの場合,投与した薬物の効果は長時間に及ぶことが多いため,訓練と異なる用量や訓練薬物と異なる薬物

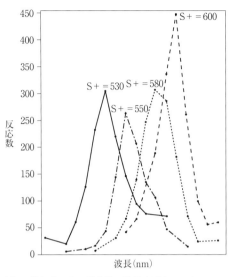

図1　単色光による訓練後の波長次元上でのキーつつき反応の般化〔Guttman & Kalish, 1956, p.81をもとに作成〕
訓練に用いた単色光の波長(S+)は条件によって異なる.

にどのように反応するかを調べる般化テストは,1日に何回も行うことは不可能である.そこで訓練セッションを毎日行いつつ,せいぜい週に1回程度,テストのためのプローブセッションを実施するのが普通である.このように,そもそも維持般化法でなければ成立しない般化テストは多い.ただし維持般化法は結局のところ,訓練刺激とテスト刺激の弁別訓練を行っていることになるので,テストの過程で次第に弁別が生じ,般化が弱まっていくという欠点がある.他方,テスト試行の挿入率に注意すれば,訓練過程の過渡的状態で般化の変化を検討できるという利点や,消去法では維持しにくい行動にも適用できるといった利点もある.

③強化抵抗法　すべてのテスト刺激について,同じ強化率で反応を強化する方法である.消去法では全体的に反応率が低くなりすぎて,いわゆる床効果により明確な勾配が得られないことがある.そのような場合に使用されることが多い.

④切替反応法　通常の操作体(レバー,キーなど)とは別に,提示中のテスト刺激を次の刺激に切り替えるための操作体を設け,切替えが起きるまでの潜時を測定する方法で,いわば「スキップ」法である.他の方法が反応数や反応率を般化の測度とするのに対し,この方法は時間を測度とする.テスト刺激と訓練刺激の間で般化が大きいほど,潜時が長くなると考えられる.反応率を測度とするよりも潜時を測度とする方が規則的で一貫したデータが得られるという報告もある.

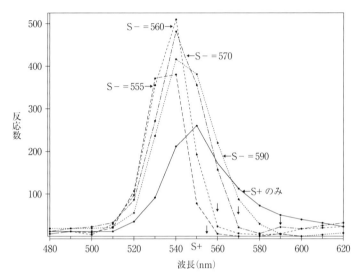

図2 消去法で測定したハトのキーつつき反応の波長次元上での般化 [Hanson, 1959, p.324 をもとに作成]
S+単独訓練後と弁別後の般化勾配を比較したもの．S+はいずれの群でも550 nmであるが，S−は群により異なる（矢印）．

●**頂点移動と面積移動** S+のみを提示して訓練した場合とS+とS−（負刺激）の弁別訓練を行った場合とでは，般化勾配の形が異なる．後者の般化勾配を特に弁別後般化勾配とよぶが，図2のように，勾配の頂点がS+ではなく，S−から遠ざかる方向にずれるという特徴がある．これを頂点移動という．また反応数の分布が全体としてS−から遠ざかる方向にひずむ傾向もあり，これを面積移動とよぶ．一般に弁別後般化勾配の頂点はS+単独訓練後の般化勾配の頂点よりも高く，したがって勾配は急峻なものとなる．頂点移動や面積移動の現象は多くの刺激次元と様々な動物種で確認されており，例えば，顔刺激弁別後のヒトの般化勾配で面積移動が生じるとの報告もある（Spetch et al., 2004）．ただし訓練中にS−への反応がほとんど生じないようにした無誤弁別学習では，般化勾配に頂点移動は見られないとされる（☞「無誤弁別学習：基礎」）．頂点移動が起きる理由については主に2つの説明がある．

①**相対的刺激性制御による説明** 弁別訓練で形成されるのは2刺激の相対的関係に基づく反応であり（例えば，黄緑色のS+と黄色のS−の弁別訓練ならば「より緑色」への反応が強化される），したがって般化テストでS+よりさらにS−から遠い刺激（波長次元でS+より「さらに緑色」の刺激）が提示されればS+以上の反応を生じ，そのため頂点が移動するとするもの．

②**スペンス（Spence, K. W.）の弁別理論による説明** 弁別訓練によってS+を

中心とする興奮性反応傾向（正値の勾配）とS−を中心とする制止性反応傾向（負値の勾配）が生じ，その代数和が反応として出現するとすれば，必然的に反応の頂点はS＋よりもS−から遠い方向にずれるとするもの（Spence, 1937）．頂点移動について①と②のいずれも一応の説明となるが，現象のすべての側面を説明することはできない．例えば，①では移動した頂点よりさらにS−から遠い刺激に対して反応が低下することを説明できないし，②では弁別後般化勾配の頂点がS＋単独訓練後の般化勾配より高くなることを説明できない．

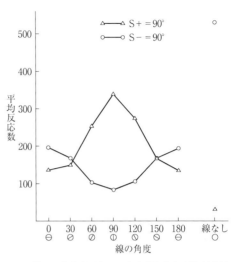

図3 線分の角度次元上での興奮性般化勾配と制止性般化勾配［Honig et al., 1963, p.112をもとに作成］

●**制止性般化勾配の測定** 上述の制止性反応傾向は理論上のものであるが，これを制止性の般化勾配として実測した試みもある．ホーニック（Honig, W. K.）らはハトに対して白色光をS＋，白色光背景に黒い垂直線（90°）を重ねたものをS−とする弁別訓練を行い，その後消去法により黒線の角度を刺激次元として般化テストを行った（Honig et al., 1963）．比較のため白色光をS−，白色光背景の垂直線をS＋とする群も設けた．図3はその結果を示す．垂直線をS＋とした群ではS＋を頂点とする通常の凸型の般化勾配が得られたが，垂直線をS−とした群ではS−を底とする凹型の般化勾配が得られた．なお，白色光背景の垂直線と白色光との弁別ではS＋とS−が同一の刺激次元上にはないので，このような弁別訓練は次元間弁別訓練とよばれる．一方，異なる角度の線を弁別させる訓練や波長の異なる色光を弁別させる訓練は次元内弁別訓練とよばれる．

●**般化と転移** 般化と混同されやすい概念として転移がある．般化は，原刺激と1つ以上の刺激次元において異なる値をもつ刺激への同様の反応出現を語る用語であるのに対し，転移は，後続する異なる課題に対して原訓練がもつ影響を語る用語である．したがって原刺激と類似の刺激を用いたとしても，見本合わせ課題から非見本合わせ課題に変わるなど，課題が変化すれば，その課題に対する原訓練の効果を語る用語は転移であって般化ではない．この場合，原訓練で獲得した行動が新しい場面に単に般化すれば，むしろ新しい学習場面での行動獲得を阻害することになる．原訓練が後続の訓練で行動獲得を促進すれば正の転移，阻害すれば負の転移とよばれる．

［堀 耕治］

弁別学習訓練

☞刺激性制御 p. 46，時間スケジュール p. 218，刺激般化 p. 276，行動対比 p. 284，計時行動 p. 296，刺激競合 p. 300，見本合わせ：基礎 p. 324，般化と維持 p. 502

　刺激の状態によって行動が分化すること，すなわち刺激に依存して個体が質的，量的に異なる行動を示すことを刺激弁別，あるいは単に弁別という．弁別を形成する訓練方法は，目的，動物種，時間的な制約条件などにより多種多様であるが，どのような方法をとるにせよ，弁別対象の刺激を提示することは共通している．典型的には，反応に強化が伴う正刺激と強化が伴わない負刺激の2種類が提示される．前者はS+またはS^D，後者はS−またはS$^\Delta$と略す．以下ではオペラント行動について述べるが，レスポンデント行動を対象とした弁別訓練ももちろん可能である．例えば，音を条件刺激，餌を無条件刺激とするイヌの唾液分泌のレスポンデント条件づけにおいて，餌が1000 Hzの音に随伴し，900 Hzの音には随伴しない手続きで訓練を行えば，条件反応としての唾液分泌は1000 Hzの音には生じるが，900 Hzの音には生じなくなる．このように無条件刺激を特定の条件刺激だけに随伴させる手続きは分化条件づけとよばれる．

●**継時弁別と同時弁別**　刺激の提示方法によって弁別訓練は2つに分かれる．刺激を個別に提示して，時間経過で切り換える手続きは継時弁別という．例えば，ハト用のオペラント箱に反応キーが1つあり，そこに赤または緑いずれかの色光が不規則な時間間隔で交替しながら提示されるとする．赤色キーへの反応には強化子として餌を随伴させ，緑色キーへの反応には随伴させないという操作を行うと，ハトの反応は容易に分化し，赤色キーには反応するが緑色キーにはほとんど反応しなくなる．この例が示すように継時弁別の手続きは多元（混成）スケジュールに相当する．継時的に切り換わるスケジュールに対応して異なる刺激が提示されるからである．多元スケジュールを用いた弁別過程の研究から，S−への反応の減少にともなってS+への反応が増加する行動対比などの重要な知見がもたらされた（☞「行動対比」）．通例，S−のスケジュールには消去が用いられるが，S+のスケジュールには連続強化ではなく間欠強化が用いられる（図1）．その理由は主に2つある．第1に，連続強化では強化子の出現が弁別刺激として機能する可能性がある．つまり刺激を手がかりにするのではなく，反応が強化されるかどうかを手がかりとした行動が形成されるかもしれない．第2に，連続強化で形成した反応は消去抵抗が低いため，訓練後に消去手続きでテストを行う場合などには不都合である．変動時隔（variable interval, VI）スケジュールは消去による反応減少がなだらかに進行するため間欠強化の中でも特によく用いられる．

　以上のような，1つの操作体への反応率を刺激間で分化させる手続きをgo/no-go法ともいう．継時弁別にはこれ以外に，刺激に応じて複数の操作体から1つ

を選択させる手続きもある．例えば，オペラント箱内の照明が明るいときには左のレバー，暗いときには右のレバーを選択すれば強化するといった手続きである．このような手続きはyes/no法とか2件反応法とよばれる．

一方，刺激を同時に提示する手続きは同時弁別という．古典的な装置としてラシュレーの跳躍台（動物を台に乗せ，跳躍しなければ届かないように配置した2枚のカードの選択を求める．S+にあたる絵柄を描いた方に跳躍すればカードが倒れ，その背後に置かれた餌で強化される

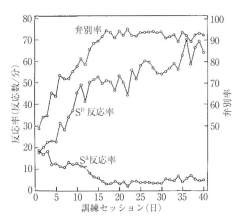

図1　ラットのレバー押し反応によるランプの点灯（S^D）と消灯（$S^Δ$）の継時弁別訓練（mult VI EXT）[Herrick, 1959, p. 362 をもとに作成]

弁別率＝[S^D反応率/(S^D反応率＋$S^Δ$反応率)]×100.

が，S−にあたる絵柄を描いた方に跳躍すれば，固定されたカードに跳ね返されて網に落下する）やウィスコンシン汎用テスト装置（〈Wisconsin General Test Apparatus, WGTA〉．刺激提示台に2つの穴があり，そのいずれかに餌を入れてS+で覆い隠し，空の穴はS−で隠す．動物はS+を動かせば餌を得る）などがあり，前者はもっぱらラットに，後者はサルに使われた．オペラント箱でも同時弁別訓練はもちろん可能である．例えば，左右2つのキーのいずれかにS+，他方にS−を提示し，S+へ5回反応すれば餌で強化し，S−への反応は強化しないといった手続きがこれにあたる．この場合，要求反応数が5のFR（fixed-ratio）スケジュールと消去スケジュールが同時に作動しているような状況である．このように同時弁別は並立スケジュールの一種と考えることができる．同時弁別の手続きも様々な研究に利用されるが，動物の感覚や知覚を行動的に調べる動物心理物理学では，上述のyes/no法と並んでよく用いられている．図2はハトの視力測定に使われた装置である．仕切りで隔てられた2本の直線走路の端にある観察

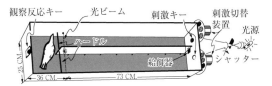

図2　同時弁別訓練によるハトの視力測定 [Blough, 1971, p. 58 をもとに作成]

ハードルは早急な選択を防ぐために設置された．

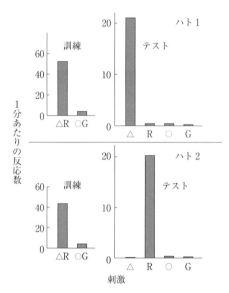

図3 複合刺激による継時弁別訓練とその後のテストで示されたハトの選択的注意［Reynolds, 1961b, p.204を改変］
△は三角，○は円，Rは赤色，Gは緑色の刺激．

反応キーをつつくことによって，他端にある一方の刺激キーにS＋として白黒の縞模様（縞の細さは可変），他方の刺激キーにS＋と平均輝度の等しい灰色刺激がS－として提示された．ハトがS＋側の走路に侵入して刺激キーをつつけば餌で強化したが，S－側の走路に侵入した場合はただちに刺激を消した．このように一定の距離を隔てて刺激を観察したときに，どの程度の細かさまで縞模様の方を選択できるかを調べて視力の測度としたのである．

継時弁別でも同時弁別でも，刺激の正負が第3の刺激の状態に依存して決まるような弁別を条件性弁別という．1kHzの音が提示されていれば赤色がS＋で緑色がS－であるが，2kHzの音が提示されていればその逆というように，刺激の正負を決定する条件となる刺激（条件性刺激）が加わった訓練である．見本刺激と同じ刺激への反応を強化する見本合わせ訓練や，その逆に見本刺激とは異なる刺激への反応を強化する非見本合わせ訓練は，いずれも見本刺激が条件となって刺激の正負が決まるという意味で条件性弁別の一種である．

●**複合刺激による訓練** 強化の際に環境に存在するすべての刺激が弁別刺激として機能するわけではない．特定の刺激次元や刺激の一部が反応を制御する場合，個体はその刺激次元や刺激部分に対して「選択的注意」を向けているといわれる．複数の刺激によって構成された複合刺激による弁別訓練でこのことを示したのが

レイノルズ（Reynolds, 1961b）の実験である．彼はS＋として赤色背景に白い三角，S－として緑色背景に白い円を用いた継時弁別手続きで2羽のハトを訓練したうえで，赤色，緑色，三角，円をそれぞれ単独で継時的に提示する消去テストを行った．図3の左側は訓練の結果で，S＋とS－に対する反応率がよく分化していることを示している．図3の右側はテストの結果である．S－を構成していた要素刺激についてはどちらのハトも反応率は低い．しかしS＋を構成していた要素刺激については，ハト1はもっぱら三角，ハト2は赤に反応している．個体によって注意を向ける側面が異なっていたことがわかる．ただしその後の研究で，このようにほぼ完全な排他的注意が生じることは少ないことが示されている．

●**弁別を促進する手続き**　弁別形成を促進するために用いられる代表的技法には以下のものがある．

①S－への反応の弱化手続き　S－に電撃などの正の弱化子（提示型弱化子）を随伴させる正の弱化（提示型弱化）の適用はまれであるが，負の弱化（除去型弱化）にあたる操作はよく行われる．S－に反応すると次の試行や試行間間隔の開始を遅らせるタイムアウト手続きは，負の弱化子（除去型弱化子）の機会を遅延するという意味で負の弱化にあたる．

②矯正試行手続き　同時弁別訓練でS－への反応が生じると，S＋への反応が生じるまで同じ刺激配置で試行を反復する手続きである．通例，矯正試行での正反応は強化するが，正反応数には加算しない．矯正試行は位置偏向その他のかたよりを防ぐために有効とされる．

③試行ブロック化手続き　条件性弁別課題で用いられることがある．何試行かをブロックとし，ブロック内では条件性刺激を固定するという手続きである．ブロックを構成する試行数は学習の進行に合わせて徐々に減少させ，最終的には条件性刺激をランダムに交替させる．障害児の見本合わせ訓練に適用例が多い．

④無誤弁別手続き　フェイディングなど，主として刺激呈示方法の工夫によりS－への反応を生じにくくする手続きである（☞「無誤弁別学習：基礎」）．

⑤観察反応手続き　刺激を行動と無関係に提示するのではなく，特定の反応の生起を条件として提示する手続きである．例えば，見本合わせ課題で見本刺激への反応の後に比較刺激を提示する手続きはこれにあたる．比較刺激が提示されるために見本ごとに異なる観察反応（例えば，操作体上の異なる位置への反応）を要求するような手続きを加えると弁別成績が良くなることも報告されている．

⑥刺激別の強化操作　すべての正反応を一様に強化するのではなく，刺激間で強化の内容（強化子の種類や出現確率）を変えることによって，弁別の獲得が早くなるとともに獲得水準も高くなることが報告されている．例えば，見本合わせ訓練で見本ごとに異なる強化子を提示するような操作である．これらの操作による弁別の促進は分化結果効果とよばれる．

［堀　耕治］

行動対比

☞弁別学習訓練 p.280

　多元（混成）スケジュールにおいて，一方のコンポーネントの強化スケジュールが他方のコンポーネントの反応遂行に影響を与える相互作用が報告されていた（Herrnstein & Brady, 1958）．レイノルズ（Reynolds, 1961a）は，白色カルノー種のハトを用いて，2色のキーライトが3分ごとに交替する多元強化スケジュールにおいて，キーつつき反応を多元 VI 3分 VI 3分強化スケジュールで強化した．その後，強化スケジュールの変更は行わない不変コンポーネントは VI 3分で強化する一方，強化スケジュールを変化させる変化コンポーネントの強化スケジュールを消去に変更したところ，スケジュールに変更のない VI 3分の不変コンポーネントでの反応率が増加した．再び変化コンポーネントの強化スケジュールを VI 3分スケジュールに変更すると，不変コンポーネントでの反応率が低下した．多元スケジュールにおいて，変化コンポーネントの強化を休止すると，不変コンポーネントの反応率が増加するコンポーネント間の相互作用現象を，レイノルズは行動対比（コントラスト）とよんだ（Reynolds, 1961b）．この行動対比は，3つの異なる弁別刺激を用いた多元スケジュールにおいても認められている（Nevin & Shettleworth, 1966 ; Reynolds, 1968b, 図1）．

　また，変化コンポーネントの強化子の提示を完全に停止しないで，FR 75 から FR 150 あるいは，VI 3分から VI 6分に変更するなど，強化率を低下させた場合も不変コンポーネントの反応率が増加する行動対比が生じる（Reynolds, 1961a）．さらに，変化コンポーネントでの反応に電撃を随伴させた場合も行動対比が生じる（Brethower & Reynolds, 1962）．変化コンポーネントの強化率を減少させると不変コンポーネントの反応率が増加し（正の行動対比），変化コンポーネントの強化率を増加させると不変コンポーネントの反応率が減少する（負の行動対比）．一方，変化コンポーネントの強化率を減少させると不変コンポーネントの反応率も同様に減少し（負の誘導），変化コンポーネントの強化率を増

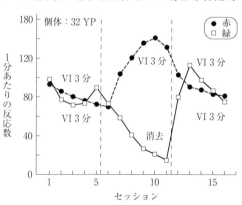

図1　正の行動対比〔Reynolds, 1961a を Terrace, 1968 が描き直した図をもとに作成〕

加させると不変コンポーネントの反応率も増加する相互作用（正の誘導）も生じる．行動対比はハト以外では，ラット（Gutman et al., 1975）やキンギョ（Bottjer et al., 1977）および，ヒトでも行動対比が生じるようになることが報告されている（Hantula & Crowell, 1994；Tarbox & Hayes, 2005）．概して行動対比は弁別刺激が反応キィなどの操作体に提示され，弁別刺激に直接反応する場合に生じやすく，弁別刺激の提示位置と操作体の位置が異なる場合には生じにくいことが知られている．例えば，キンギョにおいて弁別刺激を反応キーに提示すると行動対比が生じるが，ハウスライトを弁別刺激とした場合は行動対比が生じない（Bottjer et al., 1977）．しかし，弁別刺激が直接レバーに提示されない条件でもラットで行動対比が生じる場合（Gutman et al., 1975）や，レバーそのものが2色に光る装置を用いたリスザルでは負の誘導が生じる事例が報告されている（Spealman, 1978）．

●**強化頻度説**　レイノルズは，行動対比は多元スケジュールの変化コンポーネントの強化頻度の変化が主たる変数であり，絶対強化率ではなく，2つのコンポーネント間の相対強化率がコントラストの大きさを決定すると主張した（Reynolds, 1961a）．変化コンポーネントの強化率が小さくなればなるほど無変化コンポーネントの強化率は相対的に大きくなり，コントラストは大きくなる．コントラストの大きさは，変化コンポーネントの強化率が小さいほど大きいという強化頻度説を支持する結果が得られている（Freeman, 1971）．その後提唱されたハーンスタイン（Hernstein, R. J.）の強化の対応法則説（Hernstein, 1970）につながる仮説である．

●**反応抑制説**　テラス（Terrace, H. S.）は，多元スケジュールを用いた弁別学習において，負刺激に対する誤反応が生じない無誤反応学習ではコントラストが生じないという結果を得た（Terrace, 1968）．この結果から，コントラストは，弁別において誤反応が生じたり，反応が強化されなかったり，罰（弱化）などによって反応が抑制されることによって生じるという反応抑制説を提唱した．しかし，その後，無誤反応学習においてもコントラストが生じることが報告されている（Kodera & Rilling, 1976）．

●**加算理論**　ガムズとシュワルツ（Gamzu & Schwartz, 1973）は，反応とは独立に強化子が提示される変動時間（variable time, VT）スケジュールを用いた多元スケジュールでキングバトを訓練した（図2）．両コンポーネントとも強化スケジュールがVT 33秒の場合は，反応キーに対するつつき反応は少ないが，一方のコンポーネントのスケジュールを消去に変更すると，強化率に変更のないVT 33秒スケジュールにおいて弁別刺激が提示されている反応キーへのつつき反応が増加した．反応した場合，強化子が提示されないようになっていたため，ここで生じた反応は，分化的な刺激-強化子随伴性によって誘発された反応であ

る．シュワルツとガムズ（Schwartz & Gamzu, 1977）は，多元 VI VI スケジュールは弁別事態ではないため，反応-強化子随伴性のみが反応を維持するが，多元 VI 消去スケジュールに変更されると，VI で強化される無変化コンポーネントにおいて，分化的な刺激-強化子随伴性が発生し，その刺激-強化子随伴性により誘発された反応が無変化コンポーネントの反応-強化子随伴性によって維持されている反応に加算されることにより行動対比が生じるとする加算理論を提唱し

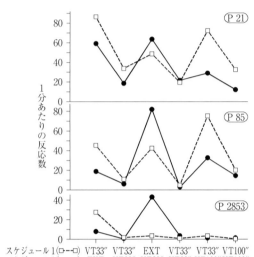

図2　3羽の反応非依存型多元スケジュールにおける行動対比〔Gamzu & Schwartz, 1973 をもとに作成〕

た．誘発反応は正の弁別刺激に対して直接生じるので，天井光や音を弁別刺激とし，正の弁別刺激の提示個所と強化子を得るための反応キーを分離した場合，正の行動対比は生じない（Schwartz, 1975）．同様に，弁別刺激が提示される信号キーと反応が強化される反応キーを分離した信号キー手続きでは，単一キーで正の行動対比が生じる条件下で，反応キーでは反応が減少する負の誘導が生じ，信号キーでは反応の増大が生じた（Keller, 1974）．その後，刺激-強化子随伴性は，消去などの低頻度強化率コンポーネントから，不変強化コンポーネントに切り替わった直後の反応の一時的増大である局所的行動対比にもっぱら関係することが示されている（Schwartz et al., 1975；真辺・河嶋, 1982）．また，負の行動対比の説明が困難であることが指摘されている（Schwartz & Gamzu, 1977）．

●**反応競合理論**　ヒンソンとスタッドン（Hinson & Staddon, 1978）は，強化スケジュールによって直接制御されるキーつつきやバー押し反応などの完了行動と，完了行動が生じていないときに生じる羽づくろいやグルーミング反応などの中間行動の時間配分が変化することによって行動対比が生じるとする反応競合理論を提唱した．変化コンポーネントの強化率が低下すると，その強化によって制御されている変化コンポーネントの完了行動が減少する．中間行動の総量が一定だと仮定すると，完了行動の減少によって空いた時間に，無変化コンポーネントの中間反応が移動し，その結果，無変化コンポーネントにおける完了行動と中間行動の競合が減少し，無変化コンポーネントの完了行動が増加する正の行動対比

が生じるという説である．ヒンソンとスタッドンは，ラットを被験体として餌強化とは無関係な回転カゴを実験箱につけ，正の行動対比が生じているときの回転カゴ回し反応を測定したところ，不変コンポーネントの回転カゴ回し反応が減少し，変化コンポーネントの回転カゴ回し反応が増加する中間反応の再配分が生じることを確認している（Hinson & Staddon, 1978, 図3）．

●**対応法則説** 反応率は，相対強化頻度に比例するという対応法則によって行動対比が説明できるという説である（Hernstein, 1970）．

$$P_1 = kR_1 / (R_1 + mR_2 + R_0)$$

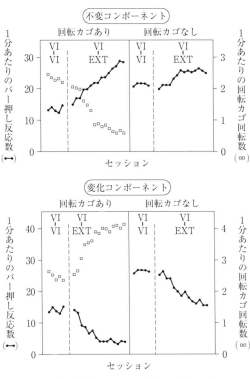

図3 中間反応（回転カゴ回し反応）の再配分［Hinson & Staddon, 1978をもとに作成］

式の P_1 はコンポーネント1での反応率，R_1 はコンポーネント1の強化率，R_2 はコンポーネント2の強化率，R_0 は R_1 と R_2 以外の強化源からの強化率であり，P_1 と P_2 以外の反応 P_0 を維持する強化率，k は反応可能な漸近値，m は2つのコンポーネント間の相互作用の程度を示す指標であり，0から1の間の値をとる．$m>0$ のとき，コンポーネント2の強化率（R_2）が減少すると，コンポーネント1の反応率（P_1）が増加し，コンポーネント2の強化率（R_2）が増加すると，コンポーネント1の反応率（P_1）が減少する正の行動対比と負の行動対比を予測することができる．

行動対比は複数の要因が影響していると考えられ，これまでのところ，1つの理論ですべての行動対比の現象を完全に説明する理論は提唱されていない．

［眞邉一近］

概念学習

☞比較認知 p.392, コロンバン・シミュレーション計画 p.396

　私たちが日常生活で遭遇する様々な事物はどれも1つとして同じものはない．そのため，日常場面で経験する様々な事物の違いを弁別しつつも，特定の事物だけでなくその事物が属するカテゴリー事例すべてを等価な弁別刺激とした刺激性制御を受けることは，行動を分析するうえでも重要な問題である．例えば，私たちはチワワやゴールデンレトリバーなど，犬種による色や大きさの違いを認識しつつ，それらを犬という同じカテゴリーに分類することができる（カテゴリー化）．さらに，犬は見かけの異なる馬や牛と同じ哺乳類という高次のカテゴリーにも分類することができる．このように，ヒトを含む動物があるクラスの刺激に共通して反応し，別のクラスの刺激とは異なる反応を示すことを概念行動といい，概念学習とは，複数の事例を弁別刺激として獲得された行動が，カテゴリー内の他事例へ般化すること，およびカテゴリー間の刺激の弁別が維持されることによって定義される．

●**動物における自然概念の弁別**　刺激性制御に関する古典的研究では，動物が色や形，大きさなど刺激の一次元が異なるものを弁別することを学習でき，獲得された弁別行動は新奇な色，形，大きさなどの刺激次元に対しても訓練刺激との類似性が高いほど般化する程度が高いことが示されていた．これに対して，ハーンスタイン（Herrnstein, R. J.）は，動物が特定の刺激次元のみに基づく弁別行動だけではなく，より複雑な刺激に対しても弁別行動を示すことを明らかにした．

　ハーンスタインとラヴランド（Herrnstein & Loveland, 1964）はハトにカラー写真を1枚ずつ提示し，それらの写真を弁別する訓練を行った．自然風景を撮影した1200枚の写真を用意し，そのおよそ半数は人が写り込んでいるものだった（図1）．写真の中の人は1人だけの場合もあれば，集団の場合もあった．また，人の一部が物陰に隠れていたり，写真の端に写っていたり，遠目で小さく写っていたり，人の写り方は様々であった．毎日，それらの写真から80枚の写真を取り出し，人が写っている写真（正刺激）へのつつき反応を強化し，人が写っていない写真（負刺激）への反応を消去した．それらの写真へのつつき反応数に基づき順位づけをすると，人が写った写真の順位は高く，人が写っていない写真の順位は低くなった（図2）．これらの結果から，人の有無が弁別刺激となり，その弁別は新奇事例へも般化を示すことから，「人」概念を学習したと考えた．別の実験では，同様の手続きを用いて，ハトが木や水，特定の人物，魚などの自然概念を弁別することが示された．

●**自然概念はどのように弁別されるのか**　概念学習研究では，実験者が想定した

図1 概念弁別に用いられた刺激例［Lazareva & Wasserman, 2008］
左列の写真は人が写っており，ハトがつつき反応が強化されるが，右列の写真は人が写っておらず，つつき反応は消去される．

Reprinted from *Learning and Memory: A Comprehensive Reference*, Cowan, N. (ed.), Lazareva, O. F., & Wasserman, E. A., Categories and Concepts in Animals, pp. 197-226, Copyright (2008), with permission from Elsevier.

自然概念に基づき，動物が弁別行動を示すかが検討される．しかし，自然概念に基づく弁別以外の方略も考えられる．第1の可能性は，個々の刺激とその刺激に対する正反応の連合を学習するというものである．実際，ハトに写真を弁別刺激として，左もしくは右の餌箱へのヘッドエントリー反応を正反応とする刺激-反応連合を学習させると，800以上の刺激-反応の連合を形成し，3年半以上の長期間にわたり弁別が維持されることが示された（Cook et al., 2005）．同様の実験で，

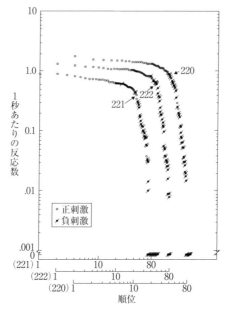

図2　3個体のハトによる写真のつつき反応数による順位［Herrnstein & Loveland, 1964, Fig.1a をもとに作成］
写真をつつき反応の多い順に並べ（横軸），1秒あたりの反応数（縦軸）に示している．

ギニアヒヒは，さらに多くの刺激-反応連合を形成する（Fagot & Cook, 2006）．これらのことは，動物が刺激ごとの随伴性のみで弁別行動を維持できることを示している．したがって，概念弁別の実験では，この可能性を除外するため，訓練で用いられなかった新奇刺激に対して弁別が般化するかの検討が必須である．

また，動物は実験者が想定したカテゴリーと共変する別の手がかりを弁別刺激として用いることも考えられる．例えば，人の有無の弁別を訓練する場合，写真に人が含まれる場合，人が含まれやすい背景（例えば，街並）と人が含まれにくい背景（海や砂漠などの大自然）などが手がかりになるかもしれない．実際，正負の刺激で同一背景を用いる場合とそうでない場合では，異なる弁別手がかりが用いられる（Edwards & Honig, 1987）．

さらに，動物が概念弁別し，新奇刺激への般化を示した場合であっても，実験者が想定した概念以外のものが弁別手がかりとなっている可能性も考えられる．フサオマキザルに人の有無を弁別訓練した実験では，弁別行動が獲得されるものの，動物や花に赤い点が含まれた写真に対する誤答が多いことから，動植物と赤い点の組合せを弁別刺激として用いていることが示唆された（D'Amato & van

図3 人工的な多型概念刺激の例〔von Fersen & Lea, 1990, Fig. 2〕
個々の刺激には五次元の特徴が含まれ，そのうち三次元以上が標的とする概念のものであれば正事例，そうでなければ負事例となる．

Sant, 1988)．ハトに哺乳類と鳥類のイラストを弁別訓練した実験では，頭や胴体の特徴，足の本数ではなく，胴体の向き（横向きか斜めか）が弁別刺激になっていることが明らかになった（Cook et al., 2013）．これらは，自然概念の弁別においてどのような刺激性制御を受けるかは動物種や経験によって異なる可能性があり，比較研究のテーマの1つにもなっている．

●**多型概念** 動物が自然概念に基づき写真を弁別することを示した研究は多いが，その刺激性制御を明らかにするのは容易ではない．例えば，私たちは犬と猫を容易に弁別することができるが，様々な犬種に共通し，猫にはない特定の特徴を探すのは困難である．自然概念は多型的であり，すべての事例に共通の特徴や特徴の組合せはなく，複数の特徴のうちいくつか以上が該当することで分類されるカテゴリーが決まると考えられる．そこで，そのような自然概念の多型性を模して人工的に構成した刺激を用いた研究が考えられた．図3に人工的な多型概念刺激の一例を示す．これらの刺激は場所（A・B地点），天気（晴れ・曇り），撮影距離（遠い・近い），撮影角度（正立・斜め），撮影高度（高・低）の独立した五次元2水準の特徴から構成されており，それぞれの次元は独立している．個々の次元は正負どちらかのカテゴリーを示すものとして割り当てられ，五次元のうち，どの組合せでもよいので三次元以上の特徴が正カテゴリーを示すのであれば正カテゴリー，二次元以下の特徴しか満たさないのであれば負カテゴリーという弁別ができるかを検討する．これまでの研究でハトや霊長類がこのような多型概念を弁別でき，新奇刺激にも般化することが報告されている．しかし，このような人工的な多型概念が自然概念をモデル化できているかという点については疑問も呈されている．一般的に自然概念は短期間の訓練で弁別されるようになるが，人工的な多型概念が弁別されるためには長期間の訓練が必要である．これは，自然概念では，ある事例がどのカテゴリーに分類されるかを決定する予測力は特徴次元ごとに変動するのに対して，人工的な多型概念においては各特徴次元がどれも同じように有効であることなどが考えられる． 〔後藤和宏〕

無誤弁別学習：基礎

☞無誤弁別学習：応用 p. 478

　弁別を形成するには正刺激（S＋）への反応を強化し，負刺激（S－）への反応を消去する必要があると長い間考えられてきた．実際，S＋とS－が継時的に提示される継時弁別では，最初は両方の刺激に同程度の反応が見られるが，訓練の進行につれてS－への反応率は消去されて減少していく．S＋とS－が同時に提示される同時弁別も同様で，両刺激に無差別に反応する初期状態の後，次第にS－への反応は減少して正反応率が上昇する．しかし弁別訓練についてのこの「常識」は1960年代前半，テラス（Terrace, H. S.）が相次いで報告した2つの実験によって覆されることになった．特別な手続きを用いれば，S－への反応がほとんど生じないまま，したがって反応をほとんど消去することなく，弁別を獲得させることが可能であることを彼は示したのである．その手続きの要点は，訓練初期からS－を導入すること，S－は弱く短く提示することから始め，次第に強度と時間を増加させていくこと，獲得が困難な弁別課題では，他の刺激について形成済みの弁別を当該の課題に徐々に転移させていくことであった．このような手続きによって，負刺激への反応（誤反応）がほとんど生じることなく弁別が形成されるという事実を無誤弁別学習とよぶ．

●**テラスの実験**　テラスは赤色光（S＋）と緑色光（S－）の継時弁別をハトに訓練した（Terrace, 1963a）．訓練の初日は，最初にS＋を提示したキーへのつつき反応を形成した後，すみやかに弁別訓練に移行した．弁別訓練ではS＋の提示時間を1回あたり30秒とし，その間の反応は間欠的に強化しつつ，S－を導入した（S－提示中の反応は，通常の弁別訓練と同様に消去した）．S－の導入は徐々に行われた．まず明るさ0，すなわち完全にキーが暗い状態で，提示時間を5秒から30秒まで次第に長くしていった．ハトは暗いキーをつつくことはほとんどないので，その性質を利用したのである．次いで提示時間をいったん5秒に戻して，緑色の明るさをS＋と等しくなるまで徐々に強くしていった．最後にS＋と同じ明るさのまま，S－の提示時間を5秒から30秒まで次第に長くした．この後2セッションの間に正負両刺激の1回あたりの提示時間を次第に3分まで増加させた．合計28セッションの弁別訓練を行ったところ，最初の3セッションにおける誤反応はどのハトでも合計10回を超えることはなく，以後の各セッションでもゼロか，または極めて低い水準に保たれた．しかし，弁別訓練初期からS＋と同じ強度，同じ持続時間でS－を急激に導入した条件では，どのハトでも28セッション合計で数百回の誤反応が見られた．またS－の導入を徐々に行ったとしても，その前にS＋だけを提示する訓練を長期間行う条件では1000

回前後の誤反応が見られた.さらに,長期のS+訓練後にS-を急激に導入したハトの誤反応は数千回にも及んだ.こうして,S-を訓練初期から導入し,最初は弱い強度で短時間提示し,次第に強く長く提示していくという手続きによって,ほとんど誤反応なしに弁別を獲得させることが可能であることが示されたのである.強度や持続時間などの刺激特性を次第に変化させていく方法はフェイディングという.この実験のように徐々に導入する場合はフェイド・イン,逆に徐々に除去する場合はフェイド・アウトとよんで区別することがある.

　同年に発表された論文（Terrace, 1963b）では,弁別の転移が誤反応なしで可能であることが示された.ハトにとって色の弁別は容易であるが,線の傾きの弁別は容易ではない.線の傾きを弁別させるため,彼はまず赤（S+）と緑（S-）の色光弁別を,S-のフェイド・インによる無誤弁別手続きによって獲得させた後,赤には白色の垂直線分を重ね,緑には白色の水平線分を重ねた（前者がS+,後者がS-）.この刺激に対しても,ハトは誤反応なしの弁別を維持した.次に色光刺激の強度を1セッションの間に徐々に減少させていき,最終的に線分刺激だけが残るようにした.4セッション連続で誤反応ゼロという獲得基準で訓練が行われたが,どのハトも最短の4セッションでこの基準を達成した.一方,色と線分を重ねて提示する段階を経ずに色光弁別から垂直水平弁別に突然移行したハトや,そもそも最初から垂直水平弁別だけを訓練されたハトでは,獲得基準を達成するまでに数百回以上の誤反応が生じた.また,2種類の刺激を重ねて提示しても,色刺激を突然除去した条件では100回を越える誤反応が生じた.ある刺激に別の刺激を重ねて提示する手続きはスーパーインポーズとよばれる.この実験の場合,無誤反応での転移には,スーパーインポーズとフェイド・アウトを併用することが必要であったということになる.

●**弁別学習の「副産物」をめぐって**　誤反応を生じる通常型の継時弁別では,S-が提示されると,ハトは羽をバタバタさせるなどの情動的な反応を示すことがある.動けないように拘束したハトが実験箱にいれば,この個体を攻撃することもある.またS-の提示を中断させるキーが用意されていれば,そのキーをつついてS-から逃避することも報告されている.これらの事実は,通常型の弁別訓練では,S-のもとで反復的に経験される消去によって,S-が嫌悪刺激の性格を帯びることを示唆している.ところが,無誤弁別で訓練されたハトはそもそもS-のもとでほとんど消去を経験しないので,S-は嫌悪刺激にはならず,そのためこれらの行動は見られない.テラスはさらに,弁別訓練によって生じるとされてきた基本的な現象のいくつかも,無誤弁別では生じないとしている.通常型の継時弁別では,弁別の形成過程でS-への反応が減少しつつS+への反応が増加する（行動対比）.また弁別後の般化勾配では,反応率最大となる刺激はS+ではなく,S-から遠い方向にずれる（頂点移動）.これらの効果はいずれも

無誤弁別では生じない（図1，図2）．さらに，通常型の次元間弁別訓練の後にS−次元上で般化勾配を測定すると，S−で反応率が最低になる凹型の勾配（制止性般化勾配）が得られるが，無誤弁別手続きを用いると，平坦な勾配となった．これらから，情動的行動や攻撃，逃避，頂点移動，行動対比，抑制型般化勾配などは，すべて誤反応を伴う弁別学習の「副産物」であり，通常型訓練で制止刺激としての機能を獲得したS−による効果であると彼は主張した（例えば，Terrace, 1972）．しかしその後，他の研究者によるいくつかの実験で，無誤弁別でもS−提示中に攻撃や逃避が生じることや，行動対比，頂点移動，制止性般化勾配なども生じうることが示された（Rilling, 1977）．ただし，通常型弁別に比較して無誤弁別でこれらの行動や現象が生じにくくなることはおそらく確かである．したがって「副産物」の出現において通常型の弁別と無誤弁別の間にたしかに違いはあるが，その違いはあくまで量的なものとしてとらえるべきであろう．

●**テラス以後の無誤弁別研究**　テラスの最初の報告以来，無誤弁別がもつ実用面での有用性はただちに認識され，応用を意識した研究が，障害児を含めて子どもなどを対象に数多く行われた．基礎領域では，ハト以外の動物，継時弁別以外の訓練場面，視覚以外のモダリティについて，無誤弁別の一般性を検討するような研究が数多く行われた．動物種としてはラット，サル，アシカ，イルカ，ヒヨコ，ウズラなどで効果が認められている．同時弁別や条件性弁別でも，また聴覚刺激弁別や時間弁別においても無誤弁別の有効性が示されている．さらには，視覚刺激（色）の弁別から聴覚刺激（周波数）の弁別へのモダリティ間転移でも有効であることが報告されている．ただ，基礎領域での研究は1970年代中頃を過ぎると徐々に下火となり，現在では無誤弁別への関心は低い．一通り基礎的事実の洗い出しが完了したことや，理論面では上記の「副産物」をめぐる議論が比較的早期に収束したことなどがその理由であろう．

●**無誤弁別学習の意義と限界**　無誤弁別学習の発見は，弁別形成における消去の役割を見直す契機になった．また行動対比や頂点移動の成立要因に関する議論と研究を刺激した．これらの点で基礎分野

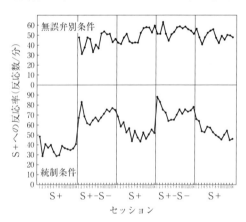

図1　S+への反応率の比較［Terrace, 1966をもとに作成］
無誤弁別条件または統制条件（通常の継時弁別）で訓練したハトの個体データ．統制条件ではS+のみの提示期（S+）に比べて弁別訓練期（S+−S−）の反応率が高くなるが，無誤弁別条件ではそのような変化がない．S+は580 nm，S−は540 nmの単色光である．

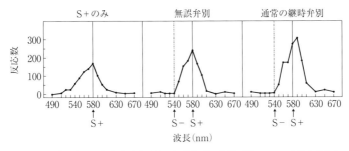

図2 消去法で求めた色光波長次元上の般化勾配の比較〔Terrace, 1966をもとに作成〕
無誤弁別学習群(中央)はS+のみの群(左)と同様に,通常の継時弁別訓練後の般化勾配(右)にみられる頂点移動がない.

にとって大きな意味があったといえる.応用分野にあっては,基礎分野以上に無誤弁別学習がもたらしたものは大きい.無誤弁別学習は,弁別学習を促進する,いわば弁別シェーピング技法として有用であるとともに,S−が嫌悪刺激になりにくいので,般化によって学習場面自体が嫌悪的になってしまうことを防ぐことができるという利点もある.ただし無誤弁別には適用範囲の限界も示唆されている.例えば,赤と緑の色光弁別で,途中から刺激の正負を逆転させる弁別逆転の訓練を行ったところ,無誤弁別(S−のフェイド・イン)で原課題を獲得したハトでは,S−(原課題のS+)への反応は急速に減少したものの,S+(原課題

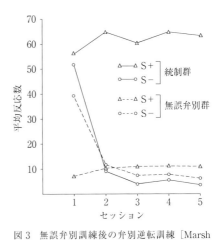

図3 無誤弁別訓練後の弁別逆転訓練〔Marsh & Johnson, 1968をもとに作成〕
S+のみによる原訓練を与えられた統制群との比較.

のS−)への反応は低水準にとどまったため,逆転課題を獲得できなかった.一方,原課題でS+だけを経験した統制群のハトは,逆転課題でその刺激(S−)への反応は急速に減少し,また新たに導入されたS+への反応はただちに増加したので,この弁別を容易に獲得できた(図3).無誤弁別に行動の可塑性を阻害する効果があるならば,随伴性が変化しうる課題への適用には注意が必要であろう.ただし,このような効果は必ずしも一般性があるわけではなく,アシカやウズラなどでは逆転が可能なことが示されているし,ラットでは逆転学習をむしろ促進するという報告さえある.

〔堀 耕治〕

計時行動

☞時隔スケジュール p.218, 弁別学習訓練 p.280

　ヒトやその他の動物の行動は様々な水準の時間的制御を受けているが，実験的行動分析学でいう計時行動は，概年リズムや概日リズムではなく，数秒から数分の時間間隔によって制御されるインターバル計時を指す．インターバル計時は，すでに経過した時間間隔，今まさに経過している時間間隔，これから経過する時間間隔のいずれが行動を制御するかによって，回顧的計時，当座的計時，展望的計時に分けられる（Killeen & Fetterman, 1988）．ただし，展望的計時は並立連鎖スケジュールのもとでの行動とほぼ同義である．そこで本項目では，①回顧的計時と②当座的計時についての基本的な動物実験の手続きと知見を概説した後，③発展的な話題と，④計時の理論を紹介する．

●**回顧的計時**　回顧的計時の実験手続きとして最もよく用いられるのは，間隔二分法である．これにはスタッブス（Stubbs, 1968）の方法とチャーチとデルーティー（Church & Deluty, 1977）の方法があるが，より多く用いられる後者について説明する．この方法では，まず見本合わせ課題による時間弁別訓練を行う．例えば，オペラント実験箱を用いたラットの実験では，試行の最初にハウスライト（室内灯）を2秒間または8秒間消灯して見本刺激とし，その直後に左右2つの反応レバーを提示する．そして，見本刺激が2秒間だった場合には左レバーへの反応（"short"反応），8秒間だった場合には右レバーへの反応（"long"反応）に対して餌を随伴させて強化するが，それぞれ逆のレバーへの反応は強化せずに試行を終了する．次に，この訓練でラットが時間弁別を獲得した後，試行の一部をプローブ試行とし，2秒から8秒の間の様々な時間間隔でハウスライトを消灯してその直後の選択反応を調べるが，いずれの反応も強化しない．このようなプローブ試行を多数回実施したうえで，"long"反応の割合をハウスライト消灯期間の長さの関数としてプロットすると，回顧的計時に関する心理物理学的関数を描ける．

　チャーチとデルーティーがこのような実験で得た結果は図1のようになっ

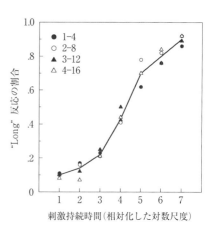

図1　間隔二分法で得られた心理物理学的関数
[Church & Deluty, 1977のFig.2をもとに作成]

た (Church & Deluty, 1977). 図1には, 見本刺激を1秒と4秒, 2秒と8秒, 3秒と12秒, 4秒と16秒とした各条件の結果を合わせてプロットしてあり, 横軸の1と7が各条件の短い見本刺激と長い見本刺激, 2から6がプローブ刺激の長さに対応している. プローブ刺激は, 短い見本刺激と長い見本刺激の間を対数軸上で6等分するような長さのハウスライト消灯期間だったので, このグラフの横軸も対数軸とみなしてよい. "long"反応の割合は, このような軸に対してほぼS字型の関数を描き, 反応割合が50%となる見本刺激の長さ, すなわち主観的等価点を見積もると, 長短の見本刺激の幾何平均とほぼ一致していた. また, 各条件から得られた心理物理学的関数は重なり合っていた(図1中の直線は条件間の中央値を結んだもの). この結果のように, 計時すべき時間を相対化して計時行動のデータをプロットした場合に, 各条件のデータが重なり合ったとき, 計時行動のスカラー性が見られたという. また, このときにはウェーバーの法則が成り立っていることも内包されている.

以上のような間隔二分法の他に, 回顧的計時の実験手続きには, 継時弁別法(またはgo/no-go型弁別手続き;Church & Gibbon, 1982), 相対的持続時間弁別法(例えば, Dreyfus et al., 1988), 2つの間隔二分法を同時に実施する二重間隔二分法(例えば, Machado & Keen, 1999)などがあり, それぞれが単純な間隔二分法では得られない知見をもたらしている.

●**当座的計時** 当座的計時の研究には, 固定時隔 (fixed-interval, FI) スケジュール (Dews, 1970;Richelle & Lejeune, 1980;Schneider, 1969;Skinner, 1938), 混成(多元) FI スケジュール (Leak & Gibbon, 1995), および長潜時分化強化 (differential reinforcement of long latency, DRLL) スケジュール (Catania, 1970) をはじめとした反応生成法など多くの実験手続きがある. しかしここでは, インターバル計時の研究に特化した手続きとしてよく用いられる, ピーク法と自由オペラント型心理物理

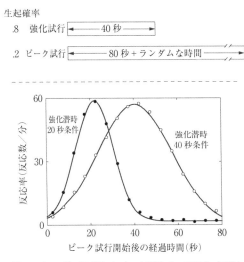

図2 ピーク法(上段)とピーク試行での反応率(下段)
[上段:Roberts, 1981 の Fig.1 を改変, 下段:同, Fig.2 をもとに作成]

学的手続き (free-operant psychophysical procedure, FOPP) を紹介する.

ピーク法は強化試行とピーク試行という2種類の試行からなる離散試行型の手続きである（図2の上段）．試行の多くは強化試行で，弁別刺激を提示してから一定時間経過後の最初の反応をFIスケジュールで強化して，試行を終了する．他方，時々ランダムに挿入するピーク試行では，強化試行と同じ弁別刺激を提示するが，反応は強化せずに，強化試行の2倍以上の時間が経過した時点で試行を終了する．このような手続きで十分に反応が安定したところで，ピーク試行での反応率の変化を分析対象とする．

ロバーツ (Roberts, 1981) がピーク法を用いて得た実験1の結果は図2の下段のようになった．この実験ではラットを被験体とし，強化試行でFI 20秒を用いた条件と，FI 40秒を用いた条件を比較した．グラフの横軸はピーク試行開始後80秒間の時間経過を表し，縦軸は5秒間ごとの反応率を表している．どちらの条件でも反応率はベル型の分布に従うような形で変化し，反応率のピークが見られたのはそれぞれ20秒と40秒付近であった（図2中のカーブは正規分布に少し手を加えたモデルをあてはめたもの）．このような反応率の変化について，反応率のピークが見られた時点とそのときの反応率で横軸と縦軸を相対化すると，2つの条件から得られたデータが重なり合うので，これも計時のスカラー性が見られた例だといえる．

他方，FOPPは，並立スケジュールという自由オペラント型手続きの内部を試行に区切ることで，心理物理学的手続きに仕立てたものである．ハトを用いた実験を例とすると，まず試行開始時に左右2つの反応キーを点灯させる．試行の長さは毎回同じで，例えば，60秒間とする．そして，試行前半の30秒間では左キーへの反応を変動時隔 (variable interval, VI) スケジュールで強化するとともに右キーへの反応は消去し，後半30秒間では逆に左キーへの反応を消去するとともに

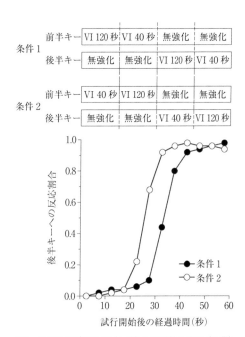

図3 FOPPの手続き例（上段）と典型的な結果（下段）
［上段：筆者作成　下段 Machado & Guilhardi, 2000 の Fig. 12 の一部をもとに作成］

右キーへの反応をVIスケジュールで強化する．この手続きで訓練を続けて反応を安定させ，試行開始からの経過時間を横軸として右キーの選択割合をプロットすると，S字型の心理物理学的関数を描ける（図3）．

FOPPには，個体が選択肢を切り換えるべき時点，つまり個体が計時すべき時間と，強化スケジュールの時間パラメータを独立に操作できるという利点がある．例えば，FOPPを計時行動研究の実験手続きとして確立したビゾとホワイト（Bizo & White, 1994）は，行動計時理論（後述）の予測を検証するために，FOPPでVIスケジュールの強化率だけを操作した実験を行った．また，FOPPを応用したマシャドとギルハルディ（Machado & Guilhaldi, 2000）の実験では，試行期間中の強化の分布を図の上段のように操作すると，計時すべき時間自体は同じでも心理物理学的関数が図の下段のように左右にシフトすることを示している．

当座的計時と展望的計時を組み合わせた実験手続きとして，残存時間法（Gibbon & Church, 1981）も計時行動研究の歴史上では重要な手続きであった．しかし，実験結果の解釈の仕方について批判もあり（Staddon & Higa, 1999），現在では使われていない．

●**発展的話題**　上述したようなインターバル計時の基本的な研究は，個体を特定の場面で長期間訓練した後の安定した行動について調べたものである．この他に，変化する環境下での計時行動や，インターバル計時の学習過程など，計時のダイナミクスに関する研究が1990年代後半頃から特に注目された．例えば，強化ごとに次の強化までのインターバルの長さを変化させると，それにすぐに対応して強化後の反応潜時などが変化する，即応計時（展望として，Higa & Staddon, 1997）とよばれる現象が知られている．また，環境中の特定の刺激がいかにして計時開始の弁別刺激となるかという，信用割当て問題も未解決の問題として注目されている（Machado, 1997）．

●**計時の理論**　インターバル計時については多くのモデルが提案されている．それらはいずれも何らかの媒介変数を取り入れたモデルであり，必ずしも行動分析学的な理論ではないため，以下に列挙するにとどめる．スカラー計時理論（Gibbon et al., 1984），多重発振器モデル（Church & Broadbent, 1991），線条体振動頻度モデル（Matell & Meck, 2000），行動計時理論（Killeen & Fetterman, 1988），計時の学習モデル（Machado, 1997b），スペクトル計時モデル（Grossberg & Schmajuk, 1989），多重時間尺度モデル（Staddon & Higa, 1999），計時のパケット理論（Kirkpatrick, 2002），インターバル計時の行動経済学的モデル（Jozefowiez et al., 2009）．

［石井　拓］

📖 **参考文献**

石井　拓（2008）．動物のインターバル計時の諸理論と論点 I・II　心理学評論, *51*, 526-566.

刺激競合

☞レスポンデント行動 p.38, 刺激般化 p.276, 弁別学習訓練 p.280, 見本合わせ：基礎 p.324

　レスポンデント条件づけの最も単純な手続きでは，単一の条件刺激に対して単一の無条件刺激が対提示される．一方で，複数の条件刺激を用いる研究も行われており，多くの場合では単一の条件刺激を用いた場合より条件反応の表出が減弱する．このように，複数の条件刺激を用いることで条件反応が減弱する現象および手続きを刺激競合とよぶ．単純な刺激競合は，訓練場面において複数の先行刺激が存在する手続きによって確認される．訓練が複数の段階にわたって行われる場合には，過去の訓練の履歴効果として確認されることもある．刺激競合は，オペラント条件づけの弁別刺激による刺激性制御でも生じることが知られている．本項目では，刺激競合の代表例として隠蔽，阻止，過剰予期効果について述べる．

●隠蔽　レスポンデント条件づけにおいて，単一の条件刺激が無条件刺激と対提示された場合には，条件刺激に対して強い条件反応が獲得される（表1中，統制群）．一方で，別の条件刺激を複合提示して条件づけを行うと（表1中，隠蔽群），条件刺激に対する条件反応が弱くなる．この現象を隠蔽とよびパヴロフ（Pavlov, 1927）によって報告された．この現象は，同一感覚様相の刺激を複合したときだけではなく，音と光のように異なる感覚様相の刺激を用いた場合にも生じることから，単純な感覚競合のみで説明することは困難である．

　隠蔽は，オペラント条件づけ事態においても生じることが知られている．レイノルズの選択的注意の実験（☞「弁別学習訓練」）もその一例としてとらえることができるが，ここでは別の例を紹介する．ハトを4群に分けて弁別学習訓練を行ったある研究（Newman & Baron, 1965）では，緑色背景に白色垂直線の刺激（S＋）に対する反応を強化，緑色背景のみ（S－）に対する反応を無強化とする群（線分弁別群），すなわち線分の有無が弁別手がかりとなる群と比較して，線分と背景色の両方が弁別手がかりとなる群（線分・色弁別群），S＋に対する反

表1　レスポンデント条件づけにおける刺激競合の典型的な実験デザイン

群	第1段階	第2段階	テスト	結果
統制群	無処置	A＋	A－	強い反応
隠蔽群	無処置	AB＋	A－	中程度の反応
阻止群	B＋	AB＋	A－	弱い反応
過剰予期群	A＋/B＋/C＋	AB＋/C＋	A－/C－	AがCより弱い反応

各アルファベットは条件刺激を示し，＋は無条件刺激との対提示を，－は条件刺激の単独提示を示す．

応のみを訓練してS－を提示しない群（弁別なし群），背景色のみが弁別手がかりとなる群（色弁別群）を設定して弁別学習訓練を行った．続くテストにおいては，様々な傾きの線分が提示され，般化勾配が観察された．その結果，線分弁別群においては垂直線を頂点とする般化勾配が確認されたが，その他の群では般化勾配はほぼ平坦であった（図1）．この結果は，線分の方向が刺激性制御を獲得

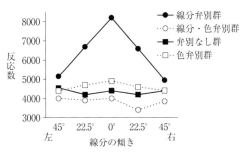

図1　Newman & Baron（1965）の実験結果
線分弁別群では，弁別手がかりであった垂直線分（傾き0°）のときに多くの反応がみられ，左右に傾きが変化するにつれて反応が減少するが，それ以外の群では線分の傾きが刺激性制御を獲得していない［Newman & Baron, 1965をもとに作成］

していたのが線分弁別群のみであることを示唆しており，S＋として線分が唯一の弁別手がかりではない場合には，背景色が線分を隠蔽したことを示している．

●阻止　隠蔽手続きに先立って，テストで用いる条件刺激とは異なる条件刺激を無条件刺激と対提示することによって，隠蔽よりもさらに条件反応が減弱する（表1中，阻止群）．この現象を阻止とよび，ケーミン（Kamin, 1968）によって最初に報告された．この現象は，テストされる条件刺激と無条件刺激の対提示回数が隠蔽手続きと同一であるにもかかわらず条件反応に差が確認されることから，接近の法則のみで学習を理解する立場への反証となった．

　オペラント条件づけにおいて阻止を検討した一例として，マッキントッシュとホーニック（Mackintosh & Honing, 1970）によるものがある．彼らはハトを被験体とし，第1段階として垂直線分をS＋，水平線分をS－とする弁別学習を行う群（実験群）と何も行わない群（統制群）を設定した．続く第2段階では，501 nmの波長光の背景と垂直線分を複合したものをS＋，576 nmの波長光の背景と水平線分を複合したものをS－とする弁別訓練を両群に施した（表2）．テストでは，第2段階でS＋の要素刺激として用いた501 nmの波長光以外に538，555 nmの波長光に加え，S－の要素刺激として用いた576 nmの波長光に対する反応が観察された．その結果，統制群ではS＋であった501 nmの波長光に対して強い反応が観察され，急峻な般化勾配が確認されたが，実験群においては501 nmの波長光に対しても弱い反応が確認され，般化勾配は比較的平坦なものとなった（図2）．この実験においては，第1段階で線分の傾きに関する弁別訓練を行った結果，垂直線分が刺激性制御を獲得したことで，第2段階において光刺激が刺激性制御を獲得することを阻止したと考えられる．

●過剰予期効果　過剰予期効果は，以下のような実験デザイン（表1中，過剰予

表2 Mackintosh & Honig (1970) の実験デザイン

群	第1段階	第2段階	テスト
実験群	垂直線→強化 水平線→無強化	垂直線・501 nm→強化 水平線・576 nm→無強化	501 nm 538 nm 555 nm 576 nm
統制群	無処置		

実験群において第1段階での垂直線と水平線の弁別訓練が，第2段階で501 nm と 507 nm の波長光が刺激性制御を獲得することを阻止するかを検討したもの．

期群）で検討されてきた．まず第1段階として3種類の異なる条件刺激をそれぞれ無条件刺激と対提示することによって条件反応を獲得させる（A＋/B＋/C＋）．第2段階では，そのうち2つの条件刺激を複合したものを無条件刺激と対提示し（AB＋），残った条件刺激は単独で無条件刺激と対提示される（C＋）．テストでは，第2段階で複合刺激として用いられた一方の刺激と，第2段階で単独で用いられた条件刺激がそれぞれ提示され（A－/C－），条件反応の強さが検討される．その結果，刺激Aと刺激Cは第2段階で

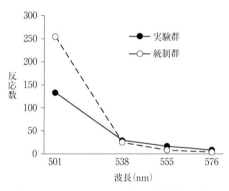

図2 Mackintosh & Honig (1970) 実験1の結果
統制群では 501 nm の波長光が刺激性制御を獲得しているが，実験群では刺激性制御が弱まっており，阻止が起こったことを示している［Mackintosh & Honig, 1970 をもとに作成］

どちらも無条件刺激と同じ回数の対提示を行っているにもかかわらず，複合刺激として訓練を行った刺激に対してより弱い条件反応が確認される（Rescorla, 1970）．認知的学習理論であるレスコーラ＝ワグナー・モデル（Rescorla & Wagner, 1972）では，この結果は複数の条件刺激を複合することで無条件刺激が過剰に予期される一方で，実際に提示される無条件刺激が通常の強度であることから，予期された無条件刺激と実際の無条件刺激の誤差を修正するために個々の条件刺激が表出できる条件反応が弱まると説明する．行動分析学では「予期」のような構成概念は使用しないが，行動の刺激性制御に関する諸事実の1つとして過剰予期効果という現象を知っておく必要があるだろう．

オペラント条件づけ事態において過剰予期効果の存在を示した研究（Lattal & Nakajima, 1998）では，ラットのレバー押し反応を用いた検討が行われている．彼らは，点滅光，定常光，クリック音，ノイズ音という4種類の異なる弁別刺激

表3 Lattal & Nakajima (1998) の実験3で用いられたオペラント条件づけにおける過剰予期効果に関する実験デザイン

要素刺激訓練	複合刺激訓練	テスト	結果の予測
A+			
B−	AX+	X−	X：弱い刺激性制御
X+	BY+	Y−	Y：強い刺激性制御
Y+			

被験体内計画であり，すべての被験体が同一の訓練およびテストを経験する．各アルファベットは弁別刺激を示し，＋は弁別刺激提示中のオペラント反応をVI30秒で強化したことを，−は無強化を示す．

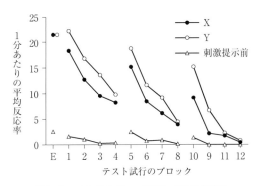

図3 Lattal & Nakajima (1998) 実験3の結果
横軸はテスト2試行を1ブロックとしてまとめたもので，Eは表3の要素刺激訓練期の結果を表す．各弁別刺激提示前にはオペラント反応はほとんど確認されないが，弁別刺激XやYの提示によってオペラント反応が生じる．なかでも，刺激Yのほうが刺激Xに比べて強い刺激性制御を維持していることが見て取れる．

(A, B, X, Y) を用いた弁別訓練を第1段階として行い，そのうち3種類はVI 30秒による強化，1種類は無強化とした（A+, B−, X+, Y+）．第2段階では，被験体は第1段階で用いられた弁別刺激を複合した刺激に対して反応するようにVI 30秒での強化手続きを受けた（AX+, BY+）．テストにおいては，刺激Xと刺激Yがそれぞれ単独で提示され，無強化試行で刺激性制御の程度が確認された．その結果，刺激Yと比較して刺激X提示下で反応が弱くなることが示された（図3）．この結果は，レスポンデント条件づけにおける過剰予期効果と対応するものである．

［澤 幸祐］

観察学習

☞モデリング p. 458, 般化模倣 p. 462

　観察学習とは，他個体が何らかの行動をしている場面や，他個体が行った行動に対して生じた結果（例えば，行動に対して強化子が随伴したかどうか）を観察することを通して成立する学習のことである．モデルとなる他個体の観察は，同種他個体を直接その場で観察する場合だけではなく，テレビなどのメディアを通して観察される場合もある．さらに実在しない人物（アニメのキャラクターなど）もモデルとなりうる．

　観察により生じる行動の変容には，その行動と同じ行動や類似した行動の生起頻度が増加することだけでなく，反対にその行動の頻度が低下したり，さらには異なる行動をしたりするようになることなども含まれる．ただし，観察学習の研究において最も中心的な対象になってきたのは模倣学習である．模倣とは，観察によって，観察されたモデルと同じ，もしくは類似の行動が生じることである．そして，模倣した行動が，その場限りで終わるのではなく，その後も永続的に維持されるような変化が生じた場合に，模倣学習が生じたとされる．行動分析学的には，多くの模倣学習は，他個体の行動が古典的条件づけの無条件刺激あるいはオペラント条件づけの弁別刺激となって，その行動と同じ（あるいは類似）の行動が学習されることと考えられる．

●**代理的条件づけ**　人間以外の動物を対象としても観察学習は生じるが，その代表的な例の1つが，アカゲザルのヘビに対する恐怖の観察学習である．ミネカ（Mineka, S.）らの研究（Cook et al., 1985）では，今までヘビを見たことがなくヘビに対して恐怖を示さないアカゲザルが，他のアカゲザルがヘビを見て恐怖を示す場面を観察した後で，ヘビに対して恐怖を示すようになることが示された．このような，ある刺激に対して示される他個体の反応を観察することにより生じる，感情などに関する学習を，代理的条件づけとよぶ．代理的条件づけにおいては，他個体の示す恐怖反応が無条件刺激（unconditioned stimulus, US），他個体が恐怖を示した対象（この場合はヘビ）が条件刺激（conditioned stimulus, CS）となり，これらが対提示されたことにより古典的条件づけが成立し，条件刺激に対する条件反応（conditioned response, CR）として恐怖反応が生じるとの解釈が成り立つ．なお，この代理的条件づけに関しては，他のアカゲザルが花を見て強い恐怖を示す場面を観察した場合には花に恐怖を示すようにならないなど，刺激の適切性が重要であることが知られている（☞「条件づけの生物的制約」）．

●**模倣行動の学習**　次に，オペラント条件づけの原理で説明されうる観察学習の例として，模倣行動の学習について解説する．我々は多くの行動を「模倣により」

学習するが，それはなぜだろうか．それは，そもそも「模倣する」という行動が学習されるからであると考えられる．

模倣行動がオペラント条件づけの原理により学習されうることを示した初期の有名な研究に，ミラーとダラードのラットを対象とした実験（Miller & Dollard, 1941 山内他共訳 1956）がある．この実験では，モデルとなるラットと観察するラットが用いられた．図1のような装置を，モデルラットがまず走行し，右または左に曲がる．観察ラットは，モデルラットが右に曲がるのを見た場合には右に，モデルラットが左に曲がるのを見た場合には左に曲がると，餌が与えられた．すると，観察ラットはモデル

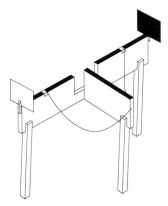

図1　ラットの模倣行動の学習の実験に用いられた装置［Miller & Dollard, 1941 をもとに作成］

ラットと同じ側に曲がるという模倣行動を学習することができた．これは，モデルラットの行動（左右のどちらに曲がるか）を弁別刺激として，それと同じ行動をすると，餌により強化されるというオペラント条件づけの原理により説明されるのである．

ミラーとダラードは，同様の模倣行動の学習が，人間においても生じることも示している．子どもは2人で実験に参加し，1人がモデルで，もう1人が観察する側であった．実験室には2つの箱があり，モデルがまずどちらかの箱を開けた．次に観察者の子どもが，やはり2つの箱のどちらかを開けるのであるが，その際，モデルが開けた箱と同じ側の箱を開けるとキャンディがあり，反対側の箱を開けてもキャンディがないようにした．このような条件で訓練すると，子どもはモデルが開けた側の箱を開けるという模倣行動を学習した．

●**人間を対象とした観察学習の代表的な実験**　人間を対象とする観察学習に関する代表的な研究に，バンデューラ（Bandura, A）の研究グループが1960年代に実施した攻撃行動の一連の実験がある．そのうちの1つの研究（Bandura et al., 1961）では，空気で膨らませた人形に対して大人が攻撃している場面を幼児に観察させた．その後，おもちゃを幼児から取り上げたうえで，幼児を人形のある別の部屋に連れていった．別の群では，幼児は大人の攻撃行動を観察しなかった．その結果，大人の攻撃行動を観察した群では，幼児は観察した攻撃行動と同様の攻撃行動を示し，その攻撃行動は，大人の攻撃行動を観察しなかった群よりも多かった．また，バンデューラは，他者の行動の観察だけでなく，他者の行動に対して生じる結果の観察も観察学習において重要であることを示している．他者が行動の結果として強化を受けることの観察により観察者の行動が促進される効果

を代理強化とよび，反対に他者が行動の結果として弱化（罰）を受けることの観察により観察者の行動が抑制される効果を代理罰（代理性弱化）とよぶ．例えば，バンデューラの別の実験（Bandura, 1965）では，人形を攻撃していたモデルが他の大人からしかられている場面を観察させると，子どもが攻撃行動を示すことが抑制されたが，これは代理罰の例である．

●バンデューラの社会的学習理論　観察学習に関する最も有名な理論は，バンデューラによる社会的学習理論である．この理論は，モデルの行動を観察するだけで，観察した個体は直接行動を実行せず，直接強化もされない場合でも観察学習が生じることに焦点をあてたもので，認知的プロセスを重視している点に特色がある．バンデューラは，古典的条件づけやオペラント条件づけの原理だけでは人間の学習の限定的な部分しか説明できず，他者の行動を観察することにより生じる観察学習の原理によってより多くの学習が説明できるとした．ミラーとダラードの模倣学習の分析では，模倣行動の学習は，他個体の行動を弁別刺激として，その行動と類似した行動が直接強化を受けることにより生じる．したがって，観察した直後に行動を実施し，しかも直接強化を受けるという場面にしか適用できない．一方，バンデューラの実験では，観察者である幼児は学習の際に直接は行動を実行しておらず，また直接は強化も受けていない．したがって，ミラーとダラードの実験のように，オペラント条件づけの原理では説明が困難であるとされた．

●般化模倣　これに対し，観察者に対する直接の強化が与えられない場面で生じる観察学習も，般化模倣という考え方によって，オペラント条件づけの原理により説明できるとする主張がある．般化模倣の考え方は，ミラーとダラードの模倣行動の学習に般化の原理を導入することによって，より広い範囲の模倣学習を説明可能にするものである．すなわち，他者と同じ行動をする（すなわち模倣する）ことで強化される経験を繰り返すと，般化の原理により，強化が直接与えられない場合にも，新しく観察した他者の行動を模倣するようになる．例えば，子どもが親や大人の行動（例えば，単語を話したり，スプーンを持ったりする行動）を模倣した場合，親や大人から笑顔や言語賞賛などによって繰り返し強化されている．このような経験のため，特定の行動の模倣ではなく「模倣する」という一般化された行動が獲得されると考えられるのである．バンデューラの実験に参加した子どもも，実験に参加するより以前に数々の模倣行動を強化されてきたはずである．したがって，般化模倣により大人の攻撃行動の模倣が生じた可能性を否定することは難しいのである．ベアとシャーマンの研究（Baer & Sherman, 1964）では，パペットの3種類の行動（無意味な言葉を言う，口を開閉する，うなずく）を子どもが模倣したときにパペットからの称賛により強化した．その結果，これら3つの行動の模倣が学習された．さらに，パペットがレバーを押すと，その行

図2 ラットの模倣行動を研究するための実験装置 [Heyes & Dawson, 1990]
左はモデルのラットが，右は観察するラットが入る．左の区画のジョイスティックは左あるいは右に動かすことができる．

動の模倣に対しては一度も強化を与えていないにもかかわらず，レバー押し行動の模倣が生じた．これが般化模倣の例である．

●**生得的模倣** 人間はほとんどの場合，過去に模倣行動を強化された経験があると推測される．したがって，現在ターゲットになっている行動の模倣に直接の強化が与えられない場面で示された模倣学習においても，般化模倣による説明を排除することは困難である．ただし，例えば，生後まもない乳児が，大人が舌を出したり口を開けたりする身振りを模倣することが知られている (Meltzoff & Moore, 1977)．この場合，生後まもない乳児がそれ以前に模倣を強化された経験があるとは考えにくいため，生得的模倣であると考えられている．また，動物実験であれば，過去の模倣行動の強化経験を排除できる．例えば，ヘイズとドーソン (Heyes & Dawson, 1990) では，図2のような装置を用いて，左側の部屋にいるモデルラットがジョイスティックを特定の方向 (左または右) に動かして強化される場面を，右側の部屋にいる観察ラットに観察させた．その後に，観察ラットを左側の部屋に移して，ジョイスティックに対する反応をさせた．その結果，観察ラットはモデルラットと同じ方向に動かすことが多かった．この実験は，ラットが模倣行動を強化された経験がなくても，模倣を示す例であると考えられる．

[青山謙二郎]

📖 **参考文献**

実森 正子・中島 定彦 (2000). 学習の心理―行動のメカニズムを探る サイエンス社
メイザー, J.E. (2008). 磯 博行他 (訳) メイザーの学習と行動 (日本語版第3版) 二瓶社
望月 昭 (1978). 観察学習と般化模倣―社会的学習への行動分析的アプローチ 心理学評論, 21, 251-263.

自動反応形成

☞ 反応形成（シェイピング）：基礎 p. 50, 反応形成（シェイピング）：応用 p. 446

　オペラント条件づけを用いた弁別訓練では，正の弁別刺激の提示，反応の生起，強化子の提示が時間的に接近して生じる．いったん弁別行動が形成されると，正の弁別刺激と強化子が時間的にかなり接近して提示されるようになる．このことから，レスポンデント随伴性である弁別刺激-強化子随伴性のオペラント条件づけにおける刺激性制御の形成における役割や，正の弁別刺激の提示中の反応の増加への役割などが示唆されていた（Estes, 1943; Morse & Skinner, 1958）．ブラウンとジェンキンス（Brown & Jenkins, 1968）は，ハトを被験体として，平均60秒の試行間間隔で，8秒間白色のキーライトを点灯し，消灯すると同時に穀物の入ったフィーダーを4秒間提示する順行対提示を繰り返したところ，36羽すべての個体において，キーライトへのつつき反応が生じた．一方，フィーダーの提示の後，キーライトを点灯する逆行対提示では，ほとんど生じなかった（図1）．キーライトの提示時間を3秒に短縮した条件や，試行間間隔を固定した順行提示

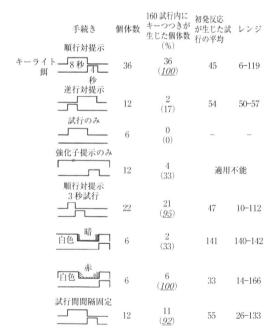

図1　Brown & Jenkins (1968) が用いた手続きと結果
[Brown & Jenkins, 1968 をもとに作成]

条件でも90%以上の個体が，キーライトへのつつき反応を生じるようになった．この結果は，レスポンデント随伴性である刺激（キーライト）-強化子随伴性が，反応の形成に関与することを示している．オペラント条件づけでは，実験者が被験体の反応を見ながら逐次接近法（漸次的近似法）により手動で反応を形成するのが一般的であるため，この手間を省いて，自動的に反応の形成が可能であることから，自動反応形成と名づけられた．自動反応形成は，それまでオペラント反応として使用されていたキーつき反応が，オペ

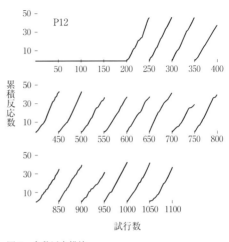

図2　自動反応維持
［Williams & Williams, 1969を改変］

ラント条件づけに内在する条件刺激（conditioned stimulus, CS）-無条件刺激（unconditioned stimulus, US）随伴性（レスポンデント条件づけ）により形成可能であることを示しており，オペラント条件づけとレスポンデント条件づけの理論的分析や，行動対比などオペラント条件づけで生じる現象へのレスポンデント随伴性の効果などの研究の端緒となった．自動反応形成は，ハトやラット以外の動物でも確かめられている．

●**自動反応維持**　ウィリアムズとウィリアムズ（Williams & Williams, 1969）は，ブラウンとジェンキンス（Brown & Jenkins, 1968）とは異なり，キーライトへのつつき反応が生じた場合には，強化子の提示が省略された．反応すると強化子が得られないにもかかわらず，ほとんどの個体が反応し続けた．図2に示されている個体P12は，220試行まではほとんど反応が生じず，この間，キーライト-強化子随伴性にさらされた．しかし，その後，反応すると強化子が省略されるにもかかわらず，かなりの効率で反応が生じるようになっている．刺激（キーライト）の提示直後に強化子を自動的に提示することにより反応を維持できることから，自動反応維持とよばれている．自動反応維持には，Brown & Jenkins（1968）が用いたように，反応すると強化子の提示が行われるオペラント正強化付加型，Williams & Williams（1969）の手続きである反応が強化子の提示を省略する負の自動反応維持，さらには，強化子の提示は反応の有無とは独立であり，刺激の提示に随伴して強化子が提示される完全なレスポンデント型の正の自動反応維持がある（Gamzu & Williams, 1971）．

●**反応のトポグラフィーと強化子の関係**　ジェンキンスとムーア（Jenkins &

Moore, 1973）は，ハトを用い，平均 60 秒の試行間隔で，赤い円盤か 3 本の白い垂直線のいずれかが左側のキーに 6 秒間提示される試行と，2 種の刺激の他方が右側のキーに提示される試行をランダムに 30 試行ずつ行った．左側のキーに刺激が提示された場合は，穀物が 3 秒間提示され，右側に提示された場合は，0.10 ml の水が提示された．録画されたそれぞれのキーへの反応の型を評定したところ，穀物試行のときは，通常はくちばしを開いてつつき，水試行のときはある程度くちばしを開いた反応も生起するが，くちばしを閉じてつつく反応がかなりの程度生じていた（図 3）．いかにも

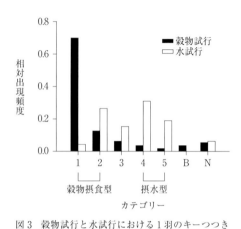

図 3 穀物試行と水試行における 1 羽のキーつつき反応のトポグラフィーの相対頻度［Jenkins & Moore, 1973 の Table 6 をもとに作成］
1：明白な摂食型　2：ほとんど摂食型　3：どちらか不明　4：ほとんど摂水型　5：明白な摂水型　B：両方型　N：評定不能

穀物と対になったキー刺激を食べるようにつつき，水と対になったキー刺激を飲むようにつつき，強化子によって喚起される完了反応に類似した反応が弁別刺激に対して生じた．強化子の種類によって反応型が変化する現象は，ラットでも報告されている．ピーターソンら（Peterson et al., 1972）は，出し入れ可能なレバーを提示した後に餌を提示する，レバー–餌の対提示を繰り返すと，レバーをなめたりかじったりする反応が生じるが，餌の代わりに脳内電気刺激を与えた場合，レバーの臭いを嗅いだり，レバーを前足でなでたりする行動が見られることを報告している．これらは，強化子の提示に先行する CS であるキーライトやレバーが，US である強化子と置換して強化子に対して生じる反応が先行刺激に対しても生じるようになるという刺激置換仮説を支持している（Hearst & Jenkins, 1974）．一方，ワッサーマン（Wasserman, 1973）は，冷却した実験箱にひな鳥を入れ，キーライトと温熱刺激を対提示したところ，温熱刺激に対する反応である羽ばたきではなく，つつき反応が生じた．ティンバーレイクとグラント（Timberlake & Grant, 1975）は，キーライトやレバーの代わりに，生きたラットを提示し，その直後に餌を提示した．刺激置換が生じるなら，生きたラットに対してかじる反応が生じることが予測されるが，前足でなでたり，毛づくろいするなどの社会的行動が生じた．これらの事実から，ティンバーレイク（Timberlake, 1994）は，CS であるキーライトやレバーに条件づけられるのは，生態学的に備わっている事前に体系づけられたその種に特有な行動システムであり，こ

の行動システムに含まれるいずれかの行動が，条件刺激の位置や提示時間などの条件によって自動反応形成された反応として現れるという行動システム理論を提唱している．

●**自動反応形成を説明する理論**　これまで，自動反応形成で形成される反応は，ハトの種に特有な見たものをつつくという反応傾向が，偶発的なオペラント条件づけによって生起・維持されるという説（Brown & Jenkins, 1968）や，フィーダー提示時の点灯光とキーライトが類似しているために般化によってキーライトへ反応が生じるとする般化説（Logan, 1971）のようにオペラント反応とみなす説と，CS-US の対提示によって条件づけられるというレスポンデント条件づけ説（Gamzu & Williams, 1971），および前述の行動システム理論が提唱されている．その後，反応はレスポンデント条件づけにより形成・維持されるが，どのような反応が形成・維持されるのかが検討されている．

●**サイントラッキングとゴールトラッキング**
自動反応形成や自動反応維持で生じる反応には，CS への接近反応と US が提示される位置への接近反応のいずれかがある．前者をハーストとジェンキンス（Hearst & Jenkins, 1974）はサイントラッキング，後者をボークス（Boakes, 1977）はゴールトラッキングとよんだ．シルヴァら（Silva et al., 1992）は，

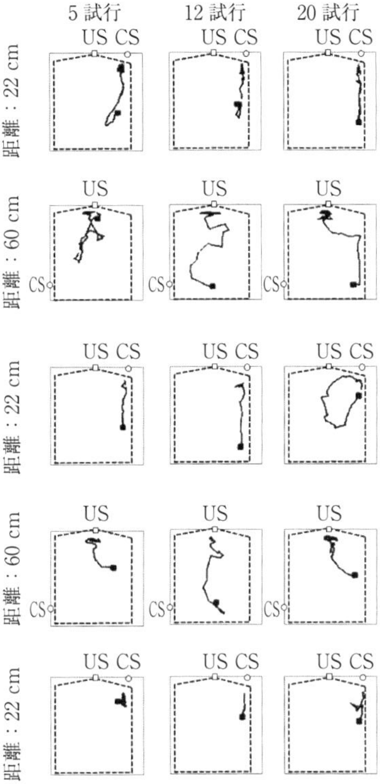

図 4　ハトの頭部の移動軌跡［Silva et al., 1992 をもとに作成］
CS（ライト）と US（給餌器）の距離を変化させたときの 1 羽の最終セッションの第 5 試行，第 12 試行，第 20 試行時の結果距離が 22 cm の条件では，CS に接近する反応がみられ，60 cm 条件では US に接近する反応がみられる．

ハトを用いて CS と US の距離を変化させたところ，近距離条件ではサイントラッキングが生じ，遠距離条件ではゴールトラッキングが生じることを報告している（図 4）．ラットでも 2 種のトラッキングが生じるが，出現頻度に系統差があり（Flagel et al., 2010），薬物依存や衝動性との関連性が検討されている（Tomie et al., 1998）．

［眞邉一近］

📖 **参考文献**
Mazur, J. E. (2006). *Learning and dehavior* (6th ed.).　Prentice-Hall Inc.（メイザー, J. E.　磯 博行他（訳）（2008）．メイザーの学習と行動　日本語版第 3 版　二瓶社）pp. 135-141.

刻印づけ

☞ 強化 p.54, 感性強化 p.186

　刻印づけは，アヒルやニワトリ，カモやガンといった早成性（動物が十分に発達した状態で生まれて，親の保護をそれほど必要としない性質）の鳥類のヒナで見られる行動過程で，「刷込み」とか「インプリンティング」ともよばれる．それらのヒナは，生活史の初期に出会った対象に接近したり追従したりする．子が親に示すそのような行動の獲得過程が刻印づけである．なお，性成熟後の求愛行動が，刻印づけられた対象や同種の動物に向けられる性的刻印づけも報告されている．

　刻印づけられた対象（刻印刺激）は，ヒナが生息する自然界では親鳥を含めた同種他個体であるのが普通である．しかし，ヒトやおもちゃなど多種多様な対象が刻印刺激になる．刻印刺激は，オペラント条件づけの実験において，キーつつきやペダル踏みといった反応のオペラント強化刺激になる（Bateson & Reese, 1968；Hoffman et al., 1966；Peterson, 1960）．すなわち，これらの反応に随伴して刻印刺激が提示されると，それらの反応の出現確率は高くなる（図1）．

　刻印づけに関する記述は古くからある（例えば，トマス・モア［Thomas More］の *Utopia*（1516）やスポルディングの *Instinct with Original Observations on Young Animals*［Spalding, 1873］）．しかし，この過程を動物行動学（エソロジー）の視点から分析して，鳥の同種個体間の認識過程に関する理論を初めて構築したのは，ローレンツ（Lorenz, 1935；1937）である．刻印づけのドイツ語（Prägung，英訳 imprinting）は，彼によって命名された．彼が提唱した刻印づけの特徴は，①臨界期の存在と，②刻印づけられた反応（刻印反応）の不可逆性である．臨界期は，刻印づけが起こるための決定的な時期であり，ヘス（Hess, 1959）によれば，孵化後の1～2日間（13時間齢のヒナで最も起こりやすい）で，この時期を過ぎると刻印づけは困難になる．不可逆性は，刻印反応は個体の生涯にわたって消失しないという性質である．この性質には，ジェインズ（Jaynes, 1956）によれば，刻印反応は消失しないという意味と，刻印刺激と異なる刺激への刻印づけは不可能であるという排他的な刺激弁別過程の意味がある．ローレンツは，臨界期と，刻印反応の不可逆性の2つの特徴をもって，刻印づけが生得的な過程であって学習と異なる過程であると主張した．彼のこの主張がきっかけとなって，学習を研究していた心理学者が実験室で刻印づけを調べるようになった．

●**刻印づけの実験室的研究**　実験室で刻印づけを調べる場合，実験者は，孵化直後のヒナに動く対象を提示するのが普通である．対象は，ヒナと同種や異種の生体であったり，剝製，あるいは他の人工物であったりする．しばらくすると，ヒ

図1 アヒルのヒナに対して行われたオペラント実験の装置［Hoffman et al., 1966］
オペラント反応は，装置中央部に取り付けられた棒へのつつき反応であり，強化刺激は，装置内を往復移動する牛乳びんである．この刺激が刻印刺激である．

ナは，その対象に接近したり追従したりして，すり寄る．そのようなときに対象を実験場面から取り除くと，ディストレスコールとよばれる甲高い鳴き声をヒナは発する．対象を再び提示すると，鳴きやむ．この時期に新奇な対象を提示すると，ヒナはそれに対してディストレスコールを発してその対象から逃げたりする．このような刺激弁別が見られたなら，ヒナは初めに見た刺激対象に刻印づけられたといわれる．

条件統制がなされた実験室で刻印づけを調べると，ローレンツが主張した臨界期も刻印反応の不可逆性も認められない．すなわち，臨界期が過ぎた個体でも刻印づけは可能であり，接近や追従といった刻印反応はヒナの成長とともに減少して消失する．さらに新奇な刺激への刻印づけも可能である．

そのようなことから，刻印づけは，個体の発達の初期にみられる学習であると考えられている．しかし，発達の初期に刻印づけが起こりやすいということは実験室でも認められているので，「全か無か」のような特徴を意味する臨界期という言葉ではなく，感受期ないし敏感期という言葉が用いられている（Bateson, 1966）．

●**刻印づけの学習過程** 刻印づけが学習であることはわかっても，それがどのような学習であるのかについて，いまだ意見は分かれている．学習を，刺激と刺激，あるいは刺激と反応の連合で説明する心理学者は，刻印づけを刺激の単なる提示によって起こる提示学習と見たり，あるいは知覚学習ととらえたりしている．それは，刻印づけが，水とか餌といった，学習に必要と考えられていた外的な強化刺激がなくても成立することへの説明であった．また，認知論的視点でとらえる説明もある．刻印づけを事象間の関係の内的表象の成立過程とする見方である．さらに，刻印づけを刻印刺激の神経学的表象の形成過程と見る見方もある．ヒナの神経系には刻印刺激の特徴を検出する特徴検出器があり，それによって刻印刺激の表象が形成される．この表象に適合しない刺激は，ヒナによって拒絶され

る，と説明されている（Bateson, 1990）．また，刻印づけの神経生理学的研究によれば，刻印づけは，ヒナの脳の上線状体内腹側部（intermediate and medial part of hyperstriatum ventrale, IMHV）にマッピングされると説明されている（Horn, 1985；1990）．しかし，刻印刺激と刻印反応の間の直接的な機能的な関係についての詳細な説明はなされていない．

　ホフマンとラトナー（Hoffman & Ratner, 1973）は，レスポンデント条件づけに基づく以下のような「刻印づけの強化モデル」を提唱した．ヒナには，ある種の刺激特徴（例えば，刺激の動き）に「子が親に対して示す幼若反応」を向ける生得的傾向があり，そのような特徴をもつ刺激は刻印刺激になる．刻印刺激は，オペラント反応を無条件的に強化する．刻印刺激のその他の特徴（例えば，大きさ，形，色など）は，幼若反応に対して中性的である．しかし，その中性的特徴は，強化的な刺激特徴と時間的にも空間的にも近接することでレスポンデント条件づけが起こり，それによって，刻印刺激は新たな強化機能（条件〈性〉強化子としての機能）を獲得する．この過程と提示学習とによって刻印刺激は親近性を増す．一方で，それほど親近性のない刻印刺激に対してヒナは恐怖反応を示す．これは成熟的要因による．そのようなことから，ある刻印刺激に向けられるヒナの行動は，その刺激によって生ずる親近反応と恐怖反応の拮抗傾向の調整結果として示される．

　また，スキナー（Skinner, 1966b）は，刻印づけにおけるオペラント随伴性の関与を提唱した．彼は，刻印反応の特質や特徴で刻印づけの生得性を強調する見方に批判的であった．彼は，刻印刺激がポールつつき反応の強化刺激になることを明らかにしたピーターソン（Peterson, 1960）の実験を引用して，系統発生的随伴性の作用（生得的な行動傾向）を刻印づけの中に見出すことは困難であると主張した．その概要を記すと次のとおりである．刻印反応が個体の発達の特定の時期に出現することや，個体発生的随伴性が機能する以前に刻印反応が出現することから，刻印反応は部分的に系統発生的（生得的）であるかもしれない．しかし，ヒナが刻印刺激に追従するのは，必ずしもこの反応が生得的であるからというわけではない．この反応の生起には個体発生的随伴性が関与している．刻印づけの生得的傾向は，追従反応にあるのではなく，刻印刺激への接近が，刻印反応にとって強化的であるという傾向である．そして，スキナーは，そのような主張を裏づけるには，ヒナが刺激に接近せずに刺激から遠ざかる行動を自発したなら，その行動に随伴して刺激をヒナに近づけ，逆に，ヒナが刺激に近づいた場合，その接近行動に随伴して刺激をヒナから遠ざける，そのような随伴性を実験的に設定したなら，ヒナは刺激には接近せず，むしろ遠ざかるだろう，とも述べている．刻印づけについてのスキナーの主張は，刻印づけにおける強化随伴性を強調したものであるが，彼の主張は，行動の起源を論じる際の注意事項を述べた主張

であって，刻印づけに特化した主張ではない．その点で思弁的な説明といえるかもしれない．

刻印づけにおけるレスポンデント条件づけとオペラント条件づけの役割について，上のような説明がなされてはいるが，いずれも決定的な説明ではない．しかし，刻印づけが，ある種の学習であるということ，そして，反応の獲得についての種に特有な機構と，より一般的な条件づけの機構との双方が，相互に関連して成り立つ過程であるという見方は，刻印づけ研究者の間で共通している．

●**刻印づけと社会的愛着**　刻印づけは，社会的愛着を研究している心理学者にも影響を与えた．晩成性種（生後すぐにみずから移動することができない種）にみられる社会的愛着は，心理学では，子どもが養育者に対して抱く親密な情緒的な結びつきであり，それによって子どもは危機的状況から自分を守ることができると考えられている．そして，社会的愛着は，社会的行動の発達に重大な影響を及ぼすと考えられている．このような特性が，ローレンツが提唱した刻印反応の特徴に似ているために，刻印づけと社会的愛着との関係が問題にされるようになった．

ボウルビー（Bowlby, 1969）は，ローレンツを含む動物行動学者たちの刻印づけの研究の成果や，ハーローとツィンマーマン（Harlow & Zimmermann, 1959）が行ったアカゲザルの愛着についての実験の結果を考慮して，乳幼児の社会的愛着の発達を説明した．その意味で，彼の愛着理論は，刻印づけの研究の成果に基づいている．一方，オペラント条件づけの枠組みで刻印づけと愛着の対応関係を説明したのは，ゲワーツ（Gewirtz, 1961）やペトロビッチとゲワーツ（Petrovich & Gewirtz, 1991）である．彼らは，晩成性種の幼体の社会的愛着反応（例えば，しがみつき，すり寄りなど）と，早成性鳥類のヒナが示す刻印反応は，どちらも随伴性（種に特有な生態学的随伴性）によって強化されるオペラント反応であるという点で同じ機能をもつ（養育者との接触を高めたり維持したりする）と説明している．それと同様の説明は，樋口ら（1976）によってもなされている．

上記のように，刻印づけと社会的愛着との関係は考察されている．しかし，両者の対応関係について，その議論は，いまだ十分とはいえない．　　　　　　［森山哲美］

📖 **参考文献**

樋口義治他（1976）．刻印化・同一化・社会化―トリはトリらしく，サルはサルらしく，ヒトはヒトらしく　心理学評論, *19*, 249-272

Hoffman, H. S. (1996). *Amorous turkeys and addicted ducklings: A search for the causes of social attachment.* Authors Cooperative, Inc.（ホフマン，H. S.　森山 哲美（訳）(2007)．刻印づけと嗜癖症のアヒルの子―社会的愛着の原因をもとめて　二瓶社）

Lorenz, K. (1965). *Über tierisches und menschliches Verhalten: aus dem Werdegang der Verhaltenslehre.* (Gesammelte Abhandlungen, Bd. 1-2). R. Piper & Co. Verlag.（ローレンツ，K.　丘 直通・日高 敏隆（訳）(1989)．動物行動学 I・II　思索社）

連鎖化：基礎

☞系列学習 p.320, 課題分析 p.466,
連鎖化：応用 p.470

　カタニア（Catania, 2007）によれば，反応連鎖とは，ある刺激のもとでの反応の後に別の刺激が提示され，その刺激がその反応を強化するとともに次の反応の弁別刺激となるような，弁別オペラントの系列である．そして連鎖の一部は要素とよばれる．また，反応型が類似した反応の連鎖を同種連鎖といい，反応型が類似していない反応の連鎖を異種連鎖とよぶ．このような反応連鎖の形成法には順向連鎖化，逆向連鎖化，総課題提示法の3つがある．順向連鎖化は連鎖の先頭から形成する方法であり，逆向連鎖化は，連鎖の最後から形成する方法であり，総課題提示法は，毎回の試行において連鎖のすべての要素を徐々に形成する方法である．総課題提示法では，誤反応が生起した場合に修正試行を導入するなどの手法を使う．

●**連鎖の枠組み**　スキナー（Skinner, 1938）は「連鎖化の法則」において，別の反応に対する誘発刺激や弁別刺激を生み出す反応とし，その刺激は，ボールを投げるときのような固有受容体を通したもの，あるいは右を見て目に映ったものに反応するというように外的に生じたものであるとしている．そして連鎖を構成する要素を刺激と反応とし，レバー押し反応が強化されるまでの連鎖を示している（図1）．ケラーとシェーンフェルド（Keller & Schoenfeld, 1950），マロット（Malott, 2008），クーパーら（Cooper et al., 2007）も同様の刺激と反応の連鎖という枠組みで説明している．そしてこのような刺激の性質を刺激の多重機能とよぶ．条件強化とも関わる問題である．

●**連鎖化技法の源流**　動物を対象とした逆向連鎖化技法は，マーカム（Markham, 1607）およびピンチベック（Pinchbeck, 1805）に見ることができる（Mountjoy & Lewandowski, 1984）．これらは最も古い連鎖化の記録であろう．マーカムは馬を対象として，手袋を取ってくる行動を訓練する場合について説明している．①手袋を（訓練する馬の）口の中に入れ保持させる，②次に，地面に置かれた手袋を拾い上げさせる，③最後には，訓練者が投げた手袋を取ってきて訓練者に渡させる，という手順を示し，できたときには毎回わずかなパンを与え，

　　弁別刺激：レバーが見える　　反応：前足をもちあげる
　→　強化刺激／弁別刺激：レバーの感触　　反応：レバーを押す
　→　強化刺激／弁別刺激：給餌器の音　　反応：給餌器に接近する
　→　強化刺激：餌　　反応：餌をつかむ
　　　図1　スキナーによる連鎖の例示［Skinner, 1938をもとに作成］

2～3回やるのを拒否したら，6時間餌を与えずに立たせておきその後もう一度やらせるとしている．さらに注意点として，手袋をきちんと保持するようになるまで手袋を地面から拾う訓練をしてはいけないこと，手袋を地面からすぐに拾うことができるようになるまで手袋を取ってくる訓練をしてはいけないことを指摘している．またピンチベックはブタを対象として，カードを口で拾うという行動を訓練する場合には，①カードを保持させる，②地面のカードを拾わせるという手順を示し，できたときにはわずかなパンを与え，うまくできなかったときには叱責するとしている．このように，歴史的には逆向連鎖化が動物のトレーニング法の1つとして一部で知られていた．

●**3つの形成法の比較** 3つの形成法（順向連鎖化，逆向連鎖化，総課題提示法）には，連鎖の形成しやすさに違いがあるのだろうか．全体的な結論としては，一貫した結果が得られておらず，明確な差があるとはいえないようである．第1の理由は，直接に比較を行った研究が少ないことである．そして第2に，これまでの研究で扱われている反応連鎖には多様な要因が関与しているためである．例えば同種連鎖と異種連鎖という違いがある．同種連鎖では，キーの色といった明確な外的な弁別刺激が提示されるが，異種連鎖の場合，体操の一連の動きのように，直前の行動のみが弁別刺激となることがある．また，連鎖化を行う前には，標的行動となる反応連鎖全体に対して課題分析を行い，複雑な一連の行動をどのような要素に分割するのかを実験者が決めることになる．ボタン押しのように明確に測定することのできる個々の反応のレベルで分割する場合もあるが，より小さい行動の連鎖に分けることもある（図1）．第3に，同じ形成法を用いても，その詳細が異なっている場合がある．例えば，総課題提示法の場合，途中で生起したのが正反応でも誤反応でも連鎖の最初から最後まで行うことは共通しているが，誤反応のときにどのような修正を行うかは研究により異なっている．修正する場合もあれば（Cox & Boren, 1965），見本に合わせて練習するだけという場合もある（Smith, 1999）．また強化子の質も異なっている．ゴルフコースでゴルフの練習をするとき，最初にボールをカップに落とすところから練習を始め，次はグリーンに乗せるところからカップに落とすところまで，というように逆向連鎖化を使うと，最終的にはボールがカップに落ちることで強化される．しかし順向連鎖化を使用した場合，最初にトレーニングする要素の終わりでボールがカップに落ちることはなく，同質の強化子を使うことはできない．その一方でハトのキーつつきの連鎖を形成する場合，常に同じ餌を使用することができる．

以下に連鎖の形成法を比較したいくつかの研究を紹介する．これらを読むことで，多様な結果について理解することができるだろう．まず，ピサクレタ（Pisacreta, 1982）は4羽のハトを被験体として被験体内比較により，順向連鎖化と逆向連鎖化を比較した．縦横3列の9個の反応キーがあり，図2のような連鎖を

順向連鎖化（1パターン）と逆向連鎖化（1パターン）で形成した．2羽は順向連鎖化を初めに実施し，残りの2羽は逆向連鎖化を先に実施した．そして一方は色を手がかりとした連鎖，もう一方は図形を手がかりとした連鎖とし，カウンターバランスをとって実施した．そして，例えば，A（図2）の連鎖を形成する場合，最終的に形成される連鎖は以下のとおりである．まず9つのキーすべての色が青のときに，左上隅のキーをつつくと，すべてのキーの色が赤に変わり，その状況で右上隅のキーをつつくと，すべてのキーの色が黄色に変わり，その状況で左下隅のキーをつつくとキーの色が緑に変わり，最後に右下隅のキーをつつくと餌が提示された（図3）．実験の結果，連鎖の形成法による差はなく，初めにトレーニングした連鎖の形成法の成績が良かった．歴史的，経験的には動物を対象とした場合，逆向連鎖化の優位性がしばしば指摘されるが（Pryor, 1975），このようにそれらとは異なる結果も得られている．また，シュトラウブ（Straub et al., 1979）は，ハトを対象とした反応連鎖の形成において，当初は逆向連鎖化を用いたが，連鎖を長くする訓練において，最後の要素に対する反応のみが続いた（20〜25日）ため，順向連鎖化を用いることにしたと報告している．

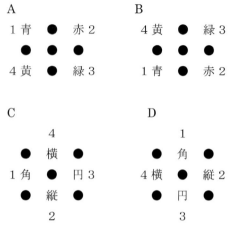

図2 Pisacreta (1982) で使用された連鎖の4つのパターン

数字は連鎖の順序を示しており，色名はそのキーに反応するときのキーの色を示している．また，縦・横はキーに映し出された線の方向であり，角・円はキーに映し出された図形（四角形・円）である．

人間を対象とした基礎研究としては，ワイス（Weiss, 1978）による，10名の学部生を対象とし，縦2列，横3列の6つの反応キーを使い，順向連鎖化と逆向連鎖化の効果を実験参加者内で比較したものがある．6つの反応キーに表示される記号は，1桁の数字かアルファベットだった．そして最初6つの反応キーすべてに「2」が表示されており，そのときに下段右キーを押すと反応キーの記号がすべて「7」に変わる．以降同様に「7」のときに上段左キーを押すと「9」に変わる（以下略），というように6つの連鎖が正しく生起すると5点が与えられ，実験後に換金された．その結果，10名すべての実験参加者において，誤反応の数が逆向連鎖化において，順向連鎖化よりも多かった．結局これら2つの研究で，同種連鎖を用いて明確に区別された反応の連鎖化を試みた結果，順向連鎖化のほうが逆向連鎖化より成績が良かった．

順向連鎖化（連鎖 A の場合）
1. 青：左上隅キー → 餌提示
2. 青：左上隅キー → 赤：右上隅キー → 餌提示
3. 青：左上隅キー → 赤：右上隅キー → 緑：右下隅キー → 餌提示
4. 青：左上隅キー → 赤：右上隅キー → 緑：右下隅キー → 黄：左下隅キー → 餌提示

逆向連鎖化（連鎖 A の場合）
1. 黄：左下隅キー → 餌提示
2. 緑：右下隅キー → 黄：左下隅キー → 餌提示
3. 赤：右上隅キー → 緑：右下隅キー → 黄：左下隅キー → 餌提示
4. 青：左上隅キー → 赤：右上隅キー → 緑：右下隅キー → 黄：左下隅キー → 餌提示

図3　Pisacreta（1982）における順向連鎖化と逆向連鎖化の具体例

　一方で，短い連鎖をより長い連鎖に統合する場合にも連鎖化の技法が使用される．アッシュとホールディング（Ash & Holding, 1990）は，大学生を対象とし，電子ピアノで楽譜のとおりに弾く練習において，順向連鎖化，逆向連鎖化，総課題提示法の3つの形成法の違いを比較した．容易なフレーズ2つと困難なフレーズ1つの合計3つのフレーズを組み合わせて，容易1-容易2-困難の順で弾く場合について比較した．その結果，総課題提示法よりも他の連鎖化の成績が良く，さらに逆向連鎖化よりも順向連鎖化の成績が良かった．

　スミス（Smith, 1999）は，大学生を対象として，エアロビクスの軽い練習に似た運動行動の連鎖化について検討を行った．そこでは120ステップの系列を5つのまとまりに分割し，その5つのまとまりについて，連鎖の形成法3つを比較した．その結果，5つのまとまり間の難易度を調整しなかった実験1では，順向連鎖化と逆向連鎖化が総課題提示法よりも成績が良かった．しかし5つのまとまり間の難易度を均等にした実験2では，順向連鎖化と総課題提示法が逆向連鎖化よりも成績が良かった．

　また，コックスとボレン（Cox & Boren, 1965）は，地対空ミサイルの発射準備のための手順の訓練における連鎖の形成法を比較した．72工程の発射準備手順を工程順に7グループにまとめ，それらを，順向連鎖化，逆向連鎖化，総課題提示法の効果を比較した．その結果，3つの連鎖化には顕著な差がなかったことが報告された．

　現時点では，ハトを対象とした場合には手続きの優越について十分な一貫性がなく，人間では，特に成人において順向連鎖化にやや優位性がある．唯一いえることは，逆向連鎖化を用いた実践の歴史は長く適用範囲も広い一方で（Simek et al., 1994；Fleming & Hörst, 2010），調べた限りでは他の形成法と比較して逆向連鎖化の優位性を明確に示した研究がまだないことだろう．　　　　　　［山岸直基］

系列学習

☞連鎖化：基礎 p.316, 連鎖化：応用 p.470

　ハンター（Hunter, 1920）がラットを対象に行ったT字迷路の研究は，系列学習の初期の研究の1つである．彼は右左右左……という交替反応を獲得できるのかを検討するため，ラットを対象として実験を行った．その結果，比較的容易に交替反応が獲得されることを報告している．しかし続いて右右左左右右……という二重交替反応を獲得できるかを調べたが，この反応を学習させることはできなかった．系列学習という場合，この例のように反応の系列を扱う研究と，それとは別に提示された刺激の系列を扱う研究に大別される．さらに刺激の系列を扱う研究には，刺激の系列的な属性が弁別刺激になるのかを調べたものと，強化子の系列が弁別刺激になるのかを調べたものがある．

●**反復獲得手続き**　反復獲得手続きはボレン（Boren, 1963）およびボレンとディヴァイン（Boren & Devine, 1968）が初めて用いた手続きであり，行動獲得における様々な変数の効果を個体内比較によって検討するのが特徴である．ここではアカゲザル（Boren & Devine, 1968），幼児（Vaughan, 1985），成人（Danforth et al., 1990）を対象とし反応系列の獲得における「教示」の効果を調べた一連の研究を紹介する．ボレンとディヴァイン（Boren & Devine, 1968）が使用した装置は12個のレバーが横一列に並び，3つのレバーをひとまとまりとした4組のグループになっていて，それぞれのレバーの上にはライトがついていた．被験体は最初に最も左側の組（1, 2, 3）のうちの1つに反応し，次に左から2番目の組（4, 5, 6）から1つというようにそれぞれの組から順番に1つずつ正しいレバーを選択することで，正しい4反応系列を生起すると餌が与えられた．そして2回の連続するセッションにおいてある同一の反応系列の獲得が実施された．教示条件の最初の「教示」セッションでは，正しいレバーの上のライトが点灯することで被験体にどのレバーを押すべきなのかを「教示」した．それに続く「非教示」セッションでは，それぞれの組の3つすべてのライトが点灯し，直前のセッションを経験した結果としてどの程度正確に反応するのかを調べた．統制条件では，同一の反応系列に対して「学習」セッションの後に「再学習」セッションを実施した．その内容は「非教示」セッションと同一であり，「教示」なしでどのように学習が進行するのかを調べた．そして，「教示」「非教示」の2セッションと統制条件の2セッションを交互に6回繰り返した．「非教示」セッションと「再学習」セッションを比較することで，「教示」が反応系列の獲得にどのような影響を及ぼしているのかを検討することができる．その結果，「非教示」のセッションを2回繰り返した場合には学習が進行するが，「教示」の後の「非教示」セッショ

ンでは直前の「教示」の効果はほとんど確認できなかった．そして幼児（Vaughan, 1985），成人（Danforth et al., 1990）を対象とした場合にも，「教示」の履歴がもたらす学習促進効果はわずかだった．このように正しい反応系列をガイドするような「教示」は手がかりなしの反応系列生成には促進的な効果がないことが示されている．参考として図1に幼児を対象としたヴォーン（Vaughan, 1985）の結果を示した．

また，類似の手続きとして漸次的反復獲得手続きがある．反復獲得手続きでは，修正手続きつきの連続強化手続きによって行動獲得がなされていたが，漸次的反復獲得手続きでは，連鎖化を用いて行動獲得がなされる．つまり，2反応系列の獲得後，3反応系列，4反応系列というように反応系列の項目数が1セッションの中で徐々に増えることになる．したがって，個体内で獲得と維持における実験要因の効果の違いを調べられるだけでなく，課題の難易度を

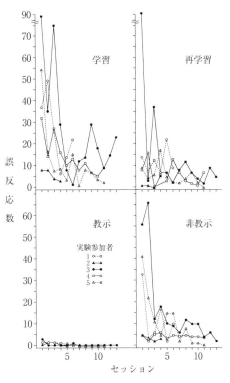

図1 Vaughan（1985）の実験1の実験結果
学習と非学習の第1セッションは同一の4反応系列を使用し，第2セッション以降も同様である．また教示と非教示でも同一セッションで同一の4反応系列を使用した［Vanghan, 1985をもとに作成］．

セッション内で徐々に高くすることで，どの程度連鎖化が進行するのかを繰り返し調べることが可能になる．シェンら（Shen et al., 2015）は若齢マウス（生後34～60日）と成体マウス（生後70～96日）を対象として，給餌器の側に2つ反対側に1つ，合計3つのレバーに対する6反応系列を逆向連鎖化によって獲得させた．そして獲得すべき反応系列はセッションごとに変更された．その結果，若齢マウスは成体マウスよりも全体的な反応の精度が低く，系列数3以上において達成率が低かった．

●同時連鎖法　テラスらは同時連鎖法という手続きを用いて系列学習に関する様々な現象を明らかにしている．この手続きでは，すべての刺激が試行中提示され続け，試行ごとに刺激が提示される位置が変化するため，被験体は場所の手がかりを利用することができず，刺激がもつ特性のみを手がかりとして反応系列を

生起させる必要がある．そして多くの場合，順向連鎖化によって反応系列が形成される．

例えば，テラス（Terrace, 1991）は，ハトを対象としてこの手続きで形成された反応系列においてチャンク化が生じることを報告している．一般に複数の項目のまとまりをチャンクといい，そのまとまりをつくることをチャンク化という．そして，5項目系列の同時連鎖法において，最初の3項目を色刺激，それに続く2項目を幾何学図形とした場合，すべての項目が色刺激の場合や色と幾何学図形が交互になっている場合よりも早く形成され，反応系列の遂行時間も短かった．著者はその理由を色刺激と幾何学図形がまとまって提示され，その結果それらを被験体がチャンク化したためだと結論づけている．

またテラスら（Terrace et al., 1995）は，ハトを対象としてワイルドカード（新奇刺激）による欠損項目の置換えが生じるのかを調べた．特定の反応系列を訓練終了後，反応系列内の特定の1つの項目を新奇の刺激と置き換えて提示し，最初の訓練と同様のフィードバックによって90セッション以内に2セッション連続で正答率75%以上になるかを調べた．その結果，3項目系列では，いずれの項目でも置換えが生じたが，4項目，5項目の場合には，系列の最後の項目を置き換えて提示した場合のみ正しく置換えが生じたことを報告し，アカゲザルの実験結果との比較を行っている．

●**刺激系列**　ワイスマンら（Weisman et al., 1980）はハトを対象として2つの連続する刺激系列の弁別が可能かを go/no-go 手続きで検討した．ライトの種類は，赤，緑，点灯しない，の3つだった．緑・赤の順に点灯した場合には，その後点灯した白いキーライトに反応すると餌が提示され，それ以外の刺激系列が提示された場合には餌が提示されなかった．その結果，ハトは刺激系列を弁別することが確認された．

また刺激系列の要素の弁別についての研究では，系列位置効果が確認されている．例えば，シンプ（Shimp, 1976）は，ハトを対象として，2段階の試行で構成される実験を行った．第1段階では，ランダムに選ばれた左右2つのキーのいずれかに白いXの文字が映し出され，0.5秒経過後に生起した反応によってキーが消灯した．これを3回繰り返した（見本刺激系列の提示）．第2段階では，第1段階でXが映し出されたキーの位置の順序の確認が行われた．具体的には，まず中央のキーが点灯し，それに反応すると左右両方のキーが点灯した．そしてキーの色が赤であれば見本刺激系列の第1項目にXが提示された位置に反応すると餌が提示された．キーが青であれば第2項目に対応した反応が要求され，キーが白であれば第3項目に対応した反応が要求された．その結果，新近効果が確認された．つまり，各項目の正反応率は，1項目目から順に，ほぼ80, 90, 100%だった．そして，第1段階の見本刺激系列の1項目目の提示時間を0.5秒

から4秒に変更した場合には，初頭効果が確認された．

さらに，継時的に刺激が提示された後に同一の刺激を提示された順序で反応することが求められる，刺激系列の遅延継時見本合わせを行った研究もある．テラスら（Terrace et al., 1996）はハトを対象として実験1において2項目および3項目の刺激系列について遅延継時見本合わせ課題を実施した．提示する刺激は，色，図形，直線だった．2項目の場合，まず刺激系列を提示し，その後8個の比較刺激を提示し，提示された刺激系列に含まれる刺激を提示された順序で選ぶことが要求された．その結果，75％の正答率で反応した．しかし，3項目の刺激系列については，比較刺激が見本刺激として提示された刺激3つのみであったが，正答率がチャンスレベル程度だった．実験2では，同時連鎖法により3項目の系列反応を形成した後に実験1の遅延継時見本合わせ課題を実施した結果，3項目の刺激系列において75％の正答率で反応するようになったことが報告されている．これは，遅延継時見本合わせ課題の遂行において，反応系列の形成訓練が必要であることを示している．

●**強化子の系列**　直線走路を使った離散試行の研究において，ラットを対象とし，強化試行と無強化試行を交互に実施した場合，強化試行と比較して無強化試行において走行時間が長くなることが確認されている（Tyler et al., 1953）．また，ハルスとドースキー（Hulse & Dorsky, 1977）は，同様の実験場面において，強化子の量を14, 7, 3, 1, 0という順序で提示した場合と，14, 1, 3, 7, 0という順序で提示した場合では，前者において強化子量0のときの走行時間が長くなる学習が早く進行することが報告されている．これらは強化子自体が次の試行の行動の弁別刺激となるだけでなく，強化子の系列パターンにより，無強化試行の弁別に差が生じることを示している．

●**認知的な解釈について**　同時連鎖法を用いた系列反応の研究の多くは，表象，チャンクといった認知的な高次の解釈に基づいている．しかし，これらの概念の安易な使用は避けるべきだろう．それらの行動が「なぜ可能なのか」という問いに答えようとするとき，「表象」といった特性を想定する前に，それを可能にしている訓練のプロセスを確認することが重要であろう（小野，1998）．そして実森（2013）が指摘するように，実験者が設定した随伴性と動物が獲得した随伴性が異なっている場合があるので，行動単位を徹底して分析することが重要である．これらにより，被験体が何をしているのかが明らかになるのである．それには，チャンク化仮説の検証において，刺激系列を対象として，チャンク化による弁別が促進されるかを検討することも考えられるだろう．　　　　　［山岸直基］

📖 **参考文献**
小野　浩一（1998）．行動連鎖—その獲得と遂行　心理学評論, *41*, 426-442.

見本合わせ：基礎

☞刺激般化 p.276, 弁別学習訓練 p.280, 刺激競合 p.300, 刺激等価性：基礎 p.328, 見本合わせ：応用 p.474, 刺激等価性：応用 p.482

　見本合わせ（matching-to-sample, MTS）とは，見本となる刺激（見本刺激）と他の刺激（比較刺激）の対応関係を弁別刺激として自発される反応，あるいは，そうした反応を形成するための訓練手続きである．見本合わせ手続きは18世紀末，アヴェロンの野生児に対する教育手段の1つとしてイタール（Itard, 1801 中野・松田訳 1978）が用いたのが最初とされる．実験室では，20世紀前半から霊長類の弁別学習研究に使用されていたが，スキナー（Skinner, 1950）がハトの弁別学習実験への適用を提唱し，ハトでの見本合わせ研究はカミングとベリィマン（Cumming & Berryman, 1965）やカーターとウェルナー（Carter & Werner, 1978）らによって発展した．ハトを被験体とした典型的な訓練では，3つの反応キーのついたスキナー箱を用い，中央のキーに見本刺激を提示する（図1）．その後，左右のキーに比較刺激を提示し，ハトが見本刺激と同じ比較刺激を選択すれば餌強化子を与える．誤答の場合は強化子を与えず，次試行に移行するが，同じ試行を繰り返すこともありこれを矯正法という．また，誤答の際には，試行間間隔の前に一定時間のタイムアウトを用いることもある．見本合わせ手続きは，ヒトを含む様々な動物の知覚・概念・記憶などの研究手続きとして用いられるとともに，障害児の教育訓練などにも頻用される．

●**同一見本合わせ・非見本合わせ・象徴見本合わせ**　図1に示した例では，見本刺激と物理的に同じ（あるいは類似した）比較刺激を選べば正答で，強化子が得られる．これを同一見本合わせという．もし，見本刺激と異なる比較刺激を選べば正答（見本刺激が△なら□を，□なら△を選ぶと強化子が与えられる）という場合は，非見本合わせ，異物合わせ，異種見本合わせなどとよばれる．正答となる見本刺激と比較刺激の組合せを訓練者が任意に決めることもある．例えば，見本刺激が△のときは赤，□のときは緑を選べば正答という手続きで，これを象徴見本合わせまたは恣意的見本合わせという．図2は学習障害のある中学生の英語教材として象徴見本合わせ手続きが用いられた例で，4つの比較刺激の中から正しいものを選ばねばならない．このように，問題文に対して正しい答えを選ぶ選択回答式試験は象徴見本合わせの一種と考えることができる．なお，象徴見本合わせは刺激等価性研究の基本的な技法でもある（Urcuioli, 2013；山崎，1999）．

●**同時見本合わせ・遅延見本合わせ**　図1の例では，まず見本刺激が提示され，続いて比較刺激が提示されている．図2の例では，見本刺激と比較刺激が一緒に提示されている．しかし，いずれの場合でも，比較刺激が提示された時点で見本刺激も存在しており，これを同時見本合わせという．これに対し，見本刺激が消

失してから比較刺激が提示されるものを遅延見本合わせ（delayed MTS, DMTS）という．遅延見本合わせは，動物の記憶（想起）の実験研究でしばしば用いられる（室伏，1983；White, 2013）．図3にその一例を示す．

●**選択型見本合わせ・継時見本合わせ**　これまで紹介してきた手続きはすべて，比較刺激の中から正しいものを選ぶという選択型見本合わせであった．通常，見本合わせといえばこの選択型見本合わせを指す．これに対して，比較刺激を1試行につき1つしか提示しないのが継時見本合わせである．

例えば，反応キーが1つだけ取り付けられたスキナー箱で，反応キーが「△→△」または「□→□」の順に点灯した場合に反応することは正答で，「△→□」や「□→△」のときは誤答とするものである．ここで，矢印の前の図形が見本刺激，後の図形が比較刺激となる．継時見本合わせはさらに，go/no-go 型と yes/no 型に分類される．go/no-go 型見本合わせでは，見本刺激と比較刺激の組合せに応じて「反応する」か「反応しない」かの判断が求められる．

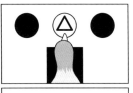
見本刺激の提示
（観察反応としてつつかせるのが一般的）

比較刺激の提示
（見本刺激と同じ比較刺激を選んだ場合）

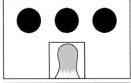
強化子の提示

試行間間隔

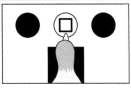
次試行の開始

図1　ハトの見本合わせの例［Carter & Werner, 1978 をもとに作成］
中央の見本刺激と同じ図形を左右の比較刺激から選べば正答である．間違った比較刺激を選ぶと強化子は与えられず，次試行に移行する．見本刺激は半数の試行では三角形，残りの試行では四角形であり，正しい比較刺激の左右位置も毎試行ランダムに決定される．

これを「反応 A を行う」か「反応 B を行う」かにしたものが yes/no 型見本合わせである．具体的には，3つの反応キーがある装置で，中央キーが「△→△」または「□→□」の順に点灯したときは左キー（yes 選択肢）をつつけば強化子が与えられ，「△→□」や「□→△」のときは右キー（no 選択肢）をつつけば強化子が与えられる手続きである．したがって，歴史の勉強で「鎌倉幕府→源頼朝」や「室町幕府→足利尊氏」に yes，「鎌倉幕府→足利尊氏」や「室町幕府→源頼朝」

図2 「英文」を見本刺激,「絵・和文」を比較刺激とした見本合わせ［中山他, 1997］

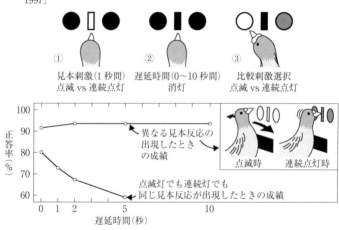

図3 ハトの遅延見本合わせの例［Blough, 1959をもとに作成］

この実験では,見本刺激は中央の長方形キーに1秒間点滅あるいは連続点灯して消灯し,遅延時間の後に比較刺激が左右に提示された.グラフは1羽のハトの弁別成績である.このハトは,見本刺激が点滅灯のときは頭を左右に振り,連続灯のときはキーの上部をつつくという反応を自発するようになり,こうした見本反応は遅延時間中も続いた.撮影のためスキナー箱が入っている防音箱の扉を開けて数日訓練をすると,見本反応には違いがなくなり,成績が低下した.再び扉を閉めると,以前ほどではないが見本反応に違いが生じ,成績がやや向上した.

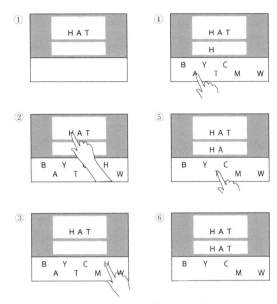

図4 知的障害者の英つづり訓練のための構成見本合わせ
[Dube et al., 1991 をもとに作成]
見本刺激[HAT]が提示されると,まずそれに触れることが求められる.その後,画面下部に提示される複数の比較刺激(英文字)から正しい順序で3字選んで,文字をつづると正答である.この課題では,比較刺激の選択順序も重要であるが,選択順序を問わない構成見本合わせ手続きもある.

に no と答えるのは yes/no 型の象徴見本合わせということになる.

●**構成見本合わせ** 選択型の見本合わせ手続きでは,正しい比較刺激は1つであるが,比較刺激を複数選んで正答をつくりあげる構成見本合わせあるいは構成反応見本合わせという方法もある(図4).

●**見本合わせ変法と成績に影響する要因** 見本合わせ手続きは研究目的や動物種によって様々な変法が用いられている.また,正答成績は様々な要因の影響を受ける.例えば,以下のような場合には一般に成績が悪くなる.①試行開始合図がない,②試行を自分で開始できない,③見本刺激の明瞭性が低い,④見本刺激の提示時間が短い,⑤見本刺激への反応が不要である,⑥遅延時間が長い,⑦遅延時間中に干渉刺激がある,⑧比較刺激の数が多い,⑨試行間間隔が短い.このように,見本合わせ法の成績に影響する要因は詳しく調べられている.[中島定彦]

📖 **参考文献**
中島定彦(1995).見本合わせ手続きとその変法 行動分析学研究, 8, 160-176.

刺激等価性：基礎

☞見本合わせ：基礎 p.324, 関係フレーム理論 p.344, 刺激等価性：応用 p.482, アクセプタンス＆コミットメント・セラピー p.618

　行動分析学における刺激等価性の概念は，シドマン（Sidman, M.）の一連の研究により確立した．シドマンの刺激等価性について解説する前に，行動分析学における反応と刺激の「クラス」について簡単にまとめておこう．スキナー（Skinner, 1938）は同じ結果をもたらす反応のまとまりを反応クラスとよんだ．例えば，空腹のラットがスキナー箱でレバーを押して餌粒を得る場合，レバーを右前肢で押そうが，左前肢で押そうが，両前肢で押そうが，口でくわえて押そうが，与えられる餌粒は同じであるので，すべて同じ「レバー押し」という反応クラスである．スキナーはまた，同じ反応を制御する刺激のまとまりを刺激クラスとよんだ．例えば，音Aが鳴っているときにレバーを押すと餌粒が得られるが，無音のときには餌が得られないという状況でラットを訓練すれば，音Aがレバー押し反応を喚起するようになる．また，訓練した音とよく似た音Bもレバー押し反応を喚起するようになる．これを刺激般化（☞「刺激般化」）というが，このとき音Aと音Bは同じ刺激クラスに属することになる．物理的に似ていない刺激どうしが同じ反応を制御することもある．例えば，暗闇で音が鳴っているときも，室内灯点灯で無音のときもレバーを押すと餌粒が得られるが，暗闇で無音の場合は餌が得られないという状況でラットを訓練すれば，音と室内灯点灯はいずれもレバー押し反応を喚起するようになる．このとき，音と室内灯点灯は同じ刺激クラスを構成する．このように，物理的類似性によらない刺激クラスを機能的刺激クラスというが，クラス内に属す刺激同士が真に同じ機能をもつ（機能的に等価である）かどうかは，転移テストを行うことによって確かめることができる（Goldiamond, 1962, 1966）．上の例では，ラットをさらに，暗闇で音ありのときにチェーンを引くよう訓練した後，室内灯点灯で無音のときにもチェーンを引けば（つまり，チェーン引き反応の制御機能が音から室内灯点灯に転移すれば），音と室内灯点灯は機能的に等価であるといえる．なお，「機能的刺激クラス」という言葉は，物理的類似性によらない刺激クラスというだけでなく，このような機能的等価刺激クラスのことを指して用いられることも多い．

●シドマンの枠組み　シドマンは知的障害児の言語訓練の実践と理論的考察をもとに，数学における等価関係の概念を借用して，刺激の機能的等価刺激クラスに関する新たな考えを提唱した（Sidman & Tailby, 1982）．数学において対象が等価（相等，同値）であるといえるための3つの「要件（規則）」である反射律，対称律，推移律を，条件性弁別学習における刺激間の派生的関係の「性質」としてとらえたものがシドマンの刺激等価性であり，主に象徴見本合わせ課題の訓練

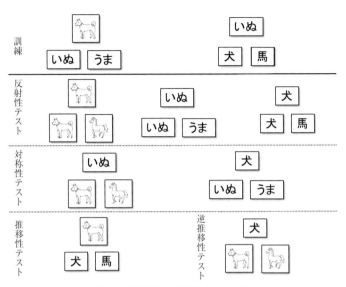

図1 刺激等価性の訓練とテストの例
1枚の見本刺激カードの下に2枚の比較刺激カードを並べた2択型の見本合わせ課題を例としてあげる．見本刺激はウマのカードのときもあるが，ここではイヌのカードである場合のみ示す．正しい比較刺激カードの左右位置は毎回異なるが，ここでは左側のカードが正しい場合だけを示す．

後に新しい見本合わせ課題への転移テストを行うという枠組みで研究されている．図1に訓練とテストの例，図2にそれによって形成される等価関係を示す．反射性は，AはAであり，BはBであることを意味する．具体的には，象徴見本合わせ課題の習得後，訓練時に用いていた刺激での同一見本合わせテストを実施し，見本と同じ比較刺激を正しく選択できることが反射性である．つまり，A→B訓練後にA→AテストやB→Bテストに合格することである（矢印の前が見本刺激，矢印の後が正しい比較刺激）．なお，同一見本合わせ課題の習得後，新しい刺激セットで行う同一見本合わせテストで良い成績をおさめること（つまり，A→A訓練後にX→Xテストに合格すること）が反射性であると説明されることもあるが（Cooper et al., 2006 中野訳 2013；室伏，1999；中島，1995；山崎，1999；Zentall, 1996），これは正確ではない（実森，2000）．AがAであればXはXであるというのは，「同一性概念」として，反射性とは別に考察されるべきものである．対称性は，AがBであれば，BはAであることを意味する．見本合わせ課題では，見本刺激と比較刺激の役割を入れ替えた際に，正しい組合せとなるよう比較刺激を選択できる（A→B訓練後にB→Aテストに合格する）ことである．推移性は，AがBであり，BがCであれば，AはCであることを意味

する．見本合わせ課題では，第1課題の見本刺激と第2課題の比較刺激の組合せでテストした際に，適切な比較刺激を選択できる（A→B訓練とB→C訓練の後にA→Cテストに合格する）ことである．逆推移性は対称性と推移性を組み合わせたもので，A→B訓練とB→C訓練の後にC→Aテストに合格することである．刺激等価性の3特徴である反射性・対称性・推移性のすべてを満たさないと不可能だと考えられるため，逆推移性テスト合格は刺激等価性の成立を意味する．このことから，逆推移性テストは等価性テストともよばれる（Sidman et al., 1989）．

● **動物における対称性と推移性の研究**
シドマンは，ヒヒやアカゲザルは対称性テストに合格しないと報告した（Sidman et al., 1982）．ハト（Lipkens et al., 1988），フサオマキザル（D'Amato et al., 1985），チンパンジー（Yamamoto & Asano, 1995），アシカ（Schusterman & Kastak, 1993），シロイルカ（村山・鳥羽山, 1997）などでも対称性の成立が困難であることが示されている．このことから，対称性の理解はヒトに特有であるとされる（Sidman, 1990）．ただし，チンパンジーについては成功報告もある（Tomonaga et al., 1991）．また，チンパンジーやアシカでは，複数の刺激セットで訓練を繰り返し行うことで対称性が見られるようになるとの報告がある（Yamamoto & Asano, 1995 ; Schusterman & Kastak, 1993）．例えば，A→B課題習得後にB→Aができるかテストして，できなければそれを訓練し，次はC→D課題習得後にD→Cができるかテストし

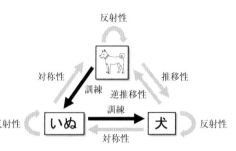

図2 図1に示した見本合わせ課題によって形成される刺激等価性

機能的等価刺激クラス［イヌ］は，イヌのイラストカード，ひらがな いぬ カード，漢字 犬 カードの3つの刺激から構成されている．機能的等価刺激クラス［ウマ］についても同様の関係構造が成立する．

線形系列手続き

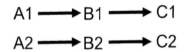

見本刺激をノードとする手続き

比較刺激をノードとする手続き

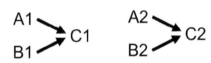

図3 刺激等価性研究で用いられる訓練手続きの基本構造

いずれの訓練手続きでも形成される機能的等価刺激クラスは2つであり，それぞれ3つの刺激から構成される（［A1, B1, C1］と［A2, B2, C2］）．

て，できなければそれを訓練する……，のように訓練とテストを何度も繰り返せば，そのうち対称性テストに合格するという．ただし，ハトではこうした方法でも対称性は見られない（Bujedo et al., 2014 ; Yamazaki, 2004）．推移性は，アカゲザルで見られないとの報告（Sidman et al., 1982）があったが，その後，フサオマキザル（D'Amato et al., 1985），チンパンジー（Yamamoto & Asano, 1995），アシカ（Lindemann-Biols & Reichmuth, 2014 ; Schusterman & Kastak, 1993），シロイルカ（村山・鳥羽山，1997），オウム（Pepperberg, 2006）で確認されている．ハトについては成功報告（Kuno et al., 1994）があるものの，否定的報告もあって（D'Amato et al., 1985 ; 久能・岩本，1995），一貫した結果が得られていない．

●**刺激等価性研究の方法論**　刺激等価性の訓練では，複数の見本合わせ課題が何らかの形で連結している．こうした連結ポイントをノード（結節点）という．図1の例では，第1課題の正しい比較刺激が第2課題の見本刺激となっており，「イヌの絵カード→いぬカード→犬カード」の線形系列になっているが，こうした手続きのほかにも，見本刺激をノードとする手続きや比較刺激をノードとする手続きがあり（Green & Saunders, 1998；図3），多くの刺激クラスからなる訓練もこれら3つの手続きの組合せに還元できる．また，派生的刺激関係を導くためのノードの距離が短い方がテスト成績が良い（ノード距離効果：Fields et al., 1990, 1993）．なお，図1や図2のように比較刺激が2つの象徴見本合わせ課題の場合は，棄却性制御に基づく選択が行われている可能性がある．例えば「見本刺激がA1なら比較刺激B1とB2からB1を選び，A2ならB2を選ぶ」ことを教えているつもりでも，「A1ならB2でない方を選び，A2ならB1でない方を選ぶ」という行動が形成される可能性がある（Carrigan & Sidman, 1992）．この可能性を排除するためには，比較刺激の数を3つ以上にしたり，新規な比較刺激を用いたテストを実施することが望ましい．

●**刺激等価性概念の発展**　象徴見本合わせ課題において見本刺激-比較刺激の正しいペアごとに異なった強化子を与えると，［見本刺激，比較刺激，強化子］が等価刺激クラスを形成する（Dube et al., 1987）．また，例えば，イヌの絵カードを見て「イヌ」と発声してからいぬカードを選ばせるといった命名手続きを行うと，見本合わせ成績が向上することが多いが，こうした命名反応も等価刺激クラスに組み込まれる（Manabe et al., 1995 ; Sidman, 1990）．　　　　　　　［中島定彦］

📖 **参考文献**
佐藤　隆弘（2008）．刺激等価性の機能的分析―行動随伴性，関係枠，ネーミング　認知科学, 15, 333-346.
山本　淳一（1992）．刺激等価性―言語機能・認知機能の行動分析　行動分析学研究, 7, 1-39.
山崎　由美子（1999）．動物における刺激等価性　動物心理学研究, 49, 107-137.

言語行動と非言語行動

☞ 意識 p.26, 言語行動 p.30, ルール支配行動 p.336, 意識性 p.340, マンド p.420, タクト p.424, 言行一致訓練 p.556

「ルール支配行動」の項目（☞p.336）では，他者から与えられる教示とそれに従う行動に関する知見が紹介されている．しかしルールにはみずからが生成する言語行動もある．日常生活でも，信念や迷信などの自分が発する言語行動が自身の行動に影響を与えていることはよく観察されるであろう．行動分析では，みずから生成した随伴性に関する言語行動である自己ルールが，自身の実際の行動（非言語行動）に及ぼす影響について調べられてきた．この自己ルールは，実際の反応の後に自分が経験した随伴性を言語化する自己報告と，実際の反応に先行して反応の形態や随伴性について自分自身に教示する自己教示の2つに分けることができる．本項目ではこれらの自己ルールに関する実験研究について紹介した後，自己ルールと教示との相違について述べることとする．

●**自己ルールの実験研究**　自己ルールに関する実験研究の多くは自己報告を対象としたものである．典型的な実験方法としては，強化スケジュール課題を実施した後に，「どのように反応すればポイントが得られるか」について自由記述させるという方法が用いられてきた．この実験方法を用いた研究例としては，リーンダーら（Leander et al., 1968）の研究があげられる．彼らは大学生を対象に固定時隔（fixed-interval, FI）スケジュールで強化されるボタン押し課題を実施し，実験終了後に「得点を得る条件は？」という質問に答えさせたところ，ボタン押しの反応パターンと研究参加者の言語報告（自己ルール）が一致していたことを報告している．同様の結果は，ハーツェンら（Harzem et al., 1978）をはじめ多くの研究によって確認されているが，この種の研究は自己ルールが行動に影響を与えている1つの根拠として位置づけられてきた．

また，自己ルールの生成が非言語行動に影響を与えるのであれば，言語生成能力の発達的変化にともなって強化スケジュールへの反応が変化することも予想される．この点についてベントールら（Bentall et al., 1985）は，2歳6か月～9歳までの子どもを対象に，FIスケジュールで強化される反応課題を実施し，言語発達と非言語行動との関連を調べる実験を行っている．図1は実験の累積記録の一部であるが，2歳6か月～4歳までのグループの研究参加者には，動物を対象とした場合と同様のFIスケジュールへの反応パターンであるスキャロップが出現している（C）．一方，7歳6か月～9歳の年齢グループでは，健常成人を対象とした場合にみられる高率（A）もしくは低率（B）の反応パターンが出現しており，年長の子どもたちに求めた言語報告も実際のパフォーマンスと対応していた．この結果からは，人間に特有のFIパフォーマンスである高率・低率反応パ

ターンは人間の言語能力によってもたらされていることが推察される.

これらの研究は，自己ルール（の生成能力）と非言語行動との相関関係を示す結果であったが，自己ルールが非言語行動の変化をもたらすという直接的な因果関係を示す研究を行ったのはカタニアら（Catania et al., 1982）である．彼らは，大学生を対象に強化スケジュール課題を実施し，その強化スケジュールに関する研究参加者の推測（言語報告）を言語条件づけで形成するという手続きを用いることによって，自己ルールと非言語行動との因果的関連を示した．この実験では，設置した左右のボタンのうちランプの点灯している方へのボタン押し反応を1.5分ずつ，多元乱動比率（randon-ratio, RR）・乱動時隔（randon-intorval, RI）スケジュールによって強化した．その後，左右2つのボタンのそれぞれについての自己ルール（強化スケジュールに関する推測）の記述を求め，記述された自己ルールに対して0～3点の範囲で得点を与えるフィードバック（言語条件づけ）を行い，強化スケジュールに関する自己ルールの形成を試みている．図2は典型的な結果を示した1人のグラフであるが，ここでは，左ボタンに「速く押す」，右ボタンに「ゆっくり押す」という自己ルールが形成される（フィードバックの得点が大きくなる）につれて，左ボタンでは高反応率，右ボタンでは相対的に低反応率が生じている．さらにその後，非言語反応の随伴性とは反対の自己ルール（RRスケジュールで強化される左ボタンに「ゆっくり押す」，RIスケジュールで強化される右には「速く押す」）を形成した場合にも，それに対応して実際の反応も変化していった．

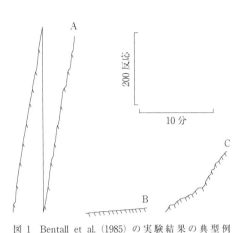

図1 Bentall et al.（1985）の実験結果の典型例
［Bentall et al., 1985をもとに作成］
いずれもFI 25秒が提示された最終セッションのパフォーマンスである．AとBは7歳半～9歳，Cは2歳半～4歳までの実験条件にいた研究参加者の累積記録である．

カタニアらの研究は自己ルールが非言語行動に影響することを示した実験としてよく知られるものとなったが，トルグルードとホルボーン（Torgrud & Holborn, 1990）は，カタニアらの実験結果が限定的なものであることを示した．彼らは研究参加者（大学生）が5.5秒間に自発したキー押し反応数を1～5，6～10，11～15，16～20，21以上の5つのカテゴリーに分け，反応に与えられる得点（強化子）をカテゴリーごとに定めた．自己ルールはディスプレイ上に提示される5つの選択肢（とてもゆっくり，ゆっくり，中くらいで，素早く，とても素早く）

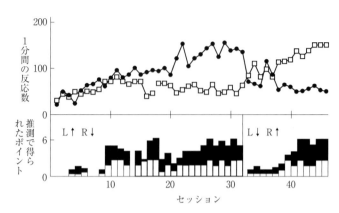

図2　Catania et al.(1982)の実験結果の典型例［Catania et al., 1982 をもとに作成］
上段のグラフは研究参加者の反応率を示したグラフであり，●が左側のボタンで RR スケジュール，□は右側で RI スケジュールで強化されている．下段の黒で示されている部分は左側のボタン，白の部分は右側のボタンに関する言語報告（推測）で得られたポイント数であり，L↑R↓では左は速く押す，右はゆっくり押すという推測に満点（3点）を与えている．L↓R↑では左はゆっくり押す，右は速く押すという推測に満点を与えている．

から選択させ，自己ルールの選択に対して与えられる得点も5つの選択肢ごとに定めている．その結果，強化スケジュールとは一致しない自己ルールが形成された場合（例えば，実際の反応が21以上で最大の強化量を得るのに対して，自己ルールの選択は「とてもゆっくり」で最大の強化量を得る場合など），実際の反応は自己ルールには連動せず，反応の強化随伴性に制御されることを報告している．この実験からは，強化随伴性が非言語行動に対して強い影響を及ぼす場合には，非言語行動に対する自己ルールの機能は消失することが示唆される．

　ところで，自己ルールによる制御はどのようにして確立されるのであろうか．この点について松本・大河内（2002）は，自己教示による行動制御は自己教示と非言語行動との連鎖が強化されることによって成立することを実験によって示した．自己教示による非言語行動の制御は，多くの成人にとって困難な課題ではない（自己教示どおりに反応できる）ことから，彼らは言語行動と非言語行動の組合せを新奇な組合せで訓練することによって，自己教示による行動制御が確立するプロセスを検証している．具体的には「素早くたくさん反応する」と「ゆっくり間隔をあけて反応する」という2つの選択肢から1つを研究参加者（大学生）に選択させ，もし「素早く」という選択肢が選択されたなら，低率反応が生じる低反応率分化強化（differential reinforce-ment of low rate, DRL）スケジュールによって反応を強化し，「ゆっくり」が選択されたなら，高率反応が生じる固定比率（fixed-ratio, FR）スケジュールによって反応を強化した．この訓練の後，

どちらの選択肢を選択しても同一のFIスケジュールによって反応を強化する条件に移行したところ,「ゆっくり」を選択した後のFIスケジュールでの反応率が,「素早く」を選択した後のそれよりも上まわっていた.これらの結果は自己教示による行動制御が自己教示と非言語行動の行動連鎖として成立すること,すなわち,自己教示が弁別刺激として機能することを示すものである.

●**自己ルールと教示との相違** これまで紹介した実験結果からは,自己ルールは弁別刺激として機能しうること,また自己ルールは非言語行動を制御するものの,自己ルールに従っていると非言語行動が強化されない場合は自己ルールによる制御は消失するといった特徴を指摘することが可能である.このように,これらの実験結果からは,自己ルールと教示の機能的な特徴が共通していることもうかがえるだろう(☞「ルール支配行動」).しかし,自己ルールと教示が異なっているのは,教示はルールの話者が他者であるが,自己ルールの話者は自分自身であるという点である.この差異は自己ルールによる行動制御を考えるうえで重要なポイントとなりうる.なぜなら,教示の提供者は他者であるがゆえに,教示と行動との一致が教示提供者に観察され,その一致に対する結果(強化や弱化)が与えられる可能性があるが,話者自身が生成した自己ルールは(他者と共有しようとしない限りにおいては)他者に知られることがなく,それゆえに自己ルールと行動の一致に関して観察されたり,一致に対する結果が与えられたりする可能性が低いからである.またこれらの推察からは,自己ルールが他者と共有されることによって,自己ルールによる行動制御が強まると考えられるが,ゼトルとヘイズ(Zettle & Hayes, 1983)はこうした見解を実験的に示している.彼らはスピーチ不安の高い者を対象にスピーチ課題を実施し,実験条件の研究参加者には,「私は深呼吸をしてゆっくり話すことで,落ち着いてリラックスできる」といった,いくつかの対処的な自己教示の中から1つを選択させた(統制条件の研究参加者には自己教示文を与えなかった).また実験条件は研究参加者が選んだ自己教示を実験者が知っている条件と知らない条件の2つを設定し,3つの条件間でスピーチ中の不安を比較したところ,研究参加者が選んだ自己教示を実験者が知っている条件では,他の2条件と比べ主観的な不安の強さが有意に低くなっていた.つまり,研究参加者が使用する自己教示を他者(実験者)が知っている条件でのみ,自己教示が機能していたのである.他にも冷水耐性課題による痛覚への耐性を指標とした研究(松本・大河内,2005)においても同様の結果が得られているが,これらの研究は自己ルールの機能化・脱機能化(自己ルールによる制御を強める,もしくは弱めること)を考える際には,自己ルールに従っている行動に対する他者の関与,すなわち社会的随伴性の分析が必要であることを示すものである.

[松本明生]

ルール支配行動

☞言語行動 p.30, 言語行動と非言語行動 p.332

　指示や命令，助言などの他者からの言語刺激や，みずからが発する言語行動による行動制御の例は日常生活の中に遍在している．行動分析では言語による行動制御についてルール支配行動の観点から研究を行ってきたが，ルール支配行動という用語を初めて用いたのはスキナー（Skinner, B. F.）である．スキナーは随伴性を記述した言語刺激をルール，ルールに制御される非言語的な行動をルール支配行動と位置づけ，ルールに依存しない直接経験によって形成・維持されている随伴性形成行動との区別を行った（Skinner, 1969）．これまでのルール支配行動の研究では，他者から与えられるルールを教示，自分自身が生成するルールを自己ルールとして，それぞれについての実験的・理論的な分析が進められてきたが，本項目では教示による（行動）制御の実験研究とルール支配行動の理論的分析について紹介する（自己ルールについては☞「言語行動と非言語行動」を参照されたい）．

●**教示による制御の実験研究**　教示による制御の実験的行動分析では強化スケジュール課題がよく用いられるが，その課題を実施する際に，反応パターンや随伴性（刺激や反応，結果との関係）を示した言語教示を研究参加者に与えるという手続きが一般的に用いられる．これまでの教示による制御の実験研究では，主に「どのような条件下で教示に従う反応が生じるのか，もしくは生じないのか」という観点からの研究が行われており，研究参加者が教示に従っているか否かについては，「強化スケジュールの種類やスケジュール値の変化に対応して行動が変容する程度・度合い」であるスケジュール感受性の観点から論じられてきた（松本・大河内，2003）．この観点から教示の効果を分析すると，もし教示が反応に影響を与えているならば，強化スケジュールや強化スケジュールの変化に対応するかたちで反応は変化しない（強化スケジュールへの感受性が低いと表現される）が，教示が反応に影響を与えていなければ，相対的に反応は強化スケジュールやその変化に対応することから，強化スケジュールへの感受性が高いと判断される．

　これらを理解するために，ガリジオ（Galizio, 1979）の第2実験を例にあげてみよう．ガリジオは4人の大学生に対し，カウンターに表示した200点からある一定時間間隔（t秒）で失点されるが，レバー回し反応をすることで失点が t 秒延期される4成分のシドマン型回避スケジュール課題を実施した．実験は4つのフェイズで構成され，課題実施中には失点間隔を示した4種類の教示ラベル（10秒，30秒，60秒，失点なし）を常に提示し，その教示に従う反応について検討

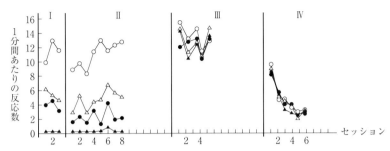

図1 Galizio (1979) の実験結果の典型例 [Galizio, 1979 をもとに作成]
ローマ数字の I〜IV は実験フェイズに対応している．折れ線の○は $t=10$ 秒，△は $t=30$ 秒，●は $t=60$ 秒，▲は $t=\infty$（失点なし）を示す．

している．まず第 I フェイズのスケジュール値は教示と一致したもの（$t=10$ 秒，30 秒，60 秒，失点なし）であったことから，教示どおりに反応すれば失点が防げるようになっている．第 II フェイズではすべてのスケジュール成分が失点なしに変更された．続く第 III フェイズでの t はすべての成分で 10 秒に変更されたため，教示に従っていると $t=10$ 秒の教示以外では失点が生じる事態となっている．最後の第 IV フェイズは，第 II フェイズと同じ実験条件である．図1は典型的な結果を示した1人の反応率の変化を示したグラフであるが，第 I フェイズでは各成分に対応した反応数，すなわち，教示に従う反応が速やかに生じていた．第 II フェイズでは，教示に従わなくても失点することはないものの，第 I フェイズと同様に教示に従った反応が生じていることから，スケジュール感受性が低くなっていることがうかがえる．しかし第 III フェイズでは，どの教示に対してもスケジュールの値に対応した反応を示しており（すなわち，スケジュール感受性が高くなっている），第 IV フェイズは第 II フェイズと同様の実験事態であったものの，教示に従う反応は消失したままであった．

この実験結果には，教示による制御に関する重要な知見がいくつか含まれている．まず，第 I フェイズの第1セッションから反応が明瞭に分化しているという結果からは，教示は効率的な反応を速やかに形成する手段となりうることが示唆される．次に，第 I フェイズと第 II フェイズの結果からは，随伴性が変化している中でも教示が随伴性に抵触しない（教示に従っていても失点しない）ならば，教示に従う反応は維持されるという特徴がうかがえるだろう．また教示を使用しない実験では，随伴性の変化に対して反応は敏感に変化するというマシューズら（Matthews et al., 1977）の研究知見とあわせて考えるならば，一般的に教示はスケジュール感受性を低下させる効果をもつことが示唆される．さらに，第 III フェイズと第 IV フェイズの結果からは，教示が随伴性に抵触する（教示に従うと失点する）場合，教示に従う反応は消失することも示されている．なお，この実験で

は回避スケジュールが用いられていたが，正の強化子（提示型強化子）を用いた実験研究においても，これらの教示による制御の特徴は確認されている（藤田他,1983）．

ところで，ガリジオの実験の第Ⅰフェイズでは反応が教示のもとでシドマン型回避スケジュールによって形成され，随伴性の異なる第Ⅱフェイズでもその教示に対応した反応が自発されているという結果に着目した際には，教示は弁別刺激として機能することが示唆される．この点について大河内は，教示が提示されている状況下で研究参加者の非言語反応を分化強化するという訓練を行った際，その教示は別の随伴性においても訓練時と同様に機能したことを確認しているが（Okouchi, 1999），この研究は教示が弁別刺激として機能するプロセスを示したものといえよう．

●**ルール支配行動の機能分類**　ゼトルとヘイズ（Zettle & Hayes, 1982）は，ルール支配行動の機能分類に関する理論的分析を行っており，彼らはルール支配行動をトラッキングとプライアンス，オーギュメンティングの3つに分類した（表1）．トラッキングはルール（トラック）に記述されたとおりに行動した結果によって形成・維持されているルール支配行動であり，プライアンスは他者に媒介された結果がルール（プライ）と行動との一致に対応して与えられることで形成・維持されているルール支配行動である．例えば，冬の朝に親が「外は寒いから，コートを着なさい」と子どもに言った際，ここで子どもがコートを着ることで得られる結果として寒さを避けることができるならば，おそらく「コートを着なさい」という教示に従う行動は強まるだろう．これはルールに従う行動が，行動に伴う自然な結果（自然随伴性）によって形成・維持されるトラッキングの例である．また，コートを着なかったことで親からしかられた，もしくはコートを着たことに対して親がほめた結果として，「コートを着なさい」という教示に従

表1　ルール支配行動の機能分類

ルール支配行動	ルールの名称	ルール支配行動の形成・維持過程	ルールの機能
トラッキング	トラック	ルールに従った行動の結果（強化もしくは弱化）によって形成・維持される	弁別刺激
プライアンス	プライ	ルールと行動の一致に対して，他者が強化子もしくは弱化子を提示することによって形成・維持される	弁別刺激
オーギュメンティング	形成オーギュメンタル	ルールが提示されることで，行動に随伴する結果（出来事・事象）に対して，強化もしくは弱化としての機能を新たに確立する	確立操作
	動機づけオーギュメンタル	ルールの提示が，行動に随伴する結果（出来事・事象）の機能を強めたり弱めたりする	確立操作

う行動が強まることもあるだろう．この場合，親（他者）からルールが提示され，親から与えられた結果（人為随伴性）によってルールに従う行動が形成・維持されていることから，プライアンスと判断される．

　このような理論的分析は実験研究からも裏づけることが可能である．例えば，ガリジオの第Ⅰ・Ⅱフェイズの結果は，ルールに従った実際のレバー回し反応がシドマン型回避スケジュールによって形成された後，スケジュール成分に変化が生じても（随伴性に変化が生じても）その教示性制御は維持されているというものであったが，これはトラッキングの実証例と考えることが可能である．またバレットら（Barrett et al., 1987）は，実験者がいる場合の方がいない場合と比べて教示に従っている参加者が多いこと，すなわち，他者の存在が教示に従う行動を強めることを示しているが，この研究はプライアンスという機能分類の妥当性を示す実証研究の1つとして位置づけられるだろう．

　上述のプライアンスとトラッキングの日常例では，ルールという刺激があるときに，そのルールに従う行動に対して何らかの結果が伴っていることから，そこでのルール（プライとトラック）は弁別刺激の機能を有していると考えられる．しかし，ルールの提示が行動の結果（強化子や弱化子）の機能を変化させることもある．そのような場合，そこで生じたルールに従う行動はオーギュメンティング，提示されたルールはオーギュメンタルとよばれる．このオーギュメンタルは確立操作としての機能，すなわち，対象となる行動の自発に対する動機づけを変える働きをもつものであるが，ヘイズとジュ（Hayes & Ju, 1998）はオーギュメンタルを形成オーギュメンタルと動機づけオーギュメンタルの2つに分類している．形成オーギュメンタルは，行動の結果となる出来事や事象に対し，強化的もしくは弱化的な機能を新たに形成する機能をもっている．例えば，クロックス™（軽い合成樹脂製の靴）を履いたことがない人が，「クロックスは安いし，夏場は涼しいよ」と知り合いから言われてクロックスを購入し履いたとしたならば，これは形成オーギュメンタルによって生起した行動である．動機づけオーギュメンタルは，行動の結果となる出来事や事象がもっている強化的もしくは弱化的な機能を変える機能をもっている．例えば夏の暑い中を歩いている際に「心と体を潤す○○！」というスポーツドリンクの広告看板を見て，すぐに近くのコンビニエンスストアに買いに行った場合，この広告コピーは動機づけオーギュメンタルとしての機能をもっていると判断されるのである．　　　　　［松本明生］

参考文献

松本 明生・大河内 浩人（2003）．ルール支配行動―教示・自己ルールとスケジュールパフォーマンスの機能的関係　行動分析学研究, *17*, 20-31.

Törneke, N. (2010). *Learning RFT: An introduction to relational frame theory and its clinical applications.* New Harbinger Publications.（トールネケ, N. 武藤 崇・熊野 宏昭（監訳）（2013）．関係フレーム理論（RFT）をまなぶ―言語行動理論・ACT入門　星和書店）

意識性

☞意識 p.26, 言語行動 p.30, 言語行動と非言語行動 p.332

　外界からの刺激，自分自身の反応，反応と刺激との関係に気づいているかどうかが論点になるときに，意識性という言葉が用いられる（Adams, 1957）．「気づく」という反応は，何らかの（反応も含む）刺激のもとで生じ，その刺激との関係に従って（強化される場合は）強化されると考えられるので，行動分析学では，タクト（報告言語行動）の一種とみなされる．刺激に対する意識性は，閾下知覚とよばれる領域などで盛んに研究が行われている．反応や反応と刺激との関係に対する意識性は，いわゆる心的な出来事が行動の原因であるか否かという，行動分析学の主要な命題の1つと関わりがある．

●**意識性欠如の条件づけ**　随伴性に関する意識性がなくともオペラント条件づけが成立したことを報告した研究としては，古くは，ソーンダイクとロック（Thorndike & Rock, 1934）によるものがあるが，グリーンスプーン（Greenspoon, 1955）が有名である．グリーンスプーンの実験では，参加者（大学生）が「考えられる限りのすべての言葉を言ってください」と教示された参加者の発言が，複数名詞であったら，すかさず実験者が"mmm-hmm"と言ったところ，複数名詞の出現率が高まった（表1）．このとき参加者は「複数名詞なら実験者が"mmm-hmm"と言う」という随伴性に必ずしも気づいていなかった．

　グリーンスプーンの研究（Greenspoon, 1955）を契機として，随伴性に関する意識性がなくともオペラント条件づけが成立したという報告が相次いだ（例え

表1　5分ごとの複数名詞の出現数の平均と標準偏差

5分ピリオド	統制群（15名）		実験群（14名）	
	平均	標準偏差	平均	標準偏差
1	15.47	11.60	25.50	22.80
2	11.20	9.22	22.07*	13.53
3	11.00	6.83	22.43*	16.90
4	10.53	7.74	10.07*	13.19
5	8.40	8.93	20.86**	11.36

* $p<.05$, ** $P<.01$. 複数名詞を言ったらすかさず実験者が"mmm-hmm"と答えるという随伴性のもとでの実験群の複数名詞の出現数は，そのような随伴性のなかった統制群のそれよりも，第2ピリオド以降，有意に多かった．実験群の参加者15名のうち，実験後の面接の結果，随伴性に関する意識性のあったと判定された1名は，分析から除外されている．
［Greenspoon, 1955, p.412, TABLE IIをもとに作成］

ば，Rosenfeld & Baer, 1970）．同時に，こうした報告は，意識性の不十分な測定に基づくものであるという批判もなされた．一般に，意識性は，条件づけ訓練の後の，「どのような単語を最も多く使用したと思うか？　それはなぜか？」といった質問への参加者の回答をもとに研究者によって判定されていたが，このような遠回しの質問では，仮に参加者が正しい随伴性に気づいていても報告しない可能性がある，というものである．このような批判のもとに，レヴィン（Levin, 1961）は，条件づけを行った後に，従来の質問に，「私が"good（グリーンスプーンの実験の"mmm-hmm"に相当する実験者の反応）"と言ったことは，あなたが選んだ言葉と関係があったと思いませんでしたか？」など，10個の質問を加えたところ，随伴性に関する意識性があったと判定された参加者の割合は増加し，意識性がなかったと判定された参加者の反応には，条件づけが認められなかった．スピールバーガーとデナイキ（Spielberger & DeNike, 1962）もレヴィンと同様の結果を得，意識性欠如の条件づけの発見は誤認であった可能性があると結論した．

　これに対し，意識性欠如の条件づけの成立を主張する研究者は，どんな質問も随伴性に関する何らかの情報を参加者に与えてしまうから，十分に質問されればすべての参加者が随伴性を言語化してしまうだろう，と反論した（Greenspoon, 1963）．記述的行動主義と認知理論の対立（Spielberger & DeNike, 1966）と形容されたこのような水かけ論的なほとんど不毛なやりとりは，やがて，決着を見ないまま下火となった．

●ルール支配行動　1970年代，意識性欠如の条件づけの論争が鎮火するのとほぼ軌を一にして，ルール支配行動の研究が盛んになり，その中で，随伴性に関する意識性の問題が再び取りあげられることとなった．以前と異なるのは，行動分析学の内部から，意識性欠如の条件づけに否定的な結果および見解が提出されたことである．例えば，ウェーデン（Wearden, 1988）は，参加者に，試行開始後の初発反応（反応潜時）がある時間より長ければ強化される長潜時分化強化（differential reinforcement of long latency, DRLL）スケジュールを50試行提示した．各試行の間には，参加者に，課題を適切にこなすためにしなければならないと思ったことを記述することを求めた．図1にその結果の一部が示されている．SRやJDのように，強化される反応が頻繁に生じるようになった参加者の試行間に書かれた記述は，「X秒待ってから反応する」といった随伴性に触れているものが多かったが，VCとKDのように，強化される反応が増えなかった参加者には，そのような記述は乏しかった．つまり，意識性欠如の条件づけの明白な例は認められなかったのである．ホーンとロー（Horne & Lowe, 1993）は，30人の成人に，並立（concurrent）変動時隔（variable-interval, VI）スケジュール（一方の選択肢はVI 50秒で固定，他方はVI 10秒から720秒まで変動）を提

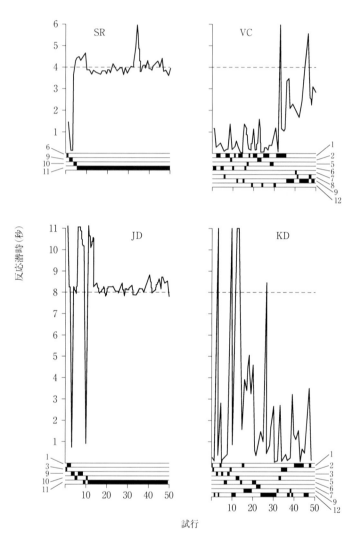

図1 4人の参加者（SR, JD, VC, KD）の各試行の反応潜時と試行間に書かれた反応に関する記述 [Wearden, 1988, p. 217, Fig. 10.3をもとに作成]
図中の水平の破線は，強化基準を示している．SRとVCでは4秒，JDとKDでは8秒より長い反応潜時が強化された．それぞれの図の下の部分に，参加者の記述の分類結果が示されている．このうち，カテゴリー9, 10, 11が時間に関する記述である．

示した．得られたデータについて，2つの選択肢間の相対強化率と相対反応率の関係に従い，参加者を無差別（一般対応法則における傾き a の値が -0.20 から 0.25 のもの）8名，過小対応（a の値が 0.30 から 0.75）9名，ほぼ対応（a の値が 0.80 から 1.25）7名，過大対応（a の値が 1.3 より大）3名，排他的選好（どの場合でも強化率の高い選択肢を排他的に選択）3名に分類した．さらに，実験後に実施された質問紙（そのキーを押し続けた理由は何ですか？点を得るためにどのようにしましたか？などの質問）への回答をもとに，参加者をやはり無差別から排他的選好までの5つのタイプに分類した．実に1名を除く29名において，実際の反応に基づく分類と言語報告に基づく分類とが一致していた．

●**意識性研究の現在**　1990年代後半以降，行動分析学の実験的研究において，意識性が言及されることはほぼないといってよい．これに対して，行動分析学の外側の領域では，今日でも，意識性の問題に関心が向けられている（Bargh, 2006 及川他編訳 2009；前野，2004；坂井，2009）．興味深いことに，その研究結果や見解は，かつてのスピールバーガーらのとはかなり異なっている．その中で，今では古典となっている研究の1つであるリベットら（Libet et al., 1983）は，指や手首が曲がる直前に生起する脳波（準備電位）が生じた時間と本人が「曲げようと思った」時間を測定した．脳波を連続測定されながら，参加者は，いつでも，自分が曲げたいと思ったときに，右手の指や手首を曲げるように求められた．その際，スクリーン上に点灯する1つの光が，2.56秒で12個の位置を右回りに一周するのを観察し続け，指や手首を曲げた後に，それらを曲げようと思ったときに光がどの位置にあったかを回答させることで，「曲げようと思った」時間を同定した．その結果，本人が曲げようと思うより先に，準備電位が生じていることを発見した．これは，随伴性に対する意識性ではなく，自分の反応に対する意識性に関する研究であるが，心的な出来事が行動を決定するという心理主義的な考えに疑問を投げかけるものである．リベットらなどの意識性研究の影響を受け，例えば，前野（2004）は，人は自分が行ったことのすべてに気づくことはなく，すべてを自分が行ったことであるかのように錯覚しているだけである，という主旨の受動意識仮説を提唱している．こうした研究動向に目を向け，行動分析学においても，新たな切り口で，意識性の実験的研究に再び取り組むべきではないだろうか．

［大河内浩人］

📖 **参考文献**

松本 明生・大河内 浩人（2002）．ルール支配行動—教示・自己ルールとスケジュールパフォーマンスの機能的関係　行動分析学研究, 17, 20-31．
坂井 克之（2009）．脳の中の「わたし」　講談社
佐藤 方哉（編）（1982）．現代基礎心理学5　学習Ⅱ—その展開　東京大学出版会

関係フレーム理論

☞刺激等価性：基礎 p.328，アクセプタンス＆コミットメント・セラピー p.618

　関係フレーム理論（relational frame theory, RFT）とは，人間の言語と認知に対する行動分析学的なアプローチである（Hayes et al., 2001）．ここで，「行動分析学的」とついているのは，RFTが一般的な心理学が行うような構成概念を使って行動を説明する仮説演繹的な理論ではないということを意味する．RFTはあくまで，人間の言語や認知とよばれる高次な行動に対して，予測と制御（影響）を目的とした場合に有用な行動原理を体系化して集めた，分析・抽出的な理論である（Hayes et al., 2001；武藤編，2011）．RFTでは言語や認知の中核的な特徴を派生的刺激関係と刺激機能の変換とし，これらは恣意的に適用可能な関係反応によって成立すると説明している．関係フレームづけともよばれるこの行動は，複数の範例による訓練を経て獲得される般化オペラントであり，相互的内包，複合的内包，そして，刺激機能の変換という3つの特徴によって定義される．RFTではこの恣意的に適用可能な関係反応という観点から，人間の言語や認知に関する複雑な行動や現象に対して，様々なアプローチがなされている（Hayes et al., 2001；木下他，2011）．

●**関係フレーム理論誕生の歴史**　1950～60年代にかけて，言語や認知が関係する人間特有の行動に対して，話し手の立場からは言語行動（☞「言語行動」）として，聞き手の立場からはルール支配行動（☞「ルール支配行動」）として，スキナー（Skinner, B. F.）による説明が提供されてきた．しかしながら，これらの説明だけでは，学習歴のない新しい言語行動が生成（創造）されるメカニズムや，ルールが行動を制御するメカニズムなど，十分に理解することは困難であると指摘された．そうした流れの中，シドマン（Sidman, M.）の刺激等価性研究（☞「刺激等価性：基礎」）を皮切りに，1980年代から派生的刺激関係やそれに基づくルール支配行動に関する研究が展開されてきた（例えば，Hayes et al., 1989）．そして，1990年代にRFTとしてその研究成果が体系化され（例えば，Hayes, 1994；Hayes & Hayes, 1992），さらに研究が発展し，2001年に専門書として*Relational Frame Theory: A Post-Skinnerian Account of Human Language and Cognition*が出版された．この書籍では，恣意的に適用可能な関係反応について詳細な説明がなされ，アナロジーやメタファー，思考，問題解決，言語による行動制御などに対して，説明が提供されている．さらに，応用として発達，教育，社会，精神病理と心理療法，信仰などが言及されている．

●**言語と認知に関する素朴な疑問**　ある朝，父親が幼稚園児の息子に「新聞とってくれたらうれしいな」と言うと，息子が新聞を持ってきてくれた．それ以来，

息子は父親に「新聞」と言われたら持ってくるようになった．しかし時がたち，息子が言うことをきかなくなったので，父親は飼い犬に「新聞」と言った時に新聞を口にくわえて持ってくるよう弁別訓練を行った（☞「弁別学習訓練」）．さてここで，父親の「新聞」という刺激は，息子にとっても飼い犬にとっても同じ「言語刺激」なのだろうか？　息子と飼い犬の行動は同じ行動なのだろうか？　両者とも「新聞」を弁別刺激として，反応型は異なるが運ぶという行動が生起し，父親の賞賛が結果として随伴しているようだ．この問いについては，後に論じる．

● 関係フレーム理論における言語と認知

① 派生的刺激関係　RFT では人間の言語や認知の中核的な特徴として派生的刺激関係に着目している．派生的刺激関係とは，直接的に学習していない刺激や出来事の関係が，他の学習から派生して成立したものである．図 1 には派生的刺激関係が模式的に示されている．図 1 中の A～F は，任意の刺激や出来事を表し，それらを結ぶ実線の矢印は直接的な学習によって形成された関係，破線の矢印はそこから派生的に成立する関係を示す．例えば，A は B と同じであること（A＝B と表記）を学習すると，その逆の B は A と同じ（派生的刺激関係は $B=A$ と表記）が直接的な学習をせずに成立する．このように一方向の関係を学習した際，その逆の関係が派生することを相互的内包とよぶ．さらにここに，A＝C の直接的な学習を追加すると，A＝B と A＝C の組合せに基づいて，$B=C$ と $C=B$ が派生的に成立する．これを複合的内包とよぶ．一方，刺激間の関係は等位だけではない．例えば，A より D は大きく（A＜D と表記），A より E は小さい（A＞E と表記）ことを直接学習すると，相互的内包として $D>A$ と $E<A$，複合的内包として $D>E$ と $E<D$ が成立する．さら

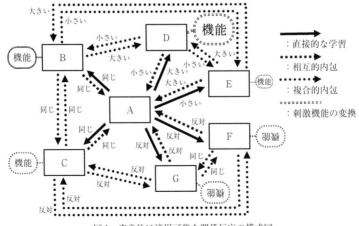

図 1　恣意的に適用可能な関係反応の模式図

に，A=B と A<D から $B<D$ と $D>B$ が，A=B と A>E から $B>E$ と $E<B$ が複合的内包として成立する．同様に，A と F，A と G が反対の関係であると直接学習すると（A⇔F，A⇔G と表記），相互的内包として $F⇔A$ と $G⇔A$ が，複合的内包として $F=G$ と $G=F$ が成立する．さらに，A=C と A⇔F から $C⇔F$ と $F⇔C$ が，A=C と A⇔G から $C⇔G$ と $G⇔C$ が複合的内包として成立する．等位だけではなく，反対や比較の関係，さらには空間的関係，時間的関係，因果的関係，階層的関係，視点の関係など，多様な関係を扱うことが RFT の特徴といえる．

②刺激機能の変換　派生的刺激関係と同様に，RFT が言語や認知の特徴として重視しているものに刺激機能の変換がある．刺激機能の変換とは，派生的刺激関係が成立している刺激の中の 1 つが，特定の機能（レスポンデント機能，弁別機能，結果機能など）を有しているとき，他の刺激に対してその機能が関係に応じて移ることである．再び図 1 を見てほしい．図 1 には刺激機能の変換も模式的に示されている．実線矢印で示された直接的な学習により，A〜G には複雑な派生的刺激関係が成立している．ここで，B に対してある機能を確立したとする．すると，$B=C$ という派生的刺激関係を通じて，B に確立した機能と同じ機能が C にも生じる．さらに，$B<D$ を通じて D にはより大きい機能が，$B>E$ を通じて E にはより小さい機能が変換される（図 1 では物理的大きさで表現）．また，$B⇔F$ と $B⇔G$ を通じて，F と G には反対の機能が変換される（図 1 では上下反対にすることで表現）．

③恣意的に適用可能な関係反応　このような派生的刺激関係や刺激機能の変換が生じるような仕方で刺激や出来事を関係づけることを，RFT では恣意的に適用可能な関係反応とよんでいる．RFT によれば，この恣意的に適用可能な関係反応が，人間の言語や認知の中核であるといえ，言語行動の RFT 的定義とされる（Törneke, 2009 武藤・熊野監訳 2013）．ここで，関係づけられる刺激や出来事は，音声や文字などのいわゆる言葉という形態だけではなく，イメージや絵，振舞い，状況，物体，体験など様々である．そのため，RFT では「言語」と「認知」という一般用語が並列で使用されている．この刺激や出来事をどのように関係づけるかは，そこで関係づけられる刺激にはそれを規定する性質はないため，その関係を特定するような文脈手がかりによって影響を受ける．例えば，物としての"新聞"と音としての「shi-n-bu-n」は，等位の関係で関係づけられるが，これらの刺激内には等位であることを示すような性質は存在しない．子どもは親から「これ（"新聞"）は，新聞（「shi-n-bu-n」）というよ」などと教わり学習するが，ここには「…は〜という」文脈手がかりとともに 2 つの刺激が提示されている．このような文脈手がかりは，刺激や出来事と独立しているため，どのような刺激や出来事も，あらゆる刺激や出来事

に対して関係づけることが可能である．そのため，恣意的に適用可能と表現される．ただし，物の名称のような多くの刺激関係は，社会的文脈の中で規定される．この恣意的に適用可能な関係反応は，人間が生まれながらにして示す行動ではない．複数の範例による訓練を経て獲得される般化オペラントである．幼少期において，いろいろな刺激を，例えば等位の関係で双方向から繰り返し直接的に学習すると，やがて新奇な刺激に対して，直接の学習なしに相互的内包と複合的内包，そして刺激機能の変換が成立するようになる．このとき，複数の範例による訓練では，関係づけは注目や賞賛などの社会的強化子によって制御されるが，その際には刺激関係の一貫性もまた強化されることになる．そのため，やがて関係フレームづけすること自体が，一貫性という般性強化子を確立する．「関係フレーム」という用語は，ひとたびフレームが獲得されると，その中にはどのような刺激も適用できるというメタファーであり，恣意的に適用可能な関係反応が般化オペラントであることを強調するものである．

●**言語と認知に関する素朴な疑問に対する答え**　ここまでくると，先ほどの息子と飼い犬の問いに答えることができる．刺激や出来事に，派生的刺激関係や刺激機能の変換が生じていれば，それは言語刺激となる．また，関係フレームづけによる刺激機能の変換で，先行事象や後続事象の機能が確立され，行動を制御するのであれば，その行動はルール支配行動といえる．つまり，息子にとって「新聞」は言語刺激であり，新聞を持ってくる行動はルール支配行動として分析できる．一方，飼い犬にとっては言語刺激ではなく，随伴性形成行動として分析できる．

●**関係フレーム理論の応用的展開**　RFTでは恣意的に適用可能な関係反応という観点から，アナロジーやメタファー（Stewart et al., 2004），ルール支配行動（O'Hora et al., 2014），セルフコントロール（上村他，2016），自己と視点取得（McHugh & Stewart, 2012），精神病理（佐藤他，2016），潜在的認知（大月他，2013）など，言語や認知に関する高度な行動へアプローチがなされている．また，発達支援，教育，心理臨床，組織行動マネジメントなどの実践領域に影響を与えながら発展している（Dymond & Roche, 2013）．このRFTを心理臨床へ応用させた代表的なセラピーモデルとして，アクセプタンス＆コミットメント・セラピー（Hayes et al., 2012 武藤他監訳 2014）が展開されている（☞「アクセプタンス＆コミットメント・セラピー」）．このように，RFTとは人間の言語と認知に対する行動分析学的なアプローチなのである．　　　　　　［大月　友］

📖 **参考文献**

武藤　崇（編）(2011)．ACTハンドブック―臨床行動分析によるマインドフルなアプローチ　星和書店
Törneke, N. (2009). *Learning RFT: An introduction to Relational Frame Theory and its clinical application*. Context Press.（トールネケ，N. 山本 淳一（監修）武藤　崇・熊野　宏昭（監訳）(2013). 関係フレーム理論（RFT）を学ぶ　星和書店）

Ⅱ部　実験的行動分析
4章　選択行動

選択行動 …………………………… 350
選択行動の理論 …………………… 354
対応法則（マッチング法則）… 358
遅延低減仮説 ……………………… 362
セルフ・コントロール
　（自己制御）：基礎 ………… 366
価値割引：基礎 ……… 370
価値割引：その展開 … 374
行動的意思決定 ……… 378

選択行動

☞対応法則 p.358, 選択行動の理論 p.354, 遅延低減仮説 p.362, セルフ・コントロール：基礎 p.366, 行動的意思決定：基礎 p.378, 行動生態学 p.408, 行動経済学 p.412, 選択と好み p.498, セルフ・コントロール：応用 p.540

　選択行動について，*APA Dictionary of Psychology* によれば，「多くの選択肢や行動の中から1つを選ぶこと」となっている．しかしこれにはいくらかの追加説明が必要である．

●**選択行動とは何か**　選択というものについて，古くはジェームズ（James, W.）が，意識，注意，意図などの精神的な過程が選択の働きをもつことを指摘した．これらの過程は多少なりとも随意的なものとして考えられており，行動ととらえればオペラント行動となろう．ギャランター（Galanter, 1956）も，オペラント行動は本質的に選択の性質をもつと述べている．実際その後，選択行動はもっぱらオペラント条件づけの領域で扱われてきており，反射的行動を主とするレスポンデント条件づけの領域では選択は問題とならない．

　行動主義の初期の時代には，トールマン（Tolman, E. C.）やスペンス（Spence, K. W.）らによって，T迷路などを用いた離散試行事態で選択行動が研究されていた．これらの実験では，例えば，T迷路の一方の目標箱に常に報酬が置かれ，連続する数試行の中で，正反応をした試行数の割合を測度として，学習の進行過程を調べたり，それに影響する要因を明らかにする研究が行われた．またその流れの1つとして，ブルンスウィック（Brunswik, 1939）は報酬がT迷路のどちらの目標箱に置かれるかが75：25％のように確率的に変化する事態で，ネズミの選択行動を調べた．これをはじめとしていわゆる確率学習の研究が盛んになった．

　一方その後，行動分析学の分野では，選択肢が強化スケジュールとして与えられるようになった．強化スケジュールの研究は行動分析学によって発展してきたので，これは当然のことともいえる．現在行動分析学では，オペラント実験箱などを用いた自由オペラント事態において，複数の操作体（オペランダム）に対する行動が異なる強化スケジュールで強化され，それらの相対反応率または従事する時間の割合 $R_A/(R_A+R_B)$，あるいは比 R_A/R_B によって選択行動をとらえる実験が主流となっている（A, B は選択肢を示す）．

　ならば，選択行動は，各選択肢に対するそれぞれの反応の強さの単なる組合せとして現れたものと考えてよいのであろうか．答えは否である．いくつかの強化スケジュールをあらかじめ別々に提示して訓練し，その後でプローブテストとしてそれらのスケジュールを並立に組み合わせて選択行動を調べたところ，初めから並立スケジュールで訓練した場合の遂行とは異なることを示す研究が報告されているからである（例えば，Herrnstein & Loveland, 1976）．

以上をまとめると，行動分析学の分野における現代的な意味での選択行動は，「様々な強化条件（強化スケジュール）をもつ選択肢に対して，オペラント反応や反応をする時間を割り振る（allocate）こと」と定義されるであろう．
　選択行動をこのように定義すると，これとよく似た研究領域が分離される．それは弁別学習である．弁別学習も典型的には複数の弁別刺激とそれに対応したオペランダムが提示され，正刺激に対する反応が強化される．弁別の指標は選択行動と同じく，ある特定の反応（弁別学習では正反応）の割合が用いられるが，これは完全に弁別された状態の100%が目標となる．この点で，反応の割り振りそのものを研究対象とする選択行動研究とは異なる．
　選択行動の研究は，行動分析学における主要な研究領域の1つであり，メイザー（Mazur, 2001）によれば*Journal of the Experimental Analysis of Behavior*誌における選択に関する論文の割合は1997年から1998年にかけて47%にのぼっている．

●**選択行動の実験手続き**　行動分析学における選択行動は，選択肢となる複数のオペランダム（つつき窓やレバー）に様々な強化スケジュールを割り当てる並立強化スケジュールを用いて研究されるが，具体的には次のような手続きによって行われる．ここではハトを被験体とした実験を例として述べる．

① 並立スケジュール（図1A）　最も基本的なスケジュールである．通常実験箱内の1つの壁面にハト用キー（つつき窓）などのオペランダムが2つ（あるいは3個以上）設置され，それぞれに対する反応がそれぞれ独立した強化スケジュールによって強化される（2キー手続き）．各スケジュールにおける強化子が同じものであれば，オペランダムの中間下方に提示される．通常1日あたり1セッションをおよそ60強化まで行い，これを反応が安定するまで続け，

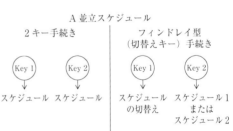

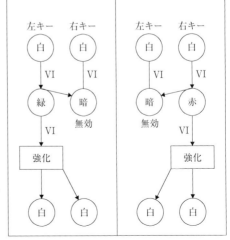

図1　並立スケジュール（A）と並立連鎖スケジュール（B）の手続き［Mazur, 1991をもとに作成］

最終数セッションのデータを採用する.

　同じように並立スケジュールに分類されるが，細かな点で若干異なるフィンドレイ型（もしくは切替えキー型）とよばれる手続きが考案されている．これは通常2つのオペランダムが提示されるが，各強化スケジュールに従って反応が強化されるのは一方のキー（反応キー）のみであり，他のキーへの反応はそのスケジュールを切り替える働きしかしない．このように，フィンドレイ型の手続きは，スケジュールを切り替える反応と，そのスケジュールに従って強化される反応が物理的に異なっている点が特徴的である．この他の点では，上の2キー手続きと同様である（☞「複合スケジュール」）．

　これらのスケジュールでは，被験体はいつでも好きなときにどちらの選択肢に反応することができるし，一方へ切り替えてすぐ戻ってくることもできる．その日常生活における例として，ドムヤン（Domjan, 1998）はローストビーフや野菜などのプレート料理を食べる状況をあげている．ここではそれぞれの食べ物の選択と切替えは自由である．並立 VI VI スケジュールの場合，一方の選択肢にしばらく反応してもう一方のスケジュールに切り替えると，その切替え反応が偶然に強化される確率が高くなっているという性質がある．これによる交替反応が多くなるのを防ぐために，切替え遅延（選択変更後遅延）（changeover delay, COD）が設けられることが多い．これはスケジュールを切り替えた最初の反応に対する強化が，一定時間（1〜5秒程度とされている）保留される手続きである．

② 並立連鎖スケジュール（図1B）　この手続きは毎回の強化子までの過程が2段階からなる．第1段階は第1リンクとよばれ（初環，選択期などともよばれる），2つのオペランダムへの反応に対し，同一の並立スケジュールが適用される．どちらかの選択肢でスケジュール値を満たすと，そちらの選択肢のみが有効となって第2段階に入る．最終リンク（終環，結果受容期などともよばれる）では，有効となった選択肢に対応した強化スケジュールが働き，それに対する反応のみが強化される．強化子提示後再び第1リンクに戻り，これが繰り返される．選択の指標は，第1リンクにおける各選択肢への反応の割合または比である．

　この手続きの特徴は，並立スケジュールと異なり，いったん最終リンクに入ってしまうと，そのスケジュールに従って強化子が与えられるまで，他方のスケジュールに切り替えることができないことである．

　この例としては，学位を取得するために大学に行くことと，学位なしでフルタイムの仕事に就くことの間の選択があげられている．この場合，いったん進む方向を決めると，これらの選択肢を頻繁に切り替えることができない（Domjan, 1998）．

　並立スケジュールでは強化子を直接選択するかたちになるのに対し，並立連

4章 選択行動   せんたくこうどう

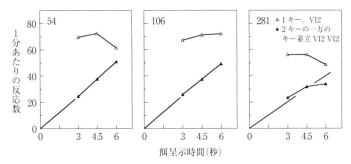

図2　強化子提示時間と反応率［伊藤，1983をもとに作成］

鎖スケジュールは，選択行動とスケジュールに従って強化される行動を明確に分離でき，スケジュール間の選択という特徴をより強くもつ．そのような特徴を利用して条件(性)強化の研究が行われてきた(Autor, 1969)．すなわち，並立連鎖スケジュールでは，最終リンクにおいて選択されたスケジュールに対して異なる弁別刺激が与えられる．この刺激がそれぞれの条件(性)強化子として働き，それらへの選好を第1リンクでの相対反応率でとらえられると考えられている．

●**選択行動の意義**　選択行動の重要な意義は，第1に強化変数と行動変数との関係を明確にとらえられることである．例としてカタニア（Catania, 1963）によるハトの実験を見てみよう．彼はまずオペランダム（キー）を1個提示して，つつき反応を様々な量の穀物強化子で強化したが，強化量によって反応率はあまり変わらなかった（図2中の白丸）．しかしキーを2個提示して選択場面とし，各反応を並立スケジュールに従って同様の強化量条件で強化すると，反応率が強化量とともに直線的に増加するという規則性が得られたのである（図2中の黒丸）．同様の結果は強化変数を強化率とした場合にも得られている（Herrnstein, 1961）．

第2に，行動に関する新たな理論的発展を促したことがあげられる．対応法則が見出されて以来，いかにしてこれに一致する行動にいたるかについて，巨視的最大化理論，瞬時最大化理論，逐次改良理論など多くの行動理論が生まれ，活発な論争が展開されてきた（☞「選択行動の理論」）．

第3に，周辺領域との研究交流が飛躍的に高まったことである．例えば経済学との間では，お金や労働をオペラントに，それによって得られる財を強化子に対応させて，様々な経済学的諸原理をオペラント選択行動の点からとらえている．また，生物学との交流も採餌行動の実験室シミュレーションを中心としてさかんに行われている．

［平岡恭一］

📖 **参考文献**

伊藤 正人 (1983). 選択行動　八木 冕（監修）　佐藤 方哉（編）　現代基礎心理学6　学習Ⅱ　第4章（pp. 97-127）東京大学出版会

選択行動の理論

☞複合スケジュール p.226, 選択行動 p.350, 対応法則 p.358, 選択と好み p.498

　対応法則（マッチング法則）は選択行動を含む広範なオペラント行動を記述できる優れた経験法則であるが，様々なスケジュール場面における行動を予測できる説明理論になりうるかというと難しい面がある．例えば，並立 VR VR スケジュールでは，個体は変動比率（variable ratio, VR）値の小さい方の選択肢にほぼ一貫して反応するが，対応法則はどちらの選択肢を選択してもそれを「記述」はできるものの，どちらを選ぶかを「予測」することはできない．そこで対応法則を基本的な行動原理ではなく，それとは別の原理から派生した結果であると見て，対応行動をはじめとするスケジュール行動を説明できる様々な立場からの理論が提唱されてきた．それらは何を基本的な行動原理とするかによって，以下のようなグループに分けられる．

●**最大化理論**　この種の理論は「個体は強化確率や強化率などの強化変数の値が最も高くなるように選択行動を行う」と主張し，経済学に基づく規範理論的性格をもつ．より短いスパンでの最大化理論としては，反応する時点で最も強化確率の高い行動が選択されるとする瞬時最大化理論（Shimp, 1966）や，強化率および選択肢間の時間配分について同様に述べる微視的最大化理論（Silberberg & Ziriax, 1985）があげられる．より長いスパンで見たときの最大化理論は，すべての選択肢による全体強化率が最大になるように反応あるいは時間が割り振られるとする巨視的最大化理論あるいは最適化理論（Rachlin et al., 1976；Staddon & Motheral, 1978）である．

●**均衡理論**　この理論は「個体は何らかの強化や反応に関する変数が等しくなるように行動する」と主張する．代表的理論は，逐次改良理論（Herrnstein & Vaughan, 1980）であり，その行動原理は局所的（各選択肢における）強化率を等しくするというものである．他に，反応の割合や比と何らかの強化変数の割合や比を等号で結ぶ形，すなわち対応法則の形を基本的行動原理とするモデルもここに含めることができよう．例えば，遅延低減仮説（Fantino, 1969）や文脈選択モデル（Grace, 1994）があげられる．

●**効果理論**　この種の理論は「個々の強化や非強化が行動に及ぼす効果を仮定し，それらの効果を集成することによって巨視的，微視的レベルの行動を予測する」タイプのモデルである．例としては，古くは線型モデル（Bush & Mosteller, 1955），そしてキネティックモデル（Myerson & Miezin, 1980），より近年のものでは累積効果モデル（Davis et al., 1993）やボームとデイヴィソン（Baum & Davison, 2009）のモデルの流れがある．他の種類として，強化の喚起作用を重

みづけ平均する誘因理論（Killeen, 1982）を含めることができる.
　以上の諸理論のうち，特に研究数も多く，理論的検討が比較的十分になされているものについて，より詳しく紹介する.
●**瞬時最大化理論**　瞬時最大化理論は，確率学習における最大化傾向と並立VR VRスケジュールにおける行動，さらには並立VI VIスケジュール（VIはvariable interval，変動時隔）において典型的に見出される対応法則を単一の原理で説明できる．並立VI VIスケジュールにおいては，一方のスケジュールにしばらく反応し続けた後では，時々もう一方での強化確率の方が高くなる．被験体はこの強化確率の変化に従って，反応する選択肢を変えていくことにより，全体として対応法則に一致する行動を示すと考えられるのである．したがって対応法則は選択行動の基本原理ではなく，むしろそれより基本的な瞬時最大化の過程に支配された行動を平均することによる，いわば副産物ということになる．この理論の主張は，①オペラント選択行動は瞬時最大化に従う，②瞬時最大化が生じたときのみ対応法則が成立する，である.
　シンプ（Shimp, 1966, Exp 3）は並立VI VIスケジュールによく似た構造をもつ離散試行事態においてハトの選択行動を調べたところ，全体遂行は対応法則と一致し，系列統計量を用いた微視的反応分析およびコンピュータ・シミュレーションの結果は，瞬時最大化によって予測される反応系列とかなり一致していた．シンプは主に離散試行場面を用いて検証したが，その後，切替間時間による分析（Silberberg et al., 1978），スイッチングライン分析（Staddon et al., 1981），さらには反応間時間の分析（Cleaveland, 1999）などを通して，自由反応場面における微視的反応構造の分析が進められ，予測に一致する結果が多く得られた.
　一方，ネヴィン（Nevin, 1969, 1979）は，強化スケジュールとして並立VI-1分VI-3分スケジュールを用いたが，自由反応を許さず離散試行手続きを用いて，全体反応としては対応法則に一致する結果を得た．瞬時最大化に従うならば，VI-1分側に長く反応すればするほど，その後の反対側キーへ切り換える確率が高くなるはずだと予測されたが，結果はその逆で，切換確率曲線はむしろ下降していった．これらの結果からネヴィンは，瞬時最大化のような微視的反応構造は，対応法則が成立するのに必要な条件ではないと結論づけた．また，ウィリアムズ（Williams, 1992）では，離散試行並立VI VRスケジュールにおいて，試行間間隔が小さい条件の方で，切換確率で見た瞬時最大化に一致する行動が多く見られたが，対応法則への一致度は逆に低かった．この結果も瞬時最大化と対応法則が一致しないことを示している.
　多くの類似の研究結果から，上述の瞬時最大化理論の主張の①である微視的行動は確かに見られるが，②は支持されないようである.
●**巨視的最大化理論**　巨視的最大化または最適化の考え方自体は経済学や行動生

態学とのつながりが深く，また早くから選択研究の文献にも現れていたが，ここでは，最も包括的と思われるラックリン（Rachlin et al., 1980）らによる経済学的最大化理論を紹介する．彼らは並立スケジュールにおける選択行動について，経済学でいう予算的制約に基づき，強化スケジュールによって課せられるフィードバック関数と，経済学でいう無差別曲線に基づく効用最大化とを組み合わせたモデルを構成し，全選択肢を合わせた強化率（全体強化率）の最大化は(1)式のような一般化対応法則（一般対応法則）に帰着することを示した．

$$\frac{T_1}{T_2} = \frac{m_1}{m_2} \cdot \frac{x_1}{x_2} \left(\frac{C_1}{C_2}\right)^y \tag{1}$$

ここで T は時間測度の選択反応，C は強化，m はスケジュールの性質を示すパラメータ，x は C の単位に関するパラメータ，1と2は選択肢である．この理論は指数 y に対し，代替性という特別な意味を与えており，質の異なる強化子間（餌と水など）の選択事態で見られる逆対応，つまり餌の提示率が上がると，反対側の水を得るための反応が増えるという現象への適用が可能になる．逆対応は対数一次式の一般対応法則（☞「対応法則（マッチング法則）」の(3)式）の傾き a がマイナスになることを意味するが，これは餌と水の代替性が非常に低い（$y<0$）と考えることによって予測できるのである．また，並立 VR VR スケジュールにおいて VR 値の小さい方の選択肢に一方的な選択が見られる現象についても，そのような選択によって全体強化率が最も高くなることから予測可能である．

並立 VI VI スケジュールに適用すると，強化子が1種類の場合 $x_1/x_2=1$ となり，またスケジュールが類似のものなので，巨視的最大化は(1)式によりほぼ対応法則に近い行動に帰着する．これは実際に得られているデータであり，コンピュータ・シミュレーションによっても，対応法則が得られたとき，全体強化率が最大になることが示されている．ただ，このスケジュールにおける反応割合の関数としての全体強化率の変化は，特に強化最大値付近で大きなものではない．動物がそのような小さな差を検知できるのか疑わしいという批判がある．

並立 VI VR スケジュールの場合，スケジュールのパラメータが $1/m_2$ となり（VR スケジュールでは $m=1$），VR 側への大きなバイアスを予測する．これについて多くの検証実験が行われたが，最大化の予測と対応法則の中間の結果が得られており，最大化理論は十分支持されているとはいえない．このような結果から，巨視的最大化理論の厳密な検証は難しく，むしろ研究のためのヒューリスティックスとしての意味があるという主張もある（Staddon, 1992）．

●**逐次改良理論**　逐次改良とは，より良い結果を生じる行動をより多くするように変えていく，という意味である．そのような行動配分の変化は，各行動の単位あたりの結果が等しくなる方向で生じ，その等しくなった時点で変化が止まって

安定した状態になることが示唆される．ハーンスタインとヴォーン（Herrnstein & Vaughan, 1980）はこの過程を(2)式のように定式化した．

$$R_D = (R_1/t_1) - (R_2/t_2) \tag{2}$$

ここで R は各スケジュールで得た強化数，t は各スケジュールに反応する時間，数字は選択肢を表す．すると R_D は各スケジュールでの強化率（局所強化率）の差を表している．今 R_D が正なら t_1，負ならば t_2 が増えるように，被験体がその時間を再配分していくとすると，最終的には局所強化率の差が0になった点で行動が安定し，このとき定義上，時間測度の対応法則が成立する．

逐次改良理論は，局所強化率を等しくするという行動原理に基づいて，並立 VI VI スケジュールにおける対応法則にいたる過程を記述するが，並立 VR VR 事態における行動も予測する．この事態では，局所反応率が等しいと仮定すれば，VR 値が小さい選択肢の局所強化率が常に他方より高いので，そちらへの反応が 100% になるまで変化するのである．さらに，新たに考案された実験事態において，巨視的最大化理論などと比較したときにこの理論が支持されることが示された．

しかし，この理論にもまた批判的研究が存在する．ウィリアムズとロイヤルティ（Williams & Royalty, 1989）は，異なる並立 VI VI スケジュールを要素とする混成（多元）スケジュールでハトを訓練した後で，各要素から VI スケジュールを抜き出して組み合わせるプローブ試行を与えた．その結果，ハトの選択行動は逐次改良理論の予測とは逆の選好を示したのである．また並立 VI VI スケジュールの訓練の後消去に移行したときの変化についても，この理論と一致しない結果が報告されている（Myerson & Hale, 1988）．

近年，逐次改良理論は，心理学の実験室を超え他の学問領域，特に最適化を規範原理としてきた，経済学への拡張を試みている（Herrnstein, 1990）．

●**近年の傾向** 以上のように多くの選択行動の理論が提出されたが，これらの間の論争の多くはまだ解決していない．しかし 21 世紀に入ると，並立連鎖スケジュールにおける理論モデルの検討や，ボームとデイヴィソン（Baum & Davison, 2009）による最大化に基づかない巨視的な立場からの研究が目を引く．

［平岡恭一］

参考文献

Grace, R. C., & Hucks, A. D. (2012). The allocation of operant behavior. In G. J. Madden (Ed.), *APA handbook of behavior analysis. Vol. 1 Methods and principles.* (pp. 307-337). APA (American Psychological Association).

平岡 恭一 (1997)．選択行動の巨視的理論と微視的理論 行動分析学研究，**11**, 109-129.

Mazur, J. E. (2006). Learning and behavior (6th ed.), Prentice-Hall. (メイザー，J. E. 磯 博行他 (訳) (2008). メイザーの学習と行動 第3版 二瓶社)

対応法則
(マッチング法則)

☞選択行動 p.350，選択行動の理論 p.354，行動生態学 p.408，行動経済学 p.412，選択と好み p.498

●**対応法則の発見** 選択行動研究における最大の成果は，対応法則（マッチング法則）であろう．この研究はハーンスタイン（Herrnstein, 1961）の実験に始まるとされる．彼は，ハトを被験体とした通常の並立 VI VI スケジュール場面で，2つの選択肢から1時間あたり最大40個の強化子を得られるという制限のもとで，逆転も含めて6種類の VI 値を設定して選択行動を調べた．例えばその1つ，並立 VI-1.8 分 VI-9 分スケジュールでは，1時間あたり前者で最大33.3個，後者で最大6.6個の強化子が得られ，合計40個となる．2つのスケジュールは独立であり，選択変更後遅延（changeover delay, COD）は 1.5 秒，毎日のセッション時間は90分であった．

ハーンスタインのこの実験では，強化スケジュールはハトのつつき行動には何の制限も与えず，一方のキー（つつき窓）にのみ反応することもできたし，両方のキーに常に同じくらい反応することもできた．しかし実際には，ハトは非常に予測可能な仕方で行動した．各スケジュール条件の最終5セッションの行動をプールした結果が個体別に図1に示されている．図1の横軸は，一方のキー（スケジュール）で得られた強化数の割合であり，縦軸は同じく反応数の割合である．一目見てわかるように，3羽のハトの選択はほぼ対角線上に集中している．これは，反応の相対頻度が強化の相対頻度に一致することを示しており，個体は実際に得た強化子に合わせて行動を割り振る（allocate）ことを示唆している．このことを数式で表現すれば(1)式となり，この関係を対応法則という．なお，R は反応数でも反応している時間でもよく，r は強化率や強化量，あるいは強化の遅延の逆数などでもよい．

$$\frac{R_A}{R_A + R_B} = \frac{r_A}{r_A + r_B} \quad (1)$$

（R は反応，r は強化，A と B は選択肢を示す）

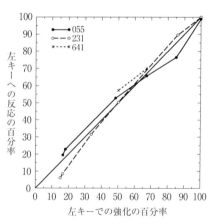

図1 一方のキーでの相対強化頻度の関数としてのそのキーへの相対反応頻度［Herrnstein, 1961 をもとに作成］
曲線の番号は被験体を示す．

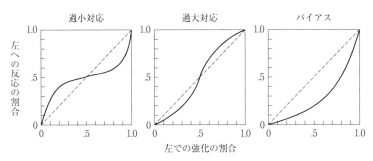

図2 完全対応法則からの3種類の逸脱［Mazur, 2006 磯他訳 2008をもとに作成］

●**対応法則からの逸脱** (1)式，つまり図1の対角線が示す行動は「完全対応」とよばれるが，並立スケジュールの実験で常にこのような厳密な結果が得られるわけではなく，たびたび逸脱が生じる．ボーム（Baum, 1974a）はその種類として図2のような3つをあげている．過小対応は，強化割合より反応割合が半々に近くなる場合，過大対応は反応割合が強化より極端になる場合，バイアス（偏好）は強化割合にかかわらず，反応が一方の選択肢に偏る場合である．これらの逸脱も含めて記述するために，(1)式を比の形にしてべき関数（(2)式），さらにはその対数をとって(3)式の形にした，一般化対応法則（一般対応法則）が提案された．

$$\frac{R_A}{R_B} = b\left(\frac{r_A}{r_B}\right)^a \tag{2}$$

$$\log\left(\frac{R_A}{R_B}\right) = a\log\left(\frac{r_A}{r_B}\right) + \log b \tag{3}$$

aとbは，データにあてはめて得られるフリー・パラメータで，aは強化事象に対する感度を，bは選択肢（キーの位置や色，質的に異なる強化子など）に対するバイアスを表すと考えられている．(3)式はaを傾き，bを切片とする一次式であり，aとbを分離して分析できるという特長がある．a, bともに1のときは完全対応，$a>1$のときは過大対応，$0<a<1$のときは過小対応となる．またbが1より大きいか小さいかによってどちらかの選択肢にバイアスが生じる．このように，一般化対応法則によって，非常に広い範囲の選択行動データが扱えるようになったが，その中で，過小対応がより一般的に起こることが示されている．

●**対応法則の普遍性** 対応法則を初めて見出したハーンスタインの実験は，並立スケジュール，ハト，提示型強化子（穀物）を用いていたが，一般化対応法則を含む対応法則は，他の広範な条件での行動にもあてはまることが示されてきた．

ハト以外にも，ヒト，サル，ラット，サカナなど様々な動物種において，また食物以外にも，お金，言語的賞賛，水，コカイン，脳刺激などの様々なタイプの

提示型強化子のみならず，電気ショックなどの除去型強化子を用いた場面でも成立することが確認されている．ヒトを用いた研究の例として，コンガーとキリーン（Conger & Killeen, 1974）の実験を見てみよう．グループ討論の中で，実験参加者が2人のサクラのどちらか一方に向かって意見を述べたとき，そのサクラはあらかじめ決められた変動時隔（variable interval, VI）スケジュールに従って短い賛成コメントを述べた．その結果，実験参加者が各サクラに話しかけている時間の割合は，各サクラから得たコメントの頻度の割合に一致していた．

また対応法則は，個別の実験だけでなく，野生のハトを集団で実験したときに，集団としての選択行動にもあてはまっていた（Baum, 1974b）．

一方，並立連鎖スケジュールにおいては，当初，対応法則が成立することが報告された（Autor, 1969; Herrnstein, 1964）．すなわち第1リンク（初環）での選択肢に対する反応の割合が，最終リンクでの強化率の割合と一致していた．しかしその一般性には限界があることが明らかとなった．すなわち第1リンクの絶対的な長さが，選好に強く影響したり（第1リンク効果; Fantino, 1969），最終リンクの絶対的長さが影響する（最終リンク効果; MacEwen, 1972）ことによって，対応法則から逸脱するのである．並立スケジュールでは上述の一般化対応法則（式2, 3）によってほぼすべてのデータを記述できたが，並列連鎖スケジュールでは，それに相当するような一般性を持つ数量的記述式はまだ見いだされていない．

ハーンスタインをはじめとする多くの対応法則実験では，通常一定の並立スケジュールで多くのセッションを行い，遂行が安定した段階でのデータを採用するが，より短いスパンでも対応法則が成立することが示唆されている．デイヴィソンとボーム（Davison & Baum, 2000）は，並立 VI VI スケジュールにおいて，異なった7種類のスケジュール値の組合せを毎セッション与えた．非常に短い時間間隔でスケジュールが交替するにもかかわらず，選択行動は対応法則に一致する方向で変化していったのである．

●**質の異なる強化子間の選択**　上のように対応法則の普遍性が認められるならば，これを用いて質の異なる強化子の相対的価値の尺度化が可能になる．もしAという強化子で強化される反応をBで強化される反応の2倍の頻度で選択するとすれば，強化スケジュールなど他の条件が等しいならばAの価値はBの価値の2倍であると判断できよう．このような強化子そのものに対する偏好は，一般化対応法則（式2, 3）の b で表すことができる（Baum, 1974a）．ミラー（Miller, 1976）は，麻の実，小麦，そしてそばの実から2つをペアにしてそれぞれ選好を調べ，各データがほぼ完全に一般化対応法則によって説明でき，強化子に対する相対的な偏好が b で表されることを明らかにした．彼はさらに，これらの結果から各強化子について相対的価値の尺度値を導き出し，また各組み合わせの選好の間に推移律が成立することを確認した．

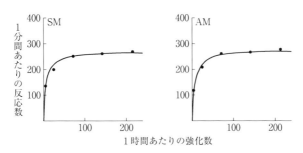

図3 ヒトのVIスケジュール行動への式(5)のあてはめ［McDowell, 1982 をもとに作成］
イニシャルは実験参加者を示す．

ただし，このようなことができるのは強化子が互いに代替可能な場合に限られ，例えばエサと水のように補い合う強化子の場合は，えさの摂取が水の価値を高めるという動機づけ効果があるので，本来の強化子の価値が測定できない．このような場合を逆対応とよぶ（☞「選択行動の理論」）．

●単一反応事態への拡張　ハーンスタインが指摘したように，反応（操作体，オペランダム）が1つだけの単一反応事態も選択を含むと考えられる．その場合の選択とは，実験的に特定されている反応（キーつつきやレバー押し）をするか，その他の活動（歩きまわる，身づくろいなど）をするかの間の選択であろう．並立でない単純な強化スケジュールにおいては，この特定反応があるスケジュールによって強化される．一方その他の活動はその活動固有の本来的な強化子によって維持されていると考えられる．このように分析すると，対応法則は単一反応事態にも適用できる．特定の反応を R_A，それ以外のすべての反応を R_0，それらに対する強化を r_0 とすると(1)式は(4)式のように書ける．さらに $R_A + R_0 = k$ としてその状況での行動の総量を k で表すと(5)式となる．

$$\frac{R_A}{R_A + R_0} = \frac{r_A}{r_A + r_0} \tag{4}$$

$$R_A = k \frac{r_A}{r_A + r_0} \tag{5}$$

R_A を反応率，r_A を強化率とし，VIスケジュールでのヒトのデータにあてはめると，この双曲線関数による曲線はほぼデータポイントに一致した（図3）．直接観察できない k と r_0 は曲線のあてはめの際に推定されるフリーパラメタとなるが，関数の形が特定反応に関わるデータ（R_A, r_A）と一致することから，この結果は対応法則が単一反応事態にもあてはまることを示している．これは，質的記述であるソーンダイクの効果の法則を量的にとらえたものであり，「効果の量的法則」とよばれている．
　　　　　　　　　　　　　　　　　　　　　　　　　　　　　　［平岡恭一］

遅延低減仮説

☞選択行動 p.350，セルフ・コントロール：基礎 p.366，価値割引：基礎 p.370，価値割引：その展開 p.374，セルフ・コントロール：応用 p.540

●**遅延低減とは**　遅延低減とは，選択行動研究においてファンティノ（Fantino, E.）により提唱された選択行動の規則性（対応法則［マッチング法則］）に関する理論である．この理論が最初に論文化されたのは，1969年のことであった（Fantino, 1969）．この理論は，同時選択手続き，特に並立連鎖スケジュールに基づく同時選択手続きを前提にしている．論文発表時には，「理論」ではなく，「仮説」という用語が使われていたが，その後の研究の発展を見れば，現在では，遅延低減理論（あるいはモデル）という用語がふさわしい（ここでは，これ以降，遅延低減理論とよぶことにする）．この理論の特徴は，各選択肢の内容をすべて時間次元へ変換するという点にあり，並立連鎖スケジュールの選択期（初環）から結果受容期（終環），強化期までの時間の短い方が好まれることを前提にしている．

●**対応法則の一般性の検討**　ファンティノは，並立連鎖スケジュールに基づく同時選択手続きにおいてハーンスタイン（Herrnstein, R. J.）が見出した選択行動の規則性，すなわち対応法則の前提が正しいか否かを検討した（Fantino, 1969）．対応法則は，(1)式のように表すことができる（Herrnstein, 1961）．

$$\frac{R_1}{R_1+R_2}=\frac{r_1}{r_1+r_2} \tag{1}$$

ただし，R は選択反応，r は強化率を，数字は選択肢1と2をそれぞれ表す．(1)式の左辺のような形で表現した選択反応を選択率という．

その出発点は，並立連鎖スケジュールの選択期の長さは選択に影響しないのかという疑問であった．例えば，並立連鎖スケジュールに基づく同時選択手続きで，結果受容期に変動時隔（variable interval, VI）30秒スケジュールとVI 90秒スケジュールを配置した場合を考えてみよう．通常，選択期には左右にVI 60秒スケジュールが配置（自由選択手続き）される．この場合，(1)式の対応法則に基づいて強化率（単位時間あたりの強化数）に変換すると，予測選択率は，$1/30/(1/30+1/90)=0.75$ となる．選択期の左右に配置されるVIスケジュールの値が60秒から600秒になったとしても選択率は同じ0.75である．そこで，ファンティノは選択期の長さが左右で等しい場合と異なっている場合の様々な条件を設定して，ハトを被験体として選択期の長さの影響を組織的に検討したのである．

その際，以下のような(2)式の選択期の影響を扱える新たな対応法則を提案した．これが定式化された遅延低減理論である．

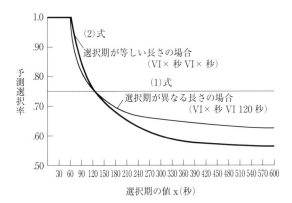

図 1　選択期の長さの関数としての(1)式と(2)式からの予測選択率の変化．結果受容期に VI 30 秒スケジュールと VI 90 秒スケジュールが配置された場合．〔Fantino, 1969 を改変〕

$$\frac{R_L}{R_L+R_R} = \frac{T-t_L}{(T-t_L)+(T-t_R)} \quad t_L<T, t_R<T \text{ のとき}$$
$$= 1.0 \quad t_L<T, t_R>T \text{ のとき}$$
$$= 0 \quad t_L>T, t_R<T \text{ のとき} \quad (2)$$

ここで，R は選択反応，T は選択期の開始から強化子提示までの平均時間，t_L，t_R は各結果受容期の時間，L は左，R は右の選択肢を表す．

　T は，選択期の平均的長さと結果受容期の平均的長さの合計である．例えば，選択期の左右に VI 60 秒スケジュールが配置されていると，選択期の平均時間は 30 秒となる．また，左の結果受容期に VI 30 秒スケジュールと右の結果受容期に VI 90 秒スケジュールが配置されているとし，左右に等しい頻度で結果受容期に移行するならば，結果受容期の平均時間は，$30 \times 0.5 + 90 \times 0.5 = 60$ 秒となる．したがって，$T = 30 + 60 = 90$ 秒である．左の結果受容期へ移行した場合は，当初より $90-30=60$ 秒経過して強化子提示に近づいたこと（言い換えれば，強化子提示まで残り 30 秒なので，すでに 60 秒低減したこと）になる．一方，右の結果受容期へ移行した場合，当初より $90-90=0$ 秒，強化子提示まで残り 90 秒あるので 0 秒低減したことになる．したがって，選択率は，$60/(60+0) = 1.0$ となる．

　図 1 は，(1)式と(2)式からの予測選択率を示している．この図から，(1)式の予測選択率は選択期の長さのいかんを問わず一定（0.75）であるが，(2)式の予測選択率は，選択期の長さの影響を受けることがわかる．

　(1)式からの予測選択率と実測選択率との差は，(1)式も(2)式も同じ予測をする条件（選択期の長さが左右で 120 秒の場合）を除けば，0.15〜0.20 の範囲であっ

たのに対し，(2)式では，0.05〜0.08の範囲であり，(2)式の予測が実際の選択率とおおむね一致することが明らかとなった．この事実は，(1)式の対応法則の限界と(2)式の遅延低減理論の有効性を示すものといえる．

●セルフ・コントロール選択場面への拡張　遅延低減理論の有効性は，強化量と遅延時間が同時に異なるセルフ・コントロール（自己制御）選択場面でも認められる．セルフ・コントロール選択場面とは，遅延時間は短いが強化量は少ない選択肢と遅延時間は長いが強化量は多い選択肢間の選択場面のことである（伊藤，2005）．一般に，前者の選択を衝動性，後者の選択をセルフ・コントロールという（高橋編，2017）．

このような2要因からなる選択場面に適用できるように対応法則を拡張すると以下の(3)式になる．

$$\frac{R_1}{R_2} = \left(\frac{A_1}{A_2}\right)\left(\frac{\frac{1}{D_1}}{\frac{1}{D_2}}\right) = \left(\frac{A_1}{A_2}\right)\left(\frac{D_2}{D_1}\right) \tag{3}$$

ただし，A は強化量，D は遅延時間をそれぞれ表す．遅延時間は短い方が好まれるので，遅延時間は，即時性（$I = 1/D$）により表す．その他の記号は(1)式と同様である．

(3)式の拡張された対応法則には，強化量と遅延時間の要因が組み込まれているが，(2)式の遅延低減理論には，強化量次元が陽に組み込まれていない．このため，強化量を何らかの形で時間次元へ変換する必要がある．この場合，2つの変換方法が考えられる．例えば，結果受容期にどちらもFI 5秒スケジュールが配置され，左では餌ペレット1個（小強化量），一方，右では餌ペレット3個（大強化量）としよう．1つの方法は，大強化量選択肢（餌ペレット3個）が1.7秒後の餌ペレット1個と等価となると仮定する変換である．もう1つの方法は，5秒後のペレット1個が15秒後のペレット3個と等価となると仮定する変換である．いずれの変換方法でも，強化量の差を遅延時間の長短に変換するのである．

Ito & Asaki（1982）は，ラットを被験体として，異なる強化量のもとで結果受容期の長さを変化させ，(2)式の妥当性を検討した．結果受容期が等しい長さの場合，(3)式では遅延時間（D）の項が打ち消し合って，遅延時間が変化しても予測選択率は変化しない（一定である）が，(2)式では異なる予測選択率になる．並立連鎖スケジュールによる同時選択場面において，異なる強化量（ペレット1個と3個）を5秒から40秒の範囲の等しい遅延時間のもとで選択させた（選択期はVI 60秒スケジュール）ところ，実測選択率は，遅延時間が長くなると増加することが明らかになった．

図2は,等しい遅延時間の関数としての選択率の変化を示す.図2中の実線は平均選択率,その周りの黒丸は各個体データである.図2から,(3)式からの予測とは異なり,選択率は一定ではなく,遅延時間が長くなるにつれて増加していることがわかる.

さらに,実験2では,ペレット3個側(大強化量選択肢)の遅延時間を段階的に延ばすことで,各遅延時間後のペレット1個(小強化量選択肢)と等価になる遅延時間(主観的等価点)を調べた.その結果,遅延時間が5秒と10秒条件では,線形変換(強化量比が1対3なら,遅延時間もこの比で変換する)から仮定

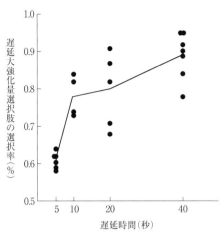

図2 等しい遅延時間の関数としての遅延大強化量選択肢への選択率 [Ito & Asaki, 1982 をもとに作成]

された遅延時間より長く,40秒条件では,逆に,線形変換から仮定された遅延時間より短いことが明らかになった.言い換えれば,変換方法は,線形ではなく,非線形変換であることが示されたのである.

これらの事実は,強化量の時間次元への変換について再検討が必要であるものの,(2)式の妥当性を示すとともに,(2)式が(3)式の対応法則を補完する役割をもっているといえる.また,フリーパラメータをもたない理論であることから,事前の予測が可能であることも特徴としてあげられる(伊藤,2005).

●**遅延低減理論の展開** この他にも,条件性強化の問題(Fantino, 1977)や最適採餌の問題(Fanthino & Abarca, 1985)などへの適用も行われている.

条件(性)強化の問題では,ある刺激の条件(性)強化子としての強さは,その刺激の提示により,強化子提示までの時間がどの程度低減されたかに依存するので,$S = f((T - t_s)/T)$ として定量化できる(ただし,関数 f は単調増加関数である).これを選択率という形で表せば,(2)式になる(Fantino, 1977).

最適餌選択モデル(☞「行動生態学」)では,採餌者が時間あたりのエネルギー量を最大化するための,2種類の餌(好ましい餌と好ましくない餌)の捕り方(すなわち,好ましい餌のみを捕るか,両方の餌を捕るか)の基準を不等式で定式化している(巌佐,1990;Krebs & Davies, 1991).遅延低減理論((2)式)でも,餌に遭遇する平均時間を並立連鎖スケジュールの選択期の長さ,餌の処理時間を結果受容期の長さと見なせば,最適餌選択モデルと同様の不等式を導出することができるのである(内田・伊藤,1997). [伊藤正人]

セルフ・コントロール（自己制御）：基礎

☞選択行動 p.350, 遅延低減仮説 p.362, セルフ・コントロール：応用 p.540

　行動分析学において，セルフ・コントロール（自己制御）は，例えば，「爪を噛むことを防ぐためにポケットに手をつっこむ」などのように，「ある行動を制御する別の行動」とスキナー（Skinner, 1953）が定義しているが，現在では選択行動としての定義が一般的である．すなわち，すぐに得られる少量の強化子（smaller-sooner reinforcer, SS）と，待ち時間（遅延）後に得られる多量の強化子（larger-later reinforcer, LL）の間の選択場面において，後者を選好することはセルフ・コントロール，前者を選好することは，衝動性と定義されている．このようなセルフ・コントロールの見方は，社会的学習理論における満足の遅延にも見られる（Mischel et al., 1989）が，行動分析学では，提案者であるエインズリー（Ainslie, 1974）とラックリン（Rachlin, 1970）の名前から，エインズリー・ラックリン理論とよばれている．セルフ・コントロール選択研究では，ヒトや動物を対象に，選好を記述・予測できる数理モデルの検討や，選好に影響する要因の検討がなされてきた．

●**動物とヒトの研究例**　ラックリンとグリーン（Rachlin & Green, 1972）は，図1の選択場面Yに示したような，2つの反応キーのうちの一方をつつくと4秒後に4秒の餌提示（LL），他方をつつくとすぐに2秒の餌提示（SS）という条件下でハトの選択行動を測定した（実際には，1試行の時間の長さを選択肢間で等しくするために，SS選択肢で強化された後には，6秒間のタイムアウトが挿入された）．その結果，すべてのハトが後者を強く選好すること，すなわち衝動的選択を行うことを報告した．さらに彼らは，選択場面Xのような，選択場面Yにいたる選択肢と，LL選択肢のみが提示される場面にいたる選択肢を提示したところ，Tの時間間隔が10秒前後以上の場合には後者を選好することを報告した．この事実は，ハトが，自らの選好が時間

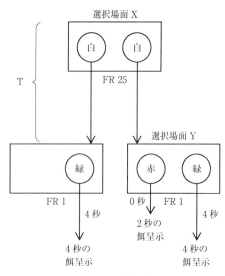

図1　Rachlin & Green（1972）の選択場面

の経過にともなってセルフ・コントロールから衝動性へと変化することを「見こして」, 衝動的選択が不可能になるような選択を行うことを示している. このような行動を自己拘束という. 時間の経過にともなってセルフ・コントロールから衝動性へと選好が逆転することは, ハト以外の動物 (Green & Estle, 2003) やヒト (Kirby & Herrnstein, 1995) においても報告されている. 選好逆転が生じる原因として, 遅延割引 (または時間割引) による説明がなされている. すなわち, 強化子の主観的価値が, 時間の経過にともなって双曲線関数に従った方法で低下するために選好逆転が生じるとされている.

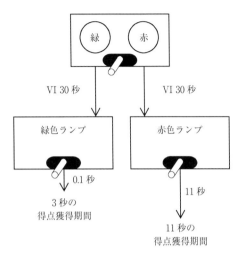

図2 Logue et al. (1986) の選択場面 (実験2)

ヒトを対象とした研究例として, ローグ (Logue et al., 1986) らは, 図2に示したような, 初環に変動時隔 (variable interval, VI) 30秒スケジュールを配置した並立連鎖スケジュールを用いて, 成人のセルフ・コントロール選択を測定した. 選択反応は反応パネル上の金属棒を左右に動かすことで行われ, 強化子として, 実験後に換金可能な得点が用いられた. 選択肢の内容 (実験2) は, 11秒後の11秒の得点獲得期間 (LL) と, 0.1秒後の3秒の得点獲得期間 (SS) であった. 実験の結果, セルフ・コントロール選択の割合は, 0.72〜1.00 と高かった.

●**強化子の種類の効果** このように, 成人において高いセルフ・コントロール選択率が得られた原因として, 他の動物との間の種差が考えられるが, 強化子として金銭や得点といった二次強化子が用いられたことも考えられる. ヒトにおいても, ビデオゲームで遊ぶこと (Millar & Navarick, 1984) や雑音 (Solnick et al., 1980) といった一次強化子が用いられた場合には衝動的選択の生じることが報告されている. 一方, ハトを対象に, 二次強化子 (色光提示) を用いた研究 (Hackenberg & Vaidya, 2003) では, セルフ・コントロール選択の促進が報告されている. ただしその場合, 選択反応から蓄積した二次強化子の一次強化子 (餌) への交換を開始するまでの時間間隔 (交換遅延) と, 選択反応から一次強化子提示までの時間間隔の両方が, 選択肢間で等しいことが必要である. 交換遅延の効果はヒトにおいても報告されている (Hyten et al., 1994). また, ヒトの場合, 提示型 (正の) 強化子と除去型 (負の) 強化子との間で, 選択行動への効果の違いが認められており, 得点の増加という提示型強化子を用いた場合より

も，得点の減少という除去型強化子を用いた場合の方が，衝動的選択の起こりやすいことが報告されている（Takahashi & Fujihara, 1995）.

●**自己制御選択の数理モデル**　セルフ・コントロール選択を記述・予測する数理モデルとして，強化量と強化遅延の次元に拡張した一般化対応法則（一般対応法則）（Logue et al., 1984），遅延低減仮説（Fantino, 1969），遅延割引の双曲線関数（Mazur, 1987）が提案されている．また，これらを発展させた，文脈的選択モデル（Grace, 1994）や双曲線的価値加算モデル（Mazur, 2000）も提案されている．このうち，一般化対応法則を(1)式に示す．

$$\frac{B_1}{B_2} = k \left(\frac{A_1}{A_2}\right)^{Sa} \cdot \left(\frac{D_2}{D_1}\right)^{Sd} \tag{1}$$

ただし，B は選択反応数，A は強化量，D は遅延時間，添え字は選択肢である．Sa は強化量比に対する感度，Sd は遅延時間比に対する感度，k はバイアスを表す経験定数をそれぞれ示している．強化量比と遅延時間比が等しい場合，$Sa > Sd$ のときにはセルフ・コントロール選択を，$Sa < Sd$ のときには衝動的選択を，$Sa = Sd$ のときには無差別を予測する．

●**時間成分の効果**　ヒトと動物の間のセルフ・コントロール選択の違いとして，選択場面を構成する時間間隔のうちのどの時間成分が行動を制御しているかがあげられる．動物の場合，選択から強化子提示までの遅延時間（強化前遅延）が行動に強く影響するが，ヒトの場合には，強化前遅延以外の時間成分（例えば，強化子提示終了後，次の試行開始までの強化後遅延）も選択に影響することが知られている（Flora & Pavlik, 1992）．そこから，動物では強化量を強化前遅延で除した局所的強化密度が，ヒトでは強化量を1試行の時間の長さで除した全体的強化密度が，セルフ・コントロール選択の決定因として提案されている（Ito & Nakamura, 1998）．近年では，ラット（Yamaguchi et al., 2015）やハト（畑・佐伯，2018）などの動物においても，強化後遅延が選択に影響することが報告されている．

●**発達的研究**　セルフ・コントロールは年齢とともに増加することから，子どもを対象に，セルフ・コントロールの発達が研究されている．例えば，ソヌーガ＝バーク（Sonuga-Barke et al., 1989）らは，4〜12歳児を対象に，10秒後に得られる1枚のトークン（SS）と20秒，30秒，40秒，または50秒後に得られる2枚のトークン（LL）の間で選択を行わせた．実験は1セッションが15分とされており，SS選択肢での強化後に1試行の時間間隔を選択肢間で等しくするためのタイムアウトは挿入されなかったため，遅延条件が50秒の場合には，衝動的選択を行う方が1セッションで得られる強化子を最大化できた．その結果，セルフ・コントロール選択は，年齢の上昇にともなって増加したが，50秒条件にお

いて衝動的選択を行うことで獲得強化量を増加させたのは12歳児のみであった．この結果は，強化量と全体的時間の両方，すなわち全体的強化密度を考慮して適応的な選択が可能になる年齢は9歳以降であることを示唆する．

●**セルフ・コントロール選択場面：近年の研究**　1990年代以降，SS-LL間の選択というセルフ・コントロール選択場面は，日常場面におけるセルフ・コントロール選択をうまく表現できていないという批判から，新たな選択場面が提案されている．これは例えば，ダイエット中の人にとって，目の前の高カロリーの食物（SS）と数か月後のスリムな体（LL）の間の選択は，LLが実現するまでに何度も行われるが，従来の選択場面はそのようになっていないことや，従来の選択場面では，SSが一度選択されるとLLは実現できないことになるが，高カロリーの食物を1回食べただけでダイエットが失敗するわけではないことなどがあげられる．さらに，ダイエットが失敗している状況では，短期的にはLLよりもSSの方が価値は高いが，長期的にはSSよりもLLの方が価値は高いという構造をしている．これらの点を考慮した新たなセルフ・コントロール選択場面が考案されている（Herrnstein et al., 1993；Warry et al., 1999）．例えば，Warry et al. (1999) では，各試行において提示される得点が，選択肢AではN点，選択肢BではN+3点とされ，Nは「最近10試行における選択肢Aの選択回数」として設定された．この選択場面では，各試行においては常に選択肢Bの方が強化量は多いが，長期的には選択肢Aを選び続けることが獲得強化量の最大化をもたらす．大学生を対象とした実験の結果，セルフ・コントロールである選択肢Aが選ばれた割合は30～40%であった．このようなセルフ・コントロール選択場面においてセルフ・コントロールを達成する方法として，数試行ごとに試行間間隔を挿入することによって複数の試行をまとめて提示し，セルフ・コントロール選択が連続して生じるようにすること（行動のパターン化；Rachlin, 2000）や，セルフ・コントロールに相当する一連の選択肢をまとめて提示すること（Ainslie, 2001）が有効とされており，ラックリン（Rachlin, 2016）はこのようなセルフ・コントロール促進法を，ソフトな自己拘束とよぶ．

さらに，セルフ・コントロール選択場面は「現在の自分」と「未来の自分」との間で行われる囚人のジレンマゲームである（Ainslie, 1992）という主張や，対戦相手がしっぺ返し戦略を取る囚人のジレンマゲームは，セルフ・コントロール選択場面と同じ機能をもつことから，セルフ・コントロール選択と協力選択の間の関係が研究されている（Ainslie, 2001；Brown & Rachlin, 1999）．　　［佐伯大輔］

参考文献

高橋　雅治他（編著）(2017). セルフ・コントロールの心理学―自己制御の基礎と教育・医療・矯正への応用　北大路書房

価値割引：基礎

☞ 遅延低減仮説 p.362, 価値割引：その展開 p.374

　価値割引とは，様々な要因によって，報酬の主観的価値が低下する現象である．例えば，「今もらえる10000円」は「1年後にもらえる10000円」よりも好まれるが，価値割引による説明では，このような選択が生じるのは，「1年」という遅延時間によって，「10000円」の主観的価値が割り引かれたためと考える．この例における価値割引は，遅延時間が要因であるため，遅延割引または時間割引とよばれる．割引の対象となるのは，「金銭」や「食物」など，強化子の主観的価値であるが，価値割引研究では，強化子の代わりに報酬という語を用いることが多い．遅延時間以外の割引要因として，報酬が得られる確率，報酬を共有する人物との社会的距離，報酬を共有する人数，報酬を得るために必要な労力コストなどが提案されているが，ここでは，価値割引研究の端緒となった遅延割引について説明する．確率割引と社会割引については，「価値割引：その展開」を参照していただきたい．

●**遅延割引の基本的考え方**　遅延割引の現象は，経済学において，現在と将来の間で消費をどう配分するかという問題を扱うときに用いられる時間選好の概念に由来する．これは，ヒトが将来よりも現在の消費を重視する傾向を示しており，その程度を時間選好率（または割引率）として組み込んだ以下の指数関数によって，将来財の主観的価値（経済学では現在価値という）を算出できるとするものである（Samuelson, 1937）．

$$V = Ae^{-kD} \tag{1}$$

ただし，D は遅延時間，V は将来財である報酬量 A の現在価値，e は自然対数の底であり，k は割引率を表す経験定数である．$k>0$ のとき，遅延割引が生じることとなるが，経済学ではこれを不忍耐という．指数関数は，時間が1単位増加するごとに何%の割引が生じるかが，遅延のどの時点においても等しいことを想定している．

　このように，経済学では割引関数として指数関数が用いられてきたが，割引率は変化しないことが想定されている．その場合，セルフ・コントロール（自己制御）選択場面で生じる選好逆転を予測できないという問題が生じる．

　一方，行動分析学では，メイザー（Mazur, 1984；1987）によるハトを対象とした遅延割引測定において，以下の双曲線関数が提案された．

$$V = \frac{A}{1+kD} \quad (2)$$

記号の意味は(1)式と同様である.双曲線関数では,指数関数とは異なり,単位時間の増加に伴う割引のパーセンテージは,遅延が長くなるほど小さくなる.メイザーは心理物理学的測定法の一種である調整法を用いてハトの遅延割引を測定した.実験では,ハトに,2秒後に2秒間の餌提示がなされる選択肢(標準選択肢)と,X秒後に6秒の餌提示がなされる選択肢(調整選択肢)の間の選択を行わせ,Xの値を試行間で増減(2試行連続で標準選択肢

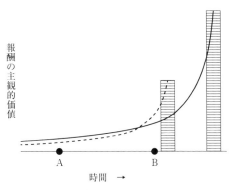

図1 双曲線関数による選好逆転の説明
棒グラフは遅延がない場合の報酬の主観的価値を,曲線は遅延によって各報酬の価値が割り引かれる様子を示す.時点Aではセルフ・コントロール選択が,時点Bでは衝動的選択が生じることを示す.

が選ばれた場合には1秒減少,2試行連続で調整選択肢が選ばれた場合には1秒増加)させることで,2つの選択肢の間の無差別点を測定した.この測定法を調整遅延手続きとよぶが,これを複数の標準選択肢の遅延条件(0〜20秒)について行い,指数関数や双曲線関数を含む,いくつかの割引関数の候補から導き出された予測と無差別点を比較した.その結果,(2)式の双曲線関数が妥当と判断された.図1に示すように,双曲線関数がセルフ・コントロール選択場面における選好逆転を予測できることや,割引率(k)が衝動性の程度として解釈できることから,セルフ・コントロール選択の基礎過程として双曲線的価値割引が想定されている.

●**仮想報酬による割引測定** 遅延割引測定はヒトにおいても数多く行われているが,その多くは仮想報酬を用いたものである.その代表例として,ラックリン(Rachlin et al., 1991)らは,大学生を対象に遅延割引を測定し,双曲線関数の妥当性を検討した.実験では,遅延報酬(1年後にもらえる1000ドル)が書かれたカードと即時報酬(今もらえる1000ドル)が書かれたカードが提示され,もらえるとしたらどちらがよいかを答えさせた.参加者の選択にかかわらず,次の試行では即時報酬額が990ドルに減少した.このように,試行ごとに即時報酬額を減少させ,30試行を通して1ドルまで減少させた.半数の参加者については,即時報酬額が1試行目では1ドルとされ,30試行を通して1000ドルまで増加する上昇系列が用いられた.この測定法は心理物理学的測定法の極限法を応用したものである.参加者の選択は,この30試行のうちのいずれかの試行で,即時報酬から遅延報酬へと切り替わる(上昇系列の場合には逆方向に切り替わる)ことが期待されるが,選択の切替わり前後の即時報酬額の平均値を,その参加者の主

観的等価点とした．このような方法で1年以外の遅延条件（1か月～50年）についても主観的等価点を測定し，(1)式の指数関数と(2)式の双曲線関数をあてはめた結果，決定係数は双曲線関数の方が高いという結果が得られた（図2）．図2は，横軸に遅延条件（月単位で表示），縦軸に各参加者から得られた主観的等価点の群中央値を示している．遅延時間が短い部分では関数の間で予測に大きな違いは見られないが，遅延時間が長い部分では双曲線関数の方がデータ点によくあてはまっていることがわかる．双曲線関数をあてはめた結果として推定された割引率の値は0.014であった．仮想報酬を用い

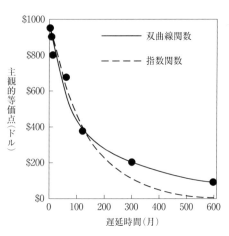

図2 ヒトの遅延割引［Rachlin et al., 1991, Fig. 7をもとに作成］
実線は双曲線関数，破線は指数関数から導出された理論曲線を示す．

て，遅延報酬と等価な即時報酬量を求めるというラックリンらの価値割引測定法は，その後のヒトを対象とした価値割引研究における標準的な測定法となった．

(2)式の双曲線関数は，遅延割引をうまく記述する遅延割引の数理モデルとして用いられているが，遅延時間の短い部分では過大評価，長い部分では過小評価の生じることが指摘され（Myerson & Green, 1995），以下の双曲面関数が提案された．

$$V = \frac{A}{(1+kD)^s} \tag{3}$$

ただし，s は遅延と報酬量に対する感度を表す経験定数である．複数の条件間で遅延割引の程度を比較するには，(2)式や(3)式の割引関数の適用によって推定される割引率を用いるが，割引率は分布にひずみがあることから，t 検定などのパラメトリック検定の前提を満たさない．そこで，主観的等価点，x 軸，y 軸を結んで得られる曲線下面積（area under the curve, AUC）が割引の程度の指標として提案された（Myerson et al., 2001）．AUCは分布にひずみのないことや，割引関数に依存しない指標であることから，多くの研究で用いられている．

●**実際報酬による割引測定** Rachlin et al.（1991）では仮想報酬が用いられたが，実際報酬を用いた場合にも同様の割引が生じるのであろうか．ジョンソンとビッケル（Johnson & Bickel, 2002）は，成人を対象に，仮想報酬と実際報酬を用い

て遅延割引を測定した．実際報酬条件では，すべての試行が終了した後に，実験参加者の選んだ選択肢の中から無作為に選ばれた1つが実現されるという方法が用いられた．また，主観的等価点の測定法として，実験参加者の選択に応じて即時報酬額が増減する調整量手続きが用いられたが，実験参加者が故意に即時報酬額を増減させることを防ぐために，一定の範囲から無作為に次試行の即時報酬額が選ばれ，参加者の選択に応じてその範囲が狭くなるように設定されたランダム調整量手続きが用いられた．仮想報酬条件では，報酬が仮想であることを除いて，実際報酬と同様の手続きが用いられた．その結果，6人中1人は仮想条件においてより大きな割引を示したが，その他の実験参加者については，報酬条件間で割引に違いは見られなかった．遅延割引において，仮想報酬と実際報酬の間で違いが見られないという結果は，他の研究（例えば，Madden et al., 2003）においても報告されている．

　上述の実際報酬を用いた研究では，実験終了後に報酬が実現されるため，実験参加者が遅延や報酬の受取りを経験することで以後の選択がどのように変化するかを，すなわち，学習の効果を検討できていない．そこで，遅延や報酬を各試行において実現する方法によってヒトの遅延割引を測定した研究がある．レーン (Lane et al., 2003) らは，成人を対象に，遅延される15セントとの間で等価となる短遅延（3秒）後に得られる報酬額を極限法によって測定した．遅延時間は，3〜90秒まで7条件設定され，各遅延条件において，即時報酬額が試行ごとに1〜15セントの範囲で操作された．選択の切替わり前後の短遅延報酬額から主観的等価点が決定された．(2)式の双曲線関数を適用した結果，良いあてはまりを示したことが報告されているが，ほとんど割引の生じない参加者が16人中4人いた．この研究では，同じ参加者を対象に仮想報酬条件も実施し，AUCや割引率について相関関係を調べたところ，有意な相関関係が得られていることから，仮想報酬条件と実際報酬条件で測定された遅延割引には共通性があると考えられる．

　ヒトを対象に選択肢の内容を学習させる方法で遅延割引を測定したその他の研究では，遅延報酬選択に対して，主観的価値を低めるようなコストを付加しているものが多い．例えば，遅延報酬選択時には，遅延後に報酬が確率的に提示される（Reynolds & Schiffbauer, 2004）や，遅延中に得点が減少する（Rodriguez & Logue, 1988）という操作が用いられている．これらの操作は，遅延に内在するリスクを表現するものと考えられるが，このような操作の妥当性については，検討が必要である．　　　　　　　　　　　　　　　　　　　　　　　［佐伯大輔］

参考文献
広田 すみれ他（編著）（2018）．心理学が描くリスクの世界（第3版）慶應義塾大学出版会

価値割引：その展開

☞遅延低減仮説 p.362，価値割引：基礎 p.370

　価値割引研究は，遅延割引を中心に発展してきたが，報酬の得られる確率や，報酬の他者との共有など，遅延以外の要因にも拡張されており，それぞれ，確率割引，社会割引とよばれている．遅延割引と同様に，これらの割引にも数理モデルとして双曲線関数が提案されている．このような研究の進展は，これまで独立に研究されてきた「セルフ・コントロール選択」「リスク選択」「社会場面における協力選択」を，価値割引という概念によって統一的に把握する方向に研究を促し，これまでにない新たな選択行動に関する研究領域を形成している．

●**確率割引**　確率割引は，ラックリン（Rachlin et al., 1991）らによって提案された．ラックリンらは，報酬が得られる確率が，報酬が得られるまでの遅延時間に還元できると主張し，確率割引の数理モデルとして，遅延割引の場合と同型の，以下の双曲線関数を提案した．

$$V = \frac{A}{1 + h\theta} \tag{1}$$

ただし，V は報酬量 A の主観的価値，θ は報酬が得られる確率を p とした場合の $(1/p)-1$ を表し，h は確率割引率を表す経験定数である．θ は，$p=0.1$ のときに9となるが，これは，例えば，「0.1の確率で当たるクジを繰り返し購入した場合の平均待ち時間」（当たりが出るまで平均9回のはずれを経験する）を表している．また，h はリスク嫌悪の程度を表し，$h<1.0$ の場合はリスク指向，$h=1.0$ の場合はリスクに対して中立（期待値どおりの判断），$h>1.0$ の場合はリスク嫌悪となる．確率割引の測定は，遅延割引の場合と同様に，仮想報酬を用いたものが多い．Rachlin et al.（1991）では，不確実な1000ドルとの間で等価となる確実報酬額を，2枚のカードのうちの一方を実験参加者に選ばせることで測定した．確率条件は，5〜95％まで7条件が設定され，各確率条件について，確実報酬額を1000ドルから1ドルまで30試行を通して減少（あるいはこれとは逆の順序で増加）させ，選択が切り替わる点を調べた．選好が切り替わった前後の確実報酬額の平均値をその確率条件における主観的等価点とした．(1) 式の双曲線関数を主観的等価点にあてはめたところ，良いあてはまりを示し，推定された割引率（h）は1.6であった．この結果は，ヒトを対象とした認知的意思決定研究（例えば，Kahneman & Tversky, 1984）で多く見られるリスク嫌悪という結果と一致する．

　Rachlin et al.（1991）では仮想報酬が用いられているが，実際の報酬が用いら

れた場合でも同様の結果が得られるのであろうか．実光・大河内（2007）は，不確実報酬を，100本のストローで作成したクジで表現し，実験参加者が不確実報酬を選択した場合には，1本のストローを選ばせ，それが当たりであれば，100円を与えるという，実際報酬の選択場面を用いて確率割引を測定した．また，Rachlin et al.（1991）と同様の仮想報酬条件も実施して結果を比較したところ，実際報酬条件の方が，割引率が低くなるという結果を報告している．この結果は，仮想報酬を用いた測定では，現実場面におけるヒトのリスク選択が予測できないことを示唆しており，選択肢の内容を実験参加者に学習させる方法の重要性を示している．

●**社会割引** 社会割引は，報酬を他者と共有することによって生じる価値割引である（Rachlin, 1993）．割引要因として，共有人数（Ito et al., 2011 ; Rachlin, 1993）と社会的距離（Jones & Rachlin, 2006）が提案されている．いずれの場合も以下の双曲線関数が用いられている．

$$V = \frac{A}{1+sN} \tag{2}$$

ただし，V は報酬量 A の主観的価値，N は共有人数（自分を含まない）または社会的距離を表し，s は割引率を表す経験定数である．N が社会的距離を表す場合，A は報酬量ではなく，割引前の報酬の主観的価値を示す経験定数とされることもある（Jones & Rachlin, 2006 ; 2009）．s は利己性の程度として解釈されている．

●**割引要因間の関係** 遅延割引，確率割引，社会割引のいずれについても，数理モデルとして双曲線関数が妥当であることが示されているが，双曲線関数の分母（Myerson & Green, 1995 ; Ostaszewski et al., 1998）や割引要因（(1)式の θ や(2)式の N）に指数パラメータが付加された関数へと拡張が試みられている（Jones & Rachlin, 2009）．

どの価値割引も双曲線関数という同型の関数によって記述できるという事実は，遅延時間，確率，共有を伴う選択が類似した過程であることを示唆する．この主張は，選択行動研究における，強化確率の遅延時間への還元可能性の議論（Rachlin et al., 1986）や，セルフ・コントロール選択場面と協力選択場面との間の類似性の考察（Ainslie, 2001 山形訳 2006）と軌を一にする．もし，これらの価値割引の基礎に共通の過程が存在するのであれば，価値割引間には相関関係が見られるはずである．また，ある価値割引に影響する要因は，他の価値割引に同様の影響を及ぼすはずである．このような観点から割引間の相関関係を調べた研究では，遅延割引率，確率割引率，社会割引率（割引要因が社会的距離の場合）の間に，それぞれ正の相関関係を報告した研究（Jones & Rachlin, 2009）がある．

しかしながら，報酬量効果をはじめ，価値割引の間で異なる効果をもたらす要因のあることが報告されている．

グリーン（Green et al., 1999）らは，大学生を対象に，複数の仮想報酬条件（実験1では500ドル，1万ドル，実験2では，200ドル，5000ドル，10万ドル）を用いて遅延割引と確率割引を測定した（Green et al., 1999）．その結果，割引率（この研究では，双曲線関数の分母に指数パラメータを付加した双曲面関数が用いられた）は，遅延割引では報酬量の増加にともなって低下したが，確率割引では逆に上昇した（図1）．この結果は，遅延割引と確率割引が異なる過程であることを示している．また，社会割引については，報酬量効果が確率割引と同じ方向に出ることが明らかにされている（Ostaszewski & Osiński, 2011；Rachlin & Jones, 2008；佐伯, 2001）ことから，社会割引は確率割引と類似した過程であることが示唆される．

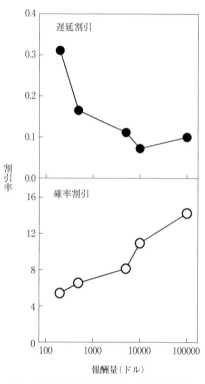

図1　遅延割引と確率割引における報酬量効果
［Green et al., 1999, Fig. 4 をもとに作成］

報酬量水準の他に，遅延割引と確率割引に対して異なる関係を示す要因として，インフレーションの程度（Ostaszewski et al., 1998），報酬の性質（金銭か飲み物か；Estle et al., 2007），文化（Du et al., 2002），性格検査の尺度得点（Ostaszewski, 1997）などが，仮想報酬を用いた研究において報告されている．これらの結果は，遅延割引と確率割引は異なる行動特性を表すことを示唆する（Green & Myerson, 2013）．

●割引率の意味とその値の差異　割引関数の適用によって推定される割引率は，それぞれ，衝動性（遅延割引），リスク嫌悪性（確率割引），利己性（社会割引）を表すとされており，その値が個人や文化によって異なることが報告されている．例えば，遅延割引について，マデンら（Madden et al., 1997）は，オピオイド依存者と統制群との間で比較している．一般に，薬物依存は，薬物摂取によって得られる即時の快楽を選択した結果として生じると考えられることから，オピオイド依存者の遅延割引率は統制群よりも高いことが予測される．仮想の金銭報

酬を用いた測定の結果，オピオイド依存者の遅延割引率は統制群よりも高いことが明らかになった（図 2）．この結果は，遅延割引率が衝動性の程度の指標として妥当であることを示している．異なる行動的特徴をもつグループ間での割引率の違いは確率割引においても報告されており，ギャンブラーは非ギャンブラーよりも，確率割引の程度の低い（よりリスク指向的である）ことが明らかにされている（Holt et al., 2003）．

価値割引の程度は文化によっても異なる．Ito et al.（2011）は，日本人とアメリカ人の大学生を対象に，仮想の金銭報酬を用いて，共有人数を割引要因とした社会割引を測定し，割引率を文化間で比較した結果，共有集団が家族・親類条件と面識のない人条件の両方において，社会割引率は日本人の方がアメリカ人よりも高いことが明らかになった．この事実は，日本人の方がアメリカ人よりも利己的であることを示している．このような社会割引における日本人とアメリカ人の違いは，(2) 式の N が社会的距離である場合においても報告されている（Romanowich & Igaki, 2017）．伊藤ら（Ito et al., 2011）は社会的ジレンマ課題も実施しているが，この課題において報酬の独占を選んだ参加者は，共有を選んだ参加者よりも社会割引率が高いことが報告されている．価値割引における文化間の差異は，遅延割引や確率割引においても確認されており（Du et al., 2002），日本人はアメリカ人や中国人よりも遅延割引の程度が低く（衝動性の程度が低い），中国人はアメリカ人や日本人よりも確率割引の程度が低い（リスク指向の程度が高い）．

このように，割引要因が確率や共有に拡張されたことにより，セルフ・コントロール選択，リスク選択，協力行動を包含する新たな研究領域が構築されたことは，価値割引研究が選択行動研究にもたらした重要な貢献といえる．しかしながら，多くの価値割引研究では，仮想報酬が用いられ，その内容が実験参加者に言語的に提示される方法が採用されている．実験参加者が選択肢の内容を学習した場合においても同様の結果が得られるか否かを明らかにすることは今後の課題である．

［佐伯大輔］

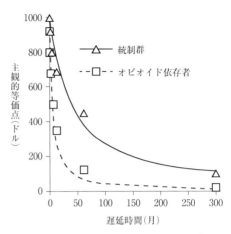

図 2　オピオイド中毒者と統制群の遅延割引［Madden et al., 1997, Fig.1 をもとに作成］

行動的意思決定

☞選択行動 p.350

　現代の意思決定研究は，経済学において発展した規範的アプローチに基づく理論的研究にその端緒を見ることができる．そこでは，「合理的主体がとる意思決定を理論的に導出する」ことが目的とされ，様々な状況下で，利得を最大にする意思決定（選択）方略が明らかにされてきた．この研究分野から生まれた最も有名な意思決定理論は，フォン・ノイマンとモルゲンシュテルン（von Neumann & Morgenstern, 1944）による，期待効用理論であろう．彼らは，「確実に得られる1万円と50％の確率で得られる2万円の間の選択」といった不確実状況下での意思決定の問題に対して，利得量（物理量）を効用（心理量）に変換し，これに確率をかけることで算出される期待効用がヒトの選好を規定するとした．しかし，ヒトの実際の意思決定が，必ずしもこのような規範理論の予測に合うわけではないことが示されると，1960年代初頭から，心理学を中心に，実際のヒトの判断・意思決定・選択行動を記述可能な理論の構築を目的とした記述的アプローチをとる意思決定研究領域が発展してきた（山岸, 2009）．これが現在，「行動的意思決定」とよばれる研究領域であり，経済学や生物学など，ヒトや動物の行動を扱う多くの研究分野において，既存概念の見直しや新たな学際的研究領域の構築という大きな影響を与えている．その発展には，トベルスキー（Tversky, A.）とカーネマン（Kahneman, D.）による貢献が大きい．

　行動的意思決定研究は，研究分野によって，行動経済学，行動ファイナンス，行動的ゲーム理論など，いくつかの呼称が存在するが，いずれも，ヒトや動物の意思決定・選択行動を研究対象としている点で共通している．ただし，行動経済学については，経済学の概念を用いてオペラント行動の分析を行う研究領域（Hursh, 1980）に対しても同じ呼称が用いられるので注意が必要である．

　多くの意思決定研究では，質問紙により，選択肢の内容が言語的に提示され，実験参加者が好ましいと思う選択肢を筆記用具で印をつけることによって選ぶ認知的アプローチが採用される．その場合，選択は1回であり，選択結果が実現されない仮想の意思決定場面が用いられる．この点で，実験参加者に選択肢の内容を学習させる方法を用いる行動分析学における選択行動研究とは対照的である（佐伯・伊藤, 1997）．以下では，行動的意思決定研究の主な例として，プロスペクト理論，行動的ゲーム理論，埋没費用効果について概要を述べる．

●プロスペクト理論　カーネマンとトベルスキーは，不確実状況下の意思決定モデルとして，期待効用理論を修正したプロスペクト理論（Kahneman & Tversky, 1979）を提唱した．これは，利得量や損失量を価値に変換する価値関数，

確率を決定荷重値に変換する決定荷重関数からなる．価値関数（図1）は，利得と損失の両方の領域において，量の増加にともない，価値の変化が小さくなることを想定する．これは，「確実にもらえる1万円」と「50%の確率でもらえる2万円」の間の選択では前者が好まれるが，「確実に失う1万円」と「50%の確率で失う2万円」の間の選択では後者が好まれるという鏡映効果を説明するためである．また，損失領域では利得領域よりも価値の変化が急になることが想定されるが，それは，「1万円失う」場合の価値の絶対値は，「1万円もらう」場合のそれよりも大きいと考えられるからである．さらに，同じ内容の選択問題であっても，利得の言葉で表現された場合と損失の言葉で表現された場合で選択が変化するフレーミング効果を説明するために，価値関数の参照点が移動可能であるとしている．

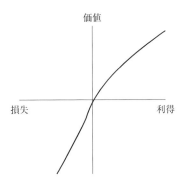

図1 プロスペクト理論における価値関数 [Kahneman & Tversky, 1984 をもとに作成]

決定荷重関数（図2）は，非常に低い確率の場合には過大評価を，それ以外の部分では過小評価が生じることを予測する．それにより，「確実にもらえる3000円」と「80%の確率でもらえる4500円」では前者が好まれるが，「25%の確率でもらえる3000円」と「20%の確率でもらえる4500円」では後者が好まれるという確実性効果を説明できる（Kahneman & Tversky, 1984）．

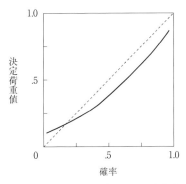

図2 プロスペクト理論における決定荷重関数 [Kahneman & Tversky, 1984 をもとに作成]
実線は決定荷重値を，点線は確率値と決定荷重値が等しくなる場合を示している．

ラックリン（Rachlin et al., 1986）らは，行動分析学の選択行動研究において構築された一般対応法則（一般化対応法則）（Baum, 1974a）が，プロスペクト理論と同様の予測を導出できることを示すことにより，選択行動研究と行動意思決定研究の統合可能性を考察している（Rachlin et al., 1986）．強化量次元に拡張した一般対応法則において，強化量に対する感度を表す指数パラメータの値が0.5付近の場合には，価値関数と同様の理論曲線になることや，遅延時間次元に拡張した一般対応法則に対して，強化遅延時間へと変換した強化確率の値を代入

すると，決定荷重関数と同様の理論曲線を導出できることが示されている．

●**行動的ゲーム理論** ゲーム理論とは，フォン・ノイマンとモルゲンシュテルンによって開発された，社会場面における合理的選択を導出するための規範理論（von Neumann & Morgenstern, 1944）である．ゲームとは，2人以上のプレイヤーが，それぞれ，複数ある選択肢のうちの1つを選んで利得を得る場面において，得られる利得が自分の選択だけではなく他のプレイヤーの選択によっても影響される状況を指すが，ゲーム理論では，このような状況下でどのような選択パターンが利得の最大化をもたらすかが理論的に示される．したがって，ゲーム理論で明らかにされる選択パターンは規範解であるが，実際のヒトの選択は規範解から逸脱することが示されてきた．行動的ゲーム理論は，実際の選択と規範解との不一致が，どのような要因によってもたらされるのかを，現実に存在する社会的相互作用に近い場面を用いて明らかにしている．

例えば，最後通牒ゲーム（Camerer, 2003）では，提案者と反応者の間で10ドルを分配する状況において，提案者がその配分（例えば，提案者に7ドル，反応者に3ドル）を決めることができる．反応者は，この提案を受け入れるか，拒否するかを選ぶことができ，拒否した場合には2人とも配分は得られない．このゲームでの合理的提案者がとる配分は，提案者に9ドル，反応者に1ドルであるが（1ドル単位で調整可能な場合），実際には均等配分に近い配分が提案される（Camerer, 2003）．このような選択を行う理由として，利他的選好や不平等回避傾向が考えられている（森，2009）．また，最後通牒ゲームの変型版で，反応者が拒否できない状況を，独裁者ゲームとよぶ．このゲームでは，反応者による拒否が不可能なため，提案者は全額を自分に配分できるが，反応者への平均的な配分は約20%（Camerer, 2003）であり，これは純粋な利他性の現れとされている．行動分析学では，複数回の試行からなる独裁者ゲームを用いて，報酬の質（仮想報酬／実際報酬）の効果（Fantino & Kennelly, 2009）や，最後通牒ゲームや独裁者ゲームを用いて，報酬量や他のプレイヤーとの社会的距離の効果（Bechler et al., 2015）が検討されている．

●**埋没費用効果** 埋没費用効果とは，ある目標達成に向けて投資を行っている状況で，目標達成が不可能となり，さらなる投資はむだになることが明らかになった後でも，投資をし続けることをいう．この状況では，すでに支払い済みで取り戻せない費用（埋没費用）を考慮せずに意思決定することが合理的とされる．アークスとブルーマー（Arkes & Blumer, 1985）は，架空のシナリオを用いて，ある飛行機を製造する会社で，「1000万ドルの費用のうちの90%をすでに投資している状況」または，「100万ドルの費用をこれから投資する状況」下で，その飛行機の完成が利益をもたらさないことがわかった場合に，100万ドルを投資するかどうかを尋ねた．その結果，「投資する」という回答者の割合が，前者で

は約 85% であったのに対し，後者では約 17% であることから，埋没費用効果が生起したとしている．埋没費用効果は，プロスペクト理論の価値関数によって説明されている（Thaler, 1980）．すなわち，同じ 100 万ドルの支出（損失）であっても，すでに多額の支出をしている状況の方が，そうでない状況よりも，支出に伴う価値の変化が小さくなることによって説明できる．

　ヒト以外の動物においては，埋没費用効果は見られないという主張もある（Arkes & Ayton, 1999）が，ヒト以外の動物を対象とした埋没費用効果の検討は，生物学（「コンコルドの誤謬」）とよばれている．Dawkins & Brockmann, 1980）や行動分析学においても行われている．ハトを対象とした研究（Navarro & Fantino, 2005）では，複数の固定比率（fixed-ratio, FR）スケジュールが一定の確率（例えば，FR 10 が 50%，FR 40 が 25%，FR 80 が 12.5%，FR 160 が 12.5%）で提示されるキーと，FR スケジュールをキャンセルして次試行へと移行するキーの間の選択場面が用いられた．この場合，10 回反応しても強化されない場合には，次試行へ移行することが合理的である．その結果，所定の反応回数が生じた場合の刺激変化，反応要求の期待値，強化履歴の効果のあることが明らかになった．ハトにおける埋没費用効果は，他の研究（Fujimaki & Sakagami, 2016；Macaskill & Hackenberg, 2012）においても確認されている．

　この他，「判断」研究においても，質問紙法から得られた知見が，オペラント条件づけを利用した測定法によって再現可能か否かが検討されている．例えば，基準比率の無視（Tversky & Kahneman, 1982）の研究では，以下の「タクシー問題」において，タクシーの存在比率（基準比率）が考慮されない誤りが生じるとされる．「緑タクシーが 85%，青タクシーが 15% の割合で営業する町でひき逃げ事故が起こり，目撃者は『青タクシーが事故を起こした』と証言した．目撃者は 80% の確率で色を正しく答えることができることがわかった．事故を起こしたタクシーが青である確率はどのくらいか．」回答者の多くは 80% と答えるが，ベイズの定理を用いて算出した正解は約 41% となる．この問題に対し，グッディとファンティノ（Goodie & Fantino, 1996）は，ヒトが確率を学習した場合においても同様の誤りが生じるかを，見本合わせ課題を用いて検討した．証言の内容が見本刺激として提示され，対応する比較刺激の選択が，基準比率と証言の信頼度に基づいて計算された確率に従って強化された．その結果，2 種類の確率の両方が選択に影響することが示された．このように，主に質問紙法を採用してきた意思決定・判断研究に対し，学習場面を用いた行動測定を通して，現象の一般性を検討することは重要な試みといえよう． ［佐伯大輔］

📖 参考文献
広田 すみれ他（編著）（2018）．心理学が描くリスクの世界（第 3 版）慶應義塾大学出版会
坂上 貴之（編）（2011）．意思決定と経済の心理学　朝倉書店

Ⅱ部　実験的行動分析

5章　展開と関連領域

オペラント行動の個人差… 384
社会的行動………………… 388
比較認知…………………… 392
コロンバン・シミュレーション
　計画…………………… 396

行動神経科学… 400
行動薬理学…… 404
行動生態学…… 408
行動経済学…… 412

オペラント行動の個人差

☞再現性 p.114

　研究結果に現れるデータの変動，あるいは個人（体）差は，その変動を生む独立変数を研究者が把握できていないことに起因し，つまりは実験統制の不完全さを意味する（佐藤，1987）．群間比較法による研究では，これらの変動は「誤差」として一くくりにされがちであるが（例えば，Johnston & Pennypacker, 2009），実験行動分析学では，その変動を生み出す独立変数を突き止めて統制し，あるいは，その変数の効果そのものを研究することが求められる（Skinner, 1956）．強化スケジュール下でヒトが示す行動の個人差を実験的に検討した先駆的研究で，ハーツェン（Harzem, P.）は，変動の原因である独立変数の積極的な探求が，それまでほとんど手つかずであったと指摘した（Harzem, 1984；彼はその例外として Lundin, 1961, 1969 の著作をあげている）．

●**個人差と「パーソナリティ」**　個人差，例えば「パーソナリティ」の問題は，古くから心理学の中心的な研究テーマであったが，それは，心理学における様々な立場で，独立に論じられてきた（Staats, 1996）．その結果，その定義は研究者により様々であるが，多くは，個人の内部に存在し，個人の行動や思考をはじめとする多くの心理的側面を決定する仮説構成体として提案されてきた（渡邊・佐藤，1993）．行動の独立変数を個体内部に求めず，構成概念による行動の説明を否定する徹底的行動主義の立場では（Skinner, 1950），このような「パーソナリティ」の定義は受け入れられない．

　ワトソン（Watson, 1930）は，行動主義の立場から「パーソナリティ」を「長期間にわたる行動の信頼できる観察によって見出すことのできる活動の総体である」と定義し，「パーソナリティ」を観察可能な行動と，その独立変数との関係でとらえる可能性を示した．これが，実験行動分析学が行動の個人差を論じる際の出発点である（望月・佐藤，2002）．

●**スケジュール・パフォーマンスの個人差**　実験行動分析学における「パーソナリティ」の実験的研究の嚆矢は，ハーツェン（Harzem, 1984）による，強化スケジュール下の行動の特徴と大学入学試験の成績を比較した研究である．強化スケジュールは，その性質に応じて，特有の反応率や，反応率の変動，あるいは反応率の規則的な変動（スケジュール・パフォーマンス）を生み出す（Ferster & Skinner, 1957；堀他，1989）．その特徴は強化スケジュールの性質で決定され，行動や強化子の違い，種差を超えた共通性が認められる．しかし，ヒトだけは他の動物とは異なるパフォーマンスを示すことが多く，ヒトのオペラント行動研究とよばれる領域の大きな研究課題になっている．ヒトは一般的に，スケジュール

の種類や強化率（スケジュール値）の変化に対応したパフォーマンスの変化を示さないことが多い（藤田・佐藤，1985）．同時に，この現象は個人差が大きく，スケジュールの変化がまったく影響しない者もいれば，他の動物とほぼ同様の敏感さで新しいスケジュールに特有のパフォーマンスを示す者もいる．ハーツェン（Harzem, 1984）は，ヒトにみられるスケジュールへの感受性の個人差に注目し，行動分析的立場から初めて「パーソナリティ」の実験的研究を行った．

　実験はウェールズ大学を受験した高校生54人に対して行われた．実験に使われたのは5種類の成分からなる混合スケジュールで，FI（固定時隔，fixed-interval）30秒，FR（固定比率，fixed-ratio）40，DRLスケジュール（低反応率分化強化，differential reinforecement of low rates）10秒，DRL 30秒，FR 20の5種のスケジュールが，この順番で，外的な手がかりの変化を伴わずに変化した．各成分の長さはFI 30秒が10分，FR 40が5分，DRL 10秒が15分，DRL 30秒が15分，FR 20が5分であった．FI 30秒では，30秒に1回の割合で反応したとき，むだな反応を最小にして得点を得られるが，それ以上の反応率でも得点が減ることはない．FRでは反応率に比例して得点が増え，DRLではスケジュール値より短い間隔で反応するとまったく得点が得られなくなる．高校生たちは，机上のキーを押すとカウンター上の得点が増加することと，できる限り高い得点を獲得するよう教示された（図1）．

　ハーツェンは高校生たちのパフォーマンスを5種類に分類した．①FR下では高率で反応し，DRLでは反応率が低くなるというように各成分に適応的に行動した適応群で，これは54人中10人存在した．残り44人はさらに，②反応率がスケジュールと無関係に変動し，平均反応率が低かった変動低率群11人，③反応率が変動したが平均反応率が高かった変動高率群10人，④終止低反応率だった一貫低率群8人，⑤終止高反応率を示した一貫高率群15人，の4つに分類できた．これを，入試成績と比較すると，入試合格者は，適応群では10人中9人，変動低反応率群が11人中2人，変動高反応率群が10人中6人，一貫低反応

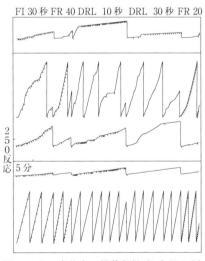

図1　5人の高校生の累積記録（1本が1人）
　　［Harzem, 1984, p. 390, Fig. 2をもとに作成］
混合スケジュールは図の最上部に表示されている．上から順に，適応群，変動高率群，変動低率群，一貫低率群，一貫高率群に分類された典型的な参加者の実験セッション全体の累積記録である．

率群が 8 人全員，一貫高反応率群が 15 人全員であった．特に入試成績が優秀だったのは，適応群と一貫高率群で，それぞれ 10 人中 9 人，15 人中 14 人が「優秀」か「無条件合格」の判定で合格していた．一方，変動低率群は 11 人中 2 人が「無条件合格」したが，残る 9 人は不合格となり，最も入試成績が劣っていた．このようにしてハーツェンは「パーソナリティ」の「知的」側面と，スケジュール・パフォーマンスの対応関係を示すことで，「パーソナリティ」の実験的行動分析の可能性を示したのである．

　これに続き，既存の心理検査により判定される「パーソナリティ」特性と，スケジュール・パフォーマンスの対応を検討した研究が試みられた．採用された強化スケジュールは，ハーツェン（Harzem, 1984）と同等か類似した混合スケジュールが多いが，他にも FI の単一スケジュール，全成分が DRL で値だけが異なる混合スケジュール，多元 FR DRL スケジュール，反応系列強化スケジュール（いわゆるラグ・スケジュール），1 回の強化量と強化率が異なるが期待値は等しい 2 選択肢間の選択，Mazur（1987）にならった調節遅延手続きなどがある．一方，検討された心理検査には，「パーソナリティの固さ」尺度（Scale for Personality Rigidity, SPR），Matching Familiar Figures Test（MFFT），集団用ロールシャッハ方式新版人格診断検査 A 型，精研式文章完成法テスト（Seiken's Sentence Completion Test, SCT），モーズレイ性格検査（Maudsley Personality Inventory, MPI），Jenkins Activity Survey（JAS），NEO-PI-R（revised NEO personality inventory）などがあり，このうち，NEO-PI-R，MFFT，「固さ」尺度，SCT，JAS について，スケジュール・パフォーマンスとの間に何らかの対応関係が見出されている（それぞれの研究例については望月・佐藤，2002 を参照のこと）．例えば，松崎らは，DRL 下のパフォーマンスに着目し，NEO-PI-R の特性得点と DRL スケジュールのパフォーマンスとの相関を分析した（松崎他，2000）．彼らは，mix. DRL 1 秒，DRL 2 秒，DRL 4 秒，DRL 8 秒，DRL 16 秒，DRL 32 秒を用い，DRL 下での強化数を，DRL 1 秒での 1 強化を 1 点，DRL 2 秒での 1 強化を 2 点，DRL 4 秒での 1 強化を 4 点，DRL 8 秒での 1 強化を 8 点，DRL 16 秒での 1 強化を 16 点，DRL 32 秒での 1 強化を 32 点と得点化した．NEO の各特性得点と DRL 得点の間に .40 以上の正または負の相関係数が得られたものはなかったが，NEO-PI-R の各特性に含まれる 5 つの下位特性の得点と DRL 得点との間の相関係数を求めると，開放性の下位特性の 1 つである価値の得点と DRL 得点との間に $r = .40$，外向性の下位特性の 1 つである群居性の得点と DRL 得点との間に $r = -.40$ の相関が得られた．

●**行動傾向とスケジュール・パフォーマンス**　これら諸研究に続き徐々に，スケジュール・パフォーマンスと特定の行動傾向，特に具体的な行動として定義される特性との相関や，そうした行動の予測可能性に取り組む研究が現れる．

例えば，ヴァン・デン・ブローク（Van den Broek, M. D.）らは，MFFTで「衝動的」と分類された4人と，「非衝動的」と分類された4人を対象に，反応間時間が10秒より長い反応を現金強化子により強化する実験を行った（Van den Broek et al., 1987）．その結果，随伴性に関する情報を一切与えない場合は（phase I），「衝動的」な参加者は，そうでない参加者より獲得した強化子が少なく，強化されない反応，つまり10秒未満の間隔の反応が多発していた．

　強化可能な状態になると照明を点灯させると（phase II），どちらの参加者でも強化数が増加したが，「衝動的」でない群の方が成績は優れていた．次に，セッション開始時に随伴性を説明すると（phase III），両群ともに成績は向上したが，随伴性は同じであることを告げたうえで，強化可能状態を示す照明を点灯しなくすると，「衝動的」参加者には成績の低下が認められた．

　また中野らは，Mazur（1987）の調整遅延手続きによって測定された強化遅延時間の長さがJASによりタイプAに分類される者は，それ以外の者に比べて有意に短いことを示した（Nakano et al., 1996）．この手続きでは，参加者に，強化率50%と100%の選択肢を選択させた．強化率50%の選択肢は，常に強化まで1秒の遅延があり，100%の選択肢の強化遅延時間は過去の選択行動に応じて増減した．参加者が50%の選択肢を選ぶと100%選択肢の遅延時間は1秒短縮し，100%の選択肢を選ぶと1秒延長した．つまり選択を繰り返すことで，1秒後の50%の強化が，何秒後の100%の強化と主観的に等価であるかを測定することができる．タイプAと分類された大学生16人の平均遅延時間は6.39秒（$SD=1.13$）であり，非タイプAの15人の平均14.42秒（$SD=2.87$）に比べて有意に短かった．

　「衝動性」に関連して，大河内は1200試行60セッションにわたりFIスケジュールを経験させて，そのパフォーマンスとMFFTの結果との相関を調べ，MFFTでの誤りの総数と強化後反応停止との間に負の相関（$r=.30; p<.05$）が，反応率と間には正の相関（$r=.36; p<.01$）を見出した（Okouchi, 2002）．MFFTでの誤りは衝動性と関係することが指摘されている．

　個人差は，生物学的な要因や個体の履歴に由来するとされるが（例えば，Skinner, 1956），それは，その時点で作用している随伴性以外のすべての要因，という意味に等しく，あまりにも広範である．「パーソナリティ」との関係で個人差を考えれば，それはある程度の永続性をもつ行動の特性ということになるが，短期間に生じる個人内・個人間の変動も研究に含まれるであろう（Kelly et al., 2005）．実験行動分析学が，個人差をどのように分析するべきか，という問いと同時に，どのような個人差を実験行動分析学の研究対象にすべきか，という問いも検討されなければならないだろう．文字どおり「非常に多くの課題が未解決のまま残されている」（Williams et al., 2008）のである．　　　　　　　［望月　要］

社会的行動

　ヒトを含む多くの動物は社会的な生き物であり，常に他個体との関わりの中で生活している．一般に社会的行動とは，同種個体間の相互作用を指し，協力・競争行動，攻撃行動，繁殖行動などがこれに含まれる．社会的行動を強化随伴性の枠組みでとらえると，他個体の存在は弁別刺激や強化刺激として機能する．また，他個体の存在は，確立操作としての役割を果たすこともある．

　これまで心理学における社会的行動の研究は，社会心理学を中心に，応用行動分析学や実験的行動分析学の中で扱われてきたが，その中でも協力・競争行動は，主要なテーマとして取りあげられている．自身の反応が他者の，また他者の反応が自身の強化に影響を及ぼす状況において，協力行動とは，双方へ等しい割合で強化をもたらす反応を指す．一方，競争行動とは，どちらか一方のみへ強化をもたらすか，または双方へ異なる割合で強化をもたらす反応を指す．協力・競争行動では，自身にもたらされる強化が完全に相手の反応により決定する場合（依存型）と，自身および相手の反応により決定する場合（相互依存型）に大別される．

●ヘイクの協力・競争行動に関する研究　ヘイク（Hake, D.F.）らは，1970年代に行った一連の研究において，2個体間の社会的随伴性について検討している．例えば，Hake et al.（1975）は，男子高校生7組14人を対象に見本合わせ課題を用いて，参加者間の獲得得点と協力・競争行動の関係を調べた．参加者は，提示された見本刺激に対して正しい比較刺激を選択すると実験終了後に換金可能な得点を得ることができた．

　実験室には見本刺激を提示する見本パネルと比較刺激を提示する課題合せパネルが2組ずつ設置されていた（図1）．見本パネルは，4m離れた相手の横に，課題合せパネルは，自身の目の前に設置されていた．よって各参加者は，見本パネルまで歩いていき，自身で見本提示ボタンを押すこともできたが，相手が見本提示ボタンを押せば，移動せずに比較刺激を選択できた．課題合せパネルには，各試行における強化量（1～3セント）を示す窓，フィードバック刺激，比較刺激である3組のアルファベットとそれに対応した反応ボタンが設置されていた．また，課題合せパネルには，自身と相手が獲得した累積得点を表示するカウンターが設置されており，参加者は，表示ボタンを押すとそれらを確認できた．参加者は課題合せパネル上の分配レバーで，見本合わせ課題を自身で答えるか（競争行動），それとも相手に答えさせるか（協力行動）を選択した．①見本合わせ課題が参加者間でランダムに割り振られるベースライン条件（分配レバーは不使用），②参加者が回答者を自由に決めることができる実験条件，③再び課題がラ

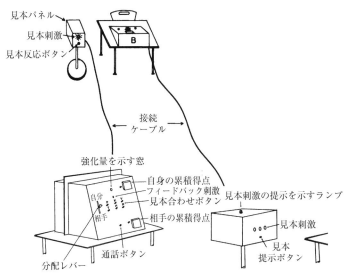

図1 見本パネル（右）と課題合わせパネル（左）[Hake & Vukelich, 1973 をもとに作成]

ンダムに割り振られるベースライン条件の3条件を行った．各条件において，1回20分のセッションを4回から8回行った．なお，実験条件では，各試行において試行ランプ点灯後に先に分配レバーを操作した参加者の反応のみが有効であった．

協力・競争行動の測度として，各セッションにおける参加者間の獲得得点の一致度（低得点／高得点）を求めた．その結果，ベースライン条件に比べて，実験条件では，すべてのペアで獲得得点の一致度が増加し，最終4セッションでは95％以上になった．これは，すべてのペアがほぼ等しい割合で課題に正解したことを表している．また，参加者には，お互いに見本刺激を提示し合う行動も見られた．この実験では，協力行動，すなわち，相手に課題を与える反応のみが双方の獲得得点の一致度をあげる方法ではなかった．実際にほとんどの参加者は，課題を相手に分配せず，自身で回答することを選んだ．ただし，双方が分配レバーの操作を競い合う競争行動を示したわけではなく，一方が課題を獲得すると，次の試行では他方が課題を獲得するという共有行動が示された．

共有行動が支配的であった理由としてヘイクらは以下の点を指摘している．まず，多くの参加者がセッション開始時に競争行動を示したことから，反応次元が同じ「共有」への移行は「協力」への移行よりも容易であった．次に，共有行動は協力行動に比べて，強化子を得るまでの遅延時間が短かった．自身へ課題を分

配した場合は，その試行内で強化子を得ることが可能だが，相手へ課題を分配すると，少なくとも次試行で同じように相手から課題が与えられるまで遅延が伴う．こうした強化子を得るまでの遅延時間やそれに伴う不確実性が参加者の選択に影響したと考えられる．ヘイクらの研究では，多くの参加者が共有行動を示したが，以下に示す囚人のジレンマゲームを用いて協力・競争行動を検討した研究では，必ずしも個体が協力的に振る舞うわけではなく，むしろ利己的な選択が示されている．

　これまでの研究から協力行動は，以下の状況において多く出現することが明らかになっている．①参加者同士が対等な関係にある，②強化子を得るための反応コストが双方に分配されている，③強化子の提示に協力的随伴性が働いている．これ以外にも協力・競争場面において参加者の行動に影響を及ぼす要因には，①参加者が対面しているか，②コミュニケーションが可能であるか，③自身および相手の累積報酬が提示されているか，などがあげられる（Rosenbaum, 1979; Schmitt, 1981）．

●**ゲーム理論に基づく協力・競争行動**　ゲーム理論とは，囚人のジレンマゲームに代表されるような2人またはそれ以上の参加者の利害が相互に対立し，互いに相手の選択によって獲得する強化量が異なる選択場面において，各参加者がどのように選択を行うべきかを説明するものである．これまでゲーム理論は，社会心理学やミクロ経済学において多くの研究が行われてきたが，1990年代半ば頃からオペラント条件づけの手続きを用いた実験的行動分析の研究においても動物の行動規範を明らかにするツールとして研究が行われている．例えば，グリーン（Green et al., 1995）らは，ハトをコンピュータと対戦させることで，ゲーム理論におけるゲーム構造（囚人のジレンマゲーム，チキンゲーム）と対戦相手の方略（ランダム方略，しっぺ返し）の効果を調べている．囚人のジレンマゲームは，図2(a)に示すように，$T>R>P>S$ かつ，$R>(T+S)/2$ の不等式を満たしていることが条件となる．

　一方，チキンゲームでは，図2(b)に示すように，双方のプレイヤーが裏切りを選択したときに，どちらのプレイヤーも最も低い得点を得ることになる．囚人のジレンマゲームにおける一度きりの選択では，常に裏切りを選択することが最適な方略となる．しかし，選択が複数回繰り返される場合は，相手の選択により自身の最適な選択が異なる．例えば，相手が常に裏切ったり，裏切りと協力をランダムに選択するならば，常に裏切りを選択することが望ましいが，相手が自身と同じ選択を次試行で繰り返す，「しっぺ返し」を用いるならば，最終試行以外では常に協力をすることが最適な選択となる．

　グリーンらの実験では，ハトは，「協力」するかそれとも「裏切る」かを2つのキーのうちいずれかをつつくことで示した．各試行における強化量は，ハトと

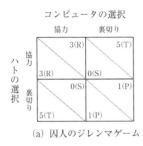 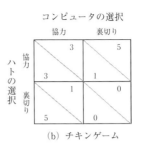

図2 囚人のジレンマゲームとチキンゲームにおける利得表［Green et al., 1995］.

コンピュータの選択の組合せによって決定した（図2）．その結果，囚人のジレンマゲームでは，コンピュータの選択がランダムでも，しっぺ返しでも，ハトは，常に「裏切り」を選択することが示された．また，チキンゲームでは，コンピュータの方略がしっぺ返しの場合，「協力」を選択する割合が約50%になることが示された．この結果は，ハトの選択がゲーム構造の違いに敏感であることを表している．また，ハトは，現在の試行においてより多い強化量を生む選択肢を選好し，セッション全体の得点を最大化するような選択（協力行動）は示さなかった．

ハトが常に裏切りを選択することは，動物が遅延報酬よりも即時報酬を選好する事実とも一致する（☞「セルフ・コントロール（自己制御）：基礎」）．ハトは協力を選択することで3ペレットを得ることができるが，そのためにはまず，0ペレットが提示される選択肢を選ばなくてはいけない．ヘイクらの研究でも示されたように，大報酬を得るまでの遅延時間により報酬の価値が割り引かれることは，動物が協力行動を示すか否かに大きく影響を及ぼすと考えられる．

個体間の相互作用を扱った研究には，協力・競争行動を問題とした上記の研究以外にも，ヒト集団の分布を問題とした理想自由分布理論に関する研究や（Sokolowski et al., 1999；山口・伊藤，2006），報酬を自身で独占するか，それとも他者と共有するかを問う，社会割引に関する研究も行われている（Ito et al., 2011）．社会的行動の研究は，単一個体を対象とした研究よりも，実験場面が複雑かつ多様であり，また，研究ごとに実験手続きが異なるため，それらの結果を一般化することは難しい．社会的な生き物であるヒトを含む動物への理解を深めるため，個体間の相互作用の研究は今後もさらなる展開が期待される研究領域である．

［山口哲生］

参考文献
Poundstone, W. (1992). *Prisoner's dilemma: John von Neumann, Game theory and the puzzle of the bomb.* Doubleday.（パウンドストーン, W. 松浦 俊輔他（訳）(1995). 囚人のジレンマーフォン・ノイマンとゲームの理論　青土社）
小野 浩一 (2005). 行動の基礎―豊かな人間理解のために　培風館

比較認知

☞心理学と行動分析学 p. 4, 概念学習 p. 288, コロンバン・シミュレーション計画 p. 396

　行動分析学では，ヒトを含む動物の行動が生起する原因として客観的に観察可能な環境要因を重視し，心的概念を用いた説明を避ける．これに対して，比較認知とは，刺激と行動の間に心的過程を想定し，それについて行動指標を用いて解明を試みる領域である．行動分析学の立場から解釈すると，ある課題場面において，弁別刺激が何かを明らかにする刺激性制御の経験的実証研究であると見ることもできる．1950年代にはブラウ（Blough, D. S.）が心理物理学と実験的行動分析の手法を用いてハトにおける暗順応の研究を行い，1970年代には，動物における認知研究が本格的に行われるようになった（Blough, 1958）．ハルス（Hulse, S. H.）が編集した *Cognitive Processes in Animal Behavior* （Hulse et al., 1978）は，実験的行動分析の教育訓練を受けた研究者による動物の認知研究がまとめられている．比較認知はもともと動物行動学や行動生態学との学際領域であり，研究対象となる動物種も多様なため，動物種間の比較に基づく心的過程に関する進化要因の考察が積極的に試みられている．

●**種間比較とその解釈**　同一の実験課題や手続きを用い，複数の動物種を比較したとき，動物種間に観察される行動の違いは，まず系統発生に基づき解釈できる．すなわち，系統発生の類縁性が高いほど，行動が類似することが考えられる．例えば，学習セットの実験では，2つの物体のどちらかが正解という弁別課題からなる．動物は，最初の弁別課題を獲得するのに多くの試行数を要するが，弁別学習後に新奇物体を導入した新たな弁別課題を繰り返し学習すると，徐々に少ない試行数で弁別学習が進行する（Harlow, 1949）．これは動物が個々の刺激セットを弁別学習するのに加え，どう弁別すべきという「学習の構え」も学習しているからであると解釈される．哺乳類の複数の動物種を比較すると，学習セットの形成が早い順にアカゲザル，リスザル，マーモセット，猫，リス，ラットという並びになり，この序列は系統発生に基づき説明できると考えられた（Warren, 1965）．しかし，他の哺乳類を含めると必ずしも，そのような解釈は成立せず，また少なくともアオカケスというカラス科鳥類ではアカゲザル同様の成功継続・失敗移行パターンの行動が観察され，弁別学習が速やかに進むことから（Hunter & Kamil, 1971），種差を系統発生の類縁性だけで体系的に解釈することは困難である（図1）．

　系統発生以外の体系的な種差の解釈として，生活環境や生活様式への適応が考えられる．適応には，異なる動物種がそれぞれの生活環境に適応することで異なる機能を獲得する放散適応と，類似の生活環境に適応することで類似の機能を獲

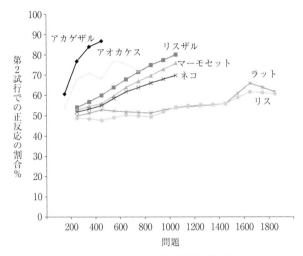

図1 学習セット課題における成績の種間比較［Warren, 1965 に Hunter & Kamil, 1971 のアオカケスのデータを追加］

得する収斂適応の2つが考えられる．例えば，アメリカカケス，メキシコカケス，マツカケス，ホシガラスの4種はカラス科鳥類であり，系統発生的類縁性は高いが，生息地の標高に違いが見られ，高地に生息する種ほど夏から秋にかけてより多くの餌を貯蔵し，冬の間，貯蔵した餌を掘り起こすという貯食への依存の程度が高い（Balda & Kamil, 2006）．これらの動物に遅延非見本合わせ課題を用い，左右の反応キーのどちらか1つが見本刺激として点灯し，遅延時間の後に見本刺激とは異なる位置にあるキーへの反応が強化される場所弁別課題と，左右の反応キーのどちらか1つが色点灯し，遅延時間の後にその色とは異なる色の反応キーへの反応が強化される色弁別課題を訓練すると，場所弁別課題の正答率は，自然環境での貯食性の高さの順に並ぶが，色弁別課題の正答率は貯食性の高さには並ばない（Olson et al., 1995）．前者は放散適応の好例であると考えられる．このように，比較認知研究では，系統発生もしくは適応に基づく仮説を立て，研究対象となる動物種が選択される．

●擬人主義をめぐる議論　ヒト以外の動物にヒトの心的過程を投影して理解することを擬人主義という．比較認知研究では，直接観察することができない心的過程を研究対象とするため，実験者のもっている擬人主義的な解釈にどう対処するかが問題となる．例えば，鏡に映る姿が自分自身の像だと認識できることを鏡映像自己認知という．この研究では，動物が自分の体に見慣れない印が付いているなどの異変があるときに，鏡に映る自己像を見ながら，それを触って確かめるなどの自己指向性反応を示すことが鏡映像自己認知の傍証となる．しかし，自己指

向性反応は，鏡映像を弁別刺激として自身の運動との対応関係を学習したものであるとも解釈できるため，実験者の擬人主義に基づく過剰な期待が含まれているという批判もある．このような実験者による行きすぎた擬人的解釈に対して，「どのような行動も，心理学的スケールにおいて低次に位置する心的能力の働きの結果として解釈しうるならば，それを高次の心的能力の働きの結果として解釈するべきではない」というモーガンの公準を守るべき規範の1つとしてきた．しかし，モーガンの進化観がラマルク(Lamarck, J-B.)同様，低次なものから高次なものへ，より単純なものよりより複雑なものへという目的論的な方向性をもつかのようなものであったため，複雑なシステムを維持するコストが高ければより単純なシステムに変化しうる場合も想定する現代的な進化観とは相いれない．比較認知では，モーガンの公準に代わる節約の原理として，デネット(Dennett, D. C.)が提唱した興ざめ仮説が用いられることがある．興ざめ仮説とは，連合学習や強化学習など環境要因や学習の結果による行動の説明の可能性を検討し，それでも説明できないものには擬人的解釈を適用するという考えである．比較認知研究では，実験課題が複雑化し，訓練も段階を経て長期に行われることも多いため，動物の行動が環境要因や学習履歴を含めた複数の制御変数を検討せざるを得ないことから，興ざめ仮説は擬人主義に基づく過大解釈を避けるものとして考えられている．

●**メタ認知に関する実験的研究**　興ざめ仮説が用いられる研究の具体例としてメタ認知があげられる．メタ認知とは，自分の思考内容を客観的に認識し（モニタリング），行動を調整する（コントロール）ことをいう．例えば，試験問題を解くときに，前から順に解答せず，難しい問題を後回しにして簡単な問題だけを先に解くことがある．この例のように外部からは観察することができない自分自身の認知を弁別刺激として，動物は行動選択するのだろうか．メタ認知を検討するための実験課題は，通常，視聴覚刺激を用いた弁別や遅延見本合わせなどを第1課題とし，課題の遂行中および前後に，それらの課題の弁別反応とは異なる回避反応や，正反応を導くための情報希求反応を分析することで検討される（図2）．回避反応や情報希求反応には，それらの反応なしに課題を遂行し，正反応が生じた場合よりも強化率が低いが，誤反応が生じた場合よりも高い強化率になるように強化随伴性を設定する．したがって，動物が「不確かさ」や「確信のなさ」などを弁別刺激として行動選択を行うのであれば，正反応が生起しにくい課題難易度の操作を加えた場合，そうでない場合よりも高い頻度で，回避反応や情報希求行動が生じると考えられる．しかし，これらの課題では，自分自身の認知以外に，環境手がかり，行動手がかり，反応競合による説明も可能である．環境手がかり説とは，視覚弁別における刺激類似度などの難易度を操作する変数が，回避行動の弁別刺激となるというものであり，メタ認知を用いることなく，難易度が高い試行での回避選択を説明できる．行動手がかり説とは，視覚弁別などの反応時間

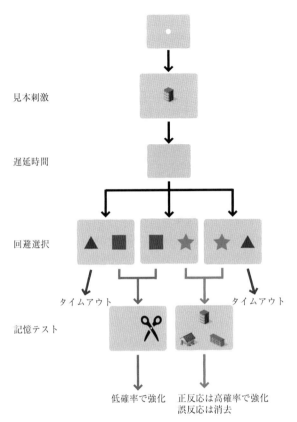

図2 遅延見本合わせを用いたメタ認知課題の例
被験体は見本刺激提示に続く遅延後に見本合わせに回答するかを選択できる．回答せず回避した場合，見本合わせに正解する場合よりも低確率で強化されるが，見本合わせを不正解の場合，消去される．

が正誤反応間で体系的に異なるため，自身の反応時間を回避行動の弁別刺激とするというものであり，やはりメタ認知と解釈することはできない．反応競合説とは，弁別課題に対する反応選択肢と同時に，回避選択肢が提示される場面では，弁別のための反応時間の長さが，ある閾値を超えたところで回避選択を生じさせるというものである．これら3つのメタ認知以外の仮説を1つの実験課題の中ですべて棄却するのは容易ではないが，チンパンジーやオランウータン，アカゲザルでは，複数の実験でこれらの仮説を棄却し，動物が自身の認知を弁別刺激として選択行動を行うことを示唆する結果が得られている（藤田，2010；中尾・後藤，2015）． ［後藤和宏］

コロンバン・シミュレーション計画

☞ 心理学と行動分析学 p.4, 消去後の反応再出現 p.242, 概念学習 p.288, 比較認知 p.392

　コロンバン・シミュレーション計画は，ヒトや大型類人猿など，いわゆる高等動物に特有とされる高次の知的行動をハトを被験体として実証する試みである．この計画は，スキナー（Skinner, B. F.）とその弟子エプスタイン（Epstein, R.）らが1970年代末に開始し，1980年代に数篇の論文として発表された．コロンバンとはハトの学名（*Columba livia*）に由来し，コンピュータ・シミュレーションをもじった計画名となっている．同様の試みはそれまでも存在したが，高次知的行動を示すチンパンジーの実験報告を取りあげて，適切な過去経験を訓練すれば，ハトでも類似の行動が可能であり，認知的な概念による説明は不要であることを強調した点が特筆される．特に3編の論文は *Science* や *Nature* といった超一流の総合科学誌に掲載されて，大きな注目をひき，米欧日の新聞・雑誌で紹介された．また，計画の主成果を収めたビデオ作品（Baxley, 1982）は，アメリカ心理学会の1982年度ベスト・フィルム賞を獲得した．

●**象徴的コミュニケーション**　霊長類学者のサベージ＝ランバウら（Savage-Rumbaugh et al., 1978）は，2頭のチンパンジーによるコミュニケーション行動の実験を *Science* 誌に発表した．これは，相手の要請に応じた情報伝達をキーボード上の記号（シンボル）を押して行うもので，象徴（シンボル）を扱う認知能力が必要であるとされた．それに対抗し，エプスタインらは，ハトでも類似の行動が可能であることを示す実験を同誌上に発表した（Epstein et al., 1980）．図1は個別に訓練された2羽のハトが，初めて一緒に実験に参加したテストの様子である．この実験に続き，ハトは誤った色をわざと相手に伝える（嘘をつく）（Lanza et al., 1982），仕切りをはずして1羽のハトで実施しても文字キーを押す「メモ取り行動」が見られる（Epstein & Skinner, 1981）といった研究成果も発表された．

●**洞察的問題解決**　第一次大戦中，カナリア諸島のテネリフェ島の研究所で，ケーラー（Köhler, 1917）はチンパンジーを対象に多くの知恵試験を行い，ドイツ帰国後にそれらをまとめて出版した．ケーラーがチンパンジーに与えた最も有名な課題は，つり下げられたバナナを取るため，離れたところにある箱をバナナの下に移動し，箱に上ってバナナを取るというものである．これは，バナナと箱の関係を「見抜く」という洞察によって可能になったとケーラーは主張した．エプスタインは，この問題の解決には，「箱を押す行動」と「箱に上ってそのバナナに触れる行動」の2つが必要で，それさえ訓練しておけば，解決行動が出現するのであり，洞察という説明概念は不要であるとした（Epstein, 1981；図2）．エプスタインは，「箱とバナナ」問題の解決に必要な行動レパートリーをその後

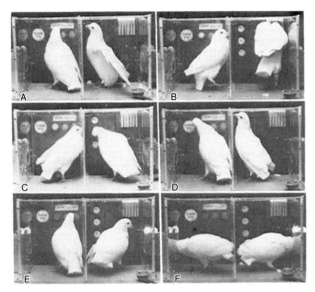

図1 2羽のハトの「象徴的コミュニケーション」[Epstein et al., 1980]
ジャック（左）とジル（右）の間には透明な仕切りがある．A) ジャックが [WHAT COLOR] キーをつつく．B) ジルがカーテンの奥にある電球の色をのぞく．C) ジルが見た色を [R][G][Y] の文字キーから1つ選んで報告する．D) ジャックが [THANK YOU] キーを押す．E) ジルに餌が与えられる．ジャックは3つの色キーから1つ選ぶ．F) 選んだ色がカーテン奥の電球色と同じであれば，ジャックにも餌が与えられる．

Republished with permission of American Assn for the Advancement of Science, from Fig.2 of Symbolic communication between two pigeons (Columba livia domestica), Epstein, R., et al., *Science*, 207, 1980 ; permission conveyed through Copyright Clearance Center, Inc.

も詳細に研究している（Epstein 1985b, 1987 ; Epstein et al., 1984）．また，ケーラーの行った柵の向こうの餌を棒で取る課題に似た課題もハトで訓練し，経験の重要性を指摘している（Epstein & Medalie, 1983）．

●**自己意識（鏡映像自己認知）** ギャラップ（Gallup, 1970）は，*Science* 誌に，チンパンジーが鏡を見て自分を認識するという実験を発表した．直接見ることができない部位（額など）につけたマークを，鏡を使って確認する（印を指でこする）行動が見られたことから，「鏡に映った個体は自分である」との自己意識があると結論したのである．その後，他の霊長類を対象に同様のマークテストが実施され，その結果，自己認識能力はヒト，チンパンジー，オランウータンに特有であると論じられた（Gallup, 1982）．しかし，エプスタインらは，ハトでも同様の行動が可能であることを同誌に報告した（Epstein et al., 1981 ; 図3）．

●**コロンバン・シミュレーション計画が遺したもの** コロンバン・シミュレーション計画は，行動を遺伝・過去経験・現在環境によって説明する行動分析学の

図2 ハトの「洞察的問題解決」[Epstein, 1981]
ハトはバナナ（玩具）と箱の間を「途方にくれた」ように歩きまわった後，突如として箱を押してバナナの下に移動し，箱に上ってバナナをつついた．

Reprinted by permission from Springer Nature Customer Service Centre GmbH : Springer Nature, The Behavior Analyst, On pigeons and people : A preliminary look at the Columban Simulation Project., Epstein, R., [Springer Nature] (1981)

主張の妥当性をアピールし，認知主義を批判するという政治的活動の色彩が強かった．このため，シミュレーションというよりもデモンストレーションとよぶ方が妥当であろう．この計画は，認知的行動の実験的行動分析を推進するきっかけともなった．また，行動分析学内外の諸分野に様々な波及効果があった．

ハトの象徴的コミュニケーションの研究は，その後，他の実験的行動分析家によって発展した．例えば，餌強化子が与えられない状況でも電球色を報告すること（Lubinski & MacCorquodale, 1984），電球色ではなく気分状態（事前に薬物を投与して誘導した）も相手に伝えられること（Lubinski & Thompson, 1987）などが示され，コミュニケーション行動に関する考察が深められた（Lubinski & Thompson, 1993）．

ケーラーのいう洞察的問題解決に過去経験が必要であることは，以前から指摘されていたが（Bingham, 1929a, 1929b ; Birch, 1945a, 1945b ; Menzel et al., 1970），それらはチンパンジーを被験体としており，はるかに小さな脳をもつハトでもチンパンジー類似の「洞察」を示すというエプスタインらの報告は，経験の重要性をより強調することになった．そうした考えに影響されて，エプスタインらと同様のアプローチを障害物撤去問題に適用した実験も現れた（Nakajima & Sato, 1993）．なお，エプスタインは，問題解決行動の説明のため，「最近強化された行動が消去されると，類似した環境下で以前強化されていた行動が再び現

図3 ハトの「自己意識」[Epstein et al., 1981]

ハトの胸には青いシールが貼られているが,首に巻かれた「よだれかけ」のため直接見ることができない.ハトは鏡(右側の壁)を使って,青いシールをつつくことができた.なお,このテストに先立って,①「よだれかけ」なしで直接に青いシールを見てつつくこと,②背後の壁に現れてすぐ消える青い点の位置を鏡を利用して確認し,つつくことを訓練されていた.

Republished with permission of American Assn for the Advancement of Science, from Fig.1 of Self-awareness in the pigeon, Epstein, R., et al., *Science*, 212, 1981 ; permission conveyed through Copyright Clearance Center, Inc.

れやすくなる」という消去誘導性復活の原理を提唱した(Epstein, 1983, 1985a).この原理は近年,臨床現場における症状再発との関係で注目されている(☞「消去後の反応再出現」).

　自己意識の研究はハトで再現困難だとの声も一時あったが,十分な訓練を行っておくことで成功する(Cardinal et al., 1999 ; Uchino & Watanabe, 2014).また,ハトでもマークテストに合格するという事実から,マークテストの自己認識の確認法として妥当かどうかという論争が比較心理学者の間でもちあがるとともに,イルカ(Reiss & Marino, 2001),シャチ(Delfour & Marten, 2001),ゾウ(Plotnik et al., 2006),カササギ(Prior et al., 2008)など,大型類人猿以外の動物もマークテストに合格するとの報告をもたらした. 　　　　　[中島定彦]

参考文献

中島 定彦(1998).書評:Robert Epstein 著 *Cognition, creativity, and behavior: Selected essays*　行動分析学研究, *12*, 53-55.

中島 定彦(2003).「洞察的」問題解決行動に関する行動分析学的視点―動物学習研究の古典と過去経験の役割について　人文論究(関西学院大学), *52* (4), 28-42.

行動神経科学

☞行動薬理学 p. 404

　行動分析学では環境-行動間の関数関係が探求されるが，その基盤となる神経的なメカニズムを研究する分野が行動神経科学である．ダーウィン進化論・メンデル遺伝学に対するDNA研究と同じ構図であり，行動分析学と行動神経科学とは補完関係にある（Moore, 2002）．スキナー（Skinner, 1974）は，こうした行動神経科学の重要性を認めつつも，それは生理学者が扱うべき問題として一定の距離を置いた．しかし，諸科学の学際性が進む近年では，心理学者が行動神経科学的な研究を行う例も増えてきている．

　類似の名称に認知神経科学があるが，これと行動神経科学とは厳密には区別される．行動神経科学では，条件づけといった行動の次元での行動現象・法則・関数関係に注目し，その神経基盤を探る．これに対して認知神経科学では，行動次元から離れ，仮説構成体である認知過程を行動から操作的に定義し（これより表面上は行動を扱っているように見える），その実体としての神経基盤を探る．行動分析学はそうした仮説構成体を否定するため，認知神経科学との共存は難しい（☞「徹底的行動主義」）．

●**条件づけの神経基盤①：連合性長期増強**　レスポンデント条件づけは刺激間，オペラント条件づけは反応と強化子間の関係性の学習であると考えられる．ヘッブ（Hebb, 1949）は，こうした条件づけの神経基盤として，2つのシナプスが時空間的に接近して活動すると，両者の結合に何らかの変化（シナプス可塑性）が起こるというアイデアを提案した．これはヘッブ則とよばれ，海馬や扁桃体において実際に存在することが確認されている．具体的には，あるニューロンに対する弱いシナプス結合と強いシナプス結合とが同時に刺激されたとき，弱いシナプス結合は強化される．これは連合性長期増強とよばれ，条件づけの基盤の1つであると考えられている（詳しい解説として，Carlson, 2010　泰羅・中村訳 2010）．

●**条件づけの神経基盤②：ドーパミン作動性ニューロンと予測誤差**　オールズとミルナー（Olds & Milner, 1954）は，脳内の特定部位への電気刺激が強化子として機能することを報告した．その後の研究から，この現象には，中脳の腹側被蓋野に始まり，側坐核を含むいくつかの脳部位に投射するドーパミン作動性ニューロンの働きが大きく関わっていることが明らかとなった．

　シュルツ（Schultz, W.）らは，ドーパミン作動性ニューロンの役割は，強化子そのものというよりも，強化子に関わる予測誤差にあることを突き止めた（展望として，Schultz, 2006；Schultz et al., 1997）．例えば，ある刺激に別の刺激が後続する確率を0.25と予測していたとして，実際にその別の刺激が後続したなら

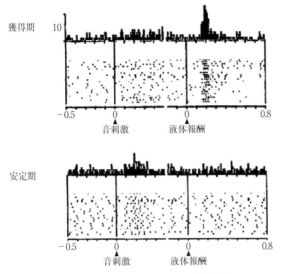

図1 腹側被蓋野のドーパミンニューロンの活動 [Mirenowicz & Schultz, 1994 をもとに作成]
上下パネルはそれぞれ獲得期と安定期である.

ばそれを1とし，1−0.25＝0.75 の予測誤差が発生したと計算される．図1は，音刺激に液体報酬が後続する場面での，獲得期（上側）と安定期（下側）における腹側被蓋野のドーパミンニューロンの活動の記録である．獲得期では，音刺激によるニューロン活動の変化はほとんど見られず，一方で液体報酬の提示によるニューロンの活性化が見られる．これに対して十分な学習を経たのちの（これより予測誤差が無くなったと想定される）安定期では，液体報酬の提示はそれに先行する音刺激により予測された出来事となり，液体報酬提示によるニューロンの活性化は見られない．また，音刺激の提示により液体報酬無しの状態から有りの状態へと変化するため，これに対する活性化が見られるようになっている．シュルツらはこの他にも，強化確率や強化量の次元における予測誤差について，その誤差の大きさとドーパミン作動性ニューロンの活動が対応することを示した．現在では，腹側被蓋野，側坐核を含む線条体，眼窩前皮質といったネットワークにおけるドーパミン作動性ニューロンの活動が，予測誤差の役割を担うかたちで，条件づけの神経基盤の1つになっていると考えられている．

●**神経経済学** 興味深いことに，ドーパミン作動性ニューロンのこうした活動は，連合学習理論の1つであるレスコーラ＝ワグナー・モデル（Rescorla & Wagner, 1972）や，それを発展させた TD 学習（temporal difference learning）モデルにおける予測誤差項の振舞いと対応するものであった（Schultz et al.,

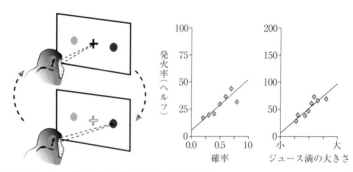

図2 左:サルの眼球運動を用いた選択行動実験 [Corrado et al., 2005, p.538, Fig.1A]. 中央ターゲット(図中の+)への注視により試行が開始され,緑(図中では左側の灰色)・赤(図中では右側の黒)どちらかのターゲットへの注視により選択行動となる.中央・右:赤選択肢への選択を行った際のLIPニューロンの発火率を,その時点で赤選択肢に割り当てられていた強化確率(中央)と強化量(右)に応じてプロットしたもの[Glimcher, 2004 宮下訳 2008, p.253-254 をもとに作成].

1997).これを契機として,行動データをモデル化し,そのモデル内の諸項目の振舞いに対応する神経活動を同定するという研究手法がもたらされた.

同じ時期にプラットとグリムシャー(Platt & Glimcher, 1999)は,サルの眼球運動における頭頂間溝のLIP(lateral intraparietal)野の研究において,脳神経科学と経済学の接続可能性を示した.デカルトからシェリントンやパヴロフへと受け継がれてきた生理学・脳神経科学の伝統的な研究パラダイムに「反射」がある.この反射パラダイムでは,研究対象とする脳部位が,感覚と運動のどちらに関わっているのかという形で問題が定式化される.LIPは感覚-運動機構の中間部に位置しており,感覚終端部と運動開始部のどちら側として理解すべきなのかが問題となっていた.グリムシャーらはこれを,眼球運動の行動目標という視点からとらえなおした.彼らは,典型的な選択行動場面(図2左)において,選択肢間での強化確率や強化量の比率を操作し,LIPニューロンの活動がそれらの比率に対応することを示した(図2中央・右).つまり,LIPの活動は選択肢の「価値」に対応していたのである.この研究は,脳神経機構の理解において,脳がどのような問題を解こうとしているのか,あるいは何を最適化しようとしているのかという目的論的な視点の重要性を示すものであり,経済学と共に「価値」を取り扱う心理学の意思決定論とも強く結びつくこととなった(Glimcher, 2004).

神経経済学とは,1990年代後半のこうした研究を契機とした,心理学,神経科学,計算機科学,経済学の融合的分野の総称である.神経経済学の目的は「個体の選択行動の神経基盤の理解」である(Sugrue et al., 2005).研究方法としては,マー(Marr, 1982)が示した3つの問題設定に従い,①行動の「アルゴリ

ズム」がモデル化され，②そのモデルに対応する「神経基盤」が探られ，③「計算論」として①や②が解決しようとしている行動目標が探られる．

　行動分析学と神経経済学は選択行動（☞「選択行動」）の理解という目的を共有している．これより，神経経済学の立場からも，例えば，次のような形で，対応法則（☞「対応法則」）への説明がもたらされている．まずアルゴリズムのレベルとしては，TD学習の代表例であるアクター・クリティック（actor-critic, AC）モデルの振舞いが，対応法則に収束する（Sakai & Fukai, 2008a）．ACモデルは，強化価値についての予測誤差がクリティックと呼ばれる機構で計算され，その誤差値に基づいて，反応出力に関わるアクターと呼ばれる機構の値が更新される．前者が刺激間関係のレスポンデント学習，後者が反応-強化子間関係のオペラント学習と考えられる．次に神経基盤のレベルとして，クリティック機構が腹側線条体に，アクター機構が背側線条体に，それぞれ対応することが示唆されている（O'Doherty et al., 2004）．またクリティック部における予測誤差の計算には，上述のとおり，腹側被蓋野から始まるドーパミンニューロンの活動が関与している．最後に計算論的なレベルとして，対応法則に従った行動が，様々な選択行動場面で最適化を導くことが示されている（Sakai & Fukai, 2008a；2008b）．

●**行動神経科学の展開**　こうした研究の他にも，弱化子についての予測誤差学習，遅延価値割引，単一スケジュール行動，習慣行動と目標志向行動の違いなど，行動分析学がこれまで取り扱ってきた行動現象について，前段落の例と同じような形で研究が進められている（これらの研究に関する最新の動向としてGlimcher & Fehr, 2014）．例えば，遅延価値割引の神経科学的研究では，腹側線条体―腹内側前頭前野のネットワークが遅延される強化子（報酬）の価値に関わり，一方で背外側前頭前野はそうした価値を変化させることで衝動性選択を抑える役割を有しているようである．また，神経伝達物質としてはドーパミンやノルアドレナリンが関わっていることが示唆され，衝動性選択を抑える薬物の研究も進められている（池上，2017）（☞「行動薬理学」）．

　以上のように，行動神経科学では，行動分析学がその体系の根幹に据える条件づけを中心として，行動の変容過程を支える神経基盤を探る研究が進められている．そして神経経済学は，広義には行動神経科学に含まれつつも，そうした行動変容を「価値に基づく意思決定」ととらえ，その価値づけに関わる神経基盤の解明を進める新たな学際的領域である．　　　　　　　　　　　　　　　［丹野貴行］

📖 **参考文献**

Glimcher, P. W. (2004). *Decisions, uncertainty, and the brain: The science of neuroeconomics*. MIT press. （グリムシャー，P. W. 宮下 栄三（訳）（2008）．神経経済学入門―不確実な状況で脳はどう意思決定するのか　生産性出版）

Glimcher, P. W., & Fehr, E. (Eds.). (2014). *Neuroeconomics: Decision making and the brain* (2nd Edition). Academic Press.

行動薬理学

☞行動神経科学 p. 400

　行動薬理学とは，薬物作用の行動的メカニズムの同定を目的とする学問領域である（Branch, 1991）．1950年代，向精神薬クロルプロマジンの出現を契機として，不適応行動を改善させる薬物とその行動的メカニズムへの関心が高まった．そうした中，ハーバード大学医学大学院に所属していたデューズ（Dews, P. B.）は，同大に所属していたスキナー（Skinner, B. F.）の協力を得て，強化スケジュールにより維持された行動に対する薬物作用の分析を始めた．記念碑となる1955年の論文（Dews, 1955）では，固定比率（fixed-ratio, FR）スケジュールと固定時隔（fixed-interval, FI）スケジュールにより維持されたハトのキーつつき反応率の，ペントバルビタール投与による変化が検討された（☞「比率スケジュール」「時隔スケジュール」）．その結果，特定用量のペントバルビタールにおいて，FRスケジュール下では反応率の上昇が，一方でFIスケジュール下では反応率の減少が示された．これは，薬物の行動への効果は単なる興奮剤や抑制剤として語れるものではなく，対象とする行動やその行動を維持している強化スケジュールと複雑に相互作用していることを意味している．こうして薬理学と行動分析学との協働から行動薬理学という分野が生まれ，その後世界各地の大学や製薬会社へと広まっていった（McKim & Hancock, 2013）．

　行動薬理学は1つの学問体系であり，その全容については別の専門書をあたられたい（例えば，McKim & Hancock, 2013；日本薬理学会，2010；Stahl, 2008）．ここでは行動分析学が関わる範囲に限定して解説する．

●用量−反応曲線　行動薬理学における主要な従属変数は，標的薬物についての用量を横軸に，その用量がもたらす反応を縦軸にプロットした用量−反応曲線である．用量−反応曲線の典型例を図1に示す．一般に，薬物作用の大きさは用量の大きさと対数の関係にあり，用量−反応曲線の横軸にも対数スケールが用いられる．左パネルの縦軸は反応率である．多くの薬物は，特定範囲の用量において興奮作用もしくは抑制作用をもたらし，それ以上の用量になると抑制作用が支配的となる．右パネルの縦軸は，偽薬（生理的食塩水）に対する標的薬物への弁別反応割合である．弁別への作用は，用量の対数的変化によりS字曲線の反応を示すのが一般的である．

　異なる用量の比較には，群間比較法（グループデザイン）もしくは個体内条件比較法（単一事例法，シングルケースデザイン）が用いられる．前者の方法では，あらかじめ複数の群を用意し，それぞれの群で異なる用量（用量0の偽薬も含む）の標的薬物が投与される．後者の方法では，①ベースライン期で数セッション偽

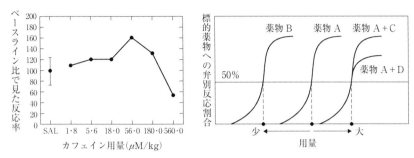

図 1 典型的な用量-反応曲線
左:カフェインの用量に応じた固定時隔スケジュール下でのマウスのレバー押し反応率の変化[McKim, 1980をもとに作成]．右:仮想的な薬物の用量に応じたその薬物への弁別反応割合の変化[McKim & Hancock, 2013, p.8をもとに作成]．両パネルとも横軸は対数スケールとなっている．薬物 A・B・C・D の説明は本文を参照.

薬を投与する，②介入期で所定の用量の薬物を投与する，③ベースライン期に戻り，数セッション偽薬を投与する，④介入期で先とは異なる用量で薬物を投与する，といった形で用量が個体内で操作される．ただしこの方法は時間を要するため，累積用量投与法として，用量を徐々に増やして1セッション内で用量-反応曲線を得る場合もある．

薬物の投与は，後述の薬物自己投与法を除き，日々の実験セッションの開始前に行われる．薬物作用の時間的変化は薬物の種類，被験体の種類，投与方法などに応じて異なるため，それを考慮した投与時間が設定される．投与方法は，静脈内注射，腹腔内注射，筋肉内注射，皮下注射，経口投与，舌下投与，直腸内投与，吸入法，脳室内投与など様々なものがあり，研究目的や薬物の性質に応じて選択される．

●**弁別刺激としての薬物**　薬物は体内で私的（内受容的）な刺激をもたらすが，訓練によりこの弁別を学習することができるものがある（McKim & Hancock, 2013）．日々開発される新たな薬物の性質を調べる際に，こうした弁別刺激としての機能を利用した研究が行われている．

典型的な実験では，ラットを被験体として，それぞれ FR スケジュール（スケジュール値は10が用いられることが多い）に従い強化子を提示する2選択肢場面を設定する．ある日の実験セッションでは，開始前に標的薬物を所定の用量で投与し，その日は一方の選択肢への反応にのみ強化子を随伴させる．別の日のセッションでは，標的薬物と同じ方法で偽薬を投与し，こちらではもう一方の選択肢への反応にのみ強化子を随伴させる．こうして横軸に標的薬物の用量，縦軸に標的薬物への弁別反応割合をプロットすると，図1右パネルのような用量-反応曲線が得られる．

薬物作用を表す用語として，所定の薬物反応を得るために必要な用量である「効

力」と,薬物反応の大きさである「有効性」がある.図1右パネルの薬物Bの曲線は,薬物Aから見て左側へと平行移動している.これは,薬物Bではより少ない用量で薬物Aと同じ薬理効果が得られるということであり,薬物Aに比べ薬物Bでより高い効力を有することを表す.また,複数の薬物を投与すると,薬物間で相互作用が起こる場合がある.図1右パネルの薬物A+Cの曲線は,薬物Aから見て右側へと平行移動している.これは,薬物Cのために同じ薬理効果を得るための薬物Aの用量が大きくなったということであり,薬物Cは薬物Aに対してその効力を抑える競合的拮抗剤であることを表す.

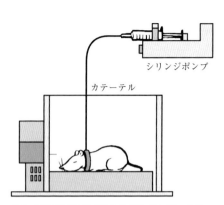

図2　薬物自己投与実験の模式図［McKim & Hancock, 2013, p.105 をもとに作成］
実験開始前に被験体の特定部位(例えば,心臓付近の頸静脈)にカテーテルが取り付けられる.開始後はコンピュータ制御により,被験体の反応に随伴させるかたちで,シリンジポンプから所定の用量の薬物がカテーテルを通して投与される.

また薬物A+Dの曲線は,右側へと移動しつつ曲線の最大値も減少している.これは,薬物Dは薬物Aに対してその効力のみならず,縦軸の値の大きさとしての有効性の両方を抑える非競合的拮抗剤であることを表す.薬物のこうした効力,有効性,薬物間相互作用はニューロンやそのレセプターの働きにより説明可能であり,薬理学としてそうした研究が進められている.

●**強化子としての薬物**　行動薬理学では,アルコール,ニコチン,カフェイン,あるいは違法薬物の摂取や依存について,薬物の強化効果という観点から分析する.主要な実験方法である薬物自己投与法では,個体の反応に随伴するかたちで薬物が投与される(図2).行動指標としては,任意の強化スケジュール下での反応率(☞「強化(単一強化)スケジュール」),累進比率スケジュール下でのブレイク・ポイント(☞「比率スケジュール」),左右選択肢から異なる薬物が提示される場面における選好(☞「選択行動」)などが用いられる.それぞれ反応率が高いほど,ブレイク・ポイントが高いほど,あるいは選好が大きいほど,強化効果が高いと判定される.

また,新たな指標として価格弾力性ないし強化真価(Hursh & Silberberg, 2008)が注目されている(☞「行動経済学」).ここでは,FRスケジュールのスケジュール値が行動価格として定義され,これの上昇に伴う強化子消費量(総強化量)の減少の度合い,すなわち価格弾力性が測定される.価格弾力性が低いということは,手に入れるコストが上昇しても摂取量が減少しにくいということになり,すなわち依存性の高い薬物ということになる.

なお上記の方法は,抑制作用により反応が起こらなくなる薬物・用量では使用

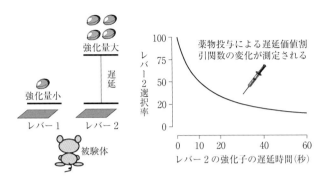

図3　遅延価値割引研究

左：実験の模式図．被験体はレバー1の遅延なし，強化量小とレバー2の遅延あり，強化量大の選択を行う．遅延時間は系統的に操作される．右：レバー2の強化子の遅延時間に応じたレバー2選択率の変化．遅延時間0秒ではレバー2を排他的に選好し，遅延時間の増加とともにその選好が減少する．

が難しい．こうしたケースでは，レスポンデント条件づけ研究の枠組みにおける条件場所選好（☞「レスポンデント行動」）が用いられる．この方法では，標的薬物の投与と偽薬の投与後に，それぞれ異なる環境（例えば，白と黒の実験箱）におく．その後，その異なる2つの環境を自由に行き来できる場面にしたうえで，薬物を投与せずに，その滞在時間を測定する．場所選好が強く条件づけられる薬物ほど高い強化効果をもつということになる．

●**行動変容をもたらす薬物**　何らかの行動を改善させたい，変容させたいという場合にも薬物が用いられる．そうした薬物研究の典型例として遅延価値割引（衝動性）があげられる（☞「セルフ・コントロール（自己制御）：基礎」「価値割引：基礎」）．図3左のような実験場面において遅延時間を系統的に操作し（Evenden & Ryan, 1996；Tanno et al., 2014），図3右のような遅延価値割引関数を得る．その後，標的薬物（代表的にはドーパミン，セロトニン，ノルアドレナリンに関わる薬物）を投与し，関数の変化を測定する．薬物により関数が上側に移行すれば，遅延による価値の減少が少なくなった，すなわち衝動性の抑制効果があったと判断され，注意欠如・多動症（attention-deficit/hyperactivity disorder, ADHD）やギャンブル依存といった衝動性が関わる問題行動の治療へとつなげられる．遅延価値割引をめぐるこうした行動薬理的研究は，1990年代以降数多く行われている（展望としてWinstanley, 2010；池上，2017）．　　　　　　［丹野貴行］

📖 **参考文献**

日本薬理学会（編）（2010）．実践行動薬理学—実験薬理学　金芳堂
高田　孝二（2018）．行動薬理学研究法　日本基礎心理学会（監）基礎心理学実験法ハンドブック　朝倉書店 pp. 362-363.

行動生態学

☞選択行動 p.350, 対応法則 p.358, 行動経済学 p.412

　定評あるテキストの最新版によると，行動生態学の目的は「行動が自然の中でどのように進化するかを理解すること」(Davies et al., 2012 野間口他訳 2015) である．その研究に際しては至近要因と究極要因の区別が重要となる．デイビスら (Davies et al., 2012 野間口他訳 2015) は，例としてホシムクドリの雄が春にさえずることをあげている．この行動を個体内のホルモン機構や骨格-筋肉制御のメカニズムから説明したり，個体の発達・学習の履歴から説明したりすることは至近要因による説明である．それに対して，ホシムクドリがさえずるのは配偶者を引きつけるためであると説明したり（これは適応度・適応価による説明であり，行動の機能による説明ともいえる），現存種のさえずりが祖先種からいかに進化してきたものであるか説明したりすること（つまり系統発生による説明）は究極要因による説明である．これらの至近要因と究極要因を結びつける研究によって進化に対する十分な理解が可能になるとされている．なお，「行動生態学」の代わりに動物行動学，進化生態学，社会生物学といった呼称が用いられることもある（沓掛・古賀，2012）．

●**最適採餌理論**　行動生態学が確立したのは 1960 年代に動物の採餌行動を効率最大化という観点から説明しようとした最適採餌理論の研究が世に出た頃である（粕谷，1990）．そこでは動物が採餌効率を最大化するように行動するという仮定に基づいて理論が構築されてきた（内田・伊藤，1997）．採餌効率は適応度の代替指標であり，効率よく採餌する個体ほど生存確率が高まり，ひいてはその個体が子孫を残す確率も高まると考えるのである（これが「最適」の意味である）．

　この分野の研究で特に重要なものとしてチャーノフ (Charnov, 1976) が提唱した最適食餌モデルをあげることができる．ごく単純化して述べると，このモデルは餌が大きなもの（好ましい）と小さなもの（好ましくない）の 2 種類だけ存在する状況で，動物が採餌効率を最大化するためにはどのように行動するべきかを予測するものである．すなわち，大きな餌は遭遇したものをすべて摂食するべきであるが，小さな餌は大きな餌の密度が低いときにのみ摂食するべきであるということになる．いくつかの仮定からこの予測が導き出される過程には粕谷(1990) が行動生態学の特徴として指摘する「相当に演繹的な理論の構成」が端的に表れている．このモデルの数式を含む厳密な解説は伊藤 (2005) や粕谷(1990) を参照されたい．特に後者は式展開の細部まで詳しく述べてあるので文系出身者にとって貴重なものである．

　行動生態学者は野外で採餌する動物の採餌行動を調べ，最適食餌モデルの予測

がおおむね支持されることを見出した（内田・伊藤，1997）．行動分析学的に興味深いのは，オペラント条件づけの方法論を応用した実験室シミュレーションが最適食餌モデルの検討に有効であることが示されたことである．その先駆的な研究としてリー（Lea, 1979）をあげることができる．リーはハトを被験体とする採餌スケジュール（図1）による実験を行い，最適食餌モデルの予測を定性的に支持する結果を得た．図1は2種類の餌（左側と右側）に対するハトの継時選択を検討するスケジュールである．探索期固定時隔（fixed-interval, FI）が短くなると餌の全体密度が高くなる．また，p値は左側の餌の相対量を，選択期は遭遇した餌を採る（右キーをつつく）か否かの選択場面を，処理期FIは餌を追跡・捕獲するための時間を，強化期の時間は餌のエネル

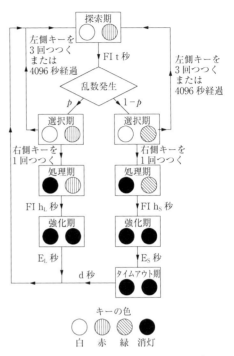

図1 採餌行動の実験室シミュレーションの手続き
［Lea, 1979を改変．伊藤，2005, p.142］

ギー量をそれぞれ表す．この研究以降も，伊藤とファンティノ（Ito & Fantino, 1986）が選択行動の理論である遅延低減仮説（Fantino, 1969）と最適食餌モデルの類似性を指摘し，行動生態学者も検討していなかった予測を実験室シミュレーションで検証したことなどは学際研究の重要な成果であるといえる（伊藤，2005）．

●**理想自由分布**　フレトウェルとルーカス（Fretwell & Lucas, 1970）は，集団（複数個体）で採餌する動物が2つの餌場にどのように分布するのかを予測する理論として(1)式を提唱した．

$$\frac{N_1}{N_2} = \frac{A_1}{A_2} \tag{1}$$

ただし，Nは個体数，Aは餌場に存在する餌の量，添え字の1と2は餌場を表す．この理論を理想自由分布とよぶ理由は，餌摂取量を最大化するべく行動する動物の集団が，2つの餌場の餌量について完全な知識をもち（理想的），さらに，餌場間の移動に一切の制約・損失がない（自由な）場合に，動物集団の分布が到達

すると期待される（動的）平衡状態を表していることにある．

　理想自由分布が成立するか否かを実験的に検討した研究として，例えば，ハーパー（Harper, 1982）をあげることができる．ハーパーは池で採餌するマガモ集団に2つの餌場でパンくずを投入してその分布を調べた．2個所でパンくずを投入する比（つまり，(1)式の右辺）を変化させたところ，おおむね式に一致する結果を得た．ただし，こうした実験ではしばしば(1)式からの逸脱も認められる．そこで，そうした逸脱をも包括的に取り扱えるように(2)式のようなフリーパラメータを付加したベキ関数として理想自由分布の式を一般化することが提唱された（Fagen, 1987）．

$$\frac{N_1}{N_2} = b\left(\frac{A_1}{A_2}\right)^s \tag{2}$$

ただし，b はバイアス（偏好）のパラメータ，s は餌量の比に対する集団の感度を表す．b が1よりも大きいときは餌場1への偏好を，b が0から1の間のときは餌場2への偏好を示す．また，s が1よりも大きいときは餌量の多い餌場が好まれ（過大対応），s が0から1の間のときは餌量の少ない餌場が好まれる（過小対応）ことを示す．さらに，$b=s=1$ の場合を特に生息地マッチングとよぶ．これまでの多くの研究では過小対応が生起している（伊藤，2013）．(2)式は一般化対応法則（一般対応法則）の式と同じ形式をもち，実際のデータ分析においても，両者はともに比の対数値をとって回帰直線を求め，その傾きと切片からフリーパラメータ（b と s）の値を推定することが多い．

　行動生態学で始まった理想自由分布の研究を行動分析学者はやがてヒト（実験参加者）を採餌者に見立てた実験室実験によって扱うようになった．それはラットやハトを被験体とする実験室シミュレーションとは異なるものの，やはり，広い意味で採餌行動のシミュレーション実験とみなすことができる．例えば，山口・伊藤（2006）はヒト集団を円状に向き合って着席させ，各自に赤か青のカードのいずれか1枚を掲げさせることで2つの「餌場」間の選択を行わせた．同じ色のカードを掲げた個人が少ないほど，その色が表す餌場を選んだ個人は得点（餌）の分け前（選んだ人数で均等割り）を多く獲得できることになる．しかし，どちらかの色（餌場）が有利になればそれはただちに全員の知るところとなり，結局は(1)式が予測する分布に近づくのである．山口・伊藤（2006）は赤カードに対する青カードの得点比（A_b/A_r）と集団の選択比（N_b/N_r）の散布図（両対数）に回帰直線をあてはめ（図2），(2)式がこのシミュレーションのデータによくあてはまること，過小対応が生起すること，実験参加者の総数が多い場合（20人）より少ない場合（10人）の方が感度（s）は高くなること，さらに，総得点量（餌の全体量）が少ない場合より多い場合の方が（例えば，100得点より1000得点）

感度は高くなることを示した．

　ヒトを実験参加者とする理想自由分布のシミュレーションとしては，他にも得点の獲得場面に加えて損失場面でも検討を行った研究（Nakajima et al., 2014）や，20人ほどの実験参加者をネットワークでつながったコンピュータに同時にログインさせ，各コンピュータのディスプレイ上に登場する仮想の「餌場」2個所の間で選択させた研究（Goldstone & Ashpole, 2004）などがある．また，理想自由分布研究の応用として，水産学における漁船の分布への適用（Gillis & van der Lee, 2012）や，考古学・人類学でヒト集団の移動・定住を説明する理論としての利用（Jazwa et al., 2016）も行われている．

●**シミュレーション実験と時間要因**
　行動生態学の確立以前，ホリング（Holling, 1959）が昆虫学誌に発表した論文には，ヒトを採餌者に見立てたシミュレーション実験が含まれ

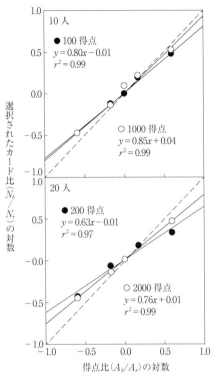

図2　報酬（得点）比に対する選択されたカード比の対応関係（山口・伊藤，2006）［伊藤，2013, p. 222］

ていた．その実験とは，机上に散布した円盤（紙ヤスリ製，直径4 cm）を目隠ししたヒトに手探りで検出し取り除かせるという「触覚探索」ともいうべきものであった．その結果，餌（円盤）の密度が増加すると摂食される餌の数は（線形関数ではなく）負の加速関数的に増加することが示された．このデータを説明するために，ホリングは空間要因ではなく時間要因（餌の探索と処理）によってモデル（円盤方程式）を構築した．チャーノフの最適食餌モデルも円盤方程式の拡張版とみなすことができる（粕谷，1990）．ここで注目すべきは行動分析学の研究を支える行動の見方，すなわち「行動を，空間的な移動としてではなく，時間軸上の出来事として捉え」（伊藤，1997）ることが行動生態学の確立にも寄与したと考えられることである．こうした共通性からもうかがえるように，行動分析学と行動生態学はこれからも相互に参照し合うことで互いに資するところがあると期待できる．　　　　　　　　　　　　　　　　　　　　　　　　　　　　［内田善久］

行動経済学

☞選択行動 p.350, 対応法則 p.358, 行動生態学 p.408

　行動経済学と冠された学問領域には，①これまでの規範的理論に基づく経済学を，現実に適合したより洗練された経済学にすべく心理学的な事実やその方法論を導入してきた「行動経済学」（②の行動経済学と区別するために「」を付す），②経済学的あるいは行動生態学的な理論を行動の予測や制御そして理論的な説明に利用しようとする行動経済学があり，本項目では後者について需要供給理論，無差別曲線理論，労働供給理論の考え方を中心に解説する．現時点では行動経済学というと一般に①の「行動経済学」を指すが，両者は行動健康科学などを介して相互に関連しており，心理学から見ると行動的意思決定理論という大きな領域に包摂される心理学と経済学の共同領域の1つとみなせる（図1）．2つの行動経済学の概略や歴史的位置づけについては，日本語での総説（坂上，2006, 2010, 2014）も参考にされたい．

●**需要供給理論**　経済学では，希少性があるものを経済財とよんでいる．強化スケジュールなどで消費を制約されている強化子は，1つの経済財と考えられる．図2のパネルAは横軸に強化確率の逆数，縦軸に強化率をとっている．強化確率の逆数は

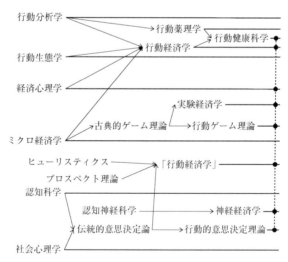

図1　行動経済学と「行動経済学」に関わる諸学問領域
矢印の左は，右の契機となった学問領域を意味している．右側の黒丸を点線で結んだものは，現在相互に関連し合って，発展している学問領域を示す．

1強化子あたりの反応数であり,強化子に対するある種のコストを表しているので,行動で表現した価格もしくは行動価格(Pで表す)と考えられる.行動価格は,比率スケジュールの比率値に相当する.一方,強化率とは,単位時間あたりの強化子提示回数なので,強化子の需要量もしくは消費量(Qで表す)を表すと考える.

パネル A は,P の増加にともない Q が減少するという関数関係,「需要の法則」を表している(Hursh, 1980, 1984;図2).経済学では伝統的に横軸に Q,縦軸に P をとり,行動経済学と異なるので注意が必要である.需要の法則は人間の経済現象で広く観察されるだけでなく,動物実験での結果でも認められている(Lea, 1978).一方,需要の法則に従わない,P の増加とともに Q も増加するギッフェン財は,現実では減多に観察されな

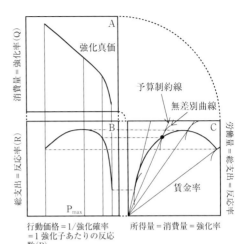

図2 需要曲線(パネル A)・総支出曲線(パネル B)・後屈労働供給曲線(パネル C)[坂上,2007, p. 26 をもとに作成]

需要曲線の弾力性を表す指標の1つとして強化真価が用いられる.また総支出曲線において最大の総支出=反応率を示す価格を最大反応率価格 P_{max} とよぶ.後屈労働供給曲線で注意が必要なのは,所得量は多いほど,労働量は少ないほど選好が高くなると考えられることから,右下方に至高点があることである.

いものの,動物を用いた行動研究で人工的に観察できる(Silberberg et al., 1987).

需要曲線は需要と供給のつり合った点,すなわち均衡点を結ぶことによって得られると考える.需要曲線を得るための供給曲線は,しばしば固定比率(fixed-ratio, FR)スケジュールによってつくり出され,異なる比率値 P での Q 値が均衡点としてプロットされる.その供給曲線は,縦軸と平行な垂直線で表される.一方,時隔スケジュールでは反応を増加させてもセッションで獲得できる Q には限界があるので,P の増加に従い供給関数は一定の Q 値になり,その結果,横軸に平行となる.

パネル A の需要曲線の傾きを表すものとして,需要曲線の変化率を用いた需要の価格(点)弾力性が,経済学ではよく用いられる.弾力性係数とはこの変化率を絶対値で表した値であるが,この値が1より大ならば弾力的,小ならば非弾力的といい,用いられている強化子の1つの性質を表すことになる.しかしながら弾力性係数は行動価格によって異なり,また同じ強化子でも1回あたりの強化量が異なると需要曲線も異なるので,単位価格で表した需要関数を表現する数式に基づいて,より洗練した形で強化特性を表現したものを強化真価とよんでいる(Hursh, 2014;Hursh & Silberberg, 2008;恒松,2009).

弾力性が関わる行動経済学上の重要な発見として2つの実験環境の区別がある．得られる強化子のすべてが個体の行動だけに依存する，封鎖（閉鎖）経済的実験環境における需要曲線と，得られる強化子が個体の行動だけに依存していない（例えば遮断化レベルを一定にする追加給餌があるような），開放経済的実験環境におけるそれとを比較すると，後者の弾力性が高く，実験の前提となる経済的な環境の特性に研究者が目を向ける契機を与えた．これも実験室外での強化子（粗代替財）の影響と考えられる．

　弾力性以外に強化子の性質を表すものとして，同一の価格での消費量の高低があり，これを強度とよんでおり，例えばオペラント反応を強化できる脳内刺激は強化子としての強度は高いものの弾力的で，餌強化子の示す低い強度と低い弾力性とは，対照的であることが報告されている（Hursh & Natelson, 1981）．

　P（価格＝反応数／強化子数）にQ（消費量＝強化子数／時間）を掛けると総支出（Rで表す）となるが，これは反応率にあたる．パネルBは，縦軸に反応率をとったもので，多くの場合，総支出（反応率）が最大となる特定の価格が存在し，これを最大反応率価格P_{max}とよぶ．この価格で弾力性係数は1となっているので，強化真価に代わって，この値を強化子の性質の測定に用いることもある．これらは薬物などの強化効果を表すのに用いられることがある（Hursh, 2014；Hursh et al., 2013）．

●**無差別曲線理論と労働供給理論**　パネルCの横軸は消費量（強化率），縦軸は総支出（反応率）となっており，それぞれは労働供給理論での所得と労働（もしくは総時間から労働を差し引いた余暇）に対応する．パネルA，Bでの価格Pは，このパネルでは賃金率を表す直線の傾きに相当する．このパネルCは，需要曲線理論と無差別曲線理論との対応関係をも表している（図3も参照）．

　無差別曲線理論は，①2財（パネルCでは労働量[余暇量]と所得）で構成されるあるパッケージC_1と，等しく選好される無数の他のパッケージ（C_2, C_3など）とを結ぶことによってできる無差別曲線と，②ある予算で購入可能な各財の最大値（パネルCでは所得軸の切片と労働量軸の切片）を結んで得られる予算制約線M_1（賃金率）との2つを利用し，もしも消費者が自分の選好を最大化するよう行動すると仮定するならば，予算制約線に接する最も効用の高い（選好の序列の高い）パッケージC_3を選択すると予想する．なぜなら選択可能な集合である原点（パネルCでは左上にある）と（各財の切片を結ぶ）予算制約線で囲まれる三角形の内側にあるパッケージのうち，最も選好の高いパッケージは予算制約線に接している無差別曲線との接点で表現されるからである．予算制約線は2つの財に関わる強化スケジュールを表現するものと考えられており，これと想定される無差別曲線を利用して並立スケジュールでの対応法則（マッチング法則）を導出できる（Rachlin et al., 1981）．

　こうして，もしも私たちが実験設定や実験データから直接，予算制約線や無差別

曲線を描くことができれば，2財によるパッケージのどれを選ぶのかを予測できることになる．しかし無差別曲線については，いくつかの仮定をおいて仮の関数を定め，実験結果によって補正しながら，精度を高めていくという方法しか提案されていない(Rachlin et al., 1981)．それもあって，強化子の評価に重点を置いた実用的な需要供給理論が特に応用場面では使われている．

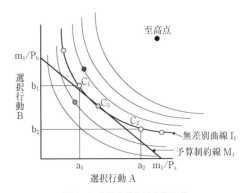

図3 無差別曲線と予算制約線
Cはパッケージ，Pは価格，mは予算，a, bは各行動の量を示す．

無差別曲線は，左上の原点に近い側にも，遠い側にも描くことができるが，パネルCでは，右下方に最も選好が高くなる至高点が存在すると考えられる．なぜなら，そこに所得も余暇量も最大になる点があるからである．この無差別曲線の形状が直線に近づくことは，2財がある一定の割合で交換可能なことを意味し，これらを代替財という．硬貨と紙幣はその一例である．一方，この曲線が原点に向かって湾曲するほど，2財は互いに他方と交換できなくなる度合いが高くなり，これらを補完財とよぶ．一足の靴の左と右という2財間などがその典型例である．すでに見てきたように2財間の代替・補完の関係は，実験環境がもたらす弾力性の変化にも，あるいは価格変化による両財の選択にも深く関連している．

パネルCでの予算制約線の傾きを変えること（価格変化）に対応して，無差別曲線との接点は変化し，両財の消費量が変化する．この価格と消費量との関数を描いたものが，パネルAの需要関数である．一方パネルCで描かれた曲線は労働供給理論では（後屈）労働供給曲線とよばれ，賃金率の変化から労働と所得の関係を見たもので，ある適当な所得（強化率）を決定する賃金率で，労働（反応率）が最大となることがうかがえる．この労働供給曲線は，反応遮断化理論における相互依存スケジュール（賃金率）の変化に応じた2反応間の変化に対応していると考えられている（Allison, 1983）．

行動経済学はこれらの理論に基づいて新しい測度を開発し行動現象を解釈するだけでなく，割引現象や「非合理的」選択行動の実験成果を他分野に提供している． ［坂上貴之］

📖 参考文献

坂上 貴之 (1997). 行動経済学と選択理論 行動分析学研究, 11, 88-108.
坂上 貴之 (2002). 行動分析学と経済学――進化的枠組みの中での共同作業を目指して 行動分析学研究, 16, 92-105.

Ⅲ部　応用行動分析

［担当編纂委員：井澤信三，武藤　崇］

Ⅲ部　応用行動分析
1章　言語行動

マンド……………… 420
タクト……………… 424
イントラバーバル… 428
エコーイック……… 432
オートクリティック… 436
テクスチュアル，トランスクリプション，テキスト・コピーイング…… 440

マンド

☞ 言語行動 p.30，言語行動と非言語行動 p.332，確立操作 p.506，離散試行型指導法，機会利用型指導法 p.528

　佐藤（2001）はスキナー（Skinner, B.F.）の定義に基づき行動分析学における言語行動を次のように定義している．すなわち，言語行動とは同じ言語共同体に属する他の成員のオペラント行動を介した強化によって形成・維持されているオペラント行動である．そして，他の成員による強化をもたらすオペラント行動は，その言語共同体特有の随伴性のもとでオペラント条件づけされたものであるとした．

　言語行動は主要な制御変数に基づき7つの基本形に分類することができる（☞「言語行動」）．それは，マンド，タクト，エコーイック，ディクテーション・テイキング，コピーイング，テクスチュアル，イントラバーバルである（表1）．ちなみに，書取り，書写し以外の言語行動の用語はスキナーによる造語である．なお，言語行動は，音声言語行動と非音声言語行動の両方を含んでいる．

●**マンドとは**　マンドは言語行動の1つであり，話し手は何かを要求する言語行動を自発して他者が要求したものを充足することにより強化される言語行動である．またマンドはその強化事象と機能的に関連している遮断や嫌悪刺激など動機づけ操作（確立操作）の先行事象の制御下にある．例えば，水分を遮断すると，強化子としての水の強化価が高まり，同時に水を要求する行動の生起率が高まり，かつ過去に「ミズ」と言う行動によって水を得たことがあれば「ミズ」というマンドが出現することになる．

表1　スキナーの言語行動の例

マンド	自分が欲しい強化子を要求する．
要求言語行動	例：水が欲しくて「ミズ」と言う．
タクト	環境の事物や出来事，その特徴などを記述したり，報告したりする．
報告言語行動	例：水を見て「ミズ」と言う．
エコーイック	他者が言ったことを聞いて繰り返して言う．
音声模倣行動	例：他者が「ミズ」と言ったことを聞いて「ミズ」と言う．
ディクテーション・テイキング	話された言葉を書き取る．
書取り	例：「ミズ」と言われて水，みずなどと書く．
コピーイング	書かれた文字を書き写す．
書写し	例：水，みずなどの文字を見て水，みずなどと書く．
テクスチュアル	書かれた言葉を読む．
読字行動	例：水・みずなどの文字を見て「ミズ」と言う．
イントラバーバル	質問に対し知識や連想によって答える．
言語間制御	例：「透明で飲むものは？」と聞かれ「ミズ」と言う．

マンドは反応型上，様々な反応形態をとることになる．例えば，水を要求する反応形態は，「ミズちょうだい」と言う，飲み物を指さす，水を見て泣くなどである．これらの言語行動は，動機づけ操作（確立操作）言語行動-特定の強化の履歴との間に関数関係が存在していれば，すべて水を求めるマンドとなりうる．別の例としては，食事の調理をしている環境下で「おいしそうだね」と言った場合，反応形態だけをみると，それは食べ物に対する事象を記述しているタクトとしてとらえることができるかもしれない．しかし，「おいしそうだね」という言語行動に対する聞き手の反応が食事を提供してくれることであれば，この言語行動はマンドとして機能していることになる．言語行動としての反応形態だけをみるだけでなく，言語行動を制御する先行事象と結果との関係性をとらえたうえで各言語行動を分類する必要がある（表2）．

●**マンドの指導**　マンドは直接自己の要求に基づく行動であり，その生起によって自己の要求が満たされることで強化され，維持される言語行動であるため，機能性，実用性の高い言語行動である．また，人に物事を依頼・請求するという機能をもつマンドは，社会の中で，「意思表示」や「自己決定」をし，強化子を多

表2　言語行動を制御する先行事象と結果

先行事象	言語行動	後続事象
動機づけ操作（確立操作） 例：水分を6時間遮断 　　塩分をたくさん摂取	マンド：要求言語行動 「水をください」と言う	動機づけ操作（確立操作）に関連する強化 ペットボトルの水
非言語刺激 例：犬の写真	タクト：報告言語行動 「犬」と言う	般性条件(性)強化 賞賛や承認
言語行動と一致した刺激 反応形態も類似した刺激 例：「えんぴつ」	エコーイック：音声模倣行動 「えんぴつ」と言う	般性条件(性)強化 賞賛や承認
言語行動と一致した刺激 反応形態は類似しない刺激 例：「バナナ」	ディクテーション・テイキング：書取り 　ばなな，バナナと書く	般性条件(性)強化 賞賛や承認
言語行動と一致した刺激 反応形態も類似した刺激 例：バナナと書かれた文字	コピーイング：書写し 　バナナと書く	般性条件(性)強化 賞賛や承認
言語行動と一致した刺激 反応形態は類似しない刺激 例：バナナと書かれた文字	テクスチュアル：読字行動 「バナナ」と言う	般性条件(性)強化 賞賛や承認
言語行動と一致しない刺激 反応形態も類似しない刺激 例：「日本一高いタワーは？」	イントラバーバル：言語間制御 「東京スカイツリー」と言う	般性条件(性)強化 賞賛や承認

く得ていくことになるため，マンドを獲得することによって社会的な環境への関与を実感することになる．しかし，適切なマンドを獲得できないと，かんしゃく，暴言，暴力，自傷などといったマンド機能を果たすネガティブな言語行動を獲得してしまう可能性がある．それゆえにマンドは発達障害児や知的障害児における言語指導においてまず取り組むべき課題となる．

マンドの指導法としては，自由オペラント法，機会利用型指導法，動機づけ操作（要求対象物の遮断化，剥奪），確立操作などの指導場面や要求場面の設定に関する諸手続きが用いられたり，マンド・モデル法，時間遅延法，行動連鎖中断法などの指導技法が併用されたりしている．

●**マンド指導における要求場面設定，マンドの指導方法**　自由オペラント法（佐久間，1988）は，先行事象-反応-後続事象（強化）の三項随伴性の枠組みのうち，先行事象による制御を最小にして，後続事象（強化）による制御を最大にするオペラント強化手続きに重点を置いた技法である．機会利用型指導法（Hart & Risley, 1974, 1975など）とは，子ども自身の日常環境の中で生起する言語の教示機会を利用して，子どもの機能的で自発的な言語使用を発達させ，維持させるための方法である．これまでマンドの指導法として自由オペラント法や機会利用型指導法が伝統的に用いられてきた．これら自由オペラント法や機会利用型指導法は，子どもの自発的な言語使用を重視するためより自然な環境下での指導が可能となるが，もとより自発的な言語行動が少ない子どもや音声言語の獲得を困難とする子どもにとっては，強化経験を受ける機会そのものが少なくなってしまう可能性がある．

そこで指導場面においてマンドの反応を動機づけ操作（確立操作）の環境下に置き，それによって強化子の強化価を高め，同時にマンドの生起率を高めることで指導機会の確保と機能的なマンドの形成を行った研究が多く行われている（出口・山本，1985；藤原，1985；加藤，1988；小笠原・氏森，1990；霜田他，1999など）．つまり，使用頻度の高いものや高頻度な行動に従事する機会を物理的に制限し要求の自己充足困難な事態を設定するといった環境統制力の強い指導場面の設定によるマンドの指導である．環境統制力の強い場面の具体例としては，「食べ物やおもちゃを子どもの手の届かないところに置くなどといった場面」や「指導者と一緒でなければ遊ぶことのできない遊具・遊びを設定し，自己充足の不可能もしくは困難な状況を設定した場面」である．環境的に自己充足の不可能な場面設定であれば，要求者は要求充足者に働きかける必要が出てくるので，必然的にマンドが出現する可能性が高まる．

しかし，一方で指導場面に導入する強化子の飽和といった問題も指摘されている．過去の研究においては，入手しやすく，子どもが示す反応も高いという理由から食べ物を用いることがあった（藤原・加藤，1985；加藤，1988；加藤・小林，1989）．しかし，食べ物は反復使用ですぐに飽和してしまう．食べ物は好き嫌い

に個人差が大きく，時にその好き嫌いは極端に変化することもある．さらに，日常的な場面では食べ物を強化子として用いることは少ないなどの問題がある．また，指導場面に導入する遊具・遊びに関しても単一の遊具では食餌性の強化子を用いる場合と同様に，飽和が起こりやすく指導機会の減少につながるとの指摘がある（小笠原他，1994）．このような問題を避けるためには，指導場面の設定として，食餌性の強化子を用いるのではなく，複数の遊具・遊びを導入することが考えられる．さらに，マンドを生起し飽和を防ぐ手続きとして，子どもの好みの活動を強化子として取り入れることがあげられる．遮断化の度合を高めマンドを出現させるためには，何よりもその活動に対し子どもが興味をもっていることが必要不可欠な条件となる．山田（1995）は，ごくわずかな一人遊びしかしない重度の知的障害のある子どもに対し，その子の好みの遊具を多数用意し，自分の好みの活動をみずから選択要求できるようにする指導を行った．その結果，自発的な選択行動が増えただけでなく，自発的なマンドも増加したと報告している．

　機会利用型指導法には，時間遅延法（加藤，1988；藤金，1988）やマンド・モデル法（小笠原・氏森，1990）を併用した指導もある．時間遅延法では，要求事態であるが子どもからマンドが自発されない場合には，「なーに？」「何が欲しいの？」などと尋ねることで子どもの反応を促す指導手続きを取る．マンド・モデル法では，適切なマンドが自発されない場合には，自発されやすい言語モデルといったプロンプトを示しマンドの出現を促す．そして，これらのプロンプトは，子どものマンド獲得状況に応じて徐々にフェイド・アウトされる．

　また，確立された行動連鎖を中断することによって，動機づけ操作を行いマンドの生起率を高めたうえで指導を行う行動連鎖中断法（井澤他，2001；多田・加藤，2005）もある．

　マンドの反応形態としては，音声言語のみではなく，身振りサイン（長沢，1995），書字（阿部，1989；関戸，1996），VOCA（Voice Output Communication Aid 音声出力会話補助装置；坂井，1997），PECS®（Picture Exchange Communication System 絵カード交換式コミュニケーションシステム；Frost & Bondy, 2002, 門監訳 2005 倉光他，2008；今本・門司，2014）などによるものも含まれ，子どもの言語発達レベルに応じた反応形態によるマンドを標的とすることが重要である．

［霜田浩信］

参考文献

石原　幸子・佐久間　徹（2015）発達障害児の言語獲得—応用行動分析的支援（フリーオペラント法）　二瓶社

日本行動分析学会（編）・責任編集：浅野　俊夫・山本　淳一（2001）．ことばと行動—言語基礎から臨床まで　ブレーン出版

ヴィノギュアー，S. 佐久間　徹・久野　能弘（監訳）（1984）．スキナーの言語行動理論入門　ナカニシヤ出版

タクト

☞言語行動 p.30, 言語行動と非言語行動 p.332, 離散試行型指導法　機会利用型指導法 p.528

スキナー（Skinner, 1957）は，言語行動の重要な機能として，マンドとタクトを定義した．タクトとは，自分の接している事象を記述したり報告したりするという意味で"contact"の-tactから命名されたものである．マンドが一般的に「要求」や「命令」という機能として定義されるのに対して，タクトは「記述」や「報告」という機能として定義される．

タクトは，例えば，図1のように，飛んでいる蝶を見つけた子どもが「チョウチョ」と言うように，環境事象の中の特定の事物や出来事と聞き手を弁別刺激として生起する．聞き手は，その弁別刺激（蝶）と言語行動（チョウチョ）の一致に基づいて「そうだね」といった反応を行うことによって話し手を強化する．これらの聞き手の対応は般性条件(性)強化とよばれている．般性条件(性)強化子とは，お金や得点の上昇といった刺激のように，複数の反応に対して強化機能をもつような刺激である．言語行動の場合，通常聞き手の「ほほえみ」や「笑顔」などの表情刺激や「ありがとう」「なるほど」「そうだね」などの言語刺激が，話し手の様々な言語行動に対して強化子として機能すると考えられ，社会的強化子といわれることもある．

タクトに関する聞き手の強化は，記述対象となる弁別刺激を話し手と共有している場合（例えば，話し手と聞き手がともに蝶を見ている場合），話し手の反応（「チョウチョ」）と弁別刺激（蝶）との一致に基づいてなされる．例えば，蝶を

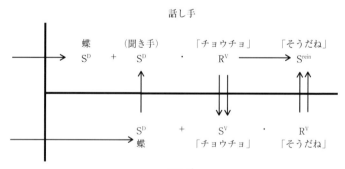

図1　タクトにおける話し手と聞き手の刺激性制御と強化の関係［Skinner, 1957, p.84を改変］

S^D＝弁別刺激，S^V＝言語刺激，R^V＝言語反応，S^{rein}＝強化刺激

見た子どもが「トンボ」と言えば，そのタクトはその不一致性から，聞き手による即時強化を受けることなく修正・訂正されるであろう．

このような一致が繰り返し強化されることにより，話し手は聞き手と同じ言語共同体のメンバーとしてのタクトを獲得していき，やがては聞き手と共有しない事実に対しても正確にタクト（「昨日ね，チョウチョいたよ」など）を行うことが可能になる．

●**タクトの機能化・拡張** タクトの弁別刺激と反応との関係を「主題的一致」という．主題的一致とは，弁別刺激と行動との間の対応関係は一致しているが，それが厳密な一対一の対応関係ではないということである．我々は1つの対象に対して複数のタクトを自発することが可能である．例えば，リンゴという1つの具体物を見た場合も「リンゴ」「青森産」「赤い」「まるい」「アップル」「果物」など様々なタクトが可能である．これらのタクトのうちどのタクトが自発されるかは，どのような聞き手が存在し，どのような文脈刺激とともに提示されるかによって決定される．例えば，様々な産地のリンゴが並んでいれば，その中の特定のリンゴを記述する場合は「青森産」というタクトが自発されるであろう．

ある1つのものに対して複数のタクトが可能になれば，今まで見たことがなかったものに対してもタクトすることが可能になる．これは，拡張タクトとよばれている．この過程には刺激般化や過去に強化されたタクトの対象物との共通の性質や特性，同時に存在する「付帯性」などが関与する．刺激般化とは，特定刺激に対して特定反応を行うことを条件づけられた場合に，その特定刺激の大きさ，色，形，明るさ，音の周波数，臭い，重さなどの物理的性質と近似した刺激に対して，過去に学習した反応が生起することをいう．

拡張タクトの中でも刺激般化によるものとして，例えば，馬の形をした雲を弁別刺激にして「ウマ」と言う場合のような総称的拡張がある．拡張タクトの他の例として，「矢のように走る」というように形態的な弁別刺激特性の多くが異なっているが，その一部や性質が共通している場合がある．これは隠喩的拡張とよばれている．また，「株価における永田町の反応は……」などのように，かつてタクトが強化された場面に存在した共通付帯物（永田町と政治家）の関係から生じる換喩的拡張がある．換喩は「〜がない」といった目の前にないものについてのタクトの成立にも深く関与する．

●**私的事象へのタクト** 「〜して楽しかった／つらかった」など私的事象に関するタクトもある．このようなタクトは，初期的に他者が外的に自分の内的状態をタクトするのを聞くことから獲得されていくと考えられる．例えば，多くの親は，子どもが転んで泣いてしまった場合，子どもの「転ぶ」という動作やゆがんだ表情を弁別刺激として，「痛いね」というタクトを行う．その後，その子どもは親からのタクトと同時に生起していた内的な感覚（痛感覚）に対して「痛い」

というタクトが可能になってくる．また，そのようにして獲得された「痛い」は他の場面，例えば，熱いものに触るという場面で生じる場合もあるが，そのつど聞き手の分化強化によって適切なタクトに修正される．このようにして言語共同体における私的事象に対する共通の感情表現としてのタクトが形成されていく．

同様に快の感覚についてのタクトも，他者が子どもの微笑反応に対して「楽しいね」と言ってタクトしていくことで可能になる．子どもの感情を読み取り言語化するといわれるような対応は，子どものタクトの発達において重要な意味をもつと考えられる．

●**タクトの日常場面における刺激性制御**　日常場面には純粋マンドや純粋タクト以外の複雑な機能の言語行動が存在する．伏見（1997）は，Skinner（1957）をもとに，呼びかけ，質問，助言，警告をマンドに，命名，記述，返答，報告，告示をタクトの機能をもつものとして大別し，日常的な言語行動の機能について考察した．しかし，日常会話における言語行動を純粋なマンドやタクトの機能に大別することは難しく，それ以外の機能や多重的な刺激性制御をもつ場合も多い．例えば，質問／応答の文脈において「ニニンガ（2×2）？」と質問された場合の「シ（4）」という応答言語行動は，質問刺激を弁別刺激としたイントラバーバルの機能をもつ．一方，現前に刺激が存在し「コレ何？」と聞かれ「リンゴ」と応答する場合は，質問刺激は存在するものの現前の刺激に制御されたタクト機能と考えられよう．また現前の事物がそのつど変化し，「コレ何？」「産地ハ？」「味ハ？」など質問刺激も変化し，それに応じた分化的応答を求められれば，その応答言語行動は事物と質問刺激との多重的な制御を受けていることになる．さらに取調官の質問刺激に対する被疑者の「いいのがれの応答」の場合のように，取調べや懲罰といった特定の嫌悪刺激の除去という結果によって制御されている場合は，マンドの機能をあわせもつ場合もあるだろう．行動分析学における言語行動の分析においては，言語行動の形式や反応型による分類ではなく，当該言語行動の生起する随伴性の中で個別的にその「機能」を分析していくことが重要となる．

●**タクトの成立条件**　我々が普段使用している多くの言語行動は，その記述対象とは恣意的な関係にある．例えば，実物のりんごと「リンゴ」という音声は物理的な刺激の性質はまったく異なっている．ひらがなやカタカナやアルファベットなどの文字単語と具体物との関係も物理的性質は異なっている（漢字などの表意文字やシンボルはもともとの具体物の形を簡略化し成立したものであるから完全に恣意的とはいえない）．このような対象物，文字，反応の間の恣意的な関係性がどのように形成されるかということについては，行動分析学をはじめ，発達心理学，認知心理学など様々な立場からの研究が行われている．

例えば，指さしされた対象や話し手である大人の注視している対象を見るといった共同注意や対象と相手を交互に見る参照視などの行動は，言葉を獲得する

うえで重要な前言語行動であるといわれている．自閉症児においては，大人が対象（例えば，イヌ）を指さしたり視線を向けたりして「ワンワン」と言っても犬の方を見ることが困難であったり（Loveland & Landry, 1986），たとえ見ることができたとしても視覚刺激としての犬と聴覚刺激である「ワンワン」を同時提示された場合，一方の感覚モダリティーについてのみ弁別刺激としてしまうことが生じてしまう可能性もある．また構音に関係する運動器官の未発達や高い緊張状態によって複雑な音声反応の産出に困難性があれば，エコーイックも困難となり，タクトの成立は困難となる．

山本（2000）は，タクトが成立する前提条件として，共同注意，指さしの理解と表出，参照視といった前言語的行動を取りあげ，それらの困難性を指摘されている自閉症について，その成立条件を分析している．前言語的行動の成立条件に対する行動分析学に基づく実験研究・応用研究はまだ始められたばかりであり，今後の発展が期待される．

●**複雑な刺激性制御への拡大**　タクトとして記述する対象には，対象名，対象の性質名，抽象的な概念，他者や自己の行為名，気持ちなどの私的事象など様々なものがあげられる．複雑なタクトの成立のためには，これら現前の対象の記述に関する刺激性制御のバリエーションを拡大するだけでなく，タクトのもう1つの弁別刺激である聞き手による刺激性制御を拡大していく必要がある．

自閉スペクトラム症のある子どもの応答・報告コミュニケーション指導プログラムに関していくつかの研究がある．

例えば，記述から応答といった機能の移行に関しては，現前の対象と，聞き手からの質問の両者を弁別刺激として，適切な応答を自発するために，質問刺激に対して視覚的プロンプトの提示：フェイド・アウト手続きを利用したり（井上他，1999），現前に存在する事象の記述から過去の事象の報告への移行に対しては，弁別刺激から言語行動自発までの時間を系統的に増加させていく操作を行うこと（井上他，1994）が必要となる．さらに記述から教示への機能の移行に関しては，困っている聞き手と解決情報の有無などより複雑な刺激性制御の成立が必要とされる（井上，1998）．

今後比喩，皮肉，ユーモアなど日常的で複雑な刺激性制御の成立条件について明らかにしていくことは，コミュニケーションに困難性のある人々の支援に貢献していくと考えられる．

［井上雅彦］

📖 **参考文献**

井上 雅彦（2001）．コミュニケーション機能の獲得 II―報告言語行動（タクト）第6章　日本行動分析学会（編）浅野俊夫・山本淳一（責任編集）ことばと行動―言語の基礎から臨床まで　ブレーン出版
Skinner, B. F. (1957). *Verbal behavior*. Appleton.
ヴィノギュアー，S. 佐久間 徹・久野 能弘（監訳）（1984）．スキナーの言語行動理論入門　ナカニシヤ出版

イントラバーバル

☞言語行動 p.30

　イントラバーバルは言語的な弁別刺激によって喚起される言語オペラントで，先行する言語刺激と一対一に対応しない言語反応である（Skinner, 1957）．この定義には，3つの要素がある．1つは先行する刺激が言語刺激である点，2つ目は言語反応の形態が先行する刺激と一対一に対応しない点，最後にこれを強化するのが社会的な強化である点である．

●**イントラバーバルの重要性**　イントラバーバルは，社会的な場面や学業に関連する行動に深く関与している．「学校で何をしたの？」「今どんな気持ち？」などの質問に答えることはイントラバーバルである．イントラバーバルは，対人関係を円滑にし，話し手と聞き手が相互に強化される関係を構築していく．また，様々な知識を得ることにもイントラバーバルが関与している．「日本の首都を答えなさい」という質問文に，東京と書く行動，九九の問題が書かれた算数プリントに答えを書くこと，「鼻が長い動物は？」「太陽系の4番目の恒星は何か」などの質問に回答するなどの設問に回答することもイントラバーバルである．外国語の学習では，多くの場面でイントラバーバルが使われている．「appleは日本語で何といいますか」という質問に「りんご」と答えたり，文字で書いたりする行動である．

　このように日常生活や学校での学習の中でイントラバーバルは頻回に出現する重要な言語行動である．サッターら（Sautter & LeBlanc, 2006）は1995～2005年までの言語行動に関するレビューを行っている．彼らはイントラバーバルに関する研究は臨床的に重要であるにもかかわらず，十分な研究が行われていないと述べ，イントラバーバルの研究の必要性を主張した．その後，2016年にサッターらのグループは2005～15年までのイントラバーバル研究の動向を調査している．この間，イントラバーバルに関する実証的研究は増加し53件にのぼっていた（Aguirre et al., 2016）．

　イントラバーバルは多様な形式（カテゴリーを答える，WHの質問に答えるなど）を取るので，最初にどのようなイントラバーバルがターゲットとして扱われているのかを見ていく．

　「動物の名前を言って」など刺激クラスのメンバーを答えるイントラバーバル（Carroll & Kodak, 2015；Goldsmith et al., 2007），「よちよち歩く動物は何ですか？」などのWHの質問に答えるイントラバーバル（Humphreys et al., 2013；Ingvarsson et al., 2012），「りんごはフランス語では？」などある言葉に対応する外国語を答えるもの（Coon & Miguel, 2012），「今日学校で何があったのか話し

て」など社会的な会話の中での質問に答えるもの（Beaulieu et al., 2014；Emmick et al., 2010）などがターゲットのイントラバーバルとして訓練されている．

●**指導手続き**　次に，イントラバーバルを教える方法について見ていく．イントラバーバルを教えるために，文字，エコーイック，タクトなどプロンプトが使われている．プロンプトは徐々にフェイド・アウトされる．一般的な方法では，指導者が子どもに質問をし（例えば「動物の名前を言って」），無反応や誤反応の場合にはプロンプトを提示し（例えば「イヌ」というエコーイックプロンプト），それを模倣させ，模倣反応を強化する．プロンプトは時間遅延や他の刺激統制の移行手続きを使って，フェイド・アウトされる．

　谷（2012）は，視覚刺激を使ったイントラバーバル手続きを用いている．この手続きでは，最初に訓練者の音声刺激に対して適切な絵カードを選択することが教えられる．例えば，「鼻の長い動物は？」という質問に対して，いくつかの絵の中から象の書かれた絵カードを選択する行動である．このような選択反応を使ったイントラバーバルは，選択型イントラバーバルとよばれる．誤反応の場合には，象の絵（あるいは「ゾウ」という音声刺激）がプロンプトとして提示される．プロンプトは次第にフェイド・アウトされていく．

　選択型イントラバーバルの正反応率が基準に達した後，選択型イントラバーバルから反応型イントラバーバル（つまり，音声やサインなどを使って答えること）への反応の移行が行われている．

　選択型イントラバーバルの訓練（図1）では，訓練者は3枚のカードを提示し，「これは〜」と言いながら絵を見せて，裏返しにしていく（ステップ1）．表向きに提示されていた絵カードがすべて裏返しにされる（何も書かれていない白い面が提示される）．次に，絵カードに書かれている事物の名前を提示し（例えば「ゾウ」），裏返しの状態の絵カードを選択させ，命名させる（ステップ2，絵カードの場所は一定にしておく）．この課題が完了した後に，裏返した状態の絵カードを訓練者は指さし，「これは何？」と尋ねる．適切な音声反応が見られなかった場合は，絵カードを表向きにするプロンプトを用いて，適切な反応を促す．

　これらの事前訓練が終了した後，訓練者は「鼻の長い動物は？」という質問をし，音声での答え（イントラバーバル）を求める．最初のステップでは，絵カードが裏返しの状態で置かれた状態で質問が提示される（ステップ3）．子どもには，対応する絵カードを選択し，さらに音声でのイントラバーバルが求められる．音声でのイントラバーバル反応が出現しないときには，絵カードを表に見せるプロンプトが使われた．プロンプトは少しずつ遅延された．ステップ4では，訓練者は，絵カードを裏の白い面が子どもに見えるようにもち，質問を行った．ステップ5では，訓練者は何も持たずに質問だけを提示した．

●**研究トピックス**　イントラバーバルに関していくつかの研究トピックスがあ

る．1つはどのようなプロンプトを使うことが効果的かという点に関連する研究である．文字のプロンプトやタクト・プロンプトがエコーイック・プロンプトよりも効果的である（Ingvarsson & Hollobaugh, 2011 ; Vedora et al., 2009）．エコーイックの方が何人かの参加者でタクト・プロンプトよりも有効であった（Ingvarsson & Le, 2011）．タクトの方がエコーイックよりも有効である（Ingvarsson & Hollobaugh, 2011）．文字プロンプトがエコーイックよりも有効である（Finkel & Williams, 2002 ; Vedora et al., 2009）．どちらも有効であるが，どちらの方が有効であるとはいえない（Vedora & Conant, 2015）といったように，それらの研究の結果は一貫したものではない．

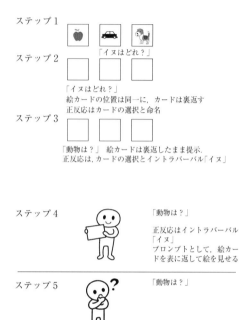

図1　イントラバーバルの形成手続き

　もう1つの研究トピックスは，イントラバーバル反応の派生的な関係である．このトピックスは，イントラバーバルがマンドやタクトとは別のオペラントクラスであるかどうかという点に関連している．イントラバーバルが独立したオペラントクラスであるなら，タクト（あるいはマンド）の学習はイントラバーバルに影響を与えないだろう．また反対に，イントラバーバルの訓練の結果，派生的なタクトあるいはマンドは出現しないだろう．

　多くの研究がこのトピックスを扱っているが，ここでも一貫した結果は得られていない．ディヴァインら（Devine et al., 2016）は7人の通常発達の子どもに複合した刺激を含むタクトを教え，その後のイントラバーバル反応の出現をテストしている．3人で高頻度のイントラバーバル反応が見られたが，4人は中程度であった．スミスら（Smith et al., 2016）は聞き手行動のトレーニングの後での派生的なイントラバーバル反応をテストしている．5人の自閉症児のうち4人で聞き手行動からイントラバーバル反応への転移が見られたと報告しているが，否定的な研究も多い（Lechago et al., 2015 ; Miguel et al., 2005）．

　レカーゴら（Lechago et al., 2015）やミゲールら（Miguel et al., 2005）はリス

ナー・トレーニング（音声刺激を手がかりとして事物を選択する訓練）の成果とイントラバーバルの出現を検討している．いずれの研究でもリスナートレーニングだけではイントラバーバルの出現は観察されなかった．例えば，訓練者の「動物はどれ？」という質問にいくつかの絵カードの中から対応するカードを正しく選択することを教える．この行動が獲得されても，「動物はどれ？」という質問に「イヌ」と音声反応を使って答えることは直接の訓練なしには出現しない．一方，スミスら（Smith et al., 2016）がターゲットとしたイントラバーバルは，「赤い食べ物は何？」という質問に「トマト」などと答えることであった．彼らの手続きでは，最初に絵カードを選択する訓練が行われた後に，イントラバーバルのプローブテストが行われた．リスナートレーニングからイントラバーバルへの転移が，訓練を行った5人のうち4人の自閉症児で観察されたことを報告している．この結果について，スミスらはリスナートレーニングで用いられた先行刺激がイントラバーバルのプローブテストで用いられるものと同一であったことをあげている．またすべての参加者がエコーイック，タクト，イントラバーバルの指導を学校などで受けており，事物を選択するときにタクトすることができていたという変数が関与しているのではないかと述べている．これらの変数について，今後の研究で検討していく必要がある．

　また，反転したイントラバーバル（A［鼻の長い動物は？］→B［象］のイントラバーバルが学習された後，B→A のイントラバーバルは直接の学習なしに出現するのか）の派生的な出現についても検討されている．アランら（Allan et al., 2014）は4人の自閉症児のうち3人で派生的なイントラバーバルの出現が見られたことを報告している．しかしゴンザレスら（Pérez-González et al., 2007）ではどの参加者も反転したイントラバーバル反応は見られなかった．ゴンザレスら（Pérez-González et al., 2007）や谷ら（Tani et al., 2009）は複数のセットのイントラバーバル反応が訓練された後にだけ，反転したイントラバーバルが出現することについて報告し，関係フレームの獲得が関与しているかもしれないと考えている．

　どのようなプロンプトが有効であるのか，タクトやマンドの訓練，リスナートレーニングは派生的なイントラバーバルを出現させるのか，反転したイントラバーバルは派生的に出現するのか，これらのトピックスに対するこれまでの研究の結果は一定していない．それは参加者の学習歴が関与しているからだと説明されている（Coon & Miguel, 2012）．イントラバーバルとその派生的な関係を検討する研究が重要であり，さらなる研究が望まれている（Aguirre et al., 2016）．

［谷　晋二］

参考文献

谷　晋二（2012）．はじめはみんな話せない―行動分析学と障がい児の言語指導　金剛出版

エコーイック

☞言語行動 p.30, ロヴァース法 p.590

　エコーイックは話し手の言語刺激と形態的に一致した音声オペラント反応である．一般的に音声模倣とよばれているオペラント反応で，話し手の提示する音声刺激と同一の音声反応が社会的な強化によって強化される．先行する音声刺激と音声反応は一対一に対応する．

●**エコーイックの重要性**　エコーイックは言語獲得に重要な役割を果たしており，エコーイックをプロンプトとして使って他の言語行動（マンド，タクト，イントラバーバルなど）の指導を効率的に進めることができる．そのため言語獲得に何らかの課題をもつ子どもの指導（とりわけ自閉症児）では重要なターゲットとなっている．しかしながら，模倣によって言語獲得が達成されるという説明は，通常発達の子どもの示す急速で爆発的な言語発達を十分に説明することができないと指摘されてきた（Esch et al., 2005）．行動分析家は自動強化のメカニズムが急速な言語獲得には関与していると説明してきた（Palmer, 1996；Vaughan & Michael, 1982）．

　それまで中性的な刺激であった大人の音声が条件性，あるいは無条件性の強化子とペアリングされる（例えば，食事の世話やおむつを替える，抱っこするなど）ことで，子どもが大人の声と類似した発声をすることは，オートシェイピングされる．子どもは自分自身の発声した音声反応を，音声刺激として聞き（話し言葉の聴覚的フィードバック），それが自身の音声反応を強化していく．ホーンとロウ（Horne & Lowe, 1996）はこのメカニズムが保護者との視点の共有や聞き手行動の中で連鎖し，機能的な等価性の形成に寄与していくと考えた（図1）．

●**エコーイックの形成手続き**　エコーイックを形成する手続きがいくつか報告されている．

① ロヴァースらの方法　1つはロヴァース（Lovaas, O. I.）らが用いた方法である（Lovaas et al., 1966）．ロヴァースらは，指導者が音声刺激を提示し，それに類似した子どもの発声反応を反応形成手続きを使って指導する方法を用いた．この手続きには，熟練した指導技術と多くの時間が必要である．また，発声反応の自発頻度が低い子どもの場合や，指導者の提示する音声刺激と類似した反応がほとんど自発されないような子どもの場合には，うまくいかないことがある（Carroll & Klatt, 2008；Stock et al., 2008）．

② 刺激-刺激ペアリング　刺激-刺激ペアリング(stimulus-stimulus pairing, SSP)は，自動反応形成のメカニズムをエコーイックの訓練に取り入れたものである．この訓練手続きでは，訓練者の提示する音声刺激と条件性あるいは無条件性の

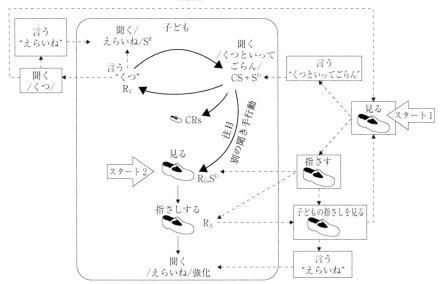

図1 保護者とのやりとりとエコーイックの形成［Horne & Lowe, 1996, p.198 をもとに作成］
すでに「くつ」に対しての聞き手行動を獲得している子どもが，エコーイックを学習していく様子を図に示している．保護者が靴を指さし，子どもに「くつといってごらん」という（スタート1）．子供は／くつ／という音声を聞き，自分で「くつ」といいながら，あるいはそれに近いことをいう（R_V：音声反応）．この言語反応は保護者の「えらいね」ということによって強化される．その後は，保護者が「くつ」ということを聞くことは子どもが「くつ」というエコーイック反応をする弁別刺激（S^D）となる．このようにエコーイック関係は確立される．しかし，子どもがすでに／くつ／に対する聞き手行動を学習しているので，保護者の音声刺激に対してと同様に子ども自身の音声刺激に対してエコーし，聞き手として反応する（実線の矢印）ようになる．このシークエンスはまた，子どもが最初に靴を見た場合にも始まるだろう（スタート2）．実線の矢印は，命名関係の3つの主要な要素のうちの2つを示している．

強化子を対提示する．つまり，訓練者は音声刺激を提示しながら食べ物や身体接触などを行う．SSPが子どもの自発的な発声を増加させるかという点について，シリングスバーグら（Shilingsburg et al., 2015）がレビューを行っている．1996〜2014年までに公開された13の実験的な研究（通常発達の子どもや障害のある子どもを含む）をレビューした結果，その介入効果は中程度であると報告している．エコーイックの形成にSSPを用いた研究の結果は一貫していない（Stock et al., 2008）．彼らは，SSPのエコーイックの形成に及ぼす効果を検討している（Stock et al., 2008）．研究は3人の自閉症児を対象にして実施されたが，そのうち1人だけが一時的なエコーイック反応を示しただけであった．ストックらは，これまでSSPが効果的であると示してきた研究の多くは，くすぐりなどの社会的強化子を使っていることを報告している．自閉症児の場合は社会的強化子が見つか

らないため,食べ物の強化子がペアリングされる強化子として用いられていた.

③マンドモデル法　マンドモデル法（Rogers-Warren & Warren, 1980）は機会利用型指導（Hart & Risley, 1975）とともにマンドを指導する方法として用いられている．ドラッシュら（Drash et al., 1999）では要求場面を使ってエコーイックを指導する方法が報告されている（Drash et al., 1999）．ドラッシュらは言葉のない3人の自閉症児（2.5〜3.5歳）にマンド場面を使ったエコーイックの指導をしている．この手続きでは，最初にマンド訓練が行われた．子どもの好みの食べ物やおもちゃが，子どもの手の届かないところに置かれ（確立操作），「何が欲しいの」「これが欲しいの」などの訓練者の音声プロンプトが提示された．叫び声や泣き声以外の音声反応が分化強化され，徐々に音声マンドへと反応形成された．1つのマンドのレパートリーが確立した後，エコーイックを形成するためにマンド場面が使われた．マンド場面での子どもの発声反応が増加したら，高頻度で出現する発声反応の中から，エコーイックのターゲットとなる発声反応を選び，それらの音声反応は別々の強化子で強化された（例えば，「ア〜」という音はりんご［apple］で，「マ〜」はM＆M［チョコレート］）．例えば，M＆Mの要求場面で子どもが「マ〜」と発声をしたら，訓練者は即座に子どもの発声を模倣し，もう一度言うようにプロンプトをし，エコーイックが見られたら強化をした．最初の10セッションで3人の子どものすべてに初歩的なエコーイックの形成が見られた．

④佐久間徹の方法　日本では，佐久間（1978）が「フリーオペラント法」とよぶ技法を開発した（フリーオペラントという用語は行動分析の専門用語であるが，ここでは技法の名称として使われている）．この技法では抱っこやくすぐり，高い高い遊びなどを強化子として用いている．子どもの発声反応や動作をセラピストは即座に模倣し，子どもの音声反応にくすぐりなどを同時提示する．子どもの自発的な発声反応が増大してきたら，くすぐりは子どもの発声反応に随伴提示される．さらに，子どもの要求反応（例えば，抱っこ）が出現してきたら，発声反応を待ち（時間遅延），発声反応の直後に抱っこをする（マンドの形成）．このマンド場面は，訓練者が音声刺激を提示して，それに類似した音声だけを強化するエコーイック反応の形成にも使われている．佐久間の技法には，SSPやマンドモデル法が取り入れられていると考えられる．

自閉症児の場合に，抱っこやくすぐりなどの社会的な刺激が強化子として機能しないことが多く，食べ物や好みのおもちゃなどが強化子として用いられてきた．自閉症児の示す身体接触を含めた人との関わりに含まれる刺激を，対人回避反応を徹底的な甘やかし（佐久間，2013）と段階的な身体接触で，強化子に変化させている．

●**研究の代表例**　行動分析学は言語獲得に自動反応形成が重要な働きをしている

と説明してきた.

　エコーイックに関連する研究トピックスの1つは，SSPによって，大人の音声刺激が子どもの発声反応を強化する強化子として機能するようになるのかという点が，検討されてきた．通常発達の子どもを対象にした研究では，くすぐりや軽い身体接触などの社会的な刺激が用いられ，子どもの発声反応を強化する刺激として機能することが示されてきた．一方，自閉症などの発達障害をもつ子どもを対象にした研究では，食べ物や好みの事物を強化子として研究が行われてきた．それらの研究の結果は，否定的なものが多い．

　次に，SSPによって子どものエコーイックが増大するのかという点についても，結果は一貫していない．実験の対象（通常発達の子どもか言葉に障害をもつ子どもか），対象の年齢，ペアリングされる無条件(条件)刺激の種類など，多くの変数が関与していると考えられる．

　もう1つの研究トピックスはエコーイックと他の言語オペラントとの波及効果についてである．自閉症児などへの言語指導では，聞き手行動のトレーニングが初期に行われる．聞き手行動はエコーイックを増大させるのだろうか．ホーンとロウ（Horne & Lowe, 1996）では，言語獲得において聞き手行動が重要な役割を果たしていることが報告されている．保護者と子どもとの間で聞き手行動が成立し，その関係に，子どもが自身の発声をセルフモニターしていくプロセスが合流して，刺激等価性の成立に寄与していると考えた．そのため，聞き手行動の学習はエコーイックの出現を促進するかもしれない．

　言語発達に課題をもつ子どもたちへの指導で，マンド，タクト，イントラバーバルなどの言語オペラントの形成に，エコーイックはプロンプトとして用いられることが多い．臨床的な研究では，エコーイックの獲得の後に，他の言語オペラントをエコーイックを使って直接指導するという戦略をとっている．エコーイックとマンドやタクトは，異なる機能をもつと定義される言語オペラントである．しかし，流暢な言語獲得では，それらの機能的に異なる言語オペラントを変換可能である．ある新しい単語をマンドとして学習すると，それは派生的にタクトやエコーイックへと変換することが可能になる．このような派生的な機能の転換に寄与する変数は何かという点が今後の研究トピックスの1つである．

　エコーイックの研究には，言語獲得の中でエコーイックの果たす役割（とりわけ自動反応形成に関して），エコーイックの獲得技法，そしてエコーイックと他の言語オペラントの機能的な変換についてなど，興味深いトピックスが今後の研究に残されている（Drash et al., 1999）.　　　　　　　　　　　　　　　　[谷　晋二]

📖 参考文献
谷　晋二（2012）．はじめはみんな話せない―行動分析学と障がい児の言語指導　金剛出版
小野　浩一（2005）．行動の基礎―豊かな人間理解のために　培風館

オートクリティック

☞言語行動 p.30

　オートクリティックとは，スキナー（Skinner, 1957）が言語行動を取り扱った著書 *Verbal Behavior* の第4部 "Manipulation of Verbal Behavior（言語行動を巧みに操作すること）" で初出した単語で，「他の言語行動に基づいている，あるいは他の言語行動に依っている行動であると示唆している用語である」とされている．このことは，原語の「autoclitic」は「auto」（自己の，という意）＋「clitic」（他の語と結びついてのみ用いられる，という意）から成り立っていることにも，反映されている．言い換えれば，オートクリティックとは，他の言語行動が存在しないところでは機能せず，その本質的な機能はオートクリティックが依ったもとの言語行動の機能を巧みに変換することである．

●**オートクリティックの大きな3つのタイプ**　*Verbal Behavior* の第4部は3つの章で構成されている．第1は言語行動としてのオートクリティック，第2は文法や統語論として表れているオートクリティックの機能，第3はさらに大きな言語単位として文と文をつなぐ，あるいは文章構成に関わるオートクリティックフレームである．ちなみにカタニア（Catania, 2007）は，オートクリティックを「主たる言語行動に付加して機能する」ものと「複数ある主たる言語行動の関係性を示す機能を示す」ものの2つがあると紹介している．

●**オートクリティックの機能を果たす言語行動**　マンドやタクトといった単独で機能する言語行動に付加するオートクリティックには，①説明付加的オートクリティック，②質変容的オートクリティック，③量明示的オートクリティックの3つがある（これらの日本語訳については，*Verbal Behavior* で描かれている内容に近い形で決定したため，過去に日本語で訳出されたものとは異なる場合がある）．なお本項目では，オートクリティックが依ることで機能が変容することになるマンドなどの「言語行動」のことは，その主従関係を明確にするために，「主たる言語行動」と呼称する．なお，以下の具体例は，*Verbal Behavior* からの引用であるために，英語の例となっている．

①説明付加的オートクリティック（図1①）　この代表例は，「I 〜that〜」（具体例「I think that it is raining」）という発話の，「I〜」（例では，I think）の部分にあたる．オートクリティックの「I think」が that 節以下の主たる言語行動に付加したととらえる．このオートクリティックは，主たる言語行動がタクトか，マンドか，エコーイックかなど，説明する機能を付加している．「説明付加的」の意味するところは，that 以下の節の発話がどのような状況で発せられたのかを明確に記述することであり，それによって聞き手に対する効果を

図1 言語行動としてのオートクリティック
VB＝言語行動，AC＝オートクリティック．

変容させる．このオートクリティックは，さらに区分されており，それぞれを図示したものが，図1①である．（図中の(a)(b)…(f)と以下は対応している）
(a) 主たる言語行動の情報源を示したり，その言語行動がマンドやタクトの機能であることを示す．（例）I see that〜，I hear that〜
(b) 主たる言語行動が十分な刺激作用によって表出されたのか否か，あるいは過去に十分に条件づけされているかいないかという主たる言語行動の反応の強さを示す．
　　（例）I guess that〜，I believe that〜（これらは反応の弱い方の例）
(c) 主たる言語行動と，話し手や聞き手のその他の言語行動との間の関係を示したり，またはそのもとで自発された状況との間の関係を示す．
　　（例）I agree that〜，I expect that〜，
(d) 主たる言語行動に付加して，話し手の情動的・動機づけ的条件を示す．
　　（例）I am happy to say〜，I hate to say〜
以上4つの亜型として，(e) 否定形をつくるオートクリティック（上記の4グループの否定形をつくる．例：I do not agree that〜），(f) that節の内容が省略されて，soや単にthatのみに付加してその機能を果たす場合（例：I guess so）がある．
② 質変容的オートクリティック（図1②）　これは，主たる言語行動自体の「質」を変容し，聞き手が行動する際の強さや方向性を変えるので，「質変容的」と呼称される．この代表例は，「No」と「Yes」である．前述①の「説明付加的オートクリティック」が，主たる言語行動自体を変容しないのとは対照的である．
　Noに代表される「否定」のオートクリティックでは，例えば，It is raining

に「NOT」というオートクリティックが付加されて，It is NOT raining となることで主たる言語行動（it is raining）の方向性が変容する．一方，「主張」のオートクリティックは，先の否定とは逆に主たる言語行動を強めて，それに基づいて聞き手が継続して行動することを促す．

③量明示的オートクリティック　これは，話し手の行動の特性，またはその特性に寄与している状況を指し示すことで聞き手に効果を及ぼす機能を果たす．この具体例は，次の発話の「All」「Some」「No」に相当する．

　（例）All swans are white.／Some swans are white.／No swan is white.

通常，言語学的，あるいは論理的には，「All」は「Swan」を修飾しているとされる．しかし，オートクリティックの機能を果たす「All」は，「swans are white」という言語行動全体にかかる．この文を発した人は地球上のすべての白鳥を見て判断したのではなく，その人の過去の経験の中で，あるいは今，池に浮かんでいる白鳥という限定的な範囲の中という，その個人の経験の量的な情報を明示しているのである．

注意すべき点は，all, some, no が常に量明示的な機能を果たすのではないことである．例えば，May I have some butter? はマンドの機能を果たしており，ここでの some は量をより限定的に示すだけで，量明示的な機能は果たしていない．

この他に見られる代表的な量明示的の機能を果たすオートクリティックには，いわゆる冠詞の a と the がある．聞き手にとって，the book と言われた場合と a book と言われた場合には聞き手に及ぼす効果は異なる（Skinner, 1957）．

●「文法や統語論」という形でオートクリティックの機能を果たす言語行動　第2のタイプは，オートクリティックの拡張として位置づけられている「文法や統語論として立ち現れてくるオートクリティックの機能を果たす言語行動」である．この代表例としては，shall, of, but, than のような言語反応の種類に属するもの，また単独では単語としても成立しない「語形変化に用いる語尾」なども含まれる．両者の共通点は，主たる言語行動に依ることで，その言語行動の聞き手に対する効果を変容する機能を果たすということである．

①関係明示的オートクリティック　これは，ある言語行動と言語行動の関係を明示する機能を示すオートクリティックである．例えば，「The boy runs」という発話の runs の最後の「s」があげられる．この「s」が存在せず単に「The boy run」と発した場合，The boy と run の関係は単純な並列関係となる．しかし，先の「s」によって走っていることをその少年が所有しており，この2つの事柄は一緒に行われ，別々な反応ではないことが聞き手に伝わるのである．

また，英語では語順自体が関係明示的オートクリティックの機能を果たしている．The boy runs a store（その少年は店を運営している）は，The store

runs the boy という語順では強化されない，つまり聞き手に効果を与えない．この点について，日本語の場合は英語ほど語順による影響を受けない．「私，ご飯，食べた」と「食べた，私，ご飯」は通常違和感なく聞き手に伝わる表現である．
②技巧操作的オートクリティック　このオートクリティックの機能は，話し手が自分の反応をより効率的にアレンジすることである．例えば，All but Henry left the room という言語反応は，All left the room, but Henry remained とも，All-except Henry-left the room とも等価であるが，第1番目の言語反応の方が効率的である．

　ただし，文法的，統語論的な言語行動がすべてオートクリティックの機能を果たしているのではなく，実際に多くはその機能を果たしていない（Skinner, 1957）．
●「文章構成」という形でのオートクリティック　第3のタイプは，より大きな言語行動のまとまりに関するもので，通常は「文」「文章」と表現されるものに関係している．単純な文は，言語反応にオートクリティックを付加することで生成される．さらに大きな言語行動については，文章構成のプロセスに関与し，以下のように区分される．
　①主たる言語行動
　②①を自発する際，それからおそらく派生されるであろうイントラバーバルな言語行動（しばしば反応の主題的なグループを構成）
　③オートクリティック・フレームワーク（Skinner, 1957）
　文章構成のオートクリティックのわかりやすい一例は，書き言葉の「句読点」である．例えば，英語のコロン（：）は，as follows というオートクリティックの機能をもつ．また，この第3の側面には，言語行動の順番化やグループ化も含まれる（Skinner, 1957）．
●オートクリティックの応用場面への適用の可能性　2019年時点では，自閉症や，発達障害の子どもに対する「オートクリティック」の指導という報告はまだ多くない．例えば，イーガンとバーンズ＝ホームズ（Egan & Barnes-Holmes, 2009）は，自閉症4人の男児に対して，「I want」というオートクリティック＋マンド，「It is」というオートクリティック＋タクトという反応を指導した結果を報告している．ルークら（Luke et al., 2011）は，空間関係を表すオートクリティックとして，「on top」「in」を指導した事例について報告している．しかし，オートクリティックは他の言語行動が成立しなければ機能しないものであることから，クーパーら（Copper et al., 2007 中野訳 2013）は，「初歩的言語介入には，オートクリティック訓練を含めるべきではない」と警鐘を鳴らしている．
●オートクリティックの本質　様々な形態をとるオートクリティックであるが，その本質は，それが他の言語行動に付加されることで，主たる言語行動の聞き手に対する機能を変えるところにある．

[三田地真実]

テクスチュアル，トランスクリプション，テキスト・コピーイング

☞ 言語行動 p.30

　スキナー（Skinner, B.F.）の著書，*Verbal Behavior* では，刺激-反応関係を分析の単位とした言語オペラントの分類をしている（Skinner, 1957）．その分類の中で，弁別刺激，または反応（所産）に文字言語刺激を含んでいるものをテクスチュアル，トランスクリプションと定義している．テクスチュアルは，弁別刺激が文字言語刺激で反応が音声言語反応，トランスクリプションは，弁別刺激が音声言語刺激で反応が文字言語反応となる．どちらも，音声と文字の間の対応関係（例えば，文字「あ」に対して発音/a/）は存在するが，刺激次元が異なるために形態的な類似性は見られない．これらの言語行動は，主として般性条件（性）強化によって維持されるが，加えて自動強化など，複数の強化が機能する場合も多い．

　テクスチュアルは，読字行動と訳される場合もあるが，読む（reading）という言葉は，読み理解のような多くの処理過程を非明示的に含む言葉として扱われることが多いために，あくまで刺激-反応関係を記述する用語として定義されている．そのため，テクスチュアルは，文字言語刺激を弁別刺激とし，それに対応した音声反応を表出することのみを指している．ただし，日常の場面での言語行動では必ずしも単一の随伴性のみが機能するわけではない．例えば，教示文や指示文を「読む」行動は，それに対応した行動を生起させることがある．しかしこれは，他者からのマンドが文字刺激で提示されている，またはその指示文のテクスチュアルの所産として生じた音声言語反応が，マンドの弁別刺激として機能すると位置づけられる．

　また，スキナーはトランスクリプションの中に，ディクテーション，テキスト・コピーイングという用語を含めている．ディクテーションは音声言語刺激を弁別刺激として生じる書字反応を指し，テキスト・コピーイングは，文字言語刺激を弁別刺激として生じる書字反応を指している．しかし，テキスト・コピーイングは，刺激次元と反応次元が同じ文字であることからトランスクリプションに含めるのではなく，同様に刺激次元と反応次元がともに音声であるエコーイック行動と同じ機能と位置づけるべきであるという指摘もある（サンドバーグ，2013）．

　テクスチュアル，テキスト・コピーイング，トランスクリプション（ディクテーション）の随伴性と刺激-反応関係を整理したものを表1に示す．

●**テクスチュアルの発達と支援**　スキナーは，*Verbal Behavior*（1957）において「単文字や単音，音節，単語，より長いユニットのどれを読ませることが子どもにとってベストなのだろうか？」と述べているが，テクスチュアルにおいて，音声と文字の対応関係をどのように支援していくかは，重要な問題である．定型

表1 テクスチュアル，テキスト・コピーイング，トランスクリプションの随伴性と刺激-反応関係

言語オペラント	随伴性				刺激-反応関係	
	弁別刺激	反応	反応型	後続条件	部分的な対応関係	形態的な類似性
テクスチュアル	文字言語刺激	音声反応	音声	般性条件性強化	○	×
例	単語「みかん」	音声/mikan/				
テキスト・コピーイング	文字言語刺激	書字反応	鉛筆書字 タイピング 構成反応 選択反応	般性条件性強化	○	○
例	単語「みかん」	書字所産「みかん」				
トランスクリプション（ディクテーション）	音声言語刺激	書字反応	鉛筆書字 タイピング 構成反応 選択反応	般性条件性強化	○	×
例	音声/mikan/	書字所産「みかん」				

　発達児においては，まず語標読みとよばれる単語と音声の対応関係の獲得がみられる（Akita & Hatano, 1999）．ただし，この場合の弁別刺激としての単語は，単文字の複合刺激ではなく，単一の刺激として機能している．つまり，「みかん」という単語刺激をテクスチュアルできたとして，そこに含まれる「か」という文字刺激をテクスチュアルできるとは限らない段階である．その後，文字読みの段階に移行し，個別の文字刺激に対するテクスチュアルが可能となる（Akita & Hatano, 1999）．日本語においては5歳の未就学児でもひらがなの約9割をテクスチュアル可能である（島村・三神，1994）．これはテクスチュアルを獲得する前から，例えば，しりとりのように音韻の一部を抜き出したり，音節（モーラ）数に合わせて手をたたいたりといった音韻を操作する行動が獲得されているために，音韻と文字の対応関係がスムーズに獲得されると考えられている（天野，1986）．特に日本語においては，ひらがな，カタカナにおいて文字と音声がほぼ一対一対応しており，例外が少ないため，DSM-5では学齢期の子どもにおける限局性学習障害（specific learning disorders, SLD）の有病率が5〜10%とされる（APA, 2013）中，日本においては2.4%（文部科学省，2012）にしか見られない．

　文字読みの段階の後，助詞の「は」「へ」のように文中の位置や，特殊音節のように前の文字（長音は前の文字の母音を伸ばす）や，文字表記の大きさ（「しや」と「しゃ」）によって読み方の変わる文字を読む正字法読みの段階に移行する（Akita & Hatano, 1999）．ひらがな，カタカナは，ほぼ文字読みで読むことができるが，漢字は，送り仮名や漢字の組合せ（熟語）によって，読み方が変わる．つまり前後や組合せによって読み方を変える正字法読みが必要となるために，

SLD児などにおいて漢字のテクスチュアルに困難が示されやすい．そのようなテクスチュアルの困難が生じる場合には，音声-文字間の刺激間関係を抜き出し，恣意的見本合わせ手続き，構成反応見本合わせ手続き，刺激ペアリングなどの見本合わせ手続き（☞「見本合わせ：応用」）を用いることで支援が可能である（菅佐原・山本，2009）．

●**テキスト・コピーイングの獲得と支援**　文字言語刺激を対応した文字言語反応が生じることをテキスト・コピーイング，またはコピーイングとよぶ．ただし，用いられている文字が書き手にとって未知の文字である場合，それは絵を描き写す行為と変わらないため，描画とよばれる．また，既知の文字の場合でも，テキスト・コピーイングされる文字所産の大きさ，字間，筆圧などは弁別刺激となる文字刺激とまったく同じになるとは限らない．また，英語の大文字を小文字に直して書くなど，テキスト・コピーイングにおける弁別刺激と所産の形態的な類似性は大きな幅をもつ．

　テキスト・コピーイングは，刺激として提示される文字言語刺激の位置と書字反応を行う位置関係によって，視写（書写し）となぞり書き（透写）に区別することができる．なぞり書きは，刺激提示位置と反応位置の空間的位置が同一であり，視写では一般的に離れた位置となる．視写において両者の空間的位置が離れるほど，テキスト・コピーイングの難易度は上がり，例えば，漢字ドリルなどのように刺激，反応位置ともに視野内にある視写と比べ，板書の視写は，空間的位置が離れるために，困難を示す発達障害児は多い．テキスト・コピーイングを通じて，書字の運動反応の獲得を図る場合，視写となぞり書きのどちらが効果的かについては多くの検討がなされてきた（例えば，小野瀬，1987）．なぞり書きは，見本となる文字刺激と形態的に類似した所産が生じやすい点で利点をもつが，文字を書くのではなく，線分上を単になぞる描画反応になり，一連の書字運動反応として獲得されない可能性もある．視写は，見本と同じ所産を生み出す一連の書字運動反応として反応が生じやすいが，形態的な類似性は保証されず，身体的ガイダンスなどのプロンプトが必要になる可能性がある．そのため，当該児童の指導に伴う学習の推移を検討しながら，視写，なぞり書きのどちらを用いるかを検討していく必要がある．

●**トランスクリプションの獲得と支援**　音声言語刺激に対する文字言語反応を指すトランスクリプションは，ディクテーション，聴取り書字，聴写や口述筆記などの名称でよばれることもある．例えば，発音/uɚ/は，poorとsureの後半3文字では共通だが，つづり方が異なる（「oor」と「ure」）ように，提示される音声刺激が同一でも文字刺激が異なる場合もあるため，音声と文字の対応関係の獲得が難しいとされている．しかし，日本語においては，ひらがな，カタカナにおける対応関係は非常に規則的なために，困難は生じにくい．

トランスクリプションとして，音声言語刺激/a/のもとで書字反応「あ」が適切に生じるためには，①当該文字を書字する運動反応がテキスト・コピーイングなどを通じて獲得されていること，②音声-文字間の刺激間関係が獲得されていることが求められる．加えて，日常のトランスクリプション場面では，単に書字運動反応が獲得されているだけでは不十分で，話者の発話のペースに対応した書字運動反応を行える行動の流暢性(Binder, 1996)が求められる．行動の流暢性とは，正反応が生じるだけではなく，その正反応が短い反応潜時で生じたり，単位時間あたりに高反応率で生起したりする状態を指す．行動の流暢性が確立されることで，当該反応の維持や般化，その活動への長時間の従事が可能になることなどが指摘されている(Johnson & Layng, 1985 ; Binder, 1996)．しかし，SLD児などでは，行動の流暢性が獲得されにくいことから，トランスクリプションに困難を示す場合も多い．

　トランスクリプションは，提示と同時に消失してしまう音声言語刺激を，文字所産に変換することで，永続的に存在し続ける視覚刺激にすることができる重要な利点をもつ．そのため，トランスクリプションとしてメモをとることは，後に自分で書いた文字言語刺激を自分でテクスチュアルする，セルフ・テクスチュアルにつながり，結果として自分自身の行動を適切に制御できる可能性を高める．

●書字反応の反応型　書字反応は一般的に鉛筆などの筆記具を用いて，紙に書く行動を指すが，テキスト・コピーイングもトランスクリプションも，音声言語刺激や文字言語刺激に対応した文字所産を生み出す反応全てを指す．そのため，タイピングや，文字カードを並べて単語や文章を構成する構成反応なども書字反応に含まれる．鉛筆での書字は複雑な運動反応のため，微細運動に苦手さを示しやすいSLD児において困難が生じやすい．例えば，SLD児は「げんこつにぎり」や「かぎ状にぎり」といった特異な鉛筆の保持をすることが報告されているが，「げんこつにぎり」は1～1.5歳の時期にみられる手掌-回外握り，「かぎ状にぎり」は2～3歳の時期にみられる手指-回内握りに対応した持ち方であり(Erhardt, 1988)，微細運動における発達的な遅れの影響ととらえることができる．このような微細運動の困難は運筆にも大きな影響を及ぼす．

　そのため，SLD児の書字を支援する際，いきなり鉛筆による書字反応を通じて刺激間関係と書字運動反応の獲得を図るのではなく，音声-文字間の刺激間関係は見本合わせ手続きを通じて，書字運動反応の獲得はテキスト・コピーイングを用いた流暢性訓練(Johnson & Layng, 1985 ; Binder, 1996)を通じてのように目的別の学習環境を設定する必要がある(菅佐原・山本, 2009)．または，鉛筆による書字反応ではなく，ワープロによるタイピングなどを利用することも有効である．海外ではワープロを用いることで学校場面におけるノートテイクのようなトランスクリプションが改善したことなどが報告されている(例えば，Hetzroni & Shrieber, 2004)．

〔菅佐原　洋〕

Ⅲ部　応用行動分析
2章　基本手続き

- 反応形成（シェイピング）：応用… 446
- プロンプト……………………… 450
- 身体的ガイダンス……………… 454
- モデリング……………………… 458
- 般化模倣………………………… 462
- 課題分析………………………… 466
- 連鎖化：応用…………………… 470
- 見本合わせ：応用……………… 474
- 無誤弁別学習：応用…………… 478
- 刺激等価性：応用……………… 482
- 機能的行動アセスメント……… 486
- 強化介入による行動低減……… 490
- 非随伴性強化…………………… 494
- 選択と好み……………………… 498
- 般化と維持……………………… 502
- 確立操作………………………… 506
- プレマックの原理：応用……… 510
- 集団随伴性……………………… 514
- 行動モメンタム：応用………… 518
- 社会的妥当性…………………… 522

反応形成（シェイピング）：応用

☞反応形成：基礎 p. 50, 自動反応形成 p. 308

　反応形成（shaping）とは，最終的な標的行動が生起するために，最終的な標的行動の形態に似ている反応に対して分化強化していくことである．反応形成は，新しい行動を教える際の重要なアプローチであり，教示，模倣，身体的手がかり，言語プロンプトなどによっては簡単に学習できない行動を教える方法となる．

　例えば，発語による要求言語の形成を目指した場合，初めのステップとして指導者は子どもの何かしらの発声があった場合に要求をかなえて強化をし，次のステップとして要求言語の一部を言えたことを強化し，最終的なステップでは発語による要求言語を強化するといったステップを組みながら反応形成していく．反応形成においては分化強化と漸次的接近反応の形成といった2つの手続きが必要となる．

　分化強化とは，特定の行動のみを強化し，それ以外の行動は強化しない手続きを取ることである．それによって強化された行動はより高頻度で自発され，強化されなかった行動は出現頻度が下がる（いわゆる消去を受ける）ことになる．

　漸次的接近反応とは，要求言語行動を例にすれば，発声（「オ」）-単語の一部（「チョ」）-単語全体（「チョコレート」）-語連鎖（「チョコレートちょうだい」）という系列になる．反応形成においては，指導開始時点で学習者の行動レパートリーとして存在していて，最終的な標的行動の一部を含む行動か，最終的な標的行動の前提行動として必要となる反応から形成していくことになる．そして強化基準を徐々に変更させながら漸次的接近反応を形成し最終的な標的行動に向けて行動を形成していく．

　このように反応形成では，まず最終的な標的行動に対して漸次的接近反応として系列を組むことができる行動を特定化した後，学習者がその行動を示した際に強化をしていく．そして，その行動を強化することをやめることによって起こる消去バーストの中から最終的な標的行動により近い次の段階の行動を強化していく．つまり，最終的な標的行動により近い漸次的接近反応を強化し，一方では前の段階の行動は消去するという分化強化の手続きを学習者が最終的な標的行動を示すようになるまで続けていくことになる（図1）．最終的な標的行動とは，標的行動の反応型，頻度，潜時，持続時間，大きさなどがあらかじめ設定された基準レベルに達成することである．

　また，反応形成を行う際，行動の形態となる反応型内での反応形成と反応型間での反応形成に分けることができる．反応型内での反応形成の例としては，学習者の学習場面における着席行動の時間があげられる．着席行動という反応型は同

ステップ1 指導期1	ステップ2 指導期2	ステップ3 指導期3	ステップ4 指導期4
			「ちょうだい」で要求
		「ちょう」で要求	「ちょう」で要求
	「ち」「ちょ」で要求	「ち」「ちょ」で要求	「ち」「ちょ」で要求
発声で要求	発声で要求	発声で要求	発声で要求

図1　要求言語行動形成における漸次的接近反応と分化強化
　各指導期における斜体太字の行動がその指導期において強化される反応であり，
　アミかけ部の行動は分化強化によって消去される反応である．

じであるが，着席する時間を短時間から徐々に増やしていく反応形成である．同様に学習者が漢字練習する文字数を数文字から徐々に増やしていく反応形成である．一方で，反応型間での反応形成の例としては，要求言語の形成で，サインによる要求−発声による要求−発語による要求−発話による要求行動のように反応型が異なる中で反応形成していくことである．

●反応形成の手順　反応形成を行うには以下の手順を取る．

①最終的な標的行動を定義する　最終的な標的行動を具体的に正確に定義する．それは，将来的に本人が遂行できることが予測され，かつ環境からさらなる強化を受けることが予測される行動である．最終的な標的行動の成功基準も決めることが必要である．行動の頻度，正確さ，大きさ，潜時，持続時間などの成功基準を設定することによって，標的行動の測定が可能になり，かつ反応形成が成功したかどうかが決定できるようになる．

②反応形成を用いるかの判断をする　最終的な標的行動を定義したら，その標的行動の形成には反応形成が最も適した手続きかどうかを判断する必要がある．学習者がすでにわずかでも標的行動を示すことがあれば，反応形成を適用する必要はない．むしろ教示，プロンプティング，モデリング，ピアチュータリングなどの行動形成の方法を用いた方が望ましい場合がある．

③強化する最初の行動を同定する　その行動は少ない頻度でもかまわないのだがすでに本人が遂行できる行動であることが望ましい．さらにこの強化する最初の行動は最終的な標的行動に到達するための基礎，前提となる行動である必要がある．

④反応形成するステップを選定する　漸次的接近反応の順序を設定することである．学習者は最終的な標的行動に漸次的接近することが求められる．反応形成するステップを設定し，学習者は各ステップを習得したうえで次のステップに進むことになる．1つのステップから次のステップまでの行動上の変化が適切でなければならない．行動上の変化が大きい設定であると学習者は分化強化での消去手続きによって消去バーストなどの混乱が生じやすくなる．逆にステップ移行における行動上の変化が小さすぎても最終的な標的行動までに時間的な

労力がかかる可能性がある．
⑤反応形成において使用する強化子を選定する　学習者が適切な行動を示した際に即時に提示できる強化子であり，簡単に飽和してしまわない内容や量であることが必要である．
⑥漸次的接近反応を分化強化する　反応形成ステップに応じて適度なペースで最終的な標的行動に向かっていくことが望ましい．1つのステップで多くの強化を得てしまうと次のステップに進んだ際に学習者に混乱が生じやすくなる可能性がある．1つのステップでの適切な反応を促すため，そのステップにおいて強化を受けられる行動が何かを学習者に説明したり，適切な行動の出現のためにプロンプティングなどの方法を組み合わせたりすることも有効である．

●**反応形成における限界**　クーパーら（Cooper et al., 2007）によると反応形成における限界として次の5つをまとめている．1つめとして，最終的な標的行動が出現するまで多くの漸次的接近反応を必要とすることがあり，新しい行動を反応形成するには時間がかかること．2つめとしては，最終的な標的行動に向けての接近は必ずしも前進だけではないことがある．もし最終行動に向けた漸次的接近反応が見られない場合には，接近反応の段階をさらに細かくステップを組み，強化する機会を設けていくことが必要となる．3つめとしては，反応形成を行う際には，学習者の行動を常に観察していくことが必要となる．学習者における最終的な標的行動に向けた漸次的接近反応の遂行を見逃すことなく強化するためには，学習者の行動を常に観察することが求められる．4つめとしては，反応形成は間違って適用される可能性がある．例えば，要求機能がある子どもの叫び声に無頓着に，無意識的に分化強化を行ってしまうなど，本来形成されるべきでない方向性で反応形成がなされてしまうことがある．5つめとしては，不適切な行動でも反応形成することは可能である．身体に危険を及ぼすおそれがある行動であっても分化強化の手続きによって反応形成は可能である．それゆえに，最終的な標的行動の慎重な設定が重要となる．学習者における行動形成にあたっては，上記の反応形成の限界を踏まえたうえで，反応形成の手続きが妥当であるかを十分に検討する必要がある．

●**反応形成による指導例**　この反応形成は，知的障害，発達障害のある人への行動形成に際してもよく使用される方法である．本項目では，主に要求行動形成において反応形成の手続きを用いた例を紹介する．

反応型内での反応形成としては，倉光ら（2008）は，無発語の広汎性発達障害児に対してPECS®（Picture Exchange Communication System，絵カード交換式コミュニケーションシステム）によって欲しい物品の絵カードを「〜ちょうだい」の文シートに貼って要求する行動を最終的な標的行動として反応形成ステップを設定した．指導期は4期で構成され，フェイズⅠ：テーブル上の絵カードを

渡すこと，フェイズⅡ：コミュニケーション・ブック（CB）に張ってある絵カードを渡すこと（さらに対象児とCBの距離を3ステップ設定），フェイズⅢ：CBに張ってある複数の絵カードから欲しい物品の絵カードを渡す（さらに絵カードの増やし方で3ステップ設定），フェイズⅣ：欲しい物品の絵カードを「～ちょうだい」の文シートに貼って要求するという反応形成ステップが設定された．その結果，比較的短期間で絵カードを用いて欲しいものを要求する行動が獲得できた．

反応型間での反応形成としては，指導の初期に非音声言語による要求行動を形成した後に音声言語による要求に移行を試みた研究がある．

加藤（1988）は，無発語自閉症児3人に非音声による要求行動（指さし）を形成した後に音声に移行する指導を行った．要求行動自発の機会を十分に保証するために要求行動への即時対応を行ったことにより要求頻度の増加が見られ，後の指導である時間遅延法による要求充足の留保手続きが嫌悪事態にならずに発声による要求を形成することができたと指摘している．

長沢・藤原（1996）は無発語の自閉症児2人に対して，すでに習得している動作サインによる要求行動から発声を伴った要求言語行動への移行を試みた．その結果，要求行動そのものは指導前に比較し2倍以上に増加し，指導者の音声モデル提示後の口形模倣による要求行動も見られるようになったが，全要求行動に占める自発発声の比率は低かった．その要因として発声の生起頻度を十分に高めることができなかった点，口形モデルの統制力の強かった点などあげられた．そして，今後の課題として，標的行動を初めから音声言語とするのではなく，発声頻度の増大を図ったうえで，音声を伴った要求行動から音声言語による要求へと目標をスモールステップで計画していく必要があると述べている．

霜田（2004）は，発達障害児1人に対して，遊び場面における要求言語行動の形成を目指して，指導期前に対象児がすでに獲得しているサインによる要求によって十分充足した後，指導期1：すべての発声，指導期2：明らかに指導者の方を向いた発声，指導期3：発語「やって」によって要求を充足する反応形成ステップを設定した．また各指導期において要求行動が出現するまでの時間遅延や要求言語行動のモデルを提示する手続きを取った．その結果，指導期全体を通して要求回数を高く維持でき，発声頻度の増加，発語による要求を引き出せた．

これら先行研究からも，①学習者がすでに習得しているか，習得が比較的容易な要求手段での要求行動から反応形成ステップを設定すること，②反応形成ステップにおいては学習者が獲得可能な行動を設定し，③十分な強化経験を経ながらステップを移行することの重要さが確認できる．

［霜田浩信］

プロンプト

☞ 離散試行型指導法，機会利用型指導法 p.528，身体的ガイダンス p.454，モデリング p.458

　プロンプトとは，行動の前に提示され，学習の標的となる行動（適切な行動）が生起する確率を高める補助的な刺激である．例えば，子どもに平仮名の書字を教える際に，「手を添えて一緒に書く」「書き順を示したプリントを提示する」といった，いわゆる「ヒント」や「手助け」がプロンプトである．

●**プロンプトの分類**　応用場面において様々なプロンプトが用いられており，反応プロンプトと刺激プロンプトの大きく2つに分類することができる（図1）．

　反応プロンプトとは，標的となる行動が生起する確率を高めるために，他者によって行われる行動のことである．反応プロンプトは，さらに身体プロンプト，モデルプロンプト，身振りプロンプト，言語プロンプトの4種類に分類される．

　その中でも，侵襲性（学習者に影響を与える強さ）が最も高いのは身体プロンプトである．身体プロンプトは，適切なタイミングで，適切な行動が生起するように，他者が身体的に手助けすることであり，身体的誘導ともよばれる．平仮名の書字を教える際に，先生が子どもの手を持って，文字の一部あるいは全部を一緒に書くことは，しばしば用いられる身体プロンプトである．身体プロンプトは，手を使って手助けできる運動行動や模倣行動を教えるのに，よく使われる．しかし，このプロンプトは学習者の協力が必要であり，抵抗を示す学習者にとっては嫌悪的になる可能性があるため注意が必要である．

　次に侵襲性が高いのはモデルプロンプトである．モデルプロンプトは他者が実

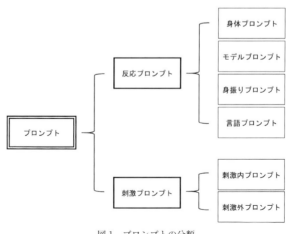

図1　プロンプトの分類

際にやってみせることであり，それにより適切な行動が生起する確率を高める．前述の例でいえば，子どもの横で先生が文字を書いてみせることがモデルプロンプトである．学習者の能力にかかわらず，単純な行動から複雑な行動まで幅広い場面で使用される．さらに，学習者との類似性が高い，演技がうまい，社会的地位が高く有名であるといった特徴をもつモデルは，その効果をより高めることが指摘されている（Le Grice & Blampied, 1997 ; Sulzer-Azaroff & Mayer, 1986）．

　指さしやジェスチャーなどにより，適切な行動が生起する確率を高めるのが，身振りプロンプトである．モデルプロンプトと同様に他者の身体動作が刺激になっている．しかし，実演してみせるわけではないので，モデルプロンプトに比べると侵襲性は低い．例えば，前述の平仮名を書字する場合であれば，先生が書き始めの場所を指さす，鉛筆を持つポーズをすることで促すといったことである．

　最後に，最も侵襲性が低いのは，言語プロンプトである．適切な行動が生起する確率を高めるような，他者の言語行動を言語プロンプトという．平仮名の「た」を書く際に，先生が「よこ，たて，よこ，よこ」や「タコの『た』」と言って促すことが，これに該当する．言語プロンプトには，助言やヒントの他にも，規則，教示，説明，質問などの言語的な援助が含まれる．

　標的となる行動が生起する確率を高めるために，刺激を変化させたり，ある刺激を撤去もしくは追加したりすることを刺激プロンプトという．さらに刺激内プロンプトと刺激外プロンプトの2種類に分類される（Schreibman, 1975）．

　刺激内プロンプトは，適切な弁別刺激に反応させる，あるいは適切な弁別をさせるために，弁別刺激（S^D）を目立たせる，あるいはそれ以外の刺激（S^Δ）が目立たないように，刺激を変化させる方法である．弁別刺激の位置，大きさ，形，色，強さなど，刺激次元を変化させる．例えば，「バス」の文字の濁点を大きく書くことで「ハス」との違いを強調したり，などがあげられる．

　もう1つの刺激外プロンプトは，適切な弁別刺激に反応させる，あるいは適切な弁別をさせるために，本来の弁別刺激以外の刺激を加える方法である．例えば，平仮名を見て書く視写の場合，手本となる文字に1画ごとに数字を加えることで，書き順を弁別しやすくすることがあげられる．知的能力障害のある人が複雑な作業をこなすために掲示しておく作業工程表や，小学生がかけ算九九を勉強するときに使うカードで，数式の裏に書かれた答えも，刺激外プロンプトである．

●**効果的な使用のためのガイドライン**　実際の教授場面では，これらのプロンプトを使い分けたり，複数のプロンプトを組み合わせて使ったりすることもある．効果的にプロンプトを使用するためには，以下のガイドラインに注意する必要がある（Alberto & Troutman, 1999）．

①**最適なプロンプトを選択する**　学習者や学習課題に最適のプロンプト法を選ばなければならない．通常，新しい行動を教えるときには反応プロンプトが適し

ている．また，正確な弁別を手助けする場合には，刺激プロンプトが適している．しかし，知的能力障害や神経発達症のある人にとっては，言語プロンプトよりも身体プロンプトのような強力なプロンプトが適切な場合もある．提示した刺激がプロンプトとして機能するためには，学習者がそれを生かすための能力を有している必要がある．有効なプロンプトが明確でない場合には，段階的増加型プロンプト・フェイディングを用いるとよい．必要以上に侵襲性の強いプロンプトは嫌悪的になる可能性があるため注意が必要である（Krumboltz & Krumboltz, 1972）．

②学習者の注意をひく　弁別刺激やプロンプトを提示する前に，学習者の注意をひきつけておくことが重要である．妨害刺激や競合刺激を撤去したり弱めたりすることを必要に応じて行う．場合によっては，学習者に注意を向けるようにプロンプトしたり，注意を向ける行動自体を強化する必要があるかもしれない．

③弁別刺激を提示する　試行または課題は弁別刺激の提示から開始しなければならない．プロンプトを先に提示したり，弁別刺激から注意をそらすようなものであってはならない．ただし，弁別刺激から空間的に，時間的に離れたプロンプトは，学習を妨害する場合もある（Cheney & Stein, 1974; Schreibman, 1975）．

④標的となる反応をプロンプトする　弁別刺激によって標的となる反応が生起しないには，プロンプトを与える．反応プロンプトを用いる場合には，弁別刺激を提示した直後に，プロンプトを与える．刺激プロンプトを用いる場合には，弁別刺激を提示中に刺激状況を変化させたり，弁別刺激自体のある次元を変化させたりする．計画性のないプロンプトの使用は避けるべきである．意図しないプロンプトの使用は，本来の弁別刺激とは異なる刺激（例えば，命名学習の際に，指導者の顔色を弁別刺激にするなど）に注目してしまうことがあり，注意が必要である．

⑤適切な行動を強化する　弁別刺激のもとで標的となる行動が生起した場合には，プロンプトの有無にかかわらず，即時に強化する．ただし，プロンプトが提示されていないときに，行動が生起したときには，おおげさにほめるなど，強化量を大きくする．

⑥刺激性制御の転移　できるだけ早くプロンプトを撤去し自然な弁別刺激に刺激性制御を転移させる．プロンプトを撤去する際には段階的に行う必要があり，後述するフェイディング手続きなどによって刺激性制御の転移を促進させる．

⑦プロンプトなしで生起した反応を継続的に強化する　プロンプトが撤去され，弁別刺激のもとで標的となる行動が生起した場合は強化を続ける．連続強化スケジュールから間欠強化スケジュールへと段階的に切り換えていく．最終的には自然な強化随伴性のもとで標的となる行動が維持，強化されるようになる．

●**プロンプトの撤去**　プロンプトのもとで，標的となる行動が生起したら，次はプロンプトを撤去し，自然な随伴性（本来の弁別刺激のもとで，標的となる反応が生起し，強化される環境）へと移行する必要がある．つまり，プロンプトがない状況でも，適切なタイミングで，標的となる行動が生起するようにしなければならない．刺激性制御の転移を促す方法には，以下のようなものがある．

　1つ目は，プロンプト・フェイディングである．反応プロンプトを段階的に撤去する方法であり，プロンプト内フェイディングとプロンプト階層間フェイディングに分類される．プロンプト内フェイディングは，反応プロンプトの一部を段階的に撤去していく．例えば，「りんご」という平仮名単語の読みを教える際に，最初は「りんご」と読みあげる反応プロンプトを提示したのを，「りん・」，「り・・」といったように，段階的に減らし，最終的にはプロンプトを撤去する．プロンプト階層間フェイディングは，さらに2種類に分かれる．1つは段階的増加型プロンプト・フェイディングで，最初に侵襲性の低いプロンプト（例えば，言語プロンプト）から試み，必要に応じて段階的に侵襲性の高いプロンプトを用いる．もう1つは段階的減少型プロンプト・フェイディングで，侵襲性の高いプロンプト（例えば，身体プロンプト）から始め，段階的に侵襲性を低くしていく．

　2つ目は，時間遅延である．プロンプトそのものは変化させずに，プロンプトを提示するタイミングを意図的に遅らせる方法である．遅延時間を通常，数秒程度で，固定あるいは漸進的に長くしていく．反応プロンプトと刺激プロンプトの両方に対して用いられる．

　3つ目は，刺激プロンプトに用いられる方法で，刺激フェイディングや刺激シェイピングがある．刺激フェイディングは刺激外プロンプトに用いられるもので，プロンプト刺激を段階的に撤去する手続き（例えば，漢字の読み学習において漢字にふったルビを撤去するなど）と，S^{Δ}を段階的に導入する手続き（例えば，選択問題において正解の選択肢と同時に，不正解の選択肢も提示するなど）がある．一方，刺激シェイピングは主に刺激内プロンプトに用いられ，弁別刺激のある次元（形態）を段階的に変化させる手続きである（☞「無誤弁別学習：応用」）．

　しかし，対象によって，どのようなプロンプト法が有効，あるいは効率的であるかについては検討の余地がある．例えば，自閉スペクトラム症児は複合刺激に対して反応することが困難なことから，プロンプトが撤去されることで混乱することが多い．6人の自閉スペクトラム症児を対象に，弁別学習における刺激内プロンプトと刺激外プロンプトとの効果の違いを検討した研究では，プロンプトなしで弁別ができるようになったのは刺激内プロンプトを用いた対象児であった（Schreibman, 1975）．一方で，臨床場面では刺激外プロンプト（例えば，目印やマークなど）が用いられることも多く，一定の効果をあげている（Lovass, 1977）．プロンプトについて，今後も検討していく必要がある．　　　　［高浜浩二］

身体的ガイダンス

☞プロンプト p. 450, モデリング p. 458

　身体的ガイダンスとは，身体接触を用いたプロンプトのことをいう．指導者が対象者の身体に接触して行動を誘導することによって，適切な行動が生起する確率を高める．身体的ガイダンスには，指導者の身体を用いる方法と外的補助手段を用いる方法がある．指導者の身体を用いる身体的ガイダンスには，行動に関与する対象者の身体部位や運動方向を軽く叩きながら適切な行動を教示したり，対象者の身体に手を添えて行動を誘導したりする方法などが含まれる．一方，外的補助手段を用いる身体的ガイダンスには，杖を使用して歩行したり，箸操作の安定性を高める自助具を使用して食事をしたり，手関節を固定する装具を使用して書字をしたり，手すりを使用して階段を昇降したり，クッションを用いてベッドから起きあがったりといった方法が含まれる．

　行動の生起確率を増加しうるプロンプトは身体的ガイダンスの他にも，モデリング（指導者が実際に手本を見せて対象にそれを模倣するように促す方法），視覚的プロンプト（文字・絵などを用いて指示や合図を行う方法），言語プロンプト（音声を用いて指示や合図を行う方法）など種々のものがある．これらのプロンプトの中でも，身体的ガイダンスは行動の生起確率を向上する機能が最も高いとされている．

●**身体的ガイダンスのフェイディング**　行動の開始を促す明示的なプロンプトが存在しない状態で出現した行動を自発的行動という．身体的ガイダンスは行動の生起確率を向上する機能が高いため，自発的行動の生起確率の低い対象者に対しても適用できる．その反面，対象者の自発的行動を増やすためには，身体的ガイダンスを漸減するための撤去手続きを導入する必要がある．

　プロンプト・フェイディング法はプロンプトを撤去する手続きの1つで，プロンプトの多い条件から徐々にプロンプトの量を減少させていく方法をいう．指導者の身体を用いた身体的ガイダンスの場合，練習初期に対象者の身体を十分に支えて誘導しながら行動を生起させ，対象者が行動を習得するのに伴い支えや誘導の力を少しずつゆるめていく方法などが用いられる．重度の認知障害や運動障害を有した対象者であっても，指導者の身体を用いた身体的ガイダンスを反復することによって，自発的行動の生起頻度が増加しうることが報告されている．図1に，脳血管障害により重度の認知障害と運動障害をきたした対象者に，身体的ガイダンスを用いて介助に協力する行動の練習を行った事例を示す（鈴木他，2010）．ベースライン期とプローブ期では，行動開始を促すプロンプトの提示により適切な介助協力行動が生起した直後に，「いいですよ」「できていますよ」と

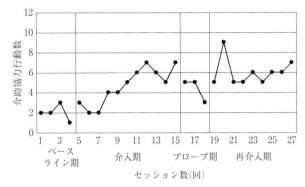

図1 身体的ガイダンスを用いた行動練習の経過[鈴木他,2009をもとに作成]

A. 外的補助手段を用いる方法

箸先位置の安定化を図るための屈曲位保持ロールと対立位保持テープ

B. 指導者の身体を用いる方法

対象者の身体に手を添えて箸操作を誘導

C. 身体的ガイダンスのフェイディングスケジュールの例

練習1週目	練習2週目	練習3週目	練習4週目
対立位保持テープ装着 屈曲位保持ロール装着 箸操作の身体的誘導	対立位保持テープ除去 屈曲位保持ロール装着 箸操作の身体的誘導	対立位保持テープ除去 屈曲位保持ロール除去 箸操作の身体的誘導	対立位保持テープ除去 屈曲位保持ロール除去 身体的誘導なし

図2 箸操作練習における身体的ガイダンスのフェイディング[鈴木他,2006をもとに作成]

いった称賛を提示した.介助期と再介入期では,行動開始を促すプロンプトの提示後に適切な介助協力行動が生起していなかった場合に,介助者が対象者に手を添えて行動を誘導し,課題を完遂させた.また,課題遂行後にはベースライン期と同様に称賛を提示した.その結果,介入期および再介入期に介助に協力する行動の生起数が増加した.しかし,身体的ガイダンスを中止すると自発的行動の生起頻度が減少することも指摘されており,自発的行動が日常生活に般化するためには身体的ガイダンスの計画的なフェイディングが必要であると考えられている.

1) 座位保持

4) 枕を1つ敷いて起き上がる

2) 肘つき位から端座位

5) 枕なしで起き上がる

3) 枕を2つ敷いて起き上がる

図3　起きあがり練習における身体的ガイダンスのフェイディング

　外的補助手段を用いた身体的ガイダンスの場合，箸操作の安定性を高める自助具（屈曲位保持ロール，対立位保持テープ）を徐々に減らす（山﨑・鈴木，2005；鈴木他，2006，図2），起きあがりを補助するクッションの高さを徐々に低くする（Adams & Tyson, 2000；中山他，2012，図3）などのように，外的補助手段の種類・数・位置・大きさなどを対象者の行動の習得度に応じて変更することによって身体的ガイダンスの量を漸減する方法が用いられる．
　また，身体的ガイダンスからモデリング，言語プロンプトへとプロンプトの量を漸減させる方法も有効であるとされている（Suzuki et al., 2006；Suzuki et al., 2008；Endo et al., 2015）．例えば，1つの行動を複数の行動要素に分割し，各行動要素における対象者の行動遂行能力に応じて，①身体的ガイダンス，②モデリ

A. 片麻痺を有した対象者の着衣における行動要素

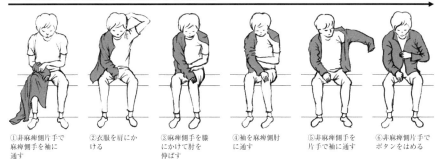

①非麻痺側片手で麻痺側手を袖に通す　②衣服を肩にかける　③麻痺側手を膝にかけて肘を伸ばす　④袖を麻痺側肘に通す　⑤非麻痺側手を片手で袖に通す　⑥非麻痺側片手でボタンをはめる

B. 各行動要素におけるプロンプトのフェイデング

①身体的ガイダンス　②モデリング　③言語プロンプト　④プロンプトなし

図4　着衣練習における身体的ガイダンスのフェイディング

ング，③言語プロンプト，④プロンプトなしの条件を提示することによって，対象者の練習中の試行錯誤や失敗経験を減らすことが可能になる（Suzuki et al., 2008，図4）．

●**身体的ガイダンスに伴う神経活動の変化**　身体的ガイダンスによって対象者の関節を他動的に動かした場合，関節の屈伸にともなって骨に付着している筋が短縮あるいは伸長する．例えば，手関節を他動的に屈曲する場合，撓側手根屈筋や尺側手根屈筋などの手関節屈筋群が短縮され，撓側手根伸筋や尺側手根伸筋などの手関節伸筋群が伸長される．一方，手関節を他動的に伸展する場合には，手関節屈筋群が伸長され，手関節伸筋群が短縮される．他動的な関節運動にともなって，大脳皮質から脊髄を経て短縮筋に投射する神経の興奮性が増加し，伸長筋に投射する神経の興奮性が減少することが知られている（Chye et al., 2010）．また，他動的関節運動にともなう大脳皮質活動の変化を調べた研究では，他動的関節運動にともなって運動肢と反対側の一次運動野，補足運動野，後頭頭頂皮質，両側の二次体性感覚野が活動することが知られている（Onishi et al., 2013）．しかし，他動的関節運動のみでは，筋に投射している一次運動野の活動領域は変化しないことが指摘されており（McDonnell et al., 2015），他動的関節運動のみでは脳における神経の再組織化や信号伝達効率の変化を引き起こすには不十分と考えられている．そのため，身体的ガイダンスが行動の生起確率増加の効果を得るためには，他動的な関節運動に加えて，随意的な行動の発現と強化子の提示が必要であるといえる．

［鈴木　誠］

モデリング

☞観察学習 p. 304，般化模倣 p. 462，プロンプト p. 450，身体的ガイダンス p. 454

　応用行動分析学では，対象者に適切な行動を訓練・指導する際に，単独で技法を用いるのではなく，複数の技法を併用する場合が多い．代表的なものとしては，教示，モデリング，行動リハーサル，フィードバックなどがあげられる．このうち，モデリングは社会的スキル訓練（social skills training, SST）などの訓練パッケージで用いられる技法として欠かせない技法である（石川・松本，2015）．

　モデリングとは，指導者や仲間らがモデルとなって見本となる標的行動を実際に示すことにより，標的行動の生起を促す方法とされている．レスポンデント条件づけとオペラント条件づけに続く第3の学習形態とされており，モデルの行動を観察することにより学習が成立することから，モデリングを観察学習とよぶこともある（宮下・免田，2007）．また観察対象となるのは行動形態だけでなく，その結果や先行条件を含めた随伴性全体を含んでおり，直接的な訓練なしに学習が成立することから，バンデューラ（Bandura, A）はこれを代理強化とよんだ（佐々木，1985）．直接的な訓練なしに学習が成立するものとしては，モデリング以外にルール支配行動もあげられるが，ルール支配行動では随伴性が記述されたものを読むか聞くことで学習が成立するのに対し，モデリングは言語能力を基本的に必要としない点が特徴だといえる．

　一般的なモデリングの方法としては，まず対象者にモデルに注目するよう言語やジェスチャーを使って促し，次に見本となる標的行動を示した直後に，同様の行動を実行するよう指示する．そこで標的行動と同様の行動が生起すれば称賛などにより強化し，誤った行動が生じた場合，ないし標的行動が生起しなかった場合には，再度モデルとなる行動を示し，行動の生起を促す．このとき，もしも対象者が言語能力を一定以上有しているならば，モデリングと同時に言語的な説明を付与することも有効とされている．モデリングではモデルの行動を弁別刺激として同様の行動が生起することになるので，モデルの行動と対象者の行動の反応型は一致していることが条件となる（杉山他，1998）．

　また，モデリングはプロンプトの1つとして用いられることが多い．基本的にプロンプトには言語プロンプト，視覚的プロンプト，身振りプロンプト，モデリングプロンプト，身体的プロンプトの5種類があり，順に侵襲性が高くなるとされる（吉野，2012）．したがって，モデリングはプロンプトの中で侵襲性が比較的高い技法だといえることから，プロンプト依存を阻止し，自発的に行動を生起させるためにも，早期にプロンプト・フェイディングを行う必要がある．

●**模倣行動とモデリング**　モデリングは模倣行動が事前に修得されておくことが

前提となっており，もしも模倣行動が成立していない場合には，先に模倣行動の訓練が必要となる．模倣行動の学習初期においては，子どもの行動レパートリーに含まれている行動を弁別刺激として提示し，当該の行動を生起するように促すことから始まる．学習初期から行動レパートリーに含まれない行動を模倣によって出現させようとしてもなかなか困難なため，子どもがもっている行動レパートリーの中から出現頻度の高い行動を選び，その行動の出現を促す目的で同一形態の行動を弁別刺激として利用する．これにより同一行動による刺激性制御が成立した後に，行動レパートリーに含まれない行動まで徐々に般化・拡張していくことになる．こうした一連の学習により，子どもは新しい行動レパートリーを獲得してくことができる．

通常，模倣行動は発達初期に獲得される行動であり，その後，モデリングという学習形態に移行していくと考えられている．しかし，例えば，自閉症スペクトラム障害（autism spectrum disorder, ASD）児などの場合，模倣行動の獲得が遅れることがある．したがって，モデリングによる指導を導入する前に，模倣行動が成立しているかを査定しておくことは必要不可欠である．モデリングによる行動獲得を試みる前に確認しておくべき点としては，他者の行動が弁別刺激として機能するか，見本となる行動のもとで特定の行動が出現するかたちの刺激性制御が成立しているか，モデリング対象となる標的行動を構成する要素行動がすでに修得されているか，などがあげられる．これらの下位行動が未習得の場合には，モデリングの前にまず模倣行動の形成が必要となる．特に社会的行動の多くは複雑な行動レパートリーの組合せから成り立っているため，モデリングによる学習は必須なものといえるが，そのためにも事前に動作模倣や言語模倣を訓練しておくことは重要といえる（Lovaas, 2003 中野訳 2011）．

●**モデリングの提示方法**　モデリングの提示方法としては，通常は指導者や仲間が実際にやってみせることが多いが，視聴覚機器を用いたビデオモデリングによる提示も可能である．ビデオモデリングの場合も，視聴しながら言語的説明を付与したり，あるいは特定の場面で画像を止めてフィードバックしたりするなどの方法を取ることもある．対象者が子どもであれば，人形やアニメーション画像などを使ってモデリングさせることも有効だといえる．

また，対象者の適切な行動が出現した場面を編集するなどして本人に提示する方法は自己モデリングとよばれており，提示する際には本人の通常の行動レベルよりも高いレベルの行動を選択的に提示する必要がある．

石川ら（2014）は就学直前のASD児2人（参加児A，参加児B）に対し，小学校入学後に必要な行動となる「手をあげて発言する」行動について模擬授業場面を設定し，タブレット端末を用いた自己モデリング訓練を行っている（図1）．ベースライン期では教師役の大人がひらがなや数字が書かれた紙を見せて，「何

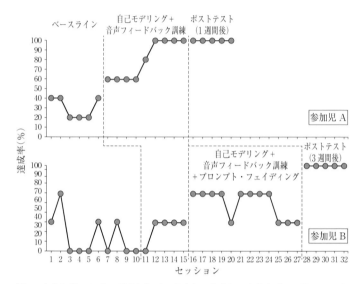

図1 各参加児における「手をあげて発言する行動」の達成率［石川他，2014をもとに作成］

て書いてあるのかわかった人は手をあげて発表してください」と教示し，その後の行動を評価した．介入期では自己モデリングとしてタブレット端末で撮影した画像を提示し，さらにその行動の評価を○と△で本人に判定させ，適切な行動をフィードバックしている．そして効果が認められなかった1人の対象児については上記の手続きとともに身体ガイダンスとプロンプト・フェイディングに基づく介入を行った．その結果，2人の対象児とも事後評価において標的行動を100％達成することができた．基本的にモデリングは単独で用いられることは少なく，先にも述べたように，他の手続き（教示，行動リハーサル，フィードバック）やプロンプト（言語，視覚，身体等の各プロンプト）と併用されることが多い．石川ら（2014）の取組みもモデリング単独で実施してはおらず，言語教示を同時に行っている．また自己モデリングとフィードバックの効果が見られた児童と，それだけでは効果が見られなかった児童がいたことから，この点からも実際の介入においては適宜様々な技法を組み合わせていくことの必要性が示唆される．

●モデリングのメリットとデメリット　モデリングのメリットとして，通常の随伴性学習のみによって所定の行動を学習していこうとすると膨大な時間が必要になるが，他者を観察することだけで新たな行動を修得することが可能であるという点があげられる．また，モデリングは言語を介さなくても学習を成立させることが可能であることから，言語に障害がある人でも容易に新しい行動を修得させることができる．他の絵カードなどの視覚刺激や言語刺激と異なり，モデリング

で使用する刺激は，標的行動そのものの視覚的提示であり，弁別刺激としても強い制御力をもつと考えられる．そして正の強化子(提示型強化子)が随伴することにより，モデリングは標的行動に対する強力な刺激性制御を有することになる．

　一方，モデリングのデメリットとしては，絵カードなどの視覚刺激や言語刺激に比べ刺激提示にかかる時間が長くなってしまうために効率性に欠ける点や，シミュレーション場面においてモデリングで訓練した行動が社会的場面に般化しにくい点，また下位行動として模倣行動が成立していることが前提となるために，重度の障害をもった対象者には適用しにくい点などがあげられる．さらに，モデルを提示している間は，対象者はモデルの行動を観察し続けなくてはならないため，ある程度の時間，注意を持続させる注目スキルが必要となってくる．

●**教育場面におけるモデリングの役割**　ASD児における社会的コミュニケーション訓練において，モデリングは不可欠な技法となっている．対象者が援助要求や挨拶行動などの基礎的な社会スキルを学習しても，ぎこちなさやわざとらしさが残ることがあり，社会文化的に自然な表情やしぐさ，声の大きさなどの非言語的コミュニケーションを学ぶ必要がある．基礎的な社会スキルを発揮しても非言語的コミュニケーションの形態が一般的なレベルから乖離するほど，相手に違和感や奇妙さを与えてしまう．この点を修正する方法として，直接的な練習を行う機会を設定するだけでなく，模倣可能な適切な社会的コミュニケーションをモデルとして観察できる環境を整えておくことはきわめて重要である．また，その際にASD児は訓練者などの大人との関わりのみで年齢的にふさわしい社会的行動を修得することは困難であり，同年代の子どもとの関わりをもつ機会を設定する必要がある．そうした点を考慮に入れたうえでASD児と健常児が交流する場面のあり方を検討していかなくてはならない．

　一方，モデリングのメカニズムは望ましい行動の習得だけでなく，社会的に望ましくない行動の習得においても同様に働くことがある．学校現場で問題となっている学級崩壊のうち，特に小学校低学年における学級崩壊には，このモデリングのメカニズムが働いていることがある．教室内に離席や暴言等の問題行動を示す子どもがいたとき，教師がその子どもに何度も注意するなどの関わりを続けていると，相対的にクラス内の他の子どもへの関わりは減ることとなる．他の子どもからすれば，真面目に授業を受けるよりも，問題行動を続けているクラスメートと同様の行動をした方が教師から関わってもらえることを観察により学ぶことになるため，最初の問題行動を示した子どもと同様の問題行動を示す子どもがクラス内のあちらこちらで出現するようになる．小学校低学年ではこうした注目獲得を背景とした問題行動が出現しやすいため，教師は問題行動を示す子どもに多くの注目を向けるのではなく，適切な授業参加行動や学習行動を示している子どもに注目を向けることが重要となる．

〔米山直樹〕

般化模倣

☞観察学習 p.304, モデリング p.458

　般化模倣とは，ある反応型（トポグラフィー）の模倣が過去に強化されていないにもかかわらず出現することと定義される（杉山他, 1998）．ベアら（Baer et al., 1967）は3人の重度の知的障害児を対象に，複数の行動の模倣反応を強化した．模倣反応形成後，指導者が訓練されていない新しい行動を提示すると，対象児は模倣反応を示すことができた．この指導方法は般化模倣の代表的な訓練方法であり，言語行動の反応型の獲得技法としても広く用いられている（望月・野崎, 2001）．

　長谷川（2016）によれば，般化には刺激般化と反応般化の2つがあり，このうち反応般化は般化オペラントを含む概念とされる．般化オペラントとは，「あるオペラント反応が強化された後，一度も強化されていないはずの別の反応までもがたくさん生じるようになる現象」を指す（長谷川, 2016）．また，この般化オペラントの代表例としては「同一見本合わせ課題」と「般化模倣」の2つがあるが，このうち前者が訓練で用いていないまったく新しい刺激のもとで同じ刺激を選択するという反応が出現するという点において，反応般化が生じたと定義されるものの，その反応型は基本的に同一である．しかし，一方の般化模倣は動作模倣などにおいて，訓練で用いていない動作が出現するという点で，異なる反応型の行動を獲得させることができるものだといえる．

　また，模倣には「まったく新しい行動を模倣する」パターンと，ある特定の状況・文脈のもとで，「すでに修得している行動を活発に行う」パターンがあるが（Mazur, 2006 磯他訳 2008），般化模倣は基本的に前者の新しい反応の習得に関わる現象のことを指している（長谷川, 2016）．

　シュリンガー（Schlinger, H. D.）は般化模倣の特徴として，①反応型がモデルのそれと似ている，②モデルの行動の細かな反応型によって制御される，③その行動の生起に関与する環境的な結果が存在しないところで生じる，あるいは環境的な結果が訓練のときよりも軽減した状況で生じる，という3点をあげ，般化模倣という概念によって社会的行動，情動行動，言語行動，その他の行動の獲得を理解することが可能となるとしている（Schlinger, 1995 園山他訳 1998）．

●**般化模倣のメカニズム**　般化模倣では何が弁別刺激となり，何が強化子として機能しているのであろうか．まず弁別刺激については，望月（1978）によれば，般化模倣は外的な弁別刺激，モデルの反応，そしてモデルに与えられる強化子全体が一致反応を引き起こす弁別刺激として機能すると考えられるという．つまりモデルが示す反応型だけが弁別刺激として機能するのではなく，どのような状況で，どのように振る舞い，その結果どうなるかを観察することが般化模倣の弁別

刺激となるとしている．

　次に強化子については，杉山ら（1998）が「模倣性強化子」という概念を用いて般化模倣の説明を試みている．杉山らによれば，般化模倣を強化しているものは模倣性強化子であり，その正体はモデルと自分の行動が一致したときに抱かれる「一致感」であるという．この一致感は模倣に自動的に組み込まれており，行動内在的な随伴性といえる．そのため，一度でも一致感が強化子として成立すれば，模倣は自動的に成立するようになるとしている．なお，長谷川はこの一致感について，徹底的行動主義の文脈で定義されている以上，「一致している気持ち」といった主観的なものではなく，あくまでも「客観的に一致していること自体，もしくはそれがもたらす特有の感覚刺激を意味していると考えるべきである」（長谷川，2016）と指摘している．

　また，杉山ら（1998）は模倣性強化子を原則として生得性な強化子ではなく，習得的な強化子だと想定している．では，模倣性強化子がどのように学習・成立するかというと，模倣訓練によりモデルと一致した行動は強化されるが，その際にモデルとの一致は訓練で用いられている強化子と対提示される．それにより模倣性強化子が成立すると般化模倣が生じ，さらに自分の行動がモデルに類似すればするほど一致度は高くなり，反応形成の随伴性が働き，より正確な模倣が強化されていくとしている．

　奥田（2001）は，「心の理論」の成立について考察する中で，あるモデルを見た子どもがそのモデルの模倣をするとき，内的な運動感覚が生じるとし，健常児においては他者が経験していることを観察する際，類似した運動感覚が生じるものの，自閉症スペクトラム障害（autism spectrum disorder, ASD）の子どもにおいては般化模倣事態が困難であることが多く，そのような経験をする機会が少なくなるとしている．この考え方も杉山らと同一のものといえ，先の望月（1978）の弁別刺激の考え方とあわせて，相手の行動に一致させるという模倣行動そのものに，運動感覚や一致感といった模倣性強化子が存在していることがうかがわれる．

●**般化模倣が生じる反応型の範囲**　では，般化模倣が成立する際には一度に様々な種類の反応型の模倣行動が可能となるのだろうか．これまでの研究では，仮に1つの般化模倣が出現したとしても，そうした汎用的な様々な模倣行動が出現することは難しく，反応の種類によって別途練習していく必要性が示されている．

　出口ら（1978）は，模倣訓練時に，モデルの動作的反応に対する模倣訓練を施した幼児と，対象物を操作させるような模倣反応の訓練をした幼児とでは，般化テストとして示される様々な種類の反応群に，異なった模倣反応の出現率を示すことを報告している（望月，1978）．具体的には，4歳と5歳の幼児に対し，動作的反応のみに模倣訓練を受けてきた群と，反応に何か具体的な対象物を用いた

操作的な模倣訓練を受けてきた群に分けて般化テストを実施したところ，動作的反応のみに模倣訓練を受けてきた群では，対象物を操作させる模倣反応の出現率はきわめて低く，一方，操作的な模倣訓練を受けてきた群では，5歳児では操作させる模倣反応の出現率が最も高く，さらに，動作的反応のみに模倣訓練を受けてきた群に比べ，動作的反応に対する模倣反応の出現率は低くなっていた．

　また，同様の研究としてヤングら（Young et al., 1994）があげられる．彼らはASDの子どもに，音声，おもちゃ遊び，パントマイムといったモデルへの模倣行動を訓練した．その結果，訓練で用いた反応の種類の枠内では，新しいモデルを模倣していたが，異なる反応の種類には般化しなかったことを報告している．これらの結果は反応形態的（トポグラフィカル）に異なるタイプの反応群が，どのようなタイプの先行模倣訓練を受けたかによって，その般化の及ぶ範囲に限定があることを示している（望月，1978）．

●モデルの属性　これまで般化模倣について，そのメカニズムと反応のトポグラフィーの範囲について見てきた．次に問題となるのは，誰がモデルとなれば般化模倣を生じさせやすくなるのかというモデルの属性に関する点である．佐藤ら（1988）はモデルとなる対象者の属性について，軽度の精神遅滞児（現在の知的能力障害児）はコンピテンスの低い者に比べコンピテンスの高い者の行動をよく模倣すると述べている．コンピテンスとは，「生体がその環境と効果的に交渉する能力のこと」を指すとされているが，行動分析学的に定義し直せば，効率的に強化子を得ることができる行動といい換えることができよう．例えば，学級の中でモデリング対象となる子どもの行動が適応行動であれ不適応行動であれ，観察者の子どもが望んでいる強化事態（注目獲得や回避・逃避，要求獲得など）と重なるときに，それらの行動はモデリングとして機能するようになる．裏を返せば，学級内ではポジティブ行動支援の枠組みを用いて学級全体の児童における適応行動の出現頻度をあげることによって，個別の不適応行動の出現を抑制することにもつながると考えられる．

　一方，重度のASD児においては，そもそも他者の行動を模倣することに困難さを示す場合が多い．しかしながら，療育場面などでの模倣課題において，なかなか正反応を示すことが難しい子どもでも，好きなテレビやCMを見ているときには簡単にエコラリアが出現してくることがある．この現象について，ケーゲルとケーゲル（Koegel & Koegel, 2006 氏森・小笠原訳 2009）は，ASDにおける模倣能力の般化の問題といった障害特性が原因ではなく，活動そのものに対する基本的動機づけが問題なのだと主張している．ではどのようにすれば，模倣行動およびその前提となる観察行動の動機づけを高めることができるのであろうか．

　佐久間・石原（2015）は大人の側が子どもの行動を模倣し続けていると，その

うちに子どもが模倣の模倣をするようになるという現象を報告している．いわゆる「逆模倣」といわれる現象であるが，このような手続きにより，子どもが自身のモデルとなる大人を選択的に抽出するようになるとしている．このメカニズムは，おそらく子どもが自発的に何らかの行動をした際に後続刺激として自分と同様の行動が行われることが強化子として機能するようになり，そのことで子ども自身が自分の模倣をしている大人を観察する行動が形成され，その後，観察対象となった大人は弁別刺激としての機能を獲得するようになり，子どもは大人の行動を模倣するようになるものと考えられる．また，子どもが自分の行動の模倣を行う大人を観察するようになる理由の1つにここでも一致感が機能しているのかもしれない．

長谷川 (2016) は一致強化子の例として「クジ引きで当選番号に一致」「合格者発表で自分の受験番号が一致」「自分の予想があたった」といった事例をあげているが，例えば，最後の「自分の予想があたった」という事例は，自分の予想が先行し，後続刺激は外的事象であり，上記にあげた「自分の行動を他者が一致させてくる」というものと順序は同じといえる．こうした一致感がモデルへの注目行動を形成していると考えられる．

実際，生後10か月の健常乳幼児を対象とした研究でも (Poulson & Kymissis, 1988)，母親が自分の行動のモデルに対し乳児が同じ行動を模倣すると称賛を行うことで，乳児に般化模倣が生じることを示しており，これもモデル対象者に対する一致感の存在の有効性を支持するものだと思われる．

なお，メイザー (Mazur, 2006 磯他訳 2008) は模倣の生じやすさに影響を与えるモデル側の要因として報酬度，優位性，類似性，誠実さの4つをあげている．例えば，両親などは子どもに対する強化子の提示者になることが多いので，子どもは両親の行動を模倣することが多くなるが，これはモデルの報酬度が高いためと考えられる．また，社会的グループ内における優位性の高い者の行動が模倣されやすいことも知られている．さらに，子どもは同性や同年齢，同じことに関心を示す子どもをより多く模倣しやすいとされているが，これはモデルと学習者の類似性が高いためと考えられる．最後の誠実さについては，子どもはモデルが誠実であると思われたときの方が不誠実であると思われたときに比べ，より多くモデルの行動を模倣するとしている．これについては，不誠実な行動をした者は罰せられるという随伴性を観察することによって成立すると考えられる．

［米山直樹］

📖 **参考文献**

長谷川 芳典 (2016). スキナー以後の心理学 24 「般化オペラント」概念の意義と課題 岡山大学文学部紀要, 66, 1-20.

杉山 尚子他 (1998). 行動分析学入門 産業図書

課題分析

☞ 連鎖化：基礎 p.316, 連鎖化：応用 p.470, 行動的コーチング p.580

　調理や買い物などの生活スキルやバスなどの公共交通機関の利用スキルのような複雑な行動や，会話などの相互的なやりとりといった一見漠然とした行動は，一連の行動の連鎖としてとらえることが可能である．課題分析とは，このような複雑な行動を一定の機能的なまとまりのある細かな行動要素に分解する（細分化）ことである．課題分析に基づいた指導では，知的障害，発達障害などの障害のある人への行動獲得のために，標的行動を具体化する事前の重要な作業となる．また，課題分析によって，スモールステップによる指導が可能となる．

●**課題分析の具体例**　表1に「スプーンを使って食べる」行動の課題分析の例を示した．R_1〜R_5 が課題分析された一連の行動の連鎖となる．表1には，あわせて，想定される弁別刺激（S^D）を記述している．また，指導開始前および指導過程での行動の獲得状況を評価するための欄も加えている．

　課題分析は，発達障害などのある対象となる人がその標的行動の遂行を求められる環境条件，および年齢，スキルレベルなどにより，個別化されたものとなる．課題分析する際には，ターゲットとなる課題（例：朝の準備，買い物，着替え，コミュニケーション，計算問題など）を手順よく行っている人の行動順序を参考にしたり，課題分析する本人自身が実際にその課題に取り組んでみたり，対象となる人の課題の遂行状況を観察したりすることによって，その標的行動を遂行する本人に応じた機能的な行動要素（単位）と行動の順序として分析することができる．また，それが課題分析の妥当性を高めることにつながる．

　ただ，実際には，同じ課題であっても，5つの行動要素に分解されたり，8つの行動要素に分解されたりすることもある．表1に示した例でも，指導上で形成の困難が生じた場合，その部分について，より細分化することが必要となる一方，

表1　「スプーンを使って食べる」行動の課題分析の例［Miltenberger, 2001 をもとに作成］

弁別刺激（S^D）	行動（R）	行動評価
S^D_1「食卓に置かれたスプーンと食べ物の入った器」	R_1「スプーンを持つ」	□PG □M □VP □自発
S^D_2「手に持ったスプーン」	R_2「スプーンを器の食べ物の中に入れる」	□PG □M □VP □自発
S^D_3「食べ物の中に入れたスプーン」	R_3「食べ物をスプーンですくう」	□PG □M □VP □自発
S^D_4「スプーンの上の食べ物」	R_4「器から食べ物をひとさじ取り出す」	□PG □M □VP □自発
S^D_5「すくい取ったスプーンの上の食べ物」	R_5「食べ物を口に入れる」	□PG □M □VP □自発

注）PG : physical guidance，M : modeling，VP : verbal prompt，自発はプロンプトなしでの遂行を意味する．

いくつかの行動要素を1つにまとめる方が効率的な場合もありえる．その場合，その個々の対象児にとって，機能的であるかどうかが重要であり，それは獲得に向けて教授を実行する中で，スムーズな形成が可能かどうかによって課題分析された行動の単位の大きさや，その行動要素の順序の適切性が評価される．
　さらに，課題分析には，最終目標に向けていくつかの下位目標の階層に分解することも含まれる．たとえば，自炊活動は，「食材を準備する」「料理をする」「片づけをする」といった3つの下位行動に分けられ，さらに，「料理をする」は，「食材を切る」「食材を炒める，ゆでる」「味付けをする」「お皿に盛り付ける」といった4つの下位行動に分解できるであろう．また，知的障害・発達障害児への学習指導における課題分析として，野田(2018)は，要素・複合分析を紹介している．要素・複合分析とは，課題を達成するために必要な下位行動を同定する分析であり，要素となる下位行動が行動レパートリーとして獲得されていなければ，下位行動を組み合わせた複合的な行動の獲得は困難になるということを指摘している．

●**課題分析に基づいた指導**　課題分析された一連の行動は行動連鎖として確立していくことが求められる．その際，多くの場合，連鎖化といった技法が適用される．連鎖化には，順向連鎖化，逆向連鎖化，全課題提示法があり，課題分析された標的行動や本人の特性に応じ選択していくことが必要である．
　このような課題分析された行動の連鎖は，課題分析書(written task analysis)としても用いることができる(Miltenberger, 2001　園山他訳 2006)．課題分析されたものは，行動の連鎖となっているため，その個々の行動要素（単位）を，書き文字で順々に示すこと自体が手がかりとして機能する．書き文字だけではなく，絵や写真の連続した提示（例：一覧表やめくり式）や，スマートフォンなどの機器等を利用した提示も可能である．例えば，表2に示された買い物スキルの課題分析は，一連の買い物行動の連鎖となっており，それを紙面に書き出し，そのメモを見ながら手がかりとして買い物を実行することもできる．
　また，課題分析された行動連鎖について，指導開始前において，どの程度獲得しているか，つまり対象となる人が課題分析のどの反応（行動要素）を1人で遂行できるか評価する必要がある．クーパーら(Cooper et al., 2007 中野訳 2013)は，単一機会法と多重機会法を紹介している．単一機会法とは，課題分析された各行動要素について，適切な反応と順序，および制限時間内などの基準に適合して遂行できたかどうかを評価する．ただし，誤反応・無反応が生じた場合，そこで評価を中断（ストップ）するといった方法である．多重機会法とは，課題分析されたすべての行動の習得レベルを評価する．もし，誤って遂行したり，順序を間違えたり，制限時間をオーバーした場合，指導者が対象児の代わりに，その行動を遂行し，次の行動を遂行するようにさせる．
　指導経過における行動獲得の評価では，自発遂行か，またはプロンプトによる

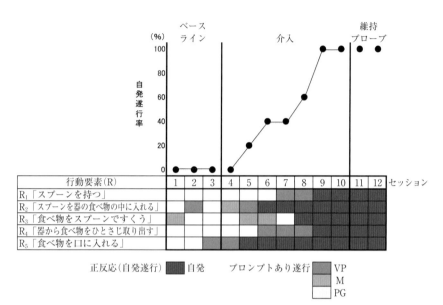

図1 「スプーンで食べる」行動の課題分析に基づいた指導結果の提示例(仮想データ)

遂行か,といった行動評価もできる.図1では,スプーンで食べる行動の課題分析に基づいた指導結果の提示例(仮想データ)を示しており,反応プロンプトによる段階を設け,行動の評価を行っている.これは課題分析された行動連鎖の獲得結果の示し方の一例である.全行動要素に対する自発遂行された行動要素数といった自発遂行率と,各行動要素別の獲得状況が示される.それにより,どの行動要素の獲得の困難性,および連鎖化しにくい行動要素が明らかにできる.

●**発達障害児への課題分析に基づいた指導の実践例**　では,嶋田ら(1998)の実践例を見てみよう.16歳の知的障害を伴うダウン症のある男子生徒に対し,地域のスーパーマーケットでの買い物行動を標的行動としている.課題分析された一連の行動は,24個の行動要素に分解,細分化された(表2).その行動要素群は,「操作的行動項目」(店員との会話や挨拶を必要としない)と「社会的行動項目」(店員との会話や挨拶が必要とする)に分け,ビデオモデリング,買い物メモ,弁別訓練およびプロンプトを適用することにより,買い物の行動連鎖を獲得したことが報告されている.

この研究では,課題分析としては「利用するスーパーマーケットにおける買い物行動」について生態学的アセスメントを行っていること,指導開始前に対象児による買い物行動の遂行状況を評価しているといったことが重要な点として指摘できる.生態学的アセスメントでは,現状の本人の好みや既有の行動,今後,日常生活などで必要となる行動レパートリー,また,標的行動の生起に関わる随伴

表2　買い物スキル（スーパーマーケット店）の課題分析の一例［嶋田他，1998をもとに作成］

1	店に入る
2	かごを持つ
3	メモを見る（購入する商品の所在がわかっている場合）
4	商品のある場所へ行く
5	メモを見る
6	メモに書いてある商品をかごに入れる
7	メモを見る（購入する商品の所在がわからない場合）
8	店員の前に行く
9	店員に向かって「すみません」と呼びかける
10	店員に向かって「（商品名）はどこですか？」と聞く
11	店員の指示に従って，商品のある場所へ行く
12	メモを見る
13	メモに書いてある商品をかごに入れる
14	レジの場所へ行く
15	レジの前でかごの商品メモの商品の照合をする（商品1）
16	レジの前でかごの商品メモの商品の照合をする（商品2）
17	レジに順番に並ぶ
18	お金を支払う
19	レシートとお釣りを受け取る
20	かごを持って商品を詰める台へ行く
21	商品を袋に詰める
22	袋を持つ
23	かごを片づける
24	店を出る

注）アミかけありは社会的行動項目，アミかけなしは操作的行動項目をそれぞれ示す．

性や物理的環境などを明らかにする．このようなことについて，直接観察や聞き取りにより事前に調査することにより，実効性や社会的に意義のあるアプローチが実現できる．

　また，連鎖化の観点から述べると，すでに獲得している買い物行動の連鎖に，「買い物メモを見て商品を選ぶ」「店員に商品の所在を尋ねる」「レジで金銭を支払う前に買い物メモに書いてある商品と買い物かごの商品とを照合する」という行動項目を組み入れており，その個人に応じた買い物行動になっているといった特徴がある．このように課題分析に基づいた指導は，新しい行動連鎖の獲得による行動レパートリーの拡大や，既存の行動連鎖のバリエーションを豊富化することに寄与する，一連の基本的なアプローチということができる．　　　［井澤信三］

📖 参考文献

Cooper, J. O. et al. (2007). *Applied behavior analysis* (2nd ed.). Pearson.（クーパー，J. O. 他　中野 良顯（訳）（2013）．応用行動分析学　明石書店）

Miltenberger, R. G. (2001). *Behavior modification: Principle and procedures.* (2nd ed.). Wadsworth/Thomson Learning.（ミルテンバーガー，R. G. 園山 繁樹他（訳）（2006）．行動変容法入門　二瓶社）

連鎖化：応用

☞連鎖化：基礎 p.316, 課題分析 p.466, 代表例教授法 p.560, 行動的コーチング p.580, 絵カード交換式コミュニケーションシステム p.602

　日常における行動の多くは，実際には複数のオペラント行動が連続して生起している．複数の行動要素が連続的に生起して成立している行動を，行動連鎖とよぶ．知的障害，発達障害などの障害のある人に対して，複雑ととらえられる行動を課題分析により細分化し，その細分化された行動（行動要素）を1つひとつつないでいくことにより，その標的行動を遂行できるように教授していくことができるようになる．

●**刺激の二重機能性**　行動連鎖は，ある系列の中で互いに生起する個々の刺激-反応単位から構成されるため，刺激-反応連鎖ともよばれる．表1に行動連鎖（刺激-反応連鎖）の一例である「水道で手を洗う」行動を示した．「水道で手を洗う」ことは，$R_1 \rightarrow R_2 \rightarrow R_3 \rightarrow R_4 \rightarrow R_5$ といった5つの行動の連鎖から成立していると推測できる．個々の反応（R）には，それぞれの弁別刺激（S^D）と強化子（S^R）が存在すると仮定される．このような一連の行動の連鎖，すなわち行動連鎖では，前の行動（R_1）が次の行動（R_2）の弁別刺激として機能し，次の行動（R_2）が前の行動（R_1）の強化子として機能すると考えられる．それを刺激の二重機能性とよぶ（杉山他, 1998）．

●**連鎖化とは**　前述したように，複雑な行動は，いくつかの行動要素に細分化し，その複数ある一連の行動の連鎖を形成する手続きを連鎖化という．連鎖化は，新しい行動連鎖を形成するときだけではなく，すでに獲得されている行動連鎖に新らたな部分（行動要素）を付け加えたり，行動連鎖を組み変えたりするときにも用いられる（小野, 2005）．

　新しい行動連鎖を教授する理由やメリットには，①発達障害などのある人への教育の重要な側面である，自立して生活するスキルを拡大すること，②個々の独立した行動を組み合わせて，または既存の行動レパートリーに行動を追加することにより，正の(提示型)強化を提供する機会をつくりだすこと，③より複雑で適応

表1　「手を洗う」の行動連鎖（刺激-反応連鎖）の例

弁別刺激（S^D）	反応（R）	強化子（S^R）
S^D_1「蛇口」	R_1「蛇口を握る」	S^R_1「蛇口を触る」
S^D_2「蛇口を触る」	R_2「蛇口を右回りでひねる」	S^R_2「蛇口から水が出る」
S^D_3「蛇口から水が出る」	R_3「両手をこすり合わせる」	S^R_3「手がきれいになる」
S^D_4「手がきれいになる」	R_4「蛇口を左回りでひねる」	S^R_4「水が止まる」
S^D_5「水が止まる」	R_5「両手をタオルで拭く」	S^R_5「両手が乾く」

的なレパートリーを構築するため，他のプロンプト法，教示，強化手続きなどと組み合わせることができること，といったことが指摘されている(Cooper et al., 2007).

連鎖化の技法は，順向連鎖化，逆向連鎖化，全課題提示法の3つに大別される．表1に示したR1〜R5といった行動連鎖を形成するといった例でみてみよう．

順向連鎖化とは，最初の行動から最後の行動までを順次形成していく方法である．まず，「蛇口を握る」($S_1^D→R_1→S_1^R$)を形成する．次に，「蛇口を握る→蛇口をひねる」($S_1^D→R_1→S_1^R／S_2^D→R_2→S_2^R$)と加えていく．次に，「蛇口を握る→蛇口をひねる→両手をこすり合わせる」($S_1^D→R_1→S_1^R／S_2^D→R_2→S_2^R／S_3^D→R_3→S_3^R$)と続いていく．これにより，最初の行動から最後の行動までのつながりが形成される．

逆向連鎖化とは，最後の行動から最初の行動までを逆順で形成していく方法である．まず，「両手をタオルで拭く」($S_5^D→R_5→S_5^R$)を形成する．次に，「蛇口をひねる→両手をタオルで拭く」($S_4^D→R_4→S_4^R／S_5^D→R_5→S_5^R$)と加えていき，順次，さかのぼっていき，最後の行動から最初の行動までのつながりを形成していく．

さらに，全課題提示法とは，最初の行動から最後の行動までを同時的に形成していく方法である．最初の行動から最後の行動までを順次遂行させていき，そのR_1〜R_5ごとに自発的に生起しない場合（$S^D→R→S^R$成立していない場合）には，プロンプトを提示しながら形成をはかっていく．

このような反応の連鎖を形成する際に，「$S^D→R→S^R$」といった三項随伴関係がすでに成立していることもあれば，成立していない場合もある．成立していない場合には，反応プロンプトを適用することが一般的である．

通常，連鎖化では，プロンプトを段階的に減らしていき，最終的にはプロンプトがなくても，一連の連鎖が成立するようにしていく．この場合，適用されるプロンプト・フェイディングには，段階的増加型プロンプト・フェイディング（最小-最大プロンプト）と段階的減少型プロンプト・フェイディング（最大-最小プロンプト）といった2つの手続きがある．

順向連鎖化，逆向連鎖化，全課題提示法のどの技法が有効であるかは明確にはなっていない．標的とされる行動連鎖の特徴や指導の対象児の特性に応じた技法の選択が求められる．

●**発達障害児への連鎖化の実際例** この行動連鎖という概念および連鎖化という技法は，知的障害，発達障害のある人への行動獲得に向けてよく使用される方法である．例えば，着替え，朝の準備などの基本的生活スキル，調理，買い物，公共交通機関の利用などの地域生活スキル，ボウリングやカラオケなどの余暇スキル，相互的なやりとりに関する社会的スキルなど，多様な指導領域において適用され，その行動やスキルの獲得にいたるといった有効性も多くの研究により示されている．

では，青木と山本(1996)の実践例を紹介しよう．この研究では，知的障害な

表2　課題分析された「持ち物準備」の行動連鎖の一例

1	カバンを持ってくる
2	おしぼりのタオルを持ってくる
3	おしぼりを水で濡らし，しぼる
4	それをおしぼり入れの中に入れる
5	おしぼり入れを袋の中に入れる
6	袋に入れたものをカバンに入れる
7	給食用のタオルを持ってくる
8	タオルをカバンに入れる
9	連絡帳をカバンに入れる
10	カバンを閉める
11	体操服を持ってくる
12	体操服をたたんで袋に入れる
13	上履きを持ってくる
14	上履きを上履き入れに入れる
15	それを体操服の袋に入れる

［青木・山本，1996］

どのある4人の生徒に対し，家庭生活スキルをターゲットとし，親指導を通した獲得を目的としている．例えば，「学校の持ち物準備」や「登校前の身支度」を標的行動としている．まず，標的行動を課題分析し，一連の行動の連鎖としてとらえる（表2）．これにより，複雑と考えられる「準備」や「身支度」といった行動も指導が可能となる．この研究では，課題分析された行動要素の順序に従って，順番にとじられた写真カード冊子を用い，言語的プロンプト，指さし，身体的ガイダンスを併用した全課題提示法による連鎖化を試みている．初めに，標的とされた行動連鎖において使用される実物（選択刺激）と写真カード（見本刺激）との見本合わせ訓練を行っている．その後，「学校の持ち物の準備」について，スタッフが「持ち物準備カード」と書かれた冊子の表紙を開き，1ページ目の「カバン」の写真を示し，「これを持ってきてください」と教示し，その反応が完了したら「次のページをめくって，次にこれを持ってきてください」，さらに「これをカバンに入れてください」などとすべての項目が終了するまで教示を繰り返している．言語的な教示が理解できなかった場合には，スタッフが実際の対象物を指さし，「あれだよ，あれ持ってきて」などというような言語的プロンプトや対象物を取りに行かせるよう身体的ガイダンスを行っている．その結果，4人の対象生徒において，行動連鎖が獲得できたことを報告している．

また，宮崎ら（2014）では，4〜6歳の自閉症児4人を対象に，絵カード交換式コミュニケーションシステム（Picture Exchange Communication System, PECS®）の訓練を行い，その標的行動を「絵カードを取る」（R1），「絵カードを持った手をコミュニケーション・パートナーの前に差し出す」（R2），「絵カード

表3 PECSの行動連鎖（刺激-反応連鎖）の分析例

弁別刺激（S^D）	反応（R）	強化子（S^R）
S^D_1「絵カード」	R_1「絵カードを取る」	S^R_1「絵カードを手に持つ」
S^D_2「絵カードを手に持つ」	R_2「絵カードを持った手をCPの前に差し出す」	S^R_2「絵カードがCPの前に届く」
S^D_3「絵カードがCPの前に届く」	R_3「絵カードをCPの手に渡す」	S^R_3「CPが絵カードを受け取る」 +S^R_4「絵カードに対応した物」

注）CPとは，communication partnerの略．
［宮崎他，2014をもとに作成］

をコミュニケーション・パートナーの手に渡す」（R3）といった行動連鎖の視点から分析し，身体的プロンプトにより連鎖化を試みている（表3）．

さらに，R3の後に，標的とする動作モデルを示し，それを対象児が模倣するといった行動を連鎖に組み込んでいる．このようにすでに有している行動連鎖に新しい行動を加えていくというような，行動連鎖のレパートリーを拡大，豊富化するという視点は実践的に重視されることである．その行動連鎖を拡大，豊富化するアプローチの1つとして，行動連鎖中断法がある．行動連鎖中断法とは確立した行動連鎖を対象児が遂行している途中で「中断状況」を設定し，その「中断状況」において，活動を維持するための物や援助に対する要求言語行動，相手からの質問に対する応答行動，自分で物品の操作をするといった多様な行動レパートリーの拡大も可能となる（井澤他，2001）．

●**連鎖化による指導のポイント** クーパーら（Cooper et al., 2007）は行動連鎖のパフォーマンスに影響を与える要因として，①課題分析の完全性，②連鎖の長さと複雑さ，③強化スケジュール，④刺激のバリエーション，⑤反応のバリエーションをあげている．実践例として紹介した，宮崎ら（2014）では，PECS®による要求行動，すなわち，絵カードをコミュニケーション・パートナーの手に渡すといった，連鎖としては短く，絵カードに対応した物品などが得られるといった強化子が随伴されるといった特徴があり，強化子へのアクセスを保障することが獲得した行動連鎖の維持を高めたと考えられた．また，青木と山本（1998）では，対象児によっては，社会的言語賞賛に加えて，付加的な好みの物などが随伴させる必要性があった．以上のことは，指導開始前に課題分析された行動連鎖は，理論上の仮の刺激-反応連鎖となる．実際に連鎖化を試みた際に，さらに行動の細分化が必要となったり，弁別刺激と強化子の整備・操作が必要となったりする．そのため，指導の経過において，行動連鎖の獲得状況をデータ化し，そのデータに基づいた指導実践が必要となる．　　　　　　　　　　　　　　［井澤信三］

見本合わせ：応用

☞見本合わせ：基礎 p.324, 刺激等価性：応用 p.482

　刺激と刺激との関係は，言語の成立の基盤になっている（山本，1992）．その関係を成立させているのが見本合わせである．例えば，子どもが，「ブーブー」という大人からの言葉かけ（見本刺激）に対して，手元にある車の玩具（選択刺激）を指さすことができ，「デンシャ」という言葉に対して電車の玩具を指さすことができた場合，「言語理解」が成立したといえる．このように見本合わせは，音声刺激（「ブーブー」「デンシャ」）と視覚刺激（車，電車）の関係の成立の基礎となっている．対応する刺激間関係（例えば，「ヒコーキ」「フネ」）を増やしていくことで，語彙の数を増やすことができる．山本と清水（Yamamoto & Shimizu, 2001）は，絵（見本刺激）に対して漢字（選択刺激）を選ぶ見本合わせを日常生活に組み込むことによって，漢字の語彙が爆発的に増加したことを示した．
　また，概念の獲得などの認知発達においても見本合わせがその基盤となる．選択刺激として「車の絵カード」と「りんごの絵カード」が存在し，見本（視覚）刺激として「電車の絵カード」が提示された場合に「車」を選択し，「みかんの絵カード」が提示された場合に「りんご」を選択できたならば，「乗り物」の概念と「果物」の概念が獲得されたということができる．

●**見本合わせの成立に及ぼす条件**　見本合わせは，ハトのキーつつき，ラットのレバー押し，サルのディスプレイタッチなど，どのような反応でも対応できることから，ヒト以外の動物についても共通の研究パラダイムとなり，動物とヒトとの比較研究を発展させるうえで貢献してきた（Yamamoto & Asano, 1995；山本，2009）．このような柔軟な手続きの特徴を生かし，子どもの言語や概念の獲得の方法としても用いられている．

●**見本合わせの発展**
①**反応トポグラフィー分化型見本合わせ**　通常の見本合わせはあらかじめ特定した刺激を選ぶことで進められるため，選択型見本合わせという．一方，見本刺激に対応した分化反応を求めることで，新しい学習を促進させる場合を，反応トポグラフィー分化型見本合わせという．例えば，犬の絵を見せて「ワンワン」，猫の絵を見せて「ニャー」という音声反応を行わせる．このように見本合わせを通じて，言語表出・命名・タクトを生み出すことができる．ただし，反応トポグラフィー分化型見本合わせが成立するのは，反応レパートリーがすでに獲得されている場合に限る．未獲得の場合には，反応形成や模倣によって反応レパートリーを成立させておく必要がある．
②**分類型見本合わせ**　見本刺激が1つで選択刺激が複数提示される通常の選択反

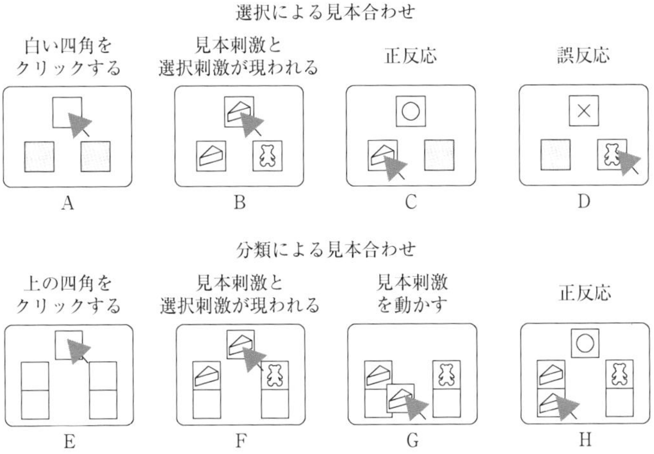

図1 「選択による見本合わせ」（上図）と「分類による見本合わせ」（下図）のコンピュータ画面［Shimizu et al., 2003 をもとに作成］

上図では，上方の白い四角にカーソルを合わせクリックすると（A），その場所に見本刺激，下方に2つの選択刺激が現れる（B）．対応する選択刺激をクリックすると○（C），誤った選択刺激をクリックすると×が現れる（D）．下図では，上方の白い四角にカーソルを合わせクリックすると（E），その場所に見本刺激，下方に2つの選択刺激が現れる（F）．見本刺激をクリックし，下方にドラッグし（G），対応する選択刺激のところに移動させると○が現れる（H）．

応型見本合わせによる学習が難しい場合，対応関係をすべて示す分類型見本合わせによって学習を進めていく方法が有効である．まず，すべての選択刺激を並べておき，それに対応した見本刺激を1つずつ渡しそれを対応する選択刺激の近くに移動させる．次に，2つめの見本刺激を渡し対応する選択刺激の近くに移動させる．これを繰り返す．すべての刺激の対応関係が視覚的に示される．その学習が成立した後，対構成した見本刺激を各試行ごとに回収する方法を用いれば，通常の見本合わせと論理的には同じ手続きとなる．図1は，清水ら（Shimizu et al., 2003）の研究手続きである．その結果，分類型見本合わせの方が通常の見本合わせに比べて，獲得が容易で反応が安定することを見出した．

●見本合わせの応用：表情認知　他者の表情の意味を理解することは，認知科学では表情認知といわれるが，行動分析学では音声，表情の画像，文字の間の見本合わせの成立として，包括的に分析することができる．松田と山本（Matsuda & Yamamoto, 2013）は，4人の自閉スペクトラム症児（平均年齢5歳10か月）を対象に，表情認知の獲得促進のための条件を分析した．「センセイ」という単語を，楽しさ，驚き，怒り，悲しみの4つの韻律（リズム，イントネーション，強弱）で表現した音声を見本刺激，それぞれに対応する表情の顔写真を選択刺激とした見本合わせを実施した．図2はその結果である．4人とも，ベースラインで

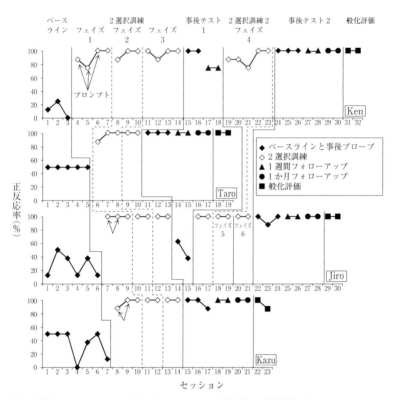

図2 「多層ベースラインデザイン」による4人の自閉症児の分析結果〔Matsuda & Yamamoto, 2013をもとに作成〕

は見本合わせの正反応率は低かった．次に4つの刺激を2つずつペアにし，正しい見本合わせに対して，強化を与える訓練を実施した．その後，4刺激すべてをランダムに提示する事後評価を実施したところ，4人全員がほぼ100%の正反応率を示した．1か月後のフォローアップ，異なった人の音声刺激を用いたプローブでも，高い正反応率を維持していた．

●**見本合わせの応用：文の構成** 見本刺激に対して，比較刺激を順番に選択し，一定の系列やまとまった刺激をつくる見本合わせを，構成見本合わせという．山本と宮（Yamamoto & Miya, 1999）は，3人の自閉スペクトラム症児（平均年齢8歳7か月）を対象に，人物が動作をしている画像を見本刺激とし，それに対応する文を，主語（3人の人物），助詞（が），目的語（3つの物），助詞（を），述語動詞（3つの動作）を順次選んでいくことでつくりあげる構成見本合わせ（例：みや先生・が・りんご・を・たべる）を実施した（図3）．なお，各品詞のうちひとつの語は，ダミー刺激である．3人とも，ベースラインでは文構成，音声表

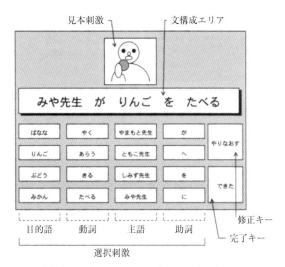

図3 文構成の見本合わせのコンピュータ画面［Yamamoto & Miya, 1999 をもとに作成］

出とも未成立であったが，3種の文への構成見本合わせ訓練の結果，事後評価では，直接訓練されなかった刺激の組合せ（例：やまもと先生・が・ばなな・を・きる）についても，適切な文構成にとどまらず，音声表出もできるようになった．選択反応型の構成見本合わせでの訓練が，トポグラフィー分化型見本合わせ（音声表出）の成立を促したことが明らかになった．

●**見本合わせの応用：漢字の構成** 構成見本合わせは，構成要素を組み合わせることで，適切な漢字をつくりあげる課題にも応用できる．菅佐原と山本（Sugasawara & Yamamoto, 2009）は，見本刺激として漢字を提示し，その構成要素である部首を選択刺激として6つ提示し，そのうち適切な部首を2つ選択し，見本刺激と同じ漢字を構成する訓練を，1名の発達障害児に実施した．その結果，8種の漢字についての構成見本合わせが獲得された．同時に，同じ漢字を鉛筆で書く（視写）反応も生起した．ここでも，構成見本合わせでの訓練が，トポグラフィー分化型見本合わせ（書字）の成立を促したことが明らかになった．

●**研究の現在** 見本合わせの訓練効果の研究だけでなく，直接訓練されていない刺激同士の派生的関係がどのように生み出されていくかの分析は，「等価関係」の研究として大きく発展している（Sidman, 1944）．また，見本合わせは，「同じ」ものを選ぶことが内包された手続きであるが，関係そのものを決定する刺激（異なる，大きい・小さい，過去・現在，因果など）によって，刺激間の関係の拡張が見られるかについて「関係フレーム理論」（Törneke, 2009）による展開もなされている．

［山本淳一］

無誤弁別学習：応用

☞無誤弁別学習：基礎 p.292

　幼児や障害のある子どもに対して，刺激の弁別や適切な弁別刺激のもとでの行動の遂行を訓練する際，弁別学習を行うことがある．そのような場面において，誤反応の生起には，消去あるいは弱化の手続きが随伴する．そのため，課題従事を含む全般的な反応の抑制や，訓練場面からの逃避，攻撃行動やパニックといった情動反応，刺激の過剰選択などの問題を引き起こすことがある．このような問題を解決するために，誤反応をまったく，あるいはほとんど生起させることなく弁別を形成する「無誤弁別学習」が考案されてきた．

●**無誤弁別学習のための手続き**　無誤弁別学習では，正反応をプロンプトする刺激として，主に刺激プロンプトが用いられる．プロンプトのもとで安定して正反応を示すようになった後，プロンプト刺激をフェイド・アウト（段階的に撤去）していく刺激フェイディング手続きがある．例えば，フラッシュカードを使った九九の学習について，この手続きを用いた場合，以下のようになる．対象児には，カードに書かれた問題の答えを求めた．最初の段階では，カードの表面には式，裏面には解答が書かれていた．答えがわからない場合には，解答を見て答えることができた．この課題の場合，カードに書かれた式が弁別刺激（S^D）であり，解答は刺激外プロンプトである．このような訓練を繰り返すことで，誤反応をすることなく，九九の答えを言うことができるようになった．

　一方で，弁別刺激ではない刺激（S^{Δ}あるいはS−）をフェイド・イン（段階的に導入）していく刺激フェイディング手続きもある．例えば発達に遅れのある子どもにおける名前の弁別学習の研究がある（Malott et al., 1997）．対象児には，まず白い文字で子どもの名前が書かれた黒いカードと，白い文字で違う子どもの名前が書かれた白いカード（一見，白いカードにしか見えない）を提示して，名前の書かれた黒いカードを選択する訓練から開始する（図1）．安定して黒いカードを選択できるようになった後に，白いカードの色を徐々に黒に近づけていった．この課題の場合，目標となる行動（自分の名前のカードを選択する）の弁別刺激は自分の名前の文字である．2つのカードの色を段階的に同一にしていく（白いカードを段階的に黒くしていく）ことで，S^{Δ}である違う子どもの名前がフェイド・インすることになる．その結果，訓練中に誤反応を一切せずに，2つのカードの色が同じであっても，自分の名前のカードを選択できるようになった．

　また，弁別可能な刺激から目標となる弁別刺激に，その形態を段階的に変化させる刺激シェイピング手続きがある．自閉スペクトラム症児を対象とした，線画

と平仮名の恣意的見本合わせ訓練で用いた研究がある（野呂・小林，1996）．対象児は，平仮名同士の同一見本合わせが可能であった．そのため見本刺激を平仮名から線画に段階的に変化させていった（図2）．その結果，線画と平仮名間での恣意的見本合わせが可能になった．

　上述したような刺激フェイディングや刺激シェイピングとスーパーインポーズを組み合わせる手続きもある．スーパーインポーズは，スーパーインポジションと呼ぶこともあり，すでに学習している刺激に新しく学習する刺激を重ね合わせる，あるいは空間的に近接させて提示する方法である．この手続きを，知的能力障害のある子どもにおける片仮名の弁別学習に用いた例がある（菊地，1995）．対象児は音声を聞いて，選択肢の中から対応する平仮名を選択することができた（例えば，「が」という音声を聞いて，平仮名の『が』を選択する）．しかし，同様の手続きで，音声を聞いて，片仮名を選択することはできなかった（例えば，「が」という音声を聞いて，片仮名の『ガ』を選択する）．そこで，片仮名の選択肢の下に，すでに学習できている平仮名を同時に提示し（スーパーインポーズ），それを段階的に撤去した（図3）．その結果，訓練の初期段階から高い確率で，音声に対応する片仮名を選択することができ，その後のプロンプト刺激のフェイド・アウトも円滑であった．

　さらに，反応妨害，または段階的選択とよばれる手続きがある．この手続きでは，正しい選択肢（S+）に対しては反応することができるが，間違った選択肢（S−）に対する反応は物理的に制限される．例えば，色の弁別学習で用いた研究がある（Storm & Robinson, 1973）．4歳から7歳の児童に対して，赤色ボタンと緑色ボタンが提示された状況下で，赤色ボタンが点灯したときにレバーを押

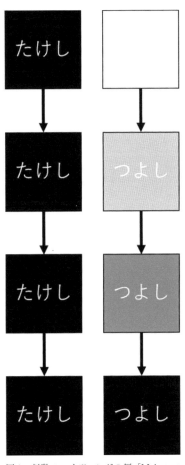

図1　刺激フェイディングの例〔Malott, et al.（1997）をもとに作成〕

「たけし」をS^Dとした場合，「つよし」はS^Δである．背景の白地を段階的に黒地にしていくことで，S^Δがフェイド・インしていく．

すと強化される課題が実施された．最初の訓練において，赤色ボタンの点灯時（S+）のみレバーを引くことができ，緑色ボタンの点灯時（S-）にはレバーは固定され，動かすことができない条件を実施した．その後，どちらのボタンの点灯時にも，レバーを引くことができる条件に移行したその結果，緑色ボタンの点灯時にレバーを押すことはほとんどなく，赤色ボタン点灯時のみレバーを押す行動が維持された．

その他にも，無誤弁別学習に時間遅延を用いた研究もある．研究者によって，「time delay」「delayed prompting」「constant prompting」「delayed cue」「delayed matching」など呼び方は異なるものの，プロンプトを提示するタイミングを意図的に遅らせるという手続き自体は同一である．コールマン゠マーチンとヘラー（Coleman-Martin & Heller, 2004）は，身体障害のある児童の単語のつづり指導において，時間遅延を用いた無誤弁別学習を実施

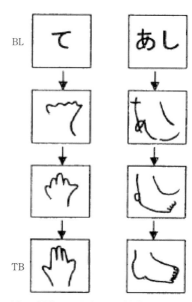

図2　刺激シェイピングの例［野呂・小林（1996）から抜粋］
BLは同一見本合わせ，TBは恣意的見本合わせの見本刺激．

している．対象児は指導者が言った単語を書字またはパソコンにタイピングすることが求められた．その際，指導者はプロンプトとして，単語カードを提示して，1文字ずつ声に出しながら指さした．最初の試行では即時にプロンプトを提示し，次の試行からは5秒待っても正反応が生起しない場合にのみプロンプトを提示した．その結果，すべての対象児が単語のつづりを獲得した．

このように，無誤弁別学習では，どの手続きを用いたとしても，対象児に合わせたフェイディング手続きが重要なポイントであると考えられる．

●研究の展望　これまで様々な対象児（者）において，無誤弁別学習の有効性が指摘されてきている．その対象は定型発達児のみならず，脳機能障害やアルツハイマー病をはじめとした認知症，統合失調症，知的能力障害，自閉スペクトラム症など，多岐にわたる（Mueller et al., 2007）．

その一方で，課題も示されてきている．スプーナーとスプーナー（Spooner & Spooner, 1983）は，高確率で誤反応を示した状態から誤反応がすぐに減少し，正反応が急激に増加するとき，最適な学習が生じることを指摘している．また，テラス（Terrace, 1966）は，誤反応を経験しないということが欲求不満耐性を

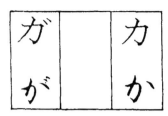 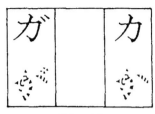

ステップ1   ステップ2

図3　刺激フェイディングとスーパーインポーズの組合せの例［菊地（1995）から抜粋］
ステップ1が新しく学習する片仮名に，すでに学習している平仮名をスーパーインポーズした選択肢の例である．ステップ2では，片仮名をフェイド・アウト（刺激フェイディング）した選択肢の例である．

低下させることを指摘している．さらに，誤反応に伴う情動反応などの問題に対して，無誤弁別学習以外による解決法も検討されてきている．これらのことは，誤反応が生じないという状況がどんなときでも望ましいわけではないことを示唆している．

　また，無誤弁別学習によって獲得された弁別技能は，新規場面への般化が困難であることが指摘されている（Jones & Eayrs, 1992）．さらに，行動対比や頂点移動が起こりにくいことも指摘されており，日常場面への般化といった問題について，さらに検討する必要がある．

　今後は，無誤弁別学習を行う中で，対象児（者）や場面，標的行動によって，どのような手続きが有効であるかを検討する必要があるだろう．また，それだけでなく，誤反応を伴う試行錯誤学習と比較して，どちらの方法がより広範囲で，かつ効率的に学習を積み重ねることができるのかについても検討していく必要があろう．

　また，近年ではリハビリテーション分野において，無誤弁別学習を応用した実証研究が行われ，その成果が示されてきている（山﨑・遠藤，2017）．認知症患者の日常生活動作障害を，認知機能や身体機能の問題としてとらえるのではなく，弁別刺激や行動連鎖といった行動の問題としてとらえることで，教育可能性があることを指摘している．しかしながら，記憶障害への適用に関する理論的妥当性の問題や基礎的なデータの不足なども指摘されており（松井他，2016；矢野，2010），さらなる研究が必要である．　　　　　　　　　　　［高浜浩二］

参考文献

Alberto, P. A., & Troutman, A. C. (1999). *Applied behavior analysis for teachers* (5th ed.). Prentice Hall.（アルバート，P. A.・トルートマン，A. C. 佐久間 徹他（訳）(2004). はじめての応用行動分析　日本語版第2版　二瓶社）

刺激等価性：応用

☞見本合わせ：基礎 p.324，刺激等価性：基礎 p.328，見本合わせ：応用 p.474，機能等価性 p.536

　刺激等価性は，見本合わせ課題による刺激間関係の指導と，その後の派生的関係の成立によって定義されている．刺激等価性の研究は，シドマン（Sidman, 1971）の重度知的障害者に対する文字単語の読み・理解に関する応用研究からスタートした．シドマンの研究の概要（Sidman, 1971）を，図1に例示した．対象者は，指導開始前から指導者の音声単語の提示に対して，それに該当する絵カードを選択すること（音声単語の理解；図1中の①の関係）および絵カードの提示に対して，それを命名すること（音声単語の表出；図1中の②の関係）は可能であった．直接指導されたのは，指導者の音声単語の提示に対して，それに該当する文字単語を正しく選択すること（図1中の③の関係）であった．この学習が成立した後，派生的関係（「文字単語→絵（④）」「絵→文字単語（⑤）」「文字単語に対する音声表出（⑥）」）の成立が示された．この研究を起点として，現在までに知的障害者や発達障害者を対象とする刺激等価性に関する応用研究が数多く行われてきている．

●**刺激等価性ネットワークによる評価と指導**　刺激等価性が活用される実践分野の1つに語彙の指導がある．語彙指導においては，音声単語の理解（「音声単語」

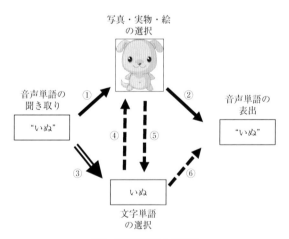

図1　刺激等価性の説明図
図中の実線はすでに獲得済みの関係，二重線は指導によって学習した関係，破線は指導後に派生的に成立した関係を示している．［Sidman, 1971をもとに作成］

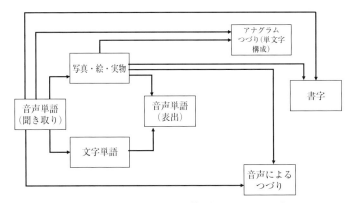

図2 語彙に関連するスキルに関する刺激等価性ネットワーク〔Stromer et al., 1992をもとに作成〕
「音声によるつづり」は，英単語をアルファベットでつづる（例：CATを「シー・エイ・ティー」）ものであり，日本語には該当するものはない．

→「絵」の関係），文字単語の理解（「文字単語」→「絵」の関係）など，各スキルが相互に関連づけられることなく指導が進められる場合が多い．しかし，シドマンの例のように（Sidman, 1971），語彙スキルを刺激-刺激（あるいは刺激-反応）間の刺激等価性ネットワークとして整理することで，直接指導すべき関係と，派生的な成立が期待できる関係に分けて指導した方が効率がよい．ストローマーら（Stromer et al., 1992, 図2）は，語彙指導に関して，書字や「アナグラムによるつづり」などを含む複数のスキルに対して，刺激等価性ネットワークによる評価・指導の実施を推奨している．具体的な指導の流れは，指導開始前に，このネットワークに基づいて語彙スキルを評価し，対象児の獲得状況を評価する．次に未獲得の関係性について，直接指導するものと，未指導で成立が見通せるものを決める．そして指導実施後に，未指導の関係が派生的に生じたかを評価する．派生的な関係が未成立の場合には，追加の指導を行う，という流れになる．このように刺激等価性ネットワークを用いて関連するスキルを整理し，評価と指導を行うことで，より効率的で効果的な指導が可能となる．語彙指導以外のネットワークの活用例としては，数（Gast et al., 1979），マニュアルサイン（Elias et al., 2008），点字（Toussaint & Tiger, 2010），小数-分数の関係（Lynch & Cuvo, 1995）など，教科学習やコミュニケーションに関するスキルの指導に幅広く適用されている．

●**刺激等価性を媒介させる指導** 刺激等価性ネットワークを使用した指導で特に重要なのは，直接的な指導では獲得が困難な関係を，刺激等価性を媒介させることで促進できる点にある．語彙指導における具体例を図3に示した．例えば，絵

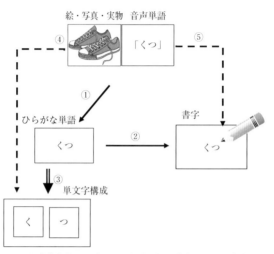

図3 刺激等価性を媒介させる指導（絵や音声単語から書字をすることが困難な場合の例）
実線（①と②）はすでに獲得しているスキル．二重線（③：遅延同一構成反応見本合わせ課題）を指導することで，破線（④と⑤）が速やかに成立する可能性が高まる．

（あるいは音声単語）に対応したひらがな単語の選択が可能であり（図3中の①），ひらがなの模写（図3中の②）が可能ではあるが，絵（あるいは音声単語）に対応して書字すること（図3中の⑤）が難しい子どもがいたとする．繰り返し練習しても，その獲得が困難な場合，刺激等価性を媒介させて指導することが考えられる．具体的には，ひらがな単語を見本刺激として，単文字の構成課題（複数のひらがな単文字から，見本のひらがな単語を構成する課題：同一構成反応見本合わせ課題）を実施する（図3中の③）．最初は見本刺激を参照できる状態で，単文字構成を行う．その条件で反応が安定したら，次に見本刺激を一定時間提示した後で撤去する条件で，単文字構成を求める課題（遅延同一構成反応見本合わせ課題）を実施する．この課題が成立することにより，絵（あるいは音声単語）に対する単文字構成（図3中の④）が未指導で可能になったり，絵（音声単語）の提示に対する書字課題（図3中の⑤）が未指導で成立したりする可能性がある（Hanna et al., 2004 ; Stromer & Mackay, 1992）．このように獲得困難な関係性を直接指導するのではなく，他の獲得が容易な関係を媒介させて指導することにより，対象児に無理なく学習が成立する可能性がある．

●**刺激等価性を通じた刺激機能の転移** シドマン（Sidman, 1971）でも示されたように，刺激等価性ネットワーク内に表出反応（例えば，音声単語の表出）が

含まれている場合，刺激のみではなく，反応もまた等価性のメンバーとなる．反応が等価性ネットワークに含まれることで，刺激等価性に含まれる特定の刺激（絵や写真）による音声表出に対する刺激性制御（弁別刺激としての制御）が，別の刺激（文字単語）へと転移する．このような絵（写真）によって制御されていた反応が，等価性ネットワークを通じて，未指導で文字刺激へと制御が転移する現象は，実践的に活用できる可能性が高い．例えば，活動スケジュールでの指導例を紹介する．

ミゲルら（Miguel et al., 2009）は，対象とした自閉スペクトラム症の幼児2人が，絵で構成された活動スケジュールに従って活動できる一方で，文字を用いた活動スケジュールに従うことが困難な状況であった．Sidman（1971）に従って，スケジュールの対象となった活動（例えば，パズルやロボットのおもちゃ）に関して，音声単語に対する写真カード選択（音声単語→写真）と音声単語に対する文字単語選択（音声単語→文字単語）の指導を行った．その結果，絵と文字単語の関係を直接指導しなくても，対象幼児は文字で書かれた活動スケジュールに従って行動することが可能となった．

このような刺激性制御の転移手続きは，応用場面では特に重要である．なぜならば，活動スケジュールのように，すでに刺激性制御が確立している刺激から，新しいより適応的な刺激へと刺激性制御を転移させる手続きは，応用場面では頻繁に使用されるからである．同様に，カウリーら（Cowley et al., 1992）は，3人の脳損傷患者に対して，3人のセラピストの「顔写真」，「音声」（名前），「手書き文字」（名前），「部屋のネームプレート」（名前）の間で刺激等価性の形成を試みた．刺激等価性が成立した後に，対象者は，セラピストのオフィスがある建物に行き，セラピストの部屋を見つけるように指示を受けた．対象者のうちの1人は，特別な援助をすることなく，手書きのメモを参照して，オフィスを見つけたり，「誰のオフィスですか」という問いに正しく答えたりすることができるようになった．つまり，刺激等価性の学習を通じて，日常的な場面でも，セラピストの顔と名前に関するスキルが発揮されるようになった．

基礎研究では，刺激等価性が成立した刺激群（刺激等価クラス）の1つの刺激において学習された刺激機能が，刺激等価クラスを通じて，別の刺激に転移することが明らかになっている．そのような刺激機能の転移には，弁別刺激機能（de Rose et al., 1988），強化刺激機能（Hayes et al., 1991），レスポンデント条件づけにおける条件性の刺激喚起機能（Dougher et al., 1994）などに関して実証的な研究が行われている．今後はさらに刺激等価性を媒介とした刺激機能の転移を活用した実践的研究の蓄積が望まれる． ［野呂文行］

参考文献

山本 淳一（1994）．刺激等価性―言語機能・認知機能の行動分析 行動分析学研究, 7, 1-39.

機能的行動アセスメント

☞機能等価性 p.536, ポジティブ行動支援 p.606, STAR p.630

　多くの行動は，その生起する環境との相互作用によって生起している．行動問題も例外ではなく，その生起要因は生起している環境に影響を受けている．そのため，行動自体を抑制したり，あるいは行動を起こす人をその場から離したりするといった行動に対する直接的な方法は，その場で一時的にしか効果を発揮せず，根本的な解決にはいたらない．行動問題に対する支援においては，まず，行動問題の生起要因に関する情報を収集することが必要となる．この過程を「機能的行動アセスメント」とよぶ．

　機能的行動アセスメントには主に①行動や対象者に関する基礎的情報を収集するインタビュー，②行動問題の生起要因に関する質問紙調査，③直接観察法，④機能分析，の3種類がある．

●**インタビュー法**　インタビュー法には，本人をよく知る両親や教員，支援者，時には本人自身に対して，その行動についていくつか質問をし，それに答えてもらうインタビューと，質問紙を用いて記入してもらう方法がある．インタビューの項目には，対象となる行動の定義（形態，その頻度，持続時間，強さなど），行動のきっかけ（活動内容や身体的・生理的な要因など），行動への対応を含む．コミュニケーション様式や適応行動，興味や関心，好みなどがわかると支援につなげやすい．

　代表的な質問紙に，動機づけアセスメント尺度（Motivation Assessment Scale, MAS）がある（Durand & Crimmins, 1988, 表1）．これは，16の質問項目から構成されており，7段階で評価する．行動の機能として，みずから産出する感覚的な刺激を求めて行う「感覚要因」，他者からの注目を求めて行う「注目要因」，苦手な事柄からの「逃避要因」，「好みの物や活動の要求」といった4つの機能のいずれが含まれている可能性が高いのか評価することができる．

●**直接観察法**　インタビュー法は，手軽に用いることができるが，その結果は回答者の主観に左右されることは否めない．さらに，行動の生起要因を探るためには，直接観察を行うことが有効である．観察を行う場合の記録方法がいくつか考案されている．

　オニール（O'Neill, R.E.）らが開発した機能的なアセスメント観察用紙（Functional Assessment Observation Form, 表2）では（O'Neill et al., 1997），日常生活において，行動の生起ごとに，そのきっかけと対応（本人が得られた事柄あるいは逃れられた事柄）を記録していく．この方法で記録をしていくことにより，行動の機能を推測できる．

表1 動機づけアセスメント尺度

お子さんの_____という行動についてお答えください．

氏名：_____　記入者：_____　日時：_____

	ない← 全く	まずない	めったに	時々	たいてい	ほとんど	→ある いつでも
1. その行動は，例えばお子さんが2〜3時間独りぼっちで誰からも相手にされないと，繰り返されますか	-0-	-1-	-2-	-3-	-4-	-5-	-6-
2. その行動は，お子さんが難しいことを要求されると起こりますか	-0-	-1-	-2-	-3-	-4-	-5-	-6-
3. その行動は，お子さんが自分に話しかけられてもらえない場合に起こりますか	-0-	-1-	-2-	-3-	-4-	-5-	-6-
4. その行動は，おもちゃや食べ物が欲しいとき，人に何かをやってもらいたいとき起こりますか	-0-	-1-	-2-	-3-	-4-	-5-	-6-
5. その行動は，お子さんの周囲に誰もいないとき，長時間にわたって繰り返されますか	-0-	-1-	-2-	-3-	-4-	-5-	-6-
6. その行動は，お子さんに対して何か要求が出されたときに起こりますか	-0-	-1-	-2-	-3-	-4-	-5-	-6-
7. その行動は，お子さんへの注目をやめてしまうと起こりますか	-0-	-1-	-2-	-3-	-4-	-5-	-6-
8. その行動はお子さんが好きなおもちゃや食べ物を取り上げられたり，やってあげていることをやめてしまうと起こりますか	-0-	-1-	-2-	-3-	-4-	-5-	-6-
9. お子さんが，その行動をやっているとき，楽しそうですか	-0-	-1-	-2-	-3-	-4-	-5-	-6-
10. その行動は，お子さんが誰かに何かをさせられそうになったとき，その人を困らせたり，いらだたせようとして起こりますか	-0-	-1-	-2-	-3-	-4-	-5-	-6-
11. その行動はお子さんが自分に注目してもらえないとき（関わっている人が自分と離れて座っていたり，他の人に関わっているとき），起こりますか	-0-	-1-	-2-	-3-	-4-	-5-	-6-
12. その行動は，お子さんが欲しがるおもちゃや食べ物を与えられたり，してほしいことをやってもらえるとすぐにおさまりますか	-0-	-1-	-2-	-3-	-4-	-5-	-6-
13. その行動が起きているとき，お子さんは機嫌がよく，周囲で起こっていることに無頓着のようですか	-0-	-1-	-2-	-3-	-4-	-5-	-6-
14. その行動は，関わってくれる人が何かを要求することをやめるとすぐにおさまりますか	-0-	-1-	-2-	-3-	-4-	-5-	-6-
15. その行動は，お子さんが関わってくれる人を自分のそばに引き留めておこうとして行われるように見えますか	-0-	-1-	-2-	-3-	-4-	-5-	-6-
16. その行動は，お子さんが自分の思いどおりにならないときに起こりますか	-0-	-1-	-2-	-3-	-4-	-5-	-6-

採点表

感覚要因	逃避要求	注目要求	物や活動の要求
1.	2.	3.	4.
5.	6.	7.	8.
9.	10.	11.	12.
13.	14.	15.	16.

合計 =_____

平均点 =_____

順位 =_____

［Durand, 1988をもとに作成］

表2 機能的アセスメント観察用紙

時間	行動		きっかけ		周囲の対応		機能				
							注目	獲得	逃避	感覚	不特定
:											
:											
:											
:											

[O'Neill et al., 1997をもとに作成]

観察時間帯を等分に分ける（1時間ごとなど）．行動やきっかけ，周囲の対応についても予想される項目をあげる．その時間帯で複数の行動が起こる場合には，1回目に起こった行動を1として，きっかけ，対応に同じ1を振る．同様に，2回目に起こった行動は2とする．

表3 スキャッタープロット

観察する行動：
観察開始日： 月 日（ ） 観察終了日： 月 日（ ）
記号の意味：□= ☑= ■=

活動	時間	日			
	:				
	:				
	:				
	:				

[Touchette et al., 1985をもとに作成]

1日1列で記入する．それぞれの記号の意味は，観察する行動の状態に応じて決める．時間は必ずしも1時間ごと，30分ごとなど等分する必要はない．

　トゥシェット（Touchett, P. E.）らは，スキャッタープロット（表3）によって行動を記録することを提案した（Touchett et al., 1985）．スキャッタープロットでは，1日の時間の流れと関連して，行動問題の生起に関するパターンを明らかにすることができる．また，何日間か継続して記録をとっていくことにより，どの時間帯に行動問題が生起することが多く，どの時間帯に少ないのか，というパターンが現れてくる場合がある．

●**機能分析**　直接観察を行っても，それは行動の機能を推測するにすぎず，さらに正確に行動の生起の因果関係を見極めるためには，統制された実験場面において分析することが必要となる．イワタら（Iwata et al., 1982）により行われた，実験場面での機能（関数）分析法は，その後多くの研究者によって行われ，改善されてきた．イワタらは，5つの場面を設定した．難しい課題が提示される場面，他の人から注目されない場面，好みの物が手に入らない場面，一人遊びの場面，行動問題が生起しにくい統制場面（例えば，要求や指示がなされず，他の人と遊

図1　機能的行動アセスメントのまとめ

んだりやりとりをする）の5つである．統制場面を除いたいずれの場面も行動問題のきっかけと結果の両方を操作している．例えば，難しい課題が提示される場面では，その人が達成することが困難である課題を提示し，行動問題が生起した場合にはその課題を取り除くという操作がなされる．それぞれの場面は，不規則なパターンで，比較的短時間で提示される条件交代デザインを用いて導入される．そのうえで，どの場面において行動問題が高頻度で生起するのか統制場面と比較しながら観察する．各場面で生起する行動問題は，特定の機能を示している．難しい課題が提示される場面で行動問題が高頻度で生起しているとしたら，その行動は逃避の機能を示している．同様に，他の人から注目されない場面では注目要求，好みの物が手に入らない場面では好みの物あるいは活動の要求，一人遊びの場面では行動が産出する感覚を求めていることを示す．

●機能的行動アセスメントの注意点　機能的行動アセスメントにより集めた情報を，図1のように整理をするとその行動の生起している環境が明確になり，さらに，どのように支援につなげていくのか検討しやすい．また，その人の行動問題が単一の機能を示している場合もあれば，複数の機能と絡んでいる場合もある．

さらに，生起している場面によって機能の異なる場合もある．こうした行動の複雑な機能を1つずつひもとくのが機能的行動アセスメントともいえるだろう．しかし紹介したすべての方法を行わなければ，その人の行動がどのような機能をもっているのか判断することが難しいわけではない．アセスメントの期間もその人の行動が続いているために，アセスメントは効率的に行い，効果的な支援計画を立案し実施することにより早く移行することが望ましい．また，機能的行動アセスメントは支援開始前にのみ行えばよいものではなく，実施中も効果が見られなかったり，別の行動が生起するようになった場合に随時行っていくことが望ましい．

[小笠原　恵]

📖 参考文献

デムチャック，M., ボサート，K. M., 三田地　真実（訳）(2004). 問題行動のアセスメント　学苑社 (Demchak, M., & Bossert, K. W. (1996) *Assessing Problem Behaviors*, American Association on Mental Retardation.)

オニール，R. E. 他　三田地　真実他（訳）(2017). 子供の視点でポジティブに考える問題行動解決ハンドブック　金剛出版．(O'Neill, R. E. et al. (2014). *Functional Assessment and Program Development for Problem Behavior: A Practical Handbook* (3rd ed.). Wadsworth.)

強化介入による行動低減

☞強化による行動低減 p.210, 習慣逆転法 p.568

　応用実践の場での強化介入は対象者の標的行動の増加を目指して行われるのが普通であるが，強化介入によって標的行動を低減することもできる．本項目ではそうした介入法として，代替行動分化強化，他行動分化強化，低反応率分化強化の3つを取りあげる．これらの手続きは様々な問題行動の低減に有効であることが認められている（Homer & Peterson, 1980；Petscher et al., 2009；Poling & Ryan, 1982；Vollmer & Iwata, 1992）．なお，こうした介入法の基盤となっている実験的事実については別項（☞「強化による行動低減」）を参照されたい．また，標的行動とは無関係に強化子を与える操作を，強化介入による行動低減法に含める場合もあるが，この操作は別項（☞「反応非依存強化」）で紹介する．

●**代替行動分化強化**　代替行動分化強化（differential reinforcement of alternative behavior, DRA）は，標的行動以外の特定の行動に対して強化子を与える手続きである．図1の例では，授業妨害行動を読書行動の強化で低減することに成功している．標的行動と同時に行うことが物理的に不可能な行動を強化する場合は，非両立行動分化強化（differential reinforcement of incompatible behavior, DRI）手続きとよび（Deitz & Repp, 1983），同時に行える場合（両立可能な場合）と区別して，後者のみを DRA 手続きとよぶこともある（例えば Cooper et al.,

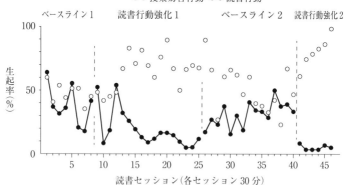

図1　代替行動（読書行動）の分化強化による授業妨害行動の低減［Ayllon & Roberts, 1974 をもとに作成］
小学校の教室で授業妨害行動を示す5人の児童に対し，読書するとポイントがもらえる（ポイントがたまると休み時間の延長などに交換できる）という介入手続きを読書行動強化期に実施した．

2007).授業中に児童が勝手に席を立って歩きまわる行動を標的行動とすれば,座っている行動を強化する技法はDRIで,教科書を読む行動を強化する技法は(歩きながらでも読めるので),DRAである.しかし,DRIとDRAを厳密に区別できない場合もあり,DRIはDRAの一種として扱うことも多い(例えば,Miltenberger, 2001).ところで,問題行動は他者からの注目などが強化子となっていることが少なくない.そこで,そうした強化子を直接得るためのコミュニケーション行動(口頭でその旨を告げるとか,ボタンを押して知らせるなど)を指導すると,間接的に問題行動を減らすことができる(例えば,Carr & Durand, 1985).そうした機能的コミュニケーション訓練(☞「機能等価性」)をDRAの一種として位置づけて,コミュニケーション行動分化強化(differential reinforcement of communication behavior, DRC)とよぶことがある(Sasso & Reimers, 1988).

●他行動分化強化　他行動分化強化(differential reinforcement of other behaviors, DRO)は,対象者が標的行動を自発しなければ強化子を与える手続きである.したがって,この手続きで標的行動の頻度が減れば負の弱化(除去型弱化)であるから,本来は弱化による行動低減(☞「弱化(罰)」)の技法に含めるのが妥当である(Rolider & Van Houten, 1990).しかし,人間は常に何らかの行動をしていると考えれば,「標的行動をしていない」のは「標的行動以外の行動をしている」のと同じである.このため,他の行動を選択的に強化するという意味で「他行動分化強化」という用語が使われる.ただし,この用語を避けて省略訓練という言葉を使用する実践家もいる(例えば,Weiher & Harman, 1975).これは「反応すると強化子が省略される」という介入操作を意味するが(Kimble, 1961),その結果「反応が省かれる」という事実をも反映した言葉になっている(Grant, 1964).

　図2はDROによる行動低減の例である.この研究では,治療的介入期に入ると,標的行動が10秒間出現しなければ強化子を与えるDRO手続きを開始している.もし,10秒以内に標的行動が出現すればタイマーがリセットされ,その時点からさらに10秒間,標的行動しないことが求められた.ここで注意すべきは時間設定である.行動のたびにタイマーがリセットされるので,設定値が高いと強化子を得られない期間が延びて消去手続き(☞「消去」)と同じになってしまう.しかし,設定値が低すぎると頻繁に強化子を与えることになるので,訓練者の負担が大きく,対象者も強化子に飽和してしまう.適切な設定値を決めるための標準的な方法は,介入を行っていないベースライン時の行動生起頻度の逆数(つまり,反応間時間(interresponse time, IRT)を求めることである(Repp et al., 1974).例えば,ベースライン時の生起頻度が1分(60秒)あたり6回であれば,60秒を6で割った10秒が反応間時間となるので,最初のDRO設定値は10秒と

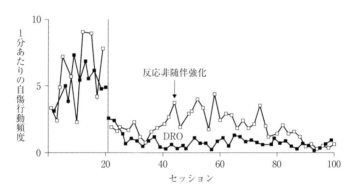

図2　知的障害のある1人の成人女性の自傷行動の低減［Vollmer et al., 1993 を
もとに作成］
セラピストの対象者への「注目」が自傷行動の強化子となっている可能性が高
いことが予備研究で確かめられていた．この図は2人のセラピストによる介入の
効果を示したものである．両セラピストとも，普段どおり，自傷行動があると
注目するベースラインセッションを数回行った．その後，セラピストAは対象
者が自傷行動をしていないときにだけ注目する他行動分化強化（DRO）介入を
行い，セラピストBは対象者の行動に関係なく一定間隔で注目する反応非随伴
強化を行った．この対象者にはDRO介入の方が効果的である．

する．さて，DROによって標的行動が低減し始めると，得られる強化子の数が
増えていく．そこで，図2に示した研究では設定時間を適宜調整している．具体
的には，直前の3～5セッションの平均IRTをもとに当該セッションの設定値を
決める方法（Poling & Ryan, 1982）が用いられた．つまり，標的行動の減少が
あれば設定値を延長し，行動が増えてしまったときは設定値を短縮している．

　DRO手続きでは標的行動を常に監視し，標的行動が出現するたびにタイマー
をリセットしなくてはならない．これは，実践現場では困難なことが多い．そこ
で，反応のたびごとにタイマーをリセットするのではなく，一定の時間間隔（イ
ンターバル）で音が鳴るタイマーを用意し，各インターバル内で標的行動が0で
あればインターバル後に強化子を与える技法や，インターバルの切れ目のときに
だけ対象者を観察して，そのときに標的行動を行っていなければ強化子を与える
技法が考案された（Sulzer-Azaroff & Meyer, 1977）．レップ（Repp, et al., 1983）
らは前者を全インターバルDRO，後者を瞬時DROと名づけ，全インターバル
DROの方が標的行動の低減効果が大きいと報告した．しかし，一度低減した標
的行動を維持するには瞬時DROでも十分である（Barton et al., 1986）．また，
リンドバーグら（Lindberg et al., 1999）はインターバルの長さは毎回変えるこ
ともできるとして，従来の2技法，つまり固定インターバルDROと固定瞬時
DROに加えて，変動インターバルDROと変動瞬時DROの2技法を提案した．

リンドバーグらは，変動瞬時DROは対象者を常に観察する必要がないにもかかわらず，行動低減効果が大きい技法であると推奨している.

●**低反応率分化強化** 低反応率分化強化（differential reinforcement of low rates, DRL）は，反応を一定の生起頻度以下に抑制する手続きである．デイツ（Deitz, 1977）は教育現場へのDRL法導入について論じた際，3種類のDRL技法をあげた．第1に，実験室での研究で用いられるのと同じIRTの分化強化で，デイツはこれを分散反応型DRLとよんだ（図3）．第2，第3の技法は一定時間内の反応数をもとに強化する方法であり，全セッション型DRLはセッション内の反応数が所定回数未満ならセッション後に強化子を与える方法，インターバル型DRLはセッションをいくつかの等しいインターバルに区切って，インターバル内の反応数が所定回数未満ならそのインターバル終了時に強化子を与える方法である．なお，全セッション型DRLとインターバル型DRLでは，反応が0回（無反応）であっても強化子を与えることが一般的であるが，分散反応型DRLでは，反応があって初めて強化子が提示されるため，標的行動が低頻度で維持される．したがって，分散反応型DRLはゆっくり噛んで食べる行動（Lennox et al., 1987）などの形成に適している．ただし，全セッション型DRLやインターバル型DRLでも，「1回以上〇回未満」のように最低1回は反応しないと強化しない条件を設けて，低頻度の行動を強化することができる．なお，低反応率分化強化では，低頻度で強化される行動Xを自発していない時間帯に別の行動Yが自発されると，「行動Y→行動X」という行動連鎖が強化されてしまう可能性がある．もし行動Yが不適切なものであれば問題となるので注意が必要である． ［中島定彦］

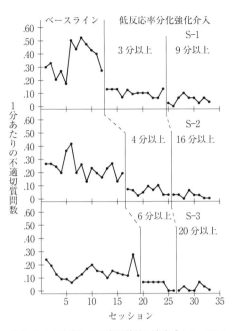

図3 3人の障害児の不適切質問の低減［Deitz, 1977をもとに作成］

授業科目と無関係な質問を多発する3人の小学生に対し，不適切質問から所定時間以上経過しないと不適切質問には答えないという分散反応型DRLを実施した．設定した時間は対象児により異なっていた．不適切質問が減少したら設定時間を延長して介入を続けた．

非随伴性強化

☞ 反応非依存強化 p.206，強化による
　行動低減 p.210

　オペラント条件づけの研究が重視してきたことは，自発反応に随伴して生じる環境変化が行動を強化したり弱化したりするということである．それでは，自発反応に随伴しない環境変化は，行動にどのような影響を与えるのであろうか．このように，自発反応に随伴しないことを非随伴性とよぶ．非随伴性強化（non-contingent reinforcement, NCR）の手続きとしては，FTスケジュールを強化スケジュールとして用いる方法が代表的である．自発反応が生起する時間間隔の水準よりも短い間隔で，強化子として機能すると想定される刺激を提示するといった方法である．具体的には，平均して5分に1回の割合で自傷行動が起こる人に対し，その人にとって強化子となるもの（例えば，注目や食べ物）を2分間ごとに提示するような手続きである．

　非随伴性強化については，望ましくない行動への介入法として数多くの研究が行われている．それらは，この介入法の効果の高さを示すものである．

●**知的障害者を対象とした研究**　カーら（Carr et al., 2001）は，2人の知的障害者に対して反応非依存強化手続きであるFTスケジュールとVTスケジュールが，強化されていた標的行動にどのような影響を与えるか実験研究で明らかにしている．図1は，2人の対象者のうちの1人の行動頻度の推移である．この知的障害者の男性の標的行動は，クリップを容器に入れることであった．強化子には好きな飲食物が用いられた．ベースライン期には強化子は与えられなかった．訓練期には，標的行動を言語指示やゼスチャー，身体的誘導などで形成した．FRは固定比率（fixed-ratio）スケジュール，VRは変動比率（variable ratio）スケ

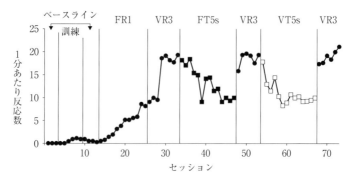

図1　非随伴性強化手続きによる標的行動の頻度低下［Carr et al., 2001 をもとに作成］

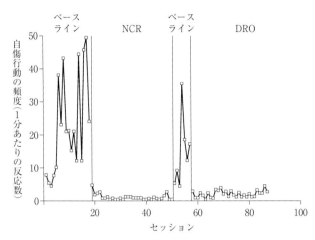

図2 非随伴性強化手続きによる自傷行動の頻度低下［Vollmer et al., 1993をもとに作成］

ジュール，FTは固定時間（fixed-time）スケジュール，VTは変動時間（variable time）スケジュールである．FR1期には，クリップ1個を容器に入れるたびに強化子を与えた．VR3期には，クリップ1個を容器に入れると平均して1/3の確率で強化子を与えた．FT5秒期には，対象者の行動とは無関係に毎回5秒おきに強化子を与えた．VT5秒期には，対象者の行動とは無関係に平均して5秒おきに強化子を与えた．結果，FT5秒期とVT5秒期に反応頻度が低下している．この結果から，NCRが標的行動の頻度を低下させるものであることが示された．

●**激しい自傷行動の低減を目指した研究**　臨床実践での研究も数多く見られる．ヴォルマー（Vollmer et al., 1993）らは，激しい自傷行動を示す3人の重度知的障害者に対してNCRと他行動分化強化（differential reinforcement of other behavior, DRO）の介入を比較した（Vollmer et al., 1993）．図2は，激しく頭をぶつけたり叩いたりするなど数多くの自傷行動や破壊行動，時には攻撃行動を示した重度知的障害女性の自傷行動の推移である．強化子は，注目を与えることであった．ベースラインでは，自傷行動は1分間に50回近く示していたが，NCR（FTスケジュール）による介入直後すぐに自傷行動は大幅に減少した．この介入セッション中，自傷行動は低いレベルのまま推移したが，ベースライン条件に戻すとすぐに自傷行動は増加した．次に，DROを導入すると自傷行動は減少したが，非随伴性強化による介入時と比べて全体的に自傷行動の生起率は高かった．

ヴォルマーらは，NCRがDROと比べた際の利点として次のことをあげた

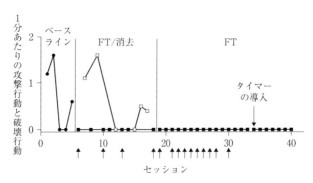

図3 ベッドメイキング作業中における攻撃行動と破壊行動の消去と
FTの結果［Vollmer et al., 1998 をもとに作成］
□は消去，■はFT，矢印はFTスケジュールを実施したセッション

(Vollmer et al., 1993)．NCR は，①消去によって誘発される行動を減ずる可能性があること，②対象者の行動に影響されないため強化子提示率が高くなること（DRO で設定されるインターバルは自傷行動の生起によって遅らされる），③対象者の行動の影響を受けないため，実施が容易なことである．

●激しい攻撃行動や破壊行動への介入　NCR は，激しい攻撃行動や破壊行動に対しても有効である．ヴォルマーらは，3人の対象者が示す行動障害にFT スケジュールと消去の介入を用いて比較した（Vollmer et al., 1998）．対象者それぞれの強化子は機能分析により明らかにされたものを用いた．結果，すべての対象者において消去の条件では標的行動（行動障害）の頻度や強度が増加した．一方で，すべての対象者においてFT スケジュールの条件ではそれらの標的行動は0になった．図3は，3人のうち1人の対象者（中度知的障害と視覚障害のある16歳男性）の行動障害の推移である．攻撃行動（殴る，蹴る，嚙む，セラピストへ物を投げる）と破壊行動（物を投げて壊す）は，消去の条件でセラピストが危険な状況になるほど激しくバーストしたため，行動障害がまったく見られないFT スケジュールのみ行うこととなった．この研究のように，FT スケジュールを用いた非随伴性強化の有効性は顕著である．

●高齢者を対象とした研究　ブキャナン（Buchanan, J. A.）は，2人の認知症と診断された高齢者の分裂的な発話に対する介入で，非随伴性強化の効果を検討した（Buchanan & Fisher, 2002）．介入では，それぞれ2人の対象者に行った機能的アセスメントで確認した強化子（1人は注目と音楽，もう1人は注目）を，FT スケジュールにより提示した．結果として，2人とも NCR による標的行動の減少が見られ，認知症高齢者の分裂的な発話にもこの介入の有効性が示された（図4）．

● **NCR の利点**　多くの先行研究が示すように，NCR による介入効果は相当に大きなものであるといえる．特に，激しい頻度で生じる行動障害についての利点は，他の方法よりも優れている点がある．1つには，攻撃行動の出現を阻止できる利点は大きい．介入の実施者が，攻撃行動を受けないために小刻みに強化子になりうる刺激（例えば，麦チョコ1粒）をFT5秒で手渡すと，利用者はそれを受け取る行動や口に運ぶ行動が出現しやすくなる．これらの行動は，攻撃行動に拮抗するため，非両立行動分化強化（differential reinforcement of incompatibe behavior, DRI）にもなっている．利用者がそれを咀嚼しているうちに，次の5秒目がやってくる（介入者が手渡し，利用者が受け取る）．これを介入初期には「のべつまくなしに」実施す

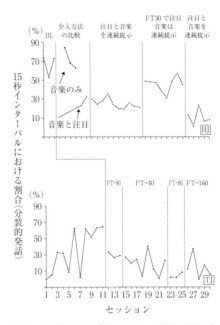

図4　非随伴性強化手続きによる分裂的発話の低下〔Buchanan & Fisher, 2002 をもとに作成〕

ることは，介入者にとって阻止の随伴性として強化されていく．この極度に人工的な方法は，徐々に希薄化される計画で，時間をかけて自然な頻度での関わりでも攻撃行動が出現しなくなることを目指す．

　別の利点としては，この介入方法は時間で強化子を提示していくために，おのずと利用者が受け取る強化子の量が増加する．このこと は，結果として環境エンリッチメントにもつながる良い変化を生み出す．施設などにおける利用者の行動障害については，施設職員らによる嫌悪刺激を利用した手続きが起こりやすいリスクを抱えている．こうしたリスクを取り除くためにも，NCR による介入がおおいに役立つであろう．　　　　　　　　　　　　　　　　　　　　　　［奥田健次］

📖 **参考文献**

奥田 健次（2012）．メリットの法則―行動分析学・実践編　集英社
Carr, J. E., & Wilder, D. A.（1998）. *Functional assessment and intervention: A Guide to understanding problem behavior*. IL: High Tide.（カー，J. E. & ワイルダー，D. A. 園山繁樹（訳）（2005）．入門・問題行動のアセスメントと介入　二瓶社）

選択と好み

☞ 選択行動 p.350, 対応法則 p.358, 選択行動の理論 p.354

　我々の日常は多種多様な選択の連続である．すべての行動は個体のもつレパートリーの中から1つを選択した結果ととらえることもできる．例えば，お昼のランチでは「ご飯 vs 麺」を選び，麺なら「ラーメン vs うどん」を選び，うどんなら「きつね vs 天ぷら」を選ぶ．物品の選択に限らず，「誰と・どこで・どの順番で」食べるかといった選択行動を連鎖して活動を遂行している．選択行動はいくつかの既知の選択肢から好きなもの1つを選ぶ行為と定義される (Shevin & Klein, 1984)．選択して好きなものに従事できることで高まり維持するオペラント行動である (Sigafoos, 1998)．対人場面の観点から見ると，選択機会の提供者が複数の選択肢を提示し，対象者がいずれかを選び，提供者が提供するという相互交渉となり，対象者の選択行動はマンドの機能をもつ（望月・野崎, 2001）．関連用語である意思決定はいくつかの可能な行動の選択肢から1つを選ぶことである（繁桝, 2001）．つまり，選択によって意思決定を行う，選択は意思決定の手段といえる．学校教育，特に障害児教育や障害者福祉の分野では，意思決定に代わる自己決定の用語が使用される．支援者が他者決定をしてきたことへの反省であり，パターナリズムに代表される不平等な関係形成への警笛であろう．障害のある本人が自分に関わることをみずから決定することの尊さと，それを行使できる支援環境の重要性を示唆するものと考えられる．

　選択は観察，測定可能な行動であるのに対して，好みは選択行動の結果から推測される心的概念である (Hughes et al., 1998)．実験行動分析では選好の用語がよく使用される．選好は選択反応の分化，選択肢間における偏向によって規定される（望月・野崎, 2001；Parsons & Reid, 1990）．選択肢 A と B が繰り返し提示され，A よりも B が明らかに多く選ばれた結果から A よりも B が好きとみなす．日常用語として使用される「好き・嫌い」とは意味が異なる．「ラーメンを好きだから食べる」のように，好みを選択や遂行の要因としない．「うどんとラーメンではラーメンが多く食べられた．したがって，うどんよりもラーメンが好き」となる．選択行動研究では，特定の選択肢への絶対的な選好よりも，選択肢間の相対的な選好が取り上げられる．

●**選択行動の基礎研究**　選択行動を測定する実験手法として最も簡便なのは並列報酬法である（高橋・岩本, 1982）．被験体に2つの刺激物を同時提示し，各刺激物の選択された量によって刺激間の選好が測定される．この手続きの課題である選択反応と完了反応を分離し，間歇強化スケジュールを採用して，実験中に生じる選好の変化を防ぐ並立強化スケジュールが開発されている．被験体に2つの

操作体（レバーやキー）が提示され，それらに対する反応に独立したスケジュール（変動時隔スケジュール，variable-interval schedule, VI）が適用される（高橋，1997）．並立強化スケジュールにおいて2つの選択肢の強化率を操作すると，それに応じて2つの選択肢への行動配分率も変化する．例えば，2つのレバーへの反応を2つのVIスケジュールに従って強化する場面で，2つのVIの強化率の比を1：2とした場合，2つのレバーへの反応数の比もまた1：2になる（高橋，1997）．対応法則（Herrnstein, 1961）とよばれ，選択行動の原理として最も重要なものとなる．

　動物やヒト対象の選択行動の基礎研究は，スケジュール行動研究を超えて，行動生態学や意思決定，行動経済学へと展開している（伊藤，1997）．臨床研究につながるテーマとして，注意欠如・多動症（attention deficit/hyperactivity disorder, ADHD）や自閉スペクトラム症（autism spectrum disorder, ASD）児の行動特性の1つである衝動性とセルフ・コントロールがある（嶋崎，1997）．発達障害児では衝動性を抑制し，セルフ・コントロールの意義を知りスキルを高めることが期待される．実験場面では，衝動性は選択反応の直後に与えられる相対的に小さな強化子（直後小強化子）を選好することを，またセルフ・コントロールは選択反応後の遅延時間を経て与えられる相対的に大きな強化子（遅延大強化子）を選好することを指す．ADHD児では直後小強化子を選好する衝動性を示す結果とそれを支持しない結果の両方が認められ結論は得られていない（嶋崎，1997）．

●選択行動の応用研究　無発語の重度障害者を対象とする選択行動の応用研究は，1980年代より盛んに発表されている．ノーマライゼーションの理念に基づく障害者の権利擁護や本人主体のサービスが背景にある．障害者の日常場面における選択機会の多寡や質は生活の質（quality of life, QOL）指標の1つであり，選択機会の豊富な生活は個人の自立や自律を促し，課題遂行を高め問題行動の生起を予防することが示唆されている（Bambara & Koger, 1996；Sigafoos, 1998）．しかし，実際に選択機会を調べてみると，障害のない人に比べて著しく乏しい結果が報告されている（Kishi et al., 1988）．選択機会の欠落はみずから環境を統制する体験の不足を招き，学習性無力感（Seligman, 1975）を生じさせ，選択スキルの獲得を阻む（Guess et al., 1985；Sigafoos, 1998）．支援者は早期から日常場面において選択機会を提供し，子どもは選択体験を積み重ねることが求められる．バンバラとコーガー（Bambara & Koger, 1996, 表1）は，日常での選択スキルの指導ステップを提案している．また，選択肢のタイプを「活動そのもの」「物品や教材」「課題の拒否」「誰と」「どこで」「いつ」「活動の終了」に分類し，家庭や学校場面での具体的な選択機会の設定方法について紹介している．

　障害者の選択行動研究について，その目的から分類すると，①日常場面での選

表1 選択スキルの指導 [Bambara & Koger, 1996 をもとに作成]

ステップ	内容
1. 選択肢を試す	a. 学習者の各選択肢への従事経験の機会を提供する. b. 学習者の各選択肢に対する接近反応と拒否反応を記録する.
2. 選択肢を提示する	a. 2つの選択肢を学習者の前,右と左に置く. b. 選択肢を見るように指示する.
3. 質問する	「こっちが欲しい? それともこっち?」「どっちが欲しい?」と尋ねる.
4. 待つ	学習者の選択反応を5〜10秒待つ.
5. もしも自立的な選択反応が生じたら即時に反応する	a. 選択された方を与えて,もう1つの方を取り除く. b. 褒める.
6. もしも自立的な選択反応が生じなかったらプロンプトする.	言語(欲しいもの1つ触ってみて),モデル(こうやるんだよ,正しい選択反応をやってみせる),身体(手を持って選択肢に触らせる)のプロンプトを行う.
7. 修正する	学習者が選択した選択肢を拒否したら取り下げる.決して強要しない.
8. 他の選択機会について2〜7のステップを繰り返す	a. 学習者が他の試行を受容する間はこれを継続する. b. 毎試行,選択肢の位置,右と左の位置を変える.

択機会の設定や機能的な選択行動の形成,②選択行動が課題遂行や問題行動に及ぼす効果,③選択行動による好みや強化子の同定,④選択機会の調査に大別できる(村中,2002).いくつものレビューが発表されており,なかでも②の選択行動の効果に関するものは多く,対象者が物品や活動を選択することで,後続する物品や活動への従事が促される効果が実証されている(Kern et al., 2001 ; Morgan, 2006).近年,選択機会は問題行動を未然に防ぎ,かつ適切な課題遂行を促す先行操作に位置づけられ(Kern & Clements, 2007),選択機会の効果が生じる要因やメカニズムの解明にテーマは移行している.ダンラップら(Dunlap et al., 1994)は好みと選択効果を分離するヨークト手続きを用いて,選択行為それ自体が課題遂行を高める効果をもつことを示したが,近年の研究からも選択行為それ自体に環境統制の機能があるか否かの議論は続いている.

●**好みのアセスメント研究** 1980年代より,重度障害者に対して1つの刺激を提示し,対象者の接近反応(手や身体の動き,肯定的な表情や発声)や回避反応を観察する好みの査定方法が報告されている(Green et al., 1988 ; Pace et al., 1985).こうした単一刺激の提示に対して,複数刺激の提示,つまり選択による査定方法も報告されている(Parsons & Reid, 1990 ; Wacker et al., 1985).パーソンズとライド(Parsons & Reid, 1990)は,5人の最重度知的障害成人を対象に,食べ物や飲み物を繰り返しペア提示することで,対象者が安定した好みを示すことを明らかにした.単一刺激や複数刺激提示から同定された好みの刺激は,反応を高める強化子として作用することも実証されている.日本において最初に選択

表2　好みのアセスメント方法 [Tullis et al., 2011 をもとに作成]

方法	手続き
単一刺激の提示（single stimulus, SS）	1つの刺激を提示し，参加者の接近行動を評価する．
ペア（対）提示による選択（paired choice, PC）	2つのアイテムを提示し，参加者がいずれかを選ぶ．
一度選択されたアイテムを元に戻さない複数刺激の提示（multiple stimulus with replacement, MSW）	複数（多数）の刺激を提示し，参加者がいずれかのアイテムを選ぶ．一度選択されたアイテムを選択肢として元に戻さない．すべてのアイテムが選択されるか，参加者が試行開始後30秒間選択しなくなるまで繰り返す．
一度選択されたアイテムを元に戻す複数刺激の提示（multiple stimulus without replacement, MSWO）	MSWと同様の手続きであるが，一度選択されたアイテムを選択肢として元に戻す．
自由オペラント（free operant, FO）	複数のアイテムを配置する．参加者はアセスメントの間，いくつか，またはすべてのアイテムに従事することができる．
FOにおける反応制限（response restriction, RR）	FOと同様の手続きであるが，一度好みとして決定された以外のアイテムに従事することができない．
並列オペラント（concurrent operant, CO）	参加者は配列から治療を選択し，続く治療セッションにおいて，次のセッションでどのような治療を受けることができるかの選択機会が与えられる．
質問紙（questionnaires, Q）	参加者の親やスタッフが参加者の好みについて質問される．

行動研究の応用に取り組んだのは，望月昭のグループ（愛知県心身障害者コロニー発達障害研究所）による一連の報告であろう．野崎と望月は，施設において聴覚障害の疑いのある最重度知的障害成人を対象に，「1冊のノート」という既存選択肢の否定手続きを含む選択機会を設定し，離れた場所の机上に置かれた童謡とジャズのカセットテープ，ウーロン茶，ノートから好きなものを持ち帰り従事する手続きを反復することで，機能的な選択行動を確立させることに成功している（Nozaki & Mochizuki, 1995）．

　好みは変動する特徴をもつ（Dyer et al., 1987）．反復従事による飽和や飽きから好みでなくなる（選択されなくなる），それに対して好みでなかった（選択されなかった）ものが従事体験によって好みとなる（選択される）ことがある．好みを固定的に定めるのは不適切であり，そのつど，選択機会を提供し確かめることが必要となる．チュリスら（Tullis et al., 2011）は重度障害者の好みや強化子のアセスメント方法を8つに整理しており，表2にまとめた．表2のPC，MSW，MSWOの強化子アセスメント方法が比較され，MSWOが最も効率的であるという報告もあるが（DeLeon & Iwata, 1996），いまだ一致した結果は得られておらず（Tullis et al., 2011），各方法の妥当性や信頼性の検討が今後の課題となる．

[村中智彦]

般化と維持

☞刺激性制御 p.46, 刺激般化 p.276, 弁別学習訓練 p.280, 代表例教授法 p.560, 言行一致訓練 p.556

　実践家は，指導によって引き起こされる行動変化が，未指導の場面や行動へと拡大することを期待している．また指導終了後に，達成された行動変化が長く持続することも同様に期待している．応用行動分析学では，このような場面・行動・時間を超えた行動変化を，「般化」と「維持」の問題として扱ってきた．応用行動分析学における般化・維持の問題に最初に言及したのはベアら（Baer et al., 1968）である．ベアらは，行動変化の一般性を示すことは応用行動分析学の定義的特徴の1つであり，それを達成するための指導計画をあらかじめ用意する必要があると主張している．そしてこのベアらが言及した行動変化の一般性には，般化の問題，すなわち直接指導を受けた場面や行動を超えた行動変化の達成，および維持の問題，すなわち行動変化の持続性の達成，の両方が含まれていた．応用行動分析学では，般化という表現には，時間を超えた行動変化である維持も含まれている場合がある．また「般化」「維持」と分けて使用した場合の般化という表現は，維持に該当するものを除いた行動変化の一般性を指す．

● 「般化・維持」に関する初期の概説論文　指導効果の般化・維持に関する初期の概説論文にストークスとベア（Stokes & Baer, 1977）がある．彼らは，1960年代に公表された論文を中心に，般化・維持の扱われ方を調査した．その結果，般化を以下のように記述できるものとした．それは「般化とは，様々な未指導の条件下で（すなわち，対象者，場面，人々，行動，そして時間を超えて），指導条件と同じ事象が計画されることなく，指導と関連する行動が生起することとみなす」(p.350)という記述である．さらに，先行研究の中で扱われた般化の評価やそれを促進する技法に関して，9つのカテゴリーに分類して示した（表1）．

　この論文の意義は大きく分けて2点ある．1つは，応用行動分析学における般化の「定義」を示した点である．上述した般化に関する「記述」は，後の多くの研究者によって般化の「定義」として引用されている．般化の問題は，定義づけられることで，意識的に取り扱われるようになったといえる．この定義に関しては様々な議論がある（例えば，Johnston, 1979）．特に重要な点は，この般化の記述が，トポグラフィカルな現象の記述にすぎないという点である（Stokes & Osnes, 1988）．例えば，基礎研究における「刺激般化」のような，刺激の物理的な類似度によって定義される行動の原理を指し示している記述ではないという点は留意が必要である．

　この論文のもう1つの意義は，般化促進技法を整理し，それを明示した点にある．さらに般化促進技法を計画的に適用した研究の数が必ずしも十分でないこと

表1　ストークスとベア（1977）における般化促進技法

1. Train and Hope（指導して期待して待つ）
2. Sequential Modification（逐次変容）
3. Introduce to Natural Maintaining Contingencies（日常で維持している随伴性を導入する）
4. Train Sufficient Exemplars（十分な範例を指導する）
5. Train Loosely（ゆるく指導する）
6. Use Indiscriminable Contingencies（弁別できない随伴性を使用する）
7. Program Common Stimuli（共通の刺激の使用を計画する）
8. Mediate Generalization（般化を媒介する）
9. Train "To Generalize"（「般化すること」を指導する）

を示した点である．この論文によれば，般化・維持に関する9つのカテゴリーの中で，多くの研究が「指導して期待して待つ」と「逐次変容」に該当するものであった．「指導して期待して待つ」は，指導効果の般化・維持に関する評価はしているものの，般化促進のための計画が，指導前に立案されていない研究を指している．また「逐次変容」は，般化・維持を評価した後，それが達成されなかった場合，最初の指導と同じ事象を逐次導入し，行動変容を達成したものを指している．ストークスとベアは，この2つのカテゴリーについては，般化・維持を計画した例とはみなさずに，他の7つのカテゴリーとは区別している．このように般化促進が計画的に実行された研究例が十分ではなく，その必要性が高いことを明示することで，般化促進技法に関する研究の進展に影響を与えた点でこの論文の意義は大きい．

●般化促進技法　ここではストークスとオーズンズ（Stokes & Osnes, 1989）で示された分類を参考にして，具体的な般化促進技法の概要を示す．
①現存する自然な強化随伴性を活用する

　日常には自然な強化随伴性が存在している．指導した行動を般化させるために，現存する随伴性を活用する方が，人為的な随伴性を新たに配置するよりも，効果的でかつ効率的である．このカテゴリーに該当する具体的な促進技法には以下のようなものがある．
ⓐ自然な強化随伴性で維持される行動，あるいは随伴性を引き出す行動を教える
　自然な強化随伴性で維持される行動を予測し，それを標的行動とすれば，その行動が般化・維持する可能性が高い．そのような行動を予測するためには，生態学的アセスメントなどを通じて，現在の自然な強化随伴性を把握し，すでに維持されている行動と同じ機能をもつ，より効果的・効率的な行動を見つけ出す必要がある．また標的行動を維持させる自然な後続事象を引き出すスキルを教えるという方略もある．例えば，周囲の大人からの社会的強化子を引き出すために，大人の注意を喚起する行動（大人の肩を叩くなど）を教えるということが考えられる．

ⓑ **自然な強化随伴性を調整する**　新しい行動を本人に指導しても，自然な強化随伴性を調整しなければ，それが般化・維持しない場合も多い．対象者の周囲にいる人に対して，日常で標的行動が生起した場合に，積極的に強化するよう依頼するなど，自然な随伴性を調整することも必要である．ペアレントトレーニングなどは，子どもの行動を取り巻く強化随伴性を調整する役割も期待されている．

② **多様性を含んだ指導を行う**
ⓐ **般化が生起するのに十分な刺激例・反応例を教える**　指導対象となった刺激のみではなく，未指導の刺激に対しても，ある特定の反応が生起するように期待することは，それぞれの刺激が，共通する刺激クラスの構成員となるように指導することを意味している．つまり「般化が生起するのに十分な刺激例」とは，反応を制御することが期待される刺激クラスが成立するのに十分な刺激例の指導を行うという意味である．例えば，ストークスら（Stokes et al., 1974）は，知的障害のある子どもに対して，支援スタッフへの挨拶を指導した．1人のスタッフへの挨拶を指導した結果，他のスタッフに対する般化は示されなかった．一方で，第2のスタッフを対象に挨拶の指導を追加実施した結果，3番目以降のスタッフに対しては，指導した挨拶が般化した．この場合，複数の支援スタッフが挨拶という反応を制御する共通の刺激クラスとなるためには，少なくてもスタッフ2人に対して直接指導を行う必要があったことを示している（図1）．

　般化が期待される刺激群・反応群をあらかじめ定義したうえで，教示する刺激例・反応例を選択する方法に，代表例教授法がある．例えば，この方法を用いて，知的障害生徒に対して，自動販売機の使用を指導した例を以下に示す（Sprague & Horner, 1984）．この研究では，地域社会での般化を視野に入れて，当該地域に設置されている10の自動販売機の刺激特性ならびに操作方法の特性を網羅している3台の自動販売機を代表例として選択し，指導を実施した．それにより，未指導の自動販売機においても，速やかに般化が成立している．

ⓑ **先行事象・後続事象を弁別しにくいものにする**　標的行動の般化を促進するために，その生起にとって重要ではない先行事象については，指導機会ごとに変化させるなどして，不適切な刺激性制御が確立しないように対応することが必要である．例えば，挨拶の指導をする場合に，決まった場所（教室の入り口等）に，指導者が立っている状況でのみ指導をすると，その場所でしか挨拶が生起しなくなる可能性がある．般化を促すためには，指導者が立っている位置を，教室の前の廊下や校庭など，変化させることが必要である．また弁別しにくい後続事象の適用例としては，シュワルツとホーキンス（Schwarz & Hawkins, 1970）がある．この研究は，授業中の学習態度の改善を目指した指導の中で，算数の授業内で生じた標的行動に対して即時強化せずに，放課後にトークン強

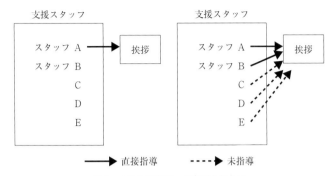

図1　十分な刺激例・反応例を教える
スタッフAにのみ挨拶行動を指導した場合（図の左），他のスタッフに挨拶行動は般化しない．しかし複数例を指導した場合（図の右），未指導のスタッフに対しても，挨拶が生じる．この場合，支援スタッフ全体が挨拶行動を制御する刺激クラスとなったと考えられる．

化子を提示した．その結果，強化随伴性の直接の対象ではない国語の授業内における学習態度の改善も示された．これは，放課後の強化子提示が，どの行動に随伴しているのかを弁別しにくくさせた効果であったと考えられる．

③般化を媒介する刺激を使用する

ⓐ指導場面と般化場面で共通する物理的・社会的刺激を使用する　指導場面と般化場面において，共通する刺激を用いることで，般化が媒介される可能性がある．例えば，指導場面でトークン・エコノミーによる強化システムを適用していた場合，そこで用いたトークンなどを般化場面でも同様に用いることで，標的行動の般化が促進される可能性がある．また般化を媒介する刺激の中には，周囲の人の対応方法も含まれる．その1つに時間遅延法の適用がある（Stokes & Osnes, 1989）．例えば，望月ら（1988）は，聴覚障害を伴う知的障害者に対して要求行動を指導した後に，その行動が日常場面で発揮されるための条件の検討を行った．その結果，日常場面において周囲の人が時間遅延法を用いた対応をすることで，般化が達成されたことを示している．

ⓑ自分で般化を媒介できるように指導する　対象者本人に，指導場面と般化場面の間で標的行動を媒介するためのスキルを教示する方法が考えられる．自己モニタリングや自己記録等で構成されるセルフ・マネジメント（自己管理）を指導し，指導場面と般化場面で共通にそのシステムを用いる場合などもこのカテゴリーの手続きであると考えられる．　　　　　　　　　　　　　　　　［野呂文行］

📖 参考文献

Cooper J. O. et al. (2007). Promoting generalized behavior change. In J. O. Cooper et al. (Eds.), *Applied behavior analysis* (2nd ed., pp. 613-656). Pearson/Merrill Prentice Hall. (クーパー, J. O. 中野　良顯（訳）(2013). 般性の行動改善を促進する　応用行動分析学（pp. 1007-1080）明石書店）

確立操作

☞ 三項強化随伴性 p.42, 剥奪処置 p.164, 動物実験倫理 p.176, マンド p.420, 公的掲示 p.564

　確立操作（establishing operation）に最初に言及したのはケラーとシェーンフェルド（Keller & Schoenfeld, 1950）であり，EO または Eos と略記される．スキナー（Skinner, B. F.）もこれらの変数について初期の論文（Skinner, 1931）で言及していたが，確立操作がよく取りあげられるようになったのは，マイケル（Michael, 1982）による明確な概念化の後である．マイケルは確立操作を次の2点で定義している．確立操作は環境事象，操作，あるいは刺激条件であり，①ある個体に対するある事象の強化効力を一時的に変容し，②その事象によって強化されてきた行動の生起頻度に一時的な影響を及ぼすもの（Michael, 1993）．①はある事象を強化子として確立し，②はある行動を喚起する効果である．マイケルはさらに2つの種類に分けている．1つは特定確立操作であり，特定の強化子の効力に影響を及ぼす．例えば，好きな活動を長時間できないようにされていると（遮断化），その活動のもつ強化効力が高まる．逆に，強化効力をもつ刺激や活動が頻繁に与えられると（飽和化），その強化効力は弱まる．もう1つは一般確立操作であり，様々な反応クラスに関連した幅広い強化子の効力に影響を及ぼす．例えば，睡眠不足の状態は様々な強化子の効力を弱めるだけでなく，課題からの逃避の強化効力を高める．確立操作に類似した概念に状況事象がある．状況事象はカンター（Kantor, 1959）の相互行動心理学の重要概念である状況要因から派生したものであり，ビジューとベア（Bijou & Baer, 1961 山口・東訳 1972）によって行動分析学の概念として用いられるようになり，当該の行動とそれに関係する刺激（弁別刺激，強化子）全体に影響を及ぼす外的および内的な環境事象を指す．他にも動機づけ操作（Laraway et al., 2003）がある．図1は弁別刺激（S^D）と反応（R）と強化子（S^R）と確立操作（E^O）の関係を示している（Kennedy & Meyer, 1998 園山他訳 2001）．弁別刺激は反応に後続して強化子が提示されることを予告し，確立操作は強化効力に影響を及ぼす．

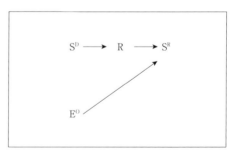

図1　弁別刺激（S^D）・反応（R）・強化子（S^R）・確立操作（E^O）の機能的関係の概念図 [Kennedy & Meyer, 1998 園山他訳 2001, p.293]
弁別刺激は，反応に後続して強化子が生じることを予告するのに対し，確立操作は強化の効力に影響を及ぼす．

●**確立操作の実践的意義**　確立操作が分析枠に入ることで，特に問題行動への介入方法が大きく拡張した（McGill, 1999; 武藤・多田, 2001）．カーら（Carr et al., 1998 園山他訳 2001）は問題行動の先行子（先行事象）に着目したアプローチを微視的アプローチと巨視的アプローチに分け，巨視的アプローチは確立操作や状況事象を考慮に入れることで，生活全般を標的にした新たなアプローチになったことを指摘した．睡眠不足が問題行動に関係している場合，睡眠不足にならないように生活様式を変えることが介入の1つとなり，問題行動の生起場面での分析・介入（微視的アプローチ）だけでなく，生活様式も含めた巨視的なアプローチが必要になる．

●**確立操作の実践的応用**　実践場面で確立操作が最も適用されているのは，重度の知的障害や自閉スペクトラム症を有する人が示す問題行動への介入である．カーとワイルダー（Carr & Wilder, 1998 園山他訳 2002）は確立操作の適用を，問題行動を維持している強化によって次のように説明している．

①**正の社会的強化によって維持されている問題行動**　問題行動を維持している強化子をたくさん与える方法が考えられる．すなわち，飽和化によってその強化子の強化効力を低める．具体的には非随伴性強化法があり，一定時間間隔ごとにその強化子を提示する．強化子の提示は最初は頻繁に行い，問題行動の軽減に従って時間間隔を徐々に延ばす．

②**負の社会的強化によって維持されている問題行動**　問題行動を起こすことによって逃れていた不快な事象そのものをなくしたり，不快の程度を低くする方法が考えられる．すなわち，その状況が不快でなくなれば，問題行動を起こして逃避する必要がなくなる．カリキュラム修正法は，問題行動が起きやすい課題や作業の難度を下げたり，時間を短くしたり，好みの課題を挿入したりすることによって，課題や作業の不快感を下げる．非随伴性逃避法は，課題や作業の不快感は変えずに，あらかじめ決めた時間間隔で休憩時間を頻繁に設け，問題行動を起こさなくても休憩（逃避）ができるようにする．

③**正の自動強化によって維持されている問題行動**　問題行動を維持している強化子を獲得しやすい状況をつくり，その強化子が問題行動を起こさなくても獲得できるようにする．具体的には環境豊穣化法があり，生活場面にその強化子を豊富に配置し，問題行動を起こさなくてもその強化子が手に入るようにしておく．非随伴性強化法により強化子（感覚刺激）を頻繁に提示する方法もある．

④**負の自動強化によって維持されている問題行動**　問題行動を起こすことによって軽減される不快な身体感覚刺激をなくしたり，和らげる．具体的には歯痛があるときに顔叩きが起こる場合，歯痛の治療により不快感を緩和させる．

問題行動と確立操作に関する研究は多数ある．例えば，ヴォルマーら（Vollmer et al., 1995）は，激しい自傷行動を示していた最重度知的障害を有する男性1人

表1 機能分析の結果

対象児	実験条件			
	注目	課題指示	注目なし	レクリエーション
	平均（範囲）	平均（範囲）	平均（範囲）	平均（範囲）
ルドルフ[a]				
アレルギー症状なし	0	1.4 (0-7)	0	0
アレルギー症状あり	44 (0-117)	102 (61-185)	5 (0-17)	3 (0-12)
マルセロ[b]				
睡眠不足なし	1.6 (0-2.9)	4.7 (3.5-5.4)	0.7 (0.2-1.1)	0.5 (0.1-0.7)
睡眠不足あり	1 (0.4-1.6)	7.1 (5.3-8)	0.9 (0.3-0.9)	1.4 (0.4-2.8)
ミニ[b]				
睡眠不足なし	0.4 (0.1-0.9)	3.2 (2.5-4.9)	0.2 (0-0.5)	0.1 (0-0.3)
睡眠不足あり	2.9 (1.7-4.6)	5.7 (4.8-6.5)	2.8 (0.9-4)	3 (1.4-4.9)

[a] 持続時間（秒）　　[Kennedy & Meyer, 1996, p. 135, Table 1 をもとに作成]
[b] 1分あたりの頻度

と自閉スペクトラム症を疑われた幼児1人を対象に，非随伴性逃避法を適用した．まず機能的アセスメントによってどちらの対象者の自傷行動も負の強化（除去型強化〔逃避〕）で維持されていることがわかった．そこで，課題学習中にあらかじめ決められた時間間隔で休憩する（逃避）手続きを行った．その結果，両者の自傷行動は軽減した．ホーナー（Horner, 1980）は環境豊穣化法を適用した．大規模施設に入所する最重度知的障害を有し様々な自傷行動と攻撃行動を示していた5人を対象に，施設の娯楽室で環境豊穣化法を実施し，危険がない玩具（車，ブロック，音の出る玩具など）を多数配置した．その結果，環境豊穣化法と適切行動の分化強化を行うことで自傷行動が軽減し，玩具を適切に扱う行動が増えた．またケネディとメイヤー（Kennedy & Meyer, 1996）は中・重度の知的障害を有する3人の問題行動（自傷行動と攻撃行動）に，確立操作として睡眠不足やアレルギー症状が影響していたことを機能的アセスメントによって明らかにしている（表1）．3人とも，課題指示場面でアレルギー症状や睡眠不足のときに問題行動が多かった．

●**日本における確立操作を適用した実践研究**　篠田ら（2011）は環境豊穣化法を参考に，入所施設を利用する知的障害と自閉スペクトラム症を有し様々な問題行動を示し，かつ余暇時間の過ごし方が乏しい男性1人を対象に，まずセルフスケジューリング行動を形成し，それを用いた余暇活動の選択・実施機会を日常場面に設定した．その結果，アイテムを使った活動に多く取り組むようになり，施設内の徘徊や常同行動，自己刺激行動が大幅に減少した．下山・園山（2010）はカリキュラム修正法を適用した．激しい自傷行動と攻撃行動を示していた中度知的障害と自閉スペクトラム症を有する男児1人を対象に，大学相談室と特別支援学

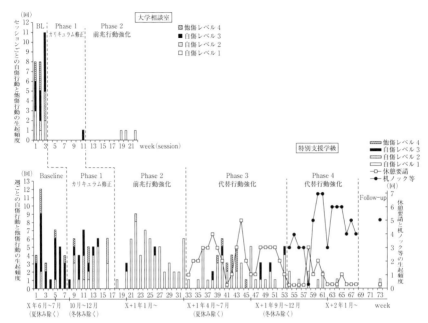

図2　大学相談室と特別支援学級での自傷，他傷行動と代替行動の生起頻度の推移［下山・園山，2010, p. 39, Fig. 2 をもとに作成］
机ノックなどには，机ノックと担任とのてのひら合わせを含む．

級でカリキュラム修正法を行った．学習課題の不快感を低めるために対象児の好きな昆虫の絵がプリントされた学習教材を用い，また時間割に対象児の好きな活動を挿入した．その結果，大学相談室では問題行動が激減した．特別支援学級ではカリキュラム修正法のみでは十分でなかったため，前兆行動分化強化，代替行動（休憩要請）分化強化を追加することによって，学級場面での問題行動が改善した（図2）．

園山（2004）は確立操作を考慮に入れた巨視的アプローチをさらに進め，問題行動が生起せず多様な適切行動が生起する生活様式を作り出す「最適生活設計」を提案している．

［園山繁樹］

📖 参考文献

Luiselli, J. K., & Cameron, M. J. (1998). *Antecedent control: Innovative approaches to behavioral support*. Paul H. Brookes.（ルイセリー, J. K., & キャメロン, M. J. 園山 繁樹他（訳）(2001). 挑戦的行動の先行子操作—問題行動への新しい援助アプローチ　二瓶社）

武藤 崇・多田 昌代（2001）．確立操作の概念とその有用性—より包括的な支援を可能にする分析枠の再検討　特殊教育学研究, 39, 25-30.

下山 真衣・園山 繁樹（2005）．行動障害に対する行動論的アプローチの発展と今後の課題—行動障害の低減から生活全般の改善へ　特殊教育学研究, 43, 9-20.

プレマックの原理：応用

☞プレマックの原理：基礎 p.182

　プレマックの原理とは，基本的には「反応のいかなる対においても，より生起しそうな反応は，より少なく生起しそうな反応を強化する」という理論である（McGlynn, 1985 疋田訳 1987）．つまり，低反応率行動に随伴して高反応率行動に取り組ませると，高反応率行動は活動性強化子として機能し，低反応率行動の生起率が上昇するというものである．また，服巻・島宗（2005）は，日常よく行っている行動は，習得性の強化子と同様の働きをすると述べており，行動の出現頻度がその行動自体がもつ強化力を規定すると考えられる．例えば，子どもが宿題になかなか取り組もうとしないとき，宿題をしたら（低反応率行動），遊んでもよい（高反応率行動）という随伴関係を設定することで，宿題に取り組む行動の出現頻度を高めることができる．プレマック（Premack, 1959）自身は刺激や出来事が強化子となるというよりは，ある行動に従事する機会が強化子となると考えた．つまり，高頻度に自発する行動に従事する機会が，低頻度に自発する行動を強化すると理論づけた．プレマックの原理は臨床場面においてよく用いられており，桑田ら（1994）は10代のダウン症女子に対して，音楽活動を強化子として買い物行動とそれに付随する電子計算機の使用を訓練し，成果をあげている．

　一方，プレマックの原理は行動の出現頻度を高めるという正の強化（提示型強化）の文脈で語られることが多いが，この随伴関係を逆転し，高反応率行動に随伴して低反応率行動に取り組ませるようにすると，今度はそれまで高頻度に出現していた行動の出現頻度を低下させることができることも知られている．つまり正の弱化（提示型弱化）の文脈においてもプレマックの原理は同様に成り立つのである．例えば，いたずらをしたときに（高反応率行動），罰としてトイレ掃除をさせる（低反応率行動）といった随伴関係を設定することで，いたずらの出現頻度を低下させることができるというのがそれにあたる．また問題行動の低減技法である過剰修正法もこのメカニズムに沿った方法であると考えられる．

　なお，この高反応率行動ないし低反応率行動という頻度の判断は，ある特定の水準が基本となって定められるわけではなく，あくまでも相対的に決まってくるものだとされている．例えば，ある行動Bがあったとする．その行動Bよりも出現頻度の低い行動Aがあったとき，行動Bを行動Aに随伴すれば，行動Aの出現頻度は増大することが予想される．このとき，行動Bは強化子として機能していることになる．一方，行動Bよりも出現頻度の高い行動Cがあったとして，行動Bを行動Cに随伴すれば，行動Cの出現頻度は低減することが予想される．このとき，行動Bは弱化子として機能していることになる．このように，

ある特定の行動が普遍的に強化子ないし弱化子として機能するわけではないため，臨床の場では，常に子どもの行動を観察するか保護者から情報を収集するなどして，各行動レパートリーの出現頻度を把握しておく必要がある（杉山他, 1998）．

　言い換えれば，臨床場面において対象児の強化子がまったく把握できない場合にも，このプレマックの原理を応用することができる．つまり，標的行動の出現頻度を測定するとともに，標的行動以外のいくつかの行動の出現頻度を測定し，その行動群の中で標的行動の出現頻度よりも高い行動を見つけ出すことができれば，その行動に従事させる機会を標的行動の強化子として利用できるということになる．また，プレマックの原理では行動の出現頻度だけが重要であり，行動レパートリーについては何ら限定されないので，特に自閉症スペクトラム障害（autism spectrum disorder, ASD）児の臨床において強化子の把握に手間取る場合には，このプレマックの原理の適用は強力なツールとなる．例えば，ASD児が示す感覚獲得の機能をもつ常同行動や自己刺激行動についても，それを消去対象としてとらえるか，あるいは他の適応行動を獲得するための強化子という活用対象としてとらえるかで見方は大きく変わってくる．社会的に望ましい行動を標的行動として，常同行動を随伴させれば，標的行動の出現頻度を高めることができるであろうし，常同行動に対しより低頻度の行動を随伴させれば，常同行動の出現頻度を低下させることができるかもしれない．

●**プレマックの原理を用いた偏食改善の事例**　ブラウン（Brown et al, 2002）らは偏食の激しい7歳の発達障害のあるサミーという男児にプレマックの原理に基づく介入を行った事例を報告している．この介入はペアレント・トレーニングに基づく間接支援のかたちで実施され，主な介入は保護者により自宅にて行われた．介入当初，サミーは全部で9種類の食べ物しか受け付けず，しかもポテトチップスなど，いつも食べているものと銘柄が異なっているものを拒否するだけでなく，カットの仕方が異なっているだけで食べようとしない状態であった．彼の両親は何度か他の食品も食べさせようと試みたものの，強固な拒否に遭い，食べさせることができないままとなっていた．介入ではまずサミーの食事場面が観察され，それに基づき摂食可能な食品のリストが作成された．また同時に，それぞれの食品に対する好みの度合いについても査定がなされた．次の段階では，選好性の高い食品を使って，より選好性の低い食品が食べられるよう組合せが決められた．なお，まったく新しい食品を導入することは，サミーの強固な抵抗を引き起こすと予想されたため，なるべく選好性の高い食品と類似した食品から導入がなされるように計画された．具体的には，波状の切り口のポテトチップス，ロールパン，普段と異なった味のヨーグルトの3種類であった．また提示する量も当初はごくわずかな量とし，介入の進捗状況に応じて，その後，順次増量していった．毎回，食事場面の最初にサミーに対して，好きな食品を一口食べる前に

必ず新しい食品を一口食べなければいけないことを伝え，その後，食事を開始した．サミーには3回まで新しい食品を食べるよう指示を行い，3回までに食べた場合には言語賞賛とともに選好性の高い食品を与えた．一方，3回指示しても新しい食品を食べなかった場合には，選好性の低い食品を与えるようにした．これは摂食拒否による空腹状態を避けるためのものであった．

以上のやり方を両親に伝え，家庭で毎食取り組んでもらった．多層ベースラインデザインに基づき，ポテトチップス，ロールパン，ヨーグルトの順番で介入は進められた．図1には結果のグラフが示されている．ベースライン期では一切拒否して食べていなかったものが，介入後より新しい食品を食べるようになったことがわかる．3か月後のフォローアップでも摂食状況は維持されていただけでなく，プログラム開始当初は拒否していた他の新しい食品についても摂食が可能になったことが報告されている．

●**プレマックの原理における活動性強化子の問題点**　プレマックの原理に基づいた正の(提示型)強化では活動性強化子を利用することになるが，カズディン (Kazdin, 1994) は活動性強化子の問題点を4つ指摘している．1つ目は実際の臨床場面において活動性強化子を常に提示できるとは限らないという点である．活動性の高い行動に必要な環境が訓練者側で自由自在に操作できないものであった場合(例えば，公園のブランコや学校の体育館などで他の子どもが使用しているときなど)，標的行動の出現に随伴してそうした強化子状況を提示することはできないこととなり，標的行動の出現頻度を低減させてしまうかもしれない．また標的行動が出現する場面と高反応率行動が出現する場面が物理的に離れている場合には，直後提示ができず，結果的に標的行動の強化に失敗してしまうおそれもある．

2つ目の問題点は活動性強化子の場合，提示するかしないかのいずれかになってしまうため，標的行動の遂行レベルに合わせたかたちで強化子の提示を調節することが困難という点である．この点については，標的行動の遂行量にともない活動性強化子に従事できる時間を調節するなどで対応可能な場合があるともされているが，活動内容によってはそれが困難だったり，活動を途中で打ち切ることで生じる子どもの情緒的興奮への対応を求められる場合もある．

3つ目の問題点は標的行動が出現するたびに活動性強化子を提示していると，訓練課題の流れは分断されてしまうという点である．例えば，学習課題を標的行動としたとき，特にその活動が低頻度であった場合には，訓練初期においては活動量を少なく設定したうえで強化をしていく必要がある．しかし，少し活動しただけですぐに活動性強化子を提示することは，かえって学習の進行を阻害するとともに，課題全体の遂行にかかる所用時間も増大させることになる．したがって，特に所用時間の短い課題や標的行動と強化子となる行動の出現文脈が異なる場合には，活動性強化子の使用は不適といえる．

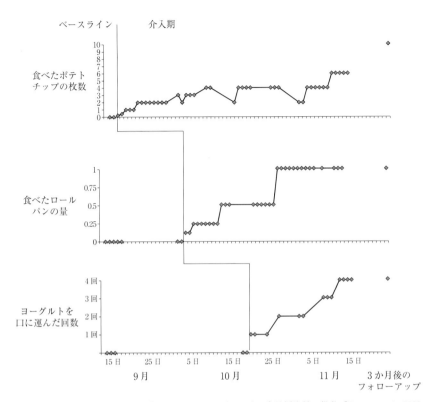

図1 2か月間の介入期と3か月後のフォローアップにおける食品摂取量の推移〔Brown et al., 2002 をもとに作成〕

そして4つ目の問題点は,実際のところ活動性強化子として用いられる多くの活動は,対象となる子どもの日常生活において,自由に取り組めることがほとんどであるという点である.食餌性強化子の場合,訓練で用いるお菓子については,日常のおやつのメニューから除去することで,訓練の効果を高めることができるが,活動性強化子の場合,それを訓練場面以外から除去することは,本人の生活の質(quality of life, QOL)を不当に低めてしまうおそれがある.この場合,本人の日常生活における活動性強化子の出現頻度や従事時間を測定したうえで,そのレベルを維持したかたちで標的行動に随伴して提示するように操作することによって,QOLを維持するとともに,標的行動の出現頻度も高めることができるかもしれない.ただし,プレマックの原理に基づく強化がうまくいかない場合には,トークン・エコノミーなどの二次強化子の使用を検討するべきとされている(Alberto & Troutman, 1999 佐久間他訳 2004). 〔米山直樹〕

集団随伴性

　集団随伴性とは，2人以上の（小）集団で遂行する活動において，特定のメンバーか特定のグループ，または集団全体の行動や遂行結果などによって，集団全員に対して強化が随伴される操作のことである．応用行動分析学の専門用語であり，幼稚園や学校などで日常的に行われる集団（一斉）指導場面で計画的に導入しやすく，また計画しなくても自然に学習や生活場面で生じる事態も含んでいる．集団随伴性の研究がアメリカで報告され始めた1960年代，教室での集団行動やその管理を標的として，個人ではなく集団に対して強化を随伴する特徴から，"group contingencies/consequence" の用語が使用されたが，強化基準が集団の中にあり強化は集団を構成する各メンバーに向けられて随伴されることから，集団に向けられた随伴性（group-oriented contingencies）が正しく（Litow & Pumroy, 1975），現在ではこの用語の使用が多い．

　集団随伴性の起源の1つには，カンザス大学のバリシュ（Barrish et al., 1969）らによって開発された Good Behavior Game（GBG）がある．バリシュは小学校4年の通常学級を2チームに分け，算数や読みの学習場面において，離席や私語の不適切な行動に得点を与え，チーム全体の総得点があらかじめ決められた基準点に比べてどうであったのかによって勝敗を決めるゲームを試みた．勝ったチームのメンバーは勝利バッジ強化子をもらう，ランチで最初に並べる，1日の最後に追加の休憩をもらえるなどの特権が与えられた．GBGの実践は，相互依存型集団随伴性を活用した学級マネジメント方略の1つとして，現在も活発に取り入れられている（Bowman-Perrott et al., 2016）．日本において最初に集団随伴性の実証研究に取り組んだのは小島恵（1999）であろう．

●**集団随伴性の類型**　リトーとパムロイ（Litow & Pumroy, 1975）は，初期の論文をレビューし，集団随伴性システムの類型について，強化子の提示方法の違いから，①依存型，②非依存（もしくは独立）型，③相互依存型の3つに整理している．この類型は現在も研究を進めるうえでの基準となっている（Little et al., 2015）．表1はリトーとパムロイを参考に作成された若林・加藤（2009）の表（集団随伴性の分類，p.48）について，著者が①②③のナンバーを加え作成したものである．①依存型と③相互依存型が集団随伴性となり，②非依存型は①依存型に対比されるもので，集団の各メンバーに強化基準があることから，個人へのアプローチとして頻繁に使用される個人随伴性と同義である．個人随伴性では，各メンバーが同じ集団活動に参加していても，特定メンバーへの強化随伴は他メンバーの遂行結果に影響を受けず，自分の遂行結果に基づいて強化子が提供される．

表1　集団随伴性の分類［若林・加藤，2009をもとに作成］

		強化されるメンバー	
		全員	特定のメンバー
強化の基準となるメンバー	集団全体	③相互依存型	—
	特定のメンバー	①依存型	②非依存型

　①依存型では，集団内の特定のメンバーもしくは特定のグループの遂行結果に基づいて（依存して）集団全員の強化が決定される．例えば，「Aさんの作業が終わったら，全員帰れます」「3班メンバー全員のテスト結果が70点以上になったら，クラス全員にごほうびをあげます」といった教示に基づいて集団全員に強化が随伴される．仲間の力を借りて特定メンバーの不適切な行動を抑制したり人気を高めたりする長所がある．また，特定メンバーの不適切な行動の抑制を目的としても使用される．例えば，「今日1日，Bさんの暴言がなければ，全員がごほうびソールをもらえます」と指示することになるが，指導場面で特定メンバーの不適切な行動を話題として明示することの倫理的な問題も生じる．特定メンバーやグループ以外の動機を維持するため，特定メンバーやグループを日ごとにランダムに選んだり知らせなかったりする工夫も取り入れられる（Hansen & Lignugaris/Kraft, 2005）．

　③相互依存型では，集団全体の遂行結果や達成基準に基づいてメンバー全員に同じ強化随伴性が適用される．強化随伴の基準や評価対象としてよく使用されるのはグループ全員の基準レベルの達成や平均値，メンバー内の最高点や最低点となる．例えば，「みんなで頑張って用意した作業物品が完成したら，全員が帰れます」「みんなのテスト結果（もしくは平均）が70点以上になったら，全員遊んでいいよ」の指示となる．涌井（2013）は，リトーとパムロイ（Litow & Pumroy, 1975）の類型を整理したうえで，一連の研究成果から，依存型・相互依存型における標的行動自体の性質，強化を随伴させる集団の単位，強化子の特質の観点から下位分類を提案している（表2）．子どもやクラスの実態，障害の状態に応じて最適な集団随伴性を選択するためには，表2の分類に基づく効果の分析・検証が課題と述べている．

●**集団随伴性の研究**　集団随伴性の適用場面では，集団指導が多く活用される通常学級や特別支援学級（教室），大学などの臨床指導の場が中心となる．対象は障害のない定型発達児のみの集団が最も多く，次に障害のある子どものみの集団，両者が混合する集団に分けられる．適用年齢も就学前園児から小中高，大学生まで幅広い（Little et al., 2015）．障害種別でも，限局性学習障害（specific learning disorder, SLD）などの発達障害，知的障害，情緒・行動障害と多様である．集団随伴性が対象年齢，障害の有無や種別を超えて幅広く応用できること

表2 依存型・相互依存型集団随伴性の下位分類［涌井，2013］

分類の観点	下位の分類カテゴリー
a. 強化される行動の性質	a1) リレー式 （個人間で独立した標的行動の集積） a2) 二人三脚式 （相互依存的な標的行動） a3) 二人三脚リレー式 （下位集団の相互依存的な標的行動の集積）
b. 強化を随伴させる集団の単位	b1) 全体単位 （対象集団全体を1つの集団として強化を随伴させる） b2) 集団単位 （対象集団をさらに3名以上の小集団に分け，小集団毎に強化を随伴させる） b3) ペア単位 （対象場面をさらに2名のペアに分け，ペア毎に強化を随伴させる）
c. 強化子の性質	c1) 個々のメンバーに分類・分配 （強化子が個々のメンバーに分割され分配できる；例えば優勝したサッカーチームのメンバー一人ひとりに金メダルを与える場合） c2) 集団で共有 （集団で一つのものを共有する；例えば優勝したサッカーチームに一つの優勝カップを与える場合） c3) c1とc2tの組合せ （c1とc2の2つの強化子を組み合わせて与える；例えば優勝したサッカーチームのメンバー一人ひとりに金メダルを与えると共に，チームに一つの優勝カップを与える場合）

がわかる．従属変数では，適切な行動の促進と不適切な行動の低減が標的とされる．適切な行動とは，読みや書きの正答，国語や算数の学業成績，課題や作業の遂行，課題の達成（終了）や所要時間の短縮，登校，着席，家庭での宿題遂行などである．不適切な行動とは，離席や退室，不登校，授業中の不適切発言や私語，窃盗や夜間外出の禁止違反などである．3つの類型の違いによる効果量が比較され，不適切な行動の低減には相互依存型と依存型が非依存型よりも効果的とする結果も得られているが，いまだ一致した知見は得られていない（Little et al., 2015）．

集団随伴性を用いた介入では，従来から他技法との組合せによる介入，つまり仲間教授法やトークン・エコノミー法，セルフ・マネジメント法との併用が認められる（Denune et al., 2015；福森，2011；Malone & McLaughlin, 1997）．障害のある子どもでは，近年，通常学級に在籍する特別な支援を必要とする子どもへの個別支援と併行（先行）して，集団指導の充実に重点を置くアプローチが重視され，ポジティブ行動支援を基盤とする学級規模介入の中で集団随伴性を活用した研究も多い（Chafouleas et al., 2012；遠藤他，2008）．

●**集団随伴性の利点** 教室の集団指導では，教師が子ども一人ひとりの標的行動

を設定し，個々に強化子を提供する個人随伴性システムでは，支援に要する負担は大きくなる．当初から，集団で一緒に活動に取り組むメンバー全員の標的行動を設定し，みんなに報酬・ごほうびを提供できる集団随伴性システムは，効率性，経済性，実用性の点で優れているとされてきた（Herman & Tramontana, 1971；Litow & Pumroy, 1975）．GBGでは，集団全員が強化子を得ることができ，集団活動の中にある出来事や活動を強化子として活用できる利便性は高く，特定個人だけに焦点をあてた介入を避ける倫理的配慮にもつながることから，教師が受け入れやすく支援実行も高いといわれる（Levering et al., 2000；Tingstrom 1994）．

●**仲間同士の相互交渉促進**　集団随伴性の最大の利点は，直接指導していないにもかかわらず，仲間同士の自発的な相互交渉，つまり仲間への援助や励まし，友情を示すコメントやジェスチャーなどの仲間へのポジティブな働きかけが促進されることであろう（Alexander et al., 1976；Frankosky & Sulzer-Azaoff, 1978）．仲間同士の相互交渉の促進は，副次的や付随的効果に位置づけられ，近年では相互交渉や社会的スキルそれ自体を標的行動とする研究も増加している．さらに，集団随伴性の導入から仲間同士の学び合いや育ち合いを促す協同学習への展開を試みる研究も報告されている（Carroll et al., 2006；涌井，2013）．

　仲間への自発的な援助行動が生起する条件として，仲間が適切な援助スキルのレパートリーをもともと有している，集団随伴性の仕組みを理解できる知的能力がある，強化随伴の単位をペアにして援助すべき相手を明確にする，事前に個別支援を行うなどが示唆されている（小島，2000；鶴見他，2012）．集団随伴性では，仲間の遂行結果によって強化随伴が左右されることから，仲間が遂行しないと強化が得られない，強化が遅延される嫌悪事態も生じる．この事態を逃避・回避するために，仲間への援助行動が生起する負の強化（除去型強化）事態も推定される．また，仲間への自発的な働きかけでは，遂行成績が強化随伴の基準に達しなかった者に，脅かしや威圧的行動が仲間から加えられるネガティブな働きかけの生起も報告されている（小島，2000；Romeo, 1998）．自発的な働きかけが仲間の標的行動の促進に作用する援助機能をもつかどうか，どのような条件でポジティブ／ネガティブな働きかけが高まるのか，仲間への自発的な働きかけについて，機能と反応型の両面から時系列に分析する作業が必要である．集団随伴性が仲間同士の相互交渉を引き出すのは確かな事実と考えられるが，その質と集団での学びの質につなげることにテーマは移行している．仲間へのネガティブな働きかけを未然に防いだり，ポジティブな援助や協同的な働きかけを育てるための付加手続きの解明が求められている．

[村中智彦]

📖 **参考文献**

小島　恵（2000）．発達障害児・者における集団随伴性による仲間同士の相互交渉促進に関する研究の動向　特殊教育学研究，3, 79-84.

行動モメンタム：応用

☞弱化（罰）p. 250，行動履歴 p. 262，
行動モメンタム：基礎 p. 266

　行動モメンタムとは，オペラント行動の持続性や復活あるいは変化抵抗を強化との関係で分析する枠組みである（Nevin, 1992；Nevin & Grace, 2000）．これまでの研究から，標的反応の持続性は，その反応が生起している文脈における時間あたりの強化子の提示頻度と正の相関関係にあることが示唆されている．また，オペラント行動の頻度が反応とそれに随伴して提示される強化子との反応-強化子関係に依存するのに対して，持続性は反応が生起する刺激文脈と，その文脈で提示される強化子との刺激-強化子関係に依存することが指摘されてきている．

　例えば，エイハーンら（Ahearn et al., 2003）は，3人の自閉スペクトラム症児を対象として，反応とは独立して提示される強化が常同行動の持続性に影響を与えるかについて検証した．まず，ベースラインでは，対象児の好きな玩具がない状況で常同行動の頻度を測定した．その後，行動モメンタム条件と統制条件の2条件を実施した（図1参照）．行動モメンタム条件では，常同行動とは独立して好みの玩具を提示する非随伴性強化（non-contingent reinforcement, NCR）条件を対象児に経験させてから，常同行動の生起が妨害されるような玩具を提示するテストを行った．統制条件では，ベースラインと同様の状況を対象児に経験させた後にテストを行った．その結果，NCR条件下では，すぐに常同行動の頻度が減少した．しかし，テストでは統制条件に比べて，NCRを実施した行動モメンタム条件の方が，常同行動の頻度が高かった．このことから，NCRは問題行動の頻度を低減させるが，問題行動の持続性を高めてしまうことが示唆された．

　常同行動は感覚刺激によって強化されており，随伴する強化率は統制条件と行動モメンタム条件において同一であった．一方で，行動モメンタム条件では，提示された好みの玩具で遊ぶことで，常同行動の生起頻度は相対的に減少した．好みの玩具で遊ぶことは，常同行動とは独立していたが，同一文脈において強化子の提示頻度を増加させた．その結果，異なる環境条件においても，常同行動が生起し続けたと考えられる．

　また，メイスら（Mace et al., 2010）は，3人の神経発達症児を対象として，代替行動分化強化（differential reinforcement of alternative behavior, DRA）が，問題行動の持続性に影響を与えるかどうかを検証した．エイハーンら（2003）と同様，DRAが問題行動の頻度を減少させると同時に，問題行動の持続性を高めてしまうことを指摘している．

　これらのことは，NCRやDRAといった問題行動の低減を目的としている介

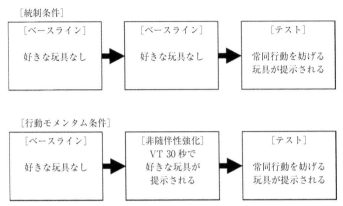

図1 エイハーンら（2003）の実験の流れ［Ahearn et al., 2003 をもとに作成］

入が，結果的に問題行動が生起している刺激文脈における全体的な強化子の提示頻度も高めてしまい，問題行動の持続性を促進していると考えられる．そのため，問題行動における頻度の減少だけでなく，潜在的に持続性を促進していないかどうかについても検討する必要性が指摘されている（Podlesnik & DeLeon, 2015）．

　また，行動モメンタム理論に基づく介入方法も開発されてきている．1つは，メイスら（Mace et al., 1988）が考案した高確率・指示順序手続き（high-probability instructional sequences または high-probability request sequences，以下 HPIS 手続き）である．この手続きでは，まず高確率課題（high-p 課題）とよばれる，高確率で遂行可能な課題が数試行与えられ，課題の遂行が強化された．その直後に，低確率課題（low-p 課題）とよばれる，低確率でしか遂行できない課題が1試行提示される．

　彼らは，重度の知的能力障害者における日常生活に関する指示従事行動に対して HPIS 手続きを適用した．その結果，同一セッション内において，課題間に注目を与える統制条件よりも，HPIS 手続きを用いた条件の方が高い遂行率を示した．また，統制条件と HPIS 手続きを用いた条件で，場面設定を反転させても，同様の傾向が見られた（図2参照）．これまでの研究では，課題の遂行率の他に，課題に取り組むまでの潜時や課題完了までの所要時間が短縮される効果も示されてきている．

　HPIS 手続きでは，数試行の高確率課題が提示され，課題遂行は強化される．「指示に従う」行動が高頻度で強化されることで，行動の頻度が上昇する．また，そのことが，当該の刺激文脈における強化子の提示頻度を増加し，「指示に従う」行動の持続性も促進される．その結果，高確率課題から低確率課題へと環境変化

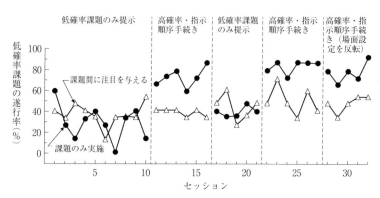

図2 低確率課題における遂行率の推移［Mace et al., 1988 をもとに作成］
縦軸は低確率課題の遂行率を，横軸はセッション数を表す．また，図中の白い三角形は低確率課題の間に対象者に注目を与える条件における遂行率を示している．黒い円形は，低確率課題のみを実施する条件における遂行率を示している．高確率・指示順序手続きは，後者の条件において実施した．ただし，最後の高確率・指示順序手続きでは，前者の条件における場面設定で実施した．

が生じても，「指示に従う」行動クラスが生起しやすくなると考えられる（武藤，2004）．これまで，知的能力障害，自閉スペクトラム症，注意欠如・多動症など，多様な対象において，その効果が示されてきている．また，教科学習や社会的スキル，摂食行動など，様々な課題において有効性が示されてきている（Lipschultz & Wilder, 2017）．

行動モメンタム理論に基づく介入方法として注目されてきている，もう1つの方法が既学習課題挿入手続きである．この手続きでは，標的となる課題の間に，短時間で遂行でき，かつ反応努力の少ない課題（既学習課題），あるいは対象が好みの課題が挿入される（例えば，Dunlap, 1984；Dunlap & Koegel, 1980）．計算問題，単語の読みや理解，書字といった標的行動の他，課題従事の促進や自傷行動の低減といったことに対しても適用されてきている（Clinton & Clees, 2015）．

例えば，ホーナー（Horner et al., 1991）らは，問題行動を示す重度の知的能力障害児3人に対して既学習課題挿入手続きを適用し，課題従事と問題行動の頻度に与える効果を検証した（Horner et al., 1991）．対象児は，遂行率が33％以下の難易度の高い課題（食器の分類，2段階の指示に従う，下着を着る）を実施した際には，攻撃行動や自傷行動などの問題行動が生起した．そこで，対象児が2〜3秒程度の短時間で，高確率で遂行できる既学習課題（握手をする，鉛筆を渡す，など）を，難易度の高い課題の間に挿入した．その結果，攻撃行動や自傷行動といった，課題回避の機能を持つ問題行動は，難易度の低い課題のみを提示

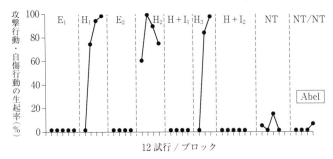

図3 課題中における問題行動の頻度の推移［Horner et al., 1991 をもとに作成］
縦軸は12試行中に問題行動が生起した試行の割合を，横軸はブロック数を表す．グラフ中の「E」は難易度の低い課題を，「H」は難易度の高い課題を提示した条件を表す．「H+I」は難易度の高い課題に対して既学習課題挿入手続きを用いた条件を表す．「NT」は新規の指導者が実施した条件，「NT/NT」は新規の指導者で新規の課題を実施した条件を表す．

した条件だけでなく，既学習課題挿入手続きを用いた条件においても生起しなかった（図3参照）．また，既学習課題挿入手続きを用いた場合，難易度の高い課題であっても高い遂行率を示した．問題行動の低減や高い課題遂行率といった効果は，新規の指導者や新規の課題場面においても示された．

既学習課題挿入手続きの作用機序について，プレマックの原理や離散試行課題達成説など，いくつかの仮説が指摘されてきた．しかし，近年では既学習課題において課題従事などの行動クラスが強化されることによって，頻度と同時に持続性が促進され，標的課題の遂行が促進されるとする行動モメンタム理論に基づく説明が最も有力である（DeLeon et al., 2015）．

行動モメンタム理論に基づく介入方法は，指示従事行動の促進や問題行動の低減以外にも，プロンプト刺激のフェイド・アウトなど刺激性制御の転移を促進する方法としても注目されてきている（McIlvane & Dube, 2000；高浜・野呂，2009 など）．対象についても，神経発達症や知的能力障害から定型発達までを含む，子どもから成人まで，様々な対象で効果が示されてきている．また，試行間時間，強化子の質，標的課題と挿入する高確率課題あるいは既学習課題との類似性など，手続きのうえでは多様なバリエーションが存在している．それらの変数が課題の文脈刺激，強化率あるいは強化子の提示頻度などの構成要素に対して，どのように機能するかについて，今後も検討していく必要がある． ［高浜浩二］

📖 参考文献

武藤 崇（2004）．「注意」と行動的モメンタム（行咸）―ADHD の支援方法への示唆（2） 立命館人間科学研究，7, 159-170.

社会的妥当性

☞行動分析学と倫理 p. 20, 行動的コーチング p. 580

　「社会的妥当性」という用語の定義，あるいはその評価方法は複数存在するが，それらの多くはウォルフの定義に由来する（Wolf, 1978）．ウォルフは，社会的妥当性を①介入目的の社会における重要性（その特定の行動目標は，真に社会において求められるものか？），②介入手続きの社会における適切性（対象者，家族，そして他の関係者はその介入手続きを受け入れるか？　目的を達成するためのその手段は適切か？），③介入効果の社会における重要性（対象者は予期しなかったことも含め，すべての結果に満足しているか？）の3つであると定義した．

　スキナーは，プライベートな内的事象に対し，対象者の主観に基づく測定を行うことに強く反対する立場を取り（Skinner, 1953），それ以来，行動分析学においては，伝統的に客観的な行動観察データが重視されてきた．しかし，行動分析学が社会における実際の問題解決を目的とする際には，介入と行動変容との機能的関係を客観的に示すのみでは不十分である．

　例えば，介入が実施される特定のフィールドでは，それぞれ定められている倫理規定を遵守することが求められる．したがって大部分の罰的な手続きは，それらが客観的に効果の実証された手続きであったとしてもその使用は制限されることになる．また，その介入手続きを実施する者（例えば，セラピスト，教師，または家族）がその手続きを好まなかったり，あるいはその手続きの実施に過度の負担感が伴えば，たとえ効果的なものであったとしても，その介入手続きは，現場から受け入れられないであろう．仮に部分的に受け入れられても，介入手続きの正確で持続的な実施は困難となることが予測される．したがってウォルフ（Wolf, 1978）は，客観的な行動観察データを重視する行動分析学の従来の立場を認めつつ，応用行動分析学においては，その知見の恩恵を受ける人々からのフィードバックについてあわせて検討することも重要であると主張するにいたった．

●**社会的妥当性の評価**　社会的妥当性の評価は，ウォルフの定義（Wolf, 1978）に基づき，それぞれの実践における目的，方法，結果に関する独自の質問項目が設けられ，実施される場合が多い．しかし，それぞれの実践や研究ごとに独自の評価が実施されると，社会的妥当性に関する研究間の比較やデータの統合が困難となる．そこで，様々な実践や研究において，ある程度共通して用いることのできる評価方法が開発されるようになった．

　例えば，グレシャムとロペスは，半構造化面接の内容を定式化した（Gresham & Lopez, 1996）．これは介入目標の重要性，介入方法に対する受入れ度，介入効果の重要性の3つについて聞き取りを行うというものである．レーンは，

表1 Treatment Evaluation Inventory 短縮版（TEI-SF）

1.	この介入方法は，子どもの問題行動へ対応するための受け入れられる方法であると思う．
2.	もし子どもの問題行動を改善させなければならない場合，この手続きを進んで用いる．
3.	もし子ども本人の同意がなかったとしても，この介入方法を用いることは受け入れられると思う．
4.	この介入方法で用いられる手続きが好きだ．
5.	この介入方法には効果がありそうだと思う．
6.	子どもはこの介入期間中に嫌な思いをすると思う．
7.	この介入方法は永続的な改善をもたらすと思う．
8.	自分自身で介入方法を選ぶことができない人にとっても，この介入方法は受け入れられると思う．
9.	全体的に，この介入方法について肯定的にとらえている．

［Kelley et al., 1989, p.240をもとに作成］

同じく半構造化面接による社会的妥当性の評価方法として，児童生徒の学業面の困難性に対する介入について聞取りを行う Children's Social Validity Interview (CSVI) を開発した (Lane, 1997)．この面接は Yes/No 質問，リッカート尺度を用いた質問，自由回答を求める質問から構成されている．インタビューは比較的短時間で多くの情報が得られる方法であるが，話題がそれた際にうまく本題に戻す必要性が生じるなど，ある程度の面接者のスキルが求められる．

社会的妥当性の評価方法として最も多く開発されているのが，評価尺度である．カズディンは，介入の受入れ度を評価することを目的として Treatment Evaluation Inventory (TEI) を開発した (Kazdin, 1980)．この TEI は，15項目に対して7件法のリッカート尺度によって評価を求めるというものである．ケリーは9項目に対して5件法のリッカート尺度によって評価を求める TEI の短縮版を作成した (Kelley et al., 1989；表1)．ライマースとワッカーは，外来場面における保護者の受入れ度を評価することを目的として，カズディン (Kazdin, 1980) の TEI をもとに The Treatment Acceptability Rating Form (TARF) を開発した (Reimers & Wacker, 1988)．TARF は，TEI に介入の効果とコストの要因を加えた15項目に対して7件法のリッカート尺度によって評価を求めるものである．また，ウィットとマーティンは，教師が学校において実施される介入に対する妥当性を評価するための Intervention Rating Profile (IRP) を開発した (Witt & Martens, 1983)．この IRP は，20項目に対して6件法のリッカート尺度によって評価を求めるものである．後にマーティンらは，内的整合性を高めるために項目を修正した15項目版の Intervention Rating Profile-15 (IRP-15) を開発している (Martens et al., 1985)．

インタビューや評価尺度など，対象者やその関係者の主観に基づく評価方法は，一般的に第一種過誤（妥当でないものを妥当であると評価してしまう誤り）

を起こしやすいという指摘がある．例えば，カーターは，第一種過誤を引き起こす原因として，対象者が評価実施者の拒絶を避ける，対象者が他の介入手続きの選択肢について精通していない，対象者がうまくいっている介入手続きを撤去されることを恐れる，などといった要因があることを指摘している（Carter, 2010）．一方で，エリオットらは，行動や主観の微細な変化に対する評価尺度の感受性が十分でないという問題も起こりうることを指摘している（Elliot et al., 1993）．これらの問題は，評価尺度の信頼性や妥当性を改善しても本質的に避けることが困難であるため，社会的妥当性の評価においては，後述する客観的指標も含めた複数の情報源に基づくことが重要となる．

●**社会的妥当性の客観的な指標**　客観的な行動観察データを重視する従来の行動分析学の立場を踏襲し，対象者の主観によらない社会的妥当性の評価を優先するべきであるという主張もある．例えば，ケネディは，社会的妥当性を評価する第1の指標として行動の維持について検討することを提案し，人的・社会的環境が継続的な強化機会を提供することによって行動が維持されているのであれば，その行動には社会的価値があるとみなされると主張した（Kennedy, 2002）．グレシャムとロペスは，行動コンサルテーションにおいては，①コンサルティが実施する介入手続きの整合性，②参加者の出席率やドロップアウト率，③対象者が介入プログラムを他の者に推奨する行動，あるいはコンサルタントに繰り返し依頼する行動などは，介入プログラムの妥当性を示す客観的指標になると述べている（Gresham & Lopez, 1996）．

また，グレシャムとロペスは，対象者が生活するコミュニティにおける標準的なサンプル（例えば，対象児童生徒が在籍する学級の他の一般的な児童生徒など）との比較が重要であることを主張している（Gresham & Lopez, 1996）．しかし，社会的妥当性の客観的な指標として標準的なサンプルを用いることに対しては，いくつかの問題点が指摘されている．例えば，標準的なサンプルがいつも得られるわけではないという問題（Kazdin, 1977），サンプルにおける「正常の範囲」を定めることが難しい場合があり，また標準サンプルの抽出範囲を慎重に設定しなければならないという問題（Storey & Horner, 1991），標準サンプルの数が多い場合，インフォームド・コンセントを得ることと評価の負担が著しく大きくなるといった問題（Carter, 2010）が指摘されている．さらに，介入目的は標準的なサンプルとの比較ではなく，倫理や法的根拠によって正当化されるべきであるという指摘（Fuqua & Schwade, 1986），標準的なサンプルが必ずしも社会的に妥当であるとは限らないという指摘（Asher et al., 1981）などがある．

●**社会的妥当性に影響を与える要因**　グレシャムとロペスは，①複雑な手続きは受け入れられにくい，②長い時間を要する手続きは受け入れられにくい，③罰的でネガティブな手続き（タイムアウトや過剰修正など）は受け入れられにくい，

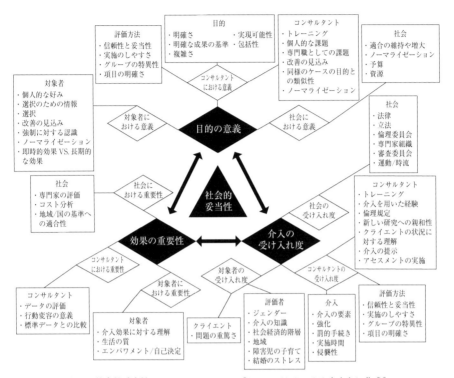

図1　社会的妥当性のDistribution model [Carter, 2010, p.259をもとに作成]

④理解できない専門用語で記述された手続きは受け入れられにくい，⑤他の介入手続きにも精通している対象者には，特定の手続きは受け入れられにくい，⑥特定の介入手続きに対する知識のない者には，その手続きは受け入れられにくい，⑦標的となる問題行動が重篤であれば，あらゆる手続きは受け入れられやすくなる，といった社会的妥当性に影響を与える要因について述べている．

　カーターは，先行研究によって指摘された社会的妥当性に影響する諸要因を整理し，社会的妥当性の'Distribution Model'を考案した（Carter, 2010；図1）．カーターは，このモデルは仮説的であり，各要素に対するさらなる実験的検討が必要であると述べているが（Carter, 2010），このモデルは社会的妥当性に関する概念や要素の全体像を把握して，社会的妥当性に関する研究を組織化して適切に方向づけることに役立つ．　　　　　　　　　　　　　　　　　　　　［大久保賢一］

Ⅲ部　応用行動分析

3章　援助・介入手続き

- 離散試行型指導法，機会利用型指導法 …… 528
- トークン・エコノミー法 …… 532
- 機能等価性 …… 536
- セルフ・コントロール（自己制御）：応用 …… 540
- セルフ・マネジメント（自己管理）…… 544
- 自己記録，自己目標設定 …… 548
- 行動契約（随伴性契約）…… 552
- 言行一致訓練 …… 556
- 代表例教授法 …… 560
- 公的掲示 …… 564
- 習慣逆転法 …… 568
- クリッカー・トレーニング …… 572
- 行動コンサルテーション …… 576
- 行動的コーチング …… 580
- パフォーマンス・マネジメント …… 584

離散試行型指導法，機会利用型指導法

☞マンド p. 420, タクト p. 424, プロンプト p. 450, ロヴァース法 p. 590, 機軸反応訓練 p. 598

　学習の方法論として，おおまかにいって離散試行型，自由オペラント型という2つのパラダイムがある．応用行動分析においても，それぞれに対応した，離散試行型指導法（discrete trial teaching, DTT）と機会利用型指導法（incidental teaching, IT）が，介入プログラムとして体系化され，双方ともその効果が実証されている（出口・山本，1995；Fenske et al., 2001）．

　ロヴァース（Lovaas, 1987）やスミスら（Smith et al., 2000）の早期発達支援プログラムはDTTを介入の基本技法としている．スミス（Smith, 2001, 2010a）は，DTTを以下のようにまとめている．学習環境を，目的以外の刺激要素が入らないように整理し，構造化する．子どもと大人とが一対一で机を挟んで学習を進める．大人は明確な教示を与え，注目をひいてから試行を開始する．標的行動をあらかじめ決めておき，正反応に対して十分な強化を与える．誤反応，あるいは誤反応が予測される場合には，プロンプト・フェイディング技法を用いて，正反応を引き出す．強化の数秒後に，すぐに次の試行を始める．

　DTTは，大人が主導して，あらかじめ指導方法，指導カリキュラムを決めておくところに特徴がある．このことで時間あたりの学習機会数が最大になるため新しい行動レパートリーを増やすうえで，有効な方法である．また，試行間間隔（inter-trial interval, ITI）を短くすることで，行動を流暢にしていく．

　一方，ハートとリズリー（Hart & Risley, 1975）は，多様な刺激要素が含まれる日常生活場面において学習機会を設定し，特に日常的な相互作用の中で言語獲得やコミュニケーションを指導していくITを開発した．ITに関する多くの実証研究を進めてきたマギーら（McGee et al., 1999；McGee & Daly, 2007）は，ITを以下のようにまとめている．まず，遊びなどの日常生活の機会の中で，大人と子どもとが相互作用を行う．大人は，相互作用を促す環境整備をし，行動への制御力の強い先行刺激をあまり出さずに，行動と関連性のある多様な強化を随伴させる．学習機会を見つけて，日常的な教示を与え，時間遅延法を活用して反応の出現を待つ．適切な反応がなされたら，十分な強化を与える．適切な反応がなされなかった場合には，プロンプト・フェイディング技法を用いる．身のまわりにある日常的刺激に対して反応できることが全体的な目的である．

　ITは，日常生活の中での動機づけの高い状態を維持しながら，子ども主導で進めるところに特徴がある．このことで，日常環境の中で機能する行動を増やしていく有効な方法である．

● **DTTの適用方法**　DTTについては，1週間に15～40時間の家庭内での集中

指導を，2年あるいはそれ以上にわたって受けることが必要であるとされているが，最も効率的で有効な時間数に関しては結論が出ていない（Smith, 2001）．子どもと大人とが机を挟んで向かい合って実施する一対一の指導方法なので，日常生活の中に集中的に課題を実施する学習時間を設定する．1時間のセッションが終了した後，10〜15分の休憩をとる．

スミス（Smith, 2001）は，離散試行型指導のカリキュラム構成を，以下のようにまとめている．新しい行動レパートリーを形成する．弁別学習を進める（模倣，理解言語，表出言語，会話，文章と文法）．非音声コミュニケーションを教える．子どものスキルを拡張する．問題行動に対応する．

● **IT の適用方法**　IT では，1日の学習機会に関して，DTT のように机に向かって学習を進める時間をスケジュールするのではなく，日常生活の自然な流れの中に組み込む．個人の生活に応じて，柔軟な指導スケジュールを組む．マギーら（McGee et al., 1999）は，包括的な機会利用型指導法のカリキュラムの構成要素として，以下の3点を提案している．①子どものゴールを多様な観点から選択する．要求や叙述などの言語，おもちゃを使った相互作用，大人への社会的反応性，社会的忍耐，仲間の模倣，日常生活での自立．②環境を整備する．1日のスケジュールを決める，自然な活動に組み込まれたゴール，自然な文脈での補完的な一対一教示，子どもによる教材の選択，おもちゃの系統的な活用とローテーション．③活発な音声の行動形成，活発な社会的教示を行う．子どもの行動を促すために時間遅延をかける，質問する，模倣させるなどの技法を用いる，相互作用の促進，チェックリストによる達成度評価の実施．

● **DTT の指導例**　スミス（Smith, 2001）を参考にタクト課題の指導方法を例示する．子どもに，机を挟んで，大人と向かい合って着席させる．着席行動を十分に強化する．机や周りに集中を妨げるものを置かないようにする．増やすべき標的行動はあらかじめ決めておく．1試行ごとに，文脈を明示する，明瞭で，一貫した先行刺激を与え，正反応が現れたら即時に強化する．あらかじめ設定した課題について，ある一定の学習基準に到達するまで指導を繰り返す．

例えば，「お話しするよ」と教示をしてから，写真カードを子どもに見せ，同時に「デンシャ」という音声をプロンプト刺激として示す．子どもが「デンシャ」と模倣したら，すぐに笑顔，うなずき，拍手，言語賞賛，少量のお菓子などの強化子を与える．直後に，同じ写真カードを見せながら，今回は，「デン…」とわずかな音声プロンプトを出す．子どもが「デンシャ」と言えたら強化する．このように，徐々にプロンプトを減らしていき，最終的には，大人のプロンプトがなくても，子どもが「デンシャ」と言うように指導する．

同様に，写真カードを見せながら「ショーボーシャ」と音声プロンプトを出し，反応を引き出し，徐々にフェイディングを進めていき，最終的に，消防車の写真

を見たら，音声プロンプトがなくても，「ショーボーシャ」という正反応を言えるようにする．

その後，電車と消防車の写真カードを，交互に，最終的にはランダムに示し，正しい反応を引き出す．2種のタクトが成立したら，「バス」「フネ」など新しい写真カードを使って同様な指導方法を繰り返すことで，命名できる語彙を増やしていく．

DTTでは，注意を十分ひきつけてから反応させ，正確性を向上させる．反応が安定したら試行間間隔を短くすることで，流暢性を向上させる．日常生活の中で，特別にDTTを実施する時間を設ける．近年，効果的な集中指導の時間について効果評価研究が進められている（Scheffer et al., 2013）．

●**ITの指導例** マギーら（McGee et al., 1999）を参考に，マンド課題の指導方法を例示する．日常的な学習機会を利用して学習を進めていく．子どもとの相互作用を行っている場面，日常生活の中でルーティンとなっている場面を学習機会とする．多様な刺激が存在する日常的な環境のもとで，安定した行動の出現を促すため，大人から制御力の強い先行刺激をあえて出さずに，子どもからの自発的反応の出現を待つ．設定された環境の様々な物理的・社会的刺激を手がかりにして，標的行動や関連する行動が出現したら，十分に強化する．このサイクルを日常生活の多くの機会をとらえて繰り返す．

子どもの主導的行動，自発的行動を引き出す指導方法なので，大人が主導する強い刺激をあまり出さずに，物理的・社会的環境設定を行うところに特徴がある．

例えば，動機づけ操作として，子どもが遊んでいるとき，遊具の1つ，あるいはそのピースを手の届かないところに，さりげなく移動する．子どもの欲しいものが電車の絵本であるとわかっている場合であっても，適切な反応が出現するまで少しの間（5〜10秒）待つ．子どもが「デンシャ」などと言って要求できた場合，電車の絵本を渡しながら，すぐに笑顔，うなずき，拍手，言語賞賛など行動に関連させながら強化を与える．適切な反応が出現しなかった場合，「デン…」とわずかなプロンプトを出す．子どもが「デンシャ」と言えたら強化する．このように，最小のプロンプトを出すが，最終的には，大人のプロンプトがなくても，子どもが「デンシャ」と言うことができるよう指導する．

同様に，子どもの興味をひきつけることのできる他の絵本，カード，玩具なども，日常生活の中で活用する．例えば，車の絵本を，手の届かないところに置いておき，子どもが近づいてきたら，すぐにプロンプトを出さずに数秒待つ（時間遅延法）．遅延時間内に反応がなかった場合には，反応の出現を促す小さいプロンプトを出す．子どもが遊んでいる多様な機会を利用して，同様の指導方法を繰り返すことで，機能的な要求を促す学習機会を増やしていく．

ITでは，特定的な先行刺激を多く与えないで，多様な刺激が数多く存在する

日常環境の中で指導をおこなう．自発的な反応が出現するためには，子どもの行動レパートリーをあらかじめ把握しておき，時間遅延法を用いることが有効である．

● **DTT と IT の共通点**　DTT，IT とも，行動分析学の基本原則から生み出され，洗練され，効果が実証されてきた支援技法であり，以下のような共通性がある．①「先行刺激-反応-後続刺激」の ABC ユニットを繰り返すことで学習を促進する．②子どもの動機づけを高め，注意を集中させて，先行刺激を出し，それに対する適切な反応が出現したら直後に様々な形で強化する．③適切な反応が未学習であるならば，プロンプトを与えて，確実に学習ができた時点でプロンプトを徐々に減らし，プロンプトがなくても適切な反応ができるようにもっていく．④標的行動としては，模倣，理解言語，表出言語，文法，会話など，言語とコミュニケーションの指導を軸にする．⑤保護者に，家族で課題の練習を実施してもらうのと同時に，プログラムに積極的に参加してもらう．⑥可能な限り早期からの発達支援を進める．⑦学習を進めるうえで十分な時間と学習機会を設定する．

● **DTT と IT の特徴を生かした活用方法**　子どもたちそれぞれについて最も効果的な介入を実現するためには，各指導方法を，どのような行動に対して，どのような状況で用いるのが有効であるかを決定する必要がある．一般的にいって，行動レパートリーを形成するには，DTT が有効である．一方，獲得した行動レパートリーを日常環境の中で機能的に用いるためには，IT で設定される環境整備と日常生活の中での学習機会の設定が有効であろう．スミスは，1 年間のDTT による高密度の介入後，日常生活に即した行動を機能化させる介入が有効であるとしている（Smith, 2010a）．一方，マギーらは，必要な行動が日常環境での支援のみでは十分に出現しない場合には，一対一での高密度の指導を進める必要があると述べている（McGee et al., 1999）．

　近年では，「早期スタート・デンバー・モデル」（Rogers & Dawson, 2010）などの，発達科学を基盤にした系統的プログラムにも DTT や IT の方法が組み込まれており，より効果の高い支援プログラムへの統合が試みられている．一方，行動分析家のシュライブマン（Schreibman et al., 2015）は，マギー（応用行動分析学），スターマー（Stahmer, A. 応用行動分析学），インガソル（Ingersoll, B. 応用行動分析学）およびドーソン（Dawson, G. 発達科学），ロジャーズ（Rogers, S. 発達臨床），キャサリー（Kasari, C. 発達臨床），ランダ（Landa, R. 運動発達臨床），ウェザビー（Wetherby, A. 言語発達臨床）ら，様々な領域の研究者と共同で，日常環境での発達・行動介入（naturalistic developmental behavioral intervention, NDBI）の効果を統括し，それらの共通項を抽出し，適切な支援プログラム選択過程を含んだ統括プログラムを提案している．今後は，DTT，IT が包括されている統合的発達支援プログラムの構築と実証が課題となる．　　　　　　［山本淳一］

トークン・エコノミー法

☞条件強化 p.190, パフォーマンス・マネジメント p.584, アチーブメント・プレイス p.610

　トークン・エコノミー法（トークン経済法）とは，標的行動の生起に対してトークン（代用貨幣）を与えることで，その行動の生起頻度を高めることを目指す応用行動分析学の技法である．このトークンは，ほめ言葉のような社会的な注目に比べて，物理的かつ視覚的であり貯蓄可能という特徴をもつ．例えば，マグネットやポーカーチップ，ステッカーやスタンプなどを行動の生起に対して与えることで，どれだけたまったか，あとどれくらいで目標に到達できるか視覚的に把握できる．

　そして，学習者がためたトークンの量に従って，その学習者にとって価値あるアイテムや特別な活動の権利（例えば，飲食物，玩具，文具，一定時間の遊びなど）と交換することができる．これらの価値ある事物や活動をバックアップ強化子とよぶ．このバックアップ強化子が得られることによって，トークンが条件(性)強化子として機能することになる．

　より魅力的なシステムにするために，バックアップ強化子のリストを作成して，交換アイテムの価値の高低に合わせて必要とされるトークン量の多少を決めていく．学習者は自分で何を購入するか決めることができる．この技法にエコノミーという名がつけられているとおり，このシステムは経済学と密接に関連するところがあり，実際の日常生活の中では広範囲に取り入れられている（特定店舗でのみ利用できるポイントシステムや，航空会社のマイレージなど）．

●**トークン・エコノミー法の構成要素**　まず，使用するトークンの種類が決まったら，標的行動とルールを決める．標的行動を客観的に定義することは，学習者にどのような行動が期待されているか知らせるだけでなく，介入実施者が観察し測定するために必要である．バックアップ強化子が決まったら，次に強化スケジュールについて検討しなければならない．トークンは，導入初期には標的行動に対して連続強化スケジュールで与えるようにする．学習者が十分な数のトークンを獲得し，できるだけ早い段階でバックアップ強化子との交換が実現するよう計画する．そして標的行動が安定して生起するようになれば，間欠強化スケジュールへと移行していく．

　次に，トークンの交換比率を同定する．獲得したトークンの数とバックアップ強化子の値段との間の交換比率は，初期の段階では低く保つことで学習者の早い段階での達成を実現する．この比率は徐々に高くしていくが，同時にバックアップ強化子の種類も内容も魅力的で価値あるものにしていく．トークンを獲得しすぎてバックアップ強化子を容易に手に入れてしまうことや，逆にそれほど魅力的

でないバックアップ強化子にすらならないものが，ほとんど手に入らないようなことがあってはならない．そのため，トークンの交換比率は介入後も交換比率のバランスを調整する必要がある．また，バックアップ強化子と交換できる時間と場所を決めておく必要もある．学習者が希望すればいつでも交換できるのか，あるいは1日のうちで決められた時間内，1週間のうちで決められた日に交換できるのかを決めておく．このことは，このプログラムのシステムの一貫性を保障していると考えられ，なおかつ日常生活における社会的行動（例えば，銀行のATM利用時間や販売店の開店時間に利用すること）を学習していく可能性をもつ．

●**反応コストを適用するかどうか**　反応コストを適用するかどうかについても検討しなければならない．反応コストとは，望ましくない行動が生起した場合，トークンが没収される手続きである．望ましくない行動を減少させることを目的としている手続きが反応コストであり，それに対してトークン・エコノミー法は望ましい行動を増加させることを目的としている．トークン・エコノミー法と反応コストを併用した介入の例をあげると，授業中に積極的な発言や仲間を称賛する発言に対してポイントを与え（トークン・エコノミー法），不適切な発言や立ち歩きなどに対してはポイントを没収する（反応コスト）といった方法である．

　必ずしも，トークン・エコノミー法を実施する際に，反応コストを併用する必要はない．望ましい行動の増加を目的としたトークン・エコノミー法は，同時に，不適切な行動を相対的に減少させることを念頭に置いている．そもそも，不適切な行動がない場合には，反応コストを併用する必要はないだろう．また，「トークンが与えられること」と「トークンは没収されないが与えられないこと」の2条件だけでも，十分に望ましい行動を増やすという目的を果たすこともできるのである．

　トークン・エコノミー法に反応コストをあわせて適用する場合，前提としてトークンが学習者にとって条件(性)強化子として十分に機能している必要がある．たった数回程度トークンを没収されただけで，学習者がそのトークンを取り戻そうとしないようでは，条件(性)強化子として十分に機能しているとはいえないだろう．

　反応コストは弱化の手続きであるため，実行する際に学習者の感情的な反抗や攻撃が予測される．それらを予防するために，学習者のトークンの管理は介入実施者が行う（学習者にポーカーチップの財布をもたせたりスタンプの台帳をもたせたりせず，黒板上のマグネットの数やスタッフルームの中のポイント表で管理する）．

●**トークンをフェイディングするために**　トークンは物理的かつ視覚的なものであるが，これを学習者が獲得する際には社会的で自然な条件(性)強化子となりうる言語称賛なども行うべきである．強化スケジュールとしても段階的にトークン

を獲得するための行動の数を増やしていくように計画するが，バックアップ強化子の交換機会も減らしていく．トークンを学習者に管理させず，なおかつ介入実行者にしか見えないところで管理し，物理的な刺激をフェイディングしても機能するよう計画する．このことにより，学習者が「忘れた頃」にバックアップ強化子と交換する機会が訪れ，最終的には社会的な称賛とたまに得られる特権だけで望ましい行動が維持することを目指す．

●**トークン・エコノミー法の適用例**　ホッブスとホルト（Hobbs & Holt, 1976）は，矯正施設に入所している12〜15歳の男子125人を対象にトークン・エコノミー法の効果を検討した．標的行動は「適切な社会的行動」「ルールや指示に従う行動」「列に並ぶ行動」などであった．図1左は，夕食前の標的行動が介入前後でどのように推移したか示している．A棟，B棟，C棟と順に介入が実施され，D棟にはトークン・エコノミー法は導入されなかった．これらの結果は，夕食後の場面や列に並ぶ場面でも同様であった．このように，トークン・エコノミー法による介入の効果は明確に示された．

図1右は，列に並ぶ行動がトークン・エコノミー法による介入によってどのように推移したか示している．同じように，A棟，B棟，C棟と順に介入が実施さ

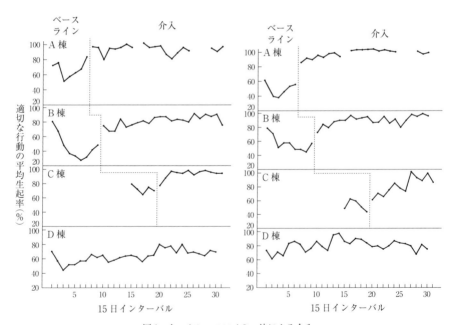

図1　トークン・エコノミー法による介入
左は適切な行動が増加した様子，右は列に並ぶ行動が増加した様子［Hobbs & Holt, 1976をもとに作成］

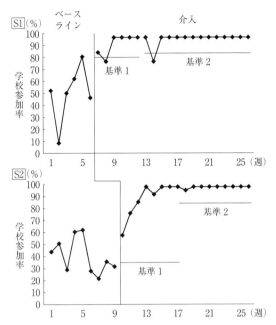

図2　トークン・エコノミー法による介入で学校参加率が増加
[奥田，2005をもとに作成]

れ，D棟にはトークン・エコノミー法は導入されなかった．この結果からも，トークン・エコノミー法を用いた介入によって標的行動は明確に改善したことが示された．

　奥田（2005）は，発達障害のある不登校児2人の保護者に対して登校行動を形成するため，トークン・エコノミー法と強化基準段階変更法を用いた介入を行った．その結果，両児童とも学校参加率が100％まで増加した（図2）．

　いずれの児童も，介入終結から1年以内にはトークンによる介入がなくても，家庭と学校の自然な随伴性によって登校行動が維持された． [奥田健次]

参考文献

Cooper, J. O. et al. (2007). *Applied behavior analysis* (2nd ed.). Pearson（クーパー，J. O. 他　中野　良顯（訳）(2013)．応用行動分析学　明石書店）

Miltenberger, R. G. (2001). *Behavior modification principle and procedures.* Wadsworth/Thomson learning（ミルテンバーガー，R. G. 園山　繁樹他（訳）(2006)．行動変容法入門　二瓶社）

Alberto, P. A. and Troutman, A. C. (1999) *Applied behavior analysis for teachers.* Prentice Hall（P. A. アルバート，A. C. トルーマン（著）佐久間徹他（訳）(2004) はじめての応用行動分析　日本語版第2版　二瓶社）

機能等価性

☞刺激等価性：応用 p.482，機能的行動アセスメント p.486

　機能等価性とは，個人の行動が周囲の環境に対して同じ効果（機能）をもつことを指す．例えば，リンゴを前にして，「リンゴと言う」「リンゴを指さす」「リンゴに手を伸ばす」などのいろいろな行動をとりうる．それらによって同じく「リンゴを得る」ならば，形態は異なっても，機能的に等価な行動である．一方，同じく「リンゴと言う」行動であっても，それによって「リンゴを得る」場合と「そうねと他者が言う」場合では，その効果は異なり，機能的に等価な行動ではない．

　このような機能等価性の概念が注目されたのは，障害のある人々への支援研究の領域であった．カー（Carr, 1977）は，自傷行動への支援に関する包括的なレビューから，支援の効果がある場合とない場合があり，効果がない場合には，行動の機能に関する理解が不足していることを指摘したのである．すなわち，自傷や攻撃，かんしゃくなどの行動はそれを起こすことに伴う周囲の対応や環境の変化によって強化され，維持されている．したがって，これらの行動の強化因，すなわち機能を考慮した支援でなければ効果はないというものである．

　一方，当時，障害のある人々にコミュニケーション行動を教えることで，望ましくない行動が減少するという研究知見が提出されつつあった．カー（Carr, 1988）は，このような望ましい行動への介入が直接介入していない望ましくない行動の生起に影響する反応般化が生じるのは，望ましい行動と望ましくない行動が機能的に等価なためであると説明した．この主張は，望ましくない行動を除去してから望ましい行動を教えるという従来の考え方を大きく変え，望ましくない行動の機能を理解することが先であり，それをもとに望ましい行動を教えるという教育的アプローチへの転換をもたらしたのである．

●**機能的コミュニケーション訓練**　機能等価性の概念を取り入れた最初の研究は，カーとデュランド（Carr & Durand, 1985）による機能的コミュニケーション訓練（functional communication training, FCT）である．彼らは，音声言語の乏しい障害のある子どもが示す自傷や攻撃等の行動に対して，それらの行動と同じ機能を果たす社会的に適切なコミュニケーション行動を教えることによって，望ましくない行動を減らすことができると考えた．そこで，自傷や攻撃行動の機能を分析したうえで，その機能に応じたコミュニケーション行動を教えた．例えば，注目獲得機能をもつ望ましくない行動を示す対象者には，「よくできたでしょう」という周囲の注目を獲得するコミュニケーション行動を教えた．また，難しい課題からの逃避機能をもつ望ましくない行動を示す対象者には，「わかりません」という課題の援助を求めるコミュニケーション行動を教えた．その結果，対

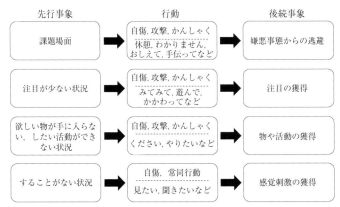

図1　望ましくない行動とコミュニケーション行動の機能等価性
［Durand & Crimmins, 1988 と O'Neill et al., 1997 をもとに作成］

象者の望ましくない行動は減少し，コミュニケーション行動は増加した．一方，注目獲得機能をもつ望ましくない行動を示す対象者に「わかりません」を教え，逃避機能をもつ望ましくない行動を示す対象者に「よくできたでしょう」を教えるというように，機能的には関係のないコミュニケーション行動を教えた場合には，望ましくない行動は減少しなかった．

以降，望ましくない行動の機能として，嫌悪事態からの逃避，注目の獲得，物や活動の獲得，感覚刺激の獲得の4つが明らかにされ，それらを機能的に等価な行動へ置き換える FCT の研究が進められるようになった（図1）．

●**反応の効率性**　機能等価性に関する研究は，より確実に望ましくない行動を機能的に等価な行動に置き換えるための研究へと発展した．その中心となるのが反応の効率性の概念である．これは，機能的に等価な行動のうち，ある行動が選択されることには反応の効率性が影響するというものである（Carr, 1988）．これを初めて検証したのが，ホーナーとデイ（Horner & Day, 1991）の研究である．彼らは，障害のある人々への FCT において，反応の効率性を「反応生起の負荷」「強化の一貫性」「強化の即時性」を検討した．まず，機能分析により，対象者が示す自傷や攻撃行動が難しい課題からの逃避機能をもつことを明らかにした．次に，難しい課題から逃避するための機能的に等価な行動を教えた．3人の対象者のうち，1人には，休憩を要求する容易にできる単語サインとすぐには難しい文章サインの場合を比較した．他の1人には，援助を要求するサインを使用したら毎回援助する場合と3回に1回援助する場合を比較した．最後の1人には，休憩を要求するカードを使用したら1秒後に休憩できる場合と20秒後に休憩できる場合を比較した．その結果，反応生起が容易で，強化が一貫し，即時に強化が得られる場合において，望ましくない行動は減少し，適切なコミュニケーション行

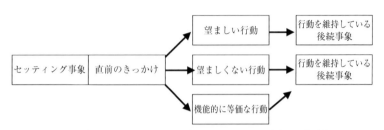

図2 競合行動バイパスモデル [O'Neill et al., 1997をもとに作成]

動が増加した．これは，反応のクラスにおいて，効率性の高い反応が選択されると，効率性の低い反応が減少するという反応の共変動として説明された．

なお，これらの機能的コミュニケーション訓練の研究では，いずれの対象者にも，適切なコミュニケーション行動が習得され，望ましくない行動が生起しなくなった後で終了している．

●**競合行動バイパスモデル**　機能等価性と反応選択に関わる反応の効率性や反応の共変動の概念は，競合行動バイパスモデル（O'Neill et al., 1997）として発展した（図2）．これは，望ましくない行動に対して，それと競合する望ましい行動や機能的に等価な行動の随伴性を考え，それらの望ましい行動の効率性を高めることで，望ましくない行動をしなくてすむようにするものである．すなわち，望ましくない行動が無関係で，効率が悪く，効果がなくなるように先行事象や後続事象を変える．この競合行動バイパスモデルをもとに，望ましくない行動に対して，多様な支援を包括的に計画できるようになり，それは望ましい行動の教授を中心としたポジティブ行動支援（positive behavior support, PBS）の中核的な方法論となっていく．

●**行動の機能分析**　機能等価性を支援に適用するためには，必然的に行動の機能を分析するための方法が必要である．これは，機能的行動アセスメントとよばれ，その人が示す行動を，その先行事象と後続事象との機能的な関係から分析するための情報収集プロセスを指す（Miltenberger, 1998）．

機能的行動アセスメントは，まず，イワタら（Iwata et al., 1982）の研究により，実験的分析（実験による機能の分析）方法が開発された．これは，注目の獲得，嫌悪事態からの逃避，物や活動の要求，感覚刺激の獲得という随伴性を操作して，その条件下における望ましくない行動の生起を査定することで，その機能を明らかにするものである．その後，より実用的な方法として，対象者をよく知る人の情報から要因を推定する間接的分析や自然な場面の観察情報から要因を推定する直接的分析が開発された．今日では，間接的分析により仮説をたてて，直接的分析により検証するという方法がとられることが多い．入り口となる間接的分析としては，動機づけアセスメント尺度（motivaion assessment scale, MAS；Durand

& Crimmins, 1988）や機能的アセスメントインタビュー（functional assessment interview, FAI, O'Neill et al., 1997）などが開発されている．特に MAS は 16 項目 7 段階の評定尺度であり，前述した望ましくない行動の 4 つの機能を簡便に推定することに役立つ．このような機能的アセスメントに基づく支援はそれに基づかない支援に比べて，望ましくない行動を減らすうえで有効であることが示されている（Gage et al., 2012）．

●**研究の展開** 機能等価性の概念は FCT からそれを含む PBS へと発展し，今日では，個人に強化を得る適切な行動レパートリーを教授することによって，望ましくない行動をしなくてすむようにする前向きな支援方法の基盤となっている．

3 つの方向から研究がなされている．1 つは，FCT を拡大する研究である．幼児から成人まで，自閉症スペクトラム障害や注意欠如・多動症（attention deficit/hyperactivity disorder, ADHD），知的障害などの様々な障害をもつ人々の自傷や攻撃，かんしゃく行動などの危険な行動から逸脱行動に対して，様々な言語レベル（音声言語，サインや動作，コミュニケーションカードやコミュニケーション機器）による機能的に等価な行動の教授が行われ，その有効性が明らかにされている（Durand & Moskowitz, 2015）．

次に，FCT の確実性を高める研究である．前述したように，望ましくない行動を機能的に等価な行動に置き換えるためには，機能的に等価な行動の効率性が高いことが条件となる．そこで，機能的に等価な行動と望ましくない行動の強化スケジュールを検討したり，望ましくない行動に随伴しない形式での結果操作を検討したりする研究が取り組まれている（Fisher et al., 2015）．

さらに，通常の支援者が FCT を活用するための研究である．FCT の手続きは，機能的アセスメントとそれに基づく機能的に等価な行動の教授からなり，かなりの専門的知識や技能を必要とする．しかし，日常環境における支援の実行や維持には，通常の支援者による実行が不可欠である．そこで，親が家庭で実行したり，教師が学校で実行したりするために必要なサポートやトレーニングに関する研究が取り組まれている（Andzik et al., 2016）．

一方，これまで機能等価性の概念は，主に望ましくない行動を減らすための支援に適用されてきたが，より前向きなコミュニケーション支援に適用できる．望ましくない行動の機能として明らかにされている注目獲得や嫌悪事態からの逃避，物や活動の獲得は，実に機能的な文脈である．より早期に，こうした文脈において，機能的なコミュニケーション行動を教授することで，望ましくない行動の予防につながる． ［平澤紀子］

📖 **参考文献**

日本行動分析学会（編）浅野 俊夫・山本 淳一（責任編集）(2001)．ことばと行動―言語の基礎から臨床まで ブレーン出版

セルフ・コントロール
(自己制御)：応用

☞選択行動 p.350, セルフ・コントロール：基礎 p.366, 遅延低減仮説 p.362, セルフ・マネジメント p.544, 言行一致訓練 p.556

　行動理論によって立つ文献をひもとくと，"self-control"は「セルフ・コントロール」(例えば，嶋崎，1997)，「自己コントロール」(例えば，岡島・鈴木，2012)，「自己制御」(例えば，大石，1999)，「自己統制」(例えば，涌井，2003)などのようにさまざまに和訳され広く用いられている．それぞれの訳語のニュアンスや指し示す内容は少しずつ異なるけれども，個体(個人)が環境内に存在する刺激との相互作用において，自分自身の行動を調整したり，方向づけたり，管理したりする操作や機能を意味しているという点で共通している．

　嶋崎(1997)は，選択行動研究の枠組みにおけるセルフ・コントロールの定義として「選択反応がなされた直後に与えられる相対的に小さな好子(直後小好子選択：衝動性)と，選択反応後の遅延時間を経て与えられる相対的に大きな好子(遅延大好子選択：セルフ・コントロール)との間の選択行動」との説明を行っている．一方，大石(2009)は，自己制御の技法的側面に着目しながら「みずからを操作対象として，個体(個人)が自発する行動の総体」であるとし，「自己監視(セルフ・モニタリング)，自己評価(セルフ・エバリュエーション)，自己強化(セルフ・レインフォースメント)により自己管理(セルフ・マネジメント)を達成するもの」との説明を行っている．後者すなわちセルフ・マネジメントは厳密な意味でセルフ・コントロールとはいえないが，応用領域では切っても切れない関係にあるものである．選択行動研究やセルフ・マネジメント研究は，強化スケジュールに関する知見と相まって，近年では行動経済学の分野における展開も見せている(齋藤，2011)．

●**セルフ・コントロールの2つの側面**　行動分析学では，仮説構成概念としての「自己」や「意思」を想定することはない．そのため，"self-control"というとき，それは選択行動であると考えられている(Baum, 2005)．ここで選択行動とは，2つの選択肢間の選択反応を指す．「セルフ・コントロール」は，短期的には好子(提示型強化子)をもたらすことがない(あるいは嫌子〔提示型弱化子〕をもたらす)ものの，長期的に見ると強化として作用するあるいは獲得する好子の総量が大きくなるような選択肢に対する選択反応のことである．これと対立する選択反応が"impulsivity"すなわち「衝動性」である．このことはボーム(Baum, 2005)による強化の罠の説明により，理解が容易になる．

　図1に，ボーム(Baum, 2005)による「強化の罠」の模式図を示した．図1の上段が衝動性の説明であり，図1の下段がセルフ・コントロールの説明である．バウムは喫煙行動を例にとって衝動性の説明をしている．衝動性を示すような選

択行動により，個人は短期的にニコチンの摂取と社会的な好子を手に入れることができる．しかし，このような選択行動は一定の経過時間を経るうちに，がんや心疾患などのより大きな嫌子をもたらすことになる．一方，セルフ・コントロールを説明する際の例示は，禁煙行動である．禁煙行動により，個人には短期的に禁断症状が現れたり，生理的な不快感を伴うことがある．しかし，このような選

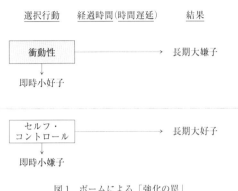

図1　ボームによる「強化の罠」
［Baum, 2005 をもとに作成］

択行動は一定の経過時間を経るうちに，健康体の確保といったより大きな好子をもたらすことになる．ボーム（Baum, 2005）は，セルフ・コントロールが難しくなる理由として，経過時間（時間遅延）が好子の効力を弱めてしまう機能の存在をあげている．これは，行動経済学における価値割引につながる知見である．

どのような環境条件が，選択行動にどのような影響を及ぼすかということに関する系統的な観察は，実験的行動分析の領域で行われてきた．その結果，反応努力と強化スケジュールがセルフ・コントロールに決定的な影響を及ぼすことが知られることになった．そして，これらの要因を操作することにより，セルフ・コントロールが促進されることが明らかになった．

一方，応用行動分析の領域では，セルフ・コントロールに問題を示す症例に対し，いかにセルフ・マネジメントを達成させるかが問題とされてきた．その結果，セルフ・マネジメントの形成に効果的な環境要因の影響が評価され，今日では，家庭や学校，施設などの生活場面において簡易に実践できるセルフ・マネジメント技法の革新に精力的な努力が傾注されている．

竹内と園山（2007）は，自己管理スキルを社会的に支援するシステムを構築するために検討した概念図を発表した．これを単純化して，新たに作成した模式図が図2である．発達障害のある個人が行動問題を示しているとする．このとき応用行動分析のアプローチでは，この行動問題を社会的に適切で，競合行動と同等以上の結果（好子）が手に入る反応型に変容することを目標とする．しかも，そのような行動間の選択（標的行動と競合行動の中から，長期的に見て不適応な状態を維持させないことに利益のある選択行動）を，当該の個人がみずから行うことができるような環境設計を検討することになる．こうすることによって社会的に適切な行動が形成，維持・般化されることになる．これはあたかも自分で自分

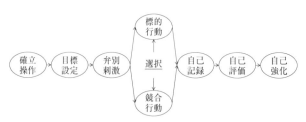

図2 竹内・園山の「自己管理スキル」
［竹内・園山，2007をもとに作成］

の行動を分化強化しているかのようである．

　図2より，例えば「課題従事」が標的行動であり，「自席離席」が競合行動だとする．みずから学習を進めるための学習スキルが欠如している状態が確立操作として作用する場合，仮に課題を独力で完遂することを目標設定したとしても，標的行動は選択されない．難しい設問という弁別刺激に出くわすと，競合行動である「自席離席」による課題従事からの逃避が生じてしまうからである．標的行動である課題従事への刺激制御を変化させるには，難しい設問と出くわした際にヒントやチュータリングがなされるといったプロンプトが必要であったり，より基本的な問題を先に解くといった弁別刺激および行動連鎖の変更がなされる必要がある．場合によると，課題を独力で完遂するといった目標設定をより現実的な課題へと見直すことや，基本的な学習スキルの欠如を補うことにより確立操作の影響や方向性を変化させる工夫もできるであろう．そして，ひとたび基本的な設問であれば，必要に応じて指導担当者に質問を行いながら課題従事をするという標的行動が仮に低頻度でも生起するようになったとする．そうなれば，今度はその維持・般化を検討することになる．

　自己記録により，支援の対象者は自分自身の行動の変化にこれまでよりも気づきやすくなるかもしれない．行動の記録そのものに反応効果（太田・齋藤，2014）が認められるため，それだけでもみるみるうちに効果を示すようになる可能性がある．しかし，行動の記録を作成するだけで不十分な場合は，達成基準に照らして十分であったか否かを自己評価すればよい．十分であれば，その段階ですでに自己強化が働くかもしれないし，不十分である場合には目標設定にフィードバックされて，将来の標的行動にルールとしての影響を及ぼすかもしれない．そして，場合によると，がんばった自分自身へのごほうびと称して，何らかの明確で触ったり食べたりすることができる好子を準備して自己強化を追加的に行う可能性もある．このようにして，競合行動ではなく，標的行動の選択可能性が高まる道筋について，竹内・園山（2007）は，図2のようにわかりやすく図式化を試み解説している．

●**参照すべき研究例** 応用行動分析の領域で，セルフ・コントロールに問題を示す症例に関する研究例として，カーとデュランド（Carr & Durand, 1985）とホーナーとデイ（Horner & Day, 1991）が行った研究を紹介しよう．いずれも行動問題を示していた個人に対するアプローチである．

① **Carr & Durand（1985）** この研究では，攻撃やかんしゃく，自傷といった行動問題に対してあらかじめ機能分析を行い，これらの行動が生起しやすい条件を分析した．そのうえで，機能分析の結果に基づく介入が行われた．参加者は7〜14歳の4人の児童生徒（男児2人と女児2人）で，簡単な表出言語を有していたが，破壊的行動や逸脱行動などに従事することがある症例だった．彼らは課題難度が高く自力での解決が難しい場面や大人の注目や関与が乏しい場面で，頻繁に行動問題を出現させていた．著者は，このような参加者が簡単な表出言語を有していたことに目をつけ，注目や援助を求めるコミュニケーション行動を指導した．こうすることにより，彼らが行動問題を選択することなく，課題に従事するセルフ・コントロールを示すことができることを立証した．行動問題と注目や援助を求めるコミュニケーション行動は，反応型は違えども機能的に等価な（同じ好子を導く）行動であるとされ，その後，機能的コミュニケーション訓練（functional communication training, FCT）が教育や福祉の実践現場において活用されるきっかけとなった．

② **Horner & Day（1991）** FCTが発展していく過程で，行動間の選択が生じる際のメカニズムが図式的に整理された．その際，反応の機能等価性が注目された．カーとデュランド（Carr & Durand, 1985）が指摘したような「反応型は違えども機能的に等価な行動」は，相互に代替可能であるということが検討の対象とされた．けれども，学習履歴と行動習慣や，反応努力，あるいは強化の質と量，そして強化スケジュールなどの影響により，特定の反応型に対して選択率の偏りが見られることが問題であった．ホーナーとデイ（Horner & Day, 1991）は，「（身体）反応努力」，「強化スケジュール」，「弁別刺激の提示から好子の供給までの時間遅延」を反応効率性の要素と定めて，行動問題に代わって標的行動が選択されるのは，反応効率性が高い場合であることを検証した．この研究により，その後の包括的行動支援に関する研究が導かれ，様々な支援パッケージに応用されるようになった． ［大石幸二］

📖 **参考文献**

小林　重雄（2012）．自閉症教育基本用語事典　学苑社
日本行動分析学会（2015）．ケースで学ぶ行動分析学による問題解決　金剛出版
Miltenberger, R. G.（2001）. *Behavior modification: Principle and procedures*（2nd ed.）. Wadsworth.（ミルテンバーガー，R. G. 園山　繁樹他訳（2006）行動変容法入門　二瓶社）

セルフ・マネジメント
（自己管理）

☞セルフ・コントロール：応用 p.540,
　言行一致訓練 p.556

　応用行動分析学におけるセルフ・マネジメントは，自分自身の行動を変えるまたは維持するためにみずから特定の手続きを使うことを意味する．一般的にセルフ・マネジメントで用いられる手続きとして，自己教示，自己観察，自己記録，自己モニタリング，自己評価，自己強化，自己弱化があげられる．こうした手続きは，発達障害児者に対する学習支援や生活支援，就労支援において用いられ，自立の促進，他者による指示・監視・支援の減少，獲得した行動の般化と維持，問題行動の減少に効果的であることが様々な実践研究から明らかにされてきた．

●**標的行動の定義と自己教示（弁別刺激の整備）**　セルフ・マネジメントで最初に行うことは，標的行動の定義である．標的行動を，例えば，漠然と「勉強すること」とするのではなく，具体的に「漢字を書くこと」や「社会の教科書を読むこと」というように後で記録が可能なように定義することが必要である．さらに，そうした標的行動の自発を促す弁別刺激（S^D）や手がかりをみずから整備することで，行動を変容させる効果が高まると考えられる（図1）．例えば，ある子どもが，給食費を学校に持っていくのを忘れないために，前夜の就寝前にお金やメモ書きをランドセルの横に置いておくようなことや，漢字の宿題を忘れないように「漢字」と書いたメモを壁に貼っておくことである．このように，自分の標的行動を誘導・支援・維持するための弁別刺激や手がかりを自分自身に示す手続きの総称として自己教示という用語が用いられている．

●**自己記録**　「標的行動の定義」に対応して，標的行動が生起した後に行われるセルフ・マネジメントの手続きが「自己記録」である（図1）．すなわち，自己記録とは事前に定義された標的行動の生起の有無やその質および量などに関してみずから記録することである．自己記録に類似の用語として自己モニタリングという用語があるが，これは自己観察に基づいた自己記録の意味であり，自己観察記録ともいわれる（King-Sears & Carpenter, 1997 三田地訳 2005）．様々な行動が自己記録によって影響を受けて変化することが多くの研究で確かめられており，この効果は反応効果とよばれる（Nelson & Hayes, 1981）．

　竹内・山本（2004）によると，自己記録の方法としては次のようなものがある．
①頻度のカウント：一定の時間内に生じる反応の回数を記録する．例えば，リーとティンダル（Lee & Tindal, 1994）は，計算問題を遂行中，生徒に2分ごとに完了した問題数を記録させ，さらに累積的な記録も一緒に記録させることで，課題従事の改善と遂行した問題数の増加を促した．
②時間の測定：ある行動が生起している時間の長さを記録する方法である．勉強

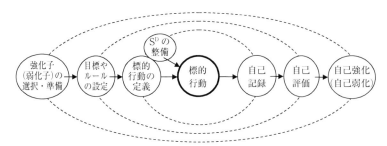

図1　セルフ・マネジメントにおける各手続きの関係
〔竹内・園山，2007，p.93，図3をもとに作成〕

時間の記録や，課題プリント1ページを完了するのに要した時間を測定して記録する方法などである．

③インターバル記録法：観察時間を短いインターバル（例えば，1分，5分，10分など）に分け，それぞれのインターバル内で標的行動が生起したかどうかを記録する方法である．この方法は，様々な教科学習において課題従事や離席などの行動を記録するのに使われてきた（Reid, 1996）．図2の写真は，自閉スペクトラム症の生徒が電車で通学中にみずからの独り言をICレコーダーに録音し，帰宅後にPCで音声ファイルを再生しながら自分の声の大きさを自己記録している様子である．インターバル記録法が用いられ，1分ごとに一時停止をして図2右の記録用紙のいずれかに○をつけている．結果として，電車内での大きな声の独り言を減らすことができた．

④チェックリストによる記録：課題遂行に必要な行動を記述して並べたチェックリストを作成し，その行動項目が完了するごとにチェックマークを記入する．ダンラップとダンラップ（Dunlap & Dunlap, 1989）は，学習障害児の引き算の手順を分析し，誤反応の多い行動項目を記述したチェックリストをつくり，子どもに課題遂行中，チェックリストへの記入（完了した行動項目にはチェックマークをつける）をさせる手続きで，正しい引き算を可能にした．

⑤分析的記述：自身の行動やそれが生起した文脈についてみずから自由記述する方法で，標準的な知的能力をもつ比較的年齢の高い児童に適用されることが多い．例えば，生徒に自分の引き起こした問題行動とその直前の状況や結果について記述してもらうことで，その問題行動を改善する方法である．

●**自己教示（目標やルールの設定）**　自己教示には，「標的行動の定義」と「弁別刺激の整備」による自己教示だけでなく，「目標やルールの設定」による自己教示の方法もある（図1）．ここでの目標とは達成すべきパフォーマンスの基準であり，例えば，問題集を1日1ページ行うことや，英語のテストで80点以上を取ることである．そして，ルールとは，この弁別刺激のもとで課題遂行を行った

図2 自閉スペクトラム症の生徒がICレコーダーに録音した独り言をPCで再生しながら声の大きさを自己記録（1分ごとのインターバル記録）している様子（右は1分ごとにいずれかに○をつける記録用紙）

結果このような強化子が随伴するという三項強化随伴性を記述したものである．
　例えば，「電車の中では静かにすること」というような場面と行動の関係を記述したものや，「食べすぎたら太る」というような行動と結果の関係を記述したものである．このような「目標やルールの設定」は，先の「標的行動の定義」や「弁別刺激の整備」と組み合わされて，より効果的な自己教示の手続きとなる．例えば，「漢字を書くこと」と定義された標的行動に対して「1日20個の漢字を書くこと」という目標を設定した場合，この目標をメモ用紙に書いて壁に貼るという手続きを，弁別刺激の整備として組み合わせることができる．

●**自己評価**　「目標やルールの設定」に対応した，標的行動の生起後に実施するセルフ・マネジメントの手続きが「自己評価」である（図1）．自己評価とは，事前に設定した目標やルールと行動の結果を比較し，目標を達成したのかどうか，またはルールを守ることができたのかどうかを自分で判断することである．つまり，目標やルールの設定がなければ自己評価をすることはできない．例えば，目標として1日20個の漢字を書くことをみずから設定し，ある日の結果が自己記録によると1日25個であったなら，自己評価としてカレンダーの空欄にシールを貼るような手続きである．一般に，目標設定とその結果が一致することは強化子として機能することが多い．

　目標やルールの設定と自己評価が組み込まれたセルフ・マネジメントにおいては，その自己評価の結果に応じて自発的に目標やルールを修正する行動や，目標やルールを新たに設定する行動が促される．図1では，この「目標やルールの設定」と「自己評価」が相互に影響し合い，修正されていく関係が点線によって示されている．

●**「強化子（弱化子）の選択・準備」と「自己強化（自己弱化）」**　セルフ・マネ

ジメントの手続きとして,「強化子(または弱化子)の選択・準備」や「自己強化」（自己弱化）を組み込むことができる(図1).強化子の選択・準備および自己強化とは,例えば,次のような事例が該当する.ある生徒はまず強化子として「テレビを観ること」を選択する.そして,「1日20個の漢字を書くこと」を目標とし,さらに「その目標を達成したならテレビを観られる」というルールを設定する.そして,実際に漢字を書いたら,「25個書いた」ことを自己記録し,目標以上の得点を取ったことを示すために「カレンダーの空欄にシールを貼って」自己評価を行う.それから,「テレビを観ること」でみずから強化子を提示するのである.

この例では,子どもは自分の好みの強化子(テレビ視聴)を選択して,その強化子を得るための「目標やルールを設定し」,目標の達成を「自己評価」できたら,それに応じて用意した強化子をみずからに提示しているのである.ここでは,「自己強化」が結果操作として機能するだけでなく,「強化子の選択や準備」もまた先行事象操作として機能を果たしていると考えられる.対照的に,弱化子を使用する方法も考えられる.例えば,弱化子として「嫌いな掃除」を選択し,「目標以下であったなら掃除をしなければならない」というルールを設定することである.

●**セルフ・マネジメントを支援に用いる意義**　セルフ・マネジメントは,自分で自分の行動を制御し,自分の問題を自分で解決するための方法であり,他者からの一方的な制御を最小限にする方法であるという意味において本人の自己決定を尊重し,自立を促すものである.図1に示した各種セルフ・マネジメント手続きは,必ずしもそのすべてが実施される必要はなく,被支援者の特質,標的行動の性質,実施する場面の環境などの要因に応じて,必要な手続きのみを構成していけばよいだろう.

セルフ・マネジメントは,被支援者のメンタルヘルスの改善にも役立つ.例えば,他者からの直接的な指示や評価が嫌悪的になってしまう場合,支援者と被支援者の関係が悪化してしまう可能性がある.そうした場合,自己教示や自己評価を用いたセルフ・マネジメントによる支援によって他者との嫌悪的なやり取りが減り,結果的にメンタルヘルスの改善を促すことが考えられる.

また,セルフ・マネジメントはすでに獲得された適切行動を別の場面で般化させたり,長期的に維持させたりするために効果的である.他者からの指示や報酬に依存した随伴性で獲得された行動は,その他者がいない場面では般化が生じにくくなる.一方,セルフ・マネジメントでは自己教示や自己評価,自己強化によって行動が制御されるため,特定の他者に依存することなく様々な場面への般化と維持が期待される.

［竹内康二］

自己記録，自己目標設定

　自己記録とは，個人が自分の行動の生起を記録あるいは指摘したりすることである（Polaha et al., 2004）．目標設定とは，達成するための行動の基準を設定することである．行為者自身が目標を設定することを自己目標設定とよぶ．

●**自己記録**　自己記録は，実施が容易でコストの低い手続きであることから，教育（Broden et al., 1971），コミュニティ（Winett et al., 1979など）やスポーツ（McKenzie & Rushall, 1972など）など幅広い分野の研究で用いられ，その効果が確認されている．特にスポーツ場面で行われた研究として，水泳（McKenzie & Rushall, 1972など），フィギュアスケート（Hume et al., 1985）や体操（Wolko et al., 1993）といった競技の選手を対象としたものがある．例えば，ポラーハ（Polaha, J.）は，具体的な技能として水泳のストロークを対象とし，自己記録の効果を検討した（Polaha et al., 2004）．研究1では選手にストローク数を数えさせ，コーチに報告させる手続きを実施した．また，研究2では，選手に数えさせたストローク数を図1のようにプールサイドに設置された記録板に記録させる手続きを実施した．その結果，いずれの研究においてもほとんどの選手でストローク数が減少した．

●**自己目標設定**　目標設定の手続きは，実施が容易でコストの低い介入手続きであるため，これまで頻繁に用いられてきており，教育（Miller & Kelley, 1994など），スポーツ（Brobst & Ward, 2002など），医療（Cunningham & Austin, 2007）など様々な分野の研究で効果が確認されている．特にスポーツ場面では，ラグビー（Mellalieu et al., 2006），ランニング（Wack et al., 2014），アメリカンフットボール（Ward & Carnes, 2002など），ボクシング（O'Brien et al., 2009），サッカー（Brobst & Ward, 2002）など様々な競技の選手を対象として研究が行われ，有効性が確認されている．目標設定の中でも自己目標設定を介入手続きとして用いた研究には，アメリカンフットボールの選手を対象としたWard & Carnes（2002）がある．Ward & Carnes（2002）では，自己目標設定と公的掲示の手続きを組み合わせた介入が実施された．ベースライン条件の後，研究者と選手が会い，研究者がベースラインのパフォーマンスについて伝え，選手は練習時の平均的なパフォーマンスよりも高い目標を設定するように求められた．また，公的掲示の手続きとして，日々の練習の成果が記入されたチャートが，フィールドに通じる扉近くのロッカールームの壁に掲示された．目標を達成した場合には，チャートの名前の横にYという文字が記入され，達成していなかった場合はNという文字が記入された．その結果,練習場面だけでなく試合場面においてもタッ

図1 Polaha et al.（2004）の研究2における自己記録の方法［Polaha et al., 2004, p.269］
Republished with permission of SAGE Publications, Inc. Journals, from Self-monitoring as an intervention to decrease swimmers' stroke counts, Polaha, J. et al., *Behavior Modification*, 28, 261–275, p.269, fig.3, 2004; permission conveyed through Copyright Clearance Center, Inc.

クルなどの技能が改善した．

●**自己記録と自己目標設定をスポーツ場面で用いた研究**　自己記録と自己目標設定を組み合わせて効果を検討した研究には沖中・嶋崎（2010）がある．その研究では，ソフトテニスにおけるファーストサービスの技能を対象として，自己記録のみおよび自己記録と自己目標設定を組み合わせた介入の効果を検証した．高校のソフトテニス部に所属する高校生4人が研究に参加した．参加者間多層ベースラインデザインを使用し，ベースライン期（介入を実施する前のフェイズ），自己記録期，自己記録および自己目標設定期の3つのフェイズを，各参加者に順次導入した．従属変数はファーストサービスの成功率（以下，サービス成功率）であった．ベースライン期では，各参加者の介入開始前のサービス成功率を記録し，自己記録期では，記録用紙を各選手に配布し，サービスが入った回数を記録することを求めた．自己目標設定期では目標設定用の記録用紙を各参加者に配布し，サービスが入った回数を記録することに加え，各選手がみずから決めたサービスの目標成功回数をセッション開始時に記録することを求めた．なお，自己目標設定の手続きを実施する際，目標の設定方法は特に教示せず，参加者に自由に目標を設定させた．

その結果，図2のようにP1およびP2で自己記録期と自己目標設定期それぞれにおいてベースライン期と比較してサービス成功率の有意な上昇が確認された．しかし，いずれの選手においても自己記録期から自己目標設定期にかけてサービス成功率の有意な上昇は確認されなかった．一方，他の2人の選手P3およびP4では，自己記録期と自己目標設定期のどちらにおいても，ベースライン期と比較してサービス成功率の有意な上昇は確認されなかった．

●**自己記録を用いる際の留意点**　クリッチフィールド（Critchfield, 1999）は，

水泳の競技者を対象として，記録頻度による自己記録の効果の違いを検討した結果，記録の頻度が最も少ない場合にだけ泳ぐ量が増加することを示した．この結果から，いくつかの標的行動については，自己記録が行動の流れを妨げる可能性があると考察した．水泳以外のスポーツの技能であっても，連続した運動を対象として自己記録の手続きを導入する場合は，自己記録を行わせるタイミングには十分な配慮が必要である．

また，沖中・嶋崎（2010）は，一部の選手で自己記録や自己目標設定の効果が見られなかった理由として，選手の競技経験年数が短かったことをあげている．そして，自己記録や自己目標設定だけではなく，サービスフォームの改善も必要であったということを考察している．さらに，自己記録と自己目標設定の効果が見られた選手のファーストサービス成功率の推移より，さらに成功率を向上させるためには自己記録と自己目標設定の効果が見られた選手に対してもサービスフォームに対する介入を行い，サービスフォームの改善を目指す必要があることが示唆された．

自己記録は，スポーツの練習場面に導入するには非常に便利な方法であるが，選手の技能水準によっては，効果がない場合もあることに注意が必要である．そのような場合には，技能水準が

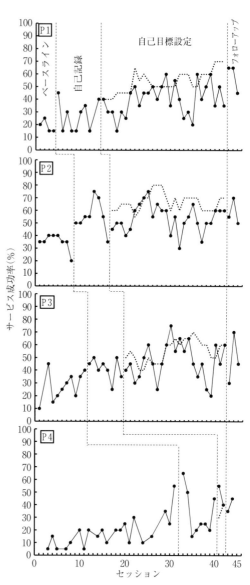

図2　各参加者におけるサービス成功率の推移
点線は参加者が設定した目標を示す［沖中・嶋崎，2010, p.3］

高い選手の動きを模倣させる方法や，技能を細かい下位動作に分割して各下位動作を少しずつ指導する方法などを用いて指導していき，みずからの身体動作を十分に制御できるようにすることも目的とすべきである．そのうえで自己記録を用いることで自己記録の効果が発揮される場面もあると考えられる．

自己記録の機能については，標的行動の先行条件としての機能を果たしているという考え方がある（Nelson & Hayes, 1981）．しかし，自己記録は介入研究で頻繁に用いられているのにもかかわらず，その機能について明確な説明はなされていないため，今後は介入手続きとして利用するだけではなく，その手続きが行動に及ぼす機能についても明らかにしていくことが求められる．

●**自己目標設定を用いる際の留意点** ブロブストとウォード（Brobst & Ward, 2002）は，目標設定を用いた介入をスポーツ場面において実施してきた複数の研究結果から，目標を設定しないよりも目標を設定する方が効果的であり，長期的な目標よりも短期的な目標の方が効果があり，指導者が目標を設定しても選手自身が目標を設定しても同様の効果が得られると述べている．また，「最良を尽くせ」というような目標よりも，特定的で困難な目標の方が一貫して高いパフォーマンスを引き出すことがわかっている（Locke & Latham, 2002）．さらに，ヘイズ（Hayes et al., 1985）らは，2つの実験を実施した結果，文章の一節に関する問題への正答率が，私的な目標ではなく公的な目標を用いたグループで増加することを示した．すなわち，実験参加者自身が目標を設定し，その目標を公表しない場合よりも，設定した目標を公表する場合の方が効果が見られたということである．ブロブストとウォードも，公的掲示と目標設定を組み合わせた方が利点があると述べており（Brobst & Ward, 2002），具体的には，目標設定が外的な基準を与え，公的掲示の手続きによりパフォーマンスが公表され，行為者にフィードバックがなされるからであると主張している．同様に，ロックとレイサム（Locke & Latham, 2002）も，目標が有効に機能するためには，目標に関する進度がわかるためのフィードバックが必要であるとしている．これらの知見に基づき目標設定の手続きを実施していくことで効果的な介入が実施できるはずである．

ただし，オブライエン（O'Brien et al., 2009）らは，選手の技能水準によって目標設定の効果が異なる可能性があることを示している．彼らは，ボクシングのパンチが当たった回数を測定し，一流のボクシング選手とそうでない選手に対する目標設定の効果を検討した．その結果，前者では一貫した効果が見られたが，後者では一貫した効果は見られなかった．自己記録の手続きと同様，選手個人の競技経験年数や技能水準等の個人差に配慮した介入手続きを実施することも忘れてはならない点である．

［沖中　武］

行動契約（随伴性契約）

　行動契約とは，随伴性契約ともよばれており，支援者（セラピスト）と対象者（クライエント）が標的行動の達成を目的として契約を行うことである．口頭による約束であっても双方が合意していれば法律上は契約といえるが，行動契約においては多くの場合，一般的な契約と同様に，書面で文字（あるいは絵や写真）を使用して契約書を作成する．契約書を作成する理由としては，契約した内容について後で確認できるように証拠を残すという目的と，その文書自体が標的行動の弁別刺激としての役割を果たし，対象者の行動が生起するきっかけとなるためと考えられる．そのため，記載内容としては行動の随伴性（先行条件，標的行動，結果）を言語化したもの（ルール）を記載することとなる．

　例えば，「もし，私が標的行動を達成すれば，その結果として強化子を獲得できる（さもなければ弱化（罰）として，強化子を没収される）」といった随伴性を記載することとなる．一般的に，行動が生起してから強化されるまでの時間があまりにも長いと，強化子としての効力を失ってしまうが，このように書面にルールとしての随伴性を記載することによって，行動が達成される手がかりとなる．すなわち書面にルールが記載された契約書は，ルール支配行動としての機能を果たすと考えられる．

　また，契約書には行動を達成するまでの期限も同時に記載されることが多い．例えば，標的行動を達成するために，ある一定の期限を設け，その期限内に標的行動を達成することができたら，強化子が提示される仕組みである．このような期限を設けることは，言い換えれば，「もし期限内に行動が達成されなかったら強化子が獲得できない」という嫌悪的な結果を，対象者が避けることによって行動の達成が維持される除去型強化の随伴性にもなりうると考えられる．

　これまで行動契約は様々な分野で応用されてきている．例えば，学業への効果（Bristol & Sloane, 1974）や体重コントロール（Mann, 1972），施設職員のマネジメント（Azrin & Pye, 1989）や施設内での行動障害への適用（村本・園山，2008），学校内での発達障害児への適用（Mruzek et al., 2007）などがあげられる．

　適用されうる対象者は，知的障害者や発達障害者でも可能であるが，その場合視覚的な手がかりを工夫するなど，手続きにおいて何らかの工夫は必要である．例えば，シールやスタンプなどのトークンを使用することは，知的発達障害者が標的行動を達成するうえで手がかりとなりうる．また，行動契約を使用する場合には，対象者にひらがなやカタカナなどへの最低限の識字能力が求められる．

```
                    行動契約書
    契約日： 7月 1日
    私，  田中一郎  は，次の行動を今週末までに行うことに同意する．
      ● 上司の指示に従って，作業に従事すること．
      ● 作業が終了したら，上司に報告すること．
    ● もし，7月 8日までに毎日行動を達成できたら，以下を獲得できる．
    ● 獲得できるもの  車の雑誌

    | 7/2 | 7/3 | 7/4 | 7/5 | 7/6 | 7/7 | 7/8 |
    | ☺   | ☺   | ☺   | ☺   |     |     |     |

    署名： (対象者) 田中一郎    署名：(支援者) 佐藤博
```

図1 行動契約書の作成例

●行動契約の構成要素

①**行動契約書** 契約書を構成する内容として，行動の随伴性を言語化した文章（すなわちルール），契約の対象者と支援者の署名，強化子（あるいは弱化子），契約の日付，標的行動の達成期限などである（図1）．また，必要に応じてチェック表やトークンを貼る欄なども含まれる．また，行動の随伴性は，「どのような条件で（省かれることもある），どのような行動をしたら（対象者の標的行動），どのような強化子を得られるか（あるいは弱化子が提示されるか）」について記載される．

②**対象者の標的行動** 契約を行う際に，まずは対象者の標的行動を決定する．対象者の標的行動は他の介入技法と同様に，具体的に記載されるとともに，行動の達成が客観的かつ明確にされるような記載の仕方でなければならない．

③**強化子（あるいは弱化子）** 対象者が期限内に標的行動を達成することができた場合に対象者が獲得できる強化子について記載する．強化子の効力を高めるためには，その強化子が対象者によっていつでも獲得できるものであってはならない．また，その強化子は，支援者が決定するものではなく対象者みずからが選択できる特別な物（あるいは活動）にするべきである．

④**期限（締切り）** 行動達成の条件として期限を書かない場合もあるが，標的行動を達成する期限を書いた方が，除去型強化随伴性により対象者の行動が促進され，行動契約の効果を高めることができる．期限の設定は，対象者の行動により慎重に検討されなければならない．すなわち，対象者にとって期限があまりに長すぎると標的行動が生起しづらくなり，除去型強化の随伴性が働きにくい．一方，あまりに期限が短すぎると行動を達成するための難易度が上がってしまう．

●契約書のタイプ
契約書のタイプは2つに分けられ，一方の標的行動の生起について契約する片務契約と，二者間で互いの標的行動について管理し契約する双方向契約がある．

①片務契約　支援者が対象者の標的行動について一方向的に管理する契約である．すなわち，対象者の標的行動の生起が期限内に達成されたか否かについての確認を行い，もし達成されていれば強化（あるいは弱化）の随伴性を実行する．しかしこの場合の注意点として，支援者と対象者お互いが，友人や家族などのような親密な関係者同士であることを避ける必要がある．なぜなら，もしお互い親密な関係があった場合，標的行動の達成に関して，支援者側が「別に達成されてないけれど，強化子を提供してもよい」と考える可能性もあり，その結果，介入の厳密性や公平性が保たれなくなるためである．そのため，対象者と支援者の関係性は，お互いがあまり親密ではないことが望まれる．

②双方向契約　行動を変えたいと望んでいる二者間で，互いの行動について管理し双方が契約をする方法である．この場合，それぞれの標的行動について強化子（あるいは弱化子）を設定し，標的行動の達成の有無について確認を行う．双方向契約では，片務契約とは異なりお互いの関係性は，家族や友人など親密な関係でもよい．この場合，一方の標的行動の達成自体が他者にとっての強化子となる．例えば，夫婦間で「夫が洗濯物を干す代わりに，妻が夫の毎日のお弁当をつくる」などといった契約である．しかし，もし一方が標的行動を達成しなかった場合に，他方が強化子を獲得できないという事態となり行動が強化されなくなってしまう．その結果，その人の標的行動も達成されにくくなり，契約自体がうまくいかなくなる可能性がある．そのような場合には，お互いの強化子をお互いの標的行動とは無関係なものに設定するとよい．例えば，「1週間，夫が洗濯物を干したら夫が好きなCDを1枚買ってもよい．また，1週間妻が夫の弁当をつくり続けたら妻の好きな洋服を1着買ってもよい」といった随伴性を設定する．

●**発達障害児者に対する行動契約における支援事例**　ムルゼク（Mruzek, 2007）らは，公立小学校の特別支援学級に通う2人の発達障害児に対して行動契約法を適用した．参加児2人ともに特別支援学級に在籍しており，参加児も含めて6人の児童が在籍していた．教員は特別支援教育を専門としている教員1人と4人の補助教員がいた．参加児の行動問題は，教員や生徒に対して叩きや嚙みつきなどの攻撃行動や，壁に椅子を投げつけるなどの破壊行動，社会的に受け入れられない暴言等を示していた．行動問題の機能は，事物の要求や課題からの回避の機能が推測された．行動契約は2人の参加児が学校にいる間（午前8時半〜午後2時半）に実施された．参加児への契約書の内容は，「クラスメイトや教員と話すときは丁寧語を使います」「傷つけないように他者に触ります」「物や備品を壊したり傷つけたりしないように触ります」「先生から作業を始めるように指示されたら，すぐに準備して始めるようにします」という4つのルールを守るように求められた．このルールは60分インターバルで評価され，もしその時間内に達成し

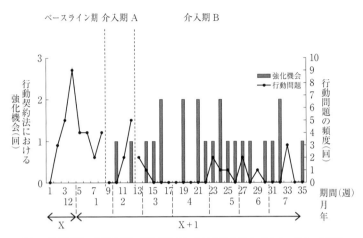

図2 行動問題の生起頻度と行動契約法における強化機会［村本・園山，2008］

ていれば教員が星型のトークンを提示するか，スマイルマークを空欄に描いた．一方，ルール違反行為に対しては×が描かれた．参加児は獲得したトークンの数に応じて，バックアップ強化子を獲得することができた．介入の結果，2人の対象児はともに課題従事率の増加と行動問題の減少が示された．

また，村本・園山（2008）は，施設に入所する激しい攻撃行動を示す重度知的障害を伴う自閉症者1人に対して，行動契約を適用した．対象者は話し言葉によるコミュニケーションが可能であり，ひらがなやカタカナによる読み書きも可能であった．標的行動は，「職員や他利用者の腕が跡が残るほど強く嚙む」「唾を吐きかける」「施設外に聞こえるくらい大声で騒ぐ」などであった．機能的アセスメントの結果，標的行動には要求や逃避の機能があると推測された．行動契約の手続きとして対象者に約束カードを作成することとした．約束カードの中身は「大声を出して騒がない」「職員と楽しくお話しをする」を約束（契約）として設定し，もし1日約束を守ることができたら，その日の夜に職員からトークンシールを1枚獲得できた．バックアップ強化子は対象者が好きなものが記載されたメニュー表から選択することができるように設定し，バックアップ強化子の種類により必要なトークンの数は異なった．介入期Aでは，職員の意向もあり約束カードを断続的にしか使用できなかったが，介入効果が職員からも認められたため，介入期Bでは約束カードを継続的に使用した（図2）．介入の結果，ベースラインと比較して，対象者の行動問題が減少したことを示していた．また，職員との話し言葉によるコミュニケーションが増加し，対象者に笑顔が見られる機会が増加した．行動契約による介入が効果をあげた理由として，施設職員にとって手続きが複雑ではなく，適用が容易であったことが考えられる． ［村本浄司］

言行一致訓練

☞言語行動と非言語行動 p.332, 般化と維持 p.502, セルフ・コントロール：応用 p.540, セルフ・マネジメント p.544

　correspondence training は，そのまま直訳すれば「一致（あるいは対応）訓練」となる．しかし，その訳では「どのような一致を訓練しているのか」が不明確となってしまう．そのため，日本では，実際の訓練手続きに即して「言行一致訓練」と意訳されてきた．つまり，この手続きでは，言語行動と（その言語内容に対応する）非言語行動との一致が訓練されるのである．例えば，母親から「今日は，どんなことをして遊ぶの？」と質問され，「滑り台で遊ぶよ」と応答した子どもは，その後，実際に滑り台で遊んだ場合にのみ，賞賛などの強化が母親から提示される．また，その日，滑り台で遊んだ子どもに対して，母親から「今日は，どんな遊びをしたの？」と質問され，「滑り台で遊んだよ」と応答した場合にのみ，賞賛などの強化が母親から提示される．つまり，言行一致訓練には，言語行動（saying）→非言語行動（doing）という順序での一致（「say-do」型あるいは「約束」型の言行一致とよばれる）と，非言語行動（doing）→言語行動（saying）という順序での一致（「do-say」型あるいは「報告」型の言行一致とよばれる）の2つのタイプが存在するのである．

●「言行一致訓練」研究の端緒
① その前史　言行一致訓練というパラダイムには「前史」が存在する．それに相当する研究は，子どもの発達における言語条件づけ研究の枠組みの中で行われていた．その研究には，ロヴァース（Lovaas, 1961, 1964a, 1964b）や Sherman（1964）がある．これらの研究では，言語行動だけを強化することによって，それに対応する非言語行動が増加するかどうかが検討された．その結果として，例えば，攻撃的な言語行動が強化されると，その後の攻撃行動が有意に増加したり（Lovaas, 1961），嫌いな食べ物をおやつのときに食べるという言語行動が強化されると，実際のおやつの時間に，その食べ物の摂取量が一時的に増加したり（Lovaas, 1964a），自由時間にあるおもちゃに関する言語行動が強化されると，そのおもちゃで遊ぶ反応と時間が増加したのである（Sherman, 1964）．そして，このような結果は，主として，子どものセルフ・コントロール（自己制御）やセルフ・マネジメント（自己管理）の発達との関連で考察されていた．
② リズリーとハート（Risley & Hart, 1968）の研究　彼らが注目したのは，言語行動を強化するだけでは，それに一致する非言語行動が少ししか増加しない，という点であった．さらに，彼らは，言行一致それ自体を強化することによって，般化言行一致を生じさせ，その後は，言語行動のみの強化で，それに対応する非言語行動の生起率を向上させることができるのではないか，と考え

たのである．その研究における参加者は，4～5歳の就学前児童であった．実験デザインは，遊具間多層・ベースライン・デザインであった．実験条件は，ベースライン→言語行動のみ強化→「do-say」型の言行一致訓練→ベースラインであった．その結果，1つの遊具について言行一致訓練を実施した後は，他の遊具において，言語行動のみの強化だけでも，実際にその遊具で遊ぶ行動が高率で生起した．さらに，3つ目の遊具からは言語行動のみを数回強化されただけで，その遊具で遊ぶ行動が高率で生起するようになったのである（実験IIのみを紹介）．

●「言行一致訓練」研究の展開　その後，言行一致訓練に関する研究は，1980年代に集中的に行われたものの，1990年代に入ってからは，ほとんど研究が行われなくなった．しかし，2000年代に入ってから，散発的にではあるが（年平均1件程度），理論的な検討，それに基づく実験的研究，さらに実践への適用が報告されている．そして，言行一致訓練の研究は，おおむね，①言行一致訓練における言語化の機能（般化言行一致），②言行一致訓練における強化随伴の機能，③般化・維持の促進技法としての効果，という3つのカテゴリーに分類できる（Baer, 1990；Bevill-Davis et al., 2004）．

①言行一致訓練における言語化の機能　先述したように，言行一致訓練は，子どものセルフ・コントロールやセルフ・マネジメントの発達との関連で研究が開始された．そのため，この訓練において，本人の言語行動によって，みずからの非言語行動が生起・変容することが，前提（期待）された（Karloy & Dirks, 1977）．実際に，1970年代に実施された研究では，「say-do」型の方が「do-say」型よりも標的となる非言語行動の生起率が高い，という結果が得られていた（Israel, 1973；Israel & O'Leary, 1973）．しかし，1980年終盤に入ると，言行一致訓練における言語化は実際に対応する非言語行動に影響を与えていない可能性が高い，あるいは言行一致訓練は他者の指示に従う行動（compliance）の訓練にすぎない可能性が高い，という知見が報告されるようになった（Baer et al., 1988；Ward & Stare, 1990）．なぜなら，それまでの言行一致訓練では，1）本人の言語化の内容に選択の余地がない，2）訓練前における言語化の機能（どの程度，本人の言語行動が自分の非言語行動に影響を及ぼしているのか）という査定がなされていなかったからであった（Matthews et al., 1987）．その後，このような問題点などを抜本的に見直すためての手続きあるいは概念分析がいくつか行われた（Baer, 1990；Lloyd, 2002；Paniagua, 1990）．その結果，2000年以降，言行一致訓練研究が徐々に増加しつつある．しかし，現在においても，言行一致訓練が，セルフ・コントロールやセルフ・マネジメントの発達そのものを促進するか否かについては明確になっていない（Cortez et al., 2014；Lima & Abreu-Rodrigues, 2010；Lopez et al., 2011）．

②言行一致訓練における強化随伴の機能　このカテゴリーの研究は，言行一致訓練を「手続き」として純粋に分析し検討する（つまり，セルフ・コントロールやセルフ・マネジメントの発達との関連を前提としない，あるいは「say-do」型か「do-say」型かの「順序」の問題ではない）というものである（Paniagua & Baer, 1982 ; Paniagua et al., 1982）．例えば，パニアグアとベア（Paniagua & Baer, 1982）は，言行一致訓練に含まれる行動連鎖のどの時点で，他者からの強化が随伴されるかによって，標的行動（お絵かきなど）の生起頻度が上昇するかを検討した．その結果，特定の活動に必要な道具（クレヨンなど）に接近するのは，どの時点で強化が随伴されても上昇した．一方，実際に，当該の活動に従事するのは，言行一致が強化される条件だけでなく，言語化した後，その言語化に関連する活動の前に生起する行動（部屋に移動するなど）を強化する条件においても上昇した．つまり，標的行動の生起に，言行一致そのものが強化されなくてもよい，ということが示されたのである．

③般化・維持の促進技法としての効果　ストークスとベア（Stokes & Baer, 1977）による般化・維持の促進技法に関する展望論文において，言行一致訓練は「般化を媒介する」技法として紹介されていた．そのため，般化・維持の促進技法としての言行一致訓練は，1）訓練室から教室への場面般化（例えば，Roca & Gross, 1996），2）学校から家庭への場面般化（例えば，Guevremont et al., 1986），3）訓練室からコミュニティへの場面般化（例えば，Olsen-Woods et al., 1998），4）新奇な訓練者への般化（例えば，Ballard & Jenner, 1981），5）時間般化・維持（例えば，Baer et al., 1987）などの検討がなされ，その効果が一定に示されてきた．

●**障害児・者に対する言行一致訓練の適用**　先述してきたように，現時点までの研究知見に基づけば，言行一致訓練によって，障害児・者のセルフ・コントロールやセルフ・マネジメントの発達そのものを促進させることについては保証の限りではない．しかし，言行一致訓練によって，ある標的行動を生起させ，般化・維持させることについては，一定に効果があると考えられる．

例えば，2000年以降，海外において，障害児・者に適用された言行一致訓練に関する研究論文は3件公刊されている．そのうちの2件は，他の技法との組合せで使用され，標的行動の生起を促進させている（Bevill et al., 2001 ; Morrison et al., 2002）．残りの1件は，単独で使用され，社会的相互交渉スキルの般化を促進させている（Rosenberg et al., 2015）．一方，1980年以降，日本において，障害児・者に適用された言行一致訓練に関する研究論文は5件公刊されている．全研究において，言行一致訓練は単独で使用されている．さらに，その標的は，日常生活動作などの増加（西尾，1987），問題行動の低減（廣瀬他，2003；中野・山下，1988），着席行動の持続時間の増加（平山他，1996），社会的相互交渉スキ

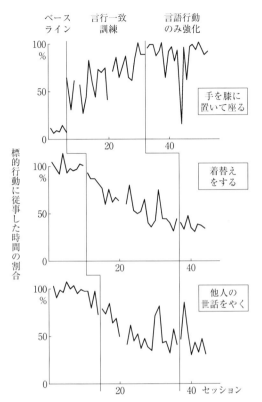

図1 西尾におけるS₁の結果［西尾，1987をもとに作成］
「他人の世話をやく」行動は不適切なものとみなしたため
（自分のするべき行動をせずに，他人の世話をやくため），
従事時間が短くなることが望ましいとされた．

ルの促進（中内，2007）であった．図1に，西尾（1987）の対象児 S_1 のみの結果を示した．

図1からわかるように，西尾（1987）の研究では，言行一致訓練後に，言語化のみの強化によって，標的となる非言語行動が望ましい状態で維持している（ただし，言行一致訓練によって，般化言行一致が生起したかどうかについては，この実験条件の設定では検討ができない）．　　　　　　　　　　　　　　　［武藤 崇］

参考文献

武藤 崇（2001）．言語の行動調整機能―「ふるまい」に影響を及ぼす「ことば」の獲得　日本行動分析学会（編）　ことばと行動―言語の基礎から臨床まで（pp.149-166）　ブレーン出版

西尾 明子（1987）．言行一致訓練の臨床場面への適用可能性の検討：精神遅滞児における"身振り言語・行動"一致訓練　行動分析学研究, 1, 2-22.

代表例教授法

☞連鎖化：応用 p. 470, 般化と維持 p. 502

　代表例教授法とは，般化場面における刺激と反応のバリエーションを代表した指導例を作成し，それらを計画的に指導することで般化を促進する方略である．
　指導例とは，指導において用いられるある特定の先行刺激-反応-後続刺激の組合せのことである．お金の支払いスキルを例にすると，ある店舗でのレジに表示された金額が先行刺激，お金の支払いが反応，店員がお金を受け取ることが後続刺激となる．お金を支払う行動に関する先行刺激や後続刺激は単一ではなく，先行刺激であればレジの金額表示に加えて店員が値段を告げることや商品に貼られた金額ラベル，後続刺激であれば店員が「ありがとうございました」と告げたり，受け取ったお金をレジに入れたりすることも刺激クラスとして機能する．また，お金を支払う行動も，いくつかの下位行動に課題分析される．
　しかし，代表例教授法における刺激と反応のバリエーションとは，ある特定の店舗における刺激クラスや反応クラスではなく，さらに広範囲な概念として理解される．例えば，コンビニエンス・ストア（以下，コンビニ）でも系列が異なれば支払いの場面やレジの機種に差異がある．同じ系列のコンビニでも，店舗ごとにまったく同じというわけではない．さらに，店舗の規模やコンビニやレストランといった業態ごとでも異なってくる．したがって，指導対象者が日常的に利用するすべての店舗を利用できるためには，それぞれの店舗における先行刺激や後続刺激のもとで，また，それぞれの店舗で求められる支払い方が必要となる．
　渡部らは，小学6年生の自閉症児に，4つの店舗を利用した買い物スキルの指導を行った（渡部他，1999）．表1に，それらの店舗の支払い場面の刺激特徴を示した．3つのコンビニでは，レジカウンターの正面に立ちレジを左手にしながらお金を支払うのに対して，スーパーマーケットではレジカウンターに並行して立ち，レジのほぼ正面でお金を支払った．金額は，コンビニもスーパーマーケットも店員から口頭で伝えられていたが，レジの金額表示は提示される高さや位置，表示の色，大きさ，表示内容の複雑さ，それに表示される箇所が異なっていた．お金の受渡しはカウンターに直接置いたり，トレイに入れたり，店員に手渡ししたりしていた．また，お金の支払い方は，ちょうどの金額で支払ったり，多めの金額で支払ったりすることに加えて，硬貨を組み合わせて支払ったり，千円紙幣で支払ったりすることもあった．その当時にはなかったが，近年では電子マネーがついたカードで支払うこともある．
　それらの刺激や行動の多様性は，社会的な経験が不足していたり，スキルの獲得段階であったり，知的障害や自閉症スペクトラム障害などの特性のある対象者

表1 買物スキルの行動連鎖と各店舗の刺激特徴

行動項目 刺激特徴	レジに行く/ 並ぶレジ台 (数と形状)	品物を渡す レジカウンター	支払い(レジ) 金額の 提示	金銭の 受け渡し	品物を持つ 商品	店を出る 出入口	その他
コンビニ a店	1 横長	カウンター 正面 レジは左側	デジタル表示 緑色 1カ所 店員の指示	受け皿 カウンター レシート 店員に手渡し	カウンター 品物 手渡し	自動ドア 1箇所	音楽 薬,雑貨 売場
コンビニ b店	1 横長	カウンター 正面 レジは左側	デジタル表示 緑色 1カ所 店員の指示	受け皿 カウンター レシート 店員に手渡し	カウンター 品物 手渡し	自動ドア 1箇所	音楽
コンビニ c店	2* *客が少な いときは1 横長	カウンター 正面 レジは左側	デジタル表示 橙色 1カ所 店員の指示	受け皿 カウンター レシート 店員に手渡し	カウンター 品物 手渡し	自動ドア 1箇所	音楽
スーパー マーケッ ト	10 縦長	レジは手前 レジは中央	デジタル表示 緑色 2カ所 店員の指示	受け皿 レシート 店員に手渡し	カウンター 品物 手渡し	自動ドア 2箇所	音楽 売場が 広い

注) 表中,行動項目はレジの支払部分の行動連鎖について示している.そして,それぞれの行動項目を遂行するときに手がかりとなる刺激特徴を店舗毎に示した.例えば,コンビニエンスa店では,レジ台は1つで横長の形状になっている.品物は横長のカウンター正面で手渡しそのときレジ台は左側にある.緑色のデジタル数字でレジの1カ所に表示される金額と店員の音声刺激を手がかりに支払をはじめ,お金はカウンターの上の受け皿におく.レシートが手渡され,お釣りが店員より手渡される.品物は袋に入れてカウンターの上に置かれるか,そのままか,あるいは手渡しされる.品物を受け取ると出入口から店外に出る.出入口は1カ所で自動ドアである.その他の店内の特徴としては,音楽が流されており薬や雑貨などの売場がある.[渡部他,1999]

にとっては般化の大きな妨げになる.そこで,実際に利用する店舗の刺激と反応を代表する指導例を作成することで般化を確実に達成することが代表例教授法のねらいとなる.

●**代表例教授法の理論的背景** 代表例教授法は,ストークスとベア(Stokes & Baer, 1977)によって提唱された般化促進方略の1つである「十分な指導例を教える」に由来する.その方略には,十分な刺激例を用いて指導する方法や,先行刺激だけでなく多様な行動レパートリーを含めて指導する多数例教授法がある.前者は,例えば,指導する場面や人物,それに指導を行う文脈や内容について,2つ以上の先行刺激に正しく反応できるまで指導するものであり,後者は,異なる指導者だけでなく,様々な会話の切出し方(Hughes et al., 1995)も含めて指導するものである.

十分な指導例を教えるという方略は,いくつかの指導例を教えることで幅広い

般化が得られたという報告もあるが（Stokes et al., 1974；Neef et al., 1990），一方で多数例を用いて指導しても般化が生じないという結果も示されている．一般的には，数多くの指導例を用いるほど般化が高まる可能性がある．しかし，ストークらが指摘するように，多様性をもって指導することが般化の成立に重要な要因になるものの，十分な般化が生起するためにはどのくらいの指導例を教える必要があるかは研究によって異なっていた（Stokes & Baer, 1977）．

　例えば，スプレーグとホーナー（Sprague & Horner, 1984）は，知的障害のある高校生を対象に，地域にある自動販売機で買い物スキルの般化がみられるか，いくつかの指導法を用いて検証した．まず，単一の自動販売機を用いて指導した単一指導例教授法では，未指導の10台の自動販売機への般化はみられなかった．続いて，多数指導例教授法を適用し，3台の自動販売機を指導例として指導を行った．しかし，単一指導例教授法よりもわずかに正反応率は増加したものの，地域の自動販売機への般化はほとんどみられなかった．

　そこで，代表例教授法による指導を行った．使用する自動販売機の台数は多数指導例教授法と同じ3台であったが，地域にある自動販売機の操作に必要なすべての刺激と反応を含んでいた．その結果，指導対象の6人の知的障害のある高校生が，未指導の10台の自動販売機をすべて正しく操作できるようになった．それらの研究から，日常環境の刺激と反応の範囲を代表する指導例を用いて指導する代表例教授法が注目されるようになった．

●**代表例教授法を用いた指導の進め方**　代表例教授法では，基本的に6つのステップから指導を進める（Albin & Horner, 1988）．①指導領域を定義する．②指導領域において関係する刺激と反応を抽出する．③指導領域から，刺激と反応を代表する指導例を選定する．④指導例を計画的に配置する．⑤指導例を用いて指導する．⑥未指導の指導例を用いて般化を確かめる．

　井上らは，代表例教授法を用いて自閉症スペクトラム障害の生徒に料理指導を行った（井上他，1996）．ここでは，初心者や子ども向け料理テキストの3冊以上に取り上げられている26品目の料理を選んだことが指導領域の定義となる．指導領域における関係する刺激と反応の抽出では，選択された26品目の料理について課題分析を行い必要な反応を明らかにし，出現頻度の高い，すなわち5品目以上で必要とされた25項目の反応を代表的な料理行動のレパートリーとしたことである．

　そして，それらの反応すべて網羅した3品目の料理，具体的にはチーズトースト，チャーハン，レトルトソースを使用したスパゲティーが刺激と反応を代表した指導例となり，3品目の単純適用品目（ラザニア，野菜炒め，カレーライス）と，2品目の複合適用品目（ピザトーストとグラタン）が未指導の指導例となる（図1）．

　井上らは，指導例とされた3品目の料理を，教示ビデオと料理カードを用いた行動連鎖化法によって指導した（井上他，1996）．その結果，未指導であったすべ

ての品目の料理が可能となった．このように，代表例教授法のステップに沿って計画的に指導することで，正確で広範囲な般化が達成される．

●**代表例教授法の適用の留意点**　代表例教授法は，衣服の着脱（Day & Horner, 1986），道路の横断（Horner et al., 1985），電話応対（Horner et al., 1987），雑貨店での商品の選択（McDonnell & Horner, 1985 ; Horner et al., 1986a），レストランでの給仕（Horner et al., 1986b）など，身辺処理から家庭，地域，職業生活に必要な様々なスキルに適用されてきたが，次の3点に留意して指導する必要がある．

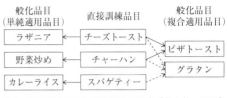

図1　直接訓練品目と般化品目の関連［井上他，1996］

まず，指導領域の定義である．ここで，般化が期待される環境として，指導対象者が日常的に利用している環境を具体的に明らかにできるかどうかが重要となる．もともと，般化は限定的であり，非日常的な環境で指導したスキルの般化を期待することはできない．般化が期待される環境とは，指導対象者が日常的に利用している環境のことであり，買い物を例にすると，毎日のように利用している店舗が3つあるとすれば，それらの店舗で般化が達成されることがねらいとなる．そのため，指導領域の定義では，利用頻度や潜在的な利用機会を把握する生態学的アセスメントなどを用いて，指導対象者にとって毎日のように利用する日常的な環境を明らかにすることが不可欠になる．

次に，指導領域における関連する刺激と反応の抽出である．些細な先行刺激や後続刺激の差異，また，反応の違いであっても，それらが般化を達成するための大きな障壁となる．そのために，指導領域で定義された環境において，反応と刺激を明らかにするための課題分析と環境調査を行う．買い物を例にすると，指導領域として定義された店舗ごとに必要な行動連鎖を課題分析によって明らかにする．そして，課題分析された下位行動ごとに，先行刺激と後続刺激を環境調査から明らかにする．行動連鎖の遂行に，新たな先行刺激や後続刺激の追加が必要であるかどうかについても検討する．それらをもとに適切な代表例を選定することになるが，般化の困難さを分析したり，指導対象者にとってできるだけわかりやすく，指導者にとってできるだけ教えやすい方法を明らかにしたりするためにも，課題分析と環境調査は大切な作業となる．

最後に，刺激と反応を代表する指導例を指導領域から適切に選定する方法である．例えば，アルビンとホーナー（Albin & Horner, 1988）は，職業スキルを例に代表例を選定する方法を示しているが，正確で広範囲な般化が達成されるための代表例の組み方については，さらに具体的な手続きを開発していく必要がある．

［渡部匡隆］

公的掲示

☞確立操作 p.506, コミュニティ p.718

　公的掲示とは，行動的介入の手続きの1つであり，行動に関する評価や記録を公に見える形にする方法である．掲示される行動に関する評価や記録の内容としては，点数，人数や台数などの数値，数値をまとめたグラフ，表や名前などがある．公的掲示の主な長所は，低コストであり導入が容易であることである（Van Houten, 1980）．公的掲示はこれまで，スポーツ（Smith & Ward, 2006 など），教育（Van Houten et al., 1975 など），コミュニティ（Van Houten et al., 1980 など），組織行動マネジメント（Nordstrom et al., 1990）など様々な分野において，多様な行動の改善を目的とした介入で用いられ，効果があることが確認されている．例えば，スミスとウォード（Smith & Ward, 2006）の研究では，アメリカンフットボールの技能向上を目的として，特定の技能の成否についての記録を，選手がロッカールームに向かう扉に掲示するという方法を実施することで技能を改善させた．また，ヴァンホーテン（Van Houten et al., 1975）では，時間制限，書くことができた単語数の自己採点と最高記録を公的掲示する手続きを組み合わせた介入により，小学生の作文を書く技能に改善が見られた．続く研究（Van Houten et al., 1980）では，都市の幹線道路の道路脇に速度遵守車両の割合とその最高記録を掲示する看板（図1）を設置する手続きを用いた結果，速度超過車両が減少し，事故にまつわるコストや事故件数も減少した．

●日本における公的掲示を用いた研究例　日本では，主にコミュニティの問題，特に放置駐輪を対象とした研究が行われている．佐藤ら（佐藤他，2001）は，大学キャンパス内の点字ブロック上やその付近に放置駐輪が多い地点の近くに，1週間の放置駐輪台数の増減を公的掲示するポスターを設置し，その効果を検討した．彼らは，測定地点によってポスターの設置開始時期をずらす場面間多層ベースラインデザインを用いて効果を検討し，4地点で放置

図1　速度遵守車両の割合とその割合の最高記録を示す看板

駐輪台数が減少した．また，4地点のうち，「ここは，目の不自由な人が通ります．自転車を置かないでください」というメッセージが点字ブロックの両側にペイントされた地面サインを付加した地点においては，より放置駐輪台数が減少した．沖中と嶋崎（沖中・嶋崎，2010）は，佐藤ら（2001）を参考に，大学キャンパス内の点字ブロックのない歩道上でポスターを用いた公的掲示の手続きによる介入の効果を検討した．彼らは，佐藤ら（2001）で用いられたポスターを参考にして作成したポスター（図2）を，放置駐輪台数の測定地点の歩道周辺に設置した．ポスターの上段には，2日前の観察セッ

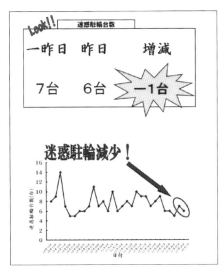

図2 公的掲示条件で用いられたポスター［沖中・嶋崎，2010, p. 28］

ションの最大放置駐輪台数と前日の最大放置駐輪台数を示すと同時に2日前から前日にかけての最大放置駐輪台数の増減を示した．ポスターの下段では，日々の最大放置駐輪台数の変化を示した折れ線グラフとそれに対応したメッセージを提示するようにした．最大放置駐輪台数が増加した場合，あるいは増減がなかった場合は「迷惑駐輪増加！」というメッセージを提示し，減少した場合は「迷惑駐輪減少！」というメッセージを提示した．彼らの研究では，公的掲示の手続きに加え，路面にテープを貼付することで放置駐輪禁止範囲を明示する手続きを実施した．その結果，公的掲示のためのポスターと路面標示を併用する方が点字ブロックのない場所における放置駐輪の防止に効果があることを確認し，公的掲示のためのポスターと路面標示の複合的な効果があったとする佐藤ら（2001）を支持する結果を得た．

　放置駐輪を扱った研究以外では，大学キャンパス内のバイクおよび自転車による歩道走行の防止を目的とした研究（沖中，2012）がある．この研究では，速度超過車両の速度抑制を目的として行われた研究（Van Houten et al., 1980）で用いられた公的掲示の手続きと類似した手続きで介入を実施した．彼の研究では，自転車やバイクの走行が禁止されている大学キャンパス内の歩道を通行する自転車およびバイク利用者を観察対象とした．また，自転車やバイクから降りて押して歩く行動を安全行動と定義し，自転車やバイク利用者がその行動に従事しているか否かを記録した．介入手続きとしては，プロンプトと公的掲示を用いた．プ

図3 安全行動従事者の割合とその割合の最高記録を示す看板［沖中，2012, p.21］

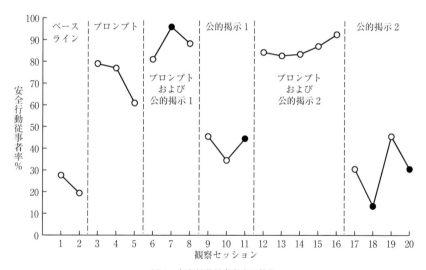

図4 安全行動従事者率の推移
図中の白丸は降雨のない日を示し，黒丸は降雨があった日を示す［沖中，2012, p.22をもとに作成］

ロンプトは，警備員による，「学内走行はやめましょう」と書かれたタスキの着用と「学内の安全のために自転車やバイクから降りて駐輪場まで押して歩いて行ってください」という声かけの実施であった．公的掲示を実施した条件では，図3のように，この場所を通行した自転車およびバイク利用者のうち安全行動に従事した人の割合とその割合の当該セッションまでの最高記録を示した看板を歩道脇に設置した．その結果，プロンプトと公的掲示を組み合わせた条件で安全行動の従事者率が最も増加し，図4のように公的掲示のみの条件でも安全行動の従

事者率がある程度増加した．

●**公的掲示の効果**　公的掲示の手続きは，私的フィードバックと併用した方が効果がある．アルヴェロら（Alvero et al., 2001）は，1985年から1998年にかけて実施された，様々な組織を対象としてフィードバックの効果を検討した研究を見直した．フィードバック情報がどれほどの範囲で入手可能かによって研究を3つに分類した結果，行為者個人や行為者の集団だけでなく組織の他の成員にもフィードバック情報が利用可能な状態であった公的掲示フィードバックと，行為者個人や行為者の集団だけにフィードバック情報が入手可能であった私的フィードバックを組み合わせて実施した研究で着実に効果があがっていることが明らかとなった．

また，スミスとウォード（Smith & Ward, 2006）は，目標設定，言語的フィードバックと公的掲示を組み合わせた場合に，より効果があることを示した．これについて彼らは，公的掲示の手続きを実施することが，パフォーマンスを公表し，行為者に対してフィードバックを与える役割を果たす一方，目標設定が外的な基準を提供するためであると説明している．

●**公的掲示の機能**　ヴァンホーテン（Van Houten, 1980）は，教育場面において公的掲示が効果を発揮する理由として，公的掲示の実施が生徒間の相互作用を刺激し，そのことが生徒の課題に対する作業を強化し，促す役割を果たすからであるとしている．また，もう1つの理由として，公的掲示の実施が個人に対して社会規範を提供するためであるとしている．さらに，スミスとウォード（Smith & Ward, 2006）は，アメリカンフットボールの技能改善に関する研究の結果より，ベースライン条件と介入条件間の従属変数の変化が即時に起こったことから，技能が学習されたものではなさそうだと述べ，どちらかといえば，動機的な要因によって影響を受けたと見ることができそうだと述べている．そして，公的掲示が技能の成功による強化力を高める確立操作としての機能を果たしたと考えた．速度超過車両を扱ったヴァンホーテンら（Van Houten et al., 1980）は，公的掲示のための標識が，監視，装置や人員の存在の増加を示すものとなっていた可能性があると述べている．つまり，公的掲示のための標識が，誰かが監視していることを暗に伝える役割を果たしていた可能性もあるということである．このように，公的掲示の機能については，行動の後で生じる後続事象としての機能，強化子や弱化子の効果を変化させる確立操作としての機能，あるいは，行動が強化される状況であるか否かを示す弁別刺激としての機能といういくつかの側面からのとらえ方が存在し，一致した見解が得られていない．根拠に基づいた効果的な介入を実施していくためには，実践研究で効果をあげてきた公的掲示の機能についても目を向け，今後その機能についても明確にしていく必要があると考えられる．

　　　　　　　　　　　　　　　　　　　　　　　　　　　　　　　［沖中　武］

習慣逆転法

☞強化介入による行動低減 p. 490, アクセプタンス＆コミットメント・セラピー p. 618

　習慣逆転法とは，神経症的な習慣やチックを代表とする反復性が問題となる様々な行動的問題に対し用いられる行動療法における古典的な技法もしくは介入パッケージである．習慣逆転法の登場以前はチックに対する介入として「除去型練習」が広く用いられていた．除去型練習は，問題となっている行動（つまり，チック）を意識的に繰り返させることにより，結果的にその行動を抑制することを目指す．しかし，除去型練習の効果についてはその研究結果が一貫せず，その有効性には疑問の余地があった（Adams et al., 2003）．アズリンとナン（Azrin & Nunn, 1973, 1974）は，これに代わる技法として習慣逆転法を開発した．習慣逆転法は，除去型練習以上に有効であるのみならず（Azrin et al., 1980），チック以外の様々な反復性の問題に対しても応用可能である．

●**適応対象と適応外**　習慣逆転法の代表的な対象はチックもしくはトゥレット症候群および抜毛症である．それ以外にも，習慣逆転法は実に様々な行動的問題に対し用いられ，吃音，爪嚙み，唇嚙み，歯ぎしり，指しゃぶり，みずからの首を絞めるといった反復性に関する様々な行動的な問題に適用されている（例えば，Woods & Miltenberger, 1995）．また，習慣逆転法が対象とするのは基本的に自動強化によって維持される行動的な問題である．自動強化とは，その行動自体が強化的であるという現象であり，自己刺激ともよばれる．仮にチックや爪嚙みといった具体的な行動の反応型自体が同じでも，その行動の維持要因が他者からの注目や課題からの回避といった外的な環境に由来する場合には，習慣逆転法に十分な効果は期待できない（Woods et al., 2001；Higa et al., 2001）．そのため習慣逆転法の実施に先立って，機能的アセスメントを実施し，事前に習慣逆転法を選択すべきかどうかを判断することが重要である．

●**習慣逆転法の手続き**　習慣逆転法は複数の技法からなる介入パッケージであるため，どの技法を組み込むかによっていくつものバリエーションが生まれる．介入要素に関する研究によれば，なかでも「気づきの訓練」と「競合する反応の訓練」が重要な技法であるとされている（Woods et al., 1996）．ここでは，これら2つの要素に加え，「不便さを振り返る」「社会的サポート」「般化手続き」を含んだ習慣逆転法の鍵となる手続きを紹介する（Adams et al., 2003）．それぞれの要素を表1に示す．

　「不便さを振り返る」では，その習慣による不便さや問題について本人に確認する．これはクライエントにおける介入への動機づけを高めるための作業である．例えば，抜毛症を抱えた人々の場合，日常生活の中で，水泳や美容院，風の

表1 習慣逆転法の鍵となる要素

項目	内容
1. 不便さを振り返る	クライエントがその習慣によって生活がどのように支障を来しているかを振り返れるよう支援する.
2. 気づきの訓練	その習慣に関する一つ一つの出来事に気づかせる.
3. 競合する反応の訓練	その習慣を置き換えるための,その習慣と相容れないような一つ以上の行動に取り組むことを教える.
4. 社会的サポート	クライエントが競合する反応を上手に使えるように,アシスタントとして他者の協力を得る.
5. 般化手続き	イメージ上でリハーサルしたり,クライエントの日々の生活でうまくいくための他のステップを促す.

[Adams et al., 2003 をもとに作成]

強い日の外出を避けたり,対人関係を避けるなどし,学業や仕事にも大きな支障を来すことが調査から知られている (Woods & Twohig, 2008). セラピストは,例えば「あなたは,その癖によってどんなことに困っていますか?」といった質問をしながら,その行動を繰り返すことがどのような生活上の不便を引き起こしているかを明らかにしていく.

「気づきの訓練」では,自分自身の行動と弁別刺激に対する気づきを高められるよう促す.抜毛やチックをはじめとする習慣的な行動は,しばしば本人の意識しないところで行われている.気づきの訓練では,まずそのような意識できていない行動を明瞭に意識できるよう,その行動のきっかけから終わりまでの行動連鎖を本人が具体的に追えるように練習する.例えば,本人が普段何気なく行っている抜毛は,机に向かって退屈な時間を過ごしているときに,右手で髪の毛を根元あたりから触り,縮れている毛を見つけた後,親指,人差し指,薬指でその毛髪を根元付近から毛先に向けて強めになぞるように何度も引っ張り,最終的にそれを引き抜いた後,その毛を眺めてから,机の上に捨てる,といった連鎖になっているかもしれない.

「競合する反応の訓練」では,問題となっている行動と物理的に両立できないような行動(競合する反応)をあえて行うよう練習する.図1は,様々な行動に対する競合する反応の例である.図1では,例えば,まつ毛を抜くという行動に対して,物を握るという競合する反応が取りあげられている.基本的には,手を用いた問題行動の場合には,手を別の用途で使ってしまったり,握りこぶしをつくることで対応できる.また,手を使う以外の反復性の問題については,その行動を行うのに緊張させるのと反対の筋肉を緊張させる方法がしばしば用いられる.

「社会的サポート」では,クライエントの家族や友人といった他者の力を借りる.協力者には,クライエントの面接に同席を求め,一緒に習慣逆転法について学んでもらう.そのうえで,協力者には,普段の生活の中で,クライエントが問

図1 様々な行動に対する競合する反応の例［Azrin & Nunn, 1973 をもとに作成］

題となっている行動を通常なら起こすような場面で起こさなかったときや競合する反応によって対処できたときにクライエントを賞賛してもらう．また，逆に，クライエントが問題となる行動を行っているときには，競合する反応を行うようクライエントに促してもらう．

「般化手続き」では，クライエントに，競合する反応の実践を面接室内でイメージ上で練習するよう促す．また，クライエントが自宅で競合する反応を行えるようにするには，その他にも，すでにあげた社会的サポートの利用を含む般化のための工夫を行うことが必要である．

●**習慣逆転法の効果と応用**　習慣逆転法は様々な行動的な問題に対し実際に効果があることが示されている．575人の参加者，18の研究データに基づくメタ分析

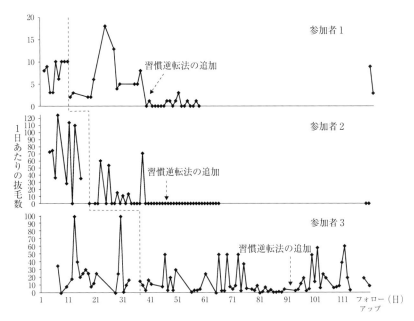

図2 3人のプログラム参加者における1日あたりの抜毛数の推移［Twohig & Wood, 2004をもとに作成］

によれば，習慣逆転法は統制群と比較した場合に大きな効果量（$d=0.80$）を示している（Bate et al., 2011）．また，抜毛症は，気づかぬ間に抜毛を行う「自動型」と，意識的にそれを行う「焦点型」とに大別される．前者は特に子ども（10〜12歳）の抜毛症に多く，ここまでで紹介した通常の習慣逆転法が有効とされる（Flessner et al., 2009）．一方，後者は特に青年期以降の抜毛症に多く（Flessner et al., 2009），より認知的な要素も含んだ技法が必要であるとされている．

焦点型の抜毛症を対象とすべく，トゥーヒグとウッズ（Twohig & Woods, 2004）はアクセプタンス＆コミットメント・セラピーを付加した習慣逆転法プログラムを開発した．図2は3人のプログラム参加者における1日あたりの抜毛数の推移である．破線左側のベースラインと比べ右側の介入期において抜毛頻度の減少が認められる．さらにこのプログラムの効果はその後，無作為化比較試験によっても確認されている（Woods et al, 2006）． ［三田村 仰］

📖 参考文献

Adams, A. N. et al.（2003）. Habit reversal. In W. T. O'Donohue et al.（Eds.）, *Cognitive behavior therapy: Applying empirically supported techniques in your practice*（pp. 189-195）. Wiley.

クリッカー・トレーニング

☞条件強化 p. 190, 動物トレーニング p. 706

　伝統的な動物の訓練，しつけは，除去型強化と提示型弱化を利用して行動を制御する方法を選択することが多かった．昨今では，動物福祉に配慮し，飼育管理に必要な行動を提示型強化で形成したり，回数を増やしたりすることが望ましいとされている．本項目では，無条件強化子（餌）と条件強化子（音声刺激）を用いた，提示型強化による動物の訓練方法として，広く普及しているクリッカー・トレーニングについて解説する．

●**動物のトレーニングと即時強化**　オペラント条件づけでは，即時強化が大切である．中野と宮崎は，子どもの指導において行動の0.5秒以内に強化することを推奨している（中野・宮崎，2005）．経験的に動物の訓練でも同様であるといわれている．多くの動物の場合，トレーナーが発する賞賛の言葉だけで強化することは難しいので餌を使うが，行動の直後に口の中に餌が入っている状態にするのは困難なので，クリッカーやホイッスルの音を条件強化子として用いる．

●**クリッカーとは**　クリッカーは，犬や猫，インコなどの伴侶動物の飼い主が，自分自身でペットをしつけられるようにする訓練用品で，ハワイのイルカトレーナーだったプライア（Pryor, K.）が，著書 *Don't Shoot the Dog!*（1984）の中で紹介し，広く知られるようになった．クリッカーは，単純な構造で，金属の板を指で押し下げたときと指を離したときに生じる2つの音が連続して生じるようになっている．操作も簡単で，誰でも親指で押すだけで明瞭な音を出すことができる（ただし，「カッチン」ではなく「カチッ！」である）．条件強化子としてクリッカーを，無条件強化子として餌を用いるトレーニングをクリッカー・トレーニングと呼ぶ．現在では様々なタイプのクリッカーが販売され，犬だけでなく，ラット，インコ，馬，ウサギなどあらゆる動物のトレーニングに用いられている．

●**ほめ言葉とクリック音**　クリッカーではなく，「そう！」などの正解を示す簡潔な音声言語を条件強化子として提示し，その後に餌を与えるのはどうだろうか．人が発する音には，個人差があり，同一人物でもアクセントやリズム，長さ，高さなどが変わることがある．また，「そうそう！」「おりこう！」など，重複したり，別の言葉を用いたりすることもある．言葉ではなく音として聞く動物では，それらすべてが餌の到来を知らせる音声刺激として学習するまで多くの機会を必要とするだろう．その点，誰が操作しても単一の音が出るクリッカーは，動物が生活する環境の中で聞く機会がほとんどない人工的な音で聞き分けやすく，餌との対提示の操作も容易であるため条件強化子としての機能を獲得しやすい．実際に，クリッカーを使い始めたら，動物の反応がとても良くなったとよく聞く

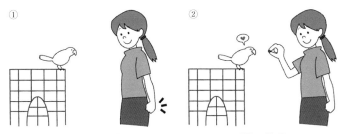

図1 対提示（クリッカー・トレーニングの最初の練習）
①クリッカーを好みの手に握る．餌は，腰につけるトリーツ（フード）ポーチなど取り出しやすい容器に入れて動物から見えないところに置く．動物がリラックスしているときにクリッカーを1回鳴らす．
②クリッカーを握っているのとは反対の手で，すぐに一口分の餌を取り出して動物に渡す．手渡しのほか，動物によっては，トングを使ったり，スプーンやヒシャクなどに餌を入れて与えたりする．

ので，ほめ言葉よりもずっと学習が容易になるのだろう．もちろん，飼い主が行う伴侶動物のクリッカー・トレーニングの場面では，クリッカーを鳴らすと同時に飼い主の笑顔や「おりこう！」といったほめ言葉が意図せず，そしてしばしば現れる．クリッカー・トレーニングを通じて，飼い主の表情や言葉もまた条件強化子として機能するようになり，良い関係をつくる手助けとなるだろう．

●**ホイッスルとは** 犬笛は，人には聞こえない高い周波数を出して犬を遠くから呼び戻すなどの目的で使うが，水族館や動物園ではこれをホイッスルもしくはブリッジとよび，人にも聞こえる「ピッ！」というやや甲高いクリアな音が出るよう調節し，条件強化子として使用する．ホイッスルは，口にくわえると両手が空くので採血など両手を使うことが多いハズバンダリー・トレーニングや腕や手の動きや形を弁別刺激にする場合や後述のターゲット・トレーニングで用いられることが多い．次にクリッカーを用いたトレーニングの手順を解説するが，ホイッスルでも方法は同じである．必要に応じて使い分けたい．

●**クリッカー・トレーニングの手続き** 最初にクリッカーの音と無条件強化子の対提示を行う．「カチッ！」とクリッカーを鳴らして（以下，「クリックして」；図1①）から，その動物に合わせた一口サイズに整えた餌を素早く動物に与える（図1②）ことを繰り返す．1回のトレーニングの時間は，動物種や行動によって，2分程度を目安に増減する．対提示のときには，動物の名前を呼ぶ，アイコンタクトをとるなどで動物の注意をひく必要はない．クリックして素早く餌を与えることを30回ほど繰り返したら，動物がよそ見をしているときに一度クリックして動物の行動を観察する．動物が餌を探す，トレーナーの方を見るなどの行動をしたら，条件強化子として作用している可能性が高いので，行動の回数を増やしたり，新しい行動を教える課程に進む．顕著な反応が見られなかったら，対

提示を繰り返すか，動物種によっては反応がわかりにくいことがあるのでそのままトレーニングに進んでもよい．なお，対提示の操作は毎回行う必要はないが，道具やトレーナー，場所などが変わったときやトレーニングの間隔があいたときは，数回対提示を行って動物の反応を見てから，行動を教えるとスムーズだろう．

●**行動を増やす，引き出す方法**　行動の頻度を増加させたいときは，動物が目的の行動をするのを待ち，行動をした瞬間にクリックして動物に餌を与えることを繰り返せばよいが，オペラントレベルが低い場合はうまくいかない．行動を増やしたり，新しい行動を教えたりするときは，誘発法や反応形成がよく使われる．誘発法は，嗅覚が優れた動物なら匂いが強い餌を手で握る，視覚が優勢なら餌を見えるように手に持つか，長さがある棒（ターゲット棒）を使い，それらを動物の目前に提示して接近反応を誘発し，餌を与えることを何度か繰り返すと動物は，顔の前に差し出した握りこぶしや棒に顔の先端（口吻，鼻，くちばしなど）を接触させるようになる（中島，2002）．誘導法で形成した，ターゲットにタッチする行動は，クリックして餌を与えることで維持する．動物の体の一部を接触させる，または移動の方向を示すものをターゲットとよび，これを動物提示し，動物を動かすことをターゲット・トレーニングとよぶ．

●**反応形成とは**　現在できる行動の中で最終目標に近い行動を選んで強化し，行動の回数が増えたら消去して，行動の変動性で生じた行動の中から，目的に近い行動を選んで強化する方法である（漸次的近似法）．反応形成は，その動物の骨格筋の許容範囲であればどんな行動でも形成可能で，ターゲット・トレーニングのように範囲の制限もない．反応形成は，クリッカーを使うとより細かく基準を設定することができる．もし先に進めなくなったら，前のステップに戻り，基準を下げる．思うような行動をしない場合は，動物全体を見るのではなく，動かしたい部位に注目すると小さな変化がわかるので，スモールステップで進めやすくなる．

●**弁別訓練**　弁別刺激をつけて行動を制御する場合は，弁別刺激となる刺激を行

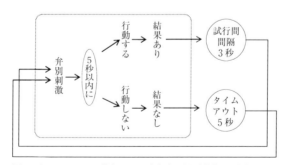

図2　トレーニングの枠組みのつくり方の例（秒数は一例）

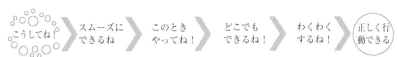

図3　クリッカー・トレーニングの流れの一例
1段目はシェイピングで行動を形成する場合の流れを専門用語を使わないで説明した．2はそれぞれの過程に対応する用語を示す．

動の直前か行動と同時に提示し，行動の直後にクリックし，無条件強化子を渡す．これを繰り返して，行動の直前に提示した刺激をきっかけに行動を始めるようになったら，弁別訓練を行う．弁別訓練では，弁別刺激を提示したときに行動をしたらクリックして餌を与え，弁別刺激を提示しないときに行動しても餌は与えないようにする．図2は，トレーニングの枠組みのつくり方の例である．無条件強化子の提示から次の弁別刺激を出すまでの間は，数秒間の休み（試行間間隔）を挟んで，弁別刺激-行動-結果のまとまりをつくる（不連続試行）．また，弁別刺激を提示してから行動するまでの制限時間を設定し，制限時間内に行動しなかった場合は，タイムアウトを挟んで次の弁別刺激を出すようにする．

●**トレーニングの流れ**　反応形成（シェイピング）で行動を形成した後の流れの一例を図3に示す．行動を形づくり，強化の回数を重ねると動物はトレーナーの前で頻繁に教えた行動をするようになる．弁別訓練を行い，次いで場所や人を変えて般化する．伴侶動物の家庭内のしつけでは，頻度の高い行動は，間欠強化にするとよいだろう．科学的な裏づけをもつトレーニングなら，このように丁寧に段階を踏んでいけば誰でも優秀なトレーナーになれる．

●**トレーニングでQOLをあげる**　正の強化（提示型強化）を用いたクリッカー・トレーニングは，目的をきちんと設定すれば，動物に飼育管理に必要な行動を教えるのに適しているばかりでなく，人と動物の良い関係を結び，生活の質（quality of life, QOL）をあげる動物福祉に即したトレーニング方法である．

［青木愛弓］

参考文献
中島 定彦（2002）．アニマルラーニング―動物のしつけと訓練の科学　ナカニシヤ出版
Pryor, K.（1999）. *Getting started: Clicker training for dogs.* Sunshine Books.（プライア，K. 河嶋 孝（監訳）（2002）．犬のクリッカー・トレーニング　二瓶社）
Pryor, K.（2001）. *Getting started: Clicker training for cats.* Sunshine Books.（プライア，K. 杉山 尚子・鉾立 久美子（訳）（2006）．ネコのクリッカー・トレーニング　二瓶社）

行動コンサルテーション

☞ポジティブ行動支援（PBS）p.606

　北米にある大学のコンサルタント養成カリキュラムの中で最も広範に取り上げられ，エビデンスの明確な，洗練された技術体系を有する間接援助モデルが行動コンサルテーションである（Erchul & Martens, 2002 大石監訳 2008 ; Kratochwill & Martens, 1994）．この行動コンサルテーションは「応用行動分析や認知・行動療法の考え方に基づく間接援助モデル」（大石，2016）であってバーガン（Bergan, J. B.）が紹介した4段階の介入モデルを指している（大石，2015）．間接援助モデルという意味は，応用行動分析の専門家であるコンサルタントが，問題を抱えるクライアントに直接介入するわけではないことを表している．

　応用行動分析のアプローチにおいてその効果と意義を確かめるための努力は，大きく2つの方向に向けて傾注されてきた．すなわち，維持と般化に代表されるような行動が環境に対して及ぼす作用を追求するような方向性と，社会的妥当性やスタッフトレーニングないしコンサルテーションのように非専門家や行動分析家以外の人にも理解でき，運用が可能であるかという社会的な浸透を追求するような方向性である（Baer et al., 1968, 1987）．

　行動コンサルテーションは，より日常生活の文脈に近い現場において，保育士や教師，あるいはカウンセラーなどに適用され発展した．これらの人材は，必ずしも応用行動分析に関する基礎教育や技術指導を受けたことのない人であった．けれども，これらの実践家は行動変容の実際に立ち会い，支援の対象となる人たちがいかに自律性を獲得していくかを確認できる立場にあった．このような事情を背景として，行動コンサルテーションは1970年代に確立された．

●**行動コンサルテーションの基本モデル**　行動コンサルテーションは，キャプラン（Caplan, G.）が定義したコンサルテーション関係（2人の専門家同士の共同問題解決過程）の考え方に準拠している（Erchul, 1993）．すなわち，コンサルタントがコンサルティと共同作業することを通じてクライアントの臨床的問題の解決や主訴の解消を目指すというものである．キャプラン派の精神衛生コンサルテーションでは，コンサルタントとコンサルティの関係は，専門家同士の水平的なものである．これに対して，行動コンサルテーションでは，コンサルタントがより積極的な役割をコンサルテーションの中で担う場合が少なくない．このような場合，時としてスーパービジョンやスタッフトレーニングの色彩を帯びる特有なコンサルテーションの形態になることがある．その場合は，コンサルティではなく，むしろコンサルタントの機能や責任の割合が大きくなるということに注意が必要である．同時にその場合には，キャプランが定義したコンサルテーション

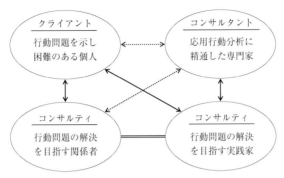

図1　行動コンサルテーションにおける三者関係
⟵⟶：直接的　⟵┄┄⟶：間接的　＝＝＝：協働的

とは異質な援助技法となることから，明確な区別をして実践を展開する必要がある．ただ，キャプランのコンサルテーションでは具体的手続きや効果評価の方法は曖昧で不十分だったのに対してバーガンのコンサルテーションではこれらが明確にされ，再現性の高い技法として確立された．

　行動コンサルテーションにおける三者関係の模式図を図1に示した．

　図1は，バーガン派の行動コンサルテーションにおけるコンサルタントとコンサルティ，クライアントの三者関係を示したものである．コンサルタントは，応用行動分析の理論と技法に精通した専門家である．日本の場合は大学の研究者のほか，臨床心理士や臨床発達心理士など臨床心理学の専門家，あるいは特別支援教育士などの資格を有していたり専門研修を継続的に受講している特別支援教育コーディネーターなどがコンサルタントを担う事例が多い．次にコンサルティは，基本的には，クライアントの行動問題の解決を目指して専門実務として実践を行う通常学級担任教師や保育士，保健師や福祉専門職などがこの任務を担っている．ただし，2000年代に入り研究論文報告数が急増している協働型行動コンサルテーション（Sheridan & Kratochwill, 2007）では，もう1人のコンサルティとして，ともにクライアントの行動問題の解決を目指す関係者として保護者や他の関係者も想定されている．最後に，クライアントは，行動問題を示して困難な状態を抱えたり，そのために社会相互作用を遮断されている個人であって，幼児，児童生徒・学生，成人などの被援助者である．

　図1の実線で示した矢印は，直接的な援助関係があることを示しており，破線で示した矢印は，援助関係が間接的であることを示す．さらに，二重線は，協働的関係が存在することを意味している．コンサルタントはコンサルティが抱えるクライアント支援の問題について真の臨床的問題を見極める．どのような展望と技術をコンサルティが獲得すれば，クライアントの問題解決や行動改善につなが

表1 バーガン派の行動コンサルテーションにおける4段階の基本介入モデル

4段階の名称	各段階における具体的な手続きや測定方法（尺度の名称）	評価方法
問題同定段階	標的行動の選定・選好の評価（PII）	評定尺度
問題分析段階	機能的行動アセスメント（PAI）	評定尺度
介入実行段階	包括的行動支援計画の立案・介入整合性の評価（TI）	評定手続
効果評価段階	行動変容・維持と般化の測定・社会的妥当性の評価（TEI）	評定尺度
PII 問題同定面接 (problem identification interview)	解決すべき問題や課題の見極めを行い，標的行動を定めるためのインタビューの質問項目．	
PAI 問題分析面接 (problem analysis interview)	標的行動に関する情報を分析し，解決につながる介入計画を作成するためのインタビューの質問項目．多くの場合，この段階で直接行動観察と機能的行動査定を実施．	
TI 介入整合性 (treatment integrity)	バーガンの介入モデルでは，特定の尺度などは存在しない．けれども，①指導介入技法の訓練，②自己記録によるモニタリング，③コンサルタントによるフィードバックを通じて介入整合性を高める様々な工夫がこれに該当．	
TEI 介入評価面接 (treatment evaluation interview)	行動観察と面接による行動変容や目標達成度，あるいは社会的妥当性を評価するためのインタビューの質問項目．	

〔加藤・大石，2004；大石，2015，2016をもとに作成〕

り，彼らの社会的機能の向上に結びつくかを検討する．その分析結果をともに概観して，コンサルティはクライアントに対して直接的な介入を行うことになる．ただし，コンサルティの直接的な介入には時間的ないし場面的な制約があるため，クライアントの行動改善を広範に引き起こすために，保護者・関係者と協働することがある．これは，日常生活における自律性の支援にも有益である．

　行動コンサルテーションの実施手順は，バーガンが紹介した4段階の介入モデルが採用される場合が日本では多い．この4段階の基本介入モデルを表1に示した．

　バーガン派の行動コンサルテーションにおける4段階の基本介入モデルは「問題同定段階」「問題分析段階」「介入実行段階」「効果評価段階」から構成される．

　問題同定段階では，クライアントの問題の見極めが行われる．問題分析段階では，直接行動観察と機能的行動査定の方法を用いて介入を行うための基礎情報が生成され統合される．さらに，先行研究の知見なども援用しながら効果の予測と価値を検討しつつ予備的介入と本介入の実行がコンサルティにより行われる．その際，計画に準拠した適切な手法が用いられているかどうかが同時に調査される．これは介入の整合性（あるいは介入の厳密性）とよばれる．最後に行動改善や社会的機能の向上，維持・般化と社会的妥当性の測定などにより行動コンサルテーションによる介入の効果評価が行われる．

　なお，コンサルテーションの進め方についてアーチュル（Erchul, W. P.）は，相談の内容はコンサルティが主導し，相談の過程はコンサルタントが主導する，

と述べている．このような観点から，コンサルタントが適時的かつ効果的に問いかけを行うことや，コンサルティが行うクライアントの行動に関する記述を三項随伴性の枠組みにより整理し直すことがコンサルティの支援として機能する．

●参照すべき研究例　心理学の専門家が学校において機能する際に，応用行動分析的介入の「要」となって働くことが期待される（Kratochwill & Martens, 1994）．行動コンサルテーションがエビデンスに基づく間接援助モデルであることが，その大きな理由である．

デュフレーヌ（Dufrene et al., 2014）は伝統的行動コンサルテーションに対して，直接的行動コンサルテーションという提案をしている．これは，教室内で具体的な活動が行われている最中にクライアントの機能的行動アセスメントが行われ，コンサルティが円滑に介入を行うための訓練も同時に行われるというものである．デュフレーヌは，伝統的行動コンサルテーションと直接的行動コンサルテーションを比較して，いずれの手法が教室内での教師の称賛行動を増強するかを検証した．その結果，対象児童の逸脱行動が減弱していたのも，直接的行動コンサルテーションが適用されたときであった．

デュフレーヌは，2人の小学校教師をコンサルティとして，行動コンサルテーションを実施した（Dufrene et al., 2014）．教師については「児童の行動に即した称賛行動」（望ましい行動を具体的に指摘し，言語称賛を与える）を観察し，児童については「教室内で生じた逸脱行動」（大声をあげる，指示に従わない，離席する，課題に取り組まない）を観察した．直接的行動コンサルテーションは，コンサルテーションの最中にトレーニングを埋め込む手法だが，この手法は単独もしくはパフォーマンス・フィードバックと組み合わせることで効果を発揮することが明らかにされた．

行動コンサルテーションという間接援助モデルが，いかにエビデンスが明確で，洗練された技術体系を有していても，日本ではその養成プログラム（基礎教育と技術指導）の設計は課題として残されたままである．この問題を解決するための1つの方途として，デュフレーヌの提案は興味深いものである（Dufrene et al., 2014）．また，この研究ではクラスワイドな行動コンサルテーションを実践しており，これも近年の研究の動向（「協働型行動コンサルテーション」や「組織コンサルテーション」の試み）を反映している．　　　　　　　　　　　　　　［大石幸二］

参考文献

小林 正幸（2004）．事例に学ぶ不登校の子への援助の実際．金子書房

Brigman, G., et al. (2005). *School counselor consultation: Skills for working effectively with parents, teachers, and other school personnel.* John Wiley & Sons（ブリッグマン，G. 他　谷島 弘仁訳（2012）学校コンサルテーション入門―よりよい協働のための知識とスキル　金子書房）

加藤 哲文・大石 幸二（2011）．学校支援に活かす行動コンサルテーション実践ハンドブック―特別支援教育を踏まえた生徒指導・教育相談への展開　学苑社

行動的コーチング

☞ 課題分析 p.466, 連鎖化：応用 p.470,
社会的妥当性 p.522

　行動的コーチングとは，スポーツに関わる様々な動作を，シェイピングや連鎖化，教示や身体的ガイダンス，強化や消去など，行動分析学が見出してきた行動の法則や行動変容の手続きを用いて訓練する方法論である（杉山，1987）．主に教育や臨床における応用行動分析学の研究や実践が「行動変容」の名で普及しつつあった1973年，体育教師やコーチに向けた教科書（Rushall & Siedentop, 1973）の刊行を機に，水泳，ゴルフ，サッカー，アメリカンフットボール，器械体操，テニスなど，数々の種目における研究が始まり，発展した（Martin & Hrycaiko, 1983）．

　ルイセリーら（Luiselli et al., 2011）は近年 Journal of Applied Behavior Analysis 誌に掲載された行動的コーチングの研究を展望し，強化，モデリング，目標設定と達成の視覚的なフィードバックが，様々な種目，多様な水準の競技者に対して有効であるとまとめている．また，バスケットボールにおけるスリーポイントシュートの選択率を，対応法則を用いて記述する試みや（Vollmer & Bourret, 2000；Romanowich et al., 2007 など），試合の流れを強化率で記述し，行動モメンタムの枠組みからタイムアウトの影響を検討した研究（Mace et al., 1992；Roane et al., 2004）のような，基礎から応用への橋渡し研究の登場を新しい展開ととらえている．

　行動的コーチングの研究は日本でも行われている．硬式野球におけるスローイングを課題分析し，教示，シェイピング，プロンプト，言語賞賛からなる介入パッケージで改善できることを示した安生・山本（1991）を契機に，合気道（根木・島宗，2010），ハンドボール（中村・松見，2010），ソフトテニス（沖中・嶋崎，2010）における効果検証が報告されている．日本行動分析学会の年次大会ではこの他に，卓球，アーチェリー，柔道，アルペンスキーにおける研究も報告されており，この分野における研究が少数ではあるが継続されていて，種目も拡大していることがわかる．

　行動的コーチングの標的には技能の習得や矯正，練習への動機づけ，問題行動の低減などがあげられる（Martin, 2015）．ここでは根木・島宗（2010）を引用しながら，未習得の技能訓練に行動的コーチングを用いる研究を概観しよう．

　この研究では合気道における座技呼吸法という技の習得が標的とされ，大学の合気道部の新入部員に先輩が技を教える場面で実験が行われた．座技呼吸法とは押さえつけてくる相手の力を利用してバランスを崩させ，投げ飛ばす技である．

●**課題分析と記録用紙の作成**　合気道では2人一組となり，お互いに技をかけ合

図1 座技呼吸法の課題分析

う形稽古が行われる．座技呼吸法も，技をかける「取り」と技を受ける「受け」が対面して正座し，「受け」が「取り」の両手をつかむところから稽古が始まる．

　実験者は，初心者や熟練者が技をかけている動画を観察し，みずからも技をかけ，かけられてみることを繰り返しながら，座技呼吸法を課題分析し，①相手を押す，②腕を引く，③腕を伸ばしながら上方にあげる，④膝を立てて体を前に出す，⑤腕を下げながら体を斜め前に移動する，の5つの下位行動として定義した（図1）．そして，各下位行動ができているかどうかを○か×で記録する記録用紙を作成した．

●ベースラインの測定　3人の新入女子部員が「取り」として実験に参加した．「受け」には男子部員の協力を仰いだ．

　実験では指導者の「始め」のかけ声で試行を開始した．技が完了するか，「取り」が「受け」を動かそうとしても動かせなくなったら指導者の「止め」のかけ声とともに試行を終了した．10試行を1セッションとし，週に1～2回の稽古日に1～2セッションずつ実施した．

　全試行がビデオ録画され，実験者が後にそれを再生しながら観察し，記録用紙に記入した．そして，試行ごとに○の数を数え，5点満点の得点を算出した．なお，実験終了後，無作為に選んだ半数の試行については，別の実験協力者に独立に観察してもらい，観察者間一致率を算出した．一致率は93.4%だった．

　ベースラインの記録を参加者ごとに折れ線グラフに示すと，3人とも試行ごとの得点はほぼ1点で変動は小さく，試行を繰り返しても得点が増加していなかった（図2，ベースライン）．このまま通常の稽古を続けても技の習得が見込めそ

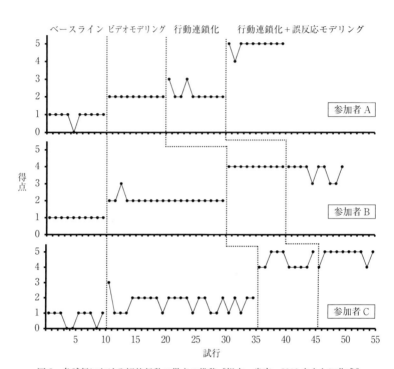

図2　各試行における標的行動の得点の推移 ［根木・島宗，2010をもとに作成］

うにないことを確認し，行動的コーチングを開始した．

●**行動的コーチングの実施と評価**　新しい技能の習得を目指す行動的コーチングは，望ましい行動と望ましくない行動の教示（言葉や図による説明），モデリング，練習とフィードバックから構成されることが多い．ただし，これらすべての要素を実施しなくても教えられるのなら，その方が節約的である．このため，この研究では，上述の下位行動すべてが正しく行われている見本と，すべてが間違って行われている見本の両方を例示するビデオを作成し，稽古の初めに実験者が口頭で教示しながら参加者に見せる，ビデオモデリング法から訓練を開始した．しかし，ビデオモデリング法の効果は限定的で，ベースラインに比べて試行あたりの得点が1点ほど増えただけで，試行を繰り返してもそれ以上の向上は見られなかった（図2，ビデオモデリング法）．

●**データに基づいた手続きの改善**　そこで次に，順向連鎖化を用いた手続きが導入された．

　最初に実験者が1つめの下位行動（①相手を押す）の見本を見せ，参加者に模倣させる．正反応に対しては「OK!」と賞賛する．誤反応に対しては「こうして

みて」と言いながら正反応の見本をもう一度示す．1つめの下位行動ができるようになったら，続けて2つめの標的行動（②腕を引く）までの見本を連続して見せ，模倣させ，正反応はほめて，誤反応の場合は再び見本を見せ，やりなおさせた．このように，一度に1つの下位行動を教え，できるようになった行動に続けて次の行動をつなげるように教えていった．この手続きにより，参加者BとCの得点が上昇した（図2，順向連鎖化）．しかし，参加者Aでは，誤反応の後に正しい見本を見せ，模倣を促しても誤反応が生じていた．

そこで，誤反応の後に，正反応の見本と誤反応の見本の両方を見せるように手続きを改善した．これにより，参加者Aの得点が上昇した．そこで，他の参加者にもこの手続きを用いてみたところ，参加者Cの得点が上昇した（図2，順向連鎖化と誤反応モデリング）．

●**社会的妥当性** 実験終了直後に参加者に実施した聞き取り調査から，座技呼吸法を訓練対象にしたこと（標的行動の選択）とマンツーマンでの指導（指導方法）については，全員から「とても満足した」という評価を得ていた．ただし，技の習得（介入効果）については「とても満足した」「やや満足した」「どちらでもない」と評価が分かれた．

介入効果の大きさについて，この研究では，第三者評定による妥当性の検証も行っている．ベースライン時と実験終了直前の参加者のビデオを，別の道場で師範を務めている協力者に依頼し，盲検化して評定してもらったところ，全参加者の評価が大きく改善されていた．

この研究では，参加者間多層ベースライン法が用いられている．図2の各段は参加者それぞれのデータを示し，訓練手続きが移行した試行のところに縦の破線が引かれている．これを条件変更線という．ビデオモデリングから順向連鎖化へ移行する時点を参加者間でずらすことにより，訓練効果が単なる試行の繰返しやその他の剰余変数によるものではないことを確認している．

スポーツにおけるコーチングの効果検証法として，シングルケースデザイン法や社会的妥当性の概念が評価されるようになってきている（Barker et al., 2013a, b ; Luiselli, 2011）．コーチにはみずからの仕事を客観的に評価することが求められるようになってきているが，指導する選手の数は少なく，群間比較法などを用いたデザインは使えない．社会的妥当性は，選手がコーチングの目的や方法，成果に対してどのような評価をしているかをコーチが把握し，指導の改善に役立てるのに有効であるとされている（Page & Thelwell, 2013）．

今後は，スポーツやコーチングの専門家とさらなる協働のうえ，幅広い標的や多様な訓練方法を研究，開発していくことが求められている． ［島宗 理］

📖 **参考文献**
武田 建（1985）．コーチング―人を育てる心理学　誠信書房

パフォーマンス・マネジメント

☞ トークン・エコノミー法 p.532

「パフォーマンス」は，行動の結果である．組織や企業における行動の結果は，組織，企業の存続に貢献する成果につながる．ここでは，企業や様々な形態のグループで社会活動を行うことを「組織」とし，そのパフォーマンス・マネジメントについて説明する．応用行動分析学でのパフォーマンス・マネジメントは，学術誌, *Journal of Organizational Behavior Management*（*JOBM*）や，国際行動分析学会の Special Interesting Group（SIG）にあることから，「組織行動マネジメント」（Organizational Behavior Management, OBM）ともよばれている．応用行動分析学以外に「産業・組織心理学」（I/O psychology）や，ビジネスマネジメントの分野の1つに「Organizational Business Management, OBM」など，類似した名前の領域もあるので注意が必要である．特に1960年代の黎明期は，様々な領域で行動分析学のパフォーマンス・マネジメントの有用性に言及した．現に，パフォーマンス・マネジメントの始まりは，1961年にハーバード・ビジネスレビューに掲載された，*Of Pigeons and Men*（Aldis, 1961；図1）であり，職場への行動分析学の応用について言及した初めての論文とされている（Abernathy, 2012）．スキナー（Skinner, B. F.）によるオペラント行動の研究は，職場にも適用できるとし，退屈で同じことを繰り返すような仕事は，様々な曖昧な脅しを受けて仕事をするのではなく，ポジティブな報酬を受けてモチベーションを高める必要性を，強化スケジュールを例にあげ，働きに即した賃金システムとなり，労働者をハッピーにすると提案した．

●**パフォーマンス・マネジメントの特徴**　パフォーマンス・マネジメントが根ざす理論は，スキナーの行動の原理である．刺激が統制された環境下で，安定的な行動が生起する調整と，それを維持する行動分析学の方法を，応用することである．組織という環境の中で，求められる業務行動は，求められるスケジュールで遂行し，その結果が，成果として数値化されるよう，調整や介入を行う．したがって，パフォーマンス・マネジメントのアプローチの焦点は，次の大きく4つに分かれる．①「システム（環境）の整備」では，組織を1つのシステム（環境）として考える．社会のニーズが組織にインプットされ，組織の中で何らかの行動をした結果，生産物もしくはサービスとして組織行動の結果をアウトプットとして社会に還元する．組織の規模により，企業全体を1つのシステムとしたり，様々な部署がそれぞれ独立したシステムとして，ニーズのインプットからアウトプットの流れをスムーズにするために，それぞれのシステムで生起する様々な行動を，部署に分けて分析する．②「先行事象の調整」では，成果につながる行動

図1　ハトとヒトについて：即時強化と報酬［Aldis, 1961, p.61］

が生起するように，チェックリストなどの行動に先行する刺激を適切に用いて調整する．③「行動レパートリーの調整」では，個人の能力の向上，つまり，成果につながる適切な行動が生起するためにピンポイントに特定するなどの調整が必要である．④「後続事象の調整」では，成果につながる適切な行動が生起したときには，適切にフィードバックされる調整が必要である．

●パフォーマンス・マネジメントの研究・実践　行動分析学の応用の研究が掲載対象となる，*Journal of Applied Behavior Analysis*（*JABA*）では，組織や企業への介入ではないが，1968年の第1巻第1号よりパフォーマンス・マネジメントに必要な集団随伴性や，指導者による被指導者への影響についての研究が発表された．行動の原理をもとにした組織・企業へのパフォーマンス・マネジメントの理論や方法論，また実践報告の場として，*Performance Improvement Journal*（*PIJ*）は1962年に，姉妹誌の *Performance Improvement Quarterly*（*PIQ*）は1988年に創刊した．組織・企業に関する応用行動分析学研究の学術誌としては，1977年に開始した*JOBM*がある．*JOBM*と，*PIJ*, *PIQ*の交流は，現在は活発ではないが，過去の投稿論文は多数ある．1999年に創刊した*Journal of Positive Behavior Interventions*は，主に学校組織と地域との連携を応用行動分析のアプローチとして体系化され，パフォーマンス・マネジメントに関する研究も報告されている．パフォーマンス・マネジメントの研究や実践の対象となる組織・企業に例外はないが，石油化学工業，重工業，製造業，通信業，IT企業，医療，建築，建設，福祉，教育，高齢者介護，行政などへの介入がある．ピンポイントに個人の行動に焦点を当てて，教示による制御の導入，流暢性トレーニング（Binder, 1996），即時強化することや，組織・企業としてグループ随伴性の操作や，トークン・エコノミーのトークンを賃金とするシステムの導入など，様々な行動分析学の知見を生かした技術的なアプローチがある．日本では，パフォーマンス・マネジメント研究の専門誌は発行されていないが，学会誌「行動分析学研究」には，行動分析学の研究が網羅され，パフォーマンス・マネジメントの研究も発表され

ている．1994年第7号第2巻の「応用行動分析学の最前線」特集では，アメリカでの組織行動マネジメントの取組みなどが紹介され，1999年第14号1・2号では「組織行動マネジメントの歴史と現状とこれからの課題」小特集が組まれるなど，パフォーマンス・マネジメントに関する領域を超えた実践・研究論文が発表されている．

●**研究と実践の双方向性** パフォーマンス・マネジメントは，応用行動分析学を，いかに職場に導入し，いかに導入を成功させるか，研究と実践の双方の発信とフィードバックが必要である．これまでに様々な研究が発表され，実践され，書籍として出版されてきた．ギルバート（Gilbert, T. F.）の，*Human Competence: Engineering Worthy Performance*（Gilbert, 1978/2007）は，パフォーマンス・マネジメントについて網羅した，最初の書籍である．*PIJ*創刊にも大きく関わった．*Performance Management: Changing Behavior that Drives Organizational Effectiveness*の初版は1982年であり，現在，第1著者のダニエルズ（Daniels, A. C.）は，応用行動分析学をベースにビジネスコンサルテーションを行う草分け的な存在のAubrey Daniels International（ADI）社の創始者である．ベイリー（Baily, J.）との共著の，2014年の第5版が最新である．応用行動分析学の専門性を尊重しながら，ビジネスの現場で「使える」ように工夫して構成するなど，版を重ねるごとに進化しており，行動分析学の研究で得た知見を，いかにして現実のビジネスの世界に教育できるかが読み取れる本である．リンズレー（Lindsley, 1991）の「もしも死人ができるのであればそれは行動ではない」という「死人テスト」などを引用し，行動分析学の専門用語を平易な言葉で説明して，伝える取組みをしている．Rummler & Brache（1995）では，総合的品質管理（Total Quality Management, TQM）など，当時のアメリカ・ビジネスの問題を解決するための方略として，各部署との連携に関しては，組織図に書かれていない部分（white space）であるとし，組織へのニーズを受けて，消費者にアウトプットする流れを，Process Mapとし，分析することにより，流れの断絶を修正した．アバナシー（Abernathy, 1996）は，ビジネスで最も重要な「利益」に焦点を当てて，既存の給与体系の問題点を，「従来の『資格賦与』の7つの罪」を指摘し，改善案として積極的支援によるパフォーマンスの体系を紹介した．ブレスアワーとスモーリー（Brethower & Smalley, 1998）は，Performance-Based Instruction（PBI）の構造化されたアプローチとして，一般化した現業訓練（on-the-job training, OJT），チームワークトレーニング，プランの計画と実行についてのインストラクション法，ホーソン効果（フィードバックデザイン）や，人材育成・開発の新しい枠組み（learning-to-learn®，従業員に「学び方」を教えるプログラム）を提案した．マロット（Malott, 2003）は，個人の学習履歴を，組織や，個人や組織が存在する社会をそれぞれ文化とみなし，また，文化に淘汰や，個人

と個人をつなげる連動した（interlocking）随伴性があるとして，組織の中の行動の複雑性を分析する方法として，システム分析やプロセス分析を行った．組織の変容を，文化人類学的な視点を交えて記述されている．ラドウィグとフーマンファー（Ludwig & Houmanfar, 2009）は，行動分析学の視点からアプローチしているパフォーマンス・マネジメントに関して横断的に編集した．

●「安全」に関するパフォーマンス・エンジニアリング *The Values-Based Safety Process*（McSween, 2003）は，1995年に初版が発行された．パフォーマンス・マネジメントの中では，石油化学工業，重工業，建築，建設業などにおける事故など，従業員の健康を脅かす事故を未然に防ぐために行動安全として1つの領域が形成されている．著者は組織行動セーフティマネジメントのパイオニアのQuality Safety Edge社のCEO兼社長であり，社内のエビデンスに基づく実践を体系化している．安全の基礎から始まり，価値のある結果と，パフォーマンス・マネジメントを必要とする組織の，現在にいたるプロセスのバランスを重視した「価値に基づいた行動の安全過程」を，事例をあげて解説した（図2）．

[是村由佳]

📖 **参考文献**

島宗 理（2000）．パフォーマンス・マネジメント　米田出版

島宗 理（2015）．リーダーのための行動分析学入門　日本実業出版社

図2　Quality Safety Edge社の行動ベースの安全管理マネジメントのフロー（和訳）
[McSween, 2003, p.29]

Ⅲ部　応用行動分析

4章　プログラム，パッケージ，トリートメントモデル

ロヴァース法　……………………… 590
ポーテージプログラム　…………… 594
機軸反応訓練（PRT）……………… 598
絵カード交換式コミュニケーション
　　システム（PECS®）…………… 602
ポジティブ行動支援（PBS）……… 606
アチーブメント・プレイス　……… 610
プレシジョン・ティーチング　…… 614
アクセプタンス＆
　　コミットメント・セラピー　… 618

機能分析心理療法　………………… 622
行動活性化療法　…………………… 626
STAR　……………………………… 630
ペアレント・トレーニング　……… 634
CRAとCRAFT　…………………… 638
「体罰」に反対する声明　………… 642

ロヴァース法

☞エコーイック p.432，離散試行型指導法，機会利用型指導法 p.528，機軸反応訓練 p.598

　ロヴァース法は，応用行動分析学に基づく自閉症児の行動療法の1つである．カリフォルニア大学ロサンゼルス校（UCLA）のロヴァース（Lovaas, O. I., 1927-2010）教授が開発した指導法であるため，ロヴァース法とよばれる．

●**ロヴァースとは**　1927年5月8日，ノルウェーの寒村リエルに生まれた．第二次世界大戦中，母国をナチに奪われた経験から，人間の本質を知りたいと考えた．そこで，1950年，ヴァイオリン・スカラシップを取り，アメリカに留学した．留学先はノルウェー移民の創設したルーテル教会系ルター大学で，そこで1951年に学士号を，ワシントン大学大学院で1958年に心理学博士号を取得した．同大学児童発達研究所代理講師を3年間勤めた後，1961年にUCLAの心理学部講師となり，以後同大教授として生涯を全うし，2010年8月2日死去した（享年83歳）．

●**UCLAにおける自閉症研究**　ロヴァースは，1962年以来UCLAで，米国精神衛生研究所からの科学研究費を40年以上切れ目なく獲得し，自閉症研究プロジェクトを展開し，この分野に大きな影響を与える重要な論文を次々に発表した．そして応用行動分析学を臨床現場に普及させることに力を注ぎ，*Teaching Individuals with Developmental Delays*（Lovaas, 2003 中野訳 2011）などのテキストを開発し，教育用フィルムも製作した．また自閉症治療のワークショップを国内だけでなく世界各地で開催し，数百人の参加者の前で，初対面の自閉症児を相手に個別指導のライブデモンストレーションを実践してみせた．またロサンゼルスにロヴァース早期介入研究所（Lovaas Institute for Early Intervention, LIFE）を創設し，UCLAヤングオーティズムプロジェクトの継承発展を図るとともに，全米各地に多数の支部を結成し，イギリス，スペイン，ノルウェーなどにも拡大して，応用行動分析による良質の治療サービスを国際的に広く普及させた．その優れた業績に対して，エドガードール賞，アメリカ心理学会特別研究貢献賞，カリフォルニア州議会特別賞，グッゲンハイム・フェローシップなど，多くの賞が与えられた．

●**自閉症児の行動特徴は**　自閉症の正式名称は自閉症スペクトラム障害で（DSM-5），最新の統計では発症率は68人に1人である（Christensen, 2016）．行動の遅れ（言語，注目，感情，おもちゃ遊び，友達遊び，身辺自立，模倣，知的能力などの発達の遅れ）と，行動の過剰（かんしゃくや攻撃，自己刺激行動）があるが，正常に発達する行動（運動発達，記憶，特別な興味，特定物への恐れ）もある（Lovaas, 2003 中野訳 2011）．

●**ロヴァース法の特徴**　ロヴァース法の特徴は次のように要約できる（Lovaas & Smith, 2003；中野・宮崎，2005）．①環境の構造化と行動原理の強調：良い行動に報酬が随伴するよう環境を構造化する．中核技法は不連続試行訓練（一対一で教え，教師が「こっち見て」などの弁別刺激を与え，正反応をプロンプトし，条件的に強化するまでを1試行とし，1拍おいてすぐ次の弁別刺激を出し2試行目を教え，次々に繰り返す循環的方法）である．②早期介入：治療開始は年長ではなく，幼児期（2〜3歳，遅くとも5歳前）とする．③家庭治療と家族の参加：治療は外来ではなく自宅で行う．親は不連続試行法の訓練を受け，治療チームの一員となって積極的に教える．④集中的（徹底的，高密度の）治療：週30〜40時間の一対一指導を2〜3年行う．3歳前なら20時間教え40時間に向けて漸増させ，改善すれば漸減させる．最初は言語を中心に，以後同年齢児集団への統合に必要なスキルも教える．⑤日常環境への般化のプログラミング：獲得したスキルを家庭や地域や学校に転移させる般化プログラムを教え日常環境での学習を促進する．⑥通常環境への統合：模倣能力を育て他児から学べるようにし，社会的スキルが普通児によって強化されるよう同年齢児との関係を指導し，通常環境への統合を図る．⑦プログラムの総合性：目標は発達の全領域の機能の最適化で，排泄，問題行動の制御，理解・表現言語，遊び，社会的交流など全領域を教える．⑧個人差への対応：子どもは，言語があるない，自傷や自己刺激が激しい少ない，社会的スキルがあるないなど，個人差が大きい．個別に標的スキルの優先順位を定め，個別指導計画をつくり，チームで組織的に教える．

●**家庭でのティーチングの実際**　家庭治療は次のように行う（Lovaas, 2003 中野訳 2011）．寝室か子ども部屋を治療室にする．一角に「プレイエリア」を設ける．子どもはプログラムの合間の自由時間をそこで過ごす．子どもが入室すると，最初は数分直接指導する→すぐ自由遊びにする→数分間遊びまた直接指導する．この指導と遊びを交互に行う．自由時間は2種類の強化として働く．1つは指導者の要求から解放されるので除去型強化となり，もう1つは好きなおもちゃで遊べるので提示型強化となる．かんしゃくを起こしたら自由にする方式はやめ，適切な行動をすれば自由時間が得られるルールを確立する．

　指導開始して数週間したら，指導時間の75%が直接指導，25%が自由時間になるようにする．午前の指導時間（朝9〜12時まで），昼休み（1〜2時間），午後の指導時間（午後1〜2時から4〜5時まで）とし，1日最低6時間は指導する．最終的には週35〜40時間の指導時間（直接指導＋自由時間）にする．

　午前も午後も，直接指導と自由遊びを1時間したら，5〜10分の長い休み時間を入れる．子どもは治療室から解放され，指導者と2人で別室や庭で遊び，散歩に出る．長い休み時間は，自由時間同様，基本的に休み時間であるが，その間子どもは適切に行動しなければならない．昼休みには昼食を食べ，自由に遊び，家

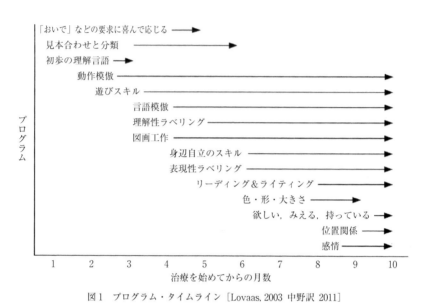

図1　プログラム・タイムライン［Lovaas, 2003 中野訳 2011］

族と出かける．次いで午後の指導者が来宅し，午前と同様に指導する．午後の指導時間が終わったら，食べたり遊んだり家族と過ごしたりする．指導されていない時間は，不適切な行動に没頭させないよう家族にアドバイスする．

　自由時間には楽しく活動させる．ただし自己刺激行動をしたり，特定の活動に固執したりしたら，指導者が自由時間を構造化し，常に適切に過ごせるよう導く．自由時間はまた習得済みのスキル，特に遊びのスキルを般化させる時間として使える．指導者の直接的援助なしで適切に遊べるようになれば，指導者は自由時間にデータを記録し，次の指導計画の準備をする．

　子どもの改善に伴い，セッションの構造にも変形が起こる．1つは学校参加を組み込むことである．年長になり，集団行動のスキルを獲得したら，学校が提供するプログラムに参加させる．初めは全指導時間のごく一部にするが，集団参加の利益が増えるにつれ，その割合も多くしていく．学校参加は，最初は午前中の指導時間の一部として，例えば，週2回，1日約1時間とする．午前の指導時間は学校時間と一対一個別指導を合わせたものになる．もう1つは，地域社会に出て指導する方法を組み込む方法であり，遠足プログラムなどとよばれることもある．習得済みの言語スキルとソーシャルスキルを般化拡大させ，地域社会行動を教え，場所や出来事の記憶を教える．日々の指導時間の20〜30分を地域遠足にあてるようにする．

　個別指導のカリキュラムと導入時期は，図1のとおりである（Lovaas, 2003

中野訳 2011).図1の個々のプログラム名と下段横軸数字（月数）は，それをいつ教えるかの開始時期を表す．個々のプログラムにつけた矢印は，それを引き続き指導するおよその長さを示す．図2はあくまでガイドラインであり，子どもの反応に応じて柔軟に活用する．特定のプログラムで教えるスキルを子どもが獲得する進歩の割合は，子どもごとに大きく異なる．図1よりも早く進む子もいれば遅く進む子もいる．またスキルの獲得順序にも個人差がある．大部分は理解言語をまず習得するが，理解言語より表現言語を先に習得する子もいる．したがって柔軟さが肝要である．現行スケジュールにプログラムを組み込み練習させる時期と，維持スケジュールに移行させる時期は，進歩のデータに基づいて決めなければならない．

●どこまで改善するか　ロヴァースは1987年に *Behavioral treatment and normal educational and intellectual functioning in young autistic children* という論文を発表した（Lovaas, 1987）．論文では，応用行動分析学（applied behavior analysis, ABA）による治療を受けた自閉症児が，治療をほとんど，またはまったく受けなかった子どもたちと比べて，著しく改善したと報告した．そのうえ，ABA治療群19人中9人が「ノーマルに機能する」までになり，さらに回復する可能性があることを示したと明言した．

●嫌悪療法と賛否両論の評価　ロヴァースは，その比類ない業績にもかかわらず，専門家としても人間としても，賛否両論の的になってきた．例えば，例外的にではあるが特に1960年代に，一部の自閉症児が示す激しい自傷行動を軽減するため，弱い電気ショックと大腿部への平手打ちなどの条件的嫌悪刺激を使用した．彼は綿密にデータを集め，嫌悪刺激が自傷行動を速やかに除去することを証明した．しかし批判者は，無謀で思いやりのかけらもない存在として彼を執拗に告発し続けた．ロヴァースはまた，学生や同僚を露骨に批判することがあった．さらに一部の聞き手に対して笑わせるような物言いもした．しかし他の人々はそれを攻撃的で異様な物言いと受け止めた．にもかかわらず，多くの人々がロヴァースを，活力にあふれた，献身的な，勇敢な，才能にあふれた，ブリリアントな人物と評する（Smith, 2010b）．　　　　　　　　　　　　　　　　　　　　　　　　　　　　　　　　　　　［中野良顯］

参考文献

Cooper, J. O. et al.（2007）*Applied behavior analysis*（2nd ed.）. Pearson.（クーパー，J. O. 他　中野　良顯（訳）（2013）.応用行動分析学　明石書店）

ロヴァース，O. I.・中野　良顯（1982）.親と教師のための自閉症児の行動分析入門　水曜研究社（ロヴァース博士来日公演記録を含む）

Lovaas, O. I.（2003）*Teaching individuals with developmental delays: Basic intervention techniques*. PRO-ED Inc.（ロヴァース，O. I. 中野　良顯（訳）（2011）.自閉症児の教育マニュアル—ロヴァース法による行動分析治療　ダイヤモンド社）

ポーテージプログラム

☞ポジティブ行動支援（PBS）p.606

　ポーテージは，アメリカのウィスコンシン州のほぼ中央にあり，州都マディソンから北へ約150kmに位置する，当時人口8000人にも満たない酪農地域である．その一帯を北と南へと流れる2本の川があって，その昔カヌーでこの地域にやってきた人たちがもと来た方に帰るのに，1マイルほど離れたその2本の川の間を，カヌーを頭に担いで運んだことが，その地名の由来であるという．

　アメリカ合衆国連邦政府は，1968年に「障害児早期教育援助法」（公法90-538）を制定し，その中で障害のある乳幼児およびその親や家族に適用できるモデル・プログラムの開発を目指すプロジェクトに対して，助成金を交付することを規定した．そして，その翌年の1969年には，ウィスコンシン州の公教育補充機関である協同教育サービス機関（Cooperative Educational Service Agency, CESA）のNo.5に「ポーテージプロジェクト」が組織され，連邦政府から3年継続の助成金が交付された．そして3年後の1972年に，家庭訪問指導を基盤とする「ポーテージモデル」とよばれる早期対応プログラムである「ポーテージ早期教育ガイド」（Portage Guide to Early Education, PGEE, 実験版）が完成した．その名称は，もとよりその地名を冠したものであるが，同時に，ポーテージ相談員がプログラムを家庭に「運ぶ」ことと，就学前の子どもを小学校に「運ぶ」ことの寓意がこめられている．1975年にアメリカ合衆国合同普及検討委員会は，それまでの追跡研究の評価の結果を総括して，アメリカ合衆国全域にこのプログラムを普及することを決定した．

●世界各国への普及と日本版ポーテージプログラムの作成　その後『ポーテージ早期教育ガイド』は，アメリカはもとより世界各国に広がり，それぞれの国の実情に合わせて様々に発展してきた．ヨーロッパでは，イギリスがいち早く1976年に導入し，1980年代には政府からの助成金を得て，国内約180個所を拠点に「ポーテージサービス」を展開した．一方で，アジア地域やアフリカ，中南米の後発開発途上国や発展途上国においては，地域に根ざしたリハビリテーション（community-based rehabilitation, CBR）活動の中で多く適用されてきた．その理由として，①ポーテージモデルによれば，親・家族を中心に家庭で対応が行える，②指導の目標や方法がわかりやすく，柔軟に構造化されているので，実情に合わせて変更して使える，③親を障害のある自分の子どもの直接の支援者に養成することにより，社会資源や経験の乏しい後発開発途上国や発展途上国において利用しやすい，などがあげられる．

　日本においては，1976年改訂版『ポーテージ早期教育ガイド』をもとに，

表1 発達領域ごとの発達年齢段階行動目標数 [清水編著, 2013]

発達領域	乳児期の発達	社会性	言語	身辺自立	認知	運動	計
発達年齢	水色	灰色	薄緑色	黄色	薄桃色	薄朱色	
0-4か月	45	28	14	14	18	47	45
0-1歳							121
1-2歳		15	20	12	9	19	75
2-3歳		8	22	26	18	17	91
3-4歳		13	13	16	25	15	82
4-5歳		8	11	22	21	16	78
5-6歳		12	12	15	20	25	84
計	45	84	92	105	111	139	576

1983年に『ポーテージ乳幼児教育プログラム』を完成し，1985年に創立された日本ポーテージ協会によって日本全国およびアジア地域への普及が行われた．その後20年あまりの臨床経験を踏まえて，2005年に改訂版である『新版ポーテージ早期教育プログラム』を刊行した．2018年現在で，日本全国51支部を拠点にポーテージ活動が実践されている．『ポーテージ早期教育ガイド』をもとに翻訳・翻案された早期対応プログラムを，総称して「ポーテージプログラム」とよぶ．

●ポーテージプログラムの構成と内容　ポーテージプログラムには，次のような特徴がある．①親による家庭指導：ポーテージモデルを踏まえて，親が中心になって家庭や日常生活の中で個別指導を行う．②発達的アプローチ：平均発達を示す子どもの発達の順次性・系列性を標準にした発達支援を行う．③応用行動分析学の原理の適用：子どもの行動発達を促すために，指導の目標を行動目標として設定し，その行動目標を達成するために応用行動分析学の原理を適用する．

　ポーテージプログラムは，(1)チェックリスト，(2)活動カード，(3)発達経過表，(4)利用の手引で構成されている．チェックリストは，6つの発達領域（「乳児期の発達」「社会性」「言語」「身辺自立」「認知」「運動」）ごとに達成される行動目標が総数576項目あげられている（表1）．「乳児期の発達」の発達領域には，発達が未分化な生後4か月までの時期に達成される項目があげられている．それ以外の5つの発達領域には，平均発達を示す子どもが0～6歳に達成する項目が，発達の順次性・系列性に従って配置されている．チェックリストの発達領域は，識別が容易なように色分けされている．そして総数576項目の行動目標について，その行動目標を達成するための手順や援助の仕方，教材・教具などが，1枚のカードの表裏に書かれた活動カードが用意されている（図1）．発達経過表は，一定期間ごと（例えば，3か月）の指導の結果を一覧するために，その期間に達

成した行動目標を色分けして示す表である．利用の手引は，ポーテージプログラムの理念や構成，指導の進め方などを記載した冊子である．

●**ポーテージ相談の進め方**　ポーテージプログラムは，心理教育の立場から発達支援を行うために，発達アセスメントにより得られた情報をもとに行動目標を設定し，「アセスメント-指導-評価」の過程を繰り返すことによって，選び出した行動目標の達成を目指す早期対応プログラムである．

図1　活動カード　発達領域〈身辺自立22　靴を脱ぐ〉
［清水共著，2005］

ポーテージ相談は次のように進める（図2）．まず現在の子どもの発達状態をチェックリストを使ってアセスメントし，その情報をもとにチェックリストから指導する行動目標を選び出し，その選び出した行動目標を達成するための指導計画を，子どもの発達状態に応じて作成する．指導計画に基づく実際の指導は，親が家族などの協力を得ながら，家庭や日常生活の中で行う．その指導の結果としての行動目標の達成を，ポーテージ相談員と親が一緒に評価する．それが同時に，次の行動目標を選び出すアセスメントにもなっているということである．

ポーテージ相談員は，選び出した行動目標について，その課題の家庭での取組み方や指導の結果の記録の仕方などを「ポーテージ家庭記録表」に書いて

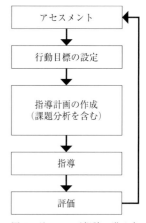

図2　ポーテージ相談の進め方
［清水編著，2013］

親に渡し，親との共通理解のもとで親による家庭や日常生活における指導を展開する．また，行動目標を細かいステップに分ける課題分析をした場合には，その1つのステップである標的行動を指導するときに，「活動チャート」という記録様式を用いて，指導の方法や結果の記録の仕方を，親とポーテージ相談員が確認しながら指導を進める．

●**応用行動分析学の原理の適用と課題分析**　ポーテージプログラムの特徴は，子どもの指導に応用行動分析学の原理を適用することである．子どもの行動発達を促すために，指導の目標を観察可能で測定可能な行動目標として設定し，その行動目標を達成するために，子どもが置かれた環境を構造化したり，随伴性を操作

することによって，子どもの①行動を増やす（強化），②行動を減らす（弱化［罰］），③行動を広げる（般化）対応を行う．子どもの行動レパートリーにない行動を形成するには，「反応形成」や「連鎖化」の技法を適用する．また，子どもが起こす「問題行動」には，その行動の機能に着目して「機能アセスメント」を行い，「問題行動」の機能（4機能：（「要求」（物，活動），「注目」，「逃避・回避」，「感覚」）を推測しながら，機能等価性にもとづき代替行動を指導する．「罰」を使わない「ポジティブ行動支援」（positive behavior support, PBS）を実践する．さらに，選び出した行動目標が容易に達成しない場合には，その行動目標をいくつかのステップに細分し，プロンプト・フェイディングの技法を使って，それらの標的行動を順次に達成させる「課題分析」の技法を活用する．

●**親のエンパワメントと家族の協力**　「親を自分の子どもの最良の支援者にする」，それがポーテージプログラムの主眼である．早期教育の成功の鍵は親が握っているといってもよい．0〜3歳から開始される早期からの発達支援は，子どもにとって慣れ親しんだ家庭が最も基盤となる「自然な環境」である．子どもの自然な行動が最も自発されやすく，親や周囲にいる人たちが適宜にそれに対応できるという利点がある．

一定期間ごとに親とポーテージ相談員が出会うポーテージ相談の1回の面談は，これまで述べたような「アセスメントに基づく活動」と，獲得した行動目標を日常生活で実用できるように促す「般化・維持活動」，親のニーズに応える情報の提供やカウンセリングによる親支援などの「親・家族活動」の3つの部分に分かれる．ポーテージプログラムは，指導の経過を丁寧に観察・記録し，その記録された内容に配慮して指導を進める「エビデンス・ベースト」（証拠にもとづく）による意思決定を行うポーテージ相談が基本である．親を中心に家族の協力のもとで，家庭や日常生活の中で自分の子どもを直接指導する早期対応プログラムであり，それは子どもの発達を促進するだけではなく，同時にまた，親のエンパワメントを促すことができる．

さらに，ポーテージプログラムを用いた0歳からの発達相談と親・家族支援の実践では，障害のある乳幼児やその家族のニーズ，あるいは言語体系や文化的背景の違いなどに応じて，適切に変更をして柔軟に活用できるという特徴がある．

［清水直治］

📖 **参考文献**

清水 直治（編著）（2012）．続・ポーテージで育った青年たち　輝いて今をいきいきと―早期からの発達相談と親・家族支援をすすめて　ジアース教育新社

清水 直治・吉川 真知子（編著）（2015）．発達が気になる子どものためのポーテージプログラム入門―0歳から家庭でできる発達支援　合同出版

清水 直治（監訳）・ゲラ 弘美（監訳）（2015）．行動障害の理解と適切行動支援―英国における行動問題への対処アプローチ　ジアース教育新社

機軸反応訓練（PRT）

☞離散試行型指導法，機会利用型指導法
p. 528，ロヴァース法 p. 590

　自閉症児に対する早期介入として効果が認められている方法の1つとして，機軸反応訓練（pivotal response treatment, PRT）がある（Dawson et al., 2009）．PRTは，発達学的なアプローチと応用行動分析学における手続きの両方を用いた包括的なサービス提供モデルである．PRTでは，機軸的な領域を中心に介入が行われる．機軸的な領域とは，それが標的行動とされた場合に，しばしば標的とされていない他の機能や反応領域において，広範囲で競合的な変化を導き出す領域である（Koegel & Koegel, 1995）．これまでのところ，5つの機軸的な領域について研究がなされている．動機づけ，多様な手がかりに対する反応性，セルフ・マネジメント（自己管理），自己始発，共感である（Koegel et al., 1999）．

　PRTを提唱したのは，カリフォルニア大学サンタバーバラ校におけるケーゲル（Koegel, R.L.）らを中心とした研究グループである．彼らは，1970年代より，日常生活の文脈において言語を獲得するためのアプローチを展開しており，当初，自然言語パラダイム（natural language paradigm, NLP）と名づけていた．一連の研究によりこのNLPのような生活場面において自然な文脈で介入を行うことで，話すことだけではない多くの領域に効果が波及することを見出し，そこからPRTと名前を変更した（Koegel et al., 1987）．

　従来の離散試行型の指導法（discrete trial teaching, DTT）とPRTとの違いを

表1　DTTとPRTの違い［Koegel et al., 1987を改変］

	DTT	PRT
玩具・教材	指導者が選択する 基準に達するまで反復	子どもが選択する 数試行ごとに変える 維持課題と獲得課題[*1]を組み合わせる
相互交渉	指導者が玩具・教材を保持	指導者と子どもが一緒に遊ぶ 相互交渉内で玩具・教材を機能的に使用する
環境	構造化された事態で指導が行われる	日常生活の出来事を利用して指導する
反応	正反応だけを強化する	はっきりした標的行動を意図した試み反応[*2]も強化する
強化子	任意の強化子（食べ物や社会的強化子など）が正反応に随伴される	社会的な強化子と組み合わせた自然な強化子（玩具で遊ぶ機会など）

[*1] 維持課題と獲得課題：維持課題とは，子どもがすでにできている課題である．一方獲得課題とは，これから獲得させようとする新しい課題を指す．

[*2] 試み反応：環境・状況に適応した正反応ではなく，試みようとした反応を指す．

表2 PRT ガイドライン［Pierce & Schreibman, 1995 をもとに作成］

PRT 方略	具体的手続き
子どもの注意をひく	プロンプトや指示を与える前に，子どもの注意をひく
子どもに選択させる	何をして遊ぶか，どのおもちゃで遊ぶかを子どもに選択させる
玩具を多様にする	バリエーションのある多様な玩具を用いて遊ぶ
適切な社会的行動のモデルを示す	適切な遊びや，社会的スキルの様々な例を頻繁に与える
試みる反応を強化する	社会的な関わりや機能的な遊びを試みる反応を強化する
言語による相互作用を誘発する	子どもがおもちゃ遊びに関しての言語的反応を発するまで，子どもがしたい遊びや欲しいおもちゃを与えずにおく
言語による相互作用を広げる	部屋の中のものに関係する会話を奨励し，質問などをする
交代で遊ばせる	適切な遊びの例を示し，共有することを促進し，動機を高めるために交代で遊ばせる
ナレーションをつける	遊びやしぐさにナレーションをつける
多様な手がかり刺激に対して反応させる	おもちゃの特性にコメントをつけ，子どもにも可能なときはいつでもおもちゃの特性について話すことを要求する

表1に示した．DTT が，高度に統制された一連の介入であるのに対して，PRTは子どもの自発的な行動の出現を促す仕組みを自然な文脈の中に設定し，統制のゆるい随伴性を確立させていくものだといえる．この2つの方法の効果を比較するために行ったケーゲルらの実験（Koegel et al., 1987）では，PRT の方が子どもたちの正反応の割合が高く正確性も高いこと，さらに自発的に多くの言葉を話し，臨床場面以外にもそれらが般化したことを示した．

● **PRT の特徴** PRT には，4つの特徴がある（藤田・松見，2009）．1つ目の特徴は，子どもたちの日常生活において，学習の機会を提供することを目的とする（Koegel et al., 1999）ため，両親や兄弟，先生や学校関係者，コンサルタント，仲間などを介入の実践者として重視している点である．専門家ではない実践者に対して，いかに効率的に PRT の手続きをトレーニングしていくのか，研究が進められている．2つ目は，PRT を用いた療育場面では療育者のポジティブな感情表出が見られやすい点である．3つ目は，PRT は従来の多くの研究のように単一の手続きではなく，複数の手続きを包括した介入パッケージを用いる点である．その一例として，表2に相互交渉に焦点をあてた PRT ガイドラインを示した（Pierce & Schreibman, 1995）．これは，動機づけと多様な手がかり刺激に対する反応性を高めるための具体的な手続きを組み込んだガイドラインである．このように PRT はその対象とする行動に応じて，いくつかの手続きを組み合わせる．なかでも動機づけを高めるための手続きを組み込むことを重視している．第4は，自然な遊び場面において多様な刺激を用いて実施されるため，獲得した行動は他の場面や人に対して般化しやすいことが実証されている点である（Pierce & Schreibman, 1997）．

● **PRTにおける動機づけ手続き**　PRTにおいては，動機づけを高めるための手続きを組み込んでいくことを重視している．ケーゲルらは，以下の5つを動機づけ手続きとしてあげている（Koegel et al., 2012）．①子どもが選択する，②生活事態での強化子の使用，③試みる反応を強化する，④維持課題と獲得課題の混合，⑤課題の多様化，である．

　まず，選択することについてであるが，自身が選択した場合の方が課題に熱心に取り組むことは多くの研究で示されている．遊びや課題そのものの選択だけではなく，課題の順番，どこでするのか，使用する文房具の選択などを入れると，例えば，宿題などといった子どもの好みが入りにくいものでさえ，その取組みに差が出ることが示されている．次に強化子であるが，DTTで用いる恣意的な強化子ではなく，行動の機能に基づいた強化子を用いる．例えば，機会利用型指導法のように，手に入れたい要求を高めた状態で行動が生起した場合にその対象物を渡すことで強化したり，問題に対して正答した場合に「正解」「よくできたね」と笑顔で称賛するという社会的強化子を提示することが含まれる．3つ目は，環境や状況に適応した正反応ではなくても，目標を明確にもった理由のある試み反応を強化するものである．4つ目に，維持課題と獲得課題を組み合わせることにより，行動モメンタムが生じ，さらに難しい課題への取組みに拍車がかかるとしている．最後に，多様な課題を使うことは，1つの課題の単純な反復練習よりも学習スピードと学習の楽しさが増し（Dunlap & Koegel, 1980），正反応数，反応生起率，反応の積極性が改善する．これら5つの動機づけ手続きを組み合わせることによって，子どもたちの行動に劇的な効果が生じるとしている．

● **PRTの臨床的介入の目標とその一例**　PRTの目標は，自閉症児がインクルーシブな日常場面で有意義な生活を送る機会を提供することにある．そのため，通常学級のカリキュラムに基づいて介入を行っていく．各年齢段階においては，以下のような目標が立てられている．幼児期から就学前においては，反応と強化の随伴性を学習させて，意図的なコミュニケーション，初語，表出言語を促すことである．就学前においては，集団生活の開始にともない，コミュニケーションに応答したり始発することや，仲間との相互交渉によって社会的なコミュニケーションスキルを応用することが期待されている．小学校時代は，就学前の目標をさらに洗練化させたうえで，社会性や開始される教科学習について，学校と家庭が連携していくことが求められる．中学校や高校においても，この目標は継続し，必要に応じて動機づけ手続きを導入して通常級のカリキュラムの修正が行われる．表3には，PRTにおける初期段階での目標とその具体例を提示した．

● **PRTの効果**　これまでの研究において，PRTで対象とされたのは教科の学習，遊び，社会性，言語獲得，コミュニケーション，約束，初語，宿題，算数，音読，問題行動など多数である．しかし，PRTの効果は，こうした行動の大幅

表3 初期段階における PRT の目標とその一例 [Koegel et al., 2006 をもとに作成]

領域	目標	例
初期コミュニケーションの意図	音声言語と強化子や結果との関係性を子どもに教える.	サリーはエルモの人形が大好きである. 彼女の母親は「エルモ」と言ってモデルを示す. サリーは人形に手を伸ばして「おおお」と言う. 母親はサリーにエルモの人形を渡すことによって, その試み反応を強化する.
初語	子どもに物には特定の名前があることを教え, 自発的な表出言語の使用を増やすための指導をする.	フランシスコと彼の父親はおもちゃ箱に入っているお気に入りのおもちゃで遊んでいる. 父親は車を取り出して「これは何?」と尋ねる. フランシスコは「ク」と言い, 父親はこの試み反応を強化する. 父親はそれからボールを取り出して「今度欲しいのは何?」と尋ねる. フランシスコは「ボール」と答える. 父親は息子がこうした活動に動機づけられている間に, 提示したおもちゃの名前を言わせる.
2語文	子どもの発話の長さと種類を広げる. このステップは, 子どもが少なくとも50語を自発的に用いることができるようになった後で導入することが好ましい.	ティミーが乗ったブランコを母親が押している. 母親はブランコを止めて「もっと押してほしい?」と尋ねる. ティミーは「もっと」と言う. 母親は何回か押した後「何してほしいの?」と尋ねる. ティミーが「もっと」と繰り返したので, 母親は押し続ける.
質問	子どもに質問して(例えば, 「あれは何」「それはどこ」)させる. 新しい情報を自ら得る能力を広げる.	リュークの祖母は, 彼の好きなキャンディーを不透明な袋にこっそり入れておく. 祖母は彼に「それ何?」と尋ねるようプロンプトする. リュークは顔を上げて「なに?」と言う. 祖母はキャンディーを取り出して, それを彼に渡しながら「キャンディーよ」と言う.
仲間や兄弟と会話を開始する	子どもに兄弟や仲間と会話(例えば要求)を始めることを教える.	アンドリューと姉がクーゲルバーンで順番に遊んでいるとき, 母親は姉からボールをもらうようアンドリューをプロンプトする. アンドリューは姉を見て, 「ボール」と言う. 姉はアンドリューにボールを渡し, 彼はボールを落として転がす.

な改善にとどまらない. これらの行動の改善にともない, 対象となる子どもたちが学校や地域の様々な活動への参加が高まったことを示す研究もある. また, 「般化の効果」が大きいことも示されている.

[小笠原 恵]

参考文献

Koegel, R. K., & Koegel, L. K. (2006). *Pivotal response treatment for autism*. Brookes Publishing Company. (ケーゲル, R. K., & ケーゲル, L. K. 氏森 英亞・小笠原 恵 (監訳) (2009). 機軸行動発達支援法 二瓶社)

Koegel, R. K., & Koegel, L. K. (2012). *The PRT pocket guide: Pivotal response treatment for autism spectrum disorders*. Paul H. Brookes Publishing. (ケーゲル, R. K., & ケーゲル, L. K. 小野 誠他 (訳) 発達障がい児のための新しい ABA 療育—PRT Pivotal Response treatment の理論と実践 二瓶社)

絵カード交換式コミュニケーションシステム(PECS®)

☞連鎖化：応用 p. 470

　PECS®はPicture Exchange Communication System®の略語であり，日本語訳としては「絵カード交換式コミュニケーションシステム」とよばれる．PECS®は特に無発語あるいは発語の乏しい知的障害を伴う自閉スペクトラム症児の機能的コミュニケーション促進を目的に適用されるシステム化された指導方法であり，拡大・代替コミュニケーション手段（augmentative and alternative communication, AAC）の1つである．PECS®はアメリカの応用行動分析家であるボンディ（Bondy, A.）と言語聴覚士であるフロスト（Frost, L.）によって開発され，彼らが経営するピラミッド教育コンサルタント社（Pyramid Educational Consultants）によってマニュアルの出版，ワークショップの開催，コンサルテーション，関連商品の販売などがなされている．"PECS®"と"Picture Exchange Communication System®"はPyramid Educational Consultantsの登録商標である．

● **PECS®の特徴**　PECS®の最も大きな特徴は，絵，写真，文字などが記載されたカードをコミュニケーションの手段として用いることである．もう1つの特徴は，PECS®の理論的枠組みと指導技法が応用行動分析に基づいていることであり，強化，プロンプト・フェイディング，エラー修正法など様々な技法が駆使される．自閉スペクトラム症児に適用することを前提に，PECS®には，(1)話し手となる障害児（者）の負担が小さい，(2)比較的短期間で自発的に絵カードによるコミュニケーションを教えることができる，(3)障害児が自分からコミュニケーションを始めるよう指導手続きが構成されており，他者との相互作用が促進されやすい，(4) PECS®の指導には，その前提条件として模倣や注視などの指導を必要としないといった特徴がある．また，PECS®の指導には次

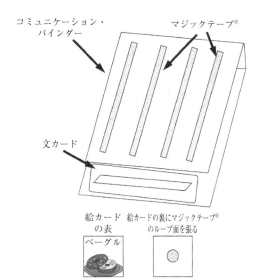

図1　PECS®の用具［Frost & Bondy, 2002 門 監訳 2008, p. 63 Pics for PECS®の画像はピラミッド教育コンサルタント（www.pecs.com）から許諾されている．］

の①〜③のような用具が用いられる（図1）．①絵カード：子どもが持ちやすい大きさと材質のカードに，デジタルカメラとパソコン・プリンターで作成・印刷した事物の絵や写真を貼り付け，ラミネートフィルムで加工したものがよく用いられる．裏にマジックテープ®を貼り，コミュニケーション・ブックに貼りつける．②文カード：コミュニケーション・ブックから選択した絵カードを使用し文の構成をするために貼りつけるカード．裏にマジックテープ®を貼り，コミュニケーション・ブックに貼りつける．③コミュニケーション・バインダー（ブック）：バインダー式で，コミュニケーション・ブック，絵カード，および文カードからなる．コミュニケーション・ブックに絵カードと文カードを貼りつけておく．例えば，「アイスをください」という文を作るには，コミュニケーション・ブックから「アイス」の絵カードをはがして文カードの左側に貼り，次に「ください」の絵カード（「ちょうだい」の手の絵など）をはがして文カードの右側の部分に貼る．そして，文カードごとはがし，聞き手に渡す．

● **PECS®の指導手順**　PECS®の指導は以下の6つのフェイズからなり，具体的な手続きはマニュアルにまとめられ，1994年に初版，2002年に改訂版が出版され，2005年に日本語版も出版されている（Frost & Bondy, 2002 門監訳 2005）．①フェイズⅠ「コミュニケーションの〈取り方〉」：「大好きな」ものを見て，子どもはその絵カードを取り，聞き手（コミュニケーション・パートナー）の方に手を差し出し，絵カードを聞き手に手渡す．②フェイズⅡ「距離と持続」：子どもは少し離れたところにある自分のコミュニケーション・ブックのところに行き，絵カードをはずし，聞き手のところに持っていき，聞き手の注意をひき，絵カードを手渡す．③フェイズⅢ「絵カードの弁別」：子どもはコミュニケーション・バインダー（ブック）のところに行き，並んでいる絵カードの中から欲しいものの絵カードを選んで取り，聞き手のところに行き，絵カードを手渡す．④フェイズⅣ「文の構成」：子どもはコミュニケーション・バインダー（ブック）のところに行き，欲しいものの絵カードを取り，それを文カードに貼り，「ください」絵カード（シンボル）を取り，それを文カードに貼り，文カードをコミュニケーション・ボードからはずして，聞き手のところに行き，文カードを手渡す．絵カードで2語文以上の文を構成する．⑤フェイズⅤ「『何が欲しいの？』に答える」：子どもは様々なアイテムを自発的に要求したり，「何が欲しいの？」という質問に答えたりする．⑥フェイズⅥ「コメント」：「何が欲しいの？」「何が見える？」「何を持っているの？」「何が聞こえる？」「それは何？」といった質問に答え，自発的に要求し，自発的にコメントする．

この6つのフェイズに加えて，以下の手続きも必須である．①「好みの事物のアセスメント」：PECS®の指導は要求から始めるため，フェイズⅠを実施する前に，子どもの好きな事物（食べ物，飲み物，おもちゃ，遊びなど）を保護者から

の情報や行動観察，対提示法等によって特定し，好みの事物の順位づけをしておく．②「属性」：フェイズⅣが達成された後に，属性（色，形，大きさ，個数など）を絵カードで表現することを教える．属性の絵カードを使用できるようになると，3語文以上の文カードをつくることができる．③「重要な追加のコミュニケーション・スキル」：フェイズⅢが達成された後に，「手伝って」の要求，「休憩」の要求，「待って」に応じる，スケジュールに従う，などのスキルを教えることができる．④「1日を通してコミュニケーションを教える」：PECS® は機能的コミュニケーションの獲得を目的としており，子どもが生活する家庭や学校などでもコミュニケーションのために絵カードを使用できるようにする．そのためには，家庭や学校との連携協力が必要であり，それぞれの場で必要となる絵カードを用いたコミュニケーションを促す．

● **PECS® に関する研究**　PECS® による指導効果は，多くの研究によって実証されている．例えば，初期の研究であるシュワルツ（Schwartz et al., 1998）らには，重度の障害のある就学前児童を対象にした2つの研究が記載されている．研究1では，自閉スペクトラム症児31人にフェイズⅣまで指導し，各フェイズにつき2〜3か月の短期間で達成されたことを示した．研究2では，18人について1年間のフォローアップを行い，PECS® の使用がプリスクール場面にも般化したこと，および発話にも付加的な効果が見られたことを報告している．実験的に条件を統制したチャーロップ=クリスティら（Charlop-Christy et al., 2002）では，3人の自閉スペクトラム症児にフェイズⅥまで指導し，遊び場面や学習場面で絵カードによるコミュニケーションが可能になること，発話の促進効果，社会的相互作用の増加，および問題行動の改善が見られたことが報告されている．これらの結果は，PECS® の主な目的は絵カードによる機能的コミュニケーションの促進ではあるものの，それ以外の行動（発話，社会的相互作用，問題行動など）に対しても付加的効果が見られることを示唆している．PECS® に関する研究は日本でも多数なされている．小井田・園山（2004）は家庭で母親がPECS® 指導を行うことで，日常場面での絵カードによる機能的コミュニケーションの獲得ができたことを報告している．一方，文構造の高次化に関する研究は少ない．伊藤ら（2011）は自発的な発話がほとんどない自閉スペクトラム症児1人を対象に PECS® による文の構成を指導し，家庭場面における絵カードによる多語文使用の般化を検討した．その結果，日常生活中のコミュニケーション機会において修飾語や目的語を使用した絵カードによる要求が増加した（例えば，「大きい・茶色・クッキー・2・ください」「パン・バター・ジャム・ください」「小さい・シャボン玉・ください」「のんたん・本・ください」）．問題行動の改善にPECS® を適用した研究に村本・園山（2010）がある．この研究では知的障害者入所更生施設を利用し，多飲行動や自傷，便踏みなどの問題行動を示した自閉ス

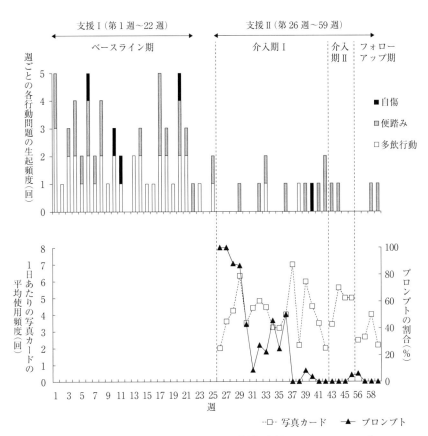

図2 PECS® の使用状況と問題行動の推移 [村本・園山, 2010, p. 119, Fig. 3]

ペクトラム症者1人にPECS®のフェイズⅢまでを適用して代替コミュニケーション行動を形成した．写真カードによる要求が可能になることで多飲行動が減少し，コミュニケーションの成立によって職員からの注目が得られることで他の問題行動にも軽減が見られた（図2）．その他，絵カードによる機能的コミュニケーションの獲得だけでなく，発声・発話やアイコンタクトへの副次的効果なども報告されている（宮崎他，2014；Yokoyama et al., 2006）． [園山繁樹]

参考文献
ボンディ，A.（2009）．絵カード交換式コミュニケーションシステム（PECS）の活用　行動分析学研究，24, 70-84.
Bondy, A., & Frost, L. (2001). *A picture's worth: PECS and other visual communication strategies in autism*. Woodbine House.（ボンディ，A., & フロスト，L. 園山 繁樹他（訳）（2006）．自閉症児と絵カードでコミュニケーション―PECSとAAC　二瓶社）

ポジティブ行動支援（PBS）

☞機能的行動アセスメント p.486, 行動コンサルテーション p.576, ポーテージプログラム p.594, 一般教育：学級運営, 学校運営 p.686

　ポジティブ行動支援（positive behavior support, PBS）とは，個人の生活の質（quality of life, QOL）を向上し，それによって望ましくない行動を最小化するために，個人の行動レパートリーを拡大する教育的方法と個人の生活環境を再構築するシステム変化の方法を用いる応用科学である（Carr et al., 2002）.

　そもそも，PBS は障害分野における人権を重視した非嫌悪的アプローチの構築を目指して提唱されたものである．従来，自傷や攻撃行動などの激しく，危険な行動を起こす人々に対しては，それらの行動を低減・除去することが最優先の目的とされ，提示型弱化に基づく手続きが使用されることがあった．そうした中で，個人の尊厳を損なったり，苦痛や制約をもたらしたりする嫌悪的アプローチを禁止する議論がなされた．一方，ホーナー（Horner et al., 1990）らは，特定の技法の禁止よりも，「なぜ，そのように行動をするのか？」という理解に基づいた人中心のアプローチが必要であるとして，10 の特徴を示したのである（表1）.

　すなわち，PBS は，対象者の望ましくない行動をいかに減らすかではなく，QOL をいかに向上させるかというパラダイム転換なのである．そのために，対象者の望ましくない行動を変えるのではなく，そうした行動を起こさざるを得ない環境を変えようとする．

　具体的には，対象者の望ましくない行動を引き起こし，強化している要因を明らかにする機能分析を行う．それに基づいて，望ましくない行動が強化を得ている環境を改善する．それも，対象者の家庭や学校，地域という生活環境を扱い，それゆえに生態学的事象を視野に入れ，また予防に重点を置く．一方，危険な行動への対処と前向きな支援を区別し，さらにはそうした支援を実行するための環境を形成する．それによって，対象者の適切な行動が強化を得る効果的な手段になれば，望ましくない行動をする必要がなくなる．この提言は以降，環境の改善や適切な行動の教授に基づく前向きな支援方法の開発とともに，そうした支援を実行するためのシステムアプローチへと発展していく．

● **権利保障としての PBS**　PBS のユニークな点は，その研究が権利保障のエビデンスとして進化しているところにあ

表1　新たなアプローチの特徴

①ライフスタイル向上の強調
②機能分析
③複数要素の介入
④生態学的・セッティング事象の操作
⑤先行事象操作の強調
⑥適応行動の教授
⑦効果的な結果のための環境の形成
⑧罰使用の最小化
⑨危機回避と前向きな介入の区別
⑩行動支援における社会的妥当性と人権重視

［Horner et al., 1990 をもとに作成］

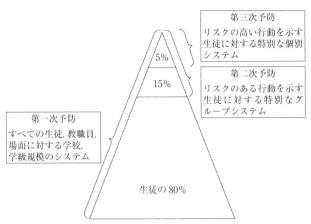

図1 学校規律のための予防的3層モデル［Horner et al., 2005］

る（平澤, 2009）. PBS は, 対象者の望ましくない行動を起こさざるを得ない環境を改善し, 適切な行動を拡大する. こうした教育的価値が求められ, PBS の研究成果のレビュー（Carr et al., 1999）が行われ, 教育制度に位置づけられた. 例えば, アメリカにおける障害児の教育を受ける権利を保障する法律である障害のある個人教育法（individuals with disabilities education act, IDEA）1997年改訂において, 個別教育計画（individualized education program, IEP）を立案するメンバーは, 本人や他者の学習を妨害する行動に対して, ポジティブな行動的介入や方略および支援（positive behavior intervention & support, PBIS）の使用を考慮する必要があること, そして学校での懲戒処分が行われる前に, 機能的アセスメントに基づく行動支援を立案しなければならないことが明記された. また, 連邦政府の教育改革を背景とした IDEA 2004年改訂において, IDEA 資金は行動支援や組織的な学校介入に関連する専門性の向上に使用されなければならないことが明記された. さらに, こうした取組みを促進するために, アメリカ教育省特別教育プログラム局は PBIS 普及のためのセンターを設置し（PBIS WEBサイトより）研究成果を発信している.

●組織的な学校介入　IDEA 2004年改訂に位置づけられた組織的な学校介入は PBIS やスクールワイド PBS（school-wide positive behavior support, SWPBS）とよばれ, 近年急速に拡大している. これは, すべての生徒を対象として, 安全, 学業, 社会性の促進を目標として, 望ましい行動を促進する学校環境を構築し, 様々な望ましくない行動を予防する教育的介入に対する反応（response to intervention, RTI）モデルである（図1）. すなわち, 生徒の失敗を防ぐために, 生徒が診断を得てから支援を行うのではなく, 生徒の現在の反応状態に対して支援を行い, その効果をみて順次必要な支援を講じる.

表2　PBISの内容

予防的階層	中心的な要素
一次的支援	・行動目標の定義 ・行動目標の教授 ・適切な行動に対する報酬システム ・望ましくない行動に対する明確化された結果 ・それぞれの行動への教授 ・意志決定のための継続的なデータ収集と使用 ・行動支援のためのユニバーサルなスクリーニング
二次的支援	・リスクをもつ生徒のモニター ・構造と見通しを高めるシステム ・大人のフィードバックの随伴を高めるシステム ・学業と行動パフォーマンスを結びつけるためのシステム ・家庭と学校のコミュニケーションを高めるシステム ・意志決定のためのデータ収集と使用 ・基本レベルの機能に基づく支援
三次的支援	・行動機能のアセスメント（完全，複雑） ・チームベースの包括的なアセスメント ・学業と行動支援の結合 ・アセスメント情報に基づく個別的介入 　(a) 問題的な文脈の予防 　(b) 機能的に等価なスキルや望ましい行動の教授 　(c) 望ましくない行動を消去する方略 　(d) 望ましい行動に随伴する報酬を高める方略 　(e) 必要な場合，負の結果や安全な結果の使用 ・意志決定のためのデータ収集と使用

［Horner et al., 2015をもとに作成］

　具体的には，表2に示すような3つの予防的階層が検討されている（Horner et al., 2015）. ①第一次予防として，すべての生徒を対象として，期待される行動を提示し，それを強化する支援を行う．②第二次予防として，第一次予防に反応しない生徒グループに対して，課題従事や社会的スキルの支援を行う．③第三次予防として，深刻な行動を示している生徒に対して，機能的アセスメントに基づき個別的支援を行う．すなわち，従来の機能的アセスメントや提示型強化に基づく様々な支援方法が学校における組織的な支援の要素として統合されている．

●**研究の展開**　PBSの研究は，当初から「効果的な結果のための環境の形成」をあげているように，科学的な支援方法の開発にとどまらず，その支援方法を日常環境において通常の人々が実行できるようにすることを研究対象としている．そのために，次の2つの基準から効果的な支援を検討する．1つは支援計画が行動原理や方法に論理的に一致しているかという技術的基準であり，もう1つは支援計画が対象者や支援者を含む関係者の価値観や技能やその適用場面に内包され

る操作可能な資源に適合しているかという文脈的基準である（Horner, 2004）．そこで研究の展開としては，技術的基準を満たす支援計画をいかに当該環境に適合させるかという方向と，技術的基準を満たす支援計画を実行できる環境をいかに構築するかという方向で検討されている．

　前者に関しては，家庭支援の研究があげられる．ここでは，文脈適合性（Albin et al., 1996）という概念が提案され，機能的アセスメントに基づく支援計画と家族の日課や技能，価値観という文脈との適合性を図るためのアセスメントや家族との協働アプローチが検討されている．近年のレビュー研究（McLaughlin et al., 2011）からは，家族との協働アプローチにより家族が実行する効果的な支援が実現していることが報告されている．ただし，どのような文脈情報が家族による支援の実行や維持に関与するかは明らかではない．

　後者に関しては，SWPBS の研究があげられる．ここでは，前述した3層の支援方法を開発するだけでなく，それらを実行するための学校環境をいかに構築するかについて，生徒への支援方法，それを実行する教師へのトレーニング，それらのマネジメントという包括的なシステムが示されている（Horner et al., 2005）．必然的に，このようなシステムアプローチの効果を評価するための研究も進められている．例えば，SWPBS の包括的な実施を評価するためのツールの開発（Horner et al., 2004）や，成果指標としての学校安全調査や生徒の規律違反に関する指導報告（Office Discipline Referral, ODR），学力テストの使用があげられる．現時点では SWPBS の実施に伴う学校環境の改善や ODR の減少が報告されている（Bradshaw et al., 2010；Freeman et al., 2016；Gage et al., 2015）．

　このように，PBS の研究は，当初の非嫌悪的アプローチの構築から，対象者への前向きな支援方法の開発，さらには通常の人々がその支援方法を活用するためのシステム構築と評価へと進んでいる．

　特に，SWPBS のように教育制度を背景とした科学的研究の推進はめざましく，今後は学業向上のエビデンスも明らかにされていくであろう．一方，強制的な介入や試行錯誤の対応がとられている環境は多く存在する．そのような環境実態を明らかにし，PBS の理念や方法を普及し，活用するための組織的な研究が求められる．

［平澤紀子］

参考文献

Bambara, L. M., & Knoster, T. (1998). *Designing positive behavior support plans.* American Association on Mental Retardation.（バンバラ，L. M., & ノスター，T. 三田地 真実（訳）（2005）．プラス思考でうまくいく行動支援計画のデザイン　学苑社）

Crone, D. A., & Horner, R. H. (2003). *Building positive behavior support systems in schools: Functional Behavioral assessment.* Guilford Press.（クローン，D. A., & ホーナー，R. H. 野呂 文行他（訳）（2013）．スクールワイド PBS―学校全体で取り組むポジティブな行動支援　二瓶社）

日本行動分析学会（編）　山本 淳一他（責任編集）（2015）．ケースで学ぶ行動分析学による問題解決　金剛出版

アチーブメント・プレイス

☞トークン・エコノミー法 p.532

　アチーブメント・プレイスは，1967年にアメリカのカンザス州ローレンスで開始された，非行少年を対象としたグループホーム型の行動的介入プログラムである．この頃のアメリカでは，深刻な犯罪行為による逮捕者の半数近くが青年であり（Federal Bureau of Investigation United States Department of Justice, 1979），青年の逮捕率が急増していることも指摘されていた（Gibbons, 1976）．少年矯正施設は非行少年への対応として成果をあげることができておらず，コミュニティの中で行う居住型の治療プログラムが推奨されていた．アチーブメント・プレイスはそのようなプログラムの中の1つであったが，初期の優れた実証的な成果から，このプログラムが原型となり，後にティーチング・ファミリー・モデル（Phillips et al., 1974）としてアメリカ内で多くの再現研究が行われるようになった．

●**アチーブメント・プレイスの概要**　アチーブメント・プレイスの目的は，地方青年局から非行予備軍（これまでは軽微な犯罪しか犯していないが，行動変容のためのステップが踏まれなければ，深刻な犯罪に発展してしまうおそれがある）とされた青年に対して，コミュニティの中で家庭環境を与えることであった（Phillips, 1968）．アチーブメント・プレイスは，居住型のグループホームであり，6〜8人程度の非行予備軍の青年たちが過ごしている．アチーブメント・プレイスでのプログラムは，ティーチング・ペアレンツとよばれる夫婦によって進められる．ティーチング・ペアレンツは，24時間毎日グループホームで生活しており，青年の問題行動を修正し，適切な代替行動を指導する手続きを計画・実行する責任がある（Fixsen et al., 1999）．アチーブメント・プレイスにおける毎日の日課は多くの家庭と同じようなものであり，朝起床したら着替えて，部屋の整理等を行う．朝食を食べたらキッチンの片づけを行い学校に行く．学校から帰ると宿題をしたり余暇活動（TVを見る，ゲームをするなど）をしたりして過ごす．旅行や運動，仕事の機会は週末や学校の休日に設定されている．アチーブメント・プレイスにおけるアプローチは行動原理に基づいており，トークン・エコノミー法を採用している．標的行動は，社会生活領域，セルフケア領域，学業領域の中から，現在および将来の環境において青年に必要とされると考えられるものが選択された．トークン・エコノミー法の中で，ポイントを得られる行動と失う行動およびそのポイント数の例を表1に示す．また，得られたポイントから毎週末に得られる特権の例を表2に示す．ポイントは青年が常に携帯しているカードに記録されるため，行動に対して即座に獲得したり失ったりすることが可能であった．ポイントで得られる物品やイベントは，一般的な家庭で自然に得られる

表1 ポイントを得たり失ったりする行動とそのポイント数の例

ポイントを得られる行動	ポイント	ポイントを失う行動	ポイント
1) TVでニュースを見る, あるいは新聞を読む	1日：300	1) 学校で望ましい行動をしない（学校報告カード）	行動1つ：500-1000
2) 自分の部屋を掃除し, 清潔なままにしておく	1日：500	2) 攻撃的な話し方をする	1回：20-50
3) 身なりをきちんとしておく	1日：500	3) 食事の前に手洗いを忘れる	1食：100-300
4) 読書をする	1ページ：5-10	4) 口論する	1回：300
5) 様々な家事の中で管理人夫妻を手伝う	1課題：20から1000	5) 指示に従わない	1回：100-1000
6) 食器を洗う	1食：500-1000	6) 遅刻する	1分：10
7) 夕食時に服装を整えている	1食：100-500	7) マナー違反をする	1回：50-100
8) 宿題をする	1日：500	8) 姿勢が悪い	1回50-100
9) 学校で望ましい行動をする（学校報告カード）	行動1つ：500-1000	9) 文法が間違っている	1回：20-50
10) 使用しない時は電気を消しておく	電気1つ：25	10) 盗む, 嘘をつく, 騙す	1回：10,000

[Phillips, 1968, p. 215, Table 2 をもとに作成]

ようなものであり, ほとんどコストはかからないものであった. 表2の他にも, 車の助手席に乗れる権利や, 他の青年に庭などの清掃を指示することができるマネージャーとしての権利（マネージャーは, 他の青年の仕事の質によってポイントを得たり失ったりする）などがあり, ポイントを用いたオークション形式によってその権利を獲得することができた.

表2 ポイントによって得られる特権の例

次週の特権	ポイントの価格
お金	1000
自転車	1000
TV	1000
ゲーム	500
工具	500
スナック菓子	1000
繁華街に行ける	1000
夜更かしができる	1000
放課後, 帰宅時間を遅くできる	1000

[Phillips, 1968, p. 214, Table 1 をもとに作成]

●アチーブメント・プレイスの効果

アチーブメント・プレイスにおける青年の行動変容については, 多くの実証研究が行われている（例えば, Bailey et al., 1970；Baily et al., 1971；Fixsen et al., 1973；Phillips, 1968；Phillips et al., 1973）. そのほとんどの研究において, 一事例実験計画法を用いた効果検証が行われているのが特徴的である. 以下では, そのうちのいくつかを紹介する.

最初の報告（Phillips, 1968）では, 攻撃的な発言, トイレ掃除, 時間を守ること, 宿題をする, 文法的に間違った言い方について, トークン・エコノミー法を用いた介入の効果を実証している. 例えば, 攻撃的な発言に対しては, 最初の条件では攻撃的な発言とは何かを説明し, 攻撃的な発言が見られたらそのような発

言はしないように注意したが，あまり効果が見られなかった．次の条件として，攻撃的な発言に対してポイントを失うような随伴性を適用したところ，攻撃的な発言は急激に減少した．

フィクセンら（Fixsen et al., 1973）は，非行予備軍の青年が自治システムに参画するための方法について検討している．アチーブメント・プレイスでは，最初はティーチング・ペアレンツによって設定されたルールに従って生活することを学んでいくが，徐々に青年たち自身が公正なルールを設定するように指導していく．ルール設定とルール違反に対する結果は，家族会議においてディスカッションと投票によって決められる．例えば，一定以上のポイントを失ってしまうような問題行動を青年のうちの1人がしてしまった場合，家族会議が開かれる．家族会議では，ルール違反に対する結果を与えるかどうか，与えるのであればどのような（どの程度の）結果を与えるのかを決定する．家族会議を通して，自分たちが確立したルールは，最初に問題行動をした青年だけに適応されるのではなく，将来自分がしてしまった場合にも適応されるということを学び，過度に罰的になるのではなく公正なルール設定をすることの重要性を学んでいく．フィクセンらの実験では，家族会議における議論への参加行動や，ルール違反を報告する際に，そのルール違反の結果について家族会議で審議するかどうかの判断に与える変数（ルール違反の結果の決め方，家族会議でルール違反の結果を審議するかどうかなど）が検討されている（図1）．

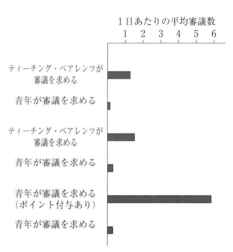

図1　各条件における1日あたりの家族会議において行われたルール違反に対する平均審議数［Fixsen et al., 1973: Fig. 3）をもとに作成］

アチーブメント・プレイスおよびその発展であるティーチング・ファミリー・モデル全体の効果を検討した研究としてキリジンら（Kirigin et al., 1982）がある．この研究では，ティーチング・ファミリー・モデルのグループホームとその他のグループホームを比較した．比較には，犯罪を犯した青年の割合，1か月あたりの平均犯罪件数，消費者満足度などの指標が用いられ，入居前，入居中，プログラム終了1年後のデータが分析された．分析の結果，ティーチング・ファミリー・モデルのグループホームの方が，その他のグループホームよりも入居中に犯罪を犯した青年の割合や1か月あたりの平均犯罪件数が少なく，消費者満足度もおおむね高かった．しかし，犯罪を犯した青年の割合や1か月あたりの平均犯

罪件数については，1年後のフォローアップデータではグループホームによる違いは見られなかった．キリジンらは，研究デザインの問題やサンプルサイズの小ささ，従属変数の選択が課題として残されていることを指摘している．

●**ティーチング・ファミリー・モデルとしての普及**　アチーブメント・プレイスにおける優れた成果は，その後ティーチング・ファミリー・モデルとして多くの再現研究が行われるようになった．フィクセンら（Fixsen et al., 1999）は，初期のアチーブメント・プレイスの成果を再現するための苦労や課題，初期の成果を再現しながら普及していくために行われてきたことを紹介し，開発されたプログラムが普及してくためにはどのような要因が重要であるのかをまとめている．フィクセンらによると，1967年のアチーブメント・プレイスの開始から1982年までの15年間において，792組のティーチング・ペアレンツが303のグループホームで訓練を受けてプログラムを実施している．しかし，1971年までの再現の試みはうまくいかず，入居した青年はお互いにけんかし，反抗的であり，ホームから逃げ出し，学校をサボって破壊行為をしていた．著者らは，新しいグループホームのティーチング・ペアレンツと，アチーブメント・プレイスのティーチング・ペアレンツであるフィリップス（Phillips, E. L., & E. A.）夫妻の観察を行い，その違いを明らかにし，アチーブメント・プレイスの成果を再現するために重要なことを見つけ出した．その1つは「指導時の相互作用」であり，ティーチング・ペアレンツと青年たちとの関係性が重要であるということであった．その他にも，実際の指導スキルを身につけるための行動リハーサルや，ティーチング・ペアレンツに対する評価システムの構築や資格認定のための基準の確立などが確認された．これらのことを考慮することで，アチーブメント・プレイスの成果は再現されるようになり，「普及会議」を開催しながら再現を進め，後にはティーチング・ファミリー学会が設立されて，普及活動を強力に推し進めるようになった．ティーチング・ファミリー学会は，スタッフの選定，訓練，コンサルテーション，スタッフやプログラムの評価，継続実施の促進などをサポートする役割を担っていた．フィクセンら（Fixsen et al., 1999）は，これらの要素をすべて受けたティーチング・ペアレンツと，部分的にしか受けていないティーチング・ペアレンツでは，グループホームが終了してしまった割合が劇的に異なっていることを示している．

　ティーチング・ファミリー・モデルの研究は，効果的なプログラムとその再現および普及についての豊かな情報を提供している．アチーブメント・プレイスおよびティーチング・ファミリー・モデルは，研究と実践が相互に良い影響を与え合うことを示すモデルの1つといえるだろう．　　　　　　　　　　　　　［野田　航］

プレシジョン・ティーチング　☞一般教育：教科教育 p.682

　プレシジョン・ティーチング（precision teaching, PT）は，スキナー（Skinner, B. F.）の学生であったリンズレー（Lindsley, O. R.）が始めた意思決定促進のための行動測定システムである．PTの定義は様々になされているが，例えば，ホワイト（White, 2005）は，「指導目標を定義し，日々のパフォーマンスをモニターし，効果的な教育的意思決定を促進するために，ある一定の方法でパフォーマンスデータを体系的に提示するシステムである．PTは，何を教えるべきか，指導をどのように進めるべきかを決定しない．むしろ，教師が選択したプログラムを評価するための一連の戦略と方策である．」としている．重要な点としては，カリキュラムや指導法を特定するものではないこと，行動データの測定とそのデータに基づく意思決定の促進が含まれること，いくつかの目的や機能をもつ「システム」であることがあげられている（Kubina & Yurich, 2012）．PTには「ティーチング」という名前がついているが，特定の指導法のことではなく，学習者の学びを最大化するための教育的意思決定を促進する行動測定システムである．

● **PTの要素**　PTの要素としては，*The Precision Teaching Book*（Kubina & Yurich, 2012）にまとめられているが，ここでは指導理念，スタンダード・セラレーション・チャート（standard celeration chart, SCC）について紹介する．

　PTには，基礎的な行動科学にルーツをもつ指導理念がいくつかある．1つは「学習者が最もよくわかっている」（the learner knows best）であり，もしも指導によって行動が望ましい方向に変化しなかった場合，修正すべきなのは指導法であって学習者にその責任はないということである．行動は法則的であり，学習者はそのときの環境刺激・条件に応じた行動パターンを示す．つまり，学習者の行動こそが正解であり，指導によって予想する方向に行動が改善しないのであれば，間違っているのはその予想（あるいは指導法）の方であり，改善のためにさらなる環境設定を工夫していくことになる．つまりPTでは，行動頻度のデータを記録しながら，うまくいかなければ指導法や環境変数を変化させ，さらに行動頻度データを記録して効果を確認するというように，うまくいくまで試行錯誤を続けるということになる．このプロセスは，Pinpoint-Record-Change-Try Againと表され，指導者がどのような行動をしていくのかを示している．その他にも，「観察可能な行動に焦点を当てる」「行動の共通の指標として頻度を用いる」「スタンダード・セラレーション・チャートに行動データを表示する」などの指導理念がある（Cooper, 2000 ; Kubina et al., 2002 ; West et al., 1990 ; White,

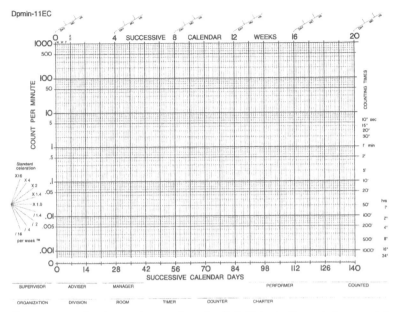

図1 スタンダード・セラレーション・チャートの見本 [Behavior Research Company から許可を得て掲載]

1986).

　SCCは，PTの要素の中でも最も特徴的かつ重要なものである．SCC（図1）は，縦軸が片対数になっているグラフ（semi-logarithmic chart）であり，行動頻度を24時間あたり1回から1分間あたり1000回まで表示することができる．図1のSCCは横軸が日付（140日間）であり最もよく使用されるが，他にも横軸に週，月，年を使用したものもある．SCCの「スタンダード」という部分は，SCCがセラレーションを一貫して示していることに由来している．セラレーションとは，一定期間中の学習率を直線的に示したものであり，SCCにおいてはデータの傾きによって表される．セラレーションは倍数か約数で表され，行動頻度が2倍になればセラレーション値はX2（「タイムズ-ツー」と読む）で傾きが34度で表されている．SCCは縦軸を対数表示しているため，行動データの相対的変化を直接的に表示することができる．例えば，行動頻度が10回から20回への変化と50回から100回への変化が同じ傾き（X2）として表示される．つまり，行動変化の絶対値の変化量ではなく，相対的な変化量が等しく表示されるのである．SCCでは，セラレーション（学習率）を直接的に表示することで，行動頻度の絶対値ではなく学習率を直接的に表示し，それをもとに教育的な意思決定を行っていく．

●**PTと行動の流暢性**　PTの実践が見出したことで最も重要なことの1つが行動の流暢性である．流暢性は「有能なパフォーマンスを特徴づけるような正確さと速さの組合せ」（Binder, 1996）であり，多くの場合1分間に生起した正反応数（行動頻度）が指標とされる．例えば，1分間で文章を読んで何個正しく単語が読めたか，1分間で計算問題を何問正答できたか，などが用いられる．バインダー（Binder, 2003）は，ヒトの行動の学習の指標として一般的に用いられる正答率の限界について指摘し，行動頻度を指標とすることで学習者のパフォーマンスをより正確に評価することができ，学習者のパフォーマンスレベルに応じた指導が可能となると述べている．PTでは，行動頻度をSCCに記録していくため，その変化を直接的に把握することができる．

　行動頻度をSCCに記録するという教育実践が行われる中で，行動が高頻度で生起するようになる（正確かつ素早く実行できるようになる）と，副次的に様々な重要な学習結果（保持，持続性，応用）が得られるということが明らかとなってきた．保持とは，一定期間練習しなくても行動頻度が減少することなく持続することであり（Doughty et al., 2004），多くの研究で行動頻度がある基準に達すると学習した行動が保持されることが示されている（例えば，Kostewicz & Kubina, 2011；Lee & Singer-Dudek, 2012）．持続性とは，一定の速さと正確さを長時間にわたって持続し続けることであり，持続性がないと環境からの妨害を受けやすい（Binder, 1996）．行動頻度をある基準まで達成させると，持続性が向上することが示されている（Berens et al., 2003；McDowell & Keenan, 2001）．最後の重要な学習結果は応用である．応用とは，1つかそれ以上の要素となる行動が特定の行動頻度に達し，その後，それらを組み合わせて複合的な行動ができるようになることである（Kubina & Yurich, 2012）．例えば，複雑な計算問題（3桁同士の掛け算）を指導する場合に，その要素となる行動（例えば，数字を読む，数字を書く，四則演算，桁数を同定する）の行動頻度を事前に増加させると，複雑な計算問題を解くことの学習の効率が上がる（あるいは指導しなくても自然に組み合わされる）ということである（図2）．この要素となる行動と複合的な行動の関係について最初に指摘したのがホートン（Haughton, 1972）であった．ホートンは，学習指導において，単にある学業スキルをレパートリーとしてもっている，正確に実行できるだけでは，一連のカリキュラムでの進歩を保証するには不十分であることを発見した．この発見によって，要素となる行動それぞれを特定の行動頻度まで指導することで，複合的な行動の学習をより効率的にすることが可能となった．この要素と複合の関係に基づいて学習するスキルを整理することで，効率の良い学習プログラムが作成されてきている（例えば，Johnson & Street, 2013；Stein et al., 2006）．

●**PTのエビデンス**　PTのエビデンスを示すものとしてよく引用されるのが，

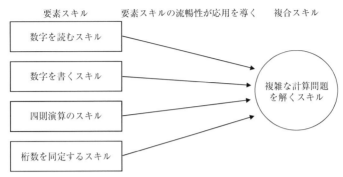

図2 複雑な計算問題を解くスキルを例とした応用の模式図［Kubina & Wolfe, 2005, p. 39, Fig. 3をもとに作成］

アメリカのモンタナ州グレートフォールズで行われたプレシジョン・ティーチング・プロジェクトである（Beck & Clement, 1991）．このプロジェクトは最初にスペシャル・エデュケーションの子どもたちを対象として実施され，後に通常学級の子どもたちも対象となっている．このプロジェクトでは教師に対して，学習行動を正確に記述する方法，行動をSCCに記録する手続き，SCCのデータを解釈する方法と意思決定ルール，カリキュラムの目標を達成するための補助練習教材が提供された．子どもたちは毎日，読み書き計算などの基礎スキルを練習する機会を与えられ，日々の成長をSCCに記録し，個人のペースでカリキュラムを進め，カリキュラムの進め方についての意思決定において教師を補助する機会が与えられた．最初のプロジェクトの報告（1975年）では，6つの学校を3つの実験群と3つの統制群に分け，軽度障害の子どもを対象とした研究を行った結果，実験群の方がポストテストにおける評価が高かった．また，2つ目の研究（1979年）では，通常学級に在籍する1年生を対象に4年間PTによる指導を行ったところ，4年生時にアイオワテスト・オブ・ベーシックスキルズにおける読み，算数，スペリングの得点が統制群よりも優れていた．読みでは20パーセンタイル以上，算数では40パーセンタイル以上統制群よりも高い得点を示しており，通常学級の児童に対してもPTの効果が示されている．さらに，1977年の研究では，PTを受けた児童の学習成績が3年後も維持されていたことが確認されている．1981年には，モンタナ州のOffice of Public Instructionが，プレシジョン・ティーチング・プロジェクトは高校の数学と英語プログラムにおいて妥当性が証明された実践であると正式に表明している（Beck & Clement, 1991）．

［野田 航］

参考文献

Kubina, R. M., & Yurich, K. K. L. (2012). *The precision teaching book*. Greatness Achieved.

アクセプタンス＆
コミットメント・セラピー

☞刺激等価性：基礎 p. 328, 関係フレーム理論 p. 344, 習慣逆転法 p. 568, 機能分析心理療法 p. 622

　アクセプタンス＆コミットメント・セラピー（acceptance & commitment therapy, ACT,「アクト」と読む）は,「臨床行動分析」「第三世代の行動療法」「文脈的認知行動療法」と称される介入アプローチの代表格である．応用行動分析学が得意としてきた顕在的な行動的問題に対する介入と異なり，しばしば，うつや不安といった私的事象の問題とみなされるような心理・行動的な問題に対するアプローチである．言い換えれば，言語的に有能な人間が抱える私的事象の問題全般に対する行動分析学的な支援法である．1999年に最初のマニュアル（Hayes et al., 1999a），2012年に第2版となるマニュアルがヘイズ（Hayes et al., 2012）らによって刊行されている．第2版からは「心理的柔軟性」というACTの核となるモデルが登場した．通常，ACTは複数の介入技法を含んだ介入パッケージではあるが，特定の介入技法によって定義されるようなものではなく，心理的柔軟性を高めようとする試みがACTであるといえる（Hayes et al., 2012）．また，ACTは，徹底的行動主義の後継である「機能的文脈主義」および認知・言語活動をオペラントの枠組みからとらえる「関係フレーム理論」と密接に関連し合いながら発展を続けている（これらは「文脈的行動科学」という研究・実践の営みである；Hayes et al., 2012）．

●**ルール支配行動と包括的に距離をとる**　ACTは最初，「包括的に距離をとる」（comprehensive distancing）との名称で生まれた（Hayes, 1987；Hayes et al., 1989）．包括的に距離をとるでは，（言語的に有能な）人間に共通する苦しみは，コントロールの及ばない私的事象を無理にコントロールしようとすることに由来すると考える．そして，私的事象に関して「コントロール可能／すべきである」というルールに縛られることこそが問題であり，そういった私的事象からの過度な回避（体験の回避という）を助長するルールの相対化を目指す．

　行動分析学では，1970年代後半〜1980年代にかけて，ルール支配行動についての研究が精力的になされた（Hayes, 1989）．その中で，ルールは時に人間の行動における随伴性への感度を低下させることが示された（例えば，Hayes et al., 1986）．つまり，過剰なルール支配は，現実の環境からのフィードバックからその人を切り離してしまうことを通して問題を引き起こす．

　認知療法（cognitive therapy, CT）では行動や感情の原因を思考に求め，ネガティブな思考を変容させることでうつや不安といった私的事象の問題の軽減を目指している．行動分析学的にいえば，CTではクライエントのルールの変容を目指している．包括的に距離をとるでは，行動分析学における外的な環境の変容と

いう観点から，ルールを取り巻く文脈を変容することで，結果的にルールのもつ行動への影響力（機能）を変容させるという発想へと向かった．また並行して，随伴性を頼りにしながら，提示型強化による持続可能な行動パターンをクライエントの中につくりあげるという発想を取り入れた．この発想に基づき，ゼトルら（Zettle & Hayes, 1986；1987；Zettle & Rains, 1989）は，実際に，抑うつへの介入効果に関するCTと包括的に距

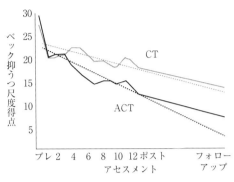

図1　包括的に距離をとる（ACT）と認知療法（CT）におけるベック抑うつ得点（BDI）の推移 [Zettle et al., 2011 をもとに作成]

離をとるとの比較研究を行い，包括的に距離をとる群において，CT群に劣らないだけの抑うつの改善を確認した（図1）．これらの研究はごく小規模ではあったが，行動分析学がいわゆるトークセラピーの領域へと応用可能であることを証明し，新たなタイプの認知・行動的介入法を生み出すこととなった．

●**心理的柔軟性モデル**　包括的に距離をとるは，ゼトルの研究以降，人間の言語・認知と深く関わる関係フレーム理論の研究成果をもとに，ACTへと洗練された．ACTでは，行動分析学における厳密な用語ではなく，あえてその普及と実践的な使いやすさを目指し，独自の概念を道具的につくり出している．心理的柔軟性モデルはその核となる概念である．心理的柔軟性とは，心理・行動的に健康である傾向を意味する．またこれと表裏の関係にある心理的非柔軟性は心理・行動的な障害を説明する概念である．心理的柔軟性は，次に触れるa1〜a6のコアプロセスによって構成され，これと対応して心理的非柔軟性は，次に触れるb1〜b6によって構成される．

図2はACTで一般に用いられる心理的柔軟性／心理的非柔軟性を視覚的に示したモデルである．それぞれの要素を簡単に説明する．a1)アクセプタンスとは私的事象をコントロール（抑制，低減）しようとすることなく受け止めることであり，体験の回避の反対を意味している．b1)体験の回避とは不快な思考・感情・身体感覚・記憶といった私的事象)をコントロールしようとすることである．a2)脱フュージョンとはみずからの思考（関係フレームづけされた言語的な刺激）と現実とを弁別することであり，b2)認知的フュージョンとは思考をあたかも現実であるかのように真に受けることである．a3)「今この瞬間」への柔軟な注意とは，意図的に注意を刻々と変化する瞬間瞬間に向けることであり，b3)非柔軟な注意とは，抑うつ的な反芻や将来への心配に意識がとらわれるなどして，目の前

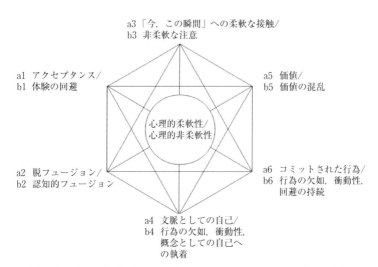

図2 心理的柔軟性／心理的非柔軟性モデル〔Hayes et al., 2012をもとに作成〕

の必要な事柄に意識が向かないことである．a4)文脈としての自己とは，特定の自己のイメージにとらわれることなく，私的事象を含む目の前の刺激全体を観察することであり，b4)概念としての自己に対する執着とは，言語的につくり上げた自分自身のイメージによって行動のレパートリーが制限されることである．a5)価値とは，その人の人生全体にわたって有用なルール（価値）が明確であることであり，b5)価値の混乱とは，価値が明確になっていなかったり，長期的に見た場合に問題を引き起こすようなルールが優勢になっていることである．a6)コミットされた行為とは，価値に沿って実際に活動を起こせていることであり，b6)行為の欠如・衝動性・回避の持続とは，その人にとって有用な活動が起こせなかったり，有用でない活動を衝動的に起こしたり，回避行動を起こし続けることである．

●**一事例実験計画法による研究**　ACTは様々な心理・行動的問題に対してその効果が示されており，ランダム化比較試験の結果を統合して行うメタ分析においてもその効果が確認されている（A-Tjak et al., 2015）．その一方で，行動分析学の観点からは，個々のクライエントにおける時系列の変化をとらえる一事例実験計画法に注目すべきであろう．ACTにおいても一事例実験計画法を用いた介入効果の検証が行われている．

　グールドら（Gould et al., 2018）は，自閉症児の保護者に対しACTに基づいたトレーニングを行うことで，保護者における価値に沿った活動の頻度が上昇することを参加者間多層デザインによって実証している．この研究では3人の保護者が対象となった．それぞれは自身の子どもと関連したそれぞれの価値を定義

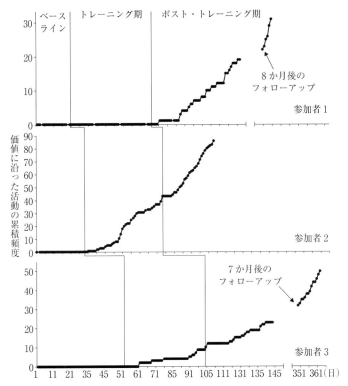

図3 3人の参加者における価値に沿った活動の累積記録［Gould et al., 2018 をもとに作成］

し，それらの価値に沿った具体的な活動を日常生活の中で記録した．図3は，各参加者における価値に沿った活動についての累積記録である．トレーニング期において，参加者2と3の累積数の上昇が，ポスト・トレーニング期において3人共の累積数の上昇が認められる．

この研究が示すように，ACT はいわゆる心理療法でありながらも，あくまでも行動分析学が持つ基本的な発想を維持しながら発展を続けている．

［三田村 仰］

参考文献

武藤 崇（2011）．ACT（アクセプタンス＆コミットメント・セラピー）ハンドブック―臨床行動分析におけるマインドフルなアプローチ　星和書店

Hayes, S. C. et al. (2012). *Acceptance and commitment therapy: The process and practice of mindful change.* Guilford Press.（ヘイズ, S. C. 武藤 崇他（監訳）(2014)．アクセプタンス＆コミットメント・セラピー―マインドフルな変容のためのプロセスと実践　第2版　星和書店）

機能分析心理療法

☞アクセプタンス＆コミットメント・セラピー p.618

　臨床行動分析の1つである機能分析心理療法（functional analytic psychotherapy, FAP）は，コーレンバーグとサイ（Kohlenberg & Tsai, 1991）によって体系化された，徹底的行動主義の哲学や行動分析の知見に基づく心理療法である．徹底的行動主義の観点からは，すべての行動は文脈のもとにある随伴性により制御されると考えるが，FAPにはこの考え方が反映されている．例えば，クライエントが日常で示している問題行動と機能的に類似した行動が面接時にも生じるならば，問題行動が生じる日常場面と面接場面が機能的・文脈的に類似していると判断する．そしてその2つの場面が機能的・文脈的に類似しているならば，面接場面で生じた行動変容は日常生活場面でも生じると考えるため，FAPのセラピストはクライエントの日常での行動上の問題が生じる場面を面接環境において機能的に再現しようと試みようとする．また行動分析の基礎研究からは，行動に影響する結果の効果は，結果と行動が時間的・空間的に近接しているほど大きくなることがわかっているが，セラピストがクライエントの行動に対して強化，消去もしくは弱化という何らかの結果を提示する際にも同じことがいえるだろう．つまり，セラピストにとって最も時間的・空間的に近いクライエントの行動は面接場面での行動であることから，その行動に対して行われる介入はクライエントの行動変容に強力に作用するとFAPでは考えるのである．

●**FAPの実施手続き**　FAPでは，面接場面で生じうる以下の3つの行動を臨床関連行動（clinically relevant behavior, CRB）とよんでいる（表1）．まずCRB1は面接中にクライエントが示す日常生活上での問題行動と機能的に類似した行動であり，CRB2は面接中に生じるクライエントの適応的な行動，CRB3はクライエントの問題に対する解釈や言語行動と定義される．FAPではこれらへの介入によって，クライエントの日常生活での行動上の問題（daily life problem, DLP）の変容を目指している．またFAPの実施に際しては5つのルールが設定されている（表1）．Rule1はクライエントが示すCRBを観察することである．これはFAPの基本であり，クライエントのDLPが面接中に生じているか（もしくは生じていないか）を見出せなければFAPは成立しない．Rule2はCRBを面接場面で生じさせることであり，セラピストがCRBにアプローチをするための場面・介入の土台をつくり出すことがその目的である．Rule3はセラピストが面接中に生じるCRB2を強化することでCRB1とCRB2の変容を目指すプロセスであるが，その際に用いる強化子はセラピストとクライエントの間で交わされる反応（自然な強化子）に限られている．Rule4はCRBへのアプローチが奏功している

表1 臨床関連行動（CRB）と機能分析心理療法における介入ガイドライン（5つのルール）

臨床関連行動	CRB1	面接セッション内で生じるクライエントの問題行動
	CRB2	面接セッション内で生じるクライエントの問題行動の低減に関係する適応的行動
	CRB3	自分の問題に関する言語的記述や解釈（クライエントの言語行動）
介入ルール	Rule1	CRB1と2を観察する
	Rule2	CRB1と2を引き出す
	Rule3	CRB2を強化する（CRB1を弱める）
	Rule4	CRB1と2に対して潜在的に強化の効果をもつようなセラピストの行動を観察する
	Rule5	クライエントの行動に影響を与える変数に対して解釈を与える

かを観察するというものであるが，このルールはCRBへのアプローチが成功していなければ他の方法を探すという目的で設定されている．最後のRule5は，クライエントが示した行動改善の般化を目的としたものであり，セラピストがクライエントの行動について機能分析の観点からの解釈（先行刺激や結果刺激とクライエントの行動との関係への言及）を行うというものである．

● **FAPの実証的研究とその課題** カラハン（Callaghan, G. M.）らによって，クライエントのCRBを評価するFIAT（functional idiographic assessment template；Callaghan, 2006）やFAPの5つのルールに沿ったセラピストとクライエントの反応を測定するFAPRS（functional analytic psychotherapy rating scale；Callaghan & Follette, 2008）といった，FAPを実施する際に用いられるアセスメントツールの開発が進められてきた．近年ではこれらのツールを用いて，FAPの効果や介入の奏功要因の同定を試みる一事例実験計画法を用いた研究が行われている．その萌芽的な研究を行ったカンターら（Kanter et al., 2006）は，大うつ病と診断された2人を対象としてベック（Beck, A. T.）の認知療法をベースラインとして実施し，その後にFAPを実施している．そのうち1人は，ベースライン期ではセラピストが示すCRBへの反応はほとんど観察されず，問題となるDLPも高頻度で観察されていた．しかしFAPが導入された後には，セラピストのCRBへの反応の増加とDLPの減少が生じていた．この結果は，FAPの実施によって日常生活上の問題解決（DLPの変容）が生じることを示すものであろう．

しかし，上記の研究を行う際には，条件変化にともなって操作する変数は1つであることが望ましい．その点，カンターらの研究では認知療法とFAPという大きく異なる介入法を比較しているため，多くの変数が変化している．こうした点を踏まえてリザラゾら（Lizarazo et al., 2015）は，3人のクライエントを対象にFAPの5つのルールのうちRule3の効果について，A/A+Bデザインを用いて検討している（AではRule2のみが実施され，A+BではRule2とRule3が実施された）．図1はFAPが奏功した2人のうちの1人の結果を示すグラフである．このクライエントは境界性パーソナリティ障害と診断された25歳の男性

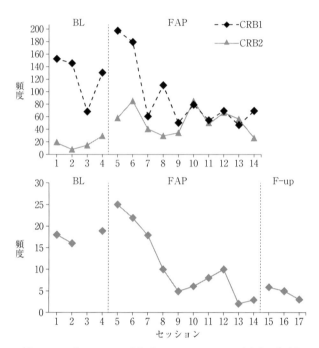

図1　CRB1と2，DLPの変化［Lizarazo et al., 2015をもとに作成］
上段のグラフは面接中のCRBの変化，下段はDLPの変化を示したグラフである．グラフ中にあるBLはベースライン期，FAPはCRB2を強化しているフェイズ，下段のグラフにあるF-upは介入終了後のフォローアップ期を示す．

である．リザラゾらはDLPの定義とDLP・CRBの例を設定し（表2），面接録音・録画をもとにクライエントのCRBとセラピストの面接中の反応を測定した．その結果，ベースライン期のCRB1は高い水準のままでCRB2の増加もなく，DLPも高頻度で生じていた．しかしFAP期（CRBの強化を行うフェイズ）に移行してからは，CRB1の減少とCRB2の増加，そしてDLPの改善が認められ，介入終了後もDLPの水準は維持されていた．セラピストのRule3に基づく反応も，FAP期が始まってから増加していることが確認されている．これらの結果は，Rule3の実施がCRB2の増加やDLPの改善をもたらすというFAPの前提を実証するものである．

　ところで，ルール（言語）に従う行動は随伴性に対して鈍感であることが指摘されているが（☞「ルール支配行動」），この知見はFAP実施に際して留意が望まれる点である．例えばもし，FAPの5つのルールにセラピストの行動についての仔細なルールが定められているならば，それはセラピストのルール支配行動

表2 DLPの定義とDLP・CRBの例［Lizarazo et al., 2015のTable 1から一部抜粋］

DLPの定義	他者からの批判や問いつめから回避したり逃避したりすること
DLPの例	自分自身の思考や感情に向き合おうとしないこと（例：「自分がどう感じているかわからない」などと発言する）
CRB1の例	セラピストとの会話に抵抗を示したり，セラピストの発言を取り合わなかったりすること（例：忘れてたふりをする）
CRB2の例	自分の感情をネガティブなものとしてみていたとしても，面接中に（恐れや悲しみといった）自分の感情や感情がもたらす影響について話をすること

を強めてしまい，その結果，CRBに対する柔軟な対応が難しくなることも予想される．よって，あくまでこの5つのルールは「FAPを行うための大枠のガイドライン」として機能すべきものだと考えられる．またFAPの各ルールに着目してみると，セラピストとクライエントの治療関係の中で生じる体験的・直接経験による介入に関係するルールが5つのうち4つ（Rule1からRule4）を占めている．このことからは，FAPでは随伴性形成行動としてのCRBの形成に主眼が置かれていることがわかる．しかしRule5は，セラピストがCRBやCRBとDLPの関連についての機能分析的な「言語的」解釈（ルール）をクライエントに提供するものであるため，例えば，クライエントがセラピストからのルール（解釈）に従って行動上の改善を生じさせたとしても，そのクライエントは日常場面の複雑な随伴性やその変化に柔軟に対応できないことも考えられる．そもそもRule5がFAPに必要な要素であるのかという点については，ヴィラス・ボアスら（Villas-Bôas et al., 2016）が，単一事例研究によってRule5の効果を検証したところ，CRBやDLPに影響していなかったことを報告している．このようなFAPの構成要素（5つのルール）の機能や臨床的有効性を検証する研究は端緒についたばかりであり，さらなる分析・検討が期待される．

最後にFAPの応用について言及しておきたい．FAPは既存の心理療法と組み合わせて使用されることもある．例えば，コーレンバーグら（Kohlenberg et al., 2002）と松本（2007）は，うつ病者に対してFECT（FAP enhanced cognitive therapy）を実施し，その効果について検討している．FECTは認知療法にFAPの要素（面接内でのセラピストとクライエントの行動に着目・アプローチをするという要素）を組み入れたものであるが，両研究ともに認知療法単独よりも大きな臨床効果が得られていた．今後もFAPと既存の心理療法とを組み合わせた臨床アプローチに関する研究・実践が進むと考えられる． ［松本明生］

参考文献

Kohlenberg, R. J., & Tsai, M. (1991). *Functional analytic psychotherapy: Creating intense and curative therapeutic relationships.* Plenum.（コーレンバーグ，R. J., & サイ，M. 大河内 浩人（監訳）（2007）．機能分析心理療法―徹底的行動主義の果て　精神分析と行動分析の架け橋　金剛出版）

行動活性化療法

　行動活性化療法(behavioral activation therapy)は，機能的文脈主義に基づく心理療法であり，主にはうつ病に対する有効性が示されている．その目的はクライエントの自発的行動を活発化させ，その行動が強化される経験を増やすことである．アクセプタンス&コミットメント・セラピーや機能分析心理療法と同じく第三世代の行動療法に分類される．

●**行動活性化療法の歴史**　行動活性化療法の起源は，環境の変化により抑うつが引き起こされることを指摘したスキナー(Skinner, B. F.)による抑うつの行動分析にまでさかのぼるが，うつ病の行動モデルを精緻化したのはその後の行動理論家であった．ファースター(Ferster, 1973)は，うつ病は強化スケジュールが比較的固定され，強化されるまでに多くの反応数を必要とする随伴性のもとで生じると指摘した．このような環境では除去型強化により嫌悪刺激を避けるための行動の頻度が増加し，提示型強化による行動レパートリーが縮小する．その結果うつ病が発症するとされている．機能分析の重要性を強調し，うつ病を回避行動として概念化したファースターのモデルは，マーテル(Martell, C. R.)をはじめとした近年の行動活性化療法にも引き継がれている．

　一方，レウィンソンら(Lewinsohn & Graf, 1973)は強化の役割を重視し，反応に随伴した提示型強化の減少がうつ病の発生につながるモデルを考えた．このモデルではうつ病の重症度は提示型強化の割合と連動し，提示型強化を受ける機会の増加により抑うつが改善するとしている．この前提から提示型強化との再接触を行うこと，強化との安定した接触を維持するためのスキルを教えることの2点を重視した，活動スケジュールや社会的スキル訓練からなる行動活性化が開発されている(Lewinshon, 1975)．この経緯のためレウィンソンは行動活性化を開発した最初の行動療法家とされている．

　1980年代，認知的アプローチがうつ病治療の主流になり，行動分析に基づく治療としての勢いは失われた．行動活性化は活動スケジュールとしてうつ病の認知療法(Beck et al., 1979)に取り入れられたが，認知の変化を目的とした手続きとして概念化されていた．しかし，認知療法の要素分析により行動活性化は再評価されることとなる．この研究では(Jacobson et al., 1996)，認知療法のマニュアルをもとに活動スケジュール単独，活動スケジュールと自動思考の再構成，中核信念の変容を含む認知療法のフルパッケージ，の3条件でうつ病患者に対する治療効果と2年後(Gortner et al., 1998)のフォローアップを比較した．その結果，フォローアップを含め3条件の間に治療効果の差は認められず，うつ病の治療に認知的な介入は必ずしも必要ないと結論づけた．

この研究により行動活性化への注目が高まり，ファースターのモデルに機能的文脈主義の観点を加えた行動活性化療法のマニュアル Depression in Context（Martell et al., 2001 熊野監訳 2011）が出版された．同時期にレジュエイ（Lejuez, C. W.）は対応法則（マッチング法則）に基盤を置いた行動活性化療法を提唱している．彼らの登場によって，機能的文脈主義に基づく独立した心理療法としての行動活性化療法の形が整えられた．

　うつ病に対する行動活性化療法の有効性は複数のメタ分析によって示されている（Cuijpers et al., 2011 ; Ekers et al., 2014）．また，不安や恐怖に関連する問題への適用可能性が指摘されており（Hopko et al., 2006），小規模な研究で心的外傷後ストレス障害（post traumatic stress disorder, PTSD）に対する効果が示唆されており（Jakupcak et al, 2006 ; Jakupcak et al, 2010），パニック症と気分変調症に適用した症例（Hopko et al., 2004）も報告されている．さらに，診断横断的アプローチとしての有用性も指摘されており（岡島ら，2011），今後の研究が望まれる．

●**行動活性化療法の進め方**　行動活性化療法は，クライエントに活動的になるように教え，提示型強化を受ける機会を増加させることを目的とし（Martell et al., 2001 熊野監訳 2011），①活動記録表によるアセスメント，②回避に気づく，③回避に代わる対処を行う，④行動と結果の関係を意識できるようにする，⑤目標を設定しそれに近づく行動を実行する，の5つの戦略を用いる（Martel et al., 2004 長谷川訳 2005）．

　①はクライエントの生活や行動を理解するステップである．活動記録表は，一般的な活動レベルのアセスメント，活動と気分の関連性チェック，気分の変動の確認，達成感と満足感の評価，活動の範囲と制限の観察，活動の方向づけ，回避行動のモニタリングに対するサポート，全般的な生活目標に向かい進むことの評価，の8つの目的に用いることができる（Martell et al., 2001 熊野監訳 2011）．

　行動活性化療法は，回避行動に気づき，それに代わる行動の支援に重点を置く．これを行うため，②のためのTRAP（トラップ）と③のためのTRAC（トラック）モデルが準備されており，これを教えることでクライエント自身が行動を分析し変容するよう働きかける（図1）．

　②TRAPはきっかけ（trigger），反応（response），回避パターン（avoidance pattern）の頭字語である．きっかけとは回避行動を引き起こす環境の変化や刺激であり，反応とはきっかけに対する悲しみや恐怖，怒りなどの情動反応である．回避パターンはクライエントの回避行動を示す．例えば，仕事について問題を抱え込むクライエントの場合，困難な仕事を与えられることがきっかけとなる．彼は同僚に援助を求めることに「無能と思われる」と不安を感じ（反応），残業や休日出勤によって仕事を終わらせる（回避パターン），とモデルにあてはめる．このような分析を繰り返すことで，状況を悪化させ抑うつを引き起こす回避行動

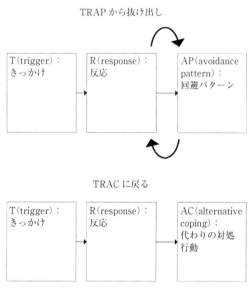

図1 TRSP-TRSシート〔Martell et al., 2010 坂井・大野（監訳），2013をもとに作成〕

に気づくことが可能になる．

　③TRACは，きっかけ（trigger），反応（response），代わりとなる対処（alternative coping）の頭字語で，回避行動に対する対抗手段を提供する．上記の例であれば，困難な仕事を与えられ（きっかけ），援助を求めることに不安を感じる（反応）が，残業ではなく，同僚に相談する，期限を伸ばすよう交渉する，などが代わりの対処（代わりとなる対処）となる．このモデルによって「うつの罠（トラップ［TRAP］）から抜け出し，進むべき道（TRAC［K］）に戻る」重要性を理解する．

　④では，クライエントが自身の行動とその結果について意識し，分析できるよう支援する．これは自身の行動に対する機能分析を教えるプロセスであり，これを進めるために役立つ言葉として"ACTION"が準備されている．これは，評価する（Assessment）-行動の機能を評価する，選択する（choose）-取るべき行動を選択する，挑戦する（try）-選択した行動を行う，取り入れる（integrate）-新しい行動を習慣として取り入れる，観察する（observe）-新しい行動や習慣の結果を観察する，諦めない（never give up）-上記のステップを繰り返す，の6つのプロセスの頭字語である．

　⑤では目標を設定しそれに近づく行動を実行する．目標が長期的であったり困難である場合，課題分析により短期的目標やより容易に達成できる目標へと細分

化し，その目標に向けた活動を行う．クライエントは次のセッションまでに活動を実施し，セッションで活動の結果について良かった点や修正すべき点を話し合い，次の活動を決定する．ここでは目標志向的活動が求められ，気分に従い行動する「内から外（inside-out）の活動」よりも，目標達成に向かい気分を変える行動である「外から内（outside-in）の活動」が重視される．

●**行動活性化療法に関する研究** 行動活性化療法では活動に注目して気分や活動のモニタリングを行うが，これらの手続きが抑うつに与える影響が早期から指摘されている（Harmon et al., 1980）．この研究では，抑うつ状態を示す8人の参加者を対象に，気分と活動のモニタリングが抑うつに与える影響を検討した．参加者はそれぞれ3人が2つの実験群に，2人が統制群に無作為に割り当てられた．実験は5週間であり，実験群の1，3，5週はベースライン期間，2，4週に気分のモニタリングと活動のモニタリングを導入した．2つのモニタリング手続きの実施順は実験群間でカウンターバランスをとり，一方の実験群では気分，活動の順に手続きが導入されたが（A-B-A-C-A），もう一方のグループでは逆の順番で導入された（A-C-A-B-A）．統制群にはいずれのモニタリング手続きも導入されなかった（A-A-A-A-A）．その結果，気分のモニタリングよりも活動のモニタリングでより大きな活動の改善が生じ，2つのモニタリングで同程度か，活動のモニタリングでやや大きな気分の改善が生じた．

行動活性化療法の研究は，メタ分析やランダム化比較試験だけではなく単一事例法によっても行われている．例えば，44歳のうつ病男性に対してAB法（ABデザイン）を用いて行動活性化の効果を検証した研究では（Barraca, 2011），手続きの導入による気分改善が示されている．さらに，手続きの導入にともなって目標行動の活性化と回避行動の減少が生じ，介入後に心理尺度により測定された抑うつ気分や否定的な思考などが改善する結果も示されている．

不安に対する行動活性化療法の適用も検討されている（Turner & Leach, 2010）．この研究では不安関連障害をもつ3人の参加者に対して行動活性化療法を適用し，ベースライン，介入，維持／フォローアップからなるABC法（ABCデザイン）によって効果を検討した．その結果，介入により不安が低下し，同時に各参加者にとって重要な生活領域における活動の増加が示された．また，効果は3か月の維持／フォローアップ期間も維持されることが明らかになっている． ［首藤祐介］

📖 **参考文献**

Addis, M. E., & Martell, C. R. (2004). *Overcoming depression one step at a time: The new behavioral activation approach to getting your life back*. New Harbinger Pubns Inc.（アディス，M. E., マーテル，C. R. 大野 裕・岡本泰昌（監訳）（2012）．うつを克服するための行動活性化練習帳—認知行動療法の新しい技法 創元社）

Martell, C. R. et al. (2010) *Behavioral activation for depression: A clinician's guide*. Guilford Press.（マーテル C. R. 他 坂井 誠・大野 裕（監訳）（2013）．セラピストのための行動活性化ガイドブック—うつ病を治療する10の中核原則 創元社）

STAR

☞機能的行動アセスメント p.486

　STAR（Staff Training in Assisted Living Residences）は，介護施設で認知症ケアを行っている職員のための研修プログラムである．この研修プログラムは，認知症の行動・心理症状（behavioral and psychological symptoms of dementia, BPSD）をはじめとした施設入居者の生活上の困難を軽減することを目的として，アメリカのワシントン大学のテリら（Teri et al., 2005）によって開発された．プログラムは，半日のワークショップ2回と，30分の個別のスーパーバイズ4回からなり，8週間で行われる．

　このプログラムでは，中核的なトピックとして「BPSDに対するABC（antecedent-behavior-consequence）分析」があげられている．具体的には，BPSDの理解やそのマネジメント，つまりなぜ認知症の人がBPSDを起こし，どのようなことが原因となっており，どのように対応すればよいかを理解することが目標となっている．STARプログラムの概要については表1に示した．

　STARの特筆すべき点は，マニュアルを基盤とした数少ない研修プログラムであり，無作為化比較試験（randomized controlled trial, RCT）とブラインド・アセスメントによりその効果が実証されているという点である．このようなことから，テリらによる開発後，STARをもとにした研究が複数行われるようになった（例えば，da Silva Serelli et al., 2016 ; Goyder et al., 2012）．

● **STARが開発された経緯とその意義**　認知症の症状は，大きく中核症状と

表1　STARプログラムの概要

モジュール	主な内容
1	認知症の理解
2	言語的コミュニケーションと非言語的コミュニケーション
3	ABC分析
4	ABC分析を用いた問題解決
5	楽しめる活動
6	STARプログラムの実行と個別研修セッションの準備
7	STARのコンセプトの復習と個別研修セッションについてのディスカッション
8	周囲の環境の重要性
9	チーム・アプローチとリーダーシップ
10	家族との関係づくり
11	楽しめる活動の続き
12	STARプログラムの実行と個別研修セッションの継続

［Goyder et al., 2012 ; Teri et al., 2005をもとに作成］

BPSDに分けられる．中核症状とは，記憶，見当識，判断，言語などを含む認知機能の障害である．一方BPSDは，以前は周辺症状，行動障害，問題行動とよばれていたものに相当し，中核症状に生物学的，心理的，環境・社会的な要因が影響し二次的に生じるものが多い．具体的には，徘徊，妄想，興奮，抑うつ，アパシー，攻撃的行動，睡眠障害といった社会的に不適切な行動が含まれる．このBPSDは認知症をもつほぼすべての人に，いずれかの病期で発症することが示されており，介護施設で暮らす認知症の人の80％以上にみられるという報告もある（Zuidema et al., 2007）．

BPSDは，疾患や認知機能障害の進行を早めるといったように本人の健康に非常に大きな影響を及ぼす（Wancata et al., 2003）．また，中核症状以上に介護者の負担を増大させ入院・入所を早めたり，虐待や介護職員の離職などの介護破綻の大きな原因となる（Lachs & Pillemer, 1995）．このようにBPSDは，認知症をもつ本人と介護者両方の生活の質（quality of life, QOL）の低下につながるため，その対応は認知症ケアの中でもきわめて重要な課題となっている．

BPSDへの対応としては，これまで非定型抗精神病薬を中心とする薬物療法や，環境整備や対応方法の改善などの非薬物的なアプローチによる取組みがなされてきた．しかし，アメリカ食品医薬品局（US Food and Drug Administration, 2005）からの非定型抗精神病薬を用いることによって認知症患者の死亡率が上昇するといった警告などもあり，近年の認知症ガイドラインでは，非薬物的アプローチをBPSD治療の第1選択にすべきであるという推奨がなされるようになってきている（Azermai et al., 2012）．

しかし，STARが開発される以前の非薬物的アプローチについていうと，研究の方法論的な難しさもあり，薬物療法に比べて質の高い研究が少なかった．そのような中でアメリカのワシントン大学においてテリらは，理論に基づく一連のBPSDへの介入（シアトル・プロトコル）の1つとしてSTARを開発した．そして前述のとおり，RCTとブラインド・アセスメントによりその効果が実証され，その意義が認められるようになった．

● **STARの有効性と課題**　近年では，BPSDに対する非薬物的介入のシステマティック・レビュー（例えば，Livingston et al., 2005；Olazarán et al., 2010）が多くなされるようになり，特に推奨度が高いものとして，主に応用行動分析学のABC分析に基づく行動マネジメント・テクニック（behavioral management techniques, BMT）と，介護職員研修があげられている．表2に，これらのシステマティック・レビューにおけるBPSDに対する主な介入法の推奨度を示した．またこの中の介護職員研修には様々なものが存在するが，スペクターらは，それらをBMTに基づく研修，パーソン・センタード・アプローチに基づく研修，バリデーション・セラピーに関する研修といったように，系統的に分類しレ

表2 システマティック・レビューによるBPSDに対する介入の推奨度

文献	介入法	推奨度※
Livingston et al. (2005)	BMTによる個別の介護者への心理教育	A
	BMT	B
	介護職員への心理教育	B
	認知活性化療法（CST）	B
	音楽療法（攻撃的行動に対する直後効果のみ）	B
	スヌーズレン（攻撃的行動に対する直後効果のみ）	B
	家族カウンセリング	C
	環境調整	C
	BMTの原則に関する介護者への心理教育	D
	回想法	D
	バリデーション・セラピー	D
	現実見当識訓練（リアリティ・オリエンテーション，RO）	D
	感覚刺激	D
	運動療法	D
Olazarán et al. (2010)	BMT	B
	介護職員への研修	B
	認知活性化療法（CST）	B
	多角的介入（様々な介入を複合的に行うアプローチ）	B

推奨度はA「強い科学的根拠があり，行うよう強く勧められる」が最も高く，以下B，C，Dの全4段階
BMT：behavioral management techniques, CST：cognitive stimulation therapy, RO：reality orientation
［野口，2017をもとに作成］

ビューを行っている（Spector et al., 2013）．このレビューにおいても，最も効果的なものはBMTに基づく研修であるという見解が示されている．そして，このBMTに基づく研修の中でも中心的なものがSTARである．

そこで次に，介護施設においてSTARの効果検証を行っている3件の主要な研究の概略を示す．まず初めに行われた研究は，STARの開発チームがアメリカで行った小規模RCTである（Teri et al., 2005）．この研究では4個所の施設の25人の職員と31人の認知症の人が参加した．参加した施設はSTARを用いて研修を行った群と，通常どおりの研修を行った群に無作為に分けられた．その結果，STARを行った群では，認知症の人の不安とうつ，アジテーションが改善していることが示された．通常の研修を行った比較群では，これらの症状は変わらないか，悪化していた．職員においては，スキルと職務満足感への効果が示唆された．

その他2件の研究（1件はイギリス，もう1件はブラジルでの研究）はともに比較群を設定しておらず，STAR実施の前後の状態を比較する研究であった．そのうちの1つであるイギリスでの研究（Goyder et al., 2012）では，2個所の施

設の25人の職員と32人の認知症の人が参加した．8週間のSTAR実施後で，抑うつと行動障害が有意に改善していた．しかし，入居者のQOLと不安は改善しなかった．一方，職員ではケアに関する自信などが改善していた．

ブラジルでの研究（da Silva Serelli et al., 2016）では，2個所の施設の25人の職員と46人の認知症の人が参加した．この研究では6週間でSTARを実施し，その結果，BPSDが有意に改善したが，職員のQOLや抑うつ，不安，介護負担に改善はみられなかった．また，入居者のQOLが低下していたが，このことについては，この研究では比較群を設定していなかったため，このような変化がSTARによってもたらされたものとはいえないとしていた．

これら3件の研究の結果からは，STARが介護施設で暮らす認知症の人の行動障害，抑うつ，不安といったBPSDの改善に，おおむね有効であるということがわかる．しかし，これらはすべてサンプル数が小さく，RCTは1件のみであった．またこれらの研究では，介入前後の2時点での効果測定にとどまっており，フォローアップの評価が行われていなかった．つまり，STARを含めたBMTに関する介護職員研修では，その長期的な効果の維持について十分な検証がなされていないという課題が指摘されている（Spector et al, 2013）．このことから，今後はより頑健な研究デザインによる長期的な研究が必要と考えられる．またこれまでのところ，STARの費用対効果がどの程度良いのかについて調査をしている研究は見あたらない．今後，他の非薬物療法や薬物療法ともそのような点を比較検討する必要がある．

●日本におけるSTARを用いた研究の現状　日本においても介護を担う人材の確保が急務となっているが，必ずしも施設職員が十分な研修を受けられているわけではなく，行われている研修も十分な根拠がないままに実施されているという指摘がなされている（福田, 2008）．このような中，日本においては佐藤ら（Sato et al., 2013）が，予備的な研究として，外来通院をする認知症の人とその家族介護者に対して，STARを用いた研究を行っている．この研究には，18人の認知症の人とその家族介護者が参加し，3か月間で20セッションのプログラムを実施した．その結果，認知症をもつ本人のBPSDと家族介護者の介護負担が有意に改善している．

また，介護施設においては，野口らがSTARのマニュアルなどから作成したオリジナルのワークブックを用いて事例的に職員研修の効果検証を行った（Noguchi et al., 2013）．その結果，職員の支援行動が増加し，それにともないBPSDが軽減することが示された．一方で，これまでの研究と同様，効果維持という課題が示唆された．そのため続く研究では，効果維持を目的としたスタッフ・サポート・システムを構築し，有効性の検討を継続的に行っている（野口他, 2016a；2016b）．

［野口　代］

ペアレント・トレーニング

　ペアレント・トレーニング (parent training, PT) とは，行動変容の学習を通して親の養育行動を変容させることにより，子どもの健全な成長発達の促進や不適切行動の改善を目的とした行動理論に基づく心理教育的アプローチの総称である（井上，2017）．PTの目的や効果として，親の養育スキルの獲得，親子関係改善，子育てストレスや抑うつ状態の軽減といった親の心理・認知・行動面の改善と，子どもの行動変容として，生活スキルやコミュニケーション行動などの適応行動の獲得，問題行動の改善という親子両者の行動変容がその特徴である．PTは発達障害のみならず様々な対象に適用されバリエーションも多様である．

　PTの概念を広義にとらえると定型発達幼児を対象としたノーバディーズパーフェクト (nobody's perfect, NP) や，虐待傾向のある親を対象としたコモンセンスペアレンティング (common sense parenting, CSP) など様々なプログラムが含まれるが，一般的には発達障害の親や，子育て困難のある親を対象とした行動変容理論に基づいた親指導プログラムに限定して用いられることが多い．PTは発達障害者支援法，および発達障害の家族支援施策として重要な位置づけにある．

●**発達障害に対するPTの発展**　ブルックマン゠フレイジーら (Brookman-Frazee et al., 2006) は，PTを破壊的行動障害 (disruptive behavior disorder, DBD) を対象としたDBD-PTと，自閉スペクトラム症 (autism spectrum disorder, ASD) を対象にしたASD-PTに分け，それぞれの研究をレビューすることで両者の発展経緯や特徴を比較した．結論として，両PTは応用行動分析を起源とし，その原理をベースにしている点では一致しているが，互いの引用文献はまったく異なっており，2つの研究間に交流が乏しいことを指摘している．ブルックマン゠フレイジーら (2006, 2009) によって指摘された両PTの特徴に著者の知見を加えてまとめたものを表1に示す（井上，2012）．

　DBD-PTは，問題行動の改善が主要なニーズであり，親のストレスや夫婦の機能などの家族の要因を評価し，親の関わり方の変容だけでなくストレスマネジメントを含めた支援プログラムとして発展してきた．これは現在の注意欠如・多動症 (attention deficit/hyperactivity disorder, ADHD) に対するPTへとつながり，日本ではカルフォルニア大学ロサンゼルス校 (UCLA) のプログラムをベースにしたPTが広く実施されるようになってきている．これに対してASD-PTは，知的障害を伴うASDに対する行動療法の治療効果の向上や維持と般化促進のため，親を「共同治療者」と位置づけるかたちで開始されたという経緯の違いがある．

表1 DBD-PT と ASD-PT の相違点

	DBD-PT	ASD-PT
主たる目標	問題行動の低減や社会スキルの獲得	コミュニケーションスキルを含めた様々な適切な行動の獲得
問題行動のアプローチ	消去やタイムアウトなど比較的単純な技法	問題行動に対する積極的アセスメントによる代替行動の獲得
子どもの行動変容	質問紙によって評価される	行動観察により具体的な行動を測定する
親のストレスの低減	主目標の1つとして重視される	副次的効果として示される
親の行動変容	質問紙によって評価される	行動観察により具体的な行動を測定する
研究デザイン	群間比較法や RCT	一事例実験計画法
形態	グループ形式でクリニックで行う	一対一で家庭で行う
メリット・デメリット	一般性を証明するためには有効であるが PT に含まれる個々の要素の効果は検証しにくい	一般化しにくいが,個々の参加者に対して有効な介入要素を探索するのに適している

［井上,2012（Brookman-Frazee et al. 2006, 2009 をもとに作成）］

　また DBD-PT の多くはグループ形式で実施されるのに対し,ASD-PT は個別形式が多く,研究手法も DBD-PT では無作為化比較試験（randomized controlled trial, RCT）を含む群間比較法が用いられる傾向があるが,ASD-PT では一事例実験計画法が使用される傾向がある.さらに,効果指標についても DBD-PT では問題行動やストレスなどの質問紙尺度が用いられることが多く,ASD-PT では行動観察による行動の生起頻度が用いられる傾向にある.

　ASD-PT では,PT という用語がケアコーディネーション,心理教育,言語や社会開発のための治療,不適応行動に対処するようにデザインされたプログラムなど,幅広い介入を記述するために使用され,結果として PT の意味はあいまいなものになっていることが指摘されている（Bearss et al., 2015）.

　ASD-PT の定義や類別について,原口ら（2013）は日本における発達障害に対する PT 研究のレビューの中で,支援形態別に,親への個別支援,親集団への支援,親への個別支援と親集団への支援を組み合わせた支援の3つに分類している.これに対してベアーズら（Bearss et al., 2015）は,内容と目的別に,PT を親サポートと親介在介入に二分した分類を提唱している.親サポートは,親を介護者として支援し,ASD に関する親の知識を高めることによって,子どもに間接的な利益をもたらすプログラムが含まれ,下位分類としてケアコーディネーションと心理教育に分けられるとしている.親介在介入は,ASD の主要な特徴としてあげられる社会性に関するスキル,コミュニケーションスキル,模倣スキルなどコア症状の改善を標的としたもの,不適応行動の治療に焦点化したものに二分している（図1）.

　特に近年の ASD に対する PT においては,前者のコア症状に焦点を当てたも

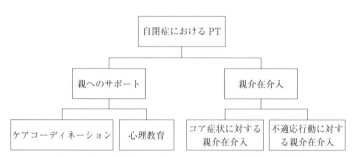
図1　ASDに対するPT〔Bearss et al., 2015をもとに作成〕

のが多く，シュルツ（Schultz et al., 2011）のレビューでは，30件の親訓練研究のほぼ半分が，コミュニケーションが介入の第1の標的であることが示されており，オオノ（Oono et al., 2013）のレビューにおいても13のRCT研究のうち75%以上がコア症状を標的としていたことが示されている．

　PT研究の大きな課題は般化と維持であり，特に効果の維持の問題は実践面に対しては切実であり，様々な研究がなされてきた．ダッド（Dadds et al., 1987）は，PTの6か月後のフォローアップ時において，夫婦不和群でかつ夫婦セッションの追加がなかった群においてプログラムの効果の維持が見られなかったことを報告している．今後，PT後の親の適切な養育行動を強化する環境条件について，さらに精査していく必要がある．

● **PTの実際**　日本における発達障害の親に対するPTの実態調査（松尾他，2012）によると，PTの多くはグループ形式での連続講座として実施されており，小学生以下の発達障害のある子どもの親を対象としていることが示されている．対象とされる子どもの診断名は多種多様であり，プログラムの中で取り上げられる内容としては，「ほめ方」やトークン・エコノミー法などの強化に関する事項，「環境調整」や「視覚支援」などの先行条件の整備に関する事項，問題行動への対応に関する事項などがあげられた．グループ形式の場合，その多くは1回のセッションは1～2時間で，期間としては3か月から半年にかけて行われることが多く，講義に加えて，グループ討議やモデリング，ロールプレイなどが参加者の実態に合わせて適時実施され，ホームワークが出されることが多い．

　井上ら（2008）のプログラム（表2）は，知的障害，ASD，その他の発達障害など幅広い障害のある幼児から学齢児までの子どもをもつ親を幅広く対象にしている．特に子どもとの関わり方の学習だけでなく，家庭での課題を発見し，実際にスタッフと指導プログラムを立てて実践することを特徴としている．プログラムの人数は10人程度で8～9回の隔週の連続講座で構成され，1回のセッションは2時間で講義とグループ演習からなる．1グループに対して指導者1人と補助

表2　井上ら（2008）によるPTプログラム

回数	講義	グループワーク	ホームワーク
1	オリエンテーション	自己紹介	検査などの記入
2	ほめ上手になろう	いいところ探し	ほめようシートの実施
3	観察上手になろう	目標行動の設定 ほめようシートの発表とふり返り	ほめようシートの実施
4	整え上手になろう	手続き作成表の作成 ほめようシートの発表とふり返り	課題の実施と記録
5	伝え上手になろう	手続き作成表の修正	課題の実施と記録
6	教え上手になろう	手続き作成表の修正	課題の実施と記録
7	サポートブックを作ってみよう	サポートブックの作成	サポートブックの作成
8	まとめ	サポートブックの発表	

スタッフ数人で運営し，補助スタッフには先輩保護者であるペアレント・メンターが入る場合もある．ワークブックに基づいて「ほめ上手」（強化方法），「整え上手」（視覚化と構造化），「伝え上手」（指示の出し方），「観察上手」（行動の見方と問題行動への対応），「教え上手」（課題分析と家庭での指導方法）などの内容の講義とグループワークが実施される．

● **PTの課題**　井上（2017）はPTの課題として思春期・青年期への対象年齢の拡大と父親への対象拡大をあげている．PTの拡大のためにはいくつかの実際的な要因も存在する．全国の市町村自治体1853の自立支援協議会の子育て支援担当者に対する調査（アスペエルデの会，2015）によると，PT導入が困難な主な理由として，実施できる専門人材の不足（41.15%），人手不足（31.21%），予算不足（21.87%）があげられている．PTを各地域で拡大し持続的な支援としていくためには，効果的な支援者養成プログラムとセットで実施していくことが求められる．

　発達障害を対象にしたPTは現在，各地でその実践が広がりつつある．しかし一方では様々な種類のPTプログラムが実践されており，一定の質を担保していくためにはPTとしての基準をつくっていくことが重要である．現在，日本の代表的なPTプログラムについて，それぞれの研究者が共同して「基本プラットホーム」（岩坂，2015）を精査している．今後，基本プラットホームに基づいたPTのエビデンスを各地で示していくとともに，標準的な支援者養成プログラムを確立していく必要がある．

［井上雅彦］

参考文献

井上 雅彦（2012）．自閉症スペクトラム（ASD）へのペアレントトレーニング（PT）発達障害医学の進歩24（pp.30-36）　診断と治療社

岩坂 英巳（2012）．困っている子をほめて育てる―ペアレント・トレーニングガイドブック　じほう

Whitham, C. (1991). *Win the whining war & other skirmishes: A family peace plan.* Perspective Publications.（ウィッタム，C. 上林 靖子（訳）（2002）．読んで学べるADHDのペアレントトレーニング―むずかしい子にやさしい子育て　明石書店）

CRAとCRAFT

　コミュニティ強化アプローチ（community reinforcement approach, CRA）は対象者の生活全体の環境調整を系統的に行うことで問題行動の弱化と他行動の強化を達成することである．コミュニティ強化アプローチと家族トレーニング（community reinforcement and family training, CRAFT）はその名のとおり，CRAを家庭や家族に応用したものである．CRAとCRAFTはアルコールなどの物質依存症とそれに関連した失業や暴力などの問題に対する治療として発展してきた．一方，この方法は他の問題にも容易に適用できる．例えば，治療を拒む頑固な強迫性障害の患者，家族がどれだけ促しても家から一歩も外に出ようとしない引きこもりなどに対してである．日本ではアルコール依存症に対するCRAが知られるよりも先に，引きこもりに対する介入としてのCRAFTが知られることになった．

●アズリンの仕事　1973年，オペラント条件づけに基づくアルコール依存症の治療法としてCRAをアズリンら（Hunt & Azrin, 1973）が発表したのが最初である．アズリンはスキナー（Skinner, B. F.）の指導のもとで博士号を取得した心理士であり，オペラント条件づけの原理を多方面に応用したことで知られる．CRA以外にトークン・エコノミーや反応形成（シェイピング），習慣逆転法，漸次的近似法，トイレット・トレーニングも彼の功績である．

　アズリンのプログラムは問題解決訓練や快行動計画法（趣味やレクリエーションなどを増やす），社会的スキル訓練（酒が絡まない友人を増やすことなど），失業中の患者に対して就労支援カウンセリング，家族との問題を抱えた患者には家族行動療法など様々な方法を機能分析に基づいて包括的に用いるものである．日常生活の中で飲酒以外の多様な行動に対して強化が起きやすいようにした．例えば，家でテレビを見たり，新聞や雑誌を読んだり，運転免許をとったり，知り合いや店に連絡したりするなどの行動を増やしている．病院内に患者専用の特別の社交クラブをつくり，アルコール抜きの環境で様々な社会的活動・レクリエーション活動が行われるようにした．病院スタッフがホストを務める．患者は飲酒をしない限り，自由に利用できるようになっていた．退院後の最初の一月間は週に1〜2回，次に月2回，最後に月1回，カウンセラーが患者の家を訪問して日常で生じる問題を解決するようにした．このプログラムでは1人の患者について平均50時間の個人的カウンセリングが必要だった．結果は明らかである．図1に結果を示す．

　この後に，プログラムの工夫が重ねられた．例えば，バディ・システム（回復

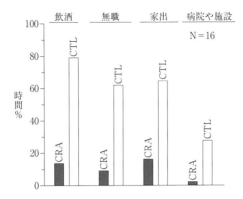

図1 CRA群とCTL(従来治療)群の比較 [Hunt & Azrin, 1973をもとに作成]
左から退院後の6か月間の飲酒日数割合，無職の割合，家出をしている割合，病院や施設に入所している割合．

途上のアルコール依存症の仲間とペアになり，相互に非飲酒行動を強化する)や，再発予防訓練(再飲酒を示す兆候を見つけて，カウンセリングを再び受けるようにする気分のセルフ・モニタリングなど)も組み込まれた．個人から集団に変えて効率化を図った．治療に要する時間は当初の1人あたり50〜30時間に短縮された．治療成績をまとめると次のようなことがわかった(Azrin et al., 1982)．重装備のCRAが特に単身の患者に対して有益である．一方，既婚の患者の場合には，もっと簡便に抗酒剤の服用を動機づけるだけでもCRAと同等な効果があった．安定した社会的サポートがなく，仕事もなく，単身生活をしていたり，たとえ家族がいても断絶状態に陥っていたりする患者にとっては環境からの好子を再構築するCRAの意義が大きい．いい換えれば，依存症が慢性化すればするほど，物質使用によって失ったものが大きければ大きいほど他と比べたときのCRAの有用性が増してくる．これら以外にはCRAへの反応性を予測する因子は現時点では知られていない．

●アルコール依存症治療成績のメタアナリシス　CRAは慢性のアルコール依存患者の治療には確実な方法である．CRAの有効性は実験的に強く支持されており，他の治療アプローチと比較するとその差は如実である．入院でも通院でも，また，断酒目的にも節酒目的にも，さらに個人にもグループにも適用できる．図2にミラーら(Miller et al., 1995)が行ったメタアナリシスの結果を示す．

●CRAの欠点　CRAに対する禁忌はほとんどないと思われる．また，今までの研究報告によれば，特に他の治療法と比較すれば，CRAによる副作用もほとんどない．しかし，費用対効果の問題はある．すなわち，社会的に安定し，定職があり，家族とも良い関係を保っている既婚の患者に対してはCRAのプログラ

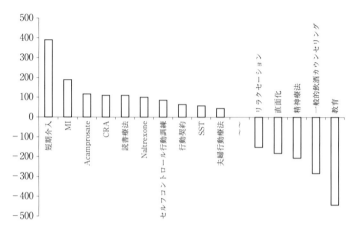

図2　アルコール依存症治療のエビデンス　トップ10とビリ5［Miller et al., 1995］
MI：動機づけ面接，Acamprosate, Naltrexone：薬物療法，SST：社会的スキル訓練．縦軸は効果のサイズを示す．マイナスは無治療よりも悪いことを示す（すなわち悪化させる）．

ムは過剰サービスのように見える．

●**CRAの問題：社会的妥当性**　罰コントロールではないことが，社会からみればCRAの欠点になる．飲酒や物資使用問題に対する社会の対応の厳罰化は世界で共通して起こっている．日本における飲酒運転に対する罰則を取り上げよう．昔は飲酒運転に対する罰則がなかった．1970年に，呼気アルコール量が0.25 mg以上の場合に2年以下の懲役などの罰則が初めて科されるようになった．2002年，0.15 mgに基準が引き下げられ，罰則は3年以下の懲役に引きあげられた．2007年，5年以下に引きあげられた．周辺者に対する罰則も新設された．社会全体が厳罰化の方向に進んでいるときに，その逆を提唱するのは社会的に妥当とはいえない．これはアメリカでも同じである．このような事情から，1973年に出現し，その後も追試研究によって効果が繰り返し確認されているにもかかわらず，現在も依存症に対する治療としてのCRAはアメリカでも異端のままである．

一方，CRAFTは社会全体ではなく家族に焦点を当てている．罰は社会の処罰感情を満たすことはあっても，問題を減らすわけではない．本人と暮らす家族も最初は，社会に同調して罰コントロールをするだろうが，そのうち，何の問題解決にもつながらず，むしろお互いの嫌悪感情を強めるだけに終わることを知るようになる．こうした家族に対するプログラムとしてのCRAFTは社会全体を対象にしたCRAよりも受け入れやすいことから，CRAよりも先にCRAFTが広まるようになってきた．

●**CRAFT**　CRAFTもアズリンらによって1986年に最初に発表された（Sisson

& Azrin, 1986). CRAと原理は同じだが介入の対象が異なる．CRAは患者がすでに治療に入ってきている場合に使う．CRAFTは患者が治療にまだ入ろうとせず，家族や関係者だけが相談に訪れている場合に使う．罰コントロールに頼ろうとするのは家族も社会も同じである．家で飲んで暴れる夫に対して「治療を受けなければ離婚する」と脅す妻は普通である．罰がうまくいかず困り果てた家族は，保健所の家族会や断酒会，アラノン（Al-Anon，アルコホーリクス・アノニマスと同じ12ステップ方式で運営される家族会）に行くが，そこで強調されることは，①家族も依存症に対して無力と自覚しなさい，②距離を取って「底つき」（とことん悪化させて最悪の状態を味あわせる）をさせなさい，である．暴力などに家族が巻き込まれることは確かに減るが，本人の飲酒行動は変わらない．

CRAFTは①家族にもできることがある，②距離を取るタイミングを変えれば底つきも不要になる，と家族に教える．CRAFTも家族療法の一種である．家族療法では患者のことをIP（identified patient，患者とみなされた人）とよぶ．また家族の中に恋人や同居人が含まれることもあることからCSO（concerned significant others，主な関係者）とよぶ．CRAFTは本人が参加せず，CSOのみであることから，一方向的家族療法に分類される．

●**CRAFTの3つのゴール**　IPが物質乱用しながら治療は拒否するとき，CRAFTでは3つのゴール①IPが自分自身で治療に行くようにする，②IPのアルコールや物質使用を減らす，③CSO自身の生活も改善する，を達成できるように実際的かつ有効な方法でCSOを援助する．

これらの目標を達成するために様々な訓練などが行われる．その中で最も重要なものがポジティブなコミュニケーションである．IPとCSOの間で生じがちな小言や嘆願，脅しのような言い方を極力避けて，お互いの会話が相互に強化的になるようにする．

●**CRAFTのエビデンス**　アメリカの国立アルコール乱用・依存症研究所（NIAAA）が130組の家族を対象に3群比較RCTを行った（Miller et al., 1999）．CRAFT群とアメリカのジョンソン研究所プログラム群（飲酒者を家族に直面化させるミーティングを行う），アラノン群（12ステップ・プログラム）を比較した．CRAFT群ではIPの64%が断酒に成功した．ジョンソン研究所プログラム群では30%，アラノン群ではたったの10%であった．3〜6か月後のフォローアップでは，CRAFT群のすべてのケースで，治療前よりCSOの幸福感が増し，うつや怒りの感情が減少し，IPとCSOの間の絆が深まり葛藤が減った．　　　　　　　　　　［原井宏明］

📖 **参考文献**

Smith, J. L., & Meyers, R. J.（2004）*Motivating substance abusers to enter treatment*. Guilford.（スミス，J. L., & メイヤーズ，R. J. 境泉洋ら（訳）（2012）．CRAFT依存症患者への治療動機づけ—家族と治療者のためのプログラムとマニュアル　金剛出版）

「体罰」に反対する声明

☞ 弱化（罰）p. 250, タイムアウト p. 254, ヒトの実験における反応コスト p. 258

「体罰」に反対する声明は日本行動分析学会（以下，学会）ホームページに2014年4月17日付で発表された．その後，学会誌である『行動分析学研究』第29巻に掲載された（島宗, 2015；島宗他, 2015）．当時の理事長である園山繁樹（筑波大学）のもとで，島宗理（法政大学）を委員長とする10人の学会会員によって「体罰」に反対する声明文を策定するタスクフォースが組織された．声明は声明文，解説，よくある疑問への回答，および資料の4部からなる．

体罰に反対する声明は，学会が発表した以外にもAmerican Psychological Association（アメリカ心理学会）の常任理事会が体罰に反対する決議（APA, 1975）を採択したり，障害がある子どもたちや成人に対する療育や治療における拘束や隔離，その他の嫌悪的な刺激を使った手続きに関するガイドラインが多くの団体によって作成されたりするなど多岐にわたっている（島宗他, 2015）．ここでは，学会による声明文について述べる．

●**発表とその経緯**　学会によって声明が発表されることとなった直接のきっかけは，2012年12月23日に発生した，大阪市立桜宮高等学校バスケットボール部の主将であった男子生徒の自殺であった．顧問の教諭から体罰を受けていたことが自殺を引き起こした可能性があると考えられて大阪市教育委員会から依頼された弁護士5人からなる外部観察チームが調査を行い，2013年1月31日，3月15日，そして4月30日付と三度にわたって報告書が公表された（最後の報告書は大阪市（2014）より閲覧可能）．

これらの報告書のうち最初のものについて報じた新聞記事（朝日新聞2013年2月14日付デジタル版）によると，12月18日の練習試合中と試合後に主将であった男子生徒の顔を数回平手で叩いたことを顧問の教諭が認めている．また，男子生徒の母親は，男子生徒の口の周りには血の跡が残り，鼻が腫れていたと述べている．翌19日には男子生徒は兄に相談した際に勧められて書いた「私が今思っていること」と題された手紙を作成している．20日にこの手紙を教諭に渡そうとしたが，発見されたのは自殺後だった．12月22日の練習試合中にも男子生徒の顔を平手で三度にわたって数回叩いたことを，教諭は認めている．

こうした経緯から，桜宮高校体育科は翌年度の入試を行わず，体罰使用が明らかになった複数の運動部が活動停止の処分を受けた．教諭は懲戒免職になり，2013年9月26日に，大阪地裁から懲役1年，執行猶予3年の有罪判決を受け，東京地裁は2016年2月24日に，体罰と自殺との因果関係が認められたとして，大阪市に約7500万円の賠償を命じて，いずれも結審している．

2013年1月11日には，文部科学省より全国調査の要請があり，さらに3月13日には体罰の禁止及び児童生徒理解に基づく指導の徹底についての通知が出された．学校教育法

表1 「体罰」による自殺があった2011年以降で体罰使用が理由で処分を受けた教員の数［文部科学省ホームページをもとに作成］

年度	合計	懲戒	訓告など
2015	721	174	547
2014	952	234	718
2013	3953	410	3543
2012	2253	176	2077
2011	404	126	278

第11条には「体罰を加えることはできない」とあるが，これ以降も体罰使用件数は減少していない．表1にこの事件が発生した前年から5年間の，体罰使用が理由で処分を受けた教員の数をまとめた．2012年度は前年度に比較して5倍に，そして2013年度はさらに2012年度の1.75倍となっている．当該年度の調査がそれまでとは異なる方法や精度で実施されたことが疑われる．これ以降数字は減少に転じているが，依然として使用されていることがわかる．

●声明の内容　声明の冒頭にある声明文では，まず「教育や指導，訓練などの文脈で，教師や親，指導者やトレーナーなどの教え手が，児童生徒や患者，利用者などの学び手に，身体的，精神的な苦痛を与える行為」と定義したうえで，3つの理由から体罰使用に反対している．まず，「体罰」が本来の目的である効果的な学習を促進しないこと，次に，情動的反応や攻撃行動，その他の多様な問題行動などが生じるという副次的な作用があること，そして「体罰」に頼ることなく学習をより効果的に進める方法が存在することである．声明文は，「体罰」を禁止するだけでなく，「体罰」を使わずに学習を進める方法の研究開発をさらに行って，研究成果を社会に還元することを宣言して終わっている．

解説では，学会の理念，範囲，根拠となる科学的知見，社会的責任が論じられている．日本行動分析学会は，「人間の尊厳を深く認識し，その基本的人権を尊重するものである．会員の諸活動は，人間に関する知識の蓄積と活用にあるが，それは人間の幸福と福祉の増進に貢献することを目的とする」という理念を紹介し，1987年にこの理念に基づく倫理綱領（日本行動分析学会倫理要綱，1987）を定めていること，会員による研究や臨床活動における「嫌悪刺激」の使用について厳密なルールを定めていることに言及している．これらの倫理綱領は，後述する根拠となる科学的知見に基づいており，行動分析学が証拠に基づいて研究，臨床などの活動をすることを反映していることに注意すべきである．

次に，「体罰反対の声明」が適用される範囲が，「社会のあらゆる場面で行われる可能性にある『体罰』」，また「人間だけでなく，家庭で飼育されているペットや，動物園・水族館・盲導犬などの訓練施設で飼育されている動物に対する『体罰』」も対象としていると述べられている．これも，一般的にイメージされる「体

罰」が主に教育場面であることを考慮すると，学会の独自性が反映されていると考えられる．特に，家庭内で使用される「体罰」は，一般的に「家庭内暴力」とよばれる．広義には家庭内の暴力全般を指すが，狭義には20歳未満の子が同居する親などに対して継続的に振るう暴力，親が子に振るう暴力は「児童虐待」，配偶者間の暴力は「ドメスティックバイオレンス」といい分ける．両者の関係性を考慮すればこうした使い分けが必要な場合もあるだろうが，これらの行動の生起や維持は，「体罰」と同様の原理が働いていると考えられる．この意味で，適用範囲をこのように広く取ることは，行動分析学がオッカムの剃刀または節約の原理を含む科学的な立場に立って現象を説明していることに基づくものである．

　根拠となる科学的知見は，苦痛刺激を用いた「正の弱化（提示型弱化）」としての「体罰」の効果と問題点，副次的な望ましくない作用，望ましくない行動を減少させるより望ましい方法の3項目から構成されている．

　まず，「正の弱化」としての「体罰」の効果と問題点は以下の3点にまとめられる．「体罰」を含めて，行動の直後の環境変化によって将来的なその行動の生起頻度が下がるのであれば，「弱化（罰）」であること，望ましくない反応を確実に抑制するために「正の弱化」を使用する場合には14の厳密な条件統制が必要であること，4つのカテゴリーにまとめられる望ましくない副次的な効果がもたらされることである．特に弱化子の使用によって引き起こされる危険性のある「弱化された反応を行った個人が，その状況から逃げ出したり，避けたりといった社会的な混乱」は，「体罰」で見られる不登校や自殺といった深刻な事態が生じている現実と対応している．

　一方で，そうした「体罰」を使用する側の行動の生起要因を考慮する必要がある（吉野，2015）．私たちは日常場面で他者の望ましくない行動をコントロールしなければならないことがある．そうした場面での選択肢の1つが「体罰」であり，前述のように実際に使用されている．「体罰」を使用した際，多くの場合そうした行動の生起頻度は一時的に低減する．つまり「体罰」の使用は負の強化（除去型強化）によって維持されていると考えられる．さらに，そうした望ましくない行動が頻発する状況において，「体罰」によって一時的にであれ望ましくない行動の低減をもたらすことができる人物が社会的に評価される可能性がある．

　しかし，望ましくない行動を抑制する手段は「体罰」に限らない．負の弱化（除去型弱化）である「反応コスト法」や「タイムアウト法」は，嫌悪刺激を使用しないことから「体罰」を含む「正の弱化」よりも望ましい手段であると考えられる．国際行動分析学会の警告のように，こうした方法を用いる行動が濫用されやすく，学び手が学ぶ機会を失う危険性があることから，負の弱化であっても相応の条件が整ったときにのみ使用されるべきである（Vollmer et al., 2011）．

●**体罰に替わる具体的な方法** 平澤（2015）と大久保（2015）は，より問題の少ない具体的な方法を紹介している．平澤（2015）はポジティブな行動支援からその具体的な例をあげながら，より望ましい行動を形成しながら望ましくない行動を抑制する方法を解説している．具体的には，1）関数分析（機能分析）による望ましくない行動の記述と説明，2）関数分析に基づいた環境を改善する介入計画，3）望ましい行動を強化によって形成するという，3段階から構成される．前二者については，行動分析学に基づいた介入においては共通したプロセスであり，3段階目の強化によって望ましい行動を形成することが特徴的である．さらに，問題の発生を防ぐための方法として予防的・教育的プログラムが具体的な手続きを示しながら紹介されており，「体罰は良くない」といった感情的な主張でなく，この声明が科学的な根拠に基づいた主張であることの現れととらえられる．大久保（2015）はスクールワイド PBS (school-wide positive behavior support, SWPBS)，行動問題に対する予防的で階層的，そしてシステムワイドな支援モデルを紹介している．それに先立って学校教育法第11条における「懲戒を加えることができる．ただし，体罰を加えることはできない」から体罰の是非は議論するまでもないことに言及したうえで，「体罰」と「懲戒」の境界が曖昧であることがこの問題を複雑にしていると論じている．学校場面におけるポジティブ行動支援として，関数分析に基づく行動支援，そしてSWPBSを紹介し，後者が，学校をすべての児童生徒にとって安全で効果的な学習環境にするために必要とされる文化と個別的行動支援を確立させるシステムアプローチであること，4つの要素からなることを紹介している．

　こうした方法に共通しているのは，主目的を望ましくない行動の抑制でなく，より望ましい行動の形成に置き，正の強化（提示型強化）を主たる手段として用いることである．対立行動分化強化（DRI [differential reinforcement of incompative behaviour]スケジュール），代替行動分化強化はその具体的な手続きである．

　以上のように，「体罰」を望ましくない行動や問題行動を抑制するために使用することは最終的な手段以外には許されない．このような，望ましくない行動を抑制するためにはまず望ましい行動を増やすことから始めるべきという主張は，国際的にも合意された学界としての見解でもある（Van Houten et al., 1988）ことが，「社会的な責任」の項で述べられている．そして，最小制約介入とよばれる倫理的な考え方に一致しており，行動分析家認定協会の倫理綱領（2012）にも明記されている．これらは行動分析学に立って研究活動や専門活動を行っている個人だけでなく，心理，教育，福祉，訓練などの専門家として活動している個人にも，まず望ましい行動を増やすことから始めるべきであること，相応の理由によって使用しなければならない場合には，高いリスクについて十分に認識し，結果に対して責任を取るべきであるとしている． 　　　　　　　［吉野俊彦］

Ⅳ部　行動分析学における実践

［担当編纂委員：武藤　崇］

医　療……………… 648
看　護……………… 652
理学療法…………… 656
作業療法…………… 662
言語聴覚療法……… 666
心理臨床：病院…… 670
心理臨床：相談室… 674
心理臨床：個人開業… 678
一般教育：教科教育… 682
一般教育：学級運営，学校運営… 686
社会福祉…………… 690
介護福祉…………… 694
精神保健福祉……… 698
動物福祉…………… 702
動物トレーニング… 706
スポーツ…………… 710
組織，企業………… 714
コミュニティ……… 718

医療

　1960年代以前，伝統的に痛みは単純に末梢から脊髄，そして脳へと直接伝達されるのみと考えられ，さらにその程度は小さな病変であれば大きな病変よりも痛みは少ないはずと考えられていた．そして，このモデルに基づく痛みのマネジメントは，痛みの原因を除去するか，痛みの伝達路を遮断することであった．しかし，1960年代と1970年代に，慢性疼痛患者の理解と治療に大きく貢献し，現代の痛み理論へとつながる重要な3つの大きな進歩がみられた．まず第1番目は，伝達される痛み刺激の量は脊髄レベルで調整されるとするゲート・コントロール理論である（Melzack & Wall, 1965）．これによってそれまでは非科学的なものとして科学的研究の対象からはずされていた認知・情動・動機づけなどが痛み理論の本流に組み込まれ，心理学的介入の開発へとつながった．2番目が，オピオイドレセプターの発見と，「体内の自己鎮痛システム」ともいわれるエンドルフィンなどの数々の内因性オピオイドの同定である（Pert & Snyder, 1973）．これによって痛みは神経系の種々の段階で神経伝達物質によって修飾されることが明らかとなり，痛みに対する考え方に革命をもたらした．そして3番目は，慢性疼痛の理解への学習理論の導入である（Fordyce, 1976）．痛みは患者の主観的な症状としてではなく，患者のとる行動によって客観的に示される「痛み行動」としてとらえるべきであり，「痛み行動」は学習理論のオペラント条件づけによって外的，あるいは社会的に強化，維持されている．そして慢性疼痛の治療の対象は，痛みそれ自体ではなく，「痛み行動」であると提唱された．この理論によって痛みへの理解と治療が並行して大きな進歩を遂げ，その後，欧米において集学的疼痛マネジメントプログラムが爆発的に展開する基盤となった．

●**痛み行動**　シアトルの心理学者，フォーダイス（Fordyce, 1976）は，前述したように慢性の痛み理解に学習理論を導入して発想の転換をもたらした．すなわち彼は，痛みの存在を示す随意的な行動を痛みから区別し，前者を「痛み行動」と命名したのである．そして，慢性の痛みにおける治療の対象は，痛みそれ自体ではなく，痛み行動であると提唱した．痛みとは測定が困難な主観的な感覚であり，痛みの存在を周囲に知らせるための行動を通して我々は他者の痛みを推し量ることができる．このように患者が痛みを表現するすべての行動を「痛み行動」とよび，顔をしかめる，うめき声をあげる，体位を変える，足を引きずって歩くなどの生理的な行動から，薬を飲む，杖や車椅子などを使う，病院を受診する，学校や仕事を休む，労災保険を請求するなどの様々な行動が含まれる．通常は痛みがあるために痛み行動を取るのだが，痛みを訴えたときには家族が優しくして

くれるという報酬が強化子となって痛みの訴えが増加し，本来の痛みと痛み行動との関連性が失われていく．つまりこの痛み行動はオペラント行動であり，オペラント条件づけによって強化されると考えた．痛み行動は疼痛期間が長くなるほど強化され，やがて疼痛は身体的な治療に反応しなくなり，痛み行動自身がコミュニケーションとして機能し始める．そしてこの痛み行動が，慢性痛の患者を社会・家族から疎外し，労働の場から脱落させ，過剰治療へと導くことになる．

●**オペラント行動療法**　オペラント行動療法は，痛み行動が強化を受け，一方で健康な行動が十分に強化されていない，あるいは消去されているか弱化されている，という仮説に基づいている．一般的に，患者の配偶者やパートナー，家族や友人などの重要な他者は，慢性疼痛の患者が痛みを訴えると気遣いを示したり，家事を肩代わりしたりして保護行動をするために痛み行動は強化される一方で，患者が家事や仕事，運動などをしようとすると「痛みが悪化したらどうする．無理をするな．やめておけ」とむしろ罰を与えて健康な行動を減少させてしまう．つまり慢性疼痛患者にとって重要な他者が，痛み行動を持続させる最も重要な強化実行者となっているのである．さらにこの重要な他者がメディア等で知った様々な治療法や名医の受診を患者に勧めたり，さらには治療者も患者の痛み行動に対して鎮痛薬やブロック注射など受け身の医療を提供したりすることで，ドクターショッピングや薬物・医療機関への過度の依存を生じさせることになる．そこで，この治療では主に2つの領域に注意が向けられる．①患者の痛み行動に対する重要な他者の反応を修正すること，②痛み行動を減少させ，「健康行動」を増加させることである．なぜならば，患者が示す痛み行動と患者の主観的な痛みの評価は相関するため(Keefe et al., 1990)，痛み行動を減らすことができれば患者の感じる痛みを軽減することができるためである．初期の研究では，痛み行動と健康行動に対する強化子をコントロールするために行動分析学を用いたオペラント行動療法は入院治療の中で行われていたが，近年では外来でも行われるようになった．それは，患者が病院よりも自然な環境である自宅で実践できること，そして重要な他者が治療に関わることができるために効果が維持されやすいからである．

●**対象患者の選択**　オペラント行動療法は，患者をランダムに治療へ導入してしまうと治療脱落率が高くなることが示されており（Flor & Turk, 2011），この治療での改善が期待できる患者群に対して実施することが必要となる．その際には，包括的に慢性疼痛の心理社会的要因を評価する尺度である多面的痛み調査票（Multidimensional Pain Inventory, MPI）(Kerns et al., 1985) を用いた3分類（表1）が重要となる．MPIは，慢性疼痛の患者には標準的な治療に対して異なる反応性を示す3つのサブグループが存在するという研究結果をもとに開発された評価尺度であり，自記式の全61項目からなる．

　DYSタイプでは家族などの重要他者が患者の痛み行動に対して気遣いや義務

表 1　MPI による 3 分類

機能障害 (Dysfunctional, DYS) タイプ	家族などが過保護．高度の疼痛・痛み行動・活動障害．心理的要因を認めたがらない傾向．多くのオペラント報酬．
人間関係苦悩 (Interpersonally Distressed, ID) タイプ	家族からの叱責．対人関係で苦悩．自己主張を控え，他者との衝突を避ける．心理的要因を自覚，否認しない傾向．
適応対処 (Adaptive Copers, AC) タイプ	痛みの程度は高くなく，情緒的な苦痛や痛み行動も低く，高い生活管理能力を有する．対人関係も安定．

の肩代わりなどの過保護的な反応を示すことが多く，これを減じる介入（オペラント行動療法；Fordyce, 1976）による改善が期待でき，逆に ID タイプでは重要他者から責められるような生活状況にあり，痛みで自分を罰することで批判を免れようとする傾向があるため，自己主張訓練のような対人技能の獲得が必要となる（Flor & Turk, 2011）．AC タイプは痛みや情緒的な苦痛が低く，高い生活管理能力を有しているため適切なアドバイスのみでも行動変容を起こしやすく，DYS や ID のように高度の痛みと情緒的な苦痛を示し，生活管理能力が低下している患者のように集学的な治療まで必要としないとされている．

●オペラント行動療法の実際　【症例】33 歳，男性．【主訴】全身が痛い．【現病歴】X-2 年，誘因なく激しい腰痛が出現し徐々に全身痛に発展したため，大学病院など 5 個所の専門的医療機関で精査を受けるも原因不明であった．各種の鎮痛薬は効果がなく治療に難渋したため X 年 9 月当科を受診した．【生活歴】両親と 3 人暮らし．大卒後，企業に就職するも対人関係や仕事の内容に不満があり退職．25 歳時より自宅でゲームキャラクターのデザイナーをしていた．収入は不安定で，両親のサポートを得て生活しており，痛みのために椅子に継続して座れないのでパソコン（以下，PC）でイラストの仕事ができない．日常生活のほとんどの領域で母親のサポートを受けており，シャワーや着替えの介助，足の爪を切ってもらう，外出時は常に付き添うなどが常態化していた．【診察時所見・診断】24 時間，常に高度な痛み（numerical rating scale［NRS］8〜9/10）が持続していると訴え，杖をつきながら恐る恐るすり足で歩行する．診察中は同伴した母親が口を挟むことが多く，本人に質問した際にも母親の方を振り返り，母親が代弁した．ICD-10 の持続性身体表現性疼痛障害と診断し，MPI では DYS タイプと判定され，オペラント行動療法の適応と判断された．【治療経過】（図 1）．【治療経過】痛み行動（痛みのために朝は 10〜12 時まで布団の中で過ごす）の従属変数を「起床時刻」，健康行動（PC でイラストを描く）の従属変数を 1 日の「労働（PC 作業）時間」とした．本人の同意も得て，母親には保護的な対応を中止し，痛みの訴えには取り合わないよう指示した．介入 1 では「目覚まし時計を 7 時半にセットする」というルールを設定し，一時的に起床時刻が早まるがもとに戻ってしまった．介入 2 では「朝 7 時半に起床できたら好物のドーナツを食べら

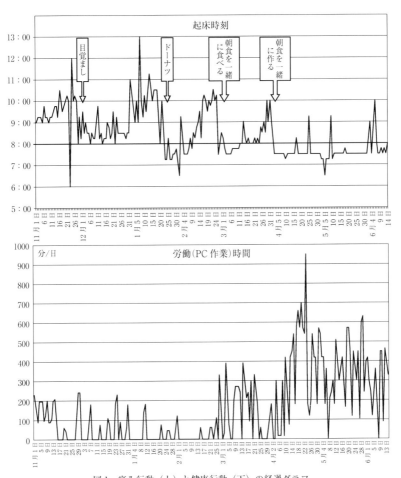

図1 痛み行動（上）と健康行動（下）の経過グラフ

れる」というルールを設定し，一時的に起床時刻が早まるが再び遅延した．介入3では「家族と一緒に朝食をとる」というルールを設定すると，ここでも一時的に起床時刻が早まって再び遅延するのだが，全体として遅延の度合いは介入1→2→3と減少傾向を示した．介入4では，「家族と一緒に朝食をつくる」というルールを設定したところ，それ以降グラフの傾きが変化し起床時刻も7時半前後で安定するようになった．それにともなって労働時間のグラフでは作業時間が徐々に増加し，1日に10〜15時間ほど座位でのPC作業が可能となった．2つのグラフから，痛み行動が健康行動で置換されたことがわかる．痛み行動の減少とともに痛みの程度もNRS1〜3/10と改善した．　　　　　　　　［笠原　諭・杉山尚子］

看護

　医療における行動分析学の応用は，*Behavior Modification : A Significant Method in Nursing Practice*（LeBow, 1973 大久保訳 1975）と *Behavior Modification and the Nursing Process*（Berni & Fordyce, 1977 大橋他訳 1982）の出版によるものであり，行動の原理に基づく行動変容に関わる手続きが述べられていた（鎌倉，2015）．同時期に，*Behavioral Approaches to Medical Treatment*（Williams & Gentry, 1977 日野原・篠田監訳 1981）が出版され，行動科学的アプローチとして，患者の行動に介入する方法論が示された．しかし，行動分析学は医療（看護）領域に広がることはなく，これらの書籍は絶版となった．

●**行動に介入する技術の必要性**　看護学は実践の科学として発展し，看護実践の方法論としての看護技術は，生活援助の技術と診療援助の技術に大別されてきた．これらは適用方法の視点から，患者の身体に介入する技術と説明する技術から構成される．

　近年，医療はますます高度化，複雑化し，病院の入院日数は短縮化され，在宅医療への移行が推進されてきた．このような背景のもと，患者自身が自律的に医療指示を遵守して行動できるようにする技術が求められている．これは患者の行動変容を求めることに他ならない．看護学にとって，行動分析学で確立された行動原理に基づき，患者の行動に介入する看護技術を確立することが重要である．

●**看護行動プログラムの評価研究**　国内文献を概観すると，行動原理に基づくプログラムを開発し，その効果について行動の頻度や行動の成果が評価されてきた．手術前の呼吸訓練を自律的に増加させるプログラムを作成し，1日の実施回数と総吸気量を従属変数として被験者間多層ベースライン法で評価した研究（鎌倉・坂上，1996），胃切除術後患者が入院中に，昼食後の体重増加量を摂取量として，胃機能の回復に応じて自律的に摂取量を増加させるプログラムを学習し，術後13週間まで行動と摂取量を測定して効果を評価した研究（山口他，2006）がある．さらに，透析中の患者を対象にラバーチューブを用いたベッド上の運動プログラムを導入し，その効果を群間比較して示した研究（飛田，2009；飛田他，2010），心臓バイパス手術後に心臓リハビリテーションプログラムを導入し，1日の総歩数の増加を被験者間多層ベースライン法で評価した研究（廣島他，2014）がある．近年では，医療安全のために看護師に行動プログラムを導入して成果をあげた研究発表が散見される．

●**行動分析学の応用例：口腔ケアプログラム**　日本は，65歳以上の高齢者の比率（高齢化率）が2007年に21.5%に達し，超高齢社会に突入した．『平成28年

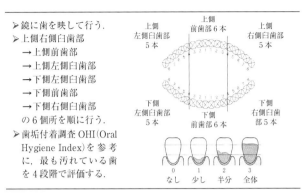

図1　磨き残しの評価

版高齢社会白書』(内閣府，2017)によれば，高齢化率は26.7%となり，なお増加傾向にある．高齢者の要介護状態を予防するための政策として，口腔機能向上が提唱されてきた．

一方，日本人の死因順位を見ると，肺炎が第3位となり，高齢者の嚥下障害に起因する誤嚥性肺炎が関係している．前期高齢者の46.9%，後期高齢者の32.6%において，口腔内に肺炎球菌を認めた報告(乾他，2014)もあり，嚥下機能低下を前提に肺炎球菌などを口腔外へ排出するための自律的な口腔ケアの実施が望まれる．そこで，強化の原理を活用した口腔ケアプログラムとその効果を紹介する(鎌倉他，2017)．

①強化の原理を活用したプログラム　高齢者自身が自律的に望ましい口腔ケアを実施できる仕組みとして，強化の原理を活用した．提案した口腔ケアプログラムは，先行条件として歯磨き方法の教示と，強化子として磨き残しのセルフチェックの記録から構成される．

　先行条件へのアプローチとして，歯磨き方法のコツと写真を提示したパンフレットを手渡し教示するとともに，ブラッシング指導を実施した．歯磨きの目的は，「現在の歯を守る，肺炎を予防する」として，(1) 磨き残しテストで赤くなった歯を意識して磨くこと，(2) 前歯の歯と歯の間を磨くときは，鏡を見ながら歯ブラシを縦にして上下させること，(3) 歯と歯肉の間を磨くときは，やさしく小刻みに動かすこと，の3項目を写真と共に提示した．

　強化によるアプローチとして，歯磨き行動の成果がわかるように，(1) 1日の歯磨きの実施回数について，毎日自己記録を行うこと，(2) 毎週日曜日に，歯垢染色液(プロスペック®)を用いて磨き残しをセルフチェックして所定の用紙に自己記録すること，を求めた．

②磨き残しの評価方法　磨き残しの評価は，手鏡に映して歯の外側部の染色を評価するものである．上顎と下顎の歯列をそれぞれ右側臼歯，前歯，左側臼歯に

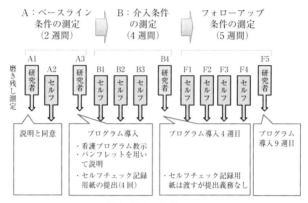

図2 研究スケジュール

分類し，合計6区域について，区域ごとに歯の外側の染色を観察し，最も染色が著しい歯を評価して点数を付し，6区域の合計点を評価点とした（図1）．評価点は，歯垢付着診査であるOHI（Oral Hygiene Index）を参考に4段階（0～3点）で判定した．したがって，得点は0～18点の範囲に分布した．

③プログラムの実施　研究参加者は，シニアクラブ連合会を通して募集し，同意が得られた21人（男性13人，女性8人，平均年齢75.0±4.8歳；range 66～84歳，残存歯平均23.9±5.9本；range 3～29本）を対象とした．

研究デザインはAB法（ABデザイン）を用いた．ベースライン条件を2週間，介入条件を4週間，フォローアップ条件を5週間とした（図2）．各条件の開始日およびプログラム導入9週目の計4回，口腔ケア教室を開催し記録用紙の提出を求めるとともに，研究者が磨き残し測定を実施した．口腔ケアプログラムが独立変数（介入条件）であり，歯磨き実施回数と磨き残し評価点数が従属変数である．

ベースライン条件の初日に研究者が測定し（A1），1週間後に磨き残しセルフチェック（A2）を求め，その1週間後に再度研究者が測定した（A3）．同日，プログラムを導入し，磨き残し評価記録用紙を手渡し，1週間ごとに3回実施すること（B1～B3），4週間後にその提出を求め，介入条件が開始された．

次に，フォローアップ条件開始日に，研究者が磨き残しを評価し（B4），1週間ごとに4回自分で実施すること（F1～F4），記録用紙の提出義務はないことを伝えた．プログラム導入9週目に研究者が磨き残しを評価した（F5）．

④口腔ケアプログラムの効果　磨き残し測定を介入条件・フォローアップ条件とも実施した者は13人（A群），介入条件のみ実施した者は2人（B群），両条件とも実施しなかった者は5人（C群）であった．1人は，口腔ケア教室には

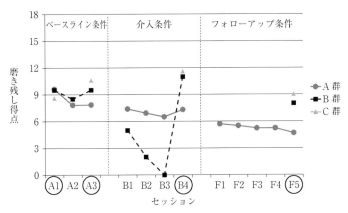

図3 磨き残し得点の推移

A群は磨き残し評価を介入条件・フォローアップ条件とも実施した者13人，B群は介入条件のみ実施した者2人，C群は両条件とも実施しなかった者5人であった．セッションの○印は，研究者による測定であり，他は自己評価・記録である．磨き残し得点は低いほど，磨き残しが少ないことを示す．

来訪するが，自己記録，磨き残し測定とも参加しなかった．

1日の歯磨き回数について，A群はベースライン条件2回（A1）および2.4回（A2）であり，介入条件2.9回（B4），フォローアップ条件2.8回（F5）であった．同様に，B群では1.5回および2.5回，3回，3回であり，C群では，2回および2回，2.3回，2.3回であった．いずれの群も介入条件によって増加した．

磨き残し評価得点の推移を図3に示した．A群はベースライン条件に比較して，介入条件で得点は減少し，フォローアップ条件では自律的にさらに得点は下降し，磨き残しが減少したことが確認された．

B群は，介入条件の自己評価（B1〜B3）において著しい改善を示したが，研究者の評価（B4）では高値を示し，自己評価が甘いことが示された．C群では介入条件によって改善されなかった．

以上から，口腔ケアプログラムによって，歯磨き行動がセルフ・コントロールできた高齢者は20人中13人であった．13人はフォローアップ条件においても，1日3回歯磨き行動が遂行され，着実に磨き残しを減少させた．

［鎌倉やよい］

参考文献

深田 順子他（2012）．地域高齢者における保健行動に関連した自己制御尺度の開発　日本看護科学会誌，32（3），85-95．

鎌倉 やよい他（2017）．第12章 口腔保健行動におけるセルフ・コントロール　高橋雅治（編著）セルフ・コントロールの心理学―自己制御の基礎と教育・医療・矯正への応用（pp.200-223）北大路書房

理学療法

●**理学療法分野における応用行動分析学**　運動療法や日常生活動作練習を行った場合，即時的に努力感や疲労感，息切れが生じる．一方，治療効果はすぐには得られないため，運動療法や動作練習には弱化の随伴性が伴いやすい．実際，コンプライアンスの問題が多数報告されている（山﨑・山本編，2012）．

教科書には，脳卒中片麻痺患者の正しい動作手順が記載されているが，その学習方法については触れられていない．このため重症片麻痺患者では，動作練習過程で失敗を繰り返すことが避けられない．重症片麻痺患者の基本動作能力の予後が不良なことは知られているが（二木，1983），現在でも効果的な動作練習方法は確立されていない．その結果，寝返りや起きあがり，立ちあがりなどの基本動作の自立度が30%程度にとどまるとする報告も見られる（岡田他，2017）．

理学療法分野では，基本動作練習方法を確立するため，対象者のコンプライアンスを得るために応用行動分析学が活用されている．

●**動作練習**　①脳血管障害片麻痺患者　応用行動分析学に基づく動作練習は，重症片麻痺者において目覚ましい成果をあげている．表1には，基本動作練習に関する事例研究をまとめた．

座位保持に関する7つの報告では，介入の開始時期は異なるが，いずれも11～28日間の介入により標的行動を獲得している．これらの報告で推奨されていることは，支持基底面を広げ，骨盤を傾斜させることで難易度の低い座位保持条件から練習を開始すること，徐々に難易度を高めること，目標時間を決め，そこへの接近をフィードバックすること，練習中の身体的介助数などをフィードバックすること，身体の傾斜を聴覚的にフィードバックできる装置を使用することである．

寝返りに関する5つの報告では，1～11日間の介入によって動作が獲得されている．すべてに逆向連鎖化の技法が用いられた．それでも困難な場合，下肢を挙上することで寝返りに成功させ，段階的に難易度をあげていく方法が実施された．起きあがりに関する6つの報告でも逆向連鎖化の技法が用いられ，4～18日間の介入によって動作が獲得されている．いくつかの報告では，動作能力が課題分析を利用した評価チャートによって得点化された．そして，この得点が強化子として利用されている．

移乗動作に関しては5つの報告があった．6～23日間の介入によって移乗が監視下で獲得されている．推奨される介入は，立ちあがり，方向転換に対する段階的な難易度設定，車椅子操作手順の文字教示，車椅子操作，立ちあがり，方向転換を別々に練習した後，連鎖化する介入である．ここでも評価チャートの活用が

表1　片麻痺者の基本動作障害に対する介入

		研究	年齢	麻痺の程度*	認知症	高次脳機能障害**	その他	介入開始	介入期間
座位	座位更衣	鈴木他（2001）	70歳代	Ⅱ, Ⅱ		半側無視・注意障害	Pusher症状	64病日	20日
	スプーン操作	田辺他（2014）	60歳代	Ⅱ, Ⅱ	（+）	半側無視・注意障害		7年目	12日
	座位保持	中山他（2010）	70歳代	Ⅱ, Ⅱ		半側無視・注意障害	両側片麻痺	50病日	28日
	座位保持	富田他（2014）	70歳代	Ⅱ, Ⅱ		注意障害	Pusher症状	8病日	15日
	座位保持	隆杉他（2015）	70歳代	Ⅱ, Ⅱ-Ⅲ		半側無視・注意障害	Pusher症状	15病日	13日
	座位保持	松井他（2016）	80歳代	Ⅱ, Ⅱ	（+）	半側無視・注意障害	Pusher症状	26病日	20日
	座位保持	市川他（2016）	40歳代	Ⅰ, Ⅰ		失語症（意思疎通困難）	意識障害	40病日	11日
起居	寝返り	岡田他（2014）	70歳代	Ⅱ, Ⅱ	（+）	半側無視・注意障害	Pusher症状	48病日	11日
	起きあがり							61病日	18日
	寝返り	中田他（2014）	80歳代	Ⅱ, Ⅱ-Ⅲ	（+）	注意障害・遂行機能障害		63病日	1日
	起きあがり							63病日	8日
	寝返り	最上谷他（2015）	80歳代	Ⅲ, Ⅳ		半側無視・失語症***	意識障害	18病日	8日
	起き上り							18病日	7日
	寝返り	富田他（2015）	70歳代	Ⅱ, Ⅱ		半側無視・注意障害		23病日	6日
	寝返り	富田他（2016）	70歳代	Ⅰ, Ⅰ		失語症***・半側無視		12病日	2日
	起きあがり	中山他（2012）	80歳代	Ⅱ, Ⅱ		半側無視・注意障害		67病日	15日
	起きあがり	富田他（2015）	80歳代	Ⅱ, Ⅲ		失語症***	両変形性膝関節症	16病日	5日
	起きあがり	市川他（2017）	80歳代	Ⅱ, Ⅱ		半側無視・注意障害	意識障害	124病日	4日
移乗	車椅子-ベッド	富田他（2015）	80歳代	Ⅱ, Ⅲ		失語症***	両変形性膝関節症	16病日	13日
	車椅子-ベッド	最上谷他（2015）	80歳代	Ⅲ, Ⅳ		半側無視・失語症	意識障害	18病日	10日
	車椅子-ベッド, トイレ	野口・山﨑（2011）	50歳代	Ⅱ, Ⅱ		認知症・注意障害		9週目	23日
	車椅子-ベッド	岡田他（2017）	70歳代	Ⅱ, Ⅱ	（+）	認知症・注意障害	Pusher症状	93病日	16日
	車椅子-ベッド, トイレ	川口他（2016）	60歳代	Ⅲ, Ⅲ		注意障害		17病日	6日
立位	立位・歩行	岡庭他（2006）	70歳代	Ⅰ, Ⅲ #			Pusher症状	6病日	20病日##
	立位・歩行		60歳代	Ⅰ, Ⅰ #			Pusher症状	8病日	17病日##
	立位	川口他（2015）	70歳代	Ⅱ, Ⅱ		半側無視・注意障害	Pusher症状	12病日	39病日###
	立位	松井他（2016）	80歳代	Ⅱ, Ⅱ	（+）	半側無視・注意障害	Pusher症状	25病日	40病日###
	歩行	中島他（2016）	60歳代	Ⅱ, Ⅲ #		半側無視・注意障害	Pusher症状	12病日	37病日####

*　介入期間時点での上肢，下肢のBrunstrom. Stage
**　認知症を除く，高次脳機能障害
***　単語レベルの理解が可能
\#　介入開始時の上肢，下肢のBrunstrom. Stage
\#\#　非麻痺側前腕支持での立位保持が可能となる
\#\#\#　垂直棒把持での立位保持が可能となる
\#\#\#\#　T字杖での監視下室内歩行が可能となる

推奨されている．

　立位保持に関しては4つの報告があった．いずれの対象者もPusher症状によって平行棒内立位が不可能であった．非麻痺側肘立て位による立位保持が10日，15日間で可能となった症例，垂直棒を保持しての立位が16日，26日間で可能となった症例が報告されている．共通して推奨されることは，壁，下肢装具を

利用して支持基底面を広げること，支持基底面内に重心線をコントロールするため健側股関節を内転位におくこと（外転をブロックすること），立位訓練初期には，平行棒を把持するよりも前腕支持や垂直棒把持の条件が成功しやすいことである．また，座位と同様のフィードバックも実施されている．

　歩行に関しては3つの報告があった．立位保持と同様の介入が推奨されている．しかし，介入中に運動麻痺が大きく改善しており，動作学習効果でない部分も大きい．重症例に対する歩行練習を確立するには今後の検討が必要であろう．

　これらの事例研究は，重症片麻痺者を対象としており，それぞれの基本動作の獲得に比較的短期間で成功している．岡田ら（2017）は，重症片麻痺者56人中6人に対して応用行動分析学に基づく動作練習を実施した．その結果，基本動作の自立割合は，寝返り100％，起きあがり83％，座位保持100％であり，きわめて良好であった．以上の先行研究は，応用行動分析学に基づく基本動作練習が重症片麻痺者の予後を大きく変える可能性を示唆している．

　この他，重症片麻痺者については床からの立ちあがり練習（明崎他，2010；2011），車椅子駆動練習（中山他，2016）についての報告がある．

②認知症患者　動作練習に関する報告は，片麻痺者に次いで多い．動作手順が覚えられない症例への介入では，移乗，車椅子操作，杖歩行などを標的行動として時間遅延法による介入（橋本他，2012；佐々木他，2016；田辺他，2015；打田他，2012）や文字教示とフェイディング（明崎他，2008；市川・山﨑，2014；二丹田他，2013）による介入が報告されている．文字教示による効果は即時的で大きく，文字理解が可能な対象者には強く推奨される．

　動作スキルの学習が必要な症例への介入も多数報告されている．動作としては，立ちあがり（野津・山﨑，2007；田辺他，2015a；上村他，2010；吉村他，2014），起居移乗動作（中山他，2017a；中山他，2017b），車椅子移動（田辺他，2015b；山本他，2015），立位保持（中山他，2017c）に関する報告がみられる．これらには，言語指示が入らない症例や理学療法を拒否していた症例も含まれる．

③その他　その他の疾患に対して起居動作練習（遠藤他，2013；最上谷他，2014；永井他，2012；中田他，2017），起立練習（高橋，2016；上村他，2011），足尖の引きずり（桂下他，2008；隆杉他，2014）に対する介入が報告されている．

　応用行動分析学に基づく動作練習効果について健常者を対象とした群間比較研究も行われている．模擬大腿義足歩行の学習過程を対象とした研究（豊田他，2008；豊田他，2009）や車椅子のキャスターあげ（山﨑・松下，2008）を対象とした研究では連鎖化やプロンプト・フェイディング，段階的な難易度設定の技法が用いられた練習により，より早く確実に動作学習が進むことが明らかとなった．

●コンプライアンス・アドヒアレンス不良例への介入　これまで報告されてきた研究を表2にまとめた．コンプライアンスの問題についての報告は，整形外科疾

表2 コンプライアンス不良例,拒否例に対する介入

研究	対象	介入場所	標的行動
〈コンプライアンス不良例〉			
山﨑 他(2003)	腹部術後肺炎,起立性低血圧	入院	座位時間の延長,起立性低血圧の改善
山﨑 他(2004)	腹部術後肺炎,筋力低下	入院	理学療法への参加,下肢筋力・歩行能力の改善
山﨑 他(2005)	胸部術後,人工呼吸器依存	入院	歩行距離の増加,人工呼吸器からの離脱
山本・山﨑(2005)	虚弱高齢者	入院	理学療法への参加,筋力トレーニングの実施
大森・山﨑(2006)	大腿切断患者	外来	歩行量の増加
大野 他(2007)	変形性膝関節症	外来	歩行距離の延長
中田 他(2007)	慢性腎不全	入院	運動療法への参加
大西 他(2007)	虚弱高齢者	通所施設	筋力トレーニング,負荷量の増加
桂下 他(2007)	足先の引きずりがみられる高齢患者6名	入院	歩行中の足先の引きずり回数の減少
下田 他(2007)	認知症	入院	身体活動量の増加
山本 他(2007)	整形外科疾患患者2例	外来	自主トレーニング回数の増加
宮沢 他(2008)	心臓外科手術後(44例の群間比較研究)	入院	術後の離床,活動範囲の拡大を促進
加嶋 他(2009)	腹部術後患者	入院	歩行距離の延長,筋力トレーニングの実施
明崎 他(2009)	認知症	入院	歩行距離の延長
中屋 他(2009)	両変形性股関節症患者	外来	歩行距離の延長
榊原 他(2010)	両変形性股関節症患者	外来	適正な歩行量の順守
石井 他(2010)	糖尿病患者	入院	間食行動の制御
隆杉 他(2013)	片麻痺患者	入院	歩行中の足先の引きずり回数の減少
新 他(2013)	統合失調症	入院	理学療法への参加,活動範囲の拡大
岡田 他(2014)	胸椎圧迫骨折	入院	離床時間・歩行距離の延長,理学療法への参加
多田 他(2014)	パーキンソン病患者	外来	歩行距離の延長
上園・加藤(2014)	統合失調症	入院	歩行中の足先の引きずり回数の減少
中島・加藤(2015)	認知症	入院	立位保持時間の延長
上村 他(2016)	肩関節疾患患者5例	外来	自主トレーニング回数の増加
最上谷 他(2016)	皮膚筋炎患者	入院	車椅子駆動量・飲水量の増加
田辺・遠藤(2016)	認知症,脳血管障害	通所施設	活動量の増加
〈拒否例への介入〉			
松井 他(2013)	失語症,脳血管障害	入院	理学療法への参加,トイレ動作練習
松井 他(2014)	脳血管障害	入院	理学療法への参加,起立・歩行練習量の増加
中島 他(2014)	失語症,脳血管障害(4例歴史的対照群2例)	入院	理学療法への参加
岡庭 他(2014)	認知症	入院	理学療法への参加,起立・歩行練習の増加
釣 他(2015)	認知症	入院	関節可動域練習への参加
上村 他(2015)	脳血管障害,老年期精神病	入院	理学療法への参加,食事量の増加
松井・加藤(2015)	認知症患者2名	入院・訪問	理学療法への参加,歩行距離の増加
上村 他(2016)	失語症,脳血管障害	入院	理学療法への参加
松井 他(2017)	認知症	入院	理学療法への参加

患6本，胸腹部術後5本，認知症4本，虚弱高齢者3本，統合失調症2本，片麻痺2本など多岐にわたる疾患・障害を対象としている．介入は入院中，通所施設，外来，訪問など様々な場所において実施されていた．標的行動は，歩行距離の延長（9本），トレーニング負荷量・回数の増加（5本），活動量・範囲の増加（4本），理学療法への参加（4本）などが多い．共通した介入原則の1つは，事実の教示とルールの教示からなる見通しの提示である．現在の状況，運動療法を行った場合に今後どのようなポジティブな変化が期待できるのかが示された．もう1つは強化子の整備である．賞賛，拍手，うなずきなどの社会的強化，練習量や筋力・歩行能力の向上などをフィードバックする社会的評価が多く用いられている．

　拒否例に対する報告は，ほとんどが言語理解困難な失語症，重度認知症に対する介入である．標的行動は，すべてが理学療法への参加であった．これらの介入の特徴は，強化子にある．用いられた強化子は，喫煙，食事量の増加，アイス，入浴，身体接触などであり，個々の対象者の好みに応じたものが選択されている．また，拒否の原因となっている嫌悪刺激の除去が同時に行われている介入も多い．理学療法自体が嫌悪刺激となっている場合には，理想的な理学療法をいったん中止する試みがなされている．

●**最後に**　高次脳機能障害を合併した重症片麻痺者，認知症患者，理学療法に対するコンプライアンスが不良な患者，拒否している患者などでは，これまで理学療法サービスを提供できなかった．応用行動分析学は，このような対象者に対する有効な介入方法を開発し続けている．

[山﨑裕司]

参考文献

山﨑　裕司（編）（2016）．理学療法士・作業療法士のためのできる！ ADL練習　南江堂
山﨑　裕司・山本　淳一（編）（2012）．リハビリテーション効果を最大限に引き出すコツ―応用行動分析で運動療法とADL訓練は変わる　第2版　三輪書店

◆表1・2の文献一覧（論文タイトル割愛，本文中に明示のあるものは巻末引用文献にも掲載）
〈重症片麻痺〉　　明﨑禎輝他（2010）．高知リハビリテーション学院紀要，*11*，23-26．／明﨑禎輝他（2011）．高知リハビリテーション学院紀要，*12*，35-38．／市川祐生他（2016）．高知リハビリテーション学院紀要，*17*，21-25．／市川祐生他（2017）．行動リハビリテーション，*6*，13-17．／岡田一馬他（2014）．行動リハビリテーション研究，*3*，37-42．／岡田一馬他（2017）．高知リハビリテーション学院紀要，*18*，17-22．／岡庭千恵他（2006）．高知リハビリテーション学院紀要，*7*，55-60．／川口沙織他（2015）．行動リハビリテーション，*4*，21-25．／川口沙織他（2016）．高知リハビリテーション学院紀要，*17*，9-13．／鈴木　誠他（2001）．総合リハビリテーション，*29*，837-842．／隆杉亮太他（2015）．高知リハビリテーション学院紀要，*16*，21-24．／田辺　尚他（2014）．リハビリテーションと応用行動分析学，*4*，1-5．／富田　駿他（2014）．高知リハビリテーション学院紀要，*15*，39-43．／富田　駿他（2015）．高知リハビリテーション学院紀要，*16*，17-20．／富田　駿他（2015）．行動リハビリテーション，*4*，26-31．／富田　駿他（2016）．行動リハビリテーション，*5*，2-5．／中島秀太他（2016）．行動リハビリテーション，*5*，13-20．／中田衛樹他（2015）．高知リハビリテーション学院紀要，*16*，13-16．／中山智晴他（2010）．高知リハビリテーション学院紀要，*11*，41-46．／中山智晴他（2012）．リハビリテーションと応用行動分析学，*2*，12-15．／中山智晴他（2016）．高知リハビリテーション学院紀要，*17*，15-19．／野口秀一郎・山﨑裕司（2011）．石川県理学療法雑誌，*11*，28-32．／松井　剛他（2016）．高知リハビ

リテーション学院紀要，17，1-7．／最上谷拓磨他（2015）．技術と研究，43，53-58．

〈認知症〉　明崎禎輝他（2008）．理学療法科学，23，307-311．／市川祐生・山﨑裕司（2014）．高知リハビリテーション学院紀要，15，11-14．／上村　賢他（2010）．リハビリテーションと応用行動分析，1，8-11．／打田小春他（2012）．リハビリテーションと応用行動分析学，3，5-8．／佐々木寛法他（2016）．行動リハビリテーション，5，44-48．／田辺　尚（2015a）．リハビリテーションと応用行動分析学，5，27-33．／田辺　尚他（2015b）．リハビリテーションと応用行動分析学，5，6-11．／二丹田裕介他（2013）．リハビリテーションと応用行動分析学，4，6-10．／野津加奈子・山﨑裕司（2007）．高知リハビリテーション学院紀要，8，63-66．／橋本和久他（2012）．理学療法科学，26，185-189．／中山智晴他（2017a）．行動リハビリテーション，6，28-31．／中山智晴他（2017b）．高知リハビリテーション学院紀要，18，23-26．／中山智晴他（2017c）．高知リハビリテーション学院紀要，18，33-38．／山本祐太他（2015）．リハビリテーションと応用行動分析学，5，12-16．／吉田正美他（2014）．行動リハビリテーション，3，49-52．

〈その他〉　遠藤有紗他（2013）．行動リハビリテーション，2，31-37．／上村　賢他（2011）．リハビリテーションと応用行動分析学，2，20-24．／桂下直也他（2008）．高知リハビリテーション学院紀要，9，23-27．／隆杉亮太他（2014）．高知リハビリテーション学院紀要，15，29-32．／高橋一将（2016）．行動リハビリテーション，5，39-43．／豊田　輝他（2008）．理学療法科学，23，67-71．／豊田　輝他（2009）．理学療法科学，24，93-97．／永井美帆他（2012）．リハビリテーションと応用行動分析学，3，14-18．／中田衛樹他（2017）．高知リハビリテーション学院紀要，18，27-32．／最上谷拓磨他（2014）．行動リハビリテーション，3，79-83．／山﨑裕司・松下恵子（2008）．高知リハビリテーション学院紀要，9，29-33．

〈コンプライアンス不良例〉　明崎禎輝他（2009）．PT ジャーナル，43，1017-1021．／新　智子他（2013）．高知リハビリテーション学院紀要，14，27-30．／石井　亙他（2010）．リハビリテーションと応用行動分析学，1，16-20．／上村　賢他（2016）．行動リハビリテーション，5，18-25．／大西康平・近藤慶承（2007）．四国理学療法士会学会誌，29，75-76．／大森圭貢・山﨑裕司（2006）．理学療法，23，792-797．／岡田一馬他（2015）．高知リハビリテーション学院紀要，16，25-28．／加嶋憲作・山﨑裕司（2009）．高知県理学療法，16，29-34．／桂下直也他（2008）．高知リハビリテーション学院紀要，9，23-27．／上園紗英・加藤宗規（2014）．行動リハビリテーション，3，53-57．／斉藤崇志他（2008）．神奈川県理学療法士会会報，36，45-49．／榊原僚子他（2010）．理学療法科学，25，473-479．／下田志摩他（2007）．神奈川県理学療法士会会報，35，38-40．／隆杉亮太他（2014）．高知リハビリテーション学院紀要，15，29-32．／多田実加他（2014）．行動リハビリテーション，3，74-78．／田辺　尚・遠藤晃祥（2016）．リハビリテーションと応用行動分析学，6，6-13．／中島秀太・加藤宗規（2015）．リハビリテーションと応用行動分析学，5，34-38．／中田裕士他（2006）．四国理学療法士会学会誌，29，73-74．／中屋雄太他（2009）．理学療法えひめ，23，133-137．／宮澤寛子他（2008）．心臓リハビリテーション，13，100-104．／最上谷拓磨他（2016）．リハビリテーションと応用行動分析学，6，27-30．／山﨑裕司他（2003）．高知リハビリテーション学院紀要，4，19-24．／山﨑裕司・長谷川輝美（2004）．高知リハビリテーション学院紀要，5，7-12．／山﨑裕司他（2005）．高知リハビリテーション学院紀要，6，35-40．／山本哲生・山﨑裕司（2005）．総合リハビリテーション，33，277-281．／山本哲生他．（2007）高知県理学療法，14，39-43．

〈拒否例への介入〉　岡庭千恵他（2014）．行動リハビリテーション，3，67-73．／上村朋美他（2015）．行動リハビリテーション，4，14-20．／上村朋美他（2016）．高知リハビリテーション学院紀要，17，27-30．／釣　洋介他（2015）．リハビリテーションと応用行動分析学，5，17-21．／中島秀太他（2015）．高知リハビリテーション学院紀要，16，29-34．／松井　剛他（2013）．行動リハビリテーション，2，18-24．／松井　剛他（2014）．行動リハビリテーション，3，43-48．／松井　剛・加藤宗規（2015）．行動リハビリテーション，4，2-7．／松井　剛・加藤宗規（2017）．行動リハビリテーション，6，23-27．

作業療法

　作業療法は，疾病・外傷・加齢などによって運動や認知に関する要素的な機能に障害あるいは低下を生じ，生活に関する様々な行動に支障をきたした対象者のリハビリテーションを促進するための支援体系の1つである．作業療法では，身辺処理・調理・外出・金銭管理などの対象者の日常生活に関する行動に焦点をあて，①障害された運動や認知に関する機能を最大限に回復するための機能訓練，②適切な行動を学習するための行動練習，③装具および福祉用具の処方や家屋改修などの環境調整といった複合的な支援が行われる（図1）．これらの支援を通じて，対象者が再び環境と良好に相互作用できるようになることを目指す．

●**機能訓練と行動分析学**　作業療法では，これまで運動や認知に関する機能障害の回復に焦点をあてた様々な機能訓練が行われてきた．例えば，脳血管障害によって生じた運動機能障害に対しては，レジスタンス・トレーニング，バランス・トレーニング，ストレッチング，有酸素運動トレーニングなどの効果が報告されている．また，認知機能障害に対しては，単語・統語・文章へと段階づけた言語

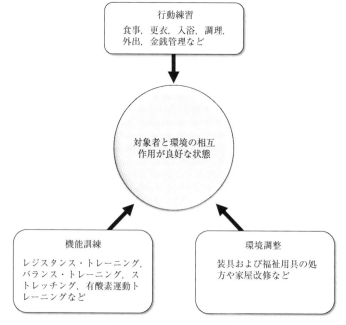

図1　作業療法における支援

トレーニング，失敗を生じさせないようにプロンプトを調整した記憶トレーニング，身体的ガイダンスを用いた対象物の視覚的探索トレーニングなどの効果が報告されている．

　これらはいずれも機能の回復に対して有効な訓練方法といえる．ただし，いくら優れた訓練方法が開発されたとしても，対象者が熱心にそれに取り組まなければ効果は得られない．そのため，機能訓練の効果を高めるためには，「どのような訓練を行うべきか」に加えて，「どのようにして対象者の行動を適切な方向に導くか」という視点が重要になる．行動分析学では，行動と環境の双方に対する働きかけによって対象者の行動を適切な方向に変化させていく．

　図2に，脳血管障害により重度の言語障害をきたした対象者のレジスタンス・トレーニングの様子を示す（鈴木他，2004）．この対象者は，単語の理解や表出が困難で，Yes-No の正答率もあてずっぽうのレベルだった．本対象者に，「ベースライン条件」「注目条件」「称賛条件」「注目・称賛条件」の4条件をランダムな順序で実施し，レジスタンス・トレーニングにおける重錘拳上回数を比較した．その結果，「称賛条件」と「注目・称賛条件」において重錘拳上回数が有意に多かったことから，重度の言語障害を有した対象者においても注目や称賛といった環境が行動の生起頻度を増やす強化子として機能しうるものと考えられた．このように行動分析学の分野で明らかにされてきた行動制御の理論や技術を作業療法における機能訓練に導入することによって，「対象者が熱心に機能訓練に取り組む行動をいかにして増やすか」という視点に基づいた様々な検討を行うことが可能になる．

●**行動練習と行動分析学**　様々な障害を有した対象者の日常生活が自立にいたる過程には，医学的治療による疾病の回復や，機能訓練による運動および認知機能障害の改善などが影響するが，その他は行動練習による適応的な行動の学習過程としてとらえることができる．なかでも，行動練習は，対象者と作業療法士が一対一の不連続な試行を反復して行うことを特徴としている．

　これまで，機能障害を有した対象者が，どのように更衣，入浴，排泄，歩行などの行動を行えばよいのかについて，多くの検討がなされてきた．例えば，片麻痺を有した対象者が衣服を着る際には，麻痺側の手から袖に通す必要があるし，下肢筋力が低下した対象者が椅子から立ちあがる際には，十分に膝を曲げて，体を前屈してから立ちあがる必要がある．これらの行動の手順は，いずれも行動の遂行に際して参考にすべき有用なものである．ただし，適切な行動の手順がわかっていたとしても，それを習得するための練習方法を知らなければ行動を学習することができない．つまり，行動練習の効果を高めるためには，「どのような行動を行うべきか」に加えて，「どのようにしてその行動を学習するか」という視点が重要になる．行動分析学の分野で明らかにされてきた行動学習を促進する

ベースライン条件 注目条件
患者の背面から観察し， 患者の前方から注目し，
声掛けは行わなかった 声掛けは行わなかった

賞賛条件 注目・賞賛条件
患者の背面から観察し， 患者の前方から注目し，
1回ごとの重錘拳上直後 1回ごとの重錘拳上直後
に声掛けを行った に声掛けを行った

A. 各条件における刺激提示方法

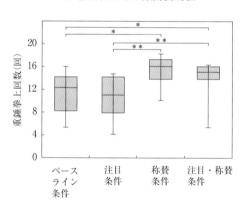

B. 失語症例における条件別の重錘拳上回数

箱の中央にある水平線は中央値，箱の上端は75パーセンタイル値，箱の下端は25パーセンタイル値，ヒゲはデータの範囲を示す．「注目・称賛条件」と「称賛条件」における重錘拳上回数が「注目条件」と「ベースライン条件」よりも有意に多かった（＊：$p<0.05$，＊＊：$p<0.01$）

図2　重度の言語障害をきたした対象者に対するレジスタンス・トレーニング

［鈴木他，2004 をもとに作成］

表1 行動分析学に基づく行動練習の有効性

著者	対象者数	診断名	年齢	標的行動
Rogers et al.（1999）	84	認知症	82歳*	身辺処理
Adams & Tyson（2000）	1	大腿骨骨折	79歳	起きあがり
Suzuki et al.（2006）	51	脳血管障害	69.4歳*	更衣
Suzuki et al.（2008）	63	脳血管障害	69.4歳*	更衣
Baker et al.（2011）	1	認知症	80歳	ため込み行動
Heinicke & Carr（2014）	174	頭部外傷	18歳以上	社会的スキル等
Endo et al.（2015）	10	認知症	79.2歳*	更衣

*：平均年齢

ための理論や技術をリハビリテーションにおける行動練習に導入することによって，「対象者が日常生活に関する行動をいかにして学習するか」という視点に基づいた様々な検討を行うことが可能になる．

●**行動分析学に基づく作業療法の実践**　行動分析学の理論はこれまで，脳血管障害，頭部外傷，認知症，脊髄損傷，骨折などの様々な疾病を有する対象者における身辺処理（食事，更衣，入浴など），起居移動（起きあがり，立ちあがり，歩行など），社会的スキル（会話，道順学習など）に対して適用され，効果を示してきた（表1）．行動に関する問題は，リハビリテーションを必要としているすべての対象者に生じうるため，行動分析学の適用範囲は疾病や障害を問わず幅広い．

ただし，行動的介入でカバーできない領域もある．例えば，骨折に起因する骨変形によって物理的な関節可動域制限を生じている場合，いくら熱心にストレッチングに励んだとしても，物理的な制限を超えて関節可動域が拡大することはない．また，脳血管障害によって運動麻痺を生じた場合，いかに適切にトレーニングに取り組んだとしても，その回復には脳損傷の部位や程度に依存した生理学的限界がある．このように，いかに優れた行動的介入を行ったとしても，解剖学的および生理学的な限界を超えて効果を得ることはない．そのため，作業療法の実践においては，行動的介入のみに注目するのではなく，解剖学や生理学などを基盤とした医学的視点と行動分析学における行動制御の視点を統合した多角的な視点が必要になる．そもそも，作業療法は解剖学，生理学，医学，工学などの多岐にわたる学問領域を基盤として成り立っている．そのような学際的性質を有する作業療法に行動分析学に基づく行動制御や学習の理論を統合することによって，より効果的な作業療法の支援体系が構築されるものと思われる．　　　［鈴木　誠］

📖 **参考文献**

日本行動分析学会（編），山本 淳一他（責任編集）（2015）．ケースで学ぶ行動分析学による問題解決　金剛出版

鈴木 誠（2013）．OTの臨床実践に役立つ理論と技術―概念から各種応用まで　行動リハビリテーション．作業療法ジャーナル2013年増刊号　744-749．

山崎 裕司，山本 淳一（編）．リハビリテーション効果を最大限に引き出すこつ―応用行動分析で運動療法とADL訓練は変わる　三輪書店

言語聴覚療法

　言語聴覚療法は，理学療法や作業療法に比べると心理学と隣接する領域が多く，身近な学問として存在し，行動分析学もその1つである．リハビリテーションのように長時間患者と改善への努力をともにしていくヒューマンサービスでは患者の協力が不可欠であり，患者力の有無によってリハビリテーション効果も変わってくる（山﨑・山本，2008）．患者とセラピストの間で行われる相互作用により生じる行動は，言語指示や励ましの言葉を述べるだけで生起されるものではない．行動が生起しやすいように先行刺激で，①刺激モダリティの最適化，②刺激機能の最適化，③見通し提示，④身体的ガイダンス，⑤モデリング，⑥プロンプト，⑦フェイディング，⑧時間遅延法などの調整を行い，行動面には，①ターゲット行動の選択，②課題分析，③反応形成（シェイピング），④行動連鎖化を用い，後続刺激には，①適切な行動に正の強化子（提示型強化子）を提示する，②正の強化子を「明瞭に」「行動が起こったらすぐに」「多様な感覚ルートで」「行動と関係のあるかたちで」与える，③不適切な行動に正の強化子を与えない，④強化スケジュールの調整が必要である．しかし，矢作（2013）は言語聴覚療法領域での報告の少なさを述べており，今後の課題としてあげられる．

●**機能的なフィードバックは先行刺激の機能をあわせもつ**　西尾はディサースリアの臨床において，生体内で起きている生理過程に関する情報を認知可能な情報として与えるバイオフィードバック法を発話訓練の中に併用することで運動の中枢レベルでの発話運動の制御能力を高めていく効果と重要性について述べている（西尾，2008）．反対に，フィードバックを怠った反復運動では効果が十分に期待できないと述べている．また，最終的にはフィードフォワードすることを目標とする点は，強化依存やプロンプト依存を回避し自己内在型強化への移行を目標とする行動分析学と同じ視点である．バイオフィードバックは単に生理的な変化を数値的に表示することでその効果が得られるわけではなく，強化としての機能と明確な先行刺激としての機能が働くことによりその効果が得られる．もし，自身の行った運動が数値的にフィードバックされるだけでは，強化としての機能は乏しいであろう．例えば，血液検査の結果が例としてあげられる．採血後に，自身の血液データが記載された紙を渡されるだけではフィードバックとしての機能はもたない．患者の血液データと，その結果が意味することを医師が患者に伝えることでフィードバックとしての機能が働き，生活習慣を変える明確な先行刺激としての機能をもつようになる．達成可能な目標設定と連続した強化が行われることで発話運動の制御能力を高めることができ，反応形成としての機能が働く．臨

床でのバイオフィードバックは採血のように遅れて提示されるのではなく，行動直後に提示されることが強化として有効な機能をもつことになる．

●**フィードバックを与えることによる改善（事例1）**　西尾（2008）は異常姿勢により横隔膜を用いた腹式呼吸が著しく制限され，きわめて努力的な発話により発話の自然度が低下した患者に対し，フィードバック法を用いることで改善した報告をしている．対象は80歳，女性，言語病理学的診断名は痙性ディサースリアであった．フィードバック内容は視覚的フィードバックとして，①机上鏡を用いた呼吸・発声法の指導と頭頸部の過剰な筋活動の抑制，②全身鏡を用いて姿勢を調整しながらの呼吸・発声訓練，③VU（volume unit）メーターを使用した声量の調整訓練を実施した．聴覚的フィードバックとして，スピーカーを使用し，通常より高い音圧で患者の声をフィードバックさせた．後続刺激を意識しない臨床の場合には，患者自身の行動に対し不明確な言語指示や修正，賞賛などが用いられる．しかし，後続刺激としての機能をもたせる意味での視覚的フィードバックは，自身の行動を正確に判断し適切行動を反復して学習することが可能となり十分な効果が得られる．自身の声量を通常より高い電圧で流す聴覚的フィードバックは，発声する声が他者に伝わらない経験や頻回な聞き返しによりいつもは弱化されていた行動が，「自身の発声する声が他者に伝わる」結果となり発話機会を増加させる強化としての機能をもつ．発話行動は歩行のように他者の介助があれば行動開始可能なものではなく，患者自身が開始をしないと生起されないものであるため，患者の自発的行動が増える行動分析学的介入の必要性は高い．しかし，理学療法領域や作業療法領域では，運動学習時の行動分析学を用いた実践報告が多くされているのに対し，西尾は言語聴覚障害領域では運動学習時のフィードバックに関するエビデンスは驚くほど少ないと述べており，今後のエビデンス蓄積が課題としてあげられる．

●**声量のフィードバックを用いた発声訓練（事例2）**　山崎と山﨑（山崎・山﨑，2016）は会話時の声量は乏しく，他者から頻回に聞き返される状態の構音障害を呈したパーキンソン病の患者に対し，騒音計を使用した声量フィードバックの効果を報告している．対象は61歳，男性，パーキンソン病，Hoehn-Yahr重症度分類はステージⅣ，発話明瞭度3.5/5，発話の自然度4/5であった．介入は日常会話時と母音の発声練習時に行われた．介入①：発声努力に対して言語的賞賛と即時的な声量のフィードバック（騒音計の目盛を対象者が見ながら実施），介入②：セラピストが目標とする声量を事前に提示し，言語的賞賛と練習後声量のフィードバック，介入③：言語的賞賛と練習後声量のフィードバックを行う介入を実施した．結果，ベースライン期に比べ，介入中は日常会話時にも増大を認め，特に発声訓練時には顕著な増大を認めた（図1）．事例1と同様に，声量を数値的にフィードバックすることで先行刺激，行動，後続刺激に対する介入が行われ

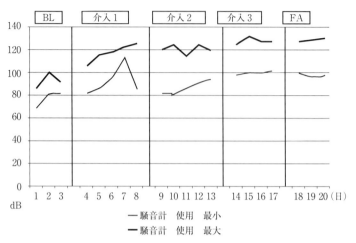

図1 発話訓練時の声量[山﨑・山﨑,2016 をもとに作成]

た.しかし,事例1と比較すると後続刺激に言語的賞賛を用いていることが異なる点としてあげられる.臨床場面で言語的賞賛を意識的に行わない場合,強化としての機能性をもたない場合が多い.「いいですね」や「すごいですね」などの不明確で遅延した言語的賞賛に比べ,行動直後に視覚的情報とともに発話行動に関連した明瞭で詳細な言語的賞賛を提示することで強化としての機能をもつこととなる.また,先行刺激が明確であるため,目標行動が生起されやすく強化頻度が介入前と比べ増加したことも効果的な強化につながったといえる.

● 失声状態と拒否的言動に対する身体接触を用いたアプローチ(事例3) 矢作は要求言語行動時には十分な声量が出るが,日常会話時には失声状態となり,言語聴覚療法に対しても拒否的な発言が多い利用者に対して強化刺激に身体接触を随伴させた介入を報告した(矢作,2013).対象は64歳,女性,脳梗塞による構音障害を呈し,声量の乏しさから家族とのコミュニケーションに問題が生じていた.測定項目は,声量を測る指標として,①復唱による発話(2文節から開始し,5試行中3試行が十分な声量であった際に文節を1文節ずつ増やしていく),やる気を測る指標として,①拒否的な言動数,②対象者から言語聴覚士に対する「ありがとう」の発話数を測定した.実験計画法は ABAB 法(ABAB デザイン)を用い,ベースラインと除去期には言語聴覚士は利用者の正面に座り,十分な声量で復唱が可能であった際に音声言語での賞賛を与え,介入期・再介入期には利用者の左側に座り,十分な声量で復唱が可能であった際に音声言語での賞賛とともに,肩〜背部をさする介入を行った.その結果,介入期・再介入期ともに表出可能文節数は有意に増加した(図2).拒否的な発言は介入期・再介入期で有意に減少し,「ありがとう」の発話数は介入期・再介入期で有意に増加した(図3).

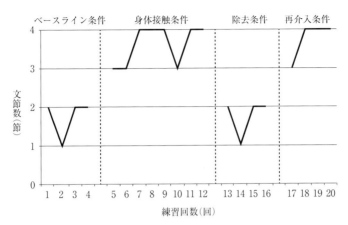

図2 表出可能文節数［矢作，2013をもとに作成］

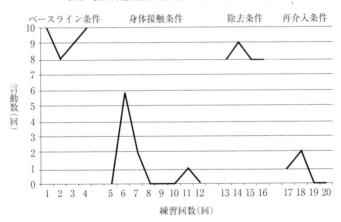

図3 拒否的言動数［矢作，2013をもとに作成］

介入後には，①デイサービスで他者に挨拶する，②レクリエーションのカラオケで歌う，③家族と会話が成立することが増加するなど，介入前にはみられなかった行動が増加した．身体接触が対象者個人に適した強化子となり行動が増加されたが，矢作の研究における重要な点は発話行動が増加した点のみではない．一般的に行動問題や拒否的な行動に対しては，注意や説得が用いられることが多いが，山﨑と山本は強化学習により適切行動が増加すると相対的に不適切行動が減少することを報告した（山﨑・山本，2008）．矢作は適切行動（十分な声量の発話行動「ありがとう」）の頻度と出現時間を増やすことに焦点をあて，不適切行動（失声発話行動・拒否的言動）を減少させた．さらに，獲得した適切行動に関連した新たな行動が日常生活で出現することに関与した介入となった． ［森下浩充］

心理臨床：病院

　厚生労働省は，全国の医療施設を利用する患者を対象として，3年に一度「患者調査」を実施している．最近の6回の調査について，その一部を図1および図2に示した．図1は，精神病床における入院患者の疾患別の推移を割合で表している．1999年の調査から一貫して最も多い割合を占めているのが統合失調症を中核とするグループである．1999年の64.0%から徐々にその割合は減少しているものの，2014年の調査においても56.6%を占めている．同年に2番目に多いアルツハイマー病による認知症が11.4%，3番目に多いうつ病などの気分（感情）障害のグループが9%であることを考えると，精神病床において統合失調症の入院患者が圧倒的に多いことに変わりはない．図2は，精神病床における入院期間別の割合の推移を表している．1999年の調査では，最も多い入院期間は5年以上（44.2%）であったが，徐々にその割合は下降し，2014年の調査では，1年未満が約35%，1年以上5年未満が約30%，5年以上が約35%となっている．日本の精神保健医療福祉施策として「入院医療中心から地域生活中心へ」という方針が打ち出された中で，依然として長期にわたって精神病床に入院している患者，とりわけ統合失調症に対する治療および支援が求められている．

●**統合失調症の症状**　近年改訂されたアメリカ精神医学会（APA, 2013）による

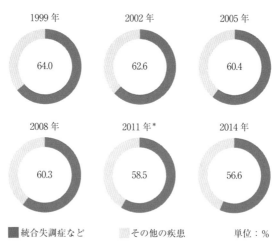

図1　精神病床における入院患者割合の推移（疾患別）
厚生労働省「患者調査」から厚生労働省障害保健福祉部が作成した図をもとに作成
注）2011年の調査は，宮城県の一部および福島県を除く．

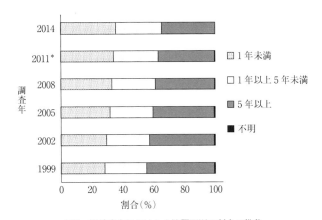

図2　精神病床における入院期間別の割合の推移
厚生労働省「患者調査」から厚生労働省障害保健福祉部が作成した図をもとに作成
注）2011年の調査は，宮城県の一部および福島県を除く．

DSM-5では，統合失調症を特徴づける症状として，①妄想，②幻覚，③まとまりのない発語，④ひどくまとまりのない，または緊張病性の行動，⑤陰性症状があげられている．これらの症状のうち，幻覚・妄想などの陽性症状に対しては，定型抗精神病薬による薬物療法の効果が認められている．一方，感情の平板化，意欲の低下，自閉（ひきこもり）などの陰性症状，注意・記憶・処理速度といった認知機能障害に対しての効果は不十分である（吉田他，2011）．また第二世代の治療薬といわれる非定型抗精神病薬は，その薬理作用から認知障害の改善，さらに陽性症状の改善も期待されたが，エビデンスは不十分なままである（松岡，2011）．

治療後の転帰では，再入院，精神症状の残存，自殺のリスク，副作用による錐体外路症状などが従来より指摘されている（Weiden et al., 1996）．また，他の慢性身体疾患と比較して低いQOLや，就労困難という問題が認められる．

統合失調症は，主として青年期から成人前期に発症する精神障害である．したがって，発症後の症状のために対人関係の問題を引き起こしているだけでなく，症状のために対人関係に関わる適切な振舞いを学習する機会を逃してしまったか，あるいは不適切な振舞いを学習してしまった可能性も考えられる．

●統合失調症に対するSSTプログラム　前述した統合失調症の症状の中で，主として陰性症状に関連する対人コミュニケーションの問題を取りあげるのが，社会的スキル訓練（social skills training, SST）プログラムである．SSTは，1960年代からアメリカを中心に行われ始めた．SSTは，一般に教示，モデリング，ロールプレイ，フィードバック，宿題などの技法から構成される治療パッケージである．SSTを構成する1つひとつの技法は，主張性を向上させたり，対人技

能を改善させたりする効果があると報告されているものである．対人コミュニケーションの問題は，予後に多くの影響を及ぼしている．退院し家庭生活を営むうえでも，友人と関わりをもつうえでも，就労し働くうえでも，適切な対人スキルを習得していることが重要になってくる．

　アメリカ合衆国保健福祉省の主導で始められた，The Patient Outcomes Research Team（PORT）の治療観告において，統合失調症の診療ガイドラインが示されている（Dixon et al., 2010 ; Lehman et al., 2004）．この中で，心理社会的介入法として6項目があげられており，SSTを含む「Skills Training」が推奨されている（他にも認知行動療法とトークン・エコノミー法による介入が推奨されている）．またKurtz & Mueser（2008）が行ったメタ分析でも，訓練で指導された知識，スキルの獲得，心理社会的機能，陰性症状，再発・再入院で効果が認められている．ただし，エビデンスを検討した様々な報告をあわせて検討すると，SSTで高いエビデンスが得られているのは，練習したスキルの獲得や維持に関する効果であり，精神症状の改善や再発防止の効果に関するエビデンスは限定的であると考えるのが妥当であると思われる（岩田，2009）．

● **SSTと般化および維持**　他の介入プログラムと同じように，SSTにおいても対象者が訓練場面で練習したスキルを実際の場面で使用すること，またそれが持続することが重要である．すなわち般化と維持の問題である．統合失調症患者に対するSSTでは，宿題を課すことで般化を促進しようと試みることが一般的である．しかしながら，訓練で宿題を課すだけでは般化が生じないことは珍しくない．このことからその理由をSSTの限界として論じたり，統合失調症特有の要因として帰結させることには慎重であるべきである．般化が生じないということは，セッション中のスキル訓練が不十分であったか，般化を引き起こす要因に関する理解が不足していたことを意味するかもしれない．

● **般化と維持を扱った例**　ストークスらは，般化を促進する12の方略を述べている（Stokes & Osnes, 1989）．問題となっている行動がどのような随伴性に影響を受けているか，また般化を生じさせたい環境がどのような随伴性によって構成されているかによって，この12の方略のうち，どの方略を選択するかが変わってくる．上述したようにSSTは，複数の技法から構成される治療パッケージである．このパッケージを対象者の環境に合わせてアレンジすることが，般化を生じさせるために重要になる．先の「患者調査」の結果から，治療の重要性が明らかな，長期に入院している統合失調症患者に対して，この般化の問題を検証した基礎的な研究を紹介する．

　石川（2000）では，精神科病院に9～27年間入院している統合失調症患者4人を対象に，①共通の物理的刺激を採用すること，②実際場面での弁別刺激を再現すること，③訓練期間中に連続強化から部分強化に移行することを組み込んだSSTプログラムを実施した．

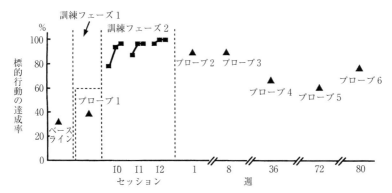

図3 実際場面での対象者全員の平均達成率の推移［石川，2000, p.8］
横軸はベースライン期，訓練セッション期，およびフォローアップ期を示す．縦軸は，標的行動の達成率を示している．■は訓練セッション中の標的行動，▲は実際場面での標的行動の結果を示している．

標的行動は，対象者の日常の病棟生活で定期的にあり，難易度の面から獲得可能だと判断された診察場面での行動から選択された．すなわち「①ドアを開け自分の名前を告げる」「②ドアを静かに閉める」「③-a 着席時の挨拶」「③-b 着席時の会釈動作」「④挨拶時のアイコンタクト」「⑤-a 退席時の挨拶」「⑤-b 退席時の会釈動作」「⑥ドアを静かに閉める」であった．挨拶行動の属性として「声の大きさ」「言葉の明瞭度」「表情」を取りあげた．①から⑥までは標的行動の定義に従って生起したか否かの評価，挨拶行動の属性については5段階評定を行った．訓練はスタッフ2人により行い，週1回の頻度で12セッション行った．SSTプログラムへの参加と上記の標的行動をプログラム内で取りあげることについて，対象者と主治医に同意を得た．

このSSTプログラムの結果，4人の対象者全員で，セッションの進行にともなって訓練場面での改善（平均達成率100％）が認められた（図3）．またその後に行われた実際場面での査定においても，平均達成率90.6％と訓練場面における改善と同程度の達成率を示していた．さらに長期的な維持を検討するために，実際場面における査定を継続した．この結果，36週後，72週後と徐々に達成度は下降していたが，80週後においても平均達成率77.8％を維持していることが明らかとなった．

また対象者と主治医に行った社会的妥当性の調査において，対象者からは標的行動の難易度，セッションの時間，ロールプレイの回数についておおむね適当であるとの回答が得られ，また主治医からは「着席・退席時の挨拶等は，だいたい自然にできるようになった」との感想を得られていた．主治医は標的行動が何か知らされていなかったので，この結果から，実際場面での対象者の改善を認識できていたと推察される． ［石川健介］

心理臨床：相談室

　相談室などの心理臨床場面に来談するクライエントの多くは，うつや不安などの精神疾患に関する問題，職場や学校，家庭での対人関係に関する問題など，心理・行動的な問題が主訴となることが多い．そのため，セラピストがクライエントに対して支援する文脈（＝相談室）とクライエントが実際に困難を抱えている文脈（＝職場・学校・家庭などの日常生活場面）は異なり，このような文脈の違いを考慮した介入が必要となる（Törneke, 2009 武藤・熊野監訳 2013）．また，うつや不安などが関連する行動上の問題は，多くの場合，その先行事象や後続事象に言語や認知，身体感覚，情動といった私的事象が含まれる（武藤・高橋，2007）．このような私的事象を操作することは困難であり，私的事象と関連する外的な状況を操作できない限り，先行事象や後続事象の操作を行う随伴性マネジメントは難しくなる．そのため，言語的なやりとりを通して，私的事象に対する新たな対応の仕方を身につけることを目指した，セラピー形式の介入になることが多い．本項目では，このような特徴をもつ相談室での心理臨床に関して，その実践例を示す．なお，ここで示す事例は，実際の事例を参考にして，仮想事例として新たにまとめたものである．

●事例の概要　クライエント（以下，Cl. とする）は 20 代の男性で，主訴は「不安にならないようにしたい，人前で自然になれるようにしたい」であった．中学時代に学校行事の発表会の最中に突然発汗し，動悸が激しくなり，足が震え，立っていられないほどの激しい恐怖を経験した．その後も不安が続いたため，精神科を受診し，社交不安症の診断を受けた．薬物療法による治療が行われ，通院歴は 10 年以上にわたっていた．今回，Cl. が転職を機に，主治医に対して「もう少し自然に人前に出られるようになるためカウンセリングを受けたい」と相談し，セラピスト（以下，Th. とする）の所属する相談施設を紹介され来談した．

●アセスメント
① 心理尺度　インテイク時に全般的な気分状態を測定するため，*Profile of Mood States* [2nd Ed. (POMS2 日本語版)] を実施した．怒り‐敵意は 45，混乱‐当惑は 80，抑うつ‐落込みは 60，疲労‐無気力は 64，緊張‐不安は 76，活気‐活力は 36，友好は 62 であった（すべて T 得点）．社交不安の程度を測定するため，Liebowitz Social Anxiety Scale（LSAS 日本語版）を用いた．インテイク時の LSAS は，全体 120 点，恐怖感／不安感は 68 点，回避は 52 点であった（LSAS の得点範囲は，全体が 0〜144，恐怖感／不安感と回避はそれぞれ 0〜72 点）．LSAS は毎回のセッションで回答を求めた．

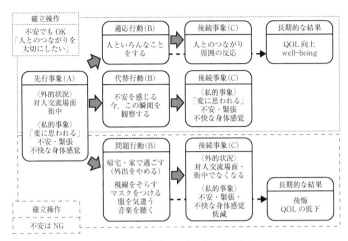

図1　ケースフォーミュレーション

②インテイクでの聴取　街を歩いて大勢の人とすれ違う状況，駅や広場など待合せなどで人が立ち止まっているような状況，電車の中など同じ空間で人が立ち止まっている状況，会議や食事会，飲み会など少人数で顔を合わせる（テーブルを囲む）状況などでは，強い緊張と不安を感じ，調子が悪いときは発汗や動悸がひどいことが報告された．最も苦手な状況を尋ねると，街中と答えた．可能な限りこれらの状況は避けるようにしているが，ずっと家にいるわけにはいかないので，耐えながら外出しているとのことであった．その際は，人と視線が合わないように自分の目のやり場を意識する，人からあまり見られないようにマスクをする，目立たないように無難なファッションにする，気を紛らわすためにヘッドホンで音楽を聞くなどして，自分なりに対処していることが語られた．さらに，「うまく振る舞えないのでは」「人から変に思われるのでは」という考えが頭から離れず，「本当はこんなに気にする必要はないとわかってはいる」が，どうしても「いっぱいいっぱい」になるとのことであった．不安がなかったらどんなことをしたいか尋ねたところ，「これまでいろいろ避けてばかりで後悔している．もっと人といろいろなことをして，自然な付き合いをしていきたい」と答えた．

● ケースフォーミュレーション（図1）

①問題の機能分析　インテイク時のPOMS2やLSASの結果から，Cl.は極度の社交不安を感じていることがうかがわれた．街中に出ることや対人交流が想定される場合，「変に思われる」という思考や緊張，不安，身体感覚などの不快な私的事象が生起し，外出せず家で過ごすなど状況そのものからの回避行動が生じていると考えられた．また，外出したとしても，その状況内で様々な回避

行動を行い，不快な私的事象との接触を最小限にしていた（体験の回避）．これらの回避行動は，不快な私的事象の低減という除去型強化によって維持されるが，「不安にならないようにしたい」という Cl. の言語が確立操作として機能するルール（オーギュメンタル）となり，不快な私的事象の制御力が高まっていると推察された．Cl. 自身は，対人状況からの回避を後悔してはいるものの，時間的に遅れて随伴するため弱化として機能していないと考えられた．

②介入方針　Cl. が示す一連の回避行動は，人といろいろなことをするというニーズとは両立しないため，介入の主要なターゲットとした．しかしながら，「不安にならないようにしたい」というオーギュメンタルにより私的事象の制御力が強いため，まずはこれを検討することとした．そして，回避行動とは両立せず，適応的な行動と両立するような代替行動として，先行事象に対して接近的に反応するという新しい行動レパートリーの形成を目指すこととした．その後，Cl. にとっての適応的な行動について検討することにした．

●介入　Cl. は転職先が決まっており，そこでの勤務が始まるまでの3か月弱カウンセリングを受けたいと希望した．そのため，週1回45分，全8セッションの枠組みとした．まず，Cl. が実施している街中での回避行動を丁寧に聴き取りながら，それが実際に満足いくような結果につながっているかを検討した．Cl. は「それをするから外出できる．でも，ぐったりする」と語り，人といろいろなことをすることの役には立っていないことが確認された．Th. は面接室のティッシュを取り出し『これをいつもの不安と思って反応してみてください』と言い，会話をしながら Cl. にティッシュを近づけた．Cl. は体をよじったり，手でブロックしたりして対応したため，Th. は『これだと疲れるし，せっかくの会話が楽しめませんね』と伝えた．そして，『今度は別の対応をしてみましょう』と言い，会話をしながら Cl. と Th. 双方の膝や肩，頭の上に数枚ティッシュを置いていった．Cl. に感想を求めると「こっちの方が疲れないし，会話もできますね」と答えたため，『ティッシュは追い払おうとせずに，乗せて置いた方が得策ですね．不安も同じかもしれません．ひょっとすると「上手に不安になる」方法を身につけた方が，結果的にはいいかもしれませんね』と伝えた．そして，「上手に不安になる」練習として，Cl. と Th. でマスクをせず，目立つようにわざと変な着こなしをし，ヘッドホンをつけずに面接室を出て，街中を散歩することとした．1回目の散歩は，この街にはどんな人がいるかを見渡しながら歩き，不安を感じることをミッションとした（#3）．2回目は，街の景色も含めてよく観察しながら歩き，不安を感じることとした（#4）．3回目は，これらに加えて，不安を感じたら自分の身体のどこで生じているのか観察しながら歩くこととした（#5）．すべての散歩において，Th. は Cl. の斜め後ろから適宜声かけを行いながら，Cl. の気づき（例えば，「こんなところにお店があったんだ」「今，不安が強まってきた」

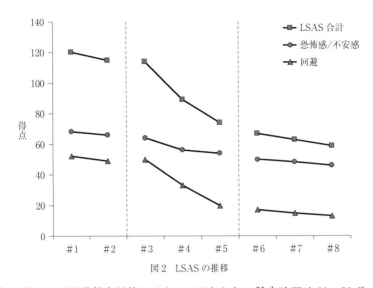

図2　LSASの推移

など）に対して言語賞賛を随伴させた．1回あたりの散歩時間は20〜30分であった．この散歩は，相談室での支援の文脈とCl.の日常場面の文脈を近づけ，新しく形成されるスキルが般化しやすいように考え設定された．Cl.からは「こんなに街を体験したのは初めて」「良い意味で吹っ切れた感じがする．不安になってもいいやと思えるようになってきた」との言語報告が得られた．そこで，Cl.にとって人生で大切にしたいことについて面接室で相談しながら，具体的に何をするかの検討した．Cl.は「人とのつながりを大切にしたい」と語った．具体的には，人と食事に行ったり，飲みに行ったり，旅行に行ったりすることがあげられた．Th.は『人とのつながりを大切にしたいから，人に対して不安になるのかもしれませんね．そう考えるとそれはコインの表と裏みたいで，どちらかだけ手に入れることは無理だし，片方を遠ざけると両方とも離れていっちゃうようなものですね』とメタファーを使った．セッションでは，Cl.の新たな活動として，飲み会を企画したこと，旅行に行ったことなどが語られるようになった．それに対してTh.は，Cl.の新たな活動を賞賛するとともに，そこでのCl.にとってのポジティブな体験をCl.自身が言語化できるよう支援した．図2はLSASの推移である．8回のセッションを経て，恐怖感／不安感はまだ高いもののインテイク時より減少した．一方，回避は大幅な減少が示された．　　　　　　　　　　［大月　友］

参考文献
日本行動分析学会（編）(2015).　ケースで学ぶ行動分析学による問題解決　金剛出版
Törneke, N. (2009). *Learning RFT: An introduction to Relational Frame Theory and its clinical application.* Context Press. (トールネケ, N. 山本 淳一（監修）武藤 崇・熊野 宏昭（監訳）(2013). 関係フレーム理論（RFT）を学ぶ—言語行動理論・ACT入門　星和書店)

心理臨床：個人開業

　行動分析学の専門的な技術や知識を用いた心理臨床でも，個人開業をすることが可能である．その場合，民間事業者としてサービスを提供することになる．民間事業者は，国や地方自治体などの公共団体に対し，株式会社等の営利法人，中小企業等による事業協同組合，ならびに非営利法人（社会福祉法人やNPO法人等），個人を指すものである．国や地方自治体などの公共団体に比べて，民間事業者は独自にサービス内容を決定し提供することができる．

●**民間事業者としての法令遵守**　民間事業者としての法令遵守の一例としては，2016年4月施行の障害者差別解消法があげられる．同法の第7条と第8条では「社会的障壁の除去の実施について必要かつ合理的な配慮」をすることを規定しているが，国公立学校などを含む行政機関等には法的義務，学校法人や企業などの民間事業者には努力義務が定められている．

　民間事業者には独自のサービスや事業者内規定での運営が任されているわけであるが，それがクライエントやコンサルティなどのサービス利用者にとって一方的な不利益とならぬよう，法律で定められていること以上に厳しい倫理規範が求められよう．

●**職業上の倫理について**　個人開業では，組織の中における「組織集団からの目」がないか少ないために，独自の各種規定を定めることができるし，規則や規定も設けずに自由な営業活動を行うことすら可能となる．こうした自由さが，冒頭でも述べたようにクライエントやコンサルティなどのサービス利用者にとって一方的な不利益とならないような職業上の倫理について，よりいっそうの注意が必要となる．

　参考にすべきは心理職専門家としての倫理規定である．例えば，アメリカ心理学会（APA）は，心理士の倫理綱領として「専門的能力」「品格」「専門職業上および学問上の責任」「人権および人間の尊厳に対する敬意」「他者の福祉への配慮」「社会的責任」の6つの一般綱領を掲げている（APA, 1992 富田・深沢訳1996）．

　「専門的能力」については，みずからの専門的能力の範囲とみずからの専門性の限界を認識することが求められており，仕事において高度の専門的能力の水準を維持する努力が求められる．

　「品格」については，正直さ，公正さ，他者を尊重することが求められる．また，自身の資格，サービス，製品，値段・費用，研究，教育に関する説明に際して，虚偽や，誤解を生むような，または欺瞞的な発言をしてはいけない．

「専門職業上および学問上の責任」については，プロフェッショナルとしての行動水準を高く保つことが求められる．みずからの職業人としての役割と責務を明確にし，みずからの行動に関して適切に責任を取り，提供する方法をニーズの異なる様々な対象に適合させていく必要がある．

「人権および人間の尊厳に対する敬意」については，すべての人間の基本的人権，尊厳と人間的価値に対して適切な敬意を払うことが求められる．個人のプライバシー，秘密の保持，自己決定および自律性という個人の権利を尊重し，同時に法的な義務がこれらの権利の行使と矛盾したり葛藤が生じたりする可能性について配慮しなければならない．

「他者の福祉への配慮」については，みずからの職業的活動に関わる人たちの福祉に貢献するよう努めなければならない．このことは，心理臨床の例ではクライエント本人の福祉だけが考慮されるのではなく，クライエントの家族やクライエントの所属する組織（地域社会，学校や会社など）で影響を受ける人たちの福祉や権利についても熟考されるべきことを意味している．

「社会的責任」については，自分自身が所属しているコミュニティと社会に対する職業および学問上の責任を自覚しておかなければならない．知りえた学問上の知見については，人類の福祉に貢献するために応用され公表されるべきである．

行動分析学における倫理については，数多くの実例のシナリオから採用すべき倫理的行為を議論し検討していく方法（Bailey & Burch, 2011 日本行動分析学会 行動倫理研究会編 2015）が有効であろう．個人開業を行う者にも，これらのガイドラインを常に参照するような慎重さが推奨される．

●**開業領域において要請されること**　個人開業ならではといえる特徴や諸問題については，栗原（2011）が詳細に論じている．

まず，開業の条件として栗原（2011）は，「臨床能力」「人脈」「人となり」「トレーニング」の4つを掲げている．

「臨床能力」には，アセスメント能力，面接能力，マネジメント能力が含まれる．これらは，単に「クライエントをどう扱うか」ということを意味するものではなく，クライエントに関わるセラピスト自身の状態について，十分にモニタリングができており，マネジメントができているということを含む．いい換えれば，セラピストの行動がクライエントの行動に影響を与えるが，同時にクライエントの行動がセラピストの行動にも影響を及ぼすといった相互作用の観点である．

「人脈」については，クライエントの紹介先や紹介元としての人脈として，例えば必要と判断される場合に医療機関に紹介できることが重要である．また，自身の専門領域や近接する領域の研究会での人脈だけでなく，門下でない領域の専門家や多職種集団の中での人脈も，個人開業に身を置く専門家として重要となる．さらには，個人開業は事業者個人でもあるので，個人事業者としての自分を

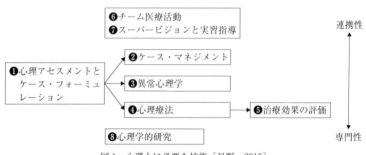

図1 心理士に必要な技能［丹野，2015］

支える人脈，あるいはプライベートな自分を支える人脈なども重要である．

「人となり」については，「謙虚さ」や「誠実さ」，「社会性」の他に「自己受容」が求められる（栗原，2011）．この「自己受容」とはセラピスト自身の「安定感」や「安心感」を維持するために必要なものとされる．

心理士に必要な諸技能は，丹野（2015）は図1のように「専門性」と「連携性」の軸の中で整理している．個人開業の場合，連携性が大きく求められる「チーム医療活動」は医療機関のような組織とは違って，あまり求められないように思われるかもしれない．しかしながら，同一組織内でのチーム支援が求められなかったとしても，クライエントの生活に関わる多職種との連携や協働が必要不可欠となる場合もある．

図1で整理された専門性や連携性の各技能は，組織所属の心理臨床とは規模や様相が異なるところはあるものの，いずれも組織所属よりもむしろ高い専門性が要請されるといってよい．そうであるならば，先述の職業倫理についてもより高いものが求められるであろう．

行動分析学の立場からの倫理について考えてみよう．例えば，栗原（2011）が求めた「事実に対する謙虚さ」については，行動分析学では実験的分析によって応えることが可能である．すなわち，セラピストが選択した介入が事態の改善に影響を与えないと判断できる場合，その介入に関わる計画を見直していく必要がある．介入の効果は，それが終了するまで監視されるべきであり，標的行動が介入前の水準に戻るようなことがあれば，その変化は検討されなければならない（Van Houten, 1994 望月・冨安監訳 1998）．行動を指標とし，行動そのものの推移を継続的に測定する行動分析学の研究手法では，おのずと事実に向き合ったものになっているといえよう．

例えば，不登校の中学生生徒に対してトークン・エコノミー法（トークン経済法）を用いた介入を行ったとする．その結果，登校日数に大幅な改善が見られなかったとしよう．その際に「この生徒は，想像以上に重度のひきこもり状態で

あった」とレッテルを貼ることや，「それでも若干は改善した」と強弁することは避けるべきである．計画したトークン・エコノミー法ではこの生徒の登校日数には影響をほとんど与えなかった，というのが事実である．そういう場合は，計画したトークン・エコノミー法の計画を見直したり，そもそもトークン・エコノミー法が有効に機能するための確立操作の見直しや計画の追加をしたりするなど，セラピスト側に改善すべき点がないか探る必要がある．

●その他の留意点について　これまでに述べたことから明らかなように，個人開業に従事する者であっても，自身の職能的資質の向上を図ることの重要性は組織に属する者と同様に求められるべきである．実践や支援の効果を評価するために用いられる心理学的研究手法では，職業倫理や研究上の倫理が求められる．

　病院や大学などの組織においては，研究計画をその機関の倫理委員会に提出し，審査を経て許可されたものが実施可能となる．一方，個人開業で心理学的研究を実施する場合，倫理委員会での審査はどのような扱いにすべきか検討することは大きな課題といえる．倫理委員会がまだ設置されていない施設や機関と同じように，所属学会など何らかの第三者を中心とした審査制度を利用するなどの工夫が可能である．

　最後に，行動分析学を掲げて個人開業を行う際に留意すべき点を述べる．しばしば起こりそうな問題は論理の誤謬である．例をあげると，「行動分析学の実験研究では数多くのエビデンスが示されている」「私は行動分析学を専攻し，また関連資格をもっている」「したがって，私の提供する方法はエビデンスが確立されたものである」という論法である．こうした考え方は「誤謬」の一種であり，この例の場合は自分の専攻や資格が権威となり，その権威により自分の採用する方法を保証するという錯誤が見られる．「科学」や「エビデンス」といいながら，学問上の経歴や保持している資格などを掲げた権威主義に陥ってしまう例である．個人開業は，一種の商取引のうえに成り立つものであるため，行動分析学を看板に掲げる場合にはこれまでに述べたように相当に高い倫理規範が求められる．

　個人開業では，クライエントが開業者個人の「職業生活や経済生活をダイレクトに支えてくれてきた／いる存在」（栗原，2011）である面が強く，場合によっては支援者であるはずのセラピストがクライエントに強く依存してしまうような図式になることは少なくない．それでも，クライエントやコンサルティなどのサービス利用者に対しては，彼らの自己決定権を尊重し，相談やコンサルテーションをいつでもやめられることや，研究に参加することに同意した後であってもいつでもやめられることなども，十分に説明されている必要がある．　　　　［奥田健次］

📖 参考文献

奥田　健次（2005）．クリニックの開業　学会連合資格「臨床発達心理士」認定運営機構（編）臨床発達心理士──わかりやすい資格案内（pp.124-125）金子書房

一般教育：教科教育

　教科教育など一般教育における学業スキルの指導に対する行動分析学的アプローチの中で代表的なものとしては，直接教授法とプレシジョン・ティーチングがあげられる．直接教授法は，エンゲルマン（Engelmann, S.）によって開発された学習指導プログラムであり，教材や実施マニュアルは Science Research Associates（SRA）や McGraw-Hill Education などから出版されている．エンゲルマンによって開発された直接教授法は大文字表記の Direct Instruction であり，direct instruction と小文字表記されるもの（Rosenshine, 1979）とは厳密には異なる．プレシジョン・ティーチングは，リンズレー（Lindsley, O. R.）が始めた行動測定システムであり，学習者の行動データを継続的に測定し，データに基づいた意思決定を促進するアプローチである．直接教授法もプレシジョン・ティーチングも，国際行動分析学会の Special Interest Groups に含まれており，行動分析学に基づく学習指導へのアプローチとして最も代表的なものである．本項目では，直接教授法に焦点をあて，その概要を解説し，プログラムの効果についてのこれまでの実証研究を紹介する．

●**直接教授法の要素**　直接教授法には3つの主要な要素があり，効果的な学習指導にとって重要なポイントに対応している（Slocum, 2004）．3つの要素とは，①プログラム・デザイン，②指導の体系化，③児童生徒と指導者の相互作用である．

　①のプログラム・デザインでは，最初に指導内容を注意深く分析し，児童生徒がより少ない時間でより多くのことを学ぶために必要な般化可能なストラテジー（Engelmann & Carnine, 1982）を同定する．例えば，1000個の英単語の読みを教える際に，それぞれの単語を別々のものとして指導するのではなく，それぞれの音素の一般的な読み方を教え，その音素を組み合わせて単語をつくる方法を教える（Slocum, 2004）．そうすれば，より効率的に学習することができ，指導場面において学習していない英単語についても正しく読める可能性が高まる．直接教授法は特定の刺激に対する単純な反応を覚えるだけの「機械的な丸暗記」と批判されることが多いが，それは誤解であり，直接教授法によって様々な例や場面に適応可能な学習方略を学ぶことができる（Watkins & Slocum, 2004）．

　般化可能なストラテジーを獲得させるためには，明確なコミュニケーション（Engelmann & Carnine, 1982）が重要である．直接教授法では，明確なコミュニケーションのために，(a) 表現の原則（同じ物事には常に同じ表現を用いる），(b) セットアップの原則（ある概念の該当例と非該当例は，その概念の重要な側面以外はできるだけ同じにする；図1），(c) 差異の原則（ある概念の該当例

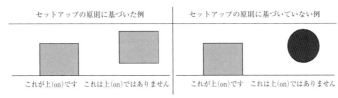

図1 セットアップの原則の例[Watkins & Slocum, 2004, p. 32, Fig. 2.2をもとに作成]
セットアップの原則に基づくと，対象とする概念に関連する側面以外で区別したり理解することを防ぐことができる．

と非該当例の境界を示すとき，重要な側面以外は同じにする），（d）同一性の原則（ある概念の範囲を示すとき，該当例は概念には含まれるがそれぞれできるだけ異なっているものを並べて示す），（e）テストの原則（テストの問題はランダムな順で提示する）の5つの原則に基づいた教材開発や指導を行う．その他にも，指導フォーマットのデザインやスキルの指導順序などを徹底的に考慮することで，明確なコミュニケーションを実現している．

②の指導の体系化では，個々の学習者のニーズを最大限に満たすために集団を構成する．集団構成においては個々のニーズが考慮され，学習者が指導目標の達成に必要な前提スキルをもっており，かつ指導目標はまだ達成していないという適切なレベルに配置される．そのため，指導科目によっても集団構成は異なり，学習進度によっても集団構成は柔軟に変更されていく．

実際の指導は，詳細なスクリプトに基づいて実施される．直接指導法においては，注意深く計画された指導計画が正確に実行されることが重視され，指導者には詳細な指導スクリプトが準備されている．スクリプトには，どのような順番でどのような表現で説明を行うか，どの例を用いるかなどが詳細に記載されており，指導者はそのスクリプトを正確に実行することが求められる．適切な指導プログラムを開発することは，教授設計の専門家であっても非常に時間のかかる課題であり，直接教授法では指導者の役割を注意深く計画された指導の正確な実行に置いている．指導計画を組み立てる役割から解放されることによって，指導者は指導の提供，個々の児童生徒のニーズに応じた調整，予期しない問題の解決という重要な役割に焦点をあてることができる（Watkins & Slocum, 2004）．

③の児童生徒と指導者の相互作用では，積極的な児童生徒の参加（指示や教材と児童生徒の反応との相互作用の回数を増やす），集団の合唱反応，テンポの速い指導，習熟するまで教える，効果的な修正手続きなどが用いられる．合唱反応を利用したテンポの速い指導によって，多数の反応機会が提供され，積極的な参加が促進される．また，児童生徒が誤反応を示した場合には修正手続きが取られる．

基本的な修正手続きとしては，モデル-テスト-再テストの手続きがある（図2）．モデル-テスト-再テストでは，児童生徒が誤反応を示した直後に，正反応の

ステップ	指導者の発言	児童生徒の発言
モデル 　児童生徒が何をすべきかについての明確な 　コミュニケーション	この単語は *eventually* と読みます．	
テスト 　児童生徒がスキルを正確に実行する機会	この単語は何と読みますか？	*eventually*
再テスト 　再テストをする前にいくつかの課題を間に挿入する	この単語は何と読みますか？ *treatments*	*treatments*
	この単語は何と読みますか？ *submarine*	*submarine*
児童生徒が自分でスキルを実行する機会を与える	この単語は何と読みますか？ *eventually*	*eventually*

図2　基本的な修正手続きのステップの例［Watkins & Slocum, 2004, p. 49, Fig. 2.9 をもとに作成］

モデルを示し，すぐにテストして答えさせる．その後，いくつか別の課題を挟んだ後に，再度テストして正反応が学習されたかどうかを確認していく．

●**直接教授法の効果**　上記のように，直接教授法は効果的な指導についての研究から明らかになった要素（Rosenshine & Stevens, 1986）と，注意深い分析によるプログラム・デザインを組み合わせた指導プログラムである．これまでに多くの領域にわたってプログラムが開発され，その効果が実証されており，コグリン（Coughlin, 2014）などにより詳細にまとめられている．ここでは，その中でも最も大規模な研究であるフォロー・スルー・プロジェクトを紹介する．

　フォロー・スルー・プロジェクトは，1968～76年にかけて実施されたアメリカ史上最大規模の教育実験であり，10億ドル近い費用をかけて，170以上の地域の10万人近い子どもたちを対象としている（Watkins & Slocum, 2004）．プロジェクトの目的は，経済的な困難を抱える子どもたちに対する指導効果のエビデンスを蓄積するために，様々な教育的アプローチの効果を比較することであった．プロジェクトに参加した教育モデルは，大きく分けて学業スキルの指導を重視するモデル（直接教授法はここに含まれる），認知発達を重視するモデル，情動発達（例えば，自尊感情）を重視するモデルの3つであった．効果の指標としては，基礎スキル（例えば，単語認知やスペリング，計算），認知-概念スキル（例えば，読解，算数概念，問題解決）と情動（自己概念）を測定した．それぞれのモデルには統制群が設けられ，それぞれのモデルと統制群の比較および，直接的なモデル間の効果の比較が行われた．分析の結果，3つの効果指標のすべてで効果が認められたのは直接教授法だけであった（Stebbins et al., 1977）．また，メトロポリタン・アチーブメント・テストを用いた学業達成の結果が図3に示されている．図3では経済的に困難を抱える子どもの統制群における学業達成が20パーセンタイルとされており，それを基準として効果を判断する．図3からわか

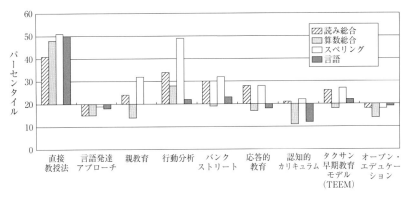

図3 メトロポリタン・アチーブメント・テストを用いた3年生の学業達成の比較［Watkins & Slocum, 2004, p.61, Fig.2.14をもとに作成］

るように，すべての学業領域において明確な効果を示しているのは直接教授法のみであった（フォロー・スルー・プロジェクトの結果についての詳細はAdams, 1996；Becker & Engelmann, 1996；Grossen, 1996；Watkins, 1997 参照）。フォロー・スルー・プロジェクトの後も，直接教授法の効果に関する研究は多く行われ，その効果が実証されているが，国家レベルでの大規模な採用にはいたっていない。エンゲルマンとストッカード（Stockard, J.）は，このことについてランダム化比較試験などのいわゆる「ゴールド・スタンダード」に基づいて教育方法を選択することの問題点を指摘している（Engelmann & Stockard, 2014）。また，教育分野における効果的なアプローチを検討しているWhat Works Clearinghouseがその判断基準に「過去20年以内に公刊された研究」というものを採用してフォロー・スルー・プロジェクトの成果を含めないことを痛烈に批判し，教育の分野においていかに実証的なエビデンスを無視してきたのかについて述べている。

●**直接教授法の現在** 直接教授法を学校や地域が実施するのをサポートするために，The National Institute for Direct Instruction（NIFDI）が1997年に設立されている。NIFDIはアセスメント訓練や実地訓練などのサービスを提供しており，直接教授法の普及を目指している。また，シアトルにある私立学校であるモーニングサイド・アカデミーが，直接教授法とプレシジョン・ティーチングを組み合わせたMorningside Model of Generative Instruction（Johnson & Street, 2004）を開発し目覚ましい教育効果をあげるなど，現在においても研究および実践的な活動が行われている。　　　　　　　　　　　　　　　　　　　　　　［野田　航］

参考文献
Engelmann, S., & Carnine, D. (1982). *Theory of instruction: Principles and applications.* Irvington.
Stockard, J. (Ed.) (2014). *The science and success of Engelmann's direct instruction.* NIFDI Press.

一般教育：学級運営，学校運営

　スキナー（Skinner, 1987）は，当時のアメリカの学校を「素人考え，そして効果的な教育にまったく結びつかない人間行動についての間違った理解に委ねられることによって浸食されつつある」と痛烈に批判した．しかし本来，児童生徒の学業スキルと社会的スキルの重要な学習機会であるはずの学校教育は行動分析学の応用が最も期待される領域の1つであるといえるだろう．例えば，The Fred S. Keller School に代表される具体的な実践例が報告され（Twyman, 1998），その効果が実証されている（Selinske et al., 1991）．しかし，いくつかの成果が示されてはいるものの，スキナーの批判（Skinner, 1987）以来，学校教育，特に公立校では，行動分析学が当初から大きなインパクトを残してきたとはいい難い．

　ヒューワード（Heward, 2005）は，応用行動分析学（applied behavior analysis, ABA）が学校教育に広くインパクトを与えることができなかった14個の理由をあげている（表1）．また島宗（2007）は，教え手としての基礎スキルが教師に実行されにくい要因として，①教師はそれをしたくない，②教師はそれをする十分な時間がない，③教師はそれをする十分な援助がない，④教えられた方法でそれをしなくてもいい，⑤それが難しすぎる，といった5つの要因があることを指摘している．行動論的介入が実際的な成果を得るためには，介入計画が行動分析学の基礎原理に論理的に一致しているかという技術的基準，そして対象者や支援者を含む関係者の価値観や技能や，適用場面に内包される操作可能な資源に適合しているかという文脈的基準の両方が満たされていることが必要である（平澤他, 2003）．

　Heward（2005）や島宗（2007）が指摘した行動分析学を学校教育へ応用することの困難性は，主にこの文脈的基準の「壁」であったといえよう．しかし，特に障害児教育におけるノーマライゼーションやインクルージョンといった世界的な時流，そしてその動向に連動した法整備など，学校教育を取り巻く状況の変化によって，近年，エビデンスに基づく効果的な方法が受け入れられやすい文脈ができつつあるといえる．

●**日本の学校教育における行動分析学の応用**　日本においては，1980年代から主に知的障害や自閉症のある者を対象とした行動分析学に基づく実践や研究が報告され始めるようになった．当初は大学の研究機関等で実施された実践や研究がほとんどを占めたが，2000年代に入り，学校場面をフィールドとした研究が報告され始めるようになった．

　当初は特別支援学校（当時は養護学校）をフィールドとした個別的介入に関す

表1 ABAが学校教育に限られたインパクトしか与えることができない理由[Heward, 2005, p.324をもとに作成]

1. 教育の目的とプロセスに関するABAの基本的な前提が，多くの教育者の視点と合致しない．
2. ABAのデータが教育者の関心を引かない．
3. 生徒の学習に関するデータに基づき教育における意思決定が行われることがほとんどないため，ABAのデータが重視されない．
4. ABAの実験に基づく実用主義が，教育の客観的科学からの撤退と対極にある．
5. ABAは過度に単純化しているように思われる．
6. 他のアプローチの方がより期待されている．
7. ABAにおける強化子の使用が，教育における今日的な信念に反する．
8. ABAは批判の的となりやすい．
9. ある教師は，ABAを自分たちの創造性や独立性を脅かすものと見なす．
10. ABAは，生徒の学習に対する責任は教師と学校にあると見なす．
11. 行動論的アプローチを実行することが，教師にとっての強化子をほとんど生み出していない．
12. 行動論に基づく教育者が，効果的な実践を適用して維持させるための随伴性を十分に理解してコントロールできていない．
13. ABAは，社会が最も重要であると気にかける生徒に対する価値を未だ明確に示せていない．
14. 教育の改善は，社会にとっての喫緊の課題ではない．

る実践が多く，例えば，平澤・藤原（2000）は，知的障害養護学校高等部に在籍する生徒の攻撃行動に対して機能的アセスメントに基づく行動支援を実施し，その結果，対象生徒の攻撃行動が低減し，他の生徒との適切な関わりのパターンが増加したことを報告した．その他，特別支援学校（養護学校）をフィールドとした研究としては，応用行動分析学に基づく「支援ツール」を活用した一連の実践研究（高畑・武蔵，2000など）が報告され，保護者との連携をテーマとした研究（岡村，2015）も報告されている．

2007年から，日本の障害児教育のシステムが「特殊教育」から「特別支援教育」へと転換され，従来の特殊教育の対象とはされてこなかった知的障害を伴わない発達障害のある児童生徒も特別支援教育の対象であると明記された．この前後から通常学級をフィールドとした実践研究が報告され始めた．当初は通常学級に在籍する発達障害のある児童に対する個別的支援をテーマとした研究が報告され始めたが（例えば，梶・藤田，2006；大久保他，2007など），次第に後述する学級全体の児童生徒を巻き込んだ学級規模介入の成果も報告されるようになった．

●**日本の通常学級をフィールドとした実践と成果** 通常学級に在籍する発達障害のある児童生徒（あるいは，発達障害の医学的診断はないが，その特性のある者）に対する個別的支援とあわせて実践され，その効果が検討されてきたのが，学級の児童生徒全員の行動を対象とする学級規模介入である．

例えば，大対他（2006）は，小学1年生の学習時における姿勢の改善を標的として，①教示，②モデリング，③行動リハーサル，④強化，⑤修正のためのフィードバックによって構成された介入パッケージを適用し，学級における大部分の児

童の行動に改善が見られたことを報告している．また，道城（2012）は，小学2年生の通常学級の担任教師に対して行動コンサルテーションを実施し，①目標設定，②ポイント制の導入，③教室内のルール確認などによって，特別な教育的ニーズのある児童を含む学級全体の児童の行動が改善したことを報告している．

　行動分析学に基づく介入において強化（特に提示型強化）は，理論的にも実践的にも欠かすことのできない要素の1つである．通常学級における行動支援は，対象が複数人数となる場合があるが，そこでしばしば用いられるのが集団随伴性を用いた手続きである．集団随伴性は強化の随伴方法によって①非依存型，②依存型，③相互依存型の3つに分類される（Litow & Pumroy, 1975）．「非依存型」は，集団内における個々のパフォーマンスに応じて，そのパフォーマンスを示した各個人にそれぞれ強化が随伴される．「依存型」は，集団における特定のメンバーのパフォーマンスに応じて，集団のメンバー全員に随伴される強化が決定される．例えば，クラス対抗リレーの選抜メンバーのパフォーマンスが，クラス全体の総得点や順位に影響する場合などが例としてあげられる．「相互依存型」は，集団全員のパフォーマンス（例えば，特定の行動指標の平均や合計，最低基準など）に応じて集団のメンバー全員に随伴される強化が決定される．例えば，駅伝チームの一人ひとりの選手のタイムが，チーム全員の順位に影響する場合などが例としてあげられる．

　日本の学校場面，特に通常学級を中心として集団随伴性が用いられた研究が数件報告されている．例えば，小学5年生の清掃行動を標的とした遠藤ら（2008），小学3年生の給食準備行動を標的とした鶴見ら（2012），小学1年生の給食準備行動を標的とした杉本（2016），小学3年生の授業妨害行動を標的とした田中ら（2010），小学5年生の係活動や課題従事行動を標的とした福森（2011），高校1年生の学業達成を標的とした若林・加藤（2013），定時制高校の生徒の協同学習に集団随伴性を組み合わせた介入を実施した佐々木・関戸（2016）などである．また，集団全体に対する支援と個別的支援の関連性について分析する研究も報告されており，例えば，大久保（2011）は個別的支援よりも集団全体に対する支援を優先し実施する方がより効果的であったという結果を報告している．

　集団随伴性を用いた介入は，複数の児童生徒の行動を同時にマネジメントすることを可能にする点で効率性が高く，また，副次的効果として集団内に自発的な援助行動や肯定的な相互作用が生起しやすくなる（Greenwood & Hops, 1981）．しかし，例えば，遠藤ら（2008）の実践においては，相互依存型集団随伴性を用いた手続きにおいて，およそ2割の児童が仲間からのハラスメント（目標を達成できなかった際の悪口など）を受けたと報告しており，およそ1割の児童が仲間からのプレッシャーを認識していたことを報告している．通常学級において集団随伴性を適用する際には，その効果だけではなく，いわゆる「連帯責任制」に伴

うネガティブな側面にも目を向け，学級に対する適用が妥当か否かを個別的に判断しなくてはならない．教師が日常的に実施している手続きの中にも，意図されず集団随伴性が含まれており，それがピア・プレッシャーやピア・ハラスメントの原因となる場合もあるので注意が必要である．

●**学級規模介入から学校全体を対象とした支援へ**

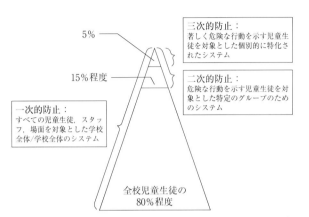

図1　SWPBSにおける支援の連続体［Sugai & Horner, 2002, p.38 をもとに作成］

日本においては客観的な効果が実証された研究はまだ報告されていないが，アメリカにおいて普及しているのが，全校児童生徒を対象とする階層的な支援システムの構築を目指す，スクールワイドPBS（school-wide positive behavior support, SWPBS）である（Crone & Horner, 2003 野呂他訳 2013）．SWPBSにおいては，①エビデンスに基づいた実践，②実践を支える様々なシステム，③意思決定をサポートするデータによって，④学業と社会的行動に関する成果を生み出すことが目指される（Sugai & Horner, 2002；図1）．

　学校全体で取り組み，そして全校児童生徒を対象とするSWPBSは，武藤（2007）が述べるように，障害児教育（日本における特別支援教育）に限定されない，学校教育全体へのインパクトを与えることが期待される．また，SWPBSで想定される階層的な支援システムにおいては，第一層支援によって児童生徒の全体的な適応状態を底上げすることで，個別的な行動支援を必要とするケースを適切に限定することが可能となり，そこに必要なリソースを割り当てられやすくする．この必要に応じて順次支援を手厚くしていくという階層性は，児童生徒に「内在する」障害の種類や程度に応じて提供される支援の内容がほぼ固定的に決定されるという従来の考え方とは，対象のとらえ方やリソースの割当て方に関する発想が根本的に異なる．日本においては，2014年に障害者の権利に関する条約に批准し，インクルーシブ教育システムの構築が目指されるようになったが，この動向とSWPBSの発想は親和性が高いと考えられる．すべての児童生徒の適応と学習が保証される学校教育における真のインクルージョンの実現に向け，行動分析学が学校教育に対して貢献できることについてさらなる検討を重ねることが求められる．

［大久保賢一］

社会福祉

　社会福祉の領域は幅広いが，一般的に広義と狭義の意味がある．広義の社会福祉は，広く人々の生活を支える社会の仕組みとその実現に関連する活動を指し，政策的・集団的・個人的な援助の諸活動の総体ととらえられる．狭義の社会福祉は，障害・老齢・貧困・疾病など何らかの生活上の困難を伴う人に対し，生活の質を向上させるための制度・サービス・人的支援といった社会資源を活用して生活課題を解決する試みを指す．当該領域における対人援助技術をソーシャルワークという．

　社会福祉の目的は，障害者を特別扱いせず社会であたりまえに過ごすことができるノーマライゼーションや，人々をあらゆる差別・抑圧・排除などから守って包含的な社会を目指すソーシャル・インクルージョンの実現である．社会福祉の目的達成に向けた機能としては，クライエントの問題解決能力や対処能力を強化する，人々と社会資源を結びつける，社会福祉の制度・政策を効果的に運用する，制度・政策を発展・改善することがあげられる．

　ミクロレベルではクライエントとの信頼関係に基づき相談援助を実施し，クライエントの家族や関係者との関係を調整して，必要な社会資源を活用できるような支援が行われる．マクロレベルでは地域住民や専門職間のネットワークを構築したり，地域の社会資源を改善・開発したり，あるいは制度・政策の円滑な運用に向けた仕組みを開発するといった実践がなされる．実践にあたって，クライエントのもつ強さ，良さ，長所，潜在力に着目して力を引き出すストレングスや，クライエントを取り巻く環境を調整して力を十分に発揮できるようにするエンパワーメントが重視される．

●**行動変容アプローチ**　1960年代後半にトーマス（Thomas, E. D.）を中心に，行動変容アプローチという名称で社会福祉学分野に学習理論が導入された．当時はフロイト（Freud, S.）の影響を強く受けたアプローチが主流であり，介入の科学的効果に疑念が提示された時期であった．行動変容アプローチは学習理論をベースに介入を行うことから，問題把握，援助プロセス，効果測定の一連の流れが明確であった．また，大量の対象者を必要とするランダム化比較試験よりも，効果を比較的測定しやすいシングル・システム・デザインが採用され，当時のソーシャルワークの批判に呼応するかたちで受け入れられた（武田，2010）．

　代表的な研究としてSAM（Signal System for the Assessment and Modification of Behavior）を用いた介入がある（Thomas et al., 1970；Carter & Thomas, 1973）．SAMとは二者間の会話の際に，話し手の発話に対して「好き」「嫌い」「同意する」「同意しない」といった聞き手の意思を，光信号でフィードバックし

て会話を促進・制止する機器を指す．つまり，弁別刺激を用いた刺激統制法を用いて，夫婦間や親子間の無口，饒舌，早口，大声などのコミュニケーション問題の改善が図られている．

多動・攻撃性を見せる子どもに対する親教育（McPherson & Samuels, 1971）や，多問題家族に対する行動変容（Thomas & Carter, 1971），施設高齢者のレクリエーション活動への参加促進（Blackman et al., 1976）など多様な領域に対して適用された．また，行動契約を用いた非行少女の健全な生活習慣の形成（Stuart, 1971）や，トークン・エコノミーを用いたアルコール依存症患者の適応行動の促進（Miller et al., 1974）など，多彩な技法を用いた実践も展開された．当時の行動変容アプローチの介入例は，目録化されている（Thyer & Thyer, 1992）．

さらに，地域内を調査して問題を抱えるクライエントおよび家族に対して行動変容を働きかける包括的な介入も試みられている（Thomas & Walter, 1973）．後に調査を土台としてクライエントの援助に有効な手続きを開発することが大きな意味をもつと考えられ，学習理論を基盤とした社会福祉実践モデルであるデザイン・アンド・ディベロップメント（Design & Development, D & D）が提唱された（Rothman, 1980；Rothman & Thomas, 1994）．D & D は，問題の選択・分析，介入手続きの開発，手続きの施行・評価，手続きの宣伝，採用・実施の手順で進められる．単純な介入・技術の開発に終始せず，実践者が使用しやすいように普及という点が特に考慮されている．日本では芝野（2002）が D & D をより使いやすく簡便な形に修正し，専門里親の支援（木村，2012）や子育て支援総合コーディネート（芝野他，2013）における実践モデルの開発・普及といった取組みがされている．

●**行動福祉**　行動変容アプローチは，クライエントに望ましい行動が生じた場合に正の強化（提示型強化）を提示して行動を社会へ適応させる「手段」として，上記をはじめとした介入が展開された．他方リンズレー（Lindsley, 1964）は，通常の環境下において問題とされる行動は適切な弁別刺激や結果の不足に起因すると述べ，適切な行動の形成・維持するための補綴的環境の必要性を提唱している．

望月（1989）は，社会福祉の概念が抽象的な運動方針となりがちで実現に向けた具体的方法を欠いている点をあげた．加えて障害の軽減・解消という目標に対して，心理学が個人の環境への適応を図る役割を，社会福祉が環境設定を図る役割を担う，互いにトレードオフな分担関係であると指摘した．さらに，望月（1993）は，徹底的行動主義の立場からリンズレーの主張を発展させ，人と環境の関係性を包括した実効性のある理論として行動福祉を提唱した．

行動福祉は，これまでミクロな個人レベルの問題から認識・制度までを含めたマクロな社会環境の問題までを，行動という統一の個人・環境間の分析原理を用いて，連続的に検討するものである．ソーシャルワークの実践において，クライ

エントの行動に注目し，それを随伴性という枠組みでとらえ，行動成立に必要な環境設定を検討する．つまり個人と環境の関係としての行動を分析やサービスの単位とし，正の強化を受ける行動機会の選択肢を増大することを目指す．

望月（2001）は，生活の質の拡大を実現する目標について，行動の選択性を単位として3段階で表現している．①ある個人において，正の強化を受ける行動を成立させる段階．②正の強化を受ける行動選択肢が存在し，クライエントが選択できる段階．③既存の選択肢を本人が否定したり，本人が新たな選択肢を要求する機会が存在する段階．福祉施設の食事を例にとれば，①は食事が正の強化になりうるものの食事を選択できないレベル，②は選択メニューが提示されるレベル，③は提示されたメニューを否定したり，メニューにない食事を要求したりする機会が存在するレベルといえる．

以上を踏まえると，①②のレベルでは，まず選択肢の内容となる正の強化を受ける行動を個別の対象者において発見・確立することと，選択肢の中から選択する行動を獲得することが望まれる．③のレベルでは，既存の選択肢の否定と新たな選択肢の要求という行動の獲得とその成立に必要な設定を保障する，といった作業が必要となる．この作業を通じて，正の強化で維持される行動の選択肢を拡大し，クライエントの継続的な成長・変化を支援する．

●**機能連環モデル**　さらに望月（1997）は，クライエントの権利としての行動の成立とその選択肢の拡大という目的達成に必要な作業を3つに分け，後に教授，援助，援護と命名した機能連環モデルを提示した（図1）．まず教授とは，クライエントに対して教える，治すといった療育・訓練・治療を指し，クライエントの行動の反応形態を変化させたり，行動の頻度を高めたりする作業である．これは援助者とクライエントの二者関係の中での直接的作業によって行われることが多い．

次に援助とは，これまで存在しなかった新しい物理的・人的な環境設定を導入することで，遅延なくクライエントの行動を成立させる作業を指す．つまり，現時点でクライエントが有する行動が機能的に成立するために新しく環境を設定することである．例えば，補助代替コミュニケーション（augmentative and alternative communication, AAC）とよばれる言語行動を成立するための援助機器を使用したり，ジョブコーチシステムといった援助制度を活用することがあげられる．また，クライエントの行動成立のために，周囲の人間が反応形態を変えたり，クライエントの行動に先行してその手がかりとなる刺激を示したりするといった日常的援助の形もある．

最後に援護とは，クライエントの行動成立の援助の仕組みを定着させる作業を指す．クライエントの行動が継続的に正の強化を得られるためには，個人を取り巻く環境側のより大きな社会的随伴性のアレンジが必要である．そのため，有効な教授や援助の設定をクライエントに関わる他の専門職や地域関係者，企業，行

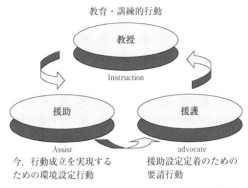

図1 対人援助の機能連環モデル［望月，2010］

政組織等に対して説明・周知して，協力を得ることである．いい換えれば，援護は対人援助の言語実践といえる．

●**行動福祉の意義** 行動福祉は，クライエントの問題行動を改善して結果的に生活の質を高めることよりも，むしろ現状のまま行動の選択性を高められるよう援助・援護を通じた環境変容を優先的に行い，社会への参加と活動の決定権を本人に委ねる．教授においても，現在もっている行動レパートリーを認めたうえで強化し，個人が生活の中で常に正の強化が得られるよう環境を設定する．つまり，社会から個人に環境への適応を要求する方向ではなく，行動成立に向けて個人から社会に環境設定を要求する方向への転換を求めている．個人から社会へ連続的に行動の選択肢を拡大する作業は，人間としての権利を保障することであり，ノーマライゼーションの実践そのものである．

近年，個人や家族が抱える生活課題が複雑多岐にわたり，既存の社会資源では対応が難しい問題が多発しており，社会福祉分野では社会変革と社会開発が緊要の課題とされている（IFSW, 2014）．社会変革の手段は，思想的権利からのトップダウンに限定されるわけではない．援助設定を導入し，環境側への援護を要請する行動福祉をボトムアップしていく過程にこそ，新しい社会制度への変革をもたらす素地がある．心理学は個人，社会福祉は環境，と分担して作業を行うのではなく，個人から環境まで徹底的に行動という単位を軸にした連環的な対人援助の枠組みが不可欠である．社会福祉の理念からそれに基づく具体的な技法にいたるまでの一貫した科学的方法論として，行動福祉は学範を超えた相互連携を可能にするものといえる．　　　　　　　　　　　　　　　　　　　　　　　　　［藤田益伸］

📖 **参考文献**
望月　昭・武藤　崇（2016）．応用行動分析から対人援助学へ――その軌跡をめぐって　晃洋書房

介護福祉

　介護とは，何らかの理由によって日常生活を営むことが困難である者に対し，その困難さを解消または緩和させるための実践である．介護の「介」には「あいだにはさまる，なかだちする，助ける，頼る」という意味があり，介護の「護」には，「目を離さないでじっと見る，こっそり様子を見る，守る，大切にする」という意味がある．したがって，介護とは「困難さを抱える人とその困難さの間に入って，その者を守り，助けること」と理解することができる．一般的には，高齢者，障害者，病人などへの身体的な介助，家事や家政に関わる援助，あるいは，看取りなどの精神的な支援などと理解されている．具体的な介護として，食事，排泄，入浴，着脱，起居動作，移動などの日常生活に関わる動作に対する介入や，炊事，買物，洗濯，掃除などの代行などがあげられる．介護の目的は，その対象者の自立，または対象者の「その人らしさ」の実現であり，介護に関わる問題への取組み，またはその領域を介護福祉とよぶ．ただし，介護と介護福祉の区別は不明瞭であり，同義として扱われることも少なくない．

　介護の主な対象は高齢者である．高齢者とは，おおむね65歳以上の者を指し，総人口に占める高齢者の割合が増大した社会を高齢化社会とよぶ．日本では，1970年に総人口に対する高齢化率が7%を超えた．一般的に，高齢化率が7%を超えた社会を高齢化社会，14%を超えた社会を高齢社会，21%を超えた社会を超高齢社会とよぶ．日本は，1995年に高齢社会に，2007年に超高齢社会となっている．高齢化率，高齢者数，平均寿命が延びるスピードの速さの3点において，日本は世界一の高齢化社会である．高齢者の介護を必要とするリスクは他の世代と比較して総じて高く，高齢化社会の進行には介護に関わる問題が伴う．したがって，介護福祉は日本における現代社会の主要な問題の1つといえる．

　高齢化社会に伴う介護問題への取組みとして，1987年に社会福祉士および介護福祉士法が成立した．この法律で定められた介護福祉士が，介護に携わる専門職である．彼らは和製英語でケアワーカー(Care Worker)と呼称され，介護問題に対する解決の担い手，すなわち，介護福祉を推進するキーパーソンとして期待されている．なお，介護福祉士の学問的基盤は介護福祉学である．介護福祉学は介護福祉のあり方を研究する学問であり，介護を必要とする高齢者，障害者，病人などへの支援に関する知識，技能を探求することによる社会貢献を目指している．

●**日本における介護福祉の変遷**　「介護」という言葉が初めて日本で使われたのは，1892年である．陸軍傷痍軍人の恩給に関して発令された陸軍省陸達第96号第1条1号において，「不具モシクハ廃疾トナリ常ニ介護ヲ要スルモノハ……」と

使われた．第二次世界大戦終了後までは，恩給法や救護法，傷兵保護に関する規則などにおける法的な用語として「介護」は使用されたのであった．昭和後期になり高齢化問題が叫ばれる頃，社会福祉士及び介護福祉士法において「介護」は次のように規定された．介護の対象者は「身体上又は精神上の障害があることにより日常生活を営むのに支障がある者」であり，その業，すなわち介護の内容とは，「入浴，排せつ，食事その他の介護を行い，並びにその者及び介護者に対して介護に関する指導を行うことである」とした．つまり，この法律における介護は「障害の重い人に生活のさまざまなことを世話すること」であり，介護福祉士は，その対象となる人が幸せを実感できるように「専門的知識と技術をもって，本人とその人をとりまく社会的環境にまで働きかける」者と規定された．

その後，日本における介護に関わる問題は急速に肥大化・深刻化し，2000年に施行された介護保険法により，介護福祉は社会保険制度として推進されるようになった．また，同年に施行された社会福祉法によって，介護福祉は社会福祉サービスとして位置づけられ，その対象である利用者の主体性の尊重，生きがいや自己実現支援などの観点が強調されるようになった．その後，介護福祉士の定義が改められ，利用者一人ひとりの状況やニーズによって最適な介護を組み合わせるというケアマネジメントの手法に基づき，利用者の自立支援を推し進めることが介護福祉士の役割となった．また，これまで医療職が担っていた喀痰吸引などの医療的ケアの実践が介護福祉士に認められるようになり，介護福祉士に求められる役割に対する期待はますます高まっている．

現代社会における介護福祉は，社会福祉，医療・看護，司法福祉，家政，居住福祉，教育などに大きく関わる学際領域であるため，関連領域の関係者との連携が重要となっている．また，利用者一人ひとりのニーズに対応する必要性もさることながら，介護福祉の対象の拡大および増加も相重なって，介護福祉のあり方の多様化が課題となっている．介護予防，医療的ケア，ターミナルケア，権利擁護，認知症ケア，地域福祉の推進などはその例である．さらに，介護福祉の主たる担い手である介護福祉士の量的確保と質の向上という教育の問題もある．この教育の問題は，虐待と差別の予防と解消，さらに，介護福祉の担い手のバーンアウト（いわゆる燃え尽き症候群）の予防に関わってくる．

●**行動分析学に基づく介護福祉**　介護福祉の実践は，利用者一人ひとりの状況やニーズに対応していく手続きである．行動分析学に基づくならば，介護福祉は，介護を必要とする者（被援助者）の行動とその行動を取り巻く環境との関係，あるいは，介護を実践する者（援助者）の行動とその行動を取り巻く環境との関係によって説明される．当然，援助者の行動と被援助者の行動が直接的に関係する場合もある．これらの3種類の関係は，随伴性によって説明される．

1つ目の被援助者の行動に関わる関係とは，次の2種類の随伴性に分けられる．

「より望ましい」生活を送るための被援助者の行動の生起・維持に関わる随伴性と，その生活を阻害するような被援助者の行動の低減・消失の随伴性である．前者の随伴性における被援助者の行動は，被援助者が1人で着脱したり，食事したり，排泄したり，他者と良好な関係を構築することに関わる行動である．これらの行動が生起または維持されるために行われる，行動に先行する条件の設定，行動そのものに対するサポート，行動の後続事象の操作が，すなわち，介護実践である．その一方，被援助者の徘徊，奇声，自傷，他害，弄便，あるいは他者との良好な関係を阻害するなどの行動は，低減もしくは消失されるべき行動といえるだろう．そのような行動に対しては，それらの行動が生起しないようにするために，その行動に先行する条件の設定，その行動の代わりとなる適切な代替行動を促すこと，そして，その行動の後続事象の操作が，介護実践となる．

　2つ目の援助者の行動に関わる関係とは，上で述べた介護実践（介護行動）の生起・維持に関わる随伴性と，そういった機能をもたない介護（すなわち不適切な介護）行動の低減・消失の随伴性の2種類に分けられる．利用者の望ましい行動を強化する（または強化するための）援助者の実践は，適切な介護行動である．このような介護行動が生起・維持されるような先行条件の設定，それらの行動の明確化，行動の後の強化が設定されれば，また同時に，不適切な介護行動の低減・消失に関わる随伴性が設定されれば，介護福祉の質は高まると考えられる．

　3つ目の，援助者の行動と被援助者の行動が直接関わる関係とは，両者の行動がそれぞれに影響を及ぼす随伴性である．もし，両者の望ましい行動が双方にとって強化的となる関係であれば，例えば，援助者の適切な介護行動によって，被援助者の自立に関わる適切な行動が生起し，その被援助者の行動が援助者の介護行動を強化し，さらに被援助者の自立に関わる行動が強化されるのならば，まさに望ましい介護福祉の実践といえるだろう（図1）．その一方，援助者の介護行動によって被援助者の望ましくない行動（他害など）が生起し，その他害によって援助者の適切な介護行動の生起が妨げられたり，援助者のさらなる不適切な介護行動が生起することによって被援助者の他害が悪化するような随伴性は，介護福祉の悪い例となる．このような事例は虐待や共依存となる可能性がある．

　虐待とは，援助者の「特定の望ましくない行動が生起する事態」または「特定の望ましい行動が生起しない事態」を指す．この場合の「望ましくない行動」とは，被援助者に対する身体的，心理的，性的な攻撃や経済的搾取である．「望ましい行動」とは適切な介護などであり，このような行動が生起しない事態は一般的にネグレクト（放置・放棄）と呼ばれている．これらの行動は，被援助者から援助者に対して行われることもあり，その場合，利用者による暴力あるいはハラスメントという介護問題として取り扱われている．共依存とは，「社会的に望ましくない援助者と被援助者のそれぞれの行動の相互強化関係」を意味する．

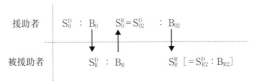

図1 援助者の行動と被援助者の行動との相互強化を示す一般的な図 [Baum, 2005 森山 2016, 図11.1 をもとに作成]

矢印は行動によって結果が生じることを，コロンは刺激性制御を示す．援助者の行動（B_0）は，被援助者の行動（B_R）によって生じる強化子（S_0^R）を生み出す．この刺激は，次の援助者の行動の弁別刺激となり，そのもとで援助者の行動（B_{02}）が生起する．そしてその行動によって強化子（S_R^R）が生み出される．このようなエピソードの繰返しが相互強化を示す．

以上，行動分析学に基づく介護福祉実践のあり方を整理したが，援助の機能としては療育と大きく異なるわけではない．しかし，高齢者特有の生理学的な，または医療的な先行条件を考慮する必要性に留意しなければならない．老化は感覚機能の多くを低下させるし，一部の疾患には特有の行動傾向が見られるからである．

介護福祉における随伴性操作の具体的な例として，高齢者の介護拒否や自傷（Mishara et al., 1973），徘徊（Heard & Watson, 1999；Dwyer-Moor & Dixon, 2007），拒食・異食や放尿（Burton & Spall, 1981），奇声や暴力（Baker et al., 2006；Buchanan & Fisher, 2002；Vaccaro, 1988）などへの適用があげられる．日本においても，妄想（三原，2003），過剰要求（遠藤・芝野，1998），他者への関わり行動（渡辺他，2012）などへの適用例がある．このように，近年，行動分析学に基づく介護福祉の実践研究は国内外において活発化しているが（Burgio & Burgio, 1986；三原，1998；宮，2011），行動分析学が誤って用いられている研究も少なくない（例えば，徹底的行動主義と方法論的行動主義が同一視されていたり，単なる行動観察に基づく動作分析が行動分析学と称される場合もある）．また，研究によって明らかになった知見や技術の普及は十分ではなく，介護福祉における行動分析学の研究は，まだ基礎確立期にあるといえる．

●**今後の課題** 介護福祉領域における行動分析学の研究は，他領域と比較して，決して進んでいるとはいえない．そもそも，介護福祉の担い手である介護福祉士が，その養成課程において行動分析学を学ぶことはきわめてまれである．そのため，介護福祉の担い手に対する行動分析学の教育が喫緊に求められている（小野寺，2005；渡辺，2016）．　　　　　　　　　　　　　　　　　　　　　　　　　　　　［渡辺修宏］

📖 参考文献
日本介護福祉学会事典編纂委員会編（2014）．介護福祉学事典　ミネルヴァ書房
吉田宏岳（監修）（2007）．介護福祉学習事典　第2版　医歯薬出版

精神保健福祉

　精神保健福祉とは，精神保健と，精神障害者に対する福祉的な取組みの総称である．前者の精神保健とは，人々の精神的健康を対象とした学問と，まさにその健康を図るために精神的疲労・ストレス・悩みなどの軽減や緩和を図る実践を意味する．精神保健はかつて精神衛生と表現されていたが，今日では，心の健康，またはメンタルヘルスと呼称されることが少なくない．精神保健の対象領域を大別すると，人間の発達段階に応じて分類される領域と，生活環境に応じて分類される領域に分けられる他，精神健康の状態によって分類される領域がある．発達段階は，胎生期，乳幼児期，学童期，思春期，壮年期，老年期に分けられ，生活環境は，家庭，学校，職場，地域に分けられる．精神健康の状態は，精神健康の保持・増進，精神健康障害の発生予防，精神障害の治療とリハビリテーションに分けられる．

　精神障害者に対する福祉的な取組みとは，精神疾患または精神障害の予防と回復に関わる援助である．現在日本では，精神疾患や精神障害を患う人々に対する医療や保護，彼らの自立や社会復帰の促進などが実施されている．特に，1995（平成7）年の精神保健福祉法成立以降，精神疾患者や精神障害者の社会参加と自立を促進するための医療，保護，リハビリテーションの充実化が活発化している．さらに，2006（平成18）年の障害者自立支援法，2013（平成25）年の障害者総合支援法によって，精神障害者の保健・医療・福祉のいっそうの進展が図られている．精神保健福祉に関わる主な専門職は，精神科医，保健師，臨床心理士，公認心理師や精神保健福祉士などである．

●**企業における精神保健と，精神障害者への福祉的な取組み**　日本の現代社会では，ストレスに関連する疾患が増え，抑うつ状態をきたしやすい人や自閉的な状態に陥る人が増えている．さらに，子どもたちの間に広がるいじめや自殺，あるいは思いがけない反社会的行動などが見られるようになり，いわゆる「こころの健康づくり」として，精神保健の重要性が高まっている．そのため，自殺防止に関する動きにおいては2006年に自殺防止基本法が制定され，国立精神・神経センター精神保健研究所には自殺予防総合研究センターが設置された．2007（平成19）年には内閣府が「自殺防止大綱」を示し，都道府県は自殺防止に関する施策の充実が求められている．

　精神保健の重要性が取りざたされる中，企業などに働く従業員の精神保健に関わる問題に対して注目が高まっている．2015（平成27）年に労働安全衛生法が改正され，従業員50人以上の企業に対し，全従業員に対するストレスチェック

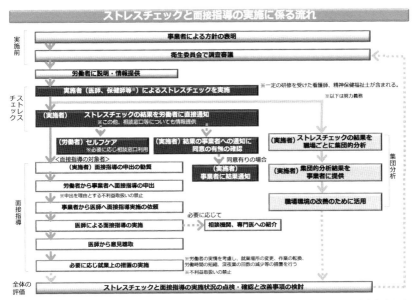

図1 企業におけるストレスチェック制度の概要[厚生労働省労働基準局安全衛生部労働衛生課産業保健支援室, 2015]

制度の実施が義務づけられた(従業員50人未満の事業場は努力義務). この制度によれば,企業は年に一度,質問票を使って従業員のストレスの程度を数値化する. その結果,「高ストレス者」と判定された従業員がいれば,そのうちの希望者に医師らが面接指導し,その医師の意見を踏まえて,企業は従業員のストレス軽減を図ることとなる(図1).

この制度のねらいは,従業員が自分のストレス状態を知って早めに対処し,自殺はもちろん,うつなどを予防することにある. 厚生労働省によると,自殺やうつによる経済的損失は2009(平成21)年で約2.7兆円,2014(平成26)年の自殺者は2万5427人で,うち2227人が勤務問題を苦に命を絶った. 企業で働く従業員のメンタルヘルスが悪化すると,生産性低下,病欠,失職,場合によっては精神疾患や精神障害の発症にいたり,社会的負担に結びつく. したがって,メンタルヘルスの向上は,現代社会における喫緊の課題であり,従業員のメンタルヘルスに気を配れているかどうかは,企業の評価にも直結する時代となったといえよう.

このような背景から,企業は近年,休憩時間に体を動かしてリフレッシュさせるプログラムを従業員にすすめたり,リラクセーションやヒーリング,あるいは禅や瞑想などのワークショップなどを積極的に導入し始めている. 禅や瞑想にお

ける宗教性を排除した取組みは，マインドフルネスとよばれる．マインドフルネスは，今現在において起こっている内面的な経験および外的な経験に注意を向ける心理的な過程である．いわゆる，「今この瞬間」の自分の体験に注意を向けて現実をあるがままに受け入れること，あるいは，意図的に評価や判断にとらわれないように注意を払うことであると理解されている．

　精神保健についての企業の取組みは，仕事と休息（オンとオフ）の切換えを従業員に促し，彼らの心身の状態が健康に保たれることを意図している．そして，このような取組みに対し，行動分析学が貢献できる部分は少なくない．行動分析学がこれまでに積みあげてきた様々な技法が，まさにこの問題に対応できるからである．例えば，古典的条件づけの実験室的な研究を応用した技法である系統的脱感作，嫌悪性抗条件づけ，漸次的弛緩や深部筋弛緩の手続きなどは，従業員が抱えるストレス反応を解決する一助となる．また，反応形成（☞「反応形成（シェイピング）：応用」）やトークン経済またはトークン・エコノミー（☞「トークン・エコノミー法」），場合によってはフラッディング，長時間暴露法も有効な手続きとなるだろう．なお，フラッディングは，系統的脱感作と異なる刺激の階層を用いず最初から強い刺激を用いる技法であり，長時間暴露法は，比較的長い時間をかけて現実刺激（またはイメージ）を用いる技法である．

　また，近年では，アクセプタンス＆コミットメント・セラピー（acceptance and commitment therapy, ACT）や行動活性化療法に対する関心が高まっている．前者のACTは，心理的柔軟性の向上を目指す療法であり，先に述べたマインドフルネスだけではなく，アクセプタンスとマインドフルネスの方略にコミットメントと行動変容の方略をあわせて用いることでメンタルヘルスの向上を図る技法である．この療法の目的は，困難な気分を取り除くことではなく，むしろみずからの人生とともに「今この瞬間」にとどまり，価値づけられた行動へと向けて前に進むことにある．したがって，不快な気分に対してオープンでいること，過剰反応せずにいること，そして，そういったものを引き出されるような状況も避けずにいることを学べるよう促す．後者の行動活性化療法は，行動に焦点をあて，自分にとって精神が安定するような行動を探し，それを増やしていく療法である（☞「行動活性化療法」）．いずれも，企業の従業員のストレスを緩和させることに有効とされている．

　以上のような行動分析学に基づく様々な技法は，正しい理論と適切な倫理的配慮に基づいて用いられれば，企業の精神保健の発展に大きく寄与すると期待される．もちろん，このような技法は，行動分析学を正しく学んだ専門家によって用いられるべきである．しかし，従業員のメンタルヘルスを向上させるには，従業員が自身の行動をある程度コントロールできるようになる必要がある．そのような取組みは，セルフ・コントロール（☞「セルフ・コントロール（自己制御）：基

礎」）や，パフォーマンス・マネジメント（☞「パフォーマンス・マネジメント」）とよばれるであろう．そして，そのような従業員のマネジメントをバックアップする仕組みこそが，企業が取り組むべき精神保健といえるだろう．その意味において，メンタルヘルスを改善するための従業員の行動を強化する設定は急務であるといえる．なぜならば，例えば，企業が実施したストレスチェック制度によって「高ストレス者」と判定されても，皆が皆，医師面接を希望するとは限らないからである．医師らとの面接の申請は企業を介して行われるため，自身の人事や出世に及ぼす影響を心配する場合が考えられる．そのような心配によって面接を希望するという従業員の行動が抑制され，結果的に従業員のメンタルヘルスが悪化する可能性がある．

なお，精神障害者に対する福祉的な取組み，すなわち，具体的な援助実践については，行動分析学に基づくならば介護福祉の実践のそれと基本的には同じである．すなわち，援助を必要とする精神障害者（被援助者）の行動とその行動を取り巻く環境との関係，援助を実践する者（援助者）の行動とその行動を取り巻く環境との関係，そして，援助者の行動と被援助者の行動の直接的な関係の3つの関係（随伴性）によって説明される（☞「介護福祉」）．ただし，具体的な援助方法は介護福祉と大きく異なるであろう．両領域の被援助者における生理学的，医療的な特徴や行動傾向が異なるからである．もっとも，行動分析学は疾患や障害の違いではなく被援助者個人（の行動とその場面）に焦点を絞るので，それは問題としない．しかし，例えば依存症やDV（配偶者・恋人間暴力）などの援助事例では，介護福祉より多様な行動場面を取り扱わなければならないであろう．

応用行動分析学の研究の初期の頃から，精神疾患者の社会的行動，日常生活スキルや作業スキル，攻撃行動や治療を受ける行動などを対象とした手続きの有効性が示されている（Ayllon, 1963；Ayllon & Michael, 1959；Issacs et al., 1960；Nelson & Cone, 1979；Scotti et al., 1993）．このような行動分析学に基づく援助は，薬物療法などと併用できるといった利点もあり，今後，さらに発展が期待されている．しかし，誤った手続きが用いられることも少なくないため，行動分析学の専門家の手助けが非常に重要であるといえる．

●**今後の課題** 歴史的にみると，これまでの精神保健福祉は，精神障害の予防，治療という部分に偏ってきたといえる．今後は，本来の目的である人々の精神健康の保持・増進，精神健康障害の予防や相談活動の充実，さらに精神障害者の医療とリハビリテーションを発展させ，幅広く国民を対象とした精神健康の保持・増進を図ることが求められている．そのためにも，精神保健福祉の担い手の確保はもちろん，彼らに対する教育の質の向上が求められており，行動分析学はその一助をなすと期待されている．　　　　　　　　　　　　　　　　　　　　［渡辺修宏］

動物福祉

　動物福祉とは,「人が世話や管理をしたり,あるいは何らかの影響を及ぼしたりする動物あるいは動物集団について,その生理的,環境的,栄養的,行動的,社会的な欲求が満たされることによってもたらされる幸福の状態」と定義されている（Appleby, 1996 佐藤・森監修 2009）.そして,動物福祉の実践とは,動物にとって何が良いことなのかについて人間が考えて,動物が置かれている状況を,科学,倫理学,法制度の視点から的確にとらえ,動物にとって良いと思われることを実践する人間の営みである.その意味で,動物福祉は人と動物との関わりを問題にしている.

●人と動物の関わりと動物福祉の考え方　人と動物との関わりには,古代から現在にいたるまで,動物を人の食用の対象にしたり,人間の何らかの目的の道具として動物を使役したりといった長い歴史がある.動物は,人との関わりという点からみると,①野生動物,②展示動物（教育・娯楽用動物を含む）,③実験動物,④産業動物,⑤伴侶動物の5つに分類できる.この分類は,動物種によるものではなく,人との関わりにおいて決められる.したがって,人の文化や宗教といった営みや視点が,動物との関わり方に深く影響する.デカルト（Descartes, R.）の動物機械論,ベンサム（Bentham, J.）の功利主義,ダーウィン（Darwin, C. R.）の進化論,動物の権利運動の火つけ役となった *Animal Liberation* を著したシンガー（Singer, P.）の倫理学なども,動物福祉の考えと実践に多大な影響を及ぼした.

　しかし,動物福祉の考え方の出発点といえるものはラッセル（Russel, W. M. S.）とバーチ（Burch, R. L.）が,1959年に彼らの著書 *The Principles of Human Experimental Technique* で提唱した,動物実験に対する3つのRの考え方である.3つのRの1つ目は「代替法の活用」（replacement）であり,これは,動物に代わる有益で効果的な方法が他にあるなら,動物の使用をやめてその方法を用いるという原則である.2つ目が「使用動物数の削減」（reduction）で,これは,研究の目的が損なわれない限りにおいて,実験に供される動物の数はできる限り少ない方がよいという原則である.3つ目が「苦痛の軽減」（refinement）である.これは,動物に与える苦痛と不快は,できる限り最小限にとどめられるように実験手続きを工夫するという原則である.この3Rの影響を受けて,動物福祉という言葉が上で述べたような定義で使われるようになったのは,1965年にイギリス議会で提出された *Technical Committee to Enquire into the Welfare of Animals kept under Intensive Livestock Husbandry Systems 1965*（通称ブランベ

ル報告書）であるといわれている．この報告書は，前年の1964年に刊行されたイギリスのハリソン（Harrison, R.）の著書 *Animal Machines* の影響を受けた民衆による動物福祉への関心の高まりがきっかけであった．ブランベル報告書では，「福祉」は動物の身体的な福祉と心的福祉の両方でとらえられている．ブランベル報告書の影響を受けて，1992年にイギリスでは，動物福祉の基本原則として「五つの自由」が，家畜動物福祉評議会（Farm Animal Welfare Council, FAWC）によって提案された．「五つの自由」とは，①飢えと渇きからの自由，②不快からの自由，③痛み，けが，病気からの自由，④正常な行動を発現させる自由，⑤恐怖と苦悩からの自由，である．「五つの自由」は，もともとは家畜が対象であったが，現在は，あらゆる飼養動物に対する動物福祉の国際的基準となっている．

●**日本における動物福祉の取組み**　動物福祉の取組みは，日本では，欧米の影響を受けながらも，動物愛護という視点で展開されている（動物の愛護及び管理に関する法律，1999）．動物愛護という視点は，上で述べた動物福祉の視点と色合いの異なるところがある，といわれている．欧米の動物福祉は，キリスト教を中心とする宗教的な影響を受けながらも，動物と人との関係をどのように見るのか，あるいは動物の権利をどのようにとらえるのか，といった，動物を人に相対する対象としてとらえる姿勢から生まれている．それに対して，動物愛護という言葉には，日本の歴史的・文化的風土，あるいは神道や仏教といった宗教の考え方（不殺生戒，草木国土悉皆成仏，輪廻転生といった考え）の影響，動物も人も同じ生命体として見る情緒的な側面，あるいは人と動物の共生という視点が認められる．なお，日本では，動物福祉という語から，社会福祉が連想されたり，感情的な動物愛護と誤解されたりする場合があるため，動物福祉の代わりに「アニマル・ウェルフェア」の表記がなされる場合がある（水越，2014）．

●**行動分析学の視点から見た動物福祉**　それでは，動物福祉を行動分析学の視点から見るとどのようになるのだろう．行動分析学が明らかにした「行動の原理」は，もともとネズミやハトを対象にした動物実験の成果である．条件が統制されたオペラント実験箱の中で，環境変数と動物の行動との関数関係が調べられ，それによって明らかにされたのが「行動の原理」である．したがって，行動分析学の視点で動物福祉を語る場合，その歴史的な経緯からすれば，まず実験動物の福祉が問題とされるかもしれない．

　一方で，近年では，盲導犬や警察犬の訓練で見られるような動物トレーニング，ペットのような伴侶動物と飼い主との関係，水族館や動物園の展示動物と飼育係や利用者との関係など，動物とのいろいろな関わりに行動分析学の知見が応用されている（Burch & Bailey, 1999；Pryor, 1984；1999）．

　以下，実験動物の福祉との関連で，福祉そのものを行動分析学からどのように

とらえることができるのかについて考えたい．実験動物とは，実験に供される動物であり，「動物実験等の利用に供する哺乳類，鳥類及び爬虫類に属する動物」と定義されている．この「動物実験等」とは，「動物を教育，試験研究または生物学的製剤の製造の用，その他の科学上の利用に供すること」と定義されている（いずれの定義も，日本学術会議『動物実験の適正な実施に向けたガイドライン』，2006 より抜粋）．したがって，実験動物への関わりにおいては，科学的な研究の目的が，動物の福祉より優先される可能性がある．行動分析学の動物実験では，動物をオペラント実験箱という環境に一定時間拘束し，強化刺激や弱化刺激の確立操作を行い，研究者にとって関心のある環境刺激を独立変数として操作して，動物のオペラント行動を従属変数として測定するのが普通である．そのような行動分析学の動物実験は，その初期のものと現在のものとでは 3R に対する姿勢が異なるかもしれない．しかし，スニッフィーのようなラットのレバー押しオペラント条件づけのシミュレーションソフトが開発されたり，研究方法として個体内条件比較法（単一事例法，シングルケースデザイン）が採られたり，多層ベースライン法（多層ベースラインデザイン）といった独自の研究方法が開発されたりしていることから，行動分析学の動物実験は 3R の原則に従っているといえる．

　しかし，動物福祉が提唱する「自由」の解釈は，行動分析学の解釈と異なるところがある．「五つの自由」には，動物の行動の強化随伴性は明示されておらず，もっぱら嫌悪的な状況を人が設定しないという意味での「自由」が考えられている．それに対して，行動分析学のオペラント条件づけ実験では，自由オペラントと強化随伴性の両方が考えられている．自由オペラントは，動物の行動がいついかなるときにも自由に生起できる状況である．強化随伴性は，行動とその後続との関係である．餌や水の剥奪化（遮断化）を受けた動物のオペラント条件づけの実験で餌や水を強化刺激として用いる場合，動物はみずからの反応の結果として，飢えと渇きから自由になれる．同様に，電気ショックのような嫌悪刺激を用いた逃避学習あるいは回避学習の実験では，動物の行動の結果として，嫌悪刺激が除去される．それによって動物は，不快や痛み，けが，さらに恐怖や苦悩からも自由になる．動物に要求する行動は，基本的に動物の行動レパートリーにある行動であり，それが自由オペラントで発現する．そのような点から，オペラント条件づけ実験を受けている動物には，正常な行動を発現する自由があり，実験箱ではそのような行動への随伴性も設定されている．行動分析学がとらえる自由はそのような自由である．動物福祉と行動分析学との間で上述のような違いがあるなら，動物福祉を論じる場合，「自由」「福祉」「幸福」といった，福祉に関連する用語の検討が必要かもしれない．行動分析学では，そのような用語が用いられるときの生活体の行動と環境との機能的な関係が分析される．そこで，「自由」「福祉」「幸福」の行動分析学的説明を述べ，それが動物福祉とどのように関係す

るのかについて考えたい．

●「自由」「福祉」「幸福」の行動分析学的説明　スキナー（Skinner, 1971）によれば，「自由」は，嫌悪的な手段（主として弱化）による行動のコントロールからの解放を単に意味する．したがって，彼がとらえる「自由」は，従来いわれているような，自分の思いどおりに何でもできるとか，みずからの判断で何かができるという意味での自由ではない．動物も含めて私たちの行動は，遺伝，過去の行動履歴，そしてそれらに関連した現在の環境事象によって制御されている．したがって，それらからの解放という意味での自由はあり得ない．「五つの自由」を「嫌悪的な制御からの解放」という行動的な意味でとらえるなら，「五つの自由」は，行動分析学がとらえる「自由」に対応する．

次に「福祉」である．スキナー（Skinner, 1977）は，福祉とよばれる状態や実践は，生活体の行動に随伴しない強化（非随伴的な強化）ととらえている．彼のこの視点からすれば，動物の行動を考慮せずに人の都合で行われる強化子の提供は福祉とはいえない．動物福祉が動物行動の強化随伴性を考慮した実践であれば，それはむしろ推奨される．

最後に「幸福」である．動物の幸福とは何か，それは人の幸福とどのように異なるのだろう．もし「幸福」を何らかのポジティブな心的状態と考えるなら，動物の幸福も人の幸福も知るすべはない．行動分析学は，幸福を，オペラント強化によって生起する感情ととらえている（Skinner, 1974）．ある個体が幸福であるのかどうかの状態を，その個体内部の生理的ないし心理的な過程を探ることで理解することはできない．個体の行動が強化されているかどうかによって理解される．このように「幸福」をとらえるなら，動物福祉は，人との関わりによって，動物の行動が強化されるような状態や実践と考えられる．

上記のことから，動物福祉について，行動分析学からは，強化随伴性についての提言が可能かもしれない．また，人と動物の共生という視点を考慮すれば，動物と人のそれぞれの行動が相互に強化される可能性も提言できるかもしれない．

［森山哲美］

📖 参考文献

Appleby, M. C., & Hughes, B. O. (Eds.). (1997). *Animal welfare*. CABI Publishing.（アップルビー，M. C.・ヒューズ，B. O.（編著）佐藤 衆介・森 裕司（監修）(2009). 動物への配慮の科学―アニマルウェルフェアをめざして　チクサン出版社）

Pryor, K. (1984). *Don't shoot the dog! : How to improve yourself and others through behavioral training*. Bantam Books.（プライア，K. 河嶋 孝・杉山 尚子（訳）(1998). うまくやるための強化の原理―飼いネコから配偶者まで　二瓶社）

上野 吉一・武田 庄平（編著）(2015). 動物福祉の現在―動物とのより良い関係を築くために　農林統計出版

動物トレーニング

　動物の飼養に際して，動物福祉への配慮が求められている．日本では，環境省によって，家庭動物（家庭や学校などで飼育されている動物），展示動物（展示やふれあいのために動物園やペットショップなどで飼育されている動物），産業動物（牛，ブタ，ニワトリなど産業利用のために飼育されている動物），実験動物（科学の目的で研究施設などで飼育されている動物）に対して，動物の愛護及び管理に関する法律が定められ，動物と共生できる社会を目指すとしている．日本行動分析学会では，体罰を用いることに反対する声明（島宗他，2014）の中で，動物のしつけやトレーニングについても述べている．また，アメリカ獣医行動学会（AVSAB）も同様に動物の行動変容に罰を使うことに関する声明を出している．

●**行動分析学の動物トレーニングへの応用**　第二次世界大戦中，スキナー（Skinner, B. F.）は「ペリカン計画」とよばれる軍事計画に携わった（Skinner, 1960）．ペリカンは鳥ではなくグライダー爆弾（以下爆弾）の名前である．この爆弾には，ハトが3羽搭載され，目の前にあるスクリーンに映る標的をつつき，爆弾の方向を定めた．実用化にはいたらなかったが，この3羽のコックピットクルーが受けたトレーニングが，初の実社会における行動分析学のアプローチによる動物訓練と考えられている．1940年代には，ブリーランド夫妻（Breland, K & Breland, M）は，ウサギ，ニワトリ，アヒル，ブタ，牛など様々な動物種に対し，餌を用いた提示型強化で複雑な行動を教え，アメリカを巡業してまわる動物行動興業を設立した．また，1960年代には，動物学者ベイリー（Bailey, B.）が軍事利用を目的として，イルカをはじめとして140種以上の鳥類と哺乳類にトレーニングを施した．プライア（Pryor, K.）が，著書 *Don't Shoot the Dog!*（1984）を出版し，提示型強化による動物トレーニングが家庭動物（伴侶動物，愛玩動物，ペット）の飼い主にも広まった．現代社会において，動物を利用した経済活動を行う場合，その飼育管理において動物福祉に配慮することが求められているが，提示型強化による動物トレーニングは，望ましい行動の回数を増やすことができ，動物に恐怖や不安を与えない方法である．

●**五つの自由**　日本も加盟している世界動物保健機関（国際獣疫事務局 OIE）の動物福祉の取組みは，五つの自由と3R（実験動物の福祉の理念．replacement, reduction, refinement）の8つの原則を基礎とするとしている．五つの自由は，①飢えと渇きからの自由，②不快からの自由，③痛み・傷害・病気からの自由，④恐怖や抑圧からの自由，⑤正常な行動を表現する自由からなり，産業動物や実験動物だけでなく，展示動物，家庭動物の福祉においても問題になる点の多くを

含んでいる．

●**使役動物** 動物のもつ能力を生かし，用途に合わせたトレーニングを施されて利用される動物がいる．これらは使役動物とよばれるが，優れた嗅覚や聴覚と高い学習能力をもつ犬では，麻薬探知犬，遭難者や被災者を捜す救助犬，警察犬，軍用犬，盲導犬や聴導犬，補助犬，牧羊犬，狩猟犬などとしてその能力を発揮している．馬，牛は人や荷物，アジアゾウは森林で樹木を運ぶ役割で使われてきた．タンザニアのNGOは，サバンナアフリカオニネズミの優れた嗅覚を生かし，火薬の匂いを嗅ぎあてるトレーニングをクリッカーと餌を使って行い，地雷除去に役立てている（Poling et al., 2011）．サバンナアフリカオニネズミは，体重1～1.5 kgとネズミとしては大型であるが，地雷に乗っても爆発する可能性が低く，人が金属探知機を操作するよりも効率よく地雷の探索ができる．機械よりも動物を使う方が能力やコストの点で優れている場合もまだまだ多い．

●**伝統的な方法** 古くから家畜化され，使役される動物の伝統的なトレーニング方法は，主に除去型強化と提示型弱化で，わずかに提示型強化を組み合わせて学習させることが多い．幼い頃に親や兄弟姉妹などの群れの仲間から離して，痛みや恐怖を与えて支配すれば，動物は制御しようとする人の行動に注意を払い，余計な行動をしなくなる．トレーニング技術の伝承は体系化されていないことが多く，トレーナーは，言語プロンプト（口伝）と観察学習の後は，大量試行（経験）で身につけることになる．そのため，技量に差が生じやすく，また習得に時間がかかりすぎる傾向がある．使役動物は他個体と隔離して，給餌，体の手入れ，運動などを人の管理下で行い，人に依存させるので，人になついているように見えるが，トレーナーの技量に差があったり，一貫性がなかったりすると人によって態度を変えたり，突然攻撃してくることがある．人の距離が近く，狭い場所で世話をする大型の動物では攻撃に転じた場合，事故につながる可能性があがるので危険である．

●**使役動物の利用とトレーニング** 従順な使役動物は「賢い」と表現されるが，恐怖と不安で支配され，動物らしい正常な行動を表出する機会を阻害されている可能性もある．使役動物にトレーニングを施す場合，用途や目的が適切であり，必要があるかも検討する．そのうえで，提示型弱化と除去型強化によるコントロールは最小にとどめ，望ましい行動は提示型強化で教えるようにする．用途や目的がその動物らしさからかけ離れたものや，個体のもともとの能力によっては，餌を用いた提示型強化だけではうまくトレーニングできないことがある．このような場合，確立操作の遮断化が厳しくなる傾向があり，成長や繁殖が阻害される，餓死する場合がある．目的の設定を誤った場合，提示型強化によるトレーニングも動物福祉に沿ったものではなくなる可能性がある．

●**家庭動物のしつけ** 家庭動物は，異種の動物を家庭に迎え，家族として生涯寄

り添う存在になることから，伴侶動物（コンパニオンアニマル）ともよばれる．近年は，犬も猫も室内で飼うことが多くなり，人と動物が関わる時間の長さ，心理的・物理的距離が変化した．特に社会性と学習能力が高い犬では，飼い主や家族のわずかな動作も強化子となる可能性があり，飼い主が良い行動を学習できる環境を整えなければ，すぐに問題行動を学習する．飼い主は，動物が噛む，鳴くなどの行動を学習してから，「やめさせる」しつけに取り組むので，提示型弱化と除去型強化による伝統的な使役動物のトレーニング方法に頼ることになりがちであるが，嫌悪刺激を適切に使用することは飼い主には難しく，問題行動の修正はうまくいかないことが多い．良い関係をつくれない場合，飼い主や家族と愛着を結ぶことが難しくなり，虐待，ネグレクト，遺棄へとつながりかねない．飼い主と良い関係を結び，地域社会で暮らしていくためには，提示型強化によるトレーニ

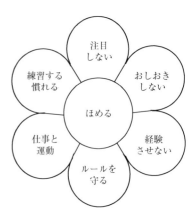

図1 コンパニオン・アニマルのしつけの7つのルール

よい行動をほめることを主軸にし，してほしくない行動を言葉でしかったりして注目しないこと，おしおきや嫌なことをしないこと，してほしくないことは経験させないため部屋を片づけておくこと，家族でルールを決めること，採食エンリッチメントの工夫や運動を十分にさせること，苦手なことは練習したり，慣らしておくことの7つを動物との暮らしの中で心がけたい．

ングで望ましい行動を教えると同時に，様々な刺激に徐々に慣らして苦手をつくらないようにすることや苦手なことを平気にする，馴化やレスポンデント条件づけを利用した社会化とよばれる練習が必要である．以前の家庭動物のしつけは，動物を擬人化し，動物らしい行動を矯正するほうへ傾いていた．青木（2008）は，提示型強化を中心にした伴侶動物の関わり方を7つのポイントにまとめている（図1）．今後は，動物福祉の観点から，その動物らしさを認め，共生する道へとシフトしていくだろう．

●動物園動物のトレーニング　動物園には，保全，教育，調査研究，そしてレクリエーションの4つの役割があるが，そこで飼育されている動物が心理的，肉体的に健康でなければ，その役割を果たすことができない．現在，動物園では，提示型強化を用いたトレーニングを積極的に導入し，個体の生活の質（quality of life, QOL）の向上と動物園の役割を果たすべく努力を続けている．例えば，個体の健康管理や野生動物の生化学的な研究のための体重測定，血液，精液，尿などの採取は，従来は麻酔に頼っていたが，提示型強化でトレーニングすれば，動物が自らの前肢や尾を柵の間から出し，採血の間，餌を食べながら待てるようになる．

●ハズバンダリー・トレーニング　飼育下の動物の飼育管理に必要な動作を学習

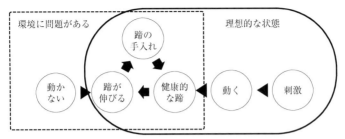

図2　ハズバンダリー・トレーニングとツメの手入れの関係
採食活動の時間を延ばし，運動の機会をつくることで，生活の中で蹄が削れ，適切な長さになる．手入れをしなくてもよい状態でありながら，いつか必要になるときのために蹄の手入れの練習をする．

する，輸送や移動，環境変化，医療やケアのために必要な新しい刺激に慣れるよう働きかけるトレーニング．獣医医療を受ける際に体全体または一部を不動化することを保定というが，トンプソンとクレイマン（Thompson & Kleiman, 2014　村田・楠田監訳 2014）によれば，保定には，物理的保定，機械的保定，化学的保定，行動的保定の4種類がある．物理的保定は，物理的な力，例えば人の手やロープ，網などを用いることで，機械的保定は，スクイーズケージ（狭窄箱）などの保定機器を使う場合，化学的保定は鎮静剤や麻酔薬を使う場合，行動的保定はハズバンダリートレーニングによって動物が処置のために自発的に行動できる状態としている．

　ハズバンダリー・トレーニングは，無条件(性)強化子（無条件刺激）である餌と条件(性)強化子としてホイッスルまたはクリッカーを用いる．動作を教える場合は提示型強化で，刺激に慣らしていく場合は，レスポンデント条件づけを用いて動物をリラックスさせたまま，少しずつ刺激の強度をあげていく．提示型強化だけで行動を形成しているように見えるため，反応形成と同じと説明されることがあるが，オペラント条件づけとレスポンデント条件づけをそれぞれ別に考えると動物に無理なく進められる．

　草食動物の蹄が伸びすぎている場合，ハズバンダリー・トレーニングで正常な状態に整えることができるが，そもそも動かないことが問題である（図2中の「環境に問題がある」場合）．健康な個体であれば，野生下のように歩きまわって植物を食べる環境を整えれば，蹄の長さは健康的な長さに保たれるはずである（図2中の「理想的な状態」）．採食エンリッチメントを充実させて蹄を削る必要がないようにしておく一方で，いつか起こることに備えて削蹄（草食動物の伸びたひづめを刃物ややすりを用いて形を整えること）を練習しておくのが理想である．ハズバンダリー・トレーニングを飼育管理上の問題を穴埋めするために使えば，動物福祉を損なうことになりかねない．　　　　　　　　　　　　　［青木愛弓］

スポーツ

　Applied Behavior Analysis（Cooper et al., 第2版 2007）の著者の1人であるヒューワード（Heward, W. L.）は，かつてインディアナポリス・クラウンズというプロ野球チームで投手として活躍していた．プレーイングマネージャーを務めたシーズンには正の強化（提示型強化）の原理に基づいた報酬システムを導入し，その成果を論文として報告している（Heward, 1978）．今日にいたるまで，プロスポーツの試合を対象にシングルケースデザイン法を用いて行われた唯一の実験である．

　ヒューワードはまず選手の攻撃パフォーマンスを測定する独自の指標（Efficiency Average, EA）を開発した．野球では伝統的に打率や打点といった指標が用いられるが，いくら個人の打率が良くても試合には勝てない．ヒューワードのEAは，ヒット，盗塁，四球，死球，犠打も算入され，チーム全体のEAがチームの勝利につながるように工夫されていた．実験ではこれを従属変数とし，介入期には毎試合ごとに個人別のEAを試合直前に掲示し，EA得点の順位に基づいてインセンティブを支払った．

　この実験ではABAB法（ABABデザイン）が用いられたが，二回目の介入期が消化試合の時期にあたるなど，様々な剰余変数が混交したため，報酬システムの効果は明確に示されてはいない．しかし，チームの勝利につながる選手の行動を測定して活用するという考え方は，ブラッド・ピット主演の映画『マネーボール』で知られるようになった「セイバーメトリクス」のように，米国のプロ野球界では今では一般的になっている．

　スポーツにおける行動指標の開発は，アメリカンフットボールやバスケットボールなど，他の種目でも普及し，*Journal of Quantitative Analysis in Sports* という学術誌の刊行にまでいたっている．現在のところ，こうした研究に取り組んでいるのは主に統計学の専門家だが，過去の行動から未来の行動を予測するのは行動分析学の得意とするところであり，対応法則を用いてスポーツ選手の行動を量的に記述し，予測する研究も始まっている（Reed, 2011）．

　行動分析学がより得意とするのは，もちろん行動の制御である．選手の選抜や起用に行動指標を用いるのは，それが能力の現れであり，個人内で比較的安定し，変化しないという前提に基づいている．しかし，行動分析学からすれば，それは標的行動の測度であり，訓練や環境調整で改善可能な値である．

　マーティン（Martin, G. L.）とカチャック（Tkachuk, G. A.）は，スポーツ選手やスポーツを楽しむ人たちのパフォーマンスや達成感を向上させるために行動分

析学の知見や技法を活用する領域を，行動的スポーツ心理学と定義した（Martin & Tkachuk, 2000）．行動的コーチングという名前でこれまで行われてきた研究や実践も含め，認知行動療法やイメージトレーニング，催眠術などを用いた選手の心理的なサポートや，栄養学や医学の専門家との協働も見据え，より包括的で学際的な専門領域を確立しようとする提案である．

ルイセリー（Luiselli, J. K.）とリード（Reed, D. D.）の編纂による *Behavioral Sport Psychology : Evidence-based Approaches to Performance Enhancement*（Luiselli & Reed, Eds., 2011）は，リニューアルされたこの領域を俯瞰する専門書となっている．

この本の第1章でマーティンとトムソン（Martin & Thomson, 2011）は行動的スポーツ心理学の特徴を，①パフォーマンスを標的行動としてとらえ，行動を測定する，②オペラント条件づけやレスポンデント条件づけを用いて標的行動を変容させる，③認知行動療法で扱われる思考や感情も行動として標的とする，④主にシングルケースデザイン法を用いる，⑤社会的妥当性を重視することで専門家としての説明責任を果たす，の5つにまとめている．以下，彼らが列挙している行動的スポーツ心理学が対象とする主な分野を具体的な実践例とともに紹介しよう．

●**練習を動機づける**　選手が練習に取り組む行動を増やすために効果的なのが目標設定とフィードバックの組合せである．ワンリン（Wanlin, C.）らはスピードスケートのジュニア選手に対し，大きな試合に向けた中長期的な目標設定，短期（週，日）の目標設定と自己記録，目標の達成や未達成に対する自己フィードバックの方法などを教える介入パッケージを導入した（Wanlin et al., 1997）．毎週，実験者が選手と個別に話し目標の見直しなどを行ったところ，選手の練習中のラップ数やエクササイズのセット数は増加，逸脱行動は減少し，記録も短縮された．

●**新しい技能を身につける**　新しい技能を教えるための，教示，モデリング，練習，フィードバックを中心に，シェイピングや連鎖化，プロンプトや身体的ガイダンスなどを組み合わせた様々なパッケージが行動的コーチングとして開発されている（☞「行動的コーチング」）．

動物のトレーニングとして一般的になったクリッカーを用いたトレーニング（Pryor, 2002 河嶋・舩江訳 2005）をスポーツに応用する流れも生まれている．TAG（Teaching with Acoustical Guidance）はシェイピングにクリッカーを使う技法であり，アメリカンフットボール選手のタックル（Harrison & Pyles, 2013），ジャズダンス（Quinn et al., 2015）などで実証研究が進められ，専門家の認定も始まっている（TAGteach International, 2017）．

●**間違ったフォームを矯正する**　間違ったフォームは部分的に強化されるために維持され，それとは両立しない正しいフォームの習得を妨害すると考えられてい

るが（Martin, 2015），効果的な指導技術も開発されている．
　アリソンとアイヨン（Allison & Ayllon, 1980）のフリーズ法では，練習中に選手が間違ったフォームをした直後にコーチが「フリーズ！」と叫び，選手はその瞬間に動作を止める．コーチは選手に近づき，身体の位置や動作など，間違っているところを指摘し，正しい動作を行わせてからフリーズを解除する．アメリカンフットボール，器械体操，テニスで効果が検証されたこの技法の効果は，その後もサッカー（Rush & Ayllon, 1984）や陸上の短距離走（Shapiro & Shapiro, 1985）で再現されている．
　クープとマーティン（Koop & Martin, 1983）は水泳のジュニア選手を対象に，正しいフォームの教示やモデリング，プールサイドでの模擬練習とともに，選手が泳ぎながら間違った動作をした直後に指し棒で肩を触って知らせることでフォームの矯正に成功した．
　アナンら（Hanin et al., 2002；2004）はオリンピック出場を目指す水泳選手の指導に新旧弁別訓練を取り入れた．これは間違ったフォームと正しいフォームを体性感覚に注意を向けさせながら交互に行わせ，それができるようになってから正しいフォームだけで練習する方法である．同様の技法の効果は，合気道の練習に行動的コーチングを用いた根木・島宗（2010）でも確認されている．

●**問題行動を減らす**　練習中，チームメイトにいたずらしたり，おしゃべりしたり，危険な行為をするなどの逸脱行為は，練習効率を下げるだけでなく，けがなどのリスクを増大させる問題行動である．
　ヒュームとクロスマン（Hume & Crossman, 1992）は水泳のジュニア選手を対象に，プールサイドのトレーニング中に練習に従事している時間が増加すれば次の日には音楽をかけるという介入によって，練習が増え，逸脱行動が減ったことを報告している．
　ガルバンとウォード（Galvan & Ward, 1998）は複数の大学から合宿に参加していたテニス選手たちの練習試合中の問題行動（ラケットを投げたり，ボールを叩きつけたり，対戦相手をののしったり，自分の頬を叩くなど）の頻度を，試合ごとに公的にフィードバックすることで減らすことができたと報告している．

●**感情に対処する方法を教える**　試合における感情マネジメントは，失点や反則，相手のラフプレーに対する怒りに関する対応と，勝敗に対する不安や緊張に関する対応に分けられる．
　マーティンとトムソン（Martin & Thomson, 2011）は認知行動療法をスポーツ選手に応用した研究や実践から，以下のような手続きを推奨している．
①怒りへの対応　(a) 選手に怒りを感じがちな状況を書き出させる．(b) そのときに怒りに身を任せる代わりになすべき代替行動を教える．(c) イメージトレーニングやロールプレイを使い，代替行動を練習する機会を提供する．(d)

実際の試合や試合に近い状況で代替行動を実行することを促し、できたかどうかをフィードバックする。
②不安への対応　(a) 不安や恐れを生じさせるみずからの思考に気づかせる。(b) そのような状況から気をそらし、リラックスできる代替思考ができるように環境を整える。(c) リラクセーションや深呼吸をする技能を教える。(d) 筋肉の弛緩とその感覚に注意を向ける練習をさせる。(e) ユーモアを忘れない方法を教える。(f) 自分がリラックスしている状態を視覚的にイメージする練習をさせる。

このような技法の効果をシングルケースデザイン法を用いて検証した研究もある。例えば、ハントンとジョーンズ（Hanton & Jones, 1999）は水泳選手、ロバッザら（Robazza et al., 2004）はローラースケートホッケーと器械体操の選手に、それぞれ不安を減らす介入パッケージを導入している。

上述の手続きはいわゆる第二世代の認知行動療法の流れを組むものであるが、第三世代といわれる、文脈や機能を重視するアクセプタンス＆コミットメント・セラピー（acceptance and commitment therapy, ACT）をコーチングに活用することも提唱され（Gardner & Moore, 2004）、実践も始まっている（Mahoney & Hanrahan, 2011 ; Henriksen, 2015）。

●**セルフトークやイメージトレーニングの使い方を教える**　試合中の雑念はプレーを妨害するものであると考えられているが、ツィーグラー（Ziegler, S. G.）はテニスの初心者にボールを打つタイミングをみずからのかけ声で制御する方法を教え、コーチから言われるがままに「集中しよう！」と考えるよりも有効であることを示した（Ziegler, 1987）。

●**自信をつけさせ、試合で最高のパフォーマンスが出せるように準備させる**　「野球の90％はメンタル」とは大リーガーの名選手、名監督として知られたヨギ・ベラの言葉である。確かにプロスポーツ選手でさえ、練習でできることが試合でできるとは限らない。マーティンはこれを般化の問題であるとし、練習と試合で共通の刺激性制御を確立することを提唱している（Martin, 2015）。例えば、試合と同じような緊張場面を練習にも設定する、試合直前や試合中に実行できる共通のルーティンやセルフトークを獲得しておくなどの実践である。このような発想に基づいた研究はまだ見当たらないが、例えば、試合と練習とで共通の目標を設定し、その達成を公にフィードバックすることでどちらのパフォーマンスの向上にもつながることを示す研究がある（Ward & Carnes, 2002）。競技スポーツでは大きな課題であり、今後、研究開発が期待されるテーマである。　　［島宗　理］

組織,企業

　一人ひとりの行動の成果を,組織の成果につなげる組織・企業では,環境としての組織と,そこで働くすべての人の実際の行動の関係が適切であれば永続する.ミッションなどの共通の目標に向かう集団の随伴性の階層からなる文脈を含めた環境を整備して,個人の行動をいかに最適に生起させるかが,行動分析学の応用として組織・企業に求められるところであろう.それは,「パフォーマンス・マネジメント」として体系化されている.組織・企業の永続性を踏まえたパフォーマンス・マネジメントの継続的な実施は,パフォーマンス・エンジニアリングとよぶ.

●パフォーマンス・エンジニアリング　組織・企業の種別や規模にかかわらず,パフォーマンス・マネジメントは実施できるが,パフォーマンス・エンジニアリングの検討が必要である.エンジニアリングとは,「工学」という意味である.パフォーマンス工学というのは,行動の成果であるパフォーマンスを,組織・企業の目指す達成モデルに近づけるように継続して精錬し,微調整することである.それは,①「システム(環境)の整備」,②「先行事象の調整」,③「行動レパートリーの調整」,④「後続事象の調整」することになる(☞「パフォーマンス・マネジメント」).これらを包括している考え方の1つが,teleonomics(パフォーマンス・エンジニアリングのシステム)であり,ここで紹介する.

　理論をまとめた図1に照らし合わせながら紹介する.ギルバート(Gilbert, T. F.)は,1978年に出版した *Human competence: Engineering worthy performance* の中で,組織,企業から見た成果を,そこで働く従業員行動の価値ある達成という指標で表した.これは,著書の中で表される4つの余暇を生み出す原理の,第1の原理である.第2の原理は,模範的な従業員によるパフォーマンスと,それぞれの従業員のパフォーマンスとの間のギャップを埋めることにより,生産性が向上し,余暇が生じるという考えである.ギルバートは,これをPIP(Potential for Improving Performance)とした.効率を数式で表すと,PIP = W_{ex}/W_t である.W_t は典型的な能力,W_{ex} は模範的な能力である.第3の原理は,パフォーマンスは個人の行動とそのマネジメントにより向上することについてである.行動エンジニアリングモデル(Behavior Engineering Model, BEM,図2-1)を分析ツールとして使用して修正をする.第4の原理は,これまでの第1~第3の原理を包括して,teleonomics の全貌を,6つの視点と各視点のパフォーマンスを精錬し,微調整するエンジニアのサイクルである3ステージの分析をパフォーマンス・マトリックス(Performance Matrix, PM,図2-2)で描く.PMのポイントは,組織における価値あるパフォーマンスとは何かを,6つの視点から定義し,

> 第1理論：パフォーマンスを定義する理論
> 価値あるパフォーマンス(W)は，有益な達成(A)の無駄な行動(B)に対する比率である．
> $$W = \frac{A}{B}$$

> 第2理論：パフォーマンスのギャップを知る理論
> 典型的な能力(W_t)は，パフォーマンスを向上させる可能性(PIP)に反比例し，その可能性は模範的な能力(W_{ex})と典型的な能力との比である．「能力の一般的な質」はないことから，典型的な能力が模範的な能力と同じくパフォーマンスを達成するために，意味のある比は明記されなければならない．省略形では，この定理は次のように述べている：
> $$PIP = W_{ex}/W_t$$

> 第3理論：パフォーマンスマネジメントの分析の理論
> 与えられた達成に対して，パフォーマンスの欠如は，常にその直接の原因として，行動レパートリー(P)，またはレパートリーをサポートする環境(E)，またはその両方の不足を常に有する．しかし，その最終的な原因は管理システム(M)の欠如にある．
> (ツールは行動エンジニアリングモデル：BEM) 図2-1

> 第4理論：teleonomics(パフォーマンスエンジニアリングシステム)の全貌とそれを表すPerfromance Matrix
> 私たちは，業績をいくつかのレベルで見ることができ，各レベルでこれらの業績に割り当てる価値は，それらの真上のレベルから得る図2-2．

図1 Gilbert (1978/2007) の Four leisurely theorems（第1理論から第4理論）の説明［Gilbert, 1978/2007, p. 18, 30, 76, 112 をもとに作成］

3ステージの分析（図2-2）で実際のパフォーマンスとどれくらい違うのか，ギャップ分析をする．そして分析の結果，ギャップがあれば，どのようにしてそのギャップを埋めるかの方略を立て実行する．最後に，teleonomicsとして，一定期間が過ぎたときにパフォーマンスの6つの視点の定義が組織の価値あるパフォーマンスで変わりがないか，変わっていれば定義を変更し，変更した価値あるパフォーマンスの定義は実際のパフォーマンスとどれくらい違うのかギャップ分析をする．ギャップがあればそれを埋める方略を立て実行する．パフォーマンス・エンジニアリングのサイクルの完成である．3ステージ分析を要約すると，「文脈・環境設定（確認）→アセスメント→介入・改善」の流れであり，介入・改善の後，再び「文脈・環境設定（確認）→アセスメント→介入・改善」と続く．パフォーマンス・エンジニアリングの実践は，ワークショップ現業訓練（on-the-job training, OJT）などの形式で，現場の状況に応じて実施される．

●パフォーマンス・エンジニアリングの実践・アセスメント　パフォーマンス・

2-1

	S^D 情報	R 行動生起に必要な要素	S^r モチベーション
E 環境サポート	データ	器具・道具	インセンティブ
P その人の行動 レパートリー	知識	反応するために必要な 身体的キャパシティ	内的動機

2-2

		3ステージの分析		
		A. 達成モデル	B. ギャップの測定	C. 改良の方法
6つの視点	I. 哲学レベル	理想	誠実性	コミットメント
	II. 文化レベル	実現可能な目標 （ゴール）	融和・適合性	指針・方針
	III. ポリシーレベル	目標達成のミッション	価値 PIP	プログラム
	IV. 戦略的レベル	ミッションを具体化 する責任（職務責任）	価値・有用性 PIP	戦略
	V. 戦術レベル	職務責任を果たすた めの日常業務	コスト PIP・BEM	行動介入ツール の使用
	IV. 後方支援レベル	業務遂行のためのス ケジューリング等計 画	物質的なニーズ	供給品の準備

図2 行動エンジニアリングモデル（2-1）とパフォーマンス・マトリックス（2-2）［図2-1：Gilbert, 1978/2007, p. 92, Table 3-5 をもとに作成；2-2：Gilbert, 1978/2007, p. 24, Table 4-4 をもとに作成］

マネジメントの項でも紹介した①〜④の項目を含めた，パフォーマンス・エンジニアリングの実践について説明する．

　①「システム（環境）の整備」については，PMの6つの視点は，上から「General to specific（広義からピンポイントに）」，一貫した「A. 達成モデル」を設定する．組織の理念やミッションを明確にし，職務分担を明確に，パフォーマンスとして数値で測定可能にする．同時に，可能な限り職場の行動観察をする．次に，PMの2番目のステージである，パフォーマンスのB. ギャップ分析をして，PIPを算出する．数えられるもの，頻度がわかるもの，時間の長さがわかるもの，成功率がわかるもので測定し，模範的（ベスト）パフォーマンスの測定値と，典型的な，実際のパフォーマンスとの差を把握する（アセスメント）．6つの視点のうち，上の3つのレベルは，永続のために社会のニーズに応じた組織

の方向性の修正をギャップ分析として行う．残りの3つのレベルに関しては，組織のニーズに応じて数値化されたパフォーマンスをギャップ分析する．

●**パフォーマンス・エンジニアリングの実践・介入から再アセスメント**　PMの3ステージ分析の最後のステージでは，見つけたギャップをどうやって埋めるか，介入手続きを考える．その際に，ポジティブ行動支援（positive behavioral support, PBS）のような，建設的な自発的行動を促すことが大切である．パフォーマンス・マネジメントの項で紹介した，②「先行事象の調整」，③「行動レパートリーの調整」，④「後続事象の調整」のいずれかもしくはすべてについて介入手続きを考え，パフォーマンスのギャップを埋める．従業員一人ひとりのパフォーマンスのギャップについては，BEMで系統的に分析できる．BEMは，行動のレパートリーと，それを取り巻く環境の2項目について，それぞれ情報，行動生起に必要な要素，モチベーションの3項目があるマトリックスである（図2-1参照）．PROBE MODEL（Gilbert, 1982a, b）では，BEMをさらに展開している．②が必要な場合，手順・物品補充・実施時期などの確認ができるチェックリストや，成果に応じたインセンティブがわかる業績給システム（Abernathy, 2011）の提示，など教示による制御を活用する．③が必要な場合は，パフォーマンスに必要な，言語行動を含む行動レパートリーを獲得するために，反応形成や連鎖化，模倣によるトレーニング，獲得した行動レパートリーを定着するために，流暢性トレーニングを行う．④が必要な場合は，適切なパフォーマンスと不適切なパフォーマンスを客観的に弁別できるようにデザインされた，上司や同僚からのフィードバック，適切なパフォーマンスには特にポジティブなフィードバックを行う．また，提示した業績給システムに従い，成果に応じたインセンティブを与える．

●**パフォーマンス・エンジニアリング実践の留意点**　パフォーマンス・エンジニアリングは，接客サービス業，社会福祉サービス，医療，教育，行政，重化学工業，建設，IT開発業，製造業，農業，畜産業，漁業など，どのような組織・企業にも適用可能であり，実践の流れは変わらないが，留意点がある．パフォーマンス・エンジニアリングのニーズが，組織の種類や規模の大きさにより，組織全体ではなく，特定の部署内にのみある場合がある．また，組織のニーズと，実際のニーズが一致しない場合がある．いずれの場合にも，パフォーマンス・エンジニアリングによる見通しの説明が必要であり，従業員一人ひとりの行動が組織・企業の成果に深く関わる場合には，学習のプロセスと，介入の優先順位を注意深く設定する必要がある．　　　　　　　　　　　　　　　　　　　　　　　　　　　［是村由佳］

📖 **参考文献**

島宗 理（2004）．インストラクショナルデザイン—教師のためのルールブック　米田出版

コミュニティ

　行動分析学において培われてきた行動改善のための知識や技法は，様々な状況において応用されてきた．その多くは，個人レベルの問題に対する応用であるが，「コミュニティ」といった，居住区域を中心として形成された集団において生じる社会問題にも応用されてきた．そのような事例として，公共の場での喫煙（Jason & Liotta, 1982），ワクチン接種（Yokley & Glenwick, 1984），歯科の受診（Reiss et al., 1976），シートベルト着用行動（Geller et al., 1982），不法駐車（Cope et al., 1991），不適切な駐輪（沖中・嶋崎，2010），省電力行動（Hayes & Cone, 1981）などがあげられる．このように，コミュニティにおける社会問題に対する行動分析学の応用を，コミュニティ行動分析，または，行動的コミュニティ心理学という．ここでは，コミュニティ行動分析の実践例として駐輪問題（沖中・嶋崎，2010）を取りあげ，行動分析学の手法が，社会問題に対してどのように応用できるのかを示す．次に，コミュニティ行動分析について，ソーシャルワークの観点から論じたマッタイニ（Mattaini, 1993）の主張を中心に説明する．なお，アルコールや薬物への依存の問題に対して，これらの行動がもたらす提示型強化を無効化し，これに代わる社会的に望ましい行動を社会的強化子によって促進する試みを，コミュニティ強化アプローチとよぶ（Azrin et al., 1982；Miller et al., 1999）が，これは，コミュニティの問題に対して行動分析学の手法を応用するというよりは，むしろ，個人の問題の解消のために，コミュニティに存在する強化子を利用するものであるため，ここでは言及しない．

●不法駐輪行動への介入　沖中と嶋崎（2010）は，キャンパス内や大学周辺の歩道への不法駐輪が問題となっているある大学において，不法駐輪を減少させるための介入を行い，その効果を検討している．この大学では，不法駐輪に対して，その場所への駐輪が禁じられていることと，正しい駐輪場所を示したビラが貼付されていたが，この研究では，これに加えて，その場所に不法駐輪台数の推移を折れ線グラフで示したポスターである「垂直サイン」と，駐輪禁止範囲の地面を黄色の粘着テープで囲うように貼ることで示した「地面サイン」の効果を調べた．不法駐輪の台数は，1日に5回調査され，キャンパス内の自転車の台数についても1日に1回調査された．ベースラインと2種類のサイン表示による介入を何度か交替させた結果，垂直サインと地面サインの併用が，不法駐輪の減少に最も効果をもたらすことが明らかになった（図1）．

　佐伯と伊藤（2004）は，不法駐輪問題に対する有効な施策を導き出すために，「質問紙調査」「実験室シミュレーション」「社会実験」からなる統合的アプロー

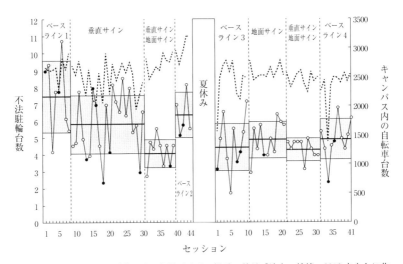

図1 不法駐輪に対する垂直サインと地面サイン提示の効果［沖中・嶋崎，2010をもとに作成］

実線は不法駐輪台数，点線はキャンパス内の自転車台数，白丸は雨が降らなかった日，黒丸は雨が降った日．色の濃い部分は平均から±1標準偏差（SD）の領域を表す．

チを提案している．これは，例えば不法駐輪の撤去確率や撤去保管料をどのような値に設定すべきかという問題に対し，まず，コミュニティの居住者を対象とした質問紙調査により，社会割引や他者への同調行動を測定することで居住者の利己性や同調の程度といった行動傾向を明らかにし，さらに，「自転車を撤去された場合の損失感」を測定することで自転車撤去が居住者にとってどの程度効果的であるかを明らかにする．次に，質問紙調査の結果に基づき，撤去確率や撤去保管料の効果を実験室シミュレーションによって検証する．最後に，実験室シミュレーションの結果に基づき，実際の路上で社会実験を行うことで，撤去確率や撤去保管料の適切な値を決定するという方法である．一般に，社会実験の行える機会が限られていることを考えると，比較的容易に実施できる質問紙調査や実験室シミュレーションによって社会実験で用いる変数を特定するという段階を設けることは重要であるといえる．

●**コミュニティ実践に関係する随伴性** マッタイニ（Mattaini, 1993）は，コミュニティにおける行動の随伴性を分析するための理論的枠組みとして，グレン（Glenn, 2004）が文化的実践を説明するために提案した巨視的随伴性とメタ随伴性の概念をあげ，これらをコミュニティ実践に対して適用することが有用であるとしている．巨視的随伴性とは，複数の人の行動の結果が集積することによって，新たな結果が生じる随伴性を指す．例えば，大気汚染は，1人の人が車を利

用するだけでは生じないが，多くの人が車を利用することで生じる．この場合，各車利用者に対しては，車を利用する行動が，直後の結果（快適である，目的地に早く着く）によって制御されており，巨視的随伴性によっては制御されていない．上述した不法駐輪問題もこの巨視的随伴性が関与している．一方，メタ随伴性とは，複数の人の行動が相互に関連する連動的随伴性を含んでおり，一連の連動的随伴性の結果として生じる随伴性のことである．例えば，オーケストラの演奏は，複数の奏者による一連の行動の相互作用（連動的随伴性）からなり，楽曲の演奏という結果をもたらすメタ随伴性として考えられる．コミュニティが抱える問題をメンバー同士で議論しながら解決するプロセスでは，メタ随伴性が深く関与すると考えられるが，コミュニティにおける人々の行動には，巨視的随伴性とメタ随伴性の両方が作用すると考えられる．

●**コミュニティ行動分析の特徴**　マッタイニ（Mattaini, 1993）は，コミュニティへの介入を行う条件として，フォーセット（Fawcett et al., 1980）らが示した以下の7点をあげている．①すぐに明確な効果が現れること，②容易に実施・維持できるほど安価であること，③中央集権的ではないこと，④コミュニティが求める条件・慣習に合うような柔軟性をもっていること，⑤資源を必要とし続けるようなものではなく持続性があること，⑥関係者にとって理解できる程度に単純であること，⑦コミュニティの価値観・経験・要求と両立すること．また，コミュニティ実践には，メンバー間で真の協同関係を構築する必要があり，主従関係があってはならないとしている（Fawcett, 1991）．

　また，マッタイニ（Mattaini, 1993）は，コミュニティ実践の目的を達成するには，メンバーの参加を促進することや，参加に関する先行刺激や結果を変化させることが必要であるとしている．メンバーの参加を促進する方法として，コミュニティ活動への参加に対して，クジや商品などの外的な強化子を与えることの有効性が報告されている．しかしながら，コミュニティ活動への参加によって，改善の対象となっている問題を解決する技能を習得できる状況では，技能習得が参加行動の強化子として機能するため，外的な強化子は不要な場合もある．また，参加によって他のメンバーから与えられる社会的強化子も，参加に影響する重要な要因である．

　コミュニティ実践を促進するには，個人の行動への介入の場合と同様に，先行刺激や行動の結果を変化させることが必要となる．先行刺激として，コミュニティ実践に関する行動を起こす手がかりとなるプロンプトや，適切な行動の手本となるモデルが該当する．プロンプトには，新聞広告のような多数者向けの案内よりも，個人向けの案内の方が効果的であるとされている．また，電力消費量を下げるための実践として，前年と比べて消費量がどの程度増減したかがわかるような内容を手紙で個別に行った研究（Hayes & Cone, 1981）では，このような連

絡が消費電力の低下に有効であることが示されている.

　行動の結果を変化させる方法としては, 提示型強化, 除去型強化, 提示型弱化, 除去型弱化, 消去などの随伴性を変化させることが考えられるが, 個人レベルでの介入の場合と同様に, コミュニティ実践においても, 除去型強化や提示型弱化のような嫌悪刺激を用いるのではなく, 提示型強化を用いることの有効性が報告されている. 嫌悪刺激の利用は, 参加数の減少, 攻撃行動の発生, 人間関係の破壊などの副作用があるために, 避けるべきである. Mattaini (1993) によると, 行動変容のために嫌悪刺激を使用してよいのは, 以下のときのみである. ①創造的な努力にもかかわらず, 提示型強化による効果的な方法が生み出せない場合, ②問題が対象者の幸福にとってきわめて重要である場合, ③その方法を採用した場合の短期的効果だけではなく, 長期的効果についても適切に考慮されている場合, である. 暴力, 違法薬物摂取, 差別など, コミュニティにおける不適切な行動を減らしたい場合には, 刑罰などの嫌悪刺激が用いられるが, 同時に, これらの不適切な行動と両立不可能な, 社会的に望ましい行動を強化する必要がある.

●**コミュニティ実践に必要な技能**　コミュニティ実践に必要な技能として, マッタイニ (Mattaini, 1993) では, 「アセスメント技能」「みずからが強化子になる技能」「グループワーク技能」「モニターと評価技能」をあげている.「アセスメント技能」について,「コミュニティメンバーによる強化子への接近」を制御する立場にある人物の行動を変化させる場合には, その人物が関係する随伴性ネットワークを注意深く分析することが重要とされている. また, アセスメントは個人レベルだけではなく, 集団レベルにおいてもなされる必要がある. 例えば, 薬物依存に対するコミュニティ実践では, 治療過程でコミュニティが有する強化子が利用されるが, その場合, 薬物依存者の行動だけではなく, 周囲の人々との関わりについても分析が必要となる.

　「みずからが強化子になる技能」について, コミュニティ実践では, 介入者がコミュニティの重要な人物に対して社会的強化子を与えることができる, ということは重要である. 社会的強化子を効果的に与える技能に加えて, 共感性や誠実さといった基本的な対人技能が必要とされる.

　「グループワーク技能」について, コミュニティ実践では, 小集団で問題を議論するワークショップ形式の有効性が示されている. これによりメンバー間で連動的随伴性が形成され, コミュニティへの参加・維持が促進される.

　「モニターと評価技能」について, コミュニティ実践では, 複数の変数や行動を扱う場合がある. その場合, シングル・システム・デザインや集団時系列デザインを利用し, 複数の行動を同時に測定することが必要となる.　　　　　　［佐伯大輔］

行動分析学 関連年表

年	心理学ならびに関連科学の主な出来事	行動分析学の重要な書籍
1859	Darwin, C. *On the origin of species by means of natural selection.*	
1879	Wundt, W. M. Leipzig に心理学実験室	
1885	Ebbinghaus, H. *Memory: A contribution to experimental psychology.*	
1890	James, W. *Principles of psychology.*	
1898	Thorndike, E. L. *Animal intelligence: An experimental study of the associative processes in animals.*	
1900	Freud, S. *Interpretation of dreams.* Loeb, J. *Comparative physiology of the brain and comparative psychology.*	
1902	Titchener, E. B. *Experimental psychology: A manual of laboratory practice.*	
1904	Pavlov, I. P. 消化腺の研究でノーベル生理学・医学賞	
1907	Angell, J. R. *The province of functional psychology.*	
1908	Gosset, W. S. による t 分布	
1910	Sherrington, C. *The integrative action of the nervous system.*	
1911	Pearson, K. *Grammar of science.* (3rd ed.)	
1912	Wertheimer, M. の仮現運動研究	
1913	Watson, J. B. *Psychology as the behaviorist views it.*	
1916	Terman, L. M. による Stanford-Binet IQ テストの第 1 版	
1920	Watson, J. B., & Rayner, R. *Conditioned emotional reactions.*	
1923	Piaget, J. *Le langage et la pensée chez l'enfant.*	
1924		Kantor, J. R. *Principles of psychology* (Vol. I).
1925	Köhler, W. *Mentality of apes.*	
1932	Tolman, E. C. *Purposive behavior in animals and men.*	
1934	Vygotsky, L. S. *Мышление и речь* (思考と言語)	
1935	Koffka, K. *Principles of Gestalt psychology.* Fisher, R. A. *The design of experiments.* Stevens, S. S. *The operational definition of psychological concept.*	
1937	Neyman, J. *Outline of a theory of statistical estimation based on the classical theory of probability.*	*The Psychological Record* 創刊

実験行動分析学および関連領域の重要なできごと	応用行動分析学および関連領域の重要なできごと

B. F. スキナー (Skinner)
1904-1990

S. W. ビジュー (Bijou)
1908-2009

M. シドマン (Sidman)
1923-2019

O. I. ロヴァース (Lovaas)
1927-2010

R. J. ハーンスタイン (Herrnstein)
1930-1994

D. M. ベア (Baer)
1931-2002

年	心理学ならびに関連科学の主な出来事	行動分析学の重要な書籍
1938		Skinner, B. F. *The behavior of organisms : An experimental analysis.*
1940	Hilgard, E. R., & Marquis, D. G. *Conditioning and learning.*	
1943	Hull, C. L. *Principles of behavior.*	
1947		
1948	Shannon, C. *A mathematical theory of communication.*	Skinner, B. F. *Walden two.*
1949	Harlow, H. F. *The formation of learning sets.* Hebb, D. O. *Organization of behavior : A neuropsychological theory.*	
1950		Keller, F. S., & Schoenfeld, W. N. *Principles of psychology.*
1951	Rogers, C. *Client centered therapy.*	
1952	Eysenck, H. J. *The Effects of psychotherapy : An evaluation.*	
1953		Skinner, B. F. *Science and human behavior.*
1954	Tanner, W. P. Jr., & Swets, J. A. *A decision-making theory of visual detection.* Rotter, J. B. *Social learning and clinical psychology.*	
1955	Weschler Adult Intelligence Scale (WAIS) 出版	
1956	Miller, G. A. *The magical number seven, plus or minus two : Some limits on our capacity for processing information.*	
1957	Festinger, L. *A theory of cognitive dissonance.* Stevens, S. S. *On the psychophysical law.*	Skinner, B. F. *Schedules of reinforcement.* (C. B. Ferster と共著) *Verbal behavior.*
1958		*Journal of the Experimental Analysis of Behavior* 創刊
1959	Chomsky, N. *A Review of B. F. Skinner's Verbal Behavior.*	Skinner, B. F. *Cumulative Record.*
1960		Sidman, M. *Tactics of scientific research.*
1961		Skinner, B. F. *The analysis of behavior : A program for self-instruction.* (J. G. Holland と共著) Bijou, S. W., & Baer, D. M. *Behavior analysis of child development.*
1962	Kuhn, T. S. *The structure of scientific revolutions.* Bandura, A. *Social learning through Imitation.*	
1963		

実験行動分析学および関連領域の重要なできごと	応用行動分析学および関連領域の重要なできごと
最初の実験行動分析学の会合（Bloomington, Dinsmoor, J. A. による） Skinner 迷信行動	
Meehl 場面間転移性	
Sidman 自由オペラント型回避手続き Olds & Milner 脳内電気刺激	Lindsley, Skinner, & Solomon 行動療法
Premack の原理 Jenkins & Harrison 般化勾配 Herrnstein 対応法則（マッチング法則） Breland & Breland 本能的逸脱	
Terrace 無誤弁別学習	

行動分析学 関連年表　725

年	心理学ならびに関連科学の主な出来事	行動分析学の重要な書籍
1964		
1965		
1966		Honig, W. K. (Ed.) *Operant behavior : Areas of research and application.*
1967	Neisser, U. G. *Cognitive psychology.*	
1968	Zajonc, R. B. *Attitudinal effects of mere exposure.*	Skinner, B. F. *The technology of teaching.* *Journal of Applied Behavior Analysis* 創刊
1969	Wolpe, J. *The practice of behavioral therapy.*	Skinner, B. F. *Contingencies of reinforcement : A theoretical analysis.*
1970		*Behavior Therapy* 創刊
1971		Skinner, B. F. *Beyond freedom and dignity.*
1972		
1974		Skinner, B. F. *About behaviorism.* The Association for Behavior Analysis International (ABAI) 設立
1975		
1976		Skinner, B. F. *Particulars of my life.*
1977	Tukey, J. W. *Exploratory data analysis.*	Kazdin, A. E. *The token economy : A review and evaluation.* Honig, W. K., & Staddon J. E. R. (Eds.) *Handbook of operant behavior.* *Behavior Modification* 創刊 *Journal of Organizational Behavior Management* 創刊
1978	Simon, H. 意思決定の研究でノーベル経済学賞	Catania, A. C., & Brigham, T. A. (Eds.) *Handbook of applied behavior analysis.*
1980		Johnston, J. M., & Pennypacker, H. S. *Strategies and tactics of human behavioral research.* Epstein, R. (Ed.) *Notebooks.*
1981	Krebs, J. R., & Davies, N. B. *An introduction to behavioural ecology.*	
1982		Epstein, R. (Ed.) *Skinner for the classroom.*
1983		Skinner, B. F. *Enjoy old age : A program of self management.*(M. E. Vaughan と共著) Skinner, B. F. *A matter of consequences : Part three of an autobiography.* 日本行動分析学会設立

行動分析学 関連年表

実験行動分析学および関連領域の重要なできごと	応用行動分析学および関連領域の重要なできごと
Herrnstein & Loveland 自然概念形性の実験	
	Ayllon & Azrin トークン・エコノミー法
Garcia & Koelling 味覚嫌悪条件づけ	
Shimp 瞬時最大化理論	
Overmier & Seligman 学習性無力症	
Miller & DiCara 心拍条件づけ	
Brown & Jenkins 自動反応形成	
Fantino 遅延低減理論	
Wyckoff 観察反応	
Boles 種に特有な防御反応（SSDR）	Bergan & Kratochwill 行動コンサルテーション
Rachlin セルフ・コントロール（自己制御）	
Staddon & Simmelhag 中間・終端行動	
Sidman 刺激等価性	
Rescorla-Wagner モデル	Fox & Azrin 過剰修正法
Solomon & Corbit 相反過程理論	
Baum 一般化対応法則（一般対応法則）	
Timberlake & Allison 反応遮断化理論	
Siegel 条件補償反応	
Timberlake & Grant 行動システム分析	
Rachlin et al. 最適化理論	Reiss 行動コミュニティ心理学
Hursh 開放-封鎖経済的実験環境	
Herrnstein & Vaughan 逐次改良理論	
	Horner 代表例教授法
Nevin et al. 行動モメンタム理論	

年	心理学ならびに関連科学の主な出来事	行動分析学の重要な書籍
1985		Zuriff, G. E. *Behaviorism : A conceptual reconstruction.*
1986	Rumelhart, D. E., McClelland, J. L., & PDP Research Group *Parallel distributed processing : Explorations in the microstructure of cognition.*	*Behavioral Interventions* 創刊
1987		Skinner, B. F. *Upon further reflection.*
1988		Harnad, S., & Catania, A. C.(Eds.) *The selection of behavior : The operant behaviorism of B. F. Skinner : Comments and consequences.*
1989		Skinner, B. F. *Recent issues in the analysis of Behavior.*
1990		Skinner, B. F. 死去（1904〜）
1991		*Behavior and Social Issues* 創刊
		Iversen, I. H., & Lattal, K. A.(Eds.) *Experimental analysis of behavior*（2 vols.）.
1992		Lattal, K. A.(Guest Editor) *Special Issue : Reflections on B. F. Skinner and psychology. American Psychologist*
1993		Michael, J. L. *Concepts and principles of behavior analysis.*
1994		Sidman, M. *Equivalence relations and behavior.*
		Chiesa, M. *Radical behaviorism : The philosophy and the science.*
1996		
1998		Lattal, K. A., & Perone, M.(Eds.) *Handbook of research methods in human operant behavior.*
1999		
2001		
2002	Kahneman, D. 行動経済学でノーベル経済学賞	
2006	Hinton, G. E., Osindero, S., & The, Y-W. *A fast learning algorithm for deep belief net.*	
2013		Madden, G. J.(Ed.) *APA handbook of behavior analysis.*
2014		McSweeney, F. K., & Murphy, E. S.(Eds.) *The Wiley Blackwell handbook of operant and classical conditioning.*
2017	Thaler, R. 行動経済学でノーベル経済学賞	

実験行動分析学および関連領域の重要なできごと	応用行動分析学および関連領域の重要なできごと
Page & Neuringer 反応変動性	Carr & Durand 機能的コミュニケーション訓練
	Lovaas 自閉症早期プログラム
	Van Houten, R., et al. *The right to effective behaioral treatment.*
	望月昭　行動福祉
	Koegel & Koegel ポジティブ行動支援
	Koegel & Koegel 機軸行動発達支援法
	Hayes, Barnes-Holmes, & Roche 関係フレーム理論
Davison & Baum 選好パルス	

［大石幸二・坂上貴之］

和文引用文献

※各文献の最後に明記してある数字は引用している項目の最初のページを表す

■あ

青木 愛弓（2008）．インコのしつけ教室　誠文堂新光社　……706

青木 美和・山本 淳一（1996）．発達障害生徒における写真カードを用いた家庭生活スキルの形成―親指導プログラムの検討　行動分析学研究，10，106-117．……470

青山 謙二郎（2008）．新しい行動を身につけるメカニズム　内山伊知郎他（編著）子どものこころを育む発達科学―発達の理解・問題解決・支援のために　(pp.52-71)　北大路書房　……186

青山 謙二郎（2015）．ラット用オペラント箱の装置と研究　行動分析学研究，30，46-51．……164

明崎 禎輝他（2008）．杖歩行練習に対する視覚的プロンプトの有効性　理学療法科学，23，307-311．……656

明崎 禎輝他（2010）．脳血管障害患者に対する床からの立ち上がり動作練習の効果．高知リハビリテーション学院紀要，11，23-26．……656

明崎 禎輝他（2011）．脳血管障害患者における床からの立ち上がり動作獲得のための練習方法．高知リハビリテーション学院紀要，12，35-38．……656

浅野 俊夫（1970）．実験的行動分析（Experimental Analysis of Behavior）におけるデータ集録システム　心理学評論，13，229-243．……122

浅野 俊夫（1975）．ニホンザルの実験的行動分析における理論的展開　心理学評論，18，181-197．……8

浅野 俊夫（2016）．最初期累積記録器から米国ガーブランズ社製累積記録器まで―日米のフリーオペラントの記録の歴史　行動分析学研究，30，181-189．……78

浅野 俊夫（2016）．リストバンドと食品カロリーデータを用いたカロリー収支によるダイエット・コントロールの試み　行動分析学研究，31，86-92．……122

アスペ・エルデの会（2015）．市町村で実施するペアレント・トレーニングに関する調査について　厚生労働省平成26年度障害者総合福祉推進事業報告書　……634

阿部 芳久（1989）．書字による要求言語形成と般化促進に関わる先行要件の検討―日常場面における機会利用型指導法の自閉児への適用を通じて　特殊教育学研究，27，49-55．……420

天野 清（1988）．音韻分析と子どものliteracyの習得　教育心理学年報，27，142-164．……440

安生 祐治・山本 淳一（1991）．硬式野球におけるスローイング技能の改善―行動的コーチングの効果の分析　行動分析学研究，6，3-22．……580

■い

飯田 成敏・木村 裕（2005）．VI強化によって維持しているラットのレバー押し反応に対するVR罰の効果　動物心理学研究，55，71-75．……250

井垣 竹晴・坂上 貴之（2003）．変化抵抗をめぐる諸研究　心理学評論，46，184-210．……266

池上 将永（2017）．衝動性とセルフコントロールの神経基盤　高橋雅治（編著）セルフ・コントロールの心理学　(pp.290-312) 北大路書房　……400, 404

井澤 信三（2014）．初代会長（1983）山口薫先生（理事長）行動分析学研究，29，285-286．……148

井澤 信三他（2001）．自閉症生徒間の相互交渉における行動連鎖中断法による要求言語行動の獲得　特殊教育学研究，39，33-42．……420, 470

石井 拓（2016）．Webブラウザ上で動く実験プログラムの開発―JavaScriptとPHPを用いて　行動分析学研究，31，81-85．……122

石川 健介（2000）．長期入院の慢性精神分裂病患者に対するSocial Skills Trainingの適用―般化・維持を促進する手続きの検討　行動療法研究，26，1-13．……670

石川 健介・松本 圭（2015）．心理臨床①　日本行動分析学会（編）　ケースで学ぶ行動分析学による問題解決　(pp.126-133)　金剛出版　……458

石川 菜津美他（2014）．発達障害児に対する「就学スタートプログラム」の開発―タブレット端末を用いた自己モデリング訓練の効果　日本行動分析学会第32回年次大会発表論文集，p.76．……458

市川 祐生・山﨑 裕司（2014）．認知症を伴う片麻痺患者における移乗動作練習．高知リハビリテーション学院紀要，15，11-14．……656

伊藤 正人（1983）．選択行動　八木 冕（監修）佐藤 方哉（編）現代基礎心理学6　学習Ⅱ―その展開　第4章　(pp.97-127) 東京大学出版会　……74, 350

伊藤 正人（1997）．選択行動研究の意義と将来　行動分析学研究，11，2-8．……408, 498

伊藤 正人（2005）．行動と学習の心理学―日常生活を理解する　昭和堂　……362, 408

伊藤 正人（編）（2013）．現代心理学―行動から見る心の探求　昭和堂　……408

伊藤 玲他（2011）．自閉障害児に対するPECSを用いたコミュニケーション指導―文構造の拡大の観点から　特殊教育学研究，49，293-303．……602

乾 友紀他（2014）．成人および高齢者の口腔内における肺炎球菌保菌の実態と唾液タンパクとの関連

日本摂食嚥下リハビリテーション学会雑誌, 18, 265-273. ……652
井上 暁子他 (1996) 自閉症生徒における代表例教授法 (General Case Instruction) を用いた料理指導―品目間般化の検討 特殊教育学研究, 34, 19-30. ……560
井上 雅彦 (1994). 自閉症児の報告言語行動における聞き手の選択 行動科学, 33, 80-90. ……424
井上 雅彦 (1998). 自閉症児における他者への教示言語行動の獲得と般化 発達心理学研究, 9, 179-190. ……424
井上 雅彦 (2012). 自閉症スペクトラム (ASD) へのペアレントトレーニング (PT) 発達障害医学の進歩, 24, 30-36. ……634
井上 雅彦 (2017). 発達障害に対するペアレント・トレーニングの実際と課題 発達障害研究, 39, 87-90. ……634
井上 雅彦他 (1999). 自閉症児における疑問詞質問に対する応答言語行動の獲得と般化 特殊教育学研究, 36, 11-21. ……424
井上 雅彦他 (2008). 子育てが楽しくなる5つの魔法 アスペエルデの会 ……634
今本 繁・門司 京子 (2014). 自閉症児に対する視覚的スケジュールとPECS (絵カード交換式コミュニケーションシステム) を用いたトイレのこだわり行動の減少とトイレ要求行動の形成 自閉症スペクトラム研究, 12, 69-75. ……420
巖佐 庸 (1990) 数理生物学入門―生物社会のダイナミックスを探る HBJ出版局 ……362
岩坂 英巳 (2015). ペアレントトレーニングの基本プラットフォームについて 日本小児神経学会第57回大会シンポジウム ……634
岩田 和彦 (2009). EMBからみたSST 西園昌久 (編) SSTの技法と理論―さらなる展開をもとめて 金剛出版 ……670

う
上村 賢他 (2010). プロンプト・フェイディング法による立ち上がり動作練習 リハビリテーションと応用行動分析学, 1, 8-11. ……656
上村 賢他 (2011). 着座動作訓練に対する傾斜計の有効性 リハビリテーションと応用行動分析学, 2, 20-24. ……656
上村 碧他 (2016). 児童におけるセルフコントロールに対する関係フレーム理論からの理解 行動療法研究, 42, 387-398. ……344
打田 小春他 (2012). 認知機能面と動作学習効果について―動作を引き出す刺激 リハビリテーションと応用行動分析学, 3, 5-8. ……656
内田 佳子・菊水 健央 (2008). 犬と猫の行動学―基礎から臨床へ 学窓社 ……706
内田 善久・伊藤 正人 (1997). 採餌行動の実験室シミュレーション―心理学と生物学の対話 行動分析学研究, 11, 71-87. ……62, 408
内田 善久・伊藤 正人 (1998). 頻度依存捕食は実際に餌の頻度に依存するか？―心理学からの展望 動物心理学研究, 48, 121-148. ……74
梅津 耕作 (編) (1975). 自閉児の行動療法 有斐閣双書 ……130

え
遠藤 有紗他 (2013). 進行性核上性麻痺患者に対する逆方向連鎖法を用いた起き上がり動作練習. 行動リハビリテーション, 2, 31-37. ……656
遠藤 史子・芝野 松次郎 (1998). 老人保健施設における頻回な要求行動を示す高齢者に対する行動療法―刺激統制法とディファレンシャルアテンション法 (DA法) に基づく環境変容の効果 行動療法研究, 24, 1-14. ……694
遠藤 佑一他 (2008). 小学校の清掃場面における相互依存型集団随伴性の適用―学級規模介入の効果と社会的妥当性の検討 行動分析学研究, 22, 17-30. ……514, 686

お
大石 幸二 (1999). 知的発達障害をもつ児童における選択決定機会の設定と自己制御 性格心理学研究, 8, 70-71. ……540
大石 幸二 (2009). 応用行動分析におけるセルフコントロール研究の課題 立教大学心理学研究, 51, 39-45. ……540
大石 幸二 (2015). 行動コンサルテーション―実験と研究の現在位置 コミュニティ心理学研究, 18, 175-185. ……576
大石 幸二 (2016). 行動コンサルテーションに関するわが国の研究動向―学校における発達障害児の支援に関する研究と実践 特殊教育学研究, 54, 47-56. ……576
大久保 賢一 (2015). 児童生徒の行動問題に対する適正手続きとポジティブな行動支援 行動分析学研究, 29, 127-141. ……642
大久保 賢一他 (2007). 通常学級に在籍する発達障害児の他害的行動に対する行動支援―対象児に対する個別的支援と校内支援体制の構築に関する研究 特殊教育学研究, 45, 35-45. ……686
大久保 賢一他 (2011). 通常学級における日課活動への参加を標的とした行動支援―児童に対する個別的支援と学級全体に対する支援の効果検討 特殊教育学研究, 48, 383-394. ……686
大久保 街亜・岡田 謙介 (2012). 伝えるための心理統計―効果量・信頼区間・検定力 勁草書房 ……106

大河内 浩人他（2006）．報酬は内発的動機づけを低めるのか　大阪教育大学紀要第Ⅳ部門, 54, 115-123. ……186
大河内 浩人（2016）．成人を対象とした実験装置の歴史的変遷を概観する　行動分析学研究, 31, 67-72. ……122
大阪市（2014）．桜宮高等学校の事案にかかる外部観察チームからの報告書の受領について　http://www.city.osaka.lg.jp/kyoiku/page/0000217951.html（2018年8月28日確認）……642
太田 研・齋藤 正樹（2014）．自閉症スペクトラム障害のある生徒の独語行動の減少に及ぼす教示と自己記録の効果　行動分析学研究, 28, 82-93. ……540
大対 香奈子他（2006）．小学1年生児童に対する学習時の姿勢改善のための介入パッケージの効果―学級単位での行動的アプローチの応用　行動分析学研究, 20, 28-39. ……686
大月 友他（2013）．Implicit Relational Assessment Procedure（IRAP）の信頼性と妥当性の検討―言語関係と心理的柔軟性の測定　行動療法研究, 39, 99-110. ……344
大西 仁・望月 要（2005）．伝送遅延を伴う音声通信における反応待ち無音状態への非分化応答による伝送遅延の心理的影響低減―言語条件づけによる検討　電子情報通信学会技術研究報告, 105（M9）, 81-85. ……122
小笠原 恵・氏森 英亜（1990）．精神発達遅滞事例における要求語の出現頻度を高める条件の検討―機会利用型指導法およびマンド・モデル法を通して　行動分析学研究, 5, 45-56. ……420
小笠原 恵他（1994）．精神遅滞児および自閉症児に対する要求行動の形成に関する研究　特殊教育学研究, 31, 39-45. ……420
岡島 義他（2011）．うつ病に対する行動活性化療法―歴史的展望とメタ分析　心理学評論, 54, 473-488. ……626
岡島 純子・鈴木 伸一（2012）．自閉症スペクトラム障害児に対する社会的スキル訓練―欧米との比較による日本における現状と課題　カウンセリング研究, 45, 229-238. ……540
岡田 一馬他（2017）．脳血管障害片麻痺者の回復期における基本動作能力の変化　行動リハビリテーション, 6, 2-7. ……656
岡村 章司（2015）．特別支援学校における自閉症児に対する保護者支援―母親の主体性を促す支援方略の検討　特殊教育学研究, 53, 35-45. ……686
沖中 武（2012）．記録公表手続きとプロンプトが自転車及びバイク利用者の歩道における安全行動に及ぼす効果　行動分析学研究, 27, 16-28. ……564
沖中 武・嶋崎 恒雄（2010）．自己記録と自己目標設定がソフトテニスのファーストサービスの正確性に及ぼす効果　行動分析学研究, 24, 43-47. ……548, 580
沖中 武・嶋崎 恒雄（2010）．不法駐輪に対する行動分析的アプローチ―データ付きポスターの掲示と駐輪禁止範囲明示の効果　行動分析学研究, 25, 22-29. ……564, 718
奥田 健次（2001）．認知発達と言語行動―「心の理論」研究科から　日本行動分析学会（編）ことばと行動―言語の基礎から臨床まで（pp.190-210）　ブレーン出版 ……462
奥田 健次（2005）．不登校を示した高機能広汎性発達障害児への登校支援のための行動コンサルテーションの効果―トークン・エコノミー法と強化基準変更法を使った登校支援プログラム　行動分析学研究, 20, 2-12. ……532
小貫 睦巳（2017）．先端技術とbiofeedback療法の可能性　バイオフィードバック研究, 44, 3-8. ……198
小野 浩一（1998）．行動連鎖―その獲得と遂行　心理学評論, 41, 426-442. ……320
小野 浩一（2005）．行動の基礎―豊かな人間理解のために　培風館 ……30, 122, 470
小野 浩一（2015）．データで振り返る日本行動分析学会の30年　行動分析学研究, 29, 168-169. ……148
小野瀬 雅人（1987）．幼児・児童におけるなぞり及び視写の練習が書字技能の習得に及ぼす効果　教育心理学研究, 35, 9-16. ……440
小野寺 敦志（2005）．認知症高齢者に対する生活支援の試み―応用行動分析学的視点を用いた役割行動の再構築　日本大学大学院総合社会情報研究科紀要, 6, 291-302. ……694

■か
梶 正義・藤田 継道（2006）．通常学級に在籍するLD・ADHD等が疑われる児童への教育的支援―通常学級担任へのコンサルテーションによる授業逸脱行動の改善　特殊教育学研究, 44, 243-252. ……686
粕谷 英一（1990）．行動生態学入門　東海大学出版会 ……408
桂下 直也他（2008）．光フィードバック装置を用いた歩行器歩行練習の効果―足部クリアランスの改善を目的として．高知リハビリテーション学院紀要, 9, 23-27. ……656
加藤 哲文（1988）．無発語自閉症児の要求言語行動の形成―音声言語的反応型の機能化プログラム　特殊教育学研究, 26, 17-28. ……420
加藤 哲文・小林 重雄（1989）．自閉症児の要求言語行動の形成―プロンプト刺激の遅延提示条件の検討　行動療法研究, 15, 24-35. ……420
加藤 哲文・大石 幸二（2004）．特別支援教育を支える行動コンサルテーション―連携と協働を実現するためのシステムと技法　学苑社 ……576

鎌倉 やよい・坂上 貴之 (1996). 手術前呼吸練習プログラムの開発とその効果の検討 行動分析学研究, 9, 2-13. ……652
鎌倉 やよい (2015). 第3章―行動分析学による問題解決③―医療における行動問題への取り組み 山本淳一他 (責任編集) ケースで学ぶ行動分析学による問題解決 (pp.29-35) 金剛出版 ……652
河原 純一郎・坂上 貴之 (編著) (2010). 心理学の実験倫理―「被験者」実験の現状と展望 勁草書房 ……20
環境省 (2008). 平成19年度風力発電施設バードストライク防止策実証業務報告書 ……122

き

菊地 惠美子 (1995). 精神遅滞児における濁音の読み行動変容―平仮名・片仮名の両者について 特殊教育学研究, 32, 49-57. ……478
木下 奈緒子他 (2011). 人間の言語と認知に対する関係フレーム理論からの理解―刺激機能の変換に関する基礎研究の展望 行動療法研究, 37, 65-75. ……344
木村 容子 (2012). 被虐待児の専門里親支援―M-D & Dにもとづく実践モデル開発 相川書房 ……690
沓掛 展之・古賀 庸憲 (編) (2012). シリーズ 現代の生態学5 行動生態学 共立出版 ……408
久能 弘道・岩本 隆茂 (1995). 見本刺激提示位置のランダム化によるハトの等価性成立再考 動物心理学研究, 45, 121. ……328
倉田 敬子・坂上貴之 (2002). 科学論文の構成要素の変容とその要因―実験心理学系論文を対象とした年代、分野、雑誌編集方針の検討 科学技術社会論学会第1回年次研究大会予稿集, 91-94. ……110
倉田 敬子 (2007). 学術情報流通とオープンアクセス 勁草書房 ……110
倉光 晃子他 (2008). 広汎性発達障害児に対する家庭を基盤としたPECSを用いた要求言語行動の形成 障害科学研究, 32, 159-171. ……420, 446
栗原 和彦 (2011). 心理臨床家の個人開業 遠見書房 ……678
桑田 繁他 (1994). 行動論的音楽療法 (I) ―ダウン症女児に対するプレマックの原理の適用 作陽音楽大学・短期大学研究紀要, 27, 1-13. ……510

こ

小井田 久美・園山 繁樹 (2004). 自閉性障害幼児に対するPECSによるコミュニケーション指導に関する事例検討 行動分析学研究, 19, 161-174. ……602
厚生労働省労働基準局安全衛生部労働衛生課産業保健支援室 (2015). 改正労働安全衛生法に基づくストレスチェック制度について ……698
小島 恵 (1999). 発達障害児における集団随伴性の効果―社会的スキルの獲得過程と自発的援助行動の出現に関する分析から 学校教育学研究論集, 2, 29-39. ……514
小島 恵 (2000). 発達障害児・者における集団随伴性による仲間同士の相互交渉促進に関する研究の動向 特殊教育学研究, 38, 79-84. ……514
小林 重雄・杉山 雅彦 (1977). 自閉症幼児の音声模倣訓練に関する検討―発語困難児について 心身障害学研究, 1, 83-89. ……130

さ

齋藤 正樹 (2011). 時間管理としての行動の時間配分―価値割引の視座からのパフォーマンス・マネジメントの検討 立教大学心理学研究, 53, 41-53. ……540
佐伯 大輔 (2001). 遅延・確率・共有による報酬の価値割引 行動科学, 40, 29-38. ……374
佐伯 大輔・伊藤 正人 (1997). 不確実状況における意思決定を巡る「選択行動研究」と「認知的意思決定研究」の融合 行動分析学研究, 11, 56-70. ……374
佐伯 大輔・伊藤 正人 (2004). 都市の放置自転車問題に対する心理学的アプローチ 都市文化研究, 4, 44-55. ……718
坂井 克之 (2009). 脳の中の「わたし」 講談社 ……340
坂上 聡 (1997). 自閉性障害児へのVOCAを利用したコミュニケーション指導 特殊教育学研究, 34, 59-64. ……420
坂上 貴之 (2002). 悪くはない出発―行動分析学的ユートピア 坂上 貴之他 (編著) ユートピアの期限 (pp.375-391) 慶應義塾大学出版会 ……4
坂上 貴之 (2004). 倫理的行動と対抗制御―行動倫理学の可能性 行動分析学研究, 19, 5-17. ……20
坂上 貴之 (2006). 経済心理学 海保 博之・楠見 孝 (監修) 心理学総合辞典 (pp.584-591) 朝倉書店 ……412
坂上 貴之 (2010). 行動経済学 海保 博之・松原 望 (監修) 感情と思考の科学事典 (pp.406-441) 朝倉書店 ……412
坂上 貴之 (2011). ある心理学方法論に見る陥穽と処方箋―「サリーとアンの問題」「裏切り者検知」「不公平嫌悪」をめぐって 哲学 第127集・慶應義塾150年記念論文集〈自省する知：人文・社会科学のアクチュアリティー〉, 33-59. ……114
坂上 貴之 (2014). 行動経済学の歴史 下山晴彦 (編) 誠信心理学辞典 新版 (pp.850-852) 誠信書房 ……412
坂上 貴之・倉田 敬子 (2000). 論文構成要素の計測から見た行動的および認知的アプローチの特性 日本心理学会第65回大会発表論文集 (p.1). ……110

坂上 貴之・倉田 敬子 (2001). 異なる学術専門雑誌における論文構成要素の比較—行動的アプローチでの研究成果報告の特性 日本心理学会第65回大会発表論文集 (p. 2). ……110
坂上 貴之・倉田 敬子 (2003). 雑誌発行主体の相違がもたらす論文構成要素の特性—行動的および認知的アプローチの場合 日本心理学会第67回大会発表論文集 (p. 14). ……110
坂上 貴之・丹野 貴行 (2015). 強化スケジュールによる行動の制御と解析—IRTの分析から見えるもの 行動分析学研究, 30, 69-75. ……110
坂上 貴之・井上 雅彦 (2018). 行動分析学：行動の科学的理解をめざして 有斐閣 ……4
佐久間 徹 (1978). 自閉児のオペラント療法における強化子の問題. 梅花女子大学文学部紀要, 17-25. ……432
佐久間 徹 (1988). フリー・オペラント技法による自閉症児の言語形成 (その1)—構音困難を伴う自閉症児に対するワン・サウンド・センテンスの試み 上里一郎 (編), 心身障害児の行動療育 (pp. 62-93) 同朋舎. ……420
佐久間 徹 (2013). 広汎性発達障害児への応用行動分析 (フリーオペラント法) 二瓶社 ……432
佐久間 徹・石原 幸子 (2015). 発達障害児の言語獲得—応用行動分析の支援 (フリーオペラント法) 二瓶社 ……462
櫻井 芳雄 (2013). バイオフィードバック 藤永 保 (監修) 最新心理学事典 (p. 604) 平凡社. ……198
佐々木 一圭・関戸 英紀 (2016). 特別な教育的ニーズのある定時制高校生に対する学習支援—協同学習に相互依存型集団随伴性を組み合わせた介入の検討 特殊教育学研究, 54, 121-131. ……686
佐々木 和義 (1985). 模倣・モデリング 異常行動研究会 (編) オペラント行動の基礎と臨床 (pp. 112-125) 川島書店 ……458
佐々木 寛法他 (2016). 認知症患者に対する行動練習—4症例の臨床的検討. 行動リハビリテーション, 5, 44-48. ……656
佐藤 正二他 (1988). 精神遅滞児の社会的スキル訓練 上里 一郎 (編) 心身障害児の行動療育 (pp. 207-242) 同朋舎 ……462
佐藤 晋治他 (2001). 点字ブロック付近への迷惑駐輪の軽減—データ付きポスター掲示の効果 行動分析学研究, 16, 36-47. ……564
佐藤 友哉他 (2016). 社交不安のサブタイプにおける関係フレームづけの流暢性と生理的反応の差異—関係フレーム理論からの検討 行動医学研究, 21, 91-98. ……344
佐藤 方哉 (2001). 言語への行動分析学的アプローチ 日本行動分析学会 (編) 浅野 俊夫・山本 淳一 (責任編集) ことばと行動—言語の基礎から臨床まで ブレーン出版 (pp. 3-22) ……420
佐藤 方哉 (1976). 行動理論への招待 大修館書店 ……8, 34
佐藤 方哉 (1983). 序論 学習研究の展開 八木 冕 (監修) 佐藤 方哉 (編) 現代基礎心理学6 学習II (pp. 1-12) 東京大学出版会 ……8
佐藤 方哉 (1985). 行動心理学は徹底的行動主義に徹底している 理想, 625, 124-135. ……8
佐藤 方哉 (1987). 追悼：G. S. レイノルズ博士—ジョージはきっといつまでも見守っていてくれる 行動分析学研究, 2, 67-73. ……110, 384
佐藤 方哉 (1987). 行動分析—徹底的行動主義とオペラント条件づけ 安田生命社会事業団 (編) 精神衛生専門講座 臨床心理学の基礎知識 (pp. 147-192) 安田生命社会事業団. ……50
佐藤 方哉 (1987). 発刊にあたって 行動分析学研究, 1, 1. ……148
佐藤 方哉 (1993). 行動分析学における動物実験の役割—〈理論〉の敗退と反復実験の勝利 心理学評論, 36, 209-225. ……8
佐藤 方哉 (1997). リレーエッセー 私と行動分析学の出会い J-ABAニュース, 6. http://www.j-aba.jp/newsletters/nl1-6.html#sato ……148
サンドバーグ, M. L. (2013). 第25章 言語行動 J. O. クーパー他 中野 良顯 (訳) 応用行動分析 明石書店 ……440

■し

繁桝 算男 (2001). 意思決定 中島義明他 (編) 心理学辞典 有斐閣 ……498
志田 有子他 (2018). ウエアラブルバイオフィードバックについて バイオフィードバック研究, 45, 11-17. ……198
実光 由里子・大河内 浩人 (2007). 確率による報酬の価値割引—現実場面と仮想場面の比較 心理学研究, 78, 269-276. ……374
実森 正子 (2000). 再考：刺激等価性における反射性 動物心理学研究, 50, 199-201. ……328
実森 正子 (2013). 動物の認知プロセスの理解と学習・行動研究 動物心理学研究, 63, 7-18. ……320
篠田 紗枝他 (2011). 知的障害者入所更生施設における自閉性障害者に対する余暇活動支援の事例的検討 福祉心理学研究, 8, 88-98. ……506
芝野 松次郎 (2002). 社会福祉実践モデル開発の理論と実際—プロセティック・アプローチによるデザイン・アンド・デベロップメント 有斐閣 ……690
芝野 松次郎他 (2013). ソーシャルワークとしての子育て支援コーディネート—子育てコンシェルジュのための実践モデル開発 関西学院大学出版会 ……690
芝村 良 (2004). R. A. Fisherの統計理論—推測統計学の形成とその社会的背景 九州大学出版会

……82
嶋崎 まゆみ (1997). 発達障害児の衝動性とセルフコントロール 行動分析学研究, 11, 29-40. ……498, 540
嶋田 あおい他 (1998). ダウン症生徒におけるビデオモデリングを用いた買物スキルの形成に関する検討 行動分析学研究, 13, 27-35. ……466
島宗 理 (2007). ハウツーではなくホワイとしての行動分析学を学校教育のスタンダードに 行動分析学研究, 21, 35-40. ……686
島宗 理 (2015). 日本行動分析学会「体罰」に反対する声明文の策定にあたって 行動分析学研究, 29, 94-95 ……642
島宗 理他 (2003). 行動分析学にもとづいた臨床サービスの専門性—行動分析士認定協会による資格認定と職能分析 行動分析学研究, 17, 174-208. ……148
島宗 理他 (2015). 日本行動分析学会「体罰」に反対する声明 行動分析学研究, 29, 96-107 ……642, 706
島村 直己・三神 廣子 (1994). 幼児のひらがなの習得—国立国語研究所の1967年の調査との比較を通して 教育心理学研究, 42, 70-76. ……440
清水 直治 (共著) (2005). 新版ポーテージ早期教育プログラム 日本ポーテージ協会 ……594
清水 直治 (編著) (2013). 新版ポーテージ早期教育プログラム 初級研修セミナーテキスト 日本ポーテージ協会 ……594
霜田 浩信 (2004). 発達障害児における要求言語形成手続きの検討Ⅱ—自己充足困難な遊具・遊びと自己充足可能な遊具・遊びとの比較を通して 文教大学教育学部紀要, 38, 49-59. ……446
霜田 浩信他 (1999). 発達遅滞児における要求言語形成の試み—機会利用型指導法における前提条件の確立とその評価 東京学芸大学特殊教育研究施設研究年報1999, 81-89. ……420
下山 晴彦 (編) (2010). これからの臨床心理学—臨床心理学をまなぶ1 東京大学出版会 ……134
下山 真衣・園山 繁樹 (2010). カリキュラム修正と前兆行動を利用した代替行動分化強化による激しい自傷行動の軽減 行動分析学研究, 25, 30-41. ……506

■す
菅佐原 洋・山本 淳一 (2009). 学習障害児における読み・書きの困難と脳機能—介入効果と可塑性の観点から 慶應義塾大学大学院社会学研究科紀要, 47, 81-98. ……440
杉本 任士 (2016). 相互依存型集団随伴性にトークンエコノミーシステムを組み合わせた介入による給食準備時間の短縮—小学校1年生を対象とした学級規模介入 行動分析学研究, 31, 48-54. ……686
杉山 尚子 (1987). コーチングにも活きる行動分析 武田 建・柳 敏晴共著 コーチングの心理学 行動分析学研究, 1, 50-53. ……580
杉山 尚子他 (1998). 行動分析学入門 産業図書 ……238, 202, 510, 470, 458, 462
鈴木 誠他 (2004). 重度失語および重度痴呆患者における注目・賞賛の有効性 作業療法, 23, 198-205. ……662
鈴木 誠他 (2006). 箸操作訓練における身体的ガイドの有効性 総合リハビリテーション, 34, 585-591. ……454
鈴木 誠他 (2010). 重度の認知障害と重度の右片麻痺を呈した対象者に対する日常生活動作訓練の効果 行動分析学研究, 24, 2-12. ……454

■せ
関戸 英紀 (1996). 自閉症児における書字を用いた要求言語行動の形成とその般化促進—物品, 人, および社会的機能の般化を中心に 特殊教育学研究, 34, 1-10. ……420

■そ
園山 繁樹 (2004). 激しい行動障害を示す発達障害の人の最適生活設計—応用行動分析学的アプローチと本人中心計画作成を通して 福祉心理学研究, 1, 43-52. ……506
空間 美智子 (2016). 子どもを対象とした実験装置の変遷 行動分析学研究, 13, 92-98. ……122

■た
隆杉 亮太他 (2014). 片麻痺患者の足先引きずりに対する介入—教示とフィードバックが与える影響. 高知リハビリテーション学院紀要, 15, 29-32. ……656
高橋 一将 (2016). 段階的な難易度設定を用いた起立練習—失敗と拒否的な発言数に着目して. 行動リハビリテーション, 5, 39-43. ……656
高橋 智子・山田 剛史 (2008). 一事例実験データの処遇効果検討のための記述統計的指標について—行動分析学研究の一事例実験データの分析に基づいて 行動分析学研究, 22, 49-67. ……110
高橋 雅治 (1997). 選択行動の研究における最近の展開—比較意思決定研究にむけて 行動分析学研究, 11, 9-28. ……498
高橋 雅治 (編) (2017). セルフ・コントロールの心理学—自己制御の基礎と教育・医療・矯正への応用 北大路書房 ……362
高橋 雅治・岩本 隆茂 (1982). 選択行動の研究における最近の動向Ⅰ—その基礎的成果と問題点 心理学評論, 25, 192-230. ……498
高畑 庄蔵・武蔵 博文 (2000). 生活技能支援ツールによるなわとび運動の習得過程と家庭での長期的維持の検討 特殊教育学研究, 37, 13-23. ……686

高浜 浩二・野呂 文行（2009）．広汎性発達障害児における既学習課題の挿入が標的課題の獲得に与える効果―標的課題と既学習課題における反応型についての検討　特殊教育学研究, 47, 103-112. ……518
竹内 康二・山本 淳一（2004）．発達障害児の教科学習を支えるセルフモニタリング　特殊教育学研究, 41, 513-520. ……544
竹内 康二・園山 繁樹（2007）．発達障害者における自己管理スキル支援システムの構築に関する理論的検討　行動分析学研究, 20, 88-100. ……540, 544
武田 建（2010）．ソーシャルワークにおける行動アプローチの台頭　総合福祉科学研究, 1, 1-16. ……690
多田 昌代・加藤 元繁（2005）．行動連鎖中断法による要求言語行動の促進―自閉症障害のある対象児の課題の好みと言語的反応の生起　特殊教育学研究, 42, 513-524. ……420
田中 善大他（2010）．通常学級における集団随伴性を用いた介入パッケージが授業妨害行動に及ぼす効果の検討―介入パッケージの構成要素分析を通して　行動分析学研究, 24, 30-42. ……686
田辺 尚他（2015a）．新たな行動随伴性形成による適切な立ち上がり動作獲得の試み―病棟生活で不適切な立ち上がり動作が習慣化している患者様を対象に　リハビリテーションと応用行動分析学, 5, 27-33. ……656
田辺 尚他（2015b）．認知症患者に対する車椅子操作の獲得と病棟 ADL への般化プログラムの検討．リハビリテーションと応用行動分析学, 5, 6-11. ……656
谷 晋二（2012）．はじめはみんな話せない―行動分析学と障がい児の言語指導　金剛出版 ……428
丹野 貴行・坂上 貴之（2011）．行動分析学における微視―巨視論争の整理―強化の原理，分析レベル，行動主義への分類　行動分析学研究, 25, 109-130. ……144, 214
丹野 義彦（2015）．心理士の専門性と倫理　丹野 義彦他（共著）臨床心理学（pp. 359-383）有斐閣 ……678
丹野 義彦他（2011）．心理師が実施するうつ病への認知行動療法は効果があるか―系統的文献レビューによるメタ分析（特集　コメディカルが実施する認知行動療法）　認知療法研究, 4, 8-15. ……134

■つ
辻下 守弘（2018）．リハビリテーション医療におけるバイオフィードバックの応用　バイオフィードバック研究, 45, 41-44. ……198
恒松 伸（2009）．需要関数を使う　坂上 貴之（編著）意思決定と経済の心理学　朝倉実践心理学講座 1（pp. 30-52）朝倉書店 ……412
鶴見 尚子他（2012）．通常学級の給食準備場面への相互依存型集団随伴性の適用―相互作用を促進する条件の検討　特殊教育学研究, 50, 129-139. ……514, 686

■て
出口 光（1989）．行動修正　小川 隆（監修）・杉本 助男他（共編）行動心理ハンドブック（pp. 95-105）培風館 ……86
出口 光・山本 淳一（1985）．機会利用型指導法とその汎用性の拡大―機能的言語の教授法に関する考察　教育心理学研究, 33, 350-360. ……420, 528
出口 光（1978）．4～5 歳児における般化模倣の獲得と他課題への転移　日本心理学会第 42 回大会発表論文集（pp. 604-605）．……462

■と
道城 裕貴（2012）．通常学級において学級全体を対象に行った行動コンサルテーションの効果　行動療法研究, 38, 117-129. ……686
飛田 伊都子（2009）．慢性血液透析患者の運動習慣化を目指した支援に関する研究　大阪大学博士論文 ……652
飛田 伊都子他（2010）．透析中の床上運動プログラムの効果　日本腎不全看護学会誌, 12, 43-49. ……652
豊田 輝他（2008）．練習方法の違いが模擬大腿義足歩行技能に及ぼす影響について．理学療法科学, 23, 67-71. ……656
豊田 輝他（2009）．指導方法の違いが動作学習に与える影響について―チェイニング法を中心とした指導方法の効果について．理学療法科学, 24, 93-97. ……656
トールネケ, N.（著）山本淳一（監修）武藤崇・熊野宏昭（監訳）（2013）．関係フレーム理論（RFT）をまなぶ―言語行動理論・ACT（アクセプタンス＆コミットメント・セラピー）入門　星和書店．(Törneke, N.（2010）. Learning RFT: An introduction to relational frame theory and its clinical applications. Context Press.）……474

■な
内閣府（2017）．平成 28 年版高齢社会白書, pp. 2-6. Retrieved from http://www8.cao.go.jp/kourei/whitepaper/w-2016/zenbun/28pdf_index.html（2017 年 4 月 29 日確認）……652
長沢 正樹（1995）．重度自閉症児の要求サイン言語の獲得　特殊教育学研究, 32, 99-104. ……420
長沢 正樹・藤原 義博（1996）．自閉症児の音声を伴う要求言語行動の形成―精神薄弱養護学校の日常場面での試み　行動分析学研究, 9, 128-136. ……446
永井 美帆他（2012）．多様な強化刺激を用いた起き上がり動作訓練―時間計測による行動内在型強化の

出現　リハビリテーションと応用行動分析学, 3, 14-18. ……656
中内 麻美（2007）．発達障害児のセルフコントロールにおける言行一致訓練手続きの検討　立教大学心理学研究, 49, 47-56. ……556
中尾 央・後藤 和宏（2015）．メタ認知研究の方法論的課題　動物心理学研究, 65, 45-58. ……392
中島 定彦（1995）．見本合わせ法による動物の行動と認知の分析―岩本ら（1993）の論文に関する5つの問題　心理学評論, 38, 62-82. ……328
中島 定彦（2002）．アニマルラーニング―動物のしつけと訓練の科学　ナカニシヤ出版　……572
中田 衛樹他（2017）．逆方向連鎖化と部分練習の技法を用いた起き上がり動作練習. 高知リハビリテーション学院紀要, 18, 27-32. ……656
中野 良顯（1996）．罰，科学，ヒューマニズム　ソフィア―西洋文化ならびに東西文化交流の研究, 44, 421-434. ……20
中野 良顯（2002）．行動倫理学の確立に向けて―EVT（empirically validated treatments）時代の応用行動分析の倫理　日本行動分析学会第20回大会シンポジウム. ……20
中野 良顯・山下 佳子（1988）．言行一致訓練の適用による「教室内」妨害行動の自己抑制の促進　行動分析学研究, 2, 2-22. ……556
中野 良顯・宮崎 麻衣子（2005）．こどもの上手な教え方　なかよしキッズステーション　……572
中野 良顯・宮崎 麻衣子（2011）．こどもの上手な教え方（改訂新版）　教育臨床研究機構　……590
中村 有里・松見 淳子（2010）．行動的コーチングによるハンドボールのシュートフォームの改善　行動分析学研究, 24, 54-58. ……580
中山 健他（1998）．見本合わせ法を利用した学習障害児に対する英語の読み獲得訓練　特殊教育学研究, 35, 25-32. ……324
中山 智晴他（2015）．逆方向連鎖化の技法を用いた片麻痺者の起き上がり訓練　リハビリテーションと応用行動分析学, 2, 12-15. ……454
中山 智晴他（2016）．高次脳機能障害を合併した重症片麻痺患者に対する車椅子駆動練習　高知リハビリテーション学院紀要, 17, 15-19. ……656
中山 智晴他（2017a）．大腿骨転子部骨折を受傷した重度認知症患者に対する起居・移乗動作訓練　行動リハビリテーション, 6, 28-31. ……656
中山 智晴他（2017b）．Pusher現象と重度認知症を呈した片麻痺患者への移乗動作練習　高知リハビリテーション学院紀要, 18, 23-26. ……656
中山 智晴他（2017c）．重度認知症とPusher現象を呈した右片麻痺患者に対する立位練習―段階的難易度設定を用いた介入　高知リハビリテーション学院紀要, 18, 33-38. ……656

■に
二木 立（1983）．脳卒中患者の障害の構造の研究（第1報）―発症後早期の機能障害と能力障害との関係　総合リハビリテーション, 11, 465-476. ……656
西尾 明子（1987）．言行一致訓練の臨床場面への適用可能性の検討―精神遅滞児における"身振り言語・行動"一致訓練　行動分析学研究, 1, 31-37. ……130, 556
西足 正輝（2008）．ケースで学ぶディサースリア　インテルナ出版　……666
二丹田 裕介他（2013）．認知症患者に対する視覚教示と聴覚教示を併用した移乗動作練習の効果　リハビリテーションと応用行動分析学, 4, 6-10. ……656
日本オペラント教育研究会（編）（1977）．オペラント教育の実践例と展望　川島書店　……130
日本学術会議（2006）．動物実験の適正な実施に向けたガイドライン　……176, 702
日本行動分析学会（1987）．日本行動分析学会倫理要綱. Retrieved from http://www.j-aba.jp/ethics/rinrikouryou.pdf（2017年4月30日確認）……642
日本薬理学会（編）（2010）．実践行動薬理学―実験薬理学　金芳堂　……404

■ね
根木 俊一・島宗 理（2010）．行動的コーチングによる合気道の技の改善　行動分析学研究, 24, 59-65. ……580, 710

■の
野上 ふさ子（2003）．新・動物実験を考える―生命倫理とエコロジーをつないで　三一書房　……176
野口 代他（2016a）．支援決定モデルを用いたスタッフ・サポート・システム（SSS）の効果検証―介入厳密性が高いにも関わらずBPSDが改善しない事例　高齢者のケアと行動科学, 21, 34-49. ……630
野口 代他（2016b）．応用行動分析に基づくBPSDマネジメントの研修効果を維持するためのスタッフ・サポート・システム（SSS）の構築　高齢者のケアと行動科学, 21, 13-33. ……630
野田 航（2018）．応用行動分析学と学習指導. 教育心理学年報, 57, 179-191. ……466
野津 加奈子・山﨑裕司（2007）．認知症患者の立ち上がり動作練習における視覚的プロンプト，シェイピングの効果　高知リハビリテーション学院紀要, 8, 63-66. ……656
野呂 文行・小林 重雄（1996）．自閉症児における刺激性制御シェイピングによる見本合わせの形成　日本行動分析学会第14回年次大会プログラム・発表論文集（pp.48-49）. ……478

■は
橋和久他（2012）．トイレでの転倒頻度の減少を目的とした応用行動分析学的介入による効果の検討. 理学療法科学, 26, 185-189. ……656

長谷川 芳典（1998）．心理学研究における実験的方法の意義と限界（1） 岡山大学文学部紀要，29, 61-72．……8
長谷川 芳典（2016）．スキナー以後の心理学（24）「般化オペラント」概念の意義と課題 岡山大学文学部紀要，66, 1-20．……144, 462
畑 佑美・佐伯 大輔（2018）．ハトにおける強化前遅延と強化後遅延が選択に及ぼす効果 動物心理学研究，68, 17-23．……366
原口 英之他（2013）．我が国における発達障害のある子どもの親に対するペアレントトレーニングの現状と課題—効果評価の観点から 行動分析学研究，27, 104-127．……634
原田 隆之（2015）．心理職のためのエビデンス・ベイスト・プラクティス入門—エビデンスを「まなぶ」「つくる」「つかう」 金剛出版 ……134
原田 泰（2010）．図解力アップドリル—デザイン仕事に必ず役立つ ワークスコーポレーション ……110
服巻 繁・島宗 理（2005）．対人支援の行動分析学—看護・福祉・教育職をめざす人のABA入門 ふくろう出版 ……510

■ひ

樋口 義治他（1976）．刻印化・同一化・社会化—トリはトリらしく，サルはサルらしく，ヒトはヒトらしく 心理学評論，19, 249-272．……312
平澤 紀子（2009）．発達障害者の行動問題に対する支援方法における応用行動分析学の貢献—エビデンスに基づく権利保障を目指して 行動分析学研究，23, 33-45．……606
平澤 紀子（2015）．体罰をなくすために，ポジティブな行動支援から 行動分析学研究，29, 119-126．……642
平澤 紀子・藤原 義博（2000）．養護学校高等部生徒の他生徒への攻撃行動に対する機能的アセスメントに基づく指導—Positive Behavioral SupportにおけるContextual Fitの観点から 行動分析学研究，15, 4-24．……686
平澤 紀子他（2003）．教育・福祉現場における積極的行動支援の確実な成果の実現に関する検討 行動分析学研究，18, 108-119．……686
平山 純子他（1996）．言行一致訓練手続きの構成要素の分析—対象児の言語化の選択性に関する検討 心身障害学研究，20, 57-66．……556
廣島 香代子他（2014）．心臓手術後リハビリテーションにおける運動の自律的調整 看護研究，47, 551-562．……652
廣瀬 由美子他（2003）．独語行動の軽減を目指した自閉症児の指導 特殊教育学研究，41, 395-403．……556
廣田 昭久（2016）．バイオフィードバック療法のための基礎知識 バイオフィードバック研究，43, 27-32．……198

■ふ

福田 明（2008）．介護職員の研修に関する文献調査—到達点と課題 介護福祉学，15, 196-201．……630
福森 知宏（2011）．相互依存型集団随伴性が通常学級集団の適応行動に及ぼす効果—発達障害児の在籍する小規模学級における試み 行動分析学研究，25, 95-108．……514, 686
藤 健一（1995a）．キンギョのオペラント条件づけ 動物心理学研究，45, 51-65．……50, 78
藤 健一（1995b）．アカゲザルの距離知覚における視空間の異方性に関する実験的研究 霊長類研究所年報，25, 75．……50
藤 健一（2003）．日本行動分析学会20年の歩み—1983-2002 行動分析学研究，17, 107-135．……148
藤 健一（2015）．『行動分析学研究』30年の歩み—1983-2013 行動分析学研究，29, 334-347．……148, 152
藤 健一（2015）．実験計画法と研究設計：変数同定から行動制御へ—"ハト計画（1943-1944）"におけるSkinnerの行動変容 行動分析学研究，29, 247-253．……82
藤 健一（2016）．オペラント行動研究黎明期における機械式累積記録器—SkinnerのModel-A型累積記録器と，その動作模型の製作 行動分析学研究，30, 193-201．……78
藤 健一・吉岡 昌子（2013）．スキナーの製作した機械式累積記録器の変遷と装置試作行動の分析：1930〜1960 心理学史・心理学論 14/15合併号, 13-29．……78
藤金 倫徳（1988）．強化子としての固執行動の利用に関する研究—行動連鎖の観点からの要求言語行動の形成と般化促進 特殊教育学研究，25, 49-55．……420
藤田 統（1969）．比較心理学的見地よりみた学習の諸問題I—学習における比較心理学的諸研究 本吉良治（編） 学習 講座心理学6 東京大学出版会．……238
藤田 和生（2010）．比較メタ認知研究の動向 心理学評論，53, 270-294．……392
藤田 勉・佐藤 方哉（1985）．岩本隆茂他（編）オペラント行動の基礎と臨床—その進歩と展開 基礎と臨床の心理学シリーズ（pp. 53-79）川島書店 ……384
藤田 勉他（1983）．ヒトにおけるDRLパフォーマンスに及ぼす教示の効果 基礎心理学研究，2, 47-54．……336
藤田 昌也・松見 淳子（2009）．機軸反応訓練（Pivotal Response Treatments）を用いた自閉症児と大学

生との相互作用の形成　行動療法研究, 35, 67-81. ……598
伏見 貴夫（1997）．コミュニケーション行動の機能的分析　小林 重雄（監修）山本 淳一・加藤 哲文（編著）　応用行動分析学入門―障害児者のコミュニケーション行動の実現を目指す（pp.40-60）　学苑社 ……424
藤原 義博（1985）．自閉症児の要求言語行動の形成に関する研究　特殊教育学研究, 23, 47-53. ……420
藤原 義博・加藤 哲文（1985）．重度言語遅滞児の要求―言語行動における反応選択　発達障害研究, 7, 42-51. ……420
古川 敏紀・古本 佳代（2014）．第7章 実験動物の福祉　全国動物保健看護系大学協会カリキュラム検討委員会（編）専門基礎分野　動物福祉学（pp.73-83）インターズー ……176

■ほ
堀 耕治（1985）．行動実験のマイコン制御―実験的行動分析において　心理学評論, 28, 344-359. ……122
堀 耕治他（1989）．行動の維持．小川隆（監修）杉本助男他（編）行動心理ハンドブック（pp.51-93）．培風館 ……384

■ま
前野 隆司（2004）．脳はなぜ「心」を作ったのか―「私」の謎を解く受動意識仮説　筑摩書房 ……340
松井 剛他（2016）Pusher現象を呈した重症片麻痺患者に対する段階的難易度設定による座位・立位練習．高知リハビリテーション学院紀要, 17, 1-8. ……478
松尾 理沙他（2012）．発達障害児の親を対象としたPTの実態と実施者の抱える課題に関する調査　小児の精神と神経, 52, 53-59. ……634
松岡 洋大（2011）．統合失調症における機能障害の病態と治療　精神医学, 53, 111-117. ……670
松﨑 美沙都他（2000）．ヒトのスケジュールパフォーマンスにおける個人差―DRLの場合　日本行動分析学会第18回年次大会発表論文集（pp.66-67）. ……384
松沢 哲郎（1981）．感覚性強化―強化刺激の多様性　心理学評論, 24, 220-251. ……186
松谷 綾子他（2016）．骨盤臓器脱術後の便失禁症状に骨盤底筋の筋電図バイオフィードバック療法が奏功した症例　バイオフィードバック研究, 43, 19-26. ……198
松本 明生（2007）．うつの大学生への学生相談―機能分析心理療法と認知療法の併用　大河内 浩人・武藤 崇（編）行動分析，心理療法プリマーズ―心理療法を学ぶ心理療法がわかる心理療法入門（pp.221-230）ミネルヴァ書房 ……622
松本 明生・大河内 浩人（2002）．言語-非言語行動の連鎖への分化強化による自己教示性制御の成立　行動分析学研究, 16, 22-35. ……332
松本 明生・大河内 浩人（2003）．ルール支配行動―教示・自己ルールとスケジュールパフォーマンスの機能的関係　行動分析学研究, 17, 20-31. ……336
松本 明生・大河内 浩人（2005）．自己教示による痛みの制御に及ぼす社会的基準設定の影響―Hayes & Wolf (1984) の再検討　大阪教育大学紀要第Ⅳ部門（教育科学）, 53, 37-48. ……332
眞邉 一近（2017）．実験的行動分析学における新たな種への挑戦―いかにして動物実験を実施するか？　行動分析学研究, 31, 163-180. ……168
真辺 一近・河嶋 孝（1982）．信号キイ手続きにおける切り換え反応による強化の保留の効果　心理学研究, 53, 304-307. ……284

■み
水越 美奈（2014）．動物福祉の概念　全国動物保健看護系大学協会 カリキュラム検討委員会（編）専門基礎分野　動物福祉学（pp.17-26）インターズー ……702
三原 博光（1998）．行動療法による老人介護の実践的動向―アメリカの実践報告を中心に　山口県立大学社会福祉学部紀要, 4, 57-68. ……694
三原 博光（2003）．高齢者に対する行動変容アプローチの実践と問題点―在宅痴呆性老人の被害妄想の表現を減少する取り組みを通して　行動療法研究, 29, 133-143. ……694
味村 俊樹・福留 惟行（2012）．骨盤底筋協調運動障害を呈する便排出障害型便秘症に対する肛門筋電計と直腸バルーン排出訓練によるバイオフィードバック療法の効果に関する検討　バイオフィードバック研究, 39, 23-31. ……198
宮 裕昭（2011）．要介護高齢者の不適応行動に対する応用行動分析学的介入の諸相　高齢者のケアと行動科学, 16, 53-63. ……694
宮﨑 光明他（2014）．自閉症児に対するPECSと動作模倣を用いたアイコンタクトおよび発声・発語の促進　行動分析学研究, 29, 19-31. ……470, 602
宮下 照子・免田 賢（2007）．新行動療法入門　ナカニシヤ出版 ……458

■む
武藤 崇（2001）．行動分析学と「質的分析」（現状の課題）立命館人間科学研究, 2, 33-42. ……8
武藤 崇（2004）．「注意」と行動的モメンタム（行為）―ADHDの支援方法への示唆（2）立命館人間科学研究, 7, 159-170. ……518
武藤 崇（編）（2006）．アクセプタンス＆コミットメント・セラピーの文脈―臨床行動分析におけるマインドフルな展開　ブレーン出版 ……8

武藤 崇（2007）．特別支援教育から普通教育へ―行動分析学による寄与の拡大を目指して　行動分析学研究, 21, 7-23. ……686
武藤 崇（編）（2011）．ACT（アクセプタンス&コミットメント・セラピー）ハンドブック―臨床行動分析によるマインドフルなアプローチ　星和書店 ……8, 344
武藤 崇・多田 昌代（2001）．確立操作の概念とその有用性―より包括的な支援を可能にする分析枠の再検討　特殊教育学研究, 39, 25-30. ……506
武藤 崇・髙橋 稔（2007）．成人の応用行動分析―オトナにも行動分析は使える　大河内 浩人・武藤 崇（編著）行動分析　心理療法プリマーズ―心理療法を学ぶ心理療法がわかる心理療法入門（pp. 69-78）ミネルヴァ書房 ……674
村中 智彦（2002）．知的障害者における選択機会の効果に関わる文献的考察　上越教育大学研究紀要, 22, 59-73. ……498
村本 浄司・園山 繁樹（2008）．知的障害者入所更生施設における激しい行動問題を示す自閉症利用者に対する行動契約法を中核とした介入パッケージ　福祉心理学研究, 5, 12-24. ……552
村本 浄司・園山 繁樹（2010）．知的障害者入所更生施設において多飲行動を示す自閉症者に対するPECSを用いた支援の効果　特殊教育学研究, 48, 111-122. ……602
村山 司・鳥羽山 照夫（1997）．シロイルカにおける刺激等価性に関する予備的研究　動物心理学研究, 47, 79-89. ……328
室伏 靖子（1999）．"等価な関係"の新展開―反応の機能について　動物心理学研究, 49, 217-228. ……328
室伏 靖子（1983）．動物の記憶　佐藤 方哉（編）学習Ⅱ―その展開　現代基礎心理学（pp. 43-72）東京大学出版会 ……324

も

最上谷 拓磨他（2014）．四肢不全麻痺患者の起き上がり動作に対する応用行動分析学的介入. 行動リハビリテーション, 3, 79-83. ……656
望月 昭（1978）．観察学習と般化模倣―社会的学習への行動分析的アプローチ　心理学評論, 21, 251-263. ……462
望月 昭（1989）．福祉実践の方法論としての行動分析学―社会福祉と心理学の新しい関係　社会福祉学, 30, 64-84. ……690
望月 昭（1993）．「行動福祉」という立場は成立するだろうか―障害児者福祉の研究・実践のパラダイムとして　行動科学, 32, 55-80. ……690
望月 昭（1997）．"コミュニケーションを教える"とは？―行動分析学によるパラダイムチェンジ　山本 淳一・加藤 哲文（編）応用行動分析学入門（pp. 2-25）学苑社 ……690
望月 昭（2001）．行動的QOL―「行動の健康」へのプロアクティブな援助　行動医学研究, 7, 8-17. ……690
望月 昭（2010）．「助ける」を継続的に実現するための対人援助学　望月 昭他（編）対人援助学の可能性―「助ける科学」の創造と展開（pp. 9-31）福村出版 ……690
望月 昭・野崎 和子（2001）．障害と言語行動―徹底的行動主義と福祉　日本行動分析学会（編）ことばと行動―言語の基礎から臨床まで（pp. 213-235）ブレーン出版 ……462, 498
望月 昭他（1988）．〝精神遅滞者における要求言語行動の実現―施設職員によるプロンプト付き時間遅延操作の検討　特殊教育学研究, 26, 1-11. ……502
望月 要（1993）．乱比率（RR）及び変時隔（VI）食餌強化スケジュールの下でのハトのタイムアウト行動　基礎心理学研究, 12, 9-16. ……254
望月 要（2009）．ヒトの強化スケジュール実験のための意識性を生じさせにくい操作体の製作　日本行動分析学会　第27回年次大会論文集（p. 102）. ……122
望月 要・佐藤 方哉（2002）．行動分析学における"パーソナリティ"研究　行動分析学研究, 17, 42-54. ……198
森 久美子（2009）．行動的ゲーム理論から考える　坂上 貴之（編）意思決定と経済の心理学　朝倉実践心理学講座（pp. 169-188）朝倉書店 ……378
森山 哲美（2004）．科学的研究における動物と倫理　行動分析学研究, 19, 52-70. ……20, 176
文部科学省（2012）．通常の学級に在籍する発達障害の可能性のある特別な教育的支援を必要とする児童生徒に関する調査結果について ……440

や

矢作 満（2013）．運動障害性構音障害患者に対する身体接触の有効性―失声状態と拒否の言動に対するアプローチ　行動リハビリテーション, 2, 38-42. ……666
矢野 円郁（2010）記憶のリハビリテーションにおけるエラーレス・ラーニング法に関する理論的考察 中京大学心理学研究科・心理学部紀要, 9, 57-70. ……478
山岸 侯享（2009）．行動の意思決定理論から考える　坂上 貴之（編）意思決定と経済の心理学（pp. 156-168）朝倉書店 ……378
山岸 直基（2000）．ヒトの系列反応の変動性に及ぼす強化随伴性の効果　行動分析学研究, 15, 52-66. ……246
山岸 直基（2005）．行動変動性とオペラント条件づけ　基礎心理学研究, 23, 183-200. ……246

山口　薫（1968）．オペラント原理とその精神薄弱児への適用　東京学芸大学特殊教育研究施設研究紀要，1, 128-140. ……130
山口　薫（2003）．応用行動分析学—わが国における発展と課題　行動分析学研究，17, 99-106. ……148
山口　哲生・伊藤　正人（2006）．理想自由分布理論に基づく個体分布の実験的検討—絶対報酬量と集団サイズの効果　心理学研究，76, 547-553. ……74, 388, 408
山口　真澄他（2006）．幽門側胃切除術後患者における退院後の食事摂取量の自律的調整に関する研究　日本看護研究学会雑誌，29（2），19-26. ……652
山﨑　正啓・山崎　裕司（2016）．声量のフィードバックを用いた発声訓練—構音障害を呈したパーキンソン病患者における検討　リハビリテーションと応用行動分析学，6, 24-26. ……666
山﨑　裕司・山本　淳一（編）（2008）．リハビリテーション効果を最大限に引き出すコツ—応用行動分析で運動療法とADL訓練は変わる　三輪書店　……666
山﨑　裕司・山本　淳一（編）（2012）．リハビリテーション効果を最大限に引き出すコツ—応用行動分析で運動療法とADL訓練は変わる　第2版　三輪書店　……656
山﨑　裕司・松下恵子（2008）．車椅子キャスター上げスキルトレーニング—行動分析的コーチングの効果　高知リハビリテーション学院紀要，9, 29-33. ……656
山﨑　裕司・鈴木　誠（2005）．身体的ガイドとフェイディング法を用いた左手箸操作の練習方法　総合リハビリテーション，33, 859-864. ……454
山﨑　裕司・遠藤晃祥（2017）認知症に対する応用行動分析学的介入　高知リハビリテーション学院紀要，18, 1-10. ……478
山崎　由美子（1999）．動物における刺激等価性　動物心理学研究，49, 107-137. ……324, 328
山田　岩男（1995）．養護学校における自発的選択要求行動の形成　行動分析学研究，8, 12-21. ……420
山田　剛史（1998）．単一事例実験データの分析方法としてのランダマイゼーション検定　行動分析学研究，13, 44-58. ……106
山田　剛史（1999）．単一事例実験データへの統計的検定の適用—ランダマイゼーション検定とC統計　行動分析学研究，14, 87-98. ……106
山田　剛史（2015）．シングルケースデザインの統計分析　行動分析学研究，29, 219-232. ……106, 110
山田　剛史・村井潤一郎（2004）．よくわかる心理統計　やわらかアカデミズム・「わかる」シリーズ　ミネルヴァ書房　……106
山田　剛史・鈴木　雅之（2017）．SPSSによる心理統計　東京図書　……82
山田　剛史他（2015）．Rによる心理データ解析　ナカニシヤ出版　……82
山本　淳一（1986）．自閉児における刺激等価性の形成　行動分析学研究，1, 1-21. ……130
山本　淳一（1992）．刺激等価性—言語機能・認知機能の行動分析　行動分析学研究，7, 1-39. ……474
山本　淳一（2000）．自閉症児のコミュニケーション—機能的アプローチの可能性　小島　祥三・鹿取　廣人（監修）久保田　競（編）　ことばの障害と脳のはたらき（pp.40-94）　ミネルヴァ書房　……424
山本　淳一（2009）．「対称性」の発達と支援—概念・実験応用からの包括的展望　認知科学，16, 1-16. ……474
山本　祐太他（2015）．認知症患者の病棟車椅子移動の自立に向けて　リハビリテーションと応用行動分析学，5, 12-16. ……656

■よ
吉岡　昌子（2015）．日本行動分析学会創立20年から30年までの歩み—2003-2013　行動分析学研究，29, 315-333. ……148
吉岡　昌子（2016）．Skinnerが製作した傾斜箱の下降式累積記録器（1930年）と、その動作模型　行動分析学研究，30, 189-192. ……78
吉田　泰介他（2011）．薬物療法による予後改善—認知改善薬を中心に　精神医学，53, 127-134. ……670
吉野　智宣美（2012）．スクールシャドー入門：ABA応用行動分析学—特別に支援が必要な子どもたちを国や学校でサポートする親・セラピストそして先生のために　学苑社　……458
吉野　俊彦（2015）．反応抑制手続きとしての弱化—自己矛盾の行動随伴性　行動分析学研究，29, 108-118. ……250, 258, 642
吉野　俊彦・木村　裕（1991）．ラットの罰事態における非強化選択肢への反応生起　心理学研究，62, 9-15. ……250
吉村　正美他（2014）．視覚障害・認知症を有する患者に対する触覚教示と賞賛による立ち上がり動作練習—応用行動分析学の介入を用いた1症例　行動リハビリテーション，3, 49-52. ……656

■ら
ラグマイ，A. V. 著，ボロンガン，C.・佐藤　方哉（共訳）（1990）．私的回想：B. F. スキナーの学問の人間的拡がり　行動分析学研究，5, 109-119.（原文も同時収載）……144

■わ
若林　上総・加藤　哲文（2009）．通常学級における集団随伴性適用への教師の介入受容性—小・中・高等学校間の比較から　行動科学，48, 47-55. ……514

若林 上総・加藤 哲文 (2013). 集団随伴性にパフォーマンス・フィードバックを組み合わせた介入の適用による発達障害のある高校生を含んだ学級への学業達成の支援　行動分析学研究, 28, 2-12. ……686

涌井 恵 (2003). 発達障害児集団における集団随伴性による仲間相互交渉促進に関する条件分析　コミュニケーション障害学, 20, 63-73. ……540

涌井 恵 (2013). 学習障害等のある子どもを含むグループにおける協同学習に関する研究動向と今後の課題—通常の学級における研究・実践を中心に　特殊教育学研究, 51, 381-390. ……514

渡辺 修宏 (2016).「利用者主体の福祉サービス」の実践に対する行動分析学的視点の有用性とその視点に基づく援助者教育の必要性　常磐大学大学院人間科学研究科博士論文（未公刊）. ……694

渡辺 修宏他 (2012). 特別養護老人ホームに入所している認知症高齢者による音楽活動への参加のレベルと参加後の他者へのかかわり行動の関係　対人援助学研究, 1, 33-42. ……694

渡邊 芳之・佐藤 達哉 (1993). パーソナリティの一貫性をめぐる「視点」と「時間」の問題　心理学評論, 36, 226-243. ……384

渡部 匡隆他 (1999). 自閉症児童における代表例教授法を用いた支払いスキルの形成—複数店舗への般化の検討　特殊教育学研究, 36, 59-69. ……560

欧文引用文献

※各文献の最後に明記してある数字は引用している項目の最初のページを表す

A

A-Tjak, J. G. et al.（2015）. A meta-analysis of the efficacy of acceptance and commitment therapy for clinically relevant mental and physical health problems. *Phychotherapy and Psychosomatics, 84*, 30-36. ……618

Abernathy, W. B.（1996）. *The sin of wages: Where the conventional pay system has led us and how to find a way out.* PerfSys Press. ……584

Abernathy, W. B.（2011）. *Pay for profit: Designing an organization-wide performance-based compensation system.* Performance Management Publications, Incorporated. ……714

Abernathy, W. B.（2013）. Behavioral approaches to business and industrial problems: Organizational behavior management. In G. J. Madden（Ed.）, *APA handbook of behavior analysis. Vol. 2: Translating principles into practice*（pp. 501-521）. APA（American Psychological Association）. ……584

Adams, A. N. et al.（2003）. Habit reversal. In W. T. O'Donohue et al.（Eds.）, *Cognitive behavior therapy: Applying empirically supported techniques in your practice*（pp. 189-195）. Wiley. ……568

Adams, C. D.（1982）. Variation in the sensitivity of instrumental responding to reinforcer devaluation. *Quarterly Journal of Experimental Psychology, 34*B, 77-98. ……34

Adams, C. D., & Dickinson, A.（1981）. Instrumental responding following reinforcer devaluation. *Quarterly Journal of Experimental Psychology, 33*B, 109-121. ……34

Adams, G. L.（1996）. Project Follow-Through: In-depth and beyond. *Effective School Practices, 15*, 43-55. ……682

Adams, J. K.（1957）. Laboratory studies of behavior without awareness. *Psychological Bulletin, 54*, 383-405. ……340

Adams, J. M. G., & Tyson, S.（2000）. The effectiveness of physiotherapy to enable an elderly person to get up from the floor. *Physiotherapy, 86*, 185-189. ……454, 662

Aguirre, A. A. et al.（2016）. Empirical investigations of the intraverbal: 2005-2015. *The Analysis of Verbal Behavior, 32*, 139-153. ……428

Ahearn, W. H. et al.（2003）. Persistence of stereotypic behavior: Examining the effects of external reinforcers. *Journal of Applied Behavior Analysis, 36*, 439-448. ……518

Ainslie, G.（1992）. *Picoeconomics: The strategic interaction of successive motivational states within the person.* Cambridge University Press. ……366

Ainslie, G.（2001）. *Breakdown of will.* Cambridge University Press.（エインズリー, G. 山形 浩生（訳）(2006). 誘惑される意志　NTT 出版）……366, 374

Ainslie, G. W.（1974）. Impulse control in pigeons. *Journal of the Experimental Analysis of Behavior, 21*, 485-489. ……366

Akita, K., & Hatano, G.（1999）. Learning to read and write in Japanese. In M. Harris, & G. Hatano（Eds.）, *Learning to read and write: A cross-linguistic perspectives*（pp. 214-238）. Cambridge University Press. ……440

Alberto, P. A., & Troutman, A. C.（1999）. *Applied behavior analysis for teachers*（5th ed.）. Prentice-Hall.（アルバート, P. A., & トルートマン, A. C. 佐久間 徹他（訳）(2004). はじめての応用行動分析　日本語版第 2 版　二瓶社）……450, 510

Albin, R. W., & Horner, R. H.（1988）. Generalization with precision. Horner, R. H., et al.（Eds.）, *Generalization and Maintenance : Life-style changes in applied settings*（pp. 99-120）. Paul H. Brookes.（アルビン, R. W., ホーナー, R. H. 渡部匡隆（訳）(1992). 正確な般化─治療効果の適切な般化のために，小林重雄・加藤哲文（監訳）自閉症，発達障害者の社会参加をめざして─応用行動分析学からのアプローチ　叢書　現代の心理学 3（pp. 99-122）. 二瓶社.）……560

Albin, R. W. et al.（1996）. Contextual fit for behavioral support plans: A model for "goodness of fit". In L. K. Koegel et al.（Eds.）, *Positive behavioral support: Including people with difficult behavior in the community*（pp. 81-98）. Paul H. Brookes. ……609

Aldis, O.（1961）. Of pigeons and men. *Harvard business review, 39*, 59-63. ……584

Alessandri, J., & Rivière, V.（2013）. Timeout from a high-force requirement as a reinforcer: An effective procedure for human operant research. *Behavioural Processes, 99*, 1-6. ……254

Alevizos, P. et al.（1978）. The behavior observation instrument: A method of direct observation for program evaluation. *Journal of Applied Behavior Analysis, 11*, 243-257. ……122

Alexander, R. N. et al.（1976）. The effects of individual and group consequences on school attendance and curfew violations with predelinquent adolescents. *Journal of Applied Behavior Analysis, 9*, 221-226. ……514

Allan, A. C. et al. (2014). Evaluating the emergence of reverse Intraverbals in children with autism. *The Analysis of Verbal Behavior, 31*, 59-75. ……428
Allen, E. K. et al. (1964). Effects of social reinforcement on isolate behavior of a nursery school child. *Child Development, 35*, 511-518. ……90
Allison, J., & Timberlake, W. (1974). Instrumental and contingent saccharin licking in rats: Response deprivation and reinforcement. *Learning and Motivation, 5*, 231-247. ……182
Allison, J. (1983). *Behavioral economics*. Praeger. ……412
Allison, M. G., & Ayllon, T. (1980). Behavioral coaching in the development of skills in football, gymnastics, and tennis. *Journal of Applied Behavior Analysis, 13*, 297-314. ……710
Alvero, A. M. et al. (2001). An objective review of the effectiveness and essential characteristics of performance feedback in organizational settings (1985-1998). *Journal of Organizational Behavior Management, 21*, 3-29. ……564
Andzik, N. R. et al. (2016). Practitioner-implemented functional communication training: A review of the literature. *Research and Practice for Persons with Severe Disabilities, 41*, 79-89. ……536
Anger, D. (1956). The dependence of interresponse times upon the relative reinforcement of different interresponse times. *Journal of Experimental Psychology, 52*, 145-161. ……222
Antonitis, J. J. (1951). Response variability in the white rat during conditioning, extinction, and reconditioning. *Journal of Experimental Psychology, 42*, 273. ……246
Aoyama, K., & McSweeney, F. K. (2001). Habituation contributes to within-session changes in free wheel running. *Journal of the Experimental Analysis of Behavior, 76*, 289-302. ……272
Aoyama, K. (2000). Effects of hunger state on within-session response decreases under CRF schedule. *Learning and Motivation, 31*, 1-20. ……164
APA (American Psychological Association) (1975). Corporal punishment. http://www.apa.org/about/policy/corporal-punishment.aspx (August 28, 2018) ……642
APA (American Psychological Association) (1992). Ethical principles of psychologists and code of conduct. *American Psychologist, 47*, 1597-1611. (アメリカ心理学会. 富田 正利・深沢 道子 (訳) 小嶋 祥三・大塚 英明 (校閲) (1996). サイコロジストのための倫理綱領および行動規範 日本心理学会) ……678
APA (American Psychological Association) (2009). *Publication manual of the American Psychological Association* (6th ed.). American Psychological Association. ……106
APA (American Psychiatric Association) (2013). *Diagnostic and Statistical Manual of Mental Disorders* (DSM-5), (5th ed.). American Psychiatric Publishing (アメリカ精神医学会 (APA) (編) 日本精神神経学会 日本語版用語 (監修) 髙橋 三郎・大野 裕 (監訳) (2014). DSM-5 精神疾患の診断・統計マニュアル 医学書院) ……440, 670
Appel, J. B. (1968). Fixed-interval punishment. *Journal of the Experimental Analysis of Behavior, 11*, 803-808. ……250
Appleby, M. C., & Hughes, B. O. (Eds.). (1997). *Animal welfare*. CABI Publishing. (アップルビー, M. C.・ヒューズ, B. O. (編著) 佐藤 衆介・森 裕司 (監修) (2009). 動物への配慮の科学—アニマルウェルフェアをめざして チクサン出版社) ……702
Arkes, H. R., & Ayton, P. (1999). The sunk cost and Concorde effects: Are humans less rational than lower animals? *Psychological Bulletin, 125*, 591-600. ……378
Arkes, H. R., & Blumer, C. (1985). The psychology of sunk cost. *Organizational Behavior and Human Decision Processes, 35*, 124-140. ……378
Ash, D. W., & Holding, D. H. (1990). Backward versus forward chaining in the acquisition of a keyboard skill. *Human Factors: The Journal of the Human Factors and Ergonomics Society, 32*, 139-146. ……316
Asher, S. R. et al. (1981). Identifying children at risk in peer relations: a critique of the rate-of-interaction approach to assessment. *Child Development, 52*, 1239-1245. ……522
Association for Behavior Analysis International (2017a). Fact Sheet. https://www.abainternational.org/media/press.aspx ……148
Association for Behavior Analysis International (2017b). Special Interest Groups. https://www.abainternational.org/constituents/special-interests/special-interest-groups.aspx ……148
Autor, S. M. (1969). The Strength of conditioned reinforcers as a function of frequency and probability of reinforcement. In D. Hendry (Ed.), *Conditioned reinforcement* (pp. 127-162). Dorsey Press. ……350, 358
Ayllon, T. (1963). Intensive treatment of psychotic behavior by stimulus satiation and food reinforcement. *Behavior Research and Therapy, 1*, 53-61. ……698
Ayllon, T., & Michael, J. (1959). The psychiatric nurse as a behavioral engineer. *Journal of the Experimental Analysis of Behavior, 2*. 323-334. ……118, 698
Ayllon, T., & Roberts, M. D. (1974). Eliminating discipline problems by strengthening academic performance. *Journal of Applied Behavior Analysis, 7*, 71-76. ……490
Azermai, M. et al. (2012). Systematic appraisal of dementia guidelines on the management of behavioural

and psychological symptoms. *Ageing Research Reviews, 11*, 78-86. ······630
Azrin, N. H. (1956). Some effects of two intermittent schedules of immediate and non-immediate punishment. *Journal of Psychology, 42*, 3-21. ······254
Azrin, N. H. (1958). Some effects of noise on human behavior. *Journal of the Experimental Analysis of Behavior, 1*, 183-200. ······258
Azrin, N. H. (1961). Time-out from positive reinforcement. *Science, 133*, 382-383. ······254
Azrin, N. H., & Holz, W. C. (1966). Punishment. In W. K. Honig (Ed.), *Operant behavior: Areas of research and application* (pp. 380-447). Appleton. ······250
Azrin, N. H., & Lindsley, O. R. (1956). The reinforcement of cooperation between children. *Journal of Abnormal and Social Psychology, 52*, 100-102. ······130
Azrin, N. H., & Nunn, R. G. (1973). Habit-reversal: A method of eliminating nervous habits and tics. *Behaviour Research and Therapy, 11*, 619-628. ······568
Azrin, N. H., & Nunn, R. G. (1974). A rapid method of eliminating stuttering by a regulated breathing approach. *Behaviour Research and Therapy, 12*, 279-286. ······568
Azrin, N. H., & Pye, G. (1989). Staff management by behavioral contracting. *Behavioral Residential Treatment, 4*, 89-98. ······552
Azrin, N. H. et al. (1963). Fixed-ratio punishment. *Journal of the Experimental Analysis of Behavior, 6*, 141-148. ······250
Azrin, N. H. et al. (1966). Extinction-induced aggression. *Journal of the Experimental Analysis of Behavior, 9*, 191-204. ······230, 238
Azrin, N. H. et al. (1968). Behavioral engineering: Postural control by a portable operant apparatus. *Journal of Applied Behavior Analysis, 1*, 99-108. ······122
Azrin, N. H. et al. (1980). Treatment of hair pulling (trichotillomania): A comparative study of habit reversal and negative practice training. *Journal of Behavior Therapy and Experimental Psychiatry, 25*, 13-20. ······568
Azrin, N. H. et al. (1982). Alcoholism treatment by disulfiram and community reinforcement therapy. *Journal of Behavior Therapy & Experimental Psychiatry, 13*, 105-112. ······638, 718
Azzi, R. et al. (1964). Exteroceptive control of response under delayed reinforcement. *Journal of the Experimental Analysis of Behavior, 7*, 159-162. ······194

■ B
Bach, P. A., & Moran, D. J. (2008). ACT in practice: Case conceptualization in Acceptance & Commitment Therapy. New Harbinger Publications. (バッハ, P. A. & モラン, D. J. 武藤崇他（監訳）(2009). ACT（アクセプタンス＆コミットメント・セラピー）を実践する―機能的なケース・フォーミュレーションにもとづく臨床行動分析的アプローチ　星和書店) ······144
Baer, D. M., & Sherman, J. A. (1964). Reinforcement control of generalized imitation in young children. *Journal of Experimental Child Psychology, 1*, 37-49. ······304
Baer, D. M. et al. (1967). The development of imitation by reinforcing behavioral similarity to a model. *Journal of the Experimental Analysis of Behavior, 10*, 405-416. ······462
Baer, D. M. et al. (1968). Some current dimensions of applied behavior analysis. *Journal of Applied Behavior Analysis, 1*, 91-97. （ベア, D. M.　中野良顯（訳）応用行動分析の現在のいくつかの次元　山口薫・佐藤方哉（編）(1983). ことばの獲得―言語行動の臨床と基礎 (pp. 196-210)　川島書店) ······4, 94, 130, 502, 576
Baer, D. M. et al. (1987). Some still-current dimensions of applied behavior analysis. *Journal of Applied Behavior Analysis, 20*, 313-327. ······576
Baer, R. A. (1990). Correspondence training: Review and current issues. *Research in Developmental Disabilities, 11*, 379-393. ······556
Baer, R. A. et al. (1987). Using intermittent reinforcement to program maintenance of verbal/nonverbal correspondence. *Journal of Applied Behavior Analysis, 20*, 179-184. ······556
Baer, R. A. et al. (1988). On the functional role of the verbalization in correspondence training procedures. *Journal of Applied Behavior Analysis, 21*, 345-356. ······556
Bailey, J., & Burch, M. (2011) *Ethics for behavior analysts* (2nd expanded ed.). Taylor & Francis. (ベイリー, J., & バーチ, M. 日本行動分析学会行動倫理研究会（訳）(2015). 行動分析家の倫理―責任ある実践へのガイドライン　二瓶社) ······678
Bailey, J. S. et al. (1970). Home-based reinforcement and the modification of pre-delinquents' classroom behavior. *Journal of Applied Behavior Analysis, 3*, 183-184. ······610
Bailey, J. S. et al. (1971). Modification of articulation errors of pre-delinquents by their peers. *Journal of Applied Behavior Analysis, 4*, 265-281. ······610
Baillie, P., & Morrison, S. D. (1963). The nature of the suppression of food intake by lateral hypothalamic lesions in rats. *Journal of Physiology, 165*, 227-245. ······78
Baker, A. G. et al. (1991). Contextual conditioning and reinstatement of extinguished instrumental responding. *Quarterly Journal of Experimental Psychology, 43*, 199-218. ······242

Baker, J. C. et al. (2006). Staff-administered functional analysis and treatment of aggression by elder with dementia. *Journal of Applied Behavior Analysis, 39*, 469-474. ……694
Baker, J. C. et al. (2011). Assessment and treatment of hoarding in an individual with dementia. *Behavior Therapy, 42*, 135-142. ……662
Balda, R. P., & Kamil, A .C. (2006). Linking life zones, life history traits, ecology, and spatial cognition in four allopatric Southwestern seed caching corvids. In M. F. Brown, R. G. Cook, (Eds.), *Animal Spatial Cognition*. http://www.pigeon.psy.tufts.edu/asc/Balda/Default.htm (November 28, 2018). ……392
Ballard, K. D., & Jenner, L. (1981). Establishing correspondence between saying and doing as a procedure for increasing social behaviours of two elementary school children. *The Exceptional Child, 28*, 55-63. ……556
Bambara, L. M., & Koger, F. (1996). *Opportunities for daily choice making.* American Association on Mental Retardation. ……498
Bandura, A. (1965). Influence of models' reinforcement contingencies on the acquisition of imitative responses. *Journal of Personality and Social Psychology, 1*, 589-595. ……202, 304
Bandura, A. (1978). Self-efficacy: Toward a unifying theory of behavior change. *Psychological Review, 84*, 191-215. ……138
Bandura, A. (1986). *Social foundations of thought and action: A social cognitive theory.* Prentice-Hall. ……138
Bandura, A. et al. (1961). Transmission of aggression through imitation of aggressive models. *Journal of Abnormal and Social Psychology, 63*, 575-582. ……304
Barba, L. S. (2012). Operant variability: A conceptual analysis. *The Behavior Analyst, 35*, 213-227. ……246
Barber, T. X. (1976). *Pitfalls in human research: Ten pivotal points.* Pergamon Press. (バーバー, T. X. 古崎 敬（監訳）(1980). 人間科学の方法―研究・実験における 10 のピットフォール 心理学叢書 5 サイエンス社) ……114
Bargh, J. A. (Ed.) (2006). *Social psychology and the unconscious: The automaticity of higher mental processes.* Psychology Press. (バージ, J. A. 及川 昌典他（編訳）(2009). 無意識と社会心理学―高次心理過程の自動性 ナカニシヤ出版) ……340
Barker, J. B. et al. (2013a). Special issue on single-case research in sport psychology. *Journal of Applied Sport Psychology, 25*, 1-3. ……580
Barker, J. B. et al. (2013b). A review of single-case research in sport psychology 1997-2012: Research trends and future directions. *Journal of Applied Sport Psychology, 25*, 4-32. ……580
Barlow, D. H. et al. (2009). *Single case experimental designs: Strategies for studying behavior change* (3rd ed.). Pearson Education. ……98
Baron, A., & Galizio, M. (2005). Positive and negative reinforcement: Should the distinction be preserved? *The Behavior Analyst, 28*, 85-98. ……202
Baron, A., & Leinenweber, A. (1995). Effects of a variable-ratio conditioning history on sensitivity to fixed-interval contingencies in rats. *Journal of the Experimental Analysis of Behavior, 63*, 97-110. ……262
Barraca, J. (2011). Behavioral activation intervention in a patient with depressive symptomatology. *Psychology in Spain, 15*, 22-32. ……626
Barrett, D. H. et al. (1987). The effects of programmed contingencies and social conditions on response sterotypy with human subjects. *The Psychological Record, 37*, 489-505. ……336
Barrett, J. E. (1977). Behavioral history as a determinant of the effects of d-Amphetamine on punished behavior. *Science, 198*, 67-69. ……262
Barrish, H. H. et al. (1969). Good behavior game: Effects of individual contingencies for group consequences on disruptive behavior in a classroom. *Journal of Applied Behavior Analysis, 2*, 119-124. ……514
Barton, L. E. et al. (1986). Maintenance of therapeutic change by momentary DRO. *Journal of Applied Behavior Analysis, 19*, 277-282. ……490
Basu, D. (1980). Randomization analysis of experimental data: The Fisher randomization test. *Journal of the American Statistical Association, 75*, 575-582. ……106
Bate, K. S. et al. (2011). The efficacy of habit reversal therapy for tics, habit disorders, and stuttering: A meta-analytic review. *Clinical Psychology Review, 31*, 865-871. ……568
Bateson, P. P. G. (1966). The characteristics and context of imprinting. *Biological Review, 41*, 177-221. ……312
Bateson, P. P. G. (1990). Is imprinting such a special case? *Philosophical Transactions of the Royal Society, 329*, 121-131. In J. R. Krebs & G. Horn (Eds.), (1991). *Behavioural and neural aspects of learning and memory* (pp. 27-33). Clarendon Press. ……312
Bateson, P. P. G., & Reese, E. P. (1968). Reinforcing properties of conspicuous objects before imprinting has occurred. *Psychonomic Science, 10*, 379-380. ……312

Baum, W. M. (1974a). On two types of deviation from the matching law: Bias and undermatching. *Journal of the Experimental Analysis of Behavior, 22*, 231-242. ……70, 74, 358, 378

Baum, W. M. (1974b). Choice in free-ranging wild pigeons. *Science, 185*, 78-79. ……358

Baum, W. M. (1979). Matching, undermatching, and overmatching in studies of choice. *Journal of the Experimental Analysis of Behavior, 32*, 269-281. ……74

Baum, W. M. (1993). Performances on ratio and interval schedules of reinforcement: Data and theory. *Journal of the Experimental Analysis of Behavior, 59*, 245-264. ……214

Baum, W. M. (2002). From molecular to molar: A paradigm shift in behavior analysis. *Journal of the Experimental Analysis of Behavior, 78*, 95-118. ……144

Baum, W. M. (2005). *Understanding behaviorism: Behavior, culture, and evolution* (2nd ed.). Blackwell Publishing. (ボーム, W. M. 森山 哲美 (訳) (2016). 行動主義を理解する――行動・文化・進化　二瓶社) ……8, 144, 540, 694

Baum, W. M. (2011a). Behaviorism, private events, and the molar view of behavior. *The Behavior Analyst, 34*, 185-200. ……26

Baum, W. M. (2011b). Evasion, private events, and pragmatism: A reply to Moore's response to my review of *Conceptual Foudations of Radical Behaviorism*. *Journal of the Experimental Analysis of Behavior, 95*, 141-144. ……8

Baum, W. M. (2011c). What is radical behaviorism? A review of Jay Moore's *Conceptual Foundations of Radical Behaviorism*. *Journal of the Experimental Analysis of Behavior, 95*, 119-126. ……8

Baum, W. M. (2017). *Understanding behaviorism: Behavior, culture, and evolution* (3rd ed.). Blackwell Publishing. ……8, 144

Baum, W. M., & Davison, M. (2009). Modeling the dynamics of choice. *Behavioural Processes, 81*, 189-194. ……354

Baxley, N. (Producer). (1982). *Cognition, creativity, and behavior: The Columban simulations* (film). Research Press. ……396

Beardsley, S. D., & McDowell, J. J. (1992). Application of Herrnstein's hyperbola to time allocation of naturalistic human behavior maintained by naturalistic social reinforcement. *Journal of the Experimental Analysis of Behavior, 57*, 177-185. ……74

Bearss, K. et al. (2015). Parent training in autism spectrum disorder: what's in a name? *Clinical Child and Family Psychology Review, 18*, 170-182. ……634

Beaulieu, L. et al. (2014). Improving the conversational skills of a college student with peer-mediated behavioral skills training. *The Analysis of Verbal Behavior, 30*, 48-53. ……428

Bechler, C. et al. (2015). Proportion offered in the Dictator and Ultimatum Games decreases with amount and social distance. *Behavioural Processes, 115*, 149-155. ……378

Beck, A. T. et al. (1979). *Cognitive therapy of depression*. Guilford Press. (ベック, A. T. 坂野 雄二 (監訳) (1992). うつ病の認知療法　認知療法シリーズ　岩崎学術出版社) ……626

Beck, R., & Clement, R. (1991). The Great Falls precision teaching project: An historical examination. *Journal of Precision Teaching, 18*, 8-12. ……614

Becker, W. C., & Engelmann, S. (1996). Sponsor findings from Project Follow Through. *Effective School Practices, 15*, 33-42. ……682

Bee, M. A., & Gerhardt, H. C. (2001). Habituation as a mechanism of reduced aggression between neighboring territorial male bullfrogs (*Rana catesbeiana*). *Journal of Comparative Psychology, 115*, 68-82. ……272

Bell, M. C. (1999). Pavlovian contingencies and resistance to change in a multiple schedule. *Journal of the Experimental Analysis of Behavior, 72*, 81-96. ……266

Benson, E. E. et al. (1965). Reinforcement schedules and response variability in preschool children. *Journal of Genetic Psychology, 106*, 195-200. ……246

Bentall, R. P. et al. (1985) The role of verbal behavior in human learning: II. Developmental differences. *Journal of the Experimental Analysis of Behavior, 43*, 165-181. ……332

Berens, K. N. et al. (2003). A technology for evaluating relations between response frequency and academic performance outcomes. *Journal of Precision Teaching and Celeration, 19*, 20-34. ……614

Berni, R., & Fordyce, W. E. (1977). *Behavior modification and the nursing process*. (2nd ed.), Mosby. (ベルニ, R., & フォーダイス, W. E. 大橋 正洋他 (訳) (1982). ナースのための行動療法――問題行動への援助　医学書院) ……652

Berry, M. S. et al. (2012). Development of key-pecking, pause, and ambulation during extended exposure to a Fixed-Interval schedule of reinforcement. *Journal of the Experimental Analysis of Behavior, 97*, 333-346. ……114

Berryman, R., & Nevin, J. A. (1962). Interlocking schedules of reinforcement. *Journal of the Experimental Analysis of Behavior, 5*, 213-223. ……226

Bertin, J. (1967). *Sémiologie Graphique. Les diagrammes, les réseaux, les cartes*. Gauthier-Villars. ……110

Bertin, J. (1981). *Graphics and graphic information-processing* (Berg, W. et al. Trans.). Walter de Gruyter (Original work published 1977). (ベルタン, J. 森田 喬 (訳) (1982). 図の記号学―視覚言語による情報の処理と伝達 地図情報センター) ……110

Bevill, A. et al. (2001). Increasing engagement of preschoolers with disabilities through correspondence training and picture cues. *Journal of Early Intervention, 24*, 129-145. ……556

Bevill-Davis, A. et al. (2004). Correspondence training: A review of the literature. *Journal of Early and Intensive Behavior Intervention, 1*, 13-26. ……556

Bijou, S. W., & Baer, D. M. (1961). *Child development 1: A systematic and empirical theory.* Appleton. (ビジュー, S. W., & ベア, D. M. 山口 薫・東 正 (訳) (1972). 子どもの発達におけるオペラント行動 日本文化科学社) ……506

Bijou, S. W. (1955). A systematic approach to an experimental analysis of young children. *Child Development, 26*, 161-168. ……130

Binder, C. (1996). Behavioral fluency: Evolution of a new paradigm. *The Behavior Analyst, 19*, 163-197. ……440, 584, 614

Binder, C. (2003). Doesn't everyone need fluency? *Performance Improvement, 42*, 14-20. ……614

Bingham, H. C. (1929a). Chimpanzee translocation by means of boxes. *Comparative Psychology Monographs, 5* (3, Serial No. 25). ……396

Bingham, H. C. (1929b). Selective transportation by chimpanzees. *Comparative Psychology Monographs, 5* (4, Serial No. 26). ……396

Birch, H. G. (1945a). The relation of previous experience to insightful problem-solving. *Journal of Comparative Psychology, 38*, 367-383. ……396

Birch, H. G. (1945b). The role of motivational factors in insightful problem solving. *Journal of Comparative Psychology, 38*, 295-317. ……396

Bizo, L. A., & White, K. G. (1994). The behavioral theory of timing: Reinforcer rate determines pacemaker rate. *Journal of the Experimental Analysis of Behavior, 61*, 19-33. ……296

Blackman, D. (1968a). Conditioned suppression or facilitation as a function of the behavioral baseline. *Journal of the Experimental Analysis of Behavior, 11*, 53-61. ……38

Blackman, D. (1968b). Response rate, reinforcement frequency, and conditioned suppression. *Journal of the Experimental Analysis of Behavior, 11*, 503-516. ……222

Blackman, D. K. et al. (1976). Increasing participation in social interaction of the institutionalized elderly. *Gerontologist, 16*, 69-76. ……690

Blanchard, E. B., & Epstein, L. H. (1978). *A biofeedback primer.* Addison-Wesley. (ブランチャード, E. B. & エプスタイン, L. H. 江草安彦他 (訳) (1984). バイオフィードバック入門 医学書院) ……198

Blough, D. S. (1958). A method for obtaining psychophysical thresholds from the pigeon. *Journal of the Experimental Analysis of Behavior, 1*, 31-43. ……392

Blough, D. S. (1959). Delayed matching in the pigeon. *Journal of the Experimental Analysis of Behavior, 2*, 151-160. ……324

Blough, D. S. (1963). Interresponse time as a function of continuous variables: A new method and some data. *Journal of the Experimental Analysis of Behavior, 6*, 237-246. ……70

Blough, P. M. (1971). The visual acuity of the pigeon for distant targets. *Journal of the Experimental Analysis of Behavior, 15*, 57-67. ……280

Blumberg, R. S. et al. (2012). Unraveling the autoimmune translational research process layer by layer. *Nature Medicine, 18*, 35-41. ……118

Boakes, R. A. (1977). Performance on learning to associate a stimulus with positive reinforcement. In H. Davis & H. M. B. Hurwitz (Eds.), *Operant-Pavlovian interactions* (pp. 67-97). Erlbaum. ……308

Boakes, R. A. (1984). *From Darwin to Behaviourism: Psychology and the animal mind.* Cambridge University Press. (ボークス, R. A. 宇津木 保・宇津木 成介 (訳) (1990). 動物心理学史―ダーウィンから行動主義まで 誠信書房) ……4

Bolles, R. C. (1970). Species-specific defense reactions and avoidance learning. *Psychological Review, 77*, 32-48. ……126, 172, 202

Boren, J. J., & Colman, A. D. (1970). Some experiments on reinforcement principles within a psychiatric for delinquent soldiers. *Journal of Applied Behavior Analysis, 3*, 29-37. ……258

Boren, J. J., & Devine, D. D. (1968). The repeated acquisition of behavioral chains. *Journal of the Experimental Analysis of Behavior, 11*, 651-660. ……320

Boren, J. J. et al. (1978). Variability of response location on fixed-ratio and fixed-interval schedules of reinforcement. *Journal of the Experimental Analysis of Behavior, 30*, 63-67. ……246

Boren, J. J. (1963). Repeated acquisition of new behavioral chains. *American Psychologist, 18*, 421-422. ……320

Bornstein, M. R. et al. (1977). Social-skills training for unassertive children: A multiple-baseline analysis. *Journal of Applied Behavior Analysis, 10*, 183-195. ……94

Bottjer, S. W. et al. (1977). Positive behavioral contrast, autoshaping, and omission responding in the

goldfish (*Carassius auratus*). *Animal Learning & Behavior, 5*, 336-342. ……284
Bourret, J. C., & Pietras, C. J. (2013). Visual analysis in single-case research. In G. J. Madden (Ed.), *APA Handbook of Behavior Analysis, Vol. 1: Methods and Principles* (pp. 199-217). American Psychological Association. ……110
Bouton, M. E. (1986). Slow reacquisition following the extinction of conditioned suppression. *Learning and Motivation, 17*, 1-15. ……242
Bouton, M. E. (1988). Context and ambiguity in the extinction of emotional learning: Implications for exposure therapy. *Behaviour Research and Therapy, 26*, 137-149. ……242
Bouton, M. E., & Bolles, R. C. (1979). Contextual control of the extinction of conditioned fear. *Learning and Motivation, 10*, 445-466. ……242
Bouton, M. E., & Swartzentruber, D. (1989). Slow reacquisition following extinction: Context, encoding, and retrieval mechanisms. *Journal of Experimental Psychology: Animal Behavior Processes, 15*, 43-53. ……242
Bouton, M. E. et al. (2011). Renewal after the extinction of free operant behavior. *Learning and Behavior, 39*, 57-67. ……242
Boyce, T. E., & Geller, E. S. (2001). A technology to measure multiple driving behaviors without self-report of participant reactivity. *Journal of Applied Behavior Analysis, 34*, 39-55. ……122
Bower, G., & Grusec, T. (1964). Effect of prior Pavlovian discrimination training upon learning an operant discrimination. *Journal of the Experimental Analysis of Behavior, 7*, 401-404. ……38
Bowlby, J. (1969). *Attachment and loss, Vol. 1: Attachment*. Basic Books. ……312
Bowman-Perrott, L. et al. (2016). Promoting positive behavior using the good behavior game: A meta-analysis of single-case research. *Journal of Positive Behavior Interventions, 18*, 180-190. ……514
Bradshaw, C. M. et al. (1979). The effect of punishment on free-operant choice behavior in humans. *Journal of the Experimental Analysis of Behavior, 31*, 71-81. ……122
Bradshaw, C. P. et al. (2010). Examining the effects of schoolwide positive behavioral interventions and supports on student outcomes: Results from a randomized controlled effectiveness trial in elementally schools. *Journal of Positive Behavior Interventions, 12*, 133-148. ……606
Branch, M. N. (1991). Behavioral pharmacology. In I. H. Iversen, & K. A. Lattal (Eds.), *Experimental analysis of behavior* (Part 2, pp. 21-77). Elsevier. ……404
Breland, K., & Breland, M. (1961). The misbehavior of organisms. *American Psychologist, 16*, 681-684. ……16, 38, 126, 168, 172
Brethower, D., & Smalley, K. (1998). *Performance-based instruction*. Pfeiffer. ……584
Brethower, D. M., & Reynolds, G. S. (1962). A facilitative effect of punishment on unpunished behavior. *Journal of the Experimental Analysis of Behavior, 5*, 191-199. ……284
Brimer, C. J. (1972). Disinhibition of an operant response. In R. A. Boakes & M. S. Halliday (Eds.), *Inhibition and learning* (pp. 225-227). Academic Press. ……242
Bristol, M., & Sloane, H. (1974). Effects of contingency contracting on study rate and test performance. *Journal of Applied Behavior Analysis, 7*, 271-285. ……552
Brobst, B., & Ward, P. (2002). Effects of public posting, goal setting, and oral feedback on the skills of female soccer players. *Journal of Applied Behavior Analysis, 35*, 247-257. ……548
Broden, M. B. et al. (1971). The effect of self-recording of the classroom behavior of two eighth-grade students. *Journal of Applied Behavior Analysis, 4*, 191-199. ……548
Brookman-Frazee, L. et al. (2006). Parenting interventions for children with autism spectrum and disruptive behavior disorders: Opportunities for cross-fertilization. *Clinical Child and Family Psychology Review, 9*, 181-200. ……634
Brookman-Frazee, L. et al. (2009). Parent training interventions for children with autism Spectrum Disorders. In J. L. Matson (Ed.), *Applied Behavior Analysis for Children with Autism Spectrum Disorders* (pp. 237-257). Springer Science + Business Media, LLC. ……634
Brown, J., & Rachlin, H. (1999). Self-control and social cooperation. *Behavioural Processes, 47*, 65-72. ……366
Brown, J. F. et al. (2002). A parent training programme for chronic food refusal: A case study. *British journal of learning disabilities, 30*, 118-121. ……510
Brown, P. L., & Jenkins, H. M. (1968). Auto-shaping of the pigeon's key-peck. *Journal of the Experimental Analysis of Behavior, 11*, 1-8. ……38, 46, 50, 126, 308
Brunswik, E. (1939). Probability as a determiner of rat behavior. *Journal of Experimental Psychology, 25*, 175-197. ……350
Buchanan, J. A., & Fisher, J. E. (2002). Functional assessment and noncontingent reinforcement in the treatment of disruptive vocalization in elderly dementia patients. *Journal of Applied Behavior Analysis, 35*, 99-103. ……496, 694
Budzynski, T., & Stoyva, J. M. (1969). An instrument for producing deep muscle relaxation by means of analog information feedback. *Journal of Applied Behavior Analysis, 2*, 231-237. ……122

Bugelski, R. (1938). Extinction with and without sub-goal reinforcement. *Journal of Comparative Psychology, 26*, 121-134. ……190
Bujedo, J. G. et al. (2014). Failure to find symmetry in pigeons after multiple exemplar training. *Psicothema, 26*, 435-441. ……328
Burch, M. R., & Bailey, J. S. (1999). *How dogs learn.* Howell Book House. ……702
Burgio, L. D., & Burgio, K. L. (1986). Behavioral gerontology: Application of behavioral methods to the problems of older adults. *Journal of Applied Behavior Analysis, 19*, 321-328. ……694
Burton, M., & Spall, B. (1981). The behavioural approach to nursing the elderly. *Nursing Times, 5*, 247-248. ……694
Bush, R. R., & Mosteller, F. (1955). *Stochastic models for learning.* Wiley. ……354
Bushell, D., & Baer, D. M. (1994). Measurably superior instruction means close, continual contact with the relevant outcome data. Revolutionary! In R. Gardner et al. (Eds.), *Behavior analysis in education: Focus on measurably superior instruction.* Brooks/Cole. ……102
Butler, R. A. (1965). Investigative behavior. In A. M. Schrier et al. (Eds.), *Behavior of Nonhuman Primates, 2* (pp. 463-493). Academic Press. ……186

■ C

Callaghan, G. M. (2006). The functional idiographic assessment template (FIAT) system. *The Behavior Analyst Today, 7*, 357-398. ……622
Callaghan, G. M., & Follette, W. C. (2008). FAPRS manual: Manual for the functional analytic psychotherapy rating scale. *The Behavior Analyst Today, 9*, 57-97. ……622
Camerer, C. F. (2003). *Behavioral game theory: Experiments in strategic interaction.* Russell Sage Foundation. ……378
Campbell, P. et al. (1968). Free operant response reinstatement during extinction and time-contingent (DRO) rewards. *Psychological Reports, 22*, 563-569. ……242
Campese, V. et al. (2013). Development of an aversive Pavlovian-to-instrumental transfer task in rat. *Frontiers in Behavioral Neuroscience, 7*, 176. https://www.frontiersin.org/articles/10.3389/fnbeh.2013.00176/full (November 28, 2018). ……38
Cardinal, C. D. et al. (1999). "Self-awareness" in the pigeon: A replication and controls. Association for Behavior Analysis Abstracts. ……396
Carlson, J. G. (1972). Timeout punishment: Rate of Reinforcement and Delay of Timeout. *Learning and Motivation, 3*, 31-43. ……254
Carlson, N. R. (2010). *Physiology of behavior* (10th ed.). Pearson Education. (カールソン, N. R. 泰羅 雅登・中村 克樹 (訳) (2010). カールソン神経科学テキスト—脳と行動 丸善出版) ……400
Carr, E. G. (1977). The motivation of self-injurious behavior: A review of some hypotheses. *Psychological Bulletin, 84*, 800-816. ……536
Carr, E. G. (1988). Functional equivalence as a mechanism of response generalization. In R. H. Horner, et al. (Eds.) *Generalization and maintenance: Lifestyle changes in applied settings* (pp. 221-241). Paul H. Brookes. (カー, E. G. (1992). 反応般化のメカニズムとしての機能的等価性 ホナー, R. H. 他 小林 重雄・加藤 哲文 (監訳) 自閉症, 発達障害者の社会参加をめざして—応用行動分析学からのアプローチ (pp. 234-256) 二瓶社) ……536
Carr, E. G., & Durand, V. M. (1985). Reducing behavior problems through functional communication training. *Journal of Applied Behavior Analysis, 18*, 111-126. ……490, 536, 540
Carr, E. G. et al. (1998). Two perspectives on antecedent control: Molecular and Molar. In J. K. Luiselli, & M. J. Cameron (Eds.), *Antecedent control: Innovative approaches to behavioral support* (pp. 3-28). Paul H. Brookes. (カー, E. G. 他 先行子操作の2つの視点—微視的視点と巨視的視点 ルイセリー, K. J. & キャメロン, M. J. 編 園山 繁樹他 (訳) (2001). 挑戦的行動の先行子操作—問題行動への新しい援助アプローチ (pp. 3-26) 二瓶社) ……506
Carr, E. G. et al. (1999). *Positive behavior support for people with developmental disabilities: A research synthesis.* American Association on Mental Retardation. ……606
Carr, E. G. et al. (2002). Positive behavior support: Evolution of an applied science. *Journal of Positive Behavior Interventions, 4*, 4-16, 20. ……606
Carr, J. E., & Wilder, D. A. (1998). *A guide to understanding problem behavior.* High Tide Press. (カー, J. E., & ワイルダー, D. A. 園山 繁樹 (訳) (2002). 入門—問題行動の機能的アセスメントと介入 二瓶社) ……506
Carr, J. E. et al. (2001). The reductive effects of noncontingent reinforcement: Fixed-time versus variable-time schedules. *Journal of Applied Behavior Analysis, 34*, 505-509. ……206, 494
Carrigan, P. F., & Sidman, M. (1992). Conditional discrimination and equivalence relations: A theoretical analysis of control by negative stimuli. *Journal of the Experimental Analysis of Behavior, 58*, 183-204. ……328
Carroll, E. et al. (2006). Cooperative learning contingencies: Unrelated versus related individual and group contingencies. *Journal of Behavioral Education, 15*, 191-202. ……514

Carroll, R. A., & Klatt, K. P. (2008). Using stimulus-stimulus pairing and direct reinforcement to teach vocal verbal behavior to young children with autism. *The Analysis of Verbal Behavior, 24*, 135-146. ······**432**
Carroll, R. A., & Kodak, T. (2015). Using instructive feedback to increase response variability during intraverbal training for children with autism spectrum disorder. *The Analysis of Verbal Behavior, 31*, 183-199. ······**428**
Carter, D. E., & Werner, T. J. (1978). Complex learning and information processing by pigeons: A critical analysis. *Journal of the Experimental Analysis of Behavior, 29*, 565-601. ······**324**
Carter, R. D., & Thomas, E. J. (1973). A case application of a signaling system (SAM) to the assessment and modification of selected problems of marital communication. *Behavior Therapy, 4*, 629-645. ······**690**
Carter, S. L. (2010). *The social validity manual: A guide to subjective evaluation of behavior interventions in applied behavior analysis.* Academic Press. ······**522**
Catania, A. C. (1963). Concurrent performances: A baseline for the study of reinforcement magnitude. *Journal of the Experimental Analysis of Behavior, 6*, 299-300. ······**350**
Catania, A. C. (1970). Reinforcement schedules and psychophysical judgements: A study of some temporal properties of behavior. In W. N. Schoenfeld (Ed.), *The theory of reinforcement schedules* (pp. 1-42). Appleton. ······**222, 296**
Catania, A. C. (1991). Glossary. In I. H. Iversen & K. A. Lattal (Eds.), *Experimental analysis of behavior : Part 2* (pp. G1-G44). Elsevier. ······**214, 218**
Catania, A. C. (1992). *Learning* (3rd ed.). Prentice-Hall. ······**238**
Catania, A. C. (2007). *Learning* (interim (4th) ed.). Sloan Publishing. ······**34, 316, 436**
Catania, A. C. et al. (1980). Contingency and stimulus change in chained schedules of reinforcement. *Journal of the Experimental Analysis of Behavior, 33*, 213-219. ······**226**
Catania, A. C. et al. (1982). Instructed versus shaped human verbal behavior: Interactions with nonverbal responding. *Journal of the Experimental Analysis of behavior, 38*, 233-248. ······**332**
Chafouleas, S. M. et al. (2012). An evaluation of a classwide intervention package involving self-management and a group contingency on classroom behavior of middle school students. *Journal of Behavioral Education, 21*, 34-57. ······**514**
Charlop-Christy, M. H. et al. (2002). Using the Picture Exchange Communication System (PECS) with children with autism: Assessment of PECS acquisition, speech, social-communicative behavior, and problem behavior. *Journal of Applied Behavior Analysis, 35*, 213-231. ······**602**
Charlop, M. H. et al. (1988). Stimulus variation as a means of enhancing punishment effects. *Journal of Applied Behavior Analysis, 21*, 89-95. ······**272**
Charnov, E. L. (1976). Optimal foraging: Attack strategy of a mantid. *The American Naturalist, 110*, 141-151. ······**408**
Chelonis, J. J. et al. (2007). Effect of time-out adult performance of a visual discrimination task. *Psychological Record, 57*, 359-372. ······**254**
Cheney, T., & Stein, N. (1974). Fading procedures and oddity learning in kindergarten children. *Journal of Experimental Child Psychology, 17*, 313-321. ······**450**
Christensen, D. L. et al. (2016). Prevalence and Characteristics of Autism Spectrum Disorder Among Children Aged 8 Years—Autism and Developmental Disabilities Monitoring Network, 11 Sites, United States, 2012. *Surveillance Summaries., 65*, 1-23. ······**590**
Chung, S. H. (1965). Effects of effort on response rate. *Journal of the Experimental Analysis of Behavior, 8*, 1-7. ······**258**
Church, R. M. (1979). How to look at data: A review of John W. Tukey's Exploratory Data Analysis. *Journal of the Experimental Analysis of Behavior, 31*, 433-440. ······**110**
Church, R. M., & Broadbent, H. A. (1991). A connectionist model of timing. In M. L. Commons et al. (Eds.), *Quantitative analyses of behavior: Discriminative properties of reinforcement schedules* (pp. 225-240). Lawrence Erlbaum Associates. ······**296**
Church, R. M., & Deluty, M. Z. (1977). Bisection of temporal intervals. *Journal of Experimental Psychology: Animal Behavior Processes, 3*, 216-228. ······**296**
Church, R. M., & Gibbon, J. (1982). Temporal generalization. *Journal of Experimental Psychology: Animal Behavior Processes, 8*, 165-186. ······**296**
Chye, L. et al. (2010). Corticomotor excitability of wrist flexor and extensor muscles during active and passive movement. *Human Movement Science, 29*, 494-501. ······**454**
Clark, F. C. (1958). The effect of deprivation and frequency of reinforcement on variable interval responding. *Journal of the Experimental Analysis of Behavior, 1*, 221-228. ······**164**
Cleaveland, J. M. (1999). Interresponse-time sensitivity during discrete-trial and free-operant concurrent variable-interval schedules. *Journal of the Experimental Analysis of Behavior, 72*, 317-339. ······**354**
Cleveland, W. S. (1994). *The elements of graphing data* (2nd ed.). (Original work published 1985).

Hobart Press. ……110
Clifton, R. K., & Nelson, M. N. (1976). Developmental study of habituation in infants: The importance of paradigm, response system, and state. In T. J. Tighe, & R. N. Leaton (Eds.), *Habituation: Perspectives from child development, animal behavior, and neurophysiology* (pp. 159-205). Erlbaum. ……272
Clinton, E., & Clees, T. J. (2015). High-Preference Strategies and other Interspersal Procedures for Learners with Disabilities: A Review of the Literature. *The Journal of Special Education Apprenticeship, 4*, 1-27. ……518
Cochrane, A. L. (1971). *Effectiveness and Efficiency: Random Reflections of Health Services* (2nd ed.). Nuffield Provincial Hospitals Trust. ……134
Cohen, L. et al. (1990). Effects of ethanol on reinforced variations and repetitions by rats under a multiple schedule. *Journal of the Experimental Analysis of Behavior, 54*, 1-12. ……246
Cohen, S. L. (1998). Behavioral momentum: The effects of the temporal separation of rates of reinforcement. *Journal of the Experimental Analysis of Behavior, 69*, 29-47. ……266
Cole, M. R. (2001). The long-term effect of high-and low-rate responding histories on fixed-interval responding in rats. *Journal of the Experimental Analysis of Behavior, 75*, 43-54. ……262
Coleman-Martin, M. B., & Heller, K. W. (2004). Using a modified constant prompt-delay procedure to teach spelling to students with physical disabilities. *Journal of Applied Behavior Analysis, 37*, 469-480. ……478
Commons, M. L. (Ed.) (1981). *Quantitative analyses of behavior.* Vol. 1. Ballinger. ……74
Conger, R., & Killeen, P. (1974). Use of concurrent operants in small group research. *Pacific Sociological Review, 17*, 399-416. ……358
Cook, M., & Mineka, S. (1990). Selective associations in the observational conditioning of fear in rhesus monkeys. *Journal of Experimental Psychology: Animal Behavior Processes, 16*, 372-389. ……172
Cook, M. et al. (1985). Observational conditioning of snake fear in unrelated rhesus monkeys. *Journal of Abnormal Psychology, 94*, 591-610. ……304
Cook, R. G. et al. (2005). Capacity and limits of associative memory in pigeons. *Psychonomic Bulletin & Review, 12*, 350-358. ……288
Cook, R. G. et al. (2013). Categorization of birds, mammals, and chimeras by pigeons. *Behavioural Processes, 93*, 98-110. ……288
Coon, J. T., & Miguel, C. F. (2012). The role of increased exposure to transfer-of-stimulus-control procedures on the acquisition of intraverbal behavior. *Journal of Applied Behavior Analysis, 45*, 657-666. ……428
Cooper, J. O. (2000). Tutoring Joe: Winning with the precision teaching team. In W. L. Heward (Ed.), *Exceptional children: An introduction to special education* (6th ed., pp. 268-270). Merrill. ……614
Cooper, J. O. et al. (2007). *Applied behavior analysis* (2nd ed.). Pearson Education. (クーパー, J. O. 他 中野 良顯 (訳) (2013). 応用行動分析学 明石書店) ……90, 94, 98, 102, 114, 130, 316, 328, 436, 446, 466, 470, 490, 710
Cope, J. G. et al. (1991). Signs as determinants of illegal parking in spaces designated for individuals with physical disabilities. *Journal of Applied Behavior Analysis, 24*, 59-63. ……718
Cornsweet, T. N. (1963). *The design of electric circuits in the behavioral sciences.* John Wiley. ……122
Corrado, G. S. et al. (2005). Linear-Nonlinear-Poisson models of primate choice dynamics. *Journal of the Experimental Analysis of Behavior, 84*, 581-617. ……400
Cortez, M. D. et al. (2014). The role of correspondence training on children's self-report accuracy across tasks. *The Psychological Record, 64*, 393-402. ……556
Coughlin, C. (2014). Outcomes of Engelmann's direct instruction: Research syntheses. In J. Stockard (Ed.), *The science and success of Engelmann's direct instruction* (pp. 25-54). NIFDI Press. ……682
Council for International Organization of Medical Sciences (CIOMS) (1985). *International guiding principles for biomedical research involving animals.* CIOMS. ……176
Cowley, B. J. et al. (1992). Using stimulus equivalence procedures to teach name-face matching to adults with brain injuries. *Journal of Applied Behavior Analysis, 25*, 461-475. ……482
Cox, J. A., & Boren, L. M. (1965). A study of backward chaining. *Journal of Educational Psychology, 56*, 270-274. ……316
Craig, A. R., & Shahan, T. A. (2016). Behavioral momentum theory fails to account for the effects of reinforcement rate on resurgence. *Journal of the Experimental Analysis of Behavior, 105*, 375-392. ……266
Critchfield, T. S. (1999). An unexpected effect of recording frequency in reactive self-monitoring. *Journal of Applied Behavior Analysis, 32*, 389-391. ……548
Critchfield, T. S., & Lattal, K. A. (1993). Acquisition of a spatially defined operant with delayed reinforcement. *Journal of the Experimental Analysis of Behavior, 59*, 373-387. ……194
Critchfield, T. S. et al. (2003). Punishment in human choice: Direct or competitive suppression? *Journal of the Experimental Analysis of Behavior, 80*, 1-27. ……250, 258

Crombag, H. S. et al. (2008). Context-induced relapse to drug seeking: A review. *Philosophical Transaction of the Royal Society B, 363*, 3233-3243. ……242
Crone, D. A., & Horner, R. H. (2003). *Building positive behavior support systems in schools: functional behavioral assessment*. Guilford Press.（クローン D. A., & ホーナー R. H. 野呂 文行他（訳）(2013). スクールワイド PBS—学校全体で取り組むポジティブな行動支援　二瓶社). ……686
Crosbie, J. (1987). The inability of the binomial test to control type I error with single-subject data. *Behavioral Assessment, 9*, 141-150. ……106
Crosbie, J. (1989). The inappropriateness of the C statistic for assessing stability or treatment effects with single-subject data. *Behavioral Assessment, 11*, 315-325. ……106
Crosbie, J. (1998). Negative reinforcemennt and punishment. In K. A. Lattal & M. Perone (Eds.), *Handbook of research methods in human operant behavior* (pp. 163-198). Plenum. ……202
Cross, S. M. et al. (1978). A comparison of three response-elimination procedures following VR training with institutionalized, moderately retarded individuals. *The Psychological Record, 28*, 589-594. ……210
Crossman, E. K. (1968). Pause relationships in multiple and chained fixed-ratio schedules. *Journal of the Experimental Analysis of Behavior, 11*, 117-126. ……226
Cuijpers, P. et al. (2011). Interpersonal psychotherapy for depression: A meta-analysis. *American Journal of Psychiatry, 168*, 581-592. ……626
Cumming, W. W., & Schoenfeld, W. N. (1960). Behavior stability under extended exposure to a time-correlated reinforcement contingency. *Journal of the Experimental Analysis of Behavior, 3*, 71-82. ……114
Cumming, W. W., & Berryman, R. (1965). The complex discriminated operant: Studies of matching-to-sample and related problems. In D. I. Mostofsky (Ed.), *Stimulus generalization* (pp. 284-330). Stanford University Press. ……324
Cunningham, T. R., & Austin, J. (2007). Using goal setting, task clarification, and feedback to increase the use of the hands-free technique by hospital operating room staff. *Journal of Applied Behavior Analysis, 40*, 673-677. ……548

D

da Silva Serelli, L. et al. (2016). Effects of the Staff Training for Assisted Living Residences protocol for caregivers of older adults with dementia: A pilot study in the Brazilian population. *Geriatrics & Gerontology International, 17*, 449-455. ……630
Dadds, M. R. et al. (1987). Marital discord and treatment outcome in behavioral treatment of child conduct disorders. *Journal of Consulting and Clinical Psychology, 55*, 396-403. ……634
D'Amato, M. R., & Van Sant, P. (1988). The person concept in monkeys (Cebus apella). *Journal of Experimental Psychology: Animal Behavior Processes, 14*, 43-55. ……288
D'Amato, M. R. et al. (1985). Symmetry and transitivity of conditional relations in monkeys (*Cebus apella*) and pigeons (*Columba livia*). *Journal of the Experimental Analysis of Behavior, 44*, 35-47. ……328
Danforth, J. S. et al. (1990). The establishment of stimulus control by instructions and by differential reinforcement. *Journal of the Experimental Analysis of Behavior, 54*, 97-112. ……320
Danguir, J., & Nicolaidis, S. (1977). Lack of reacquisition in learned taste aversions. *Animal Learning & Behavior, 5*, 395-397. ……242
Dardano, J. F. (1974). Response timeouts under a progressive-ratio schedule with a punished reset option. *Journal of the Experimental Analysis of Behavior, 22*, 103-113. ……254
Davenport, D. G., & Olson, R. D. (1968). A reinterpretation of extinction in discriminated avoidance. *Psychonomic Science, 13*, 5-6. ……238
Davey, G. C. L. et al. (Eds.). (2014). *Complete Psychology* (2nd ed.) Taylor and Francis. Kindle version ……134
Davis, D. G. S. et al. (1993). The process of recurrent choice. *Psychological Review, 100*, 320-341. ……354
Davis, M. (1970). Effects of interstimulus interval length and variability on startle-response habituation in the rat. *Journal of Comparative and Physiological Psychology, 72*, 177-192. ……272
Davis, M., & Wagner, A. R. (1968). Startle responsiveness after habituation to different intensities of tone. *Psychonomic Science, 12*, 337-338. ……272
Davison, M., & Baum, W. M. (2000). Choice in a variable environment: Every reinforcer counts. *Journal of the Experimental Analysis of Behavior, 74*, 1-24. ……70, 358
Dawkins, R., & Brockmann, H. J. (1980). Do digger wasps commit the concorde fallacy? *Animal Behaviour, 28*, 892-896. ……378
Dawson, G. et al. (2009). Randomized controlled trial of an intervention for toddlers with autism: The Early Start Denver Model. *Pediatrics, 125*, e17-e23. ……598
Day, H. M., & Horner, R. H. (1986). Response variation and the generalization of dressing skills. *Applied Research in Mental Retardation, 7*, 189-202. ……560
de Rose, J. C. et al. (1988). Stimulus class formation and functional equivalence in moderately retarded

individuals' conditional discrimination. *Behavioural Processes, 17,* 167-175. ……482
de Villiers, P., & Herrnstein, R. J. (1976). Toward a law of response strength. *Psychological Bulletin, 83,* 1131-1153. ……74
Deci, E. L. (1971). Effects of externally mediated rewards on intrinsic motivation. *Journal of Personality and Social Psychology, 18,* 105-115. ……186
DeFulio, A. et al. (2014). Generalized conditioned reinforcement with pigeons in a token economy. *Journal of the Experimental Analysis of Behavior, 102,* 26-46. ……190
Deitz, D. E., & Repp, A. C. (1983). Reducing behavior through reinforcement. *Exceptional Education Quarterly, 3,* 34-46. ……490
Deitz, S. M. (1977). An analysis of programming DRL schedules in educational settings. *Behaviour Research and Therapy, 15,* 103-111. ……490
DeLeon, I. G., & Iwata, B. A. (1996). Evaluation of a multiple-stimulus presentation format for assessing reinforcer preferences. *Journal of Applied Behavior Analysis, 29,* 519-533. ……498
DeLeon, I. G. et al. (2015). Implications of behavioral momentum theory for intervention in autism spectrum disorder. In R. DiGennaro et al.(Eds.), *Autism Service Delivery* (pp. 353-374). Springer New York. ……518
Delfour, F., & Marten, K. (2001). Mirror image processing in three marine mammal species: Killer whales (*Orcinus orca*), false killer whales (*Pseudorca crassidens*) and California sea lions (*Zalophus californianus*). *Behavioural Processes, 53,* 181-190. ……396
Deluty, M. Z., & Church, R. M. (1978). Time-allocation matching between punishing situations. *Journal of the Experimental Analysis of Behavior, 29,* 191-198. ……250
DeMarse, T. B., & Urcuioli, P. J. (1993). Enhancement of matching acquisition by differential comparison-outcome associations. *Journal of Experimental Psychology: Animal Behavior Processes, 19,* 317-326. ……234
Denney, J., & Neuringer, A. (1998). Behavioral variability is controlled by discriminative stimuli. *Animal Learning & Behavior, 26,* 154-162. ……246
Denune, H. et al. (2015). Combining self-monitoring and an interdependent group contingency to improve the behavior of sixth graders with EBD. *Psychology in the Schools, 52,* 562-577. ……514
DeProspero, A., & Cohen, S. (1979). Inconsistent visual analyses of intrasubject data. *Journal of Applied Behavior Analysis, 12,* 573-579. ……106
Devine, B. et al. (2016). Emergence of intraverbal responding following tact instruction with compound stimuli. *The Analysis of Verbal Behavior, 32,* 154-170. ……428
Dews, P. B. (1955). Studies on behavior. I. Differential sensitivity to pentobarbital of pecking performance in pigeons depending on the schedule of reward. *Journal of Pharmacology and Experimental Therapeutics, 113,* 393-401. ……404
Dews, P. B. (1970). The theory of fixed-interval responding. In W. N. Schoenfeld (Ed.), *The theory of reinforcement schedules* (pp. 43-62). Appleton. ……70, 296
DiCara, L. V. (1970). Learning in the autonomic nervous system. *Scientific American, 222,* 30-39. ……198
Dillenburger, K., & Keenan, M. (2009). None of the As in ABA stand for autism: Dispelling the myths. *Journal of Intellectual and Developmental Disability, 34,* 193-195. ……148
Dinsmoor, J. A. (1966). Operant conditioning. In J. B. Sidowski (Ed.), *Experimental methods and instrumentation in psychology* (pp. 421-450). McGraw-Hill. ……122
Dinsmoor, J. A. (1979). A note on the historical record: MPA and MABA. *The Behavior Analyst, 2,* 22-24. ……148
Dinsmoor, J. A. (2003). Experimental. *The Behavior Analyst, 26,* 151-153. ……4
Dixon, L. B. et al. (2010). The 2009 schizophrenia PORT psychosocial treatment recommendations and summary statements. *Schizophrenia Bulletin, 36,* 48-70. ……670
Domjan, M., & Wilson, N. E. (1972). Specificity of cue to consequence in aversion learning in the rat. *Psychonomic Science, 26,* 143-145. ……172
Domjan, M. (1998). *The principles of learning and behavior* (4th ed.). Thomson Brooks/ Cole Publishing Company. ……350
Donahoe, J. W. et al. (1997). The S-R issue: Its status in behavior analysis and in Donahoe and Palmer's Learning and Complex Behavior. *Journal of the Experimental Analysis of Behavior, 67,* 193-211. ……34
Dougher, M. J. et al. (1994). The transfer of respondent eliciting and extinction functions through stimulus equivalence classes. *Journal of the Experimental Analysis of Behavior, 62,* 331-351. ……482
Doughty, S. S. et al. (2004). Effects of rate building on fluent performance: A review and commentary. *The Behavior Analyst, 27,* 7-23. ……614
Drash, P. W. et al. (1999). Using mand training to establish an echoic repertoire in young children with autism. *The Analysis of Verbal Behavior, 16,* 29-44. ……432
Dreyfus, L. R. et al. (1988). Discrimination of temporal relations by pigeons. *Journal of Experimental*

Psychology: Animal Behavior Processes, 14, 349-367. ……296
Du, W. et al. (2002). Cross-cultural comparisons of discounting delayed and probabilistic rewards. *The Psychological Record, 52*, 479-492. ……374
Dube, W. V. et al. (1987). Stimulus class membership established via stimulus: reinforcer relations. *Journal of the Experimental Analysis of Behavior, 47*, 159-175. ……328
Dube, W. V. et al. (1991). Constructed-response matching to sample and spelling instruction. *Journal of Applied Behavior Analysis, 24*, 305-317. ……324
Dufrene, B. A. et al. (2014). Direct behavioral consultation: Effects on teachers' praise and student disruptive behavior. *Psychology in the Schools, 51*, 567-580. ……576
Dunlap, G. (1984). The influence of task variation and maintenance tasks on the learning and affect of autistic children. *Journal of Experimental Child Psychology, 37*, 41-64. ……518
Dunlap, G., & Koegel, R. L. (1980). Motivating autistic children through stimulus variation. *Journal of Applied Behavior Analysis, 13*, 619-627. ……518, 598
Dunlap, L. K., & Dunlap, G. (1989). A self-monitoring package for teaching subtraction with regrouping to students with learning disabilities. *Journal of Applied Behavior Analysis, 22*, 309-314. ……544
Dunlap, G. et al. (1994). Choice making to promote adaptive behavior for students with emotional and behavioral challenges. *Journal of Applied Behavior Analysis, 27*, 505-518. ……498
Durand, V. M., & Crimmins, D. B. (1988). Identifying the variables maintaining self-injurious behavior. *Journal of Autism and Developmental Disorders, 18*, 99-117. ……486, 536
Durand, V. M., & Moskowitz, L. (2015). Functional communication training: Thirty years of treating challenging behavior. *Topics in Early Childhood Special Education, 35*, 116-126. ……536
Dwyer-Moor, K. J., & Dixon, M. R. (2007). Functional analysis and treatment of problem behavior of elderly adults in long-term care. *Journal of Applied Behavior Analysis, 40*, 679-683. ……694
Dyer, K. (1989). The effects of preference on spontaneous verbal requests in individuals with autism. *Journal of the Association for People with Severe Handicaps, 14*, 184-189. ……498
Dymond, S., & Roche, B. (Eds.) (2013). *Advances in relational frame theory: Research & application.* Context Press. ……144, 344

E

Edwards, C. A., & Honig, W. K. (1987). Memorization and "feature selection" in the acquisition of natural concepts in pigeons. *Learning & Motivation, 18*, 235-260. ……288
Egan, C. E., & Barnes-Holmes, D. (2009). Emergence of tacts following mand training in young children with autism. *Journal of Applied Behavior Analysis, 42*, 691-696. ……436
Egel, A. L. (1981). Reinforcer variation: Implications for motivating developmentally disabled children. *Journal of Applied Behavior Analysis, 14*, 345-350. ……272
Eisenberger, R. et al. (1967). What is the necessary and sufficient condition for reinforcement in the contingency situation? *Journal of Experimental Psychology, 74*, 342-350. ……182
Ekers, D. et al. (2014). Behavioural activation for depression: an update of meta-analysis of effectiveness and sub group analysis. *PloS One, 9*, e100100. https://journals.plos.org/plosone/article? id=10.1371/journal.pone.0100100 (November 28, 2018). ……626
Elias, N. C. et al. (2008). Teaching manual signs to adults with mental retardation using matching-to-sample procedures and stimulus equivalence. *The Analysis of Verbal Behavior, 24*, 1-13 ……482
Ellen, P., & Butter, J. (1969). External cue control of DRL performance in rats with septal lesions. *Physiology and Behavior, 4*, 1-6. ……222
Elliott, S. N. et al. (1993). Behavior rating scales: issues of use and development. *School Psychology Review, 22*, 313-321. ……522
Emmick, J. R. et al. (2010). The effects of textual prompting and reading fluency on the acquisition of intraverbals. *The Analysis of Verbal Behavior, 26*, 31-39. ……428
Endo, A. et al. (2014). Reliability and validity of the upper-body dressing scale in Japanese patients with vascular dementia with hemiparesis. *Occupational Therapy International, 22*, 10-18. ……454, 662
Engel, G. L. (1977). The need for a new medical model: A challenge for biomedicine. *Science, New Series, 196*, 129-136. ……134
Engelmann, S., & Carnine, D. (1982). *Theory of instruction: Principles and applications.* Irvington. ……682
Engelmann, S., & Stockard, J. (2014). Blinded to evidence: How educational researchers respond to empirical data. In J. Stockard (Ed.), *The science and success of Engelmann's Direct instruction* (pp. 55-78). NIFDI Press. ……682
Enkema, S. et al. (1972). Extinction in the presence of free food. *Psychonomic Science, 26*, 267-268. ……206
Epstein, R. (1981). On pigeons and people: A preliminary look at the Columban Simulation Project. *The Behavior Analyst, 4*, 43-55. ……396
Epstein, R. (1983). Resurgence of previously reinforced behavior during extinction. *Behaviour Analysis*

Letters, 3, 391-397. ……242, 396
Epstein, R. (1985a). Extinction-induced resurgence: Preliminary investigations and possible applications. *The Psychological Record, 35,* 143-153. ……242, 396
Epstein, R. (1985b). The spontaneous interconnection of three repertoires. *The Psychological Record, 35,* 131-141. ……396
Epstein, R. (1987). The spontaneous interconnection of four repertoires of behavior in a pigeon (*Columba livia*). *Journal of Comparative Psychology, 101,* 197-201. ……396
Epstein, R., & Skinner, B. F. (1981). The spontaneous use of memoranda by pigeons. *Behaviour Analysis Letters, 1,* 241-246. ……396
Epstein, R., & Medalie, S. D. (1983). The spontaneous use of a tool by a pigeon. *Behaviour Analysis Letters, 3,* 241-247. ……396
Epstein, R. et al. (1980). Symbolic communication between two pigeons (*Columba livia domestica*). *Science, 207,* 543-545. ……396
Epstein, R. et al. (1981). Self-awareness in the pigeon. *Science, 212,* 695-696. ……396
Epstein, R. et al. (1984). 'Insight' in the pigeon: Antecedents and determinants of an intelligent performance. *Nature, 308,* 61-62. ……396
Erchul, W. P. (1993). *Consultation in community, school, and organizational practice.* Routledge. ……576
Erchul, W. P., & Martens, B. K. (2002). *School consultation: Conceptual and empirical bases of practice* (2nd ed.). Kluwer Academic/Plenum Publishers. (アーチュル, W. P. & マーチン, B. K. 大石 幸二監訳 (2008). 学校コンサルテーション―統合モデルによる特別支援教育の推進 学苑社) ……576
Erhardt, R. P. (1989). *Developmental hand dysfunction: Theory assessment treatment.* (K. Kii, Trans.). Pro-Ed. ……440
Esch, B. E. et al. (2005). Evaluating stimulus-stimulus pairing and direct reinforcement in the establishment of an echoic repertoire of children diagnosed with autism. *The Analysis of Verbal Behavior, 21,* 43-58. ……432
Estes, W. K. (1943). Discriminative conditioning I. A discriminative property of conditioned anticipation. *Journal of experimental Psychology, 32,* 150-155. ……308
Estes, W. K., & Skinner, B. F. (1941). Some quantitative properties of anxiety. *Journal of Experimental Psychology, 29,* 390-400. ……38, 202, 254
Estle, S. J. et al. (2007). Discounting of monetary and directly consumable rewards. *Psychological Science, 18,* 58-63. ……374
Evenden, J. L., & Ryan, C. N. (1996). The pharmacology of impulsive behaviour in rats: The effects of drugs on response choice with varying delays of reinforcement. *Psychopharmacology, 128,* 161-170. ……404
Eysenck, H. J. (1952). The effects of psychotherapy: An evaluation. *Journal of Consulting Psychology, 16,* 319-324. ……138
Eysenck, H. J. (1960). *Behaviour Therapy and the Neuroses.* Pergamon. ……138
Eysenck, H. J. (1965). The effects of psychotherapy. *International Journal of Psychiatry, 1,* 99-144. ……138

■ F
Fagen, R. (1987). A generalized habitat matching rule. *Evolutionary Ecology, 1,* 5-10. ……408
Fagot, J., & Cook, R. G. (2006). Evidence for large long-term memory capacities in baboons and pigeons and its implications for learning and the evolution of cognition. *Proceedings of the National Academy of Sciences, 103,* 17564-17567. ……288
Falk, J. L. (1961). Production of polydipsia in normal rats by an intermittent food schedule. *Science, 133,* 195-196. ……126, 230
Falk, J. L. (1966). Schedule-induced polydipsia as a function of fixed interval length. *Journal of the Experimental Analysis of Behavior, 9,* 37-39. ……230
Falk, J. L. (1971). The nature and determinants of adjunctive behavior. *Physiology & Behavior, 6,* 577-588. ……230
Fantino, E. (1969). Choice and rate of reinforcement. *Journal of the Experimental Analysis of Behavior, 12,* 723-730. ……354, 358, 366, 362, 408
Fantino, E. (1977). Conditioned reinforcement: Choice and information. In W. K. Honig, & J. E. R. Staddon (Eds.), *Handbook of operant behavior.* Prentice-Hall. ……362
Fantino, E., & Abarca, N. (1985). Choice, optimal foraging, and the delay-reduction hypothesis. *The Behavioral and Brain Sciences, 8,* 315-362. ……362
Fantino, E., & Kennelly, A. (2009). Sharing the wealth: Factors influencing resource allocation in the sharing game. *Journal of the Experimental Analysis of Behavior, 91,* 337-354. ……378
Fantino, E. et al. (1993). Delay reduction: Current status. *Journal of the Experimental Analysis of Behavior, 60,* 159-169. ……190
Farley, J., & Fantino, E. (1978). The symmetrical law of effect and the matching relation in choice

behavior. *Journal of the Experimental Analysis of Behavior, 29,* 37-60. ······250, 258
Fawcett, S. B. (1991). Some values guiding community research and action. *Journal of Applied Behavior Analysis, 24,* 621-636. ······718
Fawcett, S. B. et al. (1980). Some promising dimensions for behavioral community technology. *Journal of Applied Behavior Analysis, 13,* 505-518. ······718
Federal Bureau of Investigation, United States Department of Justice (1979). *Uniform crime reports for the United States.* U. S. Government Printing Office. ······610
Felton, M., & Lyon, D. O. (1966). The post-reinforcement pause. *Journal of the Experimental Analysis of Behavior, 9,* 131-134. ······70, 214
Fenske, E. C. et al. (2001). Incidental teaching: A non-discrete-trial teaching procedure. In C. Maurice, G. et al. (Eds.), *Making a difference: Behavioral intervention for autism* (pp. 75-82). Pro-Ed. ······528
Ferron, J. M., & Levin, J. R. (2014). Single-case permutation and randomization statistical tests: Present status, promising new developments. In T. R. Kratochwill & J. R. Levin (Eds.), *Single-case intervention research: Methodological and statistical advances* (pp. 153-183). APA (American Psychological Association). ······110
Ferster, C. B. (1953a). Sustained behavior under delayed reinforcement. *Journal of Experimental Psychology, 45,* 218-224. ······194
Ferster, C. B. (1953b). The use of the free operant in the analysis of behavior. *Psychological Bulletin, 50,* 263-274. ······78, 160
Ferster, C. B. (1957). Withdrawal of positive reinforcement as punishment, *Science, 126,* 509. ······254
Ferster, C. B. (1960). Intermittent reinforcement of matching to sample in the pigeon. *Journal of the Experimental Analysis of Behavior, 3,* 259-272. ······254
Ferster, C. B. (1973). A functional analysis of depression. *American Psychologist, 28,* 857-870. ······626
Ferster, C. B., & Appel, J. B. (1961). Punishment of SΔ responding in matching to sample by time out from positive reinforcement. *Journal of the Experimental Analysis of Behavior, 4,* 45-46. ······254
Ferster, C. B., & Skinner, B. F. (1957). *Schedules of reinforcement.* Appleton. ······4, 34, 46, 58, 66, 78, 110,,144, 160, 202, 214, 218, 222, 254, 384
Fields, L. et al. (1990). The effects of nodality on the formation of equivalence classes. *Journal of the Experimental Analysis of Behavior, 53,* 345-358. ······328
Fields, L. et al. (1993). The effects of equivalence class structure on test performances. *The Psychological Record, 43,* 697-712. ······328
Findley, J. D. (1958). Preference and switching under concurrent scheduling. *Journal of the Experimental Analysis of Behavior, 1,* 123-144. ······226
Finkel, A. S., & Williams, R. L. (2002). A comparison of textual and echoic prompts on the acquisition of intraverbal behavior in a six-year-old boy with autism. *The Analysis of Verbal Behavior, 18,* 61-70. ······428
Fisher, W. W. et al. (2015). Using multiple schedules during functional communication training to promote rapid transfer of treatment effects. *Journal of Applied Behavior Analysis, 48,* 713-733. ······536
Fixsen, D. L. et al. (1973). Achievement place: Experiments in self-government with pre-delinquents. *Journal of Applied Behavior Analysis, 6,* 31-47. ······610
Fixsen, D. L. et al. (1999). In search of program implementation: 792 replications of the teaching-family model. In G. A. Bernfeld et al. (Eds.), *Offender rehabilitation in practice: Implementing and evaluating effective programs* (pp. 149-166). Wiley. ······610
Flagel, S. B. et al. (2010). An Animal Model of Genetic Vulnerability to Behavioral Disinhibition and Responsiveness to Reward-Related Cues: Implications for Addiction. *Neuropsychopharmacology, 35,* 388-400. ······308
Fleming, R. K., & Hörst, E. J. (2010). Behavior analysis and sports climbing. *Journal of Behavioral Health and Medicine, 1,* 143-154. ······316
Fleshler, M., & Hoffman, H. S. (1962). A progression for generating variable-interval schedules. *Journal of the Experimental Analysis of Behavior, 5,* 529-530. ······214
Flessner, C. A. et al. (2009). Cross-sectional study of women with trichotillomania: A preliminary examination of pulling styles, severity, phenomenology, and functional impact. *Child Psychiatry and Human Development, 40,* 153-167. ······568
Flor, H., & Turk, D. C. (2011). *Chronic Pain: An Integrated Biobehavioral Approach.* IASP Press. ······648
Flora, S. R., & Pavlik, W. B. (1992). Human self-control and the density of reinforcement. *Journal of the Experimental Analysis of Behavior, 57,* 201-208. ······366
Fordyce, W. E. (1976). *Behavioral methods in chronic pain and illness.* Mosby. ······648
Foree, D. D., & LoLordo, V. M. (1973). Attention in the pigeon: Differential effects of food-getting versus shock-avoidance procedures. *Journal of Comparative and Physiological Psychology, 85,* 551-558. ······172
Foster, T. A. et al. (2001). Second-order schedules of token reinforcement with pigeons: Effects of fixed-

and variable-ratio exchange schedules. *Journal of the Experimental Analysis of Behavior, 76*, 159-178. ……226
Foxx, R. M., & Azrin, N. H. (1973). The elimination of autistic self-stimulatory behavior by overcorrection. *Journal of Applied Behavior Analysis, 6*, 1-14. ……258
Frank, J., & Staddon, J. E. R. (1974). Effects of restraint on temporal discrimination behavior. *The Psychological Record, 24*, 123-130. ……222
Frankosky, R. J., & Sulzer-Azaroff, B. (1978). Individual and group contingencies and collateral social behaviors. *Behavior Therapy, 9*, 313-327. ……514
Freeman, B. J. (1971). Behavioral contrast: Reinforcement frequency or response suppression? *Psychological Bulletin, 75*, 347-356. ……284
Freeman, J. et al.(2016) Relationship between school wide positive behavior interventions and supports and academic, attendance, and behavior outcomes in high schools. *Journal of Positive Behavior Interventions, 18*, 41-51. ……606
Fretwell, S. D., & Lucas, H. L., Jr. (1970). On territorial behavior and other factors influencing habitat distribution in birds. *Acta Biotheoretica, 19*, 16-36. ……408
Frick, F. C. et al. (1948). Apparatus designed for introductory psychology at Columbia College. *American Journal of Psychology, 61*, 409-414. ……78
Frost, L., & Bondy, A. (2002). *The Picture Exchange Communication System: Training manual* (2nd ed.). Pyramid Educational Products. (フロスト, L., & ボンディ, A. 門 眞一郎 (監訳) (2006). 絵カード交換式コミュニケーション・システムトレーニングマニュアル 第2版 ASDヴィレッジ出版) ……602
Fry, B. (2007). *Visualizing data: Exploring and explaining data with the Processing environment.*: O'Reilly Media. (フライ, B.増井 俊之 (監訳・監修), 加藤 慶彦 (訳) (2008). ビジュアライジング・データ—Processingによる情報視覚化手法 オライリージャパン) ……110
Fuchs, A. H., & Milar, K. S. (2003). Psychology as a Science. In D. K. Freedheim (Ed.), *Handbook of psychology* (History of psychology, Vol. 1, pp. 1-26). John Wiley & Sons. ……4
Fujimaki, S., & Sakagami, T. (2016). Experience that adding more reinforcers makes the sunk cost fallacy in pigeons: A preliminary test. *Frontiers in Psychology, 7*, https://www.frontiersin.org/article/10.3389/fpsyg.2016.00363 (November 28, 2018). ……378
Fuller, P. R. (1949). Operant conditioning of a vegetative organism. *American Journal of Psychology, 62*, 587-590. ……130
Fuqua, R. W., & Schwade, J. (1986). Social validation of applied behavioral research: a selective review and critique. In A. Poling, & R. W. Fuqua (Eds.), *Research Methods in Applied Behavior Analysis* (pp. 265-292). Plenum Press. ……522

■ G

Gage, N. A. et al. (2012). Functional behavioral assessment-based interventions for students with or at risk for emotional and/or behavioral disorders in school: A hierarchical linear modeling meta-analysis. *Behavioral Disorders, 37*, 55-77. ……536
Gage, N. A. et al. (2015). Academic achievement and school-wide positive behavior supports. *Journal of Disability Policy Studies, 25*, 199-209. ……606
Galanter, E. (1956). *Textbook of elementary psychology* (Holden-Day series in psychology). Holden-Day. ……350
Galizio, M. (1979). Contingency-shaped and rule-governed behavior: Instructional control of human loss avoidance. *Journal of the Experimental Analysis of Behavior, 31*, 53-70. ……30, 336
Gallup, G. G. (1970). Chimpanzees: Self-recognition. *Science, 167*, 86-87. ……396
Gallup, G. G. (1982). Self-awareness and the emergence of mind in primates. *American Journal of Primatology, 2*, 237-248. ……396
Galvan, Z. J., & Ward, P. (1998). Effects of public posting on inappropriate on-court behaviors by collegiate tennis players. *The Sport Psychologist, 12*, 419-426. ……710
Gamzu, E., & Schwartz, B. (1973). The maintenance of key pecking by stimulus-contingent and response-independent food presentation. *Journal of the Experimental Analysis of Behavior, 19*, 65-72. ……284
Gamzu, E., & Williams, D. R. (1971). Classical conditioning of a complex skeletal act. *Science, 171*, 923-925. ……308
Garcia, J., & Koelling, R. A. (1966). Relation of cue to consequence in avoidance learning. *Psychonomic Science, 4*, 123-124. ……126, 172
Gardner, F. L., & Moore, Z. E. (2004). A mindfulness-acceptance-commitment-based approach to athletic performance enhancement: Theoretical considerations. *Behavior Therapy, 35*, 707-723. ……710
Gast, D. L. et al. (1979). Teaching number-word equivalences: a study of transfer. *American Journal of Mental Deficiency, 83*, 524-527. ……482
Geller, E. S. et al. (1982). A behavioral analysis of incentive prompts for motivating seat belt use. *Journal of Applied Behavior Analysis, 15*, 403-413. ……718

Gentry, W. D. (1968). Fixed-ratio schedule-induced aggression. *Journal of the Experimental Analysis of Behavior, 11*, 813-817. ……230
Gewirtz, J. L. (1961). A learning analysis of the effects of normal stimulation, privation, and deprivation on the acquisition of social motivation and attachment. In B. M. Foss (Ed.), *Determinants of infant behaviour* (pp. 213-229). Methuen. ……312
Gibbon, J., & Church, R. M. (1981). Time left: Linear versus logarithmic subjective time. *Journal of Experimental Psychology: Animal Behavior Processes, 7*, 87-108. ……296
Gibbon, J. et al. (1984). Scalar timing in memory. In J. Gibbon & L. G. Allan (Eds.), *Annals of the New York Academy of Sciences: Timing and time perception* (Vol. 423, pp. 52-77). New York Academy of Sciences. ……296
Gibbons, D. C. (1976). *Delinquent behavior*. Prentice-Hall. ……610
Gilbert, T. F. (1958). Fundamental dimensional properties of the operant. *Psychological Review, 65*, 272-282. ……70
Gilbert, T. F. (1978/2007). *Human competence: Engineering worthy performance*. McGraw-Hill Book Company (Republished by John Wiley & Sons). ……584, 714
Gilbert, T. F. (1982a). A question of performance. Part I: The PROBE model. *Training and Development Journal*, 21-30. ……714
Gilbert, T. F. (1982b). A question of performance. Part II: Applying the PROBE model. *Training and Development Journal, 36*, 85-89. ……714
Gillis, D. M., & van der Lee, A. (2012). Advancing the application of the ideal free distribution to spatial models of fishing effort: The isodar approach. *Canadian Journal of Fisheries and Aquatic Sciences, 69*, 1610-1620. ……408
Girolami, K. M. et al. (2009). Differential reinforcement of high rate behavior to increase the pace of self-feeding. *Behavioral Interventions, 24*, 17-22. ……222
Glazer, H., & Singh, D. (1971). Role of collateral behavior in temporal discrimination performance and learning. *Journal of Experimental Psychology, 91*, 78-84. ……222
Glenn, S. S. (2004). Individual behavior, culture, and social change. *The Behavior Analyst, 27*, 133-151. ……718
Glimcher, P. W. (2004). *Decisions, uncertainty, and the brain: The science of neuroeconomics*. MIT press. (グリムシャー, P. W. 宮下栄三 (訳) (2008). 神経経済学入門―不確実な状況で脳はどう意思決定するのか 生産性出版) ……400
Glimcher, P. W., & Fehr, E. (Eds.). (2014). *Neuroeconomics: Decision making and the brain* (2nd ed.). Academic Press. ……400
Goeters, S. et al. (1992). The differential outcomes effect. *The Psychological Record, 42*, 389-411. ……234
Goldiamond, I. (1962). Perception. In A. J. Bachrach (Ed.), *Experimental foundations of clinical psychology* (pp. 280-340). Basic Books. ……328
Goldiamond, I. (1966). Perception, language, and conceptualization rules. In B. Kleinmuntz (Ed.), *Problem solving* (pp. 183-224). Wiley. ……328
Goldsmith, T. R. et al. (2007). Teaching intraverbal behavior to children with autism. *Research in Autism Spectrum Disorders, 1*, 1-13. ……428
Goldstein, S. R. (1967). Mirror image as a reinforcer in Siamese fighting fish: A repetition with additional controls. *Psychonomic Science, 7*, 331-332. ……206
Goldstone, R. L., & Ashpole, B. C. (2004). Human foraging behavior in a virtual environment. *Psychonomic Bulletin & Review, 11*, 508-514. ……408
Gollub, L. (1958). *The chaining of fixed-interval schedules*. (Unpublished doctoral dissertation). Harvard University. ……190
Gollub, L. (1977). Conditioned reinforcement: Schedule effects. In W. K. Honig & J. E. R. Staddon (Eds.), *Handbook of operant behavior* (pp. 288-312). Prentice-Hall. ……190
Goodie, A. S., & Fantino, E. (1996). Learning to commit or avoid the base-rate error. *Nature, 380*, 247-249. ……378
Gortner, E. T. et al. (1998). Cognitive-behavioral treatment for depression: Relapse prevention. *Journal of Consulting and Clinical Psychology, 66*, 377-384. ……626
Gould, E. R. et al. (2018). Evaluating the effects of Acceptance and Commitment Training on the overt behavior of parents of children with autism. *Journal of Contextual Behavioral Science, 7*, 81-88. ……618
Goyder, J. et al. (2012). Staff training using STAR: a pilot study in UK care homes. *International Psychogeriatrics, 24*, 911-920. ……630
Grace, R. C. (1994). A contextual model of concurrent-chains choice. *Journal of the Experimental Analysis of Behavior, 61*, 113-129. ……354, 366
Grace, R. C., & Nevin, J. A. (1997). On the relation between preference and resistance to change. *Journal of the Experimental Analysis of Behavior, 67*, 43-65. ……266
Graham, F. K. (1973). Habituation and dishabituation of responses innervated by the autonomic nervous

system. In H. V. S. Peeke, & M. J. Herz (Eds.), *Habituation. Vol. I: Behavioral studies* (pp. 163-218). Academic Press. ……272
Grant, D. A. (1964). Classical and operant conditioning. In A. W. Melton (Ed.), *Categories of human learning* (pp. 1-31). Academic Press. ……210, 490
Green, C. W. et al. (1988). Identifying reinforcers for persons with profound handicaps: staff opinion versus systematic assessment of preferences. *Journal of Applied Behavior Analysis, 21*, 31-43. ……498
Green, G., & Saunders, R. R. (1998). Stimulus equivalence. In K. A. Lattal & M. Perone (Eds.), *Handbook of research methods in human operant behavior* (pp. 229-262). Plenum. ……328
Green, L., & Estle, S. J. (2003). Preference reversals with food and water reinforcers in rats. *Journal of the Experimental Analysis of Behavior, 79*, 233-242. ……366
Green, L., & Myerson, J. (2013). How many impulsivities? A discounting perspective. *Journal of the Experimental Analysis of Behavior, 99*, 3-13. ……374
Green, L. et al. (1995). Prisoner's dilemma and the pigeon: Control by immediate consequences. *Journal of the Experimental Analysis of Behavior, 64*, 1-17. ……388
Green, L. et al. (1999). Amount of reward has opposite effects on the discounting of delayed and probabilistic outcomes. *Journal of Experimental Psychology: Learning, Memory, and Congnition, 25*, 418-427. ……374
Greenspoon, J. (1955). The reinforcing effect of two spoken sounds on the frequency of two responses. *American Journal of Psychology, 68*, 409-416. ……340
Greenspoon, J. (1963). Reply to Spielberger and DeNike: "Operant conditioning of plural nouns: A failure to replicate the Greenspoon effect". *Psychological Reports, 12*, 29-30. ……340
Greenwood, C. R., & Hops, H. (1981). Group-oriented contingencies and peer behavior change. In Strain, P. S. (Ed.), *The Utilization of Classroom Peers as Behavior Change Agents* (pp. 189-259). Plenum Press. ……686
Gresham, F. M., & Lopez, M. F. (1996). Social validation: A unifying concept for school-based consultation research and practice. *School Psychology Quarterly, 11*, 204-227. ……522
Gross, A. C., & Fox, E. J. (2009). Relational frame theory: an overview of the controversy. *The Analysis of Verbal Behavior, 25*, 87-98. ……144
Grossberg, S., & Schmajuk, N. A. (1989). Neural dynamics of adaptive timing and temporal discrimination during associative learning. *Neural Networks, 2*, 79-102. ……296
Grossen, B. (1996). The story behind Project Follow-Through. *Effective School Practices, 15*, 4-9. ……682
Grunow, A., & Neuringer, A. (2002). Learning to vary and varying to learn. *Psychonomic Bulletin & Review, 9*, 250-258. ……246
Guess, D. et al. (1985). Concepts and issues related to choice-making and autonomy among persons with severe disabilities. *Journal of the Association for People with Severe Handicaps, 10*, 79-86. ……498
Guevremont, D. C. et al. (1986). Programming maintenance after correspondence training interventions with children. *Journal of Applied Behavior Analysis, 19*, 215-219. ……556
Guthrie, E. R., & Horton, G. P. (1946). *Cats in a puzzle box*. Rinehart. ……246
Gutman, A. et al. (1975). Positive and negative behavioral contrast in the rat. *Journal of the Experimental Analysis of Behavior, 23*, 377-383. ……284
Guttman, N., & Kalish, H. I. (1956). Discriminability and stimulus generalization. *Journal of Experimental Psychology, 51*, 79-88. ……46, 276
Guyatt, G. H. (1991). Evidence-based medicine. *ACO Journal Club, 114*, A-16. ……134

H

Haaker, J. et al. (2014). A review on human reinstatement studies: An overview and methodological challenges. *Learning & Memory, 21*, 424-440. ……242
Hachiga, Y. et al. (2008). Humans (Homo sapiens) fail to show inequity aversion in analogue of monkey inequity test. *Animal Cognition, 12*, 359-367. ……114
Hackenberg, T. D., & Vaidya, M. (2003). Determinants of pigeons' choices in token-based self-control procedures. *Journal of the Experimental Analysis of Behavior, 79*, 207-218. ……366
Hake, D. F., & Vukelich, R. (1973). Analysis of the control exerted by a complex cooperation procedure. *Journal of the Experimental Analysis of Behavior, 19*, 3-16. ……388
Hake, D. F. et al. (1975). The measurement of sharing and cooperation as equity effects and some relationships between them. *Journal of the Experimental Analysis of Behavior, 23*, 63-79. ……388
Hall, R. V., & Fox, R. G. (1977). Changing-criterion designs: An alternative applied behavior analysis procedure. In B. C. Etzel, J. M. LeBlanc, & D. M. Baer (Eds.), *New developments in behavioral research: Theory, method, and application* (pp. 151-166). Erlbaum. ……98
Hall, R. V. et al. (1971). The teacher as observer and experimenter in the modification of disputing and talking-out behaviors. *Journal of Applied Behavior Analysis, 4*, 141-149. ……12
Hammond, L. J., & Weinberg, M. (1984). Signaling unearned reinforcers removes the suppression

produced by a zero correlation in an operant paradigm. *Animal Learning & Behavior, 12,* 371-377. ······206
Hammond, L. J. (1980). The effect of contingency upon the appetitive conditioning of free-operant behavior. *Journal of the Experimental Analysis of Behavior, 34,* 297-304. ······42
Hanin, Y. et al. (2002). Rapid technique correction using old way/new way: Two case studies with Olympic athletes. *Sport Psychologist, 16,* 79-99. ······710
Hanin, Y. et al. (2004). Rapid correction of start technique in an Olympic-level swimmer: A case study using old way/new way. *Journal of Swimming Research, 16,* 11-17. ······710
Hanna, E. S. et al. (2004). Effects of delayed constructed-response identity matching on spelling of dictated words. *Journal of Applied Behavior Analysis, 37,* 223-227. ······482
Hansen, S. D., & Lignugaris/Kraft, B. (2005). Effects of a dependent group contingency on the verbal interactions of middle school students with emotional disturbance. *Behavioral Disorders, 30,* 170-184. ······514
Hanson, H. M. (1959). Effects of discrimination training on stimulus generalization. *Journal of Experimental Psychology, 58,* 321-334. ······276
Hanton, S., & Jones, G. (1999). The effects of a multimodal intervention program on performers: II. Training the butterflies to fly in formation. *The Sport Psychologist, 13,* 22-41. ······710
Hantula, D. A., & Crowell, C. R. (1994). Behavioral contrast in a two-option analogue task of financial decision making. *Journal of Applied Behavior Analysis, 27,* 607-617. ······284
Harlow, H. F. (1949). The formation of learning sets. *Psychological Review, 56,* 51-65. ······392
Harlow, H. F., & Zimmermann, R. R. (1959). Affectional responses in the infant monkey. *Science, 130,* 421-432. ······312
Harman, R. E. (1973). Response elimination in concurrent and single operant situations with pigeons. *Learning and Motivation, 4,* 417-431. ······210
Harmon, T. M. et al. (1980). Self-monitoring of mood versus activity by depressed clients. *Journal of Consulting and Clinical Psychology, 48,* 30-38. ······626
Harper, D. G. C. (1982). Competitive foraging in mallards: 'Ideal free' ducks. *Animal Behaviour, 30,* 575-584. ······408
Harrison, A. M., & Pyles, D. A. (2013). The effects of verbal instruction and shaping to improve tackling by high school football players. *Journal of Applied Behavior Analysis, 46,* 518-522. ······710
Harrison, R. (1964). *Animal machines.* Vincent Stuart Publishers. ······702
Hart, B., & Risley, T. R. (1974). Using preschool materials to modify the language of disadvantaged children. *Journal of applied behavior Analysis, 7,* 243-256. ······420
Hart, B., & Risley, T. R. (1975). Incidental teaching of language in the preschool. *Journal of Applied Behavior Analysis, 8,* 411-420. ······420, 432, 528
Hartmann, D. P., & Hall, R. V. (1976). The changing criterion design. *Journal of Applied Behavior Analysis, 9,* 527-532. ······98
Harzem, P. et al. (1978). Verbal control in human operant behavior. *The Psychological Record, 28,* 405-424. ······332
Harzem, P. (1984). Experimental analysis of individual differences and personality. *Journal of the Experimental Analysis of Behavior, 42,* 383-395. ······384
Haughton, E. C. (1972). Aims: Growing and sharing. In J. B. Jordan & L. S. Robbins (Eds.), *Let's try doing something else kind of thing* (pp. 20-39). Council for Exceptional Children. ······614
Hayes, S. C. (1981). Single-case experimental designs and empirical clinical practice. *Journal of Consulting and Clinical Psychology, 49,* 193-211. ······86
Hayes, S. C. (1987). A contextual approach to therapeutic change. In N. S. Jacobson (Ed.), *Psychotherapists in clinical practice: cognitive and behavioral perspectives* (pp. 327-387). Guilford Press. ······618
Hayes, S. C. (1991). The limits of technological talk. *Journal of Applied Behavior Analysis, 24,* 417-420. ······118
Hayes, S. C. (1994). Relational Frame Theory: A functional approach to verbal events. In S. C. Hayes et al. (Eds.), *Behavior analysis of language and cognition* (pp. 9-30). Context Press. ······344
Hayes, S. C., & Cone, J. D. (1981). Reduction of residential consumption of electricity through simple monthly feedback. *Journal of Applied Behavior Analysis, 14,* 81-88. ······718
Hayes, S. C., & Hayes, L. J. (1992). Verbal relations and the evolution of behavior analysis. *American Psychologist, 47,* 1383-1395. ······344
Hayes, S. C., & Ju, W. (1998). The applied implications of rule-governed behavior. In W. T. O'Donohue (Ed.), *Learning and behavior therapy* (pp. 374-391). Allyn & Bacon. ······336
Hayes, S. C. et al. (1985). Self-reinforcement effects: An artifact of social standard setting? *Journal of Applied Behavior Analysis, 18,* 201-214. ······548
Hayes, S. C. et al. (1986). Rule-governed behavior and sensitivity to change consequences of responding. *Journal of the Experimental Analysis of Behavior, 45,* 237-256. ······618

Hayes, S. C. et al. (1989). Comprehensive distancing, paradox, and the treatment of emotional avoidance. In L. M. Ascher (ed.). *Therapeutic paradox* (pp. 184-218). Guilford Press. ……618
Hayes, S. C. et al. (1989). Stimulus equivalence and rule following. *Journal of the Experimental Analysis of Behavior, 52*, 275-291. ……344
Hayes, S. C. et al. (1991). The transfer of specific and general consequential functions through simple and conditional equivalence relations. *Journal of the Experimental analysis of Behavior, 56*, 119-137. ……482
Hayes, S. C. et al. (1999a). *Acceptance and Commitment Therapy: An experiential approach to behavior change.* Guilford Press. ……118, 618
Hayes, S. C. et al. (1999b). *The scientist practitioner: Research and accountability in the age of managed care* (2nd ed.). Allyn and Bacon. ……118
Hayes, S. C. et al. (Eds.). (2001). *Relational Frame Theory: A Post-Skinnerian account of human language and cognition.* Kluwer Academic/Plenum Publishers. ……8, 144, 118, 344
Hayes, S. C. et al. (2012). *Acceptance and Commitment Therapy: The process and practice of mindful change* (2nd ed.). Guilford Press. (ヘイズ, S. C. 他. 武藤 崇他（監訳）(2014). アクセプタンス＆コミットメント・セラピー（ACT）第2版―マインドフルな変容のためのプロセスと実践　星和書店) ……8, 344, 618
Heard, K., & Watson, T. S. (1999). Reducing wandering by persons with dementia using differential reinforcement. *Journal of Applied Behavior Analysis, 32*, 381-384. ……694
Hearst, E., & Jenkins, H. M. (1974). *Sign-tracking: The stimulus reinforcer relation and directed action.* Monograph of the Psychonomic Society. ……308
Hebb, D. O. (1949). *The organization of behavior: A neuropsychological approach.* John Wiley & Sons. ……400
Hefferline, R. F. et al. (1959). Escape and avoidance conditioning in human subjects without their observation of the response. *Science, 130*, 1338-1339. ……122, 198
Heinicke, M. R., & Carr, J. E. (2014). Applied behavior analysis in acquired brain injury rehabilitation: A meta-analysis of single-case design intervention research. *Behavioral Interventions, 29*, 77-105. ……662
Heller, S., & Landers, R. (2014). Raw Data: Infographic Designers' Sketchbooks. Thames & Hudson. （ヘラー, S. ランダース, R. 中村 雅子（訳）(2016). インフォグラフィックスができるまで―デザイナー73人のアイデアスケッチから完成まで スケッチ・作品あわせて639図，見せます　パイインターナショナル) ……110
Hemmes, N. S. (1975). Pigeons' performance under differential reinforcement of low rate schedules depends upon the operant. *Learning and Motivation, 6*, 344-357. ……222
Henriksen, K. (2015). Sport psychology at the Olympics: The case of a Danish sailing crew in a head wind. *International Journal of Sport and Exercise Psychology, 13*, 43-55. ……710
Herman, S. H., & Tramontana, J. (1971). Instructions and group versus individual reinforcement in modifying disruptive group behavior. *Journal of Applied Behavior Analysis, 4*, 113-119. ……514
Heron, W. T., & Skinner, B. F. (1939). An apparatus for the study of animal behavior. *The Psychological Record, 3*, 166-176. ……78
Herrick, R. M. et al. (1959). Changes in S^D and in S^Δ rates during the development of an operant discrimination. *Journal of Comparative and Physiological Psychology. 52*, 359-363. ……46, 280
Herrnstein, R. J. (1961). Relative and absolute strength of response as a function of frequency of reinforcement. *Journal of the Experimental Analysis of Behavior, 4*, 267-272. ……12, 74, 70, 226, 350, 358, 362, 498
Herrnstein, R. J. (1964). Secondary reinforcement and rate of primary reinforcement. *Journal of the Experimental Analysis of Behavior, 7*, 27-36. ……358
Herrnstein, R. J. (1970). On the law of effect. *Journal of the Experimental Analysis of Behavior, 13*, 243-266. ……74, 284
Herrnstein, R. J. (1974). Formal properties of the matching law. *Journal of the Experimental Analysis of Behavior, 21*, 159-164. ……74
Herrnstein, R. J. (1977). The evolution of behaviorism. *American Psychologist, 32*, 593-603. ……144
Herrnstein, R. J. (1990). Behavior, reinforcement and utility. *Psychological Science, 1*, 217-224. ……354
Herrnstein, R. J., & Brady, J. V. (1958). Interaction among components of a multiple schedule. *Journal of the Experimental Analysis of Behavior, 1*, 293-300. ……284
Herrnstein, R. J., & Hineline, P. N. (1966). Negative reinforcement as shock-frequency reduction. *Journal of the Experimental Analysis of Behavior, 9*, 421-430. ……202
Herrnstein, R. J., & Loveland, D. H. (1964). Complex visual concept in the pigeon. *Science, 146*, 549-551. ……288
Herrnstein, R. J., & Loveland, D. H. (1976). Matching in a network. *Journal of the Experimental Analysis of Behavior, 26*, 143-153. ……350

Herrnstein, R. J., & Morse, W. H. (1958). A conjunctive schedule of reinforcement. *Journal of the Experimental Analysis of Behavior, 1,* 15-24. ······226
Herrnstein, R. J., & Vaughan, W., Jr. (1980). Melioration and behavioral allocation. In J. E. R. Staddon (Ed.), *Limits to action: The allocation of individual behavior* (pp. 143-176). Academic Press. ······354
Herrnstein, R. J. et al. (1993). Utility maximization and melioration: Internalities in individual choice. *Journal of Behavioral Decision Making, 6,* 149-185. ······366
Hess, E. H. (1959). Imprinting. *Science, 130,* 133-141. ······312
Hetzroni, O. E., & Shrieber, B. (2004). Word processing as an assistive technology tool for enhancing academic outcomes of students with writing disabilities in the general classroom. *Journal of Learning Disabilities, 37,* 143-154. ······440
Heward, W. L. (1978). Operant conditioning of a .300 hitter? The effects of reinforcement on the offensive efficiency of a barnstorming baseball team. *Behavior Modification, 2,* 25-40. ······710
Heward, W. L. (2005). Reasons applied behavior analysis is good for education and why those reasons have been insufficient. In W. L. Heward et al. (Eds.), *Focus on behavior analysis in education: Achievements, challenges, and opportunities* (pp. 316-348). Merrill/Prentice Hall. ······686
Hewett, F. M. (1965). Teaching speech to an autistic child through operant conditioning. *American Journal of Orthopsychiatry, 35,* 927-936. ······234
Heyes, C. M., & Dawson, G. R. (1990). A demonstration of observational learning in rats using a bidirectional control. *Quarterly Journal of Experimental Psychology, 42B,* 59-71. ······304
Heyman, G. M., & Monaghan, M. M. (1987). Effects of changes in response requirement and deprivation on the parameters of the matching law equation: New data and review. *Journal of Experimental Psychology: Animal Behavior Processes, 13,* 384-394. ······218
Heyvaert, M., & Onghena, P. (2014). Randomization tests for single-case experiments: State of the art, state of the science, and state of the application. *Journal of Contextual Behavioral Science, 3,* 51-64. ······106
Higa, C. K. et al. (2001). Behavioral treatment of self-choking in a developmentally normal child. *Child & Family Behavior Therapy, 23,* 47-55. ······568
Higa, J. J., & Staddon, J. E. R. (1997). Dynamic models of rapid temporal control in animals. In C. M. Bradshaw & E. Szabadi (Eds.), *Advances in psychology. Vol. 120: Time and behaviour: Psychological and neurobehavioural analyses* (pp. 1-40). Elsevier Science B. V. ······296
Higgins, S. T., & Morris, E. K. (1984). Generality of free-operant avoidance conditioning to human behavior. *Psychological Bulletin, 96,* 247-272. ······202
Hinson, J. M., & Staddon, J. E. R. (1978). Behavioral competition: A mechanism for schedule interactions. *Science, 202,* 432-434. ······284
Hobbs, T. R., & Holt, M. M. (1976). The effects of token reinforcement on the behavior of delinquents in cottage settings. *Journal of Applied Behavior Analysis, 9,* 189-198. ······532
Hochberg, L. R. et al. (2006). Neuronal ensemble control of prosthetic devices by a human with tetraplegia. *Nature, 442,* 164-171. ······198
Hoffman, H. S., & Ratner, A. M. (1973). A reinforcement model of imprinting: Implications for socialization in monkeys and men. *Psychological Review, 80,* 527-544. ······312
Hoffman, H. S., et al. (1966). Behavioral control by an imprinted stimulus. *Journal of the Experimental Analysis of Behavior, 9,* 177-189. ······312
Holland, P. C. (2004). Relations between Pavlovian-instrumental transfer and reinforcer devaluation. *Journal of Experimental Psychology: Animal Behavior Processes, 30,* 104-117. ······38
Holling, C. S. (1959). Some characteristics of simple types of predation and parasitism. *The Canadian Entomologist, 91,* 385-398. ······408
Holt, D. D. et al. (2003). Is discounting impulsive? Evidence from temporal and probability discounting in gambling and non-gambling college students. *Behavioural Processes, 64,* 355-367. ······374
Holth, P. (2005). Two definitions of punishment. *The Behavior Analyst Today, 6,* 43-47. ······250
Holz, W. C., et al. (1963). Punishment of temporally spaced responding. *Journal of the Experimental Analysis of Behavior, 6,* 115-122. ······222
Homer, A. L., & Peterson, L. (1980). Differential reinforcement of other behavior: A preferred response elimination procedure. *Behavior Therapy, 11,* 449-471. ······490
Honig, W. K. (Ed.) (1966). *Operant behavior: Areas of research and application.* Appleton. ······74
Honig, W. K., & Staddon, J. E. R. (Eds.) (1977). *Handbook of operant behavior.* Prentice-Hall. ······74
Honig. W. K. et al. (1963). Positive and negative generalization gradients obtained after equivalent training conditions. *Journal of Comparative and Physiological Psychology, 56,* 111-116. ······276
Hopko, D. R. et al. (2004). Behavioral activation as an intervention for coexistent depressive and anxiety symptoms. *Clinical Case Studies, 3,* 37-48. ······626
Hopko, D. R. et al. (2006). Behavioral Activation for Anxiety Disorders. *The Behavior Analyst Today, 7,* 212-224. ······626

Horn, G. (1985). *Memory, imprinting, and the brain.* Clarendon Press. ……312
Horn, G. (1990). Neural bases of recognition memory investigated through an analysis of imprinting. *Philosophical Transactions of the Royal Society, 329,* 133-142. In J. R. Krebs & G. Horn (Eds.), (1991). *Behavioural and neural aspects of learning and memory* (pp. 35-44). Clarendon Press. ……312
Horne, P. J., & Lowe, C. F. (1993). Determinants of human performance on concurrent schedules. *Journal of the Experimental Analysis of Behavior, 59,* 29-60. ……340
Horne, P. J., & Lowe, C. F. (1996) On the origins of naming and other symbolic behavior, *Journal of Experimental Analysis of Behavior, 65,* 185-241. ……432
Horner, R. D. (1980). The effects of an environmental "enrichment" program on the behavior of institutionalized profoundly retarded children. *Journal of Applied Behavior Analysis, 13,* 473-491. ……506
Horner, R. D., & Baer, D. M. (1978). Multiple-probe technique: A variation of the multiple baseline. *Journal of Applied Behavior Analysis, 11,* 189-196. ……94
Horner, R. H. (2004). Functional Assessment: Contributions and future directions. *Journal of Applied Behavior Analysis, 27,* 401-404. ……606
Horner, R. H., & Day, H. M. (1991). The effects of response efficiency on functionally equivalent competing behaviors. *Journal of Applied Behavior Analysis, 24,* 719-732. ……540, 536
Horner, R. H. et al. (1979). Dealing with the low production rates of severely retarded workers. *AAESPH Review, 4,* 202-212. ……222
Horner, R. H. et al. (1985). A functional approach to teaching generalized street crossing. *Journal of the Association for Persons with Severe Handicaps, 10,* 71-78. ……560
Horner, R. H. et al. (1986a). Generalization with precision : The role of negative teaching examples in the instruction of generalized grocery item selection. *Journal of the Association for Persons with Severe Handicaps, 11,* 300-308. ……560
Horner, R. H., et al. (1986b). Teaching generalized table bussing the importance of negative teaching examples. *Behavior modification, 10,* 457-471. ……560
Horner, R. H., et al. (1987). Acquisition of generalized telephone use by students with moderate and severe mental retardation. *Research in Developmental Disabilities, 8,* 229-247. ……560
Horner, R. H. et al. (1990). Toward a technology of "Nonaversive" behavioral support. *Journal of the Association for Persons with Severe Handicaps, 15,* 125-132. ……606
Horner, R. H. et al. (1991). Interspersed requests: A nonaversive procedure for reducing aggression and self-injury during instruction. *Journal of Applied Behavior Analysis, 24,* 265-278. ……518
Horner, R. H. et al. (2004). The school-wide evaluation tool (SET): A research instrument for assessing school-wide positive behavior support. *Journal of Positive Behavior Interventions, 6,* 3-12. ……606
Horner, R. H. et al. (2005). Schoolwide positive behavior support. In L.M. Bambara, & L. Kern (Eds.), *Individualized supports for students with problem behaviors: Designing positive behavior plans* (pp. 359-390). Guilford Press. ……606
Horner, R. H. et al. (2015). Evidence-based for Positive Behavioral Interventions and Supports (PBIS). Retrieved from https://www.pbis.org/research (February 12, 2017) ……606
Hughes, C. et al. (1995). The effects of multipole-exemplar self-instruction training on high school students' generalized conversational interaction. *Journal of Applied Behavior Analysis, 28,* 201-218. ……560
Hughes, C. et al. (1998). Assessing preferences and choices of persons with severe and profound mental retardation. Education & Training in Mental *Retardation & Developmental Disabilities, 33,* 299-316. ……498
Huitema, B. E. et al. (2007). Time-series intervention analysis using ITSACORR: Fatal flaws. *Journal of Modern Applied Statistical Methods, 6,* 367-379. ……106
Huitema, B. E. (2004). Analysis of interrupted time-series experiments using ITSE: A critique. *Understanding Statistics, 3,* 27-46. ……106
Hulse, S. H., & Dorsky, N. P. (1977). Structural complexity as a determinant of serial pattern learning. *Learning and Motivation, 8,* 488-506. ……320
Hulse, S. H. et al. (1978). *Cognitive processes in animal behavior.* Lawrence Erlbaum Associates. ……392
Hume, K. M., & Crossman, J. (1992). Musical reinforcement of practice behaviors among competitive swimmers. *Journal of Applied Behavior Analysis, 25,* 665-670. ……710
Hume, K. M. et al. (1985). A self-monitoring feedback package for improving freestyle figure skating practice. *Journal of Sport Psychology, 7,* 333-345. ……548
Humphreys, T. et al. (2013). An evaluation of repeating the discriminative stimulus when using least to most prompting to teach intraverbal behavior to children with autism, *Journal of Applied Behavior Analysis, 46,* 534-538. ……428
Hunsley, J. H., & Lee, C. M. (2014). *Introduction to Clinical Psychology: An Evidence-Based Approach* (2nd ed.). Wiley. ……134

Hunt, G. M., & Azrin, N. H. (1973). A community-reinforcement approach to alcoholism. *Behaviour Research and Therapy, 11*, 91-104. ……638
Hunter, M. W., & Kamil, A. C. (1971). Object-discrimination learning set and hypothesis behavior in the northern bluejay (*Cynaocitta cristata*). *Psychonomic Science, 22*, 271-273. ……392
Hunter, W. S. (1920). The temporal maze and kinaesthetic sensory processes in the white rat. *Psychobiology, 2*, 1-17. ……320
Hursh, S. R. (1980). Economic concepts for the analysis of behavior. *Journal of the Experimental Analysis of Behavior, 34*, 219-238. ……74, 378, 412
Hursh, S. R. (1984). Behavioral economics. *Journal of the Experimental Analysis of Behavior, 42*, 435-452. ……412
Hursh, S. R. (2014). Behavioral economoics and the analysis of consumption and choice. In F. K. McSweeney, & E. S. Murphy (Eds.), *The Wiley Blackwell Handbook of Operant and Classical Conditioning* (pp. 275-305). John Wiley & Sons. ……412
Hursh, S. R., & Natelson, B. H. (1981). Electrical brain stimulation and food reinforcement dissociated by demand elasticity. *Physiology & Behavior, 26*, 509-515. ……412
Hursh, S. R., & Silberberg, A. (2008). Economic demand and essential value. *Psychological Review, 115*, 186-198. ……404, 412
Hursh, S. R. et al. (2013). The translational utility of behavioral economics: The experimental analysis of consumption and choice. In G. J. Madden et al. (Eds.), *APA handbook of behavior analysis. Vol. 2: Translating principles into practice* (pp. 191-224). APA (American Psychological Association). ……412
Hyten, C. et al. (1994). Exchange delays and impulsive choice in adult humans. *Journal of the Experimental Analysis of Behavior, 62*, 225-233. ……366

I
IFSW (International Federation of Social Workers). (2014). Global Definition of Social Work. Retrieved from http://ifsw.org/get-involved/global-definition-of-social-work/ (March 9, 2016) ……690
Ingvarsson, E. T., & Hollobaugh, T. (2011). A comparison of prompting tactics to establish intraverbals in children with autism. *Journal of Applied Behavior Analysis, 44*, 659-664. ……428
Ingvarsson, E. T., & Le, D. D. (2011). Further evaluation of prompting tactics for establishing intraverbal responding in children with autism. *The Analysis of Verbal Behavior, 27*, 75-93. ……428
Ingvarsson, E. T. et al. (2012). Emergent listener responses following intraverbal training in children with autism. *Research in Autism Spectrum Disorders, 6*, 654-664. ……428
Israel, A. C., & O'Leary, K. D. (1973). Developing correspondence between children's words and deeds. *Child Development, 44*, 575-581. ……556
Israel, A. C. (1973). Developing correspondence between verbal and nonverbal behavior: Switching sequences. *Psychological Reports, 32*, 1111-1117. ……556
Issacs, W. et al. (1960). Application of operant conditioning to reinstate verbal behavior in psychotics. *Journal of Speech and Hearing Disorders, 25*, 8-12. ……698
Itard, J. M. G. (1801). *De l'Education d'un homme sauvage ou des premiers developpements physiques et moraux du jeune sauvage de l'Aveyron*. Gouyon. (中野 善達・松田 清 (訳) (1978). 新訳アヴェロンの野生児—ヴィクトールの発達と教育 野生児の記録 7 福村出版) ……324
Ito, M. (1985). Choice and amount of reinforcement in rats. *Learning & Motivation, 16*, 95-108. ……74
Ito, M., & Asaki, K. (1982). Choice behavior of rats in a concurrent-chains schedule: Amount and delay of reinforcement. *Journal of the Experimental Analysis of Behavior, 37*, 383-392. ……362
Ito, M., & Fantino, E. (1986). Choice, foraging, and reinforcer duration. *Journal of the Experimental Analysis of Behavior, 46*, 93-103. ……408
Ito, M., & Nakamura, K. (1998). Humans' choice in a self-control choice situation: Sensitivity to reinforcer amount, reinforcer delay, and overall reinforcement density. *Journal of the Experimental Analysis of Behavior, 69*, 87-102. ……366
Ito, M. et al. (2011). Sharing, discounting, and selfishness: A Japanese-American comparison. *The Psychological Record, 61*, 59-76. ……374, 388
Iversen, I. H. (1988). Tactics of graphic design: A review of Tufte's The Visual Display of Quantitative Information. *Journal of the Experimental Analysis of Behavior, 49*, 171-189. ……19
Iversen, I. H. (2013). Single-case research methods: An overview. In G. J. Madden (Ed.), *APA handbook of behavior analysis. Vol. 1; Methods and principles* (pp. 3-32). American Psychological Association. ……4
Iwata, B. A. (1987). Negative reinforcement in applied behavior analysis: An emerging technology. *Journal of Applied Behavior Analysis, 20*, 361-378. ……202
Iwata, B. A. et al. (1982). Toward a functional analysis of self-injury. *Analysis and Intervention in Developmental Disabilities, 2*, 3-20. ……130, 486, 536
Iwata, B. A. et al. (1994). The functions of self-injurious behavior: An experimental-epidemiological

analysis. *Journal of Applied Behavior Analysis, 27,* 215-240. ······202
Iwata, B. A. et al. (1994). Toward a functional analysis of self-injury. *Journal of Applied Behavior Analysis, 27,* 197-209. (Reprinted from *Analysis and Intervention in Developmental Disabilities, 2,* 3-20, 1982). ······98, 118, 130

■ **J**

Jacobson, N. S. et al. (1996). A component analysis of cognitive-behavioral treatment for depression. *Journal of Consulting and Clinical Psychology, 64,* 295-304. ······626
Jakupcak, M. et al. (2006). A pilot study of behavioral activation for veterans with posttraumatic stress disorder. *Journal of Traumatic Stress, 19,* 387-391. ······626
Jakupcak, M. et al. (2010). Behavioral activation as a primary care-based treatment for PTSD and depression among returning veterans. *Journal of Traumatic Stress, 23,* 491-495. ······626
Jason, L. A., & Liotta, R. F. (1982). Reduction of cigarette smoking in a university cafeteria. *Journal of Applied Behavior Analysis, 15,* 573-577. ······718
Jaynes, J. (1956). Imprinting: The interaction of learned and innalte behavior: I. Development and generalization. *Journal of Comparative and Physiological Psychology, 49,* 201-206. ······312
Jazwa, C. S., et al. (2016). A test of ideal free distribution predictions using targeted survey and excavation on California's northern Channel Islands. *Journal of Archaeological Method and Theory, 23,* 1242-1284. ······408
Jenkins, H. M., & Moore, B. R. (1973). The form of the autoshaped response with food or water reinforcers. *Journal of the Experimental Analysis of Behavior, 20,* 163-181. ······308
Johnson, K., & Layng, T. V. J. (1985). Breaking the structuralist barrier: Literacy and numeracy with fluency. *American Psychologist, 47,* 1475-1490. ······440
Johnson, K. R., & Street, E. M. (2004). *The Morningside model of generative instruction: What it means to leave no child behind.* Cambridge Center for Behavioral Studies. ······682
Johnson, K. R., & Street, E. M. (2013). *Response to intervention and precision teaching: Creating synergy in the classroom.* Guilford Press. ······614
Johnson, M. W., & Bickel, W. K. (2002). Within-subject comparison of real and hypothetical money rewards in delay discounting. *Journal of the Experimental Analysis of Behavior, 77,* 129-146. ······370
Johnston, J. M. (1979). On the relation between generalization and generality. *The Behavior Analyst, 2,* 1-6. ······502
Johnston, J. M., & Pennypacker, H. S. (1993a). *Strategies and tactics of behavioral research* (2nd ed.). Erlbaum. ······114
Johnston, J. M., & Pennypacker, H. S. (1993b). *Readings for strategies and tactics of behavioral research* (2nd ed.). Erlbaum. ······114
Johnston, J. M., & Pennypacker, H. S. (2009). *Strategies and tactics of behavioral research* (3rd ed.). Routledge. ······384
Jones, B., & Rachlin, H. (2006). Social discounting. *Psychological Science, 17,* 283-286. ······374
Jones, B. A., & Rachlin, H. (2009). Delay, probability, and social discounting in a public goods game. *Journal of the Experimental Analysis of Behavior, 91,* 61-73. ······374
Jones, R. J., & Azrin, N. H. (1969). Behavioral engineering: Stuttering as a function of stimulus duration during speech synchronization. *Journal of Applied Behavior Analysis, 2,* 223-229. ······122
Jones, R. R. et al. (1978). Effects of serial dependency on the agreement between visual and statistical inference. *Journal of Applied Behavior Analysis, 11,* 277-283. ······106
Jones, R. S., & Eayrs, C. B. (1992) The use of errorless learning procedures in teaching people with a learning disability: A critical review. *Mental Handicap Research, 5,* 204-212. ······478
Jozefowiez, J. et al. (2009). The behavioral economics of choice and interval timing. *Psychological Review, 116,* 519-539. ······296

■ **K**

Kahneman, D., & Tversky, A. (1979). Prospect theory: An analysis of decision under risk. *Econometrica, 47,* 263-291. ······378
Kahneman, D., & Tversky, A. (1984). Choices, values, and frames. *American Psychologist, 39,* 341-350. ······374, 378
Kamin, L. J. (1968). "Attention-like" processes in classical conditioning. In M. R. Jones (Ed.), *Miami symposium on the prediction of behavior, 1967: Aversive stimulation* (pp. 9-31). University of Miami Press. ······38, 300
Kamin, L. J. (1969). Predictability, surprise, attention, and conditioning. In B. A. Campbell & R. M. Church (Eds.), *Punishment and aversive behavior* (pp. 279-296). Meredith. ······38
Kangas, B. D., & Vaidya, M. (2007). Trends in presentations at the annual conference of the Association for Behavior Analysis. *The Behavior Analyst, 30,* 117-131. ······148
Kanter, J. W., et al. (2006). The effect of contingent reinforcement on target variables in outpatient psychotherapy for depression: A successful and unsuccessful case using functional analytic

psychotherapy. *Journal of Applied Behavior Analysis, 39*, 463-467. ······622
Kantor, J. R. (1959). *Interbehavioral psychology*. Principia. ······506
Karoly, P., & Dirks, M. J. (1977). Developing self control in preschool children through correspondence training. *Behavior Therapy, 8*, 398-405. ······556
Kazdin, A. E. (1977). Assessing the clinical or applied significance of behavior change through social validation. *Behavior Modification, 1*, 427-452. ······522
Kazdin, A. E. (1980). Acceptability of alternative treatments for deviant child behavior. *Journal of Applied Behavior Analysis, 13*, 259-273. ······522
Kazdin, A. E. (1994). *Behavior modification in applied setting* (5th ed.). Brooks/Cole publishing. ······510
Kazdin, A. E. (2011). *Single-case research design: Methods for clinical and applied settings* (2nd ed.). Oxford University Press. ······106
Keefe, F. J. et al. (1990). Behavioral assessment of low back pain: Identification of pain behavior subgroups. *Pain, 40*, 153-160. ······648
Kelleher, R. T. (1961). Schedules of conditioned reinforcement during experimental extinction. *Journal of the Experimental Analysis of Behavior, 4*, 1-5. ······210
Kelleher, R. T. (1966). Chaining and conditioned reinforcement. In W. K. Honig (Ed.), *Operant behavior: Areas of research and application* (pp. 160-212). Appleton. ······226, 190
Kelleher, R. T. et al. (1964). Adjusting fixed-ratio schedules in the squirrel mokey. *Journal of the Experimental Analysis of Behavior, 7*, 69-77. ······226
Kelleher, R. T., & Cook, L. (1959). An analysis of the behavior of rats and monkeys on concurrent fixed-ratio avoidance schedules. *Journal of the Experimental Analysis of Behavior, 2*, 203-211. ······226
Kelleher, R. T., & Gollub, L. R. (1962). A review of positive conditioned reinforcement. *Journal of the Experimental Analysis of behavior, 5*, 543-597. ······226
Kelleher, R. T. et al. (1959). Inter-response time distribution as a function of differential reinforcement of temporally spaced responses. *Journal of the Experimental Analysis of Behavior, 2*, 91-106. ······222
Keller, F. S., & Schoenfeld, W. N. (1950). *Principles of psychology: A systematic text in the science of behavior*. Appleton. ······198, 202, 316, 506
Keller, K. (1974). The role of elicited responding in behavioral contrast. *Journal of the Experimental Analysis of Behavior, 21*, 249-257. ······284
Kelley, M. L. et al. (1989). Development of a modified treatment evaluation inventory. *Journal of Psychopathology and Behavioral Assessment, 11*, 235-247. ······522
Kelly, T. H. et al. (2005). Crewmember performance before, during, and after spaceflight. *Journal of the Experimental Analysis of Behavior, 84*, 227-241. ······384
Kennedy, C. H. (2002). The maintenance of behavior change as an indicator of social validity. *Behavior Modification, 26*, 594-604. ······522
Kennedy, C. H., & Meyer, K. A. (1996). Sleep deprivation, allergy symptoms, and negatively reinforced problem behavior. *Journal of Applied Behavior Analysis, 292*, 133-135. ······506
Kennedy, C. H., & Meyer, K. A. (1998). Establishing operations and the motivation of challenging behavior. In J. K. Luiselli, & M. J. Cameron (Eds.), *Antecedent control: Innovative approaches to behavioral support* (pp.329-346). Paul H. Brookes. (ルイセリー, C. H., & キャメロン, K. A. 園山 繁樹他 (訳) (2001). 挑戦的行動の先行子操作―問題行動への新しい援助アプローチ (p. 293) 二瓶社) ······506
Kern, L., & Clements, N. H. (2007). Antecedent strategies to promote appropriate classroom behavior. *Psychology in the Schools, 44*, 65-75. ······498
Kern, L. et al. (2001). Choice of task sequence to reduce problem behaviors. *Journal of Positive Behavior Interventions, 3*, 3-10. ······498
Kerns, R. D. et al. (1985). The West Haven-Yale Multidimensional Pain Inventory (WHYMPI). *Pain, 23*, 345-356. ······648
Killeen, P. R. (1982). Incentive theory. In D. J. Bernstein (Ed.), *Nebraska Symposium on Motivation, 1981*. Vol. 29. *Response structure and organization* (pp. 169-216). University of Nebraska Press. ······354
Killeen, P. R., & Fetterman, J. G. (1988). A behavioral theory of timing. *Psychological Review, 95*, 274-295. ······296
Kimble, G. A. (1961). *Hilgard and Marquis' conditioning and learning* (2nd Ed.). Appleton. ······198, 210, 490
Kimmel, H. D., & Hill, F. A. (1960). Operant conditioning of the GSR. *Psychological Reports, 7*, 555-562. ······198
King-Sears, M. E., & Carpenter, S. L. (1997). *Teaching self-management to elementary students with developmental disabilities*. American Association on Mental Reterdation. (キングシアーズ, M. E. & カーペンター, S. L. 三田地 真実 (訳) (2005). ステップ式で考えるセルフ・マネージメントの指導 AAMR 刊行全米人気シリーズ・リサーチから現場へ4 学苑社) ······544
Kirby, K. N., & Herrnstein, R. J. (1995). Preference reversals due to myopic discounting of delayed

reward. *Psychological Science, 6*, 83-89. ……366
Kirigin, K. A. et al. (1982). An evaluation of teaching-family (achievement place) group homes for juvenile offenders. *Journal of Applied Behavior Analysis, 15*, 1-16. ……610
Kirkpatrick, K. (2002). Packet theory of conditioning and timing. *Behavioural Processes, 57*, 89-106. ……296
Kishi, G. et al. (1988). Daily decision-making in community residences: A social comparison of adults with and without Mental retardation. *American Journal of Mental Retardation, 92*, 430-435. ……498
Kodera, T. L., & Rilling, M. (1976). Procedural antecedents of behavioral contrast: A re-examination of errorless learning. *Journal of the Experimental Analysis of Behavior, 25*, 27-42. ……284
Koegel, L. K., & Koegel, R. L. (1995). Motivating communication in children with autism. In E. Schopler, & G. B. Mesibov (Eds.), *Learning and cognition in autism* (pp. 73-87). Kluwer Academic/Plenum Publishers. ……598
Koegel, L. K. et al. (1999). Pivotal Response intervention Ⅰ: Overview of approach. *Journal of The Association for Person with Severe Handicaps, 24*, 164-185. ……598
Koegel, R. L., & Koegel, L. K. (2006). *Pivotal response treatments for autism: Communication, social, and academic development*. Paul H. Brookes Publishing Co. （ケーゲル，R. L., & ケーゲル，L. K. 氏森 英亞・小笠原 恵（監訳）（2009）. 機軸行動発達支援法　二瓶社）……462, 598
Koegel, R. L., & Koegel, L. K. (2012). *The PRT pocket guide: Pivotal response treatment for autism spectrum disorders*. Paul H. Brookes Publishing. （ケーゲル，R. K., & ケーゲル，L. K. 小野 真他（訳）発達障がい児のための新しい ABA 療育―PRT Pivotal Response Treatment の理論と実践　二瓶社）……598
Koegel, R. L. et al. (1987). A natural language paradigm for teaching nonverbal autistic children. *Journal of Autism and Developmental Disorders, 17*, 187-200. ……598
Kohlenberg, R. J., & Tsai, M. (1991). *Functional analytic psychotherapy: Creating intense and curative therapeutic relationships*. Plenum. （コーレンバーグ，R. J., & サイ，M. 大河内 浩人（監訳）（2007）. 機能分析心理療法―徹底的行動主義の果て　精神分析と行動分析の架け橋　金剛出版）……622
Kohlenberg, R. J. et al. (2002). Enhancing cognitive therapy for depression with functional analytic psychotherapy: Treatment guidelines and empirical findings. *Cognitive and Behavioral Practice, 9*, 213-229. ……622
Köhler, W. (1917). *Intelligenzprüfungen an Menschenaffen*. Springer. （ケーラー，W. 宮孝一（訳）（1962）. 類人猿の知恵試験　岩波書店）……396
Konorski, J. A., & Miller, S. M. (1937). On two types of conditioned reflex. *Journal of General Psychology, 16*, 264-272. ……4
Koop, S., & Martin, G. L. (1983). Evaluation of a coaching strategy to reduce swimming stroke errors in beginning age-group swimmers. *Journal of Applied Behavior Analysis, 16*, 447-460. ……710
Kostewicz, D. E., & Kubina, R. M. (2011). Building science reading fluency for students with disabilities with repeated readings to a fluency criterion. *Learning Disabilities: A Multidisciplinary Journal, 17*, 89-104. ……614
Kramer, T. J., & Rilling, M. (1970). Differential reinforcement of low rates: A selective critique. *Psychological Bulletin, 74*, 225-254. ……222
Kratochwill, T. R., & Levin, J. R. (2014). *Single-case intervention research: Methodological and statistical advances*. APA (American Psychological Association). ……114
Kratochwill, T. R., & Martens, B. K. (1994). Applied behavior analysis and school psychology. *Journal of Applied Behavior Analysis, 27*, 3-5. ……576
Krebs, J. R., & Davies, N. B. (1991) *Behavioural ecology: An evolutionary approach* (3rd ed.), Blackwell Scientific Publications. （クレブス，J. R., デイビス，N. B. 山岸 哲・巌佐 庸（監訳）（1991）. 進化からみた行動生態学（原書第 3 版）蒼樹書房）……362
Krumboltz, J. D., & Krumboltz, H. D. (1972). *Changing children's behavior* (Prentice-hall Series in counseling and guidance). Prentice-Hall. ……450
Kubina, R. M., & Wolfe, P. S. (2005). Potential applications of behavioral fluency for students with autism. *Exceptionality, 13*, 34-44. ……614
Kubina, R. M., & Yurich, K. K. L. (2012). *The precision teaching book*. Greatness Achieved. ……102, 614
Kubina, R. M. et al. (2002). Benefits of adding precision teaching to behavioral interventions for students with autism. *Behavioral Interventions, 17*, 233-246. ……614
Kuno, H., et al., (1994). Formation of transitivity in conditional matching to sample by pigeons. *Journal of the Experimental Analysis of Behavior, 62*, 399-408. ……328
Kuroda, T., & Lattal, K. A. (2014). Signal functions in delayed discriminative stimulus control by reinforcement sources. *Journal of the Experimental Analysis of Behavior, 101*, 355-372. ……194
Kuroda, T. et al. (2018). Relative effects of reinforcement and punishment on human choice. *European Journal of Behavior Analysis, 19*, 125-148. ……258
Kurtz, M. M., & Mueser, K. T. (2008). A meta-analysis of controlled research on social skills training for

schizophrenia. *Journal of Consulting and Clinical Psychology, 76*, 491-504. ……670

■ L
Lachs, M. S., & Pillemer, K. (1995). Abuse and neglect of elderly persons. *The New England Journal of Medicine, 332*, 437-443. ……630
Lambert, M. (1992) Psychotherapy outcome research: Implications for integrative and eclectic therapists. In Goldfried, M., & Norcross, J. (Eds.), *Handbook of psychotherapy integration* (pp. 94-129). Basic Books. ……134
Lane, H. (1961). Operant control of vocalizing in the chicken. *Journal of the Experimental Analysis of Behavior, 4*, 171-177. ……210
Lane, K. L. (1997). *Students at risk for antisocial behavior: The utility of academic and social skills interventions.* Unpublished doctoral dissertation, University of California. ……522
Lane, S. D. et al. (2003). Measurement of delay discounting using trial-by-trial consequences. *Behavioural Processes, 64*, 287-303. ……370
Lanza, R. P. et al., (1982). "Lying" in the pigeon. *Journal of the Experimental Analysis of Behavior, 38*, 201-203. ……396
Laraway, S. et al. (2003). Motivating operations and terms to describe them: Some further refinements. *Journal of Applied Behavior Analysis, 36*, 407-414. ……506
Laties, V. G. et al. (1969). Further observations on overt "mediating" behavior and the discrimination of time. *Journal of the Experimental Analysis of Behavior, 12*, 43-57. ……222
Lattal, K. A. (1973). Response-reinforcer dependence and independence in multiple and mixed schedules. *Journal of the Experimental Analysis of Behavior, 20*, 265-271. ……226
Lattal, K. A. (1984). Signal functions in delayed reinforcement. *Journal of the Experimental Analysis of Behavior, 42*, 239-253. ……194
Lattal, K. A. (1989). Contingencies on response rate and resistance to change. *Learning and Motivation, 20*, 191-203. ……266
Lattal, K. A. (1991) Scheduling positive reinforcers. In I. H. Iversen & K. A. Lattal (Eds.), *Experimental analysis of behavior,* Part1 (Techniques in the behavioral and neural scienses, Vol. 6, pp. 87-134). Elsevier. ……222
Lattal, K. A. (1995). Contingency and behavior analysis. *The Behavior Analyst, 18*, 209-224. ……42, 206
Lattal, K. A. (2004). Steps and pips in the history of the cumulative recorder. *Journal of the Experimental Analysis of Behavior, 82*, 329-355. ……78
Lattal, K. A. (2013). The five pillars of the experimental analysis of behavior. In G. J. Madden et al. (Eds.), *APA handbook of behavior analysis, Vol. 1: Methods and principles* (pp. 33-63). APA (American Psychological Association). ……4
Lattal, K. A., & Gleeson, S. (1990). Response acquisition with delayed reinforcement. *Journal of Experimental Psychology: Animal Behavior Processes, 16*, 27-39. ……194
Lattal, K. A., & Metzger, B. (1994). Response acquisition by Siamese fighting fish (*Betta splendens*) with delayed visual reinforcement. *Journal of the Experimental Analysis of Behavior, 61*, 35-44. ……194, 186
Lattal, K. A., & St. Peter Pipkin, C. (2009). Resurgence of previously reinforced responding: Research and application. *The Behavior Analyst Today, 10*, 254-265. ……242
Lattal, K. M., & Nakajima, S. (1998). Overexpectation in appetitive Pavlovian and instrumental conditioning. *Animal Learning & Behavior, 26*, 351-360. ……300
Lazareva, O. F., & Wasserman, E. A. (2008). Categories and Concepts in Animals. in N. Cowan, (Ed.) *Learning and Memory: A Comprehensive Reference* (pp. 197-226). Elsevier. ……288
Le Grice, B., & Blampied, N. M. (1997). Learning to use video recorders and personal computers with increasing assistance prompting. *Journal of Developmental and Physical Disabilities, 9*, 17-30. ……450
Lea, S. E. G. (1978). The psychology and economics of demand. *Psychological Bulletin, 85*, 441-466. ……412
Lea, S. E. G. (1979). Foraging and reinforcement schedules in the pigeon: Optimal and non-optimal aspects of choice. *Animal Behaviour, 27*, 875-886. ……74, 408
Leak, T. M., & Gibbon, J. (1995). Simultaneous timing of multiple intervals: Implications of the scalar property. *Journal of Experimental Psychology: Animal Behavior Processes, 21*, 3-19. ……296
Leander, J. D. et al. (1968). Fixed interval performance as related to subjects' verbalizations of the reinforcement contingency. *The Psychological Record, 18*, 469-474. ……332
LeBow, M. D. (1973). *Behavior modification: a significant method in nursing practice* (Scientific foundations of nursing practice series). Prentice-Hall. (リボー, M. D. 大久保 幸郎 (訳) (1975). 患者行動の変容 医歯薬出版). ……652
Lechago, S. A. et al. (2015). The effects of multiple exemplar instruction on the relation between listener and intraverbal categorization repertoires. *The Analysis of Verbal Behavior, 31*, 76-95. ……428
Lee, C., & Tindal, G. A. (1994). Self-recording and goal setting: Effects on on-task and math productivity

of low-achieving Korean elementary school students. *Journal of Behavioral Education, 4*, 459-479. ……544
Lee, G. T., & Singer-Dudek, J. (2012). Effects of fluency versus accuracy training on endurance and retention of assembly tasks by four adolescents with developmental disabilities. *Journal of Behavioral Education, 21*, 1-17. ……614
Lehman, A. F. et al. (2004). The Schizophrenia Patient Outcomes Research Team (PORT): Updated treatment recommendations 2003. *Schizophrenia Bulletin, 30*, 193-217. ……670
Leitenberg, H. et al. (1970). Reinforcement of competing behavior during extinction. *Science, 169*, 301-303. ……210
Leitenberg, H. et al. (1975). Extinction and reinforcement of alternative behavior. *Journal of Comparative and Physiological Psychology, 88*, 640-652. ……210
Lejeune, H. et al. (2006). About Skinner and time: Behavior-analytic contributions to research on animal timing. *Journal of the Experimental Analysis of Behavior, 85*, 125-142. ……222
Lennox, D. B. et al. (1987). Response interruption and DRL for the reduction of rapid eating. *Journal of Applied Behavior Analysis, 20*, 279-284. ……222, 490
Lerman, D. C., & Iwata, B. A. (1995). Prevalence of the extinction burst and its attenuation during treatment. *Journal of Applied Behavior Analysis, 28*, 93-94. ……238
Lerman, D. C., & Iwata, B. A. (1996). Developing a technology for the use of operant extinction in clinical settings: An examination of basic and applied research. *Journal of Applied Behavior Analysis, 29*, 345-382. ……238
Lerman, D. C. et al. (1994). Assessment of stereotypic and self-injurious behavior as adjunctive responses. *Journal of Applied Behavior Analysis, 27*, 715-728. ……230
Lerman, D. C. et al. (1999). Side effects of extinction: Prevalence of bursting and aggression during the treatment of self-injurious behavior. *Journal of Applied Behavior Analysis, 32*, 1-8. ……238
Levering, K. K. et al. (2000). Randomized interdependent group contingencies: Group reinforcement with a twist. *Psychology in the Schools, 37*, 523-533. ……514
Levin, M. E. et al. (2012). The impact of treatment components suggested by the psychological flexibility model: A meta-analysis of laboratory-based component studies. *Behavior Therapy, 43*, 741-756. ……118
Levin, S. M. (1961). The effects of awareness on verbal conditioning. *Journal of Experimental Psychology, 61*, 67-75. ……340
Lewinsohn, P. M., & Graf, M. (1973). Pleasant activities and depression. *Journal of Consulting and Clinical Psychology, 41*, 261-268. ……626
Lewinsohn, P. M. (1975). The behavioral study and treatment of depression. In M. Hersen et al. (Eds.), *Progress in behavioral modification* (Vol. 1, pp. 19-64). Academic Press. ……626
Libet, B. et al. (1983). Time of conscious intention to act in relation to onset of cerebral activity (readiness-potential). *Brain, 106*, 623-642. ……340
Lieving, G. A., & Lattal, K. A. (2003). Recency, repeatability, and reinforcer retrenchment: An experimental analysis of resurgence. *Journal of the Experimental Analysis of Behavior, 80*, 217-233. ……242
Lima, E. L., & Abreu-Rodrigues, J. (2010). Verbal mediating responses: Effects on generalization of say-do correspondence and noncorrespondence. *Journal of Applied Behavior Analysis, 43*, 411-424. ……556
Lima, M. (2014). *The book of trees: Visualizing branches of knowledge*. Princeton Architectural Press. （リマ，M. 三中 信宏（訳）(2015). The book of trees：系統樹大全―知の世界を可視化するインフォグラフィックス BNN新社）……110
Lindberg, J. S. et al. (1999). DRO contingencies: An analysis of variable-momentary schedules. *Journal of Applied Behavior Analysis, 32*, 123-136. ……490
Lindemann-Biolsi, K. L., & Reichmuth, C. (2014). Cross-modal transitivity in a California sea lion (*Zalophus californianus*). *Animal Cognition, 17*, 879-890. ……328
Lindsley, O. R. (1962). A behavioral measure of television viewing. *Journal of Advertising Research, 2*, 2-12. ……122
Lindsley, O. R. (1964). Direct measurement and prosthesis of retarded behavior. *Journal of Education, 147*, 62-81. ……690
Lindsley, O. R. (1968). A reliable wrist counter for recording behavior rates. *Journal of Applied Behavior Analysis, 1*, 77-78. ……122
Lindsley, O. R. (1991). From technical jargon to plain English for application. *Journal of applied behavior analysis, 24*, 449-458. ……584
Lipkens, R. et al. (1988). A test of symmetry and transitivity in the conditional discrimination performances of pigeons. *Journal of the Experimental Analysis of Behavior, 49*, 395-409. ……328
Lipschultz, J., & Wilder, D. A. (2017). Recent research on the high-probability instructional sequence: A brief review. *Journal of Applied Behavior Analysis, 50*, 424-428. ……518

Litow, L., & Pumroy, D. K. (1975). A brief review of classroom group-oriented contingencies. *Journal of Applied Behavior Analysis, 8*, 341-347. ……514, 686
Little, S. G. et al. (2015). Group contingency interventions with children?: 1980-2010: A meta-analysis. *Behavior Modification, 39*, 322-341. ……514
Livingston, G. et al. (2005). Systematic review of psychological approaches to the management of neuropsychiatric symptoms of dementia. *The American Journal of Psychiatry, 162*, 1996-2021. ……630
Lizarazo, N. E. et al. (2015). A within-subjects evaluation of the effects of functional analytic psychotherapy on in-session and out-of-session client behavior. *The Psychological Record, 65*, 463-474. ……622
Lloyd, K. E. (2002). A review of correspondence training: Suggestions for a revival. *The Behavior Analyst, 25*, 57-73. ……556
Locke, E. A., & Latham, G. P. (2002). Building a practically useful theory of goal setting and task motivation: A 35-year odyssey. *American Psychologist, 57*, 705-717. ……548
Logan, F. A. (1971). Incentive theory, reinforcement, and education, In G. Glaser (ed.), *The nature of reinforcement* (pp. 284-297). Academic Press. ……308
Logue, A. W. et al. (1984). Choice in a self-control paradigm: Quantification of experience-based differences. *Journal of the Experimental Analysis of Behavior, 41*, 53-67. ……366
Logue, A. W. et al. (1986). Self-control in adult humans: Variation in positive reinforcer amount and delay. *Journal of the Experimental Analysis of Behavior, 46*, 159-173. ……366
Lopez, M. H. et al. (2011). Contextual control and generalization of say-do correspondence: A preliminary study. *International Journal of Psychology and Psychological Therapy, 11*, 269-284. ……556
Lorenz, K. (1935). Der Kumpan in der Umwelt des Vogels: der Artgenosse als auslösendes Moment sozialer Verhaltensweisen. *Journal für Ornithologie, 83*, 137-213, 289-413. ……312
Lorenz, K. (1937). The companion in the bird's world. *The Auk, 54*, 245-273. ……312
Lovaas, O. I. (1961). The interaction between verbal and nonverbal behavior. *Child Development, 32*, 329-336. ……556
Lovaas, O. I. (1964a). Control of food intake in children by reinforcement of relevant verbal behavior. *Journal of Abnormal and Social Psychology, 68*, 672-678. ……556
Lovaas, O. I. (1964b). Cue properties of words: The control of operant responding by rate and content of verbal operants. *Child Development, 35*, 245-256. ……556
Lovaas, O. I. (1977). *The Autistic child: language development through behavior modification*. Irvington. ……450
Lovaas, O. I. (1987). Behavioral treatment and normal educational and intellectual functioning in young autistic children. *Journal of Consulting and Clinical Psychology, 55*, 3-9. ……528, 590
Lovaas, O. I. (2003). *Teaching individuals with developmental delays: Basic intervention techniques*. Pro-Ed.（ロヴァス, O. I. 中野 良顯（訳）(2011). 自閉症児の教育マニュアル—ロヴァス法による行動分析治療　ダイヤモンド社）……458, 590
Lovaas, O. I., & Simmons, J. Q. (1969). Manipulation of self-destruction in three retarded children. *Journal of Applied Behavior Analysis, 2*, 143-157. ……258
Lovaas, O. I., & Smith, T. (2003). Early intensive behavioral intervention in autism. In A. E. Kazdin, & J. R. Weisz (Eds.), *Evidence-based psycho-therapies for children and adolescents* (pp. 325-340). Guilford Press. ……590
Lovaas, O. I. et al. (1966). Acquisition of Imitative Speech by Schizophrenic Children. *Science, 151*, 705-707 ……432
Loveland, K. A., & Landry, S. H. (1986). Joint attention and language in autism and developmental language delay. *Journal of Autism and Developmental Disorders, 16*, 335-349. ……424
Lowe, F. C. et al. (1983). The role of verbal behavior in human learning: infant performance on fixed-interval schedules. *Journal of the Experimental Analysis of Behavior, 39*, 157-164. ……126
Lowry, M. A., & Lachter, G. D. (1977). Response elimination: A comparison of four procedures. *Learning and Motivation, 8*, 69-76. ……210
Lubinski, D., & MacCorquodale, K. (1984). "Symbolic communication" between two pigeons (*Columba livia*) without unconditioned reinforcement. *Journal of Comparative Psychology, 98*, 372-380. ……396
Lubinski, D., & Thompson, T. (1987). An animal model of the interpersonal communication of interoceptive (private) states. *Journal of the Experimental Analysis of Behavior, 48*, 1-15. ……26, 46, 396
Lubinski, D., & Thompson, T. (1993). Species and individual differences in communication based on private states. *Behavioral and Brain Sciences, 16*, 627-680. ……396
Luce, S. C. et al. (1981). Response cost: A case for specificity. *The Behavior Analyst, 4*, 75-80. ……258
Ludwig, T. D., & Houmanfar, R. (2009). *Behavioral systems: Understanding complex contingencies in organizations*. Routledge. ……584
Luiselli, J. K. (2011). Single-case evaluation of behavioral coaching interventions. In J. K. Luiselli, & D. D.

Reed (Eds.), *Behavioral sport psychology: Evidence-based approaches to performance enhancement* (pp. 61-78). Springer Science + Business Media. ······580

Luiselli, J. K., & Reed. D. D. (Eds.), (2011). *Behavioral sport psychology: Evidence-based approaches to performance enhancement*. Springer Science + Business Media. ······710

Luiselli, J. K. et al. (2011). Review of sports performance research with youth, collegiate, and elite athletes. *Journal of Applied Behavior Analysis, 44*, 999-1002. ······580

Luke, N. et al. (2011). The emergence of autoclitic frames in atypically and typically developing children as a function of multiple exemplar instruction. *Analysis of Verbal Behavior, 27*, 141-156. ······436

Lundin, R. W. (1961). *Personality: An experimental approach*. Macmillan. ······384

Lundin, R. W. (1969). *Personality: A behavioral analysis*. Macmillan. ······384

Lykken, D. T. (1968). Statistical significance in psychological research. *Psychological Bulletin, 70*, 151-159. ······114

Lynch, D. C., & Cuvo, A. J. (1995). Stimulus equivalence instruction of fraction-decimal relations. *Journal of Applied Behavior Analysis, 28*, 115-126. ······482

M

Macaskill, A. C., & Hackenberg, T. D. (2012). The sunk cost effect with pigeons: Some determinants of decisions about persistence. *Journal of the Experimental Analysis of Behavior, 97*, 85-100. ······378

Mace, F. C., & Critchfield, T. S. (2010). Translational research in behavior analysis: Historical traditions and imperative for the future. *Journal of the Experimental Analysis of Behavior, 93*, 293-312. ······118, 266

Mace, F. C. et al. (1988). Behavioral momentum in the treatment of noncompliance. *Journal of Applied Behavior Analysis, 21*, 123-141. ······518

Mace, F. C. et al. (1992). Behavioral momentum in college basketball. *Journal of Applied Behavior Analysis, 25*, 657-663. ······580

Mace, F. C. et al. (2010). Differential reinforcement of alternative behavior increases resistance to extinction: Clinical demonstration, animal modeling, and clinical test of one solution. *Journal of the Experimental Analysis of Behavior, 93*, 349-367. ······266, 518

MacEwen, D.(1972). The effects of terminal link fixed interval and variable interval schedules on responding under concurrent chained schedules. *Journal of the Experimental Analysis of Behavior, 18*, 253-261. ······358

Machado, A. (1992). Behavioral variability and frequency-dependent selection. *Journal of the Experimental Analysis of Behavior, 58*, 241-263. ······246

Machado, A. (1993). Learning variable and stereotypical sequences of responses: Some data and a new model. *Behavioural Processes, 30*, 103-129. ······246

Machado, A. (1997a). Increasing the variability of response sequences in pigeons by adjusting the frequency of switching between two keys. *Journal of the Experimental Analysis of Behavior, 68*, 1-25. ······246

Machado, A. (1997b). Learning the temporal dynamics of behavior. *Psychological Review, 104*, 241-265. ······296

Machado, A., & Guilhardi, P. (2000). Shifts in the psychometric function and their implications for models of timing. *Journal of the Experimental Analysis of Behavior, 74*, 25-54. ······296

Machado, A., & Keen, R. (1999). Learning to time (LET) or scalar expectancy theory (SET)? A critical test of two models of timing. *Psychological Science, 10*, 285-290. ······296

Mackintosh, N. J., & Honig, W. K. (1970). Blocking and enhancement of stimulus control in pigeons. *Journal of Comparative and Physiological Psychology, 73*, 78-85. ······300

Madden, G. J. et al. (1997). Impulsive and self-control choices in opioid-dependent patients and non-drug-using control participants: Drug and monetary rewards. *Experimental and Clinical Psychopharmacology, 5*, 256-262. ······374

Madden, G. J. et al. (2003). Delay discounting of real and hypothetical rewards. *Experimental and Clinical Psychopharmacology, 11*, 139-145. ······370

Madden, G. J. et al. (Eds.) (2013). *APA handbook of behavior analysis. Vol. 1: Methods and principles*. APA (American Psychological Association). ······74

Magoon, M. A., & Chritchfield, T. S. (2008). Concurrent schedules of positive and negative reinforcement: Differential-impact and differential-outcomes hypotheses. *Journal of the Experimental Analysis of Behavior, 90*, 1-22. ······258

Mahoney, J., & Hanrahan, S. J. (2011). A brief educational intervention using acceptance and commitment therapy: Four injured athletes' experiences. *Journal of Clinical Sport Psychology, 5*, 252-273. ······710

Malone, R. A., & McLaughlin, T. F. (1997). The effects of reciprocal peer tutoring with a group contingency on quiz performance in vocabulary with seventh- and eighth-grade students. *Behavioral Intervention, 12*, 27-40. ······514

Malott, M. E. (2003). *Paradox of organizational change: Engineering organizations with behavioral systems*

analysis. Context Press. ……584
Malott, M. E. (2004). Toward the globalization of behavior analysis. *The Behavior Analyst, 27*, 25-32. ……152
Malott, M. E. et al. (1999). A history of international development of ABA. *The ABA Newsletter, 22*, 4-6. ……148
Malott, R. M. et al. (2002). A history of the Association for Behavior Analysis. *The ABA Newsletter, 25*, 5-16. ……148
Malott, R. W. (2008). *Principles of behavior* (6th ed.). Pearson. ……316
Malott, R. W. et al. (1997). *Elementary principles of behavior*. Prentice-Hall. ……478
Manabe, K. (1992). Real-time detection of orientation during negative behavioral-contrast with key pecking and a turning response. *Journal of the Experimental Analysis of Behavior, 57*, 209-218. ……66
Manabe, K. et al. (1995). Differential vocalization in budgerigars: Towards an experimental analysis of naming. *Journal of the Experimental Analysis of Behavior, 63*, 111-126. ……328
Mann, R. (1972). The behavior-therapeutic use of contingency contracting to control an adult behavior problem: weight control. *Journal of Applied Behavior Analysis, 5*, 99-109. ……552
Markham, G. C. (1607). *Cavelarice: Or the English horseman*. Edward White. ……316
Marr, D. (1982). *Vision: A computational investigation into the human representation and processing of visual information*. Henry Holt and Co. ……400
Marsh, G., & Johnson, R. (1968). Discrimination reversal following learning without "errors." *Psychonomic Science, 10*, 261-262. ……292
Martell, C. R. et al. (2001). *Depression in context: Strategies for guided action* (Norton Professional Books). W. W. Norton & Company. (マーテル, C. R. 他　熊野　宏昭（監訳）(2011). うつ病の行動活性化療法―新世代の認知行動療法によるブレイクスルー　日本評論社）……626
Martell, C. R. et al. (2004). Finding the Action in Behavioral Activation: The Search for Empirically Supported Interventions and Mechanisms of Change. In S. C. Hayes et al. (Eds.), *Mindfulness and Acceptance-Expanding the Cognitive-Behavioral Tradition* (pp. 152-167). Guilford Press. (マーテル, C. R. 他　長谷川　晃（訳）(2005). 行動活性化における行為の発見―実証的知見に支持された介入方法とその変化のメカニズムに関する研究. ヘイズ, S. C. 他　春木　豊（監修）武藤　崇 他（監訳）マインドフルネス＆アクセプタンス：認知行動療法の新次元 (pp. 217-239) ブレーン出版）……626
Martens, B. K. et al. (1985). Teacher judgments concerning the acceptability of school-based interventions. *Professional Psychology: Research and Practice, 16*, 191-198. ……522
Martens, B. K. et al. (2008). Contingency space analysis: An alternative method for identifying contingent relations from observational data. *Journal of Applied Behavior Analysis, 41*, 69-81. ……42
Martin, G., & Hrycaiko, D. (1983). Effective behavioral coaching: What's it all about? *Journal of Sport Psychology, 5*, 8-20. ……580
Martin, G. L. (2015). *Applied sports psychology: Practical guidelines from behavior analysis*. (5th ed.). Sport Science Press. ……580, 710
Martin, G. L., & Thomson, K. (2011). Overview of behavioral sport psychology. In J. K. Luiselli & D. D. Reed (Eds.), *Behavioral sport psychology: Evidence-based approaches to performance enhancement* (pp. 3-21). Springer Science + Business Media. ……710
Martin, G. L., & Tkachuk, G. A. (2000). Behavioral sport psychology. In J. Austin & J. E. Carr (Eds.), *Behavioral sport psychology: Handbook of applied behavior analysis* (pp. 399-422). Context Press. ……710
Matell, M. S., & Meck, W. H. (2000). Neuropsychological mechanisms of interval timing behavior. *BioEssays, 22*, 94-103. ……296
Matson, J. L., & DiLorenzo, T. M. (1984). *Punishment and its alternatives: A New perspective for behavior modification*. Springer-Verlag. ……250
Matsuda, S., & Yamamoto, J. (2013). Intervention for increasing the comprehension of affective prosody in children with autism spectrum disorders. *Research in Autism Spectrum Disorders, 7*, 938-946. ……474
Mattaini, M. A. (1993). Behavior analysis and community practice: A review. *Research on Social Work Practice, 4*, 420-447. ……718
Matthews, B. A. et al. (1977). Uninstructed human responding: Sensitivity to ratio and interval contingencies. *Journal of the Experimental Analysis of Behavior, 27*, 453-467. ……122, 336
Matthews, B. A. et al. (1987). Saying and doing: A contingency-space analysis. *Journal of Applied Behavior Analysis, 20*, 69-74. ……556
Matyas, T. A., & Greenwood, K. M. (1990). Visual analysis of single-case time series: Effects of variability, serial dependence, and magnitude of intervention effects. *Journal of Applied Behavior Analysis, 23*, 341-351. ……106
Mazur, J. E. (1975). The matching law and quantifications related to Premack's principle. *Journal of Experimental Psychology: Animal Behavior Processes, 1*, 374-386. ……182

Mazur, J. E. (1984). Tests of an equivalence rule for fixed and variable reinforcer delays. *Journal of Experimental Psychology: Animal Behavior Processes, 10*, 426-436. ……370

Mazur, J. E. (1987). An adjusting procedure for studying delayed reinforcement. In M. L. Commons et al. (Eds.), *Quantitative analyses of behavior. Vol. 5: The effect of delay and of intervening events on reinforcement value.* (pp. 55-73). Erlbaum. ……366, 370, 384

Mazur, J. E. (1991). Choice. In I. H. Iverson & K. A. Lattal (Eds.), *Experimental Analysis of Behavior*, Part 1 (Techniques in the behavioral and neural sciences, pp. 219-250). Elsevier. ……350

Mazur, J. E. (2000). Two-versus three-alternative concurrent-chain schedules: A test of three models. *Journal of Experimental Psychology: Animal Behavior Processes, 26*, 286-293. ……366

Mazur, J. E. (2001). Hyperbolic value addition and general models of animal choice. *Psychological Review, 108*, 96-112. ……350

Mazur, J. E. (2006). *Learning and behavior* (6th ed.). Prentice-Hall.（メイザー，J. E. 磯 博行他（訳）(2008)．メイザーの学習と行動 日本語版第3版 二瓶社）……214, 218, 358, 462

McCray, C. L., & Harper, R. S. (1962). Some relationships of schedules of reinforcement to variability of response. *Journal of Comparative and Physiological Psychology, 55*, 19-21. ……246

McDonnell, J. J., & Horner, R. H. (1985). Effects of in vivo versus simulation-plus-in vivo training on the acquisition and generalization of grocery item selection by high school students with severe handicaps. *Analysis and Intervention in Developmental Disabilities, 5*, 323-343. ……560

McDonnell, M. N. et al. (2015). Continuous passive movement does not influence motor maps in healthy adults. *Frontiers in human neuroscience, 9*, 230. ……454

McDowell, C., & Keenan, M. (2001). Developing fluency and endurance in a child diagnosed with attention deficit hyperactivity disorder. *Journal of Applied Behavior Analysis, 34*, 345-348. ……614

McDowell, J. J. (1982). The importance of Herrnstein's mathematical statement of the law of effect for behavior therapy. *American Psychologist, 37*, 771-779. ……358

McGee, G. G., & Daly, T. (2007). Incidental teaching of age appropriate social phrases to children with autism. *Research and Practice for Children with Severe Disabilities, 32*, 112-123. ……528

McGee, G. G. et al. (1999). An incidental teaching approach to early intervention for toddlers with autism. *Journal of the Association for Persons with Severe Handicaps, 24*, 133-146. ……528

McGill, P. (1999). Establishing operations: Implications for the assessment, treatment, and prevention of problem behavior. *Journal of Applied Behavior Analysis, 32*, 393-418. ……506

McGlynn, F. D. (1985). Premack principle. In A. S. Bellack, & M. Hersen (Eds.), *Dictionary of behavior therapy techniques*. Pergamon Press.（マクグリン，F. D. 疋田 好太郎（訳）(1987)．プレマックの原理 ベラック，A. S. & ハーセン，H.（編）山上 敏子（監訳）行動療法辞典（p.155）岩崎学術出版社）……510

McHugh, L., & Stewart, I. (2012). *The self and perspective taking: Contributions and applications from modern behavioral science.* Context Press. ……344

McIlvane, W. J., & Dube, W. V. (2000). Behavioral momentum and multiple stimulus control topographies. *Behavioral and Brain Sciences, 23*, 109. ……518

McIlvane, W. J. et al. (2011). Some current dimensions of translational behavior analysis: From laboratory research to intervention for person with autism spectrum disorders. In E. A. Mayville & J. A. Mulick (Eds.), *Behavioral foundations of effective autism treatment* (pp. 155-181). Sloan. ……118

McKenzie, T. L., & Rushall, B. (1974). Effects of self-recording on attendance and performance in a competitive swimming training environment. *Journal of Applied Behavior Analysis, 7*, 199-206. ……548

McKim, W. A. (1980). The effect of caffeine, theophylline and amphetamine on operant responding of the mouse. *Psychopharmacology, 68*, 135-138. ……404

McKim, W. A., & Hancock, S. (2013). *Drugs & behavior* (7th ed.). Pearson Education. ……404

McLaughlin, T. W. et al. (2012). Behavior support interventions implemented by families of young children: Examination of contextual fit. *Journal of Positive Behavior Interventions, 14*, 87-97. ……606

McPherson, S. B., & Samuels, C. R. (1971). Teaching behavioral methods to parents. *Social Casework, 52*, 148-153. ……690

McSween, T. E. (2003). *Values-based safety process: Improving your safety culture with behavior-based safety* (2nd ed.). John Wiley & Sons. ……584

McSweeney, F. K. (2004). Dynamic changes in reinforcer effectiveness: Satiation and habituation have different implications for theory and practice. *The Behavior Analyst, 27*, 171-188. ……272

McSweeney, F. K., & Murphy, E. S. (2014). Characteristics, theories, and implications of dynamic changes in reinforcer effectiveness. In F. K. McSweeney, & E. S. Murphy (Eds.), *The Wiley-Blackwell handbook of operant and classical conditioning* (pp. 339-368). Wiley-Blackwell. ……164

Mechner, F., & Guevrekian, L. (1962). Effects of deprivation upon counting and timing in rats. *Journal of the Experimental Analysis of Behavior, 5*, 463-466. ……222

Mechner, F. (1958). Sequential dependencies of the lengths of consecutive response runs. *Journal of the*

Experimental Analysis of Behavior, 1, 229-233. ……214
Meehl, P. E. (1950). On the circularity of the law of effect. *Psychological Bulletin, 45*, 52-75. ……182
Mellalieu, S. D. et al. (2006). The effects of goal setting on rugby performance. *Journal of Applied Behavior Analysis, 39*, 257-261. ……548
Meltzoff, A. N., & Moore, M. K. (1977). Imitation of facial and manual gestures by human neonates. *Science, 198*, 75-78. ……304
Melzack, R., & Wall, P. D. (1965). Pain mechanisms: a new theory. *Science, 150*, 971-979. ……648
Menzel, E. W. Jr. et al. (1970). The development of tool using in wild-born and restriction-reared chimpanzees. *Folia Primatologica, 12*, 273-283. ……396
Michael, J. (1975). Positive and negative reinforcement: A distinction that is no longer necessary, or a better way to talk about bad things. *Behaviorism, 3*, 33-44. ……202
Michael, J. (1982). Distinguishing between discriminative and motivational functions of stimuli. *Journal of the Experimental Analysis of Behavior, 37*, 149-155. ……506
Michael, J. (1993). Establishing operations. *The Behavior Analyst, 16*, 191-206. ……506
Middleton, W. E. K. (1969). *Invention of the meteorological instruments*. Johns Hopkins Press. ……160
Miguel, C. F. et al. (2005). The effects of multiple-tact and receptive-discrimination training on the acquisition of intraverbal behavior. *The Analysis of Verbal Behavior, 21*, 27-41. ……428
Miguel, C. F. et al. (2009). Establishing derived textual control in activity schedules with children with autism. *Journal of Applied Behavior Analysis, 42*, 703-709. ……482
Millar, A., & Navarick, D. J. (1984). Self-control and choice in humans: Effects of video game playing as a positive reinforcer. *Learning and Motivation, 15*, 203-218. ……366
Millard, W. J. (1979). A pellet feeder for the birds. *Journal of the Experimental Analysis of Behavior, 31*, 159-160. ……168
Miller, D. L., & Kelley, M. L. (1994). The use of goal setting and contingency contracting for improving children's homework performance. *Journal of Applied Behavior Analysis, 27*, 73-84. ……548
Miller, G. A., & Frick, F. C. (1949). Statistical behavioristics and sequences of responses. *Psychological Review, 56*, 311-324. ……246
Miller, H. C. et al. (2009). Differential-outcomes effect using hedonically nondifferential outcomes with delayed matching to sample by pigeons. *Learning & Behavior, 37*, 161-166. ……234
Miller, H. L. (1976). Matching-based hedonic scaling in the pigeon. *Journal of the Experimental Analysis of Behavior, 26*, 335-347. ……358
Miller, N. E., & Carmona, A. (1967). Modification of a visceral response, salivation in thirsty dogs, by instrumental training with water reward. *Journal of Comparative and Physiological Psychology, 63*, 1-6. ……38
Miller, N. E., & DiCara, L. (1967). Instrumental learning of heart rate changes in curarized rats. *Journal of Comparative and Physiological Psychology, 63*, 12-19. ……198
Miller, N. E., & Dollard, J. (1941). *Social learning and imitation*. Yale University Press. (ミラー, N. E. & ドラード, J. 山内 光哉他 (共訳) (1956). 社会的学習と模倣 理想社) ……304
Miller, N. E. (1969). Learning of visceral and glandular responses. *Science, 163*, 434-445. ……126
Miller, O. et al. (2002). Differential outcomes effect: Increased accuracy in adults learning kanji with stimulus-specific rewards. *The Psychological Record, 52*, 315-324. ……234
Miller, P. M et al. (1974). A social learning approach to alcoholism treatment. *Social Casework, 55*, 279-284. ……690
Miller, S., & Konorski, J. (1969). On a particular form of conditioned reflex. *Journal of the Experimental Analysis of Behavior, 12*, 187-189. (Original work published 1928) ……34
Miller, W. R. et al. (1995). What works? A methodological analysis of the alcohol treatment outcome literature. In R.K. Hester & W. R. Miller (Eds.), *Handbook of alcoholism treatment approaches: Effective alternatives* (2nd ed., pp. 12-44). Allyn & Bacon. ……638
Miller, W. R. et al. (1999). Engaging the unmotivated in treatment for alcohol problems: A comparison of three strategies for intervention through family members. *Journal of Consulting and Clinical Psychology, 67*, 688-697. ……638
Miller, W. R. et al. (1999). The community-reinforcement approach. *Alcohol Research & Health, 23*, 116-121. ……718
Milo, J. S. et al. (2010). The effects of constant versus varied reinforcers on preference and resistance to change. *Journal of the Experimental Analysis of Behavior, 93*, 385-394. ……266
Miltenberger, R. G. (1998). Methods for assessing antecedent influences on challenging behaviors. In J. K. Luiselli & M. J. Cameron (Eds.), *Antecedent control: Innovative approaches to behavior support* (pp. 47-65). Paul H. Brookes. (ルイセリー, J. K. & キャメロン, M. J. 園山 繁樹他 (訳) (2001). 挑戦的行動の先行子操作―問題行動への新しい援助アプローチ (pp. 45-60) 二瓶社 ……536
Miltenberger, R. G. (2001). *Behavior modification: Principles and procedures* (2nd ed.). Wadsworth/Thomson Learning. (ミルテンバーガー, R. G. 園山 繁樹他 (訳) (2006). 行動変容法入門 二瓶社)

……130, 490
Miltenberger, R. G. (2012). *Behavior modification: Principles and procedures* (5th ed.). Wadsworth. ……102
Miltenberger, R. G., & Weil, T. M. (2013). Observation and measurement in behavior analysis. In G. J. Madden et al. (Eds.), *APA handbook of behavior analysis, Vol. 1. Methods and principles* (pp. 127-150). APA (American Psychological Association). ……102
Mirenowicz, J., & Schultz, W. (1994). Importance of unpredictability for reward responses in primate dopamine neurons. *Journal of Neurophysiology, 72*, 1024-1027. ……400
Mischel, W. et al. (1989). Delay of gratification in children. *Science, 244*, 933-938. ……366
Mishara, B. L. et al. (1973). Self-injurious behavior in the elderly. *The Gerontologist, 13*, 311-314. ……694
Miyashita, Y. et al. (2000). Differential outcome effect in the horse. *Journal of the Experimental Analysis of Behavior, 74*, 245-254. ……234
Mok, L. W. et al. (2010). Unique outcome expectations as a training and pedagogical tool. *The Psychological Record, 60*, 227-248. ……234
Moore, J. (2002). Some thoughts on the relation between behavior analysis and behavioral neuroscience. *The Psychological Record, 52*, 261-279. ……400
Moore, J. (2011). A review of Baum's review of conceptual foundations of radical behaviorism. *Journal of the Experimental Analysis of Behavior, 95*, 127-140. ……8
Morgan, P. L. (2006). Increasing task engagement using preference or choice-making: Some behavioral and methodological factors affecting their efficacy as classroom interventions. *Remedial & Special Education, 27*, 176-187. ……498
Morrison, R. S. et al. (2002). Increasing play skills of children with autism using activity schedules and correspondence training. *Journal of Early Intervention, 25*, 58-72. ……556
Morse, W. H., & Skinner, B. F. (1958). Some factors involved in the stimulus control of operant behavior. *Journal of the Experimental Analysis of Behavior, 1*, 103-107. ……308
Mountjoy, P. T., & Lewandowksi, A. G. (1984). The dancing horse, a learned pig, and muscle twitches. *The Psychological Record, 34*, 25-38. ……316
Mowery, J. M. et al. (2010). Evaluating the effects of reactivity to supervisor presence on staff response to tactile prompts and self-monitoring in a group home setting. *Behavioral Interventions, 25*, 21-35. ……102
Mowrer, O. H. (1947). On the dual nature of learning: a re-interpretation of "conditioning" and "problem-solving." *Harvard Educational Review, 17*, 102-148. ……34, 202
Mowrer, O. H. (1943). A cumulative graphic work-recorder. *Journal of Experimental Psychology, 33*, 159-163. ……78
Mowrer, O. H., & Jones, H. M. (1943). Extinction and behavior variability as functions of effortfulness of task. *Journal of Experimental Psychology, 33*, 369-386. ……238
Mruzek, D. W. et al. (2007). Contingency contracting with students with autism spectrum disorders in a public school setting. *Journal of Developmental and Physical Disabilities, 19*, 103-114. ……552
Mueller, M. M. et al. (2007). Errorless learning: Review and practical application for teaching children with pervasive developmental disorders. *Psychology in the Schools, 44*, 691-700. ……478
Murphy, E. S. et al. (2003). Dynamic changes in reinforcer effectiveness: Theoretical, methodological, and practical implications for applied research. *Journal of Applied Behavior Analysis, 36*, 421-438. ……272
Murrell, P. (2006). *R graphics* (The R series). Chapman & Hall/CRC. (マレル, P. 久保 拓弥 (訳) (2009). Rグラフィックス―Rで思いどおりのグラフを作図するために 共立出版) ……110
Myerson, J., & Green, L. (1995). Discounting of delayed rewards: Models of individual choice. *Journal of the Experimental Analysis of Behavior, 64*, 263-276. ……370, 374
Myerson, J., & Hale, S. (1988). Choice in transition: A comparison of melioration and the kinetic model. *Journal of the Experimental Analysis of Behavior, 49*, 291-302. ……354
Myerson, J., & Miezin, F. M. (1980). The kinetics of choice: An operant systems analysis. *Psychological Review, 87*, 160-174. ……354
Myerson, J. et al. (2001). Area under the curve as a measure of discounting. *Journal of the Experimental Analysis of Behavior, 76*, 235-243. ……370

■ N
Nader, M. A., & Thompson, T. (1989). Interaction of reinforcement history with methadone on responding maintained under a fixed-interval schedule. *Pharmacology, Biochemistry, and Behavior, 32*, 643-649. ……262
Nakajima, S. (2006). Speculation and explicit identification as judgment standards for positive or negative reinforcement: A Comment on Baron and Galizio (2005). *The Behavior Analyst, 29*, 269-270. ……202
Nakajima, S. (2014). Renewal of signaled shuttle box avoidance in rats. *Learning and Motivation, 46*, 27-43. ……242

Nakajima, S., & Sato, M. (1993). Removal of an obstacle: Problem-solving behavior in pigeons. *Journal of the Experimental Analysis of Behavior, 59*, 131-145. ……396
Nakajima, S. et al. (2000). Renewal of extinguished lever-press responses upon return to the training context. *Learning and Motivation, 31*, 416-431. ……242
Nakajima, S. et al. (2014). Human group choice in loss minimization and gain maximization games. *The Psychological Record, 64*, 63-69. ……408
Nakano, K. et al. (1996). Self-control and the type A behavior pattern. *Journal of Behavior Therapy and Experimental Psychiatry, 27*, 169-174. ……122
National Technical Assistance Center on Positive behavioral Interventions and Support (PBIS) funded U.S. Office of Special Education Programs. (Retrieved from http://www.pbis.org 〈February 12, 2017〉) ……606
Navarro, A. D., & Fantino, E. (2005). The sunk cost effect in pigeons and humans. *Journal of the Experimental Analysis of Behavior, 83*, 1-13. ……378
Neef, N. A., et al. (1990). In vivo versus simulation training: An interactional analysis of range and type of training exemplars. *Journal of Applied Behavior Analysis, 23*, 447-458. ……560
Nelson, G. L., & Cone, J. D. (1979). Multiple baseline analysis of a token economy for psychiatric inpatients. *Journal of Applied Behavior Analysis, 12*, 255-271. ……698
Nelson, R. O., & Hayes, S. C. (1981). Theoretical explanations for reactivity in self-monitoring. *Behavior Modification, 5*, 3-14. ……544, 548
Neuringer, A. (1991). Operant variability and repetition as functions of interresponse time. *Journal of Experimental psychology: Animal Behavior Processes, 17*, 3-12. ……246
Neuringer, A. (2002). Operant variability: Evidence, functions, and theory. *Psychonomic Bulletin & Review, 9*, 672-705. ……246
Neuringer, A., & Jensen, G. (2013). Operant variability. In G. J. Madden (Ed.), *APA handbook of behavior analysis. Vol. 1: Methods and Principles* (pp. 513-546). American Psychological Association. ……246
Nevin, J. A. (1969). Interval reinforcement of choice behavior in discrete trials. *Journal of the Experimental Analysis of Behavior, 12*, 875-885. ……354
Nevin, J. A. (1974). Response strength in multiple schedules. *Journal of the Experimental Analysis of Behavior, 21*, 389-408. ……70, 226, 266
Nevin, J. A. (1979). Overall matching versus momentary maximizing: Nevin (1969) revisited. *Journal of Experimental Psychology: Animal Behavior Processes, 5*, 300-306. ……354
Nevin, J. A. (1988). Behavioral momentum and the partial reinforcement effect. *Psychological Bulletin, 103*, 44-56. ……266
Nevin, J. A. (1992). An integrative model for the study of behavioral momentum. *Journal of the Experimental Analysis of Behavior, 57*, 301-316. ……518
Nevin, J. A. (1995). Behavioral economics and behavioral momentum. *Journal of the Experimental Analysis of Behavior, 64*, 385-395. ……266
Nevin, J. A. (2012). Resistance to extinction and behavioral momentum. *Behavioural Processes, 90*, 89-97. ……266
Nevin, J. A., & Grace, R. C. (2000). Behavioral momentum and the law of effect. *The Behavioral and Brain Sciences, 23*, 73-130. ……518
Nevin, J. A., & Grace, R. C. (2005). Resistance to extinction in the steady state and in transition. *Journal of Experimental Psychology: Animal Behavior Processes, 31*, 199-212. ……266
Nevin, J. A., & Shettleworth, S. J. (1966). An analysis of contrast effects in multiple schedules. *Journal of the Experimental Analysis of Behavior, 9*, 305-315. ……284
Nevin, J. A., & Wacker, D. P. (2013). Response strength and persistence. In G. J. Madden (Ed.), *APA handbook of behavior analysis. Vol. 2: Translating principles into practice* (pp. 109-128). American Psychological Association. ……266
Nevin, J. A. et al. (1983). The analysis of behavioral momentum. *Journal of the Experimental Analysis of Behavior, 39*, 49-59. ……266
Nevin, J. A. et al. (1990). Alternative reinforcement increases resistance to change: Pavlovian or operant contingencies? *Journal of the Experimental Analysis of Behavior, 53*, 359-379. ……266
Nevin, J. A. et al. (2001a). Resistance to extinction: Contingency termination and generalization decrement. *Animal Learning & Behavior, 29*, 176-191. ……266
Nevin, J. A. et al. (2001b). Variable-ratio versus variable-interval schedules: Response rate, resistance to change, and preference. *Journal of the Experimental Analysis of Behavior, 76*, 43-74. ……266
Nevin, J. A. et al. (2017). Quantitative models of persistence and relapse from the perspective of behavioral momentum theory: Fits and misfits. *Behavioural Processes, 141*, 92-99. ……266
Newman, F. L., & Baron, M. R. (1965). Stimulus generalization along the dimension of angularity: A comparison of training procedures. *Journal of Comparative and Physiological Psychology, 60*, 59-63. ……300

Newsom, C. et al. (1983). The side effects of punishment. In S. Axelrod & J. Apsche (Eds.), *Effects of punishment on human behavior* (pp. 285-316). Academic Press. ……258
Noguchi, D. et al. (2013). Care staff training in residential homes for managing behavioural and psychological symptoms of dementia based on differential reinforcement procedures of applied behaviour analysis: a process research. *Psychogeriatrics, 13*, 108-117. ……630
Norcross, J. C., & Rogan, J. D. (2013). Psychologists conducting psychotherapy in 2012: Current practices and historical trends among Division 29 members. *Psychotherapy Theory Research Practice Training, 50*. 490-495. ……134
Nordstrom, R. et al. (1990). Review of public posting of performance feedback in work settings. *Journal of Organizational Behavior Management, 11*, 101-124. ……388
Notterman, J. M. (1959). Force emission during bar pressing. *Journal of Experimental Psychology, 58*, 341-347. ……238
Nozaki, K., & Mochizuki, A. (1995). Assessing choice making of a person with profound disabilities: a preliminary analysis. *Journal of the Association for Persons with Severe Handicaps, 20*, 196-201. ……498

■ O

Oakes, W. F. et al. (1982). "Manna from heaven": The effect of noncontingent appetitive reinforcers on learning in rats. *Bulletin of the Psychonomic Society, 19*, 123-126. ……206
O'Brien, M. et al. (2009). Goal-setting effects in elite and nonelite boxers. *Journal of Applied Sport Psychology, 21*, 293-306. ……548
O'Doherty, J. et al. (2004). Dissociable roles of ventral and dorsal striatum in instrumental conditioning. *Science, 304*, 452-454. ……400
O'Donohue, W., & Ferguson, K. E. (2001). *The psychology of B. F. Skinner*. Sage Publications. (オドノヒュー, W. ファーガソン, K. E. 佐久間 徹 (監訳) (2005). スキナーの心理学—応用行動分析学 (ABA) の誕生 二瓶社) ……8, 144
O'Donohue, W., & Fryling, M. (2007). How has applied behavior analysis and behavior therapy changed?: An historical analysis of journals. *The Behavior Analyst Today, 8*, 52-62. ……138
O'Hora, D. et al. (2014). Antecedent and consequential control of derived instruction-following. *Journal of the Experimental Analysis of Behavior, 102*, 66-85. ……344
Okouchi, H. (1999). Instructions as discriminative stimuli. *Journal of the Experimental Analysis of Behavior, 72*, 205-214. ……336
Okouchi, H. (2002). Individual differences in human fixed-interval performance. *The Psychological Record, 52*, 173-186. ……384
Okouchi, H. (2009). Response acquisition by humans with delayed reinforcement. *Journal of the Experimental Analysis of Behavior, 91*, 377-390. ……194
Olazarán, J. et al. (2010). Nonpharmacological therapies in Alzheimer's disease: a systematic review of efficacy. *Dementia and Geriatric Cognitive Disorders, 30*, 161-178. ……630
Olds, J., & Milner, P. (1954). Positive reinforcement produced by electrical stimulation of septal area and other regions of rat brain. *Journal of Comparative and Physiological Psychology, 47*, 419-427. ……400
Olsen-Woods, L. A. et al. (1998). Effects of correspondence training in an abduction prevention program. *Child and Family Behavior Therapy, 20*, 15-34. ……556
Olson, D. J. et al. (1995). Performance of four-seed caching corvid species in operant tests of nonspatial and spatial memory. *Journal of Comparative Psychology, 109*, 173-181. ……392
O'Neill, R. E. et al. (1997). *Functional assessment and program development for problem behavior: A practical handbook*. Brooks/Cole. (オニール, R. E. 他 茨木 俊夫 (監修) 三田地 昭典・三田地 真次 (監訳) (2003). 子どもの視点で考える問題行動解決支援ハンドブック 学苑社) ……486, 536
Onishi, H. et al. (2013). Neuromagnetic activation following active and passive finger movements. *Brain and Behavior, 3*, 178-192. ……454
Oono, I. P. et al. (2013). Parent-mediated early intervention for young children with autism spectrum disorders. *Cochrane Database of Systematic Reviews*. (Retrived from https://www.cochranelibrary.com/⟨November 28, 2018⟩). ……634
Open Science Collaboration (2015). Estimating the reproducibility of psychological science. *Science, 349*, http://science.sciencemag.org/content/349/6251/aac4716full (November 28, 2018). ……114
Ostaszewski, P. (1997). Temperament and the discounting of delayed and probabilistic rewards: Conjoining European and American psychological traditions. *European Psychologist, 2*, 35-43. ……374
Ostaszewski, P., & Osiński, J. T. (2011). Social discounting of monetary rewards: The effects of amount and social relationship. *European Psychologist, 16*, 220-226. ……374
Ostaszewski, P. et al. (1998). Effects of inflation on the subjective value of delayed and probabilistic rewards. *Psychonomic Bulletin & Review, 5*, 324-333. ……374
Overmier, J. B. et al. (1971). Discriminative cue properties of different fears and their role in response selection in dogs. *Journal of Comparative and Physiological Psychology, 76*, 478-482. ……234

P

Pace, G. M. et al. (1985). Assessment of stimulus preference and reinforcer value with profoundly retarded individuals. *Journal of Applied Behavior Analysis, 18,* 249-255. ······498
Pacitti, W. A., & Smith, N. F. (1977). A direct comparison of four methods for eliminating a response. *Learning and Motivation, 8,* 229-237. ······210
Page, J., & Thelwell, R. (2013). The value of social validation in single-case methods in sport and exercise psychology. *Journal of Applied Sport Psychology, 25,* 61-71. ······580
Page, S., & Neuringer, A. (1985). Variability is an operant. *Journal of Experimental Psychology: Animal Behavior Processes, 11,* 429-452. ······246
Palmer, D. C. (1996). Achieving parity: The role of automatic reinforcement. *Journal of the experimental analysis of behavior, 65,* 289-290, 341-353. ······432
Palmer, D. C. (2009). The role of private events in the interpretation of complex behavior. *Behavior and Philosophy, 37,* 3-19. ······4
Palmer, D. C. (2011). Consideration of private events is required in a comprehensive science of behavior. *The Behavior Analyst, 34,* 201-207. ······26
Paniagua, F. A., & Baer, D. M. (1982). The analysis of correspondence training as a chain reinforceable at any place. *Child Development, 53,* 786-798. ······556
Paniagua, F. A. et al. (1982). Training correspondence by reinforcing intermediate and verbal behavior. *Child and Family Behavior Therapy, 4,* 127-139. ······556
Paniagua, F. A. (1990). A procedural analysis of correspondence training techniques. *The Behavior Analysis, 13,* 107-119. ······556
Parker, R. I., & Vannest, K. (2009). An improved effect size for single-case research: Nonoverlap of all pairs. *Behavior Therapy, 40,* 357-367. ······106
Parker, R. I. et al. (2007). Percentage of all non-overlapping data (PAND): An alternative to PND. *Journal of Special Education, 40,* 194-204. ······106
Parker, R. I. et al. (2011a). Combining nonoverlap and trend for single-case research: Tau-U. *Behavior therapy, 42,* 284-299. ······106
Parker, R. I. et al. (2011b). Effect size in single-case research: A review of nine non-overlap techniques. *Behavior Modification, 35,* 303-322. ······106
Parker, R. I. et al. (2014). Non-overlap analysis for single-case research. In T. R. Kratochwill & J. R. Levin (Eds.), *Single-case intervention research: Methodological and statistical advances* (pp. 127-151). APA (American Psychological Association). ······110
Parsons, M. B., & Reid, D. H. (1990). Assessing food preferences among persons with profound mental retardation: Providing opportunities to make choices. *Jounal of Applied Behavior Analysis, 23,* 183-195. ······498
Pavlov, I. P. (1927). *Conditioned reflex: An investigation of the physiological activity of the cerebral cortex.* Oxford University Press. ······242, 300
Pavlov, I. P. (1928). *Lectures on conditioned reflexes* (W. H. Gantt Trans.). Allen and Unwin. ······34
Pavlov, I. P. (1960). *Conditioned reflexes: An investigation of the physiological activity of the cerebral cortex* (G. V. Anrep, Trans.). Dover Publications. (Original work published 1927) ······34, 38
Pepper, S. C. (1942). *World Hypotheses: A study in evidence.* University of California Press. ······8
Pepperberg, I. M. (2006). Ordinality and inferential abilities of a grey parrot (*Psittacus erithacus*). *Journal of Comparative Psychology, 120,* 205-216. ······328
Pérez-González, L. A. et al. (2007). Emergence of intraverbal antonyms in children with pervasive developmental disorder. *Journal of Applied Behavior Analysis, 40,* 697-701. ······428
Perone, M., & Hursh, D. E. (2013). Single-case experimental designs. In G. J. Madden et al. (Eds.), *APA handbook of behavior analysis. Vol. 1: Methods and principles* (pp. 107-126). APA (American Psychological Association). ······98
Perone, M. (1991). Experimental design in the analysis of free-operant behavior. In I. H. Iversen, & K. A. Lattal (Eds.), *Experimental Analysis of Behavior: Part I* (Techniques in the behavioral and neural sciences, pp. 135-172). Elsevier. ······114
Pert, C. B., & Snyder, S. H. (1973). Opiate receptor: demonstration in nervous tissue. *Science, 179,* 1011-1014. ······648
Peterson, G. B. et al. (1972). Conditioned approach and contact behavior toward signals for food or brain-stimulation reinforcement. *Science, 177,* 1009-1011. ······308
Peterson, G. B. et al. (1980). Enhancement of pigeons' conditional discrimination performance by expectancies of reinforcement and nonreinforcement. *Animal Learning & Behavior, 8,* 22-30. ······234
Peterson, M. E. (1978). The Midwestern Association of Behavior Analysis: Past, present, future. *The Behavior Analyst, 1,* 3-15. ······148
Peterson, N. (1960). Control of behavior by presentation of an imprinted stimulus. *Science, 132,* 1395-1396. ······312

Petrovich, S. B., & Gewirtz, J. L. (1991). Imprinting and attachment: Proximate and ultimate considerations. In J. L. Gewirtz & W. M. Kurtines (Eds.), Intersections with attachment (pp. 69-93). Lawrence Erlbaum Associates. ······312

Petscher, E. S. et al. (2009). A review of empirical support for differential reinforcement of alternative behavior. *Research in Developmental Disabilities, 30,* 409-425. ······490

Phillips, E. L. et al. (1973). Achievement place: Development of the elected manager system. *Journal of Applied Behavior Analysis, 6,* 541-561. ······610

Phillips, E. L. et al. (1974). *The teaching-family handbook*. University of Kansas Printing Service. ······610

Phillips, E. L. (1968). Achievement place: Token reinforcement procedures in a home-style rehabilitation setting for "pre-delinquent" boys. *Journal of Applied Behavior Analysis, 1,* 213-223. ······610

Pierce, C. H. et al. (1972). Effects of different delay of reinforcement procedures on variable-interval responding. *Journal of the Experimental Analysis of Behavior, 18,* 141-146. ······194

Pierce, K., & Schreibman, L. (1995). Increasing complex social behaviors in children with autism: Effect of peer-implemented pivotal response training. *Journal of Applied Behavior Analysis, 28,* 285-295. ······598

Pierce, K., & Schreibman, L. (1997). Multiple peer use of pivotal response training to increase social behaviors of classmates with autism: Result from trained and untrained peers. *Journal of Applied Behavior Analysis, 30,* 157-160. ······598

Pietras, C. J. et al. (2010). Human responding on random-interval schedules of response-cost punishment: The role of reduced reinforcement density. *Journal of the Experimental Analysis of Behavior, 93,* 5-26. ······250

Pinchbeck, W. (1805). *The Expositor. Or many mysteries unraveled*. Printed for the author. ······316

Pinel, J. P. S., & Treit, D. (1978). Burying as a defensive response in rats. *Journal of Comparative and Physiological Psychology, 92,* 708-712. ······126

Pisacreta, R. (1982). Some factors that influence the acquisition of complex, stereotyped, response sequences in pigeons. *Journal of the Experimental Analysis of Behavior, 37,* 359-369. ······316

Platt, M. L., & Glimcher, P. W. (1999). Neural correlates of decision variables in parietal cortex. *Nature, 400,* 233-238. ······400

Plaza, V. et al. (2012). Improving delayed face recognition in Alzheimer's disease by differential outcomes. *Neuropsychology, 26,* 483-489. ······234

Plotnik, J. M. et al. (2006). Self-recognition in an Asian elephant. *Proceedings of the National Academy of Sciences, 103,* 17053-17057. ······396

Podlesnik, C. A., & DeLeon, I. G. (2015) Behavioral momentum theory: Understanding persistence and improving treatment. In F. D. D. Reed & D. D. Reed (Eds.), *Autism service delivery* (pp. 327-351). Springer New York. ······518

Podlesnik, C. A., & Shahan, T. A. (2009). Behavioral momentum and relapse of extinguished operant responding. *Learning & Behavior, 37,* 357-364. ······266

Podlesnik, C. A., & Shahan, T. A. (2010). Extinction, relapse, and behavioral momentum. *Behavioural Processes, 84,* 400-411. ······266

Polaha, J. et al. (2004). Self-monitoring as an intervention to decrease swimmers' stroke counts. *Behavior Modification, 28,* 261-275. ······548

Poling, A., & Ryan, C. (1982). Differential-reinforcement-of-other-behavior schedule: Therapeutic applications. *Behavior Modification, 6,* 3-21. ······490

Poling, A. et al. (2011). Using trained pouched rats to detect land mines: Another victory for operant conditioning. *Journal of Applied Behavior Analysis, 44,* 351-355. ······706

Poulson, C. L., & Kymissis, E. (1988). Generalized imitation in infants. *Journal of Experimental child psychology, 46,* 324-336. ······462

Powell, R. W. (1968). The effect of small sequential changes in fixed-ratio size upon the post-reinforcement pause. *Journal of the Experimental Analysis of Behavior, 11,* 589-593. ······70

Premack, D. (1959). Toward empirical behavior laws: I. Positive reinforcement. *Psychological review, 66,* 219-233. ······54, 182, 510

Premack, D. (1962). Reversibility of the reinforcement relation. *Science, 136,* 255-257. ······54, 182, 250

Premack, D. (1963a). Prediction of the comparative reinforcement values of running and drinking. *Science, 139,* 1062-1063. ······182

Premack, D. (1963b). Rate differential reinforcement in monkey manipulation. *Journal of the Experimental Analysis of Behavior, 6,* 81-89. ······182

Premack, D. (1965). Reinforcement theory. In D. Levine (Ed.), *Nebraska symposium on motivation* (Vol. 13, pp. 123-180). University of Nebraska Press. ······54, 182

Premack, D. (1971). Catching up with common sense or two sides of generalization: Reinforcement and punishment. In R. Glaser (Ed.), *The nature of reinforcement* (pp. 121-150). Academic Press. ······182

Prior, H. et al. (2008). Mirror-induced behavior in the magpie (*Pica pica*): Evidence of self-recognition. *PLoS Biology, 6* (8), e202. https://journals.plos.org/plosbiology/article?id=10.1371/journal.pbio.0060202 (November 28, 2018). ……396
Prochaska, J. O., & Norcross, J. C. (2007). *Systems of psychotherapy: A transtheoretical analysis*. Thomson/Brooks/Cole. (プロチャスカ, J. O.・ノークロス, J. C. 津田 彰・山崎 久美子（監訳）(2010). 心理療法の諸システム—多理論統合的分析 第6版 金子書房) ……134
Pryor, K. (1975). *Lads before the wind: adventures in porpoise training*. Harper and Row. ……316
Pryor, K. (1984). *Don't shoot the dog!: How to improve yourself and others through behavioral training*. Bantam Books. (プライア, K. 河嶋 孝・杉山 尚子（訳）(1998). うまくやるための強化の原理―飼いネコから配偶者まで 二瓶社) ……572, 702
Pryor, K. (2002). *Getting started: Clicker training for dogs*. Sunshine Books. (プライア, K. 河嶋 孝・舩江 かおり（訳）(2005). 犬のクリッカー・トレーニング 二瓶社) ……702, 710

■ Q
Quinn, M. J. et al. (2015). Using TAGteach to improve the proficiency of dance movements. *Journal of Applied Behavior Analysis, 48,* 11-24. ……710
Quirk, G. J. (2002). Memory for extinction of conditioned fear is long-lasting and persists following spontaneous recovery. *Learning & Memory, 9,* 402-407. ……242

■ R
Rachlin, H. (1966). Recovery of responses during mild punishment. *Journal of the Experimental Analysis of Behavior, 9,* 251-263. ……272
Rachlin, H. (1970). *Introduction to modern behaviorism*. Freeman. ……366
Rachlin, H. (1992). Teleological behaviorism. *American Psychologist, 47,* 1371-1382. ……144
Rachlin, H. (1993). The context of pigeon and human choice. *Behavior and Philosophy, 21,* 1-17. ……374
Rachlin, H. (1994). *Behavior and mind: The roots of modern psychology*. Oxford University Press. ……144
Rachlin, H. (2000). *The science of self-control*. Harvard University Press. ……366
Rachlin, H. (2013). About teleological behaviorism. *The Behavior Analyst, 36,* 209-222. ……26
Rachlin, H. (2016). Self-control based on soft commitment. *The Behavior Analyst, 39,* 259-268. ……366
Rachlin, H., & Green, L. (1972). Commitment, choice and self-control. *Journal of the Experimental Analysis of Behavior, 17,* 15-22. ……366
Rachlin, H., & Jones, B. A. (2008). Social discounting and delay discounting. *Journal of Behavioral Decision Making, 21,* 29-43. ……374
Rachlin, H. et al. (1976). Economic demand theory and psychological studies of choice. In G. H. Bower. (Ed.), *The psychology of learning and motivation* (Vol. 10, pp. 129-154). Academic Press. ……354
Rachlin, H. et al. (1980). Substitutability in time allocation. *Psychological Review, 87,* 355-374. ……354
Rachlin, H. et al. (1981). Maximization theory in behavioral psychology. *Behavioral and Brain Sciences, 4,* 371-417. ……74, 412
Rachlin, H. et al. (1986). Cognition and behavior in studies of choice. *Psychological Review, 93,* 33-45. ……374, 378
Rachlin, H. et al. (1991). Subjective probability and delay. *Journal of the Experimental Analysis of Behavior, 55,* 233-244. ……370, 374
Raiff, B. R., & Dallery, J. (2010). Internet-based contingency management to improve adherence with blood glucose testing recommendations for teens with Type 1 diabetes. *Journal of Applied Behavior Analysis, 43,* 487-491. ……122
Randolph, J. J., & Sewell, W. R. (1968). A chained adjusting ratio schedule. *Psychological Reports, 22,* 989-995. ……226
Rankin, C. H. et al. (2009). Habituation revisited: An updated and revised description of the behavioral characteristics of habituation. *Neurobiology of Learning and Memory, 92,* 135-138. ……272
Rasmussen, E. B., & Newland, M. C. (2008). Asymmetry of reinforcement and punishment in human choice. *Journal of the Experimental Analysis of Behavior, 89,* 157-167. ……258
Rawson, R. A. et al. (1977). Recovery of extinction responding in rats following discontinuation of reinforcement of alternative behavior: A test of two explanations. *Animal Learning & Behavior, 5,* 415-420. ……210
Rayfield, F. et al. (1982). Schedule-induced defecation. *Journal of the Experimental Analysis of Behavior, 38,* 19-34. ……230
Redd, W. H. et al. (1974). Timeout as a reinforcer for errors in a serial position task. *Journal of the Experimental Analysis of Behavior, 21,* 3-17. ……254
Reed, D. D. (2011). Quantitative analysis of sports. In J. K. Luiselli, & D. D. Reed (Eds.), *Behavioral sport psychology: Evidence-based approaches to performance enhancement* (pp. 43-59). Springer Science + Business Media. ……710
Reid, R. (1996). Research in Self-Monitoring with Students with Learning Disabilities: The Present, the

Prospects, the Pitfalls. *Journal of Learning Disabilities, 29*, 317-331. ……544
Reimers, T. M., & Wacker, D. P. (1988). Parents' ratings of the acceptability of behavioral treatment recommendations made in an outpatient clinic: a preliminary analysis of the influence of treatment effectiveness. *Behavioral Disorders, 14*, 7-15. ……522
Reiss, D., & Marino, L. (2001). Mirror self-recognition in the bottlenose dolphin: A case of cognitive convergence. *Proceedings of the National Academy of Sciences, 98*, 5937-5942. ……396
Reiss, M. L. et al. (1976). Behavioral community psychology: Encouraging low-income parents to seek dental care for their children. *Journal of Applied Behavior Analysis, 9*, 387-397. ……718
Repp, A. C. et al. (1974). Reducing stereotypic responding of retarded persons by the differential reinforcement of other behavior. *American Journal of Mental Deficiency, 79*, 279-284. ……490
Repp, A. C. et al. (1983). A comparison of two procedures for programming the differential reinforcement of other behaviors. *Journal of Applied Behavior Analysis, 16*, 435-445. ……490
Rescorla, R. A. (1970). Reduction in the effectiveness of reinforcement after prior excitatory conditioning. *Learning & Motivation, 1*, 372-381. ……300
Rescorla, R. A. (2001). Experimental extinction. In R. R. Mowrer, & S. B. Klein (Eds.), *Handbook of contemporary learning theories* (pp. 119-154). Erlbaum. ……242, 206
Rescorla, R. A., & Heth, C. D. (1975). Reinstatement of fear to an extinguished conditioned stimulus. *Journal of Experimental Psychology: Animal Behavior Processes, 1*, 88-96. ……242
Rescorla, R. A., & LoLordo, V. M. (1965). Inhibition of avoidance behavior. *Journal of Comparative and Psysiological Psycholoby, 59*, 406-412. ……34
Rescorla, R. A., & Skucy, J. C. (1969). Effect of response-independent reinforcers during extinction. *Journal of Comparative and Physiological Psychology, 67*, 381-389. ……206
Rescorla, R. A., & Solomon, R. L. (1967). Two-process learning theory: Relationships between Pavlovian conditioning and instrumental learning. *Psychological Review, 74*, 151-182. ……34
Rescorla, R. A., & Wagner, A. R. (1972). A theory of Pavlovian conditioning: Variations in the effectiveness of reinforcement and nonreinforcement. In A. Black, & W. F. Prokasy (Eds.), *Classical conditioning II: Current research and theory* (pp. 64-99). Appleton. ……38, 300, 400
Reynolds, B., & Schiffbauer, R. (2004). Measuring state changes in human delay discounting: an experiential discounting task. *Behavioural Processes, 67*, 343-356. ……370
Reynolds, B. et al. (2008). A web-based contingency management program with adolescent smokers. *Journal of Applied Behavior Analysis, 41*, 597-601. ……122
Reynolds, G. S. (1961a). An analysis of interactions in a multiple schedule. *Journal of the Experimental Analysis of Behavior, 4*, 107-117. ……284
Reynolds, G. S. (1961b). Attention in the pigeon. *Journal of the Experimental Analysis of Behavior, 4*, 203-208. ……280
Reynolds, G. S. (1961c). Behavioral contrast. *Journal of the Experimental Analysis of Behavior, 4*, 57-71. ……90, 210, 284
Reynolds, G. S. (1968a). *A primer of operant conditioning*. Scott Foresman. ……238
Reynolds, G. S. (1968b). Induction, contrast, and resistance to extinction. *Journal of the Experimental Analysis of Behavior, 11*, 453-457. ……284
Reynolds, G. S. (1975). *A primer of operant conditioning* (2nd ed). Scott Foresman. (レイノルズ, G. S. 浅野 俊夫 (訳) (1978). オペラント心理学入門―行動分析への道 サイエンスライブラリ心理学9 サイエンス社) ……42
Richards, R. W. (1981). A comparison of signaled and unsignaled delay of reinforcement. *Journal of the Experimental Analysis of Behavior, 35*, 145-152. ……194
Richardson, J. V., & Baron, A. (2008). Avoidance of timeout from response-independent food: Effects of delivery rate and quality. *Journal of the Experimental Analysis of Behavior, 89*, 169-181. ……254
Richardson, W. K., & Clark, D. B. (1976). A comparison of the key-peck and treadle-press operants in the pigeon: Differential-reinforcement-of-low-rate schedule of reinforcement. *Journal of the Experimental Analysis of Behavior, 26*, 237-256. ……222
Richelle, M., & Lejeune, H. (1980). IV-Comparative Studies. In M. Richelle & H. Lejeune (Eds), *Time in animal behaviour* (pp. 85-107). Pergamon Press. ……168, 296
Rider, D. P. (1977). Interlocking schedules: The relationship between response and time requirements. *Journal of the Experimental Analysis of Behavior, 28*, 41-46. ……226
Rider, D. P. (1980). Alternative fixed-ratio fixed-interval schedules of reinforcement. *Journal of the Experimental Analysis of Behavior, 33*, 243-252. ……226
Rilling, M. (1968). Effects of timeout on a discrimination between fixed-ratio schedules. *Journal of the Experimental Analysis of Behavior, 11*, 129-132. ……254
Rilling, M. (1977). Stimulus control and inhibitory processes. In W. K. Honig, & J. E. R. Staddon (Eds.), *Handbook of Operant Behavior* (pp. 432-480). Prentice-Hall. ……292
Risley, T. R., & Hart, B. (1968). Developing correspondence between the non-verbal and verbal behavior

of preschool children. *Journal of Applied Behavior Analysis, 1,* 267-281. ……30, 556
Risley, T. R. (1997). Montrose M. Wolf: The origin of the dimensions of applied behavior analysis. *Journal of Applied Behavior Analysis, 30,* 377-381. ……90
Risley, T. R. (2005). Montrose M. Wolf (1935-2004). *Journal of Applied Behavior Analysis, 38,* 279-287. ……90
Roane, H. S. et al. (2004). Behavioral momentum in sports: A partial replication with women's basketball. *Journal of Applied Behavior Analysis, 37,* 385-390. ……580
Robazza, C. et al. (2004). Emotion self-regulation and athletic performance: An application of the IZOF model. *Psychology of Sport and Exercise, 5,* 379-404. ……710
Roberts, S. (1981). Isolation of an internal clock. *Journal of Experimental Psychology: Animal Behavior Processes, 7,* 242-268. ……218, 296
Roca, J. V., & Gross, A. M. (1996). Report-do-report: Promoting setting and setting-time generalization. *Education and Treatment of Children, 19,* 408-424. ……556
Rodriguez, M. L., & Logue, A. W. (1988). Adjusting delay to reinforcement: Comparing choice in pigeons and humans. *Journal of Experimental Psychology: Animal Behavior Processes, 14,* 105-117. ……370
Rogers, J. C. et al. (1999). Improving morning care routines of nursing home residents with dementia. *Journal of the American Geriatrics Society, 47,* 1049-1057. ……662
Rogers, S. J., & Dawson, G. (2010). *Early start Denver model for young children with autism: Promoting language, learning and engagement.* Guilford Press. ……528
Rogers-Warren, A., & Warren, S. F. (1980). Mands for verbalization facilitating the display of newly trained language in children. *Behavior Modification, 4,* 361-382. ……432
Rolider, A., & Van Houten, R. (1990). The role of reinforcement in reducing inappropriate behavior: Some myths and misconceptions. In A. C. Repp, & N. N. Singh (Eds.), *Perspectives on the use of non-aversive and aversive interventions for persons with developmental disabilities* (pp. 119-127). Sycamore. ……490
Romanowich, P., & Igaki, T. (2017). Effects of reward magnitude, alcohol and cigarette use on social discounting in Japan and United States college students. *The Psychological Record, 67,* 345-353. ……374
Romanowich, P. et al. (2007). Further Analysis of the Matching Law to Describe Two-and Three-point Shot Allocation by Professional Basketball Players. *Journal of Applied Behavior Analysis, 40,* 311-315. ……580
Romeo, F. F. (1998). The negative effects of using a group contingency system of classroom management. *Journal of Instructional Psychology, 25,* 130-134. ……514
Rosenbaum, M. E. (1979). Cooperation and competition. In P. Paulus (Ed.), *Psychology of group influence* (pp. 291-331). Erlbaum. ……388
Rosenberg, N. et al. (2015). Use of say do correspondence training to increase generalization of social interaction skills at recess for children with autism spectrum disorder. *Education and Training in Autism and Developmental Disabilities, 50,* 213-222. ……556
Rosenfeld, H. M., & Baer, D. M. (1970). Unbiased and unnoticed verbal conditioning: The double agent robot procedure. *Journal of the Experimental Analysis of Behavior, 14,* 99-107. ……340
Rosenshine, B. V. (1979). Content, time and direct instruction. In P. L. Peterson & H. J. Walberg (Eds.), *Research on teaching: Concepts, findings and implications* (pp. 28-56). McCutchan. ……682
Rosenshine, B., & Stevens, R. (1986). Teaching functions. In M. C. Whittrock (Ed.), *Third handbook of research on teaching* (3rd ed., pp. 376-391). Macmillan. ……682
Rothman, J. (1980). *Social R and D: Research and development in the human Services.* Prentice-Hall. ……690
Rothman, J., & Thomas, E. J. (1994). *Intervention research: Design and development for human services.* Haworth Press. ……690
Rovee-Collier, C. K. et al. (1980). Reactivation of infant memory. *Science, 208,* 1159-1161. ……186
Roy, S. et al. (2011). High-precision, three-dimensional tracking of mouse whisker movements with optical motion capture technology. *Frontiers in Behavioral Neuroscience, 5.* https://www.frontiersin.org/articles/10.3389/fnbeh.2011.00027/full (November 28, 2018). ……122
Rozin, P. et al. (1984). Conditioned opponent responses in human tolerance to caffeine. *Bulletin of the Psychonomic Society, 22,* 117-120. ……38
Rummler, G. A., & Brache, A. P. (1995). *Improving performance: How to manage the white space on the organization chart* (2nd ed.). Jossey-Bass. ……584
Rush, D. B., & Ayllon, T. (1984). Peer behavioral coaching: Soccer. *Journal of Sport Psychology, 6,* 325-334. ……710
Rushall, B. S., & Siedentop, D. (1973). *The development and control of behaviour in sport and physical education.* Lea & Febiger. ……580
Russel, W. M. S., & Burch, R. L. (1959). *The principles of humane experimental technique.* Methuen.

······702
■ S
Sakagami, T. (2015). Stability: Criterion, Operant, or Transient State? Paper presented in Symposium "The Experimental Analysis of Change" at *Association for Behavior Analysis International: Eighth International Conference in Kyoto*, Japan, September 27-29, 2015. ······114
Sakai, Y., & Fukai, T. (2008a). The actor-critic learning is behind the matching law: Matching versus optimal behaviors. *Neural Computation, 20*, 227-251. ······400
Sakai, Y., & Fukai, T. (2008b). When does reward maximization lead to matching law?. *PLoS One, 3*, e3795. https://journals.plos.org/plosone/article?id=10.1371/journal.pone.0003795 (November 28, 2018). ······400
Samuelson, P. A. (1937). A note on measurement of utility. *Review of Economic Studies, 4*, 155-161. ······370
Sasso, G. M., & Reimers, T. M. (1988). Assessing the functional properties of behavior: Implications and applications for the classroom. *Focus on Autistic Behavior, 3*, 1-15. ······490
Sato, J. et al. (2013). Behavior management approach for agitated behavior in Japanese patients with dementia: A pilot study. *Journal of Neuropsychiatric Disease and Treatment, 9*, 9-14. ······630
Sautter, R. A., & LeBlanc, L. A. (2006). Empirical Applications of Skinner's Analysis of Verbal Behavior with Humans. *The Analysis of Verbal Behavior, 22*, 35-48. ······428
Savage-Rumbaugh, E. S. et al. (1978). Symbolic communication between two chimpanzees (*Pan troglodytes*). *Science, 201*, 641-644. ······396
Schaal, D. W., & Branch, M. N. (1988). Responding of pigeons under variable-interval schedules of unsignaled, briefly signaled, and completely signaled delays to reinforcement. *Journal of the Experimental Analysis of Behavior, 50*, 33-54. ······194
Scheffer, P. N. et al. (2013). Effectiveness of low intensity behavioral treatment for children with autism spectrum disorder and intellectual disability. *Research in Autism Spectrum Disorders, 7*, 1012-1025. ······528
Schertz, H. H., & Odom, S. L. (2011). A review of parent education programs for parents of children with autism spectrum disorders. *Focus on Autism and Other Developmental Disabilities, 26*, 96-104. ······634
Schlinger, H. D. (1995). *A behavior analytic view of child development* (Nato science series B). Plenum Press. (シュリンガー, H. D. 園山 繁樹他 (訳) (1998). 行動分析学から見た子どもの発達 二瓶社) ······462
Schmitt, D. R. (1981). Performance under cooperation or competition. *American Behavioral Scientist, 24*, 649-679. ······388
Schneider, B. A. (1969). A two-state analysis of fixed-interval responding in the pigeon. *Journal of the Experimental Analysis of Behavior, 12*, 677-687. ······218, 296
Schneider, S. M., & Morris, E. K. (1987). A History of the term radical behaviorism: From Watson to Skinner. *Behavior Analyst, 10*, 27-39. ······8
Schneiderman, N. et al. (1962). Acquisition and extinction of the classically conditioned eyelid response in the albino rabbit. *Science, 136*, 650-652. ······238
Schreibman, L. (1975). Effects of within-stimulus and extra-stimulus prompting on discrimination learning in autistic children. *Journal of Applied Behavior Analysis, 8*, 91-112. ······450
Schreibman, L. et al. (2015). Naturalistic developmental behavioral interventions: Empirically validated treatments for autism spectrum disorder. *Journal of Autism and Developmental Disorder, 45*, 2411-2428. ······528
Schulman, J. L., et al. (1978). Modification of activity level through biofeedback and operant conditioning. *Journal of Applied Behavior Analysis, 11*, 145-152. ······122
Schultz, W. (2006). Behavioral theories and the neurophysiology of reward. *Annual Review of Psychology, 57*, 87-115. ······400
Schultz, W. et al. (1997). A neural substrate of prediction and reward. *Science, 275*, 1593-1599. ······400
Schusterman, R. J., & Kastak, D. (1993). A California sea lion (*Zalophus californianus*) is capable of forming equivalence relations. *The Psychological Record, 43*, 823-839. ······328
Schwartz, B. (1975). Discriminative stimulus location as a determinant of positive and negative behavioral contrast in the pigeon. *Journal of the Experimental Analysis of Behavior, 23*, 167-176. ······284
Schwartz, B., & Gamzu, E. (1977). Pavlovian control of operant behavior: An analysis of autoshaping and its implications for operant conditioning. In W. K. Honig & J. E. R. Staddon (Eds.), *Handbook of operant behavior* (pp. 53-97). Prentice-Hall. ······284
Schwartz, B. et al. (1975). Behavioral contrast in the pigeon: a study of the duration of key pecking maintained on multiple schedules of reinforcement. *Journal of the Experimental Analysis of Behavior, 24*, 199-206. ······284
Schwartz, B. et al. (2001). *Psychology of learning and behavior* (5th ed.). W. W. Norton & Company.

......42
Schwartz, I. S. et al. (1998). The Picture Exchange Communication System: Communicative outcomes for young children with disabilities. *Topics in Early Childhood Special Education, 18*, 144-159. 602
Schwarz, M. L., & Hawkins, R. P. (1970). Application of delayed reinforcement procedures to the behavior of an elementary school child. *Journal of Applied Behavior Analysis, 3*, 85-96. 502
Scotti, J. R. et al. (1993). Behavioral treatment of chronic psychiatric disorders: Publication trends and future directions. *Behavior Therapy, 25*, 527-550. 698
Scruggs, T. E. et al. (1987). The quantitative synthesis of single-subject research. *Remedial and Special Education, 8*, 24-33. 106
Sears, R. R. (1941). Non-aggressive reactions to frustration. *Psychological Review, 48*, 343-346. 242
Seligman, M. E. (1970). On the generality of the laws of learning. *Psychological Review, 77*, 406-418. 172
Seligman, M. E. (1975). *Helplessness: On depression, development, and death*. Freeman. 498
Selinske, J. E. et al. (1991). A functional analysis of the comprehensive application of behavior analysis to schooling. *Journal of Applied Behavior Analysis, 24*, 107-117. 686
Shadish, W. R. et al. (2002). *Experimental and quasi-experimental designs for generalized causal inference*. Houghton Mifflin Company. 82
Shahan, T. A., & Sweeney, M. M. (2011). A model of resurgence based on behavioral momentum theory. *Journal of the Experimental Analysis of Behavior, 95*, 91-108. 266
Shahan, T. A. et al. (2003). The resistance to change of observing. *Journal of the Experimental Analysis of Behavior, 80*, 273-293. 190
Shahan, T. A. et al. (2006). Matching and conditioned reinforcement rate. *Journal of experimental analysis of behavior, 85*, 167-180. 190
Shapiro, E. S., & Shapiro, S. (1985). Behavioral coaching in the development of skills in track. *Behavior Modification, 9*, 211-224. 710
Shearn, D. W. (1962). Operant conditioning of heart rate. *Science, 137*, 530-531. 198
Sheffield, F. D. (1965). Relation between classical conditioning and instrumental learning. In W. F. Prokasy (Ed.), *Classical conditioning: A symposium* (pp. 302-322). Appleton. 38
Shen, A. N. et al. (2015). Spatial discrimination reversal and incremental repeated acquisition in adolescent and adult BALB/c mice. *Behavioural Processes, 118*, 59-70. 320
Sheridan, S. M., & Kratochwill, T. R. (2007). *Conjoint behavioral consultation: Promoting family-school connections and interventions*. Springer. 576
Sherman, J. A. (1964). Modification of nonverbal behavior through reinforcement of related verbal behavior. *Child Development, 35*, 717-723. 556
Shettleworth, S. (1978). Reinforcement and the organization of behavior in golden hamsters: Sunflower seed and nest paper reinforcers. *Animal Learning & Behavior, 6*, 352-362. 168
Shevin, M., & Klein, N. K. (1984). The importance of choice-making skills for students with severe disabilities. *The Journal of the Association for People with Severe Handicaps, 9*, 159-166. 498
Shillingsburg, M. A. et al. (2015). Stimulus-stimulus pairing to increase vocalizations in children with language delays: A review. *The Analysis of Verbal Behavior, 31*, 215-235. 432
Shimizu, H. et al. (2003). Computer-based sorting-to-matching in identity matching for young children with developmental disabilities. *Research in Developmental Disabilities, 24*, 183-194. 474
Shimp, C. P. (1966). Probabilistically reinforced choice behavior in pigeons. *Journal of the Experimental Analysis of Behavior, 9*, 443-455. 354
Shimp, C. P. (1976). Short-term memory in the pigeon: Relative recency. *Journal of the Experimental Analysis of Behavior, 25*, 55-61. 320
Shull, R. L. (1970). A response-initiated fixed-interval schedule of reinforcement. *Journal of the Experimental Analysis of Behavior, 13*, 13-15. ......218, 226
Shull, R. L. (2011). Bouts, changeovers, and units of operant behavior. *European Journal of Behavior Analysis, 12*, 49-72. ......214, 218
Shull, R. L., & Lawrence, P. S. (1998). Reinforcement. In K. A. Lattal, & M. Perone (Eds.), *Handbook of research methods in human operant behavior* (pp. 95-129). Springer. 218
Shull, R. L. et al. (2001). Response rate viewed as engagement bouts: Effects of relative reinforcement and schedule type. *Journal of the Experimental Analysis of Behavior, 75*, 247-274. 70
Sidman, M. (1952). A note on functional relations obtained from group data. *Psychological Bulletin, 49*, 263-269. 114
Sidman, M. (1953). Two temporal parameters of the maintenance of avoidance behavior by the white rat. *Journal of Comparative and Physiological Psychology, 46*, 253-261. 202
Sidman, M. (1960). *Tactics of scientific research: Evaluating experimental data in psychology*. Basic Books. 4, 114, 144, 218, 262
Sidman, M. (1971). Reading and auditory-visual equivalences. *Journal of Speech and Hearing Research*,

14, 5-13. ……118, 482
Sidman, M. (1988). *Tactics of scientific research*. Author Cooperative. (Reprinted from *Tactics of scientific research*, 1960, Basic Books) ……98
Sidman, M. (1990). Equivalence relations: Where do they come from? In D. E. Blackman & H. Lejeune (Eds.), *Behavioral analysis in theory and practice: Contributions and controversies* (pp. 93-114). Erlbaum. ……118, 328
Sidman, M. (1994). *Equivalence relations and behavior: A research story*. Authors Cooperative. ……474
Sidman, M., & Rosenberger, P. B. (1967). Several methods for teaching serial position sequences to monkeys. *Journal of the Experimental Analysis of Behavior, 10*, 467-478. ……254
Sidman, M., & Tailby, W. (1982). Conditional discrimination vs. matching to sample: An expansion of the testing paradigm. *Journal of the Experimental Analysis of Behavior, 37*, 5-22. ……328
Sidman, M. et al. (1982). A search for symmetry in the conditional discriminations of rhesus monkeys, baboons, and children. *Journal of the Experimental Analysis of Behavior, 37*, 23-44. ……118, 126, 328
Sidman, M. et al. (1989). Functional classes and equivalence relations. *Journal of the Experimental Analysis of Behavior, 52*, 261-274. ……328
Sigafoos, J. (1998). Choice making and personal selection strategies. In J. Luiselli, & M. Cameron, (Eds.), *Antecedent control* (pp. 187-221). Paul H. Brookes. ……498
Silberberg, A., & Ziriax, J. M. (1985). Molecular maximizing characterizes choice on Vaughan's (1981) procedure. *Journal of the Experimental Analysis of Behavior, 43*, 83-96. ……354
Silberberg, A. et al. (1978). The structure of choice. *Journal of Experimental Psychology: Animal Behavior Processes, 4*, 368-398. ……354
Silberberg, A. et al. (1987). Inferior-good and Giffen-good effects in monkey choice behavior. *Journal of Experimental Psychology: Animal Behavior Processes, 13*, 292-301. ……412
Silva, F. J. et al. (1992). Sign-versus goal-tracking: effects of conditioned-stimulus-to-unconditioned-stimulus distance. *Journal of the Experimental Analysis of Behavior, 57*, 17-31. ……308
Silverman, P. J. (1971). Chained and tandem fixed-interval schedules of punishment. *Journal of the Experimental Analysis of Behavior, 16*, 1-13. ……190
Simek, T. C. et al. (1994). Contracting and chaining to improve the performance of a college golf team: Improvement and deterioration. *Perceptual and Motor Skills, 78*, 1099-1105. ……316
Singer, P. (1975). *Animal liberation: A new ethics for our treatment of animals*. New York Review. ……702
Sisson, R. W., & Azrin, N. H. (1986). Family-member involvement to initiate and promote treatment of problem drinkers. *Journal of Behavior Therapy and Experimental Psychiatry, 17*, 15-21. ……638
Sizemore, O. J., & Lattal, K. A. (1977). Dependency, temporal contiguity, and response-independent reinforcement. *Journal of the Experimental Analysis of Behavior, 25*, 119-125. ……194
Skinner, B. F. (1931). The concept of the reflex in the description of behavior. *Journal of Genetic Psychology, 5*, 427-458. ……506
Skinner, B. F. (1935). Two types of conditioned reflex and a pseudo type. *The Journal of General Psychology, 12*, 66-77. ……34
Skinner, B. F. (1936). A failure to obtain "disinhibition". *Journal of General Psychology, 14*, 127-135. ……242
Skinner, B. F. (1937). Two types of conditioned reflex: A reply to Konorski and Miller. *Journal of General Psychology, 16*, 272-279. ……4, 34, 38, 198
Skinner, B. F. (1938). *The behavior of organisms: An experimental analysis*. Appleton. ……4, 8, 12, 26, 50, 54, 126, 144, 190, 198,, 202, 222, 238, 258, 296, 316, 328
Skinner, B. F. (1945). The operational analysis of psychological terms. *Psychological Review, 52*, 270-277, 291-294. ……8, 144
Skinner, B. F. (1948a). 'Superstition' in the pigeon. *Journal of Experimental Psychology, 38*, 168-172. ……194, 206
Skinner, B. F. (1948b). *Walden two*. Hackett Publishing Company. (スキナー, B. F. 宇津木 保・宇津木 正 (訳) (1969). 心理学的ユートピア 誠信書房) ……4
Skinner, B. F. (1950). Are theories of learning necessary? *Psychological Review, 57*, 193-216. ……126, 324, 384
Skinner, B. F. (1953). *Science and human behavior*. Macmillan. (スキナー B.F. 河合 伊六他 (訳) (2003). 科学と人間行動 二瓶社) ……12, 16, 20, 26, 138, 144, 190, 202, 262, 366, 522
Skinner, B. F. (1956). A case history in scientific method. *American Psychologist, 11*, 221-233. ……4, 58, 66, 78, 102, 110, 160, 384
Skinner, B. F. (1957). *Verbal behavior*. Appleton. ……30, 144, 424, 428, 436, 440
Skinner, B. F. (1958). Diagramming schedules of reinforcement. *Journal of the Experimental Analysis of Behavior, 1*, 67-68. ……62, 226
Skinner, B. F. (1960). Pigeons in a pelican. *American Psychologist, 15*, 28-37. ……706

Skinner, B. F. (1966a). An operant analysis of problem solving. In B. Kleinmuntz (Eds.), *Problem solving: Research, method, and therapy* (pp. 225-257). Wiley. ……118, 126
Skinner, B. F. (1966b). The phylogeny and ontogeny of behavior. *Science, 153*, 1205-1213. ……312
Skinner, B. F. (1969). *Contingencies of reinforcement: A theoretical analysis.* Appleton. ……30, 144, 336
Skinner, B. F. (1971). *Beyond freedom and dignity.* Knopf. ……144, 702
Skinner, B. F. (1974). *About behaviorism.* Knopf. ……16, 26, 144, 400, 702
Skinner, B. F. (1975). The ethics of helping people. *Criminal law bulletin, 11*, 623-636. (スキナー，B. F. 西村 美佳・中野 良顯 (2004). 人を援助することに関する倫理 行動分析学研究, *19*, 71-80.) ……20
Skinner, B. F. (1977). Between freedom and despotism. *Psychology Today, 11*, September, 80-82, 84, 86, 90-91. ……702
Skinner, B. F. (1979). *The shaping of a behaviorist: Part two of an autobiography.* Knopf. ……78, 160
Skinner, B. F. (1981a). Selection by Consequences. *Science, 213*, 501-504. ……126
Skinner, B. F. (1981b). We happy few, but why so few? Paper presented at the meeting of the Association for Behavior Analysis, Milwaukee, WI. ……148
Skinner, B. F. (1986). The evolution of verbal behavior. *Journal of the Experimental Analysis of Behavior, 45*, 115-122. ……30
Skinner, B. F. (1987). *Upon further reflection.* Prentice-Hall. ……686
Skinner, B. F. (1991). *The behavior of organisms: An experimental analysis.* Copley Publishing Group. (Original work published 1938) ……34
Slocum, T. A. (2004). Direct instruction: The big ideas. In D. J. Moran & R. W. Malott (Eds.), *Evidence-based educational methods* (pp. 81-94). Elsevier. ……682
Smith, D. P. et al. (2016). Emergent intraverbal forms may occur as a result of listener training for children with autism. *The Analysis of Verbal Behavior, 32*, 27-37. ……428
Smith, G. J. (1999). Teaching a long sequence of behavior using whole task training, forward chaining, and backward chaining. *Perceptual and Motor Skills, 89*, 951-965. ……316
Smith, L. D. et al. (2000). Scientific graphs and the hierarchy of the sciences: A Latourian survey of inscription practices. *Social Studies of Science, 30*, 73-94. ……110
Smith, L. D. et al. (2002). Constructing knowledge: The role of graphs and tables in hard and soft psychology. *American Psychologist, 57*, 749-761. ……110
Smith, S. L., & Ward, P. (2006). Behavioral interventions to improve performance in collegiate football. *Journal of Applied Behavior Analysis, 39*, 385-391. ……564
Smith, T. (2001). Discrete trial training in the treatment of autism. *Focus on Autism and Other Developmental Disabilities, 16*, 86-92. ……528
Smith, T. (2010a). Early and intensive behavioral intervention in autism. In J. R. Weisz, & A. E. Kazdin (Eds.), *Evidence-based psychotherapies for children and adolescents* (2nd ed., pp. 312-326). Guilford Press. ……528
Smith, T. (2010b). Memories of Ole Ivar Lovaas: Never, ever dull. *Observer, 23* (9). Association for Psychological Science. https://www.psychologicalscience.org/observer/memories-of-ole-ivar-lovaas (November 28, 2018). ……590
Smith, T. et al. (2000). Randomized trial of intensive early intervention for children with pervasive developmental disorder. *American Journal of Mental Retardation, 105*, 269-285. ……528
Snapper, A. G., & Kadden, R. M. (1973). Time-sharing in a small computer based on a behavioral notation system. In B. Weiss, (Ed.), *Digital computers in the behavioral laboratory* (pp. 41-97). Appleton. ……122
Society of Clinical Psychology in American Psychological Association. (2017). Research supported psychological Treatments. (Retrieved from http://www.div12.org/psychological-treatments/) ……118
Sokolowski, M. B. C. et al. (1999). The ideal free distribution in humans: An experimental test. *Psychonomic Bulletin and Review, 6*, 157-161. ……388
Solnick, J. V. et al. (1980). An experimental analysis of impulsivity and impulse control in humans. *Learning and Motivation, 11*, 61-77. ……366
Sonoda, A. et al. (1991). Loss of controllability in appetitive situations interferes with subsequent learning in aversive situations. *Animal Learning & Behavior, 19*, 270-275. ……206
Sonuga-Barke, E. J. et al. (1989). The development of adaptive choice in a self-control paradigm. *Journal of the Experimental Analysis of Behavior, 51*, 77-85. ……366
Spalding, D. A. (1873). Instinct with original observations on young animals. *MacMillan's Magazine, 27*, 282-293. ……312
Spates, C. R., & Koch, E. I. (2003). From eye movement desensitization and reprocessing to exposure therapy: A review of the evidence for shared mechanism. *Japanese Journal of Behavior Analysis* (行動分析学研究), *18*, 62-76. ……138

Spealman, R. D. (1978). Interactions in multiple schedules: negative induction with squirrel monkeys. *Journal of the Experimental Analysis of Behavior, 30,* 315-327. ······284
Spector, A. et al. (2013). A systematic review of staff training interventions to reduce the behavioural and psychological symptoms of dementia. *Ageing Research Reviews, 12,* 354-364. ······630
Spence, K. W. (1937). The differential response in animals to stimuli varying within a single dimension. *Psychological Review, 44,* 430-444. ······276
Spetch, M. L. et al. (2004). Peak shift but not range effects in recognition of faces. *Learning and Motivation, 35,* 221-241. ······276
Spielberger, C. D., & DeNike, L. D. (1962). Operant conditioning of plural nouns: A failure to replicate the Greenspoon effect. *Psychological Reports, 11,* 355-366. ······340
Spielberger, C. D., & DeNike, L. D. (1966). Descriptive behaviorism versus cognitive theory in verbal operant conditioning. *Psychological Review, 73,* 306-326. ······340
Spooner, F., & Spooner, D. (1983). Variability: An aid in the assessment of the effectiveness training procedures. *Journal of Precision Teaching, 4,* 5-13. ······478
Sprague, J. R., & Horner, R. H. (1984). The effects of single instance, multiple instance, and general case training on generalized vending machine use by moderately and severely handicapped students. *Journal of Applied Behavior Analysis, 17,* 273-278. ······502, 560
St. Peter Pipkin, C. (2015). Six reasons why applied behavior analysts should know about resurgence. *Mexican Journal of Behavior Analysis, 41,* 252-268. ······242
Staats, A. W. (1996). *Behavior and personality: Psychological behaviorism* (2nd ed.: Springer series on behavior therapy and behavioral medicine). Springer. ······384
Staddon, J. E. R. (1965). Some properties of spaced responding in pigeons. *Journal of the Experimental Analysis of Behavior, 8,* 19-27. ······222
Staddon, J. E. R. (1992). Rationality, melioration, and law-of-effect models for choice. *Psychological Science, 3,* 136-141. ······354
Staddon, J. E. R., & Simmelhag, V. L. (1971). The "supersitition" experiment: A reexamination of its implications for the principles of adaptive behavior. *Psychological Review, 78,* 3-43. ······58, 230
Staddon, J. E. R., & Higa, J. J. (1999). Time and memory: Towards a pacemaker-free theory of interval timing. *Journal of the Experimental Analysis of Behavior, 71,* 215-251. ······296
Staddon, J. E. R., & Motheral, S. (1978). On matching and maximizing in operant choice experiments. *Psychological Review, 85,* 436-444. ······354
Staddon, J. E. R. et al. (1981). Optimal choice. *Journal of the Experimental Analysis of Behavior, 35,* 397-412. ······354
Stebbins, L. B. et al. (1977). *Education as experimentation: A planned variation model. Vol. IV-A: An evaluation of Follow Through.* Abt Associates. ······682
Stebbins, W. C., & Lanson, R. N. (1962). Response latency as a function of reinforcement schedule. *Journal of the Experimental Analysis of Behavior, 5,* 299-304. ······246
Stein, M. et al. (2006). *Designing effective mathematics instruction: A direct instruction approach* (4th ed.). Pearson Education. ······614
Stewart, I. et al. (2004). A functional-analytic model of analogy using the relational evaluation procedure. *The Psychological Record, 54,* 531-552. ······344
Stock, R. A. et al. (2008). A comparison of stimulus-stimulus pairing, standard echoic training, and control procedures on the vocal behavior of children with autism. *The Analysis of Verbal Behavior, 24,* 123-133. ······432
Stokes, T. F., & Baer, D. M. (1977). An implicit technology of generalization. *Journal of Applied Behavior Analysis, 10,* 349-367. ······502, 556, 560
Stokes, T. F., & Osnes, P. G. (1988). The developing applied technology of generalization and maintenance. In R. H. Horner et al. (Eds.), *Generalization and maintenance: Lifestyle changes in applied settings* (pp. 5-19). Paul H. Brookes. ······502
Stokes, T. F., & Osnes, P. G. (1989). An operant pursuit of generalization. *Behavior Therapy, 20,* 337-355. ······502, 670
Stokes, T. F., et al. (1974). Programming the generalization of a greeting response in four retarded children. *Journal of Applied Behavior Analysis, 7,* 599-610. ······502, 560
Storey, K., & Horner, R. H. (1991). An evaluative review of social validation research involving persons with handicaps. *The Journal of Special Education, 25,* 352-401. ······522
Storm, R. H., & Robinson, P. W. (1973). Application of a graded choice procedure to obtain errorless learning in children. *Journal of the Experimental Analysis of Behavior, 20,* 405-410. ······478
Straub, R. O. et al. (1979). Serial learning in the pigeon. *Journal of the experimental analysis of behavior, 32,* 137-148. ······316
Stromer, R., & Mackay, H. A. (1992). Spelling and Emergent Picture-Printed Word Relations Established with Delayed Identity Matching to Complex Samples. *Journal of Applied Behavior Analysis, 25,* 893-

904. ……482
Stromer, R. et al. (1992). Classroom applications of stimulus equivalence technology. *Journal of Behavioral Education, 2*, 225-256. ……482
Stuart, R. B. (1971). Behavioral contracting within the families of delinquents. *Journal of Behavior Therapy and Experimental Psychiatry, 2*, 1-11. ……690
Stubbs, A. (1968). The discrimination of stimulus duration by pigeons. *Journal of the Experimental Analysis of Behavior, 11*, 223-238. ……296
Sugai, G., & Horner, R. H. (2002). The evolution of discipline practices: School-wide positive behavior supports. *Child & Family Behavior Therapy, 24*, 23-50. ……686
Sugasawara, H., & Yamamoto, J. (2009). Computer-based teaching of Kanji construction and writing in a student with developmental disabilities. *Behavioral Interventions, 24*, 43-53. ……474
Sugrue, L. P. et al. (2005). Choosing the greater of two goods: neural currencies for valuation and decision making. *Nature Reviews Neuroscience, 6*, 363-375. ……400
Sulzer-Azaroff, B., & Mayer, G. R. (1977). *Applying behavior-analysis procedures with children and youth.* Holt. ……490
Sulzer-Azaroff, B., & Mayer, G. R. (1986). *Achieving educational excellence.* Holt, Rinehart, & Winston. ……450
Sung, N. S. et al. (2003). Central challenges facing the national clinical research enterprise. *JAMA, 289*, 1278-1287. ……118
Sutton, R. S., & Barto, A. G. (1998). *Reinforcement Learning: An Introduction.* MIT Press. (サットン, R. S., & バルト, A. G. 三上 貞芳・皆川 雅章 (訳) (2000). 強化学習 森北出版) ……4
Suzuki, M. et al. (2006). Predicting recovery of upper-body dressing ability after stroke. *Archives of Physical Medicine & Rehabilitation, 87*, 1496-1502. ……454, 662
Suzuki, M. et al. (2008). Development of the upper-body dressing scale for a buttoned shirt: a preliminary correlational study. *American Journal of Physical Medicine & Rehabilitation, 87*, 740-749. ……454, 662
Switzer, S. C. A. (1930). Backward conditioning of the lid reflex. *Journal of Experimental Psychology, 13*, 76-97. ……238

■ T
TAGteach International (2017). Certification information. Retrieved from http://www.tagteach.com ……710
Takahashi, M., & Fujihara, T. (1995). Self-control and choice in humans: Effects of type, amount, and delay of reinforcers. *Learning and Motivation, 26*, 183-202. ……366
Tani, S. et al. (2009). Intraverbal training with an autistic child. *Human Sciences*(大阪人間科学大学紀要), *8*, 1-7. ……428
Tanno, T., & Silberberg, A. (2012). The copyist model of response emission. *Psychonomic Bulletin & Review, 19*, 759-778. ……214
Tanno, T. et al. (2014). Effects of amphetamine and methylphenidate on delay discounting in rats: Interactions with order of delay presentation. *Psychopharmacology, 231*, 85-95. ……404
Tarbox, J., & Hayes, L. P. (2005). Verbal behavior and behavioral contrast in human subjects. *Psychological Record, 55*, 419-437. ……284
Tatham, T. A., & Wanchisen, B. A. (1998). Behavioral history: A definition and some common findings from two areas of research. *The Behavior Analyst, 21*, 241-251. ……262
Teri, L. et al. (2005). STAR: A dementia-specific training program for staff in assisted living residences. *The Gerontologist, 45*, 686-693. ……630
Terrace, H. S. (1963a). Discrimination learning with and without "errors." *Journal of the Experimental Analysis of Behavior, 6*, 1-27. ……292
Terrace, H. S. (1963b). Errorless transfer of a discrimination across two continua. *Journal of the experimental Analysis of Behavior, 6*, 223-232. ……292
Terrace, H. S. (1966). Stimulus control. In W. K. Honig (Ed.), *Operant behavior: Areas of research and application* (pp. 271-344). Appleton. ……292, 478
Terrace, H. S. (1968). Discrimination learning, the peak shift, and behavioral contrast. *Journal of the Experimental Analysis of Behavior, 11*, 727-741. ……284
Terrace, H. S. (1972). By-Products of Discrimination Learning. *Psychology of Learning and Motivation, 5*, 195-265. ……292
Terrace, H. S. (1991). Chunking during serial learning by a pigeon: I. Basic evidence. *Journal of Experimental Psychology: Animal Behavior Processes, 17*, 81-93. ……320
Terrace, H. S. et al. (1995). Serial learning with a wild card by pigeons (*Columba livia*): Effect of list length. *Journal of Comparative Psychology, 109*, 162-172. ……320
Terrace, H. S. et al. (1996). Recall of three-item sequences by pigeons. *Animal Learning & Behavior, 24*, 193-205. ……320
Thaler, R. (1980). Toward a positive theory of consumer choice. *Journal of Economic Behavior and*

Organization, 1, 39-60. ……378
Thomas, E. J., & Carter, R. D. (1971). Instigative modification with a multiproblem family. *Social Casework, 52,* 444-455. ……690
Thomas, E. J., & Walter, C. (1973). Guidelines for behavioral practice in the open community agency: Procedure and evaluation. *Behaviour Research and Therapy, 11,* 193-205. ……690
Thomas, E. J. et al. (1970). A signal system for the assessment and modification of behavior (SAM). *Behavior Therapy, 1,* 252-259. ……690
Thomas, J. R. (1968). Fixed-ratio punishment by timeout of concurrent variable interval behavior. *Journal of the Experimental Analysis of Behavior, 11,* 609-616. ……254
Thomas, J. R. (1979). Matching-to-sample accuracy on fixed-ratio schedules. *Journal of the Experimental Analysis of Behavior, 32,* 183-189. ……254
Thomas, J. R., & Sherman, J. A. (1965). Time out from a fixed ratio schedule. *Psychonomic Science, 3,* 489-490. ……254
Thompson, D. M. (1965). Time-out from fixed-ratio reinforcement: A systematic replication. *Psychonomic Science, 2,* 109-110. ……254
Thompson, K. V., & Kleiman, D. G. (Eds.). (2014). *Wild mammals in captivity: Principles and techniques for zoo management* (2nd ed., pp. 45-47). University of chicago Press. (トンプソン, K. V., & クレイマン, D. G. (編) 村田 浩一・楠田 哲士 (監訳) (2014). 動物園動物管理学 文永堂出版) ……706
Thompson, R. F., & Spencer, W. A. (1966). Habituation: A model phenomenon for the study of neuronal substrates of behavior. *Psychological Review, 73,* 16-43. ……272
Thorndike, E. L. (1905). *The elements of psychology.* A. G. Seiler (Retrieved from https://archive.org/details/elementsofpsycho00thor/) ……34
Thorndike, E. L. (1911). *Animal intelligence.* Macmillan. ……54, 194, 258
Thorndike, E. L. (1927). The law of effect. *American Journal of Psychology, 39,* 212-222. ……54
Thorndike, E. L. (2017). Animal intelligence: An experimental study of the associative processes in animals. Forgotten Books. (Original work published 1898) ……34
Thorndike, E. L., & Rock, R. T. (1934). Learning without awareness of what is being learned or intent to learn it. *Journal of Experimental Psychology, 17,* 1-19. ……340
Thyer, B. A., & Thyer, K. B. (1992). Single-system research designs in social work practice: A bibliography from 1965 to 1990. *Research on social work practice, 2,* 99-116. ……690
Timberlake, W. (1993). Behavior systems and reinforcement: An integrative approach. *Journal of the Experimental Analysis of Behavior, 60,* 105-128. ……172
Timberlake, W. (1994). Behavior systems, associationism, and Pavlovian conditioning. *Psychonomic Bulletin & Review, 1,* 405-420. ……308
Timberlake, W., & Allison, J. (1974). Response deprivation: An empirical approach to instrumental performance. *Psychological Review, 81,* 146-164. ……54, 182
Timberlake, W., & Grant, D. L. (1975). Autoshaping in rats to the presentation of another rat predicting food. *Science, 190,* 690-692. ……308
Tingstrom, D. H. (1994). The good behavior game: An investigation of teachers' acceptance. *Psychology in the Schools, 31,* 57-65. ……514
Tomie, A. et al. (1998). Ethanol induces impulsive-like responding in a delay-of-reward operant choice procedure: impulsivity predicts autoshaping. *Psychopharmacology, 139,* 376-382. ……308
Tomonaga, M. et al. (1991). Emergence of symmetry in a visual conditional discrimination by chimpanzees (*Pan troglodytes*). *Psychological Reports, 68,* 51-60. ……328
Topping, J. S., & Crowe, J. T. (1977). Baseline response rate and its relationship to effects of omission and extinction training in pigeons. *Psychological Reports, 40,* 971-979. ……210
Topping, J. S. et al. (1971). Efficiency of DRL responding as a function of response effort. *Psychonomic Science, 24,* 149-150. ……222
Topping, J. S. et al. (1975). Response elimination in elementary and special education school children. *The Psychological Record, 25,* 567-572. ……210
Torgrud, L. J., & Holborn, S. W. (1990). The effects of verbal performance descriptions on nonverbal operant responding. *Journal of the Experimental Analysis of Behavior, 54,* 273-291. ……332
Törneke, N. (2009). *Learning RFT: An introduction to relational frame theory and its clinical application.* Context Press. (トールネケ, N. 山本 淳一 (監修) 武藤 崇・熊野 宏昭 (監訳) (2013). 関係フレーム理論 (RFT) を学ぶ―言語行動理論・ACT 入門 星和書店) ……8, 144, 344, 627
Touchette, P. E. et al. (1985). A scatter plot for identifying stimulus control of problem behavior. *Journal of Applied Behavior Analysis, 18,* 343-351. ……102, 486
Toussaint, K. A., & Tiger, J. H. (2010). Teaching early braille literacy skills within a stimulus equivalence paradigm to children with degenerative visual impairments. *Journal of Applied Behavior Analysis, 43,* 181-194. ……482
Trapold, M. A. (1970). Are expectancies based upon different positive reinforcing events discriminably

different? *Learning and Motivation, 1,* 129-140. ……**234**
Trowill, J. A. (1967). Instrumental conditioning of the heart rate in the curarized rat. *Journal of Comparative and Physiological Psychology, 63,* 7-11. ……**198**
Truax, C. B. (1966). Reinforcement and nonreinforcement in Rogerian Psychotherapy. *Journal of Abnormal Psychology, 71,* 1-9. ……**138**
Tufte, E. R. (1983). *The visual display of quantitative information.* Graphics Press. ……**110**
Tukey, J. W. (1977). *Exploratory data analysis.* Addison-Wesley. ……**110**
Tullis, C. A. et al. (2011). Review of the choice and preference assessment literature for individuals with severe to profound disabilities. *Education and Training in Autism and Developmental Disabilities, 46,* 576-595. ……**498**
Turner, J. S., & Leach, D. J. (2010). Experimental evaluation of Behavioral Activation Treatment of Anxiety (BATA) in three older adults. *International Journal of Behavioral Consultation and Therapy, 6,* 373-394. ……**626**
Tversky, A., & Kahneman, D. (1982). Evidential impact of base rates. In D. Kahneman et al. (Eds.), *Judgment under uncertainty: Heuristics and biases* (pp. 153-160). Cambridge University Press. ……**378**
Twohig, M. P., & Woods, D. W. (2004). A preliminary investigation of acceptance and commitment therapy and habit reversal as a treatment for trichotillomania. *Behavior Therapy, 35,* 803-820. ……**568**
Twyman, J. S. (1998). The Fred S. Keller school. *Journal of Applied Behavior Analysis, 31,* 695-701. ……**686**
Tyler, D. W. et al. (1953). The effect of random and alternating partial reinforcement on resistance to extinction in the rat. *American Journal of Psychology, 66,* 57-65. ……**320**

■ U

Uchino, E., & Watanabe, S. (2014). Self-recognition in pigeons revisited. *Journal of the Experimental Analysis of Behavior, 102,* 327-334. ……**396**
Uhl, C. N., & Garcia, E. E. (1969). Comparison of omission with extinction in response elimination in rats. *Journal of Comparative and Physiological Psychology, 69,* 554-562. ……**210**
Uhl, C. N., & Homer, A. L. (1974). Omission training compared with yoked controls and extinction in multiple-schedule discrimination learning. *Animal Learning & Behavior, 2,* 317-324. ……**210**
Uhl, C. N. (1973). Eliminating behavior with omission and extinction after varying amounts of training. *Animal Learning & Behavior, 1,* 237-240. ……**210**
Ulman, J. D., & Sulzer-Azaroff, B. (1975). Multielement baseline design in educational research. In E. Ramp & G. Semb (Eds.), *Behavior analysis: Areas of research and application* (pp. 377-391). Prentice-Hall. ……**98**
Urcuioli, P. J. (2013). Stimulus control and stimulus class formation. In G. J. Madden (Ed.), *APA handbook of behavior analysis. Vol. 1: Method and principle* (pp. 361-386). APA (American Psychological Association). ……**324**
US Food and Drug Administration (2005). FDA Public Health Advisory: deaths with antipsychotics in elderly patients with behavioral disturbances. US Food and Drug Administration, April 11, 2005. (Retrieved from http://www.fda.gov/cder/drug/advisory/antipsychotics.htm 〈December 13, 2015〉). ……**630**

■ V

Vaccaro, F. J. (1988). Successful operant conditioning procedures with an institutionalized aggressive geriatric patient. *International Journal of Aging & Human Development, 26,* 71-79. ……**694**
Van den Broek, M. D. et al. (1987). Behaviour of 'impulsive' and 'non-impulsive' humans in a temporal differentiation schedule of reinforcement. *Personality and Individual Differences, 8,* 233-239. ……**384**
Van Houten, R. (1980). *Learning through feedback: A systematic approach for improving academic performance.* Human Sciences Press. ……**564**
Van Houten, R. (1994).The right to effective behavioral treatment. In L. J. Hayes, et al (Eds.), *Ethical issues in developmental disabilities* (pp. 103-118). Context Press. (ヴァンホウテン, R. (1998). 効果的な行動的トリートメントを受ける権利　ヘイズ, L. J. 他（編）望月　昭・冨安ステファニー（監訳）発達障害に関する10の倫理的課題（pp. 87-98）二瓶社）……**678**
Van Houten, R. et al. (1975). An analysis of a performance feedback system: The effects of timing of feedback, public posting, and praise upon academic performance and peer interaction. *Journal of Applied Behavior Analysis, 8,* 449-457. ……**564**
Van Houten, R. et al. (1980). An analysis of public posting in reducing speeding behavior on an urban highway. *Journal of Applied Behavior Analysis, 13,* 383-395. ……**564**
Van Houten, R. et al. (1988). The right to effective behavioral treatment. *Journal of Applied Behavior Analysis, 21,* 381-384. ……**20, 642**
Vargas, J. S. (2009). *Behavior analysis for effective teaching.* Routledge. ……**102**
Vaughan, M. E. (1985). Repeated acquisition in the analysis of rule-governed behavior. *Journal of the*

Experimental Analysis of Behavior, 44, 175-184. ……320
Vaughan, M. E., & Michael, J. L. (1982). Automatic reinforcement: An important but ignored concept. *Behaviorism, 10*, 217-227. ……**432**
Vedora, J., & Conant, E. (2015). A comparison of prompting tactics for teaching intraverbals to young adults with autism. *The Analysis of Verbal Behavior, 31*, 267-276. ……**428**
Vedora, J. et al. (2009). Teaching intraverbal behavior to children with autism: A comparison of textual and echoic prompts. *The Analysis of Verbal Behavior, 25*, 79-86. ……**428**
Vervliet, B. et al. (2013). Extinction, generalization, and return of fear: A critical review of renewal research in humans. *Biological Psychology, 92*, 51-58. ……**242**
Villas-Bôas, A. et al. (2016). The effects of analyses of contingencies on clinically relevant behaviors and out of session changes in functional analytic psychotherapy. *The Psychological Record, 66*, 599-609. ……**622**
Vollmer, T. R., & Bourret, J. (2000). An application of the matching law to evaluate the allocation of two- and three-point shots by college basketball players. *Journal of Applied Behavior Analysis, 33*, 137-150. ……**580**
Vollmer, T. R., & Iwata, B. A. (1992). Differential reinforcement as treatment for behavior disorders: Procedural and functional variations. *Research in Developmental Disabilities, 13*, 393-417. ……**490**
Vollmer, T. R. et al. (1993). The role of attention in the treatment of attention-maintained self-injurious behavior: Noncontingent reinforcement and differential reinforcement of other behavior. *Journal of Applied Behavior Analysis, 26*, 9-21. ……**490, 494**
Vollmer, T. R. et al. (1995). Noncontingent escape as treatment for self-injurious behavior maintained by negative reinforcement. *Journal of Applied Behavior Analysis, 28*, 15-26. ……**506**
Vollmer, T. R. et al. (1998). Fixed-time schedules attenuate extinction-induced phenomena in the treatment of severe aberrant behavior. *Journal of Applied Behavior Analysis, 31*, 529-542. ……**494**
Vollmer, T. R. et al. (2011). The Association for Behavior Analysis International position statement on restraint and seclusion. *The Behavior Analyst, 34*, 103-110. ……**642**
von Fersen, L. I., & Lea, S. E. G. (1990). Category discrimination by pigeons using five polymorphous features. *Journal of the Experimental Analysis Behavior, 54*, 69-84. ……**288**
von Neumann, J., & Morgenstern, O. (1944). *Theory of games and economic behavior.* Wiley. (銀林 浩他 (監訳) (1972).ゲームの理論と経済行動 東京図書) ……**378**

W
Wack, S. R. et al. (2014). Using goal setting and feedback to increase weekly running distance. *Journal of Applied Behavior Analysis, 47*, 181-185. ……**548**
Wacker, D. P. et al. (1985). Evaluation of reinforcer preferences for profoundly handicapped students. *Journal of Applied Behavior Analysis, 18*, 173-178. ……**498**
Wagner, A. R., & Rescorla, R. A. (1972). Inhibition in Pavlovian conditioning: Application of a theory. In R. A. Boakes & M. S. Halliday (Eds.), *Inhibition and learning* (pp. 301-336). Academic Press. ……**38**
Walser, R. D. et al. (2013). Training in and implementation of Acceptance and Commitment Therapy for depression in the Veterans Health Administration: Therapist and patient outcomes. *Behaviour Research and Therapy, 51*, 555-563. ……**118**
Wancata, J. et al. (2003). The consequences of non-cognitive symptoms of dementia in medical hospital departments. *International Journal of Psychiatry in Medicine, 33*, 257-271. ……**630**
Wanchisen, B. A. (1990). Forgetting the lessons of history. *The Behavior Analyst, 13*, 31-37. ……**262**
Wanchisen, B. A. et al. (1989). Variable-ratio conditioning history produces high-and low-rate fixed-interval performance in rats. *Journal of the Experimental Analysis of Behavior, 52*, 167-179. ……**262**
Wanlin, C. et al (1997). The effects of a goal setting package on the performance of young female speed skaters. *Journal of Applied Sport Psychology, 9*, 212-228. ……**710**
Ward, P., & Carnes, M. (2002). Effects of posting self-set goals on collegiate football players' skill execution during practice and games. *Journal of Applied Behavior Analysis, 35*, 1-12. ……**548, 710**
Ward, W. D. S., & Stare, S. W. (1990). The role of subject verbalization in generalized correspondence. *Journal of Applied Behavior Analysis, 23*, 129-136. ……**556**
Warren, J. M. (1965). Primate learning in comparative perspective. In A. M. Schrier et al. (Eds.), *Behavior of nonhuman primates: Modern research trends* (Vol. 1, pp. 249-281). Academic Press.. ……**392**
Warry, C. J. et al. (1999). When more means less: Factors affecting human self-control in a local versus global choice paradigm. *Learning and Motivation, 30*, 53-73. ……**366**
Wasserman, E. (1973). Pavlovian conditioning with heat reinforcement produces stimulus-directed pecking in chicks. *Science, 181*, 875-877. ……**308**
Watkins, C. L., & Slocum, T. A. (2004). The components of direct instruction. In N. E. Marchand-Martella, et al. (Eds.), *Introduction to Direct instruction* (pp. 28-65). Pearson Education. ……**682**
Watkins, C. L. (1997). *Project Follow Through: A case study of the contingencies influencing instructional*

practices of the educational establishment (Monograph). Cambridge Center for Behavioral Studies. ……682
Watson, J. B. (1913). Psychology as the behaviorist views it. *Psychological Review, 20*, 158-177. ……8
Watson, J. B. (1930). *Behaviorism* (rev. ed.). University of Chicago Press. ……384
Wearden, J. H. (1988). Some neglected problems in the analysis of human operant behavior. In G. Davey, & C. Cullen (Eds.), *Human operant conditioning and behavior modification* (pp. 197-224). Wiley. ……340
Weatherly, J. N. et al. (2009). Choice behavior of nonpathological women playing concurrently available slot machines: Effect of changes in paperback percentages. *Journal of Applied Behavior Analysis, 42*, 895-900. ……122
Weiden, P. et al. (1996). Atypical antipsychotic drugs and long-term outcome in Schizophrenia. *Journal of Clinical Psychiatry, 57*, 53-60. ……670
Weiher, R. G., & Harman, R. E. (1975). The use of omission training to reduce self-injurious behavior in a retarded child. *Behavior Therapy, 6*, 261-268. ……490
Weiner, H. (1962). Some effects of response cost upon human operant behavior. *Journal of the Experimental Analysis of Behavior, 5*, 201-208. ……258
Weiner, H. (1963). Response cost and the aversive control of human operant behavior. *Journal of the Experimental Analysis of Behavior, 6*, 415-421. ……258
Weiner, H. (1964a). Conditioning history and human fixed-interval performance. *Journal of the Experimental Analysis of Behavior, 7*, 383-385. ……262
Weiner, H. (1964b). Response cost and fixed-ratio performance. *Journal of the Experimental Analysis of Behavior, 7*, 79-81. ……258
Weiner, H. (1969). Controlling human fixed-interval performance. *Journal of the Experimental Analysis of Behavior, 12*, 349-373. ……262
Weiner, H. (1983). Some thoughts on discrepant human-animal performances under schedules of reinforcement. *The Psychological Record, 33*, 521-532. ……218
Weisman, R. G. et al. (1980). Representation and retention of two-event sequences in pigeons. *Journal of Experimental Psychology: Animal Behavior Processes, 6*, 312-325. ……320
Weiss, K. M. (1978). A comparison of forward and backward procedures for the acquisition of response chains in humans. *Journal of the Experimental Analysis of Behavior, 29*, 255-259. ……316
Weiss, S. J., & Panlilio, L. V. (1999). Blocking a selective association in pigeons. *Journal of the Experimental Analysis of Behavior, 71*, 13-24. ……168
West, R. P. et al. (1990). Precision teaching: An introduction. *Teaching Exceptional Children, 22*, 4-9. ……614
White, K. G. (2013). Remembering and forgetting. In G. J. Madden (Ed.), *APA handbook of behavior analysis. Vol. 1: Method and principle* (pp. 411-437). APA (American Psychological Association). ……324
White, O. R. (1986). Precision teaching-precision learning. *Exceptional Children, 52*, 522-534. ……614
White, O. R. (2005). Precision teaching. In M. Hersen et al. (Eds.), *Encyclopedia of behavior modification and cognitive behavior therapy. Vol. III : Education applications* (pp. 1433-1437). Sage. ……614
Wilk, M. B., & Gnanadesikan, R. (1968). Probability plotting methods for the analysis of data. *Biometrika, 55*, 1-17. ……110
Wilkinson, L. (2005). *The grammar of graphics* (2nd ed.). Springer. ……110
Williams, B. A. (1976). The effects of unsignalled delayed reinforcement. *Journal of the Experimental Analysis of Behavior, 26*, 441-449. ……194
Williams, B. A. (1992). Dissociation of theories of choice by temporal spacing of choice opportunities. *Journal of Experimental Psychology: Animal Behavior Processes, 18*, 287-297. ……354
Williams, B. A., & Royalty, P. (1989). A test of the melioration theory of matching. *Journal of Experimental Psychology: Animal Behavior Processes, 15*, 99-113. ……354
Williams, B. A. et al. (2008). Individual differences, intelligence, and behavior analysis. *Journal of the Experimental Analysis of Behavior, 90*, 219-231. ……384
Williams, D. R., & Williams, H. (1969). Auto-maintenance in the pigeon: Sustained pecking despite contingent non-reinforcement. *Journal of the Experimental Analysis of Behavior, 12*, 511-520. ……46, 126, 308
Williams, R. B. Jr., & Gentry, W. D. (Eds.). (1977). *Behavioral approaches to medical treatment*. Ballinger. (ウィリアムズ, R. B. Jr., & ジェントリー, W. D. (編) 日野原 重明・篠田 知璋 (監訳) (1981). 新しい治療法としての行動医学――各科における臨床的応用 医学書院) ……652
Wilson, M. P., & Keller, F. S. (1953). On the selective reinforcement of spaced responding. *Journal of Comparative and Physiological Psychology, 46*, 190-193. ……222
Winett, R. A. et al. (1979). Effects of self-monitoring and feedback on residential electricity consumption. *Journal of Applied Behavior Analysis, 12*, 173-184. ……548

Winstanley, C. A. (2010). The neural and neurochemical basis of delay discounting. In G. E. Madden & W. K. Bickel (Eds.), *Impulsivity: The behavioral and neurological science of discounting* (pp. 95-121). APA (American Psychological Association). ······404
Witt, J. C., & Martens, B. (1983). Assessing the acceptability of behavioral interventions used in classrooms. *Psychology in the Schools, 20*, 510-517. ······522
Wolf, M. M. (1978). Social validity: the case for subjective measurement or how applied behavior analysis is finding its heart. *Journal of Applied Behavior Analysis, 11*, 203-214. ······522
Wolf, R., & Heisenberg, M. (1991). Basic organization of operant behavior as revealed in Drosophila flight orientation. *Journal of Comparative Physiology A, 169*, 699-705. ······66
Wolko, K. L. et al. (1993). A comparison of two self-management packages to standard coaching for improving practice performance of gymnasts. *Behavior Modification, 17*, 209-223. ······548
Wolpe, J. (1952). Experimental neurosis as learned behavior. *British Journal of Psychology, 43*, 243-268. ······138
Wolpe, J. (1961). The systematic desensitization treatment of neuroses. *Journal of Nervous and Mental Diseases, 132*, 189-203. ······272
Wolpe, J. (1981). Behavior therapy versus psychoanalysis: Therapeutic and social implications. *American Psychologist 36*, 159-164. ······138
Woods, D. W., & Miltenberger, R. G. (1995). Habit reversal: A review of applications and variations. *Journal of Behavior Therapy and Experimental Psychiatry, 26*, 123-131. ······568
Woods, D. W., & Twohig, M. P. (2008). *Trichotillomania: An ACT-enhanced behavior therapy approach. Therapist guide* (Treatment that work). Oxford university press. ······568
Woods, D. W. et al. (1996). Sequential application of major habit-reversal components to treat motor tics in children. *Journal of Applied Behavior Analysis, 29*, 483-493. ······568
Woods, D. W. et al. (2001). Understanding habits: A preliminary investigation of nail biting function in children. *Education and Treatment of Children, 24*, 199-216. ······568
Woods, D. W. et al. (2006). A controlled evaluation of acceptance and commitment therapy plus habit reversal for trichotillomania. *Behaviour Research and Therapy, 44*, 639-656. ······568
Wyckoff, L. B., Jr. (1952). The role of observing responses in discrimination learning. Part I. *Psychological review, 59*, 431-442. ······190
Wyckoff, L. B., Jr. (1969). The role of observing responses in discrimination learning. In D. P. Hendry (Ed.), *Conditioned reinforcement* (pp. 237-260). Dorsey Press. ······190

■ Y

Yamaguchi, T. et al. (2015). Sensitivity to pre- and post-reinforcer delays in self-control choice. *Behavioural Processes, 121*, 8-12. ······366
Yamamoto, J., & Asano, T. (1995). Stimulus equivalence in a chimpanzee (*Pan troglodytes*). The *Psychological Record, 45*, 3-21. ······328, 474
Yamamoto, J., & Miya, T. (1999). Acquisition and transfer of sentence construction in autistic students: Analysis by computer-based teaching. *Research in Developmental Disabilities, 20*, 355-377. ······474
Yamamoto, J., & Shimizu, H. (2001). Acquisition and expansion of kanji vocabulary through computer-based teaching in a student with mental retardation: Analysis by equivalence relations. *Japanese Journal of Special Education* (特殊教育学研究), *38*, 17-31. ······474
Yamazaki, Y. (2004). Logical and illogical behavior in animals. *Japanese Psychological Research, 46*, 195-206. ······328
Yerkes, R. M., & Kellogg, C. E. (1914). A graphic method of recording maze-reactions. *Journal of Animal Behavior, 4*, 50-55. ······34
Yokley, J. M., & Glenwick, D. S. (1984). Increasing the immunization of preschool children: An evaluation of applied community interventions. *Journal of Applied Behavior Analysis, 17*, 313-325. ······718
Yokoyama, K. et al. (2006). Teaching verbal behavior using the Picture Exchange Communication System (PECS) with children with autistic spectrum disorders. *Japanese Journal of Special Education* (特殊教育学研究), *43*, 485-503. ······602
Yoshino, T., & Reed, P. (2008). Effect of tone-punishment on choice behaviour under a closed economy. *European Journal of Behavior Analysis, 9*, 43-52. ······250
Young, J. M. et al. (1994). Generalized imitation and response-class formation in children with autism. *Journal of applied behavior analysis, 27*, 685-697. ······462
Youtz, R. E. P. (1938). The change with time of a Thorndikian response in the rat. *Journal of Experimental Psychology, 23*, 128-140. ······242

■ Z

Zeiler, M. D. (1970). Other behavior: Consequences of reinforcing not responding. *Journal of Psychology, 74*, 149-155. ······210
Zentall, T. R. (1996). An analysis of stimulus class formation in animals. In T. R. Zentall & P. R. Smeets (Eds.), *Stimulus class formation in humans and animals* (pp. 15-34). Elsevier. ······328

Zettle, R. D., & Hayes, S. C. (1982). Rule governed behavior: A potential theoretical framework for cognitive behavior therapy. In P. C. Kendall (Ed.), *Advances in cognitive behavioral research and therapy* (pp. 73-118). Academic Press. ……336

Zettle, R. D., & Hayes, S. C. (1983). Effect of social context on the impact of coping self-statements. *Psychological Reports, 52*, 391-401. ……332

Zettle, R. D., & Hayes, S. C. (1986). Dysfunctional control by client verbal behavior: The context of reason giving. *The Analysis of Verbal Behavior, 4*, 30-38. ……618

Zettle, R. D., & Hayes, S. C. (1987). Component and process analysis of cognitive therapy. *Psychological Reports, 61*, 939-953. ……618

Zettle, R. D., & Hayes, S. C. (1989). Group cognitive and contextual therapies in treatment of depression. *Journal of Clinical Psychology, 45*, 436-445. ……618

Zettle, R. D. et al. (2011). Processes of change in Acceptance and Commitment Therapy and Cognitive Therapy for depression: A mediational reanalysis of Zettle and Rains (1989). *Behavior Modification, 35*, 265-283. ……618

Ziegler, S. G. (1987). Effects of stimulus cueing on the acquisition of groundstrokes by beginning tennis players. *Journal of Applied Behavior Analysis, 20*, 405-411. ……710

Zimmerman, J., & Baydan, N. T. (1963). Punishment of S^d responding of humans in conditional matching to sample by time-out. *Journal of the Experimental Analysis of Behavior, 6*, 589-597. ……254

Zoratto, F. et al. (2012). Choice with delayed or uncertain reinforcers in rats: Influence of timeout duration and session length. *Synapse, 66*, 792-806. ……254

Zuidema, S. et al. (2007). Prevalence and predictors of neuropsychiatric symptoms in cognitively impaired nursing home patients. *Journal of Geriatric Psychiatry and Neurology, 20*, 41-49. ……630

事項索引

※見出し語 50 音索引は xi 頁参照．見出し語の掲載ページは太字で示してある

■英字

AAC（拡大・代替コミュニケーション手段） augmentative and alternative communication　602
ABA（応用行動分析学） applied behavior analysis　21, 126, **130**, 139, 590, 595, 631, 686
ABA 法（ABA デザイン） ABA design　86, **90**, 262
AB 法（AB デザイン） AB design　86, 132, 654
ABAB 法（ABAB デザイン） ABAB design　86, 90, 132, 668
ABC 分析（先行刺激-行動-後続刺激） antecedent-behavior-consequence（ABC）analysis　42, 130, 630
About behaviorism　144
ACT（アクセプタンス＆コミットメント・セラピー） acceptance and commitment therapy　11, 121, 138, 155, 347, 571, **618**, 626, 700, 713
ADHD（注意欠如・多動症，注意欠陥多動性障害） attention deficit/hyperactivity disorder　634
Animal liberation　177, 702
Animal machines　703
ASD（自閉症スペクトラム障害／自閉スペクトラム症，自閉症） autism spectrum disorder　427, 453, 459, 463, 478, 499, 507, 511, 545, 590, 598, 602, 634
BCBA（認定行動分析士） board certified behavior analyst　151
BEM（行動エンジニアリングモデル） behavior engineering model　714
Beyond freedom and dignity　144
BMI（ブレイン・マシン・インタフェース） brain-machine interface　201
BMT（行動マネジメント・テクニック） behavioral management techniques　631
BPSD（認知症の行動・心理症状） behavioral and psychological symptoms of dementia　630
BT（行動療法） behavior therapy　136, **138**, 590

CBR（地域に根ざしたリハビリテーション） community-based rehabilitation　594
CBT（認知行動療法） cognitive behavioral therapy　**138**, 155, 711
COD（切替え遅延，選択変更後遅延） changeover delay　212, 352, 358
Contingencies of reinforcement: A theoretical analysis　144
CR（条件反応） conditioned response　38, 129, 238, 276
CRA（コミュニティ強化アプローチ） community reinforcement approach　**638**,

718

CRAFT（コミュニティ強化アプローチと家族トレーニング） community reinforcement approach and family training **638**

CRB（臨床関連行動） clinically relevant behavior 622

CRF スケジュール（連続強化スケジュール） continuous reinforcement schedule 58,165,268,532

CS（条件刺激） conditioned stimulus 17,38,51,129,242,276,280,300

CT（認知療法） cognitive therapy 136,**138**,618,626

d-アンフェタミン d-amphetamine 264

DLP（日常生活での行動上の問題） daily life problem 622

DMTS（遅延見本合わせ） delayed MTS 325

DOE（分化結果効果） differential outcomes effect 234,283

DRA（代替行動分化強化） differential reinforcement of alternative behavior 63,210,490,518,645

DRC（コミュニケーション行動分化強化） differential reinforcement of communication behavior 491

DRH（高反応率分化強化） differential reinforcement of high rate 62,219,222

DRI（非両立行動分化強化，対立行動分化強化） differential reinforcement of incompatible behavior 63,212,490,497,645

DRL（低反応率分化強化） differential reinforcement of low rates 47,62,222,262,490

DRLL スケジュール（長潜時分化強化スケジュール） differential-reinforcement-of-long-latency（DRLL） schedule 225,297,341

DRO（他行動分化強化） differential reinforcement of other behaviors 63,210,491,495

DRP（一定反応率分化強化） differential reinforcement of paced responding 63

DSM-5 精神疾患の診断・統計マニュアル Diagnostic and statistical manual of mental disorders Fifth edition 590

DTT（離散試行型指導法） discrete trial teaching **528**,598

EAB（実験的行動分析学） experimental analysis of behavior 20,**126**,130

EBM（証拠に基づいた医学） evidence-based medicine 136

EBP（証拠に基づいた実践） evidence-based practice 136,138

EMDR（眼球運動による脱感作と再処理法） eye movement desensitization and reprocessing 141

FAI（機能的アセスメントインタビュー） functional assessment interview 539

FAP（機能分析心理療法） functional analytic psychotherapy **622**,626

FCT（機能的コミュニケーション訓練） functional communication training 491,536,543

FFP（捏造・偽造・盗用） fabrication, falsification & plagiarism 22

FI（固定時隔） fixed interval 409

FI スケジュール（固定時隔スケジュール）
　fixed-interval (FI) schedule　58, 218,
　247, 251, 262, 332
FOPP（自由オペラント型心理物理学的手続
　き）　free-operant psychophysical pro-
　cedure　297
FR スケジュール（固定比率スケジュール）
　fixed-ratio (FR) schedule　58, 79, 214,
　219, 231, 247, 251, 262, 281
FT スケジュール（固定時間スケジュール）
　fixed-time (FT) schedule　61, 218,
　231, 494

go/no-go 法　go/no-go procedure　280

ID（知的能力障害）　intellectual disability
　451, 479, 519
IDD（知的発達障害）　intellectual develop-
　mental disorder　552
IDEA（障害のある個人教育法）　individuals
　with disabilities education act　607
IMHV（上線状体内腹側部）　intermediate
　and medial part of hyperstriatum ven-
　tral　314
IRT（反応間時間）　inter-response time,
　IRT　62, 71, 217, 222, 491
IRT/Op（機会あたりの IRT 回数）　IRT
　per opportunity　224
IT（機会利用型指導法）　incidental teach-
　ing　422, **528**
ITI（試行間間隔）　inter-trial interval　283,
　355, 528, 575

Journal of Applied Behavior Analysis　130

LH（制限時間）　limited hold　219, 225

MAS（動機づけアセスメント尺度）　moti-
　vation assessment scale　486, 539
MO（動機づけ操作）　motivating operations
　42, 50, 69, 162, 506, 528, 530
MPI（多面的痛み調査票）　multidimension-
　al pain inventory　649
MTS（見本合わせ）　matching-to-sample
　256, 279, 282, **324**, 381, **474**
multielement baseline design　99
multiple schedule design　99

NAP　non-overlap of all pairs　109
NCE（非随伴性逃避法）　noncontingent es-
　cape　507
NCR（非随伴性強化）　noncontingent rein-
　forcement　206, **494**, 507, 518, 705
NLP（自然言語パラダイム）　natural lan-
　guage paradigm　598

OBM（組織行動マネジメント）　organiza-
　tional behavior management　154, 564,
　584

PAI（問題分析面接）　problem analysis in-
　terview　578
PAND　percentage of all non-overlapping
　data　109
PBIS（ポジティブな行動的介入や方略およ
　び支援）　positive behavior intervention
　& support　607
PBS（ポジティブ行動支援）　positive be-
　havior support　155, 516, 538, 597, **606**,
　645
PECS®（絵カード交換式コミュニケーショ
　ンシステム）　picture exchange commu-
　nication system　448, 472, **602**

PGEE（ポーテージ早期教育ガイド） Portage guide to early education　594
PI スケジュール（累進時隔スケジュール） progressive-interval（PI） schedule　61, 218
PII（問題同定面接） problem identification interview　578
PND　percentage of non-overlapping data　109
PREE（部分強化消去効果） partial reinforcement extinction effect　241
PRP（強化後休止） post-reinforcement pause　60, 70, 215, 219, 231
PRT（機軸反応訓練） pivotal response treatment　**598**
PR スケジュール（累進比率スケジュール） progressive-ratio（PR） schedule　61, 215, 406
PTSD（心的外傷後ストレス障害） post traumatic stress disorder　627

QOL（生活の質） quality of life　499, 513, 575, 606, 631, 690, 708
Q-Q プロット　quantile-quantile plot　111

randomization design　99
RCT（無作為化比較試験，ランダム化比較試験） randomized controlled trial　119, 140, 571, 620, 630, 635, 685
RFT（関係フレーム理論） relational frame theory　11, 121, 147, 152, **344**, 477, 618
RI スケジュール（乱動時隔スケジュール） random-interval schedule　61, 218
RR スケジュール（乱動比率スケジュール） random-ratio schedule　61, 215
RTI（教育的介入に対する反応） response to intervention　607
Schedules of reinforcement　5
Science and human behavior　144
SCC（スタンダード・セラレーション・チャート） standard celeration chart　614
SE（状況事象） setting events　506
SLD（限局性学習障害／限局性学習症） specific learning disorder　441, 515
SSDR（種特異的防衛反応，種に固有の防御反応） species specific defense reactions　128, 174, 205
SSP（刺激-刺激ペアリング） stimulus-stimulus pairing　432
SSS（スタッフ・サポート・システム） support system for staff　633
SST（社会的スキル訓練） social skills training　458, 626, 638, 671
STAR　staff training in assisted living residences　**630**
SWPBS（スクールワイド PBS） school-wide positive behavior support　607, 645, 689

Tau-U　109
TD 学習　temporal difference learning　401
TEI（介入評価面接） treatment evaluation interview　578
TI（介入整合性） treatment integrity　578
The behavior of organisms: An experimental analysis　5, 144
The principles of human experimental technique　177, 702
t 検定　t test　107, 372

U値　U-value　246
UR（無条件反応）　unconditioned response　38, 128
US（無条件刺激）　unconditioned stimulus　17, 38, 46, 51, 128, 242, 280

Verbal behavior　144
VI 強化スケジュール　variable interval (VI) reinforcement schedule　251
VI スケジュール（変動時隔スケジュール）　variable interval (VI) schedule　58, 71, 191, 197, 218, 230, 251, 276, 280, 298, 355, 360, 362, 499
VR-VI 反応率差　VR-VI rate difference　217
VR スケジュール（変動比率スケジュール）　variable ratio schedule　58, 65, 71, 214, 220, 251, 277
VT スケジュール（変動時間スケジュール）　variable time (VT) schedule　61, 218, 266, 285, 494

WGTA（ウィスコンシン汎用テスト装置）　Wisconsin general test apparatus　281

yes/no 法　yes/no procedure　281

■あ

アクセプタンス　acceptance　619
アクセプタンス＆コミットメント・セラピー　acceptance & commitment therapy, ACT　11, 121, 138, 155, 347, 571, **618**, 626, 700, 713
アジテーション　agitation　632
アセスメント　assessment　130, 138, 486, 674, 716
アチーブメント・プレイス　achievement place　**610**
アドリブ体重　ad libitum weight　164
アニミズム　animism　16
アラノン　Al-Anon　641
アンダーマイニング効果　undermining effect　189
安定性　stability　89, 115, 454

閾手続き　threshold procedure　248
維持　maintenance　21, 39, 42, 58, 126, 134, 187, 251, 309, **502**, 636, 672
意識　consciousness　4, 9, **26**
意識性　awareness　124, **340**
意思決定　decision making　378, 498
維持般化法　maintained generalization method　277
異種連鎖　heterogeneous chain　316
依存性　dependency　45, 206
依存的随伴性　dependent contingency　44
痛み, けが, 病気からの自由　freedom from pain, injury or disease　703
痛み行動　pain behavior　648
1 群事後デザイン　one-group posttest-only design　84
1 群事前事後デザイン　one-group pretest-posttest design　85
一次強化子　primary reinforcer　56, 170, 190, 367
一事例実験計画法　single case experimental design　611, 620, 623, 635　→個体内条件比較法
五つの自由　five Freedoms　703, 706
一定反応率分化強化　differential reinforcement of paced responding, DRP　63

一般化対応法則（一般対応法則） general-
　　ized matching law　75,356,359,**368**,
　　379
一般教育　general education　**682**,**686**
一般性　generality　114,128,130,362,502
異反応強化手続き（ラグ・スケジュール）
　　lag schedule　248,386
異物合わせ　→非見本合わせ
異種見本合わせ　→非見本合わせ
イベント記録　ivent recording　79,110
イメージ　image　29,620
医療　medical care　**648**
因果関係　causal relation　12,17
因果分析　causal analysis　**12**
因果律　causality　16
インストルメンテーション　instrumenta-
　　tion　**122**
インターネット　internet　125
インターバル型DRL　interval DRL　493
インターバル記録法　interval recording
　　104,545
インターバル計時　interval timing　296
イントラバーバル（言語間制御）　intraver-
　　bal　29,32,420,**428**
インフォグラフィクス　infographics　112
インフォームド・コンセント（説明付き同意）
　　informed consent　20,136,524
隠蔽　overshadowing　300
隠喩の拡張　metaphorical extension　425
韻律　prosody　475

ウィスコンシン汎用テスト装置　Wisconsin
　　general test apparatus, WGTA　281
飢えと渇きからの自由　freedom from hun-
　　ger or thirst　703
ウェブカメラ　web camera　125

うつ（抑うつ）　depression　619,626,631,
　　634,698
運動療法　thrapeutic exercise　656

鋭敏化　sensitization　272
エインズリー・ラックリン理論　Ainslie-
　　Rachlin theory　366
絵カード交換式コミュニケーション・システ
　　ム　Picture Exchange Communication
　　System, PECS　448,472,**602**
エコーイック（音声模倣行動）　echoic　32,
　　420,**432**
エコラリア　echolalia　464
エソロジー（動物行動学）　ethology　5,312
遠隔因　remote causes　17
遠隔履歴効果　remote history effect　263
嚥下機能　swallowing function　653
嚥下障害　dysphagia　653
援助者（介護者）　care worker, care giver,
　　caregivers　631,635,695
遠足プログラム　excursion program　592
円盤方程式　disc equation　411

応用行動分析学　applied behavior analysis,
　　ABA　21,126,**130**,139,590,595,631,
　　686
オーギュメンティング　augmenting　338
オッカムの剃刀　Occam's razor　644
オートクリティック　autoclitic　32,**436**
オートクリティック・フレームワーク　au-
　　toclitic framework　439
オペランダム（操作体）　operandum, ma-
　　nipulandum　67,254,280
オペラント　operant　46,126,145,249
オペラントクラス　operant class　47,145,
　　430

オペラント行動　operant behavior　17, 28, **34**, 50, 145, 280, 354, 384
オペラント行動療法　operant-behavioral treatment　649
オペラント実験箱　operant chamber　**66**, 78, **160**, 280
オペラント条件づけ　operant conditioning　34, 126, 139, 160, 250, 312, 350, 494, 648
オペラント反応　operants　18, 42, 50, 55, 71, 160, 182, 244, 276, 311, 351, 432
オペラントレベル　operant level　50, 68, 209, 574
親介在介入　parent-mediated interventions　635
親サポート　parent support　635
恩恵（善行）　beneficence　20
音声言語行動　vocal behavior　30
音声表出　vocal expression　476
音声プロンプト　verbal prompt　529
音声模倣行動（エコーイック）　echoic　32, 420, **432**

■か

介護者（援助者）　care worker, care giver, caregivers　631, 635, 695
介護職員研修　staff training　631
回顧的計時　retrospective timing　296
介護福祉　care work　**694**
介護負担　care burden　633
外的妥当性　external validity　127
介入整合性　treatment integrity, TI　578
介入評価面接　treatment evaluation interview, TEI　578
概念　concept　9, 19, 35, 127, 145, 288, 474
概念学習　concept leanning　**288**

概念形成　concept formation　49
概念的な内的原因　conceptual inner causes　18
概念としての自己　conceptualized self　620
解発子　releaser　17
外発的動機づけ　extrinsic motivation　187
回避　avoidance　20, 203, 264, 597, 618, 627, 676
回避学習　avoidance learning　37, 205, 704
開放経済的実験環境　open economy　414
会話　conversation　529, 690
科学者-実践者モデル　scientist-practitioner model　135, 138
書写し（コピーイング，視写）　copying　30, 420, 440, 477
書取り（ディクテーション・テイキング）　dictation taking　420
確実性効果　certainty effect　379
学習解除　unlearning　239
学習機会　learning opportunity　528
学習基準　learning criterion　529
学習障害　→限局性学習障害（限局性学習症）
学習性怠惰　learned laziness　209
学習性無力（感）　learned helplessness　262, 499
学習セット　learning set　392
学習における生物的制約　biological constraints on learning　18, 168
確証的（検証的）データ解析　confirmatory data analysis　111
拡大・代替コミュニケーション手段　augmentative and alternative communication, AAC　602
拡張タクト　extended tact　32, 425
確率　probability　106, 374

確率学習　probability learning　350, 355
確立操作　establishing operation　17, 30, 43, 69, 118, 126, 130, 167, 420, **506**, 567, 681, 707
確率割引　probability discounting　374
下降式累積記録　downward cumulative recording　79, 162
下向連関　down-linkage　116
加算理論　additivity theory　285
可視化　visualization　110
過小対応　undermatching　75, 359, 410
過剰な正当化効果　over justification effect　189
過剰予期効果　overexpectation effect　300
仮説的構成体　construct　26
仮想報酬　hypothetical reward　371
家族介護者　family caregivers　633
家族療法　family therapy　134, 641
課題遂行　on-task　499, 545
過大対応　overmatching　75, 359, 410
課題分析　task analysis　**466**, 563, 580, 596
課題分析書　written task analysis　467
価値　values　370, 374, 378, 532, 578, 620
価値関数　value function　378
価値割引　discounting　**370**, **374**
学級規模介入　class-wide intervention　516, 687
学校参加　school involvement, participation into school environment　592
活動性強化子　activity reinforcer　56, 510
活力　vis viva　18
カテゴリー　category　288
カリキュラム修正法　curricular revision　507
慣化　habituation　272
感覚　sensation　19, 28, 597

感覚刺激　sensory irritation, sensory stimulation　56, 186, 463, 507, 518, 537
感覚性強化子　→感性強化子
間隔二分法　temporal bisection procedure　296
環境整備　environmental arrangement　531
環境調整　environment adjustment　134
環境の構造化　structuring of environment　591
環境豊穣化法（環境エンリッチメント）　environmental enrichment　497, 507
関係フレーム　relational frame　431
関係フレームづけ　relational framing　344
関係フレーム理論　relational frame theory, RFT　11, 121, 147, 152, **344**, 477, 618
関係明示的オートクリティック　relational autoclitic　438
間欠強化　intermittent reinforcement　214, 218, 276, 280, 575
間欠（間歇）強化スケジュール　intermittent reinforcement schedule　58, 532
頑健性　robustness　111, 242
看護　nursing　652
看護技術　nursing skill　652
感作　sensitization　272
観察学習　observational learning　139, **304**, 458
観察者間一致率　inter-observer agreement　105, 581
観察者ドリフト　observer drift　105
観察反応　observing response　283
観察反応手続き　observing response procedure　192
かんしゃく　tantrum　103, 422, 536, 543, 590

感受期（敏感期） sensitive period 313
感情 feelings 28, 134, 138, 304, 426, 590, 618
関数関係（機能的関係） functional relation 13, 17
関数分析（機能分析） functional analysis 13, 133, 488, 496, 538, 623, 645
感性強化 sensory reinforcement **186**
感性強化子 sensory reinforcer 56, 186
間接的分析 indirect analysis 538
間接援助モデル indirect support model 576
完全対応 perfect matching 75, 359
換喩的拡張 metonymical extention 425
完了反応 consummatory response 310, 498

機会あたりの IRT 回数 IRT per opportunity, IRT/Op 224
機会利用型指導法 incidental teaching, IT 422, **528**
既学習課題挿入手続き task interspersal procedures 520
聞き手 listener 30, 424, 428, 432, 437, 603
棄却域 rejection region 106
棄却性制御 rejection control 331
企業 company 584, 698, **714**
技巧操作的オートクリティック manipulative autoclitic 439
機軸反応訓練 pivotal response treatment, PRT **598**
技術的基準 technical standard 608, 686
記述的行動主義 descriptive behaviorism 9, 341
基準比率の無視 base-rate neglect 381
基準変更法（基準変更デザイン） changing

criterion design 86, 93, 98, 132
気象学 meteorology 163
擬人主義 anthropomorphism 393
期待効用理論 expected utility theory 378
キーつつき反応 key responses 34, 39, 42, 51, 161, 191, 210, 223, 231, 244, 266, 309, 404
ギッフェン財 Giffen goods 413
キネティックモデル kinetic model 354
機能主義 functionalism 7
機能障害 impairment 662
機能的アセスメント functional assessment 14, 130, 496, 568, 597
機能的アセスメントインタビュー functional assessment interview, FAI 539
機能的アセスメント観察用紙 functional assessment observation form 486
機能的関係（関数関係） functional relation 13, 17
機能的行動アセスメント functional behavioral assessment 120, **486**, 538
機能的コミュニケーション functional communication 602
機能的コミュニケーション訓練 functional communication training, FCT 491, 536, 543
機能的刺激クラス functional stimulus class 328
機能的定義 functionally defined 9
機能的等価刺激クラス functionally equivalent stimulus class 328
機能等価性 functional equivalence **536**, 597
機能的文脈主義 functional contextualism 11, 146, 618, 626
機能の最適化 optimization of functioning,

functional optimization　591
機能分析（関数分析）　functional analysis　13，42，133，488，496，538，623，645
機能分析心理療法　functional analytic psychotherapy, FAP　**622**，626
帰納法　inductive method　10，127，141，144
帰無仮説　null hypothesis　106
逆推移性　reversal transitivity　330
虐待　abuse　133，631，634，695，708
逆対応　anti-matching　77，356，361
逆向連鎖化　backward chaining　316，467，471，656
給餌装置（フィーダー）　feeder　51，66，161，170
休止（停止）・走行パターン　break-and-run　60，215，219
休止反応分化強化　differential reinforcement of pausing　211
教育的介入に対する反応　response to intervention, RTI　607
共依存　codependency　696
鏡映効果　reflection effect　379
鏡映像自己認知　mirror-self recognition　393，397
強化　reinforcement　42，**54**，194，252，258，580，597，645
強化学習　reinforcement learning　6，394，669
強化関係の可逆性　reversibility of the reinforcement relation　182
強化感受性　sensitivity to reinforcement　73
強化基準　criteria of reinforcement　53，223，228，446，514
強化後休止　post-reinforcement pause, PRP　60，70，215，219，231

強化後遅延　post-reinforcer delay　368
強化子　reinforcer　54，126，160，194，250，258，494
強化子確立効果　reinforcer establishing effects　506
強化子消失による弱化　→負の弱化（除去型弱化）
強化真価　essential value of reinforcer　406，413
強化随伴性　contingency of reinforcement　42，48，145，314，394，503，704
強化スケジュール　schedule of reinforcement　42，**58**，**62**，120，128，163，197，218，251，332，336，350，384，494，532，540
強化前遅延　pre-reinforcer delay　368
強化相対性　relativity of reinforcement　6，57，184
強化遅延勾配　delay of reinforcement gradient　195
強化抵抗法　resistance to reinforcement method　277
強化頻度説　reinforcement frequency account　285
強化率　reinforcement rate　57，75，196，216，220，246，267，284，354，358，362，412，499，580
強化履歴　reinforcement history　47，262，381
競合行動バイパスモデル　competent behavior model　538
競合反応理論　competing response theory　252
興ざめ仮説　kill-joy hypothesis　394
教示による制御　instructional control　33，336，585
矯正試行　correction trial　283

矯正法　correction method　324
競争行動　competitive behavior　388
強度　intensity　414
協働型行動コンサルテーション　conjoint behavioral consultation　577
共同注意　joint attention　426
恐怖と苦悩からの自由　freedom from fear and distress　703
共有　sharing　370, 374
共立スケジュール　conjoint schedules　64, 227
協力　cooperation　369, 374
協力行動　cooperative behavior　388
極限法　method of limits　371
局所強化率　local reinforcement rate　357
局所的強化密度　local reinforcement density　368
曲線下面積　area under the curve, AUC　372
巨視的　molar　217
巨視的アプローチ　molar approach　507
巨視的行動主義　molar behaviorism　10, 27, 147
巨視的最大化理論　molar maximizing theory　354
巨視的随伴性　macro contingencies　719
切替反応法　changeover method　277
切替え遅延（選択変更後遅延）　changeover delay, COD　212, 352, 358
記録用紙　recording paper　163
キンギョ　goldfish（*Carassius auratus*）79, 160, 285
均衡点　equilibrium　413
近時性　contiguity　44
近接因　proximate causes　17
筋電計　electromyograph　124

偶然誤差　random error　83
偶発的強化　accidental reinforcement　206
偶発的随伴性　accidental contingency　44
苦痛の軽減　refinement　177, 702
クライエント　client　134, 138, 576
クリッカー　clicker　572, 707, 711
クリッカー・トレーニング　clicker training　572
グループホーム　group home　610
クレスピ効果　Crespi effect　189
群間比較法（グループデザイン）　group design　82, 106, 635

傾向性　trend　115
警告刺激　warning stimulus　203
経済財　economic goods　412
計時　timing　73, 219
計時行動　timing behavior　224, **296**
継時弁別　successive discrimination　48, 280, 292
継時見本合わせ　successive MTS　325
傾斜箱　tilt box apparatus　79, 160
計数　counting　216
形成オーギュメンタル　formative augmental　339
継続反応率（走行反応率）　running rate　70
系統誤差　systematic error　83
系統的再現性　systematic replication　114
系統発生　phylogeny　392
系統発生的随伴性　phylogenic contingencies　17, 314
系列依存性　serial dependency　107
系列学習　serial learning　**320**
系列間デザイン　between series design　86
系列内デザイン　within series design　86

ケース・フォーミュレーション　case formulation　138, 675
結果操作　consequence manipulation　132
結果予期　outcome expectation　237
決定荷重関数　weighting function　379
血糖計　glucometer　125
欠落　attrition　84
ケープペンギン　African penguin　170
ゲーム理論　game theory　378, 390
原因と結果　cause and effect　16
嫌悪刺激　aversive stimulus　202, 293, 497, 643, 704, 708
嫌悪性制御　aversive control　21
嫌悪療法　aversive therapy, aversion therapy　593
研究システム　a method of research　162
限局性学習障害（限局性学習症）specific learning disorder, SLD　441, 515
言語　language　474
言行一致　say-do correspondence　33, 556
言行一致訓練　correspondence training　**556**
言語オペラント　verbal operant　30
言語獲得　language acquisition　432, 528
言語間制御（イントラバーバル）intraverbal　29, 32, 420, **428**
言語共同体　verbal community　7, 30
言語行動　verbal behavior　7, **30**, 140, 144, **332**, 420, 436, 440, 556
言語条件づけ　verbal conditioning　333, 556
言語スキル　language skill　592
言語聴覚療法　speech-language-hearing therapy　**666**
言語的賞賛　verbal praise　667
言語表出　language expression　474

言語プロンプト　verbal prompt　450
言語理解　language comprehension　474
現在価値　present value　370
研修　training　632
研修プログラム　training program　630
検定統計量　test statistics　106
検定力　statistical power　107
権利保障　protection of one's rights　606

語彙　vocabulary　474, 530
コインシデンス　coincidence　88
高確率・指示順序手続き　high-probability instructional sequences, high-probability request sequences　519
効果研究　outcome studies　136, 141
効果の法則　law of effect　54, 361
効果の量的法則　quantitative law of effect　361
効果量　effect size　107
交換遅延　exchange delay　367
口腔ケアプログラム　the oral care program　652
攻撃　aggression　293, 590
交互作用　interaction effect　82
更新　renewal　269
構成概念　construct　9, 167, 187, 344
構成反応見本合わせ　constructed-response MTS　327
構成見本合わせ　constructive MTS　327, 476
後続事象　consequences　42, 347, 422, 503, 567, 674, 714
公的掲示　public posting　548, **564**
公的事象　public event　7, 27
行動　behavior　34, 38, 134, 138
行動エンジニアリングモデル　behavior en-

gineering model, BEM　714
行動価格　price　413
行動活性化療法　behavioral activation　626
行動観察　behavioral observation　12, **102**
行動間多層ベースライン法　multiple baseline design across behaviors　94
行動経済学　behavioral economics　378, **412**
行動形成技法　techniques for shaping behavior　50
行動契約（随伴性契約）　behavioral contract　132, **552**
行動原理　principle of behavior　130, 591
行動コンサルテーション　behavioral consultation　576
行動システム　behavior systems　175
行動システム理論　behavior system theory　311
行動主義　behaviorism　8, 130, 138, 350
行動障害　behavioral disturbances　631
行動神経科学　behavioral neuroscience　**400**
行動随伴性　behavioral contingency　126
行動生態学　behavioral ecology　408
行動対比　behavioral contrast　280, **284**, 293
行動的アプローチ　behavioral approach　138
行動的意思決定　behavioral decision making　**378**
行動的ゲーム理論　behavioral game theory　378
行動的コーチング　behavioral coaching　**580**, 711
行動的コミュニティ心理学　behavioral community psychology　718

行動的スポーツ心理学　behavioral sport psychology　711
行動内在的随伴性　intrinsic reinforcement contingency　253
行動の遅れ　delay of behavior, behavioral delay　590
行動の過剰　excesses of behavior, behavioral excesses　590
行動の機能　function of behavior　486
行動の原因　causes of behavior　**16**
行動の原理　principles of behavior　703
行動の持続性　behavioral persistence　518
行動の制御　control of behavior　16
行動の流暢性　behavioral fluency　616
行動の量的分析　quantitative analyses of behavior　74
行動ファイナンス　behavioral finance　378
行動福祉　behavioral welfare　691
行動分析学　behavior analysis　4, 15, 19, 20, 26, 30, 34, 38, 44, 70, 102, 110, 114, 118, 126, 139, **144, 148, 152**, 350, 366, 378, 392, 420, 475, 506, 522, 540, 618, 652, 662, 666, 678, 686, 695, 700, 703, 706, 710, 714, 718
行動分析学と倫理　behavior analysis and ethics　**20**
行動分析学による実践　applications of behavior analysis　130
行動分析家認定協会　Behavior Analyst Certification Board　645
行動変動性　behavioral variability　44, 115, 239, **246**
行動変容　behavior modification　136, 138, 580
行動マネジメント・テクニック　behavioral management techniques, BMT　631

行動モメンタム　behavioral momentum
　266, 518, 580, 600
行動薬理学　behavioral pharmacology　57,
　404
行動要素　component of behavior　456,
　466, 470
行動療法　behavior therapy, BT　136, **138**,
　590
行動履歴　behavioral history　17, **262**
行動履歴効果　behavioral history effect
　262
行動レパートリー　behavioral repertoire
　459, 529
行動連鎖　behavior chain　467, 470, 493
行動連鎖中断法　behavior chain interruption strategy　473
行動を喚起する効果　evocative effects　506
高反応率分化強化　differential reinforcement of high rates, DRH　62, 219, 222
公表バイアス　publication bias　117
高反応率行動　behavior of high rates　510
幸福　well-being　177, 702
高密度の指導　intensive training　531
効用　utility　356, 378
功利主義　utilitarianism　177, 702
高齢者　elderly　496, 694
誤嚥性肺炎　aspiration pneumonia　653
刻印刺激　imprinted stimulus　312
刻印づけ　imprinting　312
刻印づけの強化モデル　reinforcement model of imprinting　314
刻印反応　imprinted response　312
刻印反応の不可逆性　irreversibility of imprinted response　312
国際行動分析学会　Association for Behavior Analysis International　148, 152

コクラン計画　Cochrane project　137
個人差　individual differences　**384**, 591
個人随伴性　individual contingencies/consequence　514
個体間再現性　intersubject replication　116
個体間多層ベースライン法　multiple baseline design across subjects　94
個体内再現性　intrasubject replication　114
個体内条件比較法（単一事例法，シングルケースデザイン）　single-case design
　5, 83, **86**, **90**, **94**, **98**, **106**, 110, 127, 146,
　152, 179, 404, 583, 704, 710
個体発生的随伴性　ontogenic contingency
　18, 314
固定インターバル DRO　fixed-interval DRO　492
固定時隔　fixed interval, FI　409
固定時隔スケジュール（FI スケジュール）
　fixed-interval（FI）schedule　58, 218,
　247, 251, 262, 332
固定時間スケジュール（FT スケジュール）
　fixed-time（FT）schedule　61, 218,
　231, 494
固定瞬時 DRO　fixed-momentary DRO
　492
固定スケジュール　fixed schedule　58
固定比率スケジュール（FR スケジュール）
　fixed-ratio（FR）schedule　58, 79, 214,
　219, 231, 247, 251, 262, 281
古典的行動主義　classical behaviorism　7,
　140
古典的条件づけ　classical conditioning　126
好み　preference　498
コピーイング（書写し，視写）　copying
　30, 420, 440, 477
語標読み　logographic reading　441

個別指導計画　individualized instruction program　591
コミュニケーション行動分化強化　differential reinforcement of communication behavior, DRC　491
コミュニティ　community　**718**
コミュニティ強化アプローチ　community reinforcement approach, CRA　**638**, 718
コミュニティ強化アプローチと家族トレーニング　community reinforcement approach and family training, CRAFT　**638**
コミュニティ行動分析　community behavior analysis　718
コミュニティ実践　community practices　719
ゴールトラッキング　goal-tracking　311
コロンバン・シミュレーション計画　Columban Simulation Project　**396**
混合系列デザイン　combined series design　86
混合スケジュール　mixed schedule　64, 214, 218, 227
コンコルドの誤謬　Concorde fallacy　381
コンサルタント　consultant　524, 576
コンサルティ　consultee　524, 576, 678
混成（多元）スケジュール　multiple schedule　48, 64, 73, 128, 226, 249, 266, 280, 284, 357
コントラスト　→行動対比

■さ

サイエンティスト・プラクティショナー　scientist-practitioner　121
再現可能性　reproducibility, replicability　117
再現性　reproducibility　**114**
最後通牒ゲーム　ultimatum game　380
最終リンク　terminal link　352
再出現　relapse　242, 268
最適化理論　optimization theory　354
最適食餌　optimal diet　408
催眠　hypnosis　134
催眠療法　hypnotherapy　134
サイントラッキング　sign-tracking　129, 311
作業療法　occupational therapy　**662**
参加者間多層ベースライン法　multiple baseline across participants　583
三項強化随伴性　three-term contingency of reinforcement　6, **42**, 162
三項随伴性　three-term contingency　66, 121, 126, 130, 422
参照視　referential looking　426
参照点　reference point　379
産物記録法　product recording　104

シアトル・プロトコル　the Seattle Protocols　631
恣意的に適用可能な関係反応　arbitrarily applicable relational responding　344
恣意的見本合わせ　→象徴見本合わせ
シェイピング（反応形成）　shaping　50, 132, 162, **446**, 474, 574, 580, 597, 638, 666, 711
視覚化　visualization　70, 110
時隔スケジュール　interval schedule　58, **218**
視覚的判断　visual inspection　107
時間スケジュール　time schedule　60, 218
時間選好　time preference　370

時間遅延　time-delay　429, 453, 480
時間遅延法　time-delay procedure　528
時間割引　temporal discounting　367, 370
刺激外プロンプト　extra-stimulus prompt　451
刺激間関係　stimulus-stimulus relation　474
刺激機能の転移　transfer of stimulus function　485
刺激機能の変換　transformation of stimulus functions　344
刺激-強化子随伴性　stimulus-reinforcer contingency　129, 267
刺激競合　cue competition　**300**
刺激クラス　stimulus class　328, 428, 504, 560
刺激シェイピング　stimulus shaping　453, 478
刺激-刺激ペアリング　stimulus-stimulus pairing, SSP　432
刺激次元　stimulus dimension　49, 276, 288, 440
刺激馴化　stimulus habituation　**272**
刺激性制御　stimulus control　42, **46**, 130, 253, 278, 288, 300, 392, 426
刺激性制御の転移　transfer of stimulus control　452, 521
刺激置換仮説　stimulus substitution hypothesis　310
刺激等価性　stimulus equivalence　29, 49, 120, 128, **328**, 482
刺激内プロンプト　within-stimulus prompt　451
刺激の多重機能　multiple functions of stimulus　6
刺激の二重機能性　dual-functioning

chained stimuli　470
刺激般化　stimulus generalization　**276**, 425, 502
刺激-反応連鎖　stimulus-response chain　470
刺激フェイディング　stimulus fading　453, 478
刺激プロンプト　stimulus prompt　450, 478
刺激弁別　stimulus discrimination　41, 280, 313
次元間弁別訓練　interdimensional discrimination training　279
次元内弁別訓練　intradimensional discrimination training　279
自己意識　self-awareness, self-consciousness　7, 397
思考　thought　138, 146, 618
試行間間隔　inter-trial interval, ITI　283, 355, 528, 575
試行錯誤学習　trial and error learning　481
至高点　bliss point　415
試行ブロック化手続き　blocked trials procedure　283
事後開示　debriefing　20
自己観察　self-observation　544
自己管理（セルフ・マネジメント）　self-management　505, 540, **544**, 557
自己強化　self-reinforcement　544
自己教示　self-instruction　138, 332, 544
自己記録　self-recording　505, 544, **548**, 653
自己決定　self-determination　20, 421, 498
自己拘束　commitment　369
自己効力感　self-efficacy　139
自己刺激行動　self-stimulatory behavior　590

自己弱化　self-punishment　544
自己制御（セルフ・コントロール）　self-control　138, 364, **366**, 370, 374, 499, **540**, 556
事後テスト　posttest　84
自己評価　self-evaluation　540, 544
自己報告　self-report　332
自己目標設定　self-goal setting　**548**
自己モニタリング　self-monitoring　505, 544
自己ルール　self-rule　332, 336
視写（書写，コピーイング）　copying　30, 420, 442, 477
自傷行動　self-injury　132, 494, 508, 536, 593
指数関数　exponential function　370
システマティック・レビュー　systematic review　631
システムアプローチ　system approach　606, 609, 645
自然概念　natural concept　288
自然回復（自発的回復）　spontaneous recovery　167, 239, 242, 272
自然言語パラダイム　natural language paradigm, NLP　598
自然治癒力　vis medicatrix naturae　18
事前テスト　pretest　84
自然淘汰　natural selection　6
自然な環境　natural environment　597
実験群　experimental group　82, 86
実験計画法（実験デザイン）　experimental design　5, 15, 83, **86**, **90**, **94**, **98**, 132, 557, 668
実験的行動分析学　Experimental analysis of behavior, EAB　20, **126**, 130
実験的分析　experimental analysis　538, 680
実験動物　experimental animals　168, 176, 702, 706
失敗行動　misbehavior　168
しっぺ返し　tit-for-tat　369, 390
質変容的オートクリティック　qualifying autoclitic　436
実用主義（プラグマティズム）　pragmatism　10, 147
私的事象（私的出来事）　private event　7, 9, 19, 26, 49, 146, 425, 618
自動強化　automatic reinforcement　432, 440, 507, 568
自動的強化子　automatic reinforcer　188
自動反応維持　automaintenance　48, 129, 309
自動反応形成　autoshaping　48, 50, 129, **308**
指導領域　instructional universe　562
シドマン回避　Sidman avoidance　205
シドマン型回避スケジュール　Sidman avoidance schedule　336
自発　emission　34
自発的回復（自然回復）　spontaneous recovery　167, 239, 272
自発的行動（自発行動）　spontaneous behavior　454, 530, 667, 717
自発頻度　frequency of spontaneous responses　53, 189, 213, 432
自閉症スペクトラム障害／自閉スペクトラム症（自閉症）　autism spectrum disorder, ASD　427, 453, 459, 463, 478, 499, 507, 511, 545, 590, 598, 602, 634
社会実験　field experiments　718
社会的愛着　social attachment　315
社会的学習　social learning　139

社会的学習理論　social learning theory　139, 306, 366
社会的強化子　social reinforcer　56, 424, 433, 503, 600, 718
社会的距離　social distance　375, 380
社会的行動　social behavior　315, **388**, 459, 462, 533, 689
社会的ジレンマ　social diemma　377
社会的随伴性　social contingency　23, 335, 388, 692
社会的スキル　social skill　471, 517, 591, 665, 686
社会的スキル訓練　social skills training, SST　458, 626, 638, 671
社会的妥当性　social validity　**522**, 583, 711
社会的認知理論　social cognitive theory　139
社会福祉　social welfare　**690**, 695
社会割引　social discounting　374, 391, 719
遮断化　deprivation　43, 167, 506
弱化（罰）　punishment　21, 30, 54, 202, 250, 258, 263, 283, 285, 306, 552, 597
弱化子　punishers　21, 31, 40, 55, 251, 258, 644
弱化のスケジュール　schedule of punishment　251
弱化の手続き　punishment procedure　253, 533
自由　freedom　704
自由オペラント　free operant　36, 66, 160, 434, 704
自由オペラント型回避　free-operant avoidance　205
自由オペラント型心理物理学的手続き　free-operant psychophysical procedure, FOPP　297

自由オペラント事態　free-operant situation　350
自由オペラント手続き　free operant　127
自由オペラント法　free operant method　78, 422
終環　terminal link　227
習慣逆転法　habit reversal　**568**, 638
囚人のジレンマゲーム　prisoner's dilemma game　369, 390
自由摂食時体重　free-feeding weight　164
従属変数　dependent variable　13, 17, 82
終端行動　terminal behavior　230
集団時系列デザイン　group time-series design　721
集団随伴性　group-oriented contingency　**514**, 585, 688
集中的（徹底的，高密度の）治療　intensive treatment　591
十分な指導例　train sufficient examplars　561
重要な他者　significant others　649
主観的価値　subjective value　370
主観的等価点　point of subjective equality　372, 374
主効果　main effect　82
受動的回避学習　passive avoidance learning　203
種特異的防衛反応　species-specific defense reaction, SSDR　128, 174, 205
種に固有な防御反応　species-specific defence reactions, SSDR　128, 174, 205
種に特有な定型化運動パターン　species-specific fixed action pattern　17
需要の法則　the law of demand　413
需要量（消費量）　quantity　413
馴化　habituation　167, 252, 272

順化　acclimation　272
馴化-脱馴化法　habituation-dishabituation method　274
順向連鎖化　forward chaining　316, 467, 471, 582
瞬時DRO　momentary DRO　492
瞬時最大化理論　momentary maximizing theory　354
準実験　quasi-experimental design　84, 137
純粋タクト　pure tact　426
純粋マンド　pure mand　426
順応　adaptation　272
準備性　preparedness　174
障害のある個人教育法　individuals with disabilities education act, IDEA　607
消去　extinction　47, 53, 58, 79, 120, 132, **238**, 252, 272, 276, 280, 284, 292, 496, 580
状況事象　setting events, SE　506
消去抵抗　resistance to extinction　240, 276, 280
消去バースト　extinction burst　239
消去法　extinction method　276
消去誘導性復活　extinction-induced resurgence　244, 262
消去誘導性攻撃　extinction-induced aggression　231
上下振動　bounce　110
条件(性)強化　conditioned reinforcement　56, **190**, 353, 365
条件(性)強化子　conditioned reinforcer　56, 190, 250, 365, 532, 572
条件交替法　→処遇交替法
条件刺激　conditioned stimulus, CS　17, 38, 51, 129, 242, 276, 280, 300
条件性刺激　conditional stimulus　282
条件(性)情動反応　conditioned emotional response　40
条件性の視覚　conditioned seeing　29
条件性弁別　conditional discrimination　28, 49, 282, 294
条件(性)補償反応　conditioned compensatory response　39
条件づけの生物的制約　biological constraints on conditioning　**172**
条件づけ履歴　conditioning history　262
条件的嫌悪刺激　contingent aversive stimulus/stimuli　593
条件反応　conditioned response, CR　38, 129, 238, 276
条件プロット　conditioning plot　111
条件抑制　conditioned suppression　40
上向連関　up-linkage　117
証拠に基づいた医学　evidence-based medicine, EBM　136
証拠に基づいた実践　evidence-based practice, EBP　136, 138
上線状体内腹側部　intermediate and medial part of hyperstriatum ventrale, IMHV　314
象徴的コミュニケーション　symbolic communication　398
象徴見本合わせ　symbolic MTS　324
情動　emotion　138, 648, 674
衝動性　impulsiveness, impulsivity　366, 371, 387, 499, 540
消費量(需要量)　quantity　413
剰余変数　extraneous variable　15, 127
省略訓練　omission training　63, 211, 250, 491
初環(第1リンク)　first link, initial link　227, 352, 360, 367
除去型強化(負の強化)　negative reinforce-

ment　48, 54, 132, **202**, 591, 626, 644
除去型強化子（負の強化子）　negative reinforcer　42, 54, 69, 186, 202, 232, 236, 282
除去型弱化（負の弱化）　negative punishment　39, 55, 63, 132, 211, 250, 283, 491, 644
除去型弱化子（負の弱化子）　negative punisher　55
除去型練習　negative practice　568
除去デザイン　withdrawal design　90
処遇期　treatment phase　86
処遇群　→実験群
処遇交替法（条件交替法，操作交代法）　alternating treatments design　87, 98, 132
処遇の撤回　withdrawal of treatment　87
職務満足感　job satisfaction　632
書字　writing　30, 440, 450, 477, 483
自律訓練法　autogenic training　134
進化　evolution　392, 408
人格の尊重　respect for person　20
進化的な連関　evolutionary linkage　116
進化論　theory of evolution　6, 702
新奇反応法　new-response method　190
シングルケース研究のメタ分析　meta-analysis of single-case research　109
シングルケース研究法　single-case research　86
シングルケースデザイン（個体内条件比較法，単一事例法）　single-case design　5, 83, **86**, 90, 94, 98, 106, 110, 127, 146, 152, 179, 404, 583, 704, 710
シングル・システム・デザイン　single-system design　690, 721
神経系　nervous system　18, 313
神経経済学　neuroeconomics　402
信号つき回避　signaled avoidance　204

新行動主義　neobehaviorism　7, 141
信号なし回避　unsignaled avoidance　205
侵襲性　invasiveness　450, 458
心身二元論　mind-body dualism　26
身体接触　body contact　454, 668
身体的ガイダンス　physical guidance　442, **454**, 580, 663, 666, 711
身体プロンプト　physical prompt　450
心的外傷後ストレス障害　post traumatic stress disorder, PTSD　627
信用割当て問題　credit assignment problem　299
信頼区間　confidence interval　107
信頼性　reliability　114
心理学　psychology　4, 20, 26
心理主義　mentalism　343
心理的柔軟性　psychological flexibility　618
心理物理学　psychophysics　371, 392
心理療法　psychotherapy　**134**, 622
心理臨床　clinical psychology　670, 674, 678

推移性　transitivity　329
水準　level　82
スイッチングライン分析　switching line analysis　355
随伴性　contingency　6, 44, 144, 206, 250, 295, 596
随伴性空間　contingency space　45, 209
随伴性形成行動　contingency-shaped behavior　128, 336, 625
随伴性契約（行動契約）　behavioral contract　132, **552**
随伴的反応　contingent response　182
スカラー性の計時行動　scalar timing　73, 297

スキナー箱 →オペラント実験箱
スキャッター・プロット（散布図） scatter plot 103,488
スキャロップ scallop 48,60,219,332
スクリプト script 683
スクールワイド PBS school-wide positive behavior support, SWPBS 607,645,689
スケジュール感受性 schedule sensitivity 336
スケジュール誘導性行動 schedule-induced behavior 128,**230**
スケジュール誘導性攻撃 schedule-induced attack 230
スケジュール誘導性多飲 schedule-induced polydipsia 230
スケジュール履歴 schedule history 262
スタッフ・サポート・システム support system for staff, SSS 633
スタンダード・セラレーション・チャート standard celeration chart, SCC 614
ストレスチェック stress check 698
ストレス免疫訓練 stress inoculation training 138
スニッフィー Sniffy 179,704
スーパーインポーズ superimposition 293,479
図表現 graphing data **110**
スピリチュアリティ（スピリチュアル） spirituality 134
スポーツ sports 548,580,**710**
3Rの原則 3R principles 177,704

生活の質 quality of life, QOL 499,513,575,606,631,690,708
正義 justice 20
制御変数 controlling variable 13,30

制限時間 limited hold, LH 219,225
正刺激 positive stimulus 280,288,292,351
制止刺激 inhibitory stimulus 292
制止性般化勾配 inhibitory generalization gradient 279,294
正字法読み orthographic reading 441
成熟 maturation 84
正常な行動を発現させる自由 freedom to express (most) normal behavior 703
精神疾患の診断・統計マニュアル DSM-5 Diagnostic and statistical manual of mental disorders Fifth edition 590
精神障害 mental disorders 134,671,698
精神的な内的原因 psychic inner causes 18
精神分析 psychoanalysis 134,138,145
精神保健 mental health 698
精神保健福祉 mental health and welfare **698**
精神力動的アプローチ psychodynamic approach 134
生息地マッチング habitat matching 410
生存随伴性 contingency of survival 6
生態学的アセスメント ecological assessment 468,503,563
生態学的調査 ecological inventory 130
生得的行動 innate behavior 17
正の強化（提示型強化） positive reinforcement 40,42,48,54,126,132,182,202,213,242,261,283,461,510,572,591,619,626,645,691,706,710,721
正の強化子（提示型強化子） positive reinforcer 42,54,186,200,232,234,338
正の自動反応維持 positive automaintenance 309
正の弱化（提示型弱化） positive punish-

ment 54,64,132,202,250,261,510, 606,644,707,721
正の弱化子（提示型弱化子） positive punisher 55,283
正の転移 positive transfer 279
生物学的制約 biological constraints 128
生物-心理-社会モデル bio-psycho-social model 134,138
世界仮説 world hypotheses 11
摂餌反応 feeding 50
説明付き同意（インフォームド・コンセント） informed consent 20,136,524
説明付加的オートクリティック descriptive autoclitic 436
節約の原理 law of parsimony 644
セラピスト therapist 23,138,485,679
セルフ・コントロール（自己制御） self-control 138,364,**366**,370,374,499,**540**,556
セルフ・テクスチュアル self-textual 443
セルフ・マネジメント（自己管理） self-management 505,540,**544**,557
セルフ・マネジメント法 self-management system 516
全インターバルDRO whole-interval DRO 492
全課題提示法 total task presentation 316,467,471
線型モデル linear model 354
選好 preference 366,406,414,498
選好逆転 preference reversal 367
先行刺激 antecedent stimulus 529
先行事象操作 antecedent control 130,547,606
先行操作 antecedent control 500
潜時 latency 70,103,277

漸次的近似反応 successive approximations 446
漸次的近似法（遂次接近法） successive approximation 44,50,96,309,574,638
漸次的反復獲得手続き incremental repeated acquisition procedure 321
全セッション型DRL full-session DRL 493
戦争神経症 war neurosis 135
全体的強化密度 overall reinforcement density 368
全体反応率 overall rate 70
選択（群編成における） selection 52,70,84
選択型イントラバーバル selection-based intraverbal 429
選択型見本合わせ choice MTS 325,474
選択機会 choice opportunity 499
選択行動 choice behavior 13,74,228,**350**,354,358,498,540
選択行動の理論 theories of choice behavior **354**,409
選択刺激 comparison stimulus 474
選択的注意 selective attention 282
選択のバイアス selection bias 83
選択変更後遅延（切替え遅延） changeover delay, COD 212,352,358
相関関係 correlation 12
早期介入 early intervention 591
早期発達支援プログラム early intervention program 528
双曲線関数 hyperbolic function 77,361,367,370,374
双曲線的価値加算モデル hyperbolic value-added model 368

双曲面関数　hyperboloid function　372
走行反応率（継続反応率）　running rate　70
相互行動心理学　interbehavioral psychology　152, 506
相互的内包　mutual entailment　344
操作交代法（操作交代デザイン）　→処遇交替法
操作体（オペランダム）　operandum, manipulandum　67, 254, 280
操作的再現性　operational replication　114
総支出　total revenue　414
総称的拡張　generic extention　425
早成性種　precocial　312
相対反応率（各選択肢への）　relative response rate　72
相対反応率（最大反応率に対する）　relative response rate　73
相互強化　mutual reinforcement　697
走路　runway　66, 160
即応計時　rapid timing　299
即時強化　immediate reinforcement　194, 529, 572
測定　measurement　84
阻止　blocking　300
組織　organization　584, 714
組織行動マネジメント　organizational behavior management, OBM　154, 564, 584
阻止の随伴性　prevention contingency　497
ソーシャルスキル　social skill　94, 592
ソーシャルワーク　social work　690, 718
ソフトな自己拘束　soft commitment　369
ソーンダイク型条件づけ　Thorndikian conditioning　126

■た

第1リンク（初環）　first link, initial link　227, 352, 360, 367
対応のある t 検定　paired t test　107
対応法則（マッチング法則）　matching law　13, 74, 252, 287, 354, **358**, 362, 410, 499, 580, 627
体験の回避　experiential avoidance　618, 676
対抗制御　counter control　21
第三世代の行動療法　third wave behavior therapies　618
対照群　control group　82, 86
対称性　symmetry　329
対称的効果の法則　symmetrical law of effect　252
対数生存時間プロット　log-survivor plot　72
代替行動分化強化　differential reinforcement of alternative behavior, DRA　63, 210, 490, 518, 645
代替財　substitutional goods　415
代替性　substitutability　356
代替法の活用　replacement　177, 702
体罰　corporal punishment　21, 55, **642**
代表例教授法　general case programming　504, **560**
タイムアウト（TO）　timeout　250, **254**, 283, 366, 644
タイムサンプル記録法　time sample recording　104
代用貨幣（トークン）　token　250, 368, 552
対立仮説　alternative hypothesis　106
対立行動分化強化（非両立行動分化強化）　differential reinforcement of imcompati-

ble behavior, DRI　63, 212, 490, 497, 645
代理強化　vicarious reinforcement　306
代理性弱化→代理罰
代理的条件づけ　vicarious conditioning　174, 304
代理罰　vicarious punishment　306
タクト（報告言語行動）　tact　28, 30, 340, 420, **424**, 474, 529
多型概念　polymorphous concept　291
ターゲット・トレーニング　target training　574
多元（混成）スケジュール　multiple schedule　48, 64, 73, 128, 226, 249, 266, 280, 284, 357
多元ドットプロット　multiway dot plot　111
他行動分化強化　differential reinforcement of other behaviors, DRO　63, 210, 491, 495
他行動分化強化反転法　differential reinforcement of other behavior (DRO) reversal technique　93
多重因果　multiple causation　32
多重機会法　multiple-opportunity method　467
多層プローブ法　multiple-probe design　96
多層ベースライン法（多層ベースラインデザイン）　multiple baseline design　87, 94, 132, 179, 557, 704
脱感作　desensitization　272
脱馴化　dishabituation　274
脱制止　disinhibition　242
多面的痛み調査票　multidimensional pain inventory, MPI　649
単一機会法　single-opportunity method　467

単一強化スケジュール　simple reinforcement schedule　**58**
単一事例法（個体内条件比較法，シングルケースデザイン）　single-case design　5, 83, **86**, **90**, **94**, **98**, **106**, 110, 127, 146, 152, 179, 404, 583, 704, 710
段階的減少型プロンプト・フェイディング　most-to-least prompting　453, 471
段階的選択　graded choice　479
段階的増加型プロンプト・フェイディング　least-to-most prompting　452, 471
探索的データ解析　exploratory data analysis　111
弾力性（需要の価格（点））　elasticity　413
弾力性係数　elasticity coefficient　413

地域に根ざしたリハビリテーション　community-based rehabilitation, CBR　594
遅延　delay　366, 370
遅延強化　delayed reinforcement　**194**
遅延継時見本合わせ　delayed matching to successive samples　323
遅延多層ベースライン法　delayed multiple baseline design　96
遅延低減仮説（遅延低減理論）　delay-reduction hypothesis　192, 354, **362**, 368
遅延見本合わせ　delayed MTS, DMTS　325
遅延割引　delay discounting　367, 370, 374
知覚　perception　28
逐次改良理論　melioration theory　354
逐次接近法（漸似的近似法）　successive approximation, successive approximation method　44, 50, 96, 309, 574, 638
知的障害　intellectual disability　133, 150, 328, 423, 448, 462, 466, 470, 482, 494, 504, 507, 539, 560, 602, 634, 686

知的能力障害　intellectual disability, ID　451, 479, 519
知的発達障害　intellectual developmental disorder, IDD　552
チック　tic　568
注意欠如・多動症（注意欠陥多動性障害）　attention deficit（hyperactivity disorder）, ADHD　634
仲介行動　mediating behavior　224
中間行動　interim behavior　230
抽象的タクト　abstract tact　32
中断時系列デザイン　interrupted time-series design　85
中断時系列分析　interrupted time-series analysis　108
調整スケジュール　adjusting schedule　226
調整選択肢　adjusting alternative　371
調整遅延手続き　adjusting-delay procedure　371, 386
調整法　adjusting method　371
調整量手続き　adjusting-amount procedure　373
長潜時分化強化スケジュール　differential-reinforcement-of-long-latency（DRLL）schedule　225, 297, 341
頂点移動　peak shift　278, 293
跳躍台　jumping stand　66
直接教授法　direct instruction　682
直接指導　direct instruction　591
直接的再現性　direct replication　114
直接的分析　direct analysis　538
直前履歴効果　immediate history effect　263
治療効果　treatment outcome　136

対提示　pairing　52, 573

ディクテーション　dictation　30, 440
ディクテーション・テイキング（書取り）　dictation taking　420
ディサースリア　dysarthria disorder　666
提示型強化（正の強化）　positive reinforcement　40, 42, 48, 54, 126, 132, 182, 202, 213, 242, 261, 283, 461, 510, 572, 591, 619, 626, 645, 691, 706, 710, 721
提示型強化子（正の強化子）　positive reinforce　42, 54, 186, 200, 232, 234, 338
提示型弱化（正の弱化）　positive punishment　54, 64, 132, 202, 250, 261, 283, 510, 606, 644, 707, 721
提示型弱化子（正の弱化子）　positive punisher　55
ディスクリートトライアル→離散試行
ディストレスコール　distress call　313
定着反応法　established-response method　190
ティーチング・ファミリー・モデル　teaching family model　610
低反応率行動　behavior of low rates　510
低反応率分化強化　differential reinforcement of low rates, DRL　47, 62, 222, 262, 493
適応　adaptation　392
テキスト・コピーイング　copying a text　**440**
適切な行動　appropriate behavior　591
テクスチュアル（読字行動）　textual　29, 32, 420, **440**
テスティング　testing　84
データロガー　data logger　163
徹底的行動主義　radical behaviorism　4, **8**, 26, 126, 138, 154, 618, 622
転移　transfer　279, 293, 591

電鍵　telegraph key　123
電磁ソレノイド　solenoid　161
展望的計時　prospective timing　296

同一見本合わせ　identity MTS　324
動因　drive　167
動因操作　drive operation　167,420
等価関係　equivalence relation　328
等価な群　equivalent groups　83
動機づけ　motivation　528
動機づけアセスメント尺度　motivation assessment scale, MAS　486,539
動機づけオーギュメンタル　motivative augmental　339
動機づけ操作　motivating operations, MO　42,50,69,162,420,506,530
道具的行動　instrumental behavior　34
道具的条件づけ　instrumental conditioning　34,126
道具的反応　instrumental response　182
統計的仮説検定　statistical hypothesis testing　106
統計的検定　statistical test　106
統合失調症　schizophrenia　670
統合的アプローチ　integrative approach　134
洞察　insight　396
当座的計時　immediate timing　296
同時弁別　simultaneous discrimination　281,292
同時見本合わせ　simultaneous MTS　324
透写（なぞり書き）　tracing　442
同種連鎖　homogeneous chain　316
同時連鎖法　simultaneous chaining method　321
統制群→対照群

同年齢児集団への統合　integration into the same age groups　591
逃避　escape　48,203,293,597
逃避学習　escape learning　203,704
動物愛護　animal protection　703
動物行動学（エソロジー）　ethology　5,312
動物実験　animal experiment　5,34,60,123,148,154,164,176,236,242,307,413,702
動物実験委員会　Institutional Animal Care and Use Committee　178
動物実験のガイドライン　guideline for animal experiment　176
動物実験倫理　ethics of animal experiment　**176**
動物心理物理学　animal psychophysics　281
動物トレーニング　animal training　703,**706**
動物福祉　animal welfare　176,575,**702**,706
動物倫理　animal ethics　252
トゥレット症候群　Tourette syndrome　568
独裁者ゲーム　dictator game　380
読字行動（テクスチュアル）　textual　29,32,420,440
独立な2群のt検定　independent two sample t test　107
独立変数　independent variable　13,17,82,127
トークン（代用貨幣）　token　250,368,552
トークン・エコノミー（トークン経済）　token economy　5,21,132,532,638,700
トークン・エコノミー法　token economy system, token economy method　516,

532, 610, 636, 680
トークン強化　token reinforcement　193
トラッキング　tracking　338
トランスクリプション　transcription　30, 440
トレリス・グラフィクス　Trellis graphics　111

■な

内観　introspection　4, 26
内在性強化子　intrinsic reinforcer　188, 274
内的原因　inner causes　18
内的行動　inner behavior　27
内的妥当性　internal validity　83, 127
内的妥当性の脅威　threats to internal validity　83
内的な仮説概念　hypothetical internal notion　138
内発的動機づけ　intrinsic motivation　187
仲間教授法　peer tutoring method　516
なぞり書き（透写）　tracing　442
馴れ・慣れ→馴化

二次強化子　secondary reinforcer　56, 367
二次スケジュール　second-order schedule　191, 226
日常生活での行動上の問題　daily life problem, DLP　622
日本行動分析学会　Japanese Association for Behavior Analysis　21, 150, 154, 580, 642, 706
日本ポーテージ協会　Japan Portage Association　595
二要因説（理論）　two-factor theory　129, 204

任意性　arbitrariness　127
人間主義的アプローチ　humanistic approach　134
認知　cognition　134, 138, 146, 323, 344, 392
認知機能　cognitive function　631
認知機能障害　cognitive dysfunction　631, 662, 671
認知行動的アプローチ　cognitive behavioral approach　134
認知行動療法　cognitive behavioral therapy, CBT　138, 155, 711
認知再構成法　cognitive restructuring　138
認知主義　cognitivism　4
認知症　dementia　630
認知症ケア　dementia care　630
認知症の行動・心理症状　behavioral and psychological symptoms of dementia, BPSD　630
認知的アプローチ　cognitive approach　136, 138
認知発達　cognitive development　474, 684
認知療法　cognitive therapy, CT　136, 138, 618, 626
認定行動分析士　board certified behavior analyst, BCBA　151

捏造・偽造・盗用　fabrication, falsification & plagiarism, FFP　22

能動的回避学習　active avoidance learning　203
ノード距離効果　nodal distance effect　331
ノーマライゼーション　normalization　690

■は

バイアス bias 73, 75, 83, 117, 356, 359, 368
バイオフィードバック biofeedback 124, 129, **198**, 666
徘徊 wandering 631
媒介変数 intervening variables 139
バウト bout 71
パヴロフ型条件づけ Pavlovian conditioning 126
　──から道具的条件づけへの転移 Pavlovian-instrumental transfer 37, 41
バーガン派の行動コンサルテーション Bergan's beravioral consultation 578
パーキンソン病 Parkinson's disease 667
剝奪処置 deprivation operation **164**
暴露療法 exposure therapy 141
箱ひげ図 box-whisker plot 111
橋渡し研究 translational research 118, 245, 268, 580
バースト（反応頻発） burst 223, 239
ハズバンダリー・トレーニング husbandry training 709
外れ値 outliner 111
派生的刺激関係 derived stimulus relations 344
パーソナリティ personality 17, 384
パーソン・センタード・アプローチ person-centered approaches 631
パターナリズム paternalism 498
バックアップ強化子 backup reinforcer 532
罰（弱化） punishment 21, 30, 54, 202, **250**, 258, 263, 283, 285, 306, 552, 597
発達障害 developmental disorder 105, 133, 141, 148, 231, 435, 439, 448, 466, 470, 511, 535, 634, 687
抜毛症 trichotillomania 568
話し手 speaker 30
パフォーマンス・マネジメント performance management **584**
パフォーマンス・エンジニアリング performance engineering 587, 714
パフォーマンス・フィードバック performance feedback 579
パフォーマンス・マトリックス performance matrix, PM 714
場面間多層ベースライン法 multiple baseline design across settings 94
場面間転移性 trans-situationality 183
バリデーション・セラピー validation therapy 631
般化 generalization 46, 274, 276, 288, 502, 592, 597, 672
般化オペラント generalized operant 147, 344, 462
般化言行一致 generalized correspondence between saying and doing 556
般化減少 generalization decrement 268, 274
般化勾配 generalization gradient 276, 293
般化と維持 generalization and maintenance **502**, 636
般化プログラム program of generalization, generalization program 591
般化模倣 generalized imitation 306, **462**
反射性 reflexivity 329
般性強化子 generalized reinforcer 31, 193, 347
般性条件強化子 generalized conditioned reinforcer 56, 424
晩成性種 altricial 315

反転法（反転デザイン）　reversal design　12, **90**
反応　response　34
反応依存強化スケジュール　response-dependent schedule of reinforcement　264
反応依存性　response dependency　206
反応型　topography　50, 310, 462
反応型イントラバーバル　topography-based intraverbal　429
反応間時間　interresponse time, IRT　62, 71, 217, 222, 491
反応キー　response key　161
反応-強化子随伴性　response-reinforcer contingency　126, 267
反応競合理論　response competition theory　286
反応クラス　response class　34, 328
反応形成（シェイピング）　shaping　50, 132, 162, **446**, 474, 574, 580, 597, 638, 666, 711
反応形態　response topography　35
反応コスト　response cost　132, 250, **258**, 533, 644
反応次元　response dimension　70
反応遮断化理論　response deprivation theory　57, 184
反応性　reactivity　105
反応生起確率差説　probability-differential hypothesis　182
反応潜時　response latency　341
反応トポグラフィー（反応型）分化型見本合わせ　topography-based matching-to-sample　474
反応の共変動　response covariation　538
反応の効率性　response efficiency　537
反応の自発を待つ方法　waiting methods for spontaneous responses　50
反応般化　response generalization　462, 536
反応比　responce ratio　72
反応非依存型スケジュール　response-independent schedule　61
反応非依存強化　response-independent reinforcement　**206**, 494
反応頻発（バースト）　burst　223, 239
反応復活　resurgence　269
反応プロンプト　response prompt　450
反応妨害　response prevention　479
反応誘導　induction　247
反応抑制説　response suppression account　285
反応率　rate of responding　70, 292, 361
反応率分化強化　differential reinforcement of response rate　222
反復獲得手続き　repeated acquisition procedure　320
伴侶動物　companion animal　572, 706

比較刺激　comparison stimulus　234, 283, 323, 324, 329, 388
比較認知　comparative cognition　**392**
非重なり部分分析　nonoverlap analysis　110
ピーク法　peak procedure　297
非嫌悪的アプローチ　nonaversive approach　606
非言語行動　nonverbal behavior　33, **332**, 556
被験者間計画　between-subjects design　82
被験者間多層ベースライン法　multiple baseline design between subjects　87

被験者内計画　within-subject design　82, 107
非行少年　delinquent boys/girls　610
微視的　molecular　71, 147, 217, 354, 507
微視的アプローチ　molecular approach　507
非随伴強化反転法　noncontingent reinforcement (NCR) reversal technique　93
非随伴性強化　noncontingent reinforcement, NCR　206, **494**, 507, 518, 705
非随伴性逃避法　noncontingent escape, NCE　507
非定型抗精神病薬　atypical antipsychotics　631
人と動物の共生　human-animal coexistence　703
ヒトのオペラント行動　human operant behavior　123, 384
ヒトの実験における反応コスト　response cost in human operant study　**258**
非見本合わせ　nonmatching to sample　279, 282, 324
非薬物的なアプローチ　nonpharmacological approach　631
描画　drawing　442
表出言語　expressive language　529, 543, 600
標準選択肢　standard alternative　371
表情　facial expression　475, 673
標的行動　target behavior　63, 86, 103, 130, 530, 673
標的スキル　target skill　591
標本　sample　106
標本誤差　sampling error　106
標本の大きさ　sample size　107
比率スケジュール　ratio schedule　58, **214**, 218, 247, 406, 413
比率負担　ratio strain　217
非両立行動分化強化（対立行動分化強化）　differential reinforcement of incompatible behavior, DRI　63, 212, 490, 497, 645
ビン　bin　71

フィーダー（給餌装置）　feeder　51, 66, 161, 170
フィードバック　feedback　198, 567
フィードバック関数　feedback function　356
フィンドレイ型（スケジュール切り替えキー型）手続き　Findley-type procedure　352
封鎖（閉鎖）経済的実験環境　closed economy　414
フェイズチェンジデザイン　phase change design　86
フェイディング　fading　283, 293, 534, 597
フェイド・アウト　fading-out　293
フェイド・イン　fading-in　293
フォロー・スルー・プロジェクト　Project Follow Through　684
不快からの自由　freedom from discomfort　703
普及　dissemination　613
復位効果　reinstatement effect　212, 243, 262, 269
復元効果　renewal effect　242
複合スケジュール　compound schedules　62, **226**
複合的内包　combinatorial entailment　344
複雑スケジュール　complex schedules　228
複数の範例による訓練　multiple-exemplar training　344

負刺激　negative stimulus　280, 285, 292
復活　resurgence　518
復帰　recovery　241
不適切な行動　inappropriate behavior　592
不等価な2群　nonequivalent groups　85
不等価2群事後デザイン　posttest-only design with nonequivalent groups　85
不等価2群事前事後デザイン　pretest-posttest design with nonequivalent groups　85
不忍耐　impatience　370
負の強化（除去型強化）　negative reinforcement　48, 54, 132, **202**, 591, 626, 644
負の強化子（除去型強化子）　negative reinforcer　42, 54, 69, 186, 202, 232, 236
負の自動反応維持　negative automaintenance　309
負の弱化（除去型弱化）　negative punishment　39, 55, 63, 132, 211, 250, 283, 491, 644
負の弱化子（除去型弱化子）　negative punisher　55, 283
負の転移　negative transfer　279
部分強化効果　partial reinforcement effect　268
部分強化消去効果　partial reinforcement extinction effect, PREE　241
部分強化スケジュール　partial reinforcement schedule　58
プライアンス　pliance　338
プラグマティズム（実用主義）　pragmatism　10, 147
プラセボ　placebo　137
ブラックアウト　blackout　254
ブランベル報告書　Report by Brambell Commission　703

フリーオペラント→自由オペラント
ブレイク・ポイント　break point　57, 61, 215
ブレイン・マシン・インタフェース　brain-machine interface, BMI　201
プレシジョン・ティーチング　precision teaching　614, 682
プレマックの原理　Premack's principle　57, **182**, 250, **510**
フレーミング効果　framing effect　379
フロギストン　phlogiston　18
プローブ法　probe method　96, 277
プロンプト　prompt　450, 458, 467, 521, 565, 591, 597, 711
プロンプト依存　prompt dependence　458, 666
プロンプト刺激　prompt stimulus　453, 478, 521, 529
プロンプト・フェイディング　prompt fading　132, 453, 471
文　sentence　529
分化強化　differential reinforcement　47, 120, 247, 446
分化強化スケジュール　differential reinforcement schedule　62, 222
分化結果効果　differential outcomes effect, DOE　234, 283
分化結果手続き　differential outcomes procedure　**234**
分化条件づけ　differential conditioning　46, 280
文化随伴性　contingency of culture　6, 18
文化的実践　cultural practices　719
文構成　sentence construction　476
分散反応　spaced responding　222
分散反応型DRL　spaced-responding DRL

493
分散反応分化強化　differential reinforcement of spaced responses　225
分散分析　analysis of variance, ANOVA　107
文法　grammar　529
文脈選択モデル　contextual choice model　354
文脈適合性　contextual fit　609
文脈的行動科学　contextual behavioral science　618
文脈の選択モデル　contextual-choice model　368
文脈的認知行動療法　contextual cognitive behavioral therapy　618
文脈としての自己　self as context　620
分類型見本合わせ　sorting-to-matching　474

ペアレント・トレーニング　parent training　634
ペアレント・メンター　parent-mentor　637
平均への回帰　regression to the mean　84
ベイズの定理　Bayes' theorem　381
並立VI VIスケジュール　concurrent VI VI schedule　252, 352, 355, 358
並立VI VRスケジュール　concurrent VI VR schedule　355
並立VR VRスケジュール　concurrent VR VR schedule　354
並立強化スケジュール　concurrent schedule of reinforcement　351, 498
並立スケジュール　concurrent schedule　64, 72, 75, 101, 128, 227, 281, 298, 350, 356, 359, 414
並立連鎖スケジュール　concurrent chained schedule　192, 352, 357, 360, 362, 367
並列報酬法　concurrent rewards method　498
ベキ関数　power function　75
ベースライン期　baseline phase　86
ヘルシンキ宣言　Declaration of Helsinki　20, 136
ベルモント・レポート　Belmont Report　20
変化傾向　trend　110
変化抵抗　resistance to change　73, 262, 266, 518
弁証法的行動療法　dialectic behavior therapy　138
変動インターバルDRO　variable-interval DRO　492
変動時隔スケジュール（VIスケジュール）　variable interval (VI) schedule　58, 71, 191, 194, 218, 230, 252, 276, 280, 298, 355, 360, 362, 499
変動時間スケジュール（VTスケジュール）　variable time (VT) schedule　61, 218, 266, 285, 494
変動瞬時DRO　variable-momentary DRO　492
変動スケジュール　variable schedule　58, 65, 246
変動比率スケジュール（VRスケジュール）　variable ratio (VR) schedule　58, 65, 71, 214, 220, 251, 277
弁別　discrimination　28, 46, 280, 292
弁別オペラント　discriminated operant　6, 43, 47, 216, 219, 316
弁別学習　discrimination learning　280, 351, 478, 529

弁別学習訓練　discrimination learning and training　280
弁別逆転　discrimination reversal　295
弁別訓練　discrimination training　47, 120, 170, 277, 280, 290, 292, 301, 308, 574
弁別後般化勾配　postdiscrimination gradient　278
弁別刺激　discriminative stimulus　17, 30, 42, 47, 118, 126, 160, 252, 280, 288, 335, 338, 392, 451, 567, 574, 591

包括的に距離をとる　comprehensive distancing　618
防御的埋込み　defensive burying　128
報告言語行動（タクト）　tact　28, 30, 340, 420, 424, 474, 529
報酬　reward　370
報酬量効果　magnitude effect　376
方法論的行動主義　methodological behaviorism　7, 9, 26, 140, 146
飽和化　satiation　43, 167, 506
補完財　complementary goods　415
ポジティブ行動支援　positive behavior support, PBS　155, 516, 538, 597, 606, 645
ポジティブな行動的介入や方略および支援　positive behavior intervention & support, PBIS　607
歩進　stepping　78, 162
ポーテージ早期教育ガイド　Portage guide to early education, PGEE　594
ポーテージプログラム　Portage program　594
ボルダー会議　Boulder conference　135
本能的逸脱　instinctive drift　18, 40, 128, 168, 175

■ま

埋没費用効果　sunk cost effect　378
マインドフルネス　mindfulness　138, 700
マークテスト　mark test　397
マッチング法則（対応法則）　matching law　13, 74, 252, 287, 354, 358, 362, 410, 499, 580, 627
マルチレベルモデル　multilevel modeling　109
慢性疼痛　chronic pain　648
満足の遅延　delay of gratification　366
マンド（欲求言語行動）　mand　29, 30, 420, 424, 498

味覚嫌悪学習　taste aversion learning　128, 172
見立て　diagnosis　138
身振り　gesture　30
身振りプロンプト　gestural prompt　450, 458
見本合わせ　matching-to-sample, MTS　256, 279, 282, 324, 381, 474
見本合わせ課題　matching-to-sample task　388, 482
見本刺激　sample stimulus　282, 324, 474

無効操作　abolishing operation　43
無誤弁別　errorless discrimination　283, 293
無誤弁別学習　errorless discrimination learning　278, 292, 478
無作為化比較試験（ランダム化比較試験）　randomized controlled trial, RCT　119, 141, 571, 620, 630, 685
無作為統制試行　randomized clinical trial,

RCT　635
無差別　indifference　368,371
無差別曲線　indifference curve　356,414
無条件刺激　unconditioned stimulus, US　17,38,46,51,128,242,280
無条件(性)強化子　unconditioned reinforcer　56,274
無条件反応　unconditioned response, UR　38,128
無反応分化強化　differential reinforcement of no responding　211

迷信行動　superstitious behavior　44,232
命名　naming　426,474,530
命名反応　naming response　331
迷路　maze　66
メタ随伴性　meta(-)contingencies　719
メタ認知　metacognition　394
メタ分析　meta-analysis　571,627
面積移動　area shift　278

妄想　delusion　631
目視分析　visual inspection　148,152
目的論的行動主義　teleological behaviorism　4,27
黙読　silent reading　29
目標設定　goal-setting　548
文字言語行動　written behavior　30
文字読み　alphabetic reading　441
モーションキャプチャー　motion capture　124
モデリング　modeling　132,**458**
モデルプロンプト　modeling prompt　450
模倣　imitation　304,474,529
模倣行動　imitation behavior　305,458
模倣性強化子　imitative reinforcer　463

模倣能力　ability of imitation　591
モーガンの公準　Morgan's canon　394
問題解決　problem solving　19,344,396,522
問題行動　problem behavior　14,42,62,92,120,133,239,245,268,461,490,499,507,510,518,545,580,597
問題行動の制御　control of problem behavior　591
問題同定面接　problem identification interview, PII　578
問題分析面接　problem analysis interview, PAI　578

■や

野外研究　field research　163
薬物自己投与法　drug self-administration　405
薬物弁別　drug discrimination　49,277
薬物療法　pharmacotherapy　134

有意水準　significant level　106
誘因理論　incentive theory　355
優先順位　the order of priority, priority order　591,717
誘発　elicitation　34,38,126,145,230,286
誘発刺激　eliciting stimulus　38,48,145,316
誘発法　eliciting method　574
誘惑抵抗　resistance to temptation　212
床効果　floor effect　277
指差し　pointing　30,474

要因　factor　82
要素・複合分析　component-composite

analysis　467
用量-反応曲線　dose-response curve　404
抑うつ（うつ）　depression　619, 626, 631, 634, 698
予算制約線　budget line　414
予測誤差　prediction error　400
欲求言語行動（マンド）　mand　29, 30, **420**, 424, 498
四項随伴性　four-term contingency　126

■ら

来談者中心療法　person-centered therapy　135, 140
ラグ・スケジュール（異反応強化手続き）　lag schedule　248, 386
ランダマイゼーション検定　randomization test　108, 110
ランダム化比較試験（無作為化比較試験）　randomized controlled trial, RCT　119, 141, 571, 620, 630, 685
ランダム調整量手続き　random adjusting-amount procedure　373
乱動時隔スケジュール　random-interval schedule, RI　61, 218
乱動スケジュール　random schedule　61
乱動比率スケジュール　random-ratio schedule, RR　61, 215

理解言語　receptive language　529, 593
理学療法　physiotherapy　**656**
利己性　selfishness　375
離散試行　discrete trial　36, 127, 160, 355
離散試行型回避　discrete trial avoidance　203
離散試行型指導法　discrete trial teaching,

DTT　**528**, 598
リスク嫌悪　risk averse　374
リスク指向　risk prone　374
リスク選択　risky choice　374
リスクに対して中立　risk neutral　374
リスナートレーニング　listener training　431
理想自由分布　ideal free distribution　409
利他性　altruism　380
流暢　fluent　528, 530
流暢性訓練　fluency training　443
量的分析　quantitative analysis　74
量明示的オートクリティック　quantifying autoclitic　436
履歴　history　84
履歴効果　history effect　262, 300
理論行動分析学　theoretical analysis of behavior　126
理論的行動主義　theoretical behaviorism　4
臨界期　critical period　312
臨床関連行動　clinically relevant behavior, CRB　622
臨床行動分析　clinical behavior analysis　618, 622
臨床心理学　clinical psychology　121, 136, 577
倫理　ethics　**20**, 137, 176, 678
倫理綱領　code of ethical practice　20, 643, 678
倫理審査委員会　institutional review board, IRB　20

累進時隔スケジュール　progressive-interval（PI）schedule　61, 218
累進スケジュール　progressive schedule　57, 61

累進比率スケジュール　progressive-ratio（PR）schedule　61, 215, 406
累積記録　cumulative record　5, 48, 59, **78**, 110, 148, 152, 163, 263
累積記録器　cumulative recorder　69, 78, 160
累積効果モデル　cumulative-effects model　354
ルール　rule　118, 128, 336
ルール支配行動　rule-governed behavior　7, 33, 60, 128, 146, 332, **336**, 341, 552, 618, 624

零下馴化　habituation below zero　273
レスコーラ＝ワグナー・モデル　Rescorla-Wagner model　302
レスポンデント　respondent　46, 126, 190
レスポンデント行動　respondent behavior　17, 28, **38**, 230, 280
レスポンデント条件づけ　respondent conditioning　38, 46, 51, 190, 199, 238, 242, 276, 280, 300, 309, 314, 350, 407, 458, 708
連結　yoked　199
連合性長期増強　associative long-term potentiation　400
連鎖　chain　128, 226, 316
連鎖化　chaining　132, **316**, 467, **470**, 580, 597, 711
連鎖スケジュール　chained schedule　64, 190, 227
連接スケジュール　tandem schedule　64, 227
連続強化　continuous reinforcement　59, 214, 218, 246, 280
連続強化スケジュール　continuous reinforcement（CRF）schedule　58, 165, 268, 532
連続記録法　continuous recording　104
連動スケジュール　interlocking schedule　64, 228
連動的随伴性　interlocking contingencies　720

ロヴァース法　Lovaas method　**590**
労働供給曲線　labor supply curve　415
論文追試的再現性　literal replication　114
論理実証主義　logical positivism　6
論理情動行動療法　rational emotive behavior therapy　138
論理積スケジュール　conjunctive schedule　65, 228
論理和スケジュール　alternative schedule　52, 65, 228

■わ

割引関数　discount function　370
割引率　discount rate　370, 374

人名索引

■あ

アイゼンク　Eysenck, H. J.　136, 138
アークス　Arkes, H. R.　380
東正　Azuma Tadashi　133, 150
アズリン　Azrin, N. H.　132, 231, 251, 259, 568, 638
アリストテレス　Aristotelēs　16, 176

イワタ　Iwata, B. A.　132, 488, 538
ヴァンホーテン　Van Houten, R　567
ウィトマー　Witmer, L.　134
ヴィラス・ボアス　Villas-Bôas, A.　625
ウィリアムズ　Williams, B. A.　355
ウィルソン　Wilson, N. E.　173
ヴェザリウス　Vesalius, A.　176
ウェーデン　Wearden, J. H.　341
ウェーバー　Weber, E. H.　4
ウォルピ　Wolpe, J.　136, 138, 272
ウォルフ　Wolf, M. M.　90, 152, 522
ヴォーン　Vaughan, W., Jr.　357
ウッズ　Woods, D. W.　571
梅津耕作　Umedu Kosaku　133
ヴント　Wundt, W. M.　4, 26, 134

エインズリー　Ainslie, G.　366
エンゲル　Engel, G. L.　134
エンゲルマン　Engelmann, S.　682

オールズ　Olds, J.　400

■か

カー　Carr, E. G　536
ガイアット　Guyatt, G. H.　136
カタニア　Catania, A. C.　316, 333, 353, 436
カーネマン　Kahneman, D.　378
ガーブランズ　Gerbrands, R.　79, 163
カラハン　Callaghan, G. M.　623
ガリジオ　Galizio, M.　336
ガルシア　Garsia, J.　172
カンター　Kantor, J. R.　152, 506
カンター　Kanter, J. W.　623

キャプラン　Caplan, G.　576
ギャランター　Galanter, E.　350
キリーン　Killeen, P.　360
ギルバート　Gilbert, T. F.　586, 714

グッディ　Goodie, A. S.　381
クラーク　Clark, F. C.　165
グリムシャー　Glimcher, P. W.　402
グリーン　Green, L.　366, 376, 390
グリーンスプーン　Greenspoon, J.　340
グレン　Glenn, S. S.　719

ケーゲル　Koegel, R. L.　598
ケラー　Keller, F. S.　152, 202, 316, 506
ゲワーツ　Gewirtz, J. L.　315

コクラン　Cochrane, A. L.　136

コモンズ　Commons M. L.　155
コーレンバーグ　Kohlenberg, R. J.　622
コンガー　Conger, R.　360

■さ

サイ　Tsai, M.　622
佐藤方哉　Sato Masaya　9, 150, 420

ジェインズ　Jaynes, J.　312
ジェームズ　James, W.　134, 350
シェリントン　Sherrington, C. S.　5
シェーンフェルド　Schoenfeld, W. N.　202, 316, 506
ジェントリー　Gentry, W. D.　231
シドマン　Sidman, M.　114, 120, 146, 328, 344, 482
シャーマン　Sherman, J. A.　306
ジュ　Ju, W.　339
シュリンガー　Schlinger, H. D.　462
シュルツ　Schultz. W.　400
ジョンソン　Johnson, M. W.　372
シンガー　Singer, P.　177, 702
シンプ　Shimp, C. P.　322, 355

スタッドン　Staddon, J. E. R.　74, 147, 286
スキナー　Skinner, B. F.　5, 8, 14, 18, 21, 26, 30, 35, 38, 54, 58, 66, 70, 79, 102, 110, 126, 136, 138, 144, 148, 152, 160, 175, 190, 202, 206, 222, 254, 260, 314, 316, 324, 328, 336, 344, 366, 396, 400, 404, 420, 424, 436, 440, 506, 522, 584, 614, 626, 686, 705, 706
ストッカード　Stockard, J.　685
スペンス　Spence, K. W.　278, 350

ゼトル　Zettle, R. D.　335, 338, 619

セリグマン　Seligman, M. E. P.　174

ソヌーガ=バーク　Sonuga-Barke, E. J. S.　368
ソーンダイク　Thorndike, E. L.　5, 54, 141, 144, 260, 340

■た

ダーウィン　Darwin, C. R.　6, 144, 702
ダニエルズ　Daniels, A. C.　154, 586
ダラード　Dollard, J.　305

チャーノフ　Charnov, E. L.　408

ツィンマーマン　Zimmerman, R. R.　315

デイ　Day, W. F.　154
デイ　Day, H. M.　537, 543
デイヴィソン　Davison, M.　73, 354, 360
ティンバーレイク　Timberlake, W.　147, 175, 184, 310
デカルト　Descartes, R.　176, 702
テラス　Terrace, H. S.　285, 292, 322, 480
デューズ　Dews, P. B.　73, 404
デュランド　Durand, V. M.　536, 543
テリ　Teri, L.　630

トゥーヒグ　Twohig, M. P.　571
ドーソン　Dawson, G. R　307, 531
トベルスキー　Tversky, A.　378
トーマス　Thomas, E. D.　690
ドムヤン　Domjan, M.　173, 352
トルグルード　Torgrud, L. J.　333
トールマン　Tolman, E. C.　7, 9, 26, 141, 350

人名索引

■な

ナン　Nunn, R. G.　568

ニューリンジャー　Neuringer, A.　248

ネヴィン　Nevin, J. A.　73, 266, 355

ノイマン　Neumann, J. von　378

■は

バインダー　Binder, C.　616
パヴロフ　Pavlov, I. P.　5, 38, 129, 141, 144, 242, 300
バーガン　Bergan, J. B.　576
バーチ　Burch, R. L.　177, 702
バーチ　Burch, M. R.　703
ハーツェン　Harzem, P.　332, 384
ハーベイ　Harvey, W.　176
パーマー　Palmer, D. C.　27
バリシュ　Barrish, H. H.　514
ハリソン　Harrison, R.　703
ハル　Hull, C. L.　7, 9, 26, 160
バレット　Barrett, D. H.　339
ハーロー　Harlow, H. F.　315
ハーンスタイン　Herrnstein, R. J.　72, 74, 147, 288, 357, 358, 362
バンデューラ　Bandura, A.　139, 305, 458

ビジュー　Bijou, S. W.　132, 147, 150, 506
ピーターソン　Peterson, N.　314
ビッケル　Bickel, W. K.　372
ヒューワード　Heward, W. L.　686, 710

ファースター　Ferster, C. B　5, 59, 152, 221, 222, 254, 626
ファンティノ　Fantino, E.　362, 381
フィッシャー　Fisher, R. A.　5, 83
フィリップス夫妻　Phillips, E. L., & E. A.　613
フェヒナー　Fechner, G. T.　4
フォーク　Falk, J. L.　230
フォーセット　Fawcett, S. B.　720
フォーダイス　Fordyce, W. E.　648
プライア　Pryor, K.　572, 706
ブリーランド夫妻　Breland, K., & Breland M.　18, 40, 168, 175, 706
ブルーマー　Blumer, P.　380
ブルンスウィック　Brunswik, E.　350
フレッシュラー　Fleshler, M.　214
プレマック　Premack, D.　57, **182**, 250, **510**
フロイト　Freud, S.　19, 134, 690
フロスト　Frost, L.　602

ベア　Baer, D. M.　94, 102, 150, 152, 306, 502, 506, 558, 561
ヘイズ　Hayes, S. C.　11, 86, 118, 147, 152, 335, 338, 551, 618
ヘイズ　Heyes, C. M.　307
ベイリー　Bailey, J. S.　586
ベイリー　Bailey, B.　706
ベーコン　Bacon, F.　10, 144
ヘス　Hess, E. H.　312
ベック　Beck, A. T.　136, 138, 623
ヘッブ　Hebb, D. O.　400
ペトロビッチ　Petrovich, S. B.　315
ベルナール　Bernard, C.　90, 176
ヘルムホルツ　Helmholtz, H. von　4
ペレス　Pelaez, M.　155
ベンサム　Bentham, J.　177, 702
ベントール　Bentall, R. P.　332

ボウルズ　Bolles, R. C.　174
ボウルビー　Bowlby, J.　315
ホートン　Haughton, E. C.　616
ホーナー　Horner, R. H.　537, 543, 562, 606
ホフマン　Hoffman, H. S.　214, 314
ボーム　Baum, W. M.　8, 10, 27, 72, 354, 359, 540
ホリング　Holling, C. S.　411
ポーリング　Poling, A.　155
ホルボーン　Holborn, S. W.　333
ホワイト　White, D. R.　614
ボンディ　Bondy, A.　602

■ま

マー　Marr, D.　402
マイケル　Michael, J.　120, 150, 506
マジャンディ　Magendie, F.　176
マシューズ　Matthews, B. A.　337
マッタイニ　Mattaini, M. A.　718
マデン　Madden, G. J.　376
マロット　Malott, R. M.　150, 316, 586

ミネカ　Mineka, S.　304
ミラー　Miller, N. E.　199, 305
ミラー　Miller, H. L.　360
ミルナー　Milner, P.　400

メイザー　Mazur, J. E.　351, 370, 465
メイス　Mace, F. C.　268, 518

モルゲンシュテルン　Morgenstern, O.　378
モロー　Morrow, J. E.　154

■や

山口薫　Yamaguchi Kaoru　133, 150
山脇東洋　Yamawaki Toyo　176

■ら

ラックリン　Rachlin, H.　10, 27, 147, 356, 366, 371, 374, 379
ラタル　Lattal, K. A.　194, 245
ラッセル　Russel, W. M. S.　177, 702
ラトナー　Ratner, A. M.　314
ランダーボルド　Lundervold, D. A.　155

リザラゾ　Lizarazo, N. E.　623
リズリー　Risley, T. R.　528, 556
リンズレー　Lindsley, O. R.　124, 154, 586, 614, 682, 691
リーンダー　Leander, J. D.　332

レイノルズ　Reynolds, G. S.　113, 210, 283, 284
レウィンソン　Lewinsohn, P. M.　626
レジュエイ　Lejuez, C. W.　627
レーン　Lane, S. D.　373

ロイヤルティ　Royalty, P.　357
ロヴァース　Lovaas, O. I　151, 432, 528, 556, **590**
ローグ　Logue, A. W.　367
ロジャース　Rogers, C. R.　135, 140
ロック　Locke, E. A.　551
ローレンツ　Lorenz, K.　312

■わ

ワイナー　Weiner, H.　258, 262

ワトソン　Watson, J. B.　5, 8, 26, 135, 141, 144, 384

行動分析学事典

```
平成 31 年 4 月 30 日    発      行
令和 7 年 4 月 30 日    第 5 刷発行
```

編　者　　一般社団法人 日本行動分析学会

発行者　　池　田　和　博

発行所　　丸善出版株式会社
　　　　　〒101-0051　東京都千代田区神田神保町二丁目17番
　　　　　編集：電話 (03) 3512-3264／FAX (03) 3512-3272
　　　　　営業：電話 (03) 3512-3256／FAX (03) 3512-3270
　　　　　https://www.maruzen-publishing.co.jp

Ⓒ The Japanese Association for Behavior Analysis, 2019

組版／三美印刷株式会社
印刷・製本／大日本印刷株式会社

ISBN 978-4-621-30313-9　C 3511　　　　　Printed in Japan

JCOPY 〈(一社) 出版者著作権管理機構 委託出版物〉

本書の無断複写は著作権法上での例外を除き禁じられています．複写される場合は，そのつど事前に，(一社) 出版者著作権管理機構 (電話 03-5244-5088, FAX 03-5244-5089, e-mail：info@jcopy.or.jp) の許諾を得てください．